SAP S/4HANA® – Systemadministration

SAP PRESS

SAP PRESS ist eine gemeinschaftliche Initiative von SAP SE und der Rheinwerk Verlag GmbH. Unser Ziel ist es, Ihnen als Anwendern qualifiziertes SAP-Wissen zur Verfügung zu stellen. SAP PRESS vereint das Know-how der SAP und die verlegerische Kompetenz von Rheinwerk. Die Bücher bieten Ihnen Expertenwissen zu technischen wie auch zu betriebswirtschaftlichen SAP-Themen.

Damit Sie nach weiteren Titeln Ihres Interessengebiets nicht lange suchen müssen, haben wir eine kleine Auswahl zusammengestellt.

Maria Spöri, Jamsheed Bahser
Berechtigungen in SAP S/4HANA und SAP Fiori
584 Seiten, 2023, gebunden
ISBN 978-3-8362-9334-1
www.sap-press.de/5643

Thomas Schneider
Performanceoptimierung für SAP S/4HANA
780 Seiten, 9., aktualisierte Auflage 2025, gebunden
ISBN 978-3-367-10791-9
www.sap-press.de/6097

Densborn, Finkbohner, Höft, Klöß, Mathäß, Rubarth
Migration nach SAP S/4HANA
789 Seiten, 5., aktualisierte und erweiterte Auflage 2025, gebunden
ISBN 978-3-367-10578-6
www.sap-press.de/6033

Michael Englbrecht, Oliver Pehnke
SAP-Schnittstellenprogrammierung
733 Seiten, 5., aktualisierte und erweiterte Auflage 2025, gebunden
ISBN 978-3-367-10329-4
www.sap-press.de/5955

Friedrich, Kindler, Kirsten, Kloppich, List, Lorenz, Teuber
SAP Cloud ALM. Das umfassende Handbuch
651 Seiten, 2023, gebunden
ISBN 978-3-8362-9464-5
www.sap-press.de/5686

Aktuelle Angaben zum gesamten SAP-PRESS-Programm finden Sie unter *www.sap-press.de*.

Stefan Huber

SAP S/4HANA® – Systemadministration

Rheinwerk
Publishing

Liebe Leserin, lieber Leser,

SAP-Landschaften sind komplex, und wir alle wissen, wie schnell sich Technologien und Anforderungen in der IT-Welt ändern. Genau da setzt SAP PRESS an: mit Büchern, die nicht nur Theorie vermitteln, sondern konkret im Alltag helfen.

In diesem Buch finden Sie direkt umsetzbare Ratschläge, praktische Beispiele und Lösungen für drängende Herausforderungen. Unsere Autor*innen sind Profis, die wissen, wo der Schuh drückt – und wie man Probleme effizient löst. Mit ihrer Erfahrung an Ihrer Seite können Sie Ihre SAP-Projekte gezielter angehen, fundiertere Entscheidungen treffen und die vielen Facetten von SAP besser meistern.

Ob Sie gerade erst beginnen oder schon lange im SAP-Umfeld tätig sind: Wir sind davon überzeugt, dass dieses Buch Ihnen hilfreiche Anleitungen und Tipps an die Hand gibt, um Ihre täglichen Aufgaben und Projekte erfolgreich zu meistern.

Wir freuen uns stets über Lob, aber auch über kritische Anmerkungen, die uns helfen, unsere Bücher zu verbessern. Zögern Sie also nicht, sich bei mir zu melden; Ihr Feedback ist jederzeit willkommen.

Wir wünschen Ihnen viele Aha-Momente und eine erfolgreiche Umsetzung mit diesem Buch!

Ihre Nicole Gürgens
Lektorat SAP PRESS

nicole.guergens@rheinwerk-verlag.de
www.rheinwerk-verlag.de
Rheinwerk Verlag • Rheinwerkallee 4 • 53227 Bonn

Auf einen Blick

Wir hoffen, dass Sie Freude an diesem Buch haben und sich Ihre Erwartungen erfüllen.
Falls Sie Anregungen, Wünsche und Kommentare haben, lassen Sie es uns wissen:
service@rheinwerk-verlag.de.

Informationen zu unserem Verlag und Kontaktmöglichkeiten finden Sie auf unserer Verlagswebsite **www.rheinwerk-verlag.de**. Dort können Sie sich auch umfassend über unser aktuelles Programm informieren und unsere Bücher und E-Books bestellen.

Autor Stefan Huber
Lektorat Nicole Gürgens
Copy-Editing Annette Lennartz, Bonn
Typografie & Layout Vera Brauner
Satz III-satz, Kiel
Herstellung Stefanie Häb
Covergestaltung Silke Braun
Coverbild Shutterstock: 1976512319 © KsanderDN
Druck Beltz Grafische Betriebe, Bad Langensalza

FSC www.fsc.org MIX Papier | Fördert gute Waldnutzung FSC® C089473

Dieses Buch wurde auf FSC®-zertifiziertem Papier gedruckt. Hergestellt in Deutschland.

Bibliografische Information der Deutschen Nationalbibliothek:
Die Deutsche Nationalbibliothek verzeichnet diese Publikation in der Deutschen Nationalbibliografie; detaillierte bibliografische Daten sind im Internet über *http://dnb.dnb.de* abrufbar.

ISBN 978-3-367-11219-7

2., aktualisierte und erweiterte Auflage 2026

Rheinwerk Verlag GmbH • Rheinwerkallee 4 • 53227 Bonn
service@rheinwerk-verlag.de

Inhalt

Einleitung

Mein Einstieg in die SAP-Welt begann 2001. Das aktuelle ERP-System (Enterprise Resource Planning) von SAP war damals R/3 4.6C. Die nächsten Meilensteine bildeten SAP ERP Central Component (ECC) im Jahr 2004 und dann SAP S/4HANA im Jahr 2015. In diesen 25 Jahren hat sich vieles verändert, vor allem die Namen von SAP-Produkten. Technologisch bedeuteten die neuen Produkte stets Evolutionen, keine Revolutionen. Auch wenn man SAP S/4HANA funktional als revolutionär bezeichnen kann, ist die technologische Basis eher eine weitere Evolutionsstufe. Sind Sie also bereits sicher im Umgang mit SAP-ERP-Systemen, werden Sie sich auch in der Administration von SAP S/4HANA sicher schnell zurechtfinden.

Vereinfachung ist ein Schlagwort, das im Zusammenhang mit SAP S/4HANA immer wieder genannt wird. Einfachere Datenmodelle oder einfachere Benutzeroberflächen sind nur zwei Beispiele hierfür. Aus administrativer Sicht kann man aber nicht von einer Vereinfachung sprechen. Zu den administrativen Aufgaben früherer SAP-Systeme kommen mit SAP Fiori, SAP HANA und den hybriden Bereitstellungskonzepten mit der Cloud und On-Premise-Anteilen neue Aufgaben hinzu. Die entsprechenden Komponenten müssen ebenfalls eingerichtet, konfiguriert und überwacht werden.

Ziel des Buches

Mit diesem Buch möchte ich Sie mit allen wichtigen Themenbereichen der Administration von SAP S/4HANA vertraut machen. Neben den bewährten Themen der klassischen SAP-Basis beleuchte ich auch die technische Administration von SAP Fiori und die Datenbanktechnologie SAP HANA. Anhand vieler Screenshots, Praxisbeispiele und Schrittanleitungen lernen Sie die wichtigsten Werkzeuge zur Administration von SAP S/4HANA kennen. Es war mein Anspruch, nicht nur an der Oberfläche zu kratzen, sondern die einzelnen Themen möglichst detailliert zu beschreiben. Dennoch ersetzt dieses Buch nicht die Dokumentation von SAP und einschlägige SAP-Hinweise, auf die ich im Buch gelegentlich verweise.

Softwareversionen

Diese zweite Auflage des Buches wurde zum Release-Stand SAP S/4HANA 2025 überarbeitet. Die Beschreibungen können aber sowohl auf ältere als auch auf neuere Releases übertragen werden. Das im Buch verwendete System ist außerdem ein On-Premise-System. Dies bedeutet, dass ich vollen Zugriff auf alle Bereiche der Administration von SAP S/4HANA hatte. Eine große Stärke von SAP S/4HANA ist jedoch die Möglichkeit, das Betriebsmodell zu wählen. In einigen Cloud-Betriebsmodellen sind die Möglichkeiten zur Administration stark eingeschränkt, worauf ich an entsprechender Stelle im Buch jeweils hinweisen werde. Der Hauptfokus des Buches liegt aber auf der Administration von SAP S/4HANA in On-Premise- und Private-Cloud-Umgebungen.

Zielgruppe

Das Buch richtet sich sowohl an Personen, die neu in die SAP-Systemadministration von SAP S/4HANA einsteigen, als auch an erfahrene SAP-Basis-Administrator*innen. Ich bin mir sicher, dass Sie viele neue Funktionen, Transaktionen und Werkzeuge in diesem Buch entdecken werden, die Sie bisher noch nicht kannten.

Voraussetzungen

Ich setze voraus, dass Sie sich über das SAP GUI bereits sicher in SAP-Systemen bewegen können und wissen, wie Sie z. B. Transaktionen starten oder ein neues Fenster öffnen können. Ebenso sollten Sie sich auf den verwendeten Betriebssystemen (z. B. Linux bei SAP HANA) sicher bewegen können.

Inhalt und Aufbau des Buches

In **Kapitel 1**, »Einführung in die Architektur von SAP S/4HANA«, beschreibe ich die wesentlichen Komponenten von SAP HANA sowie der ABAP-Plattform und gehe auf die Oberflächentechnologien ein. Ich empfehle die Lektüre dieses Kapitels ausdrücklich auch erfahrenen SAP-Basis-Administrator*innen, da SAP mit SAP S/4HANA viele neue Konzepte und damit verbundene Begrifflichkeiten eingeführt hat.

In **Kapitel 2**, »Bereitstellung und Betrieb von SAP S/4HANA«, erläutere ich die unterschiedlichen Betriebskonzepte für den On-Premise- oder Cloud-Betrieb und beschreibe deren Auswirkungen auf die Administration. Des Weiteren stelle ich die Bereitstellungskonzepte, mit denen Sie SAP S/4HANA einführen können, und die wichtigsten Werkzeuge vor.

In **Kapitel 3**, »Prozesse und Komponenten von SAP S/4HANA«, beschreibe ich die am System beteiligten Prozesse und Komponenten. Dieses Kapitel legt damit die theoretischen Grundlagen für die weiteren Kapitel. Als erfahrene*r SAP-Basis-Administrator*in werden Sie mit den Komponenten der ABAP-Plattform bereits vertraut sein. Aber die Prozesse und Komponenten der SAP-HANA-Plattform sollten Sie für ein ganzheitliches Bild ebenfalls verstehen, selbst wenn Sie nicht für die Administration der Datenbanktechnologie verantwortlich sein sollten.

In **Kapitel 4**, »Administration und Konfiguration der ABAP-Plattform«, lernen Sie, wie Sie die ABAP-Plattform konfigurieren. Als Einsteigerin oder Einsteiger erlernen Sie in diesem Kapitel die grundlegende Parametrisierung, Speicherverwaltung oder das Starten und Stoppen des Systems. Wenn Sie bereits erfahren in der Administration von ABAP-basierten SAP-Systemen sind, werden Ihnen die meisten Aufgaben und Werkzeuge bekannt sein. Dennoch werden Sie auch neuen Parametern oder dem neuen Wartungsmodus begegnen. In Kapitel 4 werden auch die Grundlagen und die Einrichtung von SAP Fiori behandelt.

Kapitel 5, »Administration und Konfiguration der SAP-HANA-Plattform«, führt Sie in die wichtigsten Administrationswerkzeuge der Datenbankplattform ein. Ich zeige Ihnen, wie Sie die Plattform konfigurieren und Systemempfehlungen für SAP S/4HANA überprüfen und implementieren können. Selbst wenn SAP

HANA nicht durch Sie administriert wird, sollten Sie wissen, wie Sie die Einstellungen überprüfen und die Plattform überwachen können. Auch das Starten und Stoppen der Datenbank sowie die Themen Backup und Recovery werden in diesem Kapitel umfassend behandelt.

Kapitel 6, »Konfiguration der Systemlandschaft«, behandelt die Grundlagen von Systemlandschaften und das Mandantenkonzept. Beides wird erfahrenen Administrator*innen bekannt sein. Dennoch möchte ich an dieser Stelle auf die neuen Mandantenwerkzeuge hinweisen, die ich in diesem Kapitel beschreibe. Auch die Durchführung von Systemkopien wird in diesem Kapitel behandelt.

In **Kapitel 7**, »Konfiguration des Transportwesens«, erläutere ich die Grundlagen und Prinzipien des Transportwesens. Hier beleuchte ich neben den klassischen Technologien auch das Git-basierte Transportwesen und zeige den aktuellen Stand des Change Managements mit SAP Cloud ALM.

In **Kapitel 8**, »Benutzer und Berechtigungen«, vermittle ich Ihnen die Grundlagen zur Pflege der Benutzer und Berechtigungen der ABAP-Plattform und von SAP Fiori. Ich gebe Ihnen außerdem einen Einblick in die Benutzerverwaltung von SAP HANA und einen Überblick über verfügbare externe SAP-Werkzeuge zur Berechtigungsadministration.

In **Kapitel 9**, »Hintergrundverarbeitung«, zeige ich Ihnen, wie Jobs eingeplant, verwaltet und überwacht werden. Erfahrene Administrator*innen möchte ich in diesem Kontext besonders auf das technische Job-Repository, eine wesentliche Änderung in SAP S/4HANA, hinweisen.

In **Kapitel 10** stelle ich Ihnen die »Ausgabeverwaltung in SAP S/4HANA«, vor. Diese hat sich, mit Ausnahme der Ausgabesteuerung, im Vergleich zu älteren SAP-Produkten kaum verändert.

In **Kapitel 11**, »Konnektivität«, beschreibe ich die Überwachung der wichtigsten Schnittstellentechnologien. Neben den klassischen Methoden Remote Function Call (RFC) und IDoc geht es dabei um die zentrale Umgebung Unified Connectivity zur Absicherung aller Kommunikationskanäle. Ebenso stelle ich Ihnen den Cloud Connector zur Anbindung an die SAP Business Technology Platform (SAP BTP), den SAP Web Dispatcher sowie das SAP Application Interface Framework (AIF) zur Schnittstellenüberwachung vor.

In **Kapitel 12**, »Sicherheitsfunktionen«, lernen Sie, wie Sie Ihr System absichern können, und erfahren, wie SAP die Systeme mit dem Konzept *Secure by Default* bereits in einem möglichst sicheren Zustand bereitstellt. Ich erläutere zudem, wie Sie Verbindungen und Daten verschlüsseln und Audits in der ABAP-Plattform und in SAP HANA konfigurieren und auswerten können. Sie finden zudem ausführliche Informationen zu der immer wichtiger werdenden Zertifikatsverwaltung und der Einrichtung von Single Sign-on.

In **Kapitel 13**, »Systemüberwachung und Fehleranalyse des AS ABAP«, gehe ich die wichtigsten Werkzeuge zur Überwachung und Fehleranalyse der ABAP-Plattform durch. Als erfahrene Administratorin oder erfahrener Administrator werden Sie viele dieser Werkzeuge und Transaktionen kennen. Insbesondere SAP Fiori ist jedoch für viele Administrator*innen ein noch neues Themenfeld, das ich in diesem Kapitel ebenfalls beleuchte.

Die »Überwachung der SAP-HANA-Plattform« behandelt **Kapitel 14**. Selbst wenn die Überwachung der Datenbank in Ihrem Unternehmen nicht zu Ihren Aufgaben zählt, lohnt es sich, diesen Bereich im Blick zu behalten und die Alerts und Diagnosedateien zu prüfen.

In **Kapitel 15**, »Softwarewartung«, lernen Sie, wie Sie Ihr SAP-S/4HANA-System aktualisieren können. Dabei gehe ich sowohl auf Updates und Upgrades der ABAP-Plattform als auch auf jene von SAP HANA ein. Insbesondere Einsteiger*innen erfahren, wie Sie SAP-Hinweise einbauen und Probleme an SAP melden können.

In **Kapitel 16**, »Hochverfügbarkeit«, gebe ich Ihnen einen Überblick über die gängigen Technologien, um die ABAP-Plattform und SAP HANA hochverfügbar zu betreiben.

Anhang

Im Anhang habe ich die wichtigsten Transaktionen, Reports, Tabellen und SAP-Hinweise in tabellarischer Form zusammengestellt. Besonders möchte ich Sie auf die Checklisten in Anhang A hinweisen. Hier werden regelmäßige administrative Aufgaben beschrieben.

Informationskästen

In hervorgehobenen Informationskästen finden Sie in diesem Buch Inhalte, die wissenswert und hilfreich sind, aber etwas außerhalb der eigentlichen Erläuterung stehen. Damit Sie die Informationen in den Kästen sofort einordnen können, sind die Kästen mit Symbolen gekennzeichnet:

[»] In Kästen, die mit diesem Symbol gekennzeichnet sind, finden Sie Informationen zu *weiterführenden Themen*.

[!] Dieses Symbol weist Sie auf *Besonderheiten* hin, die Sie beachten sollten. Es *warnt Sie* außerdem vor häufig gemachten Fehlern oder Problemen, die auftreten können.

[+] Die mit diesem Symbol gekennzeichneten *Tipps* geben Ihnen spezielle Empfehlungen aus der Projektpraxis oder verweisen auf weiterführende Informationsquellen.

Zusatzmaterial

Zuletzt möchte ich Sie auf das zum Buch verfügbare Zusatzmaterial hinweisen. Hier finden Sie insbesondere Aufzeichnungen von Update- oder Systemkopiedurchläufen in vielen Screenshots. Ebenso finden Sie dort SQL-Skripte zum Anlegen von Administrationsbenutzern auf der Datenbank. Ich verweise im Buch an entsprechender Stelle jeweils auf das Zusatzmaterial. Sie finden es unter *www.sap-press.de/6222* auf der Registerkarte **Materialien**.

Kapitel 1

Einführung in die Architektur von SAP S/4HANA

*SAP S/4HANA besteht aus mehreren Komponenten und nutzt verschiedene Technologien, die ich Ihnen in diesem Kapitel vorstellen möchte. Als Administrator*in müssen Sie Funktionsweise und Zusammenspiel der einzelnen Bestandteile verstehen, um SAP S/4HANA als Ganzes erfolgreich zu administrieren.*

Mit SAP S/4HANA wurde nicht nur die Anwendungsebene, sondern auch die technologische Basis des SAP-Systems angepasst. Zwar wird Ihnen vieles noch von SAP ERP und dem SAP NetWeaver Application Server (SAP NetWeaver AS) ABAP bekannt vorkommen, es wurden aber auch einige neue Konzepte eingeführt. In diesem Kapitel werfen wir einführend einen Blick auf das Zusammenspiel alter und neuer Technologien und Komponenten.

Digitaler Kern

Mit SAP S/4HANA hat SAP das Synonym *digitaler Kern* für das neue ERP-System eingeführt (siehe Abbildung 1.1). Dieser Begriff stellt heraus, dass SAP S/4HANA als zentrale Lösung eines Unternehmens die geschäftskritischen Geschäftsprozesse abbilden soll. Den Motor bildet hierbei die *SAP-HANA-Plattform*, die neben den klassischen Funktionen einer Datenbank auch heutige Anforderungen an die Digitalisierung, wie z. B. Echtzeitanalysen oder Vorhersagen, erfüllen kann. Abschnitt 1.1, »Die SAP-HANA-Plattform«, führt in diese Plattform ein. Daneben ist die *ABAP-Plattform* eine wichtige Basis für SAP S/4HANA. Hier laufen die Geschäftsprozesse, die über moderne Oberflächentechnologien von den Anwender*innen bedient werden. Auf diese Plattform gehe ich in Abschnitt 1.2, »Die ABAP-Plattform«, ein.

Keeping the Core clean

Idealerweise verzichten Unternehmen, die SAP S/4HANA einsetzen, im digitalen Kern auf die Modifikation des SAP-Standards durch Eigenentwicklungen mit ABAP. Dadurch können Aktualisierungen von SAP S/4HANA zügig und ohne großen Aufwand eingespielt werden. Dies ist in der heutigen Zeit besonders wichtig, da SAP mit den Aktualisierungen nicht nur Korrekturen, sondern auch neue Funktionen ausliefert. Modifikationen behindern also diese Innovationen. SAP nennt diese Philosophie *»keeping the core clean«* und meint damit, die Codebasis des digitalen Kerns beim Standard zu belassen.

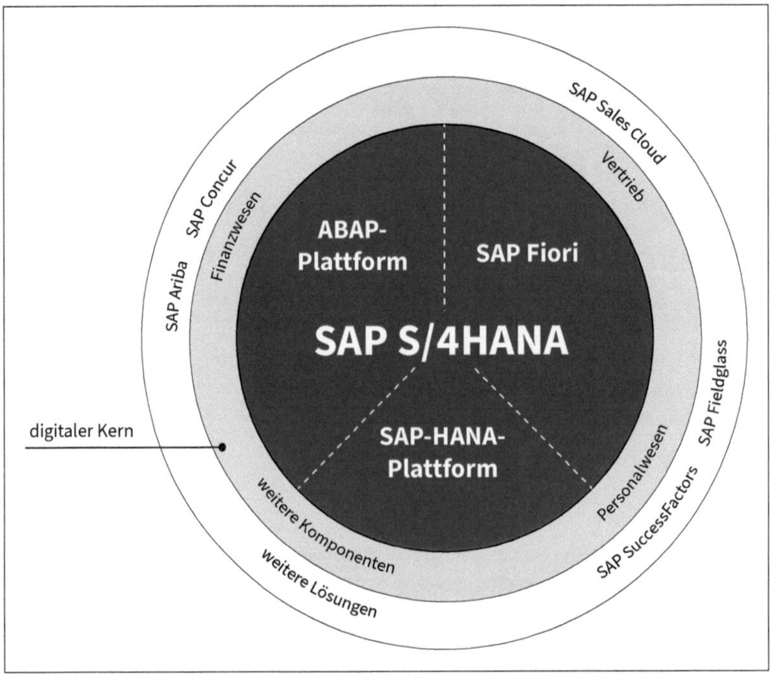

Abbildung 1.1: Der digitale Kern

Unterschiedliche Betriebsmodelle

Eine weitere Neuerung mit SAP S/4HANA ist die Möglichkeit, das *Betriebsmodell* zu wählen. Sie können SAP S/4HANA klassisch im eigenen oder fremden Rechenzentrum (Hosting) betreiben oder in der Cloud nach dem SaaS-Modell (*Software as a Service*). Auf diese beiden Betriebsmodelle gehe ich in Kapitel 2, »Bereitstellung und Betrieb von SAP S/4HANA«, ausführlicher ein. Abhängig davon, welches Betriebsmodell Sie gewählt haben, sind Sie mitunter gar nicht in der Lage, Erweiterungen oder Modifikationen am digitalen Kern vorzunehmen. Auch auf Ihre Aufgaben als Administrator*in hat das Betriebsmodell entscheidenden Einfluss. Beim SaaS-Modell ist nämlich der Anbieter und damit SAP für den sicheren und stabilen Betrieb der Plattform verantwortlich. Ihr Tätigkeitsfeld verändert sich dann stark hin zur Organisation und Koordination der durzuführenden Tätigkeiten. Diese Tätigkeiten werden in Unternehmen, die auf die SaaS-Modelle setzen, oft unterschätzt.

SAP Business Technology Platform

Wenn es einen digitalen Kern gibt, muss es logischerweise auch einen Bereich außerhalb dieses Kerns geben. SAP hat hier die unterschiedlichsten Lösungen im Portfolio, die den digitalen Kern um die unternehmenskritischen Prozesse ergänzen. *SAP SuccessFactors* und *SAP Fieldglass* ergänzen z. B. die Funktionen des Personalwesens um spezialisierte Funktionen. Eigenentwicklungen oder Erweiterungen auf Kundenseite können innerhalb der *SAP Business Technology Platform* (SAP BTP) realisiert werden (siehe Abschnitt 1.4). Für die Administration bedeutet dies, dass es Schnittstellen zwischen diesen Zusatzlösungen und

Erweiterungen auf der einen und dem digitalen Kern auf der anderen Seite gibt, die eingerichtet und überwacht werden müssen.

Neue Benutzererfahrung

Ein weiteres wichtiges Merkmal von SAP S/4HANA ist die Art und Weise, wie Benutzer*innen mit dem System interagieren, die sogenannte *Benutzererfahrung* oder *User Experience* (UX). Auf dieses Thema komme ich in Abschnitt 1.3, »Bedienoberfläche«, zu sprechen. Neben dem klassischen SAP GUI hat sich hier die neue Oberflächentechnologie *SAP Fiori* etabliert. Sie bietet eine moderne Benutzeroberfläche, die auch sehr gut auf mobilen Endgeräten funktioniert und die Sicht der Anwender*innen aufgabenorientiert auf das Wesentliche lenkt. Viele neue Funktionen von SAP S/4HANA sind nur über SAP Fiori erreichbar. Das SAP GUI als alleinige Oberflächentechnologie reicht daher heute nicht mehr aus. Auch hierdurch ergeben sich neue Aufgaben für die Systemadministration.

1.1 Die SAP-HANA-Plattform

Bisherige Softwarelösungen von SAP zeichneten sich durch ihre Offenheit hinsichtlich der zugrunde liegenden Datenbank aus (*AnyDB*). Auch SAP HANA war vor der Einführung von SAP S/4HANA eine mögliche, aber keine verpflichtende Datenbank. So konnten etwa SAP Business Warehouse (SAP BW) oder die SAP Business Suite auf SAP HANA betrieben werden. Mit SAP S/4HANA ist die SAP-eigene Datenbank SAP HANA jedoch elementarer Bestandteil der Lösung. Dies hat mehrere Vorteile: Zum einen kann SAP seine Software auf diese eine Datenbanktechnologie zuschneiden, zum anderen können Anwendungs- und Datenbankebene enger verzahnt und aufeinander abgestimmt werden. Aber auch für Sie als Administrator*in hat das Vorteile. Sie können sich auf diese Datenbanktechnologie konzentrieren und müssen sich nicht in viele unterschiedliche Datenbanktechnologien einarbeiten.

Mehr als eine Datenbank

Bisher habe ich in diesem Abschnitt den Begriff *Datenbank* verwendet. Tatsächlich ist SAP HANA jedoch mehr als eine Datenbank. SAP spricht daher auch von der SAP-HANA-Plattform. Ein zentraler Bestandteil dieser Plattform sind natürlich die Datenbankdienste. In Abbildung 1.2 sehen Sie jedoch noch weitere Bestandteile.

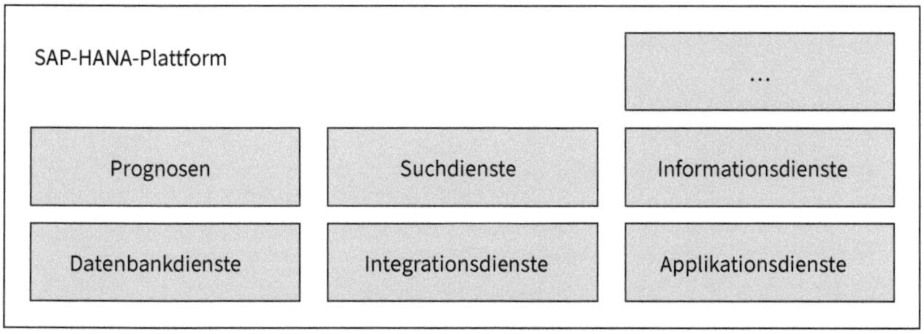

Abbildung 1.2: Wichtige Bestandteile der SAP-HANA-Plattform

Nicht alle sind im Kontext von SAP S/4HANA relevant, können aber für bestimmte Einsatzzwecke verwendet werden. Grundsätzlich müssen Sie hier aber die Lizenzen und Nutzungsbedingungen im Blick behalten, da einige Bestandteile der SAP-HANA-Plattform eine erweiterte Lizenz erfordern.

1.1.1 Betrieb der SAP-HANA-Plattform

Appliance oder TDI

Voraussetzung für den Betrieb einer SAP-HANA-Plattform sind Server, die auf einer Intel-x86- oder IBM-Power-Architektur basieren. Grundsätzlich unterscheidet man zwischen *SAP HANA Appliances* und *Tailored Datacenter Integration* (TDI). Während bei Appliances die kompletten Systeme als zertifizierte Lösung von SAPs Hardwarepartnern ausgeliefert werden, haben Sie bei TDI die Möglichkeit, die einzelnen Komponenten, wie z. B. Storage, Virtualisierung und Netzwerk, individuell nach Ihren Anforderungen zusammenzustellen. Auch beim Sizing haben Sie mehr Freiheit.

Hardwareliste

In jedem Fall müssen die verwendeten Komponenten in der SAP-HANA-Hardwareliste aufgeführt sein, die Sie unter der folgenden URL auf den Seiten von SAP finden: *http://s-prs.de/v1121900*. Deren Aufbau sehen Sie in Abbildung 1.3. Hier können Sie über Filtereinstellungen für passende Systeme Ihr Einsatzszenario finden (z. B. den Appliance-Typ **Scale-up SoH/S4H**).

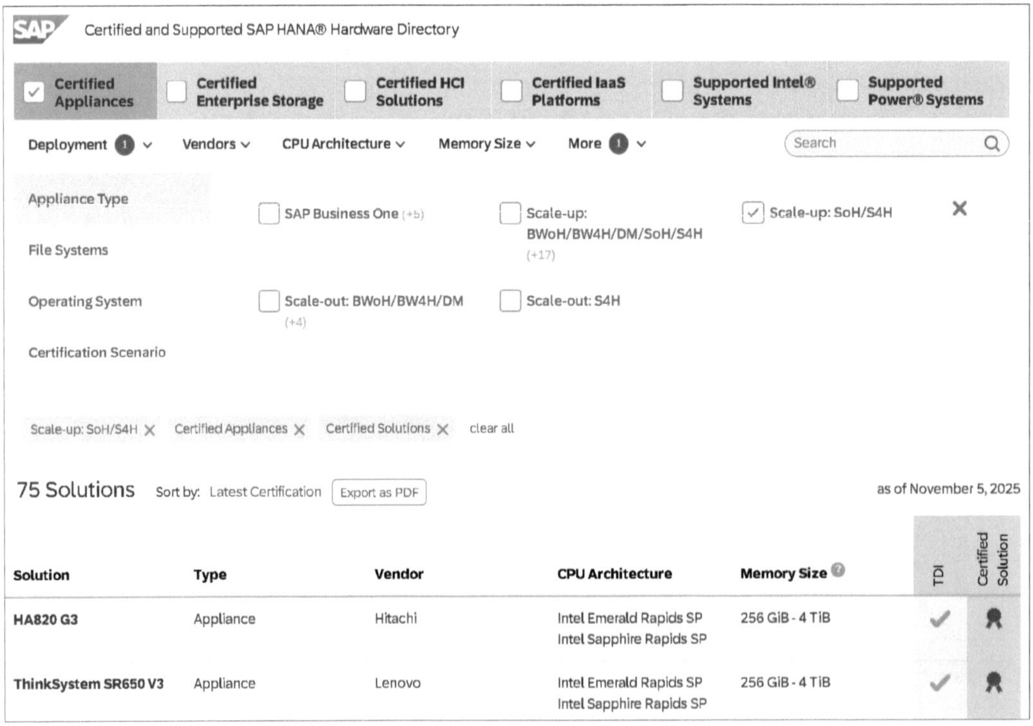

Abbildung 1.3: SAP-HANA-Hardwareliste

Scale-up- und Scale-out-Szenarien

SAP HANA kann als Single-Host-System (*Scale-up-Szenario*) oder Multi-Host-System (*Scale-out-Szenario*) betrieben werden. Während die SAP-HANA-Plattform beim Scale-up-Szenario auf einem Host betrieben wird, wird sie beim Scale-out-Szenario auf mehrere Hosts verteilt. Dies ist z. B. nützlich, um die physikalischen Grenzen einzelner Hosts hinsichtlich des Hauptspeichers und/oder der Anzahl der CPUs zu umgehen. Aktuell kann ein Scale-up-System maximal 32 Tebibyte (TiB) RAM verwalten, während bei Scale-out-Systemen deutlich größere Dimensionen realisiert werden können. Allerdings nehmen beim Scale-out-Szenario auch die Komplexität und der interne Verwaltungsaufwand zu.

SAP-S/4HANA-Systeme sind in den meisten Fällen Scale-up-Systeme. Nur bei sehr großen Systemen mit mindestens 6 TB benötigtem RAM ist derzeit ein Betrieb als Scale-out-System zulässig (siehe auch SAP-Hinweis 2408419).

SLES oder RHEL

Als Betriebssystem kommen ausschließlich *SUSE Linux Enterprise Server* (SLES) oder *Red Hat Enterpise Linux* (RHEL) zum Einsatz. Welche Betriebssystemversionen mit welcher SAP-HANA-Version kompatibel sind, erfahren Sie in SAP-Hinweis 2235581.

1.1.2 Architektur

In-Memory

SAP HANA ist eine *In-Memory-Datenbankplattform*. Dies bedeutet, dass ein Großteil der zu verarbeitenden Daten bereits im *Hauptspeicher* des SAP-HANA-Servers vorgehalten wird. Klassische Datenbanksysteme haben deutlich weniger Hauptspeicher, in dem nur ein Bruchteil der Daten abgelegt werden kann. Dennoch benötigt auch SAP HANA eine Persistenzschicht zur dauerhaften Ablage der Daten, die z. B. auch einen Neustart des Servers überdauert. Auch Datenänderungen müssen immer sofort synchron persistiert werden, da sie sonst z. B. im Fall eines Stromausfalls verloren gehen.

Column Store

Eine weitere Besonderheit von SAP HANA ist die Möglichkeit, die Daten spaltenweise im *Column Store* statt wie bei klassischen relationalen Datenbanken zeilenweise im *Row Store* abzulegen. SAP HANA beherrscht sowohl die spaltenbasierte als auch die zeilenbasierte Ablage von Daten, wobei bei einem modernen SAP-S/4HANA-System inzwischen der Großteil der Daten spaltenbasiert abgelegt wird. Abbildung 1.4 veranschaulicht die beiden unterschiedlichen Ablagemöglichkeiten.

Durch die spaltenbasierte Ablage ergeben sich folgende Vorteile:

- **Höhere Komprimierungsraten**

  Wenn Sie sich die spaltenbasierte Ablage in Abbildung 1.4 genauer ansehen, stellen Sie fest, dass alle gleichartigen Daten direkt nebeneinanderstehen (z. B. alle Länderkürzel). Dadurch kann SAP HANA für jede Spalte einen Algorithmus wählen, der die jeweiligen Daten bestmöglich komprimiert.

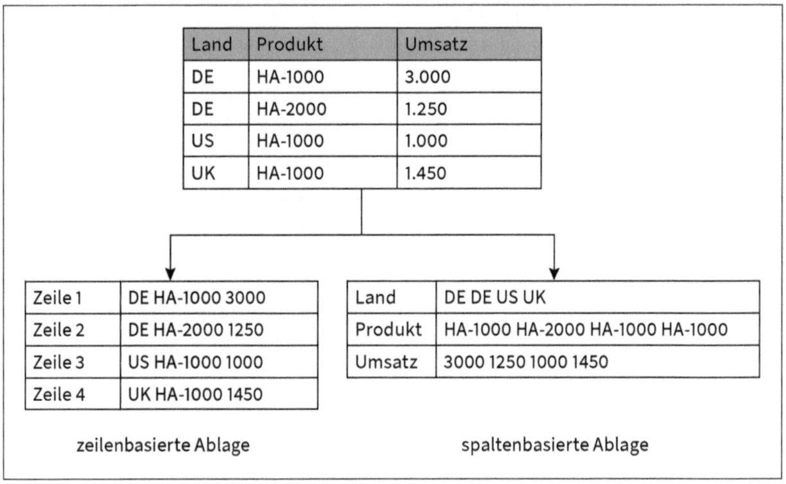

Abbildung 1.4: Zeilenbasierte und spaltenbasierte Ablage

Des Weiteren nutzt SAP HANA im Column Store die Wörterbuch-Komprimierung. Dabei werden die unterschiedlichen Werte einer Spalte durchnummeriert (für die Spalte »Produkt« aus Abbildung 1.4 z. B. 1 = HA-1000, 2 = HA-2000). Dadurch müssen die unterschiedlichen Werte nur einmalig in einem Wörterbuch gespeichert werden und in der zugehörigen Spalte muss nur noch der Verweis auf den Wörterbucheintrag stehen (in diesem Beispiel 1 2 1 1).

- **Höhere Geschwindigkeit bei Spaltenoperationen**

  Greifen Sie bei einer Datenbankabfrage nur auf einzelne Spalten einer Tabelle zu, wie das häufig bei Such- oder Aggregationsabfragen der Fall ist, bringt auch hier die direkte Nähe der Daten einen großen Geschwindigkeitsvorteil (z. B. stehen in der Spalte »Umsatz« in Abbildung 1.4 alle Umsätze direkt nebeneinander).

- **Verzicht auf Indizes**

  Da die spaltenbasierte Datenablage quasi mit einem Index auf jeder Spalte einer zeilenbasierten Datenablage gleichzusetzen ist, können Sie in den meisten Fällen auf Indizes verzichten. Dies wirkt sich auch positiv auf die Schreibgeschwindigkeit und den Speicherverbrauch aus, da jeder Index auch aktualisiert werden muss und zusätzlichen Speicher benötigt.

- **Verzicht auf Aggregate**

  Das Datenmodell vieler SAP-Systeme, etwa der klassischen SAP Business Suite, kann man als durchaus komplex bezeichnen. Oftmals werden Daten mehrfach in anderer Form in weiteren Tabellen abgelegt, z. B. Zwischenergebnisse, um dann bei Bedarf schneller auf die bereits aggregierten Daten zugreifen zu können. Mit SAP HANA ist dies nicht mehr erforderlich, da die Aggregate »on the fly«, also direkt bei Anforderung, in hoher Geschwindigkeit berechnet werden können. Diese Anpassung am Datenmodell hat SAP mit dem Umstieg auf SAP S/4HANA vorgenommen. Steigen Sie von der klassischen SAP Business Suite auf SAP S/4HANA um, müssen Sie daher auch Ihre kundenindividuellen Entwicklungen im Hinblick auf diese Datenmodellanpassungen überprüfen und anpassen.

- **Parallelisierung**

  Durch die Spaltenorientierung können Datenbankoperationen auf unterschiedlichen Spalten einer Tabelle auf mehrere CPU-Kerne verteilt werden.

Row Store

Dennoch können Daten in SAP HANA weiterhin zeilenbasiert abgelegt werden. Die zuvor genannten Vorteile kommen dann natürlich nicht zum Tragen. Diese Speicherungsart kann in folgenden Fällen in Betracht gezogen werden:

- Die Tabelle hat wenige Zeilen (z. B. Konfigurationstabellen).
- Die Applikation arbeitet hauptsächlich mit einem Datensatz.
- Die Spalten der Tabelle enthalten viele unterschiedliche Werte, wodurch die Komprimierung im Column Store nicht hoch wäre.
- Weder Aggregationen noch Suchoperationen werden benötigt.

SAP hat für alle Standardtabellen eine Entscheidung getroffen, ob diese im Column Store oder Row Store abgelegt werden sollen. Sie können die Einstellung z. B. über die Transaktion SE11 im SAP GUI einsehen. Tragen Sie hier die gewünschte Datenbanktabelle ein, z. B. `ACDOCA`, und wählen Sie **Anzeigen • Technische Einstellungen • DB spezifische Eigenschaften**. Nun sehen Sie im Bereich **Speicherungsart** den Ablageort der Tabelle (siehe Abbildung 1.5). Für kundenindividuelle Tabellen liegt es in der Verantwortung des Entwicklungsteams, die richtige Speicherungsart zu wählen. Die Standardeinstellung ist **Column Store**.

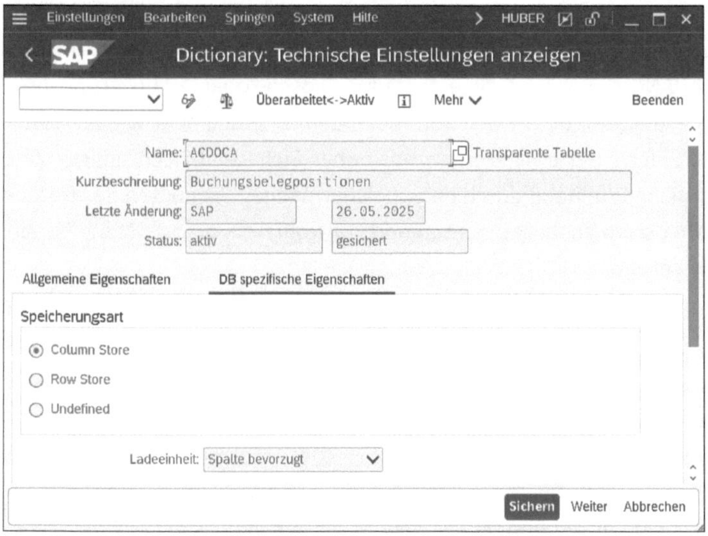

Abbildung 1.5: Speicherungsart einer Datenbanktabelle

Delta Merge

So einleuchtend die Vorteile der spaltenbasierten Ablage auch sind, es gibt auch Nachteile. Wenn Sie z. B. in einer Tabelle mit 20 Spalten eine Zeile einfügen möchten, ist bei einer zeilenorientierten Datenablage dazu nur eine Insert-Operation nötig, während bei der spaltenbasierten Ablage 20 solcher Insert-Operationen durchgeführt werden müssten. Im Anschluss müssten dann auch noch die Komprimierung und die Wörterbücher neu bewertet und überarbeitet werden. SAP hat diese Problematik gelöst, indem sämtliche Datenänderungen in einem separaten Bereich, dem sogenannten *Delta-Bereich* jeder Column-Store-Tabelle, vorgemerkt werden, der dann zu einem späteren Zeitpunkt mit dem Hauptbereich der Tabelle, dem *Main-Bereich*, zusammengeführt wird. Dieses komplexe Verfahren nennt sich *Delta Merge*. Es bindet besonders bei großen Tabellen und vielen Datenänderungsoperationen viele Datenbankressourcen (CPU und Hauptspeicher) und ist daher etwas, das Sie als Administrator*in im Auge behalten sollten. Wir werden uns daher in Abschnitt 14.2, »Überwachung der Systemressourcen«, ausführlicher mit diesem Thema befassen.

1.1.3 Sizing

Klassische Datenbanken können relativ einfach geänderten Datenmengen angepasst werden, z. B. durch das Hinzufügen weiterer Speichermedien. Durch die In-Memory-Technologie von SAP HANA ist eine solche Anpassung deutlich schwieriger, da dazu Hauptspeicher oder sogar die komplette Hardware ausgetauscht werden müsste. Daher muss das initiale Sizing für SAP HANA, insbesondere die Ermittlung des benötigten Hauptspeichers und benötigter CPUs, möglichst genau sein. Da diese Komponenten sehr teuer sind, dürfen Sie nicht zu viel Sicherheitspuffer einkalkulieren, Sie dürfen aber auch auf keinen Fall den Fehler machen, das System künstlich kleinzurechnen, um die Kosten zu senken. Ich habe es oft mit Kunden zu tun, die die Datenbank vor einem Umstieg auf SAP S/4HANA durch einmalige Aufräum-, Lösch- oder Archivierungsprojekte zwar verkleinern, dem Wachstum nach dem Umstieg aber wieder freien Lauf lassen. Solche Systeme werden mit hoher Sicherheit nach einiger Zeit langsam oder sogar instabil durch den Speichermangel. Sie sollten das Datenvolumen daher stets im Blick behalten und kontrollieren, ob die Sizing-Regeln eingehalten werden.

50%-Regel

Ein wichtiger Grundsatz beim Sizing ist es, nur 50 % des Hauptspeichers für die Speicherung der Nutzdaten einzukalkulieren. Die anderen 50% benötigt die Datenbank als Arbeitsspeicher, z. B. zur Ausführung der Datenbankabfragen oder zur Durchführung der Delta Merges. Beträgt die Auslastung des Hauptspeichers durch die Nutzdaten deutlich über 50%, kommt es mindestens zu Performanceproblemen. In Abschnitt 14.2, »Überwachung der Systemressourcen«, werde ich die Auswirkungen genauer beschreiben.

Abhängig davon, ob Sie das SAP-S/4HANA-System als Neuimplementierung planen oder Ihre bestehende SAP Business Suite in ein SAP-S/4HANA-System konvertieren, stehen Ihnen unterschiedliche Werkzeuge für das Sizing zur Verfügung. Die Einstiegspunkte für diese Werkzeuge finden Sie in Tabelle 1.1.

Szenario	Einstiegspunkt
Neuimplementierung	Quick Sizer (*http://s-prs.de/v1121901*)
Konvertierung	SAP-Hinweis 1872170, Sizing-Report für SAP S/4HANA, SAP-Hinweis 1793345

Tabelle 1.1: Einstiegspunkte für das SAP-HANA-Sizing für SAP S/4HANA

Den Sizing-Report aus SAP-Hinweis 1872170 können Sie übrigens nicht nur zur Planung der zu erwartenden Systemgröße verwenden, sondern auch jederzeit später auf Ihrem SAP-S/4HANA-System ausführen. So können Sie überprüfen, ob die tatsächliche Systemgröße noch zu Ihrer Hardware passt.

[!]

Datenwachstum berücksichtigen

Achten Sie darauf, Ihr zu erwartendes Datenwachstum für den Zeitraum der geplanten Nutzung der Hardware mit einzukalkulieren, da die Werkzeuge jeweils nur den aktuellen Zeitpunkt berücksichtigen.

1.1.4 Data Aging und SAP HANA Native Storage Extension

Ist es wirklich sinnvoll, sämtliche Nutzdaten im teuren Hauptspeicher von SAP HANA vorzuhalten? Sicherlich nicht! Eine Rechnung, die vor neun Jahren gebucht wurde, müssen Sie zwar aus rechtlichen Gründen aufbewahren, es ist aber kein Problem, wenn der Zugriff auf diese Rechnung etwas länger dauert, da diese zuerst von der Persistenzschicht in den Hauptspeicher geladen werden muss.

Dynamic Tiering

Unter dem Sammelbegriff *Dynamic Tiering* hat SAP in den letzten Jahren verschiedene Technologien entwickelt, um Daten, auf die nicht in höchster Geschwindigkeit im Hauptspeicher zugegriffen werden muss, kostengünstiger abzulegen. Im Zusammenhang mit SAP S/4HANA sind hier vor allem die Technologien *Data Aging* und *SAP HANA Native Storage Extension* (NSE) erwähnenswert:

- Mit Data Aging wird auf Applikationsebene definiert und gesteuert, welche Daten nicht dauerhaft im Hauptspeicher verweilen müssen und über Partitionierungsregeln in separaten Partitionen in SAP HANA gespeichert werden. Hierzu sind umfassende Konfigurationsschritte in SAP S/4HANA erforderlich.

- Bei NSE geschieht die Unterteilung auf technischer Ebene in SAP HANA. Hier arbeitet ein Teil der Datenbank mit einem klassischen Tabellenpuffer, der nur einen kleinen Teil der Daten im Hauptspeicher vorhält. Die Entscheidung, welche Daten so abgelegt werden können, ist von Kunde zu Kunde unterschiedlich und muss gut geplant werden. SAP hat in SAP S/4HANA seit Release 2021 einige Tabellen entsprechend vorkonfiguriert, die sich für NSE eignen. Darunter befinden sich z. B. die Tabellen `EDID4`, `CDPOS` und `BALDAT`, die bei vielen Kunden zu den größten Tabellen zählen und somit grundsätzlich lohnenswert für NSE sind. In Abschnitt 5.2.4, »Native Storage Extension«, werde ich näher auf die Konfiguration eingehen.

SAP rät von der Verwendung von Data Aging inzwischen ab (siehe SAP-Hinweis 2869647) und empfiehlt stattdessen die Verwendung von NSE. Das Einsparpotenzial sollten Sie hierbei jedoch kritisch hinterfragen und dem zusätzlichen Konfigurations- und Administrationsaufwand gegenüberstellen. Die erste Wahl für Einsparpotenziale bei den Applikationsdaten bleiben Datenvermeidung, Datenarchivierung und Datenlöschung. Gerade die gesetzlich vorgeschriebenen Anforderungen der Datenschutz-Grundverordnung (DSGVO) sind in die Entscheidung miteinzubeziehen.

Aktuelle Informationen zu NSE im Zusammenhang mit SAP S/4HANA finden Sie in den SAP-Hinweisen 2816823 und 2973243.

1.2 Die ABAP-Plattform

Evolution von SAP NetWeaver

Die ABAP-Plattform bildet die technologische Grundlage von SAP S/4HANA. Sind Sie schon mit der Administration von SAP-Produkten vertraut, kennen Sie sicherlich den bisherigen Begriff *SAP NetWeaver Application Server ABAP* (AS ABAP). Zuvor hieß diese Technologieplattform *SAP Web Application Server* und noch davor *SAP-Basis*. Tatsächlich hat sich nicht nur der Name der Plattform mit den Jahren geändert, auch technologisch darf man die Begriffe nicht gleichsetzen. Während SAP NetWeaver eine vollständige Produktfamilie umfasst, ist die ABAP-Plattform eine Weiterentwicklung des SAP NetWeaver AS ABAP, die auf einer neuen Kernellinie aufbaut. Diese Umstellung kam mit SAP S/4HANA 1809. Die ersten Versionen von SAP S/4HANA basierten dagegen noch auf dem SAP NetWeaver AS ABAP.

Abbildung 1.6 zeigt die Evolution von der SAP-NetWeaver-Plattform hin zur ABAP-Plattform. Sie ist heute elementarer Bestandteil von SAP S/4HANA. Es gibt aktuell keine Pläne, die ABAP-Plattform als eigenständiges Produkt, wie früher SAP NetWeaver, auszuliefern.

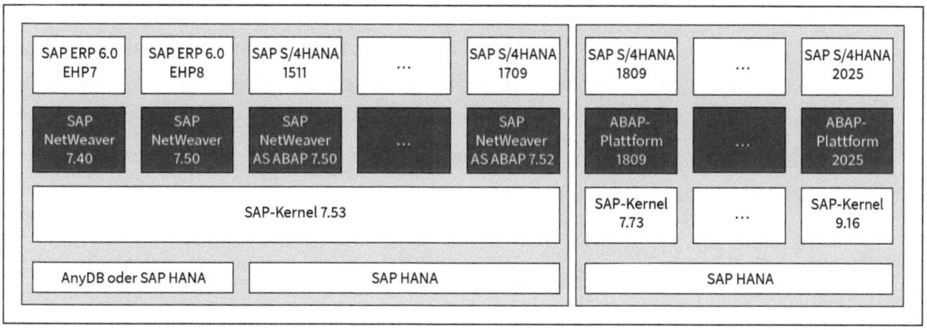

Abbildung 1.6: Von SAP NetWeaver zur ABAP-Plattform

1.2.1 Betrieb der ABAP-Plattform

Unterstützte Betriebssysteme

Mit der Einführung der ABAP-Plattform hat SAP auch die Kompatibilität zu einigen früher unterstützten Betriebssystemen aufgegeben. Tabelle 1.2 zeigt die Unterschiede. Die Entscheidung hängt sicherlich auch mit dem neuen Betriebsmodell, also SAP S/4HANA Cloud, zusammen. Viele der abgekündigten Betriebssysteme spielen in Cloud-Umgebungen keine Rolle.

Bis SAP Netweaver 7.52	Ab ABAP-Plattform 1809
Windows Server 64 Bit	Windows Server 64 Bit
Linux auf x86 64 Bit	Linux auf x86 64 Bit
AIX	AIX
Linux auf Power LE	Linux auf Power LE
Linux auf Power BE	
UP-UX auf IA64	
vSolaris auf SPARC/x86	
IBM i	
IBM z/OS	
Linux auf IBM Z	

Tabelle 1.2: Von der ABAP-Plattform unterstützte Betriebssysteme

Da die SAP-HANA-Plattform ausschließlich auf Linux-basierten Systemen betrieben werden kann, wird für die ABAP-Plattform häufig das gleiche Betriebssystem verwendet. Auch für Sie hat das Vorteile, da Sie sich auf die Administration eines Betriebssystems konzentrieren können. Sie können die ABAP-Plattform und die SAP-HANA-Plattform auch auf einem gemeinsamen Host betreiben, um Hard- und Softwarekosten einzusparen. In diesem Fall müssen Sie die Lösungen aber gegeneinander absichern, um die jeweils benötigten Ressourcen zu garantieren. Weitere Informationen hierzu finden Sie in SAP-Hinweis 1953429. Da die ABAP-Plattform jedoch hochgradig skalierbar ist, kann sie auf mehrere Hosts verteilt werden. So können weitere Ressourcen zur Verfügung gestellt werden.

1.2.2 Die Rolle der ABAP-Plattform innerhalb der Architektur von SAP S/4HANA

Prozessebenen

SAP S/4HANA folgt dem typischen Aufbau einer Client-Server-Architektur mit drei Prozessebenen:

- Präsentationsebene
- Applikationsebene
- Datenbankebene

Die ABAP-Plattform nimmt hierbei den zentralen Platz auf der Applikationsebene ein. Auch die SAP-HANA-Plattform übernimmt zusätzlich Funktionen der Applikationsebene und darf daher nicht auf die Datenbankebene reduziert werden.

Instanzen und Workprozesse

Technologisch besteht die ABAP-Plattform aus verschiedenen Diensten, die in *Instanzen* zusammengefasst werden. Die ABAP-Plattform besteht dabei mindestens aus zwei Instanzen:

- Die *Central-Services-Instanz* (ASCS) bietet zentrale Dienste der Plattform an. An dieser Instanz kann man sich nicht als Benutzer*in anmelden.
- Der *Primary Application Server* (PAS) beinhaltet immer einen *ABAP Dispatcher* sowie eine Anzahl von Workprozessen. Der Dispatcher verteilt die Anfragen auf die einzelnen Workprozesse. Es gibt unterschiedliche Workprozesse für verschiedene Aufgaben, die ich im Abschnitt »Workprozesse« in Abschnitt 3.1.2 näher erläutere.

Um auf Applikationsebene weiter skalieren zu können, können neben der ASCS- und PAS-Instanz noch weitere Instanzen, sogenannte *Additional Application Server* (AAS), hinzugefügt werden. In Abschnitt 3.1.1, »Instanzen«, stelle ich Ihnen die verschiedenen Instanzen und deren Aufgaben genauer vor.

[»]

Zentrales System

Werden PAS, ASCS und Datenbank auf demselben Host installiert, spricht man von einem *zentralen System*.

In Abbildung 1.7 sehen Sie drei mögliche Aufbauten eines SAP-S/4HANA-Systems. Auf Applikationsebene finden Sie jeweils die Instanzen der SAP-ABAP-Plattform.

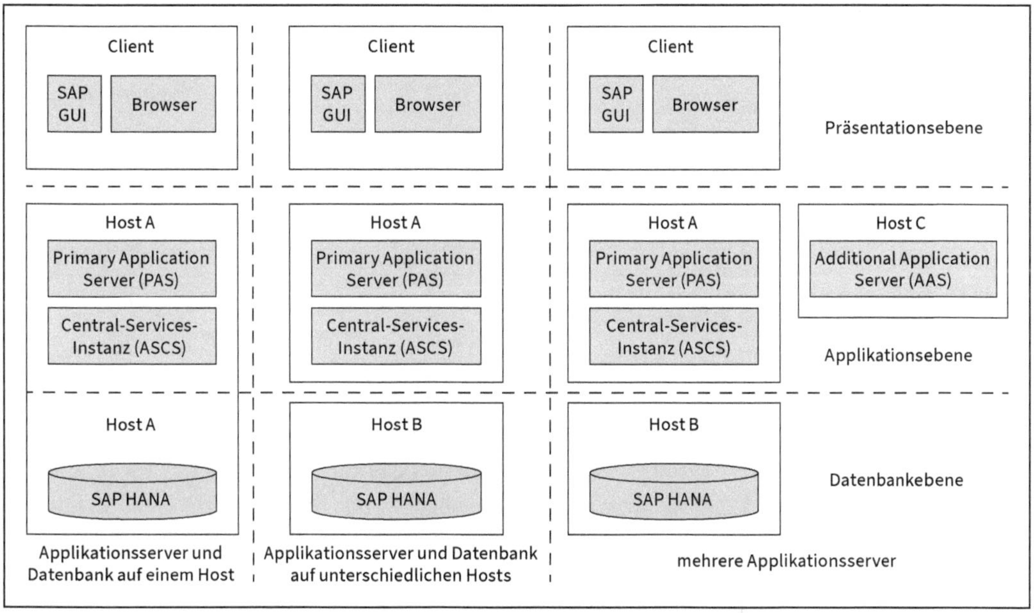

Abbildung 1.7: Drei Varianten für den Aufbau eines SAP-S/4HANA-Systems

Funktionen der ABAP-Plattform

Aus Softwaresicht beinhaltet die ABAP-Plattform nur die technischen Grundfunktionen des Systems, z. B. die Benutzerverwaltung, das Transportwesen und die Systemkonfiguration. Zweifelsfrei werden sich jedoch die meisten Ihrer Administrationsaufgaben auf diesen Bereich beziehen. So werden Sie in der Lage sein, auch andere SAP-Softwareprodukte zu administrieren, die auf der ABAP-Plattform aufbauen. Damit die betriebswirtschaftlichen Prozesse in dem System ausgeführt werden können, werden weitere Produkte auf Anwendungsebene benötigt. In unserem Fall ist dies das Produkt SAP S/4HANA.

Wenn Sie sich über das SAP GUI am SAP-S/4HANA-System anmelden und im Menü dem Pfad **System • Status • Details** folgen, finden Sie auf der Registerkarte **Installierte Produktversionen** die installierten Produkte (siehe Abbildung 1.8). Neben den Produkten **ABAP PLATFORM**, **SAP S/4HANA FOUNDATION** und **S4HANA ON PREMISE** werden Sie hier weitere Produkte finden, die im Wesentlichen für die Visualisierung der SAP-Fiori-Apps zuständig sind. In Abschnitt 1.3.2, »SAP Fiori«, sowie in Abschnitt 4.5, »SAP Gateway und SAP-Fiori-Frontend-Server einrichten«, gehe ich umfassender auf diese Produkte ein.

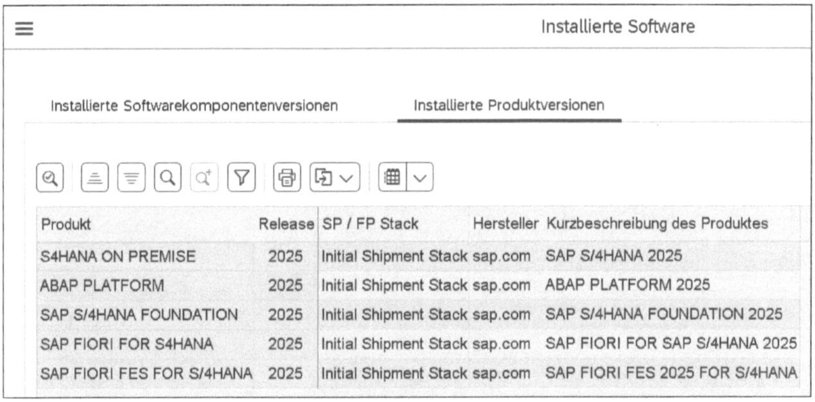

Abbildung 1.8: Installierte Software eines typischen SAP-S/4HANA-Systems

Java-Komponenten in SAP S/4HANA

Ohne Frage konzentriert sich die Funktionalität von SAP S/4HANA auf die ABAP-Plattform, ihre Produkte und die darunterliegende SAP-HANA-Plattform. SAP NetWeaver kennt allerdings neben dem SAP NetWeaver AS ABAP (der heutigen ABAP-Plattform) auch noch den *SAP NetWeaver AS Java*. Einige SAP-Produkte, die auch für SAP S/4HANA eine Rolle spielen können, bauen auf dieser Plattform auf.

Besonders hervorheben möchte ich hier die *Adobe Document Services* (ADS) zum Rendern von PDF-Dokumenten mithilfe von Formularvorlagen. Auch mit SAP S/4HANA werden Standardformularvorlagen ausgeliefert und die Verwendung der ADS wird für SAP S/4HANA ausdrücklich empfohlen. Dies bedeutet aber, dass Sie auch einen SAP NetWeaver AS Java mit der Verwendungsart **ADOBE** zur Ausführung bereitstellen und betreiben müssen. Wenn Sie dies nicht möchten, können Sie diesen Service auch auf der SAP BTP buchen. Hier heißt der Service *SAP Forms Service by Adobe*. In SAP-Hinweis 2219598 finden Sie weitere Informationen dazu.

Da der Support für SAP NetWeaver AS Java voraussichtlich 2030 endet, benötigt auch ADS eine neue technologische Basis, wenn Sie ADS nicht auf der SAP BTP nutzen möchten. SAP wird ADS daher ab SAP S/4HANA 2027 innerhalb der SAP-HANA-Plattform bereitstellen.

Als Alternative unterstützt SAP S/4HANA weiterhin die älteren Formulartechnologien *SAPscript* und *SAP Smart Forms*, die keinen SAP NetWeaver AS Java benötigen. In Kapitel 10, »Ausgabeverwaltung in SAP S/4HANA«, erhalten Sie weitere Informationen rund um die Ausgabe von Formularen.

In diesem Buch konzentriere ich mich auf die Administrationsaufgaben der ABAP-Plattform und der SAP-HANA-Plattform. Für die Administrationsaufgaben des SAP NetWeaver AS Java verweise ich auf die Dokumentation im SAP Help Portal, die Sie unter dem Link *http://s-prs.de/v1121902* finden.

1.3 Bedienoberfläche

Mit dem SAP GUI stellt SAP seit den 1990er Jahren eine leistungsfähige grafische Benutzeroberfläche für den Zugriff auf SAP-Systeme bereit. Auch mit SAP S/4HANA spielt diese Benutzeroberfläche weiterhin eine große Rolle und wird auch für Sie ein wichtiger Einstiegspunkt zur Administration des Systems bleiben.

Allerdings hat sich die Art und Weise, wie Menschen mit Systemen interagieren, in den letzten Jahren stark verändert. Smartphones und Tablets, Mobilität und Apps sind nur einige moderne Begriffe, die mit dem SAP GUI nicht so richtig in Einklang zu bringen sind. Nach einigen mehr oder weniger erfolgreichen alternativen Technologien steht mit SAP Fiori seit 2013 eine leistungsfähige und moderne Oberfläche zur Verfügung, die die Bedienbarkeit der SAP-Systeme vereinfachen soll. Diese Oberflächentechnologie ist ein wesentlicher Bestandteil von SAP S/4HANA. Viele neue Funktionen des Systems sind ausschließlich über SAP-Fiori-Apps erreichbar.

1.3.1 SAP GUI

Das SAP GUI war zweifelsfrei die meistgenutzte Oberflächentechnologie für ABAP-basierte SAP-Systeme. Auch mit SAP S/4HANA ist es weiterhin nutzbar. Eine Einkäuferin oder ein Einkäufer kann z. B. weiterhin Bestellungen über die SAP-GUI-Transaktion ME21N erfassen. Dort steht ihnen die maximale Funktionalität zur Verfügung. Das bedingt jedoch auch komplexe und voll gepackte Oberflächen. In Abbildung 1.9 sehen Sie die Oberfläche der Transaktion ME21N.

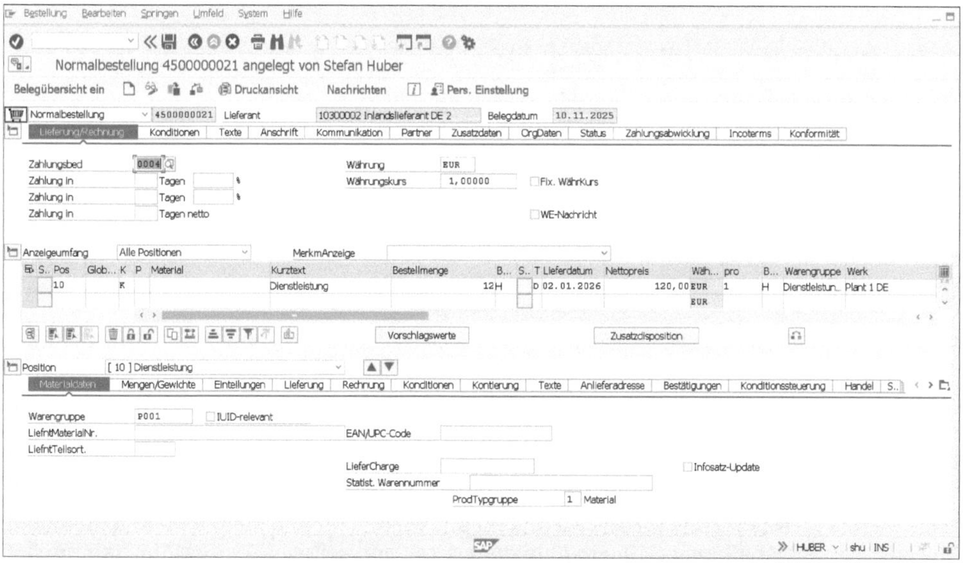

Abbildung 1.9: Transaktion ME21N (Bestellung anlegen) im SAP GUI (Blue Crystal Theme)

Unterschiedliche Themes

Über die SAP-GUI-Optionen können Sie ein sogenanntes *Theme* auswählen (**Optionen • Visuelles Design • Theme Einstellungen**). Der Screenshot aus Abbildung 1.9 wurde mit dem Theme *Blue Crystal* erstellt, einem schon etwas älteren Design. In Abbildung 1.10 sehen Sie die gleiche Transaktion im zu dem Zeitpunkt der Drucklegung dieses Buches aktuellen Theme *Quartz*. Inhaltlich hat die Auswahl des Themes keinerlei Auswirkungen, aber im Layout erkennen Sie doch große Unterschiede. Ich habe mich entschieden, in diesem Buch mit dem Theme Quartz zu arbeiten. Der Umstieg fällt mir allerdings nicht leicht. Wenn Sie die beiden Abbildungen noch einmal vergleichen, sehen Sie in Abbildung 1.9 z. B. den Speichern-Button oben links, während er in Abbildung 1.10 unten rechts zu finden ist.

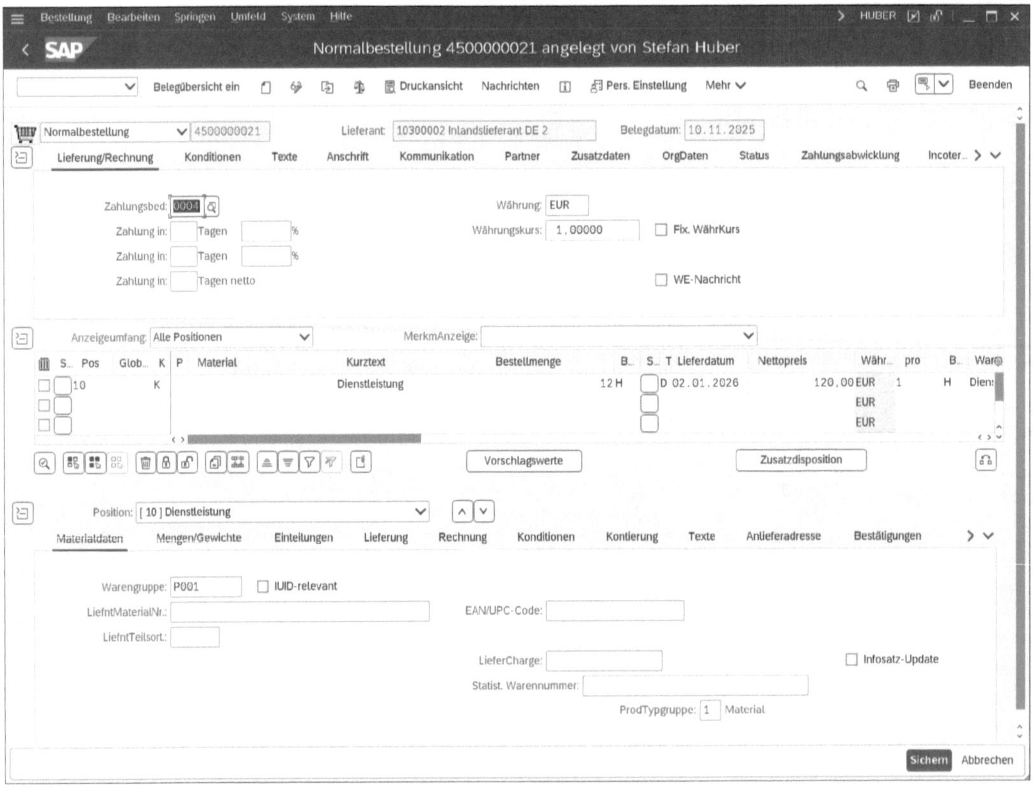

Abbildung 1.10: Transaktion ME21N (Bestellung anlegen) im SAP GUI (Quartz Theme)

Warum nimmt SAP so gravierende Anpassungen bei der Visualisierung vor? Den Grund werden Sie in Abbildung 1.14 im folgenden Abschnitt erkennen. Dort ist nicht die Transaktion ME21N in einem weiteren Design zu sehen, sondern eine neue SAP-Fiori-App zur Erstellung und Bearbeitung von Bestellungen. Wenn Sie Abbildung 1.10 und Abbildung 1.14 vergleichen, erkennen Sie die gewollte Ähnlichkeit. Auch die Anordnung der Speicher-, Such-, Zurück-Buttons ist identisch mit der des Quartz Themes. Für die Bedienbarkeit sind einheitliche Prinzipien natürlich richtig und wichtig, für Umsteiger*innen wie mich sind sie aber gewöhnungsbedürftig.

Unterstützte Betriebssysteme

Um das SAP GUI nutzen zu können, muss die Software auf dem Client-Rechner jedes Benutzers und jeder Benutzerin installiert werden. SAP GUI ist für Windows und Java zum Download verfügbar. Die Java-Version kann z. B. für Linux- oder Mac-Umgebungen verwendet werden. Eine Übersicht der unterstützten SAP-GUI-Versionen und -Betriebssysteme finden Sie in SAP-Hinweis 66971.

SAP GUI for HTML

Neben den SAP-GUI-Versionen, die lokal auf den Client-Rechnern installiert werden, kann der Zugriff auch über einen Webbrowser erfolgen. *SAP GUI for HTML* war in früheren SAP-Releases meist nebensächlich, in SAP S/4HANA übernimmt diese Version aber eine wichtige Rolle. Da immer noch viele Transaktionen existieren, die keine nativen SAP-Fiori-Apps als Nachfolger haben, können in das *SAP Fiori Launchpad*, also die Startseite, über die Benutzer*innen auf alle für sie freigegebenen Apps zugreifen, auch klassische Transaktionen integriert werden. So kann der Webbrowser als alleiniger Zugriffspunkt für die Bedienung eines SAP-S/4HANA-Systems dienen, egal, ob sich hinter einzelnen Kacheln echte SAP-Fiori-Apps oder klassische SAP-Transaktionen befinden.

Abbildung 1.11 zeigt die über das SAP Fiori Launchpad aufgerufene App **Bestellung anlegen – Erweitert**, hinter der sich die Transaktion ME21N verbirgt. Wenn Sie Abbildung 1.11 mit Abbildung 1.10 vergleichen, erkennen Sie, dass SAP GUI und SAP GUI for HTML inhaltlich exakt miteinander übereinstimmen.

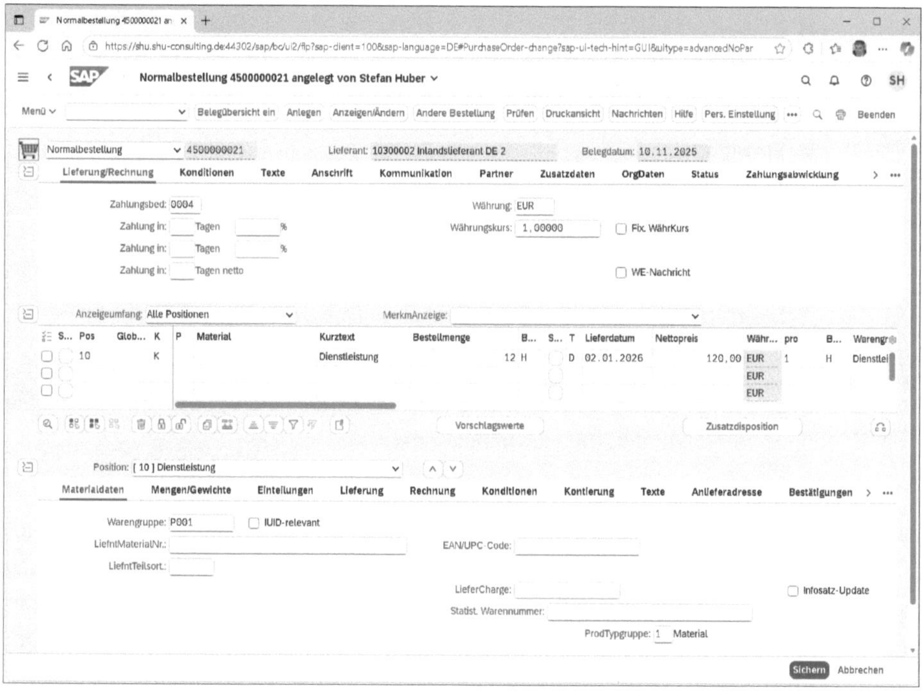

Abbildung 1.11: Transaktion ME21N (Bestellung anlegen) im SAP GUI for HTML

[»]

SAP GUI in SAP S/4HANA Cloud

In SAP S/4HANA Cloud ist der Zugriff auf das System ausschließlich über das SAP Fiori Launchpad und nicht über das klassische SAP GUI möglich. Da jedoch auch für SAP S/4HANA Cloud manche Funktionen nur über klassische Transaktionen erreichbar sind, werden diese über SAP GUI for HTML in das SAP Fiori Launchpad eingebunden.

1.3.2 SAP Fiori

Neue Benutzererfahrung

SAPs Verhältnis zum Thema Benutzererfahrung war schon immer eher schwierig. Gerade für die Generation der Digital Natives wirkt so manche SAP-Transaktion wie aus der Zeit gefallen. Als Reaktion darauf hat SAP nun jedoch eine Designsprache entwickelt, die die Anforderungen der heutigen Zeit erfüllen soll. Die Hauptziele von SAP Fiori sind:

- **Rollenbasiertheit**

  Die Apps sind genau auf die Person zugeschnitten, die vor dem Bildschirm sitzt.

- **Adaptivität**

  Die Apps können auf unterschiedlichsten Endgeräten mit verschiedenen Bildschirmgrößen und Eingabemöglichkeiten genutzt werden.

- **Einheitlichkeit**

  Durch ihre einheitliche Gestaltung sind die Apps intuitiv und ohne großen Schulungsaufwand bedienbar.

- **Einfachheit**

  Die Apps bieten jeweils nur die Funktionen, die für die Erledigung einer bestimmten Aufgabe benötigt werden.

- **Reizvolles Design**

  Die Nutzung der Apps soll Spaß machen (das vielleicht schwierigste Ziel für geschäftliche Anwendungen).

SAP Fiori Design Guidelines

Diese fünf Ziele hat SAP in den *SAP Fiori Design Guidelines* beschrieben, die Sie unter der folgenden URL aufrufen können:

https://www.sap.com/design-system/

SAPUI5

Bei SAP Fiori handelt es sich nicht um eine Technologie. SAP Fiori beschreibt lediglich die Benutzererfahrung, ist also eine Designsprache. Technologisch bilden die offenen Standards HTML5, JavaScript und CSS das Fundament der SAP-Fiori-Apps. Darauf aufbauend ermöglicht es das *User Interface Development Toolkit for HTML5* (SAPUI5) als SAP-spezifisches Framework, Anwendungen zu entwickeln, die den SAP-Fiori-Richtlinien entsprechen.

Frontend-Server

SAP Fiori und die darunterliegenden Technologien werden von SAP stets weiterentwickelt. Seit SAP S/4HANA 1909 befindet sich SAP Fiori 3 mit an Bord. Technologisch ist diese neue Version eng mit dem *SAP-Fiori-Frontend-Server* verbunden, der häufig mit FES abgekürzt wird. Er beinhaltet unter anderem die SAPUI5-Bibliothek und das SAP Fiori Launchpad. Die für SAP S/4HANA benötigten Apps werden mit dem Produkt *SAP Fiori für SAP S/4HANA* ausgeliefert.

Embedded Deployment

Sie können die Frontend-Technologie vom Kernsystem entkoppeln und als eigenständiges SAP-System aufsetzen. SAP empfiehlt aber ausdrücklich das *Embedded Deployment*, also die Integration der Frontend-Komponenten in das SAP-S/4HANA-System. Abbildung 1.12 verdeutlicht die Unterschiede zwischen diesen beiden Deployment-Varianten. Voraussichtlich mit SAP S/4HANA 2027 wird SAP die Unterstützung für einen eigenen Frontend-Server entfernen.

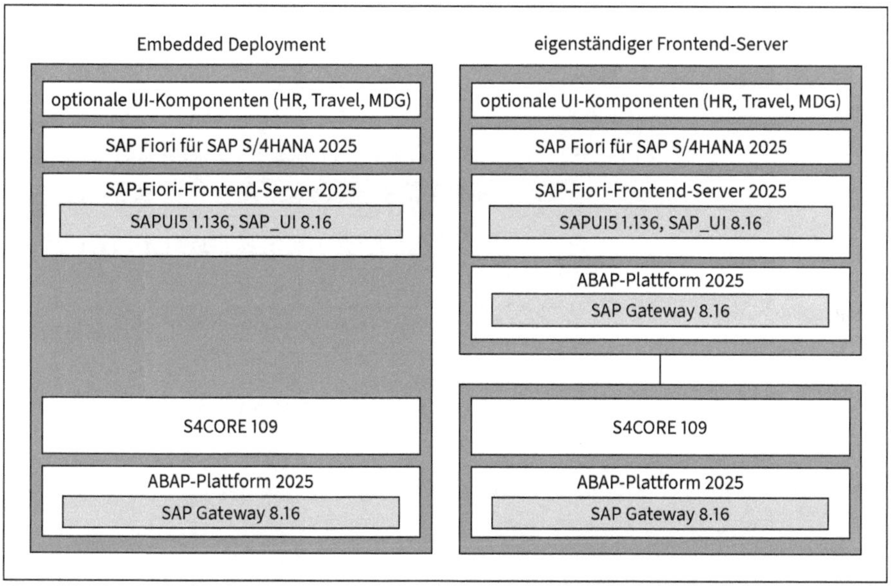

Abbildung 1.12: Vergleich von Embedded Deployment und eigenständigem Frontend-Server

Auch wenn SAP das Embedded Deployment nicht explizit empfehlen würde, ist es meiner Ansicht nach die bessere Wahl, da Sie sich so nicht die Frage stellen müssen, in welchem System Sie welche Administrationsaufgaben durchführen. Auch die einfachere Benutzerverwaltung, die Automatisierung bei der Bereitstellung und Abhängigkeiten zwischen den Softwarekomponenten sprechen für das Embedded Deployment.

Zentrales Launchpad

Betreiben Sie mehrere SAP-Systeme mit mehreren SAP Fiori Launchpads (z. B. zwei SAP-S/4HANA-Systeme), bedeutet dies für die Anwender*innen allerdings, dass Sie für jedes System ein eigenes Launchpad öffnen müssen, um alle Aufgaben in diesem System erledigen zu können. Es gibt dann also keinen zentralen

Einstieg für die Anwender*innen. Dieses Problem können Sie jedoch lösen, indem Sie ein zentrales Launchpad über die SAP BTP bereitstellen. Mit dem kostenpflichtigen Service *SAP Build Work Zone* (ehemals *SAP Launchpad Service*) und dem *Cloud Connector* können Sie die Apps aus den jeweiligen Systemen in ein zentrales Launchpad einbinden und so einen zentralen Zugriffspunkt auf alle Apps schaffen. Das Thema SAP Fiori wird Ihnen in den weiteren Kapiteln immer wieder begegnen, sei es bei der Konfiguration, der Verwaltung von Schnittstellen und Berechtigungen oder bei der Überwachung. Wir werfen hier daher zunächst einen ersten Blick auf das SAP Fiori Launchpad. In Abbildung 1.13 sehen Sie ein exemplarisches Launchpad mit Apps für eine Einkäuferin oder einen Einkäufer. Das Launchpad ist also auf eine spezifische Rolle zugeschnitten. Im Einkauf sind andere Apps relevant als beispielsweise für die Vertriebsleitung.

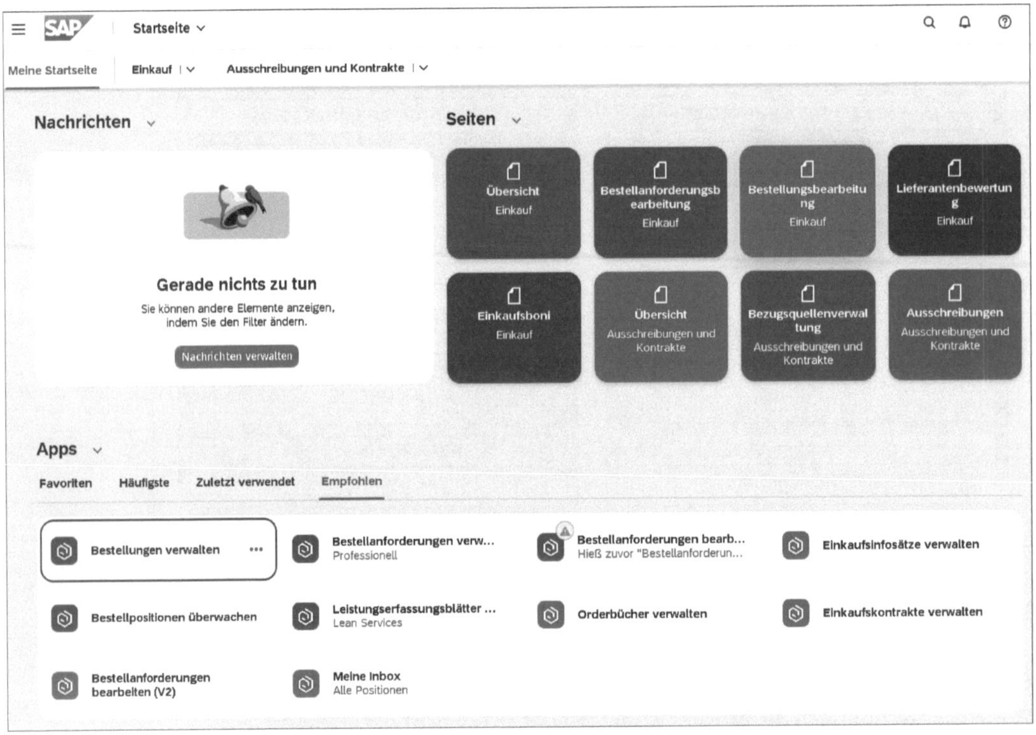

*Abbildung 1.13: SAP Fiori Launchpad für Einkäufer*innen*

Internetbrowser genügt

Für die Bedienung des Systems benötigen Sie keine besondere Software auf Ihrem Endgerät. Es genügt ein moderner Internetbrowser auf einem PC, Laptop, Tablet oder Smartphone. Wenn Sie die URL zum Aufruf des SAP Fiori Launchpads nicht kennen, können Sie es auch über die Eingabe »/n/ui2/flp« im SAP-GUI-Transaktionsfeld erreichen. Am besten speichern Sie sich die URL innerhalb der Favoriten Ihres Internetbrowsers ab.

Um Ihnen einen optischen Vergleich zu den SAP-GUI-Transaktionen zu ermöglichen, habe ich im SAP Fiori Launchpad die SAP-Fiori-App **Bestellungen verwalten** geöffnet (siehe Abbildung 1.14).

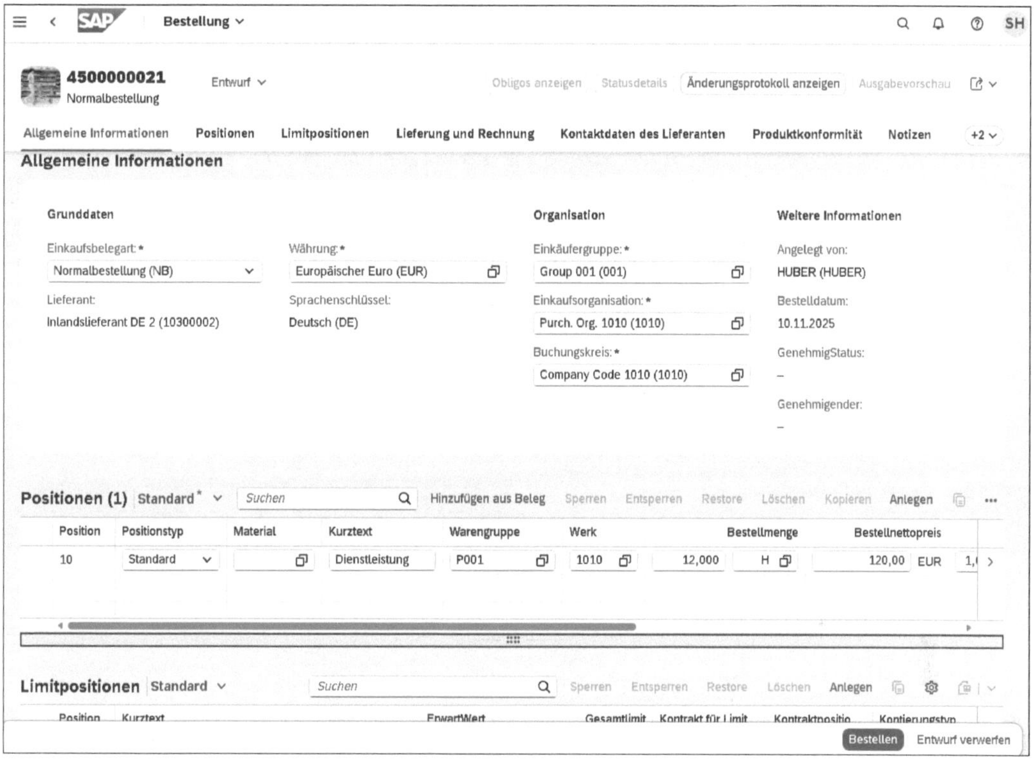

Abbildung 1.14: SAP-Fiori-App »Bestellungen verwalten«

Die App unterscheidet sich deutlich von Transaktion ME21N in Abbildung 1.11. Es handelt sich hier nicht um die »fiorisierte« Transaktion, sondern um eine neu entwickelte native SAP-Fiori-App zur Erstellung und Bearbeitung von Bestellungen.

Unterstützte Browser

Unter der URL *http://s-prs.de/1121903* in der SAPUI5-Dokumentation finden Sie die aktuell unterstützten Browser.

Transaktion vs. App

Die Begriffe *Transaktion* und *App* lassen sich nicht gleichsetzen. Transaktionen bieten häufig Funktionen für verschiedene Benutzergruppen. Das Ziel der Apps ist es dagegen, nur Funktionen anzubieten, die für eine bestimmte Aufgabe benötigt werden. Daher wird eine klassische Transaktion oft durch mehrere SAP-Fiori-Apps abgelöst.

1.3.3 SAP Business Client

Das Beste aus beiden Welten

Obwohl mit jeder neuen SAP-S/4HANA-Version neue SAP-Fiori-Apps ausgeliefert werden, werden Sie sich sicherlich noch viele Jahre mit mehreren Oberflächentechnologien befassen müssen. Gerade professionelle Anwender*innen, die sehr viele Funktionen des Systems nutzen – und dazu gehören auch Administrator*innen –, benötigen sowohl das SAP GUI als auch das SAP Fiori Launchpad oder andere webbasierte Anwendungen im Webbrowser. Mit dem *SAP Business Client* bietet SAP einen Client an, der alle Technologien in einer Oberfläche vereint. Im Hintergrund werden hier weiterhin das klassische SAP GUI für Windows sowie Browsertechnologie verwendet. Daher bietet sich der SAP Business Client nur für Benutzer*innen in Windows-Umgebungen an, für professionelle Benutzer*innen ist das aber meist kein Hindernis. In Abbildung 1.15 sehen Sie die Einstiegsseite des SAP Business Clients mit Zugriff auf das SAP Fiori Launchpad und klassische SAP-GUI-Transaktionen.

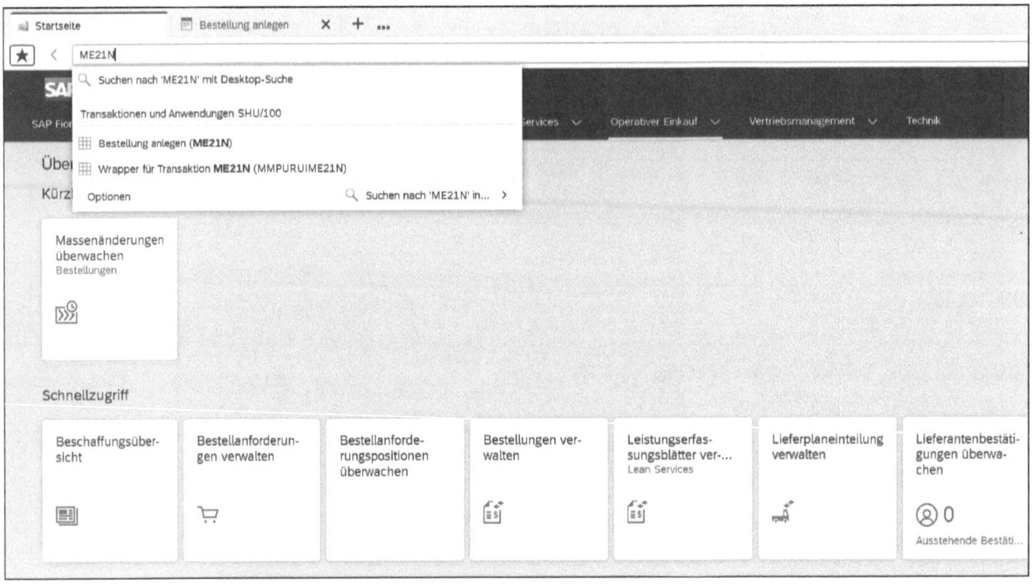

Abbildung 1.15: SAP Business Client

Der SAP Business Client wird gerade von professionellen Anwender*innen gerne anstelle von SAP Fiori Launchpad und SAP GUI for HTML verwendet. Dies liegt ganz klar an den nicht unerheblichen Einschränkungen des SAP GUI for HTML. Das lokale SAP GUI ist immer noch schneller und bietet auch funktional einige Vorteile, wie z. B. eine gute Integration in Microsoft Office. Beides sind wichtige Faktoren für professionelle Anwender*innen. Mit dem SAP Business Client können Sie das Beste aus den verschiedenen Welten in einem Client nutzen.

Der SAP Business Client befindet sich im Softwarepaket der SAP-GUI-Installation und kann dort direkt mit installiert werden. Alternativ können Sie ihn im Downloadbereich des SAP Support Portals herunterladen.

1.4 SAP Business Technology Platform

Bei der SAP Business Technology Platform (SAP BTP) handelt es sich um ein PaaS-Angebot (*Platform as a Service*) von SAP. Die Plattform wurde in den letzten Jahren stetig weiterentwickelt. Möglicherweise ist sie Ihnen noch unter dem Namen *SAP Cloud Platform* bekannt.

Integration

Die SAP BTP steht nicht direkt mit SAP S/4HANA in Verbindung. Es gibt in SAP S/4HANA aber immer Schnittstellen zu anderen internen und externen Anwendungen. Die SAP BTP nimmt hier eine immer wichtigere Rolle ein, da diese Anwendungen zunehmend verteilt betrieben werden, teils in einer Cloud und teils on premise. Mit der SAP BTP sind Sie in der Lage, diese Anwendungen miteinander zu vernetzen, und zwar unabhängig davon, ob sie on premise oder in einer Cloud laufen. Möchten Sie z. B. Ihre cloudbasierte HR-Lösung *SAP SuccessFactors* mit Ihrem On-Premise-SAP-S/4HANA-System integrieren, bietet die *SAP Integration Suite* der SAP BTP die benötigten Dienste. Da die Verbindung dieser beiden Anwendungen von vielen SAP-Kunden bewältigt werden muss, werden hier vorkonfigurierte Integrationsinhalte bereitgestellt, mit denen Sie die Anwendungen sehr schnell verbinden und integrieren können. Es gibt bereits für viele SAP- und Nicht-SAP-Anwendungen entsprechende Inhalte von SAP und SAP-Partnern.

Erweiterbarkeit

Ein weiterer Fokus der SAP BTP liegt auf der Möglichkeit, bestehende Anwendungen und Prozesse zu erweitern. Da Sie den digitalen Kern möglichst im Standard belassen sollten, können fehlende Funktionen über die SAP BTP ergänzt werden. Mit *SAP Build* können Sie z. B. bestehende SAP-Fiori-Apps aus SAP S/4HANA erweitern oder neue Apps erstellen, und zwar unabhängig davon, ob Sie SAP S/4HANA Cloud oder die On-Premise-Version betreiben.

Intelligentes Unternehmen

Als weitere Bausteine finden Sie Technologien für das *intelligente Unternehmen* auf der SAP BTP. Dazu gehören Technologien wie das Internet der Dinge (Internet of Things – IoT), maschinelles Lernen (ML) und künstliche Intelligenz (KI), die für einen Innovationsschub sorgen. Diese für die meisten Unternehmen relativ neuen Themengebiete lassen sich auf der SAP BTP ohne allzu große Anfangsinvestitionen austesten, bewerten und realisieren.

Analytics

Schließlich stehen vielfältige Analysetechnologien bereit. Mit den Services im Bereich Analytics lassen sich aus den vorhandenen Datenquellen der verbundenen Anwendungen wertvolle übergreifende Erkenntnisse gewinnen.

Cloud Connector

Selbst wenn die Administration der SAP BTP nicht in Ihr Aufgabengebiet fällt, werden Sie es vermutlich mit dem Cloud Connector zu tun bekommen, dem Bindeglied zwischen SAP BTP und On-Premise-Softwarelösungen. Die Administration dieses wichtigen Bausteins behandle ich in Abschnitt 11.4. Mit dem Cloud Connector können Sie Ihre On-Premise-Softwarelösungen mit der SAP BTP verbinden und diese Integrationen konfigurieren und überwachen.

[+]

Weiterführende Informationen zur SAP BTP

Weitere Informationen zur SAP BTP finden Sie auf den Seiten von SAP unter *http://s-prs.de/1121904*. Sehr lesenswert ist auch das Buch »SAP Business Technology Platform. Einsatz, Services, Konzepte« von Holger Seubert (3. Auflage, SAP PRESS 2024).

Kapitel 2
Bereitstellung und Betrieb von SAP S/4HANA

*Anders als bei der klassischen Business Suite haben Sie mit SAP S/4HANA die Wahl zwischen dem Betrieb im eigenen Rechenzentrum (on premise) und dem Betrieb in der Cloud. Darüber hinaus macht es natürlich einen Unterschied, ob Sie SAP S/4HANA neu implementieren oder Ihre bestehende Business Suite nach SAP S/4HANA migrieren. Dieses Spannungsfeld möchte ich in diesem Kapitel beleuchten. Die Wahl des Betriebskonzepts hat einen wesentlichen Einfluss auf Ihr Aufgabengebiet als Administrator*in.*

Cloud oder on premise

Ginge es nach SAP, würden alle Kunden SAP S/4HANA als SaaS-Lösung (Software as a Service) in der Cloud nutzen. Auch wenn wir, gerade im deutschsprachigen Raum, von dieser Vision noch weit entfernt sind, dürfen wir uns nichts vormachen: Es gibt durchaus gute Gründe für den Betrieb von Softwarelösungen in der Cloud. Als positives Beispiel möchte ich hier *Microsoft 365* nennen, eine Lösung, die in vielen Unternehmen bereits erfolgreich im Einsatz ist. Sicherlich werden Sie jetzt einwenden, dass die Microsoft-Produkte Standardprodukte sind, die von allen Kunden in gleicher Weise verwendet werden können, während SAP-Softwarelösungen hochgradig individuell den Kundenanforderungen angepasst werden müssen und somit schwierig als SaaS-Lösungen bereitgestellt werden können. Wie jedoch in Kapitel 1, »Einführung in die Architektur von SAP S/4HANA«, erläutert, trifft das für SAP S/4HANA nicht mehr zwingend zu, wenn Sie den digitalen Kern weitestgehend beim Standard belassen und Individualisierungen davon entkoppelt vornehmen, z. B. in der SAP Business Technology Platform (SAP BTP). In jedem Fall ist abzusehen, dass der Anteil der Cloud-Implementierungen in den nächsten Jahren zunehmen wird.

Neuimplementierung oder Konvertierung

Die Frage nach dem Cloud- oder On-Premise-Betrieb, die in Abschnitt 2.1, »Betriebskonzepte«, erörtert wird, kann nicht beantwortet werden, ohne auch die Frage nach der Bereitstellungsstrategie zu berücksichtigen, also ob Sie das System neu implementieren oder ein bestehendes System konvertieren. Auf diesen Aspekt gehe ich in Abschnitt 2.2, »Bereitstellungskonzepte«, ein. Unternehmen mit einer langen SAP-Historie und einem hohen Grad an Individualisierung können nicht so leicht auf den neuen Standard umsteigen oder möchten bewusst die getätigten Investitionen schützen. Sie ziehen eine Konvertierung des Systems einer Neuimplementierung meist vor, wenn sie nicht ganz bewusst die viel zitierten »alten Zöpfe« abschneiden möchten. Aber auch für diese Kunden hat SAP mit SAP S/4HANA Cloud Private Edition einen Weg in die Cloud geschaffen.

In Abbildung 2.1 sehen Sie einen Überblick über die Betriebs- und Bereitstellungskonzepte, einschließlich der derzeit verfügbaren vier SAP-S/4HANA-Editionen. Die Unterschiede zwischen diesen Editionen und deren Bedeutung für die Administration behandle ich ebenfalls in Abschnitt 2.1. In Abschnitt 2.3 stelle ich Ihnen die Werkzeuge zur Bereitstellung vor.

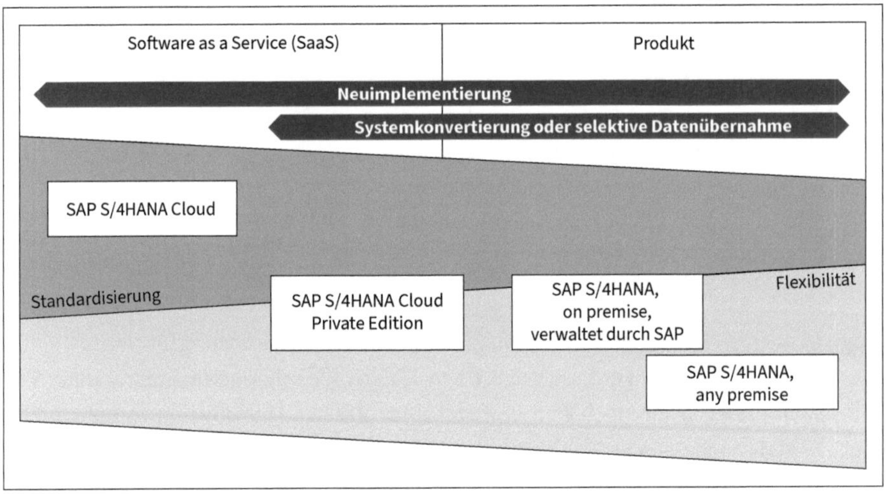

Abbildung 2.1: Betriebs- und Bereitstellungskonzepte für SAP S/4HANA

2.1 Betriebskonzepte

Noch vor kurzer Zeit war die Entscheidung zwischen dem Cloud- oder On-Premise-Betrieb für SAP-Kunden recht einfach zu beantworten. Neukunden ohne lange SAP-Historie oder Bestandskunden, die alte Zöpfe abschneiden wollten, griffen zu SAP S/4HANA Cloud. Der große Rest zu SAP S/4HANA on premise. Da SAP aber am liebsten alle Kunden auf die Reise in die Cloud mitnehmen würde, wurden weitere Abstufungen zwischen diesen beiden Betriebskonzepten ins Leben gerufen, um den Anteil der Cloud-Kunden zu erhöhen. Diese derzeit vier Editionen stelle ich Ihnen in diesem Abschnitt vor.

2.1.1 SAP S/4HANA any premise

Rechenzentrum oder Hyperscaler

Haben Sie die SAP Business Suite bisher in Ihrem eigenen Rechenzentrum betrieben, ist das Betriebskonzept *SAP S/4HANA any premise* am ehesten damit gleichzusetzen. Hier besitzt Ihr Unternehmen die Softwarelizenzen für SAP S/4HANA und betreibt die Infrastruktur im eigenen oder einem fremden Rechenzentrum.

Der Zusatz *any premise* soll verdeutlichen, dass die Infrastruktur durchaus auch durch sogenannte *Hyperscaler*, d. h. Cloud-Anbieter wie z. B. Amazon Web Services (AWS), Microsoft Azure oder Google Cloud, bereitgestellt werden kann. SAP unterscheidet hier nicht zwischen dem On-Premise-Betrieb und dem Betrieb auf einer Hyperscaler-Infrastruktur. Für Sie als Administrator*in ist das aber schon ein wichtiger Unterschied, da Sie je nach Vereinbarung mit dem Anbieter nicht mehr den vollen Zugriff auf die Systeme haben. Sie können dann auch nicht einfach Ihre Kolleg*innen involvieren, wenn es z. B. Probleme mit der Hardware gibt. Die in diesem Buch beschriebenen Administrationstätigkeiten sollten Sie aber auf jeden Fall ausüben können.

In der folgenden Liste sind die wichtigsten Merkmale dieses Betriebskonzepts aufgeführt. Auf die gleichen Aspekte werde ich in den folgenden Abschnitten auch für die weiteren drei Betriebskonzepte eingehen, damit Sie die Konzepte gut miteinander vergleichen können:

- **Infrastruktur**

  Die Systeme laufen in Ihrem eigenen oder einem fremden Rechenzentrum. Auch ein Betrieb bei AWS, Azure oder Google Cloud als *Infrastructure as a Service* (IaaS) ist möglich.

- **Lizenzen**

  Die SAP-Lizenzen werden von Ihrem Unternehmen bereitgestellt.

- **Systemwartung (Upgrades)**

  Sie sind völlig frei in der Entscheidung, wann Sie Ihre Systeme patchen oder aktualisieren, sofern die eingesetzten Versionen noch durch SAP unterstützt werden (aktuell werden die alle zwei Jahre ausgelieferten SAP-S/4HANA-Versionen sieben Jahre lang unterstützt).

- **Funktionsumfang**

  Sie können den vollen Funktionsumfang für alle Länder- und Branchenlösungen lizenzieren sowie alle von SAP S/4HANA unterstützten Add-ons, einschließlich Partner-Add-ons.

- **Konfiguration und Erweiterbarkeit**

  Analog zur heutigen Business Suite können Sie das System beliebig erweitern, modifizieren und um kundeneigene Funktionen ergänzen. Zur Konfiguration steht der Customizing-Leitfaden (IMG) analog zur Business Suite zur Verfügung.

- **Bereitstellungsmöglichkeiten**

  Sie können SAP S/4HANA neu installieren, Ihre bestehende Business Suite nach SAP S/4HANA konvertieren oder den Ansatz einer selektiven Datenübernahme nutzen. Somit haben Sie alle Möglichkeiten, die ich in Abschnitt 2.2, »Bereitstellungskonzepte«, erläutere.

- **Frontend-Technologien**

  Benutzer*innen können wahlweise über das SAP GUI, SAP Fiori Launchpad oder den SAP Business Client auf das System zugreifen.

- **Bedeutung für die Administration**

  Ihr Unternehmen ist für den Betrieb der Softwarelösung verantwortlich. Somit fallen die in diesem Buch beschriebenen Tätigkeiten der Administration an. Im Hyperscaler-Szenario wird die Infrastruktur als Service betrieben (IaaS). Dann liegt der Betrieb der Server, also der technologischen Ebene unterhalb der SAP-Basisadministration, außerhalb Ihres direkten Einflussbereichs und Sie müssen sich mit externen Dienstleistern abstimmen.

2.1.2 SAP S/4HANA on premise, verwaltet durch SAP

SAP HANA Enterprise Cloud

Auch bei dem zweiten Betriebskonzept geht es um die On-Premise-Version von SAP S/4HANA. Viele der im vorangegangenen Abschnitt genannten Eigenschaften treffen daher auch hier zu. Allerdings wird die Infrastruktur von SAP bei dieser Variante in einer privaten Cloud-Umgebung, der *SAP HANA Enterprise Cloud* (HEC), bereitgestellt und betrieben. Es gibt auch die Möglichkeit, diese Cloud-Umgebung bei einem Hyperscaler bereitzustellen, in jedem Fall wird die Infrastruktur bei diesem Betriebsmodell jedoch von SAP verwaltet.

Der durch SAP verwaltete On-Premise-Betrieb weist die folgenden Eigenschaften auf:

- **Infrastruktur**

  Die Infrastruktur kann bei SAP (SAP HANA Enterprise Cloud) oder bei einem Hyperscaler (AWS, Azure, Google Cloud) bereitgestellt werden. Die Verwaltung der Infrastruktur übernimmt SAP.

- **Lizenzen**

  Die SAP-Lizenzen werden von Ihrem Unternehmen bereitgestellt, alternativ können die Lizenzen aber auch von SAP in einem Mietmodell bezogen werden.

- **Systemwartung (Upgrades)**

  Sie sind frei in der Entscheidung, wann Sie Ihre Systeme patchen oder aktualisieren, sofern die eingesetzten Versionen noch durch SAP unterstützt werden (aktuell werden die alle zwei Jahre ausgelieferten SAP-S/4HANA-Versionen sieben Jahre lang unterstützt).

- **Funktionsumfang**

  Sie können den vollen Funktionsumfang für alle Länder- und Branchenlösungen lizenzieren sowie alle von SAP S/4HANA unterstützten Add-ons, einschließlich Partner-Add-ons.

- **Konfiguration und Erweiterbarkeit**
  Analog zur heutigen Business Suite können Sie das System beliebig erweitern, modifizieren und kundeneigene Funktionen erstellen. Zur Konfiguration steht der Customizing-Leitfaden (IMG) analog zur Business Suite zur Verfügung.
- **Bereitstellungsmöglichkeiten**
  Sie können SAP S/4HANA neu installieren, Ihre bestehende Business Suite nach SAP S/4HANA konvertieren oder den Ansatz einer selektiven Datenübernahme nutzen.
- **Frontend-Technologien**
  Benutzer*innen können wahlweise über das SAP GUI, SAP Fiori Launchpad oder den SAP Business Client auf das System zugreifen.
- **Bedeutung für die Administration**
  Die Grenze zwischen dem Aufgabenbereich Ihres Unternehmens und dem Aufgabenbereich von SAP wird individuell vertraglich festgelegt. Eine Übersicht der Services finden Sie in den SAP Product Policies unter dieser URL: *http://s-prs.de/v1121905*

Standardservices

Es gibt *Standardservices* im Rahmen der SAP HANA Enterprise Cloud, z. B. die technische Erstkonfiguration des Systems oder die Überwachung der Systemverfügbarkeit. Diese Aufgaben werden durch SAP im Rahmen des Vertragsverhältnisses durchgeführt. Andere optionale Services sind nicht standardmäßig inkludiert und müssen separat beauftragt werden. Auch diese Aufgaben werden dann von SAP durchgeführt. Beispiele sind etwa das Erstellen und Betreiben einer Hochverfügbarkeitslösung oder das technische Upgrade der Systeme.

Enhanced Managed Services

Wieder andere Services können von Ihnen durchgeführt werden oder Sie beauftragen auch hierfür SAP. Diese Dienste nennt SAP *Enhanced Managed Services* (EMS). Hierzu zählen z. B. die Integration des Systems in andere Systeme oder die Implementierung von SAP Best Practices.

Ausgeschlossene Aufgaben

Einige Services liegen auf jeden Fall in Ihrem Aufgabenfeld. Dazu gehören z. B. die Analyse von Performanceproblemen, die Einrichtung des Transportwesens oder die Planung von Upgrades. In diesem Betriebssystem ist Ihr Aufgabenspektrum als Administrator*in also bereits inhaltlich eingeschränkt. Sie werden stattdessen aber organisatorische und steuernde Aufgaben übernehmen, wie z. B. die Einstellung und Überprüfung von umgesetzten Service Requests.

2.1.3 SAP S/4HANA Cloud Private Edition (SAP Cloud ERP Private)

RISE with SAP

Das Betriebskonzept *SAP S/4HANA Cloud Private Edition* bzw. *SAP Cloud ERP Private* unterscheidet sich technisch kaum von einer von SAP verwalteten On-Premise-Edition. Wichtigster Unterschied ist die Art der Lizenzierung, die bei SAP

S/4HANA Cloud als Software as a Service (SaaS) erfolgt. Das Betriebskonzept wurde 2021 im Rahmen von *RISE with SAP* vorgestellt. Mit RISE with SAP erhalten Kunden ein Komplettpaket aus SAP S/4HANA und umfassenden Services zu Implementierung und Betrieb der Lösung. Das Betriebskonzept der Private Edition soll die Vorteile von Cloud- und On-Premise-Betrieb vereinen. In Abbildung 2.1 steht dieses Konzept daher auch in der Mitte zwischen den Extremen. Dieses Betriebskonzept hat in den letzten Jahren stark an Bedeutung gewonnen.

Die SAP S/4HANA Cloud Private Edition weist die folgenden Merkmale auf:

- **Infrastruktur**

  Die Infrastruktur wird von einem Hyperscaler bereitgestellt. Es besteht auch die Möglichkeit, SAP S/4HANA Cloud Private Edition im eigenen Rechenzentrum zu betreiben (*Customer Data Center Option*, siehe *http://s-prs.de/v1121906*). SAP kümmert sich in diesem Betriebsmodell um das Vertragsverhältnis mit dem Cloud-Anbieter. Für Ihr Unternehmen besteht nur ein Vertragsverhältnis mit SAP. Die Verwaltung und den Betrieb der Infrastruktur übernimmt SAP.

- **Lizenzen**

  Hier handelt es sich um ein SaaS-Angebot. Sie benötigen daher keine Kauflizenz.

- **Systemwartung (Upgrades)**

  Sie sind frei in der Entscheidung, wann Sie Ihre Systeme patchen oder aktualisieren möchten, sofern die eingesetzten Versionen noch durch SAP unterstützt werden.

- **Funktionsumfang**

  Sie können den vollen Funktionsumfang für alle Länder- und Branchenlösungen lizenzieren sowie die meisten von SAP S/4HANA unterstützten Add-ons, einschließlich Partner-Add-ons. Add-ons, die einen Betriebssystemzugriff benötigen oder Abhängigkeiten zu Softwarekomponenten aufweisen, die außerhalb der ABAP-Plattform laufen, sind nicht erlaubt.

- **Konfiguration und Erweiterbarkeit**

  Analog zur heutigen Business Suite können Sie das System beliebig erweitern, modifizieren und kundeneigene Funktionen ergänzen. Es bietet sich aber auch an, die Erweiterungsmöglichkeiten von SAP S/4HANA Cloud (siehe nächster Abschnitt) zu nutzen und dadurch einen eventuellen späteren Schritt zu SAP S/4HANA Cloud zu vereinfachen. Zur Konfiguration steht der Customizing-Leitfaden (IMG) analog zur Business Suite zur Verfügung.

- **Bereitstellungsmöglichkeiten**

  Sie können SAP S/4HANA neu installieren, die bestehende Business Suite nach SAP S/4HANA konvertieren oder den Ansatz einer selektiven Datenübernahme nutzen.

- **Frontend-Technologien**

  Benutzer*innen können wahlweise über das SAP GUI, SAP Fiori Launchpad oder den SAP Business Client auf das System zugreifen.

- **Bedeutung für die Administration**

  Die Grenze zwischen dem Aufgabenbereich Ihres Unternehmens und dem Aufgabenbereich von SAP wird individuell vertraglich festgelegt. Eine Übersicht der Services und deren Verantwortlichkeit finden Sie in den SAP Product Policies unter:

  http://s-prs.de/v1121905

Standardservices

Es gibt Standardservices, wie z. B. die Überwachung der Systemverfügbarkeit oder die Identifizierung und das Einspielen von Sicherheitshinweisen. Diese werden durch SAP im Rahmen des Vertragsverhältnisses durchgeführt. Andere optionale Services sind nicht standardmäßig inkludiert und müssen separat beauftragt werden. Auch diese Aufgaben werden dann von SAP durchgeführt. Beispiele für diese Services sind z. B. das Hinzufügen weiterer Anwendungsserver oder der Neuaufbau eines Systems.

Cloud Application Services

Wieder andere Services können von Ihnen durchgeführt werden oder Sie beauftragen auch hierfür SAP. Diese Dienste nennt SAP *Cloud Application Services* (CAS). Hierzu zählen z. B. die Integration des Systems in andere Systeme oder die Überwachung kritischer Geschäftsanwendungen.

Weitere Aufgaben

Einige Aufgaben liegen auch bei diesem Betriebsmodell auf jeden Fall in Ihrem Verantwortungsbereich, z. B. das Planen und Einrichten von Single Sign-on (SSO) innerhalb der Landschaft. Ihr Tätigkeitsfeld wird sich stark von dem der klassischen Systemadministration unterscheiden. Da viele Aufgaben durch SAP durchgeführt werden, werden Sie sehr viele organisatorische, planerische und prüfende Aufgaben übernehmen. Dennoch benötigen Sie ein tiefes Verständnis der technischen Funktionsweise, der Zusammenhänge und der Architektur von SAP S/4HANA. Nur so können Sie auf Augenhöhe, gemeinsam mit SAP, für einen sicheren und stabilen Betrieb der Lösung sorgen.

Einen Überblick über das Betriebsmodell finden Sie auf dieser Seite: *http://s-prs.de/v1121907*.

2.1.4 SAP S/4HANA Cloud (SAP Cloud ERP)

Reines SaaS-Modell

Sie ahnen bestimmt schon, was sich hinter dem Betriebskonzept *SAP S/4HANA Cloud* bzw. *SAP Cloud ERP* verbirgt. Bei den bisher beschriebenen Konzepten gab es von Konzept zu Konzept immer weniger Administrationsaufgaben auf Kundenseite. Mit SAP S/4HANA Cloud haben wir zu guter Letzt die reinste Form von Software as a Service (SaaS), d. h., Sie nutzen die Software für Ihre standardisierten Geschäftsprozesse, aber die darunterliegende Technik bleibt für Sie im Verborgenen. Hierum kümmert sich ausschließlich SAP.

Auch für dieses Konzept fasse ich alle Merkmale kurz zusammen:

- **Infrastruktur**

  Die Infrastruktur wird von SAP bereitgestellt. Im Vergleich zu allen zuvor genannten Konzepten werden die Dienste aber auf einer geteilten Plattform betrieben, Sie haben also keine dedizierte Infrastruktur und teilen sich die Infrastruktur mit anderen Kunden.

- **Lizenzen**

  Es ist ein SaaS-Angebot. Sie benötigen keine Kauflizenz.

- **Systemwartung (Upgrades)**

  SAP liefert zweimal im Jahr (früher jedes Quartal) eine neue Version aus. Diese wird zu definierten Zeitpunkten ausgerollt. Sie haben keinen Einfluss auf die Termine und können Updates nicht verhindern. Zwischen den Releases werden kontinuierlich Updates bereitgestellt, die auch neue Funktionen beinhalten. Diese können optional von den Kunden aktiviert werden.

- **Funktionsumfang**

  Der Funktionsumfang ist eingeschränkt und deckt nur die wichtigsten Industrien und Länder ab, aber eben nicht alle.

- **Konfiguration und Erweiterbarkeit**

  Für die Konfiguration sind Sie auf entsprechende Apps angewiesen (z. B. **Lösung verwalten**). Sie haben keinen Zugriff auf den Customizing-Leitfaden (IMG) und sind funktional auf die Standardfunktionen eingeschränkt. Erweiterungen im System sind nur auf Key-User-Ebene in einem engen Rahmen möglich. Dennoch können Sie fehlende Funktionalität über die SAP BTP über *ABAP Cloud* realisieren. Mit ABAP Cloud können Sie auf der SAP BTP komplett eigenständige Cloud-Anwendungen entwickeln oder bestehende Anwendungen erweitern. Darüber hinaus können Sie direkt in SAP S/4HANA Cloud entwickeln, ohne hierbei den SAP-Standard zu modifizieren. Wichtigstes Ziel ist es, dass durch die Erweiterungen das Clean-Core-Prinzip erhalten bleibt.

- **Bereitstellungsmöglichkeiten**

  Sie können das System ausschließlich neu aufsetzen (Greenfield-Ansatz). Eine technische Migration oder selektive Datenübernahme sind nicht möglich. Sie können aber Stammdaten aus Altsystemen mit der SAP-Fiori-App *Migration Cockpit* übernehmen.

- **Frontend-Technologien**

  Der Zugriff auf das System ist nur über das SAP Fiori Launchpad über einen Webbrowser möglich. Sie können sich nicht mit dem SAP GUI verbinden.

- **Bedeutung für die Administration**

  Die klassischen Administrationsaufgaben, die ich in diesem Buch behandele, fallen weg. Den technischen Betrieb der Softwarelösung übernimmt SAP, d. h., er liegt für Sie im Verborgenen.

Einen Überblick über das Betriebsmodell finden Sie auf dieser Seite: *https://www.sap.com/products/erp/s4hana.html*

Unterschied zwischen RISE with SAP und GROW with SAP

[«]

Zunächst wurde *RISE with SAP* vorgestellt, um bestehenden Kunden den Weg nach SAP S/4HANA Private Cloud mit Produkten und Services von SAP zu ermöglichen. Später wurde mit *GROW with SAP* ein ähnliches Angebot für SAP S/4HANA Cloud vorgestellt. Inzwischen ist die Definition so, dass mit RISE with SAP bestehende SAP-ERP-Kunden angesprochen werden und mit GROW with SAP neue Kunden, die SAP S/4HANA einführen möchten, und zwar jeweils unabhängig davon, welches Cloud-Betriebskonzept zum Einsatz kommen wird (Private oder Public Cloud).

Fazit

Sie haben in diesem Abschnitt gesehen: Welche Aufgaben Sie als Administrator*in beim Aufbau, Betrieb und bei der Überwachung von SAP S/4HANA durchführen, hängt maßgeblich vom gewählten Betriebskonzept ab. Grundsätzlich sollten Sie deshalb aber keine Angst vor den Cloud-Modellen haben und sich nicht fragen, ob Sie mit deren weiterer Verbreitung in fünf Jahren noch gebraucht werden. Die Aufgaben entfallen ja nicht – sie verlagern sich lediglich vom Kunden zum Provider.

2.2 Bereitstellungskonzepte

Grundsätzlich unterscheidet SAP drei Wege für die Bereitstellung von SAP S/4HANA:

- Neuimplementierung (Greenfield-Ansatz)
- Systemkonvertierung (Brownfield-Ansatz)
- selektive Datenübernahme (früher bekannt als Landschaftstransformation)

Diese drei Bereitstellungskonzepte stelle ich Ihnen in diesem Abschnitt vor. Wie Sie im vorangegangenen Abschnitt bereits erfahren haben, gibt es eine Abhängigkeit zwischen Betriebs- und Bereitstellungskonzept. Hat sich Ihr Unternehmen beispielsweise für SAP S/4HANA Cloud entschieden, können Sie die Systeme nur im Rahmen einer Neuimplementierung bereitstellen. Bei den anderen

Betriebskonzepten haben Sie die freie Wahl und können das Bereitstellungskonzept wählen, das für Sie am besten passt.

SAP Activate

Natürlich kann ich Ihnen in diesem Buch nur einen kurzen Einblick in den Prozess der Bereitstellung von SAP S/4HANA geben. Je nach Konzept handelt es sich um ein umfangreiches Projekt, das über viele Monate geplant und durchgeführt wird. SAP stellt mit *SAP Activate* für jede Art der SAP-S/4HANA-Implementierung eine passende Projektmethodik bereit. Sie finden den Einstieg über den *Roadmap-Viewer* (*https://me.sap.com/roadmapviewer/*). In Abbildung 2.2 sehen Sie die Phasen der SAP-Activate-Methodik mit den wichtigsten Aktivitäten.

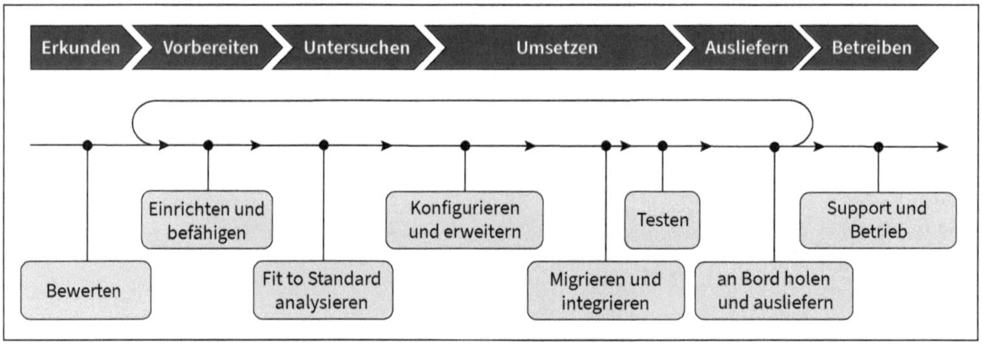

Abbildung 2.2: SAP-Activate-Phasen und -Aufgaben

[»]

S-User für Roadmap-Viewer

Damit Sie alle Informationen auf der Website des Roadmap-Viewers abrufen können, müssen Sie sich mit Ihrem *S-User* anmelden. Sollten Sie noch keine solche Benutzer-ID haben, müssen Sie in Ihrem Unternehmen nachfragen, wer Ihnen einen entsprechenden Zugang bei SAP beantragen kann. Als Administrator*in benötigen Sie zwingend einen S-User, um sich beim Download von Software, Suchen in der Wissensdatenbank und für viele andere wichtige Aufgaben zu authentifizieren. In Abschnitt 15.3.2, »Benutzer und Berechtigungen«, gehe ich näher auf dieses Thema ein.

Beschreibung der Methodik

Mit SAP Activate wird die Implementierung in sechs Phasen und mehrere Arbeitsgruppen strukturiert. In der Beschreibung der Methodik können Sie auf der Registerkarte **Inhalt** nach den Phasen, Arbeitsgruppen und vor allem nach der Art der Implementierung (also Neuimplementierung, Konvertierung oder selektive Datenübernahme) filtern. In Abbildung 2.3 sehen Sie z. B. die Beschreibung der Aufgabe zur Bereitstellung eines Übungssystems in der Discover-Phase einschließlich zusätzlicher Informationen, den sogenannten *Beschleunigern*.

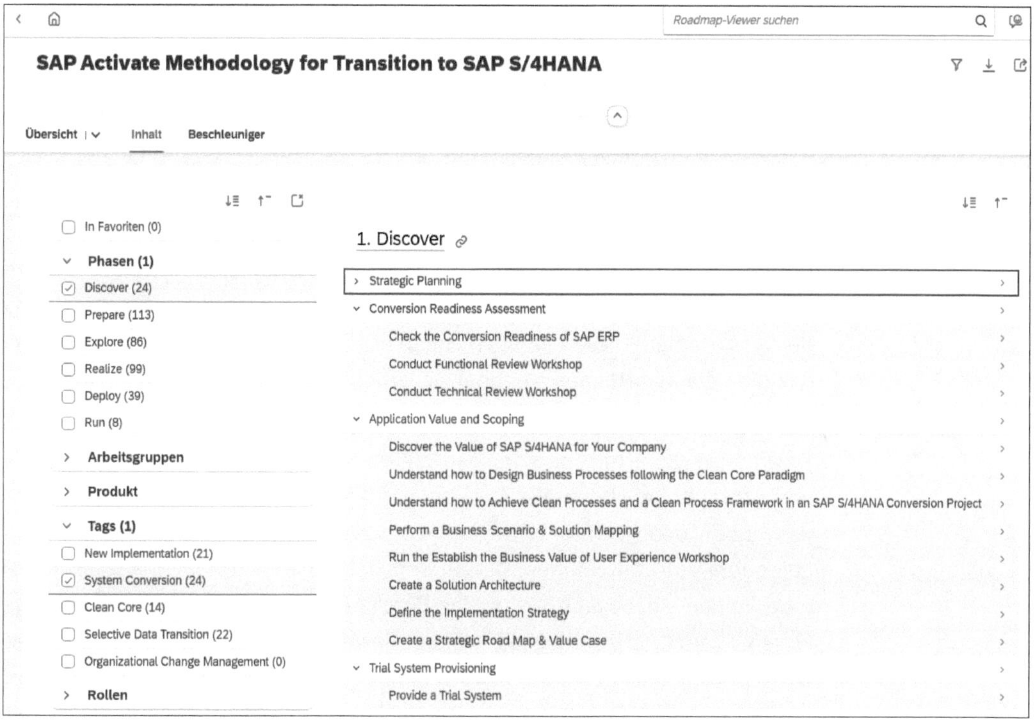

Abbildung 2.3: Registerkarte »Inhalt« der SAP-Activate-Dokumentation mit gesetztem Filter

SAP Activate lässt sich auch mit dem *SAP Solution Manager* und *SAP Cloud ALM* (ALM steht für Application Lifecycle Management) nutzen. Beides sind Werkzeuge, die Sie bei der Einführung von SAP S/4HANA aktiv unterstützen können, weshalb ich sie in Abschnitt 2.3.6 näher vorstelle.

2.2.1 Neuimplementierung

Neu- und Bestandskunden

Sind Sie SAP-Neukunde und wechseln von dem ERP-System eines Mitbewerbers zu SAP, müssen Sie das SAP-S/4HANA-System neu aufsetzen. Je nach gewähltem Betriebskonzept übernimmt diesen Prozess mitunter jedoch SAP. Nur wenn Sie SAP S/4HANA on premise selbst im Rechenzentrum betreiben möchten, sind Sie auch für die Bereitstellung der Systemlandschaft verantwortlich. Eine Neuimplementierung kommt aber auch für SAP-Bestandskunden infrage, etwa wenn diese bewusst von einem hochgradig modifizierten und dadurch wartungsintensiveren System zu einem standardisierten System zurückkehren. Ich konnte mir lange nicht vorstellen, dass Unternehmen diesen Schritt gehen, habe aber inzwischen einige teils große Unternehmen kennengelernt, die ihn erfolgreich beschritten haben.

Historische Daten bleiben zurück

Bei einer Neuimplementierung bleiben historische Daten im Altsystem zurück, nur Stammdaten und Bewegungsdaten nicht abgeschlossener Geschäftsvorgänge werden in der Regel in das neue SAP-S/4HANA-System überführt. Dies bedeutet, dass die Altsysteme noch einige Jahre im Sichtbetrieb weiterlaufen müssen, damit die rechtlichen Anforderungen an die Aufbewahrungsdauer eingehalten werden können.

Aus Administrationssicht ist eine Neuimplementierung relativ einfach. Die Schwierigkeit liegt in der Anpassung der Geschäftsprozesse (sofern diese vom Betriebskonzept erlaubt wird) und der Übernahme der relevanten Daten aus den Altsystemen. Diese Aufgaben liegen nicht direkt in Ihrem Bereich, Sie werden die Verantwortlichen hier aber sicherlich technisch unterstützen.

Quick Sizer

Ein ebenfalls nicht ganz einfaches Thema bei der Neuimplementierung ist das *Sizing*, also die Ermittlung der benötigten Systemressourcen, wie CPU, RAM und Storage. Bei Neuimplementierungen können Sie hierzu den *Quick Sizer* verwenden, den Sie unter *https://www.sap.com/about/benchmark/sizing.html#quick-sizer* aufrufen können. Dieses webbasierte Werkzeug ist durchaus komplex. Zu den einzelnen funktionalen Bereichen des ERP-Systems, z. B. Finanzwesen oder Materialwirtschaft, müssen jeweils viele Kennzahlen eingegeben werden, etwa die Anzahl der Benutzer*innen oder der zu erfassenden Aufträge pro Zeiteinheit. Diese Aufgabe wird in der Regel durch die Fachbereiche mit der Hilfe eines Experten oder einer Expertin durchgeführt. Aus den gemachten Angaben ermittelt das System dann die benötigten Ressourcen, wie in Abbildung 2.4 gezeigt.

Maintenance Planner

In Kapitel 1, »Einführung in die Architektur von SAP S/4HANA«, habe ich Ihnen die Grundlagen vermittelt, welche Hardware, Betriebssysteme und möglichen Bereitstellungsoptionen für SAP S/4HANA verwendet werden können. Sind hierzu Entscheidungen gefallen, können Sie die Systeme bereitstellen. Für die Planung verwenden Sie den *Maintenance Planner*, eine webbasierte Anwendung von SAP. Sie erreichen die Anwendung direkt über die URL *https://maintenanceplanner.cloud.sap*. Auch hier müssen Sie sich mit Ihrem S-User authentifizieren. Der Maintenance Planner wird Ihnen noch an verschiedenen weiteren Stellen im Buch begegnen. Er ist ein wichtiger Baustein für die Bereitstellung und Wartung Ihrer SAP-Systeme.

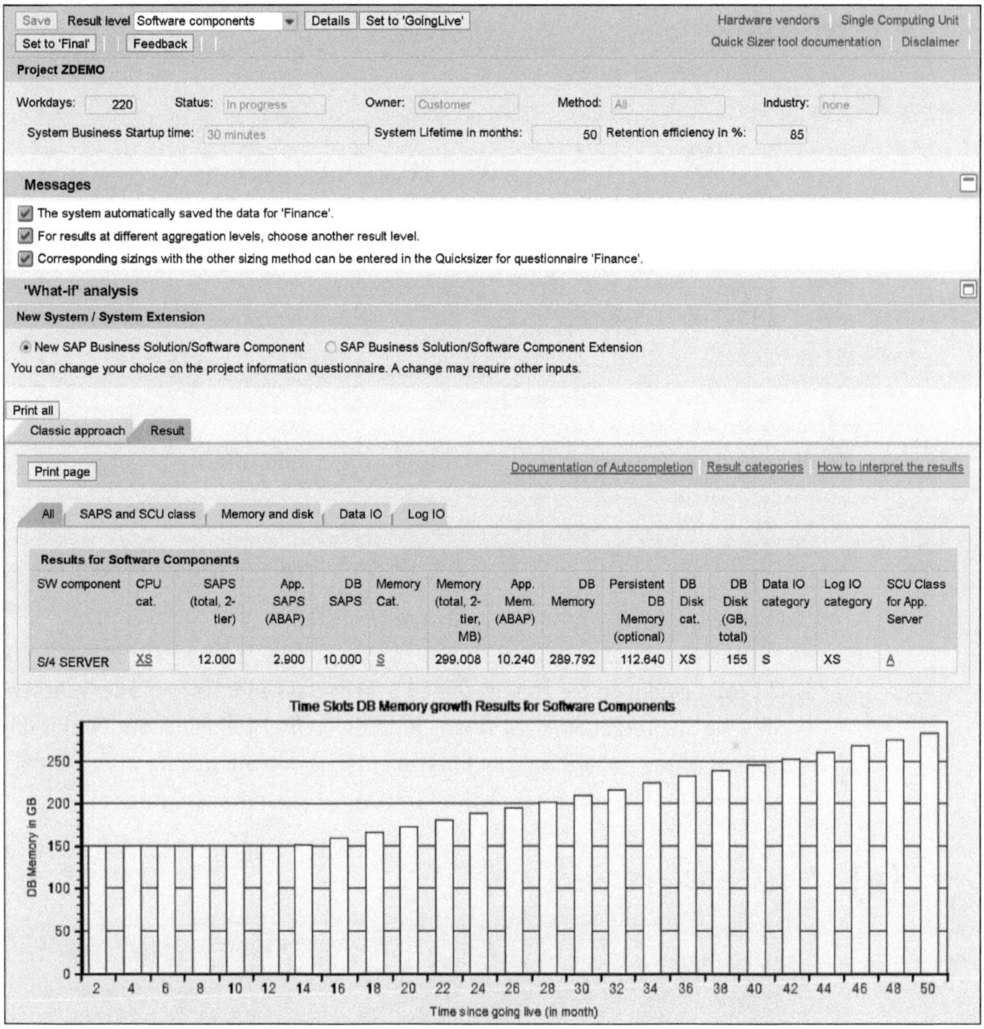

Abbildung 2.4: Beispiel eines Quick-Sizer-Ergebnisses

Installation eines neuen Systems

Zur Bereitstellung eines neuen Systems wählen Sie auf der Einstiegsseite des Maintenance Planners die Kachel **Plan for SAP S/4HANA**. Gehen Sie dann wie folgt vor:

1. In der sich öffnenden Anwendung wählen Sie die Option **Install New SAP S/4HANA System • Manual Installation** (siehe Abbildung 2.5).

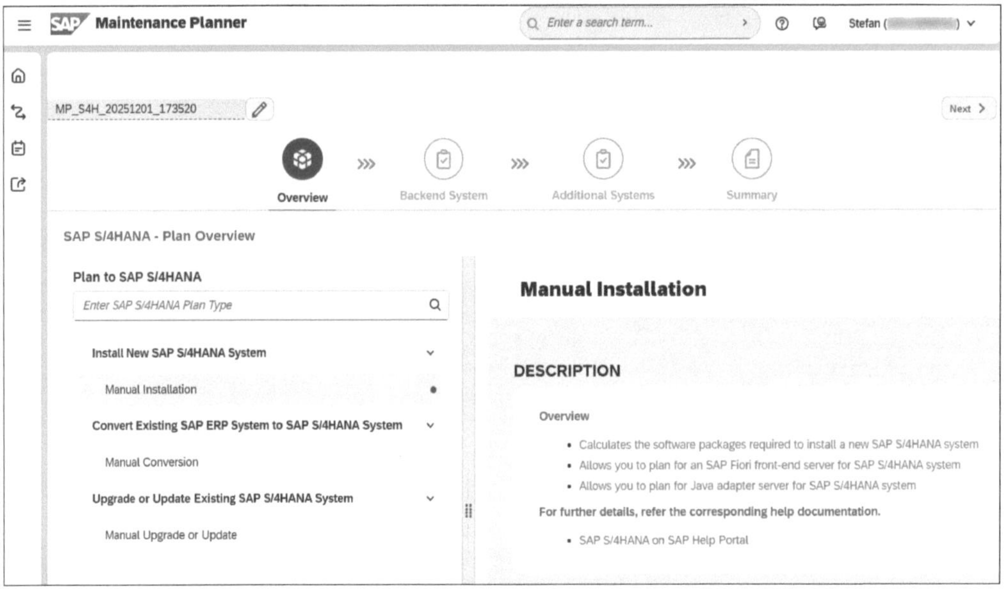

Abbildung 2.5: Maintenance Planner – Neuinstallation

2. Mit **Next** gelangen Sie zum nächsten Schritt **Backend System**. Hier müssen Sie eine SID vergeben, d. h. einen eindeutigen dreistelligen Identifier für Ihr System (siehe Abbildung 2.6). Ebenso entscheiden Sie sich für die zu installierende Produktversion (z. B. **SAP S/4HANA 2025 Initial Shipment Stack**).

Systemidentifikation (SID)

Die SID ist der eindeutige Name eines SAP-Systems. Er wird während der Installation des Systems festgelegt. Da Sie mehrere SAP-Systeme betreiben, sollte die SID einer Namenskonvention folgen, die Sie für Ihr Unternehmen definieren.

Die SID muss diese Anforderungen erfüllen:

- Sie besteht aus drei alphanumerischen Zeichen.
- Buchstaben dürfen nur Großbuchstaben sein.
- Eine SID ist innerhalb der gesamten Landschaft eindeutig. Die SID der Datenbank könnte aber identisch mit der SID der Anwendung sein. Bei SAP HANA muss sie aber unterschiedlich sein, wenn die Datenbank auf dem gleichen Host betrieben wird wie die Applikation.
- Das erste Zeichen muss ein Buchstabe sein.
- Manche SIDs sind nicht erlaubt (z. B. SAP, SUM, SID).

SAP S/4HANA besteht aus mehreren Systemen, die jeweils durch eine eigene SID repräsentiert werden. Da eine Landschaft in der Regel aus mindestens drei Stufen besteht (Entwicklungs-, Test- und Produktivsystem), ist eine gute Namenskonvention wichtig, die zwischen den verschiedenen Systemen unterscheidet. Hier haben sich die Abkürzungen D (für *development*) für das Entwicklungssystem, Q für das Qualitätssicherungs- oder Testsystem und P für das Produktivsystem etabliert. Folgende Namenskonvention wäre z. B. sinnvoll:

- ABAP-Plattform (D4A, Q4A, P4A)
- SAP-HANA-Plattform (D4H, Q4H, P4H oder D4A, Q4A, P4A)
- optional ein Java-System (D4J, Q4J, P4J)
- optional eine Datenbank für das Java-System (D4J, Q4J, P4J)

Eine SID lässt sich auch im Nachgang noch ändern. SAP stellt hierzu Werkzeuge bereit. Für einen solchen Schritt wird aber immer ein Wartungsfenster benötigt, da das System bei der Umbenennung durchgestartet werden muss. Für die ABAP-Plattform sind zudem umfangreiche Nacharbeiten notwendig.

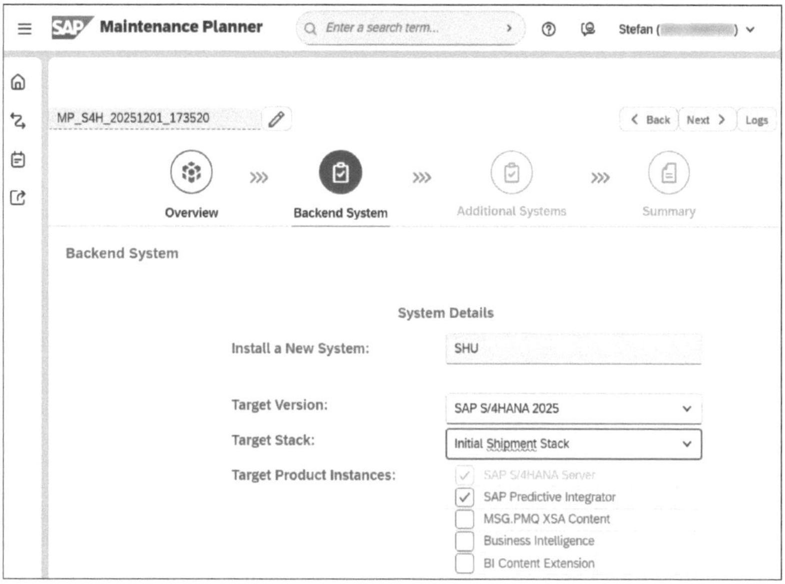

Abbildung 2.6: Maintenance Planner – Auswahl der SID und Produktversion

3. Mit **Next** gelangen Sie zum Schritt **Additional Systems**. Wie Sie in Kapitel 1, »Einführung in die Architektur von SAP S/4HANA«, gelernt haben, besteht SAP S/4HANA nicht nur aus dem Backend-System, sondern es werden auch ein Frontend-Server (FES) und eventuell ein Java-System benötigt. SAP empfiehlt, den Frontend-Server gemeinsam mit dem Backend auf der ABAP-

Plattform zu betreiben (Embedded Deployment). Wählen Sie daher das Ankreuzfeld **Frontend Server Selection** und dort die Option **Co-deployed with Backend** (siehe Abbildung 2.7). Auch hier wählen Sie die passenden Produktversionen, die bereits richtig vorausgewählt sein sollten. Benötigen Sie auch Funktionalitäten auf Java-Basis (z. B. Adobe Document Services), so müssen Sie auch hierfür ein System aufsetzen, wenn nicht bereits ein passendes System vorhanden ist und dafür verwendet werden kann.

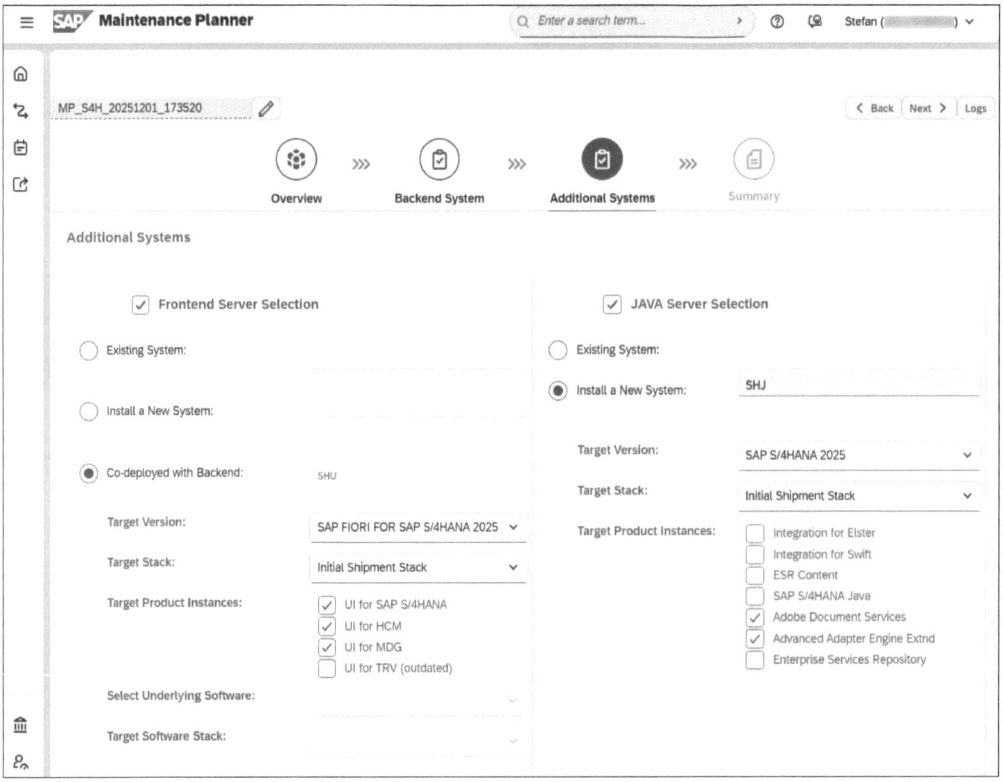

Abbildung 2.7: Zusätzliche Systeme im Maintenance Planner einrichten

4. Mit **Next** gelangen Sie zum Schritt **Summary**. Von hier aus können Sie direkt mit **Continue Planning** fortfahren.
5. Sie gelangen in den Kernbereich des Maintenance Planners, in dem sogenannte *Wartungsvorgänge* für Systemwartungen durchgeführt werden (siehe Abbildung 2.8). Anhand des zuvor gewählten Einstiegs über die Kachel **Plan for SAP S/4HANA** und die gewählten Optionen konnte der Maintenance Planner automatisch alle Detailinformationen ermitteln und vereinfacht den Wartungsvorgang. Sie können daher direkt mit **Next** zum Schritt **Select Files** navigieren.

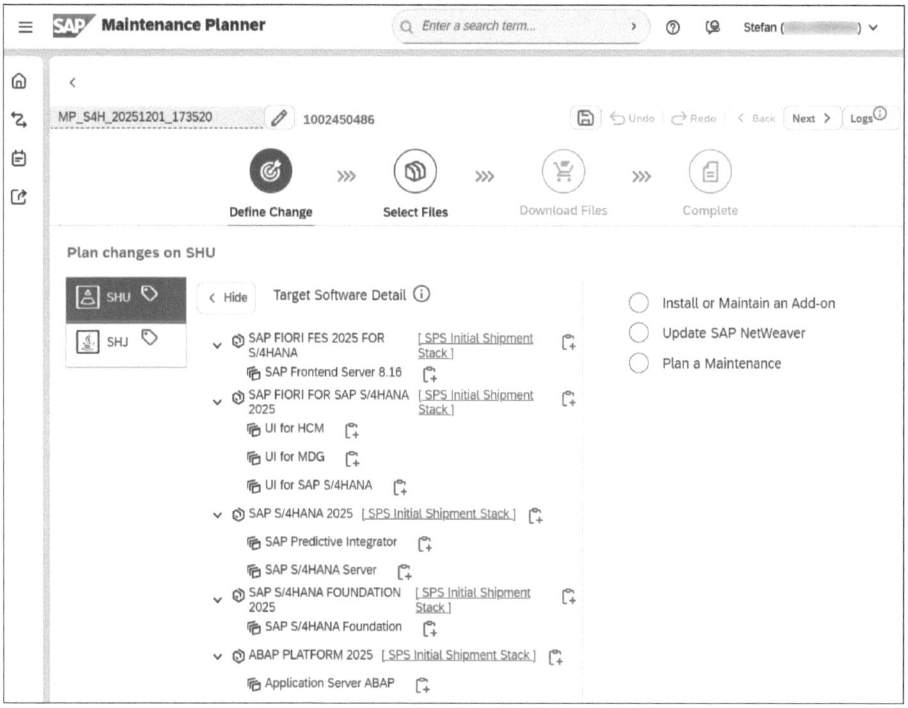

Abbildung 2.8: Einstiegsbild des Wartungsvorgangs

6. Nun müssen Sie wählen, auf welchem Betriebssystem Sie SAP S/4HANA installieren möchten. Die Datenbank, also SAP HANA, muss zwingend unter Linux x86 oder Linux on Power installiert werden. Die Applikation kann aber neben Linux auch unter AIX oder Windows betrieben werden. Wählen Sie die passenden Ankreuzfelder (siehe Abbildung 2.9). Haben Sie zuvor ausgewählt, dass auch ein Java-System installiert werden soll, kreuzen Sie auch zu diesem System die passenden Felder an. Dabei können Sie wählen, ob Sie als zugrunde liegende Datenbanktechnologie SAP HANA, SAP MaxDB oder SAP ASE verwenden möchten.

Datenbank für das Java-System

Bei dem Java-System spielt die Datenbanktechnologie keine so große Rolle. Man könnte daher, um Kosten zu sparen, eine Datenbanktechnologie verwenden, die nicht so hohe Hardwareanforderungen hat wie SAP HANA. Das Administrationsteam muss dann auch für diese Datenbanktechnologie ausgebildet werden. Daher ist es aus meiner Sicht effektiver, die Anzahl unterschiedlicher Datenbanktechnologien so gering wie möglich zu halten und auch bei Systemen mit Wahlmöglichkeit auf SAP HANA zu setzen.

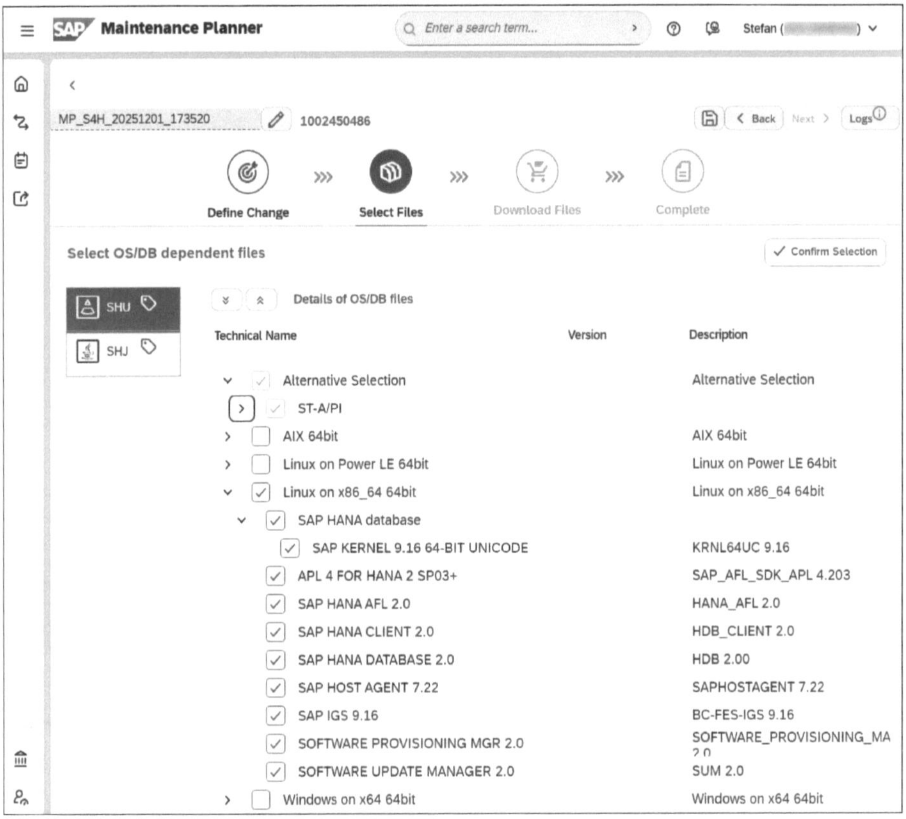

Abbildung 2.9: Wartungsvorgang Dateiauswahl

7. Bestätigen Sie Ihre Auswahl mit **Confirm Selection**. Der Maintenance Planner berechnet nun Abhängigkeiten. Nach wenigen Minuten sollte die Prüfung erfolgreich abgeschlossen sein.
8. Haben Sie auch ein Java-System mit geplant, empfehle ich Ihnen, über den Button **Add Java Patches** aktuelle Java Patches mit auszuwählen. Kreuzen Sie im sich öffnenden Pop-up-Fenster dazu alle Pakete an und wählen Sie die Option **Include selected Java Patches into stack.xml** und dann die Funktion **Validate Dependencies**. Mit **OK** bestätigen Sie die Auswahl und schließen das Pop-up-Fenster.
9. Mit **Next** gelangen Sie zum Schritt **Download Files** (siehe Abbildung 2.10). Hier wählen Sie die Funktion **Download Stack XML**. Hierbei handelt es sich um eine Datei, die Sie später bei der Durchführung der Installation dem Installationswerkzeug wieder zur Verfügung stellen müssen. Darin enthalten sind alle relevanten Angaben über Ihr Vorhaben. Es handelt sich also um eine Steuerungsdatei.

10. Alle benötigten Softwarepakete können Sie über die Funktion **Push to Download Basket** für einen Download vorbereiten.

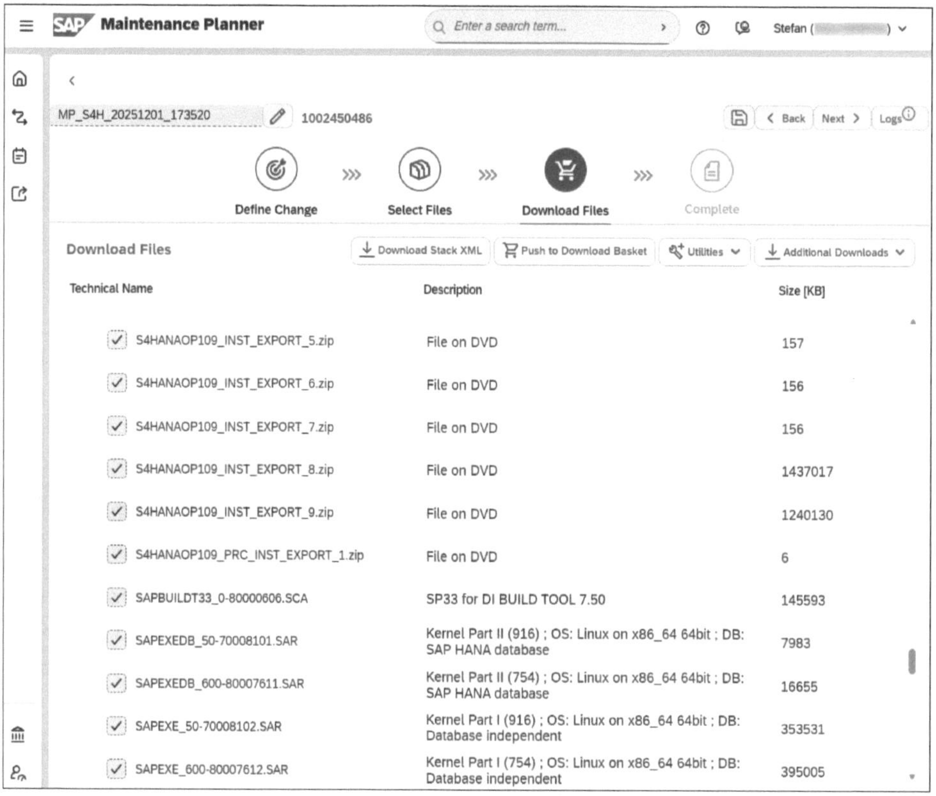

Abbildung 2.10: Dateidownload im Wartungsvorgang

SAP Download Manager

Nun befinden sich alle notwendigen Softwarepakete in einem Warenkorb, dem *Download Basket*. Um die Dateien herunterzuladen, benötigen Sie den *SAP Download Manager*, den ich in Abschnitt 2.3.1 genauer vorstelle. Stellen Sie nun die über den SAP Download Manager heruntergeladenen Dateien sowie die heruntergeladene *Stack.xml*-Datei in einem gemeinsamen Verzeichnis auf den für die Installation vorbereiteten Hosts bereit.

SWPM

Für die eigentliche Installation wird der *Software Provisioning Manager* (SWPM) verwendet. Dieses Werkzeug verwenden Sie für die Installation, Kopie, Transformation, Umbenennung oder Deinstallation von SAP-Systemen (siehe Abschnitt 2.3.3). Sie starten den SWPM als Administrationsbenutzer über das Kommando `sapinst` mit Angabe der *Stack.xml*-Datei. Bei der Zusammenstellung der Dateien durch den Maintenance Planner wurde auch der SWPM mit in den Download Basket übernommen. Ansonsten finden Sie den SWPM sowie weitere Werkzeuge der Softwarelogistik samt Dokumentation auf der Seite *https://support.sap.com/sltoolset*.

[»]

Dateien mit SAPCAR entpacken

Der SWPM liegt, wie die meisten heruntergeladenen Dateien, als komprimierte Datei mit der Endung *.SAR* vor. Sie entpacken diese Dateien mit dem Programm *SAPCAR*, das Sie im SAP-Downloadbereich für alle relevanten Betriebssysteme finden. Ich stelle dieses Werkzeug in Abschnitt 2.3.2 kurz vor.

Datenbank-installation

Der SWPM ist unter den folgenden Voraussetzungen auch in der Lage, die zugrunde liegende Datenbanktechnologie mit zu installieren:

- Die Datenbank und der Applikationsserver sollen auf dem gleichen Host installiert werden.
- Bei der Installation darf es sich nicht um ein Hochverfügbarkeitssystem handeln.

»hdblcm«

In allen anderen Fällen müssen Sie die SAP-HANA-Datenbank installieren, bevor Sie das SAP-System mit dem SWPM installieren. Ich habe mir grundsätzlich angewöhnt, SAP HANA vor der eigentlichen Installation zu installieren. Dadurch habe ich etwas mehr Kontrolle über die Datenbankinstallation. Für die Installation der SAP-HANA-Datenbank verwenden Sie den *SAP HANA Lifecycle Manager* (`hdblcm`), den ich in Abschnitt 2.3.4 vorstelle. Haben Sie die Installation über den Maintenance Planner geplant, befinden sich die Datenbankinstallationsdateien ebenfalls schon bei den heruntergeladenen Dateien.

Haben Sie im Maintenance Planner auch die Bereitstellung eines Java-Systems ausgewählt, müssen Sie nun ein weiteres Mal den SWPM starten, allerdings dieses Mal in der Version 1.0, da SWPM 2.0 keine Java-Systeme bereitstellen kann.

Nacharbeiten der Installation

Mit diesen Schritten haben Sie SAP S/4HANA als Neuinstallation aufgesetzt. Jetzt beginnt die eigentliche Arbeit, denn Sie haben bis jetzt nur eine leere Hülle ohne Funktionalität. Es sind viele Nacharbeiten durchzuführen. Viele davon müssen von den jeweiligen Fachbereichen und Projektverantwortlichen gesteuert werden. Sie arbeiten diesen zu und führen technische Schritte aus. Wesentliche Aufgaben nach der Installation sind folgende:

- Aktivierung von Best Practices
- Einrichtung von SAP Fiori
- Migration von Daten aus dem Altsystem

Die Nacharbeiten sind auf der Seite *https://help.sap.com/s4hana* unter **Implement • Installation Guide** in Kapitel 7 beschrieben. Sind Sie neu in der Administration von SAP-Systemen, werden Sie die genannten Aktivitäten an dieser Stelle eventuell noch überfordern. Die Aktivierung der Best Practices und die Einrichtung von SAP Fiori beschreibe ich daher umfassender in Kapitel 4, »Administration und Konfiguration der ABAP-Plattform«.

Datenübernahme

Ein weiterer wichtiger Schritt bei der Neuimplementierung ist die Übernahme von Daten aus dem Altsystem. Egal, ob Sie SAP-Neukunde sind oder Ihr Altsystem ein SAP-ERP-System ist, das Sie aber nicht konvertieren wollen, möchten Sie natürlich wichtige Stamm- und Bewegungsdaten in das neue System übernehmen. Unabhängig davon, ob Sie sich für ein Betriebskonzept in der Cloud oder on premise entschieden haben, können Sie hierzu die SAP-Fiori-App *Migration Cockpit* verwenden. Hier können Sie im einfachsten Fall Daten über CSV-Dateien oder aber direkt aus SAP-Altsystemen übernehmen (siehe Abbildung 2.11).

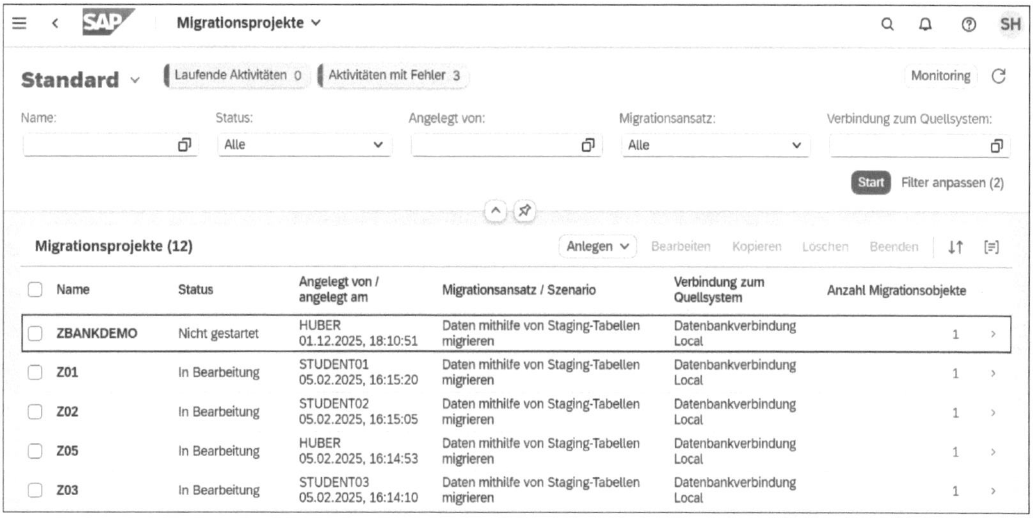

Abbildung 2.11: Datenübernahme mit dem Migration Cockpit

Die Dokumentation zu dieser App finden Sie auf dieser Seite: *https://help.sap.com/s4hana* unter **Implement • Data Migration.**

2.2.2 Systemkonvertierung

Bestandskunden

Das offensichtlichste Bereitstellungskonzept für Bestandskunden der bisherigen SAP Business Suite ist die Systemkonvertierung. Hier wird das bestehende System technisch gesehen auf den Softwarestand von SAP S/4HANA gehoben. Im Vergleich zu einer Neuinstallation erscheint diese Möglichkeit zunächst einfacher, da sämtliche Einstellungen und Daten erhalten bleiben. Da es sich bei SAP S/4HANA jedoch um eine neue Produktlinie handelt, bei der SAP durchaus größere Änderungen im Vergleich zur alten Business Suite vorgenommen hat, müssen Sie hier einige Vorarbeiten leisten, die den Aufwand und die Kosten steigen lassen. Da Sie erst einmal alles übernehmen, was technisch möglich ist, verpassen Sie eventuell auch die Chance, sich von altem Ballast zu trennen. So wird aus einem Vorteil auch schnell ein Nachteil.

Nicht für SAP S/4HANA Cloud

Aus Abschnitt 2.1, »Betriebskonzepte«, wissen Sie inzwischen auch, dass Sie für SAP S/4HANA Cloud keine Systemkonvertierung durchführen können. Für ein Cloud-Deployment mit Systemkonvertierung steht Ihnen ausschließlich SAP S/4HANA Cloud, Private Edition im Rahmen von RISE with SAP zur Verfügung.

Es gibt auch für die Systemkonvertierung passende Roadmaps von SAP Activate, an denen Sie sich orientieren können. Auf einige Aspekte möchte ich Sie im Einzelnen hinweisen, wobei die folgende Aufzählung nicht den Anspruch auf Vollständigkeit hat.

Simplification List

Ein wichtiger Punkt am Anfang der Planung der Migration ist die *Simplification List*. Sie finden diese Liste auf der Seite *https://help.sap.com/s4hana* unter **Implement • Simplification List for SAP S/4HANA** als PDF und Onlinekatalog. Die Simplification List beschreibt die Änderungen im Vergleich zur SAP Business Suite auf über 1.500 Seiten. Da nicht jeder Kunde alle Funktionen des Systems in vollem Umfang nutzt und auch kundenindividuelle Entwicklungen unter Umständen nicht mehr auf SAP S/4HANA laufen, wäre es ein enormer manueller Prüfaufwand, die Liste vollständig durchzugehen.

SAP Readiness Check

Daher hat SAP den *SAP Readiness Check* bereitgestellt, um die Auswirkungen einer Konvertierung nach SAP S/4HANA automatisiert zu prüfen. Das Werkzeug wird in Ihrem bestehenden System der SAP Business Suite über SAP-Hinweise implementiert und ausgeführt. Das Ergebnis laden Sie dann in ein Portal bei SAP hoch, wo es automatisiert in wenigen Minuten ausgewertet wird. Abbildung 2.12 zeigt ein Beispiel für eine solche Auswertung.

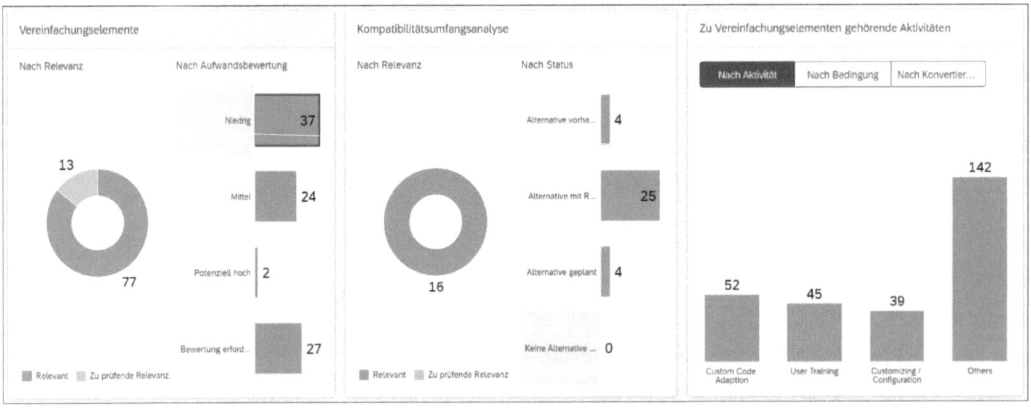

Abbildung 2.12: Ausschnitt aus einem Ergebnis des SAP Readiness Checks

Den Einstieg in die weiterführende Dokumentation der Ergebnisse finden Sie auf der gleichen Seite wie die Simplification List. Die Implementierungsdetails finden Sie in SAP-Hinweis 2913617. Der SAP Readiness Check kann folgende Erkenntnisse liefern:

- Welche Elemente der Simplification List werden in Ihrem System verwendet und sind potenziell zu prüfen oder anzupassen?

- Welche Add-ons, die im System installiert sind, werden mit SAP S/4HANA nicht mehr unterstützt?
- Welche Business Functions sind im System aktiv, die in SAP S/4HANA problematisch sind?
- Wie ist die zu erwartende Systemgröße des SAP-S/4HANA-Systems (Sizing) und wie verhält sich das Datenwachstum?
- Wie viel Kundencode ist vorhanden?
- Welche SAP-Fiori-Apps sind für Sie sinnvoll?
- Wie komplex ist die Integration in andere Systeme (Schnittstellen, Extraktoren)?
- Welche Geschäftsprozesse lassen sich mit SAP S/4HANA optimieren?
- Wie ist der Status der im Rahmen der Konvertierung auf das Geschäftspartnermodell umzustellenden Kunden- und Lieferantenstammsätze (diese Umstellung wird als *Customer Vendor Integration*, kurz CVI bezeichnet)?
- Wie lange wird das System während der Konvertierung nicht zur Verfügung stehen (Downtime)?

[+]

Expert Guided Implementation

Sind Sie Enterprise-Support-Kunde bei SAP, können Sie für das Aufsetzen und Durchführen des SAP Readiness Checks auch Unterstützung durch SAP im Rahmen einer *Expert Guided Implementation* erhalten.

Kundencode-anpassung

Ein weiterer wichtiger Schritt vor einer Systemkonvertierung nach SAP S/4HANA ist die genaue Analyse und Anpassung des Kundencodes. Durch Änderungen des Datenmodells, Feldlängenanpassungen und den Wechsel der Datenbanktechnologie auf SAP HANA (falls noch nicht geschehen) besteht die Gefahr, dass Programmcode, der auf Kundenseite erstellt wurde, nicht mehr funktioniert. Zwar liefert der SAP Readiness Check bereits erste Erkenntnisse, diese sind aber zu oberflächlich. Auf der gleichen Seite, auf der Sie den SAP Readiness Check und die Simplification List finden, finden Sie jedoch auch den *Custom Code Migration Guide for SAP S/4HANA 2025*, der Ihnen hierzu weitere Informationen liefert.

Zentrales Prüfsystem

Damit Ihr Kundencode auf Basis der neuesten Erkenntnisse analysiert werden kann, benötigen Sie ein sogenanntes *zentrales Prüfsystem*, auf dem dann die Anwendung *ABAP Test Cockpit* (ATC) läuft. Die Anwendung ist ab Release 7.52 Teil des SAP NetWeaver Application Servers (SAP NetWeaver AS) ABAP oder ab Release 1809 Teil der ABAP-Plattform von SAP S/4HANA. Da Ihr zu migrierendes System letzteren Softwarestand nicht hat, müssen Sie ein solches System bereitstellen.

Sandbox als zentrales Prüfsystem

In den Konvertierungsprojekten, in die ich bisher involviert war, wurde zu Beginn des Projekts immer auch ein SAP-S/4HANA-System als Sandbox installiert, in dem auch die SAP Best Practices und SAP Fiori aktiviert wurden – genauso wie bei einer Neuinstallation von SAP S/4HANA. Dieses System diente in erster Linie dazu, den Fachbereichen die Möglichkeiten der neuen Softwarelösung und Unterschiede zu zeigen. Wird in Ihrem Unternehmen ein solches System aufgesetzt, können Sie dieses sehr gut auch als zentrales Prüfsystem verwenden und damit Ihren Kundencode auf seine Eignung für SAP S/4HANA hin überprüfen.

Custom Code Migration

Der Vorteil eines SAP-S/4HANA-Systems als zentrales Prüfsystem gegenüber einem SAP-NetWeaver-7.52-System ist, dass Sie hier die SAP-Fiori-App *Custom Code Migration* verwenden können (siehe Abbildung 2.13). Neben der ansprechenden Optik und den vielfältigen Analysemöglichkeiten haben Sie in dieser App auch die Möglichkeit, den Umfang der Analysen auf denjenigen Kundencode einzuschränken, der in Ihrem Produktivsystem auch noch wirklich aktiv ausgeführt wird. In der Praxis sammelt sich im Laufe der Jahre immer mehr Kundencode an, von dem ein beachtlicher Teil häufig schon lange nicht mehr ausgeführt wird. Sie haben nun die Möglichkeit, diesen Code im Rahmen der Umstellung stillzulegen und nur den Code anzupassen, der auch tatsächlich noch verwendet wird.

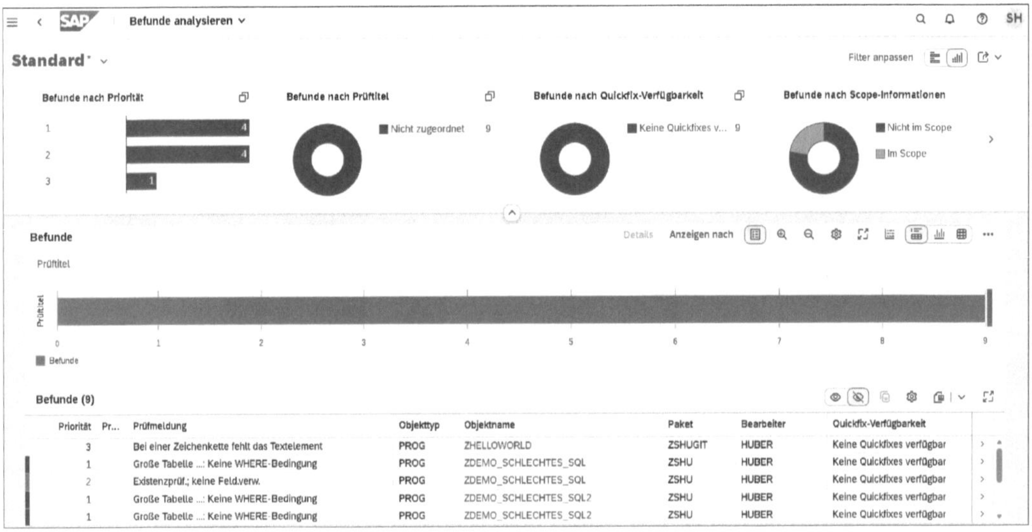

Abbildung 2.13: SAP-Fiori-App »Custom Code Migration«

[+]

Zentrales Prüfsystem auf der SAP BTP

Neben den zwei bisher genannten Möglichkeiten zur Bereitstellung eines zentralen Prüfsystems können Sie diese Funktionalität übrigens auch in der SAP BTP im Rahmen des Service *ABAP Environment* nutzen.

Wie Sie erahnen können, erfordert die Systemkonvertierung nach SAP S/4HANA eine längere vorbereitende Projektphase, in der die bisher genannten und viele weitere Tätigkeiten durchzuführen sind. Die eigentliche Umstellung konzentriert sich dann häufig auf ein Wochenende. Vor diesem Wochenende arbeiten die Benutzer*innen noch mit der alten SAP Business Suite und anschließend mit dem neuen SAP-S/4HANA-System. Natürlich wird diese Umstellung nicht nur einmal durchgeführt, sondern es gibt mehrere Testläufe auf verschiedenen Ebenen (meist Sandbox, Entwicklungssystem und Testsystem).

Ein oder zwei Schritte

Ihr zu konvertierendes System muss mindestens den Softwarestand SAP ERP 6.0 EHP0 haben und bereits auf Unicode umgestellt sein. Die verwendete Datenbanktechnologie ist egal, wobei viele Kunden bereits in einem ersten Schritt die Datenbank auf SAP HANA migrieren und dann in einem zweiten Schritt von der SAP Business Suite nach SAP S/4HANA konvertieren. Dies hat den Vorteil, dass man der Systemkonvertierung einen Teil der Komplexität nimmt und die Datenbankumstellung in einem kleineren, vorausgehenden Projekt durchführt.

SUM und DMO

Die eigentliche Konvertierung führen Sie mit dem *Software Update Manager* (SUM) durch. Wechseln Sie dabei auch die Datenbank, aktivieren Sie die Option *Database Migration Option* (DMO) in SUM. In jedem Fall migrieren Sie nur einmal die Datenbank nach SAP HANA und führen nur einmal eine Systemkonvertierung durch. Nehmen Sie später ein Upgrade vor, z. B. von SAP S/4HANA 2023 nach SAP S/4HANA 2025, nutzen Sie auch dazu den SUM. Diese Wartungsmaßnahme ist dann aber keine Konvertierung, sondern ein normales Upgrade (siehe Kapitel 15, »Softwarewartung«). In Abbildung 2.14 sehen Sie die möglichen Konvertierungspfade nach SAP S/4HANA.

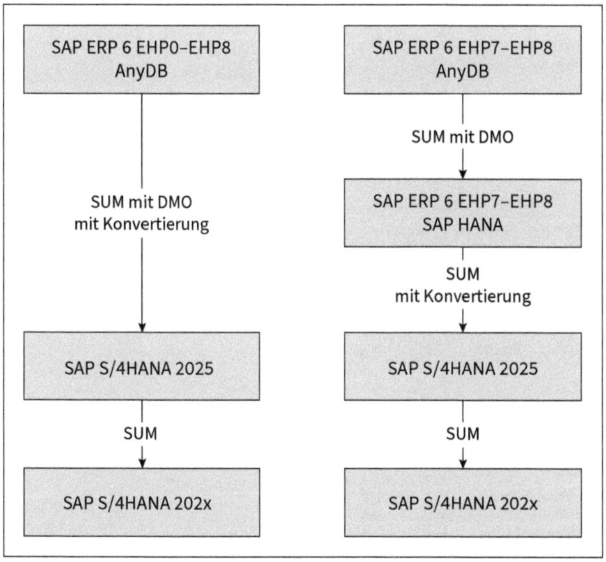

Abbildung 2.14: Konvertierungspfade mit dem Software Update Manager sowie mit dem Software Update Manager mit Database Migration Option

Konvertierung planen

Eine Voraussetzung für die Nutzung des SUM ist zunächst wieder eine *Stack.xml*-Datei, die den Bauplan für die Konvertierung enthält. Wie schon bei der Neuinstallation planen Sie die Konvertierung über den Maintenance Planner:

1. Wählen Sie wie bei der Neuinstallation auf der Einstiegsseite des Maintenance Planners die Kachel **Plan for SAP S/4HANA**.
2. In der sich daraufhin öffnenden Anwendung wählen Sie die Option **Convert Existing SAP ERP System to SAP S/4HANA System**.
3. Klicken Sie auf **Next** und wählen Sie das System aus der Liste aus, das Sie nach SAP S/4HANA konvertieren möchten. Wählen Sie außerdem, auf welches Ziel-Release (z. B. **SAP S/4HANA 2025 Initial Shipment Stack**) Sie das System heben möchten.
4. Mit **Next** gelangen Sie zum nächsten Bildschirm. Wählen Sie hier analog zur Neuinstallation die zusätzlichen Systeme.
5. Mit **Next** gelangen Sie schließlich zur Zusammenfassung. Im Unterschied zu einer Neuinstallation wird an dieser Stelle bereits geprüft, ob Sie Add-ons verwenden oder Business Functions aktiviert haben, die unter SAP S/4HANA nicht unterstützt werden (siehe Abbildung 2.15). Diese Prüfung ist aber rein informativ und hindert Sie nicht daran, fortzufahren.

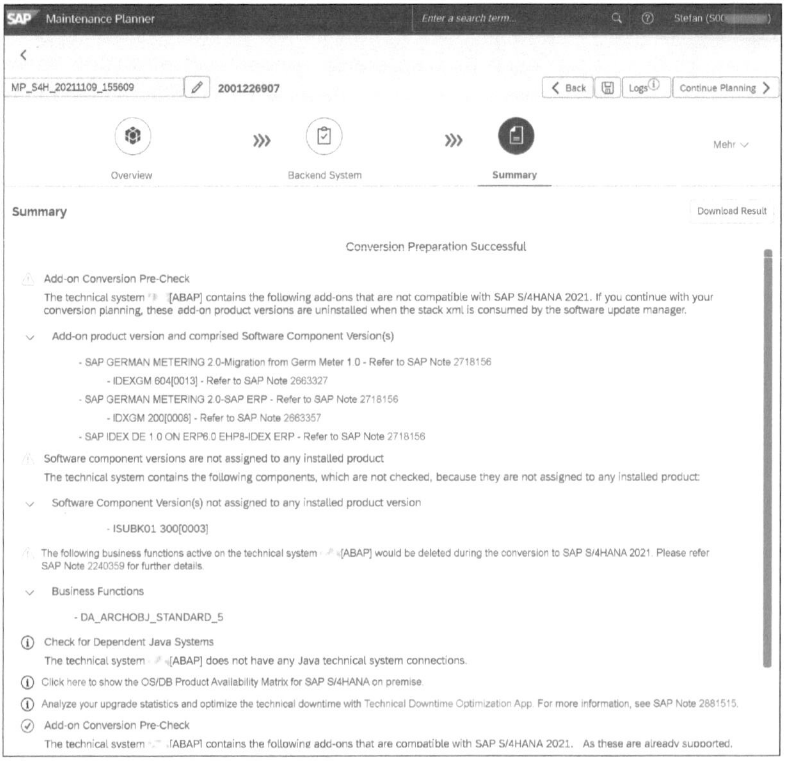

Abbildung 2.15: Zusammenfassung mit Vorprüfungen im Maintenance Planner

6. Über den Button **Continue Planning** fahren Sie analog zur Neuinstallation mit der Planung fort und laden zum Schluss die Stack-XML-Datei und die weiteren Dateien über den SAP Download Manager herunter.

Leitfäden für die Systemkonvertierung

Auch für die Systemkonvertierung müssen Sie einiges vorbereiten, wobei nicht alle Aktivitäten bei Ihnen liegen. Läuft Ihr zu migrierendes System noch nicht auf der Datenbankplattform SAP HANA, müssen Sie zunächst die SAP-HANA-Datenbank bereitstellen und verschiedene Prüfungen auf dem Altsystem durchführen. Eine Zusammenfassung der Schritte finden Sie auf der Seite *https://support.sap.com/sltoolset* unter **System Maintenance Scenarios • System Conversion to SAP S/4HANA using SUM 2.0 • Guides for System Conversion with SUM 2.0**. Wählen Sie die Anleitung passend zu Ihrem Betriebssystem. In Kapitel 4 des Leitfadens finden Sie dann eine Beschreibung der Vorbereitungsschritte, in Kapitel 5 die eigentliche Ausführung des SUM und in Kapitel 6 die Nacharbeiten. Ebenfalls empfehlenswert ist der *Conversion Guide for SAP S/4HANA 2025*, den Sie auf der Seite *https://help.sap.com/s4hana* auf der Registerkarte **Implement** finden. Dieser ist etwas allgemeiner gehalten und konzentriert sich mehr auf das große Ganze. Für die Details verweist dieser Leitfaden auch wieder auf den zuvor genannten SUM-Leitfaden.

In Abschnitt 2.3.5, »Software Update Manager«, gehe ich etwas ausführlicher auf den SUM ein und zeige Ihnen auch, wie Sie das Werkzeug starten und bedienen. Dies ist auch für die häufigeren Systemwartungen wichtig, die ich in Kapitel 15, »Softwarewartung«, näher beleuchte. Um eine Systemkonvertierung nach SAP S/4HANA durchzuführen, reicht die in diesem Buch dargestellte Tiefe aber bei Weitem nicht aus. Hier müssen Sie sich an die von SAP bereitgestellten Leitfäden und Hinweise halten.

SAP Fiori aktivieren

Nach der technischen Konvertierung des Systems müssen Sie wie bei der Neuinstallation SAP Fiori aktivieren und konfigurieren. Diese Aufgabe beschreibe ich in Abschnitt 4.5, »SAP Gateway und SAP-Fiori-Frontend-Server einrichten«.

2.2.3 Selektive Datenübernahme

Flexiblerer Mittelweg

Das dritte und letzte von SAP vorgesehene Bereitstellungskonzept für SAP S/4HANA war früher unter dem Namen *Landschaftstransformation* bekannt. Sie ist weniger drastisch als die Neuimplementierung oder Systemkonvertierung. Bei der Neuimplementierung lassen Sie Ihre gesamte Historie zurück und setzen auf standardisierte Prozesse. Bei der Systemkonvertierung nehmen Sie alle Daten mit und arbeiten in großen Teilen mit den gleichen Geschäftsprozessen wie vor der Umstellung. Viele SAP-Kunden wünschen sich jedoch einen flexibleren Mittelweg. Die selektive Datenübernahme soll diese Kundengruppe bedienen.

Es gibt hier daher kein allgemeines Vorgehensmodell, sondern die Lösung wird für den einzelnen Kunden maßgeschneidert erarbeitet. Daran können Sie schon erkennen, dass diese Methode in der Regel längere Projektlaufzeiten und höhere Kosten mit sich bringt. Sie benötigen für diese Methode Unterstützung durch SAP oder einen zertifizierten Implementierungspartner und nutzen deren Vorgehensmodelle und Werkzeuge.

Auf der Seite *https://support.sap.com* unter **Offerings & Programs • Support Services • See All Services...** finden Sie im Abschnitt **Upgrade, Migration & Transformation Services** den Link **Data Management & Landscape Transformation Solutions**. Auf dieser Seite finden Sie einen Überblick über die angebotenen Services von SAP und den Implementierungspartnern unter dem Namen **SAP S/4HANA Selective Data Transition Engagement**.

Unterschiedliche Ziele

Die selektive Datenübernahme ist das einzige Bereitstellungskonzept mit unterschiedlichen Ausprägungen. Es können also unterschiedliche Ziele mit diesem Konzept verfolgt werden:

- Zusammenführung mehrerer Altsysteme in ein neues SAP-S/4HANA-System (Konsolidierung)
- Aufspaltung eines Altsystems in mehrere neue SAP-S/4HANA-Systeme (Carve-out)
- schrittweise Migration nach SAP S/4HANA (z. B. pro Land)
- Harmonisierung der Finanzprozesse in einem zentralen System
- Einführung neuer Geschäftsprozesse auf Basis der SAP Best Practices (wo möglich) und Übernahme der vorhandenen Geschäftsprozesse (wo erforderlich)
- Verkürzung der Downtime bei der Migration

Beispiel für einen Migrationsweg

An einem Beispiel möchte ich Ihnen einen möglichen Migrationsweg nach SAP S/4HANA mit der selektiven Datenübernahme aufzeigen. Nehmen wir an, in Ihrem Unternehmen gibt es zwei SAP-ERP-Systeme, da Sie in der Vergangenheit eine Akquisition getätigt haben und die beiden SAP-ERP-Systeme bisher noch nicht konsolidiert wurden. Eines der beiden Systeme entspricht weitestgehend Ihrem Unternehmensstandard mit den individuellen Geschäftsprozessen und vielen Eigenentwicklungen. Sie möchten die meisten Prozesse und historischen Daten dieses Systems auch in SAP S/4HANA weiternutzen. Aus dem zweiten System möchten Sie nicht alle Daten übernehmen. Auch die Geschäftsprozesse weichen teilweise ab.

In dieser Situation könnten Sie im Rahmen der selektiven Datenübernahme nun das erste System über eine Systemkonvertierung nach SAP S/4HANA konvertieren. In einem zweiten Schritt übertragen Sie die von Ihnen als wichtig und notwendig identifizierten Daten aus dem zweiten SAP-ERP-System über Transformationswerkzeuge von SAP oder des Implementierungspartners. Dieser Schritt kann sogar parallel zur produktiven Nutzung der Systeme durchgeführt werden. Kurz vor der Produktivsetzung nach dem zweiten Schritt gibt es noch eine kurze Downtime von wenigen Stunden, in der die restlichen Daten übernommen werden.

Fazit

In diesem Abschnitt habe ich Ihnen einen Einblick in die drei Bereitstellungskonzepte für SAP S/4HANA gegeben. Das Thema ist allerdings zu umfangreich, um es in diesem Buch in allen Details behandeln zu können. Sind Sie in ein Implementierungsprojekt involviert, kann ich Ihnen das Buch »Migration nach SAP S/4HANA« von Frank Densborn, Frank Finkbohner, Martina Höft, Petra Klöß, Kim Mathäß und Boris Rubarth (5. Auflage, SAP PRESS 2025) empfehlen.

Abbildung 2.16 stellt die drei Bereitstellungskonzepte nochmals unter den Gesichtspunkten der zu erreichenden Ziele sowie der möglichen Betriebskonzepte einander gegenüber.

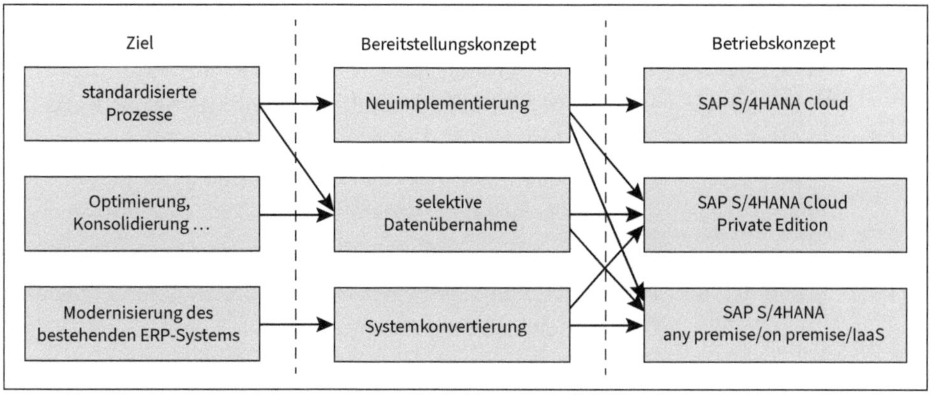

Abbildung 2.16: Zusammenfassung der Bereitstellungskonzepte

2.3 Werkzeuge zur Bereitstellung von SAP S/4HANA

In diesem Abschnitt lernen Sie wichtige Administrationswerkzeuge näher kennen, die zur Bereitstellung von SAP S/4HANA benötigt werden und die ich im vorangegangenen Abschnitt bereits kurz erwähnt habe. Viele dieser Werkzeuge verwenden Sie auch bei anderen administrativen Aufgaben, insbesondere zur Systemwartung.

2.3.1 SAP Download Manager

Download Basket

Sind Sie mit Ihrem S-User am SAP Support Portal angemeldet, können Sie über die App **Software Downloads** (Direktlink *https://me.sap.com/softwarecenter*) Software herunterladen, für die Ihr Unternehmen Softwarelizenzen besitzt. Möchten Sie mehrere Softwarepakete herunterladen oder planen Sie einen Wartungsvorgang mit dem Maintenance Planner, ist es jedoch effektiver, die vielen Softwarepakete zunächst in den *Download Basket* zu legen und die bereitgestellten Pakete dann in einem zweiten Schritt mit dem SAP Download Manager herunterzuladen. Sie könnten den Download in diesem Fall auch später an einem anderen Rechner durchführen, auf dem eine schnelle Internetverbindung zur Verfügung steht.

Java-Anwendung

Der SAP Download Manager ist eine kleine Java-Anwendung, die Sie auf der Seite *https://support.sap.com/en/my-support/software-downloads.html* ganz unten über den Button **Download Now** herunterladen können. Sie benötigen eine Java Runtime (JRE) der Version 1.8 oder neuer, um die Anwendung ausführen zu können. Sie können z. B. die SapMachine-Laufzeitumgebung installieren, wenn Sie sonst keine JRE installiert haben. Den Download erreichen Sie direkt auf der Seite *https://sapmachine.io/*.

»DLManager.jar«

Haben Sie die heruntergeladene ZIP-Datei entpackt, können Sie den SAP Download Manager über einen Doppelklick auf die Datei *DLManager.jar* starten. Es öffnet sich ein Konfigurationsfenster, in dem Sie Ihre S-User-ID und Ihr Passwort eingeben müssen. Wird für die Verbindung ins Internet ein Proxy benötigt, können Sie dessen Daten hier ebenfalls hinterlegen. Auf der Registerkarte **Download store** sollten Sie noch das Verzeichnis angeben, in dem die heruntergeladenen Dateien abgelegt werden sollen.

Die Bedienung des SAP Download Managers ist weitestgehend selbsterklärend. Über den Button **Download all objects** werden alle Dateien heruntergeladen, die für Ihren S-User im Download Basket hinterlegt sind. In Abbildung 2.17 sehen Sie beispielhaft den Download sämtlicher Daten des Wartungsvorgangs aus Abschnitt 2.2.1, »Neuimplementierung«, für eine Neuinstallation von SAP S/4HANA 2025 samt Java-System und SAP-HANA-Datenbank.

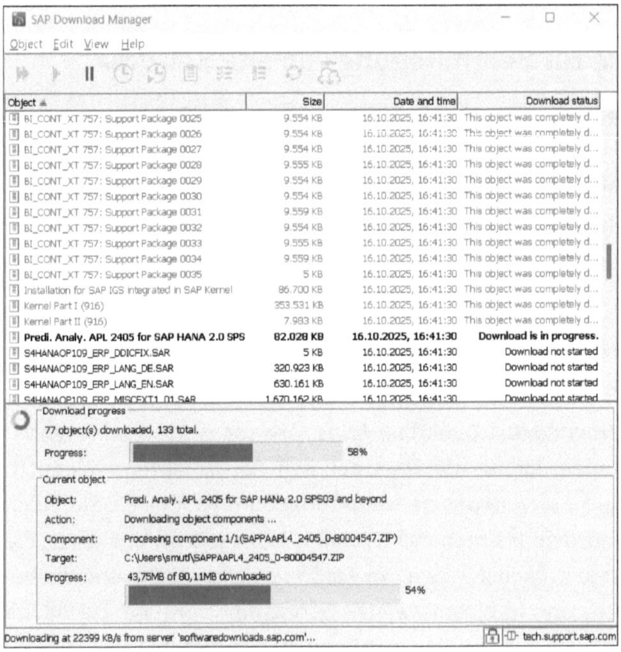

Abbildung 2.17: SAP Download Manager

2.3.2 SAPCAR

SAP verwendet ein eigenes Werkzeug zur Komprimierung von Dateien, das den bekannten Werkzeugen ZIP, RAR oder TGZ ähnelt. Solche Dateien haben die Endung *.SAR*. Grundsätzlich müssen Sie nicht alle SAR-Dateien entpacken, da die Funktion zum Entpacken oft in den verwendeten Werkzeugen integriert ist. Meist sind es die Werkzeuge selbst, die Sie vor deren Verwendung entpacken müssen, z. B. den SWPM oder SUM.

Haben Sie auf einem Host bereits SAP-Systeme installiert, finden Sie dort immer auch eine Version von SAPCAR, da das Werkzeug auch Teil des Kernels der SAP-Systeme ist. Andernfalls laden Sie das Werkzeug auf der Seite *https://me.sap.com/softwarecenter* unter **Support Packages und Patches • Nach alphabetischem Index (A–Z) • S • SAPCAR • SAPCAR 7.53** herunter. Vergewissern Sie sich, dass oberhalb der Downloaddatei das richtige Betriebssystem ausgewählt ist. Nach dem Download sollten Sie die Datei umbenennen in *SAPCAR* (Unix/Linux) bzw. *SAPCAR.EXE* (Windows).

SAR-Dateien entpacken

Die Verwendung von SAPCAR ist in den Installationsleitfäden der verschiedenen Werkzeuge jeweils beschrieben, wobei die Syntax recht einfach ist:

```
SAPCAR -xvf <Quelldatei.SAR> -R <Zielverzeichnis>
```

Die Angabe eines Zielverzeichnisses ist optional. Wird sie weggelassen, werden die Dateien im aktuellen Verzeichnis entpackt.

Am Beispiel des SWPM, den wir in Abschnitt 2.2.1, »Neuimplementierung«, verwendet haben, sieht der Befehl wie folgt aus. Hier wird der SWPM aus dem aktuellen Verzeichnis in das Verzeichnis */tmp/SWPM* entpackt:

```
SAPCAR -xvf SWPM20SP22_3-80003424.SAR -R /tmp/SWPM
```

SIGNATURE.SMF

Einige Werkzeuge (z. B. `hdblcm`) prüfen die Integrität der entpackten SAR-Dateien, um festzustellen, ob Dateien nach dem Entpacken verändert wurden. Damit diese Überprüfung funktioniert, muss beim Entpacken eine Signaturdatei erzeugt werden. Dies erreichen Sie mit der SAPCAR-Option `-manifest SIGNATURE.SMF`. Ohne diese Option erhalten Sie z. B. bei der Installation von SAP HANA mit `hdblcm` eine Fehlermeldung.

[+]

SAPCAR für Sicherungen verwenden

Mit SAPCAR können Sie nicht nur SAP-Softwarepakete entpacken, sondern auch selbst Pakete erstellen. Dies ist z. B. hilfreich, um Verzeichnisse auf Betriebssystemebene temporär zu sichern oder Zwischenstände festzuhalten. Die Syntax zur Erzeugung eines Archivs lautet:

```
sapcar -cvf <Name des zu erstellenden Archivs>
<Zu komprimierende Datei(en) oder *>
```

2.3.3 Software Provisioning Manager

SWPM 1.0 und 2.0

Mit dem Software Provisioning Manager (SWPM) installieren Sie die meisten ABAP- und Java-basierten SAP-Produkte in On-Premise-Umgebungen. Das Werkzeug gibt es in zwei Hauptversionen: 1.0 und 2.0. Diese Versionen unterscheiden sich grundlegend:

- Mit Version 2.0 können Sie die neuesten ABAP-basierten SAP-S/4HANA- und SAP-BW/4HANA-Systeme bereitstellen.
- Mit Version 1.0 können Sie ältere ABAP-basierte SAP-Systeme, aber auch aktuelle Java-Systeme für SAP S/4HANA bereitstellen.

Besteht Ihr SAP-S/4HANA-System aus ABAP- und Java-Systemen, benötigen Sie für deren Provisionierung also beide Produktversionen.

Auf der Seite *https://support.sap.com/sltoolset* finden Sie im Bereich **System Provisioning** sowohl den Link für den Download des Werkzeugs als auch die Links zu den Hilfeseiten und zentralen SAP-Hinweisen für die Versionen 1.0 und 2.0. Im Bereich **System Provisioning Scenarios** finden Sie einen Link zu den **Installation Guides**. Dort gibt es für jedes unterstützte Szenario, d. h. für jede Kombination aus Betriebssystem und verwendeter Datenbank, ein passendes Dokument, das die Installation Schritt für Schritt erklärt.

[!]

Neueste Versionen verwenden

Verwenden Sie immer die jeweils neueste Version von SWPM 1.0 oder 2.0, da darin bekannte Fehler behoben wurden.

»sapinst«

Haben Sie den SWPM, wie im Installationsleitfaden beschrieben, entpackt, können Sie das Werkzeug mit dem Befehl `sapinst` als Administrationsbenutzer (unter Unix/Linux also mit dem Benutzer `root`) starten. Dadurch wird ein Webserver gestartet. Im Kommandozeilenfenster wird Ihnen nach kurzer Zeit eine URL angezeigt, die Sie über einen Webbrowser öffnen können (bei SWPM 2.0 z. B. *https://<Hostname>:4237/sapinst/docs/index.html*).

Verwenden Sie einen aktuellen Browser. Von SAP wird ausdrücklich Google Chrome empfohlen. Um negative Einflüsse zwischen verschiedenen Browserfenstern zu vermeiden, sollten Sie die Seite in einem privaten Fenster öffnen (bei Chrome: Inkognitomodus). Melden Sie sich auf der Webseite als Administrationsbenutzer an. Sie sehen nun die Einstiegsseite von SWPM (siehe Abbildung 2.18), wo Sie das passende Installationsszenario auswählen.

SAPINST_ STACK_XML

Haben Sie die Installation über einen Wartungsvorgang erstellt, wie ich es im Rahmen der Neuimplementierung in Abschnitt 2.2.1 erklärt habe, starten Sie `sapinst` mit der Option `SAPINST_STACK_XML=<Name der Stack XML Datei>`. Dadurch kennt der SWPM bereits Ihr Vorhaben und nimmt Ihnen viele Entscheidungen ab. Bereits die Einstiegsseite hat in diesem Fall einen deutlich geringeren Umfang, wie Sie in Abbildung 2.19 erkennen.

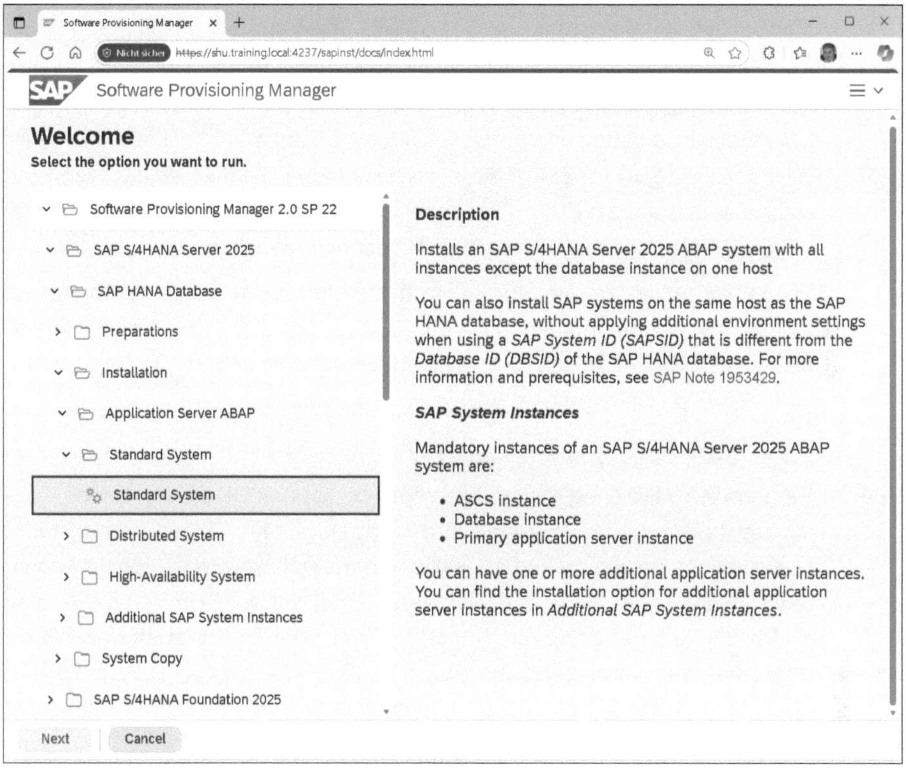

Abbildung 2.18: Einstiegsseite des Software Provisioning Managers

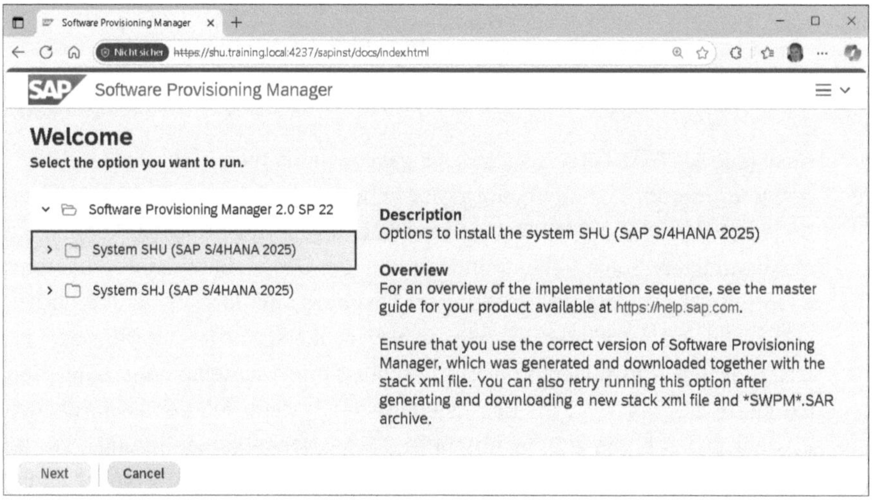

Abbildung 2.19: Einstiegsseite des Software Provisioning Managers beim Start mit der Stack.xml-Datei

Up-to-Date-Installation

Ein weiterer Vorteil bei der Verwendung einer *Stack.xml*-Datei ist die Möglichkeit einer *Up-to-Date-Installation* (UDI). Würden Sie z. B. SAP S/4HANA 2025 mit aktuellsten Patch-Ständen ohne *Stack.xml* neu installieren, würde mit dem SWPM zunächst nur der initiale Softwarestand installiert. Danach müssten Sie das System im zweiten Schritt mit dem SUM (siehe Abschnitt 2.3.5, »Software Update Manager«) auf den neuesten Stand aktualisieren. Nutzen Sie hingegen UDI, finden Installation und Update in einem Vorgang statt. Technisch wird hier zwar auch der SUM für das Update verwendet, aber Sie müssen das Werkzeug nicht manuell starten und noch einmal viele Fragen beantworten, die Sie bereits bei der Installation mit dem SWPM beantwortet haben.

Den SWPM nutzen Sie nicht nur für die Installation, sondern auch für Wartungsaufgaben, z. B. zum Umbenennen oder Kopieren von Systemen. Einige Funktionen werden wir in Abschnitt 6.3, »Systemkopien«, beleuchten.

2.3.4 SAP HANA Lifecycle Manager

»hdblcm«

Mit dem *SAP HANA Lifecycle Manager* (`hdblcm`) können Sie die SAP-HANA-Plattform installieren oder upgraden. Das Werkzeug finden Sie auf dem Installationsmedium, nachdem Sie SAP HANA heruntergeladen und entpackt haben. Die Software laden Sie im SAP Software Center auf der Seite *https://me.sap.com/softwarecenter* herunter. Folgen Sie hier dem Pfad **Installationen und Upgrades • Nach alphabetischem Index (A–Z) • H • SAP HANA Platform Edition • SAP HANA Platform Edition 2.0 • Installation**. Sie finden jeweils eine ZIP-Datei für Intel x86 und IBM Power.

[!]

SAP-S/4HANA- und SAP-HANA-Versionen

Es besteht eine Abhängigkeit zwischen den SAP-S/4HANA-Versionen und SAP-HANA-Revisionen, die Sie beachten müssen. Die Details erkläre ich in Abschnitt 15.1, »Die Release-Strategie für SAP S/4HANA«.

Jede Revision für Neuinstallation geeignet

Nicht jede SAP-HANA-Revision finden Sie im Downloadbereich unter **Installationen und Upgrades**, sondern einige nur unter **Support Packages und Patches**. Da jede Revision von SAP HANA eine vollständige Auslieferung ist, können Sie die benötigten Softwarekomponenten (in der Regel Datenbankserver und Client) direkt aus dem Bereich **Support Packages und Patches** herunterladen, entpacken und installieren. Sie müssen also nicht erst eine Revision aus dem Installationspaket installieren und im Anschluss direkt auf eine neuere Revision aktualisieren. Haben Sie die Bereitstellung des Systems mit dem Maintenance Planner geplant, wie z. B. in Abschnitt 2.2.1, »Neuimplementierung«, vorgeführt, finden Sie die Installationsdateien bereits in Ihrem Downloadverzeichnis. Der Maintenance Planner hat sowohl die Datenbanksoftware als auch den Client in der aktuellen Revision bereitgestellt.

Zertifizierung C_DBADM

Wie in Abschnitt 1.1.1, »Betrieb der SAP-HANA-Plattform«, beschrieben, können Sie die SAP-HANA-Plattform als Appliance bei einem Hardwarepartner beschaffen. In diesem Fall ist die SAP-HANA-Software bereits installiert und betriebsbereit. Nur bei der Option Tailored Datacenter Integration (TDI) installieren Sie die Software selbst.

Zumindest für die Installation von Produktivsystemen schreibt SAP vor, dass Sie die Zertifizierung *C_DBADM* besitzen müssen. Weitere Informationen zur aktuellen Zertifizierung finden Sie auf den Seiten von SAP Training and Adoption unter *http://s-prs.de/v1121908*.

Dateien entpacken

Je nachdem, ob Sie die einzelnen Softwarekomponenten aus dem Bereich **Support Packages und Patches** oder **Installationen und Upgrades** heruntergeladen haben, stehen die Archive als ZIP- oder SAR-Dateien zur Verfügung und müssen daher mit Unzip oder SAPCAR entpackt werden. Beim ZIP-Archiv finden Sie die Installer unter *DATA_UNITS/HDB_LCM**, während Sie sie beim SAR-Archiv direkt unter *SAP_HANA_DATABASE* finden.

Der SAP HANA Lifecycle Manager steht dort in drei Varianten bereit:

- `hdblcm` (Kommandozeile)
- `hdblcmgui` (grafische Oberfläche)
- `hdblcmweb` (browserbasiert)

Je nach Vorliebe und Ihren technischen Möglichkeiten für den Zugriff auf den Server verwenden Sie die Kommandozeilenversion (siehe Abbildung 2.20) oder die grafische Benutzeroberfläche (siehe Abbildung 2.21) zur Installation von SAP HANA. Die dritte, browserbasierte Version, eignet sich nicht für eine Erstinstallation, da hierfür der *SAP-Host-Agent* als Webserver benötigt wird, der jedoch in der Regel erst mit der Installation von SAP HANA bereitgestellt wird.

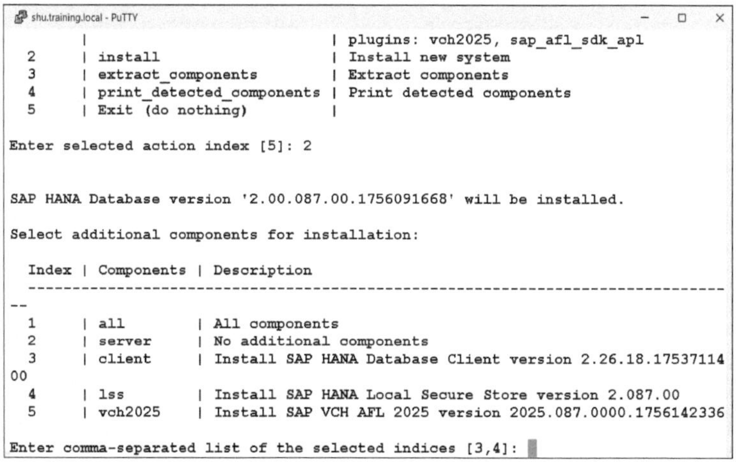

Abbildung 2.20: »hdblcm«

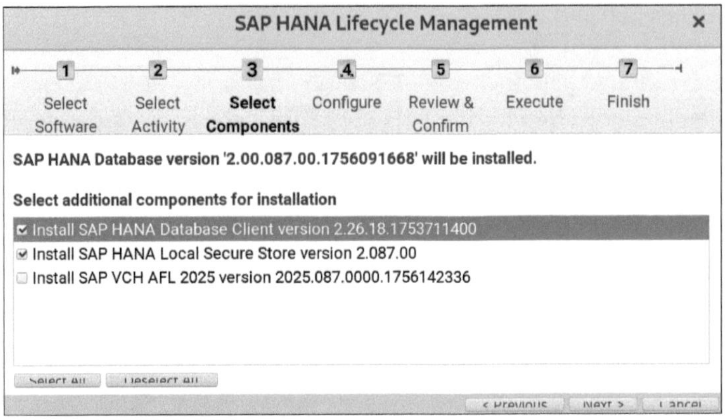

Abbildung 2.21: »hdblcmgui«

Installationsleitfaden für SAP HANA

Beachten Sie unbedingt den Installationsleitfaden, den Sie auf der Seite *https://help.sap.com/hana* unter **Implement • SAP HANA Server Installation and Update Guide** finden.

Resident »hdblcm«

Beachten Sie auch, dass der SAP HANA Lifecycle Manager nicht nur auf dem Medium zur Installation und zum Upgrade von SAP HANA, sondern nach der Installation noch in einem anderen Verzeichnis vorhanden ist, das ein fester Bestandteil von SAP HANA ist. Diese Version des Werkzeugs wird *Resident hdblcm* genannt. Sie verwenden dieses Werkzeug für andere administrative Aufgaben, etwa zum Umbenennen oder Verschieben der Datenbank.

2.3.5 Software Update Manager

SUM 1.1 und 2.0

Mit dem Software Update Manager (SUM) aktualisieren Sie die meisten ABAP- und Java-basierten SAP-Produkte in On-Premise-Umgebungen, die Sie mit dem SWPM installiert haben. Auch dieses Werkzeug existiert analog zum SWPM in zwei Hauptversionen, 1.1 und 2.0, die sich grundlegend in ihrem Funktionsumfang unterscheiden:

- Mit Version 2.0 können Sie die neuesten ABAP-basierten SAP-Systeme mit Zielversion SAP NetWeaver 7.50 oder neuer warten (und damit auch SAP S/4HANA).
- Für ältere ABAP-basierte Systeme und alle Java-Systeme verwenden Sie SUM 1.1.

Auf der Seite *https://support.sap.com/sltoolset* finden Sie im Bereich **System Maintenance** sowohl den Link für den Download des Werkzeugs als auch die

Links zu den Hilfeseiten und zentralen SAP-Hinweisen für die Versionen 1.1 und 2.0. Im Bereich **System Maintenance Scenarios** sehen Sie die passenden Links für eine Systemkonvertierung nach SAP S/4HANA unter **System Conversion to SAP S/4HANA using SUM 2.0**.

Neueste Versionen verwenden

Verwenden Sie immer die jeweils neueste Version von SUM 1.1 oder 2.0, da darin bekannte Fehler behoben wurden.

[!]

SUM entpacken

Da Sie mit dem SUM ein bestehendes System aktualisieren, melden Sie sich nach dem Download des Werkzeugs als Benutzer `<sid>adm` an, wobei <sid> durch die dreistellige System-ID Ihres SAP-Systems zu ersetzen ist. Mit dem folgenden Befehl entpacken Sie den SUM in das richtige Verzeichnis:

```
SAPCAR -xvf <download directory>/<path>/<Archive>.SAR -R /usr/
sap/<sid>
```

Am SAP-Host-Agent registrieren

Im zweiten Schritt müssen Sie den SUM am SAP-Host-Agent registrieren. Da Sie mit dem SUM bestehende Systeme warten, ist auf jeden Fall ein SAP-Host-Agent auf dem Host vorhanden. Die Registrierung erfolgt über das folgende Kommando:

```
/usr/sap/<SID>/SUM/abap/SUMSTART confighostagent
```

Achten Sie darauf, die Registrierung mit Administrationsberechtigungen durchzuführen (unter Unix/Linux also mit dem Benutzer `root`).

SUM öffnen

Nach erfolgreicher Registrierung können Sie auf Ihrem Client den Webbrowser öffnen und die Webseite *https://<Hostname>:1129/lmsl/sumabap/<SID>/slui* öffnen. Ersetzen Sie in dieser URL den Hostnamen und die SID durch die passenden Werte Ihres Systems. Es öffnet sich ein Pop-up-Fenster, in dem Sie sich mit dem Betriebssystembenutzer `<sid>adm` und dem passenden Passwort anmelden. Anschließend begrüßt Sie der Software Update Manager (siehe Abbildung 2.22).

Im ersten Schritt wählen Sie die zum Wartungsvorgang gehörende *Stack.xml*-Datei aus, die Sie während der Planung im Maintenance Planner heruntergeladen haben. So »weiß« der SUM, was für eine Wartung Sie durchführen möchten. Dies kann das Einspielen eines kleinen Patches oder eine komplette SAP-S/4HANA-Konvertierung samt DMO sein. In Abschnitt 15.6, »Upgrade oder Update von SAP S/4HANA«, zeige ich Ihnen die grundsätzliche Arbeitsweise mit dem SUM am Beispiel eines Updates.

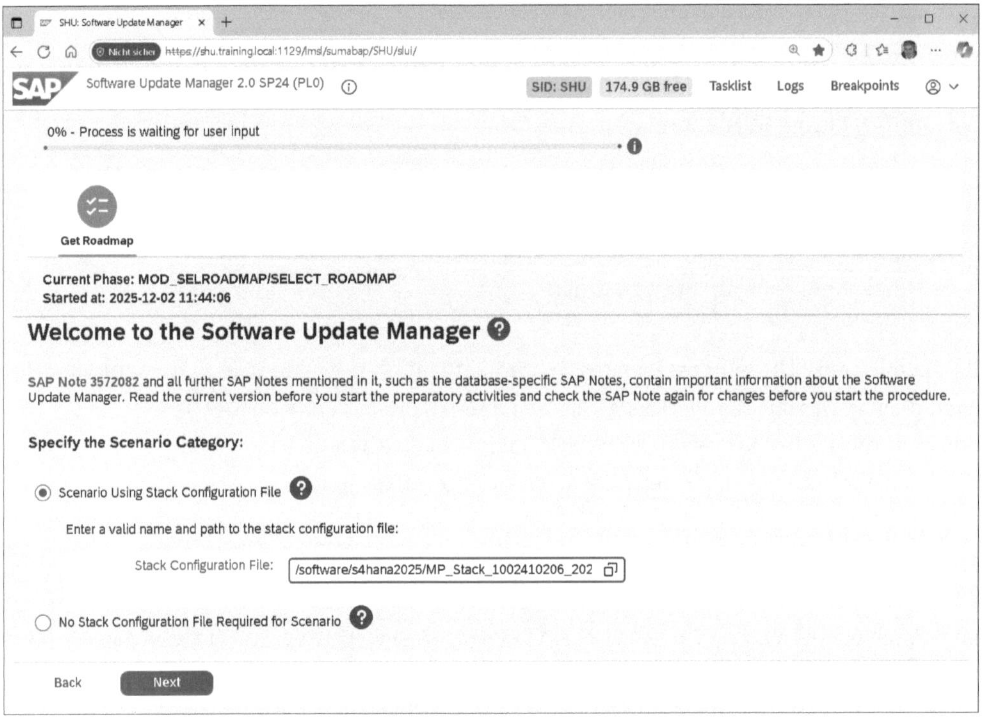

Abbildung 2.22: Startseite des Software Update Managers 2.0

SUM-Prüfungen bei einer Systemkonvertierung nach SAP S/4HANA

In Abschnitt 2.2.2, »Systemkonvertierung«, haben Sie erfahren, dass im Vorfeld einer Systemkonvertierung einige Vorarbeiten zu leisten sind, z. B. die Customer Vendor Integration (CVI). Der SUM prüft, ob diese Vorarbeiten fehlerfrei durchgeführt wurden oder noch Punkte offen sind. Sie können den SUM auch nur dazu verwenden, diese Prüfungen durchzuführen, ohne die eigentliche Konvertierung zu starten. So können Sie frühzeitig eventuelle Probleme erkennen und noch rechtzeitig vor der Konvertierung entsprechende Maßnahmen einleiten.

2.3.6 SAP Solution Manager und SAP Cloud ALM

ALM

SAP-Softwarelösungen sind komplex. Bei vielen SAP-Kunden ist außerdem nicht nur ein SAP-Produkt im Einsatz, sondern viele. Selbst SAP S/4HANA besteht aus mehreren technischen Systemen (ABAP-Plattform, SAP-HANA-Datenbank, gegebenenfalls Java-System, Cloud Connector, SAP BTP …). Diese Systeme müssen implementiert, betrieben, aktualisiert und überwacht werden. Es sind aber nicht nur die Systeme selbst, sondern auch die darauf laufenden Geschäftsprozesse zu betreuen. Diese Aufgaben werden unter dem Begriff *Application Lifecycle Management* (ALM) zusammengefasst. Die Werkzeuge SAP Solution Manager und SAP Cloud ALM dienen der Unterstützung bei diesen Aufgaben.

SAP Cloud ALM oder SAP Solution Manager?

Der SAP Solution Manager ist das reifere Produkt. Es gibt ihn schon seit vielen Jahren. Solange die Softwarelösungen eines SAP-Kunden überwiegend on premise betrieben wurden, war der SAP Solution Manager die erste Wahl. Der SAP Solution Manager wird aber 2027 aus der Standardwartung fallen. Eine verlängerte Wartung bis 2030 ist nur im Zusammenhang mit der alten Business Suite möglich, nicht aber mit SAP S/4HANA.

Die jüngere Alternative ist SAP Cloud ALM. Wie der Name vermuten lässt, handelt es sich bei diesem Produkt um ein Cloud-Angebot, d. h., Sie müssen diese Software nicht installieren und warten. Dies ist ein großer Vorteil von SAP Cloud ALM und zugleich ein großer Nachteil des SAP Solution Managers: Denn beim SAP Solution Manager handelt es sich um ein sehr mächtiges System, für dessen Wartung und Pflege man sehr viele Ressourcen benötigt. Funktional ist der SAP Solution Manager heute SAP Cloud ALM noch überlegen. SAP Cloud ALM wird jedoch mit großen Schritten weiterentwickelt.

Bisher galt die Aussage: Sind Sie vorwiegend On-Premise-Kunde, verwenden Sie den SAP Solution Manager. Sind Sie vorwiegend Cloud-Kunde, verwenden Sie SAP Cloud ALM. Durch das nahende Ende des SAP Solution Managers gelten nun aber andere Kriterien: Sind Sie SAP-Bestandskunde und verwenden bisher den SAP Solution Manager, können Sie ihn auch für Ihre Reise nach SAP S/4HANA weiternutzen. In den nächsten Jahren werden Sie aber auf die neue Lösung migrieren müssen. Sind Sie SAP-Neukunde, setzen Sie besser auf SAP Cloud ALM, egal, ob Sie SAP S/4HANA on premise oder in der Cloud betreiben.

Warum erwähne ich diese beiden Produkte in diesem Abschnitt überhaupt? Deren Administration ist nicht Bestandteil dieses Buches. Es sind aber Werkzeuge, die Sie bei der Implementierung von SAP S/4HANA unterstützen können. Auch zur Überwachung und Fehlerbehebung bieten diese Werkzeuge viele nützliche Funktionen. Ich werde Sie daher nochmals in Abschnitt 13.10, »Ganzheitliche Überwachung«, vorstellen.

Im Rahmen der Implementierung von SAP S/4HANA können Sie die beiden Werkzeuge konkret bei Projektplanung, Dokumentation, Konfiguration, den Tests und der Bereitstellung unterstützen. So finden Sie z. B. die SAP-Activate-Methode im Bereich der Projektplanung im SAP Solution Manager und in SAP Cloud ALM wieder, während Sie die SAP Best Practices in der Lösungsdokumentation des SAP Solution Managers oder in der Prozessverwaltung in SAP Cloud ALM verwenden und weiterentwickeln können (siehe Abbildung 2.23).

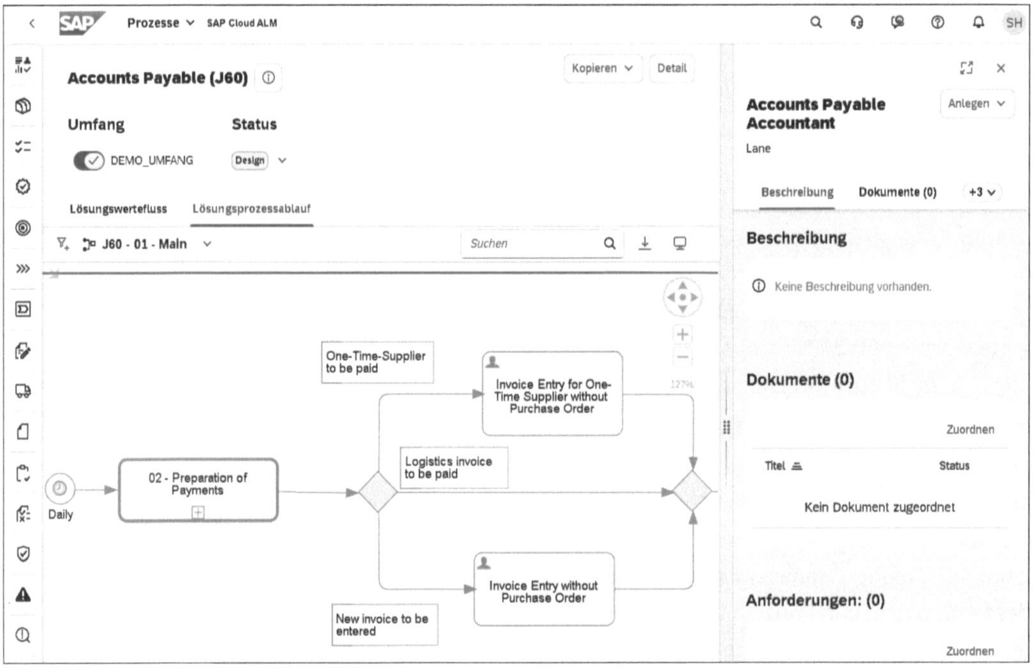

Abbildung 2.23: Ausschnitt des Ablaufs eines Geschäftsprozesses in SAP Cloud ALM

[+]

Weiterführende Informationen zum SAP Solution Manager und zu SAP Cloud ALM

Für weitere Informationen zum SAP Solution Manager steht Ihnen der Titel »SAP Solution Manager. Das Praxishandbuch« von René Allissat, Markus Bechler, Eileen Danz, Andreas Hömer, Michael Markert und Timo Steinsberger (2. Auflage, SAP PRESS 2021) zur Verfügung. Für weitere Informationen zu SAP Cloud ALM empfehle ich den Titel »SAP Cloud ALM. Das umfassende Handbuch« von Matthias Friedrich, Fred Kindler, Marcel Kirsten, Daniel Kloppich, Mathias List, Bert Lorenz und Lars Teuber (1. Auflage, SAP PRESS 2023).

Kapitel 3

Prozesse und Komponenten von SAP S/4HANA

In diesem Kapitel lernen Sie wichtige Prozesse und Komponenten von SAP S/4HANA kennen, mit denen Sie es bei der Systemadministration zu tun haben werden. Damit dient dieses Kapitel als Grundlage für die Beschreibung der praktischen Administrationsaufgaben in den folgenden Kapiteln.

In Kapitel 1, »Einführung in die Architektur von SAP S/4HANA«, konnten Sie sich bereits einen ersten Überblick über die Bestandteile von SAP S/4HANA verschaffen. Die SAP-HANA-Plattform bildet als Datenbankplattform den Motor dieser Lösung. Auf der ABAP-Plattform laufen die Anwendungen zur Abbildung der Geschäftsprozesse sowie der SAP-Frontend-Server zur Bereitstellung der modernen SAP-Fiori-Oberflächentechnologie.

Die in diesem Kapitel vorgestellten Prozesse und Komponenten bestehen unabhängig vom gewählten Betriebsmodell. Die Ausführungen gelten also für SAP S/4HANA in der Cloud genauso wie für den Betrieb im eigenen Rechenzentrum.

In Abschnitt 3.1, »ABAP-Plattform«, lernen Sie zunächst die Instanzen und Komponenten auf Applikationsebene und in Abschnitt 3.2, »SAP-HANA-Plattform«, die Komponenten der Datenbankplattform kennen. In Abschnitt 3.3, »Hardware und Betriebssystem«, erläutere ich schließlich, wie diese Komponenten auf Hardware- und Betriebssystemebene repräsentiert werden.

3.1 ABAP-Plattform

In diesem Abschnitt erläutere ich die grundlegende Architektur der ABAP-Plattform und stelle Ihnen die einzelnen Prozesse und deren Aufgaben vor. Die ABAP-Plattform bildet die Basis aller modernen ABAP-basierten SAP-Lösungen, die auf der Datenbankplattform SAP HANA aufsetzen. Hierzu gehört insbesondere SAP S/4HANA, aber z. B. auch SAP BW/4HANA.

3.1.1 Instanzen

AS ABAP Wichtiger Bestandteil der ABAP-Plattform ist der ABAP-Applikationsserver (AS ABAP). In Abschnitt 1.2.2, »Die Rolle der ABAP-Plattform innerhalb der Architektur von SAP S/4HANA«, haben Sie bereits einen ersten Überblick über die Instanzen der ABAP-Plattform erhalten. Dieses Thema vertiefe ich in diesem Abschnitt.

In Abbildung 3.1 sehen Sie die drei unterschiedlichen Instanzarten:

- Primary Application Server (PAS)
- ABAP System Central Services (ASCS)
- Additional Application Server (AAS)

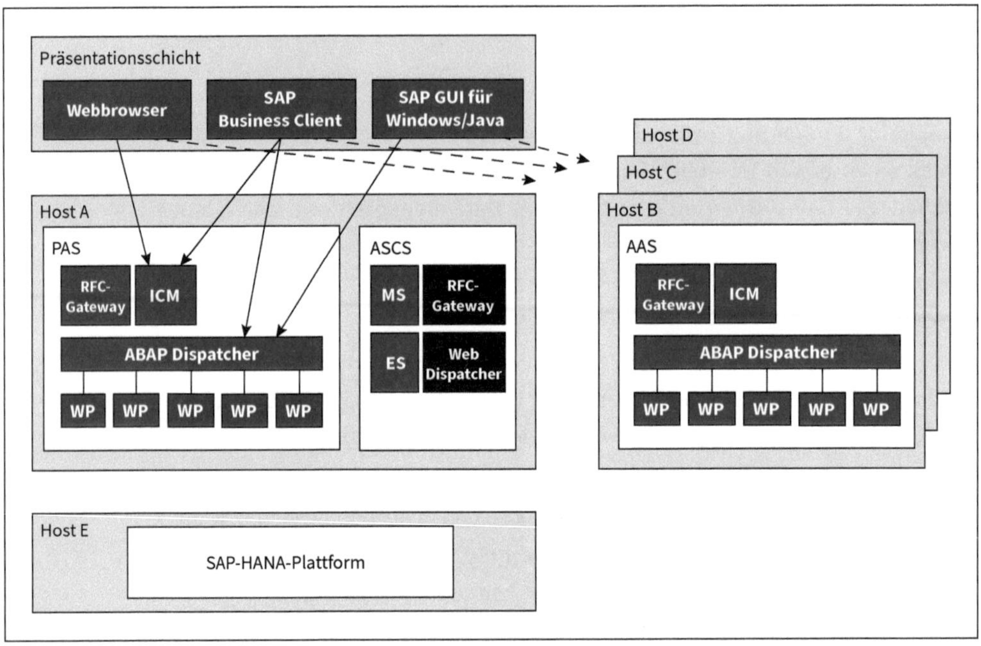

Abbildung 3.1: Architektur des AS ABAP

Während PAS und ASCS jeweils nur einmal im System vorkommen, können Sie bei Bedarf je nach Anforderung weitere Applikationsserverinstanzen, also AAS, hinzufügen. ASCS und PAS beinhalten alle Funktionen, die der AS ABAP benötigt. Die Aufteilung der Hosts ist in Abbildung 3.1 nur exemplarisch dargestellt. Im Prinzip können Sie auch mehrere AAS auf einem Host installieren, sofern das von den zur Verfügung stehenden Systemressourcen her sinnvoll ist. Die SAP-HANA-Plattform kann auf einem separaten Host oder – unter Einhaltung bestimmter Vorgaben – auf dem Host des AS ABAP installiert werden.

Instanz Ein AS ABAP besteht also aus mehreren Instanzen. Eine Instanz übernimmt jeweils bestimmte Funktionen des Systems und besteht wiederum aus mehreren

Prozessen, die jeweils eine administrative Einheit bilden. Das gesamte System wird durch seine System-ID (SID) identifiziert, während die einzelnen Instanzen über eine zweistellige Nummer identifiziert werden. Innerhalb eines Systems kann eine Instanznummer mehrfach vorkommen. Sie muss aber auf einem Host eindeutig sein. Dies ist besonders wichtig, wenn Instanzen unterschiedlicher Systeme auf einem Host laufen. Dann muss neben der Instanznummer auch die SID eindeutig sein.

[!]

Eindeutigkeit der Instanznummer

Auch wenn innerhalb eines SAP-Systems eine Instanznummer mehrfach vergeben werden kann (z. B. Instanznummer 10 auf Server1 und Instanznummer 10 auf Server2), rate ich davon ab. Dies vermeidet Missverständnisse (»Starte mal die Instanz 10 durch.«). Ebenso bietet es sich an, unternehmensweite Konventionen für die Instanznummern einzuführen (z. B. 00 sind immer die ASCS, 10 ist immer der PAS, 50 immer die SAP-HANA-Datenbank).

Das in Abbildung 3.1 schematisch abgebildete System könnte beispielsweise wie folgt aufgebaut sein:

- SAP-S/4HANA-SID: S4P
  - PAS-Instanz 00 auf Host A
  - ASCS-Instanz 10 auf Host A
  - AAS-Instanz 20 auf Host B
  - AAS-Instanz 21 auf Host C
  - AAS-Instanz 22 auf Host D
- SAP-HANA-Plattform-SID: S4P
  - SAP-HANA-Instanz 50 auf Host E

In diesem Beispiel hat die SAP-HANA-Plattform dieselbe SID wie das SAP-S/4HANA-System. Dies ist möglich, weil die SAP-HANA-Plattform ein eigenständiges System ist, das prinzipiell die gleiche SID und Instanznummer wie das SAP-S/4HANA-System haben kann. Nur wenn die SAP-HANA-Plattform ebenfalls auf Host A, gemeinsam mit dem SAP-S/4HANA-System, installiert wird, müssen Sie eine andere SID und Instanznummer vergeben (z. B. H4P 50).

Primary Application Server (PAS)

Die einmalig im System vorkommende PAS-Instanz besteht aus folgenden Komponenten, die ich in Abschnitt 3.1.2 genauer vorstelle:

- Internet Communication Manager (ICM)
- ABAP Dispatcher

- Task Handler
- Workprozesse (in Abbildung 3.1 mit WP abgekürzt), z. B. Dialog-, Verbuchungs-, Hintergrund- und Druckprozesse
- RFC-Gateway

An der PAS-Instanz können sich, ebenso wie an den AAS-Instanzen, Anwender*innen anmelden. Je nach verwendeter Technologie werden die Anwender*innen dabei mit dem ABAP Dispatcher oder dem ICM verbunden.

Additional Application Server (AAS)

Der oder die optionalen zusätzlichen Applikationsserver (AAS-Instanzen) bestehen jeweils aus den gleichen Komponenten wie die PAS-Instanz. Auch an diesen Applikationsservern können sich demnach Anwender*innen anmelden. Die Kommunikation und Lastverteilung übernimmt der *Message Server* der ASCS-Instanz (in Abbildung 3.1 mit MS abgekürzt).

ABAP System Central Services (ASCS)

Die ASCS-Instanz gibt es nur einmal im System. Hier laufen zentrale Komponenten, die instanzübergreifende Aufgaben übernehmen. Diese Komponenten sind:

- Enqueue Server (in Abbildung 3.1 mit ES abgekürzt)
- Message Server
- optional ein RFC-Gateway
- optional ein SAP Web Dispatcher

Single Point of Failure

Da der Enqueue Server und der Message Server jeweils nur einmal im System vorkommen, besteht die große Gefahr eines *Single Points of Failure*. Dies bedeutet, dass ein Ausfall einer dieser Komponenten zu einem Ausfall des gesamten SAP-S/4HANA-Systems führt. Gerade der Enqueue Server, der die zentrale Sperrtabelle verwaltet, ist hier ein Knackpunkt. Wie SAP dieses Problem gelöst hat, erläutere ich Ihnen in Abschnitt 3.1.2, »Komponenten«, sowie in Abschnitt 16.1, »Hochverfügbarkeit der ABAP-Plattform«.

3.1.2 Komponenten

Betrachten wir nun die verschiedenen Komponenten der verschiedenen Instanzen und deren Funktionen im Detail.

Internet Communication Manager

Der ICM bildet die Schnittstelle zu webbasierten Anwendungen, wie z. B. Webbrowsern oder Webservern. Das SAP-System kann hierbei sowohl die Rolle des

Servers als auch die des Clients übernehmen. Der ICM kommuniziert mit dem AS ABAP über dessen *Task Handler*. Daran angebunden ist das *Internet Communication Framework* (ICF), das innerhalb des AS ABAP die Softwareschicht für HTTP-, HTTPS- und SMTP-Aufrufe als Bindeglied zu den Programmen bereitstellt.

Transaktion SMICM

Die Administration und Überwachung des ICM erfolgt im Wesentlichen über die SAP-GUI-Transaktion SMICM, den sogenannten *ICM Monitor* (siehe Abbildung 3.2). Die wesentlichen Funktionen des ICM Monitors sind folgende:

- Trace-Konfiguration und Zugriff auf die ICM-Traces
- Parameter anzeigen und ändern
- Zugriff auf die Statistiken des ICM
- Anzeige der Caches und Möglichkeit, diese zu löschen
- Anzeige der aktiven Verbindungen
- Anzeige der bereitgestellten Services und deren Ports (z. B. HTTP, HTTPS und SMTP)
- Neustarten des ICM und Setzen des Wartungsmodus

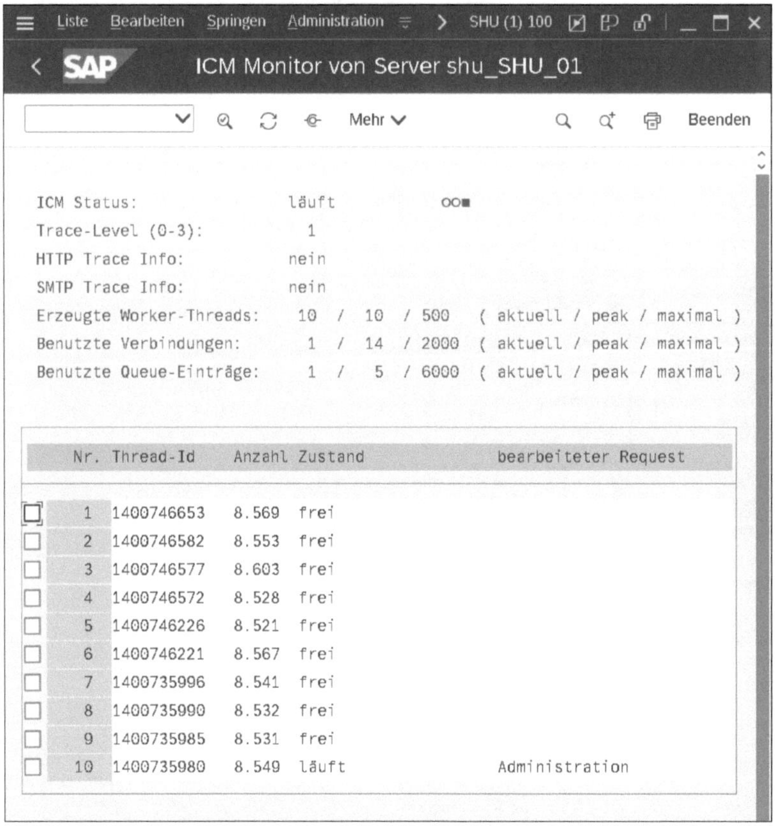

Abbildung 3.2: ICM Monitor (Transaktion SMICM)

»icmon« Neben dem Zugriff über das SAP GUI können Sie auch über das Betriebssystem als User `<sid>adm` das Kommando `icmon` verwenden. Die Funktion bietet sich insbesondere an, wenn der Zugriff über das SAP GUI nicht möglich ist. Einige nützlich Kommandobeispiele finden Sie in Tabelle 3.1.

Zweck	Option	Beispielkommando
Hilfe zu icmon	`-h`	`icmon -h`
Administration (interaktiv)	`pf=<Profil>`	`icmon pf= /usr/sap/SHU/SYS/profile/SHU_D01_shu` (Ergebnis siehe Abbildung 3.3)
Status	`-function ICMGetStatus`	`icmon -function ICMGetStatus pf=/usr/sap/SHU/SYS/profile/SHU_D01_shu`
Überwachung der Threads	`-function ICMGetThreadList`	`icmon -function ICMGetThreadList pf=/usr/sap/SHU/SYS/profile/SHU_D01_shu`
Auslesen von Parametern	`-function ICMGetParameter`	`icmon -function ICMGetParameter ssl/ciphersuites pf=/usr/sap/SHU/SYS/profile/SHU_D01_shu`

Tabelle 3.1: Kommandooptionen von »icmon«

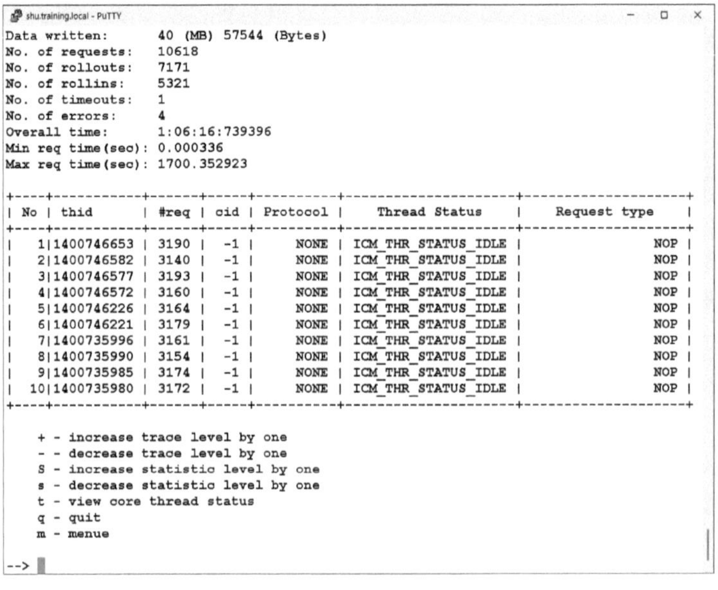

Abbildung 3.3: Interaktive Administration mit »icmon«

Internet Communication Framework

Abbildung 3.4 gibt Ihnen einen Überblick über die Architektur des ICF mit dem ICM auf der einen und den ABAP-Programmen auf der anderen Seite. Im Gegensatz zum ICM, der als eigenständiger Prozess auf Betriebssystemebene implementiert ist, sind Task Handler und ICF integrale Bestandteile des AS ABAP.

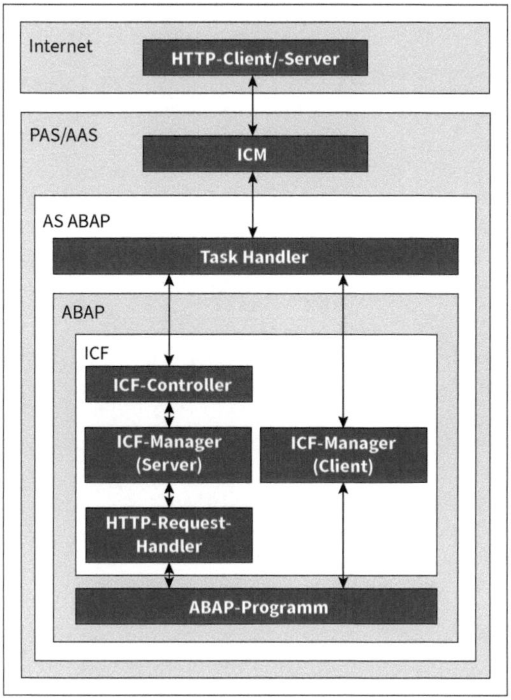

Abbildung 3.4: Architektur des Internet Communication Frameworks

Eingehende Aufrufe eines Clients werden durch den ICM empfangen und an den Task Handler übergeben, von wo aus die weitere Verarbeitung gesteuert wird. Die Verknüpfung der Aufrufe mit den ABAP-Programmen erfolgt über die SAP-GUI-Transaktion SICF. Wenn Sie in Transaktion SICF die Funktion **Ausführen** wählen und dann im angezeigten Hierarchiebaum den Knoten **default_host • sap • public** öffnen, sehen Sie z. B. den Service **ping** (siehe Abbildung 3.5).

Ping-Service testen

Wenn Sie diesen Service mit einem Doppelklick öffnen, sehen Sie auf der Registerkarte **Handler-Liste** den zugehörigen Handler **CL_HTTP_EXT_PING**, in dem sich die in ABAP programmierte, auszuführende Programmlogik befindet. Kehren Sie anschließend zurück zum Hierarchiebaum der Services und klicken Sie mit der rechten Maustaste auf den Service **ping**, um das Kontextmenü zu öffnen. Wählen Sie hier **Service testen**. Daraufhin sollte sich ein Browserfenster öffnen und Ihnen die Erfolgsmeldung »Server reached« zurückmelden. Da der Service **ping** unterhalb des Knotens **public** liegt, können Sie diesen Service aufrufen, ohne sich am System authentifizieren zu müssen.

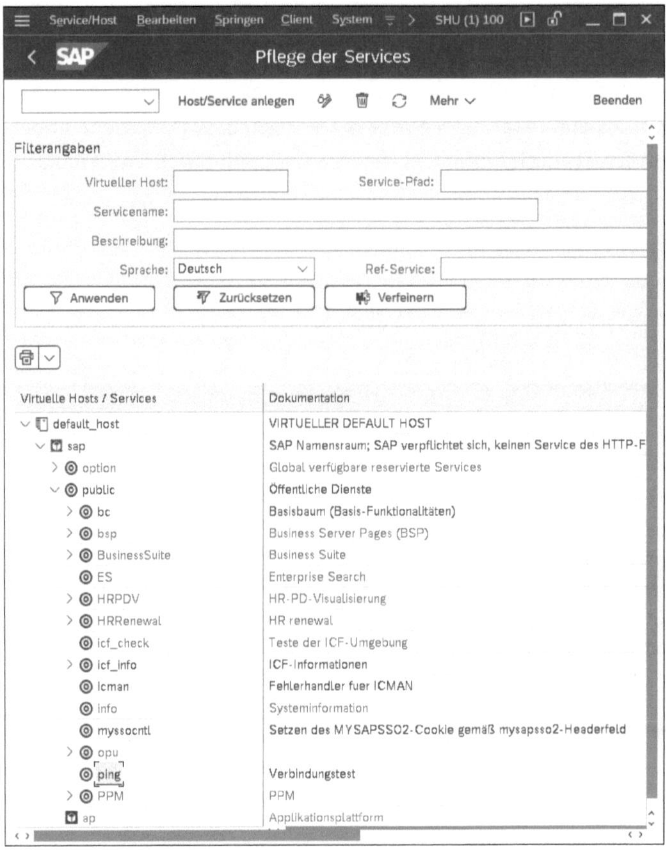

Abbildung 3.5: Pflege der Services (Transaktion SICF)

[»]

Services aktivieren

Viele Services des ICF sind nach der Installation erst einmal deaktiviert. Sie sollten immer nur die Services aktivieren, die in Ihrem System potenziell auch verwendet werden. Auch SAP Fiori nutzt als Zugangstechnologie HTTP und somit die Infrastruktur des ICF. Die Aktivierung der hierzu notwendigen Services zeige ich Ihnen in Abschnitt 4.5, »SAP Gateway und SAP-Fiori-Frontend-Server einrichten«.

Internet Transaction Server (ITS)

Integrierter ITS

Streng genommen handelt es sich beim *Internet Transaction Server* (ITS) nicht um eine eigenständige Komponente, da er inzwischen als HTTP-Request-Handler im ICF implementiert ist. Er hat im Wesentlichen die Aufgabe, SAP-GUI-Transaktionen für das Web zu rendern. So können die klassischen Transaktionen auch über einen einfachen Webbrowser aufgerufen werden.

In Abschnitt 1.3.1, »SAP GUI«, habe ich bereits auf die Bedeutung des SAP GUI for HTML für SAP S/4HANA hingewiesen, das diese Technologie nutzt. Sie können das SAP GUI for HTML über die URL *https://<Host>:<Port>/sap/bc/gui/sap/its/webgui* starten. Den Port können Sie über die Transaktion SMICM herausfinden. Rufen Sie dort über das Menü die Funktion **Services** auf, um die Ports abzulesen.

Alternativ können Sie in Transaktion SICF den Service **webgui** über den Hierarchieknoten **sap • bc • gui • sap • its** testen (Funktion **Service testen** im Kontextmenü). Auch hier öffnet sich das SAP GUI for HTML. Wie Sie sehen, entspricht die Baumstruktur der Transaktion SICF genau dem Aufbau der URL. Sollte also ein Service nicht funktionieren, können Sie ihn über die URL sehr leicht in der Transaktion SICF finden.

Im Unterschied zum Ping-Service müssen Sie sich mit Ihrem Benutzernamen authentifizieren. Anschließend öffnet sich die Einstiegsseite des SAP GUI im Webbrowser (siehe Abbildung 3.6). Sollte der Service noch nicht aktiv sein, wurden grundlegende Einrichtungsschritte des Systems noch nicht ausgeführt.

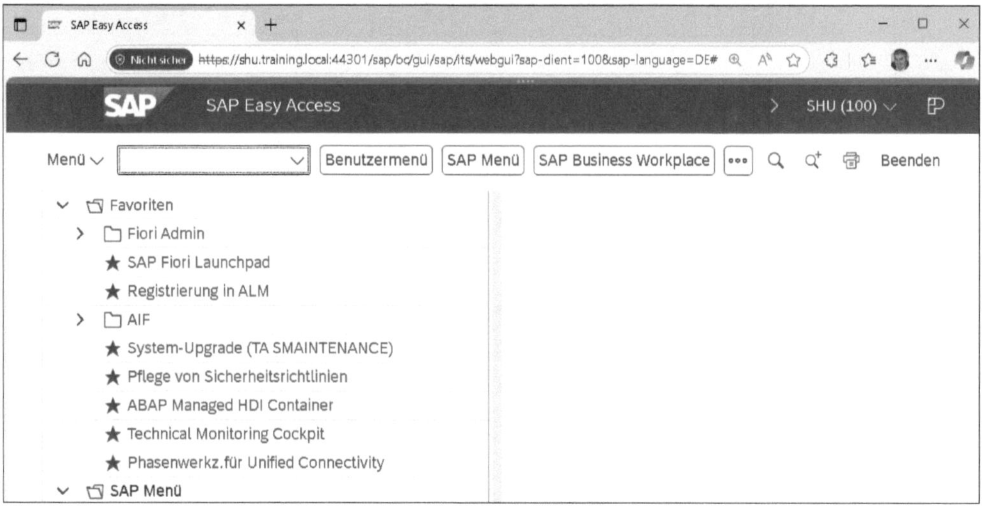

Abbildung 3.6: Einstiegsseite des SAP GUI for HTML

Die in Abschnitt 4.5.2, »Initiale Einrichtung der SAP-Fiori-Komponenten beim Embedded Deployment«, beschriebene Aufgabenliste `SAP_FIORI_FOUNDATION_S4` aktiviert die benötigten Services.

Transaktion SITSPMON

Administrativen Einblick in den ITS erhalten Sie über die SAP-GUI-Transaktion SITSPMON.

ABAP Dispatcher

Den ABAP Dispatcher gibt es auf jeder AAS- und PAS-Instanz genau einmal. Er nimmt die von der Präsentationsebene eingehenden Anfragen entgegen. Alle Anfragen werden in einer *Dispatcher Request Queue* gesammelt und nach dem First-in-first-out-Prinzip an die verschiedenen Workprozesse verteilt. Sind alle Workprozesse belegt, stauen sich die Anfragen in der Request Queue. Daher muss die Anzahl der Workprozesse sehr gut auf die zu erwartende Anzahl der Anfragen abgestimmt sein. Fällt der ABAP Dispatcher aus, fällt die gesamte Instanz aus.

Auf Betriebssystemebene wird der ABAP Dispatcher durch einen Prozess mit dem Namen `disp+work` repräsentiert. Allerdings werden auch alle Workprozesse jeweils über einen `disp+work`-Prozess repräsentiert. Sie finden auf Betriebssystemebene daher immer eine ganze Reihe von `disp+work`-Prozessen. Welche Aufgabe welcher Prozess übernimmt, wird über Profilparameter gesteuert, die ich in Abschnitt 4.2.4, »Parameter für die Anzahl der Workprozesse«, beschreibe. Abbildung 3.7 verdeutlicht das Zusammenspiel zwischen ABAP Dispatcher und den Workprozessen.

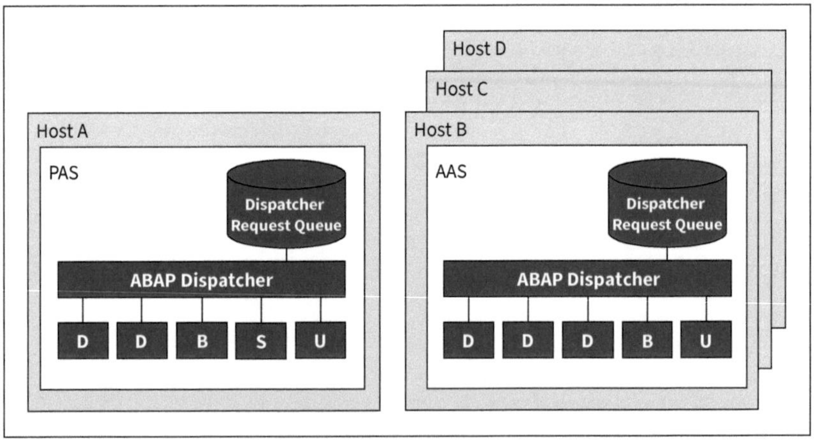

Abbildung 3.7: ABAP Dispatcher und Workprozesse

Dispatcher Request Queue

Möchten Sie einen Blick in die Dispatcher Request Queue werfen, können Sie im SAP GUI die Transaktion SM51 öffnen. Dort finden Sie die Funktion **Vorhandene Requests**, die Ihnen die Dispatcher Request Queue anzeigt.

»dpmon«

Ist das System allerdings überlastet, kommen auch Sie als Administrator*in nicht mehr an diese Stelle, um sich die Queue anzuschauen. In diesem Fall bietet sich das Werkzeug `dpmon` an, das Sie über einen Kommandozeileneditor aufrufen können. Melden Sie sich hierzu mit dem Benutzer `<sid>adm` an der zu analysierenden Instanz an und starten Sie das folgende Kommando (siehe Abbildung 3.8):

```
dpmon -pf=/usr/sap/<SID>/SYS/profile/<Instanzprofil>
```

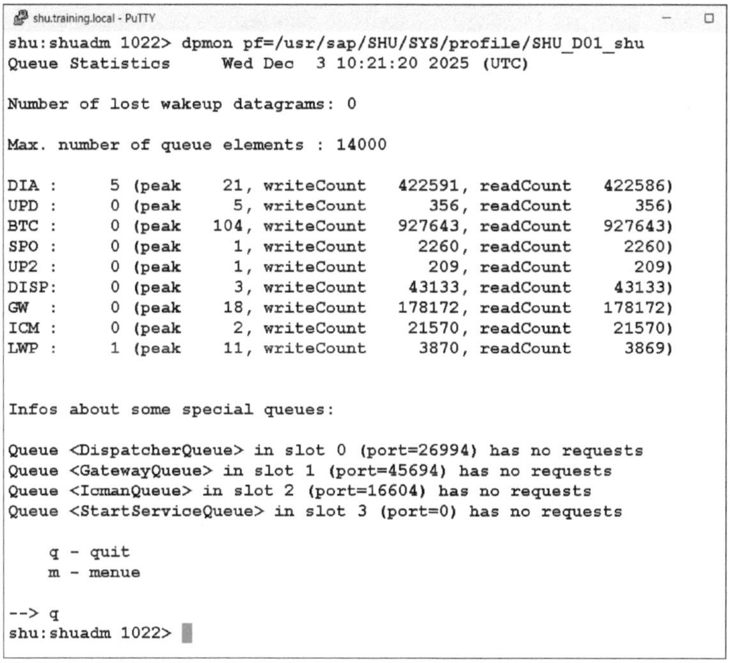

```
shu.training.local - PuTTY
shu:shuadm 1022> dpmon pf=/usr/sap/SHU/SYS/profile/SHU_D01_shu
Queue Statistics      Wed Dec  3 10:21:20 2025 (UTC)

Number of lost wakeup datagrams: 0

Max. number of queue elements : 14000

DIA :      5 (peak    21, writeCount   422591, readCount   422586)
UPD :      0 (peak     5, writeCount      356, readCount      356)
BTC :      0 (peak   104, writeCount   927643, readCount   927643)
SPO :      0 (peak     1, writeCount     2260, readCount     2260)
UP2 :      0 (peak     1, writeCount      209, readCount      209)
DISP:      0 (peak     3, writeCount    43133, readCount    43133)
GW  :      0 (peak    18, writeCount   178172, readCount   178172)
ICM :      0 (peak     2, writeCount    21570, readCount    21570)
LWP :      1 (peak    11, writeCount     3870, readCount     3869)


Infos about some special queues:

Queue <DispatcherQueue> in slot 0 (port=26994) has no requests
Queue <GatewayQueue> in slot 1 (port=45694) has no requests
Queue <IcmanQueue> in slot 2 (port=16604) has no requests
Queue <StartServiceQueue> in slot 3 (port=0) has no requests

    q - quit
    m - menue

--> q
shu:shuadm 1022>
```

Abbildung 3.8: Dispatcher Request Queue über das Werkzeug »dpmon« anzeigen

Über das Menü dieses Werkzeugs können Sie noch andere Funktionen aufrufen und z. B. Workprozesse überwachen oder beenden.

Mehr Details zur Überwachung von Workprozessen lesen Sie in Abschnitt 13.1.2, »Übersicht über die Workprozesse«.

Workprozesse

Die Ausführung der eigentlichen Programme übernehmen Workprozesse. Der ABAP Dispatcher verteilt die Anfragen auf jeweils freie Workprozesse eines bestimmten Typs. Handelt es sich z. B. um eine Anfrage eines Anwenders oder einer Anwenderin aus der Präsentationsschicht, wird die Anfrage an einen *Dialog-Workprozess* weitergeleitet. Hintergrundaufgaben übernehmen hingegen *Hintergrund-* bzw. *Batch-Workprozesse*.

Die unterschiedlichen Workprozesse können für Spezialaufgaben auch Aufgaben an andere Workprozesstypen verteilen. Folgende Workprozesstypen gibt es:

- Dialog-Workprozesse (abgekürzt D oder DIA) verarbeiten die Anforderungen zum Ausführen von Dialogschritten auf der Präsentationsebene. Pro Instanz müssen mindestens zwei Dialog-Workprozesse definiert werden. In produktiven Umgebungen sind dies aber in der Regel deutlich mehr.

- Batch-Workprozesse (abgekürzt B oder BTC) verarbeiten Programme, die ohne Benutzerinteraktion, also im Hintergrund, ausgeführt werden. Pro SAP-System (nicht pro Instanz!) müssen Sie mindestens zwei Batch-Workprozesse konfigurieren, in produktiven Umgebungen deutlich mehr.
- Update-Workprozesse (abgekürzt U oder UPD und UPD2) führen Verbuchungsaufträge aus. Pro SAP-System müssen Sie mindestens einen solchen Verbuchungsprozess konfigurieren.
- Spool-Workprozesse (abgekürzt S oder SPO) kümmern sich um die Ausgabesteuerung an Ausgabegeräte, z. B. Drucker. Pro SAP-System benötigen Sie mindestens einen Spool-Workprozess.

Die Anzahl der jeweiligen Workprozesse und deren Art hängen von Ihren Anforderungen ab. Oft gibt es zu unterschiedlichen Tageszeiten unterschiedliche Anforderungen. So benötigen Sie für die Hintergrundverarbeitung während der Nacht häufig mehr Batch-Prozesse und für die Arbeit der Anwender*innen tagsüber mehr Dialog-Workprozesse. Dies können Sie über unterschiedliche *Betriebsarten* steuern, wie ich Ihnen in Abschnitt 4.2, »Betriebsarten«, zeigen werde.

Da alle Workprozesstypen auf dem gleichen Prozess aufbauen, ist eine Änderung der Konfiguration leicht möglich. Bei der Verteilung der Workprozesse auf mehrere Instanzen sollten Sie auch den Fall berücksichtigen, dass eine Instanz geplant oder ungeplant temporär ausfallen kann. Das Gesamtsystem sollte dann immer noch über eine ausreichende Anzahl aller Workprozesstypen verfügen. Auf den grundsätzlichen Aufbau eines Workprozesses und seine Verbindung zum Dispatcher, zur Datenbank und zum geteilten Hauptspeicher gehe ich in Abschnitt 3.1.3, »Prozesskonzept«, ein.

SM50, SM51 und SM66

In Transaktion SM50 erhalten Sie einen Überblick über die Workprozesse der aktuellen Instanz (siehe Abbildung 3.9). Möchten Sie die Workprozesse aller Instanzen sehen, können Sie Transaktion SM66 verwenden. Über die bereits vorgestellte Transaktion SM51 haben Sie Einblick in die Instanzen und können über einen Doppelklick auf die jeweilige Instanz in die Transaktion SM50 und damit die Detailsicht der ausgewählten Instanz abspringen.

[+]

Transaktion SM51 als Sprungbrett zu einer anderen Instanz

Für die meisten Anwender*innen spielt es keine Rolle, mit welcher Instanz sie durch einen Lastverteilungsmechanismus bei der Anmeldung verbunden werden. Einige für die Administration wichtige Transaktionen innerhalb eines SAP-S/4HANA-Systems sind jedoch instanzspezifisch. Dies trifft z. B. auf Transaktion AL11 zu, mit der Sie lesend auf das Dateisystem der aktuellen Instanz zugreifen können. Möchten Sie auf eine andere Instanz wechseln, können Sie das über Transaktion SM51 durch einen Klick auf den Rechnernamen einer Zeile tun und dann z. B. weiter in Transaktion AL11 navigieren.

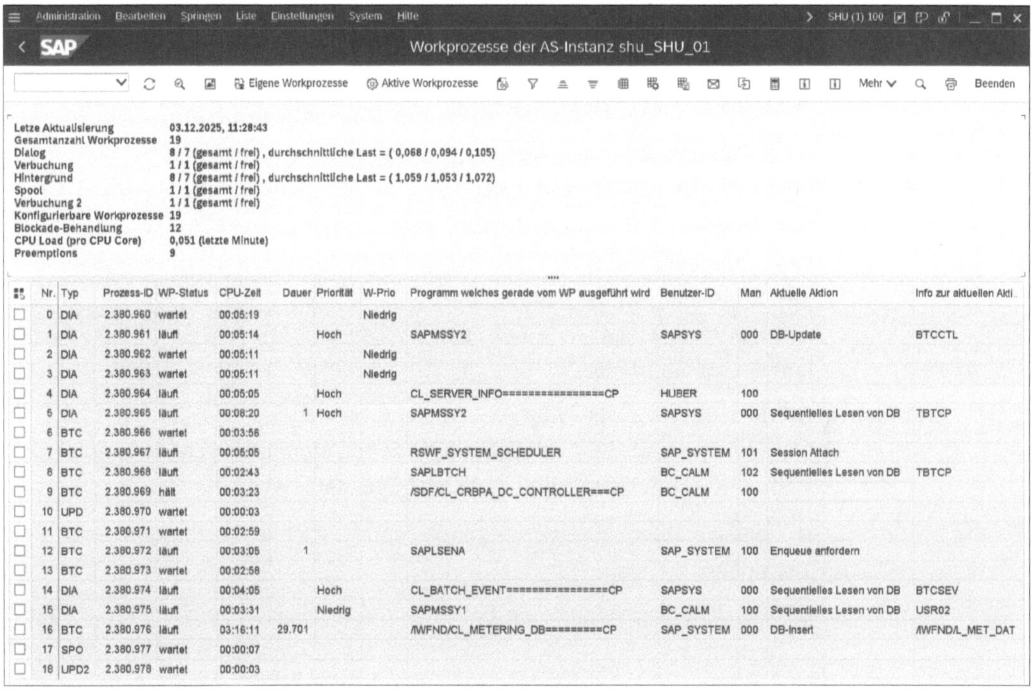

Abbildung 3.9: Workprozesse einer Instanz (Transaktion SM50)

RFC-Gateway

Das RFC-Gateway existiert einmal pro PAS/AAS-Instanz. Es ermöglicht die TCP/IP-basierte (Transmission Control Protocol/Internet Protocol) Kommunikation zwischen Prozessen einer ABAP-Instanz, eines ABAP-Systems oder zwischen Systemen allgemein (SAP- oder Nicht-SAP-Systeme).

RFC steht dabei für *Remote Function Call*, ein SAP-Protokoll, das in vielen Bereichen eingesetzt wird, etwa um Prozesse innerhalb eines SAP-Systems zu entkoppeln. In der Kommunikation mit anderen SAP- oder Nicht-SAP-Systemen werden Integrationsanforderungen und Schnittstellen mit RFC realisiert. Das Protokoll wird Ihnen daher im weiteren Verlauf dieses Buches noch das ein oder andere Mal begegnen.

RFC-Gateway in ASCS-Instanz

Neben dem RFC-Gateway einer PAS/AAS-Instanz können Sie optional zusätzlich ein RFC-Gateway in der ASCS-Instanz bereitstellen. Dies etwa kann in Hochverfügbarkeitsszenarien sinnvoll sein. Darüber hinaus ist es auch möglich, ein RFC-Gateway als eigenständige Instanz zu installieren, um besondere Anforderungen umzusetzen.

Ein RFC-Gateway (Prozess `gwrd` auf dem Betriebssystem) wird vom ABAP Dispatcher der Instanz gestartet. Im RFC-Gateway sind drei Schnittstellentechnologien implementiert:

- Remote Function Call (RFC)
- Secure Network Communications (SNC)
- Transport Layer Security (TLS)

Die Kommunikation zwischen den RFC-Gateways der verschiedenen Instanzen innerhalb eines SAP-Systems kann über die TLS-Schnittstelle abgesichert werden. Über die SNC-Schnittstelle können die Kommunikation zwischen Gateways innerhalb eines SAP-Systems, die Kommunikation zu Gateways anderer SAP-Systeme sowie die Kommunikation zu externen Anwendungen abgesichert werden. Eingehende Anfragen werden über die RFC-Schnittstelle empfangen und verarbeitet.

SMGW und »gwmon«

Das RFC-Gateway der PAS/AAS-Instanzen können Sie sehr gut über die SAP-GUI-Transaktion SMGW, den *Gateway-Monitor*, administrieren (siehe Abbildung 3.10). Die wichtigsten Funktionen sind folgende:

- Übersicht über aktive Verbindungen und Möglichkeit, Verbindungen zu trennen
- Übersicht über angemeldete Clients und Möglichkeit, angemeldete Clients zu trennen
- Konfiguration von Traces und Zugriff auf Trace-Dateien
- Anzeige und Änderung von RFC-Gateway-Parametern
- Neustarten des RFC-Gateways
- Sicherheitskonfiguration (siehe Abschnitt 12.7, »Zugriffskontrolle des RFC-Gateways«)

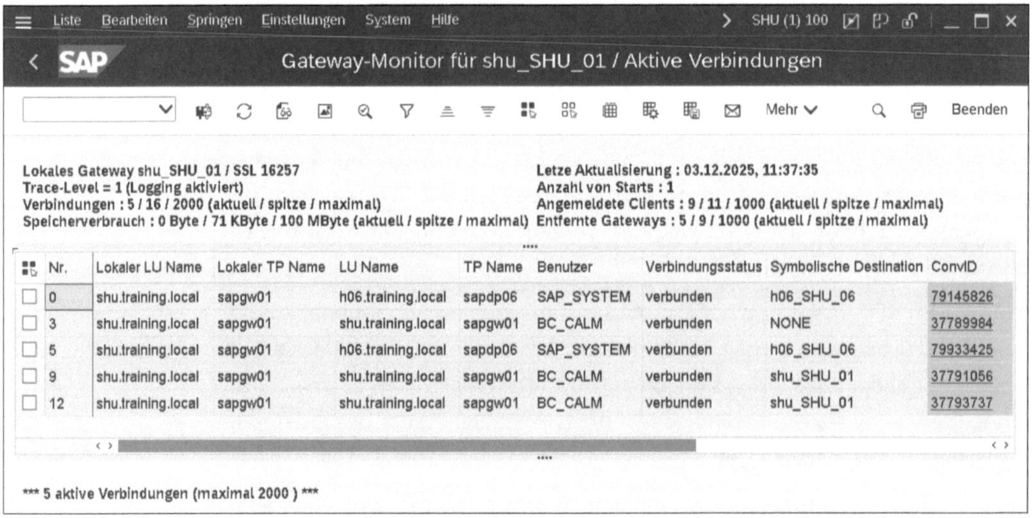

Abbildung 3.10: Gateway-Monitor (Transaktion SMGW)

Auch ein in die ASCS-Instanz integriertes RFC-Gateway erreichen Sie über die Transaktion SMGW. Wählen Sie hierzu im Menü den Pfad **Springen • ASCS-Gateway-Monitor**. Zusätzlich steht auf Betriebssystemebene das Programm `gwmon` zur Verfügung.

Ein eigenständiges RFC-Gateway erreichen Sie nicht über die Transaktion SMGW. Um es zu verwalten, verwenden Sie auf jeden Fall das Programm `gwmon`. Sie starten es über die Kommandozeile mit dem Benutzer `<sid>adm` über den folgenden Befehl:

```
gwmon -pf=/usr/sap/<SID>/SYS/profile/<Instanzprofil>
```

Enqueue Server

Sperrkonzept

Der Enqueue Server verwaltet eine zentrale Sperrtabelle. Diese Tabelle ist das Herzstück des *SAP-Sperrkonzepts*. Wenn ein Anwender oder eine Anwenderin z. B. eine Bestellung ändert, wird diese Bestellung in diese zentrale Sperrtabelle eingetragen. Versucht nun eine andere Person (oder auch die gleiche), dieselbe Bestellung zur gleichen Zeit zu ändern, wird dies unterbunden. Dies muss auch funktionieren, wenn der oder die zweite Anwender*in auf einer anderen Instanz angemeldet ist. Daher ist der Enqueue Server als zentrale Komponente in der ASCS-Instanz angesiedelt.

Das Sperrkonzept ist auf Anwendungsebene implementiert und hat erst einmal nichts mit Sperren auf Datenbankebene zu tun. Es sorgt für die Konsistenz sämtlicher Daten im SAP-S/4HANA-System.

Es werden folgende Arten von Sperren unterschieden:

- **Lesesperre (auch S-Sperre genannt)**

  Mehrere Benutzer*innen können lesend auf die durch die S-Sperre geschützten Daten zugreifen. Sie können die S-Sperre auch mehrfach anfordern, da die Sperren kumuliert werden.

- **Optimistische Sperre (auch O-Sperre genannt)**

  Mehrere Benutzer*innen können lesend auf die durch die O-Sperre geschützten Daten zugreifen. Sie können die O-Sperre auch mehrfach anfordern, da die Sperren kumuliert werden. Wenn die Daten dann geändert werden sollen, muss die optimistische Sperre in eine Schreibsperre (E-Sperre) umgewandelt werden. Dadurch werden optimistische Sperren anderer Benutzer*innen auf die gleichen Daten invalidiert.

- **Exklusive Sperre (auch E-Sperre genannt)**

  Ein Benutzer oder eine Benutzerin kann lesend und schreibend auf die durch die E-Sperre geschützten Daten zugreifen. Er oder sie kann diese E-Sperre auch mehrfach anfordern, da die Sperren kumuliert werden. Zu einer Sperrkollision kommt es, sobald ein anderer Benutzer oder eine andere Benutzerin die Sperre auf die gleichen Daten anfordert.

- **Exklusive, nicht kumulative Sperre (auch X-Sperre genannt)**
  Ein Benutzer oder eine Benutzerin kann lesend und schreibend auf die durch die X-Sperre geschützten Daten zugreifen. Er oder sie kann diese X-Sperre zu einem Zeitpunkt jedoch nur einmal anfordern, da diese Sperren nicht kumuliert werden. Zu einer Sperrkollision kommt es, sobald der Benutzer oder die Benutzerin eine weitere Sperre auf die Daten anfordert bzw. wenn ein anderer Benutzer oder eine andere Benutzerin eine Sperre auf die gleichen Daten anfordert.

Sperrkollision

Es kann also in folgenden Fällen eine Sperrkollision auftreten:

- Wird eine E-Sperre von einem Benutzer gehalten, kommt es zu einer Sperrkollision, sobald eine andere Benutzerin Lese- oder Schreibzugriff auf die gleichen Daten anfordert.
- Wird eine X-Sperre gehalten, kommt es zu einer Sperrkollision, sobald die Benutzerin erneut oder ein anderer Benutzer Lese- oder Schreibzugriff auf die gleichen Daten anfordert.
- Wird eine S-Sperre gehalten, kommt es zu einer Sperrkollision, sobald eine andere Benutzerin einen Schreibzugriff auf die gleichen Daten anfordert.

Über die Transaktion SMENQ können Sie den Enqueue Server administrieren und überwachen (siehe Abbildung 3.11).

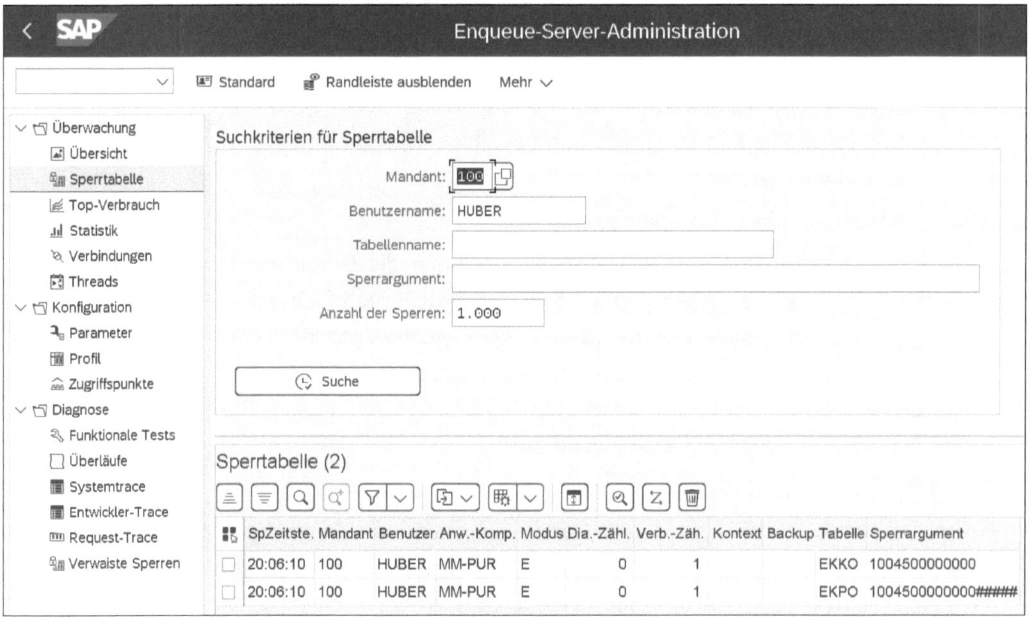

Abbildung 3.11: Enqueue-Server-Administration (Transaktion SMENQ)

Neben der Überwachung der Sperrtabelle, auf die ich in Abschnitt 13.6, »Sperreinträge«, näher eingehe, stehen Ihnen folgende Funktionen zur Verfügung:

- Anzeige des Füllgrades der Sperrtabelle
- Anzeige der Statistiken
- Anzeige aktiver Verbindungen
- Status der Threads des Enqueue Servers
- Anzeige und Pflege von Parametern
- Aktivierung des Trace und Zugriff auf Trace-Dateien
- Anzeige verwaister Sperren

ENSA2 und ERS2

Würde der Enqueue Server ausfallen, hätte dies schwerwiegende Auswirkungen auf das System, bis hin zum Datenverlust. SAP setzt an dieser Stelle daher schon seit langer Zeit Hochverfügbarkeitskonzepte um, um dieser Problematik entgegenzuwirken. Auf der modernen ABAP-Plattform werden diese Konzepte durch den *Standalone Enqueue Server 2* (ENSA2) und den *Enqueue Replicator 2* (ERS2) realisiert. Hierbei dient jeder Workprozess einer Instanz als Client des Enqueue Servers und verbindet sich per TCP mit ihm.

Request Queue

Der Equeue Server kann eingehende Anfragen parallel bearbeiten. Hierzu stehen verschiedene Teilprozesse, sogenannte *Threads*, zur Verfügung. Zunächst nimmt der *Watchdog-Thread* Verbindungsanfragen entgegen und stellt diese in eine *Request Queue*. Von dieser Queue aus übergibt der *Main-Thread* sie an freie *Worker-Threads* (in Abbildung 3.12 mit WT abgekürzt). Im Dateisystem befindet sich eine Kopie der Sperrtabelle. Würde der Enqueue Server durchgestartet werden, könnte er Sperren wieder aus der Datei in die Sperrtabelle zurückschreiben. Um diesen Single Point of Failure zu eliminieren, müssen Sie getrennt von der ASCS-Instanz auf einem anderen Host eine ERS2-Instanz installieren und entsprechend konfigurieren. Sämtliche Sperreinträge werden dann synchron an den ERS2 repliziert. In Abbildung 3.12 ist das Zusammenspiel zwischen ENSA2 und ERS2 schematisch dargestellt.

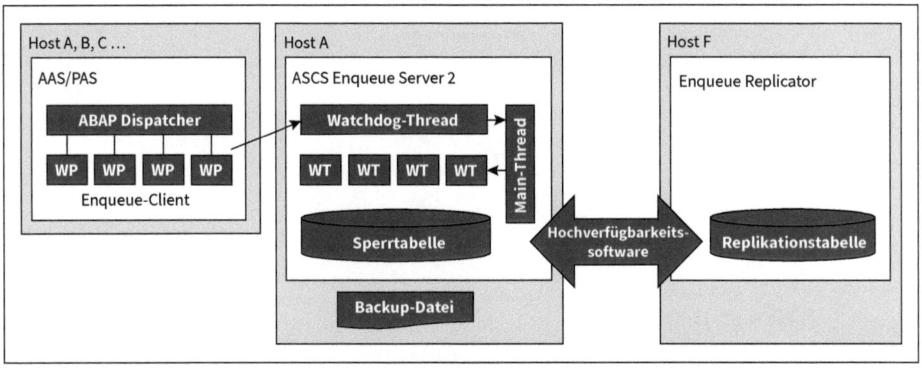

Abbildung 3.12: Zusammenspiel von ENSA2 und ERS2

Message Server

Aufgaben des Message Servers

Der Message Server ist Bestandteil der ASCS-Instanz. Ihn gibt es genau einmal in einem SAP-System. Er übernimmt folgende Aufgaben:

- Er dient als zentraler Kommunikationskanal zwischen den Dispatchern der einzelnen ABAP-Instanzen.
- Er ermöglicht die Lastverteilung bei Anmeldungen über das SAP GUI und RFC-Aufrufe mit Anmeldegruppen (*Logon-Gruppen*). Nach der Lastverteilung durch den Message Server kommuniziert das SAP GUI direkt mit dem Dispatcher. Die Anwenderin oder der Anmelder bleibt so lange an dieser Instanz angemeldet, bis sie/er sich wieder abmeldet bzw. abgemeldet wird.
- Er stellt Informationen für den SAP Web Dispatcher und alle ABAP-Instanzen bereit.

Da es den Message Server nur einmal im SAP-System gibt, kann er wie der Enqueue Server zum Single Point of Failure werden. Er hält jedoch, im Gegensatz zum Enqueue Server, keine systemkritischen Daten, die bei einem Ausfall z. B. zu Datenverlusten führen würden. Fällt der Message Server aus, muss er so schnell wie möglich wieder gestartet werden.

Über die SAP-GUI-Transaktion SMMS können Sie den Message Server überwachen (siehe Abbildung 3.13). Es stehen folgende Funktionen zur Verfügung:

- Anzeige des Status des Message Servers
- Anzeige und Änderung von Parametern
- Zugriff auf Statistikdaten des Message Servers
- Konfiguration von Traces und Zugriff auf die Trace-Dateien
- Zugriff auf Sicherheitseinstellungen des Message Servers

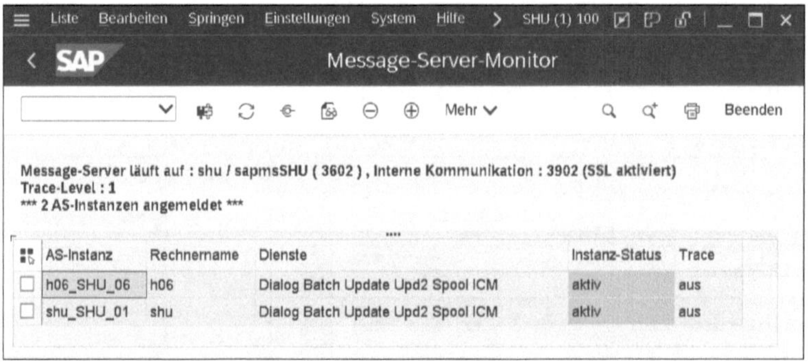

Abbildung 3.13: Message-Server-Monitor (Transaktion SMMS)

SAP Web Dispatcher

Der SAP Web Dispatcher ist kein verpflichtender Bestandteil von SAP S/4HANA. Es wird jedoch ausdrücklich empfohlen, einen SAP Web Dispatcher für SAP

S/4HANA bereitzustellen. Seine wichtigste, aber nicht alleinige Aufgabe ist das Routing eingehender HTTP(S)-Kommunikation.

Wenn Sie sich an Abbildung 3.1 zurückerinnern, gab es dort den ICM als Komponente für ein- und ausgehende HTTP-Kommunikation. Diese Komponente ist in jeder ABAP-Instanz enthalten. Wenn also Anwender*innen oder eine Anwendung per HTTP(S) mit dem SAP-S/4HANA-System kommunizieren möchten, müssten sie sich entscheiden, mit welcher Instanz sie sich verbinden. Ein vorgeschalteter SAP Web Dispatcher kann diese Anfragen als zentraler Eingang entgegennehmen und z. B. über einen Lastverteilungsmechanismus an die Instanz weiterleiten, die gerade über die meisten freien Ressourcen verfügt oder grundsätzlich verfügbar ist.

Aber auch bei nur einer Instanz, an der man sich anmelden kann, kann ein SAP Web Dispatcher eine sinnvolle Komponente sein und Sie bei den folgenden Anforderungen unterstützen:

- **Konfiguration für mehrere Systeme**

  Sie können einen SAP Web Dispatcher vor mehrere SAP-Systeme schalten und dabei einstellen, welche Anfragen an welches System weitergeleitet werden sollen.
- **URL-Filterung**

  Sie können URLs definieren, deren Anfragen abgelehnt werden sollen, und damit den Zugang zu Ihrem System einschränken.
- **Web-Caching**

  Sie können den SAP Web Dispatcher als Web-Cache einsetzen, um die Antwortzeiten zu verbessern und die Caches der Applikationsserver zu schonen.
- **URL-Rewriting**

  Der SAP Web Dispatcher kann eingehende HTTP-Anfragen auf der Grundlage von definierten Regeln manipulieren.
- **Änderung der Kommunikationssicherheit**

  Der SAP Web Dispatcher kann durch TLS (Transport Layer Security) verschlüsselt empfangene Daten je nach Konfiguration durchreichen, terminieren und (wieder) verschlüsseln.

[!]

Nur für Webanwendungen

Die klassische Kommunikation, z. B. über SAP GUI oder RFC, kann nicht über den SAP Web Dispatcher geleitet werden. Dort übernimmt der Message Server die Aufgaben der Lastverteilung. Er kann zwar auch HTTP-Kommunikation weiterleiten, weist hierbei jedoch funktionale Einschränkungen auf.

Embedded oder stand-alone?

Sie können den SAP Web Dispatcher als eigenständige Anwendung mit eigener SID und Instanznummer auf einem eigenen Host z. B. in der Demilitarisierten Zone (DMZ) oder auf einem Server Ihres SAP-S/4HANA-Systems installieren (als *Stand-alone-Installation*). Sie haben aber auch die Möglichkeit, den SAP Web Dispatcher in die ASCS-Instanz zu integrieren (*Embedded Installation*). In letzterem Fall hat er keine eigene SID und Instanznummer. SAP empfiehlt allerdings, den SAP Web Dispatcher als eigenständige Anwendung zu installieren. Hintergründe und Entscheidungshilfen finden Sie in SAP-Hinweis 3115889.

SAP Web Dispatcher aufrufen

Da der SAP Web Dispatcher kein integraler Bestandteil von SAP S/4HANA ist, können Sie ihn nicht direkt über das SAP GUI administrieren und überwachen. Ist er gestartet, erreichen Sie ihn unter der URL *https://<Host>:<Port>/sap/wdisp/admin/*. In Abbildung 3.14 sehen Sie die Einstiegsseite des SAP Web Dispatchers. Es stehen folgende Funktionen zur Verfügung:

- Anzeige der Auslastung und Statistiken
- Konfiguration und Anzeige von Traces
- Anzeige und Änderung von Parametern
- Zertifikatsverwaltung
- Konfiguration und Überwachung der Lastverteilung

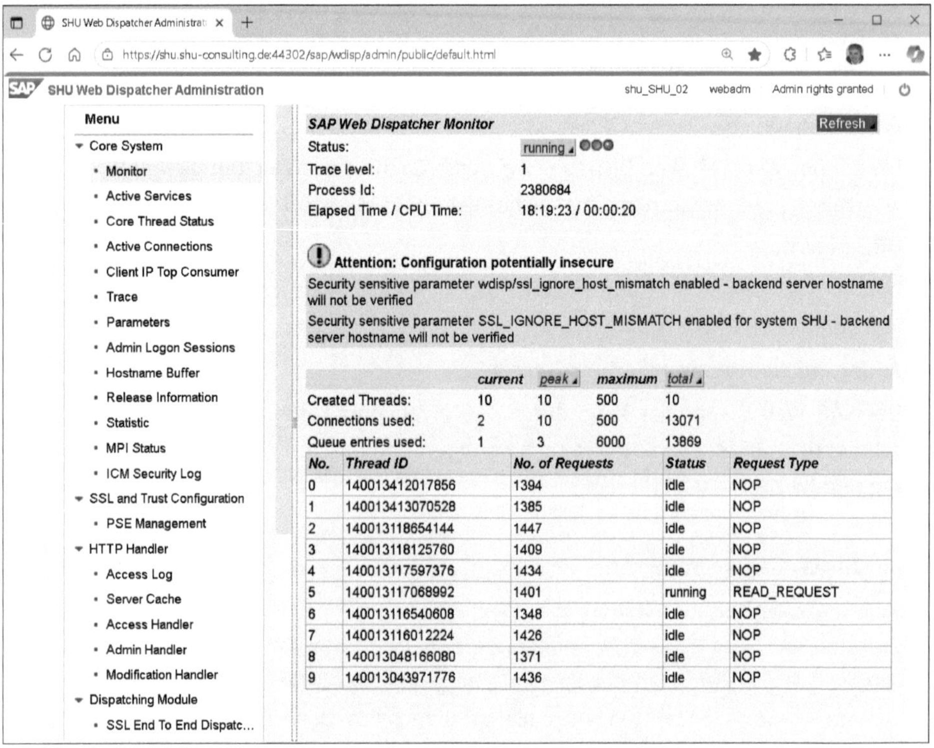

Abbildung 3.14: Administration des SAP Web Dispatchers

Sie können sich mit dem Benutzer `webadm` und dem bei der Installation festgelegten Passwort anmelden. Auch den Port haben Sie bei der Installation vergeben. Sie finden ihn aber auch über das Dateisystem unter */usr/sap/<SID des SAP Web Dispatchers>/SYS/profile* heraus. In diesem Verzeichnis finden Sie die Profildatei *WDP_<SID>_<Hostname>*. Darin wiederum finden Sie im Bereich **SAP Webdispatcher Ports** die relevanten Informationen. Bei einem in die ASCS-Instanz integrierten SAP Web Dispatcher finden Sie diese Informationen in der Profildatei *<SID>_ASCS<Instanznummer>_<Hostname>* der ASCS-Instanz unter */usr/sap/<SID von SAP S/4HANA>/SYS/profile*. Die Konfiguration des SAP Web Dispatchers können Sie ebenfalls über die genannten Profildateien vornehmen.

»wdispmon«

Darüber hinaus existiert das Betriebssystemkommando `wdispmon`, mit dem Sie den SAP Web Dispatcher überwachen und administrieren können. Das Kommando hat die gleichen Optionen wie `icmon`, das ich zu Beginn dieses Abschnitts bereits vorgestellt habe. Die dort in Tabelle 3.1 genannten Optionen gelten also auch für `wdispmon`.

Da der SAP Web Dispatcher in vielen Projekten an Bedeutung gewinnt, werde ich in Abschnitt 11.5, »SAP Web Dispatcher«, und in Abschnitt 12.5, »Zertifikatsverwaltung«, auf weitere Aspekte seiner Administration eingehen.

SAProuter

SAP-Support

Wie der SAP Web Dispatcher ist auch der *SAProuter* kein integraler Bestandteil von SAP S/4HANA. Es handelt sich um eine eigenständige Anwendung, die im Wesentlichen als softwareseitige Ergänzung einer Firewall die Kommunikation Ihrer SAP-Systeme mit der Außenwelt regelt. Mit dieser Anwendung können Sie alle eingehenden und ausgehenden Verbindungen von und zu Ihren lokalen Systemen kontrollieren und überwachen.

Sie benötigen einen SAProuter auf jeden Fall für Ihre On-Premise-Systeme, damit SAP im Supportfall auf Ihre Systeme zugreifen kann. Die Anwendung ist daher Teil der sogenannten *Connectivity Tools* des SAP-Supports. Der SAProuter kann aber auch die Kommunikation zwischen SAP-Systemen absichern, die sich z. B. an verschiedenen Standorten befinden. Weitere Informationen finden Sie im SAP Support Portal auf der Seite *https://support.sap.com/en/tools/connectivity-tools.html*. Da der SAProuter Zugang zur Außenwelt und dem internen Netz benötigt, installieren Sie ihn üblicherweise auf einem Host in der DMZ.

Der SAProuter bietet keine Konfigurationsoberfläche. Die Konfiguration findet über die Konfigurationsdatei *SAPROUTTAB* statt. Darin werden die erlaubten Quellsysteme, Zielsysteme und Ports definiert.

Router-String

Möchten Sie von einem Ihrer SAP-Systeme z. B. auf eine Webanwendung von SAP zugreifen, wird in den meisten Fällen keine direkte Verbindung möglich sein, da Ihr SAP-System nicht direkt mit dem Internet verbunden ist und die Anwendung gegebenenfalls hinter einer Firewall verborgen ist. An der Stelle, an der Sie die Ziel-URL bzw. den Zielhost angeben, ergänzen Sie die URL zum Aufruf der Anwendung daher um einen sogenannten *Router-String*. Statt der URL *appxyz.sap.com:443* geben Sie also beispielsweise »/H/<Hostname Ihres SAP-Routers>/S/3299/H/194.39.131.34/S/3299/H/appxyz.sap.com:443« in das URL-Feld ein. Je nach Anwendung kann es auch ein separates Feld für den Router-String geben.

Die Zeichenfolgen /H/ und /S/ definieren hier den Host und den Port. Die IP-Adresse 194.39.131.34 stellt in diesem Beispiel die IP-Adresse des SAProuters von SAP dar. Diese wird Ihnen bei der Einrichtung der Supportverbindung von SAP mitgeteilt. Damit Ihr SAProuter die Anfrage an den SAProuter von SAP weiterleitet, muss in der Konfigurationsdatei *SAPROUTTAB* Ihres SAProuters noch die folgende Zeile eingetragen werden:

```
P <Hostname des Quell-SAP-Systems> 194.39.131.34 3299
```

P steht hier für *Permit*, also erlauben.

Die Verbindung zwischen Ihrem SAProuter und dem SAProuter von SAP wird über das Protokoll SNC abgesichert. Diese Einstellung ist ebenfalls Teil der Ersteinrichtung der Supportverbindung mit SAP. In unserem Beispiel wird die Anfrage von Ihrem SAP-System an *appxyz.sap.com* zunächst an Ihren SAProuter über Port 3299 weitergeleitet. Von dort wird die Anfrage über SNC an einen SAProuter von SAP mit der öffentlichen IP-Adresse 194.39.131.34 über Port 3299 weitergeleitet. Von dort wird die Anfrage schließlich über Port 443 an die Ziel-URL *appxyz.sap.com* weitergeleitet. Abbildung 3.15 veranschaulicht den Kommunikationsfluss in diesem Beispiel.

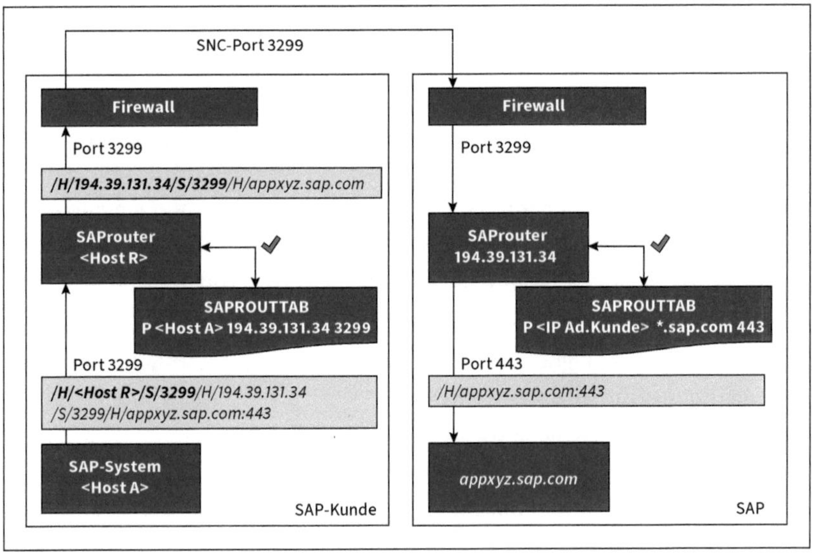

Abbildung 3.15: Beispiel für die Kommunikation zweier SAProuter

In einem Router-String können also mehrere SAProuter hintereinander zu einer Kette zusammengefügt werden. Erreicht Ihr SAProuter das Ziel direkt, reicht natürlich auch nur die Angabe eines SAProuters im String.

SAP-Host-Agent

Der SAP-Host-Agent wird bei der Installation der meisten SAP-Produkte auf dem Host installiert, so z. B. auch beim AS ABAP, AS Java oder der SAP-HANA-Plattform. Auch er ist also keine integrierte Komponente von SAP S/4HANA. Haben Sie mehrere SAP-Produkte auf einem Host installiert, ist der SAP-Host-Agent dennoch nur einmal auf einem Host vorhanden. Sobald Sie eines der SAP-Produkte aktualisieren, wird in der Regel auch der SAP-Host-Agent aktualisiert. Sie können ihn aber auch einzeln aktualisieren.

Funktionen des SAP-Host-Agents

Der SAP-Host-Agent bietet die folgenden Funktionen:

- Ermittlung und Inventarisierung der auf dem Host installierten SAP-Instanzen
- Steuerung der SAP-Instanzen des Hosts (Starten, Stoppen …)
- Datenbanküberwachung und Steuerung (Starten, Stoppen …)
- Ermittlung von Betriebssystemdaten (CPU, Speicher …)
- Hosting der Softwarelebenszyklus-Schnittstellen (z. B. des Software Update Managers, kurz SUM)
- Hosting der Infrastruktur für die SAP *Landschaftsvirtualisierungsverwaltung* (LVM)

Führen Sie z. B. ein Update von SAP S/4HANA aus, rufen Sie die URL *https://<Host>:1129/lmsl/sumabap/<SID>/sluigui* auf. Hinter dem Port 1129 für HTTPS bzw. 1128 für HTTP befindet sich der Webserver des SAP-Host-Agents, der die Kommunikation zum SUM übernimmt. In Abschnitt 2.3.5, »Software Update Manager«, haben Sie dieses Vorgehen bereits kennengelernt. Im Kontext des Startens und Stoppens der ABAP- und SAP-HANA-Plattform gehe ich in Abschnitt 4.6, »Starten und Stoppen der ABAP-Plattform«, und Abschnitt 5.3, »Starten und Stoppen der SAP-HANA-Plattform«, auf weitere Funktionen des SAP-Host-Agents ein.

3.1.3 Prozesskonzept

Prozesstypen

Im vorangegangenen Abschnitt habe ich Ihnen die wesentlichen Komponenten der ABAP-Plattform vorgestellt. Sie haben z. B. die unterschiedlichen Workprozesse kennengelernt. In diesem Abschnitt möchte ich Ihnen anhand der Prozesstypen die Abläufe und Zusammenhänge der bereits vorgestellten Komponenten näherbringen.

Dialogverarbeitung

Anwender*innen, die über ein Werkzeug der Präsentationsebene, also z. B. das SAP GUI oder einen Webbrowser, mit dem System interagieren, werden der Dialogverarbeitung zugeordnet. Aber auch ein Aufruf von Schnittstellen, z. B. eines Webservice des SAP-Systems von außen, löst in der Regel eine Dialogverarbeitung aus. Die Verarbeitung dieses Prozesstyps wird hauptsächlich durch Dialog-Workprozesse durchgeführt.

Wenn Sie sich die Arbeitsweise von Anwender*innen im System vorstellen, besteht z. B. das Ändern einer Bestellung aus mehreren Schritten. Zunächst wird die Anwendung, z. B. die App **Bestellungen verwalten** im SAP Fiori Launchpad, ausgewählt. Nach dem Öffnen können die Anwender*innen verschiedene Eingaben tätigen und Funktionen auslösen. So können sie etwa über Suchfelder bestimmte Suchkriterien eingeben und mit der Funktion **Start** nach Bestellungen suchen. Das System ermittelt daraufhin passende Bestellungen und stellt diese auf der Oberfläche dar. Die Anwender*innen können daraufhin weitere Eingaben tätigen und Funktionen auslösen.

Wenn ein Anwender oder eine Anwenderin Funktionen auslöst, werden diese durch einen Dialog-Workprozess in einem *Dialogschritt* ausgeführt. Anschließend ist wieder der Anwender oder die Anwenderin am Zug. In dieser Zeit ist kein Workprozess aktiv damit beschäftigt, auf Befehle oder Eingaben zu warten. Dies bedeutet, dass die Anfragen vieler mit dem System arbeitender Anwender*innen von wenigen Workprozessen erledigt werden können, da zwischen zwei Dialogschritten kein Workprozess belegt wird.

Workprozess-Multiplexing

Eine Anwenderin oder ein Anwender kommuniziert auch nicht die ganze Zeit mit dem gleichen Workprozess. Der ABAP Dispatcher, der sämtliche Dialoganfragen entgegennimmt, verteilt die eingehenden Anfragen, also jeden Dialogschritt, an einen beliebigen freien Workprozess der gleichen Instanz. SAP nennt dies *Dialog-Workprozess-Multiplexing*.

[»]

Lastverteilung bei mehreren Instanzen

Haben Sie mehrere Instanzen mit konfigurierten Dialog-Workprozessen, kann durch eine Lastverteilung bei der Anmeldung entschieden werden, an welcher Instanz Sie angemeldet werden. Solange Sie am System angemeldet sind, findet aber keine weitere Lastverteilung auf andere Instanzen statt. Der Dispatcher kann die Anfragen nur innerhalb seiner eigenen Instanz auf die Workprozesse verteilen. Erst bei einer erneuten Anmeldung findet wieder eine neue Bewertung statt.

Bedenken Sie auch, dass die Lastverteilung für SAP GUI und Webzugriffe separat bewertet werden. So kann eine Anwenderin oder ein Anwender z. B. über das SAP Fiori Launchpad mit der einen Instanz und über das SAP GUI mit der anderen Instanz verbunden sein.

In unserem Beispiel der Änderung einer Bestellung könnte die Zuteilung der Workprozesse wie in Abbildung 3.16 aussehen.

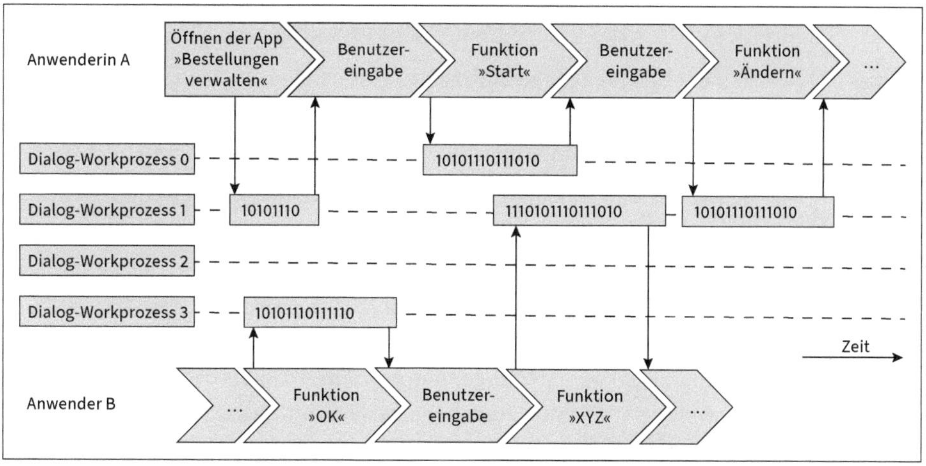

Abbildung 3.16: Dialog-Workprozess-Multiplexing in einem Bestelländerungsprozess

Betriebswirtschaftliche Transaktionen

Vom Beginn der Änderung einer Bestellung bis zu deren Abschluss, z. B. durch Ausführen der Funktion »Speichern«, werden in der Regel viele Dialogschritte durchlaufen. Die gesamte Kette der Dialogschritte wird auch als *betriebswirtschaftliche Transaktion* oder einfach nur als *Transaktion* bezeichnet. Davon leitet sich auch der Begriff der *Transaktionscodes* ab. Wenn Sie in das OK-Feld im SAP GUI z. B. den Transaktionscode »ME22N« eingeben, gelangen Sie in die Transaktion zur Änderung einer Bestellung.

[!]

Transaktion vs. Datenbanktransaktion

Auch in der Datenbankterminologie gibt es den Begriff der Transaktion. Eine *Datenbanktransaktion* dürfen Sie jedoch nicht mit einer SAP-Transaktion gleichsetzen. Innerhalb einer SAP-Transaktion erfolgen in der Regel viele Datenbanktransaktionen. Im letzten Dialogschritt einer Bestelländerung wird z. B. eine Datenbanktransaktion ausgeführt, die dann die Änderungen dauerhaft auf die Datenbank schreibt.

Auslastung der Workprozesse

Durch das Dialog-Workprozess-Multiplexing können die Systemressourcen einer Instanz sehr effektiv genutzt werden. Nur wenn alle Dialog-Workprozesse einer Instanz belegt sind, kommt es zu Wartezeiten. Die auflaufenden Anfragen werden in der Dispatcher Request Queue gesammelt und nacheinander abgearbeitet, sobald Dialog-Workprozesse frei sind. Oft kommt es durch Probleme an einer anderen Stelle (z. B. durch ein generelles Datenbankproblem) zu dauerhaft belegten Dialog-Workprozessen. Im Regelbetrieb sollten daher immer genügend Dialog-Workprozesse zur Verfügung stehen, um die Last der Anwender*innen ohne Verzögerung ausführen zu können. Nimmt die Last z. B. durch eine stetig wachsende Zahl an Anwender*innen zu, müssen Sie die Anzahl der Dialog-Workprozesse erhöhen und gegebenenfalls eine weitere ABAP-Instanz hinzufügen.

Task Handler

Nachdem der Dispatcher eine Anfrage an einen freien Workprozess weitergeleitet hat, wird diese vom Task Handler des Workprozesses entgegengenommen. Der Task Handler koordiniert die Verarbeitung innerhalb des Workprozesses.

Rollbereich

Da jeder Dialogschritt nur einen Bruchteil einer betriebswirtschaftlichen Transaktion ausführt, müssen verarbeitete Daten von einem Dialogschritt zum nächsten Dialogschritt der gleichen betriebswirtschaftlichen Transaktion weitergegeben werden können. Die Workprozesse benötigen also eine Art Gedächtnis. Diese Funktion übernimmt ein Bereich des geteilten Hauptspeichers des Applikationsservers, der sogenannte *Rollbereich*. Zu Beginn eines Dialogschrittes werden die Daten hereingerollt (*Roll-in*) und am Ende des Dialogschrittes herausgerollt (*Roll-out*). Auch wenn diese Bezeichnungen es vermuten lassen, werden die Daten dabei nicht wirklich bewegt. Es werden lediglich Zeiger gesetzt, die die Workprozesse mit dem zugehörigen Speicher verbinden. In früheren Versionen des SAP-Systems wurden aber tatsächlich noch Daten physisch bewegt, weshalb die Begriffe Roll-in und Roll-out noch heute im System verankert sind.

Komponenten der Dialogverarbeitung

Nach dem Hereinrollen der sitzungsbezogenen und benutzerbezogenen Daten aus dem geteilten Hauptspeicher beginnt die eigentliche Verarbeitung. Der Task Handler kann die Anfrage an weitere interne Komponenten des Workprozesses weiterleiten, etwa die folgenden:

- **Dynpro-Prozessor**

  Klassische Bildschirmmasken und die darunterliegende Ablauflogik werden im ABAP-System auch *dynamische Programme* oder kurz *Dynpros* genannt. Der Dynpro-Prozessor verarbeitet die Benutzereingaben in diesen Bildschirmmasken (*Process after Input*, kurz PAI), ruft die Verarbeitungslogik des Interpreters auf und bereitet die Ausgabe auf der Bildschirmmaske für den Benutzer vor (*Process before Output*, PBO).

- **ABAP Interpreter**

  Die Verarbeitungslogik von ABAP-Programmen wird vom ABAP Interpreter ausgeführt.

- **Datenbankschnittstelle**

  Jeder Workprozess ist direkt mit der SAP-HANA-Datenbankplattform verbunden. Über diese dauerhafte Verbindung werden Datenbankzugriffe von der Datenbankschnittstelle durchgeführt. Allerdings bietet der AS ABAP auch die Möglichkeit, Datenbanktabellen vollständig oder teilweise zu puffern, damit nicht jeder Zugriff an die Datenbank weitergeleitet werden muss. Durch die

In-Memory-Technologie von SAP HANA liegen dort zwar bereits alle Daten im Hauptspeicher vor, aber der Puffer des AS ABAP ist direkt mit dem Workprozess verbunden und ermöglicht dadurch Geschwindigkeitsvorteile. Allerdings ist seine Speichergröße sehr begrenzt. Der Puffer des AS ABAP befindet sich, wie der Rollbereich auch, im geteilten Hauptspeicher, allerdings in einem Bereich, der von allen Workprozessen angesprochen werden kann.

Abbildung 3.17 gibt Ihnen einen Überblick über die an der Dialogverarbeitung beteiligten Komponenten. In Abschnitt 4.3, »Speicherverwaltung«, werde ich noch explizit auf die Konfiguration des Hauptspeichers und der unterschiedlichen Puffer eingehen, was für einen stabilen und performanten Systembetrieb unerlässlich ist.

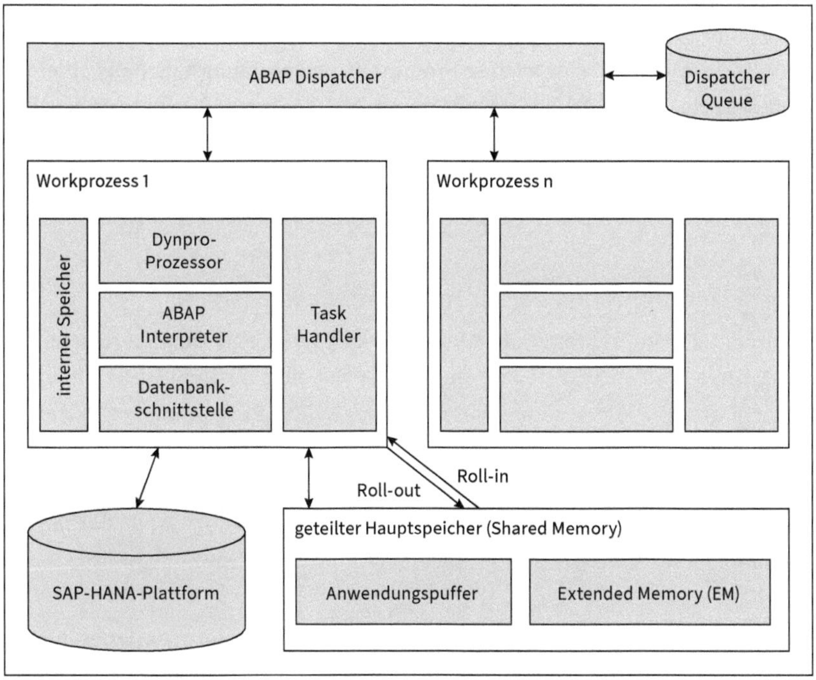

Abbildung 3.17: Komponenten der Dialogverarbeitung

Weitere Aufgaben von Dialog-Workprozessen

Neben der hier beschriebenen Dialogverarbeitung, die durch Anwenderaktionen ausgelöst wird, gibt es noch weitere Aufgaben, die von Dialog-Workprozessen erledigt werden:

- interne Sitzungen
- RFC-Kommunikation
- HTTP-Kommunikation
- SMTP-Kommunikation
- Background-RFC-Scheduler (`bgrfc`)

Maximale Laufzeit

Diese Aufgaben werden drei *Prioritätsklassen* zugeteilt. Die hier beschriebene Dialogverarbeitung der Interaktion durch einen Benutzer über das SAP GUI hat z. B. eine hohe Priorität. Der Profilparameter `rdisp/scheduler/prio_high/max_runtime` begrenzt die maximale Laufzeit eines Dialogschrittes hoher Priorität und ist im Standard auf einen Wert von 11 Minuten eingestellt. Bei Überschreitung dieser Zeit bricht das Programm ab. Lang laufende Programme sollten daher nicht im Dialog, sondern im Hintergrund ausgeführt werden. Wie Sie Profilparameter pflegen können, zeige ich Ihnen in Abschnitt 4.1.

Hintergrundverarbeitung

Programme, die keine Benutzerinteraktion benötigen, können im Hintergrund durch Batch-Workprozesse ausgeführt werden. Grundsätzlich könnten solche Programme auch im Dialog ausgeführt werden. Durch die fehlende Benutzerinteraktion blockiert ein solches Programm jedoch dauerhaft einen Dialog-Workprozess, da die Arbeit ja nicht durch Pausen in der Benutzerinteraktion unterbrochen wird. So könnten mehrere lang laufende Programme sehr schnell zur völligen Auslastung einer Instanz führen. Daher wird die maximale Laufzeit eines Dialogschrittes durch bestimmte Parameter begrenzt.

[»]

Benutzerinteraktion bei der Hintergrundverarbeitung

Führen Sie ein Programm im Hintergrund aus, das eine Benutzereingabe erfordert, weil es z. B. ein Pop-up-Fenster mit einer Ja/Nein-Frage öffnet, bricht dieses Programm ab. Sie dürfen nur solche Programme im Hintergrund ausführen, die keine Benutzerinteraktion erfordern. Alle notwendigen Parameter, die zur Ausführung benötigt werden, müssen daher bereits vor der eigentlichen Ausführung auf dem sogenannten *Selektionsbildschirm* definiert werden.

Nachtverarbeitung

Neben der Möglichkeit, Programme sofort im Hintergrund zu starten, bietet sich die Hintergrundverarbeitung insbesondere für die Einplanung von Programmen zu einer bestimmten Uhrzeit an. Auch wiederkehrende Aufgaben lassen sich einplanen. So können ressourcenintensive und lang laufende Programme zu Zeiten ausgeführt werden, in denen das System z. B. nur wenig durch Benutzer*innen belastet ist, was meist nachts der Fall ist. Oft spricht man daher von einer *Nachtverarbeitung*, bei der sehr viele Programme im Hintergrund laufen, und einer *Tagesverarbeitung*, bei der sehr viele Benutzer*innen interaktiv mit dem System arbeiten.

In global aufgestellten Unternehmen, bei denen das System über viele Zeitzonen hinweg benutzt wird, ist eine solche Trennung jedoch nicht mehr so einfach möglich. Das System muss dann zu jeder Zeit in der Lage sein, Dialog- und Hintergrundverarbeitung gleichzeitig auszuführen. Sie haben hier jedoch umfassende Konfigurationsmöglichkeiten. Sie können beispielsweise ganze Instanzen durch die Definition der Workprozesse ausschließlich für die Hintergrund- oder Dialogverarbeitung konfigurieren. Auch das dynamische Umschalten von Workprozessen zwischen Dialog- und Hintergrundverarbeitung ist über eine *Betriebsartenumschaltung* jederzeit möglich.

Arbeitsweise von Batch-Workprozessen

Im Gegensatz zur Dialogverarbeitung findet die Hintergrundverarbeitung nicht über Dialog-Workprozesse, sondern über Batch-Workprozesse statt. Wie Sie bereits gelernt haben, nutzen alle Workprozesstypen die gleiche technologische Basis (`disp+work`-Prozesse), daher unterscheiden sich Batch-Workprozesse aus architektonischer Sicht nicht von Dialog-Workprozessen. Wegen der fehlenden Benutzerinteraktion findet bei Hintergrundprozessen jedoch kein Workprozess-Multiplexing statt. Die komplette Verarbeitung eines Programms wird durch einen einzigen Batch-Workprozess durchgeführt. Je nach Programmlogik kann ein Programm jedoch weitere Programme synchron oder asynchron starten, die dann durch weitere Workprozesse verarbeitet werden.

Haben Sie ein Programm für die Ausführung im Hintergrund eingeplant, wird ein Eintrag in der Steuertabelle `TBTCO` erzeugt. Der *Background Scheduler*, ein Programm, das von einem Dialog-Workprozess ausgeführt wird, prüft regelmäßig, ob ein Job zur Ausführung ansteht. Ist dies der Fall und ein Batch-Workprozess frei, wird die Verarbeitung durch einen Batch-Prozess gestartet. In Abbildung 3.18 sehen Sie den grundsätzlichen Ablauf der Hintergrundverarbeitung. Der Background Scheduler ist hier mit D* abgekürzt.

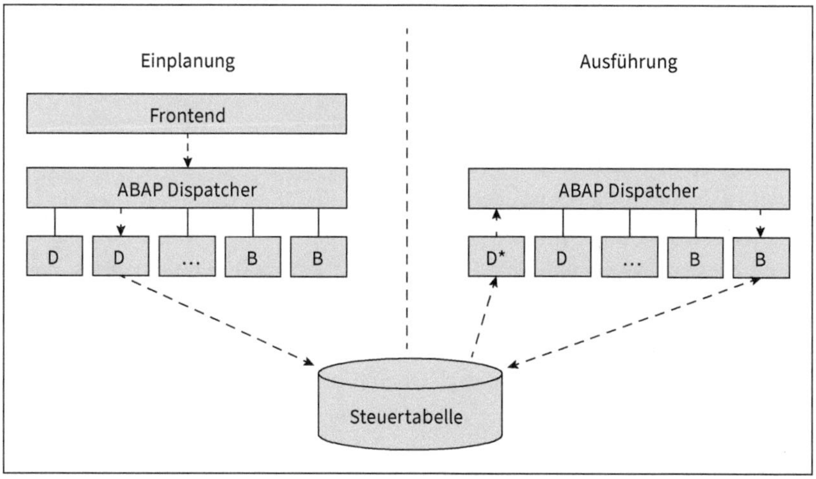

Abbildung 3.18: Ablauf der Hintergrundverarbeitung

In Kapitel 9, »Hintergrundverarbeitung«, behandle ich die Konfiguration, Einplanung und Überwachung von Programmen im Hintergrund ausführlich.

Verbuchung

Werden durch eine Transaktion, z. B. das Anlegen einer Bestellung, Daten auf der Datenbank geändert oder erzeugt, muss diese Änderung konsistent sein. Das bedeutet, dass Datenänderungen nur komplett oder gar nicht auf der Datenbank gespeichert werden dürfen. Bricht also z. B. eine Transaktion ab, bevor sie regulär beendet wurde, dürfen bereits getätigte Änderungen nicht persistiert werden. Daher werden alle Änderungen zunächst nur intern und in der Regel erst am Ende eines Programms oder einer Transaktion auf die Datenbank fortgeschrieben. Diesen Prozess nennt man *Verbuchung*.

SAP-LUW Prinzipiell kann eine Transaktion auch aus mehreren zusammengehörenden Einheiten bestehen, also mehrmals oder auch geschachtelt eine Verbuchung auslösen. Eine zusammengehörige Einheit wird als *SAP Logical Unit of Work* (SAP-LUW) bezeichnet. Am Ende eines Programms oder einer Transaktion wird implizit immer eine Verbuchung angestoßen. Aber während des Programmablaufs kann eine Verbuchung auch implizit oder explizit, z. B. durch den ABAP-Befehl `commit work`, ausgelöst werden.

Es gibt verschiedene Arten, wie eine Verbuchung ausgeführt wird. Welche das sind, wird bei der Entwicklung der Anwendung vorgegeben und ist durch die Anwender*innen nicht beeinflussbar:

- **Asynchrone Verbuchung**
  In der Vergangenheit war die dominierende Art die *asynchrone Verbuchung*. Sie hat den Vorteil, dass die Anwender*innen nicht warten müssen, bis die Daten erfolgreich auf die Datenbank fortgeschrieben werden. Sie können also sofort mit weiteren Arbeiten fortfahren bzw. das Programm kann mit der nächsten LUW fortfahren. Der Nachteil der asynchronen Verbuchung liegt allerdings darin, dass die Anwender*innen von einem etwaigen Abbruch der Verbuchung nichts mitbekommen.
- **Synchrone Verbuchung**
  Auf Basis der Vereinfachungen im Datenmodell und der performanten Datenbanktechnologie von SAP S/4HANA ist inzwischen in vielen Anwendungen eine *synchrone Verbuchung* implementiert. Hierbei wartet die Anwendung, bis die Verbuchung abgeschlossen ist. Eventuelle Fehler können sofort an die Anwendung zurückgemeldet werden, um darauf zu reagieren. Die nachfolgende SAP-LUW des gleichen Programms kann dann mit dem Ergebnis aus dieser Verbuchung weiterarbeiten.

Update-Workprozesse Beide genannten Verbuchungsarten werden durch Update-Workprozesse durchgeführt. Hierbei werden alle Datenänderungsbefehle der jeweiligen Workprozesse nicht direkt in die Anwendungstabellen geschrieben, sondern in den Datenbanktabellen `VBHDR`, `VBMOD` und `VBDATA` zwischengespeichert. Zwar ist jeder Workprozess mit der Datenbank verbunden, eine Datenbank-LUW kann aber nicht workprozessübergreifend aufrechterhalten werden. Würde also jeder Workprozess die Datenänderungen persistieren, käme es bei Abbrüchen zu inkonsistenten Datenständen. Beim Abschluss einer SAP-LUW wird die Verbuchung angestoßen, die die zwischengespeicherten Daten aus den Tabellen `VBHDR`, `VBMOD` und `VBDATA` einliest und in die Anwendungstabellen schreibt.

In Abbildung 3.19 sehen Sie den beispielhaften Aufbau einer SAP-LUW.

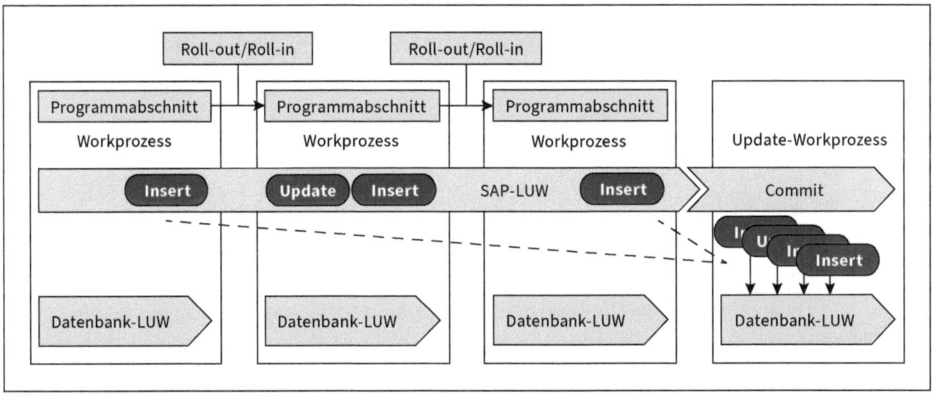

Abbildung 3.19: SAP-LUW und Datenbank-LUWs

Lokale Verbuchung

Werden sehr viele Daten in der Datenbank geändert, kann das Verbuchungssystem stark belastet werden, da jede zu persistierende Datenänderung zunächst in die Zwischentabellen geschrieben, später gelesen und abschließend gelöscht werden muss. Daher gibt es als weitere Verbuchungsart die *lokale Verbuchung*. Hier werden die zu verbuchenden Daten nicht in die Zwischentabellen geschrieben, sondern im Hauptspeicher zwischengespeichert. Beim Abschluss der LUW werden die Daten dann direkt vom aktuellen Workprozess auf die Datenbank geschrieben, ohne einen Verbuchungs-Workprozess anzustoßen.

Verbuchungstypen

Anwendungsentwickler*innen haben zudem die Möglichkeit, verschiedene *Verbuchungstypen* bei der Anwendungsentwicklung zu verwenden, die den Verbuchungszeitpunkt weiter konkretisieren:

- **V1 (direkter Start)**

  Bei einer synchronen Verbuchung wird der Verbuchungstyp V1 synchron ausgeführt. Bei der asynchronen Verbuchung hat V1 Priorität vor V2. Mit V1 sollten kritische Änderungen an betriebswirtschaftlichen Daten verarbeitet werden. Sie haben höchste Priorität und müssen so schnell wie möglich verbucht werden.

- **V2**

  Verbuchungen diesen Typs werden immer asynchron gestartet und dienen meist dazu, nachgelagerte, nicht so kritische Daten zu verbuchen.

- **V3**

  Dieser Verbuchungstyp verhält sich wie V2, jedoch findet das Anstoßen der Verbuchung nicht durch die Anweisung `COMMIT WORK` statt, sondern durch einen separaten Sammellauf (Report `RSM13005`). Die Verbuchung erfolgt also über einen Batch-Job. Der Report `RSM13005` verdichtet die zu verbuchenden Daten intelligent, damit bei mehreren Änderungen des gleichen Datenobjekts nur der letzte Stand persistiert wird.

UPD und UPD2

In der Systemkonfiguration können Sie die Anzahl der bereitgestellten Verbuchungs-Workprozesse konfigurieren. Sie können hierbei unterscheiden, wie viele Verbuchungs-Workprozesse Verbuchungsaufträge vom Typ V1 oder V2 verarbeiten sollen (Profilparameter `rdisp/wp_no_vb` und `rdisp/wp_no_vb2`). Sie erkennen die unterschiedlichen Workprozesse in Transaktion SM50 bzw. SM66 an den Typen UPD (V1-Verbuchung) bzw. UPD2 (V2-Verbuchung).

Als Administrator*in haben Sie keinen Einfluss auf die verwendeten Verbuchungstechniken. Die Überwachung und Bearbeitung von abgebrochenen Verbuchungsaufträgen sind aber wichtige administrative Aufgaben, auf die ich in Abschnitt 13.5, »Verbuchung«, näher eingehe.

Ausgabeverarbeitung

Spool-Auftrag

Die Ausgabeverarbeitung ist bei betriebswirtschaftlichen Anwendungen wie SAP S/4HANA eine wichtige Grundfunktionalität. Anwender*innen oder Hintergrundjobs erzeugen eine Vielzahl unterschiedlicher Dokumente, wie z. B. Rechnungen, Lieferscheine, Listen oder Protokolle. Die auszugebenden Daten werden dabei durch die Dialog- oder Batch-Workprozesse erzeugt und in einem sogenannten *Spool-Auftrag* in einer sequenziellen Datei, der *TemSe*, zwischengespeichert. Neben den auszugebenden Daten befinden sich darin auch Informationen zur Formatierung und dem gewählten Ausgabegerät.

Ausgabeauftrag

Die eigentliche Ausgabe erfolgt asynchron durch einen *Ausgabeauftrag*. Bei der Erstellung des Ausgabeauftrags über den Druckdialog kann angegeben werden, ob und wann die Ausgabe erfolgt (siehe Abbildung 3.20). Der Ausgabeauftrag wird von einem Spool-Workprozess verarbeitet.

Koppelarten

Für die Ausgabe selbst muss das Ausgabegerät mit dem SAP-System verbunden sein. Die Verbindung zwischen Spool-Workprozess und Ausgabegerät erfolgt über das Betriebssystem. Das kann entweder das lokale Betriebssystem der Instanz sein, auf dem der Spool-Workprozess läuft, oder ein über das Netzwerk erreichbares Betriebssystem eines anderen Hosts (z. B. ein zentraler Printserver). Beide genannten Methoden sind sogenannte *Koppelarten*. Es gibt noch weitere Koppelarten, zu denen z. B. auch der Druck über den Client-PC der Anwender*in über einen Frontend-Dialog gehört.

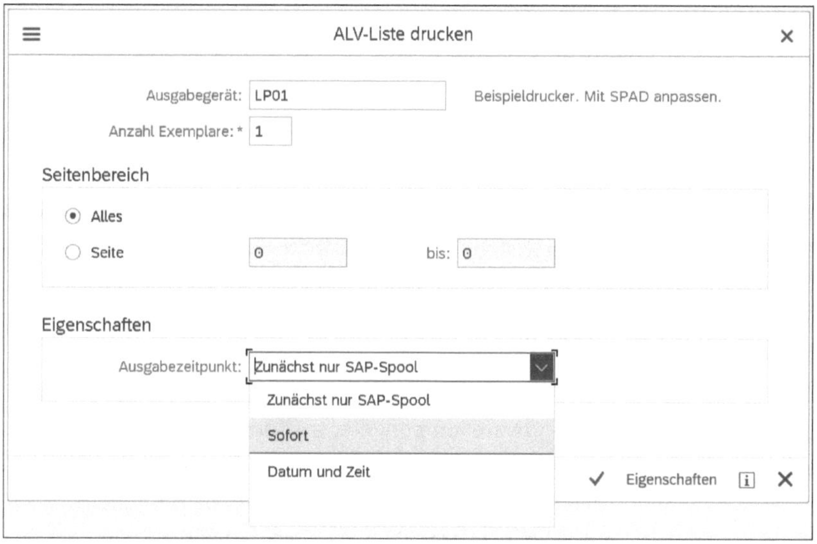

Abbildung 3.20: Ausgabezeitpunkt im Druckdialog festlegen

Wie viele Spool-Workprozesse Sie benötigen, hängt wesentlich davon ab, wie viele Ausgabeaufträge erzeugt und verarbeitet werden müssen. Gerade in Hochlastzeiten (z. B. beim Versand monatlicher Rechnungen an viele Kund*innen) müssen Sie prüfen, ob die Ausgabe in annehmbarer Zeit verarbeitet wird. Sind alle Spool-Workprozesse belegt, werden die Aufträge im Dispatcher gepuffert.

In Kapitel 10, »Ausgabeverwaltung in SAP S/4HANA«, gehe ich im Detail auf die Konfiguration und Administration der Ausgabeverarbeitung ein.

3.2 SAP-HANA-Plattform

Die SAP-HANA-Plattform bezeichne ich immer gerne als Motor von SAP S/4HANA. Ohne diesen Motor könnte sich das Automobil SAP S/4HANA nicht fortbewegen. Selbstverständlich handelt es sich bei SAP S/4HANA um ein modernes Fahrzeug mit Elektromotor. Ihr gegebenenfalls vorhandenes Fachwissen zu Verbrennungsmotoren ist daher nur noch bedingt hilfreich, wenn es um den Aufbau des neuen Motors geht. Daher gebe ich Ihnen in diesem Abschnitt einen Einblick in die Komponenten der SAP-HANA-Plattform und deren Aufgaben.

3.2.1 Softwarekomponenten

Die SAP-HANA-Plattform besteht aus mehreren Softwarekomponenten. Die wichtigsten stelle ich Ihnen in diesem Abschnitt vor.

SAP-HANA-Datenbank

Die wichtigste Softwarekomponente ist sicherlich die *SAP-HANA-Datenbank*. Sie besteht aus vielen Serverkomponenten, auf die ich in Abschnitt 3.2.2 näher eingehe. Eine Datenbank wird durch Ihre SID und ihre Instanznummer eindeutig identifiziert.

In Abschnitt 1.1.1, »Betrieb der SAP-HANA-Plattform«, habe ich Ihnen bereits die unterschiedlichen Bereitstellungsmöglichkeiten von SAP HANA im Scale-up- oder Scale-out-Szenario erklärt. Für die Instanzen des AS ABAP spielen diese Bereitstellungsmöglichkeiten jedoch keine direkte Rolle. Die ABAP- oder Java-Instanzen verbinden sich immer mit *einer* Datenbank. Um sich mit dieser Datenbank verbinden zu können, wird auf jeder Instanz ein *SAP-HANA-Client* benötigt, eine weitere Softwarekomponente, auf die ich im folgenden Abschnitt genauer eingehe. Bei der Bereitstellung von SAP S/4HANA wird der SAP-HANA-Client mit installiert. Bei der Softwarewartung, also dem Patchen der Datenbank, müssen Sie aber selbst daran denken, auch den SAP-HANA-Client der jeweiligen Instanzen zu patchen.

Multitenant Database Container

Die eine Datenbank selbst ist weiter unterteilt. Daher genügt es nicht, bei der Konfiguration der Verbindungsdaten im Rahmen der Installation oder Migration anzugeben, mit welcher Datenbank (identifiziert durch SID und Instanznummer) sich die ABAP- und Java-Instanzen verbinden. Eine SAP-HANA-Datenbank besteht immer mindestens aus zwei Datenbanken, der *Systemdatenbank* und einer *Tenant-Datenbank*:

- Sie können sich die Tenant-Datenbanken wie Container vorstellen, die jeweils wieder eine eigene Datenbank bilden. So ein Container kann unabhängig von anderen Containern bewegt, gestartet, gestoppt und administriert werden. Diese Technologie nennt sich *Multitenant Database Container* (MDC). In einer Tenant-Datenbank befinden sich die Anwendungsdaten von SAP S/4HANA. Daher verbinden sich die ABAP- und Java-Instanzen stets mit Tenant-Datenbanken.
- Die Systemdatenbank ist eine rein administrative Datenbank, in der sich keine Anwendungsdaten befinden und mit der sich keine ABAP- oder Java-Instanzen verbinden.

Single Tenant

Im einfachsten Fall betreiben Sie also eine SAP-HANA-Datenbank, bestehend aus einer Systemdatenbank und einer Tenant-Datenbank. Mit dieser Tenant-Datenbank sind dann die AS-ABAP-Instanzen Ihres SAP-S/4HANA-Systems verbunden. Ein solches Szenario wird *Single Tenant* genannt.

Multitenant

Betreiben Sie für SAP S/4HANA auch ein Java-System, könnte das Set-up genauso aussehen: Sie betreiben eine weitere Datenbank für das Java-System mit einer Systemdatenbank und einer Tenant-Datenbank, mit der Ihre Java-Instanz verbunden ist. Sie könnten aber auch in Ihrer für den AS ABAP bestehenden Datenbank eine weitere Tenant-Datenbank anlegen. So sparen Sie sich eine weitere Datenbankinstallation. Dies hat Vor- und Nachteile, die Sie bei der Entscheidung berücksichtigen sollten:

- Vorteile mehrerer Tenant-Datenbanken:
  - Beim *Multitenant-Szenario* müssen Sie weniger Datenbankinstallationen und Betriebssysteme warten.
  - Die Datenbank kann flexibler betrieben werden, da einzelne Tenant-Datenbanken einfach von einem Host zu einem anderen verschoben oder kopiert werden können.
  - Hochverfügbarkeitslösungen können effizienter realisiert werden, da die Datenbank als Ganzes, also mit allen Tenant-Datenbanken, hochverfügbar ist.
- Nachteile mehrerer Tenant-Datenbanken:
  - Es bestehen technische Abhängigkeiten: Da sich alle Tenant-Datenbanken die gleiche Softwareversion der Datenbank teilen, müssen auch alle Anwendungen, die mit den Tenant-Datenbanken verbunden sind, mit dieser Datenbankversion kompatibel sein.
  - Ferner gibt es organisatorische Abhängigkeiten: Wartungszeitfenster müssen mit den jeweiligen Verantwortlichen der verbundenen Anwendungssysteme koordiniert werden, da z. B. ein Austausch einer Hardwarekomponente oder das Patchen der Datenbank alle Tenant-Datenbanken betrifft.
  - Die Ressourcen der Datenbank müssen auf die Tenant-Datenbanken verteilt werden und dazu müssen Regeln definiert werden. Die Datenbankparameter müssen dabei manuell gepflegt werden, sonst kann eine hohe Auslastung einer Tenant-Datenbank zu einem Problem in einer anderen Tenant-Datenbank führen.

Meiner Wahrnehmung nach verzichten viele SAP-Kunden darauf, mehrere Tenant-Datenbanken in einer Datenbank zu betreiben. Die Begründung liegt meist in den genannten organisatorischen Abhängigkeiten. Liegen aber mehrere Systeme im gleichen Verantwortungsbereich oder bilden mehrere Systeme eine gemeinsame, logische Einheit, spricht aus meiner Sicht nichts gegen ein Multitenant-Betriebsmodell. Besonders Rechenzentrumsbetreiber oder Cloud-Anbieter schätzen MDC. Ein prominentes Beispiel ist SAP S/4HANA Cloud. Hier wird nicht für jeden Kunden eine eigene Datenbank installiert, sondern viele Kunden teilen sich eine Datenbank, jeder bekommt aber seine eigene Tenant-Datenbank.

»hdbuserstore«

Wie Sie in Abschnitt 3.1, »ABAP-Plattform«, gelernt haben, ist jeder Workprozess mit der Datenbank verbunden. Die Anmeldedaten werden beim Starten eines Workprozesses aus einem Tresor, dem `hdbuserstore`, gelesen. Bei der

Installation von SAP S/4HANA mit dem Software Provisioning Manager (SWPM) werden die von Ihnen angegebenen Verbindungsdaten sicher in diesem Tresor hinterlegt. Da mehrere Verbindungsdaten im `hdbuserstore` abgelegt werden können, wird jeweils ein eindeutiger Schlüssel verwendet. Beim AS ABAP lautet dieser Schlüssel `DEFAULT`. Weitere Beispiele und Anwendungsmöglichkeiten des `hdbuserstore` zeige ich Ihnen in Abschnitt 5.1.2, »Werkzeug ›hdbsql‹«.

In Abbildung 3.21 sehen Sie den grundlegenden Verbindungsaufbau einer ABAP-Instanz mit der SAP-HANA-Datenbank.

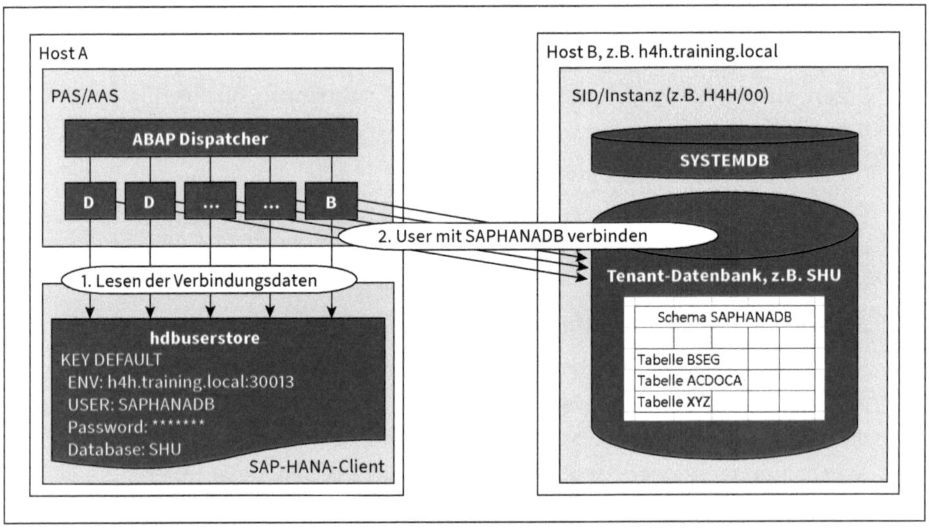

Abbildung 3.21: Verbindung einer ABAP-Instanz mit der Datenbank

Schemabenutzer

Der Benutzer, mit dem sich die Workprozesse an der Datenbank anmelden, heißt in SAP S/4HANA im Standard `SAPHANADB`. Dieser Standardbenutzername hat sich in den vergangenen Jahren immer wieder geändert, von `SAPSR3` über `SAP<SID>` bis `SAPABAP1` oder `SAPJAVA1`. Dieser technische Benutzer ist der Eigentümer des gleichnamigen *Schemas* und wird daher auch als *Schemabenutzer* bezeichnet. Innerhalb dieses Datenbankschemas liegen alle zum SAP-System gehörenden Objekte, im Wesentlichen die Tabellen und Tabelleninhalte. Die Workprozesse haben mit dem Benutzer `SAPHANADB` also vollen Zugriff auf alle Daten und Objekte. Das Berechtigungskonzept wird in SAP S/4HANA hauptsächlich oberhalb dieser technischen Ebene, innerhalb der Anwendung, geregelt.

[!]

Verbindungsdaten beim Umzug der Datenbank oder Passwortänderungen

Falls Sie z. B. die gesamte Datenbank oder auch nur eine Tenant-Datenbank auf einen anderen Host verschieben oder sich das Passwort des Datenbankbenutzers ändert, mit dem sich die Anwendung an der Datenbank anmeldet, müssen Sie den Eintrag `DEFAULT` im `hdbuserstore` aller Instanzen ändern. Andernfalls wird die ABAP- oder Java-Instanz nicht erfolgreich starten. Sie würden entsprechende Fehlermeldungen in der Trace-Datei eines beliebigen Workprozesses finden, z. B. von Workprozess 0 (*/usr/sap/<SID>/D<Instanz>/work/dev_w0*).

Eine Herausforderung bei der Multitenant-Technologie ist das grundsätzliche Vorhandensein von mindestens zwei Datenbanken, nämlich der Systemdatenbank und einer oder mehrerer Tenant-Datenbanken. Zur umfassenden Administration benötigen Sie Zugriff auf alle diese Datenbanken. Abhängig von Ihrer Administrationsaufgabe müssen Sie sich an der Systemdatenbank oder der richtigen Tenant-Datenbank anmelden. Grundsätzlich erledigen Sie in der Systemdatenbank systemweite Aufgaben, z. B. das Setzen von globalen Parametern oder das Anlegen von neuen Tenant-Datenbanken. Möchten Sie z. B. teure (lang laufende oder speicherhungrige) SQL-Anweisungen in Ihrem SAP-System identifizieren und analysieren, müssen Sie sich hierzu an der Tenant-Datenbank anmelden.

Beim Einsatz von SAP S/4HANA Cloud werden Sie allerdings keinen Einblick in die Systemdatenbank bekommen. Grundsätzlich können Sie bei allen Software-as-a-Service-(SaaS-) und Managed-Cloud-Betriebskonzepten allenfalls Überwachungsaufgaben durchführen.

Nameserver und Indexserver

Als Kernkomponenten der SAP-HANA-Datenbank möchte ich insbesondere den *Nameserver* und den *Indexserver* hervorheben. Der Nameserver ist Hauptbestandteil der Systemdatenbank, während der Indexserver die Tenant-Datenbank repräsentiert. Haben Sie mehrere Tenant-Datenbanken in Ihrer SAP-HANA-Datenbank bereitgestellt, sehen Sie pro aktiver Tenant-Datenbank einen Indexserverprozess auf Betriebssystemebene pro Host. Den Nameserverprozess werden Sie jedoch nur einmal pro Datenbank und Host finden.

Inhaltlich unterscheiden sich die Prozesse gar nicht so sehr. Beide Prozesse beinhalten einen Row Store und einen Column Store, sind per SQL erreichbar und persistieren Ihre Daten auf dem Dateisystem, um sie im Fall einer Fehlfunktion oder einer Wartung wieder aus dem Dateisystem in den Hauptspeicher laden zu können. Mit der Systemdatenbank werden Sie aber niemals Anwendungssysteme verbinden und Anwendungsdaten speichern. Die Systemdatenbank dient lediglich der Administration der Datenbank. Daher ist der Nameserver auch recht genügsam hinsichtlich der benötigten CPU- und Hauptspeicherressourcen.

Der Indexserver hingegen hält sämtliche Anwendungsdaten im Hauptspeicher und führt die SQL-Anfragen des SAP-S/4HANA-Systems aus. Technisch gesehen sind die Workprozesse also mit dem Indexserver der Tenant-Datenbank verbunden. Der Indexserverprozess ist daher beim Verbrauch der CPU- und Hauptspeicherressourcen der dominanteste Prozess der Datenbank.

SAP-HANA-Client

Neben dem Datenbankserver ist der Client eine zentrale Komponente, die benötigt wird, um sich mit der Datenbank verbinden zu können. Der Client bietet die folgenden, gängigen Schnittstellen zur Herstellung einer Verbindung mit der Datenbank an:

- Open Database Connectivity (ODBC)
- Java Database Connectivity (JDBC)
- SQL Database Connectivity (SQLDBC)

Bei SAP S/4HANA muss jede Instanz in der Lage sein, sich mit der Datenbank zu verbinden. Technisch gesehen reicht es aus, wenn auf jedem beteiligten Host ein SAP-HANA-Client installiert wird. Die auf dem Host installierten Instanzen benötigen dann Zugriff auf den zentral bereitgestellten Client. Haben Sie den Client zentral installiert, finden Sie ihn standardmäßig im Verzeichnis */usr/sap/hdbclient*, sonst unter */usr/sap/<SID>/hdbclient*.

Neben SAP S/4HANA benötigen eventuell noch andere Anwendungen Zugriff auf die Datenbank, z. B. Backup-Lösungen von Drittanbietern. Auch für diese Anwendungen muss meist ein SAP-HANA-Client installiert werden, damit sie sich an der Datenbank anmelden können, z. B. um die Backup-Befehle absetzen zu können.

Die Release-Strategie des SAP-HANA-Clients ist unabhängig von der SAP-HANA-Datenbank. Sie sollten immer den aktuellen Datenbank-Client verwenden und diesen auf allen angeschlossenen Systemen auf die gleiche Version aktualisieren. Neue Clients sind auch mit älteren Datenbankversionen kompatibel. Details zur Release-Strategie des SAP-HANA-Clients finden Sie in SAP-Hinweis 2769719.

[!]

Alle Clients aktualisieren

Führen Sie ein Upgrade Ihrer Datenbank aus, sollten Sie immer auch den SAP-HANA-Client und andere Komponenten der Datenbank aktualisieren. Hierbei müssen Sie berücksichtigen, dass beim Upgrade der Datenbank nur der lokale SAP-HANA-Client aktualisiert wird. Die Clients auf den Hosts der Applikationsserver oder anderer Lösungen müssen separat aktualisiert werden. Dies wird leider oft vergessen.

»hdbsql« Neben den Bibliotheken und Schnittstellen zur Datenbank sind für die Administration besonders die beiden Programme `hdbsql` und `hdbuserstore`, auf die ich in Abschnitt 5.1.2, »Werkzeug »hdbsql««, genauer eingehe, wichtige Bestandteile des SAP-HANA-Clients. Bei `hdbsql` handelt es sich um einen SQL-Editor, mit dem Sie über die Kommandozeile mit der Datenbank kommunizieren können.

SAP HANA Studio

Das SAP HANA Studio ist ein Client, mit dem sich verschiedene Aufgaben zur Administration, Entwicklung und Datenmodellierung innerhalb der SAP-HANA-Plattform durchführen lassen. Während dieses Werkzeug für Entwicklung und Modellierung durchaus noch eine Rolle spielt, ist es für die Administration von SAP HANA nicht mehr geeignet, da es schon seit vielen Jahren nicht mehr funktional weiterentwickelt wird. Daher werde ich in diesem Buch nicht weiter auf das SAP HANA Studio eingehen.

SAP HANA Extended Application Services, Classic Model und SAP HANA Extended Application Services, Advanced Model

Mit den Softwarekomponenten *SAP HANA Extended Application Services, Classic Model* (SAP HANA XS Classic) und *SAP HANA Extended Application Services, Advanced Model* (SAP HANA XSA) können Sie direkt innerhalb der SAP-HANA-Plattform Applikationen, wie z. B. HTML5-Apps, bereitstellen und ausführen. Da die Anwendungslogik bei SAP S/4HANA weitestgehend im AS ABAP realisiert ist, haben Sie beim Einsatz dieser Lösung jedoch oft keine konkrete Verwendung für diese Komponenten. Ich behandle sie ausführlicher in Abschnitt 3.2.2, »Serverkomponenten«.

Suche, Textanalyse und Textmining

Fuzzy Search

Mit den in SAP HANA eingebauten Suchfunktionen können Sie Suchmodelle definieren und Volltextsuchen durchführen. Mit Textmining können Sie unstrukturierte Texte nach Schlüsselbegriffen durchsuchen, klassifizieren und mit anderen Texten vergleichen. Diese Funktionen sind vielfältig nutzbar. In SAP S/4HANA ist z. B. die ungenaue Suche (*Fuzzy Search*) in vielen Bereichen des Systems integriert. Damit finden Anwender*innen Daten auch dann, wenn sie sich bei der Eingabe vertippt haben (siehe Abbildung 3.22).

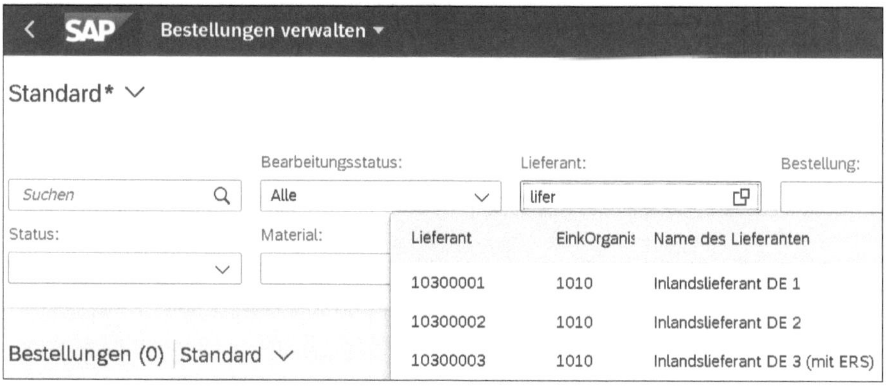

Abbildung 3.22: Ungenaue Suche am Beispiel des Namens eines Lieferanten

Application Function Library

AFL Die *Application Function Library* (AFL) umfasst eine Sammlung von Funktionen, die in SAP HANA installiert werden können. Es handelt sich bei der AFL nicht um eine Serverkomponente, sondern um ein Plug-in.

Die AFL ist in weitere Bibliotheken unterteilt:

- Predictive Analysis Library (PAL)
- Business Function Library (BFL)
- Automated Predictive Library (APL)
- weitere Bibliotheken

Pushdown Mit den Funktionen dieser Bibliotheken haben Sie die Möglichkeit, Berechnungen auf großen Datenmengen direkt in der Datenbank durchzuführen, anstatt die Daten wie bisher zunächst zum Applikationsserver zu transferieren und die Berechnungen dort auszuführen. Mit der Ausführung solcher Berechnungen übernimmt SAP HANA auch Aufgaben der Applikationsebene. Dieses Verfahren wird *Pushdown* genannt, weil die Prozessierung von der höheren Anwendungsebene auf die niedrigere Datenbankebene verlagert wird. Es beschleunigt Berechnungen erheblich.

Ob und welche AFL-Plug-ins Sie in SAP S/4HANA installieren müssen, hängt von der beabsichtigten Nutzung des Systems ab. Möchten Sie z. B. die Funktion *Intelligent Scenario Lifecycle Management* (ISLM) in SAP S/4HANA nutzen, müssen Sie die APL installieren (siehe SAP-Hinweis 2631182).

VCH-AFL-Plug-in für die erweiterte Variantenkonfiguration in SAP S/4HANA

VCH AFL Ähnlich wie die AFL handelt es sich bei *Variant Config on HANA* (VCH AFL) um ein Plug-in, das aus einer Sammlung von Funktionen besteht. Verwenden Sie in SAP S/4HANA die erweiterte Variantenkonfiguration, müssen Sie dieses Plug-in in Ihrer SAP-HANA-Datenbank installieren. Bei einem Upgrade von SAP S/4HANA z. B. von Release 2023 auf 2025 müssen Sie dann auch das zum alten Release passende Plug-in entfernen und das zum neuen Release passende Plug-in installieren. Auch beim Upgrade der SAP-HANA-Plattform müssen Sie eventuell das Plug-in in einer neuen Version installieren. Weitere Hinweise zur Installation und zum Upgrade finden Sie in den SAP-Hinweisen 2987015 und 3318944.

Local Secure Store

Der *Local Secure Store* (LSS) ist eine optionale Komponente, die jedoch seit SAP HANA 2.0 SPS08 integraler Bestandteil des Servers ist. Sie können die Verwendung von LSS weiterhin bei der Installation oder einem Update abwählen. LSS kümmert sich um die Verwaltung von Schlüsseln, die für die Verschlüsselung verschiedener Bereiche in SAP HANA verwendet werden (z. B. für die Verschlüsselung von Datensicherungen). Wenn Sie LSS nicht verwenden, werden die Daten im Dateisystem abgelegt (*SAP Secure File System*, SSFS). Sie können jederzeit zwischen den beiden Verfahren wechseln. Weitere Informationen finden Sie in SAP-Hinweis 3048191.

LSS ist eine in sich geschlossene Komponente, die mit einem eigenen Betriebssystembenutzer arbeitet (`<sid>crypt`). Dies erhöht die Sicherheit, weshalb die Nutzung von LSS empfohlen wird. Für mich ist der Hauptvorteil von LSS, dass seit SAP HANA 2.0 SPS08 der Schlüsseltresor von LSS mit der regulären Datensicherung der SAP-HANA-Datenbank mitgesichert und bei einer Wiederherstellung ebenfalls wiederhergestellt werden kann. Mit dem klassischen SSFS mussten Sie sich selbst um die Sicherung der Schlüssel kümmern. Haben Sie dies ignoriert, war eine Wiederherstellung einer verschlüsselten Datensicherung nicht mehr möglich, wenn die Schlüssel verloren oder zerstört wurden.

SAP-Host-Agent

Der SAP-Host-Agent ist kein integraler Bestandteil der SAP-HANA-Plattform. Als Komponente der ABAP-Plattform haben Sie ihn bereits in Abschnitt 3.1.2, »Komponenten«, kennengelernt. Er übernimmt für die SAP-HANA-Plattform die gleiche Funktion. Sind die ABAP-Plattform und die SAP-HANA-Plattform auf dem gleichen Host installiert, gibt es den SAP-Host-Agent nur einmal auf diesem Host.

3.2.2 Serverkomponenten

Die SAP-HANA-Datenbank besteht aus mehreren Serverkomponenten, die ich in diesem Abschnitt genauer vorstelle. In den folgenden Abschnittsüberschriften finden Sie hinter dem Namen der jeweiligen Serverkomponenten jeweils die Namen der Prozesse auf dem Betriebssystem.

Nameserver (hdbnameserver)

Systemdatenbank

Der Nameserver ist der Kernprozess der Systemdatenbank. Er hat Kenntnis über die Topologie der gesamten Datenbank, weiß also, welche Tenant-Datenbanken es gibt und welche Prozesse den einzelnen Tenant-Datenbanken zugeordnet sind. Er übernimmt auch Aufgaben eines Indexservers (siehe folgender Abschnitt), hält also auch Daten im Hauptspeicher und persistiert diese im Dateisystem. Allerdings sind keine Anwendungsdaten in dieser Datenbank vorhanden. Workprozesse der AS-ABAP-Instanzen sind nicht mit dem Nameserver verbunden. Auch Hochverfügbarkeitsaufgaben werden vom Nameserver übernommen.

Per SQL ist der Nameserver über den Port 3<Instanznummer>13 z. B. für administrative Aufgaben erreichbar. In einem Scale-out-Szenario läuft der Nameserver auf jedem Host. Aber nur ein Nameserver, der *Master Nameserver*, hat die Kontrolle. Er synchronisiert sich mit den anderen Nameservern auf den anderen Hosts.

Indexserver (hdbindexserver)

Tenant-Datenbank

Der Indexserver ist der Kernprozess jeder Tenant-Datenbank. In der Systemdatenbank gibt es dagegen keinen Indexserver. Wenn eine Tenant-Datenbank im Scale-out-Szenario auf mehrere Hosts verteilt ist, läuft auf jedem beteiligten Host ein Indexserver, der jeweils einen Teil der Daten hält. Da die Anwendungen, also auch SAP S/4HANA, keine Kenntnis darüber haben, auf welchem Host welche Daten liegen, leitet der Indexserver, auf dem eine Anfrage eingeht, die Anfrage intern an den richtigen Indexserver weiter. Der Nameserver unterstützt besagten Indexserver dabei, den richtigen zuständigen Indexserver zu ermitteln.

SQL-Port

Der Indexserver hält die Daten im Row Store und Column Store und prozessiert eingehende Anfragen. Am Indexserver sind bei SAP S/4HANA die Workprozesse aller Instanzen über SQL angemeldet. Der SQL-Port des Indexservers der ersten Tenant-Datenbank lautet im Standard 3<Instanznummer>15. Da er sich durch Kopieren, Verschieben, Löschen oder das Erstellen von Tenant-Datenbanken ändern kann, dürfen Sie sich aber nicht darauf verlassen.

Einige Werkzeuge, wie z. B. `hdbsql`, SAP HANA Cockpit oder auch der Software Update Manager (SUM) oder der SWPM nutzen ein Application Programming Interface (API), also eine Programmierschnittstelle, der SAP-HANA-Datenbank, um mit der richtigen Tenant-Datenbank verbunden zu werden. Bei der Nutzung dieser Werkzeuge genügt es dann, den Namen der Tenant-Datenbank anzugeben. Über den Aufruf der API wird dann der Port zurückgemeldet.

Verbinden Sie sich z. B. über die Kommandozeile auf einer Instanz des AS ABAP mit dem Benutzer `<sid>adm` und dem Befehl `hdbsql -U DEFAULT` mit der Tenant-Datenbank Ihres SAP-S/4HANA-Systems, können Sie mit dem Kommando `\s` Verbindungsinformationen wie den SQL-Port auslesen (siehe Abbildung 3.23).

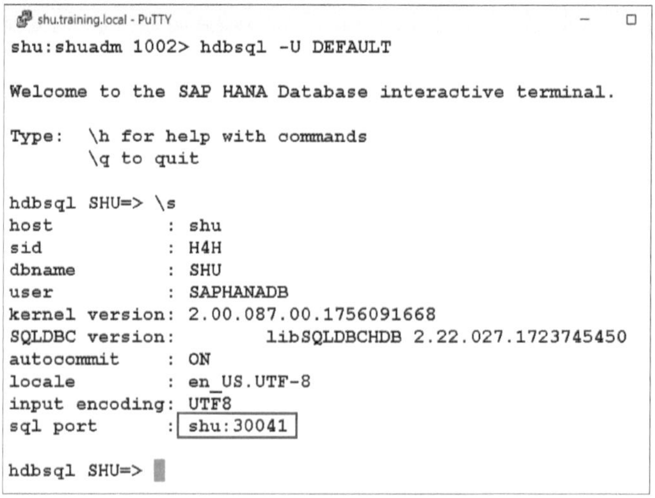

Abbildung 3.23: Verwendeten SQL-Port zu einem Indexserver über »hdbsql« herausfinden

Dies ist auch im SAP HANA Cockpit über die Kachel **Services** der Tenant-Datenbank möglich.

Die wichtigsten Mechanismen zwischen Hauptspeicher und der Persistenz im Dateisystem erläutere ich in Abschnitt 3.2.3, »Zusammenspiel von Hauptspeicher und Persistenz«. Die dort beschriebenen Konzepte gelten insbesondere für den Indexserver.

Compile Server (hdbcompileserver)

Der *Compile Server* ist ein Hilfsprozess. Er kompiliert Datenbankprozeduren (*Stored Procedures*) und Datenbankprogramme. Der Prozess selbst persistiert keine Daten im Dateisystem. Der Compile Server läuft in der Systemdatenbank auf jedem Datenbankhost und wird von allen Indexservern aufgerufen, wenn Prozeduren oder Programme zu kompilieren sind.

Preprocessor (hdbpreprocessor)

Der *Preprocessor* ist ein weiterer Hilfsprozess. Er kümmert sich um die Suche unstrukturierter Daten, etwa in Texten. Auch dieser Prozess ist in der Systemdatenbank angesiedelt und wird von den Indexservern der Tenant-Datenbanken aufgerufen. Er persistiert ebenfalls keine Daten im Dateisystem.

SAP Web Dispatcher (hdbwebdispatcher)

Den SAP Web Dispatcher haben Sie bereits in Abschnitt 3.1.2, »Komponenten«, im Kontext der ABAP-Plattform kennengelernt. Allerdings unterscheidet sich der SAP Web Dispatcher als Serverkomponente der SAP-HANA-Plattform funktional deutlich von dem der ABAP-Plattform. Er routet eingehende HTTP(S)-Anfragen an den SAP HANA XS Classic Server (siehe folgender Abschnitt). Da dieser Server mit SAP HANA 3.0 vermutlich aufgegeben werden wird, wird auch der SAP Web Dispatcher vermutlich keine Rolle mehr spielen. Die SAP HANA XS Advanced Runtime verwendet eine andere Routing-Technologie.

SAP HANA XS Classic Server (hdbxsengine)

XS Classic

Der *SAP HANA XS Classic Server* oder kurz *XS Classic* ist ein Webserver, der es ermöglicht, auf der SAP-HANA-Plattform nativ Webanwendungen zu entwickeln und zu betreiben. Er kann als eigenständiger Prozess, aber auch integriert innerhalb eines Indexservers betrieben werden. Legen Sie eine neue Tenant-Datenbank an, wird standardmäßig nur ein Indexserver bereitgestellt und SAP HANA XS Classic läuft dann eingebettet im Indexserver. Diese Einstellung können Sie aber ändern. Durch MDC und die damit verbundene Möglichkeit, mehrere Tenant-Datenbanken innerhalb einer Datenbank zu betreiben, wird dann der im vorangegangenen Abschnitt vorgestellte SAP Web Dispatcher benötigt.

[»]

Supportende mit SAP HANA 3.0

SAP hat jedoch bereits angekündigt, dass SAP HANA XS Classic mit SAP HANA 3.0 sehr wahrscheinlich nicht mehr verfügbar sein wird. In SAP-Hinweis 2465027 finden Sie hierzu weitere Informationen. SAP-Kunden, die auf Basis von SAP HANA XS Classic Anwendungen entwickelt haben, sind angewiesen, diese Anwendungen auf die neue Plattform SAP HANA XSA zu migrieren (siehe folgender Abschnitt).

SAP HANA XS Classic wird derzeit noch automatisch mit der Datenbank installiert. SAP S/4HANA nutzt jedoch keine Funktionalität von SAP HANA XS Classic, der Server wird also nicht zwingend benötigt. Allerdings werden dort noch administrative Webanwendungen wie das *SAP HANA Application Lifecycle Management* gehostet, mit dessen Hilfe Sie die Software (Produkte, Transportwesen etc.) in SAP HANA verwalten können. Ich empfehle Ihnen daher, SAP HANA XS Classic nicht aus der Datenbank zu entfernen.

SAP HANA XSA Runtime (hdbxscontroller, hdbxsexeagent, hdixsuaserver)

XS Advanced

Die *SAP HANA XSA Runtime* oder kurz *XS Advanced* ersetzt den funktional stark eingeschränkten SAP HANA XS Classic Server. Sie bietet deutlich mehr administrative Möglichkeiten, etwa die dedizierte Zuteilung von Ressourcen zu einzelnen Webanwendungen. Auch unterstützt SAP HANA XSA viele moderne Programmiersprachen, z. B. Node.js.

Noch benötigen Sie SAP HANA XSA für SAP S/4HANA in der Regel nicht. Die Installation ist daher optional. Es gibt aber Add-ons oder ergänzende Lösungen von SAP oder Drittanbietern, die eine Bereitstellung der SAP HANA XSA Runtime erfordern. Auch wenn Ihr Unternehmen eigene Anwendungen innerhalb von SAP HANA erstellen möchte, wird SAP HANA XSA benötigt. Sie können die Runtime gemeinsam mit den anderen SAP-HANA-Komponenten oder auf einem separaten Host bereitstellen.

SAP HANA Cockpit

In Abschnitt 5.1.3 lernen Sie das *SAP HANA Cockpit* als wichtiges administratives Werkzeug kennen. Dieses Cockpit läuft innerhalb der SAP HANA XSA Runtime. Möchten Sie sich also ein Bild von der Leistungsfähigkeit von SAP HANA XSA machen, werfen Sie einfach einen Blick unter die Haube des SAP HANA Cockpits.

Sie erreichen die Webadministrationsanwendung für SAP HANA XSA, das *SAP HANA XS Advanced Cockpit* (siehe Abbildung 3.24), über die URL *https://<Host>:3<Instanznummer>30*. Beim SAP HANA Cockpit ist die Instanznummer standardmäßig 96, weshalb der Port dann 39630 lautet.

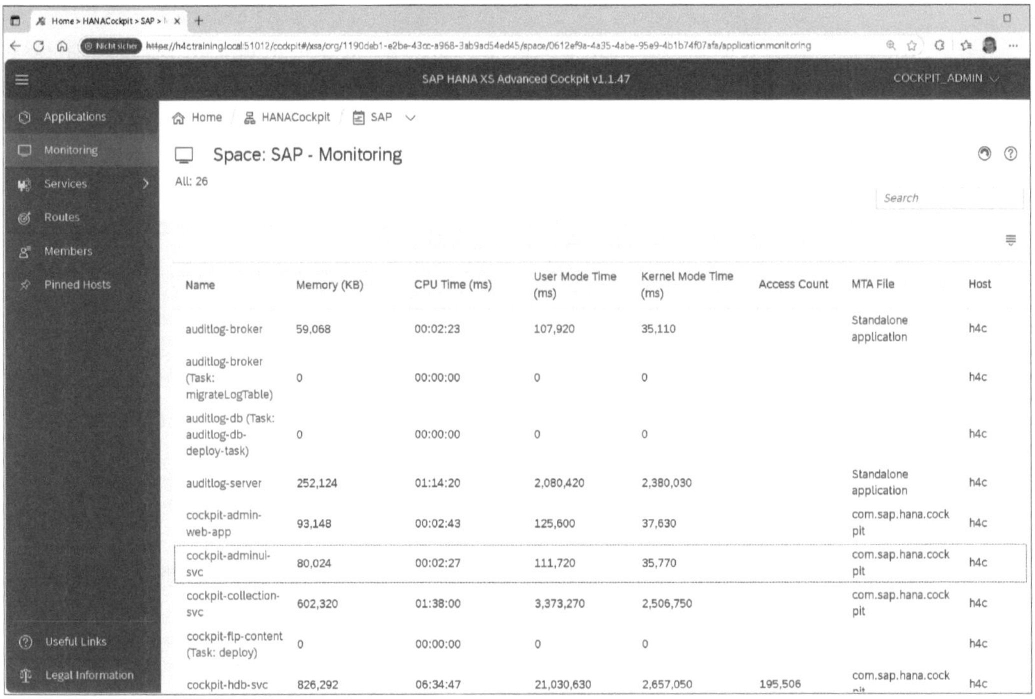

Abbildung 3.24: Administrationsoberfläche für SAP HANA XSA

SAP HANA Daemon (hdbdaemon)

»daemon.ini«

Der *SAP HANA Daemon* ist ein wichtiger Steuerungs- und Kontrollprozess in SAP HANA. Wenn die Datenbank gestartet wird (siehe Abschnitt 5.3, »Starten und Stoppen der SAP-HANA-Plattform«), wird als Erstes der SAP HANA Daemon gestartet. Dieser Prozess startet alle weiteren konfigurierten Prozesse der Datenbank. Welche das sind, ist in der Konfigurationsdatei *daemon.ini* definiert, die Sie im Verzeichnis */usr/sap/<SID>/HDB<Instanznummer>/exe/config* finden.

Technisch betrachtet ist der `hdbdaemon`-Prozess auch der Vaterprozess aller von ihm gestarteten Prozesse. Er überwacht die von ihm gestarteten Prozesse und startet sie auch wieder neu, wenn diese unerwartet beendet werden.

Script Server (hdbscriptserver)

Erweiterte Variantenkonfiguration

Mit dem *Script Server* werden Funktionsbibliotheken innerhalb von SAP HANA ausgeführt, die in der Programmiersprache C++ erstellt wurden. Es handelt sich um eine optionale Komponente, die dann zu aktivieren ist, wenn entsprechende Funktionsbibliotheken verwendet werden. Diese Funktionsbibliotheken werden z. B. von den Plug-ins für die AFL oder die erweiterte Variantenkonfiguration verwendet, die ich in Abschnitt 3.2.1, »Softwarekomponenten«, vorgestellt habe.

Der Script Server ist Teil einer Tenant-Datenbank und persistiert auch Daten im Dateisystem. Verwenden Sie die erweiterte Variantenkonfiguration in SAP S/4HANA und das dafür notwendige Plug-in VCH AFL, müssen Sie den Script Server auf jeden Fall aktivieren. Informationen zur Aktivierung finden Sie in SAP-Hinweis 1650957.

Document Store Server (hdbdocstore)

JSON-Dateien

Der Indexserver hält Daten im Row Store und im Column Store. Neben diesen klassischen Datenablagen ist inzwischen auch die Datenablage in JSON-Dateien sehr beliebt. Der *Document Store Server* erfüllt diese Aufgabe. Er kann nativ mit diesen Dateien arbeiten, sie z. B. filtern, aggregieren und mit SAP-HANA-Tabellen verbinden. Der Server ist eine optionale Komponente einer Tenant-Datenbank. Auch er persistiert seine Daten im Dateisystem.

Deployment Infrastructure Server (hdbdiserver)

HDI

Haben Sie SAP HANA XSA in Ihrer Datenbank bereitgestellt, müssen Sie die *SAP HANA Deployment Infrastructure* (HDI) und damit den *Deployment Infrastructure Server* ebenfalls aktivieren. Der Server kümmert sich darum, Artefakte aus der Entwicklungsumgebung SAP HANA XSA auf der SAP-HANA-Datenbank zu deployen.

Data Provisioning Server (hdbdpserver)

Der Datenbereitstellungsserver ist Teil von *SAP HANA Smart Data Integration*. Er bietet Funktionen wie die Datenbereitstellung und -transformationen in Echtzeit, Funktionen zur Sicherung der Datenqualität und Adapter für verschiedene Anbindungen fremder Datenquellen.

Weitere Serverkomponenten

Neben den hier genannten Serverkomponenten gibt es noch eine Anzahl weiterer Komponenten der SAP-HANA-Plattform, die jedoch für SAP S/4HANA aktuell keine Rolle spielen. Dazu gehören z. B.:

- Accelerator for SAP ASE
- Streaming Cluster
- Extended Store Server

In Abbildung 3.25 sehen Sie eine typische Sicht auf die Prozesse der SAP-HANA-Plattform eines SAP-S/4HANA-Systems. Sind Sie auf dem Host als Benutzer `<sid>adm` angemeldet (`<sid>` steht in diesem Fall für die System-ID der Datenbank), können Sie sich diese Prozessliste mit dem Kommando `HDB info` anzeigen lassen.

```
shu.training.local - PuTTY
h4hadm@shu:/usr/sap/H4H/HDB00> HDB info
USER          PID     PPID  %CPU        VSZ        RSS COMMAND
h4hadm    2618434  2618433   0.1      11388       5568 -sh
h4hadm    2618669  2618434  18.1       9628       4032  \_ /bin/sh /usr/sap/H4H/HDB00/HDB info
h4hadm    2618705  2618669   200      10448       3456      \_ ps fx -U h4hadm -o user:8,pid:8,ppid:8,pcpu:5,vsz:10,rss
h4hadm      29968        1   0.0    5945300      41816 hdbrsutil  --start --port 30040 --volume 3 --volumesuffix mnt000
h4hadm      24882        1   0.0     571252      37316 hdbrsutil  --start --port 30001 --volume 1 --volumesuffix mnt000
h4hadm      23790        1   0.0       9540       3328 sapstart pf=/usr/sap/H4H/SYS/profile/H4H_HDB00_shu
h4hadm      23797    23790   0.0     458508      96384  \_ /usr/sap/H4H/HDB00/shu/trace/hdb.sapH4H_HDB00 -d -nw -f /usr
h4hcrypt    23824    23797   0.8     101176      50932      \_ lss {Controller}
h4hcrypt    23845    23824   0.8     100652      51708      |   \_ lss [SHU]
h4hcrypt    23847    23824   0.7      98672      51596      |   \_ lss [SYSTEMDB]
h4hadm      23827    23797   3.1    7458472    4632336      \_ hdbnameserver
h4hadm      25359    23797   1.5    1429036     452480      \_ hdbcompileserver
h4hadm      25362    23797   1.5    1028488     396508      \_ hdbpreprocessor
h4hadm      25403    23797   2.4   13956620   10206740      \_ hdbdocstore -port 30049
h4hadm      25406    23797   2.6    5022024    1852836      \_ hdbdpserver -port 30046
h4hadm      25409    23797  52.6   91304952   88486104      \_ hdbindexserver -port 30040
h4hadm      25412    23797   3.1    4503308    1697400      \_ hdbscriptserver -port 30052
h4hadm      25415    23797   2.5    4668908    1721112      \_ hdbxsengine -port 30043
h4hadm      30722    23797   1.5    1824748     521772      \_ hdbdiserver -port 30055
h4hadm      30725    23797   1.5    2074456     604572      \_ hdbwebdispatcher
h4hadm      19661        1   0.0     633632      58144 /usr/sap/H4H/HDB00/exe/sapstartsrv pf=/usr/sap/H4H/SYS/profile/H
h4hadm@shu:/usr/sap/H4H/HDB00>
```

Abbildung 3.25: Prozesse der SAP-HANA-Plattform

Einige in Abbildung 3.25 dargestellte Serverkomponenten, wie z. B. `hdbdocstore`, `hdbdiserver` und `hdbdpserver`, werden erst durch die Installation von SAP S/4HANA über den SWPM aktiviert. In SAP-Hinweis 3014471 finden Sie weitere Hintergründe sowie Ansatzpunkte, um nicht benötigte Prozesse wieder zu entfernen.

3.2.3 Zusammenspiel von Hauptspeicher und Persistenz

Jeder Datenbankprozess, der Daten verarbeitet, muss diese auch *persistieren*, also in das Dateisystem schreiben, damit diese im Fall einer geplanten oder ungeplanten Ausfallzeit wieder aus dem Dateisystem wiederhergestellt werden können. Diese Aussage trifft vor allem auf den Indexserver zu, da dieser Prozess sämtliche Nutzdaten von SAP S/4HANA verwaltet. Aber auch andere Prozesse mit Persistenz, z. B. Nameserver oder Script Server, arbeiten auf diese Weise.

Synchronisierungsmechanismen

Data und Log Volume

Im Dateisystem gibt es zwei Bereiche für die Datenspeicherung, das *Data Volume* und das *Log Volume*. Sie finden diese Verzeichnisse unter */hana/data/<SID>* bzw. */hana/log/<SID>* im Dateisystem. Jeder Datenbankprozess mit eigener Persistenz hat dort seinen eigenen Bereich. Da zu jedem Zeitpunkt sichergestellt sein muss, dass durch die Datenbank bestätigte Datenänderungen wiederhergestellt werden können, gibt es zwei wesentliche Mechanismen, um die Daten im Hauptspeicher mit denen der Persistenzschicht zu synchronisieren:

- **Savepoint**

  Der erste Mechanismus ist der sogenannte *Savepoint*. Er läuft asynchron im Hintergrund, im Standard alle 5 Minuten. Der Savepoint schreibt alle Datenänderungen, die in Pages unterschiedlicher Größe organisiert sind, in eine mit dem Prozess verbundene Datei im Dateisystem.

- **Redo-Logs**

  Der zweite Mechanismus ist das Schreiben von *Redo-Logs*. Alle Befehle einer Datenbanktransaktion, die zu Datenänderungen führen, werden in einem *Log Buffer* im Hauptspeicher des Prozesses gehalten. Sobald die Änderung durch ein Datenbank-Commit angefordert wird, wird die Änderung synchron in ein *Logsegment* in das Log Volume geschrieben. Erst wenn dieser Vorgang erfolgreich war, wird die Datenänderung bestätigt.

Abbildung 3.26 veranschaulicht die beiden Synchronisierungsmechanismen.

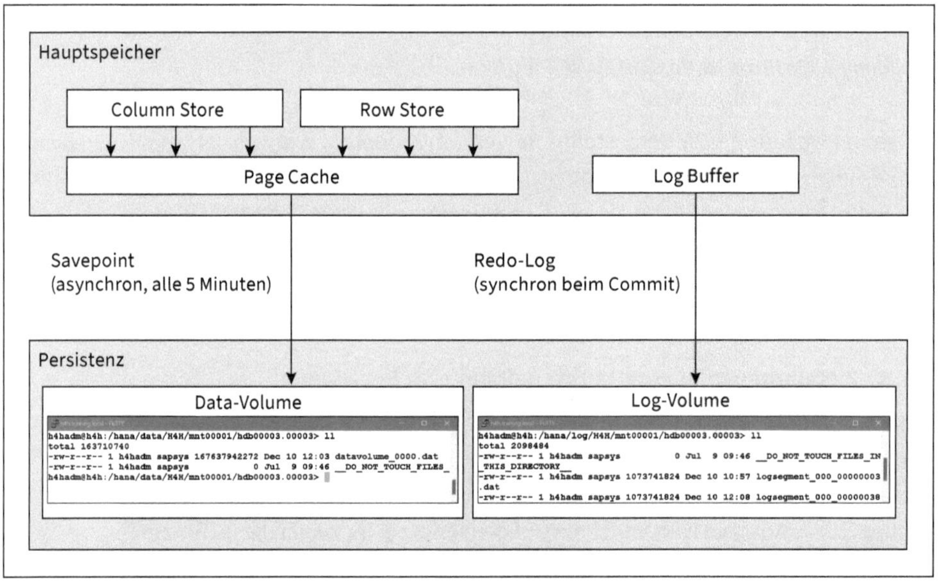

Abbildung 3.26: Synchronisation von Hauptspeicher und Persistenz

Durch diese Mechanismen ist die Datenbank jederzeit wieder in der Lage, alle bestätigten Datenbanktransaktionen beim regulären Starten der Datenbank wiederherzustellen, z. B. nach einem Stromausfall. Ein konsistenter Stand der Datenbank wurde mit dem letzten erfolgreichen Savepoint vor dem Abbruch hergestellt. Alle Datenbanktransaktionen, die nach dem letzten Savepoint, aber vor dem Abbruch durchgeführt wurden, können über die Redo-Logs wiederhergestellt werden. Beim Abbruch noch nicht bestätigte Datenbanktransaktionen werden verworfen.

Shadow-Paging-Prinzip

Würde der Schreibvorgang eines Savepoints abbrechen, gäbe es einen inkonsistenten Stand im Datenbereich der Datenbank. Um dieses Problem zu vermeiden, werden beim Savepoint nicht die originalen Datenbereiche (Pages) überschrieben, sondern andere, aktuell ungenutzte Pages verwendet. Durch dieses *Shadow-Paging-Prinzip* gibt es auf jeden Fall immer einen konsistenten Stand auf dem Dateisystem. Es führt aber auch dazu, dass auf dem Dateisystem etwas mehr Platz benötigt wird, als eigentlich für die Daten notwendig wäre. Dieser zusätzliche Speicherbedarf wird beim Sizing des Datenbereichs berücksichtigt.

Hauptspeichernutzung

Aus Betriebssystemsicht besteht SAP HANA aus einer Reihe von Prozessen, die jeweils vom Betriebssystem Speicher anfordern und reservieren. Der gesamte reservierte Hauptspeicher eines Prozesses wird *virtueller Speicher* genannt. Fordert ein Prozess weiteren Hauptspeicher an, vergrößert sich der virtuelle Speicher. Gibt er Speicher frei, verringert sich der virtuelle Speicher.

Used Memory

Eine wichtige Kenngröße für SAP HANA ist der aktuell verwendete Hauptspeicher (*Used Memory*). Diese Kenngröße existiert nur innerhalb von SAP HANA. Sie definiert den Anteil des virtuellen Speichers, der gerade aktiv von SAP HANA für Programmcode, Tabellen, SQL-Ausführung etc. verwendet wird. Im Gegensatz zu anderen Linux-Prozessen verwaltet SAP HANA den eigenen Hauptspeicher weitgehend selbst. Dies bedeutet, dass der Hauptspeicher, der gerade frei ist, nicht automatisch wieder an das Betriebssystem zurückgegeben wird. Daher sollten Sie zur Überwachung der Hauptspeichernutzung nicht auf Bordmittel des Betriebssystems oder Monitoring-Lösungen vertrauen, die nicht in der Lage sind, auf die interne Speicherverwaltung von SAP HANA zuzugreifen.

Resident Memory

Das Betriebssystem bindet virtuellen Speicher der Prozesse an den physisch vorhandenen Hauptspeicher des Hosts. Diese Kenngröße nennt man *Resident Memory*. Es handelt sich dabei um den physisch benutzten Hauptspeicher eines Prozesses.

Swapping

Das Betriebssystem ist in der Lage, den von einem Prozess verwendeten Hauptspeicher aus dem physischen Hauptspeicher zu entfernen und auf die Persistenzschicht zu verschieben, um Platz für andere Prozesse zu schaffen. Dieser Vorgang wird *Swapping* genannt. Das Betriebssystem entscheidet nach eigenen Algorithmen, welche Inhalte aus dem physischen Hauptspeicher auf die Persistenz verschoben werden. Für SAP HANA ist dieses Swapping unerwünscht, da es die Prinzipien einer In-Memory-Datenbanktechnologie ad absurdum führt, wenn das Betriebssystem Teile des Hauptspeichers auf die Persistenzebene verschiebt.

Benötigt SAP HANA z. B. für eine temporäre Berechnung weiteren Hauptspeicher, wird dieser zunächst vom selbst verwalteten *Speicherpool* zur Verfügung gestellt. Ist dort kein Speicher mehr frei, fordert der *Speichermanager* von SAP HANA weiteren Hauptspeicher vom Betriebssystem an. Benötigt SAP HANA den zusätzlichen Speicher nicht mehr, wird er nur innerhalb der Datenbankplattform für andere Aufgaben freigegeben, aber nicht automatisch wieder an das Betriebssystem zurückgegeben. Dies hat zur Folge, dass SAP HANA aus Betriebssystemsicht im Laufe der Zeit immer mehr Hauptspeicher verbraucht. Daher ist es wichtig, die Speicherverwaltung von SAP HANA über geeignete Administrationswerkzeuge zu überprüfen, die ich Ihnen in Abschnitt 14.2.1, »Hauptspeicher«, vorstelle. Ein Blick auf das Betriebssystem ist hier nicht aussagekräftig.

In Abbildung 3.27 sehen Sie die Speicherauslastung des Indexservers eines SAP-HANA-Systems mit 87 GB virtuellem Speicher bzw. 82 GB Resident Memory auf Betriebssystemebene, ausgelesen über das Betriebssystemkommando `top`.

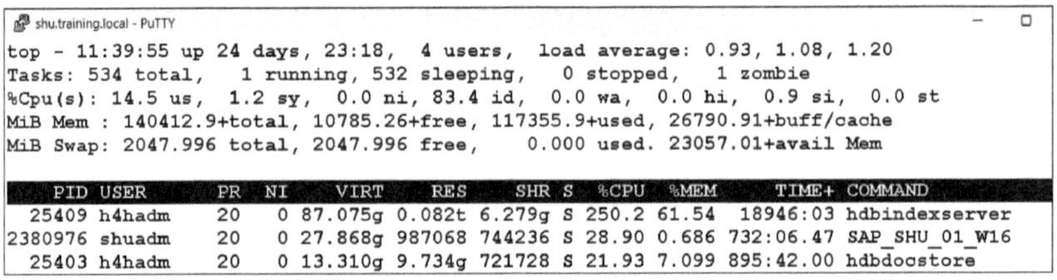

Abbildung 3.27: Speicherauslastung über das Betriebssystemkommando »top« auslesen

Zum gleichen Zeitpunkt würde z. B. über das DBA Cockpit (SAP-GUI-Transaktion DBACOCKPIT) nur eine Speichernutzung von lediglich 63,22 GB für den Indexserver abgelesen (siehe Abbildung 3.28). Die Daten in der Transaktion DBACOCKPIT finden Sie im Bereich **Überblick**. Klicken Sie im Bereich **Datenbankspeicher und CPU** auf **Speicher verw./insg. (nur Tenant)**. Klicken Sie anschließend in der Zeile des Indexservers auf die Spalte **Größe belegter Speicher insgesamt**, um die in der Abbildung gezeigte Darstellung zu sehen.

Parameter setzen

Da das Betriebssystem selbst ebenfalls Hauptspeicher benötigt und auch andere Anwendungen auf dem gleichen Host laufen können, muss für SAP HANA definiert sein, wie viel Hauptspeicher maximal verwendet werden darf. Diese Einstellung wird wesentlich über den Parameter `global_allocation_limit` gesteuert. Bereits bei der Installation von SAP HANA können Sie angeben, ob Sie den Hauptspeicher für SAP HANA beschränken möchten. Im Standard ist dies nicht der Fall. Der Parameter hat dann den Wert 0. Natürlich kann der Parameterwert auch nach der Installation noch geändert werden. Mit dem Wert 0 errechnet SAP HANA den maximal verwendeten Hauptspeicher nach einer Formel, die auch noch genügend Hauptspeicher für das Betriebssystem übrig lässt. Sobald Sie aber z. B. eine AS-ABAP- und/oder eine AS-Java-Instanz auf dem gleichen Host installieren, müssen Sie diesen Speicherwert in SAP HANA zwingend anpassen. Auch im AS ABAP und/oder AS Java müssen Sie die dort geltenden Speicherwerte anpassen. Gleiches gilt auch für andere Softwareprodukte. Nur so ist ein sicherer Betrieb der Anwendungen möglich. Weitere Informationen hierzu finden Sie in SAP-Hinweis 1953429 für den AS ABAP und in SAP-Hinweis 2043509 für den AS Java.

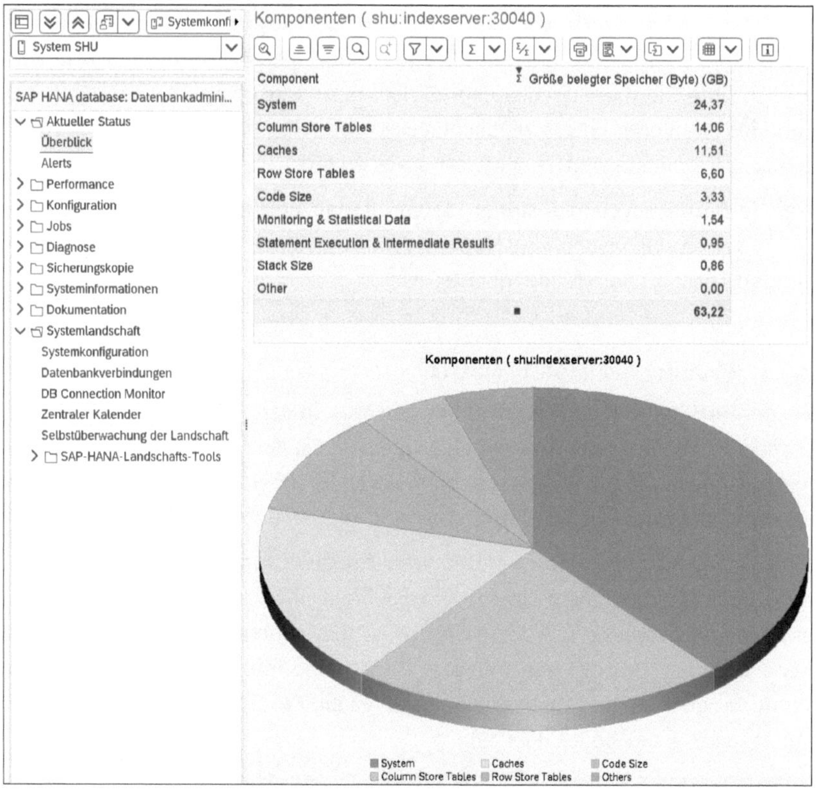

Abbildung 3.28: Speicherauslastung des Indexservers in Transaktion DBACOCKPIT

> **Kompatible Anwendungen**
>
> Beachten Sie auch, dass Sie nicht jede beliebige Anwendung auf dem gleichen Host mit SAP HANA installieren und betreiben dürfen. Eine Positivliste finden Sie in SAP-Hinweis 1661202.

Beispiel für eine Hauptspeicheraufteilung

Benötigen Sie 64 GB für den AS ABAP sowie 400 GB für SAP HANA und möchten beide Anwendungen auf einem Host betreiben, setzen Sie im AS ABAP den Parameter `PHYS_MEMSIZE` auf den Wert 65536 und in SAP HANA den Parameter `global_allocation_limit` auf den Wert 409600. Der Host könnte dann z. B. mit 512 GB Hauptspeicher ausgestattet sein und hätte dadurch noch genügend Reserven für das Betriebssystem.

3.3 Hardware und Betriebssystem

Nachdem Sie die wesentlichen Bestandteile von SAP S/4HANA kennengelernt haben, werfen wir einen genaueren Blick auf das Betriebssystem, insbesondere auf die Verzeichnisstruktur und die Benutzer. In Kapitel 1, »Einführung in die Architektur von SAP S/4HANA«, habe ich bereits auf die grundsätzlich unterstützten Betriebssysteme für die ABAP-Plattform und die SAP-HANA-Plattform verwiesen. Wie Sie die verschiedenen Teilkomponenten von SAP S/4HANA auf gemeinsamen oder unterschiedlichen Hosts betreiben können, habe ich in Abschnitt 3.1.1, »Instanzen«, ebenfalls bereits erklärt.

Welche Betriebssystemversionen derzeit genau unterstützt werden, können Sie in der *Product Availability Matrix* (PAM) herausfinden, die ich Ihnen im folgenden Abschnitt vorstellen möchte.

3.3.1 Product Availability Matrix

Bei der PAM handelt es sich um ein Verzeichnis, in dem alle SAP-Lösungen und deren Lebenszyklusstatus aufgeführt sind. Für Sie ist dies eine wichtige Informationsquelle, da Sie hier sehr schnell erkennen können, welches Produkt in Kombination mit welchem Betriebssystem von SAP unterstützt wird.

Sie erreichen die PAM unter der URL *https://support.sap.com/pam*. Für den Zugriff benötigen Sie eine S-User-ID. Im Suchfeld oben rechts können Sie nach einer Produktversion, z. B. »SAP S/4HANA 2025«, suchen und diese anschließend aufrufen. Auf der Registerkarte **Allgemeine Informationen • Details & Termine** sehen Sie auf einen Blick, wie lange ein Produkt von SAP noch unterstützt wird (siehe Abbildung 3.29).

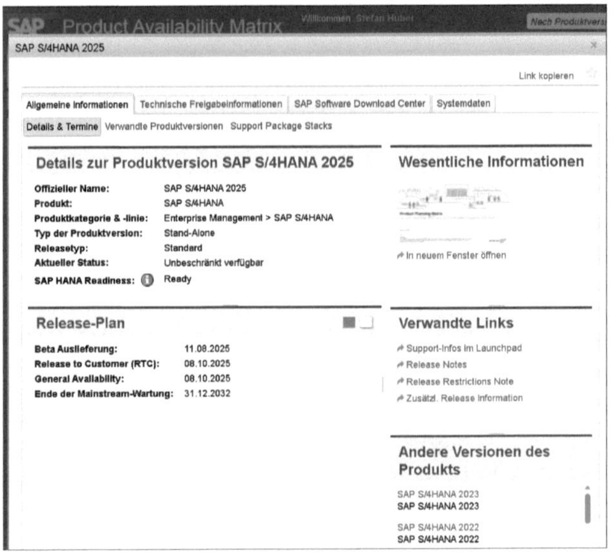

Abbildung 3.29: Ausschnitt aus der Product Availability Matrix von SAP

Auf der Registerkarte **Technische Freigabeinformationen** finden Sie heraus, welche Betriebssystemversionen Sie für Ihr Produkt verwenden können und wie lange diese von SAP unterstützt werden. Auch sonst bietet die PAM viele nützliche, weiterführende Links, etwa zu den Release-Hinweisen (**Release Notes**), Hilfeseiten und zentralen SAP-Hinweisen zum gewählten Produkt.

3.3.2 Verzeichnisstruktur

In diesem Abschnitt erläutere ich die Verzeichnisstruktur von SAP S/4HANA, sowohl für die ABAP-Plattform als auch für die SAP-HANA-Plattform. Zur vollständigen Administration müssen Sie sich sicher im Dateisystem der beteiligten Hosts bewegen können. In den SaaS- und IaaS-Betriebskonzepten liegt dieser Bereich für Sie dagegen im Verborgenen und außerhalb Ihres Aufgabenbereichs.

Die Verzeichnisstruktur der beteiligten Komponenten ist so aufgebaut, dass es keine Überschneidungen untereinander gibt. Dies wird durch SIDs und Instanznummern gewährleistet, die auf einem Host immer eindeutig und auch in der Verzeichnisstruktur wiederzufinden sind.

Verzeichnisstruktur der ABAP-Plattform

Bereitstellungsvarianten

Bei der Bereitstellung der ABAP-Plattform können Sie zwischen den folgenden Optionen unterscheiden:

- **Standardsystem**

  Alle Instanzen der ABAP-Instanz (PAS und ASCS) laufen auf einem Host. Die SAP-HANA-Plattform wird hier nicht betrachtet. Installieren Sie auch die SAP-HANA-Plattform auf dem gleichen Host wie die ABAP-Plattform, spricht man von einem *zentralen System*.
- **Verteiltes System**

  Bei einem verteilten System können einzelne Instanzen der ABAP-Plattform auf unterschiedlichen Hosts betrieben werden. So können PAS und ASCS auf unterschiedlichen Hosts laufen, müssen es aber nicht. Optional können ein oder mehrere AAS auf weiteren Hosts installiert werden.
- **Hochverfügbares System**

  Bei einem hochverfügbaren System werden die Instanzen durch Failover-/Cluster-Technologien hochverfügbar bereitgestellt. Hierauf werde ich in Kapitel 16, »Hochverfügbarkeit«, näher eingehen.

Global Host

Einer der Hosts wird zum *Global Host*. Üblicherweise ist dies der Host, auf dem die ASCS-Instanz installiert ist. Das ist wichtig für die Verzeichnisstruktur, da alle Instanzen auf Verzeichnisse dieses Hosts zugreifen können müssen. Bei einem verteilten System bedeutet dies, dass Verzeichnisse über das Netzwerk geteilt werden müssen.

Die ABAP-Plattform kann sowohl auf Microsoft Windows als auch auf Unix/Linux-basierten Betriebssystemen installiert werden. Daher unterscheidet sich die Verzeichnisstruktur je nach Betriebssystem.

Verzeichnisstruktur unter Windows

Unter Windows existiert folgende Verzeichnisstruktur:

- *\usr\sap*

  Das Verzeichnis *\usr\sap* existiert auf dem Global Host und wird als Netzwerk-Share *sapmnt* freigegeben. Es enthält globale und lokale instanzspezifische Daten. Hierzu existiert das Unterverzeichnis *\usr\sap\<SID>\SYS* wiederum mit den Unterverzeichnissen *global* (systemweite Daten), *profile* (Profile aller Instanzen) und *exe* (Software für alle Instanzen und Plattformen).
- *\usr\sap\<SID>\<Instanzname>*

  Auf jedem lokalen Host existiert pro Instanz ein Verzeichnis. Der Instanzname lautet bei der PAS- oder AAS-Instanz »D<Instanznummer>«, bei der ASCS-Instanz »ASCS<Instanznummer>«, also z. B. »D00« für die PAS-Instanz »00«. Das Verzeichnis *\usr\sap\<SID>\<Instanzname>* wird als Netzwerk-Share *saploc* freigegeben und enthält Kopien der SAP-Software sowie lokale, instanzspezifische Daten.
- *\usr\sap\trans*

  Das Transportverzeichnis *\usr\sap\trans* ist ein wichtiges Verzeichnis für die Softwarelogistik, um z. B. Entwicklungen oder Customizing vom Entwicklungssystem in die Systemlandschaft auszurollen. Daher wird dieses Verzeichnis in der Regel über mehrere Systeme hinweg geteilt. Das Transportwesen wird ausführlich in Kapitel 7, »Konfiguration des Transportwesens«, behandelt.

Bei einem verteilten System greifen die anderen Applikationsserver über den UNC-Pfad (*Universal Naming Convention*) *\\<SAPGLOBALHOST>\sapmnt* auf globale Daten zu. Auf instanzspezifische Daten wird über den UNC-Pfad *\\<SAPGLOBALHOST>\saploc* zugegriffen Es wird nicht über das Netzwerk zugegriffen, wenn es sich um den lokalen Host handelt. Die Parameter *<SAPGLOBALHOST>* und *<SAPLOCALHOST>* innerhalb der UNC-Pfade werden in den jeweiligen Profilen gepflegt.

Abbildung 3.30 stellt die Verzeichnisstruktur eines Standardsystems schematisch dar, bei dem alle Instanzen auf einem Host liegen.

»sapcpe«

Im Unterverzeichnis *uc* des Global Hosts für jedes verwendete Betriebssystem befindet sich hier ein Unterverzeichnis *<Plattform>*. »uc« steht hier für Unicode. Für moderne SAP-Systeme wie SAP S/4HANA werden ausschließlich Unicode-Kernel verwendet.

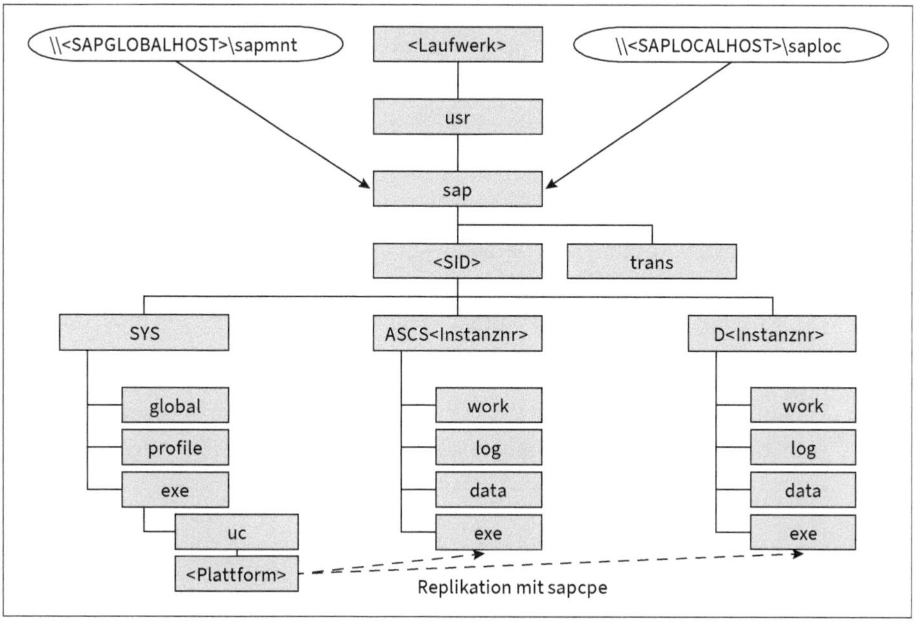

Abbildung 3.30: Exemplarische Verzeichnisstruktur eines Standardsystems auf Windows

Es ist möglich, aber nicht unbedingt gängig, dass unterschiedliche Instanzen auf unterschiedlichen Betriebssystemen betrieben werden. Von diesen Verzeichnissen werden die Kerneldateien vor dem Start des SAP-Systems durch das Programm `sapcpe` automatisch auf alle Instanzen repliziert. So können Sie ein Upgrade des Kernels vorbereiten, indem Sie den Austausch in diesem zentralen Verzeichnis vornehmen. Beim Durchstarten des SAP-Systems wird der neue Kernel dann automatisch ausgetauscht.

Verzeichnisstruktur unter Unix

Der grundsätzliche Aufbau der Verzeichnisstruktur bei Unix-basierten Systemen ähnelt dem auf Windows-basierten Systemen. Die technische Umsetzung ist jedoch unterschiedlich.

Verzeichnisarten

Es werden hier drei Verzeichnisarten unterschieden:

- **Physische Share-Verzeichnisse**

  Diese Verzeichnisse liegen auf dem Global Host und werden mit dem verteilten Dateisystem *Network File System* (NFS) geteilt. Im Kontext der ABAP-Plattform handelt es sich hierbei um das Verzeichnis */sapmnt/<SID>* mit seinen Unterverzeichnissen *global*, *profile* und *exe*. Bei einem verteilten System muss dieses Verzeichnis über NFS geteilt und auf allen Hosts gemountet werden.

  Auch das Transportverzeichnis */usr/sap/trans* muss über NFS von allen Hosts des Systems, aber auch von anderen Systemen der Systemlandschaft aus, wie z. B. Testsystemen, Produktivsystemen etc., erreichbar sein.

- **Logische Share-Verzeichnisse**

  Diese Verzeichnisse liegen auf den lokalen Hosts und zeigen mithilfe von symbolischen Links auf die entsprechenden Verzeichnisse des Global Hosts. Im Kontext von SAP S/4HANA handelt es sich um das Verzeichnis */usr/sap/<SID>/SYS* mit den Unterverzeichnissen *profile*, *global* und *exe*.

- **Lokale Verzeichnisse**

  Die instanzspezifischen Daten liegen in lokalen Verzeichnissen auf den jeweiligen Hosts. Es handelt sich hierbei um die Verzeichnisse */usr/sap/<SID>/ASCS<InstanzNr>* bzw. *D<InstanzNr>*. Einzig das Unterverzeichnis *SYS* zeigt wieder über einen symbolischen Link auf den Global Host.

In Abbildung 3.31 ist die Verzeichnisstruktur unter Unix am Beispiel eines Standardsystems dargestellt, bei dem alle Instanzen auf einem Host liegen.

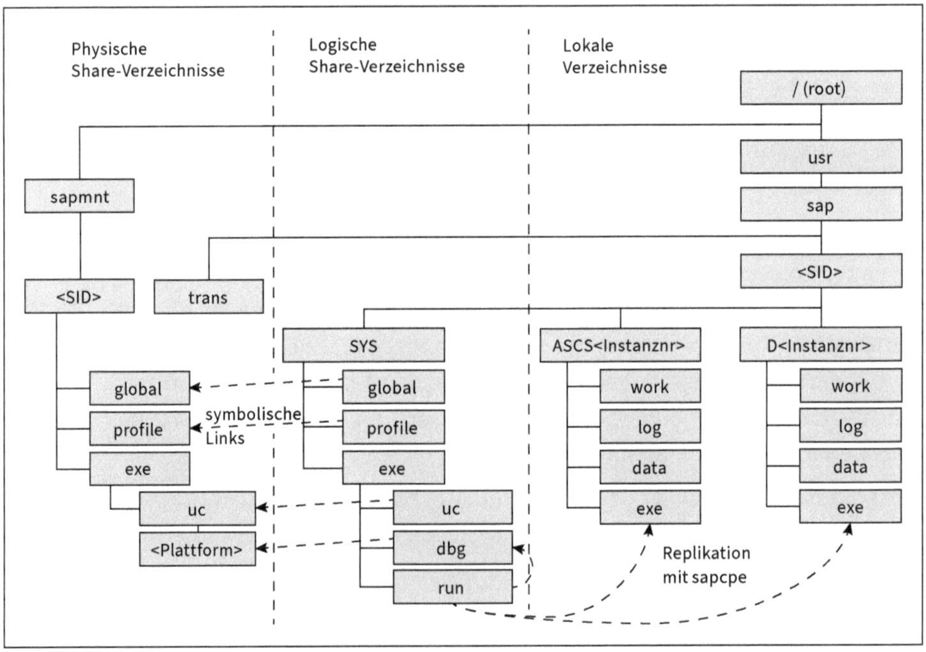

Abbildung 3.31: Verzeichnisstruktur eines Standardsystems auf Unix

Im Unterschied zu Windows gibt es unter */usr/sap/<SID>/SYS/exe* weitere Unterverzeichnisse *dbg*, *run* sowie das in Abbildung 3.31 nicht dargestellte Verzeichnis *opt*. Im Verzeichnis *opt* konnte bisher ein optimierter Kernel und im Verzeichnis *dbg* ein Debug-fähiger Kernel bereitgestellt werden. In Problemfällen konnte der symbolische Link auf den Debug-fähigen Kernel umgestellt werden. Im Standard zeigt das Verzeichnis *run* heute auf das Verzeichnis *dbg* und dieses auf das Kernelverzeichnis *<Plattform>* des Global Hosts. Die Replikation des Kernels zu den Instanzen erfolgt über die verschiedenen symbolischen Links letztendlich vom entsprechenden *exe*-Verzeichnis des Global Hosts aus.

Verzeichnisstruktur der SAP-HANA-Plattform

Bei der SAP-HANA-Plattform hat SAP versucht, die bekannten Verzeichnisstrukturen für die Applikationsserver anzuwenden. Da SAP HANA ausschließlich auf Linux läuft, gibt es hier keine Varianten für verschiedene Betriebssysteme.

Verzeichnisse

Die folgenden Verzeichnisse werden unterschieden:

- **Installationspfad (sapmnt) »/hana/shared«**

  Das Verzeichnis */hana/shared* beinhaltet Dateien, die auf allen Hosts eines SAP-HANA-Systems benötigt werden. Mit SAP S/4HANA wird die SAP-HANA-Plattform bei den meisten Kunden nur als *Single-Host-System*, also im Scale-up-Szenario, betrieben. Dies bedeutet, dass das Verzeichnis nicht zwangsläufig für mehrere Hosts verfügbar gemacht werden muss. Die Hosts der ABAP-Plattform benötigen ebenfalls keinen Zugriff auf dieses und andere Verzeichnisse von SAP HANA.

  Im Unterverzeichnis *<SID>* finden sich die weiteren Unterverzeichnisse *exe* (ausführbare Programme), *global* (globale Daten) und *profile* (Instanzprofile) sowie SAP-HANA-Konfigurationsdateien. Im Unterverzeichnis *hdbclient* befindet sich der SAP-HANA-Client.

  Im Unterverzeichnis *hdblcm* finden Sie die Werkzeuge für das Lifecycle Management (`hdblcm`, `hdblcmgui`). Im Gegensatz zu den gleichnamigen Werkzeugen der Installationsmedien von SAP HANA liegen diese Werkzeuge zur Konfiguration der SAP-HANA-Landschaft dauerhaft in diesem Verzeichnis und werden daher auch *Resident hdblcm* genannt.

- **Instanzverzeichnis »/usr/sap«**

  Das Verzeichnis */usr/sap* beinhaltet die lokalen Instanzverzeichnisse. Im Unterverzeichnis *<SID>* befinden sich weitere Unterverzeichnisse mit symbolischen Links zu den ausführbaren Programmen (*SYS/exe/hdb*) und zu den Profilen (*SYS/profile*). Das Unterverzeichnis *HDB<InstanzNr.>* zeigt über einen symbolischen Link auf das gleichlautende Verzeichnis unter */hana/shared/<SID>* und beinhaltet die Arbeitsverzeichnisse *work* sowie pro Host ein Verzeichnis *<Hostname>*.

- **Data Volume »/hana/data/<SID>«**

  Im Data Volume befinden sich die Datendateien der Datenbankprozesse. Es gibt pro Host ein Unterverzeichnis *mnt<Laufende Nummer>* und darunter pro Prozess des Hosts mit eigener Persistenz ein Unterverzeichnis *hdb<Laufende Nummer>*. Welcher Prozess mit welcher Nummer verknüpft ist, können Sie nicht auf den ersten Blick erkennen. Es unterscheidet sich auch von

Installation zu Installation. Hier hilft der Blick in ein Administrationswerkzeug, z. B. in das DBA Cockpit. Wählen Sie in Transaktion DBACOCKPIT den Bereich **Konfiguration • Volumes** (siehe Abbildung 3.32).

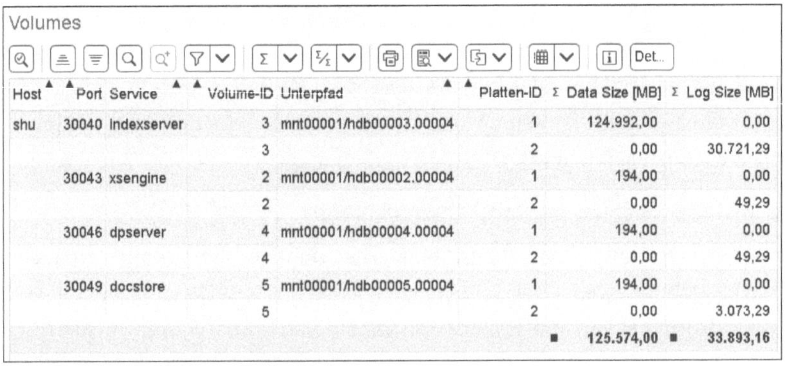

Host	Port	Service	Volume-ID	Unterpfad	Platten-ID	Σ Data Size [MB]	Σ Log Size [MB]
shu	30040	indexserver	3	mnt00001/hdb00003.00004	1	124.992,00	0,00
			3		2	0,00	30.721,29
	30043	xsengine	2	mnt00001/hdb00002.00004	1	194,00	0,00
			2		2	0,00	49,29
	30046	dpserver	4	mnt00001/hdb00004.00004	1	194,00	0,00
			4		2	0,00	49,29
	30049	docstore	5	mnt00001/hdb00005.00004	1	194,00	0,00
			5		2	0,00	3.073,29
						■ 125.574,00	■ 33.893,16

Abbildung 3.32: Anzeige der Verzeichnisse im DBA Cockpit

- **Log Volume »/hana/log/<SID>«**

  Im Log Volume befinden sich die Logdateien der Datenbankprozesse. Die Strukturierung der Unterverzeichnisse ist identisch zum Data Volume.

Obwohl Sie die Namen der drei wichtigen Speicherbereiche *data*, *log* und *shared* bei der Installation frei wählen können, wird von SAP dringend empfohlen, diese Standardverzeichnisse nicht anders zu benennen. Die benötigte Größe der Verzeichnisse wird durch das Sizing ermittelt. Je nach Referenzarchitektur des Hardwarepartners liegen die Verzeichnisse lokal auf dem Host oder sind über die Schnittstellen *Fibre Channel* oder *Networked Attached Storage* (NAS) mit zertifizierten, professionellen Datenspeicherlösungen (Enterprise-Storage-Lösungen) verbunden. Gerade bei Scale-out-Lösungen, also einer Verteilung der SAP-HANA-Plattform auf mehrere Hosts, ist die korrekte Anbindung und Bereitstellung dieser Verzeichnisse sehr wichtig und unterscheidet sich zwischen den Anbieterlösungen stark.

In Abbildung 3.33 sehen Sie ein Diagramm der Verzeichnisstruktur der SAP-HANA-Plattform am Beispiel eines Single-Host-Systems.

[»]

Unterstützte Dateisysteme

Beachten Sie bei der Bereitstellung der Data und Log Volumes auch die hierfür unterstützten Dateisysteme. Gerade das moderne btrfs-Dateisystem wird für diese Volumes nicht unterstützt. Gängige Dateisysteme sind XFS, NFS, GPFS und mit Einschränkungen ext3. Weitere Informationen hierzu finden Sie in SAP-Hinweis 2972496.

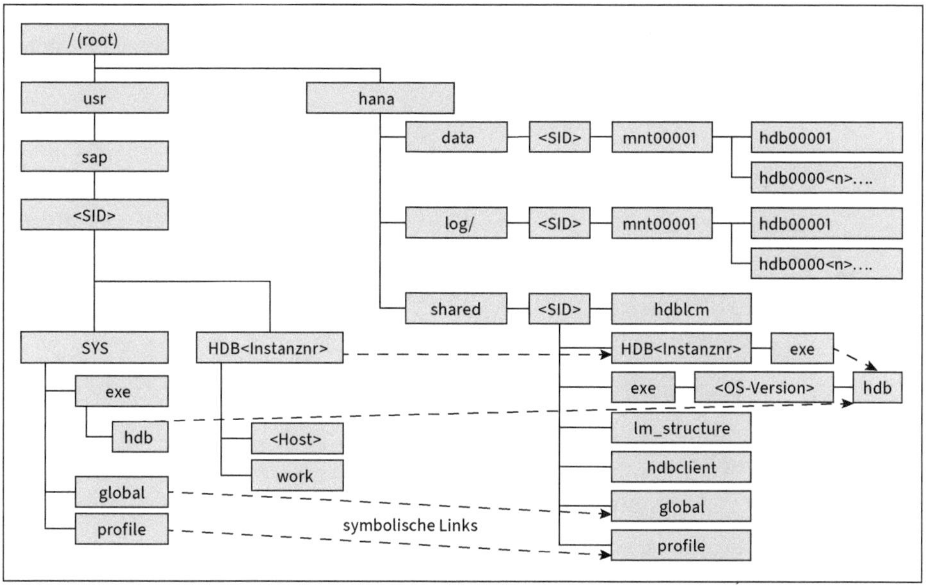

Abbildung 3.33: Verzeichnisstruktur von SAP HANA

Verzeichnis für den SAP-HANA-Client

Installation des SAP-HANA-Clients

Alle Instanzen benötigen eine Verbindung zur SAP-HANA-Plattform. Daher muss auf jedem beteiligten Host ein SAP-HANA-Client installiert sein. Es stehen zwei Möglichkeiten zur Wahl:

- Der SAP-HANA-Client kann in einem lokalen Verzeichnis unter *<Laufwerk>:\usr\sap\<SID>\hdbclient* auf Windows bzw. */usr/sap/<SID>/hdbclient* auf Unix liegen. Möchten Sie den Client aktualisieren, müssen Sie dies auf allen Hosts manuell durchführen.
- Der SAP-HANA-Client kann in einem zentralen Verzeichnis unter *<Laufwerk>:\usr\sap\<SID>\SYS\exe\uc\windowsx86_64\hdbclient* auf Windows bzw. */usr/sap/<SID>/SYS/exe/uc/linuxx86_64/hdbclient* auf Unix liegen. Ein in diesem Verzeichnis installierter SAP-HANA-Client wird von dem Programm `sapcpe` automatisch auf alle Instanzen repliziert. Gerade in verteilten Systemen ist diese Möglichkeit sehr hilfreich.
- Auf dem Host der SAP-HANA-Plattform finden Sie den SAP-HANA-Client unter dem Pfad */hana/shared/<SID>/hdbclient*.

Verzeichnis für den SAP-Host-Agent

»hostctrl«

Auch der SAP-Host-Agent ordnet sich in die bekannte Verzeichnisstruktur unterhalb *<Laufwerk>:\usr\sap* auf Windows bzw. */usr/sap* auf Unix ein. Er ist auf jedem beteiligten Host des SAP-Systems installiert, egal, ob AS ABAP, AS Java oder SAP HANA. Dort finden Sie das Unterverzeichnis *hostctrl* mit den beiden weiteren Unterverzeichnissen *exe* und *work*. Es gibt hier kein dediziertes Profilverzeichnis. Das Profil des SAP-Host-Agents finden Sie im *exe*-Verzeichnis unter dem Namen *host_profile*.

3.3.3 Netzwerk

Netzwerke verbinden alle beteiligten Komponenten, Anwendungen, Clients und Server zu einer Einheit. Das für SAP S/4HANA verwendete Protokoll ist TCP/IP. SAP unterstützt inzwischen auf allen Ebenen IPv4 und IPv6. Die wichtigsten Verbindungen nenne ich in diesem Abschnitt.

Netzwerkzonen für SAP HANA

Innerhalb von SAP HANA unterscheiden wir drei unterschiedliche Netzwerkzonen:

- **Client-Zone**

  Aus Sicht von SAP HANA sind die Applikationsserver auch Clients. Neben den Applikationsservern können aber auch Administrator*innen oder andere Personen oder Lösungen mit der Datenbank kommunizieren. Da SAP HANA mit SAP HANA XS und XSA auch nativ Applikationen bereitstellen kann, können auch Anwendungsbenutzer*innen direkt per HTTPS mit der Datenbank kommunizieren.

- **Interne Zone**

  Die einzelnen Komponenten von SAP HANA kommunizieren innerhalb der internen Zone ebenfalls über TCP/IP. Gerade bei Scale-out-Systemen und Hochverfügbarkeitslösungen wie der Systemreplikation findet ein hohes Netzwerkaufkommen statt.

- **Storage-Zone**

  Befindet sich die Persistenz von SAP HANA auf einer Enterprise-Storage-Lösung, die über NFS angeschlossen ist, sind hier ebenfalls Netzwerke involviert. Aber auch die Erstellung von Daten- oder Logsicherungen überträgt Daten über Netzwerke an die Backup-Ziele.

Alle drei Zonen sind für einen reibungslosen Betrieb von SAP HANA unabdingbar und müssen hinsichtlich Sicherheit, Performance und Ausfallsicherheit korrekt konfiguriert werden. SAP-Hinweis 2222200 beantwortet die häufigsten Fragen zu Netzwerken im Kontext von SAP HANA.

Netzwerkzonen der Applikationsserver

Die Applikationsserver (AS ABAP, AS Java) kommunizieren ebenfalls über unterschiedliche Netzwerkzonen:

- **Client-Zone**

  Über diese Zone kommunizieren die Clients über Webbrowser, SAP GUI, Business Clients oder APIs mit den Applikationsservern.

- **Serverzone**
  Durch die skalierbare Architektur der Applikationsserver kommunizieren die Instanzen innerhalb der Serverzone ebenfalls über Netzwerke. Dispatcher, Message Server, Enqueue Server, RFC-Gateway und SAP Web Dispatcher sind nur einige Beispiele für die beteiligten Komponenten. Auch die Kommunikation zwischen unterschiedlichen SAP-Systemen findet über Netzwerke statt.
- **Datenbankzone**
  Über diese Zone kommunizieren die Applikationsserver mit der Datenbank. Neben den Verbindungen der Workprozesse über SQL kann auch ein Zugriff über HTTPS in Anwendungen integriert sein.
- **Externe Zone**
  Schnittstellen nach außen, z. B. zur SAP BTP, aber auch Serviceverbindungen zu SAP, entweder über SAProuter oder direkt, sind der externen Zone zugeordnet.

[«]

Sicherheit der Netzwerkverbindungen
Da Sie für die Kommunikation über verschiedene Netzwerkzonen hinweg auch Firewalls konfigurieren müssen, benötigen Sie Kenntnis über die verwendeten Ports. Im SAP Help Portal auf der Seite *https://help.sap.com/viewer/ports* finden Sie eine Liste der Ports aller SAP-Produkte. Grundsätzlich müssen Sie sich auch überlegen, welche Netzwerkverbindungen verschlüsselt sein sollten. Ansätze hierzu vermittle ich in Kapitel 12, »Sicherheitsfunktionen«.

3.3.4 Technische Benutzer

Zum Abschluss dieses Kapitels beschäftigen wir uns mit den technischen Benutzern, die für den Betrieb von SAP S/4HANA benötigt werden.

Benutzer für den SAP-Host-Agent

»sapadm«

Die Prozesse des SAP-Host-Agents laufen unter dem Betriebssystembenutzer `sapadm`. Bei der Installation von SAP-Produkten werden Sie explizit oder implizit gefragt, welches Passwort Sie für den Benutzer `sapadm` vergeben möchten. Der Benutzer ist der Benutzergruppe `sapsys` zugeordnet. Der Benutzer sollte als lokaler Benutzer auf dem Host angelegt werden.

Technische Benutzer der SAP-HANA-Plattform

Die Prozesse der SAP-HANA-Plattform laufen unter dem Betriebssystembenutzer `<sid>adm`, wobei mit <SID> hier die SID der SAP-HANA-Plattform gemeint ist, nicht die der ABAP-Plattform. Bei der Installation der SAP-HANA-Plattform wird der Benutzer auf jedem Host angelegt. Er kann jedoch auch schon im Vorfeld angelegt werden. Dies kann hilfreich sein, wenn Sie den Benutzer z. B. an zentraler Stelle über das *Lightweight Directory Access Protocol* (LDAP) und/oder einen *Network Information Service* (NIS) verwalten möchten, anstatt diese als lokale Benutzer bereitzustellen.

»<sid>adm« anlegen

Bei der manuellen Anlage des Benutzers müssen Sie die folgenden Punkte beachten:

- Der Name des Benutzers muss zwingend `<sid>adm` lauten, wobei die SID hier nur aus Kleinbuchstaben bestehen darf.
- Der Benutzer sollte eine User-ID (UID) von 1000 oder höher haben.
- Die primäre Benutzergruppe, der der Benutzer zugeordnet ist, muss `sapsys` sein. Die Standard-Gruppen-ID (GID) dieser Gruppe ist 79.
- Die UID und GID des Benutzers müssen in einem Scale-out-System auf allen Hosts der SAP-HANA-Plattform identisch sein.

Isolationslevel

Im Standard laufen alle Datenbankprozesse, und so auch alle Prozesse aller Tenant-Datenbanken, unter dem Benutzer `<sid>adm`. Dies kann sicherheitstechnisch kritisch sein, wenn Sie z. B. in den einzelnen Tenant-Datenbanken Systeme unterschiedlicher Kunden betreiben. Daher besteht die Möglichkeit, einzelne Tenant-Datenbanken gegeneinander zu isolieren. Damit dies bis auf Betriebssystemebene funktioniert, können Sie den *Isolationslevel* der SAP-HANA-Plattform hochsetzen. Hierzu legen Sie für jede Tenant-Datenbank einen eigenen Betriebssystembenutzer und eine eigene Benutzergruppe an. Der Benutzer `<sid>adm` ist dann weiterhin der Betriebssystembenutzer für die Systemdatenbank. Die neuen Benutzer für die Tenant-Datenbanken werden der Benutzergruppe `sapsys`, der Benutzergruppe `<sid>shm` sowie der dedizierten Gruppe für eine Tenant-Datenbank zugeordnet.

Local Secure Store

Entscheiden Sie sich bei der Installation oder einem Upgrade von SAP HANA für die Verwendung des *Local Secure Store* (LSS), wird der Betriebssystembenutzer `<sid>crypt` angelegt. Unter diesem User laufen dann die Prozesse von LSS.

»<sid>adm«

Zur Administration der SAP-HANA-Plattform werden Sie hauptsächlich den Betriebssystembenutzer `<sid>adm` benötigen. Mit diesem Benutzer starten oder stoppen Sie die Datenbank. Auch für die Wiederherstellung der Datenbank benötigen Sie diesen Benutzer. Daher benötigen Sie zwingend das Passwort dieses Benutzers oder müssen im Notfall darauf zugreifen können.

SYSTEM

Neben den Betriebssystembenutzern gibt es Datenbankbenutzer. Neben vielen datenbankinternen Benutzern ist insbesondere der Datenbankbenutzer `SYSTEM` für Sie wichtig. Dieser Benutzer ist nach der Installation der einzige, mit dem Sie sich an der Systemdatenbank und der initial angelegten Tenant-Datenbank anmelden können. Sie benötigen diesen Benutzer auch für die Installation von AS ABAP oder AS Java, da mit diesem weitere Benutzer in der Datenbank angelegt werden.

Für die tägliche Administration ist der Benutzer `SYSTEM` allerdings nicht gedacht. Sie sollten sich nur am Anfang mit diesem Benutzer anmelden, um damit Ihren eigenen Administrationsbenutzer anzulegen. Anschließend müssen Sie den Benutzer deaktivieren. In Abschnitt 8.3.1, »Benutzerkonzept«, lernen Sie, wie Sie Benutzer in SAP HANA anlegen und berechtigen können. Im Zusatzmaterial zum Buch unter *www.sap-press.de/6222* stelle ich ein SQL-Skript zur Verfügung, mit dem Sie eine entsprechende Rolle als Vorlage zur Administration von SAP HANA anlegen können.

[«]

Jede Datenbank hat einen eigenen Benutzerstamm

Die Systemdatenbank und jede Tenant-Datenbank haben jeweils eigene Benutzerstämme. Den Benutzer `SYSTEM` gibt es also mindestens zweimal. Ein Benutzer kann in jeder Datenbank andere Passwörter oder Berechtigungen haben.

SAPHANADB

Bei der Installation eines SAP-Systems auf SAP HANA wird als weiterer Benutzer der Schemabenutzer `SAPHANADB` angelegt. Diesen Benutzer gibt es nur in der Tenant-Datenbank. Er ist Eigentümer aller Objekte des SAP-Systems. Wie in Abschnitt 3.2.1, »Softwarekomponenten«, bereits erwähnt, melden sich die Workprozesse mit diesem Benutzer an SAP HANA an.

Technische Benutzer der ABAP-Plattform

»<sid>adm«

Für die Administration der ABAP-Plattform verwenden Sie auf Betriebssystemebene den Benutzer `<sid>adm`, wobei hier die SID der ABAP-Plattform gemeint ist. Da Sie den AS ABAP (und auch AS Java) auf unterschiedlichen Betriebssystemen betreiben können, unterscheiden sich die Benutzerkonzepte zwischen Windows und Unix etwas voneinander.

Windows

Betreiben Sie die ABAP-Plattform unter Windows, wird zusätzlich der Benutzer `SAPService<SID>` angelegt, mit dem Hintergrundprozesse laufen. Mit diesem Benutzer können Sie sich nicht anmelden. Bei einem verteilten System müssen Sie auf Windows mit einer Domäne und Domänengruppen arbeiten.

Unix/Linux

Unter Unix/Linux müssen Sie wieder darauf achten, dass der Benutzer `<sid>adm` auf allen beteiligten Hosts die gleiche UID und GID hat. Gerade bei verteilten Systemen oder Hochverfügbarkeitsszenarien empfiehlt es sich hier, mit NIS und/oder LDAP zu arbeiten. Sie können dazu die Benutzer und Gruppen vor der Installation manuell anlegen oder hierfür die Option **Generic Installation Options • <Datenbank> • Preparation • Operating System Users and Groups** im SWPM verwenden.

DDIC Neben dem Betriebssystembenutzer können Sie sich nach der Installation mit dem Benutzer `DDIC` z. B. über das SAP GUI am SAP-System anmelden. Das Passwort für diesen Benutzer wurde bei der Installation vergeben (*Master-Passwort*). Ähnlich wie den Benutzer `SYSTEM` für SAP HANA sollten Sie diesen Benutzer auf keinen Fall für die tägliche Administration verwenden. Auch auf der ABAP-Plattform sollten Sie den Benutzer sperren und nur bei Bedarf, z. B. beim Upgrade des Systems mit dem SUM, wieder temporär entsperren.

SAP* Neben dem Benutzer `DDIC` existiert auch der Benutzer `SAP*`. Er kann in Notsituationen hilfreich sein, z. B. wenn die Softwarelizenz abgelaufen oder ungültig ist. Dann ist nur noch die Anmeldung mit diesem Benutzer möglich. Außerdem ist dieser Benutzer im Betriebssystem hart codiert. Das bedeutet, dass Sie sich mit dem Standardpasswort `PASS` anmelden können, sofern dieser Benutzer nicht als regulärer Benutzer im SAP-System angelegt ist. Damit diese Möglichkeit nicht ausgenutzt wird, muss der Benutzer in jedem Mandanten vorhanden, aber gesperrt sein. Dieser Benutzer sollte ebenfalls nicht für die tägliche Administration verwendet werden.

[!]

Benutzer DDIC und SAP* nicht löschen

Löschen Sie die Benutzer `DDIC` und `SAP*` auf keinen Fall. Sperren Sie die Benutzer stattdessen. Lesen Sie jedoch zuvor die wichtigen Hinweise zu diesen Benutzern in Abschnitt 8.2, »Benutzer und Berechtigungen der ABAP-Plattform«.

Kapitel 4

Administration und Konfiguration der ABAP-Plattform

In diesem Kapitel sind die wichtigsten Aufgaben zur Konfiguration der ABAP-Plattform beschrieben, um einen stabilen, sicheren und leistungsstarken Betrieb von SAP S/4HANA zu gewährleisten.

Die Konfiguration der ABAP-Plattform gehört zweifelfrei zu den zentralen Aufgaben der SAP-Administration. Früher ordnete man sie der klassischen *SAP-Basis-Administration* zu. Abhängig vom Betriebskonzept kann es aber sein, dass auch die Aufgaben zur Konfiguration der ABAP-Plattform außerhalb Ihres Aufgabenbereichs liegen.

In Abschnitt 4.1, »Profilparameter pflegen«, zeige ich Ihnen in diesem Kapitel zunächst, wie Sie die notwendigen Profilparameter pflegen und welche Parameter dabei besonders zu beachten sind. Abschnitt 4.2, »Betriebsarten«, thematisiert die Pflege der Betriebsarten. In Abschnitt 4.3, »Speicherverwaltung«, lernen Sie die wichtigsten Parameter zur Speicherverwaltung kennen. Anschließend gebe ich Ihnen in Abschnitt 4.4, »Mit Aufgabenlisten arbeiten«, Empfehlungen an die Hand, wie Sie viele Konfigurationsaufgaben mithilfe von Aufgabenlisten vereinfachen können. Solche Aufgabenlisten lassen sich auch für die Konfiguration von SAP Fiori verwenden. Dies lernen Sie in Abschnitt 4.5, »SAP Gateway und SAP-Fiori-Frontend-Server einrichten«. In Abschnitt 4.6, »Starten und Stoppen der ABAP-Plattform«, zeige ich Ihnen schließlich, wie Sie die ABAP-Plattform starten und stoppen können.

4.1 Profilparameter pflegen

Über *Profilparameter* kann die ABAP-Plattform weitreichend konfiguriert werden. In diesem Abschnitt erfahren Sie, wie das System diese Parameter auswertet und wie Sie sie pflegen können.

4.1.1 Auswertung der Profilparameter

Profile

Wie Sie in Abschnitt 3.1.1, »Instanzen«, gelernt haben, besteht die ABAP-Plattform aus mehreren Instanzen, mindestens aus einer ASCS- (ABAP System Central Services) und PAS-Instanz (Primary Application Server). Die Instanzen mit ihren Komponenten verwenden Standardwerte für die Parameter, die Sie jedoch anpassen können oder in manchen Fällen auch anpassen müssen. Gespeichert werden die vom Standard abweichenden Parameter in Dateien auf dem Dateisystem, die *Profile* genannt werden. Diese Profile werden bei der Installation des Systems angelegt und sind bereits mit einigen Parameterwerten vorbelegt, die sich durch die Installation ergeben (z. B. SID und Hostnamen).

Auslesereihenfolge

Die Profile werden bei jedem Start einer Instanz jeweils in einer bestimmten Reihenfolge ausgelesen:

1. SAP-Kernel und Umgebungsvariablen
2. Default-Profil (Datei *DEFAULT.PFL*)
3. Instanzprofil (*<SID>_<Instanz>_<Hostname>*)

Im *Default-Profil* definieren Sie Parameter, die für alle Instanzen des Systems gelten sollen, während im *Instanzprofil* gesetzte Parameter nur für die jeweilige Instanz gelten. Das Default-Profil gibt es daher nur einmal pro System, während es mehrere Instanzprofile gibt (pro Instanz und Host).

Sie sollten bei der Pflege der Parameter immer hinterfragen, ob ein Parameter systemweit gleiche oder pro Instanz unterschiedliche Werte aufweisen soll. Sollte ein Parameter in mehreren Profilen gepflegt sein, wird immer der Wert des Parameters des spezifischeren Profils angewendet. Das Instanzprofil hat also Vorrang vor dem Default-Profil, und dieses hat Vorrang vor den Standardwerten des Kernels.

[»]

Kein Startprofil

Sind Sie mit der Administration älterer SAP-Systeme vertraut, kennen Sie neben Default-Profil und Instanzprofil noch das *Startprofil*. Dieses Profil enthielt Informationen darüber, welche zu einer Instanz gehörenden Prozesse zu starten sind. Diese Informationen sind heute im Instanzprofil enthalten.

Die Profile werden nur beim Starten einer Instanz gelesen. Ändern Sie also Parameterwerte, werden diese neuen Werte erst bei einem Neustart der Instanz gelesen und angewendet. Im Gegensatz zur SAP-HANA-Plattform sind auf der ABAP-Plattform nur wenige Profilparameter im laufenden Betrieb einer Instanz (online) änderbar.

Profilverzeichnisse

Sie finden die Profildateien unter Windows im Verzeichnis *<Laufwerk>:\usr\sap\<SID>\SYS\profile* bzw. unter Unix/Linux im Verzeichnis */usr/sap/<SID>/SYS/profile*. Wie Sie in Abschnitt 3.3.2, »Verzeichnisstruktur«, gelernt haben, ist dieses Verzeichnis von allen Instanzen aus über eine Share- bzw. Mount-Technik lesbar. Sind Sie auf Unix/Linux mit dem Benutzer `<sid>adm` am System angemeldet, können Sie mit dem Kurzbefehl `cdpro` direkt in das Profilverzeichnis wechseln. Über das Linux-Kommando `pwd` können Sie sich anzeigen lassen, in welchem Verzeichnis Sie sich gerade befinden. Über das Kommando `ll`, ebenfalls ein Kurzbefehl, wird Ihnen der Inhalt des Profilverzeichnisses angezeigt. In Abbildung 4.1 sehen Sie die beschriebenen Kommandos und den Inhalt des Profilverzeichnisses.

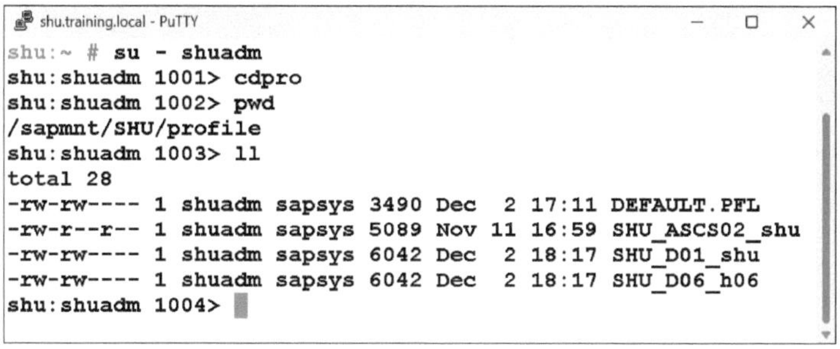

Abbildung 4.1: Profilverzeichnis einer SAP-ABAP-Plattform auf Linux

4.1.2 Anzeige der Profilparameter

Die Profildateien könnten grundsätzlich über einen Texteditor mit Betriebssystemmitteln gepflegt werden. Diesen Weg kann ich Ihnen jedoch nicht empfehlen. Eine falsche Pflege oder ein Tippfehler können hier dazu führen, dass das System nicht mehr startet. Nutzen Sie daher besser die von SAP bereitgestellten Werkzeuge, die ich Ihnen in diesem Abschnitt vorstelle. Wurde die ABAP-Plattform jedoch noch nicht gestartet, bleibt Ihnen nur der Weg über das Betriebssystem.

Transaktion RZ11

Die aktuell von einer Instanz verwendeten Parameter können Sie im SAP GUI über die Transaktion RZ11 einsehen. In Abbildung 4.2 sehen Sie z. B. den Parameter `PHYS_MEMSIZE` in dieser Transaktion. Dieser Parameter definiert, wie viel Megabyte Hauptspeicher die Instanz auf dem aktuellen Host maximal verwenden darf. Da bei dem hier abgebildeten SAP-S/4HANA System die SAP-HANA- und die ABAP-Plattform auf einem Host bereitgestellt wurden, müssen sich die beiden Anwendungen den Hauptspeicher teilen. Daher musste der Hauptspeicher zwingend in beiden Anwendungen begrenzt werden. Wie das für die SAP-HANA-Plattform gemacht wird, zeige ich Ihnen in Abschnitt 5.2, »Konfiguration der SAP-HANA-Datenbank«.

In Abbildung 4.2 sehen Sie unter **Zusätzliche Informationen für PHYS_MEMSIZE** auch die Herkunft des Parameterwerts (in diesem Fall das Instanzprofil). Ein Klick auf **Parameterzuordnungen** zeigt die Stellen, an denen der Parameter selbst wieder als Teil einer Formel zur Bestimmung des Parameterwerts anderer Parameter verwendet wird. Mit einem Klick auf **Einstellungen auf allen Instanzen** werden Ihnen die Parameterwerte aller Instanzen angezeigt (siehe

Abbildung 4.2). Das Feld **Dynamischer Parameter** im Abschnitt **Metadaten für Parameter PHYS_MEMSIZE** enthält die Information, dass der Parameter nicht dynamisch änderbar ist. Eine Änderung würde also erst durch einen Neustart der Instanz wirksam.

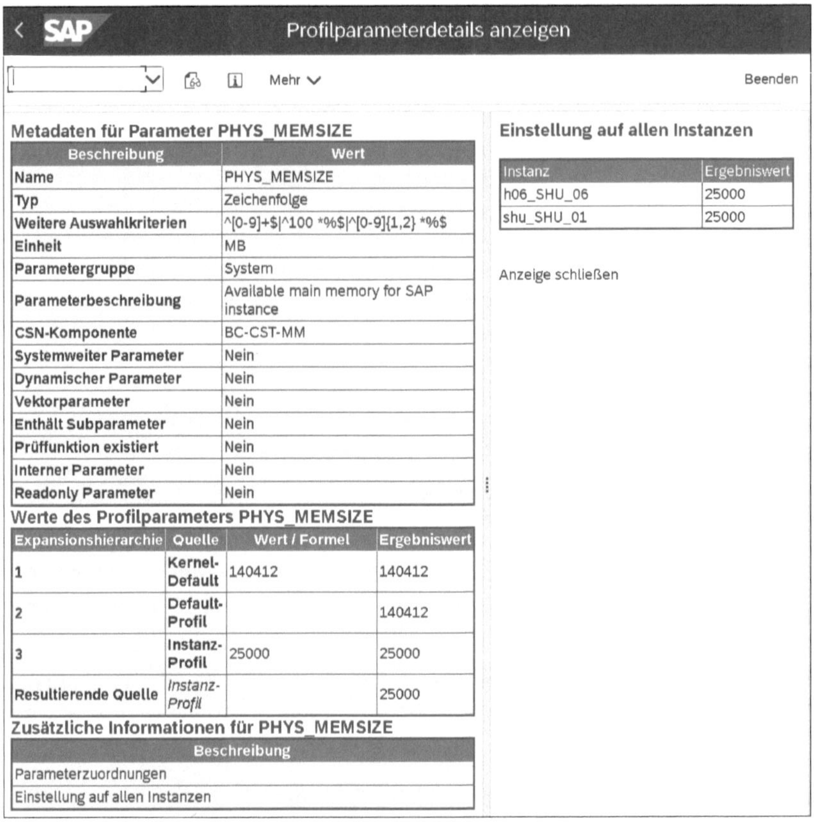

Abbildung 4.2: Anzeige des Profilparameters PHYS_MEMSIZE in Transaktion RZ11

Dynamische Parameter

Eine Übersicht über die Parameter, die ohne Neustart, also dynamisch, änderbar sind, erhalten Sie in Transaktion RZ11 über den Menüpfad **Springen • Alle dynamischen Parameter**. Dynamische Parameter können direkt in Transaktion RZ11 geändert werden. Beachten Sie jedoch, dass diese Änderungen nicht in die Profildateien geschrieben und somit bei einem Neustart des Systems wieder verworfen werden. Möchten Sie die Parameter dauerhaft ändern, müssen Sie diese Änderungen zusätzlich in die Profildateien schreiben. Wie das geht, erfahren Sie in Abschnitt 4.1.3, »Pflege der Profilparameter«.

Transaktion RSPFPAR

Eine weitere Möglichkeit zur Anzeige von Profilparametern haben Sie über Transaktion RSPFPAR. Im Unterschied zu Transaktion RZ11 haben Sie hier die Möglichkeit, mehrere oder alle Parameter anzuzeigen sowie einfache Analysefunktionen zu nutzen, z. B. Filtern, Sortieren oder einen Export nach Microsoft Excel.

[!]

An welcher Instanz sind Sie gerade angemeldet?

Bei manchen Funktionen kommt es darauf an, an welcher Instanz Sie gerade angemeldet sind. Dies trifft auch auf die Anzeige der Profilparameter im SAP GUI zu. Unter Umständen müssen Sie hier Transaktion SM51 als Sprungbrett in die richtige Instanz verwenden, wenn Sie neben der PAS-Instanz noch eine oder mehrere AAS-Instanzen (Additional Application Server) betreiben.

Die Parameter der ASCS-Instanz können Sie über die Transaktionen RZ11 und RSPFPAR nicht einsehen, da es sich nicht um eine ABAP-Instanz handelt. Um diese Parameter im SAP GUI anzuzeigen, können Sie Transaktion RZ10 verwenden (siehe Abschnitt 4.1.3, »Pflege der Profilparameter«).

sappfpar

Auf Betriebssystemebene stellt SAP das Kommando `sappfpar` zur Verfügung, das Ihnen ohne die Angabe weiterer Optionen die Hilfe zum Programm anzeigt. Mit dem folgenden Kommando werden Ihnen alle Profilparameter angezeigt:

```
sappfpar all pf=<Profilname>
```

Mit dem Kommando `sappfpar pf=<Profilname>` können Sie interaktiv die Parameter angeben, die angezeigt werden sollen.

Mit dem folgenden Kommando können Sie eine Überprüfung der Parameter durchführen:

```
sappfpar check pf=<Profilname>
```

Beachten Sie jedoch, dass diese Prüffunktionen hauptsächlich für die PAS- und AAS-Instanzen geschaffen wurden. Für die ASCS-Instanz werden damit keine korrekten Prüfergebnisse angezeigt.

Ein Vorteil der Verwendung des Betriebssystemkommandos `sappfpar` im Vergleich zur Transaktion RZ11 oder RSPFPAR ist, dass Sie damit auf alle Profildateien des Systems, inklusive der des ASCS-Instanzprofils, Zugriff haben. Darüber hinaus kann dieses Kommando auch bei gestopptem SAP-System verwendet werden.

4.1.3 Pflege der Profilparameter

Nach der Installation befinden sich die Profile ausschließlich im Dateisystem. Änderungen an Parametern können daher, mit Ausnahme der dynamischen Parameter, nur dort durchgeführt werden. Um die empfohlene Pflege der Parameter über die *Profilverwaltung* im SAP-System durchführen zu können, müssen die Profile zunächst importiert werden. Die Parameter werden dann in die Datenbanktabelle `TPFET` eingelesen. Im Rahmen des Imports findet auch eine

Validierung der Parameter statt. Die Tabelle TPFET beinhaltet die effektiven Werte der Parameter der Profildateien, die beim nächsten Start des Systems gültig werden. Kernel-Default-Werte und dynamisch geänderte Parameterwerte sind hier nicht gespeichert. Neben Tabelle TPFET gibt es noch Tabelle PAHI, in der die derzeit aktiven Parameterwerte regelmäßig über den Hintergrundjob SAP_COLLECTOR_PERFMON_RSSTATPH eingelesen und gespeichert werden.

Transaktion RZ10

Verwenden Sie die Profilverwaltung (Transaktion RZ10) zur Pflege von Parametern, werden Änderungen validiert, kommentiert, versioniert und sowohl in die Datenbanktabelle TPFET als auch in die Profildateien geschrieben. Abbildung 4.3 zeigt das Einstiegsbild der Profilverwaltung.

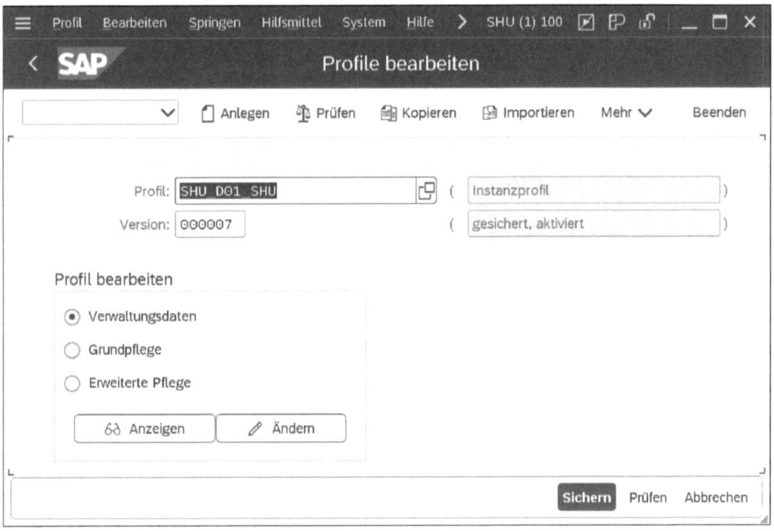

Abbildung 4.3: Einstiegsbild der Profilverwaltung (Transaktion RZ10)

Profile importieren

Im ersten Schritt importieren Sie hier die Profile. Üblicherweise wird bei der Ersteinrichtung des Systems über die Aufgabenliste SAP_BASIS_SETUP_INITIAL_CONFIG (siehe auch Abschnitt 4.4, »Mit Aufgabenlisten arbeiten«) bereits automatisch ein erster Import der Profile durchgeführt. Der Erstimport muss daher nicht mehr manuell durchgeführt werden. Ansonsten importieren Sie die Profile über den Menüpfad **Hilfsmittel • Importiere Profile • Der aktiven Server**.

Neben dem Default-Profil und den Instanzprofilen wird auch das ASCS-Profil importiert und kann über die Profilverwaltung gepflegt werden. Beachten Sie beim ASCS-Profil jedoch, dass die Validierungen und auch die Grundpflege über die Profilverwaltung nicht gut funktionieren, da diese Transaktion die Pflege des ASCS-Profils nur sehr eingeschränkt unterstützt. Die Anzeige der Profilparameter und die erweiterte Pflege ist aber grundsätzlich auch für das ASCS-Profil möglich.

Optionen zur Parameterpflege

Auf der Startseite der Profilverwaltung stehen Ihnen drei Optionen zur Verfügung (siehe Abbildung 4.3):

- **Verwaltungsdaten**

  In dieser Sicht pflegen Sie keine Parameter. Sie erkennen hier jedoch z. B., wer das Profil zuletzt modifiziert bzw. aktiviert hat.

- **Grundpflege**

  Mit der Grundpflege können Sie nur die wichtigsten Parameterwerte zu Speicher und Workprozessen anpassen. Die Pflege erfolgt dabei sehr komfortabel über eine eigene Oberfläche (siehe Abbildung 4.4).

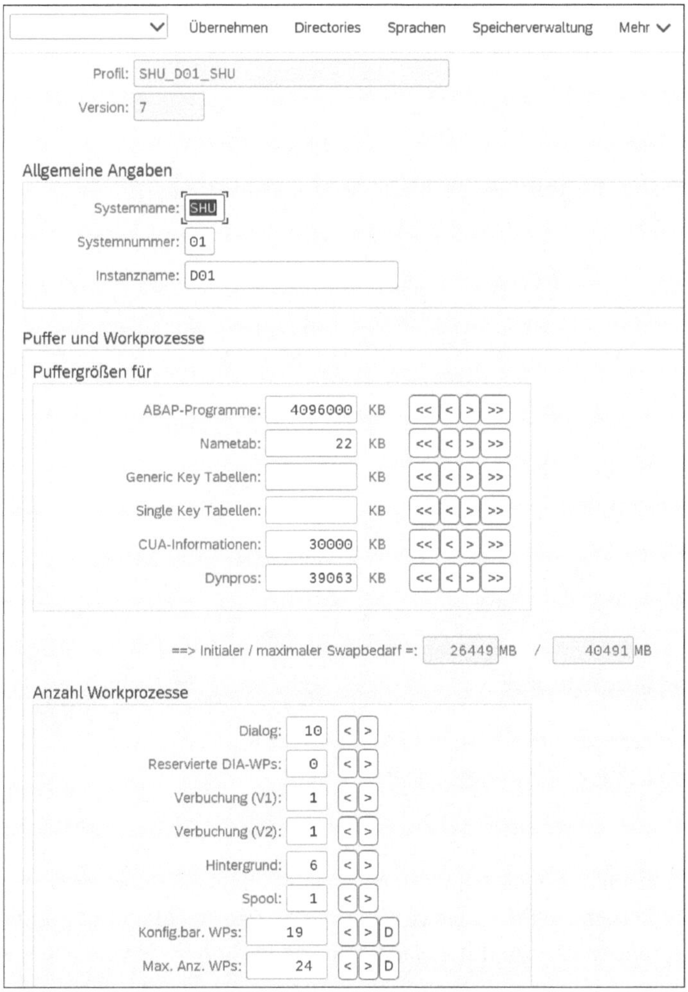

Abbildung 4.4: Grundpflege wichtiger Parameter

Sie müssen dazu die technischen Parameternamen nicht kennen. Da die Werte in dieser Sicht aber absolut gepflegt werden und keine Formeln und

Referenzen auf andere Parameter angegeben werden können, empfehle ich stattdessen die Verwendung der erweiterten Pflege.

- **Erweiterte Pflege**

  Mit der erweiterten Pflege haben Sie Zugriff auf alle Parameter und Werte der Profile (siehe Abbildung 4.5). Parameter, die noch nicht im Profil vorhanden sind, können Sie hier hinzufügen und vorhandene Parameter entfernen. Bei der Pflege von Parameterwerten haben Sie auch die Möglichkeit, mit Formeln zu arbeiten und auf andere Parameterwerte zu referenzieren.

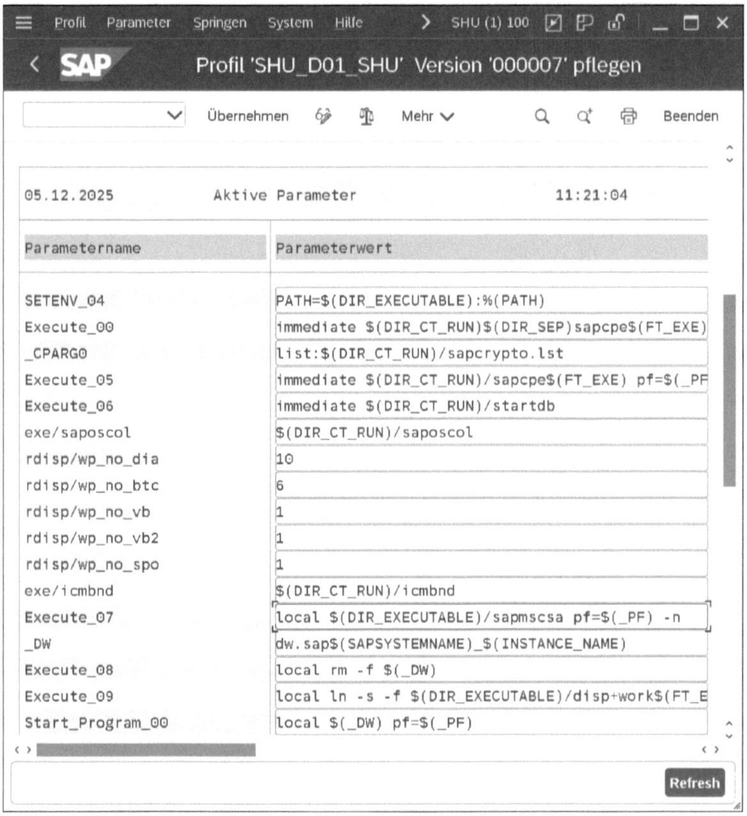

Abbildung 4.5: Erweiterte Pflege von Parametern

Über die Buttons zum Anlegen () oder Ändern () der **Parameter** gelangen Sie in die Detailpflege eines Parameters (siehe Abbildung 4.6). Wenn Sie Parameterwerte ändern, sollten Sie das **Kommentar**-Feld nutzen, um Ihre Änderung zu begründen. Dies hilft bei einer späteren Recherche zu verstehen, warum bestimmte Parameter auf bestimmte Werte gesetzt wurden. Anschließend müssen Sie die Änderungen mit der Funktion **Übernehmen** speichern. Neben den von Ihnen gepflegten Kommentaren wird auch immer ein Standardkommentar erzeugt, der den alten Parameterwert, das Änderungsdatum und Ihren Benutzer protokolliert.

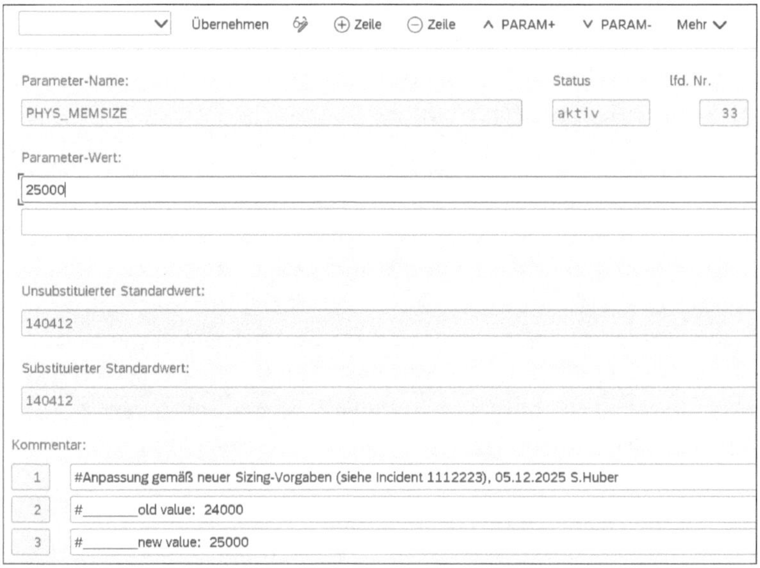

Abbildung 4.6: Änderung des Parameters PHYS_MEMSIZE

Dauerhafte Speicherung der Änderungen

Unabhängig davon, ob Sie die Grundpflege oder die erweiterte Pflege verwenden, sind die Daten mit der Übernahme von Änderungen zunächst nur temporär gespeichert. Für eine dauerhafte Speicherung in der Datenbank müssen Sie bis zur Einstiegsseite der Transaktion RZ10 zurücknavigieren und dort die Menüfunktion **Profil • Sichern** verwenden.

Im letzten Schritt muss das Profil noch aktiviert werden. Beim Sichern eines Profils werden Sie direkt gefragt, ob es auch aktiviert werden soll. Bestätigen Sie dies, wird das Profil im Dateisystem aktualisiert. Die alte Version des Profils wird unter einem neuen Namen (*<Profilname>.<laufende Nummer>*) gesichert. So können Sie im Fehlerfall schnell wieder auf eine alte Profilversion zurückgreifen. Die Aktivierung können Sie auch separat über die Menüfunktion **Profil • Aktivieren** ausführen.

Durchstarten der Instanzen

Die Änderungen werden beim Neustart der jeweiligen Instanz wirksam. Für Änderungen am ASCS-Profil müssen Sie immer das gesamte SAP-System durchstarten, da die PAS- und AAS-Instanzen ohne ASCS-Instanz nicht lauffähig sind. Änderungen im Default-Profil wirken sich auf alle Instanzen aus. Daher müssen Sie auch hier das gesamte System durchstarten. Betrifft die Parameteränderung im Default-Profil nicht die ASCS-Instanz, könnten Sie die PAS- und AAS-Instanzen nacheinander durchstarten, um eine Downtime zu vermeiden. Für eine Änderung eines PAS- oder AAS-Instanzprofils müssen Sie nur die betroffene Instanz durchstarten. Betreiben Sie SAP S/4HANA in einem Hochverfügbarkeitsszenario, können Sie die Funktion *Rolling Kernel Switch* verwenden, um eine Downtime aufgrund von Parameteränderungen zu vermeiden (siehe Abschnitt 16.1.3, »Rolling Kernel Switch«).

SAP-HANA-Plattform nicht durchstarten

Die SAP-HANA-Plattform müssen Sie nach Parameteränderungen der ABAP-Plattform nicht durchstarten. Bei einem solchen Neustart müssten die Daten erneut von der Persistenz in den Hauptspeicher geladen werden, was zu unnötigen Performanceverlusten führen würde.

[!]

Pflege von Parametern auf Betriebssystemebene

Ändern Sie Parameter direkt über einen Editor auf Betriebssystemebene, wird diese Änderung von der Profilverwaltung nicht automatisch erkannt; auch nicht bei einem Neustart, bei dem der neue Parameterwert eingelesen und vom System verwendet wird. Sie müssen das Profil erst wieder neu importieren, damit Profildatei und Datenbanktabelle synchron sind. In Transaktion RZ10 wird Ihnen sonst noch ein alter Parameterwert angezeigt, obwohl bereits ein neuer Parameterwert vom System verwendet wird.

Bevor Sie Parameter in Transaktion RZ10 pflegen, sollten Sie daher prüfen, ob die Profile synchron sind. Wählen Sie hierzu in Transaktion RZ10 das betreffende Profil aus und im Menü den Pfad **Menü • Profil • Vergleiche • Profil in Datenbank • Gegen aktives Profil**. Werden Unterschiede angezeigt, prüfen Sie diese, und importieren Sie das Profil neu, bevor Sie Änderungen vornehmen.

Konsistenzprüfung

Neben dem Import und der Pflege von Profilen bietet die Transaktion RZ10 auch eine Konsistenzprüfung an. Einzelne Profile können Sie über die Menüfunktion **Profil • Prüfen** überprüfen. Über die Menüfunktion **Hilfsmittel • Prüfe alle Profile • Der aktiven Server** werden alle Profile überprüft.

4.2 Betriebsarten

Durch Betriebsarten können Sie die Anzahl der Workprozesse für bestimmte Zeiträume festlegen. So können Sie das System je nach Nutzungsprofil effektiv und dynamisch für die Benutzung von Dialog- oder Hintergrundverarbeitung konfigurieren.

Beispielsweise arbeiten tagsüber in der Regel viele Anwender*innen mit dem System und belegen so viele Dialog-Workprozesse. Nachts laufen hingegen viele Jobs, die Massendaten verarbeiten. Daher werden nachts viele Batch-Workprozesse benötigt. In global agierenden Unternehmen ist diese Unterteilung jedoch häufig nicht mehr so möglich. Dennoch gibt es in jedem Unternehmen zu bestimmten Zeiten besondere Anforderungen. Solche Zeiträume können z. B. auch ein Monatsabschluss sein.

Neben der Konfiguration der Betriebsarten für bestimmte Zeiträume können Sie mit SAP S/4HANA auch eine automatische, dynamische Workprozesskonfiguration realisieren.

4.2.1 Betriebsarten konfigurieren

Voraussetzung für die Einrichtung von Betriebsarten ist der Import der Profile über die Transaktion RZ10, wie in Abschnitt 4.1.3, »Pflege der Profilparameter«, beschrieben.

Betriebsart anlegen

Rufen Sie zur Definition von Betriebsarten die Transaktion RZ04 auf. Üblicherweise wird durch die Ersteinrichtung des Systems über die Aufgabenliste `SAP_BASIS_SETUP_INITIAL_CONFIG` (siehe Abschnitt 4.4, »Mit Aufgabenlisten arbeiten«) bereits eine Betriebsart *Daymode* angelegt, die den kompletten Zeitraum von 0 bis 24 Uhr abdeckt. Zur Anlage einer weiteren Betriebsart *Nightmode* wählen Sie im Menü die Option **Betriebsart • Anlegen**. Vergeben Sie einen Namen (z. B. »Nightmode«) sowie eine Beschreibung für die neue Betriebsart, und sichern Sie Ihre Eingaben.

Workprozess-aufteilung

Definieren Sie anschließend die Workprozessaufteilung in Batch-, Dialogprozesse usw. für alle Instanzen Ihres Systems. Wählen Sie hierzu im Menü den Pfad **Betriebsart • Pflege Instanzen • Betriebsarten-Sicht**. Haben Sie für eine Instanz schon eine Betriebsart konfiguriert, können Sie diese durch einen Doppelklick öffnen. Es wird Ihnen die Aufteilung der Workprozesse angezeigt (siehe Abbildung 4.7). Über den Button **Andere Betriebsart** können Sie die von Ihnen neu erstellte Betriebsart auswählen und die Aufteilung der Workprozesse über die Plus- und Minustasten anpassen. Schließlich sichern Sie Ihre Einstellungen und kehren zur Einstiegsseite der Transaktion RZ04 zurück.

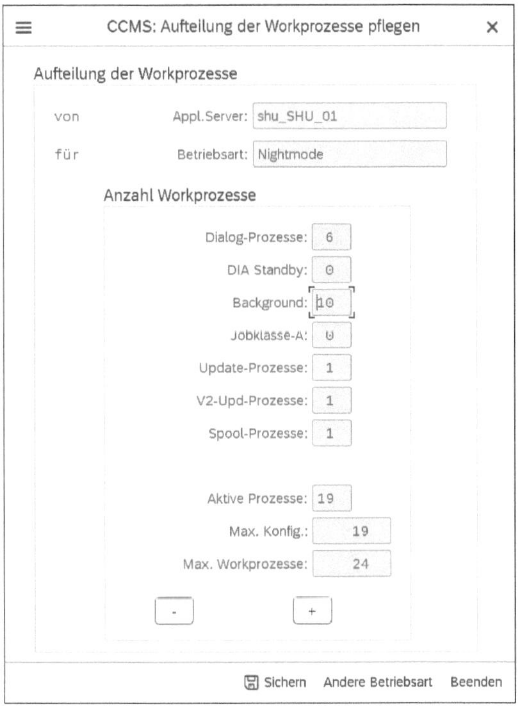

Abbildung 4.7: Aufteilung der Workprozesse

Jobklasse A

Bei der Einplanung von Hintergrundjobs können Sie eine Priorität zuweisen. Über das Feld **Jobklasse-A** können Sie angeben, wie viele der definierten Batch-Workprozesse für hoch priorisierte Jobs reserviert werden sollen. So können Sie sicherstellen, dass die wichtigsten Jobs auch bei hoher Auslastung der Batch-Workprozesse termingerecht ausgeführt werden. Weitere Details zur Hintergrundverarbeitung erläutere ich in Kapitel 9.

Tageszeiten definieren

Über die Menüoption **Betriebsart • Zeit-Tabelle** auf der Startseite der Transaktion RZ04 können Sie schließlich die Tageszeiten definieren, zu denen die Betriebsarten gelten sollen. Zunächst müssen Sie dazu jedoch auswählen, ob Sie den **Normalbetrieb** oder den **Ausnahmebetrieb** konfigurieren. Den Ausnahmebetrieb verwenden Sie für abgegrenzte Zeiträume, in denen eine besondere Nutzung des Systems stattfindet, z. B. für einen Jahresabschluss. Den Normalbetrieb verwenden Sie für die regelmäßige Nutzung mit täglich identischen Nutzungsprofilen.

Bei Verwendung des Normalbetriebs wird Ihnen eine Tabelle mit 24 Zeitscheiben, eine Zeitscheibe für jede Stunde, angezeigt. Öffnen Sie das Kontextmenü, und wählen Sie den Eintrag **Intervall markieren**, oder drücken Sie die Taste F2, um ein Intervall auszuwählen. Wählen die Funktion **Zuordnen**, um die Betriebsart für das gewählte Intervall zu ändern. Ist das Raster von 1 Stunde für Sie zu unspezifisch, können Sie über den Menüpfad **Bearbeiten • Zeitraster** auch auf Zeitscheiben von 15 oder 30 Minuten umstellen. In Abbildung 4.8 sehen Sie die Definition eines Normalbetriebs mit den zwei Betriebsarten **Daymode** und **Nightmode**.

Abbildung 4.8: Editieren der Zeit-Tabelle in Transaktion RZ04

Aktive Betriebsarten anzeigen

Wenn Sie die Änderungen gesichert haben und zur Einstiegsseite der Transaktion RZ04 zurückkehren, sehen Sie die aktiv genutzten Betriebsarten (siehe

Abbildung 4.9). Die im Standard vorhandene Betriebsart DUMMY können Sie übrigens löschen, sobald Sie Ihre eigenen Betriebsarten definiert haben. Sie können diese Betriebsart nicht für die Betriebsartenumschaltung nutzen.

Abbildung 4.9: Übersicht der Betriebsarten in Transaktion RZ04

4.2.2 Betriebsart umschalten

Manuelle Umschaltung

Möchten Sie die Betriebsart manuell umschalten, nutzen Sie dazu die Transaktion RZ03. Wählen Sie hier zunächst die Betriebsart aus, auf die umgeschaltet werden soll, indem Sie auf den Button **Betriebsart wählen** klicken. Markieren Sie die gewünschte Betriebsart, und klicken Sie auf den Button **Auswählen**. Im Anzeigemodus wird Ihnen in der Spalte **Konfigurationsmeldungen** nun der Text **Betriebsart abweichend** angezeigt (siehe Abbildung 4.10).

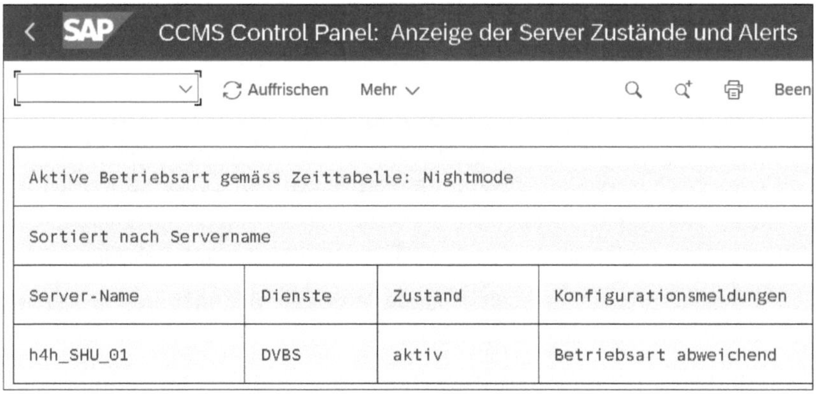

Abbildung 4.10: Betriebsart umschalten in Transaktion RZ03

Das Umschalten erfolgt im zweiten Schritt über den Menüpfad **Steuerung • Betriebsart wechseln • Alle Server**. Bestätigen Sie das Pop-up-Fenster **Alle Server umschalten** mit **Ja**. Anschließend sollten Sie keine Konfigurationsmeldungen mehr sehen. Alle Prozesse wurden entsprechend der Konfiguration der gewählten Betriebsart umgeschaltet.

Umschaltung überwachen

Weder bei der manuellen noch bei der automatischen Umschaltung der Betriebsart müssen Sie befürchten, dass laufende Workprozesse abbrechen, die aktuell noch Aufgaben erledigen. Erst wenn ein Workprozess frei wird, wechselt er in den neuen Betriebsmodus. In Transaktion SM50 können Sie die Workprozesse überwachen. Die Umschaltung wird außerdem im Systemprotokoll (*SysLog*) protokolliert, das Sie über die Transaktion SM21 erreichen (siehe Abbildung 4.11).

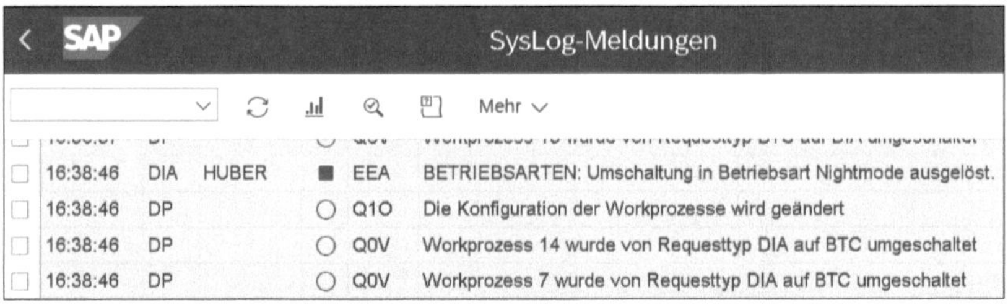

Abbildung 4.11: SysLog-Meldungen zur Betriebsartenumschaltung

4.2.3 Stand-by- und dynamische Workprozesse

Deadlocks

Da Anwendungen, die von einem Dialog-Workprozess ausgeführt werden, andere Dialog-Workprozesse starten können (z. B. beim Aufruf von Prozessen in einer eigenen LUW zur Parallelisierung), kann es sehr schnell zu einer Auslastung aller Dialog-Workprozesse und somit zu Wartesituationen bis hin zu *Deadlocks* kommen, die sich nicht mehr von allein auflösen können. Ein Deadlock entsteht, sobald alle belegten Dialog-Workprozesse auf weitere, freie Workprozesse warten, denn dann kann kein Dialog-Workprozess mehr frei werden. Neben Dialog-Workprozessen sind auch Update-Workprozesse potenziell für Deadlocks anfällig, wobei das Problem bei Dialog-Workprozessen häufiger anzutreffen ist.

Um Deadlocks zu vermeiden, wurde ein zweistufiges Konzept von Stand-by- und dynamischen Workprozessen realisiert. Diese Workprozesse werden im normalen Betrieb nicht verwendet. Sie werden erst verwendet, wenn sich alle Workprozesse des jeweiligen Typs einer Instanz im Status **hält** befinden.

Stand-by-Workprozesse

Stand-by-Workprozesse werden beim Starten einer PAS- oder AAS-Instanz aktiv. Im normalen Betrieb werden diese Workprozesse freigehalten und erst dann verwendet, wenn eine Deadlock-Gefahr erkannt wird. Stand-by-Workprozesse sind immer Dialog-Workprozesse. Sie können also keine Deadlocks im Bereich der Update-Workprozesse auflösen.

Die Anzahl der Stand-by-Workprozesse wird durch den Profilparameter `rdisp/wp_no_restricted` definiert. Im Standard ist kein Wert für diesen Parameter gesetzt, weshalb es keine reservierten Stand-by-Workprozesse gibt. Verändern

Sie die Anzahl der Standy-by-Workprozesse, sollten Sie auch den Parameter `rdisp_wp_max_no` beachten, über den die maximale Anzahl aller Workprozesse definiert wird. Im Standard wird der Wert dieses Parameters über eine Formel berechnet, die auch die Anzahl der Stand-by-Workprozesse einbezieht:

```
( $(rdisp/wp_no_dia) + $(rdisp/wp_no_vb) + $(rdisp/wp_no_vb2)
+ $(rdisp/wp_no_btc) + $(rdisp/wp_no_spo) + max( $(rdisp/wp_
no_restricted), 5 ) )
```

Dynamische Workprozesse

Dynamische Workprozesse können vom Typ Dialog oder Update sein. Sind alle Workprozesse des jeweiligen Typs belegt, werden im laufenden Betrieb weitere Workprozesse diesen Typs erzeugt. Nachdem die Deadlock-Situation aufgelöst wurde, werden diese Workprozesse nach einer gewissen Zeit wieder automatisch beendet. Dynamische Workprozesse sind also im Unterschied zu den Stand-by-Workprozessen nicht dauerhaft aktiv und belegen damit auch nicht dauerhaft Systemressourcen. Daher ziehe ich dynamische Workprozesse den Stand-by-Workprozessen vor und verzichte auf die Definition von Stand-by-Workprozessen.

Die Anzahl der dynamischen Workprozesse auf einer Instanz wird durch den bereits genannten Parameter `rdisp_wp_max_no` definiert. Die zuvor gezeigte Formel fügt im Standard fünf dynamische Workprozesse hinzu, sofern keine Stand-by-Workprozesse definiert wurden (`max( $(rdisp/wp_no_restricted), 5 )`). Haben Sie z. B. zwei Stand-by-Workprozesse definiert, werden im Standard drei Workprozesse als dynamische Workprozesse definiert.

4.2.4 Parameter für die Anzahl der Workprozesse

Über folgende Parameter steuern Sie die Anzahl der Workprozesse:

- `rdisp/wp_no_dia` (Anzahl Dialog-Workprozesse)
- `rdisp/wp_no_vb` (Anzahl Update-Workprozesse)
- `rdisp/wp_no_vb2` (Anzahl V2-Update-Workprozesse)
- `rdisp/wp_no_btc` (Anzahl Batch-Workprozesse)
- `rdisp/wp_no_spo` (Anzahl Spool-Workprozesse)

Summe aller Workprozesse

Verwenden Sie die Betriebsartenumschaltung, sollten Sie die jeweilige Anzahl so wählen, dass die Summe aller Workprozesse so hoch wie in der Betriebsart ist, in der die meisten Workprozesse definiert sind. Am Beispiel der Betriebsarten »Daymode« und »Nightmode« könnte das so aussehen:

- **Betriebsart »Daymode«**

  8 DIA, 1 UPD, 1 UPDv2, 6 BTC, 1 SPO

  Gesamt: 8 + 1 + 1 + 6 + 1 = 17 aktive Workprozesse

- **Betriebsart »Nightmode«**

  8 DIA, 1 UPD, 1 UPDv2, 10 BTC, 1 SPO

  Gesamt: 8 + 1 + 1 + 10 + 1 = 21 aktive Workprozesse

Setzen Sie in diesem Beispiel die oben genannten Profilparameter auf die Werte der Betriebsart »Nightmode«, um in der Summe auf 21 Workprozesse zu kommen. Sie können auch noch höhere Werte verwenden. Werden nicht alle definierten Workprozesse in den Betriebsarten zugewiesen, werden sie den dynamischen Workprozessen zugeordnet. Beachten Sie jedoch, dass die Gesamtzahl der Workprozesse gemäß Sizing-Regeln zu den zur Verfügung stehenden Hardwareressourcen passen muss. Definieren Sie zu viele Workprozesse, erzeugen Sie Engpässe auf Hardwareebene.

Da im Beispiel in der Betriebsart »Daymode« vier Workprozesse weniger als in Betriebsart »Nightmode« zugeordnet sind, werden diese Workprozesse bei der Umschaltung auf die Betriebsart »Daymode« abgeschaltet und den dynamischen Workprozessen zugeordnet.

Über den Button **Instanzen/Betr.arten** in Transaktion RZ04 können Sie auf einen Blick die konfigurierten Workprozesse ablesen. Abbildung 4.12 zeigt die entsprechende Übersicht.

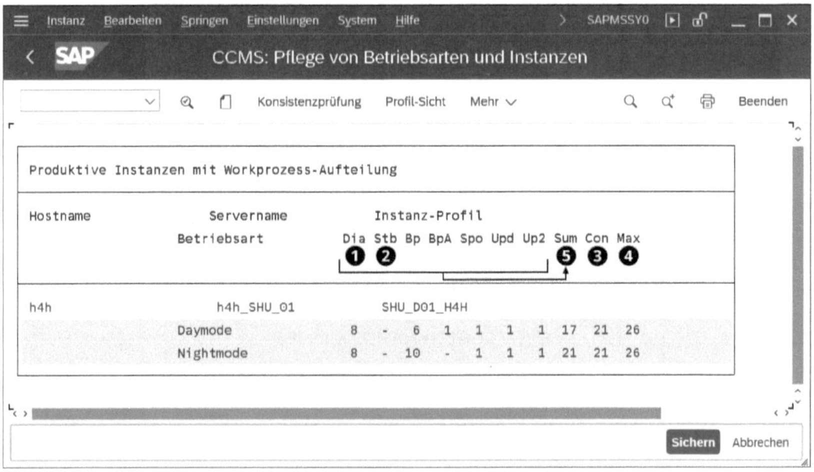

Abbildung 4.12: Anzahl konfigurierter Workprozesse in Transaktion RZ04

Die entsprechenden Profilparameter zu den Workprozessarten lauten:

❶ `rdisp/wp_no_dia`

❷ `rdisp/wp_no_restricted`

❸ `rdisp/configurable_wp_no`

❹ `rdisp/wp_max_no`

Im Beispiel stehen in Betriebsart »Daymode« neun dynamische Workprozesse zur Verfügung; in Betriebsart »Nightmode« sind es fünf. Dies ergibt sich aus der Differenz der maximalen Anzahl an Workprozessen ❹ zur Summe. In der Spalte **Sum** ❺ wird die Gesamtzahl der Workprozesse angegeben.

[!]

Einschränkungen der Betriebsartenumschaltung

Beachten Sie, dass die Anzahl von Spool-, Enqueue- und Standby-Workprozessen zur Laufzeit nicht durch eine Betriebssystemumschaltung geändert werden kann. Die Betriebsartenumschaltung dient hauptsächlich der dynamischen Umschaltung zwischen Dialog- und Batch-Workprozessen.

Weitere Profilparameter

Es existieren noch weitere Profilparameter zur Konfiguration der Betriebsarten, die Sie aber in der Regel nicht explizit setzen sollten:

- `rdisp/wp_no_enq`: Dieser Parameter definiert die Anzahl von Enqueue-Workprozessen. Setzen Sie keinen Wert für diesen Parameter. Es wird empfohlen, den Standalone-Enqueue-Server anstelle der Enqueue-Workprozesse zu verwenden.
- `rdisp/wp_no_restricted`: Mit diesem Parameter definieren Sie die Anzahl der Stand-by-Workprozesse. Wie beschrieben, verzichte ich auf die Konfiguration von Stand-by-Workprozessen. Die Standardkonfiguration gewährleistet, dass mindestens fünf dynamische Workprozesse verfügbar sind. Daher werden Standby-Workprozesse nicht benötigt.
- `rdisp/wp_max_no`: Mit diesem Parameter definieren Sie die maximale Anzahl von Workprozessen. Der Standardwert ermittelt über die zuvor gezeigte Formel die maximale Anzahl der Workprozesse. Um inkonsistente Parametereinstellungen und eine falsche Konfiguration zu vermeiden, empfehle ich, diesen Parameter nicht zu setzen. Die Formel berücksichtigt fünf dynamische Workprozesse.
- `rdisp/configurable_wp_no`: Mit diesem Parameter definieren Sie die zur Laufzeit konfigurierbaren Workprozesse. Der Standardwert wird über die folgende Formel ermittelt:

  ```
  (max($(rdisp/wp_max_no) - 5, $(rdisp/wp_no_dia) + $(rdisp/wp_
  no_vb) + $(rdisp/wp_no_vb2) + $(rdisp/wp_no_btc) + $(rdisp/wp_
  no_spo) ) )
  ```

  Die Anzahl der zur Laufzeit konfigurierbaren Workprozesse ist somit die maximale Anzahl der Workprozesse abzüglich bis zu fünf Workprozessen, die für die dynamischen Workprozesse reserviert sind. Da eine Verringerung der Workprozesse für die Deadlock-Behandlung auf weniger als fünf Workprozesse nicht empfohlen wird, sollte dieser Parameter nicht geändert werden.

4.3 Speicherverwaltung

In Abschnitt 3.1.3, »Prozesskonzept«, haben Sie bereits Einblick in das Zusammenspiel von Workprozessen und Hauptspeicher erhalten. Da es in diesem Bereich häufig zu Problemen kommt, möchte ich in diesem Abschnitt auf die Parametrisierung der Speicherverwaltung genauer eingehen.

4.3.1 Speicherbereiche

Jeder Workprozess allokiert unterschiedliche Speicherbereiche:

- **Shared Memory**

  Der Shared Memory eines SAP-Systems definiert einen gemeinsamen Speicherbereich, der von allen Workprozessen geteilt wird. Dieser Speicherbereich beruht direkt auf dem Shared Memory des Betriebssystems. Er besteht aus lokalen und globalen *Segmenten*. Die lokalen Segmente sind für alle Workprozesse einer Applikationsserverinstanz (AS-Instanz) zugänglich. Die globalen Segmente werden von allen Workprozessen aller AS-Instanzen eines Hosts geteilt.

- **Erweiterter Segmentenspeicher (ES)**

  Der erweiterte Segmentenspeicher (ES) bildet die Grundlage für den Erweiterungsspeicher) und den globalen Erweiterungsspeicher. Der ES besteht aus einer begrenzten Anzahl von nebeneinanderliegenden Segmenten, die für alle Workprozesse einer AS-Instanz zugänglich sind.

  Ein ES-Segment besteht aus einem oder mehreren *ES-Blöcken*, die alle dieselbe Größe haben. Die Größe der Blöcke lässt sich mithilfe des Profilparameters `em/blocksize_KB` definieren. Der Standardwert liegt bei 4 MB. Wenn ein Benutzerkontext einen Speicherbereich aus dem Erweiterungsspeicher anfordert, werden diesem Speicher ein oder mehrere Blöcke aus dem ES bereitgestellt. Physisch befinden sich die ES-Blöcke in bestimmten Shared-Memory-Segmenten im Betriebssystem, die exklusiv für den ES-Speicher reserviert sind.

- **Erweiterungsspeicher (EM)**

  Der Erweiterungsspeicher (EM) enthält benutzerspezifische Daten, auf die alle Workprozesse zugreifen können. Dadurch wird ein schneller Benutzerkontextwechsel ermöglicht. Der EM ist das Kernstück der Speicherverwaltung. Dort wird der Großteil der Daten einer Benutzersitzung abgelegt, auf die wechselnde Workprozesse bei der Verarbeitung einer Anfrage zugreifen können. Die Größe des EM legen Sie mithilfe des Profilparameters `em/initial_size_MB` fest. Verwenden Sie als Betriebssystem AIX, definieren Sie die Größe des EM mithilfe des Profilparameters `EM/TOTAL_SIZE_MB`.

- **Globaler Erweiterungsspeicher (EG)**

  Der globale Erweiterungsspeicher (EG) ist Teil des Erweiterungsspeichers. Er enthält benutzerunabhängige Daten, auf die alle Workprozesse zugreifen können. Der EG enthält demnach Daten, die nicht zu einer bestimmten Benutzersitzung gehören. Das sind Daten, die z. B. für Statistiken verwendet werden, aber auch für den Tabellenpuffer und den ABAP Shared Memory Objects (einen Bereich, über den Programme Daten austauschen können), auf die alle Workprozesse unabhängig von der Benutzersitzung zugreifen können. Die Größe des EG legen Sie mithilfe des Profilparameters `em/global_area_MB` fest.

- **PRIV-Speicher (HEAP), auch privater oder exklusiver Speicher**

  Der PRIV-Speicher enthält Daten aus dem Benutzerkontext und ist an einen Workprozess innerhalb einer gerade ausgeführten Benutzersitzung gebunden. Bei der Zuweisung von PRIV-Speicher wird der betreffende Workprozess für die Verarbeitung des aktuellen Benutzerkontextes reserviert, bis der Kontext diesen Workprozess beim Beenden der Benutzersitzung wieder freigibt. Bis zu diesem Zeitpunkt kann also kein anderer Benutzerkontext in den Workprozess eingeblendet werden.

  Die Größe des PRIV-Speichers, die Workprozesse für Benutzerkontexte allokieren können, legen Sie mithilfe des Profilparameters `abap/heap_area_total` fest.

  Ein Dialog-Workprozess allokiert PRIV-Speicher, wenn die Quote für den Erweiterungsspeicher für eine Benutzersitzung überschritten ist oder – in Ausnahmefällen – wenn der Erweiterungsspeicher insgesamt aufgebraucht ist. Die Nicht-Dialog-Workprozesse (Batch-, Verbuchungs- und Spool-Prozesse) verwenden den PRIV-Speicher bereits am Anfang der Verarbeitung. Das liegt daran, dass bei diesen Workprozesstypen kein schneller Benutzerkontextwechsel nötig ist. Dies gilt jedoch nur für Unix und Linux. Auf Windows und AIX wird allen Workprozessen zuerst Erweiterungsspeicher zugewiesen.

  Ab der Allokation des PRIV-Speichers wird der Workprozess im *PRIV-Modus* betrieben. Der PRIV-Modus verhindert, dass der Benutzerkontext z. B. bei Inaktivität des Benutzers oder der Benutzerin aus dem Workprozess ausgeblendet wird. Dies führt zu einer exklusiven Belegung des Workprozesses durch den Benutzer oder die Benutzerin und verhindert bis zum Ende der aktuell ausgeführten Transaktion, dass der Workprozess einen anderen Benutzerkontext bearbeitet. Weitere Informationen zum PRIV-Modus finden Sie in SAP-Hinweis 2098461.

- **PROC-Speicher (Prozessspeicher)**

  Der PROC-Speicher enthält keine benutzerspezifischen Daten, ist jedoch genau wie der PRIV-Speicher an einen Prozess gebunden. Anders als der PRIV-

Speicher wird der PROC-Speicher für Daten verwendet, die jeder Workprozess unabhängig von der Benutzersitzung benötigt, z. B. temporäre Pufferbereiche. Anders als beim PRIV-Speicher führt die Zuweisung von PROC-Speicher nicht zu einer exklusiven Reservierung des Workprozesses. Mithilfe des Profilparameters `em/proc_max_size_MB` legen Sie fest, wie viel PROC-Speicher alle Workprozesse maximal belegen können.

Abbildung 4.13 zeigt die wichtigsten Speicherbereiche in der Übersicht.

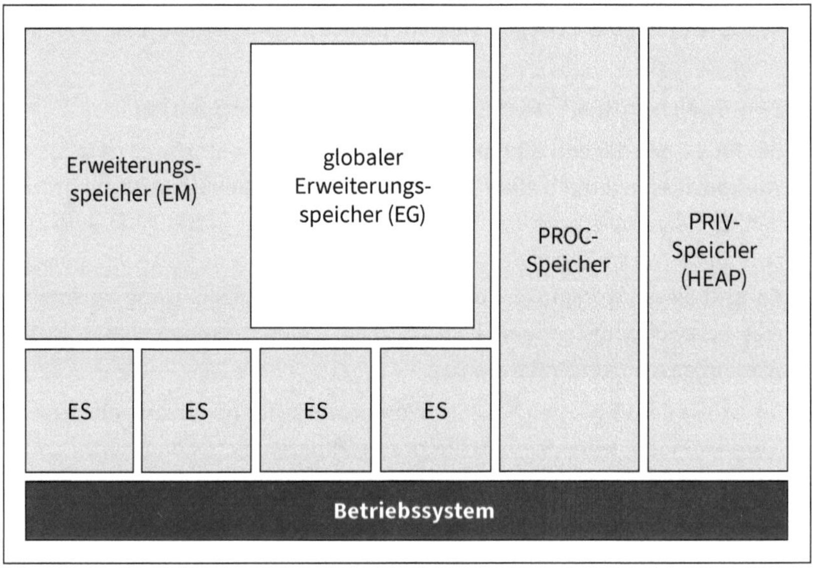

Abbildung 4.13: Speicherbereiche einer AS-ABAP-Instanz

4.3.2 Parameter zur Speicherverwaltung

Zero Administration Memory Management

Bis auf den Parameter `PHYS_MEMSIZE` selbst leiten sich alle anderen zuvor genannten Parameter vom Parameter `PHYS_MEMSIZE` ab oder haben Standardwerte, die zunächst nicht angepasst werden müssen. SAP nennt dieses Verfahren *Zero Administration Memory Management* (ZAMM), also eine weitgehend selbstkonfigurierende Speicherverwaltung. Haben Sie SAP S/4HANA im Rahmen einer Neuimplementierung als neues System aufgesetzt, sollten also bis auf den Parameter `PHYS_MEMSIZE` keine Parameter angepasst werden müssen. Wurde das System aber durch ein Upgrade nach SAP S/4HANA migriert, empfiehlt es sich, die Parameter zu überprüfen. Das Konzept ZAMM gibt es schon lange, aber in vielen SAP-Kundensystemen schlummern immer noch alte Parameterwerte, die längst überholt sind.

Speicherparameter für alle Workprozesse

In Tabelle 4.1 finden Sie die Speicherparameter, die für alle Workprozesse relevant sind.

Parameter	Beschreibung	Standardwert
PHYS_MEMSIZE	insgesamt zur Verfügung stehender Hauptspeicher	1 × RAM Muss angepasst werden, wenn auf dem Host weitere Anwendungen laufen.
em/initial_size_MB (nicht für AIX)	Gesamtgröße des Erweiterungsspeichers	(min(512000, $(PHYS_MEMSIZE) × 0.7))
EM/TOTAL_SIZE_MB (nur AIX)	Gesamtgröße des Erweiterungsspeichers für die Shared-Memory-Segmente	($(PHYS_MEMSIZE) × 0.7)
em/max_size_MB	maximale Größe des dynamisch erweiterbaren Erweiterungsspeichers	($(em/initial_size_MB))
em/global_area_MB	Größe des globalen Erweiterungsspeichers	(min($(em/initial_size_MB) × 0.05, 32000))
abap/heap_area_total	Größe des PRIV-Speichers, den alle Workprozesse zusammen für Benutzerkontexte allokieren können	(max($(PHYS_MEMSIZE) × 1024 × 1024 × 0.1, $(abap/heap_area_dia) × 2))
em/proc_max_size_MB	Größe des PROC-Speichers, den alle Workprozesse zusammen maximal belegen dürfen	0 (keine Begrenzung)
em/blocksize_KB	Größe der Blöcke, in denen die Segmente des erweiterten Segmentenspeichers organisiert sind	(ceil($(em/initial_size_MB) × 1024 / 100000 / 4096) × 4096)
em/address_space_MB	Größe des Adressraumes, den der Workprozess für den Erweiterungsspeicher bereitstellt	4096 (bei Windows abweichend)

Tabelle 4.1: Speicherparameter für alle Workprozesse

Parameter	Beschreibung	Standardwert
rdisp/PG_SHM	Größe des Paging-Puffers	(min(1000 + 40 × max(5,floor(($ (PHYS_MEMSIZE)-128)/20)), 256000))
rdisp/PG_MAXFS	Größe der SAP-Auslagerungsdatei (SAP-Paging-Datei)	($(rdisp/PG_SHM))
rdisp/wppriv_max_no	maximale Anzahl von Workprozessen, die sich im PRIV-Modus befinden dürfen	0
rdisp/max_priv_time	Zeit in Sekunden, wie lange sich ein Workprozess im PRIV-Modus befinden darf, bevor er beendet wird	0

Tabelle 4.1: Speicherparameter für alle Workprozesse (Forts.)

Einzelne Workprozesse

In Tabelle 4.2 sind die Speicherparameter aufgeführt, die für einen Workprozess relevant sind.

Parameter	Beschreibung	Standardwert
ztta/roll_extension	Größe des Erweiterungsspeichers, der einer Benutzersitzung zugewiesen werden kann. Die Quote gilt sowohl für Dialog- als auch für Nicht-Dialog-Workprozesse.	4.000.000.000 Byte unter Linux, sonst 2.000.000.000 Byte
ztta/roll_extension_dia	maximale Größe des zu belegenden Erweiterungsspeichers für Dialog-Workprozesse	$(ztta/roll_extension)
ztta/roll_extension_nondia	maximale Größe des zu belegenden Erweiterungsspeichers für Nicht-Dialog-Workprozesse	$(ztta/roll_extension)

Tabelle 4.2: Speicherparameter für einen Workprozess

Parameter	Beschreibung	Standardwert
`abap/heap_area_dia`	Größe des PRIV-Speichers, den ein Dialog-Workprozess für einen Benutzerkontext allokieren kann	2.000.000.000
`abap/heap_area_non-dia`	Größe des PRIV-Speichers, den ein Nicht-Dialog-Workprozess für einen Benutzerkontext allokieren kann	2.000.000.000 (außer bei Windows)
`abap/heaplimit`	Menge des PRIV-Speichers, bei deren Überschreitung ein Workprozess nach Beendigung des aktuellen Transaktionsschrittes automatisch durchgestartet wird	150.000.000
`em/proc_max_wpsize_MB`	Größe des PROC-Speichers, den ein einzelner Workprozess maximal belegen darf	0 (keine Begrenzung)

Tabelle 4.2: Speicherparameter für einen Workprozess (Forts.)

Steuerung der Sitzungsspeichergröße

In Tabelle 4.3 sehen Sie die Parameter für die Steuerung der Sitzungsspeichergröße.

Parameter	Beschreibung	Standardwert
`em/sessionmem_warn`	Definiert eine Warnschwelle für Dialog-Workprozesse, bevor die reguläre Sitzungsspeicherquote erreicht wurde. Beim Überschreiten dieses Schwellenwertes wird ein Kurzdump ohne Programmabbruch ausgelöst.	0% (deaktiviert)
`em/sessionmem_warn_nondia`	wie beim Parameter `em/sessionmem_warn`, jedoch für Nicht-Dialog-Workprozesse	0% (deaktiviert)

Tabelle 4.3: Parameter für die Sitzungsspeichergröße

Parameter	Beschreibung	Standardwert
`em/sessionmem_ext`	Größe der erweiterten Sitzungsspeicherquote für Dialog-Workprozesse. Beim Überschreiten der Quote wird das Programm abgebrochen und ein Kurzdump ausgelöst.	0% (deaktiviert)
`em/sessionmem_ext_nondia`	wie beim Parameter `em/sessionmem_ext`, jedoch für Nicht-Dialog-Workprozesse	0% (deaktiviert)
`em/sessionmem_ext_warn`	Gibt den Wert der Warnschwelle für Dialog-Workprozesse an, bevor die erweiterte Sitzungsspeicherquote erreicht wurde. Beim Überschreiten des Schwellenwertes wird ein Kurzdump ohne Programmabbruch ausgelöst.	0%
`em/sessionmem_ext_warn_nondia`	wie `em/sessionmem_ext_warn`, jedoch für Nicht-Dialog-Workprozesse	0%

Tabelle 4.3: Parameter für die Sitzungsspeichergröße (Forts.)

Implementierung des Erweiterungsspeichers

Tabelle 4.4 listet die Parameter für die Steuerung der Implementierung des Erweiterungsspeichers auf.

Parameter	Beschreibung	Standardwert
`es/implementation`	Aktiviert die Implementierung des Erweiterungsspeichers mit Memory-Mapped-Dateien.	`Std` (außer unter Windows, dort `view`)
`ES/TABLE`	Aktiviert die Implementierung des Erweiterungsspeichers mit Shared-Memory-Segmenten.	`SHM_SEGS` (nur AIX)

Tabelle 4.4: Parameter für die Steuerung der EM-Implementierung

Statistiken im Speichermanagement

In Tabelle 4.5 finden Sie die Parameter für Statistiken im Speichermanagement.

Parameter	Beschreibung	Standardwert
em/stat_log_size_MB	Konfiguriert die Statistik der Größe des Benutzerkontextes. Wird der definierte Parameterwert überschritten, werden in der SAP-Speicherverwaltung die Größen von Benutzerkontexten zu Statistikzwecken gesammelt.	20
em/stat_log_timeout	Gibt an, in welchem Zeitintervall die Größen in eine Datei geschrieben werden.	0 (ausgeschaltet)

Tabelle 4.5: Parameter für Statistiken im Speichermanagement

Freigabe von Speicher an das Betriebssystem

In Tabelle 4.6 schließlich sind die Parameter für die Freigabe von Speicher an das Betriebssystem beschrieben.

Parameter	Beschreibung	Standardwert
es/disclaim_threshold_MB	Legt den Schwellenwert fest, ab wann Speicherblöcke aus den Segmenten des erweiterten Segmentenspeichers an das Betriebssystem freigegeben werden.	0
es/disclaim_coasting_time_alloc	Definiert, wie lange ein Speicherblock aus dem ES-Segment, der gerade vom Workprozess allokiert wird und in die Auslagerungsdatei (Paging File) ausgelagert ist, nach dem Überschreiten des über den Parameter es/disclaim_threshold_MB vorgegebenen Schwellenwertes an das Betriebssystem freigegeben werden soll.	0

Tabelle 4.6: Parameter für die Freigabe von Speicher an das Betriebssystem

Parameter	Beschreibung	Standardwert
es/disclaim_coasting_time_free	Definiert, wie lange ein allokierter Speicherblock aus dem ES-Segment, der vom Workprozess wieder freigegeben wurde, nach dem Überschreiten des über den Parameter es/disclaim_threshold_MB vorgegebenen Schwellenwertes an das Betriebssystem freigegeben werden soll.	0
es/blockdisclaimsize_KB	Definiert die Größe des oberen Teils eines Speicherblocks aus dem ES-Segment, die beim Freigeben auch an das Betriebssystem freigegeben wird.	0
es/freelist_compactor	Aktiviert eine bessere Ausnutzung der Speicherblöcke aus den ES-Segmenten bei hoher Last. Dadurch wird die Fragmentierung des Erweiterungsspeichers verringert.	1

Tabelle 4.6: Parameter für die Freigabe von Speicher an das Betriebssystem (Forts.)

4.3.3 Speicheranalyse mit Transaktion SMEMORY

Änderungen an der Speicherzuweisung sollten wohl überlegt sein. Müssen Sie Parameter anpassen, können Sie das wie gewohnt über die Profilverwaltung (Transaktionen RZ10 und RZ11) tun. Möchten Sie sich einen Überblick über die aktuelle Konfiguration verschaffen oder temporär Werte umstellen, kann ich Ihnen die Transaktion SMEMORY empfehlen, die Sie in Abbildung 4.14 sehen.

Da einige Parameter dynamisch änderbar sind, sind Sie über diese Transaktion in der Lage, Änderungen auch temporär vorzunehmen. Dies kann hilfreich sein, wenn z. B. ein wichtiger Report aufgrund von Speichermangel abbricht. Handelt es sich um einen SAP-Standardreport, sollten Sie in der SAP-Wissensdatenbank nach passenden SAP-Hinweisen suchen. Handelt es sich um einen kundenindividuellen Report, sollte der Entwickler oder die Entwicklerin des Reports prüfen, warum die Speichernutzung so hoch ist. Als kurzfristige Behelfslösung könnten Sie die entsprechenden Speicherparameter temporär hochsetzen.

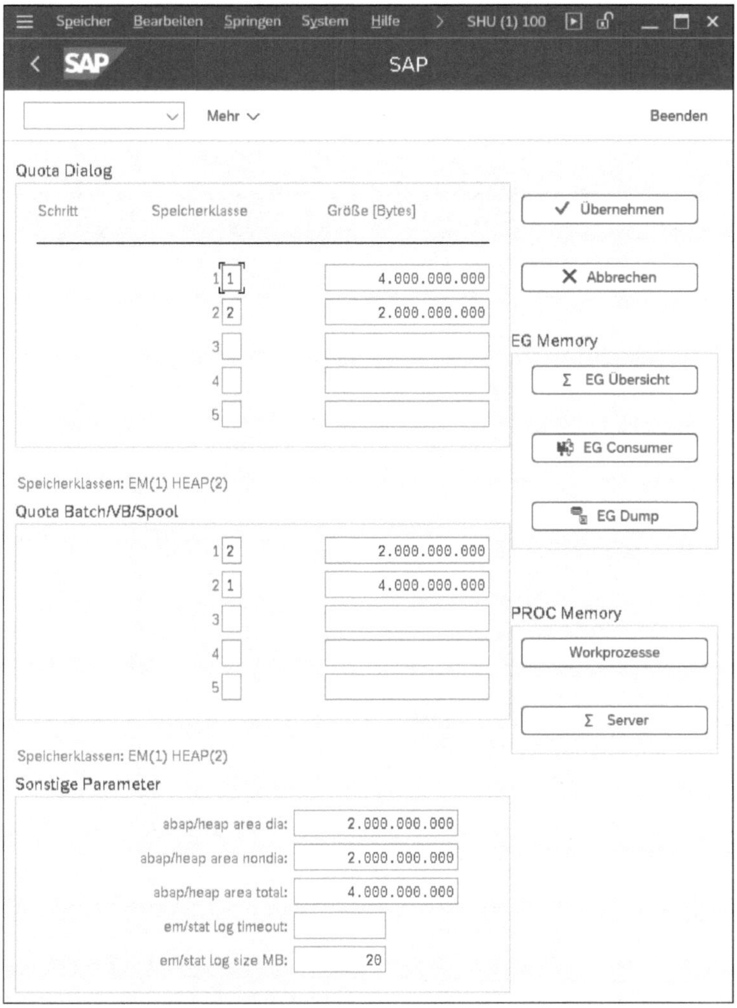

Abbildung 4.14: Transaktion SMEMORY

[!]

Instanz beachten

Beachten Sie, dass Sie in Transaktion SMEMORY nur die Speicherparameter der Instanz sehen, an der Sie gerade angemeldet sind. Möchten Sie die Daten einer anderen Instanz einsehen, müssen Sie über die Transaktion SM51 in die richtige Instanz abspringen.

4.3.4 Weitere Werkzeuge zur Speicheranalyse

Transaktion ST02

Über die Transaktion ST02 haben Sie Zugriff auf die Nutzung der unterschiedlichsten Puffer sowie auf die zuvor behandelten Speicherbereiche (siehe Abbildung 4.15). Durch einen Doppelklick auf eine Zeile gelangen Sie in die Details. Von dort aus haben Sie über den Button **Current parameters** auch Zugriff auf die Parameter, die den jeweiligen Speicherbereich steuern. Ebenso können Sie die Historie einsehen, wie sich eine bestimmte Auslastung über die Zeit entwickelt hat..

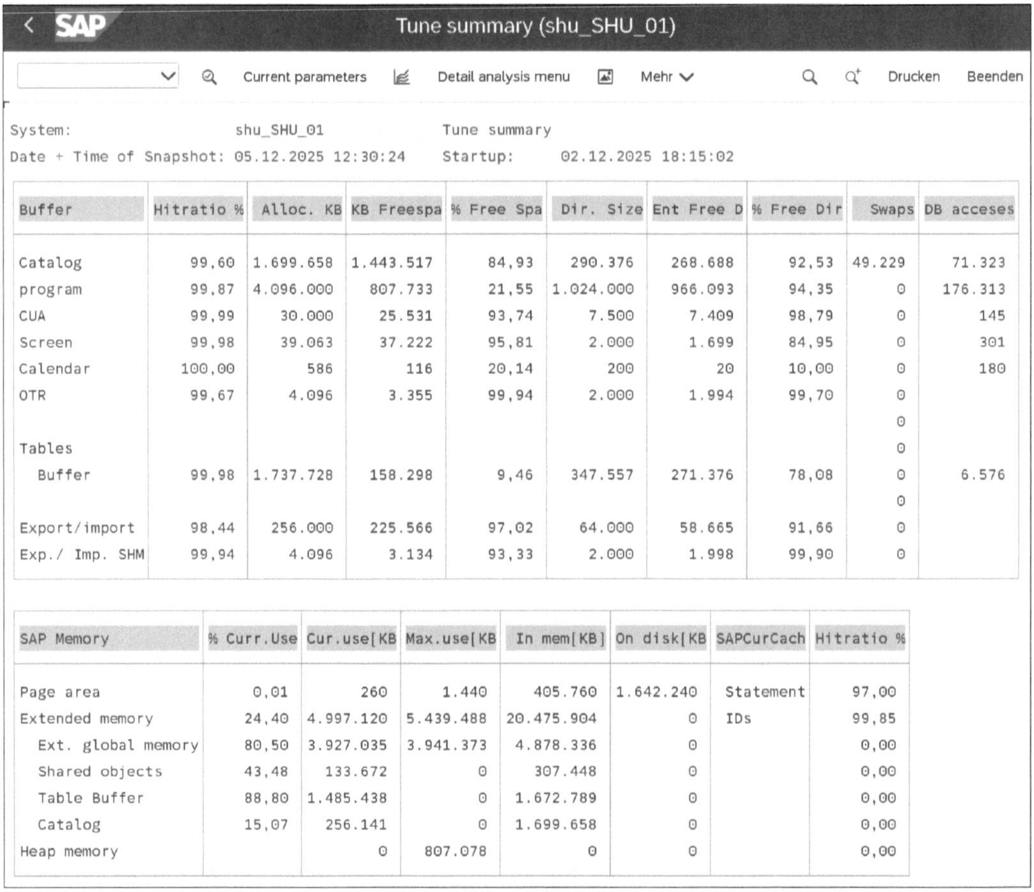

System: shu_SHU_01 Tune summary
Date + Time of Snapshot: 05.12.2025 12:30:24 Startup: 02.12.2025 18:15:02

Buffer	Hitratio %	Alloc. KB	KB Freespa	% Free Spa	Dir. Size	Ent Free D	% Free Dir	Swaps	DB acceses
Catalog	99,60	1.699.658	1.443.517	84,93	290.376	268.688	92,53	49.229	71.323
program	99,87	4.096.000	807.733	21,55	1.024.000	966.093	94,35	0	176.313
CUA	99,99	30.000	25.531	93,74	7.500	7.409	98,79	0	145
Screen	99,98	39.063	37.222	95,81	2.000	1.699	84,95	0	301
Calendar	100,00	586	116	20,14	200	20	10,00	0	180
OTR	99,67	4.096	3.355	99,94	2.000	1.994	99,70	0	
								0	
Tables								0	
Buffer	99,98	1.737.728	158.298	9,46	347.557	271.376	78,08	0	6.576
								0	
Export/import	98,44	256.000	225.566	97,02	64.000	58.665	91,66	0	
Exp./ Imp. SHM	99,94	4.096	3.134	93,33	2.000	1.998	99,90	0	

SAP Memory	% Curr.Use	Cur.use[KB	Max.use[KB	In mem[KB]	On disk[KB	SAPCurCach	Hitratio %
Page area	0,01	260	1.440	405.760	1.642.240	Statement	97,00
Extended memory	24,40	4.997.120	5.439.488	20.475.904	0	IDs	99,85
Ext. global memory	80,50	3.927.035	3.941.373	4.878.336	0		0,00
Shared objects	43,48	133.672	0	307.448	0		0,00
Table Buffer	88,80	1.485.438	0	1.672.789	0		0,00
Catalog	15,07	256.141	0	1.699.658	0		0,00
Heap memory		0	807.078	0	0		0,00

Abbildung 4.15: Transaktion ST02 (Pufferanalyse)

Achten Sie in Transaktion ST02 insbesondere auf die Spalte **swaps**. Swaps treten auf, wenn ein Puffer nicht mehr ausreicht und Einträge aus dem Puffer entfernt werden müssen, um Platz für neue Einträge zu schaffen. Zu viele Swaps haben negativen Einfluss auf die Systemperformance. Analysieren Sie im Falle von Swaps die Ursache für eine außergewöhnliche Puffernutzung oder passen Sie die Pufferparameter an.

esmon Auf Betriebssystemebene steht Ihnen das Kommando `esmon` zur Verfügung. Das Kommando liefert umfangreiche Auswertung zur aktuellen Speichernutzung des SAP-Systems. Das Kommando bietet sich insbesondere an, wenn der

Zugriff über die SAP GUI nicht möglich ist. Rufen Sie das Kommando ohne Optionen auf, erhalten Sie eine Übersicht über die verfügbaren Optionen. Mit dem Kommando `esmon pf=<Profil> -a` erhalten Sie z. B. eine administrative Übersicht über die Speicherbelegung.

4.3.5 Beispielszenario zur Speicherverwaltung

Zum Abschluss dieses Abschnitts zur Speicherverwaltung möchte ich Ihnen die Zusammenhänge und die Verwendung der verschiedenen Administrationswerkzeuge an einem kleinen Beispiel verdeutlichen: Nehmen wir an, eine Anwenderin oder ein Anwender möchte den Inhalt einer Tabelle in Transaktion SE16 ansehen. Die Tabelle hat viele Millionen Einträge, und sie oder er hat die Selektion der Daten nicht eingeschränkt. Die Abfrage benötigt daher mehr als 6 GB Hauptspeicher. Daher wird der für einen Workprozess maximal zur Verfügung stehende Erweiterungsspeicher von etwa 4 GB (4.000.000.000 Byte) ausgeschöpft und HEAP-Speicher angefordert. Der Workprozess wechselt daraufhin in den PRIV-Modus. Da aber die maximal zur Verfügung stehenden knapp 2 GB (2.000.000.000 Byte) HEAP-Speicher, die der Anwender oder die Anwenderin eventuell noch mit anderen Workprozessen teilen muss, nicht ausgereicht haben, bricht die Abfrage mit einem Kurzdump »TSV_TNEW_PAGE_ALLOC_FAILED« ab.

Transaktion SMEMORY

Über die Transaktion SMEMORY können Sie testweise den HEAP-Speicher für **Quota Dialog Speicherklasse 2** und **Sonstige Parameter abap/heap_area_dia** (siehe Abbildung 4.14) jeweils von 2.000.000.000 auf 4.000.000.000 verdoppeln. Damit stehen nun insgesamt maximal knapp 8 GB an Speicher zur Verfügung (4 GB Erweiterungsspeicher und 4 GB HEAP).

Führt die Anwenderin oder der Anwender nun die identische Abfrage nochmals in Transaktion SE16 aus, gelingt die Ausführung. Am unteren Bildschirmrand wird jedoch die folgende Meldung angezeigt:

> *»Speicher wird knapp. Vor Pausen die Transaktion beenden!«*

Dies ist ein Indiz dafür, dass der Workprozess im PRIV-Modus läuft. Das hat zur Folge, dass der Workprozess nicht für andere Aufgaben verwendet werden kann, solange die Anwenderin oder der Anwender die Transaktion nicht verlässt. Dadurch blockiert sie oder er also dauerhaft einen Workprozess.

Transaktion SM50

Über Transaktion SM50 können Sie dies auch erkennen. In der Workprozess-Übersicht hat der betroffene Workprozess den Status **hält**, und im Bereich **Wartegrund** wird die Zusatzinformation **Backend-Session im PRIV-Modus** angegeben (siehe Abbildung 4.16). Ein Doppelklick auf den Workprozess liefert weitere Informationen. Interessant ist hier in erster Linie der Speicherverbrauch von etwa 4 GB Erweiterungsspeicher und 1,9 GB HEAP.

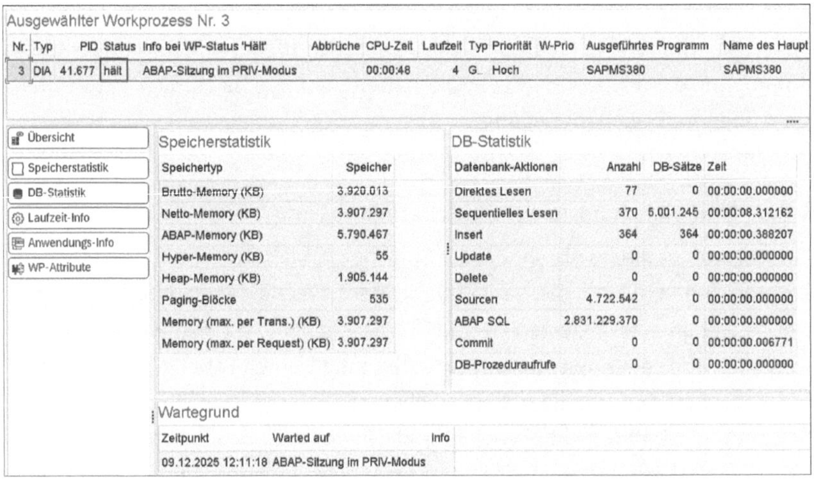

Abbildung 4.16: Workprozess im PRIV-Modus

4.4 Mit Aufgabenlisten arbeiten

Mit der Profilverwaltung und den Betriebsarten haben Sie bisher nur einen kleinen, aber elementaren Bereich der Konfiguration der ABAP-Plattform kennengelernt. Im weiteren Verlauf dieses Buches werden noch weitere Bereiche besprochen. Da die Konfigurationsmöglichkeiten über viele Transaktionen hinweg verstreut sind, ist eine manuelle Konfiguration eines bestimmten Anwendungsfalls durchaus komplex und kann zeitaufwendig sein. Daher hat SAP gängige administrative Aufgaben in sogenannten *Aufgabenlisten* zusammengefasst. Konfiguriert und ausgeführt werden diese Aufgabenlisten über den *Aufgaben-Manager*.

4.4.1 Anwendungsbereiche von Aufgabenlisten

Aufgaben-Manager

Der Aufgaben-Manager führt Sie anhand vordefinierter Aufgabenlisten durch umfangreiche Konfigurationsschritte. Einige Parameter dieser Listen können Sie vor der Ausführung anpassen, um z. B. kundenspezifische Namenskonventionen zu berücksichtigen.

SAP bietet für folgende Anwendungsfälle vordefinierte Aufgabenlisten an:

- **Initiales Setup**

  Nach der Installation eines SAP-Systems müssen verschiedene Aktivitäten durchgeführt werden, z. B. der bereits besprochene Import von Profilen, die Einrichtung von Betriebsarten, das Einspielen von Lizenzen oder die Einrichtung des Transportwesens, was wir in Abschnitt 7.1, »Transport Management System konfigurieren«, noch besprechen werden. Die hierzu bereitgestellte Aufgabenliste hat den Namen `SAP_BASIS_SETUP_INITIAL_CONFIG`.

- **Sicherheitsprüfungen**

  Sie können prüfen, ob Ihr System aus Sicherheitssicht korrekt eingerichtet ist, z. B. ob die verschlüsselten Verbindungen über SSL korrekt behandelt werden oder ob es Benutzer mit Vollberechtigungen im System gibt. Beispielhafte Aufgabenlisten hierzu sind `SAP_BASIS_SECURITY_CHECK_QC` oder `SAP_BASIS_SSL_CHECK`.

- **Einrichten von SAP Fiori und Embedded Search**

  Die Aufgabenlisten für SAP Fiori und Embedded Search (siehe auch Abschnitt 4.5.2, »Initiale Einrichtung der SAP-Fiori-Komponenten beim Embedded Deployment«) sind sehr hilfreich bei der Einrichtung von SAP Fiori, was sonst einen sehr hohen manuellen Aufwand bedeuten würde. Auf Aufgabenlisten gehe ich in Abschnitt 4.5, »SAP Gateway und SAP-Fiori-Frontend-Server einrichten«, genauer ein.

- **Automatisierung bei Systemkopien**

  Systemkopien werden in vielen Unternehmen eingesetzt, um in regelmäßigen Abständen das Testsystem als Kopie des Produktivsystems zu aktualisieren. Hierdurch stehen unter anderem produktivnahe Testdaten zur Verfügung. Eine Systemkopie erfordert sehr viele manuelle Vor- und Nacharbeiten, auf die ich in Abschnitt 6.3 genauer eingehe. SAP hat mit *SAP Landscape Management* (LaMa) und der *ABAP Post-Copy Automation* (PCA) zwei Produkte im Portfolio, mit denen Sie diese komplexen Aufgaben weitestgehend automatisieren können. Zu diesen Produkten gehören auch entsprechende Aufgabenlisten. Allerdings können Sie die Aufgabenlisten nicht verwenden, wenn Sie keine (kostenpflichtigen) Lizenzen für SAP Landscape Management besitzen. Weitere Informationen zu PCA finden Sie im SAP Help Portal auf der Seite *http://s-prs.de/v1121909*.

4.4.2 Ausführung von Aufgabenlistenläufen

Funktionen des Aufgaben-Managers

Den Aufgaben-Manager starten Sie über Transaktion STC01 (siehe Abbildung 4.17). Er bietet folgenden Funktionsumfang:

- Anzeigen von Aufgabenlisten und der enthaltenen Aufgaben
- Hinzufügen, Ändern und Entfernen von Aufgaben in Aufgabenlisten
- Löschen von nicht mehr benötigten Aufgabenlisten
- Kopieren von Aufgabenlisten
- Ausführen von Aufgabenlisten im Dialog oder als Hintergrundjob
- Anlegen von Varianten für Aufgabenlisten
- Ausführen von Varianten für Aufgabenlisten

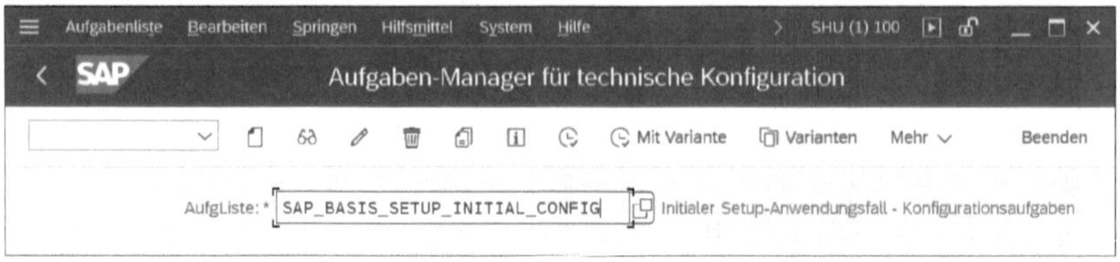

Abbildung 4.17: Einstiegsbildschirm der Transaktion STC01 (Aufgaben-Manager)

Dokumentation der Aufgabenlisten

Die Aufgabenlisten von SAP sind direkt im System dokumentiert. Haben Sie in Transaktion STC01 eine Aufgabenliste ausgewählt, können Sie mit dem Button (**Aufgabenliste anzeigen (F2)**) und anschließend über den Menüpfad **Springen • Dokumentation • Mit Aufgabendokumentation anzeigen** auf die Dokumentation zugreifen.

Voraussetzungen für die Ausführung

Bevor Sie eine Aufgabenliste ausführen, sollten Sie die folgenden Fragen beantworten:

- Sind Sie am richtigen Mandanten und mit der richtigen Anmeldesprache am SAP-System angemeldet?
- Hat Ihr Benutzer die notwendigen Berechtigungen und Benutzereinstellungen, um die Aufgabenliste auszuführen?
- Muss die Aufgabenliste im Hintergrund gestartet werden, da sie vermutlich lange laufen wird?
- Können Sie die Aufgabenliste jederzeit ausführen, oder sollten Sie eine möglichst lastarme Zeit abwarten?

In der Dokumentation zu den jeweiligen Aufgabenlisten (z. B. in Installationsleitfäden, Konfigurationsleitfäden oder SAP-Hinweisen) sollten die Antworten auf diese Fragen zu finden sein.

[+]

Nach SAP-Hinweisen suchen

Um sicher zu sein, dass die Aufgabenlisten fehlerfrei funktionieren, empfehle ich Ihnen zusätzlich, über den Namen der Aufgabenliste in der SAP-Wissensdatenbank nach entsprechenden SAP-Hinweisen zu suchen.

Über den Button (**Aufgabenlistenlauf generieren (F8)**) gelangen Sie in die Pflege des Aufgabenlistenlaufs. Hier stehen Ihnen folgende Funktionen zur Verfügung (siehe Abbildung 4.18):

- einzelne, auszuführende Aufgaben auswählen oder abwählen (Ankreuzfeld in der Spalte **Ausführen**)
- Aufgabendokumentation anzeigen (Button (**Aufgabendokumentation anzeigen**) in der Spalte **Hilfe**)

- Aufgabenlistendokumentation anzeigen (Button (**Aufgabenlistendokumentation**) in der oberen Funktionsleiste)
- Parameter einzelner Aufgaben ändern (Können für eine Aufgabenliste Parameter gepflegt werden, erkennen Sie dies an dem Icon (**Parameter ändern**) in der Spalte **Parameter**. Ich empfehle Ihnen, diese Parameter immer zu prüfen.)
- Haltepunkte setzen, damit die Ausführung an bestimmten Stellen anhält, um sie dann wieder explizit fortzusetzen (Sie können einen Haltepunkt setzen, indem Sie auf das Icon (**Wartet auf Ausführung**) in der Spalte **Status** klicken. Anstelle des ersten Icons wird dann ein Stoppsymbol (**Breakpoint gesetzt**) angezeigt.)

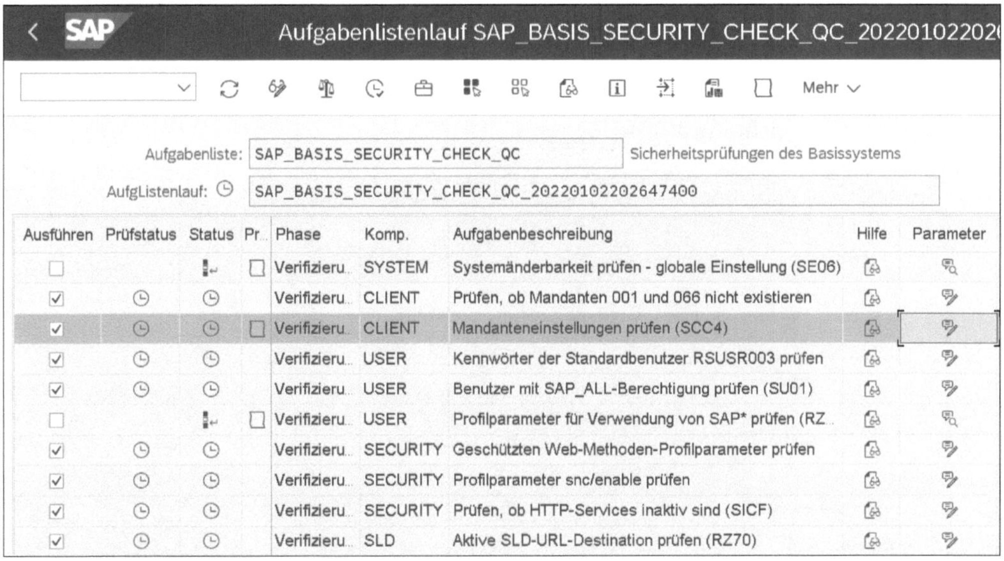

Abbildung 4.18: Aufgabenlistenlauf pflegen

- Aufgabenlistenlauf prüfen ()
- Aufgabenlistenlauf im Dialog starten ()
- Aufgabenlistenlauf im Hintergrund starten ()

Manuelle Schritte

Haben Sie alle Vorbereitungen getroffen, starten Sie den Ausgabenlistenlauf im Dialog oder im Hintergrund. Wird eine Aufgabe mit einem Fehler beendet oder ein Haltepunkt erreicht, bleibt die Ausführung an dieser Stelle stehen. Manche Aufgabenlisten haben auch manuelle Schritte, bei denen Sie manuelle Aktivitäten durchführen müssen. Auch hier hält die Ausführung an und muss nach Ausführung der manuellen Schritte wieder gestartet werden. Bei jedem Start haben Sie wieder die Möglichkeit, zwischen dem Start im Dialog oder im Hintergrund auszuwählen.

> **Zugriff auf begonnene Aufgabenlistenläufe**
> Haben Sie einen Aufgabenlistenlauf, den Sie über Transaktion STC01 gestartet haben, verlassen, können Sie diesen Aufgabenlistenlauf nur über den *Aufgabenlistenlauf-Monitor* (Transaktion STC02) weiter überwachen und steuern. Nähere Informationen zum Aufgabenlistenlauf-Monitor finden Sie im folgenden Abschnitt.

4.4.3 Überwachung von Aufgabenlistenläufen

Aufgabenlistenlauf-Monitor

Um Aufgabenlistenläufe zu überwachen oder die Protokolle bereits ausgeführter Aufgabenlisten einzusehen, verwenden Sie den *Aufgabenlistenlauf-Monitor* (Transaktion STC02). Auf der Einstiegsseite können Sie anhand umfangreicher Kriterien nach Aufgabenlistenläufen suchen und diese anzeigen. In Abbildung 4.19 sehen Sie einen zuvor ausgeführten Aufgabenlistenlauf zur initialen Einrichtung des SAP-Systems.

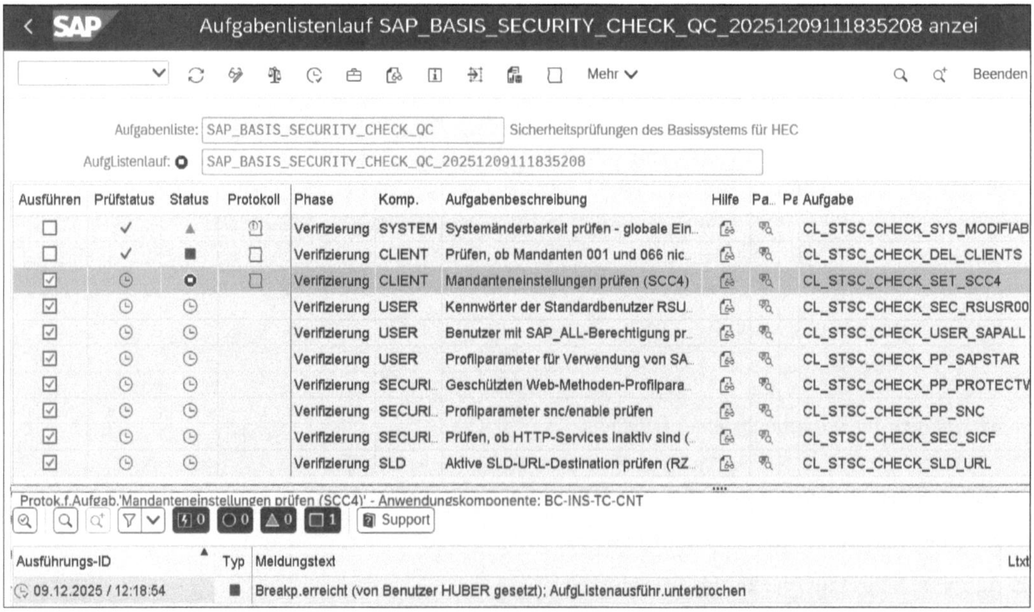

Abbildung 4.19: Anzeige eines Aufgabenlistenlaufs in Transaktion STC02

Parameter ändern

Bricht der Aufgabenlistenlauf wegen eines Fehlers innerhalb einer Aufgabe ab, können Sie die Fehlersituation über die Fehlerprotokolle analysieren und den Aufgabenlistenlauf anschließend erneut starten. Müssen Sie zur Fehlerbehebung die Parameter der fehlerhaften Aufgabe ändern, können Sie dazu in den Änderungsmodus wechseln.

Können Sie den Fehler nicht beheben, wollen ihn aber tolerieren und den Aufgabenlistenlauf mit der Ausführung der nächsten Aufgabe fortsetzen, können Sie im Änderungsmodus das Häkchen in der Spalte **Ausführen** zur fehlerhaften Aufgabe entfernen.

Aufgabe überspringen

Ist ein Aufgabenlistenlauf beendet, wird dieser für eine weitere Ausführung gesperrt. Möchten Sie einen Aufgabenlistenlauf erneut ausführen, müssen Sie über Transaktion STC01 einen neuen Lauf anlegen.

4.5 SAP Gateway und SAP-Fiori-Frontend-Server einrichten

Obwohl in SAP S/4HANA viele Funktionen weiterhin über SAP-GUI-Transaktionen erreichbar sind, benötigen Sie für den vollen Funktionsumfang von SAP S/4HANA zwingend SAP Fiori. Eine wesentliche Aufgabe der Administration von SAP S/4HANA ist daher auch die Einrichtung von SAP Fiori, auf die ich in diesem Abschnitt genauer eingehe.

SAP Fiori Rapid Activation

In diesem Abschnitt beschreibe ich die Schritte der empfohlenen Bereitstellungsoption *Embedded Deployment*, also der gemeinsamen Bereitstellung von SAP Fiori und SAP S/4HANA auf einem SAP-System. Wenn Sie diese Bereitstellungsoption wählen, können Sie die hier beschriebene Methode der *SAP Fiori Rapid Activation* anwenden.

4.5.1 Komponenten von SAP Fiori

Um zu verstehen, wie die schnelle Aktivierung von SAP Fiori funktioniert, sollten Sie zunächst die Komponenten kennen, die im Zusammenhang mit SAP Fiori eine Rolle spielen. Ich stelle sie in diesem Abschnitt vor.

Das sogenannte *Backend-System* beinhaltet die Applikationslogik der mit SAP S/4HANA bereitgestellten Geschäftsprozesse. Um die Applikationslogik und die Geschäftsdaten zugreifbar zu machen, müssen *OData-Services* auf dem System bereitgestellt werden. Die eigentlichen SAP-Fiori-Apps, die in den meisten Fällen auf Basis von *SAPUI5* entwickelt wurden, müssen auf dem *Frontend-Server* über *ICF-Services* (Internet Communication Framework) aktiviert werden. Beim Embedded Deployment befinden sich Backend-System und Frontend-Server innerhalb des gleichen SAP-Systems.

Voraussetzungen zum Betrieb der Apps

Über die *SAP Fiori Apps Reference Library*, die Sie unter der URL *https://fioriappslibrary.hana.ondemand.com* erreichen, sind die Zusammenhänge zwischen den einzelnen Komponenten beschrieben. Hier können Sie für die einzelnen Apps jeweils herausfinden, welche Komponenten benötigt werden, welche OData- und ICF-Services aktiviert werden müssen und welche *Anwendungsrol-*

len (Business Roles) Sie benötigen, um die jeweiligen Apps auszuführen. Diese Informationen sind für verschiedene administrative Aufgaben, z. B. eine manuelle Einrichtung einer App oder Fehleranalysen, sehr wichtig.

Als Beispiel zur Verwendung der Reference Library habe ich die App **Manage Purchase Orders (Version 2)** herausgesucht, mit deren Hilfe ein Einkäufer oder eine Einkäuferin Bestellungen verwalten kann. Wollten Sie diese App manuell bereitstellen, müssten Sie die folgenden Schritte durchführen.

Suchen Sie diese App in der SAP Fiori Apps Reference Library über das Suchfeld. Auf der Registerkarte **IMPLEMENTATION INFORMATION** im Abschnitt **Installation** sehen Sie die Softwarekomponenten, die Sie dafür benötigen (siehe Abbildung 4.20).

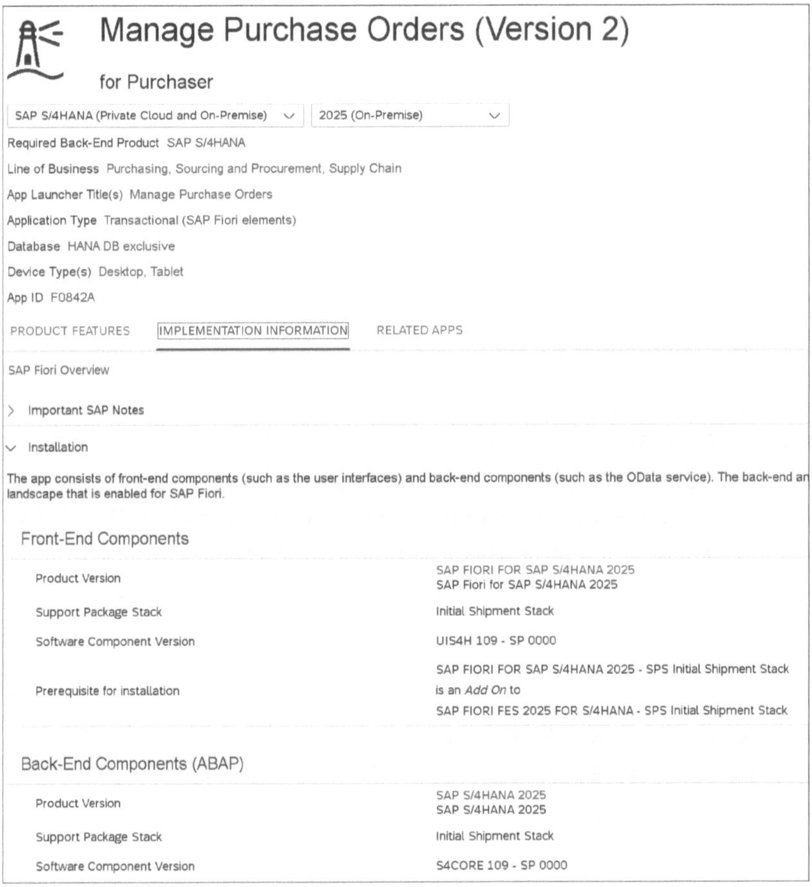

Abbildung 4.20: Abschnitt »Installation« in der Dokumentation einer App in der SAP Fiori Apps Reference Library

Da die App zur Grundfunktionalität von SAP S/4HANA gehört, müssen Sie keine zusätzlichen Softwarekomponenten installieren, um sie zu nutzen. Sowohl die

Softwarekomponente für das Frontend (UIS4H 109 SP0) als auch die Softwarekomponente für das Backend (S4CORE 109 SP0) sind standardmäßig bereits installiert. Überprüfen können Sie dies in SAP GUI über den Menüpfad **System • Status • Details**. Wäre die in der Reference Library aufgeführte Softwarekomponente dort nicht angegeben, müssten Sie diese zuerst installieren.

ICF-Knoten

Im Abschnitt **Configuration** (siehe Abbildung 4.21) weiter unten finden Sie die benötigten *ICF-Knoten*, die Sie auf dem Frontend-Server aktivieren müssen. Hinter diesen ICF-Knoten liegt jeweils der Quellcode der Apps. Die manuelle Aktivierung nehmen Sie in Transaktion SICF vor.

OData-Services

Auf dem Backend-System müssen Sie die benötigten OData-Services aktivieren. Dazu müssen Sie die Services bei einer manuellen Aktivierung in der Transaktion /N/IWFND/MAINT_SERVICE auf dem Frontend-Server hinzufügen und anschließend aktivieren.

Configuration

The following sections list app-specific data required to configure the app:

Please note that this app has related apps which need to be configured

SAPUI5 Application

The ICF nodes for the following SAPUI5 application must be activated on the front-end server:

Component	Technical Name	Path to ICF Node	SAP UI5 Component
SAP UI5 Application	MM_PO_MANAGES1	/sap/bc/ui5_ui5/sap/mm_po_manages1	ui.ssuite.s2p.mm.pur.po.manage.st.s1
	FND_OM_OUT_CLS1 *	/sap/bc/ui5_ui5/sap/fnd_om_out_cls1	sap.ssuite.fnd.om.outputcontrol
	PLM_ATH_CRES1 *		sap.se.mi.plm.lib.attachmentservice
	SD_PRC_REUSELS1 *	/sap/bc/ui5_ui5/sap/sd_prc_reusels1	sap.cus.sd.lib.pricing

* Added automatically due to dependencies

OData Service(s)

The following OData services must be activated on the front-end server
Users require PFCG authorization for the front-end and back-end systems.

OData Service	Version	Software Component Version	Back-End Authorization Role (PFCG)
MM_PUR_PO_MAINT_V2_SRV	0001	S4CORE 109	

Abbildung 4.21: Abschnitt »Configuration« in der Dokumentation einer App in der SAP Fiori Apps Reference Library

Damit die Anwender*innen die App im SAP Fiori Launchpad sehen und nutzen können, müssen sie über die notwendigen Berechtigungen verfügen. Auch die Informationen zu diesen Berechtigungen finden Sie im Abschnitt **Configuration** im Bereich **Business Role(s)** (siehe Abbildung 4.22). Auf die Berechtigungen für SAP-Fiori-Apps gehe ich in Kapitel 8, »Benutzer und Berechtigungen«, noch genauer ein.

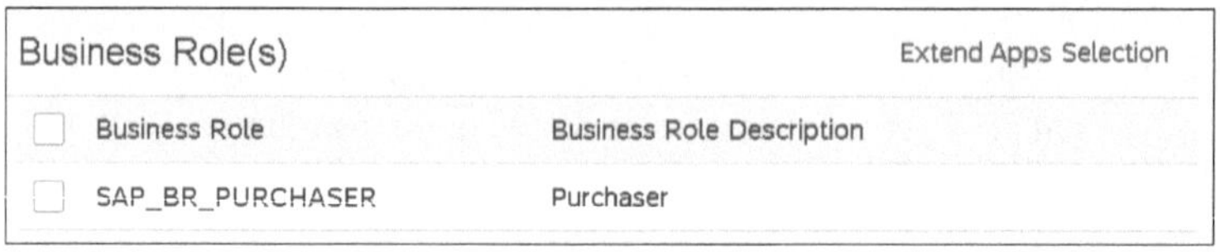

Abbildung 4.22: Abschnitt »Configuration« in der SAP Fiori Apps Reference Library – Anwendungsrollen zur Nutzung einer App

Vermutlich gibt es viele Hunderte für Ihr Unternehmen relevante SAP-Fiori-Apps, eine manuelle Konfiguration jeder App wäre daher sehr zeitintensiv. Die hier beschriebenen Aktivitäten können Sie daher automatisch mit der Aufgabenliste `SAP_FIORI_CONTENT_ACTIVATION` ausführen, die in Abschnitt 4.5.3, »Schnelle Aktivierung von SAP Fiori (SAP Fiori Rapid Activation)«, beschrieben ist.

4.5.2 Initiale Einrichtung der SAP-Fiori-Komponenten beim Embedded Deployment

SAP-Hinweis 2902673

Prüfen Sie vor der Durchführung der initialen Konfiguration von SAP Fiori den für Ihre Systemversion passenden SAP-Hinweis, um sich über aktuelle Informationen und Fehlerkorrekturen zu informieren. Zentraler Einstiegspunkt ist hier SAP-Hinweis 2902673. Von dort aus können Sie zu dem für Ihre Version passenden SAP-Hinweis navigieren. Für SAP S/4HANA 2025 Initial Shipment Stack ist dies etwa der SAP-Hinweis 3608355. Eine Dokumentation zur Einrichtung ist dort ebenfalls verlinkt.

Aufgabenlisten für die SAP-Fiori-Konfiguration

In Abschnitt 4.4 haben Sie bereits gelernt, wie Sie mit Aufgabenlisten arbeiten können. Mithilfe diverser Aufgabenlisten können Sie SAP Fiori sehr schnell einrichten. Führen Sie dazu folgende Aufgabenlisten unter Beachtung des SAP-Hinweises und der Dokumentation nacheinander aus:

- `SAP_GW_FIORI_ERP_ONE_CLNT_SETUP`
- `SAP_ESH_INITIAL_SETUP_WRK_CLIENT`
- `SAP_FIORI_FOUNDATION_S4`
- `/UIF/SCHEDULE_LREP_JOB`
- `/UI2/FLP_HEALTH_CHECKS`
- `SAP_BW_SETUP_INITIAL_S4HANA`

Nach der erfolgreichen Ausführung können Sie bereits prüfen, ob sich das SAP Fiori Launchpad in Ihrem System öffnet. Sie können hierzu im SAP GUI die Transaktion /N/UI2/FLP aufrufen. Es sollte sich ein Webbrowserfenster öffnen und ein leeres SAP Fiori Launchpad anzeigen.

[!]

Internet Explorer nicht mehr unterstützt

Öffnet sich das Fenster im Internet Explorer, erhalten Sie eine Meldung, dass dieser Browser nicht mehr unterstützt wird. Sie könnten die URL zwar einfach in einen unterstützen Browser kopieren, sollten allerdings in den Einstellungen des SAP GUI grundsätzlich nicht mehr den Internet Explorer als Standardoption festlegen. Um die Einstellung zu ändern, wählen Sie im SAP GUI den Pfad **Mehr • SAP GUI – Einstellungen + Aktionen • Optionen**. Im sich öffnenden Fenster können Sie den Standardbrowser im Bereich **Interaktionsdesign • Control-Einstellungen** auf **Edge (basiert auf Chromium)** umstellen (siehe Abbildung 4.23). Weitere Informationen und Hintergründe zu den unterstützten Webbrowsern finden Sie in SAP-Hinweis 2913405.

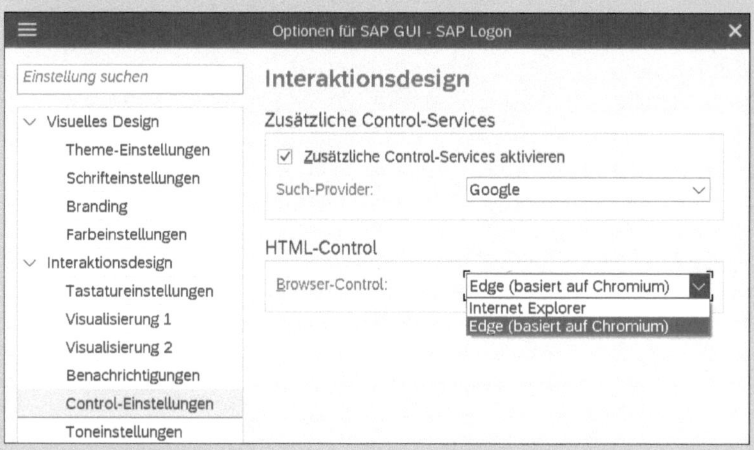

Abbildung 4.23: HTML-Control-Einstellung in SAP GUI

4.5.3 Schnelle Aktivierung von SAP Fiori (SAP Fiori Rapid Activation)

Aktivierungsumfang definieren

Im Vorfeld einer SAP-S/4HANA-Einführung haben die Fachbereiche in der Regel definiert, welche SAP-Fiori-Apps benötigt werden. Diese Informationen werden oft im Rahmen von Nutzungsanalysen oder des SAP S/4HANA Readiness Checks automatisch ermittelt. Sie sollten auch nur die Apps aktivieren, die wirklich benötigt werden. Das Ergebnis ist auch dann eine Liste mit meist mehreren hundert Apps. Anhand der Liste dieser Apps können Sie anschließend eine Liste der zugehörigen Anwendungsrollen erstellen. Das Ergebnis können Sie dann als Eingangsparameter in der Aufgabenliste `SAP_FIORI_CONTENT_ACTIVATION` hinterlegen.

Aufgabeliste ausführen

In dieser Aufgabeliste können Sie die Anwendungsrollen einfach per Copy and Paste aus einer Excel-Tabelle einfügen (siehe Abbildung 4.24). Anhand der Anwendungsrollen ermittelt die Aufgabenliste automatisch die zu aktivierenden

ICF-Knoten und OData-Services. Da die Aktivierung der Apps sehr viele Ressourcen benötigt, sollten Sie maximal 100 Rollen einfügen. Wenn Sie mehr Rollen benötigen, sollten Sie die Rollen aufteilen und die Aufgabenliste entsprechend mehrmals hintereinander ausführen.

Selbstverständlich können Sie über dieselbe Aufgabenliste jederzeit weitere SAP-Fiori-Apps aktivieren. Dazu suchen Sie sich aus der SAP Fiori Reference Apps Library die benötigten Anwendungsrollen heraus und führen die Aufgabenliste noch einmal mit der oder den benötigten Anwendungsrollen aus.

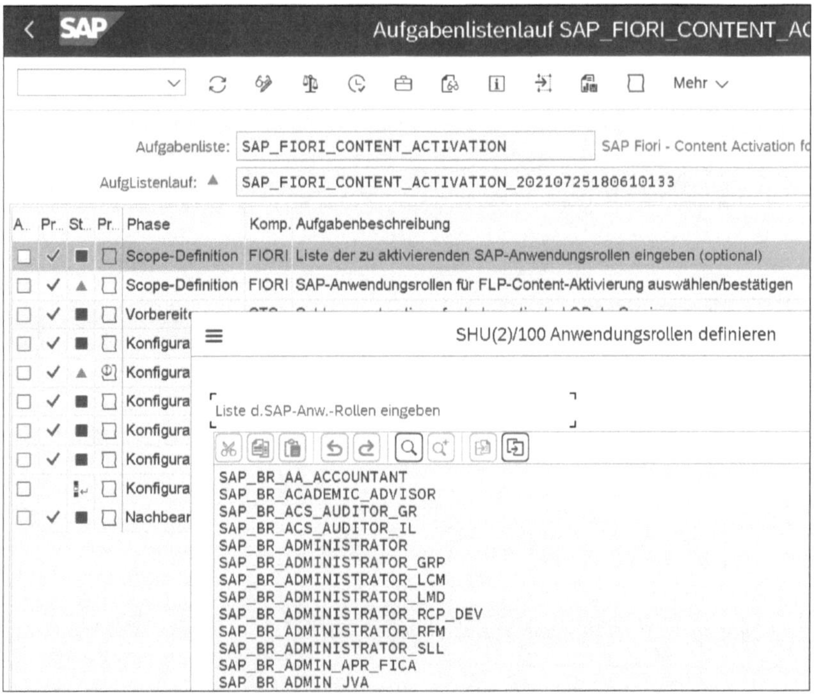

Abbildung 4.24: Benötigte Anwendungsrollen in Aufgabenliste einfügen

Bei einem Upgrade von einer SAP-S/4HANA-Version zu einer neueren, verändern sich möglicherweise auch bereits aktivierte SAP-Fiori-Apps. Beachten Sie die entsprechenden Anweisungen in den genannten Hinweisen, welche Aufgabenlisten nach einem Update erneut durchzuführen sind. Die Aufgabenliste `SAP_FIORI_CONTENT_ACTIVATION` berücksichtigt z. B. nur die von SAP ausgelieferten Anwendungsrollen. Haben Sie eigene Rollen definiert, verwenden Sie nach einem Update stattdessen die Aufgabenliste `SAP_FIORI_FCM_CONTENT_ACTIVATION`.

Für alle Aspekte der SAP-Fiori-Administration empfehle ich Ihnen das Buch »SAP Fiori – Administration und Konfiguration« von Michael Englbrecht und Andreas Pflugrad (SAP PRESS 2024).

4.6 Starten und Stoppen der ABAP-Plattform

Reihenfolge beim Starten und Stoppen

Bevor Sie die ABAP-Plattform starten, müssen Sie zuerst die SAP-HANA-Plattform starten (siehe Abschnitt 5.3, »Starten und Stoppen der SAP-HANA-Plattform«). Beim Herunterfahren sollten Sie immer zuerst die ABAP-Plattform stoppen, bevor Sie die SAP-HANA-Plattform stoppen.

Auch innerhalb der ABAP-Plattform gilt es, eine Reihenfolge beim Starten und Stoppen einzuhalten: Die PAS- und AAS-Instanzen benötigen zum Betrieb immer auch die ASCS-Instanz. Daher muss die ASCS-Instanz vor den anderen Instanzen gestartet werden. Auch hier gilt beim Stoppen die umgekehrte Reihenfolge.

Starten und Stoppen einzelner Instanzen

In einigen Fällen reicht es natürlich, nur betroffene Instanzen durchzustarten. Hierzu möchte ich Ihnen ein paar Beispiele nennen:

- **Tausch einer Hardwarekomponente auf dem Host mit ASCS- und PAS-Instanz**

  Es müssen zunächst alle AAS-Instanzen auf allen Hosts, anschließend die PAS-Instanz und schließlich die ASCS-Instanz gestoppt werden. Die SAP-HANA-Plattform muss nicht gestoppt werden, wenn sie nicht auf dem betroffenen Host läuft.

- **Ändern eines Profilparameters einer AAS-Instanz eines Hosts**

  Es muss nur die betroffene AAS-Instanz durchgestartet werden.

- **Ändern eines Parameters der SAP-HANA-Plattform, der nur durch das Durchstarten der Datenbank gültig wird**

  Sie müssen alle Instanzen des SAP-Systems (in der Reihenfolge AAS, PAS, ASCS) stoppen. Anschließend starten Sie die SAP-HANA-Plattform durch und starten danach wieder alle Instanzen des SAP-Systems (in der Reihenfolge ASCS, PAS, AAS).

- **Ändern eines Parameters der ASCS-Instanz**

  Es müssen alle AAS-Instanzen auf allen Hosts sowie die PAS- und ASCS-Instanz gestoppt werden. Die SAP-HANA-Plattform muss nicht gestoppt werden.

4.6.1 Betriebssystemabhängiges Start-up-Framework

Das Starten und Stoppen der ABAP-Plattform läuft unterschiedlich ab, je nachdem, welches Betriebssystem Sie für die ABAP-Plattform verwenden.

SAP Startservice

Grundlage für das Starten und Stoppen ist der *SAP Startservice*, der auf Linux als Daemon und auf Windows als Service implementiert ist. Er läuft auf jedem Host, auf dem eine Instanz eines SAP-Systems installiert ist. Auch die SAP-HANA-Plattform arbeitet mit dem SAP Startservice.

Der SAP Startservice bietet folgende Funktionen:

- Starten und Stoppen
- Anzeige des Systemzustandes
- Zugriff auf Log-, Trace- und Konfigurationsdateien
- Auslesen technischer Informationen, z. B. aktiver Sitzungen

Bereitgestellte Webservices

Diese Funktionen werden über Webservices von `sapstartsrv` zur Verfügung gestellt. Monitoring-Werkzeuge, wie z. B. die *SAP Microsoft Management Console* (MMC), nutzen die hierüber bereitgestellten Webservices.

Im Folgenden gehe ich auf die Unterschiede zwischen den Betriebssystemen Linux und Windows ein.

Linux

systemd

Bei Linux wird beim Start des Betriebssystems der Dienstmanager *systemd* ausgeführt. Alle SAP-S/4HANA-Komponenten (SAP-HANA-Datenbank, ASCS, PAS, AAS und der SAP-Hostagent) werden bei der Installation oder beim Update als Dienste registriert. In Abbildung 4.25 sehen Sie die entsprechenden Dateien, sogenannte *Units*, im Verzeichnis */etc/systemd/system/*. Alle SAP-Dienste werden der *Slice* »SAP« zugeordnet, die durch die Datei *SAP.slice* im gleichen Verzeichnis repräsentiert wird. Die Slice dient zur Gruppierung aller SAP-Dienste. So können Sie diese dann gemeinsam betrachten oder Einstellungen treffen, die dann für alle zugehörigen Dienste gelten.

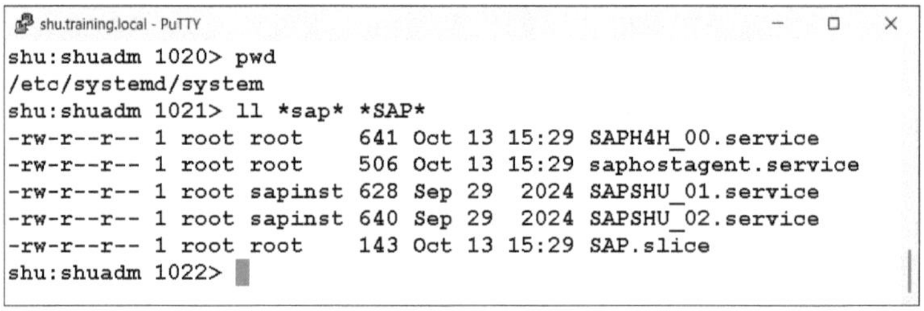

Abbildung 4.25: Die in systemd registrierten SAP-Dienste

In Listing 4.1 sehen Sie z. B. den Inhalt der Dienst-Konfigurationsdatei meiner PAS-Instanz *SAPSHU_01.service*.

```
# Automatically generated. Do not modify.

[Unit]
Description=SAP Instance SAPSHU_01
After=remote-fs.target time-sync.target
Wants=remote-fs.target
```

```
[Service]
User=shuadm
Group=sapsys
TimeoutStartSec=120sec
TimeoutStopSec=360sec
Type=notify
NotifyAccess=all
KillMode=process
WorkingDirectory=/usr/sap/SHU/D01/work
Environment=LD_LIBRARY_PATH=/usr/sap/SHU/D01/exe
ExecStart=/usr/sap/SHU/D01/exe/sapstartsrv pf=/usr/sap/SHU/
SYS/profile/SHU_D01_shu -setup_env
KillSignal=SIGINT
Slice=SAP.slice
SyslogIdentifier=SAPSHU_01
LimitNOFILE=1048576
TasksMax=infinity
Restart=on-failure
RestartSec=60s

[Install]
WantedBy=multi-user.target
```

Listing 4.1: Dienst-Datei der PAS-Instanz »SAPSHU_01.service«

drop-in files

Ändern Sie die Dateien nicht manuell. Bei einem erneuten Registrierungsprozess (z. B. bei einem Update) werden sie wieder mit Standardwerten überschrieben. Notwendige, kundenindividuelle Anpassungen, wie z. B. das Ändern von Timeout-Werten, müssen über sogenannte systemd-*Drop-in-Files* erfolgen. Weiterführende Informationen hierzu finden Sie in SAP-Hinweis 3139184.

Neben den Dienst-Dateien finden Sie die Datei */usr/sap/sapservices*, die ebenfalls beim Registrierungsprozess einer Instanz aktualisiert wird. In dieser Datei sind alle auf dem Host registrierten Instanzen aufgeführt. Listing 4.2 zeigt einen exemplarischen Inhalt dieser Datei. Da auf dem betreffenden Host sowohl die SAP-HANA- als auch die ABAP-Plattform installiert ist, finden Sie hier drei entsprechende Einträge (für SAP HANA, ASCS-Instanz und die PAS-Instanz). Wie bei den Dienst-Dateien, dürfen Sie die *sapservices*-Datei nicht manuell ändern. Die Datei eignet sich jedoch gut, um schnell einen Überblick über die auf einem Host installierten Instanzen zu gewinnen.

```
#!/bin/sh
limit.descriptors=1048576
systemctl --no-ask-password start SAPSHU_02 # sapstartsrv pf=/
usr/sap/SHU/SYS/profile/SHU_ASCS02_shu
```

```
systemctl --no-ask-password start SAPSHU_01 # sapstartsrv pf=/
usr/sap/SHU/SYS/profile/SHU_D01_shu
systemctl --no-ask-password start SAPH4H_00 # sapstartsrv pf=/
usr/sap/H4H/SYS/profile/H4H_HDB00_shu
```

Listing 4.2: Inhalt der Datei »/usr/sap/sapservices«

Während des Boot-Vorgangs startet der Dienstmanager die Dienste entsprechend Ihren Einstellungen. Bei den SAP-Diensten wird gemäß den Dienste-Dateien jeweils ein sapstartsrv-Prozess gestartet (z. B. `ExecStart=/usr/sap/SHU/D01/exe/sapstartsrv pf=/usr/sap/SHU/SYS/profile/SHU_D01_shu -setup_env`). In Abbildung 4.26 sehen Sie die gestarteten `sapstartsrv`-Prozesse. Die `sapsrartsrv`-Prozesse warten anschließend auf Anweisungen der Administrationswerkzeuge.

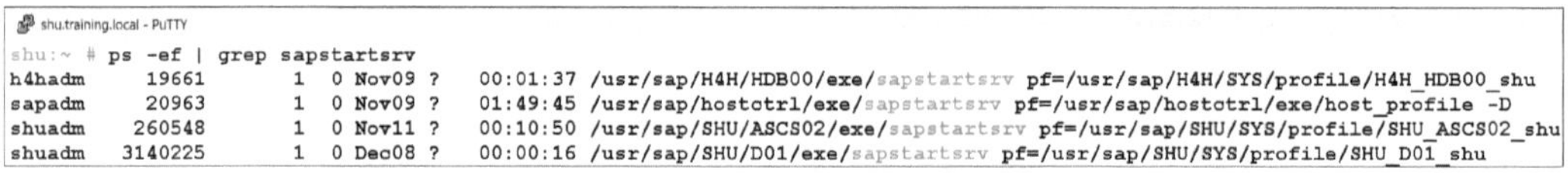

Abbildung 4.26: Anzeige der gestarteten sapstartsrv-Prozesse

In Abbildung 4.27 sehen Sie die beteiligten Komponenten des Start-up-Frameworks auf Linux.

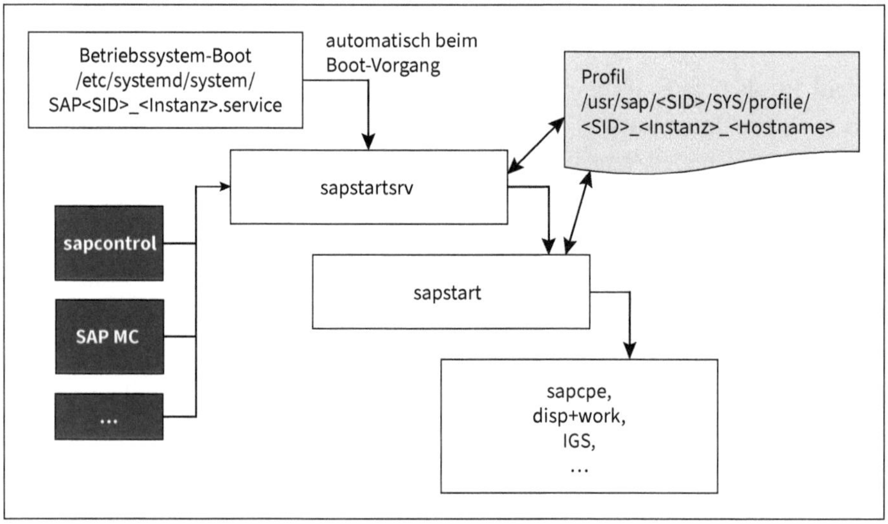

Abbildung 4.27: Aufbau des Start-up-Frameworks auf Linux

[»]

systemd ersetzt sapinit

Erst ab SUSE SLES 15 bzw. RHEL 8 in Verbindung mit neuen Kernel-Versionen basiert das Startup-Framework auf systemd. Zuvor wurde das auf

SysV basierende *sapinit* verwendet. Am einfachsten erkennen Sie , ob das neue Verfahren genutzt wird, an der Datei */usr/sap/sapservices*. Beginnen die Zeilen mit `systemctl --no-ask-password start SAP<SID>_<Instanznummer>`, wird das neue Framework genutzt.

Wurde das System bereitgestellt, als noch das alte Verfahren genutzt wurde, finden Sie noch entsprechende Dateien und Dienste im System (z. B. `etc/init.d/sapinit`). Diese können entfernt werden. Prüfen Sie zuvor jedoch, ob alle Instanzen das neue Verfahren nutzen. Weitere Informationen hierzu finden Sie in SAP-Hinweis 3498345. Andere Unix-Systeme verwenden auch heute noch das alte Verfahren.

systemctl

Durch die Integration in systemd haben Sie auch weitere Möglichkeiten, die Instanzen des SAP-Systems zu überwachen, zu starten und zu stoppen. Hierfür verwenden Sie das Kommando `systemctl`. Die Namenskonvention der Services ist immer `SAP<SID>_<Instanznummer>.service`. Der SAP-Hostagent hat den Servicenamen `saphostagent.service`. In Abbildung 4.28 sehen Sie z. B. die Abfrage des Status der Instanz 01 meines SAP-Systems SHU mit dem Kommando `systemctl status SAPSHU_01.service`.

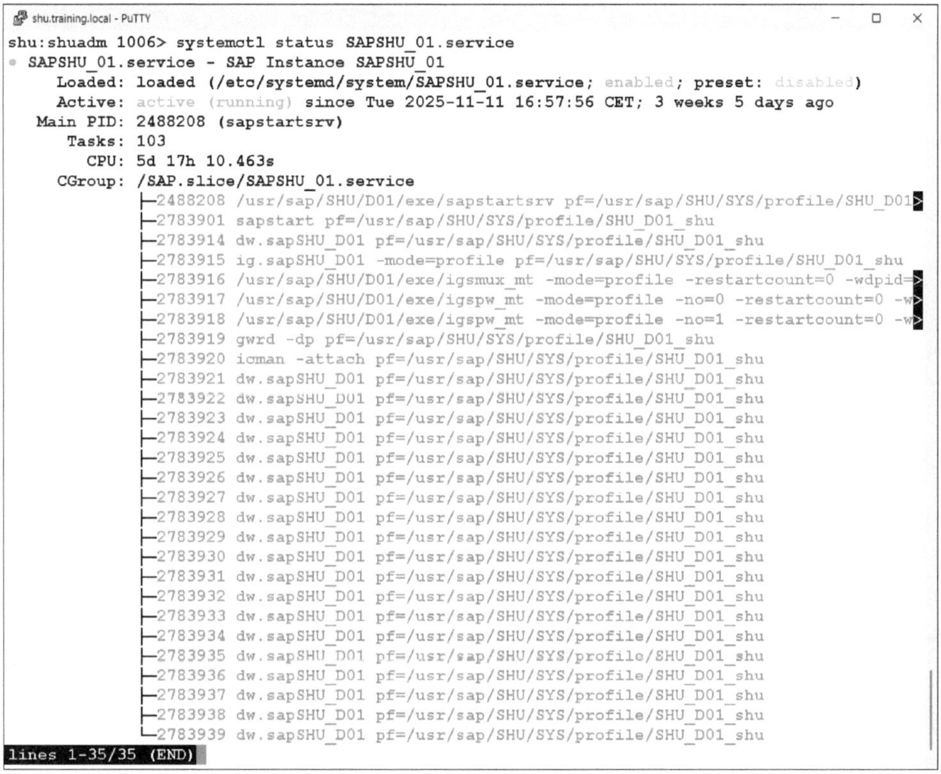

Abbildung 4.28: Status einer SAP-Instanz mit systemctl

Mit den Optionen `start`, `stop` oder `restart` können Sie die Services (und damit die SAP-Instanzen) entsprechend starten, stoppen oder neu starten. SAP rät allerdings davon ab. Dies liegt hauptsächlich an den Timeout-Einstellungen des Betriebssystems. Linux wartet eventuell nicht lange genug auf das Starten und Stoppen der Anwendung, was zu unerwünschten Effekten führen kann. Verwenden Sie stattdessen die in Abschnitt 4.6.2 und in Abschnitt 4.6.3 genannten Methoden. Die Hintergründe finden Sie in SAP-Hinweis 3139184.

Windows

Auf Windows wird die Datei *sapstartsrv.exe* direkt als Dienst (Service) beim Betriebssystemstart gestartet. In Abbildung 4.29 sehen Sie die beteiligten Komponenten des Start-up-Frameworks auf Windows.

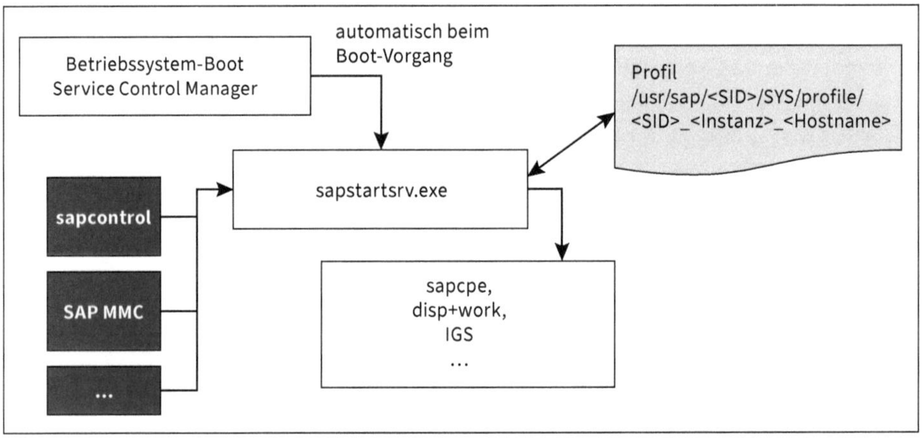

Abbildung 4.29: Aufbau des Start-up-Frameworks auf Windows

4.6.2 Starten und Stoppen mit »sapcontrol«

Kommandos und Optionen

Wenn Sie über die Kommandozeile als Benutzer `<sid>adm` (<SID> steht hier für die System-ID der ABAP-Plattform) am Host angemeldet sind, können Sie mit den folgenden Kommandos des Werkzeugs `sapcontrol` einzelne ABAP-Instanzen starten und stoppen:

```
sapcontrol -nr <Instanznummer> -function Start
sapcontrol -nr <Instanznummer> -function Stop
```

Da Sie beim Starten und Stoppen die richtige Reihenfolge beachten müssen, benötigen Sie Kenntnis darüber, hinter welcher Instanznummer sich welche Instanz verbirgt. Sind die Instanzen auf mehrere Hosts verteilt, müssen Sie sich an mehreren Hosts anmelden, um nach und nach alle Instanzen zu starten oder zu stoppen.

Alternativ können Sie auch Instanzen auf Remote-Hosts über die folgende Syntax starten und stoppen:

```
sapcontrol -nr <Instanznummer> -host <Remote-Host>  -user
<sid>adm <Kennwort> -function Start|Stop
```

Möchten Sie die gesamte ABAP-Plattform starten oder stoppen, verwenden Sie besser die Optionen `-function StartSystem|StopSystem`. Dabei spielt es dann keine Rolle, welche Instanznummer Sie angeben. Es muss nur eine gültige Instanz des Systems sein.

Startpriorität

Die Instanzen haben jeweils eine vordefinierte *Startpriorität*, die Sie über die Option `-function GetSystemInstanceList` einsehen können (siehe Abbildung 4.30 unten). Die ASCS-Instanz hat die höchste Priorität 1, die PAS-Instanz hat Priorität 3. Beim Starten und Stoppen über die Optionen `StartSystem|StopSystem` wird diese Priorität berücksichtigt. Da die SAP-HANA-Plattform mit ihrer SID und Instanznummer nicht zur ABAP-Plattform gehört, müssen Sie diese Plattform separat starten bzw. stoppen. Das zeige ich Ihnen in Abschnitt 5.3, »Starten und Stoppen der SAP-HANA-Plattform«.

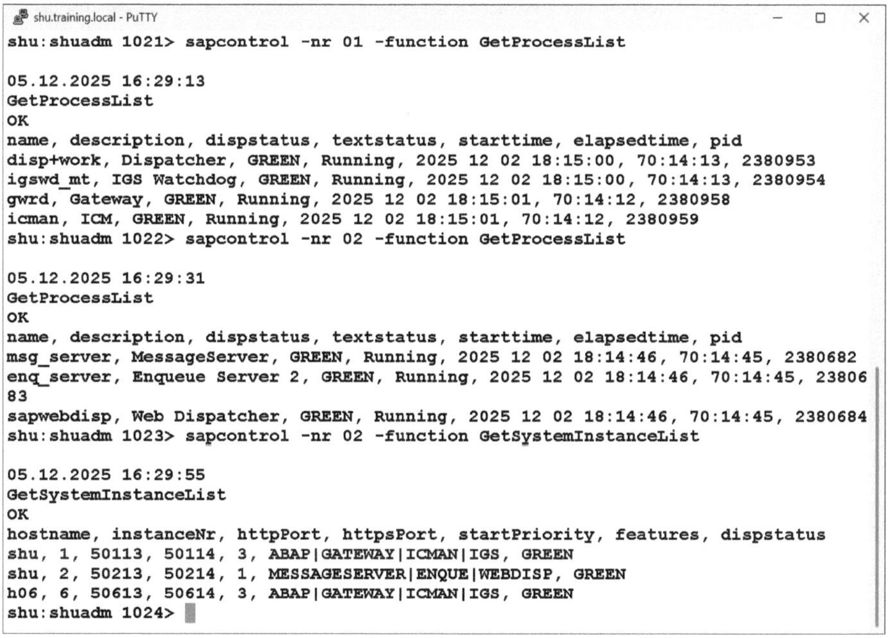

```
shu:shuadm 1021> sapcontrol -nr 01 -function GetProcessList

05.12.2025 16:29:13
GetProcessList
OK
name, description, dispstatus, textstatus, starttime, elapsedtime, pid
disp+work, Dispatcher, GREEN, Running, 2025 12 02 18:15:00, 70:14:13, 2380953
igswd_mt, IGS Watchdog, GREEN, Running, 2025 12 02 18:15:00, 70:14:13, 2380954
gwrd, Gateway, GREEN, Running, 2025 12 02 18:15:01, 70:14:12, 2380958
icman, ICM, GREEN, Running, 2025 12 02 18:15:01, 70:14:12, 2380959
shu:shuadm 1022> sapcontrol -nr 02 -function GetProcessList

05.12.2025 16:29:31
GetProcessList
OK
name, description, dispstatus, textstatus, starttime, elapsedtime, pid
msg_server, MessageServer, GREEN, Running, 2025 12 02 18:14:46, 70:14:45, 2380682
enq_server, Enqueue Server 2, GREEN, Running, 2025 12 02 18:14:46, 70:14:45, 23806
83
sapwebdisp, Web Dispatcher, GREEN, Running, 2025 12 02 18:14:46, 70:14:45, 2380684
shu:shuadm 1023> sapcontrol -nr 02 -function GetSystemInstanceList

05.12.2025 16:29:55
GetSystemInstanceList
OK
hostname, instanceNr, httpPort, httpsPort, startPriority, features, dispstatus
shu, 1, 50113, 50114, 3, ABAP|GATEWAY|ICMAN|IGS, GREEN
shu, 2, 50213, 50214, 1, MESSAGESERVER|ENQUE|WEBDISP, GREEN
h06, 6, 50613, 50614, 3, ABAP|GATEWAY|ICMAN|IGS, GREEN
shu:shuadm 1024>
```

Abbildung 4.30: Systemzustand ermitteln mit »sapcontrol«

Zustandsbericht

Mit der Option `-function GetProcessList` erhalten Sie den Zustandsbericht der Prozesse einer Instanz. Mit der Option `-function GetSystemInstanceList` fragen Sie einen Zustandsbericht über alle Instanzen aller beteiligter Hosts ab. Dabei spielt es keine Rolle, welche Instanz Sie angeben, es muss nur eine zum System gehörende Instanz sein. In Abbildung 4.30 sehen Sie diese Kommandos in Aktion.

Das Programm `sapcontrol` bietet viele weitere Optionen an. Rufen Sie `sapcontrol` ohne Parameter auf, erhalten Sie eine Hilfe zum Werkzeug.

4.6.3 Instanzen mit der SAP Microsoft Management Console verwalten

SAP stellt mit der SAP MMC ein Snap-in für die *Microsoft Management Console* (MMC) bereit. Mit diesem Werkzeug können Sie alle Instanzen Ihrer SAP-S/4HANA-Systeme, einschließlich der SAP-HANA-Plattform, über die grafische Benutzeroberfläche eines Windows-PCs administrieren. Voraussetzung dafür ist, dass die Webservice-Ports zum Prozess `sapstartsrv` (5<Instanznummer>13 bzw. 5<Instanznummer>14) freigeschaltet sind.

Download

Einen Link zum Download des Snap-ins finden Sie auf der Webseite *http://s-prs.de/v1121910*. Sie benötigen eine S-User-ID mit Downloadberechtigungen. Nach der Installation können Sie die SAP MMC starten.

Instanzen hinzufügen

Zunächst müssen Sie die Instanzen Ihrer SAP-Systeme in der SAP MMC hinzufügen. Wählen Sie hierzu den Knoten **SAP Systems** mit der rechten Maustaste aus, und wählen Sie die Option **Eigenschaften**. Auf der Registerkarte **Fixed** können Sie die Instanzen Ihrer SAP-S/4HANA-Systeme über den Button **>>Add>>** hinzufügen, wie in Abbildung 4.31 gezeigt.

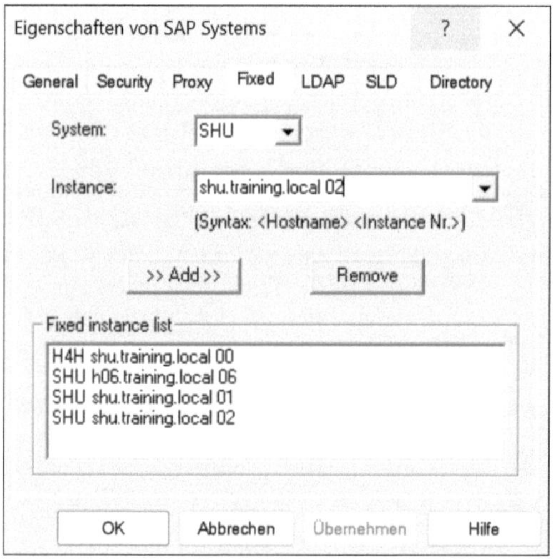

Abbildung 4.31: Instanzen der SAP Microsoft Management Console hinzufügen

Im Anschluss werden Ihnen die Instanzen mit ihrem aktuellen Status und vielen hilfreichen Informationen angezeigt (siehe Abbildung 4.32).

Die Verwendung der SAP MMC ist weitestgehend selbsterklärend. Die Funktionen zum Starten und Stoppen ganzer Systeme oder einzelner Instanzen erreichen Sie über das Kontextmenü (rechte Maustaste) des jeweiligen Knotens.

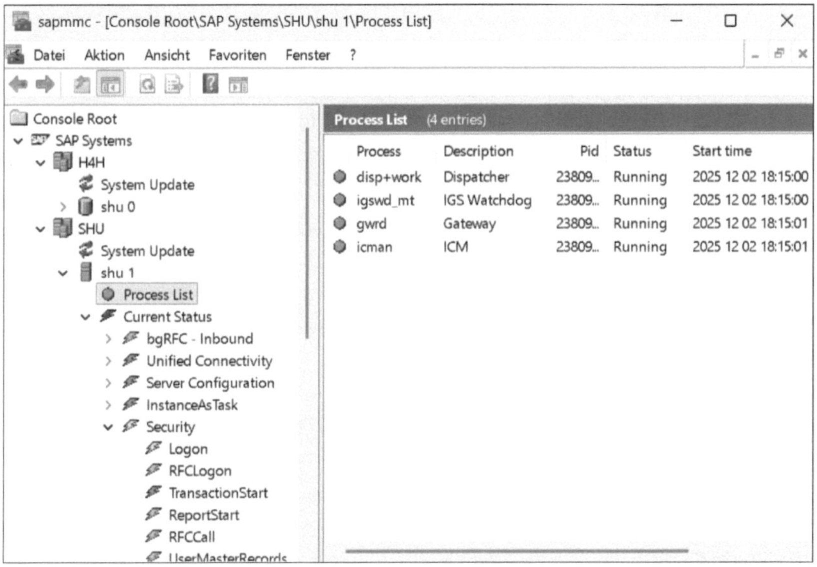

Abbildung 4.32: Instanzübersicht in der SAP Microsoft Management Console

4.6.4 Startprotokolle prüfen

Fehlerursachen suchen

Treten beim Starten einer Instanz Probleme auf, finden Sie in den Protokollen weitere Informationen zur Ursache des Problems. Sie finden die Startprotokolle im Verzeichnis */usr/sap/<SID>/<Instanz>/work* auf Unix/Linux bzw. *<Laufwerk>:\usr\sap\<Instanz>\work* auf Windows. Die folgenden Dateien sind hier relevant:

- *sapstart.log*
- *sapstartsrv.log*
- *dev_disp* (PAS- und AAS-Instanzen)
- *dev_w0* (PAS- und AAS-Instanzen)
- *dev_rd* (PAS- und AAS-Instanzen)
- *dev_ms* (ASCS-Instanz)
- *dev_webdisp* (ASCS-Instanz)
- *dev_enqserver* (ASCS Instanz)

Bei jedem Start werden die zuvor genannten Protokolle neu angelegt. Die alten Protokolle bekommen den Namenszusatz *.old*. Es gibt zu jedem Workprozess ein Protokoll *dev_w<Workprozessnummer>*. Klappt das Starten des Systems nicht, ist es meist egal, in welches Protokoll Sie schauen. Ich nehme der Einfachheit halber immer das Protokoll *dev_w0*.

Beispiel für eine Fehleranalyse

Um eine Fehlersituation zu konstruieren, versuchen wir im Folgenden, die ABAP-Plattform zu starten, ohne vorher die SAP-HANA-Plattform gestartet zu haben. Wie Sie in Abbildung 4.33 sehen, wird dabei die ASCS-Instanz erfolgreich gestartet. Dies liegt daran, dass die ASCS-Instanz selbst keine Verbindung zur Datenbank benötigt. Die PAS-Instanz bleibt jedoch im Status **YELLOW**, da die Workprozesse (`disp+work`) und der ABAP Dispatcher nicht starten können.

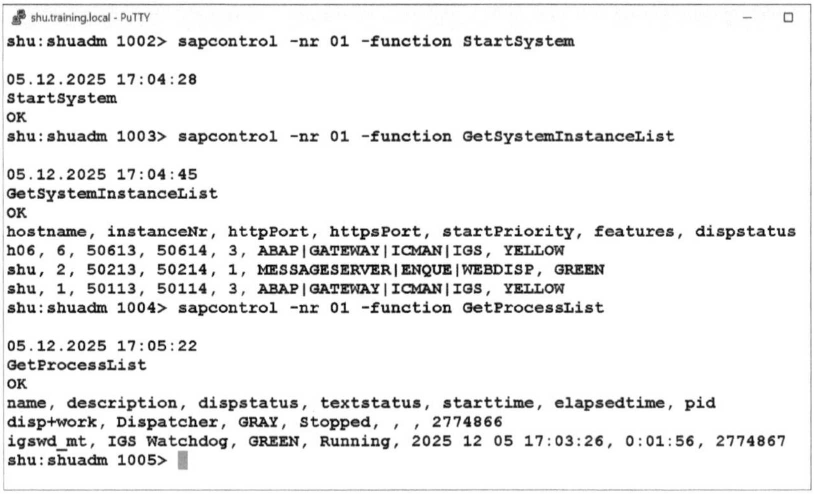

```
shu.training.local - PuTTY
shu:shuadm 1002> sapcontrol -nr 01 -function StartSystem

05.12.2025 17:04:28
StartSystem
OK
shu:shuadm 1003> sapcontrol -nr 01 -function GetSystemInstanceList

05.12.2025 17:04:45
GetSystemInstanceList
OK
hostname, instanceNr, httpPort, httpsPort, startPriority, features, dispstatus
h06, 6, 50613, 50614, 3, ABAP|GATEWAY|ICMAN|IGS, YELLOW
shu, 2, 50213, 50214, 1, MESSAGESERVER|ENQUE|WEBDISP, GREEN
shu, 1, 50113, 50114, 3, ABAP|GATEWAY|ICMAN|IGS, YELLOW
shu:shuadm 1004> sapcontrol -nr 01 -function GetProcessList

05.12.2025 17:05:22
GetProcessList
OK
name, description, dispstatus, textstatus, starttime, elapsedtime, pid
disp+work, Dispatcher, GRAY, Stopped, , , 2774866
igswd_mt, IGS Watchdog, GREEN, Running, 2025 12 05 17:03:26, 0:01:56, 2774867
shu:shuadm 1005>
```

Abbildung 4.33: Fehler beim Startvorgang (PAS-Instanz startet nicht)

Ein Blick in die Datei *sapstart.log* bestätigt dies, gibt aber noch keine Auskunft, warum die Workprozesse nicht gestartet werden können (siehe Listing 4.3).

```
New Child Process created.
Starting local Command: Command:  dw.sapSHU_D01
pf=/usr/sap/SHU/SYS/profile/SHU_D01_h4h
*** 2025/12/05 17:12:47 Child terminated with Status 0 . ***
```

Listing 4.3: Auszug aus der Datei »sapstart.log«

Ein Blick in die Datei *dev_w0* offenbart den Ursprung des Problems durch die Fehlermeldung »Connect to database failed« (siehe Listing 4.4).

```
C  *** ERROR => Connect to database failed, rc=1, rcSQL=-10709
[dbhdbsql.cpp 612]
C  SQLCODE    : -10709
C Fri Dec  5 17:11:55:239 2025
C  SQLERRTEXT : Connection failed (RTE:[89006]
System call 'connect' failed, rc=111:Connection refused
```

```
{192.168.200.\
C               129:52746 -> 192.168.200.129:30013}
(shu.training.local:30013))
B  ***LOG BV3=> severe db error -10709; work process is stopped
[dbsh         1319]
```

Listing 4.4: Auszug aus der Datei »dev_w0« mit einer Fehlermeldung

Warum die SAP-HANA-Plattform nicht erreichbar ist, kann natürlich viele Ursachen haben, die nun zu analysieren sind. In diesem einfachen Beispiel war die SAP-HANA-Plattform einfach nur gestoppt.

4.6.5 Wartungsmodus pflegen

Die Wartung und damit einhergehend die Nicht-Verfügbarkeit von SAP-Systemen müssen Sie gut planen und die Anwender*innen frühzeitig informieren. Dies gilt nicht nur für produktiv genutzte SAP-Systeme. Auch Entwicklungssysteme und Testsysteme sind für bestimmte Benutzergruppen (Entwickler*innen, Tester*innen) sehr wichtige Systeme, die für die produktive Arbeit dieser Personengruppen benötigt werden.

Systemmeldung pflegen

Stimmen Sie daher mit den Fachbereichen die geplante Ausfallzeit ab, und informieren Sie alle Anwender*innen möglichst frühzeitig über eine Systemmeldung, die Sie in Transaktion SM02 für SAP GUI und in der SAP-Fiori-App **Nachrichten verwalten** für das SAP Fiori Launchpad pflegen können.

Wartungsmodus

Unmittelbar vor dem Herunterfahren können Sie das System in den *Wartungsmodus* versetzen. Dies hat folgende Vorteile:

- Anwender*innen werden über eine Systemmeldung aufgefordert, sich abzumelden. Nach 10 Minuten (die Zeit bis zum Erreichen dieses Status ist beim Wechsel in den Wartungsmodus definierbar) werden sie automatisch abgemeldet (außer Benutzerkonten, für die besondere Sicherheitsrichtlinien gelten).
- Es werden keine neuen Jobs von Benutzerkonten gestartet, die keiner besonderen Sicherheitsrichtline zugewiesen sind.
- Es können sich keine Anwender*innen neu am System anmelden (außer Benutzer mit besonderen Sicherheitsrichtlinien).
- Eingehende HTTP-Verbindungen über den SAP Web Dispatcher werden nicht mehr akzeptiert (somit ist auch kein Zugriff auf das SAP Fiori Launchpad mehr möglich).

Transaktion SMAINTENANCE

Den Wartungsmodus können Sie über Transaktion SMAINTENANCE pflegen (siehe Abbildung 4.34). Sie benötigen hierzu die Berechtigungsobjekte `S_RZL_ADM, id ACTVT=1` und `S_ADMI_FCD, id S_ADMI_FCD=PADM`. Darüber hinaus muss Ihrer Benutzer-ID einer Sicherheitsrichtlinie mit dem Attribut TENANT_RUNLEVEL_LOGON_PRIVILEGE zugewiesen sein. Diese Richtline benötigen alle Anwender*innen, um sich während der Wartung am System anmelden zu können, bzw. technische Benutzer, deren Jobs während der Wartung weiter ausgeführt werden sollen. Wie Sie eine solche Sicherheitsrichtlinie anlegen und Benutzern zuweisen können, erkläre ich Ihnen in Abschnitt 8.2.1, »Benutzer verwalten«.

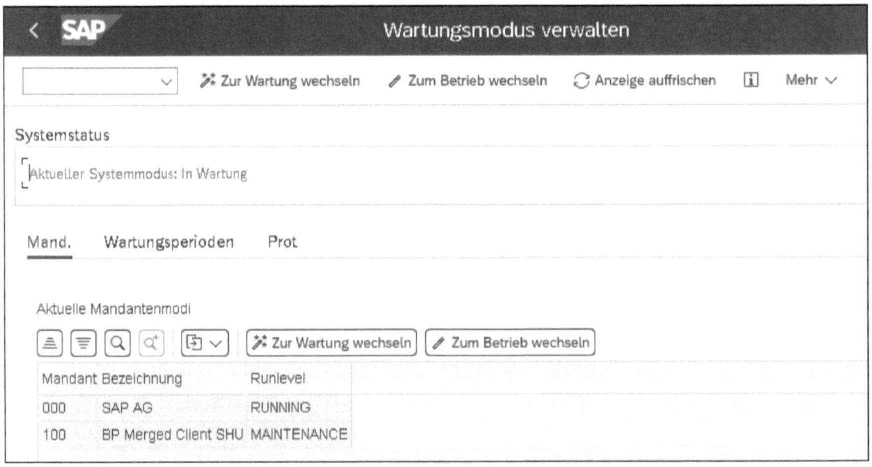

Abbildung 4.34: Wartungsmodus verwalten (Transaktion SMAINTENANCE)

Über die beiden Buttons **Zur Wartung wechseln** und **Zum Betrieb wechseln** können Sie den entsprechenden Workflow starten. Die Buttons sind nur auswählbar, wenn Sie Ihrem Benutzer die oben genannte Sicherheitsrichtlinie zugewiesen haben. So wird verhindert, dass Sie sich selbst aus dem System ausschließen.

Sie können den Wartungsmodus für das gesamte System (obere Buttons) oder einzelne Mandanten (untere Buttons) pflegen. Auf der Registerkarte **Wartungsperioden** können Sie die Wartungsperioden zwar im Voraus eintragen, dies bedeutet aber nicht, dass das System automatisch zur angegebenen Periode in den Wartungsmodus wechselt. Allerdings werden zu den eingetragenen Perioden keine Hintergrundjobs ausgeführt, deren ausführende Hintergrundbenutzer nicht der speziellen Sicherheitsrichtlinie zugeordnet sind. Beachten Sie, dass die angegebenen Zeiten in UTC angegeben sein müssen!

Befindet sich das System im Wartungsmodus, können Sie es herunterfahren und die Wartung durchführen. Vergessen Sie nach dem Hochfahren des Systems nicht, den Wartungsmodus wieder zu beenden. Eine Checkliste der notwendigen Arbeiten während der Downtime finden Sie in Abschnitt A.5, »Wartungsaufgaben«.

Kapitel 5
Administration und Konfiguration der SAP-HANA-Plattform

In diesem Kapitel führe ich Sie in die wichtigsten Administrationswerkzeuge für die SAP-HANA-Plattform ein und erkläre, wie Sie die SAP-HANA-Plattform für den Betrieb von SAP S/4HANA konfigurieren können.

In vielen Unternehmen gibt es eine Trennung zwischen der SAP-Basis-Administration und der Datenbankadministration. Vielleicht ist das auch in Ihrem Unternehmen der Fall und es gibt für die Administration der Datenbank ein eigenes Team. Wie bereits in Kapitel 1, »Einführung in die Architektur von SAP S/4HANA«, erläutert, überschneiden sich die Bereiche Anwendung und Datenbank jedoch zusehends. Sie benötigen daher auch als SAP-Basis-Administrator*in ein tiefes Verständnis für die Administration und Konfiguration der SAP-HANA-Plattform. Die in diesem Kapitel vorgestellten Werkzeuge werden Sie darüber hinaus auch für die in Kapitel 14 behandelte Überwachung der SAP-HANA-Plattform verwenden.

Sie lernen in Abschnitt 5.1 die Administrationswerkzeuge kennen. In Abschnitt 5.2, »Konfiguration der SAP-HANA-Datenbank«, lernen Sie, wie Sie mithilfe der vorgestellten Administrationswerkzeuge Anpassungen an der SAP-HANA-Plattform vornehmen. In Abschnitt 5.3 zeige ich Ihnen, wie Sie die SAP-HANA-Plattform starten und stoppen können. In Abschnitt 5.4, »Backup und Recovery«, erfahren Sie schließlich, wie Sie Ihre Datenbank sichern und wiederherstellen können.

5.1 Administrationswerkzeuge

Welches Werkzeug?

SAP hält für die Administration der Datenbank verschiedene Werkzeuge bereit. Funktional gibt es hier teilweise große Unterschiede, viele alltägliche Aufgaben können Sie aber mit unterschiedlichen Werkzeugen gleich gut durchführen. Es stellt sich also die Frage, welches Werkzeug Sie für welche Aufgabe verwenden. Hierbei können mehrere Kriterien ausschlaggebend sein: So können Sie nur Werkzeuge verwenden, auf die Sie Zugriff haben oder für deren Nutzung Sie berechtigt sind. Ich treffe meine Entscheidung darüber, welches Werkzeug ich nutze, meist abhängig von dem Ort im System, an dem ich mich gerade befinde. Bin ich bereits über das SAP GUI am SAP-S/4HANA-System angemeldet, geht der Weg ins DBA Cockpit schneller als das Öffnen eines neuen Browserfensters für das SAP HANA Cockpit.

5.1.1 DBA Cockpit

Transaktion DBACOCKPIT

Das Datenbankadministrations-Cockpit (*DBA Cockpit*) ist ein Datenbankwerkzeug der ABAP-Plattform und somit integraler Bestandteil von SAP S/4HANA. Der Zugriff erfolgt über das SAP GUI über den Transaktionscode DBACOCKPIT.

Das DBA Cockpit gab es schon lange vor SAP HANA. Es konnte auch bereits in älteren SAP-Systemen zur Administration anderer Datenbanken eingesetzt werden. Abhängig davon, auf welcher Datenbankplattform Ihr SAP-System betrieben wurde, unterschied sich der Funktionsumfang stark. Sollten Sie das DBA Cockpit schon zur Administration einer anderen Datenbankplattform verwendet haben, sollten Sie es sich daher im Kontext von SAP HANA noch einmal genauer anschauen. Da SAP HANA die einzige Datenbankplattform für SAP S/4HANA ist und SAP selbst Hersteller dieser Datenbank ist, ist der Funktionsumfang des DBA Cockpits für diese Datenbank beachtlich. Auch ich habe die Möglichkeiten des DBA Cockpits lange unterschätzt.

Verschiedene Sichten

Neben der Transaktion DBACOCKPIT gibt es noch weitere Transaktionen zum Aufruf des DBA Cockpits, wie z. B. DB02, ST04 und DB13. Letztendlich steckt hinter diesen Transaktionen immer das DBA Cockpit, jedoch mit unterschiedlichen Sichten. Je nach Aufgabe gelangen Sie durch Nutzung der spezielleren Transaktionscodes schneller an die richtige Stelle. In Tabelle 5.1 gebe ich Ihnen einen Überblick über die Transaktionen des DBA Cockpits.

Transaktion	Fokus	Einstiegspunkt im DBA Cockpit
DBACOCKPIT	Systemkonfiguration	**Systemkonfiguration**
DB01	blockierte Transaktionen	**Diagnose • Sperren • Blockierte Transaktionen**
DB02	Tabellen und Indizes	**Diagnose • Fehlende Tabellen und Indizes**
DB50	Datenbankassistent	**Aktueller Status • Überblick**
ST04	Performancemonitor	**Aktueller Status • Überblick**
DB13	Einplanungskalender	**Jobs • DBA-Einplanungskalender**
DB13C	zentraler Einplanungskalender	**Jobs • Zentraler Kalender**

Tabelle 5.1: Transaktionen innerhalb des DBA Cockpits

Transaktion	Fokus	Einstiegspunkt im DBA Cockpit
DB26, DB03	Parameter	**Konfiguration • Änderungshistorie für INI-Dateien**
DB12	Backups	**Diagnose • Backup Catalog**
DBCO	Datenbankverbindungen	Bietet die gleiche Funktionalität wie **Datenbankverbindungen** im DBA Cockpit.
HDB_SQLDBC	SQLDBC-Trace	**Konfiguration • Trace Konfiguration • SQLDBC Trace**

Tabelle 5.1: Transaktionen innerhalb des DBA Cockpits (Forts.)

Einrichtung der Datenbankverbindung

Schemabenutzer

Das DBA Cockpit ist in SAP S/4HANA über den *Schemabenutzer* `SAPHANADB` mit der eigenen SAP-HANA-Datenbank verbunden. Wie Sie in Abschnitt 3.2.1, »Softwarekomponenten«, gelernt haben, besteht eine SAP-HANA-Datenbank jedoch mindestens aus zwei Datenbanken, nämlich der Systemdatenbank und mindestens einer Tenant-Datenbank, die Ihr SAP-S/4HANA-System beherbergt. Da die Verbindung des Applikationsservers zur Tenant-Datenbank unverzichtbar ist, ist diese Datenbankverbindung auch im DBA Cockpit automatisch hinterlegt. Für eine vollumfängliche Konfiguration und Administration benötigen Sie jedoch auch Zugriff auf die Systemdatenbank. Nur so sind Sie in der Lage, systemweite Aufgaben über das DBA Cockpit durchzuführen. Zu diesen Aufgaben gehören:

- Backup der Systemdatenbank
- Anpassung systemweiter Parameter (z. B. `global_allocation_limit`)
- Zugriff auf Alerts, Protokolle usw. der Systemdatenbank

Zweite Datenbankverbindung

Damit Sie diese und weitere Aufgaben über das DBA Cockpit durchführen können, benötigen Sie eine zweite Datenbankverbindung zur Systemdatenbank. Die zur Herstellung benötigten Verbindungsparameter »Host« und »Instanznummer« können Sie aus der Verbindung zur Tenant-Datenbank übernehmen. Als Port müssen Sie allerdings »3<Instanznummer>13« angeben.

Die größte Herausforderung bei der Konfiguration der Verbindung ist der Benutzername, den Sie für die Verbindung verwenden möchten. Hier sollten Sie auf keinen Fall den Datenbankbenutzer `SYSTEM` verwenden. In den Sicherheitsrichtlinien von SAP ist beschrieben, dass dieser Benutzer gesperrt sein soll und nur bei unverzichtbaren Aktivitäten kurzzeitig entsperrt werden darf. Ist der Benutzer nicht gesperrt, erhalten Sie auch im *SAP-EarlyWatch-Bericht* eine kritische Meldung.

[»]

SAP-EarlyWatch-Bericht

Der SAP-EarlyWatch-Bericht ist ein Serviceangebot von SAP, das jedem Kunden mit gültigem Wartungsvertrag kostenlos zur Verfügung steht. Der Bericht wird wöchentlich automatisch erstellt und enthält Informationen zum Gesundheitszustand des SAP-Systems. Auch für die Administration enthält er wichtige Informationen. In Abschnitt 12.3, »SAP-EarlyWatch-Bericht«, und in Abschnitt 13.10, »Ganzheitliche Überwachung«, gehe ich genauer auf die Inhalte ein.

Der Datenbankbenutzer `DBACOCKPIT` existiert nur in der Tenant-Datenbank und scheidet somit ebenfalls aus. Eventuell existiert bereits ein technischer Benutzer `COCKPIT_MONITOR` (Name kann abweichen), der für das SAP HANA Cockpit regelmäßig die Monitoring-Daten sammelt. Bedenken Sie aber, dass dieser Benutzer nur Anzeigeberechtigungen hat und daher für das DBA Cockpit ebenfalls ungeeignet ist.

Eigenen Datenbankbenutzer anlegen

Da die anderen Datenbankbenutzer also nicht infrage kommen, sollten Sie einen eigenen Datenbankbenutzer genau für diesen Zweck anlegen. Hierfür verwenden Sie idealerweise ein anderes Administrationswerkzeug, mit dem Sie sich im ersten Schritt z. B. als Benutzer `SYSTEM` an der Systemdatenbank anmelden, um dann im zweiten Schritt einen Benutzer `DBACOCKPIT` anzulegen und die erforderlichen Berechtigungen an diesen Benutzer zu vergeben. Im folgenden Beispiel führe ich diese Aktivität mit dem Betriebssystemwerkzeug `hdbsql` aus, das ich in Abschnitt 5.1.2 genauer vorstelle. Selbstverständlich kann diese Aufgabe aber auch über das *SAP HANA Cockpit* ausgeführt werden, das Sie in Abschnitt 5.1.3 kennenlernen.

1. Verbinden Sie sich, angemeldet als Betriebssystembenutzer `<sid>adm`, über einen Kommandozeilen-Client (z. B. PuTTY) mit dem Betriebssystem des SAP-S/4HANA-Applikationsservers.
2. Geben Sie folgendes Kommando ein:

   ```
   hdbsql -n <Hostname der Datenbank>
   -i <Instanznummer der Datenbank>
   -u SYSTEM -p <Passwort des Users SYSTEM> -d SYSTEMDB
   ```

3. Führen Sie dann die folgenden SQL-Befehle nacheinander oder in einem Block aus. Zunächst legen Sie eine neue Rolle an:

   ```
   CREATE ROLE DBA_COCKPIT;
   ```

   Sie erhalten für diesen und die weiteren SQL-Befehle jeweils folgende Erfolgsmeldung:

   ```
   0 rows affected (overall time …)
   ```

4. Nun weisen Sie der Rolle die benötigten Berechtigungen zu. Verwenden Sie dazu die SQL-Anweisung `GRANT <Berechtigung> TO <Rolle>`, wie in Listing 5.1 gezeigt.

```
GRANT MONITORING TO DBA_COCKPIT;
GRANT BACKUP ADMIN TO DBA_COCKPIT;
GRANT CATALOG READ TO DBA_COCKPIT;
GRANT INIFILE ADMIN TO DBA_COCKPIT;
GRANT SERVICE ADMIN TO DBA_COCKPIT;
GRANT TRACE ADMIN TO DBA_COCKPIT;
GRANT RESOURCE ADMIN TO DBA_COCKPIT;
GRANT LICENSE ADMIN TO DBA_COCKPIT;
GRANT SELECT ON SCHEMA _SYS_STATISTICS TO DBA_COCKPIT;
GRANT EXECUTE ON SCHEMA _SYS_STATISTICS TO DBA_COCKPIT;
GRANT UPDATE ON SCHEMA _SYS_STATISTICS TO DBA_COCKPIT;
GRANT INSERT ON SCHEMA _SYS_STATISTICS TO DBA_COCKPIT;
GRANT DELETE ON SCHEMA _SYS_STATISTICS TO DBA_COCKPIT;
GRANT SELECT ON SYS.FULL_SYSTEM_INFO_DUMPS TO DBA_COCKPIT;
GRANT EXECUTE ON SYS.FULL_SYSTEM_INFO_DUMP_CREATE TO DBA_
COCKPIT;
GRANT EXECUTE ON SYS.FULL_SYSTEM_INFO_DUMP_RETRIEVE TO DBA_
COCKPIT;
GRANT EXECUTE ON SYS.FULL_SYSTEM_INFO_DUMP_DELETE TO DBA_
COCKPIT;
GRANT EXECUTE ON SYS.MANAGEMENT_CONSOLE_PROC TO DBA_COCKPIT;
```

Listing 5.1: SQL-Anweisungen zur Vergabe von Berechtigungen an die Rolle DBA_COCKPIT

5. Legen Sie den Benutzer `DBACOCKPIT` an. Verwenden Sie dabei ein komplexes Passwort, das Ihren Passwortrichtlinien entspricht. Die Option `NO FIRST_PASSWORD_CHANGE` bewirkt, dass der Benutzer sein initiales Passwort nicht ändern muss, was in unserem Fall eines technischen Benutzers sinnvoll ist:

```
CREATE USER DBACOCKPIT PASSWORD <zu verwendendes Passwort>
NO FORCE_FIRST_PASSWORD_CHANGE;
```

6. Mit folgendem Befehl verhindern Sie, dass der Benutzer sein Passwort nach einer bestimmten Zeit ändern muss (im Standard wäre dies nach 182 Tagen der Fall).

```
ALTER USER DBACOCKPIT DISABLE PASSWORD LIFETIME;
```

Auch dieser Schritt ist bei technischen Benutzern sinnvoll, da die Verbindung sonst nach Ablauf dieser Zeit nicht mehr funktionieren würde.

7. Zuletzt weisen Sie dem Benutzer die anfangs erstellte Rolle zu:

```
GRANT DBA_COCKPIT TO DBACOCKPIT;
```

Verbindung einrichten

Mit diesen Schritten haben Sie in der Systemdatenbank der SAP-HANA-Datenbank einen Benutzer mit ausreichenden Berechtigungen angelegt. Nun können Sie die Verbindung einrichten:

1. Melden Sie sich hierzu über das SAP GUI am SAP-S/4HANA-System an und starten Sie die Transaktion DBCO.
2. Wechseln Sie in den Änderungsmodus und legen Sie über den Button **Neue Einträge** eine neue Verbindung an. Abbildung 5.1 zeigt die Sicht zur Eingabe der Verbindungsparameter. Verwenden Sie hier die Werte aus Tabelle 5.2.

Abbildung 5.1: Anlegen einer Datenbankverbindung über Transaktion DBCO

Parameter	Wert
DB-Verbindung	SYSTEMDB
DBMS	HDB
Benutzername	DBACOCKPIT
DB-Passwort	<das bei der Anlage des Benutzers verwendete Passwort>
Verb.Info	<Hostname der Datenbank>:3<Instanznummer der Datenbank>13, z. B. shu.training.local:30013

Tabelle 5.2: Verbindungsparameter für Transaktion DBCO

3. Sichern Sie die Verbindung anschließend.

Verbindung zur Systemdatenbank

Öffnen Sie nun die Transaktion DBACOCKPIT, um die Verbindung zur Systemdatenbank einzurichten:

1. Auf der rechten Seite des Bildschirms sehen Sie die bestehende Verbindung zur Tenant-Datenbank über den Benutzer SAPHANADB. Wählen Sie in der Funktionsleiste darüber die Funktion **Hinzufügen**.
2. Tragen Sie in der Spalte **System** den Wert »SYSTEMDB« ein.

3. Markieren Sie das Ankreuzfeld **Datenbankverbindung** und geben Sie dort ebenfalls den Wert »SYSTEMDB« ein.
4. Sichern Sie anschließend Ihre Eingaben.

Im unteren Bereich des Bildschirms sollten Sie nun eine Erfolgsmeldung sehen, dass der Systemeintrag gesichert und aktiviert wurde. Wenn Sie im SAP GUI einen Schritt zurückgehen, sehen Sie beide Datenbankverbindungen zur Tenant-Datenbank und zur Systemdatenbank (siehe Abbildung 5.2). Im Fehlerfall müssen Sie nochmals überprüfen, ob alle Verbindungsdaten, Benutzer und Passwort korrekt eingegeben wurden.

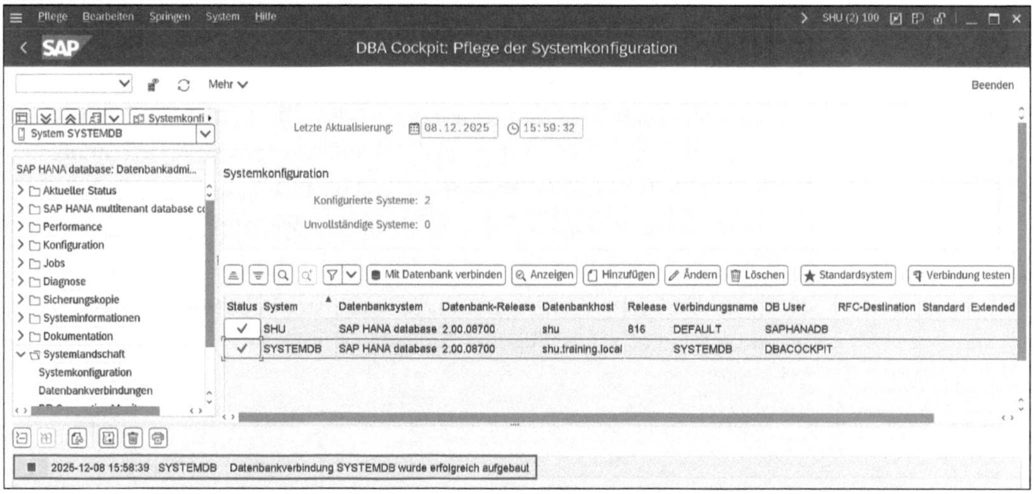

Abbildung 5.2: Einstiegsbildschirm der Transaktion DBACOCKPIT

In den Transaktionen des DBA Cockpits haben Sie nun die Möglichkeit, zwischen den Datenbanken zu wechseln. Dies birgt leider auch die Gefahr, dass Sie aus Versehen Aktivitäten in der falschen Datenbank ausführen. Dieses grundsätzliche Problem haben Sie allerdings in allen Administrationswerkzeugen. Ich werde Ihnen im weiteren Verlauf dieses Kapitels jeweils mitteilen, für welche Datenbank Sie eine Aktivität durchführen müssen.

Zentrales DBA Cockpit

Wie Sie gesehen haben, können Sie über das DBA Cockpit nicht nur Ihre eigene Datenbank, sondern auch fremde Datenbanken (die Systemdatenbank ist aus Sicht des SAP-Systems auch eine fremde Datenbank) überwachen und konfigurieren. Sie können sich also in einem SAP-System ein zentrales DBA Cockpit konfigurieren und dort auf alle Ihre SAP-HANA-Datenbanken zugreifen, ohne sich jedes Mal am jeweiligen SAP-System anmelden zu müssen. Typischerweise ist der SAP Solution Manager in seiner Rolle als zentrales Ausgangssystem für die Überwachung prädestiniert. Sie können die in diesem Abschnitt dargestellten Schritte zur Anbindung der Systemdatenbank dementsprechend im SAP Solution Manager durchführen. Dort müssen Sie neben der Systemdatenbank zusätzlich auch die Tenant-Datenbanken hinzufügen.

Den Benutzer DBACOCKPIT und die Rolle DBA_COCKPIT müssen Sie in den Tenant-Datenbanken von ABAP-Systemen übrigens nicht manuell anlegen. Sie sind dort bereits durch die SAP-Installation vorhanden. Sollte Ihr SAP-Solution-Manager-System auf einer anderen Datenbankplattform als SAP HANA laufen, müssen Sie auf dem Applikationsserver dieses Systems einmalig einen SAP-HANA-Client installieren.

Konfiguration der SAP-HANA-Datenbank

Der für diesen Abschnitt relevante Bereich des DBA Cockpits befindet sich im Navigationsbaum auf der linken Seite der Transaktion DBACOCKPIT unter dem Knoten **Konfiguration**. Sie können diesen Bereich auch direkt über die Transaktionen DB03 oder DB26 aufrufen.

Wie Sie in Abschnitt 5.2, »Konfiguration der SAP-HANA-Datenbank«, lernen werden, müssen Sie für Ihr System einige Konfigurationsparameter anpassen. Dazu dient der Unterpunkt **INI-Dateien**. Im Folgenden passen wir beispielhaft einen Parameter an, der von SAP empfohlen wird. Weitere Parameter behandle ich in Abschnitt 5.2.

Wie Sie in Abbildung 5.3 sehen, sind die Parameter in Dateien mit der Endung *.ini* zusammengefasst. Sie werden als Dateien im Dateisystem der SAP-HANA-Datenbank abgelegt.

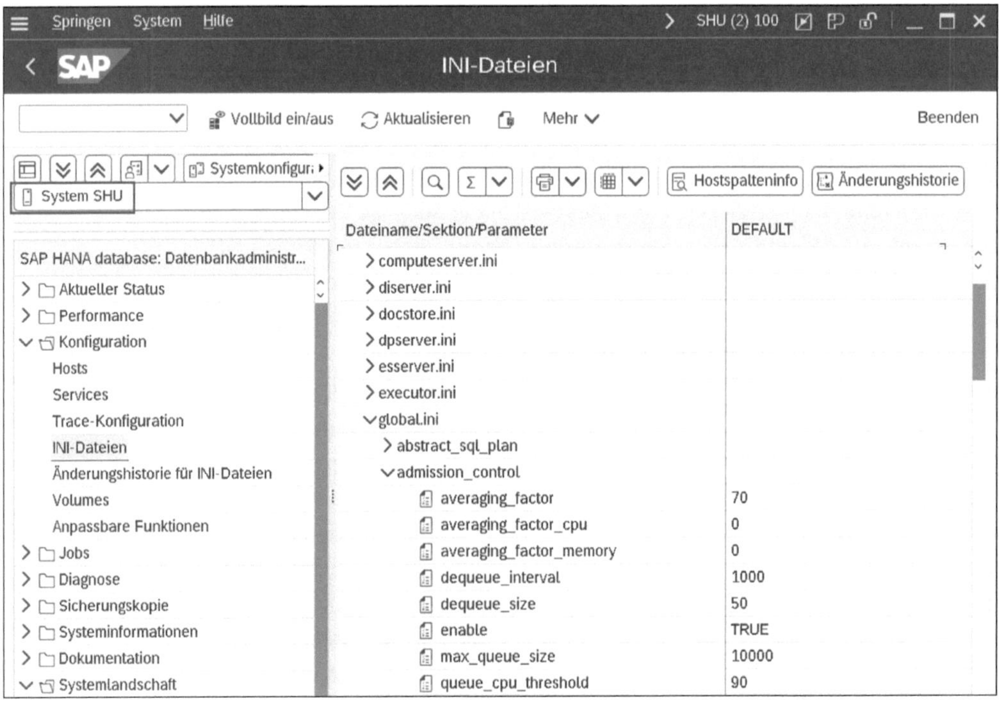

Abbildung 5.3: INI-Dateien zur Konfiguration der SAP-HANA-Datenbank

Achten Sie immer darauf, mit welcher Datenbank Sie gerade verbunden sind. In Abbildung 5.3 sehen Sie oben links, dass eine Verbindung mit der Tenant-Datenbank **System SHU** besteht. Sie können also nur Parameter für diese Tenant-Datenbank ändern. Wären Sie mit der Systemdatenbank verbunden, könnten Sie die Parameter für die Systemdatenbank sowie für einzelne oder alle Tenant-Datenbanken pflegen. Der in Abbildung 5.4 dargestellte Dialog würde dann mehr Optionen zeigen. Der Parameter `expensive_statement/enable`, den wir im Folgenden pflegen, ist jedoch nur für die Tenant-Datenbank relevant:

1. Navigieren Sie im Hierarchiebaum auf der rechten Seite zum Parameter **global.ini • expensive_statement** und öffnen Sie den Parameter **enable**.
2. Setzen Sie den Wert des Parameters **enable** auf »true«, wie in Abbildung 5.4 gezeigt, und tragen Sie idealerweise einen Kommentar ein, warum Sie diese Parameteranpassung vornehmen. (Auch an dieser Stelle greife ich auf die Inhalte aus Abschnitt 5.2, »Konfiguration der SAP-HANA-Datenbank«, vor. Dort verweise ich auf den SAP-Hinweis 2600030 mit den Empfehlungen zu den Parameterwerten.)

Abbildung 5.4: Parameteranpassung

Nützliche Funktionen der Parameterpflege

Ich möchte Ihnen dringend empfehlen, die Kommentarfunktion in der Parameterpflege zu nutzen. Nach einiger Zeit wissen Sie sonst nicht mehr, warum ein Parameterwert abweichend vom Standard gesetzt wurde, und müssen die Herkunft der Änderung mühevoll herleiten.

Sehr hilfreich ist auch der Button **EigSch.**, der rechts neben dem Feld **Parameter** angezeigt wird. Klicken Sie darauf, erhalten Sie eine kurze Beschreibung des jeweiligen Parameters sowie Angaben darüber, welche Werte eingetragen werden können und ob eine Parameteränderung nur durch einen Neustart der Datenbank aktiv wird.

Ein Neustart der Datenbank bedeutet auch einen Neustart der ABAP-Plattform und ist mit einer technischen Downtime verbunden. Die meisten Parameter in der SAP-HANA-Datenbank, wie auch der hier behandelte Parameter `expensive_statement/enable`, sind jedoch online änderbar und wirken demnach sofort nach Speicherung.

3. Sichern Sie nun die Parameteränderung mit dem Button **Ändern**.

Wenn Sie nun entweder im oberen Bildschirmbereich den Button **Änderungshistorie** drücken oder links im Baum auf **Änderungshistorie für INI-Dateien** klicken (siehe Abbildung 5.3), gelangen Sie in die Änderungshistorie. Wenn Sie diese absteigend sortieren, werden Sie ganz oben Ihre Änderung samt Kommentar finden.

Da Sie in weiteren Kapiteln noch sehr oft das DBA Cockpit verwenden werden, verzichte ich an dieser Stelle auf eine weitere Einführung in das Werkzeug.

5.1.2 Werkzeug »hdbsql«

`hdbsql` ist ein Kommandozeilenwerkzeug, mit dem Sie über SQL mit der Datenbank kommunizieren können. Im Endeffekt kommuniziert auch das zuvor vorgestellte DBA Cockpit über SQL mit der Datenbank, nur bedienen Sie es über eine SAP-GUI-Oberfläche. Wenn Sie lieber mit einer Kommandozeile arbeiten oder bestimmte Aufgaben über Skripte auf dem Betriebssystem automatisieren möchten, bietet sich `hdbsql` als Werkzeug an. Ein weiterer Vorteil gegenüber dem DBA Cockpit ist, dass die ABAP-Plattform für die Bedienung von `hdbsql` nicht erreichbar bzw. gestartet sein muss.

Installation von »hdbsql«

`hdbsql` ist Teil des Softwarepakets SAP-HANA-Client. Da auch die ABAP-Plattform über diesen Client mit der Datenbank kommuniziert, ist das Werkzeug auf jedem Applikationsserver, der mit SAP-HANA-Datenbanken verbunden ist, bereits installiert. Auch auf dem SAP-HANA-Datenbankserver selbst ist das Werkzeug als Teil des Softwarepakets für die SAP-HANA-Datenbank immer verfügbar.

Darüber hinaus können Sie den SAP-HANA-Client auf Ihrem lokalen Rechner installieren. So müssen Sie nicht zuerst eine Terminalserversitzung z. B. über PuTTY starten, sondern können sich direkt mit der Datenbank verbinden, sofern dies nicht durch Netzwerkbeschränkungen unterbunden wird. Sie können den SAP-HANA-Client für Windows, Mac OS X oder Linux herunterladen und installieren. Verwenden Sie unabhängig von der Datenbankversion immer den neuesten Client.

Da Sie als SAP-Basis-Administrator*in meist Kommandozeilenzugriff auf den SAP-S/4HANA-Applikationsserver haben, ist es am einfachsten, `hdbsql` über diese Verbindung zu verwenden.

Herstellung der Datenbankverbindung

Um die Verbindung zur Datenbank für administrative Zwecke herzustellen, verbinden Sie sich zunächst, angemeldet mit dem Betriebssystembenutzer <sid>adm, über einen Kommandozeileneditor mit dem Betriebssystem des SAP-S/4HANA-Applikationsservers.

Geben Sie anschließend folgendes Kommando ein, um eine SQL-Verbindung mit der Datenbank herzustellen:

```
hdbsql -U DEFAULT
```

Sie haben `hdbsql` bereits in Abschnitt 5.1.1, »DBA Cockpit«, verwendet, um in der Systemdatenbank den Benutzer `DBACOCKPIT` anzulegen und mit Rechten zu versehen. Dabei haben Sie die Verbindungsdaten, den Benutzer und sein Passwort direkt über Kommandozeilenoptionen angegeben. Mit der Option `-U` (großgeschrieben!) verwenden Sie stattdessen einen bereits im `hdbuserstore`, einem sicheren Benutzerspeicher für Zugangsdaten, hinterlegten Eintrag `DEFAULT`. Über die Systemverbindung `DEFAULT` verbinden sich auch die SAP-Workprozesse mit der SAP-HANA-Datenbank. Der Eintrag zeigt also auf die Tenant-Datenbank mit dem Benutzer `SAPHANADB`. Es gibt ihn nur auf dem oder den SAP-S/4HANA-Applikationsserver(n) im Kontext des Benutzers <sid>adm. Wenn Sie sich direkt auf dem Datenbankserver oder Ihrem lokalen SAP-HANA-Client an der Datenbank anmelden, müssen Sie die Optionen `-n -i -u -p -d` verwenden oder selbst einen entsprechenden Eintrag im `hdbuserstore` anlegen. Wie das geht, erkläre ich im folgenden Infokasten. Denken Sie beim Herstellen der Verbindung daran, anzugeben, mit welcher Datenbank Sie sich verbinden möchten (Option -d <Name der Tenant-Datenbank oder SYSTEMDB>).

> **Eintrag im »hdbuserstore«**
>
> Mit dem Kommando `hdbuserstore` können Sie Verbindungsdaten zu SAP-HANA-Datenbanken in einem sicheren Benutzerspeicher hinterlegen. So

müssen Sie die Verbindungsdaten inklusive der Passwörter nicht manuell eingeben oder das Passwort im Klartext in Skripten hinterlegen.

Der Speicherort des hdbuserstore ist mit dem Betriebssystembenutzer verknüpft, mit dem Sie angemeldet sind. Daher können Sie als Benutzer <sid>adm auf dem Applikationsserver des SAP-Systems auf den Eintrag DEFAULT zugreifen, als Benutzer root jedoch nicht direkt.

Bestehende Einträge im hdbuserstore können zwar gelöscht, aber nicht geändert werden. Möchten Sie einen Eintrag ändern, müssen Sie ihn mit der Option SET überschreiben. Dazu müssen Sie aber wieder alle Verbindungsdaten, einschließlich des Benutzers und des Passwortes, mitgeben.

Im Folgenden sehen Sie einige Beispiele für Befehle zur Nutzung des hdbuserstore:

- **hdbuserstore help**
  Zeigt die Hilfe mit den möglichen Optionen an.
- **hdbuserstore list**
  Zeigt die vorhandenen Einträge des Benutzerspeichers an.
- **hdbuserstore SET MYTENANT shu.training.local:30013@SHU DBACOCKPIT <Passwort>**
  Legt einen Eintrag MYTENANT für die Tenant-Datenbank SHU der Datenbank auf dem Server shu mit der Instanznummer 00 für den Benutzer DBACOCKPIT mit dem angegebenen Passwort an.

Bedienung von »hdbsql«

Nach der erfolgreichen Anmeldung an der Datenbank mit hdbsql sehen Sie folgenden Prompt:

```
hdbsql <Name der Datenbank>=>
```

Mit der Option \h können Sie sich eine Hilfe zu den Kommandos anzeigen lassen. Sehr hilfreich ist auch die Option \s. Damit können Sie sich vergewissern, an welcher Datenbank Sie mit welchem Benutzer angemeldet sind, und so vermeiden, versehentlich mit einer falschen Datenbank zu kommunizieren (siehe Abbildung 5.5).

Haben Sie in einer Textdatei mehrere SQL-Befehle erfasst, die Sie in einem Schritt ausführen möchten, können Sie, wenn Sie bereits mit hdbsql verbunden sind, die Option \i <Dateiname.sql> verwenden, um die SQL-Datei zu verarbeiten. Wenn Sie noch nicht über hdbsql mit der Datenbank verbunden sind, können Sie beim Herstellen der Verbindung die Datei auch direkt in einem Befehl mit der Option -I <Dateiname.sql> angeben. Durch die Option -O wird die Ausgabe direkt in eine Datei geschrieben (siehe Abbildung 5.6).

```
shu.training.local - PuTTY
shu:shuadm 1027> hdbsql -U default

Welcome to the SAP HANA Database interactive terminal.

Type:  \h for help with commands
       \q to quit

hdbsql SHU=> \s
host           : shu
sid            : H4H
dbname         : SHU
user           : SAPHANADB
kernel version: 2.00.087.00.1756091668
SQLDBC version:        libSQLDBCHDB 2.22.027.1723745450
autocommit     : ON
locale         : en_US.UTF-8
input encoding: UTF8
sql port       : shu:30041

hdbsql SHU=>
```

Abbildung 5.5: Anmeldung an der Datenbank mit »hdbsql«

```
shu.training.local - PuTTY
shu:shuadm 1031> cat dummy.sql
select * from usr01 where bname = 'HUBER'
shu:shuadm 1032> hdbsql -U DEFAULT -I dummy.sql -O result.txt
shu:shuadm 1033> cat result.txt
MANDT,BNAME,STCOD,SPLD,SPLG,SPDB,SPDA,DATFM,DCPFM,HDEST,HMAND,HNAME,MENON,MENUE,STRTT,
LANGU,CATTKENNZ,TIMEFM,IANATZONECODE
"000","HUBER","","","","H","K","1","","","","","","","","","","0","0000"
"100","HUBER","","","","H","K","1","","","","","","","","E","","0","0000"
"101","HUBER","","","","H","K","1","","","","","","","","","","0","0000"
"102","HUBER","","","","H","K","1","","","","","","","","","","0","0000"
shu:shuadm 1034>
```

Abbildung 5.6: Verwendung von »hdbsql« mit den Optionen »-I« und »-O«

Konfiguration der SAP-HANA-Datenbank

Wie mit dem DBA Cockpit können Sie über `hdbsql` ebenfalls Konfigurationsparameter setzen. Die exemplarische Konfiguration des Parameters `expensive statement/enable` aus Abschnitt »Konfiguration der SAP-HANA-Datenbank« in Abschnitt 5.1.1 sähe mit `hdbsql` wie folgt aus:

```
hdbsql => ALTER SYSTEM ALTER CONFIGURATION ( 'global.ini' ,
'DATABASE' ) SET ( 'expensive_statement' , 'enable' ) =
'true' WITH RECONFIGURE COMMENT 'laut Hinweis 2600030'
```

Bedenken Sie, dass die meisten Werkzeuge zur Administration der Datenbank über SQL mit der Datenbank verbunden sind. Somit sollten die Funktionen dieser Werkzeuge prinzipiell auch über `hdbsql` erreichbar sein. Die einzelnen Befehle können Sie im SAP Help Portal (*https://help.sap.com/hana*) unter **Use • SAP HANA SQL Reference Guide for SAP HANA Platform** nachlesen.

5.1.3 SAP HANA Cockpit

Das *SAP HANA Cockpit* beinhaltet verschiedene Apps zur webbasierten Konfiguration und Überwachung von SAP-HANA-Datenbanken. Derzeit ist es das umfangreichste, modernste und optisch ansprechendste Werkzeug. Es wird zentral installiert und kann über aktuelle Webbrowser bedient werden. Es ist also keine clientseitige Installation von Software erforderlich.

Architektur und Voraussetzungen

Eine Besonderheit ist die Architektur des Cockpits. Das SAP HANA Cockpit ist eine Anwendung, die in der *SAP HANA XSA Engine* läuft, also selbst auf einer SAP-HANA-Datenbank als technologischer Basis aufbaut. Dadurch sind die Systemvoraussetzungen nicht gering: Sie müssen mit 16 GB RAM rechnen und benötigen SUSE oder RHEL als Betriebssystem.

Sie können das SAP HANA Cockpit auch auf einer bestehenden Datenbank installieren, um weitere Hardware und Softwarekosten zu vermeiden. Ich rate von dieser Vorgehensweise allerdings ab, da Sie sich damit eventuell in Abhängigkeiten begeben oder Schwierigkeiten bei der Administration bekommen, falls die darunterliegende Datenbank selbst ein Problem aufweist.

Die Funktionen des SAP HANA Cockpits sind im SAP Help Portal (*https://help.sap.com/hana*) unter **Operate • SAP HANA Cockpit** sehr gut beschrieben. Auch der Installations- und Updateprozess ist dort dokumentiert. Sollten Sie in Ihrem Unternehmen bereits ein SAP HANA Cockpit nutzen, sollten Sie darum bitten, Ihnen einen Benutzer für dieses Cockpit einzurichten.

In Abbildung 5.7 sehen Sie die Startseite des SAP HANA Cockpits mit den verfügbaren Apps zur Verwaltung des Cockpits und zur Administration der verbundenen Datenbanken.

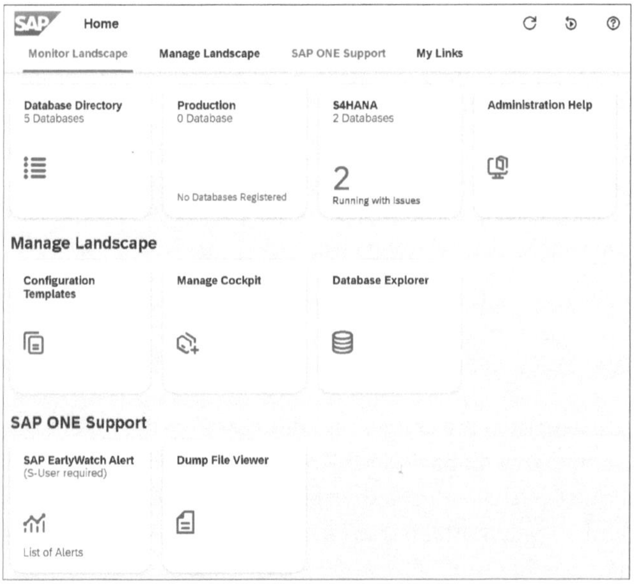

Abbildung 5.7: Startseite des SAP HANA Cockpits

Zentrales SAP HANA Cockpit

Sie benötigen nur eine Installation des SAP HANA Cockpits und können von dieser Installation aus alle Ihre SAP-HANA-Datenbanken administrieren und überwachen. Über Benutzer und Gruppen können Sie festlegen, welche Administrator*innen auf welche Systeme zugreifen dürfen. In größeren SAP-HANA-Umgebungen ist es sinnvoll, eine zweistufige Landschaft des SAP HANA Cockpits aufzubauen. So können Sie z. B. Cockpit-Updates gefahrlos testen, bevor Sie Ihr produktives SAP HANA Cockpit aktualisieren.

Einrichtung der Datenbankverbindung

Registrierung

Ähnlich wie beim DBA Cockpit müssen Sie die zu administrierenden Datenbanken dem SAP HANA Cockpit bekannt machen. Diese sogenannte *Registrierung* einer Datenbank erfolgt über die App **Manage Cockpit** und ist in der SAP-Dokumentation gut beschrieben. Sie registrieren sowohl die Systemdatenbank als auch die Tenant-Datenbank(en). Bei der Registrierung wird jeweils ein technischer Benutzer angelegt (z. B. `COCKPIT_MONITOR`). Mit diesem Benutzer, der nur lesende Berechtigungen für das Monitoring hat, werden periodisch grundlegende Daten aus der Datenbank an das Cockpit übertragen (z. B. Speicherauslastung, offene Alerts oder Plattenplatz). Bitte hinterlegen Sie hier keinesfalls den Benutzer `SYSTEM` als technischen Benutzer. Der Benutzer `SYSTEM` wird nur einmalig benötigt, um den technischen Benutzer anzulegen. In Abbildung 5.8 sehen Sie den entsprechenden Schritt in der geführten Prozedur zur Registrierung einer Datenbank im SAP HANA Cockpit.

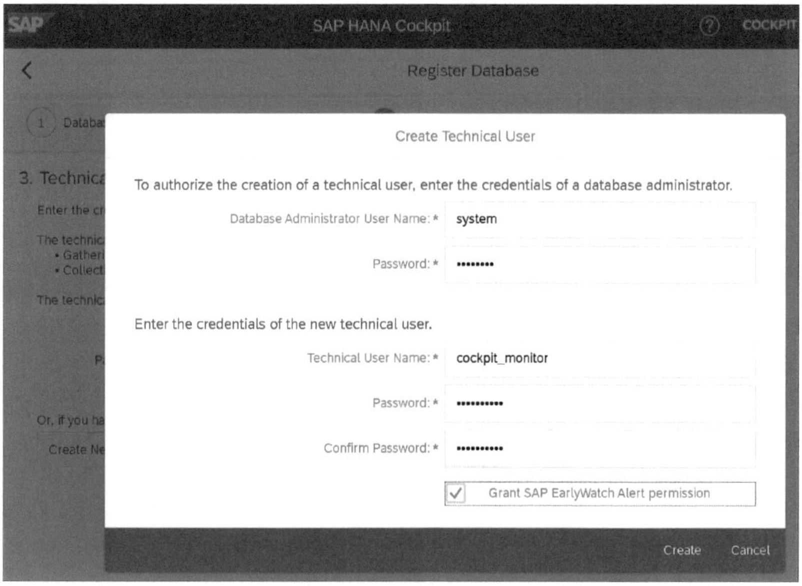

Abbildung 5.8: Registrierung einer Datenbank im SAP HANA Cockpit

Im SAP HANA Cockpit finden Sie die registrierten Datenbanken dann in der App **Database Directory** (siehe Abbildung 5.9).

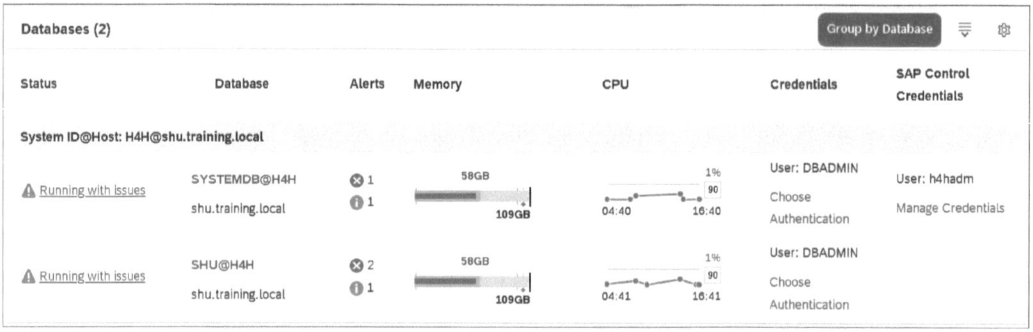

Abbildung 5.9: Die App »Database Directory« im SAP HANA Cockpit

Datenbankbenutzer

In der Spalte **Credentials** müssen Sie einen Datenbankbenutzer und dessen Passwort zur Anmeldung an der jeweiligen Datenbank hinterlegen. Auch beim SAP HANA Cockpit sollten Sie sich wie bei den anderen Werkzeugen überlegen, mit welchem Benutzer Sie sich verbinden. Sie sollten dazu nicht den Benutzer `SYSTEM` verwenden. Besser ist der Benutzer `DBACOCKPIT`, obwohl dieser nicht alle Berechtigungen für das SAP HANA Cockpit hat. Im Zusatzmaterial zum Buch auf der Seite *www.sap-press.de/6222* habe ich Ihnen SQL-Skripte zur Erstellung eines geeigneten Datenbankbenutzers als Vorlage zur Verfügung gestellt.

Betriebssystem-benutzer

Eine Besonderheit des SAP HANA Cockpits und ein großer Unterschied zu den bisher vorgestellten Werkzeugen ist, dass Sie für die Systemdatenbank neben dem Datenbankbenutzer noch einen Betriebssystembenutzer unter **SAP Control Credentials** hinterlegen. Hier tragen Sie den Benutzer `<sid>adm` der Datenbank und dessen Passwort ein. Mit diesem Benutzer wird eine zweite Verbindung zum Prozess `sapstartsrv` der Datenbank aufgebaut. So können Sie Administrationsaufgaben auch durchführen, wenn keine SQL-Verbindung zur Datenbank besteht oder die Datenbank keine SQL-Befehle mehr entgegennimmt. Zu den Aufgaben, die diesen Zugriff erfordern, gehören das Starten und Stoppen der Datenbank oder die Analyse eines nicht mehr reagierenden Systems.

Die Zugangsdaten werden in einem internen, sicheren Speicher des SAP HANA Cockpits gesichert, und zwar für den Benutzer, mit dem Sie sich am SAP HANA Cockpit angemeldet haben. Sollten Sie und Ihre Kolleg*innen sich alle mit dem Standardbenutzer `COCKPIT_ADMIN` am SAP HANA Cockpit anmelden, nutzen Sie alle denselben sicheren Speicher. Besser ist es, wenn Sie auch im SAP HANA Cockpit alle mit einem dedizierten Benutzer arbeiten. Diesen können Sie in der App **Manage Cockpit** anlegen. Ein weiterer Vorteil getrennter Benutzer ist, dass Sie das SAP HANA Cockpit nach Ihren Wünschen konfigurieren können, ohne die Einstellungen der Kolleg*innen zu beeinflussen.

Konfiguration der SAP-HANA-Datenbank

Lassen Sie uns auch im SAP HANA Cockpit denselben Parameter anpassen, den wir in den anderen Werkzeugen konfiguriert haben:

1. Klicken Sie dazu im **Database Directory** auf die Tenant-Datenbank **<Tenant-Name>@<SID der Datenbank>**, im Beispiel **SHU@H4H**.
2. Es öffnet sich die Sicht **Database Overview** (siehe Abbildung 5.10). Achten Sie oben links auf das Dropdown-Menü, das die umfangreiche Sicht des SAP HANA Cockpits einschränkt. Wählen Sie dort den Bereich **Administration** aus.

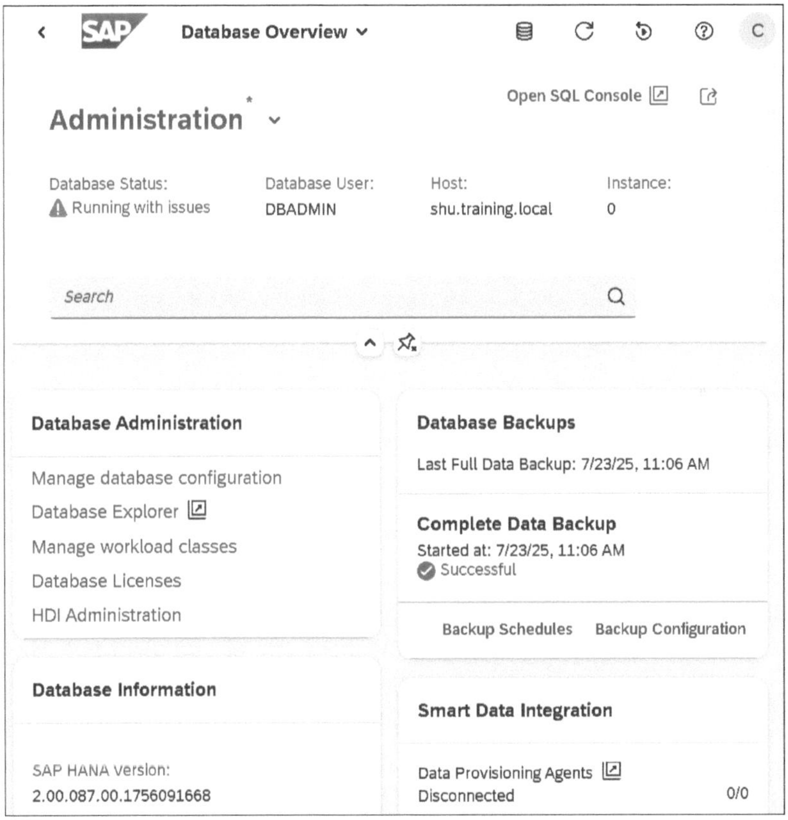

Abbildung 5.10: Die Sicht »Database Overview« für eine ausgewählte Datenbank

3. Öffnen Sie dann auf der Kachel **Database Administration** den Link **Manage database configuration**. Anschließend können Sie die Filter auf den Parameterbereich **expensive_statement** einschränken, wie in Abbildung 5.11 gezeigt.
4. In der darunter angezeigten Übersicht der Parameter dieses Bereichs sehen Sie, dass der Parameter **enable** in unserem Beispiel bereits den Wert **true** aufweist.

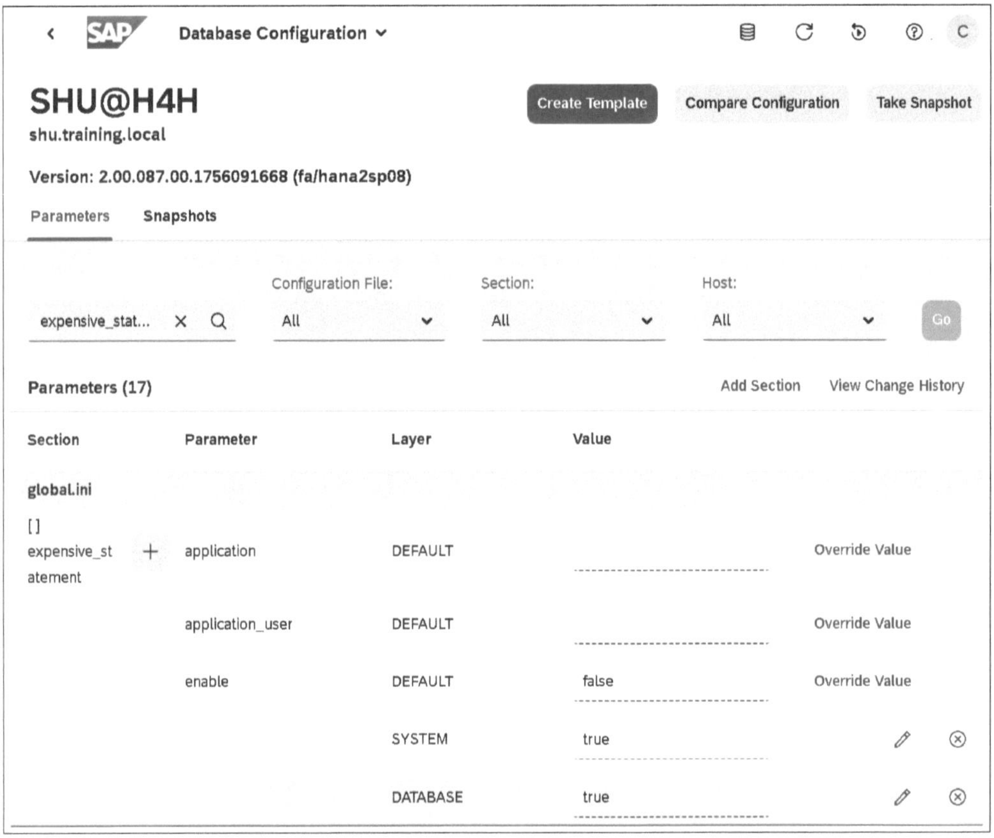

Abbildung 5.11: Parameterkonfiguration im SAP HANA Cockpit

5. Wenn Sie möchten, können Sie den Parameter mit einem Klick auf das Kreuzsymbol ( ) wieder auf den Standardwert **false** zurücksetzen. Mit der Funktion **Override Value** können Sie ihn erneut auf den Wert **true** setzen.
6. Auch im SAP HANA Cockpit sollten Sie die Möglichkeit nutzen, einen Kommentar zu Ihrer Änderung zu hinterlegen. Wenn Sie die Änderungsfunktion mit einem Klick auf das Stiftsymbol ( ) benutzen, können Sie allerdings zumindest bis Version 2.18 des SAP HANA Cockpits noch keinen Kommentar eintragen. Hierzu müssten Sie den Parameter zuerst wieder auf den Standard zurücksetzen und dann mit der Funktion **Overwrite Value** auf den neuen Wert setzen.

Snapshots und Templates

Das SAP HANA Cockpit bietet im Bereich der Konfigurationsparameter einige nützliche Zusatzfunktionen. So können Sie den aktuellen Stand der Parameterkonfiguration in *Snapshots* sichern und später vergleichen. Ebenso können Sie die Parameterwerte verschiedener Datenbanken vergleichen und sich die Unterschiede anzeigen lassen. Über *Parameter-Templates* können Sie Parameterwerte aus einem Referenzsystem an andere Systeme verteilen.

5.1.4 Weitere Werkzeuge

In diesem Abschnitt gebe ich Ihnen einen kurzen Überblick über weitere Werkzeuge, die im Zusammenhang mit der Konfiguration der SAP-HANA-Datenbank eingesetzt werden können. In Kapitel 14, »Überwachung der SAP-HANA-Plattform«, kommen weitere Werkzeuge für das Monitoring und die Analyse hinzu.

SAP HANA Studio

Keine neuen Funktionen

Das SAP HANA Studio ist ein auf dem Open-Source-Werkzeug *Eclipse* aufbauendes Werkzeug, das ich viele Jahre für die Datenbankadministration verwendet habe. In anderen Bereichen, wie z. B. der Modellierung in SAP Business Warehouse, sind Eclipse-basierte Werkzeuge auch heute noch die erste Wahl, auf die Datenbankadministration trifft das allerdings nicht mehr zu. SAP HANA Studio wird zwar weiterhin gewartet, erhält aber keine neuen Funktionen mehr. Da das SAP HANA Cockpit funktional kaum noch Wünsche offenlässt, kann ich das SAP HANA Studio für die Datenbankadministration heute nicht mehr empfehlen.

Python-Skript »setParameter.py«

Alias »cdpy«

Im Rahmen der Installation der SAP-HANA-Datenbank liefert SAP eine Reihe von Skripten für die Programmiersprache Python aus. Auch Python selbst ist fester Bestandteil der Installation. Seit SAP HANA 2.0 SPS05 befindet sich das Skript *setParameter.py* in der Auslieferung, mit dessen Hilfe Sie Datenbankparameter anpassen können.

Angemeldet mit dem Datenbankbenutzer `<sid>adm` erreichen Sie das Skript im Dateisystem der SAP-HANA-Datenbank über den Alias `cdpy`, den Sie einfach in Ihren Kommandozeileneditor eingeben. Neben diesem Alias gibt es noch weitere Befehle, mit denen Sie schnell innerhalb der Verzeichnisstruktur von SAP HANA navigieren können. Eine Übersicht finden Sie in Tabelle 5.3.

Befehl	Beschreibung
`cdpy`	Wechsel in das Python-Support-Verzeichnis
`cdtrace`	Wechsel in das Trace-Verzeichnis
`cdhdb`	Wechsel in das Instanzverzeichnis
`cdcoc`	Wechsel in das Verzeichnis der INI-Dateien (systemweite Parameter, datenbankweite Parameter jeweils im Unterverzeichnis *DB_<Tenant>*)

Tabelle 5.3: Nützliche Kurzbefehle für den Datenbankbenutzer »<sid>adm«

Befinden Sie sich im Python-Supportverzeichnis, können Sie den schon aus den vorangegangenen Abschnitten bekannten Konfigurationsparameter über das folgende Kommando setzen:

```
python setParameter.py -set DATABASE:<Name der Tenant-
Datenbank>/global.ini/expensive_statement/enable=true -
reconfigure  -comment 'Laut SAP Hinweis 2600030'
```

Ein Vorteil des Python-Skripts im Vergleich zu hdbsql ist, dass Sie vor der Nutzung keine Verbindung zur Datenbank per SQL aufbauen müssen. Das Skript funktioniert auch, wenn die Datenbank nicht läuft oder nicht per SQL erreichbar ist.

Änderungen direkt im Dateisystem

Parameter nicht manuell ändern

Ich möchte Ihnen grundsätzlich davon abraten, Parameter direkt im Dateisystem zu ändern. Seit SAP HANA 2.0 SPS05 gilt die manuelle Bearbeitung als veraltet und sollte nicht mehr stattfinden. Denn bei der manuellen Bearbeitung erfolgt keine Validierung der Parameterwerte, weshalb Fehler bei der Pflege schnell gravierende Probleme hervorrufen können. Änderungen im Dateisystem werden von der Datenbank nicht überwacht. Sie bekommt es daher nicht mit, wenn Sie dort einen Parameter anlegen, ändern oder löschen. Dennoch gehe ich an dieser Stelle genauer auf die INI-Dateien ein, da Sie wissen sollten, wo sich die Dateien befinden und wie sie von der Datenbank verwendet werden.

Rekonfiguration erforderlich

Bei der Verwendung der in den vorangegangenen Abschnitten vorgestellten Werkzeuge haben Sie die Datenbank stets implizit oder explizit mithilfe der Option reconfigure über die Änderung informiert. Dies geschieht bei manuellen Änderungen im Dateisystem nicht und die Änderungen finden erst nach einem Neustart der Datenbank Anwendung. Möchten Sie einen Neustart vermeiden, können Sie nach einer manuellen Parameteränderung im Dateisystem anschließend z. B. über hdbsql den Befehl reconfigure absetzen:

```
hdbsql => alter system reconfigure service ('','',0);
```

Eine weitere Möglichkeit ist die Verwendung des Werkzeugs hdbnsutil, angemeldet mit dem Benutzer <sid>adm der Datenbank:

```
hdbnsutil -reconfig
```

Parameter sind an mehreren Stellen im Dateisystem der Datenbank in Textdateien gespeichert. Unter dem Pfad */usr/sap/<SID>/HDB<Instanznummer>/exe/config* im Dateisystem liegen die INI-Dateien mit den Standardwerten. An dieser Stelle dürfen Sie die Parameter auf keinen Fall überschreiben, da Ihre Änderungen mit dem Patchen der Datenbank sonst wieder überschrieben würden. Aus dem genannten Verzeichnis liest die Datenbank die Parameter ein, wenn Sie nicht an einer dafür vorgesehenen Stelle angepasst werden.

Wie Sie anhand der vorangegangenen Beispiele zur Pflege des Parameters expensive_statement/enable vielleicht schon erkannt haben, gibt es mehrere Ebenen, auf denen Sie Parameter setzen können:

- in allen Datenbanken einer Multitenant-Umgebung
- auf allen Hosts einer SAP-HANA-Datenbank
- auf einem bestimmten Host einer SAP-HANA-Datenbank

Servicespezifische Parametereinstellungen haben dabei Vorrang vor Parametereinstellungen in der Datei *global.ini*. Hostspezifische Parametereinstellungen haben Vorrang vor systemweiten Parametereinstellungen.

Die Pflege der Parameter für einzelne Hosts ist nur bei einem Scale-out-Set-up sinnvoll, wenn also die Datenbank auf mehrere Hosts verteilt ist. Mit SAP S/4HANA ist dieses Set-up nur für sehr große Systeme mit mehr als 6 TB RAM freigegeben. Daher setzen Sie die Parameter in den meisten Fällen für die Tenant-Datenbank des SAP-S/4HANA-Systems oder systemweit.

Tabelle 5.4 gibt Ihnen einen Überblick über die Verzeichnisse, in denen sich die INI-Dateien im Dateisystem der Datenbank befinden. Bitte beachten Sie, dass dort jeweils nur die Parameterwerte gespeichert werden, die abweichend von den Standardwerten gepflegt sind. Es ist also auch möglich, dass bestimmte INI-Dateien nicht existieren, solange nicht mindestens ein Parameterwert abweichend vom Standard gesetzt wurde.

Datei	Details
/hana/shared/<sid>/global/hdb/custom/config/<service_or_component>.ini	gültig für einen bestimmten Service (z. B. Indexserver) oder eine Komponente (z. B. `multidb`) auf allen Hosts
/hana/shared/<sid>/global/hdb/custom/config/global.ini	gültig für alle Services auf allen Hosts
/usr/sap/<SID>/HDB<inst>/<host>/<service_or_component>.ini	gültig für einen bestimmten Service (z. B. Indexserver) oder eine Komponente (z. B. `multidb`) auf einem bestimmten Host
/usr/sap/<SID>/HDB<inst>/<host>/global.ini	gültig für alle Services auf einem bestimmten Host
/usr/sap/<SID>/global/hdb/custom/config/DB_<tenant_sid>/<service_or_component>.ini	gültig für einen bestimmten Service (z. B. Indexserver) oder eine Komponente (z. B. `multidb`) für eine bestimmte Tenant-Datenbank
/usr/sap/<SID>/global/hdb/custom/config/DB_<tenant_sid>/global.ini	gültig für alle Services für eine bestimmte Tenant-Datenbank

Tabelle 5.4: Speicherorte der SAP-HANA-Parameter (INI-Dateien)

Der Inhalt der INI-Dateien ist in Abschnitten organisiert, die in den Dateien mit eckigen Klammern dargestellt werden.

Mit den Befehlen in Abbildung 5.12 wechseln Sie zunächst über den Alias `cdcoc` in das Verzeichnis der systemweiten Parameter und dann in diesem Beispiel in das Unterverzeichnis *DB_SHU*. Dort finden Sie die Datei *global.ini* mit der Parameteränderung im Abschnitt `[expensive_statement]`.

```
shu.training.local - PuTTY
h4hadm@shu:/usr/sap/H4H/HDB00> cdcoc
h4hadm@shu:/usr/sap/H4H/SYS/global/hdb/custom/config> cd DB_SHU
h4hadm@shu:/usr/sap/H4H/SYS/global/hdb/custom/config/DB_SHU> cat global.ini
# global.ini last modified 2025-07-23 15:43:39.377959 by hdbindexserver -port 30040
[auditing configuration]
global_auditing_state = true

[cache]
datastatisticsadvisercache_clear_reconfig = false
datastatisticsadvisercache_enabled = false
datastatistics_adviser = false

[expensive_statement]
enable = true

[persistence]
max_gc_parallelity = 12

[resource_tracking]
enable_tracking = off
memory_tracking = off
service_network_method_io_enabled = off
h4hadm@shu:/usr/sap/H4H/SYS/global/hdb/custom/config/DB_SHU>
```

Abbildung 5.12: Zugriff auf die Datei »global.ini« der Tenant-Datenbank

5.2 Konfiguration der SAP-HANA-Datenbank

Sie haben nun die wichtigsten Werkzeuge zur Konfiguration der Datenbank kennengelernt. In diesem Abschnitt zeige ich Ihnen, welche Parameter Sie setzen sollten, um den reibungslosen Betrieb der Datenbank sicherzustellen. Ich stelle leider immer wieder fest, dass sich viele SAP-Kunden nicht um diese Parameter kümmern, bis es zu massiven Problemen oder gar einem Stillstand der Datenbank kommt. Beherzigen Sie daher die folgenden Empfehlungen – letztendlich erleichtern Sie sich dadurch auch Ihren Arbeitsalltag.

5.2.1 Parameterempfehlungen

SAP-Hinweis 2600030

SAP hat in SAP-Hinweis 2600030 eine umfassende Liste an Parameterempfehlungen veröffentlicht. Je nach SAP-HANA-Datenbankversion, Anwendung oder Hardwareset-up sind bestimmte Parameterwerte abweichend vom Standard zu setzen. In Abbildung 5.13 sehen Sie einen Auszug aus dem SAP-Hinweis. Im unteren Bildschirmbereich erkennen Sie unseren exemplarischen Parameter `expensive_statement` mit einer Begründung für die empfohlenen Änderungen und dem Link zu einem weiterführenden SAP-Hinweis. Die Konfiguration dieses Parameters wird für alle SAP-HANA-Versionen empfohlen, hat aber eine niedrige Priorität (Spalte **P** = **3**) und dient der Überwachung (Spalte **A** = **M**). Die Aktivierung der Änderung erfordert keinen Neustart der Datenbank oder des SAP-Systems (Spalte **R** = **N**).

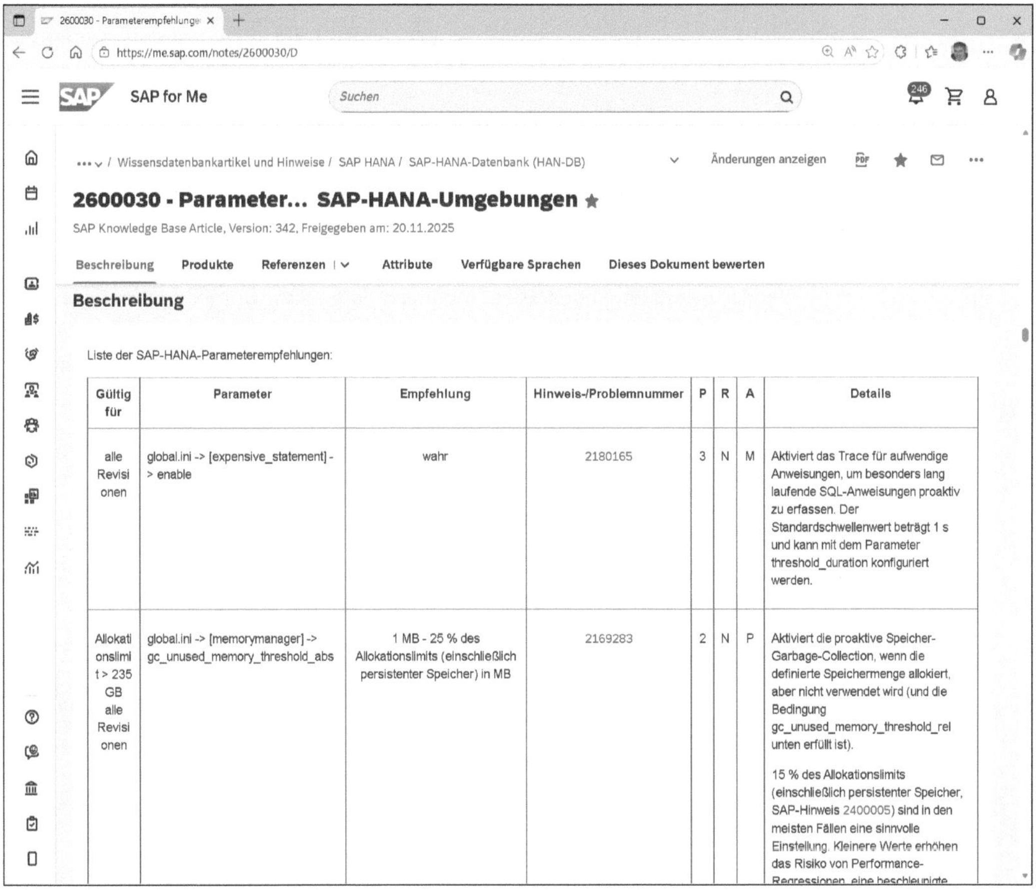

Abbildung 5.13: Auszug aus SAP-Hinweis 2600030

Wenn Sie den SAP-Hinweis 2600030 während der Lektüre dieses Abschnitts bereits geöffnet haben, überlegen Sie angesichts der Menge an Parametern gerade vielleicht, wie viele Tage Sie wohl für deren Überprüfung und Anpassung benötigen werden. Dazu habe ich eine gute Nachricht: SAP bietet eine SQL-Datenbankabfrage an, die Ihnen diese Prüfung abnimmt. In SAP-Hinweis 2600030 wird dazu auf SAP-Hinweis 1969700 verwiesen, der viele nützliche Datenbankabfragen bereitstellt. Die Datenbankabfrage »HANA_Configuration_Parameters_2.00.040+« aus diesem Hinweis greife ich im folgenden Abschnitt auf.

5.2.2 Sammlung nützlicher SQL-Datenbankabfragen

SAP-Hinweis 1969700

SAP-Hinweis 1969700 beinhaltet Hunderte nützlicher Datenbankabfragen, die Ihnen bei der Analyse eventueller Probleme helfen können. Sie sind auch für die in Abschnitt 14.2.4, »Tiefgehende Analyse mit der Sammlung der SQL-Anweisungen«, beschriebenen Aufgaben relevant und wir werden dort die ein oder andere Abfrage verwenden. Sie werden bei der Hinweissuche im SAP Support Portal immer wieder auf diesen SAP-Hinweis stoßen. An dieser Stelle zeige ich Ihnen exemplarisch, wie Sie per SQL überprüfen, wie es um die Konfiguration der Datenbank Ihres SAP-S/4HANA-Systems bestellt ist.

Importieren der SQL-Anweisungen

Laden Sie zunächst den Anhang *SQLStatements.zip* aus dem SAP-Hinweis 1969700 herunter. Zwar könnten Sie auch nur die entsprechende Datenbankabfrage aus der ZIP-Datei öffnen und den Inhalt per Copy and Paste in einen SQL-Editor übertragen und ausführen, doch da Sie die Datenbankabfragen immer wieder benötigen werden, können Sie diese auch einmalig in Ihr Administrationswerkzeug hochladen und in der Folge dann immer wieder darauf zurückgreifen. Dies ist sowohl im DBA Cockpit als auch im SAP HANA Cockpit möglich. Im DBA Cockpit müssen Sie die ZIP-Datei zuvor entpacken, während Sie sie im SQL-Editor des SAP HANA Cockpits direkt importieren können.

Ich zeige Ihnen im Folgenden, wie Sie die Sammlung in das DBA Cockpit importieren können:

1. Öffnen Sie im SAP GUI die Transaktion DBACOCKPIT.
2. Navigieren Sie links im Hierarchiebaum in den Bereich **Diagnose • SQL-Editor** (siehe Abbildung 5.14).

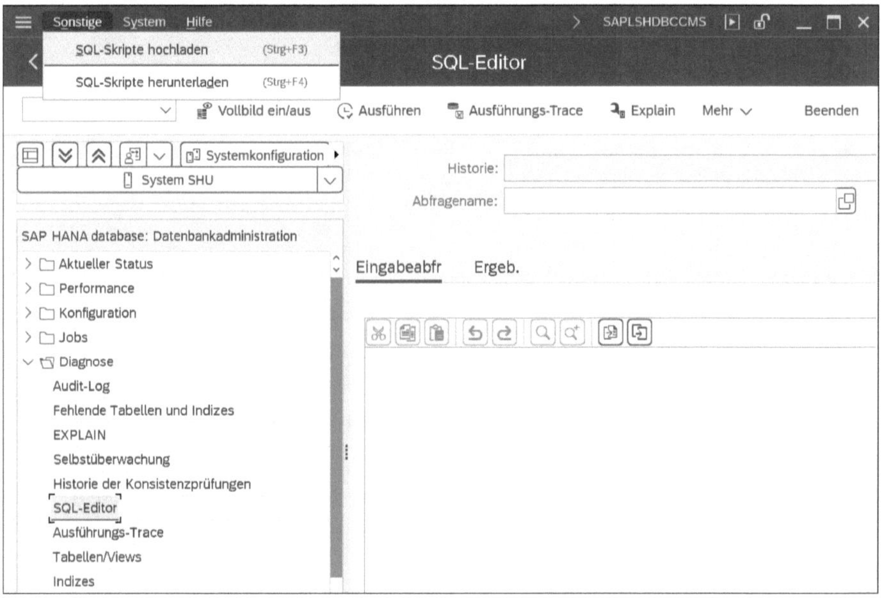

Abbildung 5.14: SQL-Skripte in das DBA Cockpit hochladen

3. Im Menü wählen Sie dann **Sonstige • SQL-Skripte hochladen**.
4. Setzen Sie die Option **Skripte in DBA Cockpit hochladen** und wählen Sie unter **PC-Verzeichnis** den Ordner aus, in den Sie die SQL-Skripte entpackt haben. Führen Sie nun das Hochladen durch einen Klick auf **Ausführen** aus.

Aktualisierung der Sammlung

Sie sollten die Datei *SQLStatements.zip* regelmäßig erneut in Ihr Administrationswerkzeug hochladen, da sie infolge neuer Erkenntnisse oder Patches stetig aktualisiert wird. Sie können hierzu den SAP-Hinweis 1969700 im SAP Support Portal Ihren Favoriten hinzufügen und werden dann automatisch per E-Mail benachrichtigt, wenn dieser SAP-Hinweis aktualisiert wurde.

Abfrage ausführen

Nach dem Hochladen der Anweisungen können Sie im SQL-Editor des DBA Cockpits nun jederzeit über die F4-Hilfe des Eingabefeldes **Abfragename** auf die Sammlung zugreifen. Wählen Sie hier beispielsweise die Abfrage **HANA_Configuration_Parameters_2.00.040+** bzw. eine neuere Version dieser Abfrage aus, die zu Ihrer Datenbankversion passt. Laden Sie die Abfrage dann über den Button (**Abfrage laden**) in den Editor und führen Sie sie mit dem Button **Ausführen** aus.

Nach kurzer Zeit wird Ihnen das Ergebnis wie in Abbildung 5.15 angezeigt. Im Beispielergebnis sehen Sie sowohl die Parameter angezeigt, die abweichend zur Empfehlung aus SAP-Hinweis 2600030 gepflegt sind, als auch Parameter, die abweichend zum Standard gepflegt, aber nicht im SAP-Hinweis 2600030 erwähnt sind (Wert `-- check why set --` in Spalte **RECOMMENDED_VALUE**).

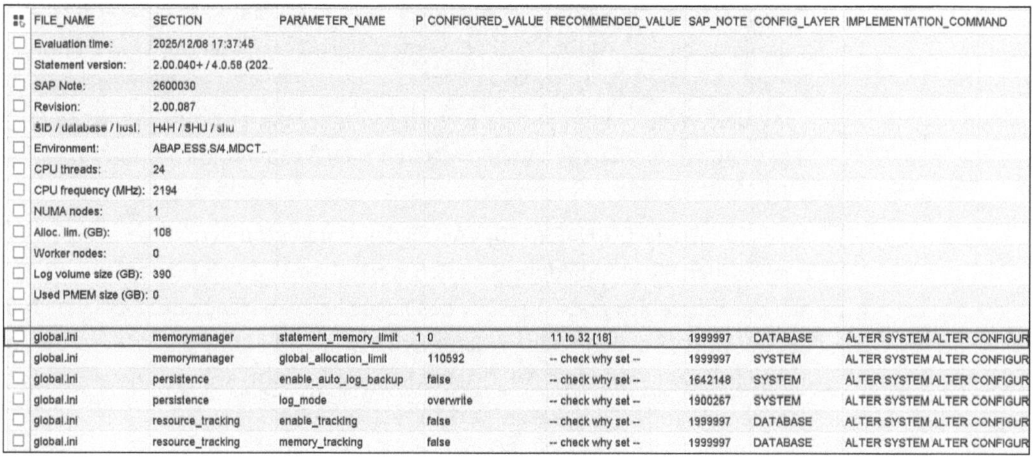

FILE_NAME	SECTION	PARAMETER_NAME	P	CONFIGURED_VALUE	RECOMMENDED_VALUE	SAP_NOTE	CONFIG_LAYER	IMPLEMENTATION_COMMAND
Evaluation time:	2025/12/08 17:37:45							
Statement version:	2.00.040+ / 4.0.58 (202							
SAP Note:	2600030							
Revision:	2.00.087							
SID / database / host:	H4H / SHU / shu							
Environment:	ABAP,ESS,S/4,MDCT							
CPU threads:	24							
CPU frequency (MHz):	2194							
NUMA nodes:	1							
Alloc. lim. (GB):	108							
Worker nodes:	0							
Log volume size (GB):	390							
Used PMEM size (GB):	0							
global.ini	memorymanager	statement_memory_limit	1	0	11 to 32 [18]	1999997	DATABASE	ALTER SYSTEM ALTER CONFIGUR
global.ini	memorymanager	global_allocation_limit		110592	-- check why set --	1999997	SYSTEM	ALTER SYSTEM ALTER CONFIGUR
global.ini	persistence	enable_auto_log_backup		false	-- check why set --	1642148	SYSTEM	ALTER SYSTEM ALTER CONFIGUR
global.ini	persistence	log_mode		overwrite	-- check why set --	1900267	SYSTEM	ALTER SYSTEM ALTER CONFIGUR
global.ini	resource_tracking	enable_tracking		false	-- check why set --	1999997	DATABASE	ALTER SYSTEM ALTER CONFIGUR
global.ini	resource_tracking	memory_tracking		false	-- check why set --	1999997	DATABASE	ALTER SYSTEM ALTER CONFIGUR

Abbildung 5.15: Exemplarisches Ergebnis der Parameterüberprüfung

In dem Beispielfall, den Abbildung 5.15 abbildet, wurden einige Backup-Parameter umgestellt, da für das betreffende Sandbox-System auf Logsicherungen verzichtet wurde. Außerdem wurde das Speicherlimit der Datenbank auf 108 GB reduziert, da auf dem Host auch der Applikationsserver installiert ist (Parameter `global_allocation_limit`).

»statement_memory_limit«

An dieser Stelle möchte ich beispielhaft anhand des Parameters `statement_memory_limit` verdeutlichen, wie wichtig es ist, für die in SAP-Hinweis 2600030 empfohlenen Parameter systemspezifische Werte zu pflegen. Der Wert dieses Parameters sagt aus, wie viel RAM eine einzige SQL-Anweisung maximal verwenden darf. In meinem Beispiel ist der Wert auf 0 gesetzt, was bedeutet, dass es keine Beschränkung gibt. Nehmen wir an, meine Datenbank hat eine Speichergröße von 108 GB Hauptspeicher. Wenn ich nun eine SQL-Anweisung ausführen würden, die 100 GB RAM benötigt, müsste die SAP-HANA-Datenbank einen großen Teil der SAP-Tabellen aus dem Hauptspeicher entfernen, um diese eine SQL-Abfrage bedienen zu können. In der Konsequenz würde die Datenbankperformance deutlich leiden, da die Tabellen im Anschluss erst wieder erneut in den Hauptspeicher geladen werden müssten. Solche Entladungen aus dem Hauptspeicher sind zu vermeiden. Eine einzelne Datenbankabfrage sollte daher maximal 10–30% des gesamten, vorgesehenen Hauptspeichers in Anspruch nehmen. Wird mehr Hauptspeicher benötigt, als durch den Parameter `statement_memory_limit` vorgegeben ist, bricht die Datenbankabfrage ab, was aber in der Konsequenz besser ist als eine Verlangsamung des Gesamtsystems.

[!]

Parameter »enable_tracking« und »memory_tracking«

Damit der Parameter `statement_memory_limit` wirkt, müssen auch die Parameter `enable_tracking` und `memory_tracking` aktiviert werden. Diese Parameter sind daher ebenfalls Bestandteil der Parameterempfehlungen. Seit SAP HANA 2.0 SPS6 werden diese Parameter bereits im Standard aktiviert. Der Parameter `statement_memory_limit` wird inzwischen mit dem Wert –1 automatisch auf ein empfohlenes Limit von 25% des RAM gesetzt. Weitere Empfehlungen hierzu finden Sie in SAP-Hinweis 3014176.

In der Spalte **RECOMMENDED_VALUE** des Parameters `statement_memory_limit` sehen Sie in Abbildung 5.15 den Wert `11 to 32 [18]`. Dies entspricht genau der Empfehlung von 10–30% des zugewiesenen Hauptspeichers von 108 GB. Der Wert 18 in den eckigen Klammern markiert die Mitte dieses Bereichs. In der Spalte **IMPLEMENTATION_COMMAND** wird das SQL-Kommando angezeigt, das Sie verwenden, um diesen Wert zu setzen (siehe Listing 5.2).

```
ALTER SYSTEM ALTER CONFIGURATION ('global.ini', 'SYSTEM') SET (
'memorymanager', 'statement_memory_limit') = '18' WITH
RECONFIGURE COMMENT 'SAP Note 2600030. Revert when pre-
conditions are no longer fulfilled.';
```

Listing 5.2: SQL-Kommando zum Setzen eines Parameters auf einen empfohlenen Wert

Sie können so die Kommandos aus dieser Spalte also ganz einfach per Copy and Paste in den SQL-Editor übertragen und ausführen.

Stimmen Sie in jedem Fall mit den Fachbereichen ab, auf welche Werte Sie die Parameter setzen.

Achten Sie bei den Parametern mit dem Vermerk `-- check why set --` in der Spalte **RECOMMENDED_VALUE** darauf, dass in der Spalte **IMPLEMENTATION_COMMAND** jeweils das SQL-Kommando zum Zurücksetzen des Parameters auf den Standardwert hinterlegt ist. Das Zurücksetzen ist in der Regel aber nicht das, was Sie umsetzen möchten.

[«]

Wiederholung der Parameterprüfung

Da viele Parameterempfehlungen von der Datenbankversion abhängig sind, sollten Sie die Prüfung der Parameterempfehlungen nach jedem Update der Datenbank wiederholen. Da auch die Empfehlungen von SAP regelmäßig angepasst werden, empfiehlt es sich außerdem, den SAP-Hinweis 2600030 in die Liste Ihrer Hinweisfavoriten aufzunehmen, damit Sie automatisch über Änderungen informiert werden.

Prüfung der ABAP-Parameter

Die Sammlung der SQL-Anweisungen beinhaltet auch eine Prüfung der Parameter für die ABAP-Plattform hinsichtlich SAP-HANA-spezifischer Werte. Voraussetzung hierfür ist, dass Sie die Profile über die Profilverwaltung importiert haben (siehe Abschnitt 4.1.3, »Pflege der Profilparameter«). Um die Prüfung der ABAP-Parameter durchzuführen, öffnen Sie im SQL-Editor des DBA Cockpits über die F4-Hilfe des Eingabefeldes **Abfragename** die Abfrage **HANA_ABAP_MiniChecks**. Laden Sie die Abfrage über den Button (**Abfrage laden**) und führen Sie sie mit dem Button **Ausführen** aus. Nach kurzer Zeit wird Ihnen das Ergebnis angezeigt (siehe Abbildung 5.16).

Relevant für die Parameterprüfung sind die Zeilen mit den Prüf-IDs A0500–A0599. Der in Abbildung 5.16 markierte Eintrag mit der Prüf-ID A0510 ist nicht korrekt gepflegt. Der Parameterwert kann über Transaktion RZ10 korrigiert werden, wie in Abschnitt 4.1.3, »Pflege der Profilparameter«, beschrieben. Wiederholen Sie diese Prüfung auch regelmäßig bei Aktualisierung des SAP-Systems oder der SAP-HANA-Datenbank.

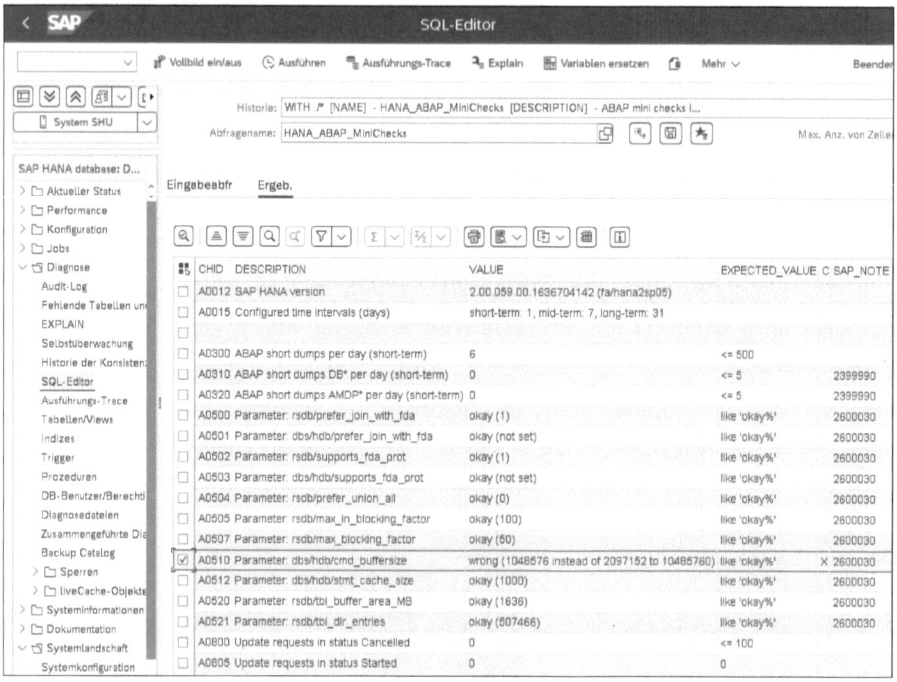

Abbildung 5.16: Ergebnis der ABAP-MiniChecks

5.2.3 Anweisungshinweise

HEX-Engine

Die Ausführung einer SQL-Anweisung wird wie in jeder Datenbank geplant und optimiert, um möglichst effizient ausgeführt zu werden. Je nach Anweisung gibt es in SAP HANA unterschiedliche Engines, die für die Planung und Ausführung verantwortlich sind. SAP führt in diesem Bereich gerade umfangreiche Architekturänderungen durch. In Zukunft wird es nur noch eine Engine geben, und zwar die *SAP HANA Execution Engine* (HEX-Engine). Sowohl mit den alten als auch mit der neuen Engine gibt es jedoch immer wieder Fehleinschätzungen, die zu einer nicht optimalen Ausführung einer SQL-Anweisung führen. SQL-Anweisungen dauern dann ungewöhnlich lange oder nutzen ungewöhnlich viele Systemressourcen. In diesen Fällen kann mit sogenannten Anweisungshinweisen (*Statement Hints*) der SAP-HANA-Datenbank eine Art Wegbeschreibung mitgegeben werden, damit eine Anweisung einen anderen Weg als den von SAP HANA vorgesehenen nehmen kann.

Durch Performancetests und Kundenrückmeldungen konnte SAP problematische SQL-Anweisungen identifizieren und stellt diese in SAP-Hinweis 2700051 zur Verfügung. Auch diesen Hinweis sollten Sie als Favorit markieren, damit Sie bei Änderungen proaktiv informiert werden.

Im SAP-Hinweis finden Sie mehrere Anlagen, die entsprechende SQL-Anweisungen enthalten. Sie finden zu unterschiedlichen SAP-HANA-Revisionen jeweils zwei Dateien:

- *HANA_DeliveredStatementHints_Creation_<Revision>+.txt*
- *HANA_DeliveredStatementHints_Deletion_<Revision>+.txt*

Da Sie bei der Erstellung eines SQL-Hinweises eine Fehlermeldung erhalten würden, wenn dieser bereits existiert, sollten Sie immer zuerst die Anweisungen aus der *Deletion*-Datei ausführen. Kopieren Sie dazu den Inhalt der Datei per Copy and Paste in einen SQL-Editor (z. B. das DBA Cockpit) und führen Sie die Anweisungen aus (siehe Abbildung 5.17).

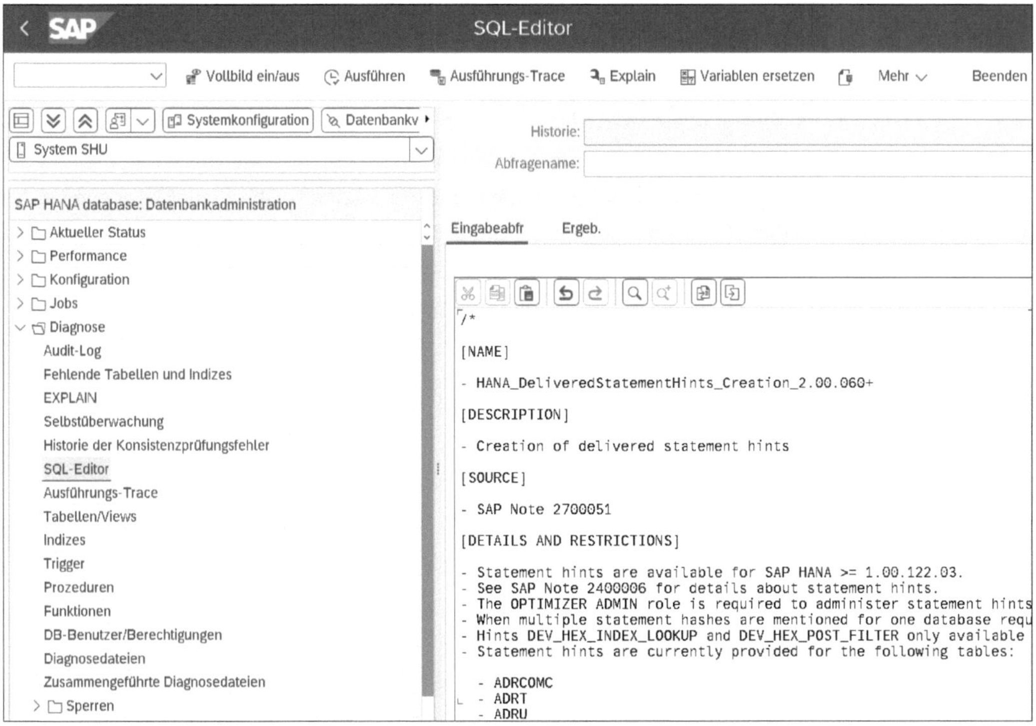

Abbildung 5.17: Ausführung der Anlage der Anweisungshinweise im SQL-Editor des DBA Cockpits

Wiederholen Sie diesen Schritt mit dem Inhalt der *Creation*-Datei. Sie können diese Aktivität im laufenden Betrieb durchführen. Die Pflege der Anweisungshinweise muss jedoch in der Tenant-Datenbank des SAP-S/4HANA-Systems erfolgen.

5.2.4 Native Storage Extension

In Abschnitt 1.1.4, »Data Aging und SAP HANA Native Storage Extension«, habe ich Ihnen bereits das Grundkonzept von *Native Storage Extension* (NSE) erklärt. Wenn Sie die Kosten für den SAP-HANA-Betrieb senken oder stabil halten möchten, können Sie mit NSE den Hauptspeicherbedarf in SAP HANA deutlich senken. NSE ist in SAP S/4HANA bereits im Standard aktiviert. Das bedeutet, dass einige SAP-Tabellen von SAP S/4HANA bereits klassifiziert sind, um von NSE entsprechend behandelt zu werden. Im aktuellen Release (SAP S/4HANA 2025) sind lediglich 295 Tabellen entsprechend klassifiziert. Sie können dies z. B. über das SAP GUI in Transaktion SE16 (Data Browser) überprüfen. Geben Sie als Tabellennamen »DD09L« ein und wählen Sie den Button **Tabelleninhalt**. Auf dem nächsten Bildschirm tragen Sie in das Feld **LOAD_UNIT** den Wert **P** (Seite bevorzugt) ein. Erhöhen Sie im Feld **Maximale Trefferzahl** den Standardwert auf z. B. **999**. Wählen Sie **Ausführen**. Es werden Ihnen nun alle Tabellen angezeigt, die von SAP für NSE vorgesehen sind. Sie finden dort im Wesentlichen technische Tabellen, wie z. B. `BALDAT`, `CDPOS`, `DOKTL` oder `EDID4`.

NSE Advisor

Selbstverständlich können Sie selbst weitere Tabellen identifizieren, die für NSE geeignet sind, und diese entsprechend klassifizieren. Dies bedarf aber einer sorgfältigen Planung und Analyse. Unterstützen kann Sie hierbei der *NSE Advisor*. Die Konfiguration und Überwachung von NSE erreichen Sie über das SAP HANA Cockpit über die Kachel **Native Storage Extension** (siehe Abbildung 5.18).

Abbildung 5.18: Kachel »Native Storage Extension« im SAP HANA Cockpit

Einen guten Einstieg in die technischen Hintergründe zu NSE finden Sie in SAP-Hinweis 2799997. Im Zusatzmaterial zum Buch stelle ich Ihnen die Konfiguration von NSE anhand einer Fallstudie zur Verfügung.

5.3 Starten und Stoppen der SAP-HANA-Plattform

Reihenfolge beachten

In Kapitel 4, »Administration und Konfiguration der ABAP-Plattform«, haben Sie gelernt, wie man die ABAP-Plattform startet und stoppt. Technisch betrachtet müssen Sie allerdings zuerst die SAP-HANA-Plattform starten, bevor Sie die ABAP-Plattform starten können. Im Umkehrschluss sollten Sie bei einem geordneten Herunterfahren von SAP S/4HANA zuerst die ABAP-Plattform stoppen, bevor Sie die SAP-HANA-Plattform stoppen. Da die SAP-HANA-Plattform die gleiche Infrastruktur wie die ABAP-Plattform nutzt, werden Sie sich hier schnell zurechtfinden.

5.3.1 Start-up-Framework

Bei der ABAP-Plattform gibt es je nach Betriebssystem Unterschiede hinsichtlich des Start-up-Frameworks. Da SAP HANA ausschließlich auf Linux läuft, gilt hier dagegen ein einheitliches Vorgehen. Wie Abbildung 5.19 verdeutlicht, entsprechen viele Komponenten dem Framework der ABAP-Plattform unter Linux. Auch bei SAP HANA wird der Prozess `sapstartsrv` über den Dienstmanager `systemd` gestartet. Ist in der Profildatei */usr/sap/<SID>/SYS/profile/<SID>_HDB<Instanz>_<Hostname>* der Parameterwert `AUTOSTART = 1` gesetzt, wird die Datenbank direkt gestartet, ansonsten nicht.

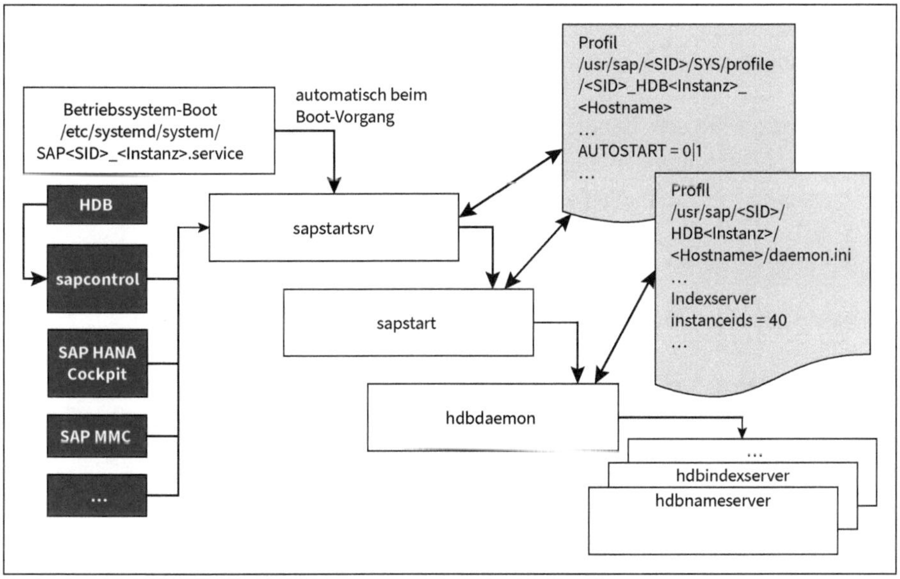

Abbildung 5.19: Start-up-Framework für die SAP-HANA-Plattform

»sapstartsrv«

`sapstartsrv` läuft als Daemon und wartet auf Befehle, z. B. zum Starten oder Stoppen der SAP-HANA-Plattform, die über verschiedene Werkzeuge erfolgen können. Beim Starten der SAP-HANA-Plattform wird zunächst der Prozess `hdbdaemon` gestartet. Dank des Profils */usr/sap/<SID>/HDB<Instanz>/<Hostname>/daemon.ini* weiß der Daemon, welche Datenprozesse zu starten sind. Auch technisch ist der Daemon der Vaterprozess aller weiteren Datenbankprozesse und überwacht diese. Sollte sich ein Prozess beenden, versucht der Daemon, diesen Prozess wieder zu starten.

[»]

Dienstmanager »systemd« auch für SAP HANA

Wie die ABAP-Plattform ist auch die SAP-HANA-Plattform in den Dienstmanager `systemd` integriert. Die in Abschnitt 4.6.1, »Betriebssystemabhängiges Start-up-Framework«, beschriebenen Hinweise zu `systemd` gelten somit für die SAP-HANA-Plattform. Weitere Informationen zu `systemd` im Zusammenhang mit SAP HANA finden Sie außerdem in SAP-Hinweis 3499698.

5.3.2 Starten und Stoppen mit »sapcontrol«

»sapcontrol«

Das Betriebssystemkommando `sapcontrol` kennen Sie bereits aus Kapitel 4, »Administration und Konfiguration der ABAP-Plattform«. Wenn Sie sich über die Kommandozeile als Benutzer `<sid>adm` der SAP-HANA-Plattform mit dem Datenbankserver verbinden, können Sie die SAP-HANA-Plattform über diesen Befehl starten bzw. stoppen:

```
sapcontrol -nr <Instanznummer der Datenbank> -function Start
sapcontrol -nr <Instanznummer der Datenbank> -function Stop
```

Sind Sie mit dem Benutzer `root` bzw. einem anderen Benutzer mit vergleichbaren Berechtigungen angemeldet, müssen Sie bei der Ausführung den Pfad zu `sapcontrol` mit angeben:

```
/usr/sap/hostctrl/exe/sapcontrol -nr <Instanznummer der
Datenbank>
-function Start|Stop
```

Um den aktuellen Status aller Datenbankprozesse anzuzeigen, verwenden Sie die Option `-function GetProcessList`. Damit erkennen Sie auch, ob die SAP-HANA-Plattform vollständig oder teilweise gestartet oder gestoppt ist.

Da die Kommandos bei anderen SAP-Produkten identisch sind, besteht die Gefahr, dass Sie versehentlich ein falsches Produkt auf dem gleichen Host starten oder stoppen, vor allem wenn die ABAP- und die SAP-HANA-Plattform auf dem gleichen Host installiert sind. Besser ist es daher, wenn Sie mit der Option `-function StartSystem HDB` und `-function StopSystem HDB` arbeiten. Verbirgt sich hinter der so angegebenen Instanz keine SAP-HANA-Plattform, wird nichts gestartet oder gestoppt. Die Funktionen `StartSystem|StopSystem` haben im Vergleich zu den Funktionen `Start|Stop` den weiteren Vorteil, dass bei einer verteilten Datenbankinstallation (im Scale-out- bzw. Multihostszenario) das Gesamtsystem gestartet bzw. gestoppt wird statt nur die Instanz auf dem Host, auf dem Sie gerade angemeldet sind. Letzteres würde zu unerwünschten Effekten führen.

Mit der Option `-function RestartSystem HDB` führen Sie einen Neustart der Datenbank durch. Mit der Option `-function GetSystemInstanceList` bekommen Sie einen Überblick über die zur SAP-HANA-Plattform gehörenden Instanzen, was gerade bei Scale-out- bzw. Multihostsystemen hilfreich ist.

[«]

SAP Microsoft Management Console (SAP MMC)

Wie auch `sapcontrol` habe ich Ihnen bereits in Abschnitt 4.6.3, »Instanzen mit der SAP Microsoft Management Console verwalten«, das Werkzeug SAP Microsoft Management Console (SAP MMC) vorgestellt. Auch mit diesem Werkzeug können Sie die SAP-HANA-Plattform starten und stoppen sowie andere Verwaltungsaufgaben für SAP HANA durchführen.

5.3.3 Starten und Stoppen mit HDB

SAP liefert mit der SAP-HANA-Installation auch das Kommando `HDB` aus. Wenn Sie sich über die Kommandozeile als Benutzer `<sid>adm` mit dem Datenbankserver verbinden, können Sie die Datenbank mit dem Kommando starten bzw. stoppen:

```
HDB start
HDB stop
```

Im Gegensatz zu `sapcontrol` müssen Sie in diesem Fall keine Instanznummer angeben. Über die Umgebung des Benutzers `<sid>adm` ist klar, welche Datenbank gemeint ist. Weitere nützliche Optionen sind:

- `HDB info` zeigt den Status der SAP-HANA-Prozesse an. So kann man auch erkennen, ob die SAP-HANA-Plattform läuft oder nicht (analog zur Option `GetProcessList` bei `sapcontrol`).
- `HDB version` zeigt die SAP-HANA-Version an (auch wenn die SAP-HANA-Plattform nicht gestartet ist).
- `HDB restart` führt einen Neustart der SAP-HANA-Plattform durch.

HDB nur auf aktueller Instanz

Mit `HDB start|stop|restart` starten bzw. stoppen Sie jeweils nur die aktuelle Instanz auf dem aktuellen Host (wie bei `sapcontrol` mit der Option `-function Start|Stop`). Bei Scale-out- bzw. Multihostsystemen müssen Sie dies immer im Blick behalten und gegebenenfalls auf die Option `sapcontrol -function StartSystem|StopSystem` ausweichen.

5.3.4 Starten und Stoppen mit dem SAP HANA Cockpit

Da das Starten und Stoppen der gesamten Datenbank nicht über eine SQL-Anweisung funktioniert, ist es wichtig, dass Sie die Zugangsdaten des Betriebssystembenutzers `<sid>adm` der SAP-HANA-Plattform im Database Directory unter **SAP Control Credentials** hinterlegen, wie in Abschnitt 5.1.3, »SAP HANA Cockpit«, beschrieben. Andernfalls erhalten Sie eine Fehlermeldung beim Versuch, die SAP-HANA-Plattform zu starten oder zu stoppen.

Um die Datenbank über das SAP HANA Cockpit zu starten bzw. zu stoppen, melden Sie sich am SAP HANA Cockpit an und springen über das **Database Directory** in die Systemdatenbank. Dort finden Sie oben rechts den Button **Stop Database** bzw. **Start Database**. Sie wechseln damit automatisch zur App **Services**, wo Sie den aktuellen Zustand der Datenbankprozesse verfolgen können.

5.3.5 Starten und Stoppen einzelner Tenant-Datenbanken

Die bisher beschriebenen Funktionen zum Starten und Stoppen der SAP-HANA-Plattform wirken sich immer auf die gesamte Datenbank aus, also die Systemdatenbank und alle Tenant-Datenbanken. Technisch gesehen wird beim Starten der SAP-HANA-Plattform zunächst nur die Systemdatenbank gestartet. Im Anschluss werden die Tenant-Datenbanken, die automatisch gestartet werden sollen, von der Systemdatenbank über ein SQL-Kommando gestartet. Beim Stoppen der SAP-HANA-Plattform werden zunächst alle laufenden Tenant-Datenbanken über ein SQL-Kommando gestoppt und im Anschluss fährt die Systemdatenbank herunter. Tenant-Datenbanken sind ohne eine Systemdatenbank nicht lauffähig; diese muss daher immer gestartet sein.

Einzelne Tenant-Datenbanken können Sie aus diesen Gründen starten und stoppen, wenn Sie sich an der Systemdatenbank anmelden. Im SAP HANA Cockpit finden Sie die App **Database Management**. Dort können Sie einzelne Tenant-Datenbanken über die angebotenen Funktionen starten und stoppen.

Auch über das DBA Cockpit können Sie im Bereich **SAP HANA multitenant database containers • Liste der Tenant-Datenbanken** auf die Tenant-Datenbanken zugreifen und diese starten und stoppen, sofern Sie mit der Systemdatenbank verbunden sind (siehe Abbildung 5.20). Allerdings können Sie hier nicht die Tenant-Datenbank des SAP-S/4HANA-Systems anhalten, an der Sie gerade angemeldet sind, da Sie sich damit sprichwörtlich den eigenen Ast absägen würden. Daher wird dies technisch unterbunden.

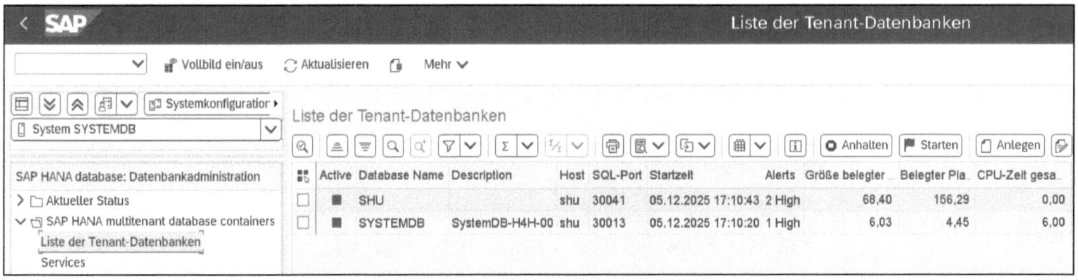

Abbildung 5.20: Tenant-Datenbanken im DBA Cockpit starten und stoppen

Haben Sie sich bei der Einrichtung der zweiten Datenbankverbindung zur Systemdatenbank an die Anleitung aus Abschnitt 5.1.3, »SAP HANA Cockpit«, gehalten, wird der Benutzer `DBACOCKPIT`, der an dieser Stelle mit der Systemdatenbank verbunden ist, ohnehin keine Berechtigung für die Verwaltung von Tenant-Datenbanken haben. Hierzu müssten Sie dem Benutzer `DBACOCKPIT` oder besser der Rolle `DBA_COCKPIT` noch das Privileg `DATABASE ADMIN` zuweisen.

Natürlich können Sie auch über folgenden SQL-Befehl, den Sie auf der Systemdatenbank absetzen, einzelne Tenant-Datenbanken starten und stoppen:

```
ALTER SYSTEM START|STOP DATABASE <Name der Tenant-Datenbank>.
```

5.3.6 Einflussfaktoren für den Start der Datenbank

Da SAP HANA eine In-Memory-Datenbank-Plattform ist, sollten Sie verstehen, was beim Start von SAP HANA auf technischer Ebene passiert. Wie lange dauert es, bis die Datenbank hochgefahren ist? Dauert es bei einer sehr großen Datenbank viel länger als bei einer kleinen Datenbank? Dies sind häufig gestellte Fragen, die ich in diesem Abschnitt beantworten möchte.

Startvorgang

Der Startvorgang unterteilt sich in die folgenden acht Phasen:

1. Die zum Prozess gehörende Datendatei aus dem Data Volume wird geöffnet und analysiert.
2. Die Liste der offenen Datenbanktransaktionen wird in den Hauptspeicher gelesen.
3. Row-Store-Tabellen werden vollständig in den Hauptspeicher eingelesen.
4. Offene Datenbanktransaktionen werden verarbeitet. Transaktionen, die beim Stoppen der Datenbank noch nicht abgeschlossen waren, werden hierbei verworfen. Transaktionen, die abgeschlossen (engl. *committed*), aber nicht im Datenbereich persistiert wurden, da sie nach dem letzten Savepoint

ausgeführt wurden, werden wiederholt (engl. *roll forward*). Hierbei müssen die Tabellen, die für den Roll Forward benötigt werden, in den Hauptspeicher geladen werden. Nach diesem Schritt ist die Datenbank wieder technisch verfügbar und man kann sich an ihr anmelden.

5. Abgebrochene Transaktionen werden identifiziert und ebenfalls verworfen.
6. Es wird ein Savepoint mit dem jetzt wieder konsistenten Stand der Datenbank ausgeführt.
7. Column-Store-Tabellen, die mit dem Attribut »Preload« versehen sind, werden asynchron im Hintergrund in den Hauptspeicher geladen. Sie haben die Möglichkeit, einzelne Tabellen für den Preload zu markieren, damit diese nach einem Neustart frühzeitig im Hauptspeicher zur Verfügung stehen. Ich greife allerdings nur selten auf diese Maßnahme zurück, da SAP HANA die Tabellen in Schritt 8 automatisch wieder in den Hauptspeicher lädt.
8. Column-Store-Tabellen werden asynchron im Hintergrund in den Hauptspeicher geladen, wenn sich diese nicht schon durch vorherige Aktionen ohnehin wieder im Hauptspeicher befinden (*Reload-Prozess*). Die Reihenfolge wird anhand des letzten Zugriffszeitpunktes auf die Tabelle bestimmt.

Startdauer und Datenbankgröße

Grundsätzlich ist die Startdauer weitestgehend unabhängig von der Größe der Datenbank. Schritt 3, also das Laden der Row-Store-Tabellen, stellt in der Praxis keinen großen Zeitfaktor mehr dar, da mit SAP S/4HANA die meisten Tabellen im Column Store gespeichert sind. Der wichtigste Faktor ist Schritt 4, also dass Transaktionen, in denen nach dem letzten Savepoint Daten verändert wurden, erneut ausgeführt werden müssen. Auch wenn dies im schlimmsten Fall nur 5 Minuten dauert, kann in dieser Zeit einem SAP-S/4HANA-System sehr viel passiert sein. Die größten Tabellen (z. B. IDocs, Anwendungslog, Änderungsbelege, Rechnungen, Aufträge ...) sind ja gerade deshalb so groß, weil sehr häufig in sie geschrieben wird. Wenn nun nach dem letzten Savepoint Daten in diesen Tabellen geändert wurden, muss SAP HANA diese Änderungen beim Hochfahren erneut durchführen. Die gute Nachricht ist hier, dass bei einem regulären, geordneten Herunterfahren der Datenbank zum Schluss noch ein Savepoint ausgeführt wird. Dadurch müssen beim Hochfahren keine Logeinträge berücksichtigt werden und man kann sich nach kurzer Zeit an der Datenbank anmelden. Der Roll Forward nimmt also nur dann viel Zeit in Anspruch, wenn die Datenbank ungeordnet beendet wurde (etwa durch einen Hardwaredefekt, Softwarefehler, das Killen der Datenbankprozesse ...). In diesem Fall kann das Hochfahren der Datenbank sehr viele Minuten oder bei sehr großen Datenbanken auch Stunden dauern.

Business Downtime

Selbst wenn die Datenbank nach kurzer Zeit hochgefahren ist und Sie die ABAP-Plattform gleich im Anschluss starten, wird das System nicht sofort die beste Performance erzielen. Der Grund hierfür ist, dass sich noch nicht alle Column-Store-Tabellen im Hauptspeicher der Datenbank befinden. Darum kümmert sich die SAP-HANA-Plattform erst nach dem Hochfahren (siehe Schritte 7 und 8). Greift ein Anwender oder eine Anwenderin auf eine Tabelle zu, die noch nicht in den Hauptspeicher geladen wurde, muss die SAP-HANA-Plattform sie in diesem Augenblick in den Hauptspeicher laden, was zusätzliche Performance kostet. Diese Zeit wird daher auch als *Ramp-up-Phase* bezeichnet. In manchen Unternehmen wird diese Phase auch der *Business Downtime* zugeordnet, also so gewertet, als wäre das System noch nicht verfügbar, obwohl es das technisch gesehen bereits ist.

Überwachung des Startvorgangs

Möchten Sie den Startvorgang beobachten, sollten Sie sich die Trace-Datei des Indexservers anschauen. Besonders oft werde ich gefragt, wie man erkennt, wann Schritt 8 (Reload) beendet ist, da man ab diesem Zeitpunkt wieder mit einer regulären Datenbankperformance rechnen kann. Um dies zu prüfen, verwenden Sie in der Kommandozeile den Alias `cdtrace` und wechseln danach in das Unterverzeichnis der Tenant-Datenbank (`cd DB_<Name der Tenant-Datenbank>`). Dort öffnen Sie die Datei *indexserver_<Host>.<Port>.<höchste vorhandene Nummer>.trc*. Den Beginn und das Ende des Reload-Vorgangs erkennen Sie an den in Listing 5.3 aufgeführten Zeilen der Trace-Datei.

```
2025-12-10 15:54:25.776465 i TableReload
TRexApiSystem.cpp(00616) : Starting reloading column store
tables based on previous load information
2025-12-10 16:05:33.076939 i TableReload
TRexApiSystem.cpp(00696) : Finished table reloading
```

Listing 5.3: Ausschnitt aus der Trace-Datei des Indexservers

Auch wenn sich die Datenbank nach dem Start lange nicht zurückmeldet, lohnt sich ein Blick in die Trace-Datei. Oft befindet sich die Datenbank dann noch in Schritt 4 (Roll Forward).

Fast Restart Option und PMEM

SAP hat zwei optionale Verfahren etabliert, um den Startvorgang zu beschleunigen und die Business Downtime weiter zu reduzieren, die *Fast Restart Option* und die Möglichkeit, Teile des Hauptspeichers mit nicht flüchtigem Hauptspeicher (*Persistent Memory*, kurz PMEM) auszustatten. Eine Gegenüberstellung dieser beiden Verfahren finden Sie im SAP Help Portal (*https://help.sap.com/hana*) unter **Operate • SAP HANA Administration Guide for SAP HANA Platform • System Administration • Persistent Data Storage in the SAP HANA Database • SAP HANA Fast Restart Option**.

5.4 Backup und Recovery

Eine zentrale Aufgabe der SAP-S/4HANA-Administration ist die regelmäßige Sicherung der Datenbank sowie deren Überwachung. Die betriebswirtschaftlichen Daten aus dem SAP-S/4HANA-System sind in der Datenbank gespeichert. Ein Verlust dieser Daten wäre eine Katastrophe. Fällt das System wegen Hard- oder Softwarefehler aus, müssen Sie in der Lage sein, die Datenbank in kurzer Zeit wieder in einen konsistenten Zustand zu versetzen, möglichst ohne Datenverlust (*Recovery*).

5.4.1 Backup-Strategie

RTO Die maximal erlaubte Zeit, bis ein System nach einem Ausfall wieder vollständig zur Verfügung stehen muss, wird als *Recovery Time Objective* (RTO) bezeichnet. Je weniger Zeit hierfür vorgesehen ist, desto häufiger werden Sie Sicherungen des Datenbereichs durchführen müssen. Beträgt die erlaubte Zeit nur wenige Minuten, können Sie diese Vorgabe allein über Backup- und Recovery-Strategien nicht mehr erfüllen. In diesem Fall müssen Sie eine Hochverfügbarkeitslösung implementieren (siehe Abschnitt 16.2, »Hochverfügbarkeit von SAP HANA«).

RPO Die Kennzahl *Recovery Point Objective* (RPO) gibt an, wie lange die Zeitspanne nach dem letzten Backup bis zum Crash maximal andauern darf. Die in dieser Zeit durchgeführten Datenänderungen wurden noch nicht gesichert und wären im schlimmsten Fall unwiderruflich verloren. Mit den Standardeinstellungen liegt diese Zeitspanne für die SAP-HANA-Datenbank bei 15 Minuten. Auch hier müssen Sie bei sehr hohen Anforderungen stattdessen eine Hochverfügbarkeitslösung implementieren.

Abbildung 5.21 verdeutlicht den Unterschied zwischen RTO und RPO.

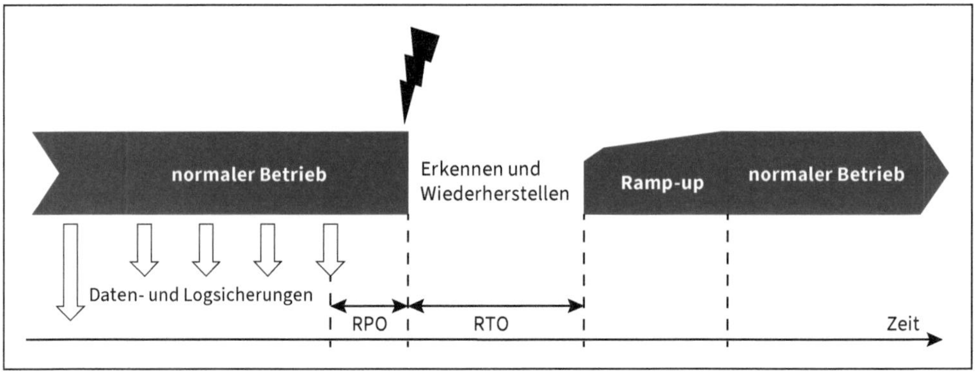

Abbildung 5.21: Recovery Time Objective und Recovery Point Objective

Auch wenn die SAP-HANA-Datenbank zu großen Teilen im Hauptspeicher arbeitet, müssen die Änderungen dennoch regelmäßig mit dem Dateisystem synchronisiert werden. Daher werden Sie die Datenbank eher zu lastarmen Zeiten sichern, um den Einfluss einer laufenden Sicherung auf das System zu minimieren. Die Verwendung von Snapshot-Mechanismen einiger Anbieter von Speicherlösungen kann ermöglichen, mehrere Sicherungen an einem Tag durchzuführen, um im Fehlerfall die Datenbank noch schneller wiederherstellen zu können.

5.4.2 Sicherung des Datenbereichs

Savepoints

Im Verzeichnis */hana/data/<SID>* im Dateisystem befindet sich der Datenbereich der Datenbank. Dieser wird unter anderem durch die Savepoints im Standard alle 5 Minuten aktualisiert. Dabei werden alle seit dem letzten Savepoint geänderten Pages aus dem Hauptspeicher in den Datenbereich geschrieben. Wenn Sie eine Sicherung starten, wird als Erstes noch einmal ein Savepoint geschrieben, der dann einen konsistenten Stand der Datenbank im Dateisystem erzeugt. Im Anschluss werden von dort aus die Pages an das Sicherungsziel übertragen.

Optionen für die Datensicherung

Für die Sicherungen des Datenbereichs können Sie eine der folgenden Optionen wählen:

- **Vollsicherung**

  Der komplette Datenbereich der Datenbank wird gesichert (die erste Sicherung muss immer eine Vollsicherung sein).

- **Inkrementelle Sicherung**

  Nur die Pages, die sich seit der letzten Sicherung des Datenbereichs (Vollsicherung, inkrementelle Sicherung oder differenzielle Sicherung) geändert haben, werden gesichtert.

- **Differenzielle Sicherung**

  Nur die Pages, die sich seit der letzten Vollsicherung geändert haben, werden gesichert.

Ob Sie neben der Vollsicherung auch die anderen Optionen wahrnehmen, hängt wieder vom geforderten RTO ab. Im Beispielfall aus Abbildung 5.22 könnte die Datenbank bei einem Crash am Donnerstag die Wiederherstellung über die letzte Vollsicherung am Sonntag, die differenzielle Sicherung am Mittwoch, die inkrementelle Sicherung am Donnerstag und die verbleibenden Logs vom Donnerstag durchführen. Hätten Sie nur die Vollsicherung vom Sonntag, müsste die Wiederherstellung bis zum Crash komplett über die Logsicherungen durchgeführt werden, was deutlich länger dauern würde.

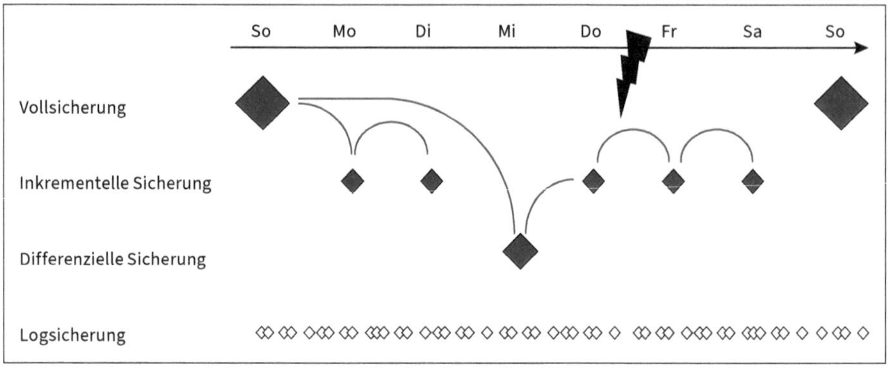

Abbildung 5.22: Beispiel einer Sicherungsstrategie

5.4.3 Sicherung des Logbereichs

Jede ändernde Datenbankoperation wird beim Commit sofort synchron auf das Dateisystem in das Verzeichnis */hana/log/<SID>* geschrieben. Dadurch ist die Datenbank z. B. nach einem Stromausfall in der Lage, ohne Datenverlust und ohne die Notwendigkeit einer Wiederherstellung normal zu starten. Hierbei kann die Datenbank auf den letzten Savepoint des Datenbereichs zurückgreifen und alle Datenbanktransaktionen, die nach dem Savepoint ausgeführt wurden, über die Redo-Logs wiederherstellen. Verlieren Sie aber das Dateisystem (Daten- und/oder Logbereich), müssen Sie die Datenbank wiederherstellen. Daher müssen Sie auch den Logbereich sichern, um alle Datenänderungen nach der letzten Sicherung des Datenbereichs wiederherstellen zu können.

Logsegmente

Im Log Volume befinden sich hierzu Dateien bestimmter Größe (z. B. 1 GB für den Indexserver), sogenannte *Logsegmente*. Hier werden die Datenänderungsbefehle bei einem Commit gespeichert. Ist die Datei voll beschrieben oder ist eine definierte Zeit abgelaufen (im Standard 15 Minuten), wird das Logsegment abgeschlossen und die Logsicherung für dieses Segment gestartet. Gleichzeitig beschreibt die Datenbank ein neues oder nicht mehr benötigtes Logsegment. Dieser Mechanismus beeinflusst somit maßgeblich den RPO, also den potenziellen Datenverlust, da im Normalbetrieb spätestens nach 15 Minuten der Inhalt eines Logsegments gesichert wird.

[!]

Log-Full-Situationen

Kann ein Logsegment nicht gesichert werden (z. B. wegen Problemen innerhalb des Netzwerkes des Sicherungsziels) oder gibt es Probleme beim Schreiben von Savepoints, können Logsegmente nicht wieder neu beschrieben werden. In diesem Fall werden so lange neue Logsegmente erzeugt, bis die Fehlersituation behoben oder das Log Volume voll ist. Dann bleibt die Datenbank stehen.

Sie sollten sich auf so ein Ereignis vorbereiten. Anhaltspunkte erhalten Sie über die SAP-Hinweise 1679938 und 2083715. Ist das Problem beseitigt, sollten Sie die dann freien Logsegmente z. B. über das SQL-Kommando `ALTER SYSTEM RECLAIM LOG` löschen, um zukünftig bei erneuten Problemen rechtzeitig zu erkennen, dass das Log Volume vollläuft. Löschen Sie Logsegmente auf keinen Fall manuell, egal, in welchem Status sie sich befinden!

Im Standard ist die Logsicherung aktiviert. Dennoch bleibt sie so lange ohne Funktion, bis die erste Sicherung des Datenbereichs erfolgt ist, denn ohne eine Sicherung des Datenbereichs gibt es keinen Aufsetzpunkt für den Logbereich. Bevor Sie jedoch die erste Sicherung des Datenbereichs vornehmen, sollten Sie die Konfigurationsparameter, insbesondere die Parameter für die Sicherungsziele, korrekt pflegen (siehe Abschnitt 5.4.4, »Unterstützte Sicherungsziele«), sonst läuft das Verzeichnis */hana/shared* mit den Standardeinstellungen schnell voll und die Datenbank bleibt stehen.

Automatische Logsicherungen deaktivieren

Möchten Sie bewusst auf Logsicherungen verzichten, da Ihnen z. B. für ein Sandbox-System regelmäßige Sicherungen des Datenbereichs genügen, können Sie den Parameter `enable_auto_log_backup` auf den Wert `false` setzen. Sie müssen in diesem Zuge unbedingt auch den Parameter `log_mode` auf den Wert `overwrite` umstellen, sonst führt das Ausschalten der Logsicherung nur dazu, dass das Log Volume vollläuft und die Datenbank stehen bleibt.

5.4.4 Unterstützte Sicherungsziele

Backint

SAP HANA unterstützt als Sicherungsziele für den Daten- und Logbereich sowohl Ordner im Dateisystem als auch über die Schnittstelle *Backint* angeschlossene Sicherungslösungen von Drittanbietern. Sollten Sie über das Dateisystem sichern, sollte es sich um ein gemountetes Dateisystem handeln, das physisch von der Datenbank separiert ist. Im Standard ist das Verzeichnis */hana/shared/<SID>/HDB<Instanz>/backup*. Sie sollten diesen Pfad entweder z. B. als Mountpoint für ein NFS-Dateisystem (Network File System) konfigurieren oder die SAP-HANA-Konfigurationsparameter auf das richtige Verzeichnis hin ändern. Neben den beiden Parametern `basepath_databackup` und `basepath_logbackup` müssen Sie auch den Parameter `basepath_catalogbackup` beachten und umstellen. Zertifizierte Backup-Lösungen mit Backint-Schnittstelle finden Sie über SAP-Hinweis 1730932.

Snapshots

Verwenden Sie Enterprise-Storage-Lösungen, z. B. von NetApp, können Sie auch Snapshots des Datenbereichs erstellen und als Basis für eine Wiederherstellung wiederverwenden. Achten Sie in diesem Fall aber darauf, die Vorgehensweise des jeweiligen Anbieters zu beachten. Sie können bei laufender Datenbank nur Snapshots des Datenbereichs erstellen. Logsicherungen werden ausschließlich von SAP HANA über das Dateisystem oder Backint gesteuert.

5.4.5 Durchführung von Datensicherungen

Sicherungen können Sie mit allen gängigen Administrationswerkzeugen durchführen. Möchten Sie Sicherungen einplanen, bieten sich das DBA Cockpit, das SAP HANA Cockpit oder über das Betriebssystem bzw. Drittanbieterwerkzeuge eingeplante Jobs unter Verwendung von `hdbsql` an.

Auch Systemdatenbank sichern

Bedenken Sie, dass Ihre Datenbankinstallation aus mindestens zwei Datenbanken besteht (Systemdatenbank und Tenant-Datenbank). Verlieren Sie die komplette Datenbank, müssen daher beide Datenbanken wiederhergestellt werden. Haben Sie dann keine Sicherung Ihrer Systemdatenbank, verlieren Sie auf jeden Fall wertvolle Zeit bei der Wiederherstellung. Da die Größe der Systemdatenbank nur wenige Gigabyte beträgt, empfehle ich Ihnen, bei jeder Datensicherung der Tenant-Datenbank auch die Systemdatenbank mitzusichern. Verwenden Sie das DBA Cockpit zur Einplanung der Datensicherung, können Sie beides über einen einzigen Sicherungsjob erledigen. Voraussetzung ist, dass Sie sich mit der Systemdatenbank verbinden, da Sie innerhalb der Tenant-Datenbank nur diese Tenant-Datenbank sichern können.

DBA-Einplanungskalender

Zur Einplanung über das DBA Cockpit rufen Sie im SAP GUI des SAP-S/4HANA-Systems den *DBA-Einplanungskalender* (Transaktion DB13) auf. Gehen Sie dann wie folgt vor:

1. Wählen Sie im Feld **System** Ihre Systemdatenbank aus und markieren Sie im Bereich **Aktions-Pad** die Zeile **Komplette Datensicherung** (siehe Abbildung 5.23).

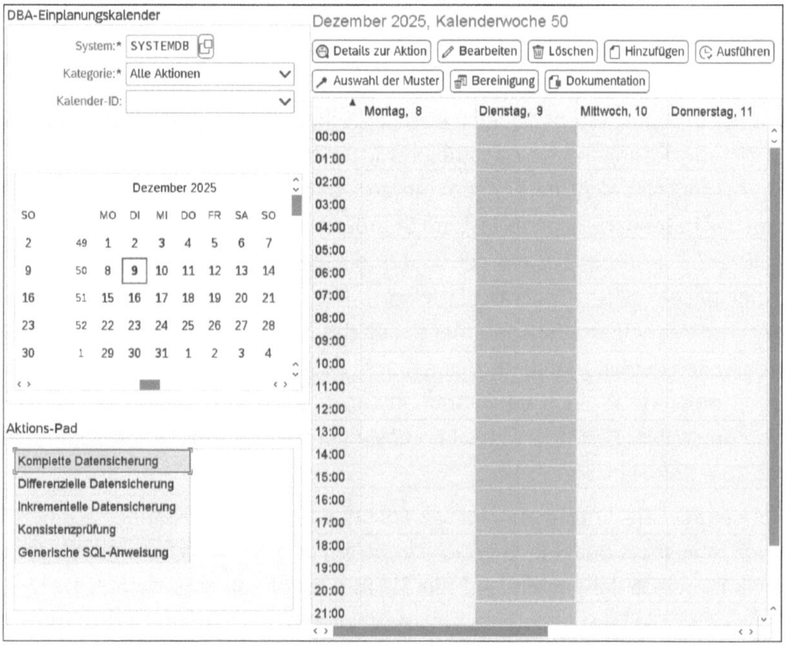

Abbildung 5.23: DBA-Einplanungskalender

2. Markieren Sie im Kalenderbereich den gewünschten Tag und die Uhrzeit für die Datensicherung.
3. Mit einem Kick auf **Hinzufügen** öffnet sich ein neues Fenster zur Einplanung der Sicherung (siehe Abbildung 5.24). Auf der Registerkarte **Aktionsparameter** können Sie im Feld **Datenbankname** ein Sternchen (»*«) eintragen. Damit können Sie eine Sicherung der Systemdatenbank und aller Tenant-Datenbanken über nur einen Job konfigurieren. Diese Funktion ist nur verfügbar, wenn Sie mit der Systemdatenbank verbunden sind.
4. Das Feld **Sicherungsdestin.** wird mit dem Wert aus Konfigurationsparameter `basepath_databackup` vorbelegt. Ist die Backint-Schnittstelle in Ihrer SAP-HANA-Datenbank nicht konfiguriert, können Sie diese im Feld **Destinationstyp** nicht auswählen.

Abbildung 5.24: Einplanung einer Sicherung

5. Sehr wichtig ist das Feld **Sichrgspräfix**. Dieses ist im Standard mit dem Festwert `COMPLETE_DATA_BACKUP` vorbelegt. Dadurch hätte jede Sicherung den gleichen Dateinamen. Jedes Backup würde so das vorherige Backup überschreiben. Im Backup-Katalog würden zwar noch alle Sicherungen angezeigt werden, physisch wäre jedoch immer nur die letzte Sicherung vorhanden.

Bricht eine Sicherung ab, hätten Sie überhaupt keine vollständige Sicherung! Dies müssen Sie vermeiden. Verwenden Sie daher dynamische Platzhalter als Teil des Sicherungspräfixes, z. B. das Datum und die Uhrzeit mit dem Wert `$DATETIME` (Informationen zu weiteren Platzhaltern erhalten Sie über die Funktionstaste [F4]). Zur weiteren Absicherung können Sie das Überschreiben von Backups mit gleichem Namen unterbinden, indem Sie den Parameter `enable_data_backup_overwrite` auf den Wert `false` setzen.

6. Mit dem Ankreuzfeld **Komprimiert** können Sie die Größe der Datenbanksicherung nochmals deutlich reduzieren. Dies ist besonders bei einer langsamen Netzwerkverbindung nützlich.
7. Auf der Registerkarte **Wiederholung** können Sie festlegen, in welchem Zyklus die Sicherung ausgeführt werden soll (z. B. täglich).
8. Mit einem Klick auf den Button **Hinzufügen** planen Sie den Job schließlich ein.

[!]

Einplanung über das DBA Cockpit

Bedenken Sie bei einer Einplanung der Sicherungen über das DBA Cockpit, dass die Sicherungsjobs über die Jobverwaltung der ABAP-Plattform laufen. Wenn zum geplanten Zeitpunkt einer Sicherung das SAP-System nicht läuft oder keine Ressourcen für die Jobeinplanung zur Verfügung stehen, wird keine Sicherung der Datenbank über diese Jobs gestartet.

5.4.6 Backup-Katalog

Wiederherstellung der Datenbank

Mit Ausnahme einer Wiederherstellung aus ausschließlich einer Vollsicherung benötigen Sie für eine Wiederherstellung der Datenbank immer einen *Backup-Katalog*, den Sie sich als Inventarliste aller verfügbaren Sicherungen vorstellen können. Mit jeder Daten- und Logsicherung wird immer auch eine neue Version des Backup-Katalogs in das Dateisystem oder über die Backint-Schnittstelle geschrieben.

Einige SAP-Kunden passen zwar die Sicherungsziele für Daten- und Logsicherungen an, vergessen dabei aber den Backup-Katalog, der dann weiterhin in ein lokales Verzeichnis der SAP-HANA-Datenbank geschrieben wird und im Fall eines Crashs unwiederbringlich verloren ist. Machen Sie es besser und passen Sie bei dateibasierten Backups den Parameter `basepath_catalogbackup` an und setzen Sie bei Nutzung von Backint den Parameter `catalog_backup_using_backint` auf den Wert `true`.

Größe des Katalogs

Mit jeder neuen Daten- oder Logsicherung wird der Katalog schnell größer. Von anfangs wenigen Kilobyte umfasst er schnell bis zu vielen Megabyte. Der Katalog sollte deshalb keine Backups enthalten, die physisch gar nicht mehr vorhanden sind. Sollten Sie also alte Daten- und Logsicherungen physisch löschen, müssen Sie unbedingt auch den Backup-Katalog um diese Backups bereinigen, sonst wird seine Größe schnell zum Problem.

Am besten verwenden Sie für das Löschen von Sicherungen Werkzeuge, die auch das Bereinigen des Katalogs beherrschen. Das SAP HANA Cockpit beherrscht diese Aufgabe ebenso wie das Werkzeug `hanacleaner` (siehe SAP-Hinweis 2399996).

Kataloge im DBA Cockpit verwalten

Aus dem DBA Cockpit erreichen Sie den Backup-Katalog direkt über Transaktion DB12. Jede Datenbank (die Systemdatenbank und jede Tenant-Datenbank) hat ihren eigenen Backup-Katalog. Wenn Sie im DBA Cockpit zur Systemdatenbank wechseln, sehen Sie daher den Backup-Katalog der Systemdatenbank (siehe Abbildung 5.25). Über den Button **Alle Tenants anzeig...** können Sie anschließend aber die Backups aller Datenbanken auf einen Blick ansehen.

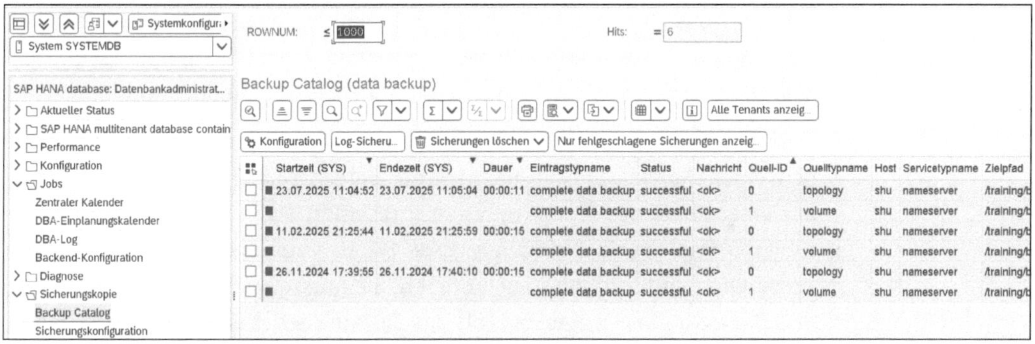

Abbildung 5.25: Backup-Katalog-Verwaltung im DBA Cockpit

Über den Button **Konfiguration** können Sie die wichtigsten Parameter für die Datensicherungen anpassen. Dies ist über die Oberfläche des DBA Cockpits einfacher als die manuelle Anpassung der Parameter über die INI-Dateien. Über den Button **Log-Sicheru...** bzw. **Datensicherung** schalten Sie zwischen der Anzeige der Daten- und Logsicherungen um.

Housekeeping

Über den Button **Sicherungen löschen** können Sie eine zuvor markierte Sicherung oder alle Sicherungen, die älter sind als die markierte, manuell löschen. Sie haben dabei auch die Wahlmöglichkeit, die Sicherungen nur aus dem Katalog oder auch physisch aus der Sicherungslokation zu löschen.

Wie bereits erwähnt, ist es sehr wichtig, den Backup-Katalog klein zu halten, weshalb es sinnvoll ist, dieses Housekeeping zu automatisieren. Leider fehlt eine entsprechende Funktion aktuell im DBA Cockpit, weshalb Sie hierzu auf andere Werkzeuge wie das SAP HANA Cockpit zurückgreifen müssen. Dort finden Sie die entsprechende Option unter **Manage Database Backups • Configure Backup • Retention Policy**.

5.4.7 Recovery

Anlässe für Wiederherstellung

Die Gründe für eine Wiederherstellung können vielfältig sein. Vermutlich denken Sie gerade an das Worst-Case-Szenario, dass das System durch einen Hardware- oder Softwarefehler zerstört wurde. Aber auch ein Anwendungsfehler (wenn etwa jemand versehentlich eine Tabelle gelöscht hat) kann ein Grund für eine Wiederherstellung sein. In letzterem Fall wird man ein SAP-S/4HANA-System aber realistisch betrachtet kaum wiederherstellen können. Bis der Fehler erkannt und kommuniziert wurde, sind wahrscheinlich bereits viele andere Geschäftstransaktionen verbucht worden, die man kaum oder nur mit sehr hohem Aufwand rückgängig machen könnte. In diesem Fall würden Sie eine Sicherung Ihrer Datenbank über eine temporäre Datenbank möglichst in den Zustand kurz vor dem Anwenderfehler zurückversetzen und von diesem Ausgangspunkt die Daten selektiv zurückholen. Haben Sie eine Hochverfügbarkeitslösung über die Funktion *SAP HANA System Replication* realisiert, ist die Funktion des Zurückholens einzelner Daten sogar fest implementiert (*Secondary Time Travel*) Informationen dazu finden Sie im SAP Help Portal (*https://help.sap.com/hana*) unter **Operate • SAP HANA System Replication**.

Am häufigsten erfolgt eine Wiederherstellung aber im Rahmen von regelmäßigen Systemkopien oder im Rahmen der Bereitstellung von Projektsystemen aus einer Kopie des Produktivsystems, resultiert also nicht aus einer Zerstörung der Datenbank. Dennoch müssen Sie sich auf das Worst-Case-Szenario vorbereiten und sollten es auch proben. Sie müssen wissen, ob Sie den RTO, also die maximal erlaubte Zeit, bis das System wieder einsatzbereit ist, jederzeit einhalten können.

Wiederherstellung der Systemdatenbank

Die Systemdatenbank muss nicht in jedem Fall wiederhergestellt werden. Ist z. B. nur die Tenant-Datenbank defekt oder soll sie im Rahmen einer Systemkopie wieder neu aus einer Sicherung der Produktion aufgebaut werden, reicht es völlig aus, die Tenant-Datenbank wiederherzustellen. Nur wenn die gesamte Datenbank betroffen ist, müssen Sie die Systemdatenbank und im Anschluss alle Tenant-Datenbanken wiederherstellen. Hierzu müssen dann tatsächlich mehrere Recovery-Prozeduren durchlaufen werden. Dabei starten Sie immer mit der Wiederherstellung der Systemdatenbank und stellen im Anschluss eine Tenant-Datenbank nach der anderen wieder her.

Mögliche Wiederherstellungswerkzeuge

Da die Datenbank für eine Wiederherstellung heruntergefahren wird, kann eine Wiederherstellung nicht über das DBA Cockpit innerhalb der ABAP-Plattform gesteuert werden. Sie müssen auf externe Werkzeuge zurückgreifen. Hier bietet sich in erster Linie das SAP HANA Cockpit an. Dort werden Sie Schritt für Schritt durch den Wiederherstellungsvorgang geleitet.

Sie können die Wiederherstellung der Systemdatenbank auch über eine Kommandozeile einleiten. Melden Sie sich dazu mit dem Betriebssystembenutzer `<sid>adm` der Datenbank am System an. Mit dem folgenden Kommando wird die Systemdatenbank im letzten konsistenten Stand wiederhergestellt:

```
HDBsettings.sh recoverSys.py
```

[«]

Voraussetzung für eine Wiederherstellung
Sie benötigen für eine Wiederherstellung eine intakte Datenbankinstallation. Haben Sie das komplette System samt Dateisystem verloren, müssen Sie es zunächst wieder aus einer Dateisystemsicherung, einem Snapshot oder Ähnlichem wiederherstellen. Besitzen Sie keine Sicherung des Betriebssystems, müssen Sie zunächst eine neue, leere Datenbank installieren (idealerweise mit der richtigen SID und Instanznummer) und dann auf dieser Datenbank die Wiederherstellung durchführen.

Wiederherstellung über das SAP HANA Cockpit

Ich zeige Ihnen im Folgenden den Wiederherstellungsprozess der Systemdatenbank über das SAP HANA Cockpit:

1. Melden Sie sich am SAP HANA Cockpit an und springen Sie in die Systemdatenbank.
2. Sollte Ihre Datenbank noch laufen, müssen Sie diese vor einer Wiederherstellung stoppen. Hierzu finden Sie oben rechts den Button **Stop Database**. Damit werden auch alle Tenant-Datenbanken gestoppt. Ihr SAP-System sollten Sie also vorher herunterfahren, sofern es noch läuft.
3. Im Bereich **Administration** sehen Sie nun die Kachel **Recover Database** (siehe Abbildung 5.26). Klicken Sie dort auf den Button **Recover Database**.

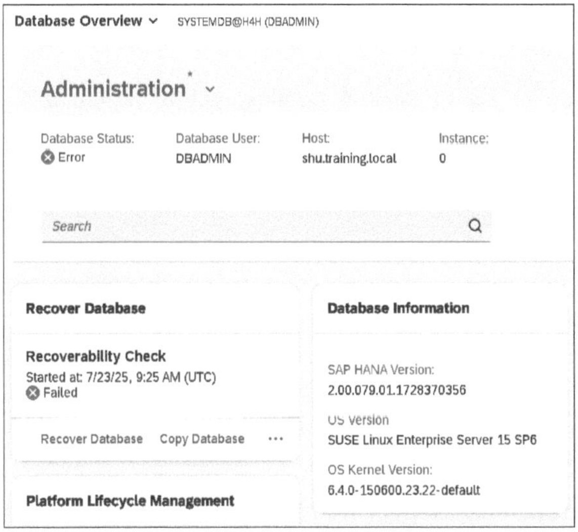

Abbildung 5.26: Die Kachel »Recover Database« im SAP HANA Cockpit

4. Sie werden nun durch eine Prozedur, bestehend aus sieben Schritten, geführt (siehe Abbildung 5.27):

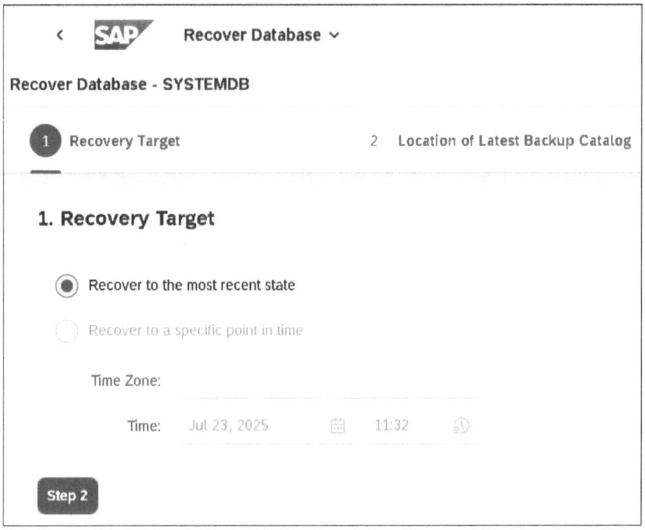

Abbildung 5.27: Recovery der Systemdatenbank über das SAP HANA Cockpit

- **Step 1: Recovery Target**: Für die Systemdatenbank haben Sie im SAP HANA Cockpit nur die Möglichkeit, den letzten konsistenten Stand der Datenbank wiederherzustellen. Die Wiederherstellung des Zustandes zu einem definierbaren Zeitpunkt in der Vergangenheit ist hier nicht möglich, aber in der Regel auch nicht notwendig, da die Systemdatenbank selbst keine Nutzdaten enthält. Sollten Sie diese Funktion dennoch einmal benötigen, können Sie das Python-Skript *recoverSys.py* verwenden. Mehr Informationen zu diesem Skript finden Sie im Administrations-Guide für SAP HANA.
- **Step 2: Location of Latest Backup Catalog**: Wie in Abschnitt 5.4.6, »Backup-Katalog«, beschrieben, führt die Datenbank einen Katalog aller Daten- und Logsicherungen und schreibt diesen Katalog mit jeder Sicherung in das Dateisystem. Im Fall einer Wiederherstellung muss diese Datei gelesen werden, damit die Datenbank eine Wiederherstellungsstrategie ermitteln kann, um wieder zum gewünschten Zeitpunkt zurückkehren zu können. Im Standard wird als Quelle des Backup-Katalogs die Stelle angegeben, an die die Datenbank selbst die Katalogdateien schreibt. Nur wenn Sie den Katalog verschoben haben oder auf einen anderen Katalog zugreifen möchten, müssen Sie hier eine alternative Stelle im Dateisystem angeben.
- **Step 3: Backup to be used**: Nach dem Einlesen des Backup-Katalogs können Sie in diesem Schritt die Datensicherung auswählen, die als Basis für

die Wiederherstellung verwendet werden soll. Sie wählen üblicherweise die aktuelle Sicherung aus, um den Umfang, der dann über Logsicherungen wiederhergestellt werden muss, möglichst kurz zu halten.

- **Step 4: Delta Backups**: Verwenden Sie im Rahmen Ihrer Sicherungsstrategie auch inkrementelle und/oder differenzielle Sicherungen, geht eine Wiederherstellung unter Einbeziehung dieser Sicherungen schneller, als die Daten vieler Tage nur über die Logsicherungen wiederherzustellen. Sie sollten daher immer die Option mit Verwendung der Delta-Backups auswählen. Auch wenn Sie nicht wissen, ob Sie Delta-Backups verwenden, schadet die Wahl dieser Option nicht.
- **Step 5: Backup Locations**: Im Backup-Katalog wird für jede Sicherung protokolliert, an welche Stelle sie geschrieben wurde. Wenn Sie Sicherungen von der ursprünglichen Stelle an eine andere Stelle verschoben haben, können Sie in Schritt 5 die neue Stelle hinterlegen. Es ist also nicht notwendig, die Sicherungen wieder an den ursprünglichen Ort zurückzukopieren. Voraussetzung ist natürlich, dass die Datenbank auf diese Stelle im Dateisystem zugreifen kann.
- **Step 6: Check Availability of Backups**: An dieser Stelle empfehle ich, die Verfügbarkeit der Sicherungen prüfen zu lassen. Bei der Systemdatenbank ist das nicht so wichtig, da die Wiederherstellung in wenigen Sekunden abgeschlossen sein sollte, aber bei größeren Datenbanken, wo die Wiederherstellung deutlich länger dauern kann, ist es besser, gleich am Anfang Gewissheit darüber zu haben, ob alle für die Wiederherstellung erforderlichen Dateien verfügbar sind. Sonst bricht die Wiederherstellungsprozess bei Nichtverfügbarkeit einer Datei ab und es vergeht wertvolle Zeit, bis der Abbruch erkannt, beseitigt und die Wiederherstellung wieder fortgesetzt wird.
- **Step 7: Initialize Log Area**: Um zum letzten konsistenten Stand zurückkehren zu können, benötigen Sie Datensicherungen, Logsicherungen und die letzten, noch nicht gesicherten Transaktionen aus dem Logbereich. Wenn der letztgenannte Bereich allerdings korrupt oder zerstört ist, ist er nicht mehr wiederherstellbar. In diesem Fall müssen Sie den Logbereich initialisieren. Dies ist auch erforderlich, wenn das verwendete Backup nicht von dem System stammt, das Sie gerade wiederherstellen (z. B. bei einer Systemkopie). In diesem Fall passt der Logbereich nicht zur Sicherung und muss initialisiert werden.

5. Mit dem Button **Review** schließen Sie die geführte Prozedur mit einem letzten prüfenden Schritt ab.
6. Mit dem Button **Start Recovery** beginnen Sie schließlich die Wiederherstellung der Systemdatenbank. Am Ende dieses Vorgangs startet die Datenbank

automatisch. Fahren Sie nun mit der Wiederherstellung der Tenant-Datenbank(en) fort.

Wiederherstellung der Tenant-Datenbank(en)

Wiederherstellung über das SAP HANA Cockpit

Auch den Wiederherstellungsprozess einer Tenant-Datenbank zeige ich Ihnen anhand des SAP HANA Cockpits:

1. Melden Sie sich am SAP HANA Cockpit an und springen Sie in die Systemdatenbank.
2. Wählen Sie oben rechts die Funktion **Database Management**.
3. Markieren Sie die Tenant-Datenbank, die Sie wiederherstellen möchten, und wählen Sie die Funktion **Tenant Actions • Recover Tenant**.
4. Sollte die Tenant-Datenbank noch laufen, werden Sie nun gefragt, ob die Tenant-Datenbank gestoppt werden soll. Dies müssen Sie mit **yes** bestätigen. An dieser Stelle sollte auch bereits die ABAP-Plattform gestoppt sein, die auf der Tenant-Datenbank läuft.
5. Es öffnet sich nun die gleiche geführte Prozedur wie bei der Wiederherstellung der Systemdatenbank. Folgen Sie den bereits beschriebenen Schritten. Gleich zu Beginn haben Sie zusätzlich die Wahl, ob Sie die Wiederherstellung mit Daten- und Logsicherungen oder nur mit einer vollen Datensicherung durchführen möchten. Die letztgenannte Option ist die einzige verwendbare, wenn Sie den Parameter `log_mode` auf den Wert `overwrite` eingestellt haben. Sie können dann nur den Zustand des Zeitpunktes wiederherstellen, an dem die Datensicherung gestartet wurde. Eine *Point-in-Time-Recovery*, also das Wiederherstellen der Datenbank auf ihren Zustand zu einem von Ihnen frei definierbaren Zeitpunkt in der Vergangenheit, gelingt Ihnen mit dieser Option nicht. Wählen Sie also die Option **Data and log backups** und fahren Sie dann mit **Step 2** fort.
6. Bei der Tenant-Datenbank können Sie im nächsten Schritt als Recovery-Target im Gegensatz zur Systemdatenbank auch einen beliebigen Zeitpunkt in der Vergangenheit angeben, bis zu dem die Wiederherstellung durchgeführt werden soll. In der Regel wählen Sie hier als Zeitpunkt den letzten konsistenten Stand (**latest point-in-time**).
7. Folgen Sie der restlichen Wiederherstellungsprozedur wie bei der Wiederherstellung der Systemdatenbank.

5.4.8 Fallback-Snapshots

Für die Tenant-Datenbanken haben Sie über das SAP HANA Cockpit die Möglichkeit, sogenannte *Fallback-Snapshots* zu erstellen. Damit können Sie in Sekundenschnelle den aktuellen Zustand der Datenbank festhalten und dann später entscheiden, ob Sie wieder an diesen Zeitpunkt zurückkehren oder den Snapshot löschen möchten. Dies ist besonders für Systeme interessant, in denen Sie etwas ausprobieren möchten, etwa wenn Sie ein Schulungssystem nach jeder Schulung wieder in den Zustand vor der Schulung zurückversetzen möchten. Auch bei einem Upgrade des SAP-Systems über den Software Update Manager (SUM) ist diese Option interessant, um bei Beginn der Downtime den aktuellen Stand vor dem technischen Upgrade festzuhalten. So können Sie im Fehlerfall wieder zu diesem Punkt zurückkehren.

Kein Backup-Ersatz

Beachten Sie aber, dass ein Fallback-Snapshot kein Backup ersetzt. Alle Datenänderungen, die nach der Erstellung des Snapshots durchgeführt werden, werden im Logbereich der Datenbank vorgehalten. Dies bedeutet auch, dass Sie einen Fallback-Snapshot nicht dauerhaft vorhalten können, da sonst der Logbereich der Datenbank vollläuft. Nach Ihrem Test oder nach dem Upgrade müssen Sie den Fallback-Snapshot daher wieder löschen oder an diesen Zeitpunkt zurückkehren. Es kann außerdem immer nur einen aktiven Fallback-Snapshot pro Tenant-Datenbank geben.

Sie finden die Funktion der Fallback-Snapshots im SAP HANA Cockpit mit Verbindung zur Systemdatenbank in der App **Database Management** unter **Fallback Snapshot**.

5.4.9 Sicherung weiterer Bereiche von SAP S/4HANA

Weitere sicherungsrelevante Bereiche

Auch wenn der Datenbankinhalt, den wir bisher in Abschnitt 5.4, »Backup und Recovery«, besprochen haben, sicherlich der wichtigste Punkt beim Thema Datensicherung ist, müssen Sie noch weitere Bereiche von SAP S/4HANA sichern, da deren Verlust mindestens einen hohen manuellen Aufwand bei der Wiederherstellung des Gesamtsystems nach sich ziehen würde. Folgende Bereiche sind zu sichern:

- Betriebssystem des Datenbankservers
- Betriebssystem des bzw. der Applikationsserver
- Dateisystem der Datenbank, insbesondere die Verzeichnisse */usr/sap* und */hana/shared*
- Dateisystem der ABAP-Plattform

INI-Dateien

Die Verzeichnisse */hana/data* und */hana/log* sollten Sie nicht sichern, da diese Bereiche durch das SAP-HANA-Backup abgedeckt sind. Neben der eigentlichen SAP-HANA-Installation sind insbesondere die INI-Dateien wichtig, die unter */hana/shared* bzw. */usr/sap* abgelegt sind. Sie können diese wichtigen Konfigurationsparameter auch im Rahmen der regulären Datensicherungen mitsichern. Im SAP HANA Cockpit können Sie dies durch die Option **Include Configuration Files** in der geführten Prozedur einer Datenbanksicherung aktivieren. Im

Rahmen einer Recovery über das SAP HANA Cockpit werden aktuell die INI-Dateien noch nicht berücksichtigt. Hierzu müssen Sie die Recovery über den SQL-Befehl `RECOVER DATABASE` mit Angabe der Option `INCLUDE CONFIGURATION` durchführen.

[»]

Auslesen der INI-Dateien aus Datenbanksicherungen

Mit dem Betriebssystemkommando `hdbbackupcheck <Backup-Präfix>_databackup_0_1 --dump -c <.ini file>` können Sie auch ohne eine Datenbankwiederherstellung gesicherte INI-Dateien einsehen und manuell prüfen oder wiederherstellen.

Auch beim Dateisystem der ABAP-Plattform ist insbesondere das Verzeichnis */usr/sap* von Bedeutung, da hier neben sämtlichen Installationsdateien, dem Kernel usw. auch die Profilparameterdateien liegen.

Kapitel 6
Konfiguration der Systemlandschaft

Ein fehlerarmer, stabiler und performanter Produktivbetrieb von SAP S/4HANA ist das wesentliche Ziel der Systemadministration. Um dieses Ziel zu erreichen, müssen Sie die Systemlandschaft konfigurieren und geeignete Verfahren etablieren.

Drei-Systeme-Landschaft

Unabhängig davon, mit welchem Betriebskonzept Sie SAP S/4HANA betreiben, reicht ein System nicht aus. Sie müssen neue Versionen, Konfigurationsänderungen, Schnittstellen und viele weitere Dinge gefahrlos anpassen und testen können, bevor diese produktiv zur Anwendung kommen. Daher arbeiten Sie in fast allen Betriebskonzepten mindestens mit einer Drei-Systeme-Landschaft, bestehend aus einem Entwicklungs-, einem Qualitätssicherungs- und einem Produktivsystem. Innerhalb dieser Landschaft fallen verschiedene administrative Aufgaben an, die ich Ihnen in diesem Kapitel näherbringen möchte.

In Abschnitt 6.1 vermittle ich Ihnen wichtige Grundlagen zur SAP-Systemlandschaft und zum Mandantenkonzept. In Abschnitt 6.2, »Mandanten verwalten«, erkläre ich Ihnen konkret, wie Sie Mandanten anlegen, kopieren und löschen können, und in Abschnitt 6.3, »Systemkopien«, lernen Sie, wie Sie Systeme kopieren und neu aufbauen können. Zur Konfiguration der Systemlandschaft gehört auch die Konfiguration der Transportlandschaft, um Änderungen innerhalb Ihrer Landschaft verteilen zu können. Diese umfangreiche Aufgabe beschreibe ich ausführlich in Kapitel 7, »Konfiguration des Transportwesens«.

6.1 Grundlagen

Systemrollen

Ein SAP-S/4HANA-System umfasst viele Funktionen, mit denen sich Anforderungen anpassen oder entwickeln, testen und produktiv nutzen lassen. Wären all diese Funktionen in nur einem System vereint, könnten Sie jedoch keinen stabilen Betrieb gewährleisten. Ein angepasstes Programm würde beispielsweise direkt nach der Aktivierung produktiv zur Verfügung stehen, ohne dass eine Entwicklerin und ein Tester die korrekte Ausführung validieren konnten. Um dies zu verhindern, hat sich die dreistufige Landschaft mit den Systemrollen Entwicklung, Qualitätssicherung und Produktion als Standard etabliert.

6.1.1 Dreistufige Systemlandschaft

Ob Sie Systeme on premise im eigenen Rechenzentrum oder bei einem Hyperscaler betreiben, Sie benötigen in der Regel eine Systemlandschaft aus drei Systemen. Jedes dieser Systeme wird üblicherweise auf einem separaten physischen oder virtuellen Host betrieben.

Grundsätzlich betrifft diese Empfehlung alle Komponenten von SAP S/4HANA, also neben der ABAP-Plattform auch die SAP-HANA-Plattform sowie die Hosts mit Ihren Betriebssystemen und Storage-Subsystemen. Nur wenn Sie für alle Ebenen des Systems eigene Komponenten verwenden, sind Sie auch in der Lage, auf allen Ebenen Patches, Updates oder Konfigurationsänderungen zu testen. Stellen Sie sich dagegen vor, Sie würden alle drei ABAP-Plattformen Ihrer Systemlandschaft als Tenant-Datenbanken einer gemeinsamen SAP-HANA-Plattform betreiben, hätten Sie keine Möglichkeit, ein Update der SAP-HANA-Plattform zu testen. Je nach Komplexität und Unternehmensgröße sind neben Entwicklungs-, Qualitätssicherungs- und Produktivsystem noch weitere Systemrollen denkbar. Beispiele für optionale Systemrollen sind:

Evaluierungs- bzw. Sandbox-System

- globales Entwicklungssystem
- Schulungssystem
- Vorproduktionssystem
- Projektsystem(e)
- weitere Produktivsysteme

Da jedes zusätzliche System verwaltet werden muss, müssen die Kosten dem jeweiligen Nutzen gegenübergestellt werden. Der wesentliche Nutzen weiterer Systeme ist in den meisten Fällen eine Qualitätssteigerung und Absicherung des produktiven Betriebs. In kleineren Unternehmen lassen sich die Systemrollen Entwicklung und Test häufig auch in einem System vereinen. Sie verlieren so jedoch die Möglichkeit, ein stabiles Testumfeld bereitzustellen, da Tests durch parallele Entwicklungen beeinflusst werden.

Abweichung bei SAP S/4HANA Cloud

Das Betriebskonzept von SAP S/4HANA Cloud Public Edition sah zunächst kein Entwicklungssystem auf Kundenseite vor, da Sie bei diesem Konzept mit den Standardprozessen arbeiten, die von SAP entwickelt und getestet werden. Da inzwischen aber auch in diesem Betriebskonzept Entwicklungs- und Erweiterungsmöglichkeiten bestehen, können Sie auch hier eine dreistufige Systemlandschaft bereitstellen lassen. Die Konfiguration der Systemlandschaft erfolgt über die *SAP Central Business Configuration*, einen mit Ihrer Systemlandschaft verbundenen Cloud-Service.

Weitere Informationen zur Systemlandschaftsverwaltung in SAP S/4HANA Cloud Public Edition finden Sie auf der Seite *https://help.sap.com/s4hanacloud*.

Wählen Sie auf der Seite den Bereich **Product Assistance**. Im Menübaum auf der linken Bildschirmseite gelangen Sie dann über **SAP S/4HANA Cloud Public Edition verwalten • Systemlandschaften in SAP S/4HANA Cloud Public Edition** zur entsprechenden Dokumentation.

Kostenfaktor

Ein wesentlicher Kostenfaktor für die Systemlandschaft sind die benötigten Ressourcen wie CPU und Hauptspeicher. Für das Produktivsystem werden die Kenngrößen durch das Sizing ermittelt. Auf dem Qualitätssicherungssystem findet in der Regel keine vergleichbare Belastung statt, das System könnte daher mit weniger Ressourcen ausgestattet sein. Allerdings sprechen die folgenden Punkte dagegen, das Qualitätssicherungssystem anders zu provisionieren:

- Sie können keine aussagenkräftigen Lasttests auf dem Qualitätssicherungssystem durchführen, wenn die Ressourcen nicht mit denen des Produktivsystems übereinstimmen.
- Systemkopien sind nicht möglich, wenn Sie nicht genügend Hauptspeicher für die SAP-HANA-Plattform zur Verfügung haben, um die Daten des Produktivsystems vollständig in das Qualitätssicherungssystem zu laden.
- Sie verlieren die Möglichkeit, im Desasterfall auf der Hardware des Qualitätssicherungssystems das Produktivsystem hochzufahren.

Daher wird das Qualitätssicherungssystem bei vielen Kunden mit den gleichen Ressourcen ausgestattet wie das Produktivsystem. Das Entwicklungssystem kann jedoch mit deutlich weniger Ressourcen betrieben werden, da hier in der Regel keine oder nur sehr wenige betriebswirtschaftliche Daten abgelegt werden. Lediglich Entwicklung und Customizing finden hier statt.

Eindeutige SIDs

Beachten Sie, dass jedes ABAP- und gegebenenfalls jedes Java-System der Systemlandschaft eine eindeutige Systemidentifikation (SID) haben muss. Aus Gründen der Eindeutigkeit sollte es jede SID sogar nur einmal im Unternehmen geben. Es hat sich als Best Practice etabliert, die Systemrolle in der dreistelligen SID durch einen Buchstaben (E für Entwicklung oder D für Development, Q für Qualitätssicherung, P für Produktion) zu kennzeichnen. Nach diesem Schema könnten die SIDs der AS-ABAP-Instanzen einer Systemlandschaft beispielsweise D01, Q01 und P01 lauten.

6.1.2 Mandantenkonzept in SAP S/4HANA

Sie können ein SAP-S/4HANA-System in mehrere Mandanten unterteilen. Ein Mandant kann dabei ein eigenes Unternehmen, ein Unternehmensbereich oder eine Gesellschaft repräsentieren, das oder die unabhängig von anderen Mandanten bilanziert werden kann.

Mehrmandantenfähigkeit

In einem SAP-S/4HANA-System mit mehreren Mandanten liegen alle Daten in einer Tenant-Datenbank der SAP-HANA-Plattform. Administrativ liegen die

Daten also zusammen, aber betriebswirtschaftlich sind sie getrennt. Technisch wird dies dadurch realisiert, dass alle mandantenabhängigen Tabellen ein Schlüsselfeld für den Mandanten beinhalten (meistens das Feld `MANDT`). In der Datenbankschnittstelle des Systems wird dieses Feld automatisch ergänzt. Selektiert z. B. eine Anwenderin, die an Mandant 100 angemeldet ist, Daten aus einer Tabelle, werden automatisch nur diejenigen Zeilen selektiert, bei denen im Mandantenfeld der Wert 100 zu finden ist. Mit Berechtigungen für entsprechende Reports wäre die Anwenderin aber auch in der Lage, auf Daten aus anderen Mandanten zuzugreifen.

Möchte man also ein SAP-S/4HANA-System für mehrere unabhängige Unternehmen betreiben, muss das Mandantenkonzept sehr gut abgewogen und abgesichert werden. Ein *Application Service Provider* (ASP) könnte auf diese Art und Weise SAP-S/4HANA-Systeme für viele kleine Kunden betreiben, ohne für jeden Kunden ein eigenes System mit eigenen Ressourcen bereitstellen zu müssen. Bei den mandantenabhängigen Daten wird zwischen Customizing-, Applikations- und Benutzerdaten unterschieden. Durch das Customizing wird SAP S/4HANA den betriebswirtschaftlichen Anforderungen des jeweiligen Unternehmens angepasst.

ABAP Repository

Nicht alle Daten in SAP S/4HANA sind mandantenabhängig. Diese *mandantenübergreifenden* oder *mandantenunabhängigen* Daten sind in allen Mandanten gültig. Zu den mandantenübergreifenden Daten zählen im Wesentlichen die Daten aus dem sogenannten *ABAP Repository*. Dieses Repository umfasst folgende Bereiche:

- ABAP-Programmierobjekte (z. B. Programme, Klassen, Funktionsbausteine)
- Dictionary-Objekte (z. B. Tabellen, Strukturen, Datenelemente, Domänen)

Neben dem ABAP Repository gibt es Customizing-Daten, die mandantenübergreifend vorgehalten werden. Die entsprechenden Customizing-Tabellen besitzen kein Mandantenfeld. Ein Beispiel ist die Tabelle `T000`, die alle Mandanten des Systems auflistet. Egal, an welchem Mandanten Sie angemeldet sind, sehen Sie für diese Tabelle immer den identischen Inhalt. Bedenken Sie jedoch, dass sowohl der Benutzerstamm als auch die Berechtigungen mandantenabhängig sind. Haben Sie für einen Mandanten keinen Benutzer oder keine Berechtigung, auf eine bestimmte Tabelle zuzugreifen, können Sie nicht auf die Informationen in diesem Mandanten zugreifen.

Mandanteneinstellungen

Grundsätzlich spielt es keine Rolle, an welchem Mandanten Sie sich anmelden, um mandantenübergreifendes Customizing oder Änderungen am ABAP Repository durchzuführen. Wer diese Aufgaben durchführen darf, sollte aber klar geregelt und über Berechtigungen und *Mandanteneinstellungen* abgesichert werden. Neben der Möglichkeit, die Mehrmandantenfähigkeit für die Abgrenzung verschiedener Unternehmen in einem System zu nutzen, lassen sich auch weitere Systemrollen über Mandanten abbilden. So könnten Sie auf dem Qualitätssicherungssystem beispielsweise einen weiteren Mandanten für Schulungszwecke einrichten oder auf dem Entwicklungssystem einen weiteren Mandanten als Sandbox nutzen. Bedenken Sie hierbei aber, dass sich mandantenübergreifendes Customizing oder Änderungen am Repository immer sofort auf alle Mandanten eines Systems auswirken.

Dreistellige Nummer

Ein Mandant wird durch eine dreistellige alphanumerische ID definiert. SAP empfiehlt jedoch ausdrücklich, nur numerische Werte zu verwenden, also Werte von 001 bis 999. Installieren Sie SAP S/4HANA neu, wird zunächst nur ein Mandant 000 mit ausgeliefert. Dieser sogenannte *Auslieferungsmandant* enthält Referenzeinstellungen und dient als Basis für die Bereitstellung mindestens eines weiteren Mandanten. Mit dem Mandanten 000 dürfen Sie nicht produktiv arbeiten und sollten dort auch keine Änderungen am Customizing durchführen, da das Customizing dieses Mandanten durch ein Upgrade des Systems überschrieben wird. Im Betriebsmodell SAP S/4HANA Private Cloud, in dem sich SAP um den technischen Betrieb der Systeme kümmert, erfolgt der Zugriff der SAP-Supportmitarbeiter weitgehend über den Mandanten 000. Somit haben die Supportmitarbeiter keinen Zugriff auf Ihre betriebswirtschaftlichen Daten. Sie als Kunde wiederum haben in diesem Betriebskonzept keinen Benutzer für den Mandanten 000 und können somit keine administrativen Aufgaben ausführen, die nur im Mandanten 000 möglich sind. In solchen Fällen müssen Sie die Aufgaben über Service Requests an SAP delegieren.

Eine beispielhafte System- und Mandantenstruktur sehen Sie in Abbildung 6.1.

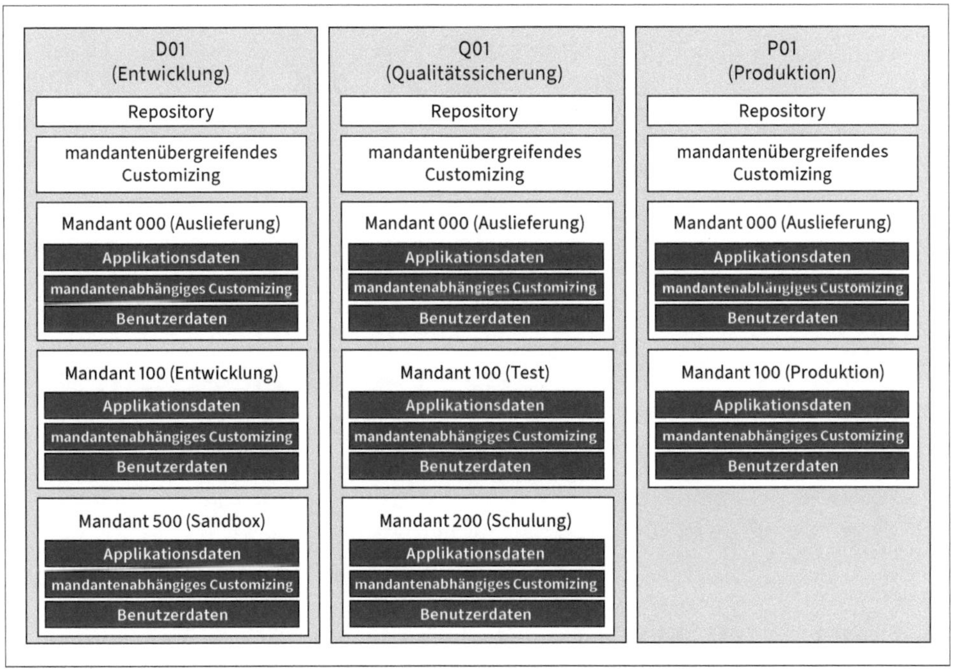

Abbildung 6.1: Drei-Systeme-Landschaft mit beispielhafter Mandantenstruktur

[»]

Mandanten 001 und 066

In früheren SAP-Systemen gab es neben Mandant 000 immer auch die Mandanten 001 und 066. Legen Sie neue Mandanten für SAP S/4HANA an, empfehle ich Ihnen daher, die Nummern 001 und 066 nicht zu verwenden, um falsche Annahmen zu vermeiden.

6.1.3 Systemänderbarkeit

Eine wichtige administrative Aufgabe ist es, sicherzustellen, dass die Systeme und Mandanten Ihren Systemrollen entsprechend verwendet werden. Durch das Berechtigungskonzept können Sie dies grundsätzlich sicherstellen. Es besteht aber die Gefahr, dass Entwicklungen oder Customizing durch zu weitreichende Berechtigungen in nicht dafür vorgesehenen Systemen oder Mandanten durchgeführt werden. Dies würde zu Inkonsistenzen innerhalb der Systemlandschaft führen und muss daher unter allen Umständen verhindert werden. Dazu müssen Sie auf System- und Mandantenebene weitere Sicherungsstufen aktivieren. Auf Systemebene (d. h. für das mandantenübergreifende Repository) öffnen Sie hierfür Transaktion SE03 und wählen **Administration • Systemänderbarkeit setzen**. Es öffnet sich die in Abbildung 6.2 gezeigte Bildschirmmaske.

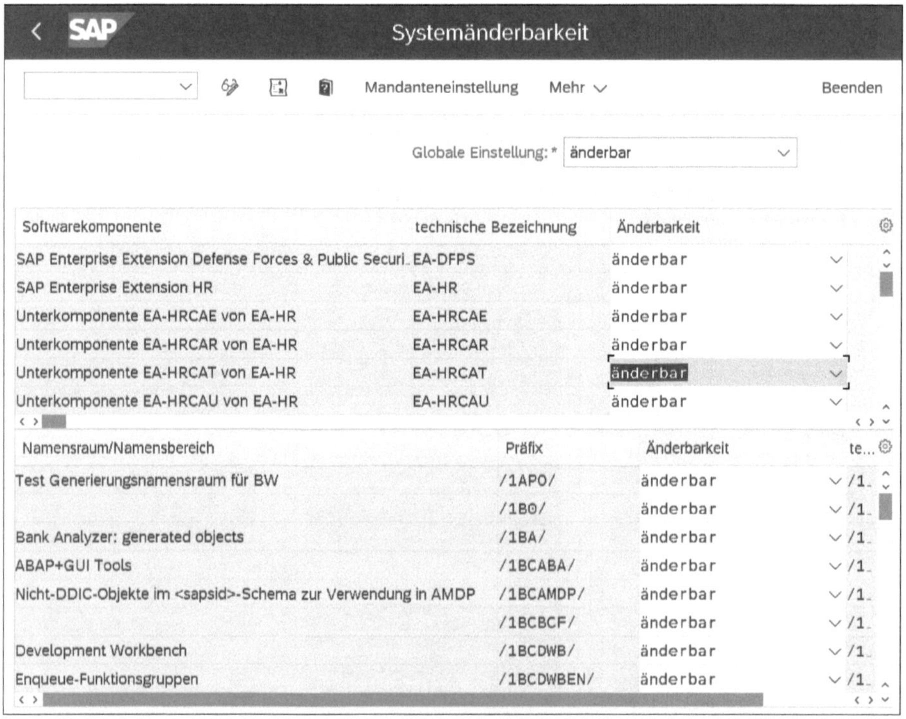

Abbildung 6.2: Systemänderbarkeit einstellen

Diese gezeigten Einstellungen müssen Sie in jedem System gemäß der Systemrolle durchführen. Das Auswahlmenü **Globale Einstellung** ist der Hauptschalter für die Systemänderbarkeit, der definiert, ob in diesem System generell Änderungen am Repository durchgeführt werden können. Ändern Sie die Einstellung von **änderbar** auf **nicht änderbar**, werden auch alle Unterbereiche (Softwarekomponenten und Namensräume) auf **nicht änderbar** gesetzt. Versucht nun jemand, ein Repository-Objekt zu ändern, anzulegen oder zu löschen, erhält diese Person eine Fehlermeldung (siehe Abbildung 6.3).

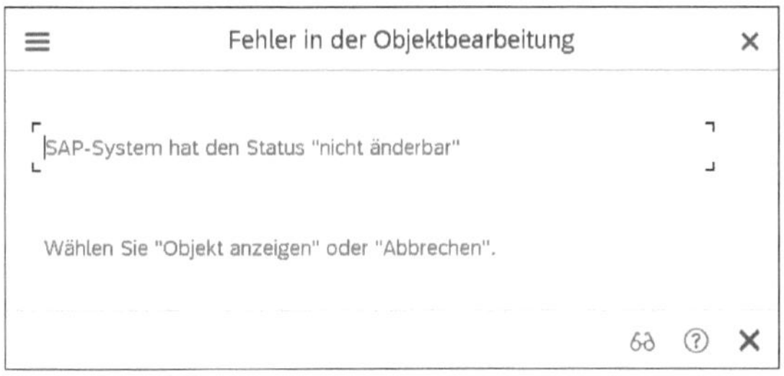

Abbildung 6.3: Fehlermeldung bei der Objektbearbeitung

Ändern Sie die globale Einstellung von **nicht änderbar** auf **änderbar**, bleibt für die Softwarekomponenten und Namensräume die Einstellung **nicht änderbar** bestehen. Sie können über die Menüoption **Bearbeiten** die Namensräume und Softwarekomponenten auf einmal umschalten.

Best Practices für die Einstellung der Systemänderbarkeit

Üblicherweise ist die Änderbarkeit nur im Entwicklungssystem aktiviert. In allen anderen Systemen steht das Repository auf **nicht änderbar**.

Systemänderbarkeit in Folgesystemen

Es gibt auch Situationen, in denen Sie die Systemänderbarkeit temporär in Nicht-Entwicklungssystemen aktivieren müssen. Dies kann z. B. vorkommen, wenn Ihr Entwicklungssystem wegen einer Wartung nicht verfügbar ist und ein schwerwiegendes Problem im Produktivsystem besteht. In diesem Fall müssen Sie die Korrektur im Qualitätssicherungssystem durchführen und von dort aus in das Produktivsystem transportieren. Hierzu müssen Sie die Einstellung für das Qualitätssicherungssystem temporär auf **änderbar** setzen. Auch Produktivsysteme müssen in seltenen Fällen auf **änderbar** gesetzt werden.

In allen Fällen gilt Folgendes für die Einstellung der Systemänderbarkeit:

- Dokumentieren Sie den Grund für das Aktivieren der Änderbarkeit. Bei Revisionsprüfungen werden diese als *Systemöffnungen* bezeichneten Aktivitäten sehr kritisch bewertet und müssen begründet werden.
- Überwachen Sie, welche Einstellungen durchgeführt wurden, und drängen Sie darauf, die Änderungen in den vorgelagerten Systemen nachzuziehen.

- Setzen Sie die Änderbarkeit so schnell wie möglich wieder zurück. Erstellen Sie sich dazu eine Terminerinnerung.

Einzelne Namensräume und Komponenten

Neben der globalen Änderbarkeit können Sie die Änderbarkeit auch für einzelne Namensräume und Softwarekomponenten einschränken. Ein Objekt ist nur in folgenden Fällen änderbar:

- Wenn die globale Systemänderbarkeit auf **änderbar** eingestellt ist.
- Wenn die Softwarekomponente, zu der das Objekt gehört, auf **änderbar** eingestellt ist.
- Wenn der Namensraum, zu dem das Objekt gehört, auf **änderbar** eingestellt ist.

Modifikationen und Erweiterungen

Die meisten Softwarekomponenten und Namensräume werden von SAP-Objekten verwendet. Aktivieren Sie die Änderbarkeit für diese Objekte, können diese grundsätzlich modifiziert oder erweitert werden. In den Betriebskonzepten, die keine Veränderungen an SAP-Objekten erlauben, wird die Systemänderbarkeit entsprechend deaktiviert. Sie haben in diesem Fall auch keinen Zugriff auf die Änderung der Systemänderbarkeit.

Kundennamensraum

Kunden haben die Möglichkeit, im Kundennamensraum zu entwickeln. Dieser umfasst Objekte, deren technische Namen mit dem Buchstaben Y oder Z beginnen. Da SAP in diesen Namensräumen keine Objekte ausliefert, kommt es nicht zu Kollisionen, z. B. bei Softwareupdates. Als Kunde haben Sie auch die Möglichkeit, sich bei SAP eigene Namensräume zu reservieren. Diese Namensräume werden weltweit nur einmalig vergeben. Ihre Entwicklungen können somit auch nicht mit den Entwicklungen anderer Kunden kollidieren. Dies ist praktisch, wenn Sie Software entwickeln, die Sie auch an andere Unternehmensbereiche oder Unternehmen ausliefern möchten. Möchten Sie nur kundeneigene Entwicklungen erstellen oder ändern, können Sie in der Pflege der Systemänderbarkeit der Transaktion SE03 die Softwarekomponenten `LOCAL` und `HOME` sowie den Namensraum **Kundennamensraum** und einen eventuell bei SAP reservierten Kundennamensraum **/<NAME>/** auf **änderbar** setzen.

Neben der Systemänderbarkeit, die das Repository schützt, müssen Sie auch das mandantenübergreifende und mandantenabhängige Customizing vor unbefugten Änderungen schützen. Von Transaktion SE03 aus können Sie in der Pflege der Systemänderbarkeit direkt über den Button **Mandanteneinstellung** in die Transaktion SCC4 wechseln. Die notwendigen Einstellungen in dieser Transaktion zeige ich Ihnen in Abschnitt 6.2.1, »Mandanten anlegen«.

6.2 Mandanten verwalten

Nachdem Sie im vorangegangenen Abschnitt die Grundlagen des Mandantenkonzepts kennengelernt haben, erfahren Sie in diesem Abschnitt, wie Sie Mandanten verwalten können. Neben den Schritten zum Anlegen, Löschen und Kopieren von Mandanten gehe ich insbesondere auf die Einrichtung eines Best-Practice-Mandanten ein. In den Software-as-a-Service-(SaaS-)Betriebsmodellen ist bereits ein solcher Mandant für Sie eingerichtet, einschließlich aktivierter SAP Best Practices. Auch bei anderen Betriebskonzepten kann der jeweilige Provider bereits einen solchen Mandanten bereitgestellt haben.

6.2.1 Mandanten anlegen

Das Anlegen von Mandanten ist eine typische Aufgabe bei der Einrichtung eines SAP-Systems. Sie erreichen die Mandantenverwaltung über Transaktion SCC4 (siehe Abbildung 6.4). Auf einem neu installierten System gibt es zu Beginn nur den Mandanten 000. Über den Button **Bearbeiten** und einen Klick auf **Neue Einträge** können Sie einen neuen Mandanten anlegen. Bei dieser Aktivität handelt es sich um mandantenübergreifendes Customizing. Es spielt also keine Rolle, an welchem Mandanten Sie gerade angemeldet sind. Sie benötigen in dem Mandanten allerdings administrative Berechtigungen, um diese Aktivität durchführen zu können.

Abbildung 6.4: Mandantenverwaltung in Transaktion SCC4

Bei der Anlage eines neuen Mandanten müssen Sie folgende allgemeinen Einstellungen vornehmen, die Sie beispielhaft in Abbildung 6.5 sehen:

- **Mandant:** Wählen Sie in diesem Feld eine dreistellige Nummer für den neuen Mandanten. Üblicherweise arbeiten Sie innerhalb Ihres Unternehmens mit einheitlichen Namenskonventionen, die die Unternehmensstruktur berücksichtigen. Die Mandantennummer kann im Nachgang nicht mehr geändert werden.
- Beschreibung: Wählen Sie eine aussagekräftige Beschreibung. Die Beschreibung kann später jederzeit geändert werden.
- **Ort**: Tragen Sie hier den Ort des Unternehmens ein. Diese Angabe ist rein informativ und kann jederzeit geändert werden.
- **Logisches System**: Das *logische System* ist eine wichtige Entität, die den Mandanten nach außen hin repräsentiert. Ein Mandant entspricht also einem logischen System. Die hier hinterlegte Bezeichnung dient insbeson-

dere dem Datenaustausch zwischen Systemen und Mandanten als eindeutiger Schlüssel innerhalb eines Unternehmens. Daran können Sie also ablesen, wo die Daten herkommen und wohin sie gehen. Da die dreistellige Nummer des Mandanten in einem Unternehmen üblicherweise nicht eindeutig ist, hat sich als Namenskonvention für das logische System <SID>CLNT <Mandantennummer> etabliert, um Eindeutigkeit innerhalb eines Unternehmens zu erreichen.

Damit Sie in Transaktion SCC4 ein logisches System auswählen können, müssen Sie es zuerst anlegen. Das zeige ich Ihnen in Abschnitt 11.2.2, »Konfiguration des Nachrichtenaustauschs«. Sie können das Feld auch erst einmal leer lassen und später füllen. Ist es aber gesetzt, sollte es nicht mehr geändert werden.

Führen Sie eine Mandantenkopie mit Anwendungsdaten durch, erfolgt nach dem Kopieren im Zielmandanten automatisch eine *Umsetzung* der logischen Systemnamen in den Anwendungstabellen, wenn das logische System sowohl im Quellmandanten als auch im Zielmandanten gepflegt ist.

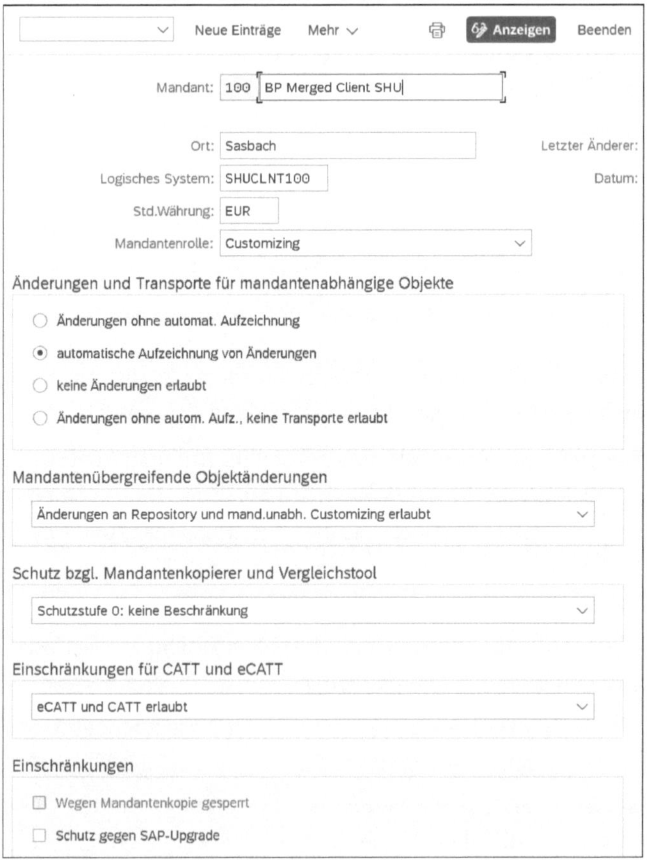

Abbildung 6.5: Detailangaben bei der Anlage eines Mandanten

[«]

Weitere Anwendungsfälle des logischen Systems

Das *Application Link Enabling* (ALE) und die *Workflow-Engine* innerhalb von SAP S/4HANA nutzen das logische System als eindeutige Identifizierung. Ich werde daher in Kapitel 11, »Konnektivität«, nochmals auf das logische System eingehen.

- **Std.Währung**: Hier tragen Sie die Standardwährung für den Mandanten ein. Beachten Sie, dass Sie das Feld leer lassen müssen, wenn Sie in diesem Mandanten die SAP Best Practices aktivieren möchten (siehe Abschnitt 6.2.5, »SAP Best Practices aktivieren«).
- **Mandantenrolle**: Die *Mandantenrolle* ist eine wichtige Einstellung, mit der Sie einem Mandanten eine feste Rolle innerhalb einer Systemlandschaft zuordnen. Das Feld ist nachträglich noch änderbar, eine solche Änderung muss aber wohlüberlegt sein. Sowohl innerhalb eines Systems als auch innerhalb einer Systemlandschaft kann es mehrere Mandanten mit der gleichen Mandantenrolle geben. Folgende Mandantenrollen können hier ausgewählt werden:
  - **Produktiv**
  - **Test**
  - **Customizing**
  - **Demo**
  - **Training/Education**
  - **SAP Referenz**

Laufende Einstellungen

Das Feld **Mandantenrolle** hat nicht nur informativen Charakter. Insbesondere Produktivmandanten müssen unbedingt als solche gekennzeichnet sein. In einem Produktivmandanten wird Customizing, das als *laufende Einstellung* definiert ist, vom Transportwesen ausgeschlossen. Solche Einstellungen, z. B. das Customizing von Währungskursen oder Buchungsperioden, können im Produktivmandanten immer gepflegt werden, ohne dass die Änderungen dabei in einem Transportauftrag aufgezeichnet werden. Produktivmandanten und Referenzmandanten sind grundsätzlich vor den Tools der Mandantenkopie geschützt.

Änderbarkeit der Daten und Objekte

Neben den allgemeinen Einstellungen Ihres neuen Mandanten müssen Sie die Änderbarkeit der Daten und Objekte auf diesem Mandanten definieren. Diese Einstellungen müssen zur Rolle des Mandanten passend konfiguriert werden, um die Konsistenz der Daten innerhalb der Systemlandschaft zu wahren. In einem produktiven Mandanten sollte z. B. auf keinen Fall das Customizing geändert werden können, mit Ausnahme der laufenden Einstellungen. Zwar können Sie grundsätzlich über Berechtigungen steuern, wer welche Funktion in einem Mandanten ausführen kann, die Mandanteneinstellungen bilden aber eine weitere Schutzstufe, um einen Mandanten unabhängig von Berechtigungen zu schützen.

Mandantenabhängiges Customizing

Folgende Auswahlmöglichkeiten stehen in Transaktion SCC4 im Abschnitt **Änderungen und Transporte für mandantenabhängige Objekte** für das mandantenabhängige Customizing zur Verfügung:

- **Änderungen ohne automat. Aufzeichnung**: Mit dieser Einstellung sind Änderungen am mandantenabhängigen Customizing erlaubt. Die Änderungen werden aber nicht automatisch in einem Transportauftrag aufgezeichnet. Ohne einen solchen Transportauftrag können Sie die Einstellungen nicht in Folgesysteme importieren. Sie können die Einstellungen optional manuell in einen Transportauftrag aufnehmen.

  Diese Einstellung ist nicht sinnvoll für Mandanten mit den typischen Systemrollen einer Drei-Systeme-Landschaft. Sinnvoll kann sie dagegen bei Sandbox- oder Demo-Mandanten sein, auf denen Sie bestimmte Customizing-Einstellungen lokal ausprobieren möchten.
- **automatische Aufzeichnung von Änderungen**: Mit dieser Einstellung sind Änderungen am mandantenabhängigen Customizing erlaubt. Alle Änderungen werden automatisch in einem Transportauftrag aufgezeichnet, wodurch sie in Folgesysteme der Systemlandschaft transportiert werden können. Diese Einstellung verwenden Sie in der Regel für den Mandanten im Entwicklungssystem, in dem Sie Customizing durchführen.
- **keine Änderungen erlaubt**: Mit dieser Einstellung sperren Sie den Mandanten für die Pflege von mandantenabhängigem Customizing. Diese Einstellung wählen Sie üblicherweise in Qualitätssicherungs-, Schulungs-, Test- und Produktivmandanten. Diese Mandanten erhalten das Customizing ausschließlich über Transportaufträge. In Produktivmandanten sind die laufenden Einstellungen trotz dieser Sperre möglich.
- **Änderungen ohne autom. Aufzeichn., keine Transporte erlaubt**: Mit dieser Einstellung sind Änderungen am mandantenabhängigen Customizing erlaubt. Die Änderungen werden aber nicht automatisch in einem Transportauftrag aufgezeichnet und Sie können aus diesem Mandanten auch keinen Transport mit Customizing-Inhalt erzeugen. Diese Einstellung ist selten sinnvoll.

Mandantenübergreifendes Customizing

Folgende Auswahlmöglichkeiten stehen im Abschnitt **Mandantenübergreifende Objektänderungen** für mandantenübergreifendes Customizing bzw. Repository-Änderungen zur Verfügung:

- **Änderungen an Repository und mand.unabh. Customizing erlaubt**: Mit dieser Einstellung gibt es keine Einschränkungen für den Mandanten hinsichtlich der Pflege mandantenübergreifender Objekte. Sowohl mandantenunabhängige Objekte des Customizings als auch Objekte aus dem ABAP

Repository können gepflegt werden. Diese Einstellung ist für Customizing-Mandanten sinnvoll.

- **keine Änderung von mand.unabh. Customizing-Objekten**: Mit dieser Einstellung können Sie in diesem Mandanten kein mandantenübergreifendes Customizing durchführen. Änderungen im Repository können Sie aber durchführen. Diese Einstellung ist sinnvoll, wenn Sie Entwicklung und Customizing in unterschiedlichen Mandanten durchführen möchten. Dann verwenden Sie diese Einstellung für den Entwicklungsmandanten.
- **keine Änderung von Repository-Objekten**: Mit dieser Einstellung können Sie in diesem Mandanten mandantenübergreifendes Customizing durchführen. Änderungen am Repository können Sie aber nicht vornehmen. Diese Einstellung ist sinnvoll, wenn Sie Entwicklung und Customizing in unterschiedlichen Mandanten durchführen möchten. Dann verwenden Sie diese Einstellung für den Customizing-Mandanten.
- **keine Änderung von Repository- und mand.unabh. Cust.-Obj.**: Diese Einstellung unterbindet sowohl Änderungen von mandantenübergreifendem Customizing als auch Änderungen am Repository. Diese Einstellung ist für Qualitätssicherungs-, Schulungs-, Test- und Produktivmandanten sinnvoll.

Schutzstufen

Folgende Auswahlmöglichkeiten haben Sie im Abschnitt **Schutz bzgl. Mandantenkopierer und Vergleichstool** zum Schutz des Mandanten:

- **Schutzstufe 0: keine Beschränkung**: Es gelten keine Beschränkungen wie in Schutzstufe 1 und 2.
- **Schutzstufe 1: kein Überschreiben**: Mandanten können innerhalb eines Systems, aber auch zwischen Systemen kopiert werden. Diese Einstellung kann sinnvoll sein, wenn man z. B. einen neuen Mandanten aus einer Kopie eines anderen Mandanten aufbauen möchte. Mit dieser Einstellung verhindern Sie, dass der Mandant durch eine solche Mandantenkopie überschrieben werden kann. Sie ist für die meisten Mandanten der Landschaft sinnvoll.
- **Schutzstufe 2: kein Überschreiben, keine externe Verfügbarkeit**: Zusätzlich zum Schutz des Mandanten vor Überschreiben können Sie einen Mandanten bei dieser Einstellung auch nicht als Quelle für eine Mandantenkopie oder einen -export verwenden. Die Werkzeuge zum Vergleich von Daten zwischen unterschiedlichen Mandanten können für diesen Mandanten dann nicht verwendet werden. Diese Einstellung ist sinnvoll, wenn der Mandant sehr sensible Daten enthält.

CATT und eCATT

Beim *Computer Aided Test Tool* (CATT) und *Extended CATT* (eCATT) handelt es sich um Werkzeuge, die ursprünglich für das Testmanagement entwickelt wurden. Sie werden inzwischen aber auch in anderen Bereichen verwendet, z. B. zur Automatisierung wiederkehrender Aufgaben. Letztendlich führen sie die

Eingabe von Daten, die normalerweise durch Anwender*innen erfolgt, wie bei einem Makro automatisiert durch. Da durch eine automatisierte Eingabe von Daten sehr schnell sehr viele Daten erfasst werden können, kann dieses Vorgehen besonders in Produktivmandanten kritisch betrachtet werden. Auch aus administrativer Sicht muss die Systemlast, die durch Skriptautomatisierungen erzeugt wird, sehr kritisch betrachtet werden. Nutzen Sie in einem Mandanten trotzdem Testwerkzeuge zur Automatisierung oder Automatisierungswerkzeuge in der Produktion, müssen Sie CATT und eCATT aktivieren.

[»]

Automatisierte Aktivierung von SAP Best Practices

Für die Aktivierung der SAP Best Practices, auf die ich in Abschnitt 6.2.5 noch zu sprechen komme, wird das Werkzeug eCATT verwendet. Daher müssen Sie dieses Werkzeug auch für den Best-Practices-Mandanten zwingend erlauben.

Folgende Auswahlmöglichkeiten haben Sie, um die Nutzung von CATT und eCATT einzuschränken:

- **eCATT und CATT nicht erlaubt**
- **eCATT und CATT erlaubt**
- **eCATT und CATT nur bei »Trusted RFC« erlaubt**
- **eCATT erlaubt, aber FUN/ABAP und CATT nicht erlaubt**
- **eCATT erlaubt, aber FUN/ABAP und CATT nur bei »Trusted RFC« erlaubt**

Welche Einstellung Sie wählen sollten, hängt vom Szenario ab. Bestehen keine anderslautenden Anforderungen, sollten Sie CATT und eCATT aus Sicherheitsgründen nicht erlauben.

Einschränkungen

Zuletzt können Sie im Abschnitt **Einschränkungen** noch folgende Kennzeichen setzen:

- **Wegen Mandantenkopie gesperrt**: Aktivieren Sie dieses Kennzeichen, kann während einer Mandantenkopie weder im Quell- noch im Zielmandanten gearbeitet werden, da dies Inkonsistenzen im Zielmandanten nach sich ziehen könnte. Außerdem könnten Sperren den Kopierprozess behindern. Der Zielmandant wird deshalb für die Dauer der Kopie gesperrt und man kann sich nicht daran anmelden.
- **Schutz gegen SAP-Upgrade**: Mithilfe dieses Kennzeichen wird verhindert, dass der Mandant bei einem Upgrade mit Änderungen versorgt wird. Nach einem SAP-Upgrade kann in dem betreffenden Mandanten dann nicht mehr aktiv gearbeitet werden. Das Kennzeichen kann nur für einen Testmandanten oder einen SAP-Referenzmandanten gesetzt werden.

Diese Funktionalität ist nur für den Ausnahmefall vorgesehen, etwa um nach Durchführung eines Upgrades eine Grundlage für einen Abgleich zu haben. Jeder normale Mandant muss durch ein SAP-Upgrade versorgt werden, da ansonsten für die ablaufenden Transaktionen Datenressourcen der System- und Customizing-Tabellen fehlen können.

Durch die Anlage eines Mandanten in Transaktion SCC4 haben Sie lediglich einen Eintrag in Tabelle `T000` mit den gewählten Einstellungen erzeugt. Der Mandant ist dadurch vorhanden, enthält aber noch keine mandantenabhängigen Daten. Daher gibt es auch keinen Benutzerstamm und somit auch keinen Benutzer, mit dem Sie sich an diesem neuen Mandanten anmelden könnten. Durch eine Mandantenkopie (siehe Abschnitt 6.2.2, »Mandanten kopieren«) können Sie mandantenabhängige Daten wie Benutzerstämme in den neuen Mandanten importieren.

Benutzer SAP*

Möchten Sie einen Mandanten aber von Grund auf manuell einrichten, benötigen Sie einen Benutzer für die Anmeldung an diesem Mandanten. Hierzu gibt es den hart codierten Benutzer `SAP*`. Er wird als *hart codiert* bezeichnet, weil Sie sich mit diesem Benutzer an einem Mandanten anmelden können, auf dem es noch keinen Benutzerstamm für den Benutzer gibt. Da dies auch ein Sicherheitsrisiko darstellt, ist die Anmeldung dieses Benutzers ohne Benutzerstammsatz im Standard nicht erlaubt.

In aktuellen SAP-S/4HANA-Systemen können Sie das Betriebssystemkommando `dpmon pf=<Profilname>` verwenden, um den Benutzer temporär (maximal 30 Minuten) zu aktivieren. Nach dem Start von `dpmon` wählen Sie die Optionen `m -menu` • `u - unlock temporary emergency access via virtual SAP*` • `c - create`, gefolgt von der Eingabe des Mandanten und der Dauer der Aktivierung. Nach einer Bestätigung mit der Taste [Y] wird Ihnen das Einmalkennwort angezeigt. In Listing 6.1 sehen Sie die Schritte zur Aktivierung.

```
shu:shuadm 1007> dpmon pf=/usr/sap/SHU/SYS/profile/SHU_D01_shu
[…]
    q - quit
    m - menue
--> m
    Monitor-Menue
[…]
    u - unlock temporary emergency access via virtual SAP* user
    q - quit
--> u
    Virtual SAP* user
    c - create
```

```
    d - delete
    l - list
    q - quit
    m - menu
--> c
    Enter client id (3 digits):
Client --> 100
    Enter validity (in minutes) [default=10 min]:
Validity --> 15
    Continue with [client = 100] [validity = 15 min]?

    [ Y - yes | n - no | m - menu | q - quit ]
--> y
    Access unlocked. [client = 100] [validity = 15 min].
    Password:
    ------------------------------------------
    ORTIN6GN5I4PWORM4TEKDTVOU2B262WKHU37UQHE
    ------------------------------------------
    Press any key to return.
```

Listing 6.1: Aktivierung des Superusers SAP mit »dpmon«*

[»]

Altes Verfahren zur Aktivierung des Benutzers SAP*

In älteren Releases mussten Sie den Profilparameter `login/no_automatic_user_sapstar` mit dem Wert 0 aktivieren. Da dieser Parameter nicht dynamisch änderbar ist, mussten Sie das SAP-System durchstarten, bevor die Änderung wirksam wurde. Anschließend konnten Sie sich mit dem Benutzer `SAP*` und dem Passwort `PASS` am neuen Mandanten anmelden und im ersten Schritt z. B. einen neuen Benutzer anlegen. Anschließend haben Sie den Profilparameter wieder gelöscht oder auf den Standardwert 1 gesetzt und anschließend das SAP-System nochmals durchgestartet. Weitere Informationen zu den Verfahren finden Sie in SAP-Hinweis 3303172.

6.2.2 Mandanten kopieren

Methoden

Haben Sie einen Mandanten neu angelegt, können Sie ihn über folgende Methoden mit Customizing-Daten versorgen:

- manueller Aufbau
- automatischer Aufbau als Best-Practice-Mandant (siehe Abschnitt 6.2.5, »SAP Best Practices aktivieren«)

- durch Kopieren eines anderen Mandanten des gleichen Systems (*lokale Kopie*)
- durch Kopieren eines Mandanten eines anderen Systems (*Remote-Kopie*)
- durch Übertragung eines Transportauftrags, der den Inhalt eines Mandanten enthält (*Mandantentransport*)

Planung der Mandantenkopie

Bevor Sie einen Mandanten kopieren, müssen Sie folgende Punkte beachten:

- **Keine Unterschiede im ABAP Dictionary**

  Da eine Mandantenkopie nur Daten und somit Tabelleninhalte kopiert, aber niemals das ABAP Dictionary, müssen Quell- und Zielsysteme aus Sicht des ABAP Dictionarys identisch sein. Bei einer lokalen Kopie ist dies immer gewährleistet. Bei einer Remote-Kopie (z. B. zwischen Qualitätssicherungssystem und Produktivsystem) kann das ABAP Dictionary in den Systemen einen unterschiedlichen Stand aufweisen. Abhängig davon, welche mandantenabhängigen Daten Sie kopieren, kann dies problematisch sein. Die Systeme sollten daher den gleichen Release-Stand aufweisen und kundeneigene ABAP-Dictionary-Objekte sollten im Quell- und Zielsystem identisch sein. Inkonsistenzen im ABAP Dictionary werden beim Kopieren identifiziert und die betroffenen Tabellen von der Kopie ausgeschlossen. Daher ist es sinnvoll, die Kopie zuerst mit einem Testlauf durchzuführen.

- **Größe eines Mandanten**

  Da eine Mandantenkopie je nach Mandantengröße einige Stunden dauern kann, muss die Arbeit im Quellmandanten eingestellt werden. Nur so ist die Konsistenz der Daten gewährleistet.

  Die Größe von Mandanten können Sie über die Transaktion SCC_CLIENT_SIZE im Vorfeld ermitteln. Mit dem Sizing-Ergebnis können Sie auch ermitteln, ob die SAP-HANA-Plattform genügend Hauptspeicher zur Verfügung hat, um einen weiteren Mandanten mit der ermittelten Größe aufzunehmen.

- **Anwender*innen informieren**

  Informieren Sie die Anwender*innen frühzeitig per Systemnachricht über die geplante Downtime (siehe Abschnitt 13.8.1, »Systemnachrichten erstellen«, und Abschnitt 13.8.2, »Benachrichtigungen im SAP Fiori Launchpad«).

- **Stilllegung planen und überwachen**

  Legen Sie den Quellmandanten still, kurz bevor Sie mit der Mandantenkopie beginnen. Deaktivieren Sie Schnittstellen und melden Sie Benutzer ab, die noch am System angemeldet sind (in Transaktion SM04 bzw. AL08 und SM05). Benutzer, die im Quellmandanten angemeldet sind, werden nicht automatisch abgemeldet. Der Zielmandant wird automatisch durch die Kopierwerkzeuge gegen Anmeldung über das SAP GUI oder HTTP gesperrt und angemeldete Benutzer werden abgemeldet. Auch der Quellmandant wird im Standard gegen Anmeldungen gesperrt. Dieser Einstellung kann aber übersteuert werden, was ich Ihnen wegen Sperrproblemen und drohenden Inkonsistenzen im Zielmandanten nicht empfehle. Prüfen Sie auch, ob noch Jobs aktiv sind, da aktive Jobs vor der Mandantenkopie nicht automatisch abgebrochen werden.

Bei vielen der in diesem Abschnitt genannten Aktivitäten kann die Verwendung des Wartungsmodus sinnvoll sein (Transaktion SMAINTENANCE, siehe Abschnitt 4.6.5, »Wartungsmodus pflegen«).

Lokale Mandantenkopie

Neue Werkzeuge

Eine lokale Mandantenkopie können Sie über die Transaktion SCCLN starten. Sind Sie bereits mit der Administration von SAP-Systemen vertraut, kennen Sie vermutlich die Vorgängertransaktion SCCL. Die Transaktion SCCLN ist eine Neuentwicklung und bietet viele Vorteile:

- durch die Nutzung der SAP-HANA-Technologie bis zu zehnfach höhere Geschwindigkeit für lokale Kopien und bis zu fünffach höhere für Remote-Kopien
- Sie müssen sich nicht am Zielmandanten anmelden, um die Mandantenkopie zu starten. Dies bedeutet, dass Sie das Verfahren zum Aktivieren des Benutzers `SAP*` nicht anwenden müssen.
- bessere Protokollierung
- Optimierte Downtime – bevor die Nacharbeiten im Zielmandanten beginnen, wird die Anmeldesperre im Quellmandanten aufgehoben.
- Sehr große Tabellen werden automatisch in mehrere Arbeitspakete aufgeteilt und parallel verarbeitet.

Weitere neue Mandantenwerkzeuge

Auch andere Werkzeuge wurden überarbeitet und profitieren von der Neuentwicklung der Transaktion zur Mandantenkopie. In Tabelle 6.1 finden Sie eine Übersicht der neuen Mandantenwerkzeuge.

Werkzeug	Transaktion	Beschreibung
Lokale Mandantenkopie	SCCLN	Kopie eines Mandanten im gleichen System
Remote-Kopie	SCC9N	Kopie eines Mandanten über Systemgrenzen hinweg

Tabelle 6.1: Neue Mandantenwerkzeuge

Werkzeug	Transaktion	Beschreibung
Mandantenlöschung	SCC5N	lokales Löschen eines Mandanten
Mandantenexport	SCC8N	Export eines Mandanten in einem Transportauftrag
Mandantenimport	SCC7N	Import eines über Transaktion SCC8N exportierten Mandanten in das lokale System
Tabellendaten eines Transportauftrags kopieren	SCC1N	Kopie der Inhalte von Transportaufträgen zwischen Mandanten
Größenermittlung von Mandanten	SCC_CLIENT_SIZE	Abschätzung der Größe eines Mandanten
Mandantenvergleich	SCC_COMPARE	Vergleich zweier Mandanten oder Snapshot-Container
Analysewerkzeug	SCC3	Analyse des Mandantenwerkzeugprotokolls (nur lesender Zugriff)
Verwaltung des Mandantenwerkzeugprotokolls	SCC3_ADMIN	wie SCC3, jedoch mit der Möglichkeit zur Löschung von Protokollen und Snapshot-Containern

Tabelle 6.1: Neue Mandantenwerkzeuge (Forts.)

Ich empfehle Ihnen, die Mandantenkopie ausgehend von einem Mandanten zu starten, der nicht Quell- oder Zielmandant ist. Kopieren Sie z. B. Mandant 100 nach 200, können Sie die Kopie von Mandant 000 starten. Bei einem neu installierten System existiert anfangs nur Mandant 000. Möchten Sie Mandant 000 kopieren, müssen Sie sich daher am Quellmandanten anmelden.

Kopierprofile

In Abbildung 6.6 sehen Sie Transaktion SCCLN. Neben der Angabe des Quell- und Zielmandanten ist die Auswahl eines geeigneten *Kopierprofils* elementar. Über die Kopierprofile wird definiert, welche mandantenabhängigen Daten vom Quellmandanten in den Zielmandanten kopiert werden.

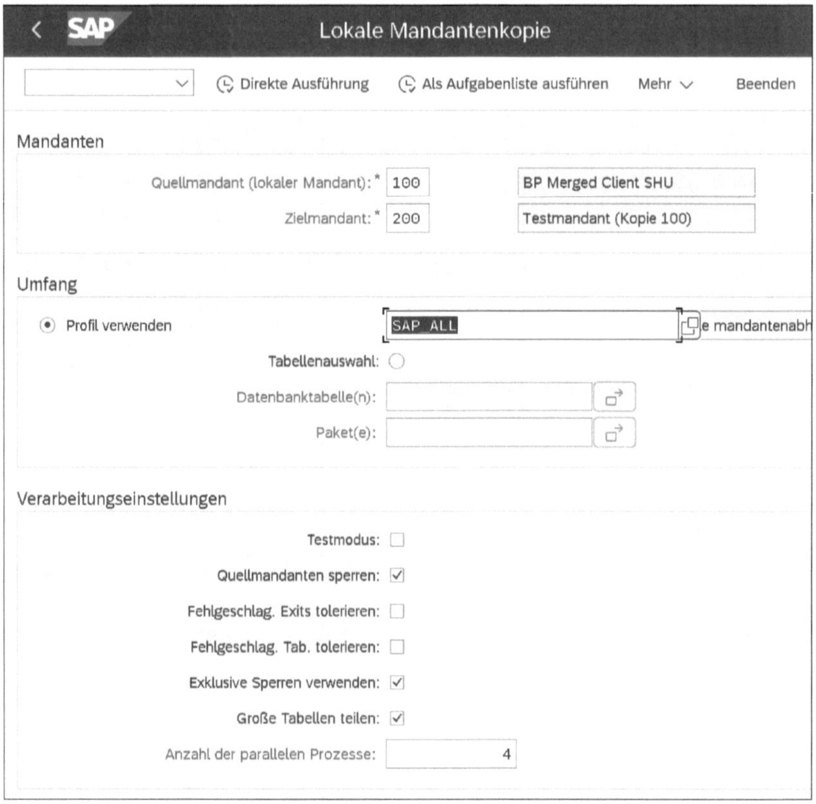

Abbildung 6.6: Lokale Mandantenkopie (Transaktion SCCLN)

Die wichtigsten Kopierprofile und deren Bedeutung finden Sie in Tabelle 6.2.

Kopierprofil	Bedeutung
SAP_USER	Kopie der Benutzerstammdaten, Benutzerrollen und Berechtigungsprofile. Alle bestehenden Customizing- und Anwendungsdaten im Zielmandant bleiben erhalten.
SAP_UONL	Benutzerstammdaten ohne Berechtigungsprofile und Rollen werden kopiert.
SAP_PROF	Es werden nur Berechtigungsprofile und Rollen kopiert.
SAP_CUST	Es wird mandantenabhängiges Customizing einschließlich Berechtigungsprofilen kopiert. Die Anwendungsdaten werden gelöscht und die Benutzerstammdaten des Zielmandanten bleiben erhalten.

Tabelle 6.2: Übersicht der allgemeinen Kopierprofile

Kopierprofil	Bedeutung
SAP_CUSV	wie SAP_CUST, aber mit Varianten
SAP_UCUS	wie SAP_CUST, aber mit Benutzerstammdaten
SAP_UCSV	wie SAP_CUST, aber mit Varianten und Benutzerstammdaten
SAP_ALL	Alle zu einem Mandanten gehörenden Daten mit Ausnahme der Änderungsbelege (siehe SAP-Hinweis 180949) und lokaler Daten werden kopiert.
SAP_APPL	wie SAP_ALL, aber ohne Benutzerstammdaten
SAP_APPX	wie SAP_ALL, aber ohne Benutzerstammdaten, Berechtigungsprofile und Rollen

Tabelle 6.2: Übersicht der allgemeinen Kopierprofile (Forts.)

Kopierprofile für Mandantentransporte

Für eine Mandantenkopie über Mandantentransporte (Transaktion SCC8N) stehen Ihnen spezielle Kopierprofile zur Auswahl, um zusätzlich mandantenunabhängiges Customizing zu kopieren (siehe Tabelle 6.3).

Kopierprofil	Bedeutung
SAP_EXBC	wie SAP_UCSV, aber mit mandantenunabhängigem Customizing
SAP_EXPA	wie SAP_ALL, aber mit mandantenunabhängigem Customizing
SAP_EXPC	wie SAP_CUSV, aber mit mandantenunabhängigem Customizing

Tabelle 6.3: Zusätzliche Profile für Mandantentransporte (Transaktion SCC8N)

Für Remote-Kopien stehen in Transaktion SCC9N zusätzlich die in Tabelle 6.4 genannten Kopierprofile zur Verfügung.

Kopierprofil	Bedeutung
SAP_RMBC	wie SAP_UCSV, aber mit mandantenunabhängigem Customizing
SAP_RMPA	wie SAP_ALL, aber mit mandantenunabhängigem Customizing
SAP_RMPC	wie SAP_CUSV, aber mit mandantenunabhängigem Customizing

Tabelle 6.4: Zusätzliche Profile für Remote-Kopien (Transaktion SCC9N)

Auslieferungsklassen

Hinter den Kopierprofilen verbergen sich Programme, die ermitteln, welche Daten des Quellmandanten zu übertragen sind. Ein wichtiges Kriterium hierbei ist die Klassifizierung von Tabellen, die sogenannte *Auslieferungsklasse*. Jede Tabelle des ABAP Dictionarys ist einer Auslieferungsklasse zugeordnet.

Sie können sich die Auslieferungsklasse über Transaktion SE11 unter Angabe eines Tabellennamens (z. B. »ACDOCA«) anzeigen lassen. Sie finden diese Information auf der Registerkarte **Auslieferung und Pflege**. Die Tabelle `ACDOCA` enthält beispielsweise Belegpositionszeilen von Rechnungsbelegen. Es handelt sich also nicht um eine Customizing-, sondern um eine Anwendungstabelle. Die Auslieferungsklasse für diese Art von Tabellen ist A. Verwenden Sie ein Kopierprofil, das keine Anwendungsdaten kopiert, z. B. `SAP_CUST`, werden grundsätzlich nur Tabellen mit den Auslieferungsklassen C, G, E und S kopiert.

[!]

Wichtige Hinweise zu Kopierprofilen

Beachten Sie folgende Hinweise bei der Wahl des Kopierprofils:

- Bei allen Kopierprofilen (außer `SAP_USER`) werden die Customizing- und Anwendungsdaten im Zielmandanten vor dem Kopieren gelöscht.
- Anwendungsdaten allein können Sie nicht kopieren, da diese immer vom Customizing abhängig sind.
- Tabellen mit den Auslieferungsklassen L und W werden beim Kopieren nicht berücksichtigt, außer bei der Löschung von Mandanten (Transaktion SCC5N) sowie bei Verwendung des Kopierprofils `SAP_RECO`.
- Nummernkreise werden mitkopiert, wenn Sie Customizing- und Anwendungsdaten kopieren. Wenn Sie nur Customizing-Daten kopieren, werden die Nummernkreise im Zielmandanten zurückgesetzt.

Verarbeitungseinstellungen

Bei den **Verarbeitungseinstellungen** einer lokalen Mandantenkopie haben Sie folgende Ankreuzfelder zu Auswahl (siehe Abbildung 6.6):

- **Testmodus**: Die komplette Ablauflogik einer Mandantenkopie wird durchlaufen. Lediglich das Schreiben bzw. Löschen der Daten im Zielmandanten wird nicht ausgeführt. Somit können Sie das Verhalten einer Datenbankkopie simulieren. Die Laufzeit im Testmodus ist allerdings kein Indiz für die Laufzeit einer echten Kopie.
- **Quellmandanten sperren**: Wenn Sie diese Option aktivieren, sperrt das Werkzeug für die Mandantenkopie den Quellmandanten für Benutzer. Benutzer, die noch angemeldet sind, werden nicht aus dem Mandanten geworfen, eine Anmeldung am Mandanten über das SAP GUI oder HTTP ist jedoch nicht mehr möglich.

  Um Datenkonsistenz zu gewährleisten, sollten Sie diese Option immer aktivieren.

- **Fehlgeschlag. Exits tolerieren**: Hinter den Kopierprofilen liegen Exit-Bausteine, die Sonderbehandlungen für bestimmte Anwendungen berücksichtigen. Melden diese Exits Fehler, sollten Sie die Fehlermeldungen genau prüfen und beheben oder entscheiden, ob Sie die Kopie dennoch durchführen möchten. Um Fehler frühzeitig zu erkennen, empfehle ich Ihnen, eine vorherige Mandantenkopie im Testmodus durchzuführen.
- **Fehlgeschlag. Tab. tolerieren**: Bricht ein Kopier- oder Löschvorgang bei einer Tabelle ab, fährt die Mandantenkopie bei aktiviertem Kennzeichen mit der nächsten Tabelle fort. Ist das Kennzeichen nicht gesetzt, bricht die Mandantenkopie ab.
- **Exklusive Sperren verwenden**: Wenn Sie diese Option aktivieren, setzt das Werkzeug für die Mandantenkopie eine exklusive Sperre für jede zu kopierende Tabelle. Dadurch wird die Datenbankoperation beschleunigt. Solange die Tabelle exklusiv gesperrt ist, kann kein anderes Tool auf die Datenbanktabelle zugreifen. Daher empfehle ich, diese Option nur zu aktivieren, wenn das System beim Durchführen der Mandantenkopie nicht von anderen Benutzern in anderen Mandanten aktiv genutzt wird.
- **Große Tabellen teilen**: Wenn Sie diese Option aktivieren, teilt das Werkzeug große Tabellen in kleinere Einheiten, um die Kopieroperation zu parallelisieren. Das Teilen wirkt sich positiv auf die Verarbeitung innerhalb der SAP-HANA-Plattform aus, weshalb Sie das Kennzeichen setzen sollten.

Anzahl der parallelen Prozesse

Die **Anzahl der parallelen Prozesse** bestimmt die Anzahl der Dialog-Workprozesse, die maximal für die Mandantenkopie verwendet werden. Die tatsächliche Anzahl paralleler Prozesse ist auf die Anzahl der verfügbaren Prozesse begrenzt. Wenn Sie in dieses Feld 0 oder 1 eingeben, wird die Parallelverarbeitung deaktiviert. Wird das System während der Mandantenkopie nicht aktiv von anderen Prozessen verwendet, können Sie mit vielen parallelen Prozessen arbeiten. Sie sollten allerdings auch die Ressourcen der SAP-HANA-Plattform im Blick behalten, da das Einfügen großer Datenmengen viele Ressourcen auf dieser Plattform bindet (Stichwort Delta Merge). Ein guter Richtwert sind zwei Prozesse je verfügbarer Datenbank-CPU.

Haben Sie alle Einstellungen in Transaktion SCCLN getroffen, können Sie die lokale Mandantenkopie über den Button **Direkte Ausführung** im Dialog oder über den Button **Als Aufgabenliste ausführen** im Hintergrund starten. Ich empfehle Ihnen die Ausführung im Hintergrund.

Kopiervorgang überwachen

Den Fortschritt des Kopiervorgangs können Sie über die Transaktion SCC3 überwachen. So können Sie z. B. sehen, wie viele Tabellen bereits kopiert wurden und wie viele noch ausstehen. Achten Sie auch auf eventuelle Fehlermeldungen oder Warnungen (siehe Abbildung 6.7).

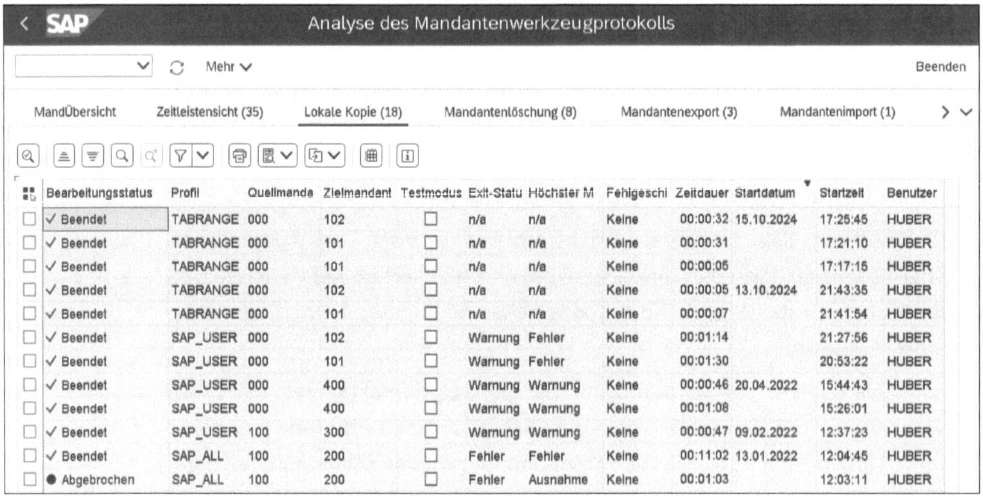

Bearbeitungsstatus	Profil	Quellmanda	Zielmandant	Testmodus	Exit-Statu	Höchster M	Fehlgeschi	Zeitdauer	Startdatum	Startzeit	Benutzer
✓ Beendet	TABRANGE	000	102	☐	n/a	n/a	Keine	00:00:32	15.10.2024	17:25:45	HUBER
✓ Beendet	TABRANGE	000	101	☐	n/a	n/a	Keine	00:00:31		17:21:10	HUBER
✓ Beendet	TABRANGE	000	101	☐	n/a	n/a	Keine	00:00:05		17:17:15	HUBER
✓ Beendet	TABRANGE	000	102	☐	n/a	n/a	Keine	00:00:05	13.10.2024	21:43:35	HUBER
✓ Beendet	TABRANGE	000	101	☐	n/a	n/a	Keine	00:00:07		21:41:54	HUBER
✓ Beendet	SAP_USER	000	102	☐	Warnung	Fehler	Keine	00:01:14		21:27:56	HUBER
✓ Beendet	SAP_USER	000	101	☐	Warnung	Fehler	Keine	00:01:30		20:53:22	HUBER
✓ Beendet	SAP_USER	000	400	☐	Warnung	Warnung	Keine	00:00:46	20.04.2022	15:44:43	HUBER
✓ Beendet	SAP_USER	000	400	☐	Warnung	Warnung	Keine	00:01:08		15:26:01	HUBER
✓ Beendet	SAP_USER	100	300	☐	Warnung	Warnung	Keine	00:00:47	09.02.2022	12:37:23	HUBER
✓ Beendet	SAP_ALL	100	200	☐	Fehler	Fehler	Keine	00:11:02	13.01.2022	12:04:45	HUBER
● Abgebrochen	SAP_ALL	100	200	☐	Fehler	Ausnahme	Keine	00:01:03		12:03:11	HUBER

Abbildung 6.7: Analyse der Protokolle (Transaktion SCC3)

Remote-Kopie

Mandantenkopien zwischen Systemen

Mit Transaktion SCC9N können Sie Mandanten zwischen Systemen kopieren. Rufen Sie diese Transaktion im Zielsystem (nicht unbedingt im Zielmandanten) auf. Die Daten werden direkt über die RFC-Schnittstelle über das Netzwerk übertragen. Das Verfahren eignet sich also für Mandantenkopien zwischen Systemen, die im gleichen Rechenzentrum betrieben werden und wenn die Netzwerkgeschwindigkeit hoch ist. Bei Systemen an unterschiedlichen Standorten ist es meist effektiver, mit Mandantentransporten zu arbeiten und den Transportauftrag über einen Datenträger zum Zielsystem zu transportieren.

Bei einer Remote-Kopie können Sie neben den allgemeinen Kopierprofilen auch die in Tabelle 6.4 genannten Profile verwenden, die auch mandantenunabhängiges Customizing bei der Kopie berücksichtigen. Diese Profile dürfen Sie aber nur verwenden, wenn es im Zielsystem noch keine anderen Mandanten gibt, die bereits konfiguriert wurden. Das wäre z. B. bei einem neu installierten System der Fall. Bereits bestehende Mandanten würden durch eine Kopie mit mandantenunabhängigem Customizing inkonsistent werden.

Inkompatible Tabellen kopieren

Die meisten Verarbeitungseinstellungen wählen Sie bei der Remote-Kopie analog zu einer lokalen Mandantenkopie. Eine Besonderheit ist die Option **Inkompatible Tabellen kopieren**, die es nur bei der Remote-Kopie gibt. Tabellen mit unterschiedlichen Strukturen werden auch dann kopiert, wenn dies einen Datenverlust bedeuten würde. Dies gilt z. B. für Tabellen, bei denen mindestens eine Spalte nur im Quellsystem, aber nicht im Zielsystem verfügbar ist. Alle inkompatiblen Tabellen, die dennoch kopiert werden, werden im Protokoll dokumentiert.

Mandanten exportieren und importieren

Über einen Mandantenexport und -import können Sie ähnlich wie bei einer Remote-Kopie Mandanten von einem System in ein anderes System kopieren. Sie haben hierzu zwei Möglichkeiten:

- **Mandanten über Transporte exportieren und importieren**

  Im Quellsystem werden die Daten des zu exportierenden Mandanten in das Transportverzeichnis des Dateisystems geschrieben. Diese Daten müssen dann physisch in das Transportverzeichnis des Zielsystems transportiert werden, wenn es sich um ein System einer anderen Systemlandschaft handelt. Auf dem Zielsystem muss dann der Import gestartet werden.

- **Mandanten über Snapshot-Container exportieren und importieren**

  Im Unterschied zum Export mit Transportaufträgen werden mit *Snapshot-Containern* die zu kopierenden Tabelleninhalte in eigenen Tabellen der Datenbank im Quellsystem gespeichert und können mithilfe einer RFC-Verbindung über das Netzwerk an das Zielsystem übertragen und dort importiert werden. Durch die platzsparende Speicherung und die Umgehung des Dateisystems erreichen Sie bei einer guten Netzwerkverbindung eine deutlich höhere Geschwindigkeit.

  Ein weiterer Vorteil von Snapshot-Containern ist die Möglichkeit, diese über die Transaktion SCC_COMPARE mit anderen Snapshot-Containern oder Mandanten zu vergleichen. Werden Snapshot-Container nicht mehr benötigt, können Sie diese über die Transaktion SCC3_ADMIN löschen.

Export

Den Export erzeugen Sie im Quellsystem über die Transaktion SCC8N (siehe Abbildung 6.8). Wählen Sie als Methode **Transportauftrag** oder **Snapshot der Mandantentabelle**. Die Kopierprofile und die **Verarbeitungseinstellungen** entsprechen den im Abschnitt »Lokale Mandantenkopie« beschriebenen.

Im Unterschied zu den bisher besprochenen Methoden der Mandantenkopie haben Sie beim Export und Import zusätzlich folgende Optionen zur Auswahl:

- **Automat. Importnachverarb.**: Die Importnachverarbeitung ist bei dieser Methode immer erforderlich und muss im Zielmandanten nach dem Import der Daten durchgeführt werden. Wenn Sie diese Option in Transaktion SCC8N wählen, ist die Nachbearbeitung des Mandantenimports nicht notwendig.
- **Transport bei Export freigebe**: Ist dieses Ankreuzfeld aktiviert, werden die exportierten Transportaufträge unmittelbar freigegeben. Nur freigegebene Transportaufträge können Sie für einen Mandantenimport verwenden. Sie können festlegen, ob die Freigabe synchron oder asynchron erfolgen soll.
- **Modusvekt. verw./Alle Sprachen**: Es werden alle Sprachen exportiert, wenn Sie dieses Ankreuzfeld aktivieren.

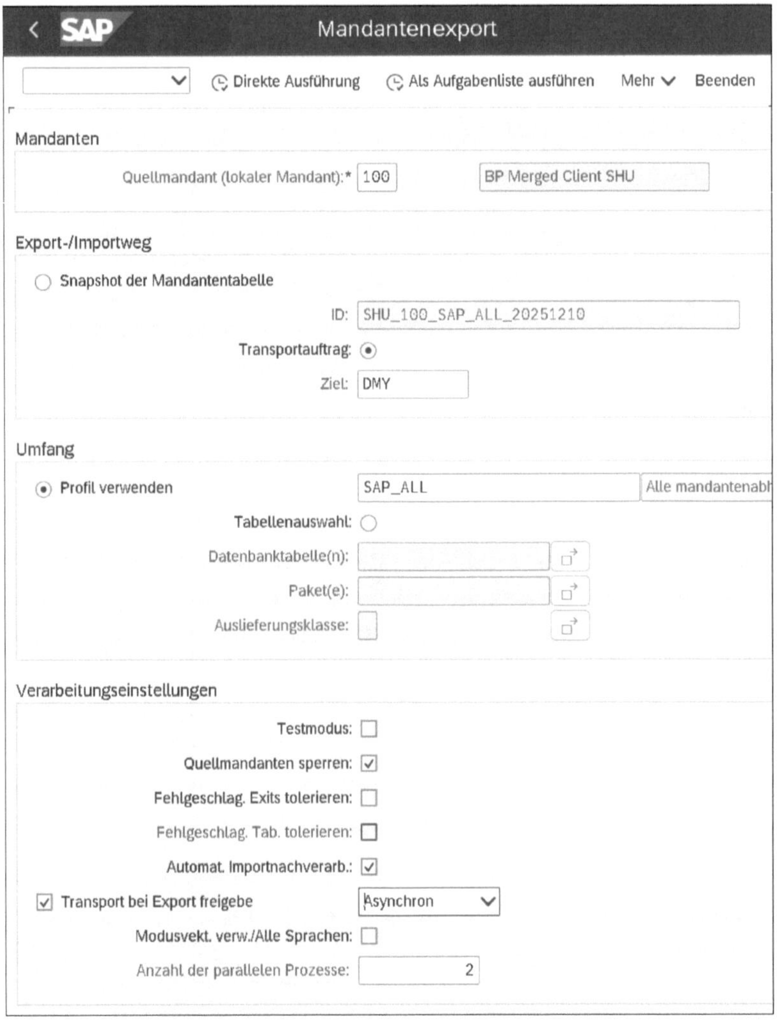

Abbildung 6.8: Mandantenexport (Transaktion SCC8N)

Den Fortschritt des Exports können Sie wieder über die Transaktion SCC3 überwachen.

Import Den Import starten Sie auf dem Zielsystem über die Transaktion SCC7N (siehe Abbildung 6.9). Wählen Sie den Zielmandanten und die Methode **Transportauftrag** oder **Snapshot der Mandantentabelle** aus. Je nach gewählter Methode geben Sie entweder die Transportauftragsdaten oder die RFC-Verbindung und Snapshot-ID an. Die weiteren Verarbeitungseinstellungen kennen Sie bereits.

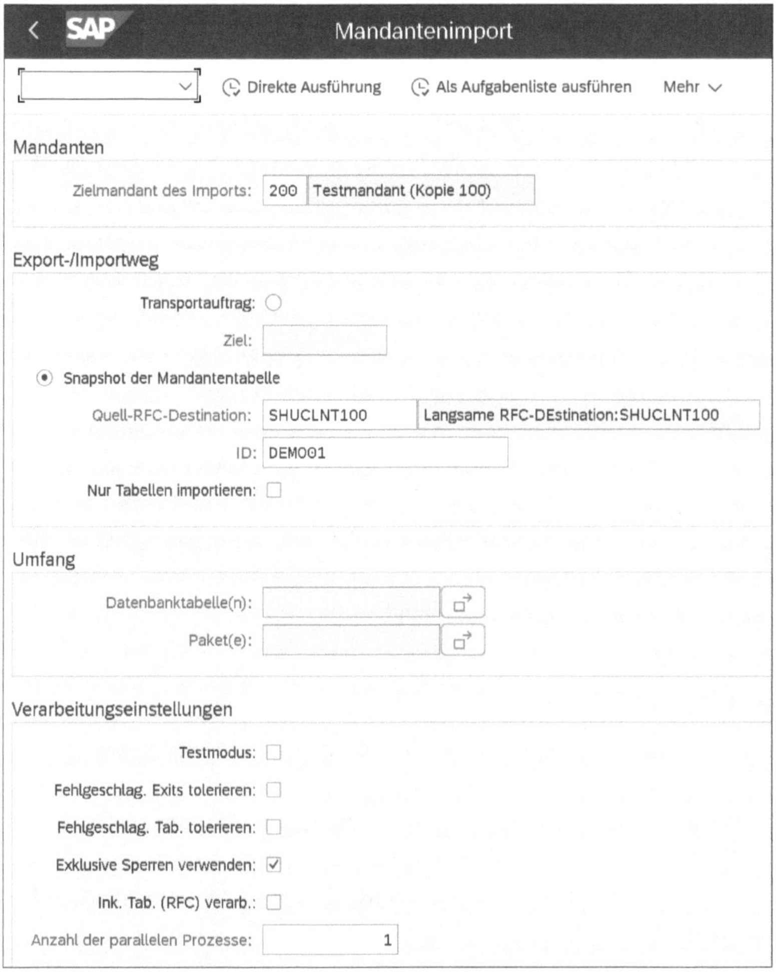

Abbildung 6.9: Mandantenimport (Transaktion SCC7N)

Tabelleninhalt von Transportaufträgen kopieren

Customizing in andere Mandanten übernehmen

Ein besonderes Werkzeug im Bereich der Mandantenkopie stellt Transaktion SCC1N dar. Mit dieser Transaktion können Sie das Customizing, das Sie in einem Mandanten durchgeführt haben und das in Transportaufträgen aufgezeichnet wurde, in andere Mandanten des gleichen Systems übernehmen. In Kapitel 7, »Konfiguration des Transportwesens«, gehe ich ausführlicher auf das SAP-Transportwesen im Allgemeinen ein. Es baut auf der Prämisse auf, dass nach der Durchführung von Änderungen ein Transportauftrag freigegeben wird. Erst in diesem Moment werden die Änderungen mit dem Transportauftrag in das Dateisystem geschrieben und können erst dann zum gewünschten Ziel transportiert und dort importiert werden. Hat man etwas vergessen, muss man einen neuen Transportauftrag anlegen, freigeben und transportieren.

Mit der Transaktion SCC1N können Sie diesen Prozess abkürzen. Sie können die Inhalte eines Transportauftrags von einem Mandanten zum anderen kopieren, ohne den Transportauftrag freigeben zu müssen. Gerade im Entwicklungssystem kann es sehr hilfreich sein, wenn man einen Sandbox-Mandanten hat, in dem man eine Änderung testen möchte, bevor man einen Transportauftrag freigibt.

Risiko

In gewisser Weise unterwandert diese Funktion aber das reguläre Transportverfahren. Sie müssen die Berechtigungen für die Transaktion SCC1N (und die alte Transaktion SCC1) daher auf ausgewählte Personen und Mandanten einschränken. Bei vielen SAP-Kunden ist die Nutzung dieser Transaktion tabu.

Hintergrundjob

Sinnvoll kann die Funktion jedoch sein, wenn Sie einen Mandanten automatisch aktuell halten wollen, also auf dem gleichen Stand wie einen anderen Mandanten des gleichen Systems, in dem Sie Customizing manuell durchführen und aufzeichnen. Hierzu können Sie automatische Hintergrundjobs für die Transaktion SCC1N einplanen, die Inhalte von Transportaufträgen automatisch in den Zielmandanten übernehmen. Über Ausführungsdatumsvarianten können Sie sicherstellen, dass ein Job immer nur die neuen Transportaufträge seit der letzten Ausführung berücksichtigt.

6.2.3 Mandanten löschen

Über die Transaktion SCC5N können Sie Mandanten löschen. Neben der Angabe des Mandanten, den Sie löschen möchten, können Sie das Ankreuzfeld **Aus Systemtab. T000 löschen** aktivieren. Damit ist der Mandant auch in Transaktion SCC4 nicht mehr sichtbar. Die Verarbeitungseinstellungen in Transaktion SCC5N entsprechen den in Abschnitt 6.2.2, »Mandanten kopieren«, beschriebenen.

Anlässe für Mandantenlöschungen

Auch wenn die Löschung eines Mandanten leicht konfiguriert werden kann, hat sie gerade bei sehr großen Systemen eine sehr lange Laufzeit. Mandantenlöschungen spielen oft eine Rolle bei Unternehmensaufspaltungen oder -umbauten. In einem Projekt war ich beispielsweise mit der Situation konfrontiert, dass vier von fünf Mandanten gelöscht werden sollten und nur ein Mandant auf dem System verbleiben sollte. Da die zu löschenden Mandanten das größte Datenvolumen ausmachten, war es effektiver, den verbleibenden Mandanten zu exportieren und in ein neu aufgebautes System zu importieren. Das alte System konnte dann einfach komplett abgerüstet werden.

Daten des gelöschten Mandanten

Möchten Sie die die Daten des gelöschten Mandanten aufbewahren, um Sie eventuell doch wieder einspielen zu können, können Sie vor der Löschung einen Mandantenexport über Transaktion SCC8N durchführen und den Transportauftrag aufbewahren. Bedenken Sie aber, dass Sie einen Import nur dann erfolgreich umsetzen können, wenn das ABAP Dictionary des Zielsystems zu den exportierten Daten passt.

6.2.4 Mandanten vergleichen

Über die Transaktion SCC_COMPARE können Sie zwei Mandanten miteinander vergleichen. Über die Transaktion SCC_CLIENT_SIZE können Sie zudem die ungefähre Größe eines Mandanten bestimmen, um Rückschlüsse auf den zusätzlichen Platzbedarf und die zu erwartende Dauer einer Kopie zu ziehen.

Mandantenvergleich auswerten

Die Ergebnisse des Mandantenvergleichs können Sie wie immer in Transaktion SCC3 auswerten (siehe Abbildung 6.10).

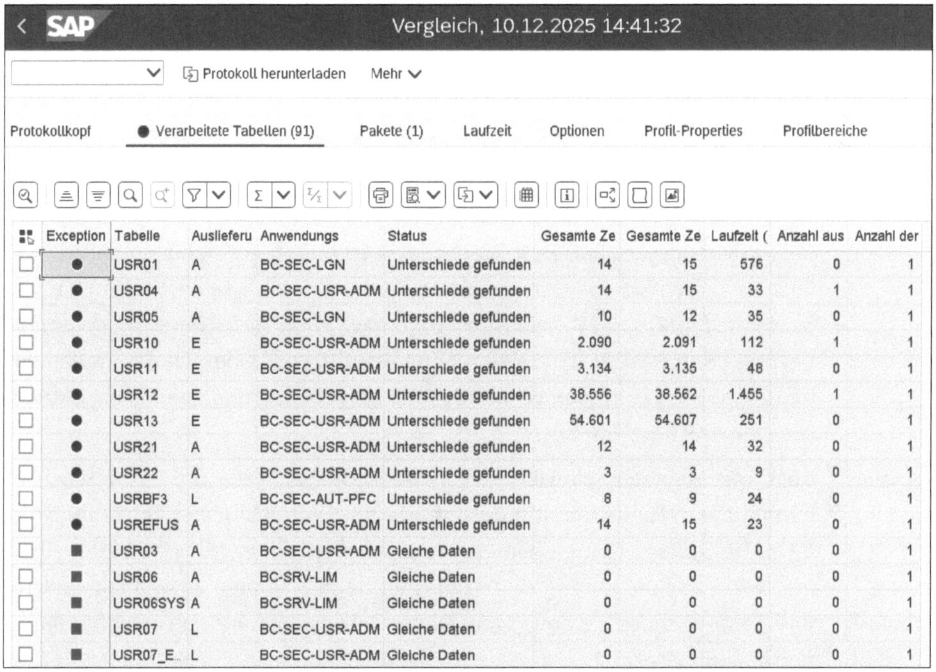

Exception	Tabelle	Auslieferu	Anwendungs	Status	Gesamte Ze	Gesamte Ze	Laufzeit (	Anzahl aus	Anzahl der
●	USR01	A	BC-SEC-LGN	Unterschiede gefunden	14	15	576	0	1
●	USR04	A	BC-SEC-USR-ADM	Unterschiede gefunden	14	15	33	1	1
●	USR05	A	BC-SEC-LGN	Unterschiede gefunden	10	12	35	0	1
●	USR10	E	BC-SEC-USR-ADM	Unterschiede gefunden	2.090	2.091	112	1	1
●	USR11	E	BC-SEC-USR-ADM	Unterschiede gefunden	3.134	3.135	48	0	1
●	USR12	E	BC-SEC-USR-ADM	Unterschiede gefunden	38.556	38.562	1.455	1	1
●	USR13	E	BC-SEC-USR-ADM	Unterschiede gefunden	54.601	54.607	251	0	1
●	USR21	A	BC-SEC-USR-ADM	Unterschiede gefunden	12	14	32	0	1
●	USR22	A	BC-SEC-USR-ADM	Unterschiede gefunden	3	3	9	0	1
●	USRBF3	L	BC-SEC-AUT-PFC	Unterschiede gefunden	8	9	24	0	1
●	USREFUS	A	BC-SEC-USR-ADM	Unterschiede gefunden	14	15	23	0	1
■	USR03	A	BC-SEC-USR-ADM	Gleiche Daten	0	0	0	0	1
■	USR06	A	BC-SRV-LIM	Gleiche Daten	0	0	0	0	1
■	USR06SYS	A	BC-SRV-LIM	Gleiche Daten	0	0	0	0	1
■	USR07	L	BC-SEC-USR-ADM	Gleiche Daten	0	0	0	0	1
■	USR07_E..	L	BC-SEC-USR-ADM	Gleiche Daten	0	0	0	0	1

Abbildung 6.10: Ergebnis eines lokalen Mandantenvergleichs in Transaktion SCC3

6.2.5 SAP Best Practices aktivieren

Wurde Ihr SAP-S/4HANA-System technisch aus einem früheren SAP-Business-Suite-System konvertiert, wurden die Mandantenstruktur und das Customizing übernommen. Bei der selektiven Datenübernahme als Migrationsoption für den Umstieg auf SAP S/4HANA könnten Sie auch eine Konsolidierung aus mehreren Mandanten in einen SAP-S/4HANA-Mandanten durchführen. Bei einer Neuimplementierung von SAP S/4HANA müssen Sie die Mandanten dagegen von Grund auf neu einrichten. Die Fachberater*innen müssen anschließend umfangreiche Customizing-Aktivitäten durchführen, um die Geschäftsprozesse einzurichten. Um diesen Vorgang drastisch zu beschleunigen, hat SAP die *SAP Best Practices* etabliert. Es handelt sich dabei um ein von SAP vordefiniertes

Customizing für eine Vielzahl von Geschäftsprozessen. Die Aktivierung von SAP Best Practices ist eine administrative Aufgabe, die ich Ihnen in diesem Abschnitt näherbringen möchte.

Für Greenfield-Projekte

SAP Best Practices sind ausdrücklich für Neuimplementierungen von SAP S/4HANA vorgesehen. Aktivieren Sie SAP Best Practices keinesfalls in bereits manuell konfigurierten oder migrierten Systemen. Dennoch spielen die SAP Best Practices in nahezu allen SAP-S/4HANA-Projekten eine Rolle, da die meisten Kunden für die Bewertung, ob Geschäftsprozesse standardisiert werden können oder ob Funktionalität im Standard fehlt, ein System mit aktivierten SAP Best Practices benötigen. Daher wird oft in der frühen Projektphase ein SAP-S/4HANA-System als Sandbox-System eingesetzt, in dem die SAP Best Practices aktiviert sind. Für SAP S/4HANA Cloud sind die SAP Best Practices in allen Systemen bereits aktiviert. Sie bilden die Grundlage für die produktive Nutzung der Standardgeschäftsprozesse.

Die Aktivierung der SAP Best Practices ist technisch gut dokumentiert. Einen Einstieg finden Sie über die URL *https://help.sap.com/s4hana*. Wählen Sie das passende SAP-S/4HANA-Release aus und navigieren Sie im Bereich **Implementierung • SAP Best Practices** zum Administrationsleitfaden für die Implementierung. Diesen Leitfaden verwenden Sie als Arbeitsgrundlage für die Aktivierung der SAP Best Practices.

Scoping

Doch was bedeutet »Aktivierung von SAP Best Practices«? Sie laden dabei zunächst die aktuelle Version der Inhalte der SAP Best Practices in Ihr SAP-S/4HANA-System. Diese Inhalte sind zunächst jedoch inaktiv und beschreiben nur, welches Customizing durchzuführen ist. Sie können auswählen, welche SAP Best Practices Sie benötigen. Diesen Vorgang nennt man *Umfangsdefinition* bzw. *Scoping*.

Ablauf der Aktivierung

Bei der Aktivierung des ausgewählten Umfangs wird das System über verschiedene Technologien selbstständig konfiguriert. Die Arbeiten, die sonst die Fachberater*innen manuell durchführen, werden damit automatisiert durchgeführt. Die Aktivierung der SAP Best Practices erzeugt Transportaufträge, die in die Folgesysteme (Qualitätssicherung und Produktion) transportiert werden können. Dies bedeutet, dass Sie die Aktivierung nur im Entwicklungssystem (oder einem Sandbox-System) durchführen müssen. In die Folgesysteme wird dann nur noch das Ergebnis der Aktivierung transportiert. Beachten Sie bei diesen Vorgängen aber unbedingt die Dokumentation. Vorbereitende Aktivitäten, wie das Anlegen des Mandanten, müssen in allen Systemen durchgeführt werden.

In der folgenden Schrittbeschreibung gehe ich nur auf die wichtigsten Punkte und Fallstricke der SAP-Best-Practices-Aktivierung ein, die mir in Projekten begegnet sind.

Strategie wählen

Beim Aufbau eines neuen Mandanten für SAP Best Practices haben Sie zwei Möglichkeiten: Sie können den Mandanten als *Best Practices Client* oder *Merged Client* aufsetzen:

- **Best Practices Client**

  Beim Best Practices Client werden ausschließlich für die SAP Best Practices, die Sie aktivieren, Referenzeinstellungen aus dem Mandanten 000 übernommen. Die SAP Best Practices sind in sich konsistent konfiguriert. Benötigen Sie aber zusätzlich auch Geschäftsprozesse, die nicht über die SAP Best Practices abgedeckt sind, müssen Sie das dafür notwendige Customizing komplett selbstständig vornehmen oder manuell aus Mandant 000 übernehmen, da die Referenzeinstellungen aus Mandant 000 fehlen. Dies erfordert einen hohen manuellen Aufwand. Verwenden Sie diese Option daher nur, wenn der Umfang der von Ihnen benötigten Geschäftsprozesse möglichst vollständig von den SAP Best Practices abgedeckt werden.

- **Merged Client**

  Ist der Umfang der von Ihnen benötigten Geschäftsprozesse deutlich größer, als von den SAP Best Practices abgedeckt, setzen Sie den neuen Mandanten als sogenannten *Merged Client* auf. Hierbei werden neben den SAP Best Practices auch alle Referenzeinstellungen aus Mandant 000 in den neuen Mandanten übernommen. Somit haben Sie auch bei der Konfiguration von Geschäftsprozessen, die nicht von den SAP Best Practices abgedeckt werden, grundlegendes Customizing zur Verfügung, auf dem Sie aufsetzen können.

Die Entscheidung für eine dieser beiden Optionen muss wohlüberlegt sein, da eine nachträgliche Änderung der Strategie nicht möglich ist.

Vorbereitung

Die hier beschriebenen Aktivitäten müssen Sie zwingend vor der Aktivierung von SAP Best Practices durchführen:

- **Sprachen installieren**

  SAP Best Practices sind für viele Länder verfügbar. Bevor Sie Best Practices aktivieren, müssen Sie zuerst die notwendigen Sprachen in Mandant 000 importieren. Auf die Sprachen Deutsch und Englisch ist das System bereits im Standard vorbereitet. Sie können die installierten Sprachen über die Transaktion SMLT überprüfen.

- **Business Functions aktivieren**

  Einige SAP Best Practices bauen auf *Business Functions* auf, die zunächst aktiviert werden müssen. Diese optionalen Funktionen des SAP-S/4HANA-Systems können über Schalter aktiviert werden. Die Aktivierung solcher Business Functions verändert das System teilweise beträchtlich (etwa das Datenmodell oder den Programmcode). Einige Business Functions sind außerdem nicht wieder deaktivierbar. Beachten Sie ferner, dass Business

Functions lizenzpflichtig sein können. Es muss daher sehr gut abgewogen werden, ob Sie die betreffenden SAP Best Practices benötigen.

Die Business Functions aktivieren Sie in Mandant 000 über Transaktion SFW5. Vergessen Sie nicht, sie auch in den Folgesystemen der Systemlandschaft zu aktivieren, und zwar bevor Sie die Transporte für die SAP Best Practices in diese Systeme importieren. Am einfachsten gelingt dies, wenn Sie die Schalterstellungen ebenfalls in einen Transportauftrag aufnehmen. Nach der Aktivierung der Business Functions können Sie dies in Transaktion SFW5 über den Menüpfad **Systemeinstellungen • Transportieren** sicherstellen.

- **Mandanten anlegen**

  Legen Sie über die Transaktion SCC4 einen neuen Mandanten für die SAP Best Practices an, wie in Abschnitt 6.2.1, »Mandanten anlegen«, beschrieben. Beachten Sie dabei, dass das Feld **Std. Währung** leer bleibt. Es wird durch die SAP Best Practices gefüllt. Im Standard wird hier die Währung »USD« eingetragen. Wenn Sie dies nicht möchten, müssen Sie diese Einstellung vor der Aktivierung der SAP Best Practices in Transaktion /N/SMB/CD_MAINT ändern. Details zur Vorgehensweise finden Sie auch in SAP-Hinweis 3393679 und dem dort verlinkten Administrationsleitfaden.

  Im Feld **Mandantenrolle** wählen Sie **Customizing**. Im Abschnitt **Mandantenübergreifende Objektänderungen** wählen Sie **Änderungen an Repository und mand.unabh. Customizing erlaubt**. Die Schutzstufe stellen Sie auf **Schutzstufe 0: keine Beschränkung** ein. Im Abschnitt **Einschränkungen für CATT und eCATT** wählen Sie **eCATT und CATT erlaubt**.

- **Vorbereitung der Mandantenkopie**

  Ich habe bereits die beiden grundsätzlichen Strategien zum Aufbau des Mandanten erläutert. Wenn Sie sich für den Best Practices Client entschieden haben, müssen Sie den neuen Mandanten in der Tabelle `/FTI/T_NOCLNT000` eintragen. Sie können den Eintrag über die Transaktion SE16N hinzufügen. Möchten Sie den Mandanten als Merged Client aufbauen, darf der Mandant nicht in Tabelle `/FTI/T_NOCLNT000` enthalten sein. Das Kopierprogramm erkennt anhand dieses Eintrags, ob alle Referenzeinstellungen übernommen werden sollen oder nur diejenigen, die in Tabelle `/FTI/TWHITEL01` aufgeführt sind.

- **Mandantenkopie durchführen**

  Schließlich können Sie über die Transaktion SCCLN die Mandantenkopie von Mandant 000 als Quelle mit dem von Ihnen angelegten neuen Mandanten als Ziel durchführen. Als Kopierprofile können dabei nur `SAP_UCUS`, `SAP_CUST`, `SAP_CUSV` oder `SAP_UCSV` verwendet werden. Verwenden Sie ein Profil mit Benutzerstämmen (z. B. `SAP_UCSV`), können Sie sich nach der Kopie auch mit einem Benutzer, den Sie in Mandant 000 haben, am neuen Mandanten anmelden.

Umfang definieren

Bevor Sie den Umfang der zu aktivierenden SAP Best Practices definieren, müssen Sie zuerst den aktuellen Stand des Best-Practices-Inhalts in Ihr System importieren. Den Link zum Download der entsprechenden Datei *BPS4CONT-202500_0_0-80009512.ZIP* finden Sie zu SAP S/4HANA 2025 FPS 00 beispielsweise in SAP-Hinweis 3633481. Beachten Sie, dass die SAP Best Practices zu Ihrem SAP-S/4HANA-Release passen müssen. In der Importdatei sind ein oder zwei Transporte enthalten, die Sie in Ihr System in den Mandanten 000 importieren müssen. Hierzu muss das Transportwesen eingerichtet sein (siehe Kapitel 7, »Konfiguration des Transportwesens«).

Den Umfang definieren Sie anschließend im *Solution Builder* (Transaktion /N/SMB/BBI) im neu erstellten Mandanten. Rufen Sie zunächst über das Menü der Transaktion /N/SMB/BBI den Pfad **Lösung • Importieren • Lösung (XML) • Aus Referenzinhalt** auf. Anschließend können Sie auf der Einstiegsseite der Transaktion die Referenzlösung mit dem Button **Lösung kopieren** kopieren und die kopierte Lösung über den Button **Favorit** als Favoriten übernehmen. Wenn Sie nun den Button **Lösung ändern** wählen, können Sie den Umfang über die Auswahl der Ankreuzfelder für die einzelnen **Scope Items** einschränken (siehe Abbildung 6.11).

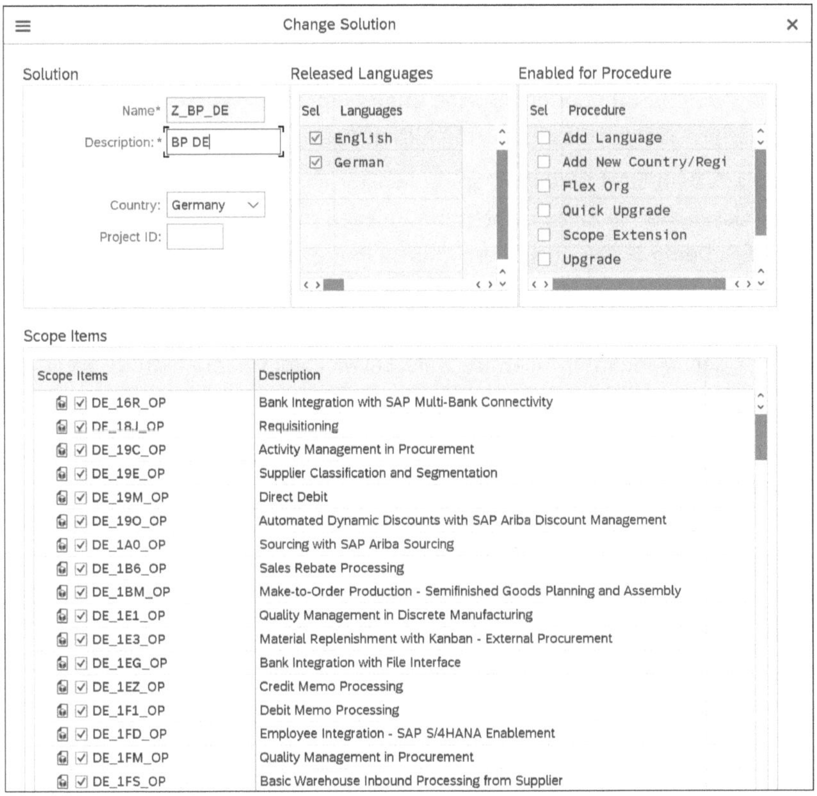

Abbildung 6.11: Umfang der SAP Best Practices im Solution Builder ändern

[!]

Abhängigkeiten beachten

Beachten Sie unbedingt die im Administrationsleitfaden genannten Abhängigkeiten und Reihenfolgen. Es ist besser, die nicht benötigten Scope Items im Solution Builder einzeln abzuwählen, als zuerst alle abzuwählen und dann die benötigten Scope Items wieder zu markieren, da damit die Aktivierungsreihenfolge beeinflusst wird. Vergewissern Sie sich auch, dass gegebenenfalls benötigte Business Functions aktiviert sind und die Lizenzierung lizenzpflichtiger Scope Items geklärt ist. Einmal aktive Items können nicht wieder deaktiviert werden. Nicht aktivierte Items können dagegen durch eine Umfangserweiterung auch nachträglich noch aktiviert werden.

Voraussetzungen überprüfen

Bevor Sie nun mit der Aktivierung starten, beachten Sie die Hinweise bezüglich der benötigten Berechtigungen, die Anmeldesprache (zwingend Englisch!) und die Parameter des Benutzers, mit dem Sie die Aktivierung durchführen. Je nachdem, welche Scope Items Sie ausgewählt haben, müssen Sie vor der Aktivierung noch manuelle Einstellungen vornehmen. Diese notwendigen Einstellungen sind im Administrationsleitfaden beschrieben.

Aktivierung starten

Die Aktivierung starten Sie ebenfalls mithilfe des Solution Builders (Transaktion /N/SMB/BBI) über den Button **Implementation Assistent**. Auf dem Folgebildschirm wählen Sie den Button **Aktivieren**.

Beispieldaten

Kurz nach dem Start wird ein Pop-up-Fenster angezeigt, in dem Sie entscheiden müssen, ob Sie Beispieldaten mit anlegen möchten oder nicht (Ankreuzfeld **With Demo Data**). Auch diese Entscheidung müssen Sie mit Bedacht treffen. Geht es Ihnen um ein Sandbox-System, in dem Sie die Geschäftsprozesse begutachten und testen möchten, sind die Beispieldaten sehr hilfreich. Möchten Sie den Mandanten allerdings als Entwicklungsmandanten verwenden, sind sie eher störend.

Beispieldaten werden übrigens nicht in Transportaufträgen aufgezeichnet. Aktivieren Sie die SAP Best Practices mit Beispieldaten und transportieren die SAP Best Practices in ein Folgesystem oder einen anderen Mandanten des gleichen Systems, werden die Beispieldaten daher im Zielsystem bzw. Zielmandanten nicht vorhanden sein. Weitere Informationen hierzu finden Sie in SAP-Hinweis 2940007. Aktivieren Sie die SAP Best Practices ohne Beispieldaten und möchten Sie diese Entscheidung später ändern, finden Sie in SAP-Hinweis 2781453 Lösungswege.

Fehler prüfen

Die Aktivierung der SAP Best Practices kann einige Stunden dauern. Sie sollten den Vorgang überwachen. Einige Male wird der Prozess wegen Problemen bei der Aktivierung anhalten oder Bestätigungen einfordern. Sie sollten diese Meldungen genau prüfen. Zu den einzelnen Fehlermeldungen sollten bereits SAP-Hinweise existieren, die die Probleme beschreiben und eine Lösung aufzeigen. Ist dies nicht der Fall, müssen Sie eine Supportmeldung bei SAP eröffnen. Keinesfalls sollten Sie Fehler einfach ignorieren.

Fachliche Nacharbeiten

Für einige Scope Items müssen nach der Aktivierung noch manuelle Schritte durchgeführt werden, die nicht automatisch durchführbar sind. Diese Aktivitäten sind im Administrationsleitfaden im Abschnitt **Implementation • Carrying Out Post-Activation Configuration** beschrieben. Es handelt sich hierbei um Aufgaben, die von den Fachbereichen zu bearbeiten sind.

Da nicht alle automatisch durchgeführten Aktivierungsschritte in Transportaufträgen aufgezeichnet werden können, müssen Sie nach einem Transport der durch die Aktivierung erzeugten Transportaufträge außerdem manuelle Nacharbeiten in den Zielsystemen durchführen. Die notwendigen Schritte sind im Administrationsleitfaden unter **Implementation • Executing Manual Rework Activities** beschrieben.

Wie ich eingangs erwähnte, bin ich in diesem Abschnitt nur auf die wesentlichen Punkte der Aktivierung eingegangen, um Ihnen ein Grundverständnis für diese Aktivität zu vermitteln. Ich kann Ihnen nur den Rat geben, sich sehr genau an den für Ihr Release gültigen, zentralen SAP-Hinweis zur Aktivierung der SAP Best Practices zu halten und auch alle verlinkten SAP-Hinweise zu beachten. Der im zentralen SAP-Hinweis verlinkte Administrationsleitfaden beschreibt die einzelnen Schritte im Detail. Lesen Sie ihn sorgfältig durch.

SAP Best Practices und Release-Wechsel

Ich werde oft gefragt, was bei einem Release-Wechsel mit den SAP Best Practices passiert. Es gibt aktuell keine Updatefunktion für deren Aktivierung. Sie können die SAP Best Practices des neuen Releases lediglich in einem neuen Mandanten aktivieren und dann über eine Fit-Gap-Analyse die Unterschiede zu den SAP Best Practices des vorherigen Releases im anderen Mandanten identifizieren und manuell abgleichen.

Umfangserweiterung

Haben Sie nicht alle SAP Best Practices aktiviert und möchten Sie zu einem späteren Zeitpunkt weitere im gleichen Mandanten nachaktivieren, dürfen Sie dies nur tun, solange Sie Ihr System noch nicht auf ein neues Release gepatcht haben. Ein weiteres Problem der nachträglichen Aktivierung von SAP Best Practices ist, dass die Fachbereiche nach der initialen Aktivierung eventuell manuell Customizing angepasst oder ergänzt haben, das dann durch eine Aktivierung weiterer Best Practices beeinflusst oder sogar überschrieben wird. Sie sollten daher vor der Aktivierung ein möglichst klares Bild vom benötigten Umfang der zu aktivierenden SAP Best Practices, Länder und Sprachen haben.

6.3 Systemkopien

Zum Abschluss dieses Kapitels möchte ich einen Anwendungsfall ausführlicher besprechen, der bei vielen SAP-Kunden zum Einsatz kommt. Im Unterschied zum Neuaufbau von SAP-S/4HANA-Systemen können Sie mit *Systemkopien* in kurzer Zeit bereits fertig konfigurierte Systeme erschaffen.

Systemkopien werden aus verschiedenen Gründen durchgeführt:

- Aufbau temporärer Projekt- oder Sandbox-Systeme, um bestimmte Abläufe ohne Auswirkungen auf die echte Systemlandschaft isoliert testen zu können.
- regelmäßiger Neuaufbau des Qualitätssicherungssystems mit den Daten des Produktivsystems, um möglichst mit aktuellen Daten testen zu können

Rechtliche Situation

Bevor ich Ihnen die technischen Abläufe einer Systemkopie erkläre, möchte ich darauf hinweisen, dass aktuell viel darüber diskutiert wird, ob Produktivsysteme überhaupt kopiert werden dürfen. Stein des Anstoßes ist die europäische Datenschutz-Grundverordnung (DSGVO). Zwar war die rechtliche Situation vorher bereits ähnlich, wurde aber offenbar nicht so strikt gehandhabt. In der DSGVO wird unter anderem beschrieben, dass personenbezogene Daten nur zum Zweck ihrer Bestimmung verarbeitet werden dürfen. In einem Produktivsystem existiere ich z. B. als Geschäftspartner, solange ich als Kunde oder Lieferant mit dem Unternehmen in Kontakt stehe. Aber ist es rechtens, dass dieser Stammsatz auch in einem Testsystem existiert, inklusive aller meiner Geschäftstransaktionen? Auf der sicheren Seite sind Sie, wenn Sie personenbezogene Daten nach der Systemkopie anonymisieren oder keine Systemkopien durchführen und stattdessen Testdaten automatisiert generieren. Für beide Varianten gibt es entsprechende Lösungen auf dem Markt. Wie Sie sich vorstellen können, ist dies ein vielschichtiges Thema, da die Datenmodelle in SAP S/4HANA sehr komplex sind und kundenindividuelle Erweiterungen oder Modifikationen ebenfalls berücksichtigt werden müssen.

6.3.1 Vorbereitung einer Systemkopie

Leitfaden

SAP stellt einen umfassenden Leitfaden für die Durchführung einer Systemkopie zur Verfügung. Sie finden das für Ihr Release und Betriebssystem passende Dokument unter *https://support.sap.com/sltoolset* im Bereich **System Provisioning System Provisioning Scenarios • System Copy Option of Software Provisioning Manager 2.0 • System Copy Guides**. Haben Sie bisher noch keine Systemkopien durchgeführt, sollten Sie mit diesem Leitfaden arbeiten. Er berücksichtigt allerdings nicht alle Aktivitäten, da es kundenspezifische Besonderheiten gibt. So entsteht in Unternehmen meist ein eigener Leitfaden, der die durchzuführenden Schritte in ihrer zeitlichen Abfolge beschreibt. Die wichtigsten allgemeingültigen Schritte erläutere ich in diesem Abschnitt.

Die Basis jeder Systemkopie, egal, ob für den Aufbau eines neuen oder zur Aktualisierung eines bestehenden Systems, ist eine Sicherung der Tenant-Datenbank des Quellsystems. Der Zeitpunkt der Datensicherung (dies ist bei SAP HANA der Beginn des Backups) definiert den Datenstand, den das Zielsystem nach der Systemkopie hat.

Bestehende Datensicherungen verwenden

Selbstverständlich können Sie auch auf bestehende Datenbanksicherungen zurückgreifen. Transferieren Sie das Backup dazu an eine Stelle, von der aus es vom Zielsystem gelesen werden kann. Sie sollten sich den Zeitstempel der Datensicherung auf jeden Fall notieren.

Laden Sie den Software Provisioning Manager 2.0 (SWPM 2.0) herunter und starten Sie das Werkzeug auf dem Zielsystem der Systemkopie. Weitere Details zu diesem Werkzeug erfahren Sie in Abschnitt 2.3.3, »Software Provisioning Manager«. Es leitet Sie durch die technischen Schritte einer Systemkopie.

6.3.2 Aufbau eines neuen Systems

Möchten Sie ein System als Kopie eines anderen Systems neu erstellen, sind ähnliche Punkte wie bei einer Neuinstallation zu berücksichtigen. Sie benötigen ausreichende Hardwarekapazitäten für die SAP-HANA- und die ABAP-Plattform, damit sie die Datenmenge des zu kopierenden Systems verarbeiten können. Die Betriebssysteme des Zielsystems für die ABAP- und SAP-HANA-Plattform müssen wie bei einer Neuinstallation vorbereitet sein. Die SAP-HANA-Plattform können Sie im Vorfeld der Systemkopie installieren oder im Rahmen der Systemkopie mit dem SWPM installieren lassen.

Sie benötigen darüber hinaus auch die Softwarepakete für eine Neuinstallation, insbesondere die Kernelpakete und den SAP-HANA-Client. Sie sollten mindestens die Versionen verwenden, die im Quellsystem der Systemkopie verwendet werden. Sie können aber auch neuere Versionen verwenden.

Neues System bereitstellen

Um das neue System bereitzustellen, wählen Sie im SWPM die für Ihr Release passende Option (siehe Abbildung 6.12), z. B. **SAP S/4HANA Server <Version> • SAP HANA Database • System Copy • Target System • Standard System • Based on AS ABAP • Standard System**. Wählen Sie als Version von SAP S/4HANA die Version aus, die Ihrem Quellsystem entspricht (z. B. SAP S4HANA 2025). Möchten Sie das neue System in einer höheren Version bereitstellen, müssen Sie diese Bereitstellung in einem zweiten Schritt über ein Upgrade durchführen.

Im Zusatzmaterial zum Buch auf der Webseite *www.sap-press.de/6222* finden Sie die Aufzeichnung eines Durchlaufs einer Systemkopie. Anhand dieser Aufzeichnung können Sie alle Schritte im SWPM und die wichtigsten Nacharbeiten nachvollziehen.

Automatischen Start deaktivieren

Ein wichtiger Punkt bei der Abfrage der Parameter durch den SWPM ist der Schritt **Actions Before SAP System Start**. Markieren Sie hier das Ankreuzfeld **interrupt before starting the SAP System**, denn wenn der SWPM das System fertig installiert hat, darf es nicht automatisch starten. Stellen Sie sich vor, das Quellsystem der Systemkopie wäre Ihr Produktivsystem, das über Schnittstellen und Jobs mit anderen produktiven Systemen innerhalb und außerhalb Ihres Unternehmens verbunden ist. All diese Kommunikationskanäle sind durch die 1:1-Kopie der produktiven Datenbank auch in Ihrem Zielsystem vorhanden, einschließlich der Verbindungs- und Zugangsdaten. Starten Sie das Zielsystem in diesem Zustand, könnten daher Prozesse starten, die nur im originalen Produktivsystem laufen dürfen. Sie können dies vermeiden, wenn Sie das Zielsystem durch eine Firewall daran hindern, mit der Außenwelt Kontakt aufzunehmen. Als weitere Absicherung können Sie im Instanzprofil des PAS (und gegebenenfalls AAS) die Anzahl der Hintergrundprozesse auf 0 setzen.

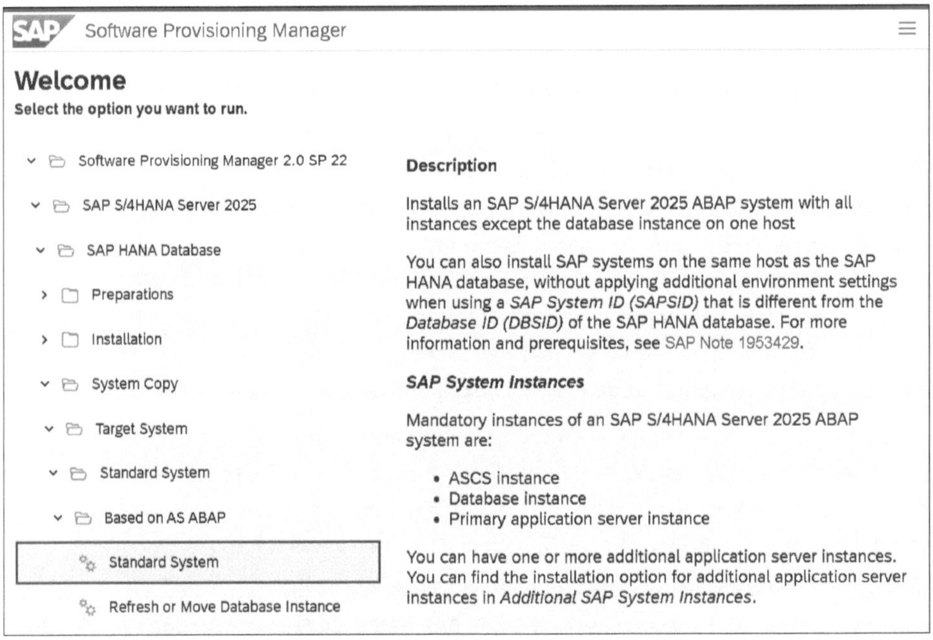

Abbildung 6.12: Systemkopie mit dem SWPM durchführen

Schritte vor dem Systemstart

Erreicht der SWPM den durch die Option **interrupt before starting the SAP System** konfigurierten Haltepunkt vor dem Systemstart, können Sie die folgenden notwendigen Schritte durchführen, um das Zielsystem zu isolieren:

- Firewall konfigurieren
- Anzahl der Hintergrundprozesse auf 0 setzen
- über `hdbsql` den Inhalt dieser technischen Datenbanktabellen löschen, deren Inhalte im Zielsystem nicht richtig wären: ALCONSEG, ALSYSTEMS, DBSNP, MONI, OSMON, PAHI, SDBAD, SDBAP, SDBAR, DDLOG, TPFET, TPFHT und TLOCK
- gegebenenfalls weitere kundenspezifischen Aktivitäten

Nun können Sie das SAP-System manuell starten.

[+]

Nacharbeiten erst nach Ende des SWPM-Durchlaufs ausführen

Gemäß dem SAP-Leitfaden führen Sie die besagten Nacharbeiten erst nach Ende des SWPM aus. Das Problem ist dabei jedoch, dass nach dem Start des Systems unkontrolliert Hintergrundprozesse starten. SAP empfiehlt daher, das Quellsystem vor der Sicherung stillzulegen (unter anderem durch die Ausführung des Reports BTCTRNS1). Dann ist die Stilllegung in der Sicherung aufgezeichnet und es gibt beim Hochfahren des Zielsystems keine Probleme. Für diese alternative Vorgehensweise ist jedoch eine Business Downtime des Quellsystems erforderlich, was sich bei Produktivsystemen bei vielen SAP-Kunden als schwierig erweist.

Nacharbeiten im Zielsystem

Am neuen SAP-S/4HANA-System melden Sie sich über das SAP GUI an. Sie erhalten eine Meldung über einen Kurzdump, da das System wegen fehlender Hintergrundprozesse nicht korrekt eingerichtet ist. Sie müssen nun folgende Nacharbeiten durchführen:

- Report BTCTRNS1 in Transaktion SA38 ausführen (alle Jobs suspendieren)
- Sicherstellen, dass sich keine Benutzer*innen am System anmelden können
- Profile in Transaktion RZ10 importieren
- Betriebsarten in Transaktion RZ04 dem neuen Instanzprofil anpassen
- Logon-Gruppen in Transaktion SMLG anpassen
- RFC-Servergruppen in Transaktion RZ12 anpassen
- Spool-Aufträge über den Report RSPO0041 in Transaktion SA38 löschen
- fertige und abgebrochene Jobs über den Report RSBTCDEL löschen
- eingeplante Jobs in Transaktion SM37 prüfen und Jobs, die im Zielsystem nicht benötigt werden, ausplanen
- Transportumgebung anpassen (entweder das neue System in die bestehende Systemlandschaft aufnehmen oder eine neue Transportlandschaft einrichten). Der Einstieg erfolgt hier über Transaktion SE06 (Auswahl **Datenbankkopie oder -migration • Installationsnachbearbeitung durchführen**).

- Zertifikate in Transaktion STRUST austauschen
- Lizenzen für die SAP-HANA- und ABAP-Plattform bei SAP beantragen und austauschen. Da die Lizenzen vom Quellsystem übernommen wurden, sind sie im Zielsystem ungültig. Es wurden automatisch temporäre Lizenzen aktiviert, die 90 Tage lang gültig sind.
- System- und Mandantenänderungseinstellungen und die Systemrolle in den Transaktionen SE03 und SCC4 überprüfen und gegebenenfalls anpassen
- RFC-Verbindungen in Transaktion SM59 prüfen (nicht benötigte Verbindungen löschen sowie Verbindungsdaten, insbesondere Servernamen, die auf den Server des Quellsystems oder andere produktive Systeme zeigen, ändern)
- Webserviceschnittstellen über Transaktion SOAMANAGER prüfen und Verbindungsdaten anpassen
- Benutzer und Berechtigungen prüfen und anpassen (insbesondere nicht benötigte Benutzer löschen)
- den sicheren Speicher prüfen (Transaktion SECSTORE)
- das System in die Infrastrukturverwaltung einbinden (Anbindung an SAP Solution Manager und/oder SAP Cloud ALM)
- eventuell weitere kundenindividuelle Nacharbeiten

Sind alle Nacharbeiten gewissenhaft ausgeführt worden, können Sie im Profil die Anzahl der Batch-Prozesse wieder zurück ändern, die Firewall deaktivieren und das System stoppen.

Systembereitstellung fortsetzen

Nun setzen Sie den Vorgang im SWPM fort. Es ist wichtig, damit erst wieder zu beginnen, wenn die Hintergrundverarbeitung im neuen System wieder aktiv ist, da der SWPM Jobs einplant, was ohne Hintergrundprozesse nicht funktioniert. Es sollten sich jedoch noch keine Fachanwender*innen am System anmelden können und keine Schnittstellen aktiv sein. Prüfen Sie das Systemlog (Transaktion SM21), Kurzdumps (Transaktion ST22) und den Job-Monitor (Transaktion SM37) auf Auffälligkeiten.

Logisches System anpassen

In Abschnitt 6.2.1, »Mandanten anlegen«, habe ich das logische System angesprochen, das einen Mandanten innerhalb eines Unternehmens eindeutig identifiziert. Durch die Systemkopie müssen Sie Anpassungen an dem logischen System vornehmen, auf die ich in Abschnitt 6.3.4, »Umsetzung logischer Systemnamen«, gesondert eingehe. Führen Sie diese Aktivität im Zielsystem aus.

System freigeben

Nach einer letzten Prüfung des Systems entsperren Sie die Benutzer und lösen die Sperre der suspendierten Jobs mit dem Report `BTCTRNS2` auf, den Sie in Transaktion SA38 starten.

6.3.3 System aktualisieren

Haben Sie ein existierendes System, das Sie nur mit frischen Daten aktualisieren möchten (*System Refresh*), müssen Sie es nicht neu installieren. Es wird lediglich der Inhalt der Datenbank ausgetauscht. Dieses Verfahren wird bei vielen SAP-Kunden eingesetzt, um Qualitätssicherungssysteme mit produktivnahen Daten zu versorgen. Die Vorteile liegen in der größeren Aussagefähigkeit von Testergebnissen und der Möglichkeit, auch Lastsimulationen in den Qualitätssicherungssystemen nachstellen zu können, da der komplette Datenbestand aus dem Produktivsystem übernommen wird.

Prozess im SWPM

Auch bei der Systemaktualisierung nutzen Sie den SWPM. Wählen Sie dort die Option **Generic Options • SAP HANA Database • Refresh Database Content** (siehe Abbildung 6.13).

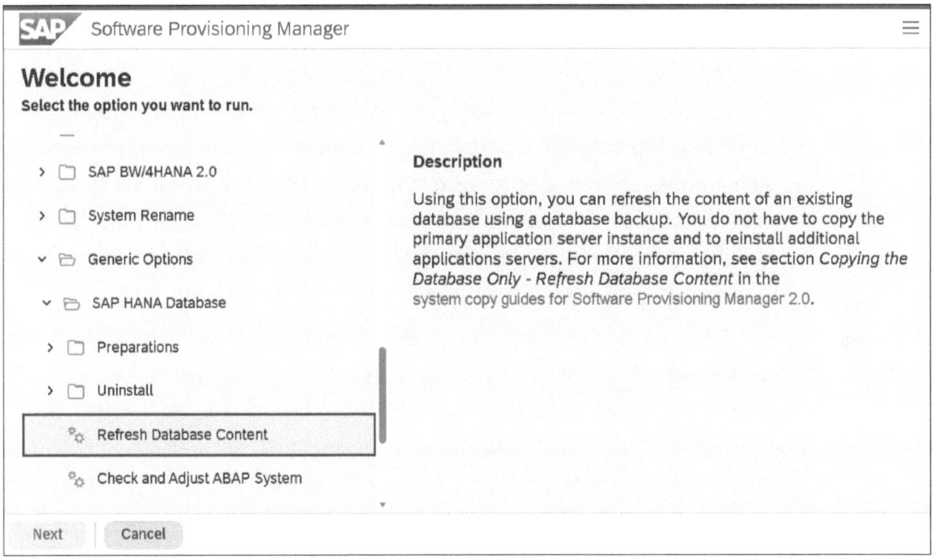

Abbildung 6.13: Nur Datenbankinhalt im SWPM aktualisieren

Wie beim Aufbau eines neuen Systems sollten Sie im Schritt **Actions Before SAP System Start** das Ankreuzfeld **interrupt before starting the SAP System** markieren, um das System manuell auf einen Start vorbereiten zu können. Die manuellen Schritte entsprechen den in Abschnitt 6.3.2, »Aufbau eines neuen Systems«, beschriebenen.

[+]

Export und Import zur Zeitersparnis

Aktualisieren Sie ein System regelmäßig, lohnt es sich, direkt vor der Systemkopie die zu erhaltenden Tabelleninhalte aus dem Quellsystem zu exportieren und nach dem Refresh wieder ins Zielsystem zu importieren. So sparen Sie sich hohe manuelle Aufwände, denn die manuellen Nacharbeiten für die folgenden Systemeinstellungen und -konfigurationen fallen in diesem Fall unter anderem weg:

- RFC-Verbindungen
- Benutzerstämme
- Lizenzschlüssel
- Webservice Laufzeitumgebung

Automatisierung des Datenexports und -imports

Für den Export und Import der Tabelleninhalte können Sie sich Skripte erstellen. Als Werkzeug dafür eignet sich das Programm `R3trans`. Sie können aber auch mit Bordmitteln der SAP-HANA-Plattform arbeiten, z. B. mit `hdbsql`. Sie benötigen dazu allerdings Kenntnis der Datenmodelle, da die betriebswirtschaftlichen Objekte im SAP-S/4HANA-System oft über mehrere Datenbanktabellen verteilt sind. Vergessen Sie eine Tabelle, ist Ihr System inkonsistent.

Gerade die Webservice-Laufzeitumgebung basiert auf einem sehr komplexen Datenmodell. Daher gibt es viele kostenpflichtige Werkzeuge auf dem Markt, die sich auf dieses Thema spezialisiert haben. Von SAP werden Sie bei dieser Aufgabe durch das SAP Landscape Management mit *Post-Copy Automation* (PCA) unterstützt. Alle diese Werkzeuge können den kompletten Prozess einer Systemkopie bis auf wenige manuelle Eingriffe automatisieren.

Inkonsistenz der Importqueue

Bei der Systemaktualisierung gibt es eine weitere Besonderheit im Vergleich zum Aufbau eines neuen Systems: Das zu aktualisierende System befindet sich in den meisten Fällen in der Mitte der Systemlandschaft, ist also z. B. ein Qualitätssicherungs- oder Schulungssystem. Diese Systeme werden durch das Transport Management System (TMS, siehe Kapitel 7, »Konfiguration des Transportwesens«) mit Änderungen versorgt. In der Regel sind in solchen Systemen mehr Transportaufträge importiert als im Produktivsystem, da aktuelle Anpassungen noch getestet werden müssen. Nach der Systemkopie entspricht das System aber dem Produktivsystem. Transporte, die vor der Kopie in das System importiert wurden, fehlen deshalb. Die Importqueue suggeriert Ihnen aber einen anderen Zustand, da ihr Zustand im gemeinsamen Transportverzeichnis nicht durch die Systemkopie beeinflusst wurde.

In Abbildung 6.14 habe ich diese Problematik dargestellt. Im Beispiel sind im Qualitätssicherungssystem alle Transportaufträge importiert, die im Entwicklungssystem freigegeben wurden. Im Produktivsystem wurden zwei Transportaufträge noch nicht importiert.

Während der Systemaktualisierung gibt es in der Regel keinen Grund für einen Entwicklungsstopp. Im Beispiel wurde ein weiterer Transport freigegeben. Auch wenn das Qualitätssicherungssystem gerade nicht verfügbar ist, wird der

Transportauftrag in die Importqueue des Qualitätssicherungssystems eingetragen, aber nicht importiert.

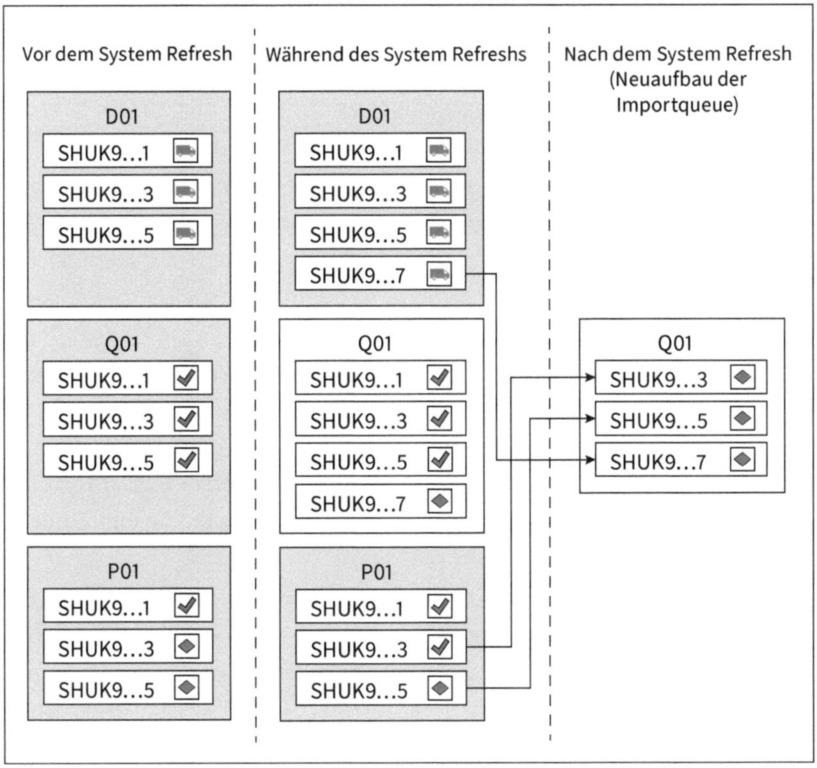

Abbildung 6.14: Neuaufbau der Importqueue nach einem System Refresh

Importqueue neu aufbauen

Nach der Systemaktualisierung wird die Importqueue des Qualitätssicherungssystems in Transaktion STMS immer noch so angezeigt wie währenddessen. Dies entspricht aber nicht mehr dem tatsächlichen Zustand der Importqueue, da tatsächlich nur der Inhalt des ersten Transports im Qualitätssicherungssystem enthalten ist. Daher müssen Sie die Importqueue neu aufbauen. Da die Reihenfolge der Transporte wichtig ist, können Sie nicht einfach fehlende Aufträge der Queue anhängen. Sie können stattdessen wie folgt vorgehen:

1. Verhindern Sie organisatorisch oder technisch, dass während des Neuaufbaus der Importqueue Transporte im Entwicklungssystem freigegeben werden.
2. Merken Sie sich die Aufträge am Ende der Queue, die noch nicht importiert wurden. Diese benötigen Sie in Schritt 6.
3. Löschen Sie die Importqueue des Qualitätssicherungssystems (alle Aufträge in der Importqueue können Sie über die Menüoption **Bearbeiten • Markieren • Block markieren** auswählen und dann über die Menüoption **Auftrag • Löschen** löschen).

4. Öffnen Sie die Importhistorie (nicht die Importqueue) des Produktivsystems und markieren Sie über die Menüfunktion **Bearbeiten • Markieren • Block markieren** alle Transportaufträge, die nach dem Datenbanksicherungszeitpunkt in das System importiert wurden. Wählen Sie anschließend die Menüoption **Auftrag • Weiterleiten • System** und geben Sie die SID und den Mandanten des Qualitätssicherungssystems an. Es kann vorkommen, dass Sie keine Transportaufträge finden, die den Kriterien entsprechen.
5. Öffnen Sie die Importqueue des Produktivsystems und markieren Sie alle Aufträge, die noch nicht importiert wurden. Auch diese Aufträge leiten Sie wie im vorangegangenen Schritt an die Importqueue des Qualitätssicherungssystems weiter.
6. Aus der Exporthistorie des Entwicklungssystems können Sie schließlich die Aufträge ermitteln, die neu freigegeben wurden (in Schritt 2 ermittelt). Die Exporthistorie ist allerdings gut versteckt: Sie rufen sie in Transaktion STMS über den Button **Importübersicht** auf. Markieren Sie das Entwicklungssystem und wählen Sie die Menüoption **Springen • Historie • Export Historie**. Auch hier markieren Sie die Aufträge und leiten diese an die Importqueue des Qualitätssicherungssystems weiter.
7. Überprüfen Sie die Importqueue des Qualitätssicherungssystems ein letztes Mal. Anschließend können Sie die Sperre der Freigabe von Transportaufträgen aufheben und die Transporte in das Qualitätssicherungssystem importieren.

Der hier dargestellte Weg ist nur eine Möglichkeit und soll die Grundproblematik verdeutlichen. Je nach Aufbau der Systemlandschaft und der Rolle des Systems, das Sie aktualisieren, sind weitere Aspekte zu berücksichtigen. Auch bei Verwendung von gCTS ergeben sich weitere Notwendigkeiten.

6.3.4 Umsetzung logischer Systemnamen

Infolge der Systemkopie ist die Eindeutigkeit der logischen Systemnamen nicht mehr gewährleistet. Bevor mit dem Zielsystem gearbeitet wird, müssen Sie die logischen Systemnamen daher anpassen. Legen Sie dazu zunächst die für das Zielsystem passenden logischen Systemnamen in Transaktion BD54 an.

Umsetzungsmatrix

Über die Transaktion BDLS können Sie die logischen Systemnamen umsetzen. Dabei wird dynamisch in allen SAP-Tabellen nach den entsprechenden Tabellenfeldern gesucht und anschließend werden in allen identifizierten Tabellen die logischen Systemnamen umgesetzt. Gibt es in Ihrem System mehr als ein logisches System, können Sie die Transaktion BDLS mehrmals ausführen. Einfacher ist es aber, wenn Sie über die Transaktion BDLSMATRIX zuerst eine Umsetzungsmatrix erstellen (siehe Abbildung 6.15).

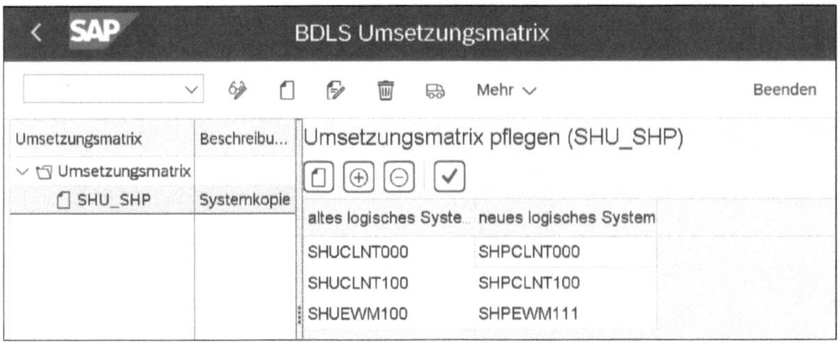

Abbildung 6.15: BDLS-Umsetzungsmatrix (Transaktion BDLSMATRIX)

[+]

Umsetzungsmatrix bereits im Quellsystem anlegen

Wenn Sie das Quellsystem immer wieder kopieren, lohnt es sich, die Werte zur Ausführung von Transaktion BDLSMATRIX bereits im Vorfeld im Quellsystem zu pflegen. Durch die Systemkopie sind die Einstellungen dann nach der Kopie bereits im Zielsystem verfügbar und müssen nicht immer wieder neu gepflegt werden.

Performance

Beachten Sie, dass die Umsetzung der logischen Systemnamen je nach Systemgröße einige Stunden dauern kann. Sie sollte ausgeführt werden, bevor das System regulär verwendet wird. Es gibt verschiedene Möglichkeiten, den Prozess zu beschleunigen, z. B. durch Parallelisierung oder das Ausklammern sehr großer Tabellen. Ansätze hierzu finden Sie in SAP-Hinweis 1547980.

Transaktion BDLS

Um die Umsetzung durchzuführen, rufen Sie die Transaktion BDLS auf. Hier können Sie über den Button (**Umsetzungsmatrix**) die Ansicht wechseln und den Namen Ihrer Umsetzungsmatrix angeben. In Abbildung 6.16 sehen Sie die Eingabemaske.

Bei Systemkopien wählen Sie die Option **Umsetzung mandantenabhängiger und -unabhängiger Tabellen**. Beachten Sie, dass damit neben den mandantenunabhängigen Tabelleneinträgen nur die mandantenabhängigen Tabelleneinträge des aktuellen Mandanten umgesetzt werden. Bei mehreren Mandanten müssen Sie die Transaktion BDLS in jedem Mandanten ausführen.

Im Feld **Anzahl der Einträge pro Commit** sollten Sie bei SAP HANA den Wert auf 0 einstellen bzw. es bei der initialen Einstellung belassen.

Umsetzung starten

Starten Sie die Umsetzung über die Menüoption **Programm • Im Hintergrund ausführen**. Prüfen Sie nach Abschluss des Hintergrundjobs das Jobprotokoll und insbesondere den Spool. In Transaktion SCC4 sollte nach Ausführung der Transaktion BDLS in allen Mandanten das neue logische System korrekt hinterlegt ein.

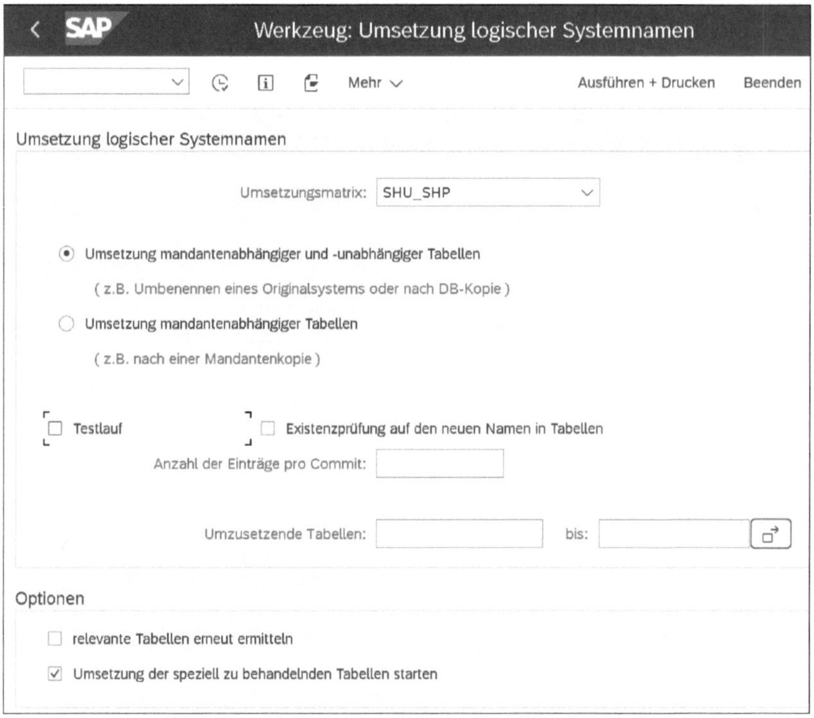

Abbildung 6.16: Umsetzung logischer Systemnamen (Transaktion BDLS)

Kapitel 7
Konfiguration des Transportwesens

Das Transportwesen ist ein zentraler Baustein, um Änderungen innerhalb der Systemlandschaft sicher, fehlerfrei und rechtskonform auszuliefern. Die Konfiguration und Überwachung des Transportwesens ist eine wesentliche Aufgabe in der SAP-S/4HANA-Systemadministration.

TMS

Wie in Kapitel 6, »Konfiguration der Systemlandschaft«, bereits beschrieben, benötigen Sie eine mehrstufige Systemlandschaft, um die Anforderungen an einen sicheren und fehlerarmen Betrieb von SAP S/4HANA zu erfüllen. Anpassungen müssen durchgeführt, getestet und produktiv gesetzt werden. In vielen Unternehmen muss dieser Prozess auch revisionssicher (z. B. durch ein Vieraugenprinzip) aufgesetzt werden und durchgeführte Änderungen müssen dokumentiert werden.

Die technologische Grundlage für die mehrstufige Systemlandschaft bildet das *Transport Management System* (TMS). Über *Transportaufträge* können Sie Entwicklungen und Customizing in der Systemlandschaft verteilen. In Abschnitt 7.1 zeige ich Ihnen, wie Sie das TMS konfigurieren. In Abschnitt 7.2 lernen Sie, wie Sie im täglichen Betrieb mit Transportaufträgen arbeiten. In Abschnitt 7.3 zeige ich Ihnen, wie Sie eine Qualitätssicherung für das Transportwesen etablieren können. In Abschnitt 7.4 und Abschnitt 7.5 lernen Sie, wie Sie das Transportwesen auch für Nicht-ABAP-Inhalte nutzen können. In Abschnitt 7.6 stelle ich Ihnen das neue, Git-basierte Transportmanagement vor und in Abschnitt 7.7 zeige ich Ihnen, wie Sie mit SAP Solution Manager und SAP Cloud ALM einen ganzheitlichen Ansatz für das Änderungsmanagement realisieren können.

7.1 Transport Management System konfigurieren

Virtuelle Systeme

Um das TMS zu konfigurieren, genügt es zunächst, nur ein System zur Verfügung zu haben. Üblicherweise ist dies das Entwicklungssystem. Im weiteren Projektverlauf kommen dann weitere Systeme wie das Qualitätssicherungssystem und das Produktivsystem hinzu. Systeme, die noch nicht physisch vorhanden sind, können als *virtuelle Systeme* angelegt werden. Diese können später durch die realen Systeme ersetzt werden und dienen somit zunächst als Platzhalter.

Das TMS ist seit Jahrzehnten der stabile Kern der Softwarelogistik innerhalb von SAP-Systemlandschaften. Auch neue Entwicklungsansätze, wie z. B. eine fortlaufende Auslieferung (*Continuous Delivery*), haben daran nichts geändert. Durch ergänzende Produkte, wie z. B. das Git-basierte Transportmanagement (siehe Abschnitt 7.6), der SAP Solution Manager oder SAP Cloud ALM (siehe Abschnitt 7.7), werden diese neuen Konzepte unterstützt.

Das TMS ermöglicht eine zentrale Konfiguration des Änderungs- und Transportsystems (*Change and Transport System*, kurz CTS) sowie eine zentrale Verwaltung und Steuerung von Transportaufträgen, insbesondere den Import von Transportaufträgen. Welche Aufträge in welche Systeme und Mandanten importiert werden, wird über vordefinierte *Transportwege* gesteuert.

Transportdomäne

Alle Systeme, die gemeinsam verwaltet werden sollen, werden in einer sogenannten *Transportdomäne* zusammengefasst. Im einfachsten Fall enthält eine Transportdomäne alle Systeme einer Systemlandschaft. Eine Transportdomäne kann aber auch mehrere Systemlandschaften abdecken. Alle Systeme einer Transportdomäne benötigen jeweils eine eindeutige SID.

7.1.1 Transportverzeichnis

Die Systeme einer Systemlandschaft greifen auf ein globales *Transportverzeichnis* zu. Es wird üblicherweise auf einem der Systeme bereitgestellt. Auf Unix/Linux wird dies über das NFS-Dateisystem realisiert, auf Windows über geteilte Verzeichnisse. Die Grundlagen dieser Architektur habe ich in Abschnitt 3.3.2, »Verzeichnisstruktur«, beschrieben. Abbildung 7.1 gibt eine Übersicht über das Transportverzeichnis und die wichtigsten Unterverzeichnisse.

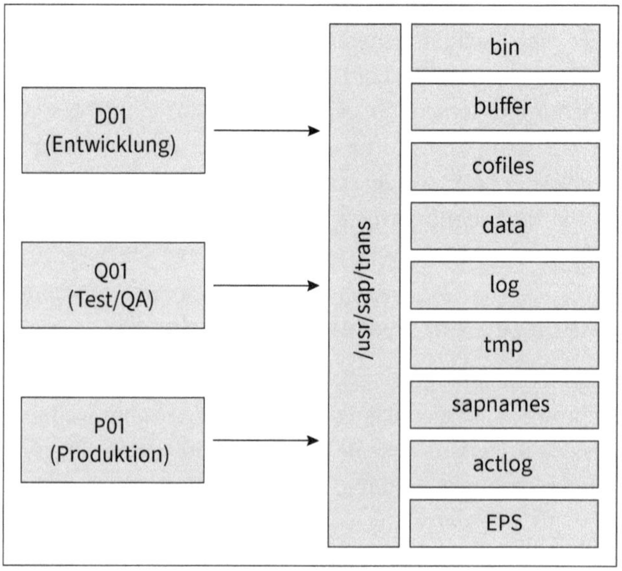

Abbildung 7.1: Transportverzeichnis

Unterverzeichnisse

Die Unterverzeichnisse beinhalten folgende Informationen:

- *bin*: Konfigurationsdateien, z. B. Profile für das Transportprogramm `tp`
- *buffer*: Transportpufferdatei für jedes System (enthält die Information, welche Transporte in welcher Reihenfolge in das System zu importieren sind)
- *cofiles*: Kontrolldateien zu Transportaufträgen (sind Teil eines Transportauftrags)
- *data*: Datendateien zu Transportaufträgen (sind Teil eines Transportauftrags)
- *log*: Transportprotokolle, Trace- und Statistikdateien
- *tmp*: temporäre Daten- und Logdateien
- *sapnames*: Informationen zu Transportaufträgen pro SAP-Benutzer*in
- *actlog*: Informationen zu SAP-Benutzer*innen pro Transportauftrag und Transportaufgabe
- *EPS*: Downloadverzeichnis für Support Packages

7.1.2 Transportdomänen und Transportdomänen-Controller

Innerhalb einer Transportdomäne gibt es ein System, in dem Sie deren Verwaltung vornehmen. Dieses System ist der *Transportdomänen-Controller* (TDC). Einstellungen, die Sie auf diesem System vornehmen, werden über RFC-Verbindungen an alle anderen Systeme der Transportdomäne verteilt. Der TDC ist nur für die Verwaltung der Transportdomäne verantwortlich. Die wichtigsten Aktivitäten, z. B. der Import von Transportaufträgen, sind auch in anderen Systemen der Transportdomäne möglich, also auch bei Nichtverfügbarkeit des TDC. Sie können aber auch einen Backup-TDC konfigurieren, um bei geplanter Nichtverfügbarkeit des TDC Konfigurationsänderungen vornehmen zu können.

Auswahl des TDC

Bei der Auswahl eines geeigneten Systems als TDC entscheiden sich die meisten SAP-Kunden für ein Entwicklungs- oder Produktivsystem. Das Entwicklungssystem ist meistens als erstes System verfügbar und wird deshalb bevorzugt verwendet. Es kann aber jederzeit auf ein anderes System als TDC umgestellt werden.

Konfiguration des TMS

Zur Konfiguration des TMS melden Sie sich am TDC im Mandanten 000 an und öffnen die Transaktion STMS. Falls Sie das TMS noch nicht eingerichtet haben, bekommen Sie einen entsprechenden Hinweis und werden aufgefordert, einen Namen für die Transportdomäne anzugeben (im Standard `DOMAIN_<SID>`). Auch wenn Sie den TDC später ändern, bleibt der Name der Domäne erhalten. Wenn Sie an diesem Punkt schon wissen, dass Sie den TDC später auf ein anderes System verschieben möchten, können Sie an dieser Stelle daher auch bereits die SID des späteren Systems angeben. Alternativ können Sie einen neutralen Namen verwenden, der die Systemlandschaft beschreibt.

Automatische Einrichtung

Die Einrichtung des TMS ist optional schon während der Installation des SAP-S/4HANA-Systems über den Software Provisioning Manager (SWPM) oder nach der Installation als Teil der Aufgabenliste `SAP_BASIS_SETUP_INITIAL_CONFIG` in Mandant 000 möglich. Mit der Einrichtung oder beim Hinzufügen weiterer Systeme werden im Hintergrund unter anderem folgende Aktivitäten durchgeführt:

- Die Datei *DOMAIN.CFG* wird im Unterverzeichnis *bin* aktualisiert.
- Das *Transportprofil* (Datei *TP_<Domainname>.PFL* im Unterverzeichnis *bin*) wird aktualisiert.
- Es wird ein Kommunikationsbenutzer `TMSADM` angelegt und mit Berechtigungen zur Transportsteuerung ausgestattet.
- Es werden für die Kommunikation notwendige RFC-Verbindungen zu den anderen Systemen der Domäne angelegt.

7.1.3 Transportgruppen

Wie bereits erwähnt, besteht eine Transportdomäne im einfachsten Fall aus allen Systemen einer Systemlandschaft, die alle auf das gleiche Transportverzeichnis zugreifen können. Es gibt aber Situationen, wo dies nicht möglich ist. So kann es aus Sicherheitsgesichtspunkten erforderlich sein, dass Produktiv- und Nicht-Produktivsysteme keine gemeinsamen Verzeichnisse haben dürfen. Auch technische Gründe, wie unterschiedliche Betriebssysteme, können der Verwendung eines gemeinsamen Verzeichnisses im Weg stehen.

In solchen Fällen kommen die *Transportgruppen* ins Spiel. Eine Transportdomäne kann aus einer oder mehreren Transportgruppen bestehen. Alle Systeme einer Transportgruppe teilen sich ein Transportverzeichnis. Muss ein Transportauftrag auf dem Weg durch die Systemlandschaft die Grenze einer Transportgruppe überwinden, müssen die Dateien des Transportauftrags physisch übertragen werden. Darum kümmert sich das TMS mit der Funktion **Importqueue abgleichen**. Auf die Importqueues werde ich in Abschnitt 7.2, »Mit Transportaufträgen arbeiten«, noch eingehen. In Abbildung 7.2 sehen Sie eine beispielhafte Drei-Systeme-Landschaft mit einer Transportdomäne und zwei Transportgruppen.

Systeme hinzufügen

Um weitere Systeme in die Transportdomäne aufzunehmen, können Sie diese im TDC hinzufügen. Dazu wählen Sie in der Transaktion STMS den Button (**Systemübersicht**, siehe Abbildung 7.3). Beachten Sie, dass Sie sich für Konfigurationsänderungen immer am Mandanten 000 anmelden müssen.

Falls Sie zu Beginn nur ein physisches Entwicklungssystem zur Verfügung haben und bereits Entwicklungen oder Customizing in diesem System durchgeführt werden sollen, empfehle ich Ihnen, mindestens ein virtuelles System als

Platzhalter für Ihr Qualitätssicherungssystem anzulegen und Transportwege zu diesem Folgesystem zu definieren. In der Systemübersicht in Transaktion STMS finden Sie hierzu im Menü die Funktion **SAP-System • Anlegen • Virtuelles System**. Vergeben Sie als SID für das virtuelle System die gleiche SID, die das physische System später haben soll. So werden Konfigurationseinstellungen automatisch in das neue System übernommen.

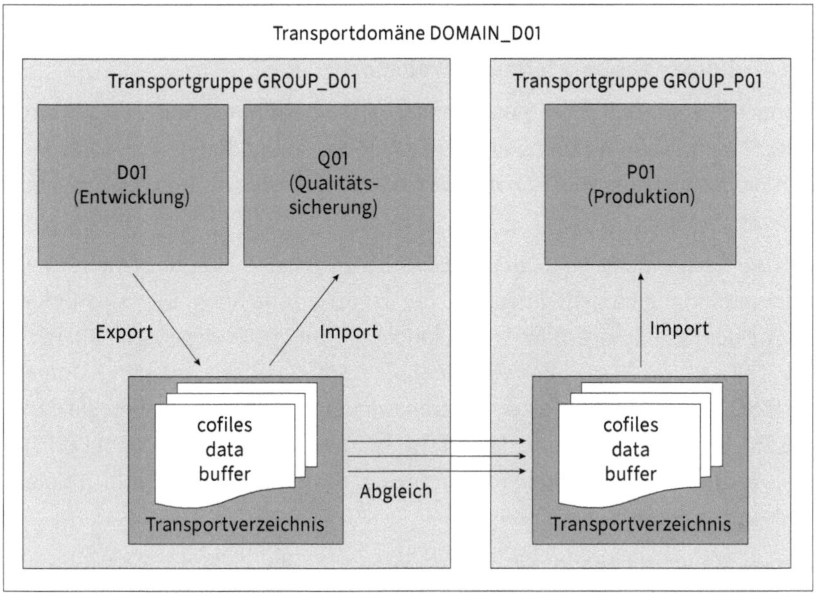

Abbildung 7.2: Systemlandschaft mit Transportdomäne und Transportgruppen

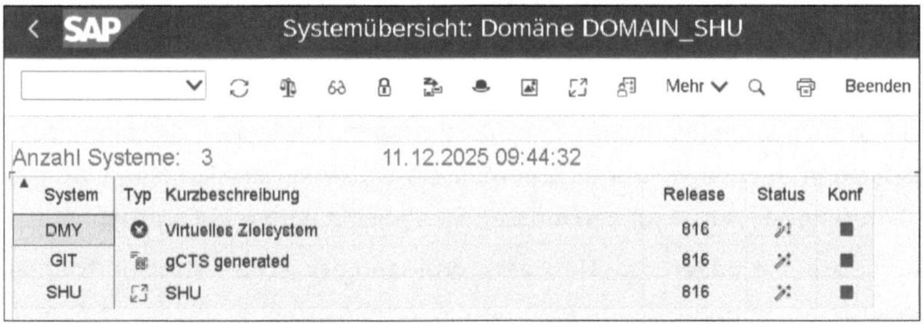

Abbildung 7.3: Systemübersicht in Transaktion STMS

Um der Transportdomäne real existierende Systeme hinzuzufügen, rufen Sie im hinzuzufügenden System im Mandanten 000 die Transaktion STMS auf. Es wird automatisch erkannt, dass das System noch zu keiner Transportdomäne gehört und die Transportdomäne vorgeschlagen, die in der Datei *DOMAIN.CFG* hinterlegt ist, sofern das System bereits an das Transportverzeichnis angeschlossen ist. Im zweiten Schritt müssen Sie sich am TDC im Mandanten 000 anmelden und in Transaktion STMS wieder die Systemübersicht öffnen. Das hinzuzufügende System wird im Status **System wartet auf Aufnahme in Domäne** angezeigt und kann mit der Option **SAP-System • Akzeptieren** in die Domäne aufgenommen werden.

Konfiguration verteilen

Führen Sie Änderungen an der Konfiguration durch, müssen Sie diese über den Button (**TMS Konfiguration verteilen und aktivieren**) an alle angeschlossenen Systeme verteilen.

7.1.4 Domänenübergreifende Transporte

Je nach Komplexität Ihrer Systemlandschaften besteht eventuell die Anforderung, Transporte über Domänengrenzen hinweg mit anderen Transportdomänen auszutauschen. Hierzu haben Sie zwei Möglichkeiten: Domain Links und externe Systeme.

Domain Link

Für die Verwendung von *Domain Links* benötigen Sie eine dauerhafte Netzwerkverbindung zwischen den TDC der Transportdomänen. Die Verknüpfung der beiden Domänen erreichen Sie, indem Sie am TDC in der Systemübersicht der Transaktion STMS über den Menüpfad **SAP-System • Anlegen • Domain Link** die Verknüpfung zu einer anderen Domäne beantragen. Geben Sie dabei die SID, den Hostnamen und die Instanznummer des TDC der anderen Domäne an. Der andere TDC wird nun in der Liste der Systeme mit dem Status **Domain Link wurde beantragt** angezeigt.

Öffnen Sie anschließend auf dem anderen TDC ebenfalls die Systemliste in Transaktion STMS. Sie sehen dort den anderen TDC im Status **Wartet auf Domain Link**. Wählen Sie das System aus und wählen Sie im Menü die Option **SAP-System • Akzeptieren**. Die beiden Domänen sind dadurch verbunden und die Systeme können zur Konfiguration der Transportwege verwendet werden.

Die technischen Abläufe entsprechen denen beim Transportieren zwischen Systemen in unterschiedlichen Transportgruppen. Bedenken Sie aber, dass Transportdomänen eigenständige administrative Einheiten darstellen. Domänenübergreifende Anpassungen müssen Sie daher in jedem TDC vornehmen.

Externe Systeme

Können Sie keine dauerhafte Netzwerkverbindung zwischen Transportdomänen realisieren, können Sie mit externen Systemen arbeiten. Externe Systeme konfigurieren Sie wie virtuelle Systeme in der Systemübersicht unter **SAP-System • Anlegen • Externes System**. Im Unterschied zu einem virtuellen System müssen Sie ein externes Transportverzeichnis angeben. In der anderen Transportdomäne legen Sie ebenfalls ein externes System an und geben dabei ein externes Transportverzeichnis an. Das externe Transportverzeichnis dient als Brücke zwischen zwei Domänen. Es kann ein von beiden Domänen erreichbares Verzeichnis sein, es können aber auch zwei Verzeichnisse sein, die über Betriebssystemmittel synchronisiert werden (z. B. FTP).

7.1.5 Transportschichten und Transportwege

Haben Sie die Systemlandschaft im TMS abgebildet, müssen Sie schließlich die *Transportschichten* und Transportwege definieren.

Transportschicht

Alle Anpassungen, die im Entwicklungssystem durchgeführt und auf dem gleichen Transportweg transportiert werden, werden einer Transportschicht zugeordnet. Die Transportschicht ist in den Eigenschaften der Repository-Objekte über das zugeordnete Paket definiert. Entwicklungen von SAP sind etwa der Transportschicht »SAP« zugeordnet. In kundeneigenen Entwicklungen können abweichende Transportschichten definiert werden.

Pro System (und bei der erweiterten Transportsteuerung pro Mandant) ist eine *Standardtransportschicht* hinterlegt. Im Beispiel aus Abbildung 7.4 ist dies die Transportschicht ZSHU. Sie können die Standardtransportschicht eines Systems im Transportwege-Editor der Transaktion STMS ändern. Da das Customizing nicht direkt einem Repository-Objekt zugeordnet werden kann, wird hier immer auf die Standardtransportschicht des Systems (bzw. des Mandanten bei erweiterter Transportsteuerung) zurückgegriffen.

Transportwege

Die Transportwege stellen die Verbindungen zwischen den Systemen und Mandanten her. Sie können Sie sich wie Straßen vorstellen, auf denen die Transporte bewegt werden. Haben Sie ein System nicht an dieses Straßennetz angebunden, können Sie auch keinen Transport zu diesem System durchführen.

Transportwege definieren Sie im TDC in Mandant 000 über Transaktion STMS. Wählen Sie hier den Button (**Transportwege**). Wurden noch keine Wege konfiguriert, können Sie im Änderungsmodus über die Menüoption **Konfiguration • Standardkonfiguration • Einzelsystem** oder **Entwicklungs- und Produktivsystem** oder **3 Systeme im Verbund** eine initiale Konfiguration erzeugen. Im Anschluss können Sie die Konfiguration anpassen. In Abbildung 7.4 sehen Sie die initiale Transportwegekonfiguration einer Drei-Systeme-Landschaft im grafischen Editor.

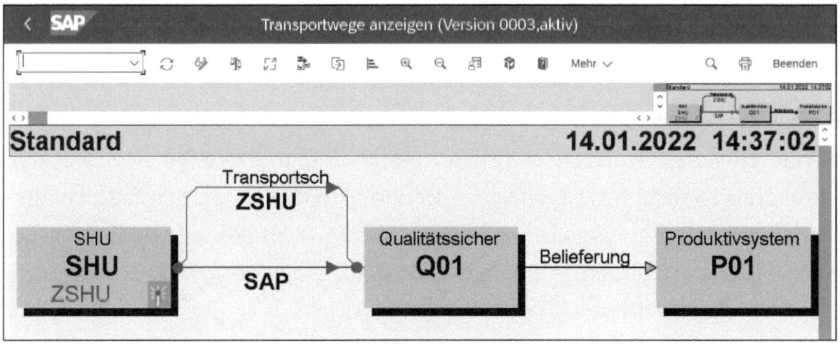

Abbildung 7.4: Transportwege im grafischen Editor

Arten von Transportwegen

Es gibt zwei Arten von Transportwegen:

- **Konsolidierungsweg**

  Um Entwicklungen und Customizing transportierbar zu machen, benötigen Sie Konsolidierungswege. Das Ziel eines Konsolidierungsweges sind in der Regel Test- bzw. Qualitätssicherungssysteme. Bei einer Zwei-Systeme-Landschaft kann dies aber auch das Produktivsystem sein.

- **Belieferungsweg**

  Durch die Einrichtung eines Belieferungsweges erreichen Sie, dass alle Transportaufträge, die in das Quellsystem des Belieferungsweges importiert werden, automatisch für den Import im Zielsystem des Belieferungsweges vorgemerkt werden. Sie können mehrere Belieferungswege mit dem gleichen Quellsystem und verschiedenen Zielsystemen einrichten (*parallele Weiterleitung*). Sie können sie aber auch hintereinanderhängen (*mehrstufige Weiterleitung*).

Transportwege pflegen

Die Pflege von Transportwegen mit dem grafischen Editor ist weitestgehend selbsterklärend. Die grafische Darstellung visualisiert die Zusammenhänge der Systeme sehr gut. Bei komplexeren Systemlandschaften arbeite ich allerdings lieber mit der hierarchischen Darstellung. Sie können über die Menüoption **Einstellungen • Transportwegeeditor** vom grafischen auf den hierarchischen Editor umschalten. Zurück zum grafischen Editor gelangen Sie über die Menüoption **Zusätze • Benutzereinstellungen**. Nach der Änderung müssen Sie den Transportwegeeditor verlassen und ihn neu aufrufen. In Abbildung 7.5 sehen Sie die Konfiguration aus Abbildung 7.4 in der hierarchischen Darstellung.

Änderungen an der Transportwegekonfiguration müssen Sie der Systemlandschaft über den Menüpfad **Konfiguration • Verteilen und aktivieren** bekannt machen.

Versionsverwaltung

Änderungen werden automatisch versioniert. Beim Aktivieren wird eine neue Versionsnummer erzeugt. An dieser Stelle können Sie auch einen Kommentar eingeben. Ich empfehle Ihnen, diese Möglichkeit zu nutzen und kurz den Grund Ihrer Änderung zu beschreiben. Dies kann bei einer späteren Recherche zu früheren Versionen nützlich sein. Sie können über die Menüoption **Springen • Vorherige Version** bzw. **Nächste Version** zwischen den Versionen wechseln und dann die gewünschte Version verteilen und aktivieren. Möchten Sie zwei Versionen miteinander vergleichen, müssen Sie die Transaktion leider in zwei separaten Fenstern öffnen, in einem der Fenster die Version wechseln und sie anschließend optisch vergleichen.

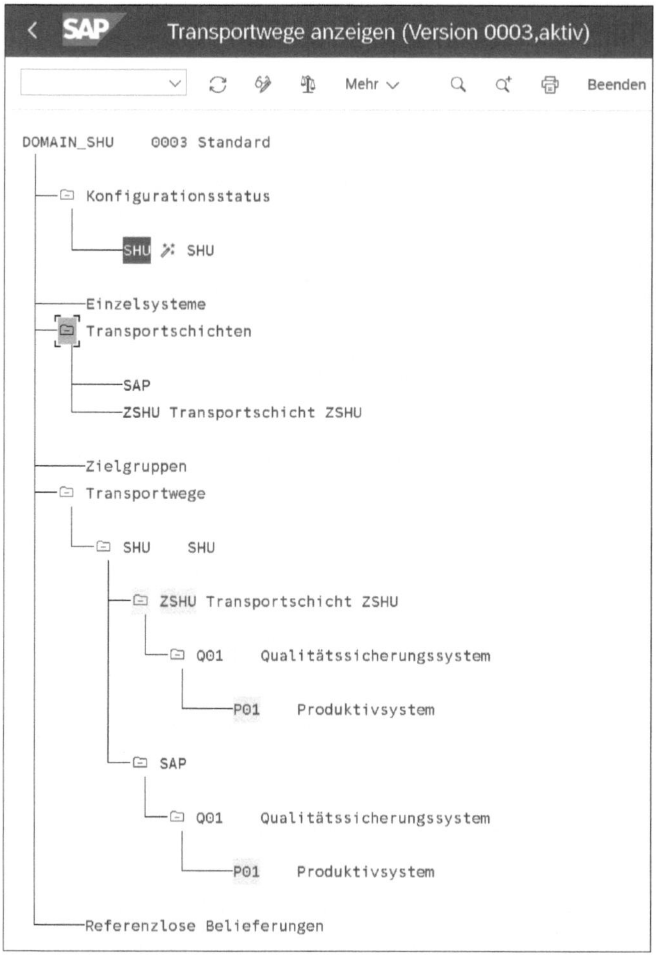

Abbildung 7.5: Transportwege im hierarchischen Editor

7.1.6 Erweiterte Transportsteuerung

Mandantenbasiertes Verfahren

Im einfachsten Fall einer dreistufigen Systemlandschaft mit jeweils einem Mandanten genügt das bisher beschriebene Transportverfahren. Arbeiten Sie aber mit mehreren über Transporte zu versorgenden Mandanten in einem System, stoßen Sie mit dem systembasierten Transportverfahren an Grenzen. In diesen Fällen können Sie auf das mandantenbasierte Verfahren umstellen. Damit wird allerdings auch die Pflege der Transportwege komplexer, da Sie nun neben dem System auch den Mandanten bei der Pflege berücksichtigen müssen.

Erweiterte Transportsteuerung aktivieren

Sie aktivieren die erweiterte Transportsteuerung im TDC in der Transaktion STMS über den Button **Systemübersicht**. Führen Sie einen Doppelklick auf das TDC-System aus und wählen Sie die Registerkarte **Transporttool** (siehe Abbildung 7.6).

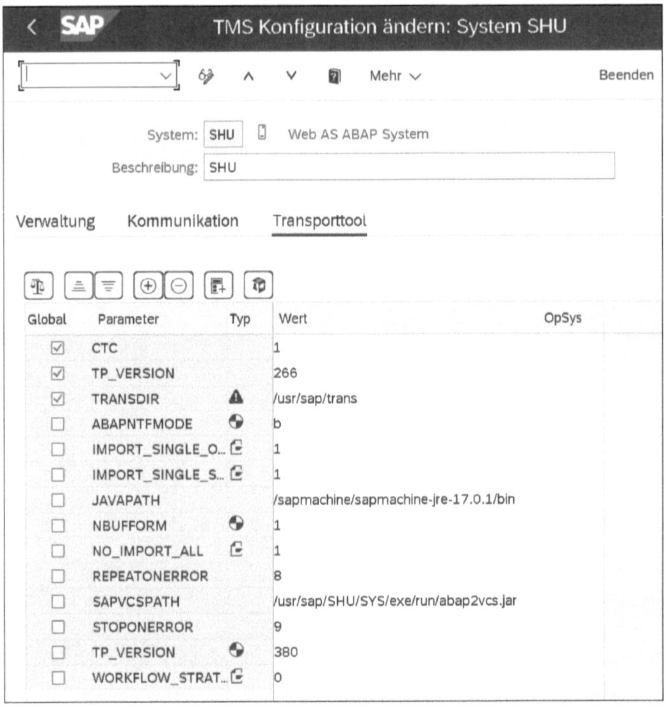

Abbildung 7.6: Parameter »CTC« für erweiterte Transportsteuerung hinzufügen

Im Änderungsmodus können Sie den Parameter `CTC` mit dem Wert 1 hinzufügen. Markieren Sie für diesen Parameter auch das Ankreuzfeld **Global**, damit der Parameter an alle Systeme verteilt wird. Es ist nicht möglich, die systembasierte und die mandantenbasierte Transportstrategie gemischt zu betreiben. Verteilen und aktivieren Sie die Änderung abschließend.

Beim Pflegen der Transportwege in Transaktion STMS haben Sie nun die Möglichkeit, Mandanten anzugeben (siehe Abbildung 7.7).

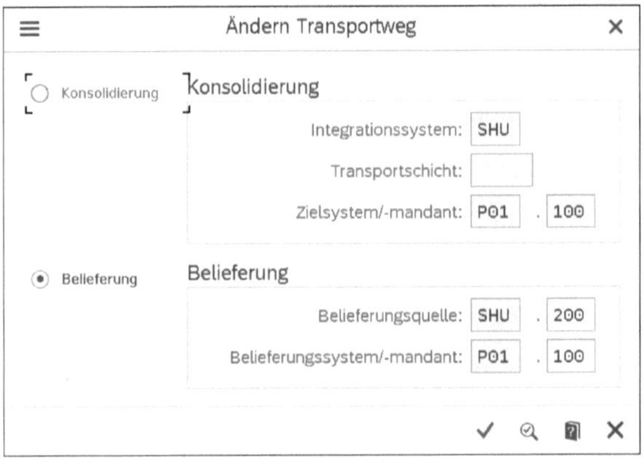

Abbildung 7.7: Transportwegepflege mit Mandanten

Wenn Sie die Mandantenfelder **Zielsystem/-mandant** und **Belieferungssystem/-mandant** bei der Anlage von Transportwegen nicht sehen, müssen Sie in der Funktionsleiste den Button (**Erweiterte Transportsteuerung**) drücken.

Beipielhafte Systemlandschaft

In Abbildung 7.8 sehen Sie als Beispiel eine Anpassung von Transportwegen mit erweiterter Transportsteuerung. Die Systemlandschaft ist zweistufig. In Mandant 100 des Systems SHU finden Entwicklungen und Customizing statt.

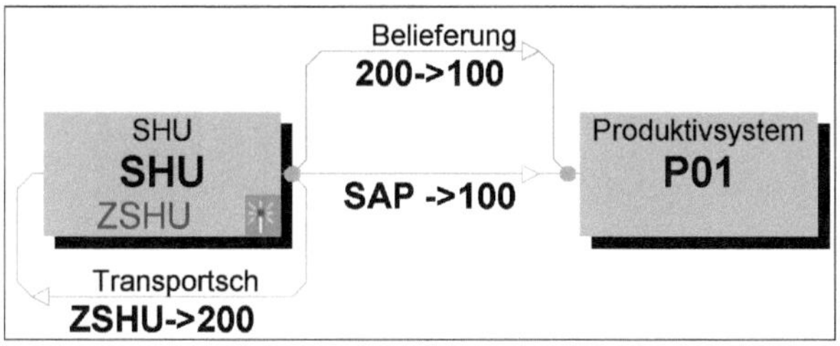

Abbildung 7.8: Transportwege bei erweiterter Transportsteuerung

Transporte stehen nach Freigabe zum Import in Mandant 200 an, der als Qualitätssicherungsmandant fungiert. Nach dem Import in Mandant 200 werden die Transporte in das Produktivsystem P01 Mandant 100 weitergeleitet.

7.1.7 Transportstrategie

Mögliche Strategien

Um unterschiedlichen Anforderungen hinsichtlich des Prozesses zur Auslieferung von Änderungen gerecht zu werden, können Sie aus drei Transportstrategien wählen, die unterschiedliche Konfigurationseinstellungen benötigen:

- **Queuegesteuerte Transporte über Massentransporte**

  Arbeiten Sie mit sehr vielen Transportaufträgen und möchten Sie den Auslieferungsprozess so weit wie möglich automatisieren, ist die Strategie queuegesteuerter Massentransporte sehr gut geeignet. Sie haben hier die wenigsten Probleme mit Abhängigkeiten und Überholern. Auf diese möglichen Probleme gehe ich im nächsten Abschnitt ein. Der Nachteil dieses Verfahrens ist eine gewisse Inflexibilität.

- **Queuegesteuerte Transporte über Einzeltransporte**

  Möchten Sie agil einzelne Anpassungen transportieren, ist die Strategie queuegesteuerter Einzeltransporte sehr gut geeignet. Sie haben damit eine große Flexibilität bei der Auslieferung einzelner Anpassungen. Die Entwickler*innen und Fachberater*innen müssen aber ein hohes Maß an Disziplin und Organisation mitbringen, damit Reihenfolgen und Abhängigkeiten berücksichtigt werden.

- **Workflowgesteuerte Transporte**

  Diese Strategie startet bei Freigabe eines Transportauftrags automatisch einen Workflow, der eine enge Kommunikation zwischen Entwickler*innen,

Fachberater*innen und Administrator*innen ermöglicht. Auch diese Strategie arbeitet mit Einzeltransporten und hat daher die gleichen Vor- und Nachteile wie die zuvor genannte Strategie.

Strategie im System anpassen

Die Strategie können Sie anpassen, indem Sie in der Transportwegekonfiguration doppelt auf das System klicken. Auf der Registerkarte **Systemattribute** finden Sie die Einstellungen zur **Transportstrategie** (siehe Abbildung 7.9). Achten Sie darauf, alle Systeme der Systemlandschaft auf die gleiche Strategie einzustellen.

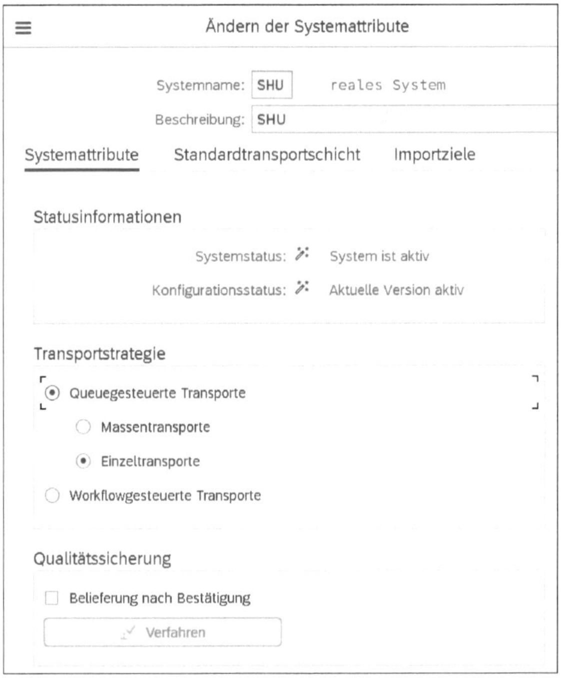

Abbildung 7.9: Auswahl der Transportstrategie in den Systemattributen

Je nach Transportstrategie werden die in Tabelle 7.1 gezeigten Transportparameter gesetzt. Ändern Sie die für die Transportstrategie relevanten Parameter nicht manuell, da jede Aktivierung der Transportwege die Parameter wieder überschreibt.

Parameter	Queue, Massentransporte	Queue, Einzeltransporte	Workflow
IMPORT_SINGLE_ONLY	0	1	1
NO_IMPORT_ALL	0	1	1
IMPORT_SINGLE_STRATEGY	0	1	0

Tabelle 7.1: Transportparameter für die Transportstrategien

Parameter	Queue, Massentransporte	Queue, Einzeltransporte	Workflow
WORKFLOW_STRATEGY	0	0	1
REPEATONERROR	9	8	8
STOPONERROR	9	9	9

Tabelle 7.1: Transportparameter für die Transportstrategien (Forts.)

7.2 Mit Transportaufträgen arbeiten

Um Entwicklungen und Customizing durchzuführen, die in einer mehrstufigen Landschaft transportiert werden sollen, müssen die Änderungen in Transportaufträgen aufgezeichnet werden. Es muss auch verhindert werden, dass Entwicklungen und Customizing direkt in Systemen und Mandanten durchgeführt werden, die durch Transportaufträge mit den Änderungen versorgt werden. Nur so können Sie die Integrität der Systemlandschaft garantieren.

Stellen Sie sich vor, eine Anwendungsberaterin oder ein -berater ändert eine Customizing-Einstellung direkt im Produktivsystem. Im Entwicklungssystem würde die gleiche Einstellung einige Zeit später auf einen anderen Wert gesetzt und über das Qualitätssicherungssystem in das Produktivsystem transportiert. Dadurch würde die im Produktivsystem manuell durchgeführte Änderung wieder überschrieben. In Abschnitt 6.1.3, »Systemänderbarkeit«, und Abschnitt 6.2.1, »Mandanten anlegen«, habe ich beschrieben, wie Sie die Systeme und Mandanten einstellen müssen, um solche Probleme zu vermeiden und die Integrität der Systemlandschaft sicherzustellen.

7.2.1 Transportauftrag anlegen

Führt eine Entwicklerin, ein Anwendungsberater oder eine Administratorin eine transportierbare Anpassung am System durch, ist diese Person verpflichtet, die Transportauftragsnummer eines bestehenden Auftrags anzugeben oder einen neuen Transportauftrag anzulegen. Das System unterscheidet automatisch zwischen den folgenden Transportauftragsarten:

- **Workbench-Aufträge**
  In diesen Aufträgen werden Objekte des ABAP Repositorys und mandantenübergreifendes Customizing aufgezeichnet.
- **Customizing-Aufträge**
  In diesen Aufträgen wird mandantenabhängiges Customizing aufgezeichnet.

Transport Organizer

Transportaufträge können Sie auch im Vorfeld im *Transport Organizer* (Transaktion SE10) anlegen. In Abbildung 7.10 sehen Sie den Einstiegsbildschirm dieser Transaktion. Um hier einen neuen Transportauftrag anzulegen, klicken Sie den Button (**Anlegen**). Wählen Sie anschließend die Auftragsart **Workbench-Aufträge** oder **Customizing-Aufträge** gemäß Ihren Anforderungen. Wenn Sie noch nicht wissen, ob Ihre Anpassung mandantenabhängig und mandantenübergreifend ist, sollten Sie den zuvor beschriebenen Weg wählen und den Auftrag erst bei Durchführung der Anpassung anlegen.

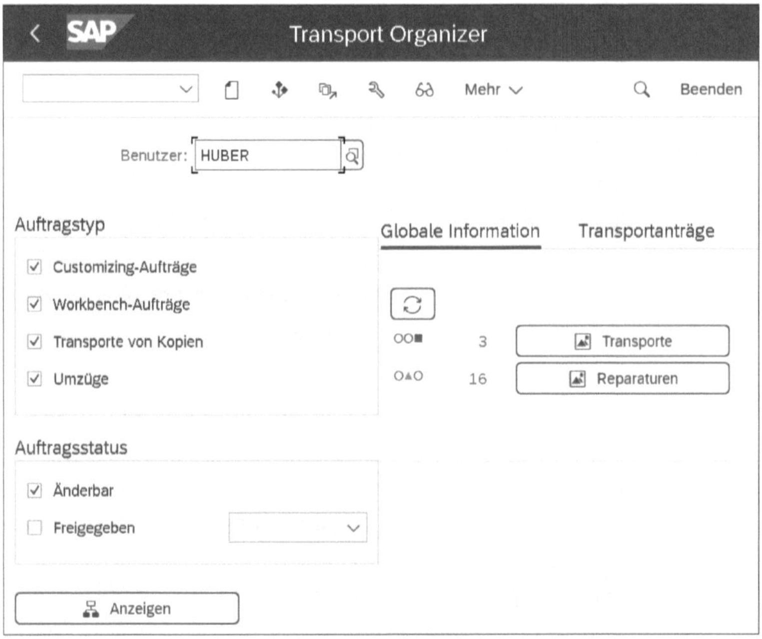

Abbildung 7.10: Transport Organizer (Transaktion SE10)

[»]

Nicht alle Änderungen werden transportiert

Nicht alle Änderungen am System werden in Transportaufträgen aufgezeichnet. Manche Einstellungen können transportiert werden, indem man Sie manuell einem Transportauftrag hinzufügt. Andere Einstellungen müssen in jedem System manuell vorgenommen werden. Beispiele für manuelle Einstellungen sind:

- RFC-Verbindungen
- Benutzer und Berechtigungsrollen
- Nummernkreise
- Einstellungen der Systemänderbarkeit und Mandanteneinstellungen
- Laufzeiteinstellungen der Webserviceumgebung
- Partnervereinbarungen im Application Link Enabling (ALE)

Kurzbeschreibung

Bei der Anlage eines Transportauftrags müssen Sie eine Kurzbeschreibung pflegen (siehe Abbildung 7.11). Hier sollten Sie einen aussagekräftigen Namen wählen, der den Inhalt des Auftrags gut beschreibt. Viele SAP-Kunden arbeiten hier mit einer Namenskonvention, z. B. um eine Verknüpfung zur entsprechenden Anforderung in Jira oder einem anderen Werkzeug zu erreichen. Das *Transportziel* wird durch die Konfiguration der Transportwege und der Standardtransportschicht automatisch ermittelt.

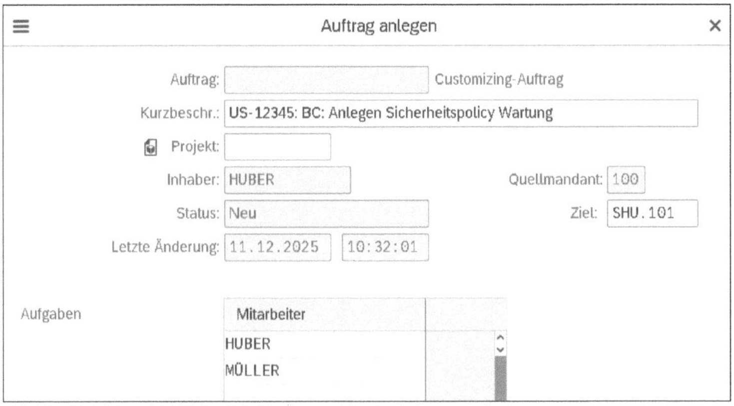

Abbildung 7.11: Transportauftrag anlegen

Transportaufgabe

Mehrere Personen können Ihre Anpassungen dem gleichen Transportauftrag zuweisen. Hierzu erhält jede Person eine *Transportaufgabe* innerhalb dieses Transportauftrags. Bereits bei der Anlage eines Transportauftrags können Sie im Bereich **Aufgaben** unter **Mitarbeiter** mehrere Personen angeben, wie ebenfalls in Abbildung 7.11 gezeigt. Sie können aber auch nachträglich über Transaktion SE10 weitere Mitarbeitende hinzufügen.

7.2.2 Transportaufträge und Transportaufgaben bearbeiten

Hierarchische Sicht der Aufträge und Aufgaben

Im Transport Organizer (Transaktion SE10) haben Sie außerdem einen Überblick über alle Transportaufträge, die Sie im Startbildschirm der Transaktion über Filtereinstellungen ausgewählt haben. Diese hierarchische Sicht ist mandantenübergreifend. Beachten Sie aber, dass Sie, um Transportaufträge bearbeiten zu können, in dem Mandanten angemeldet sein müssen, dem der Transportauftrag zugewiesen ist.

In Abbildung 7.12 sehen Sie den im vorangegangenen Abschnitt angelegten Transportauftrag mit der Nummer SHUK9000293 im Transport Organizer. Die Nummer wird automatisch vergeben. Dabei lautet die Namenskonvention <SID>K9<fortlaufende Nummer>. Sie sehen auch, dass zu diesem Transportauftrag zwei Transportaufgaben für die beiden Personen existieren, die bei der Anlage des Transportauftrags ausgewählt wurden.

Die beiden Personen können diesen Transportauftrag nun bei der Bearbeitung von mandantenabhängigem Customizing verwenden. Für mandantenübergreifendes Customizing oder Änderungen am Repository kann dieser Auftrag nicht ausgewählt werden, da hierfür ein Workbench-Auftrag benötigt wird.

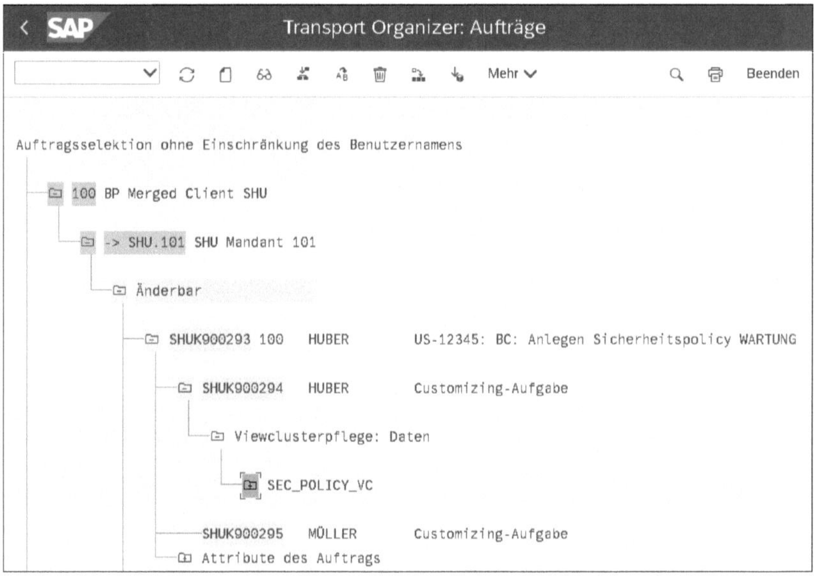

Abbildung 7.12: Anzeige von Transportaufträgen in Transaktion SE10

Sind einer Person mehrere Transportaufträge zugewiesen, muss diese Person bei jeder Änderung den fachlich passenden Auftrag auswählen. Im Standard wird das entsprechende Feld immer mit dem zuletzt ausgewählten Transportauftrag vorbelegt. Dies führt hin und wieder zu falschen Zuweisungen. In solchen Fällen können Sie Inhalte von einem Transportauftrag bzw. einer Transportaufgabe in einen anderen bzw. eine andere verschieben. Hierzu wählen Sie das betroffene Objekt in Transaktion SE10 aus und verschieben es über den Button (**Objekt verschieben**) in einen anderen Auftrag.

Inhaber*in ändern

Durch einen Doppelklick auf einen Transportauftrag oder eine Transportaufgabe können Sie die **Eigenschaften** anpassen oder bei Transportaufträgen eine ausführlichere **Dokumentation** pflegen. Aber nur die Inhaberin oder der Inhaber einer Transportaufgabe oder eines Transportauftrags kann Änderungen durchführen. Müssen Sie in Vertretung einer anderen Person solche Anpassungen vornehmen, müssen Sie sich daher zuerst selbst über die Funktion (**Inhaber ändern**) zur Inhaberin oder zum Inhaber der Transportaufgabe oder des Transportauftrags erklären. Nach der Zuweisung Ihrer Änderung können Sie mit der gleichen Funktion wieder zum ursprünglichen Inhaber oder der ursprünglichen Inhaberin zurückwechseln.

Zeiger auf die Objekte

Auf der Registerkarte **Objekte** sehen Sie, welche Inhalte aufgezeichnet wurden (siehe Abbildung 7.13). Es ist wichtig zu verstehen, dass eine Transportaufgabe oder ein Transportauftrag die Anpassungen nicht physisch beinhalten, sondern lediglich auf die entsprechenden Objekte verweisen (als Zeiger). Im Änderungsmodus sind Sie daher in der Lage, ein aufgezeichnetes Objekt aus dem Transportauftrag zu entfernen. Sie nehmen damit aber nicht die Änderung zurück, sondern lediglich die Aufzeichnung im Transportauftrag. Hiermit verletzen Sie unter Umständen die Vorgaben der Mandanteneinstellungen, nämlich dass Änderungen aufgezeichnet werden. Diese Funktion ist daher nur in Ausnahmefällen zu verwenden und sollte über Berechtigungen auf die Verwendung durch wenige Personen eingeschränkt werden.

Abbildung 7.13: Objekte einer Transportaufgabe

7.2.3 Transportaufgaben und Transportaufträge freigeben

Aufgabe freigeben

Nach Abschluss der Arbeiten sollten Transportaufgaben möglichst zeitnah freigegeben werden. Hierdurch signalisiert die zuständige Person die Fertigstellung der jeweiligen Aufgabe. Solange der Transportauftrag noch nicht freigegeben ist, können darin immer wieder neue Transportaufgaben angelegt, bearbeitet und freigegeben werden.

Die Freigabe einer Aufgabe bewirkt lediglich, dass die Objektliste der Transportaufgabe in die Objektliste des übergeordneten Transportauftrags kopiert wird. Die Freigabe übernimmt in der Regel die Person, die der Aufgabe zugeordnet ist. Es können aber bei ausreichenden Berechtigungen auch fremde Aufgaben freigegeben werden. Positionieren Sie im Transport Organizer dazu den Cursor auf der Transportaufgabe und wählen Sie den Button  (**Direkt freigeben**). Die Freigabe einer Transportaufgabe kann nicht zurückgenommen werden. Wurde z. B. die Durchführung einer Aktivität vergessen, kann einfach eine neue Transportaufgabe unterhalb des gleichen Transportauftrags angelegt und nach der Durchführung der Aktivität freigegeben werden.

Auftrag freigeben

Nur wenn alle zugeordneten Transportaufgaben, die Objekte beinhalten, freigegeben sind, kann über die gleiche Funktion der Transportauftrag freigegeben werden. Sind mit dem Transportauftrag ungenutzte (leere) Transportaufgaben verknüpft, müssen diese zuvor weder freigegeben noch gelöscht werden, sondern werden bei der Freigabe des Transportauftrags automatisch gelöscht.

Export in das Dateisystem

Mit der Freigabe eines Transportauftrags werden die Objekte, auf die bislang nur gezeigt wurde, physisch in das Dateisystem exportiert. Der Zeitpunkt der Freigabe definiert also den Stand der exportierten Objekte. Der *Exportzeitstempel* markiert diesen Zeitpunkt. Eine Rücknahme einer Transportfreigabe ist nicht möglich.

[!]

Transportfreigaben nicht zurücksetzen!

Leider gab es von SAP einschlägige Reports oder Anleitungen, wie man den Status von freigegebenen Transportaufträgen wieder zurücksetzen kann. Dies ist jedoch sehr gefährlich. Ich kann nur dringend von solchen Maßnahmen abraten, da es bei einer erneuten Freigabe zwei Versionen des gleichen Transportauftrags gäbe, was zu schweren Inkonsistenzen führen kann.

Lokaler Transportauftrag

Ein Export in das Dateisystem erfolgt nur, wenn im Transportauftrag ein Transportziel definiert ist. Ohne Transportziel handelt es sich um einen sogenannten *lokalen Transportauftrag*. Bei der Freigabe eines solchen Transportauftrags werden keine Dateien geschrieben und Sie können einen lokalen Transportauftrag nicht in andere Systeme importieren.

Transportauftrag im Dateisystem

Im Dateisystem finden Sie den physischen Transportauftrag in den Unterverzeichnissen *cofiles* und *data* des Transportverzeichnisses (siehe Abbildung 7.14). Die Dateinamen weichen hier von den im SAP-System angezeigten ab. Die SID wird als Dateiendung hinten angefügt. Ein Transportauftrag besteht aus mindestens zwei Dateien, der Kontrolldatei (*K<Nummer>.SID*) im Verzeichnis *cofiles* und der Datendatei (*R<Nummer>.SID*) im Verzeichnis *data*. In Ausnahmefällen kann im Verzeichnis *data* eine weitere Datendatei (*D<Nummer>.SID*) vorhanden sein. Nur alle Dateien bilden zusammen einen Transportauftrag.

```
shu.training.local - PuTTY
shu:shuadm 1008> cd /usr/sap/trans
shu:shuadm 1009> ll cofiles/K900293.SHU
-rw-rw-r-- 1 shuadm sapsys 376 Dec 11 10:52 cofiles/K900293.SHU
shu:shuadm 1010> ll data/*900293.SHU
-rw-rw-r-- 1 shuadm sapsys 4372 Dec 11 10:52 data/R900293.SHU
shu:shuadm 1011>
```

Abbildung 7.14: Transportauftrag im Dateisystem

Bereitstellung von Transportaufträgen

Mit dem Export eines Transportauftrags wird dieser auch in die Importqueue(s) des oder der Folgesystem(e) eingetragen und kann dort importiert werden. Durch die Einrichtung der Transportdomänen und Transportgruppen kümmert sich das TMS darum, dass alle Systeme der Systemlandschaft mit den Transportaufträgen arbeiten können. Sie müssen die Dateien also nicht manuell bewegen. Möchten Sie aber externe Transportaufträge (z. B. von SAP bereitgestellte Transporte für die SAP-Best-Practices-Aktivierung) in Ihre Systemlandschaft importieren, müssen Sie die Transportdateien manuell über Betriebssystemmittel in die Verzeichnisse *cofiles* und *data* kopieren und ebenso manuell in die Importqueue des gewünschten Systems aufnehmen (dies zeige ich Ihnen im nächsten Abschnitt). Achten Sie auf die richtigen Berechtigungen für die Dateien (User `<SID>adm`, Gruppe `sapsys`).

Wenn Sie umgekehrt Transporte aus Ihrer Systemlandschaft anderen internen oder externen Systemen zur Verfügung stellen möchten, müssen Sie die hier genannten Dateien aus dem Transportverzeichnis herauskopieren und versenden.

7.2.4 Transportaufträge importieren

Importqueues

Bei der Freigabe von Transportaufträgen und dem damit verbundenen Export in das Dateisystem werden die Transportaufträge in die *Importqueue(s)* der Folgesystem(e) eingetragen. Die Transportaufträge stehen in der Reihenfolge des Exportzeitstempels aufsteigend in den Importqueues. Bei den Importqueues handelt es sich um Dateien auf dem Betriebssystem im Unterverzeichnis *buffer* des Transportverzeichnisses. Der Name der Datei entspricht der jeweiligen *<SID>*.

Importübersicht

Sie können sich alle Queues aus jedem beteiligten System in Transaktion STMS über den Button (**Importübersicht**) anzeigen lassen. Nach einem Doppelklick auf eine Importqueue sehen Sie die Transportaufträge dieser Queue (siehe Abbildung 7.15).

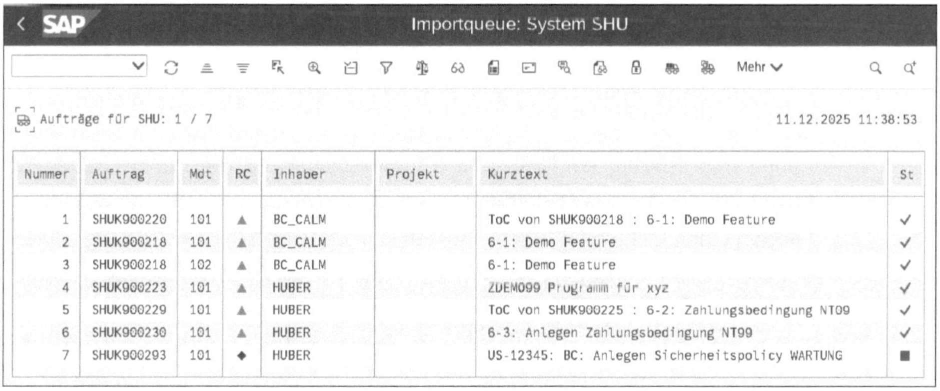

Nummer	Auftrag	Mdt	RC	Inhaber	Projekt	Kurztext	St
1	SHUK900220	101	▲	BC_CALM		ToC von SHUK900218 : 6-1: Demo Feature	✓
2	SHUK900218	101	▲	BC_CALM		6-1: Demo Feature	✓
3	SHUK900218	102	▲	BC_CALM		6-1: Demo Feature	✓
4	SHUK900223	101	▲	HUBER		ZDEMO99 Programm für xyz	✓
5	SHUK900229	101	▲	HUBER		ToC von SHUK900225 : 6-2: Zahlungsbedingung NT09	✓
6	SHUK900230	101	▲	HUBER		6-3: Anlegen Zahlungsbedingung NT99	✓
7	SHUK900293	101	◆	HUBER		US-12345: BC: Anlegen Sicherheitspolicy WARTUNG	■

Abbildung 7.15: Anzeige einer Importqueue

Beachten Sie, dass die Anzeige der Importqueue nicht automatisch aktualisiert wird. Sie sehen den Zeitstempel der Aktualisierung oben rechts. Klicken Sie auf den Button (**Auffrischen**), wird die Queue aus dem Dateisystem neu eingelesen. Über die Menüoption **Zusätze • Persönliche Einstellungen** können Sie mit dem Ankreuzfeld **Anzeige automatisch auffrischen** einstellen, dass die Aktualisierung beim Aufruf der Queueanzeige automatisch ausgeführt wird.

Importqueue abgleichen

Arbeiten Sie mit mehreren Transportgruppen, müssen die Transportaufträge vor einem Import in ein System, das einer anderen Transportgruppe angehört, erst in das Zieltransportverzeichnis kopiert werden. Sie erkennen solche Transportaufträge in der Queueanzeige anhand des Symbols (**Importqueue abgleichen**) vor der Auftragsnummer in der Liste der Transportaufträge. Über den Button (**Importqueue abgleichen**) können Sie die Übertragung dieser Aufträge manuell starten. Sie können diesen Vorgang auch automatisieren, indem Sie im Zielsystem den Report `RSTMSTIQ` als periodischen Hintergrundjob einplanen.

[+]

Transportaufträge manuell in die Queue aufnehmen

Haben Sie Transporte manuell in das Transportverzeichnis kopiert, um diese in ein System einzuspielen, oder möchten Sie einen bereits endgültig importierten Transportauftrag nochmals importieren, müssen Sie den Auftrag manuell in die Queue aufnehmen. Dies gelingt über die Menüfunktion **Zusätze • Weitere Aufträge • Anhängen**. Beachten Sie, dass Ihr Transportauftrag am Ende der Importqueue angefügt wird. Es zählt hier also nicht der ursprüngliche Exportzeitstempel des Transportauftrags, sondern der Zeitpunkt, an dem Sie den Auftrag hinzugefügt haben.

Massenimport

Sie können alle Transporte, die zum Import anstehen, gemeinsam importieren. Über den Button (**Alle Aufträge importieren**) wird die Importqueue geschlossen und die Aufträge werden gemeinsam importiert. Dieses als *Massenimport* oder *Import All* bezeichnete Verfahren hat den großen Vorteil, dass die Transportreihenfolge gewahrt wird. Die weiter unten beschriebenen Abhängigkeits- und Überholerprobleme können hierbei nicht auftreten.

Möchten Sie nur bis zu einem bestimmten Transportauftrag in der Importqueue importieren, können Sie die Importqueue vor dem Import über die Menüfunktion **Queue • schließen** schließen. Die Endposition der Queue können Sie danach verschieben, indem Sie den Cursor auf den ersten Auftrag setzen, der nicht mehr importiert werden soll, und die Menüfunktion **Queue • Endemarkierung verschieben** wählen. Ein Massenimport importiert dann nur die Transportaufträge bis zur definierten Endposition (Stoppmarke). Haben Sie die Transportstrategie auf Einzelimporte oder workflowbasierte Transporte eingestellt, steht die Funktion des Massenimports nicht zur Verfügung.

Einzelimport

Als Alternative zum Massenimport können Sie auch einzelne oder mehrere Transportaufträge, die in der Queue stehen, gezielt markieren und importieren. Dieses gezielte Importieren kommt häufig in agilen Projekten zum Einsatz. Den Import der markierten Transportaufträge starten Sie über den Button (**Auftrag importieren**).

[!]

Massen- und Einzeltransport nicht verwechseln

Wie Sie sehen, unterscheiden sich die Icons für Einzelimport und Massenimport nur leicht. Die Auswirkungen eines unbeabsichtigten Massentransports können aber dramatisch sein. Die Verwechslungsgefahr besteht aber nur bei der Transportstrategie der queuebasierten Massentransporte. Wenn Sie keine Massentransporte nutzen möchten, können Sie den Transportparameter `NO_IMPORT_ALL` im Transportprofil auf den Wert 1 setzen.

Abhängigkeiten bei Einzeltransporten

Einzelimporte erfordern ein hohes Maß an Disziplin, da ohne technische und organisatorische Absicherung Fehler vorprogrammiert sind. Ich möchte dies an einem Beispiel verdeutlichen:

1. Entwickler A erstellt in Projekt X eine kundeneigene Tabelle `ZTAB` und ein Programm `ZPROG1`, das die Tabelle `ZTAB` verwendet. Beide Objekte wurden in Transportauftrag 1 aufgezeichnet, am 01.07. freigegeben und bereits in das Qualitätssicherungssystem transportiert. Die Produktivsetzung der Transporte des Projekts X ist für den 01.10. geplant.
2. Entwicklerin B erstellt in Projekt Y ein Programm `ZPROG2`, das die nun schon bestehende Tabelle `ZTAB` verwendet. Das Programm befindet sich in Transportauftrag 2, der am 15.08. freigegeben und in das Qualitätssicherungssystem transportiert wurde. Die Produktivsetzung der Transporte des Projekts Y ist für den 01.09. geplant.
3. Sie importieren am 01.09. die Transporte des Projekts Y in die Produktion. Der Import wird mit Syntaxfehlern beendet, da das Programm `ZPROG2` die Tabelle `ZTAB` verwendet, die aber noch gar nicht in das Produktivsystem importiert wurde.

Überholer

Neben den Abhängigkeitsproblemen dieses Beispiels sind *Überholer* ein häufiges Problem bei Einzeltransporten. Ist ein Objekt mehrfach in unterschiedlichen Versionen in verschiedenen Transporten enthalten, dürfen Sie einen neueren Transport nicht vor einem älteren Transport importieren. Sonst wird der neuere Stand beim Import des älteren Transportauftrags wieder durch den älteren Stand überschrieben.

Keine Undo-Funktion

Es gibt sowohl von SAP als auch von Drittanbietern Werkzeuge und Lösungen, die auf dem TMS aufbauen und das Transportwesen besser absichern. Bedenken Sie, dass es im TMS keine *Undo-Funktion* gibt, um Importe rückgängig zu machen. Im Beispiel für die Abhängigkeiten müsste entweder Transport 1 transportiert werden (was aber auch zur Produktivsetzung des Programms `ZPROG1` führen würde) oder die Tabelle noch mal separat in einem neuen Transportauftrag transportiert werden. Hier könnten aber bereits neue Probleme lauern, etwa wenn die Tabelle inzwischen weiterentwickelt wurde oder es weitere Abhängigkeiten gibt.

Egal, ob Sie mit Massenimport oder Einzelimport arbeiten, öffnet sich vor dem eigentlichen Import das Pop-up-Fenster aus Abbildung 7.16. Auf der Registerkarte **Termin** können Sie hier den Start des Imports in die Zukunft legen. Gerade Importe in Produktivsysteme werden zu lastarmen Zeiten durchgeführt, da laufende Programme, die durch den Import direkt oder indirekt verändert werden, abbrechen.

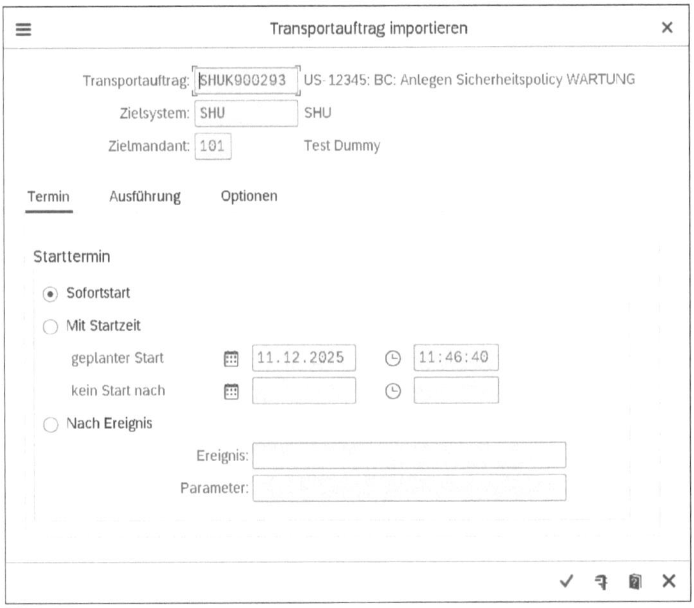

Abbildung 7.16: Pop-up-Fenster beim Importieren eines Transportauftrags

Auf der Registerkarte **Ausführung** legen Sie fest, ob Sie den Import synchron oder asynchron ausführen möchten. Ich verwende stets die asynchrone Ausführung, da der Import dann unabhängig von meiner Benutzersitzung durchgeführt wird und nicht abbricht, wenn ich meine Verbindung zum System verliere.

U-Modes

Auf der Registerkarte **Optionen** können Sie Importoptionen, sogenannte *Unconditional Modes* bzw. *U-Modes* angeben, die Importregeln außer Kraft setzen. Setzen Sie U-Modes mit Bedacht bzw. nur nach genauer Analyse der Folgen ein. Die wichtigsten U-Modes für den Import sind folgende:

- **Transportauftrag für weiteren Import in Queue stehen lassen**

  Die importierten Transportaufträge werden nicht als endgültig importiert gekennzeichnet. Arbeiten Sie mit der Transportstrategie der queuebasierten Massentransporte, ist dieses Kennzeichen bei Einzeltransporten automatisch vorbelegt. Das Kennzeichen bewirkt einen Vorabtransport. Der Transportauftrag bleibt in der Importqueue stehen und wird bei einem Massentransport nochmals in der richtigen Reihenfolge mit den anderen Transportaufträgen importiert.

- **Transportauftrag nochmals importieren**

  Setzen Sie dieses Kennzeichen nicht, werden nur die Objekte nochmals transportiert, die zuvor noch nicht erfolgreich importiert wurden.

- **Originale überschreiben**

  Wurde direkt im Zielsystem ein Objekt angelegt, ist das Zielsystem das Originalsystem. Wenn Sie nun das Objekt mit gleichem Namen importieren, kommt es zur Fehlermeldung beim Import, da das originale Objekt nicht überschrieben werden darf. Durch das Setzen dieses Kennzeichens übersteuern Sie diese Sicherheitsstufe.

- **Nicht passende Komponentenversion ignorieren**

  Alle Softwarekomponenten einer Systemlandschaft haben in der Regel den gleichen Release-Stand. Wenn Sie aber z. B. Ihr Entwicklungs- und Qualitätssicherungssystem schon auf ein neues Release gepatcht haben, das Produktivsystem jedoch noch nicht, sind Transporte immer kritisch zu bewerten. Gerade Änderungen am SAP-Standard (z. B. durch Hinweise oder Modifikationen) dürfen Sie nicht importieren, wenn die Softwarekomponenten der Objekte, die Sie transportieren, unterschiedliche Release-Stände aufweisen. Aktivieren Sie das Kennzeichen, wird diese Sicherheitsstufe außer Kraft gesetzt.

7.2.5 Transporte überwachen

Einen laufenden Import einzelner oder mehrerer Transportaufträge können Sie über unterschiedliche Wege überwachen. In der Importqueue selbst sind in der Spalte **Status** gerade laufende Importe mit dem Lkw-Icon gekennzeichnet. In der Spalte **RC** sehen Sie die aktuellen Returncodes, auf die ich gleich noch eingehen werde.

Import Monitor

Über den Button (**Import Monitor**) sehen Sie die aktuell laufenden oder kürzlich beendeten Importe (siehe Abbildung 7.17). Im Kontextmenü zu einem Import erhalten Sie über die Funktion **Zugehörige Transportschritte anzeigen** weitere Informationen.

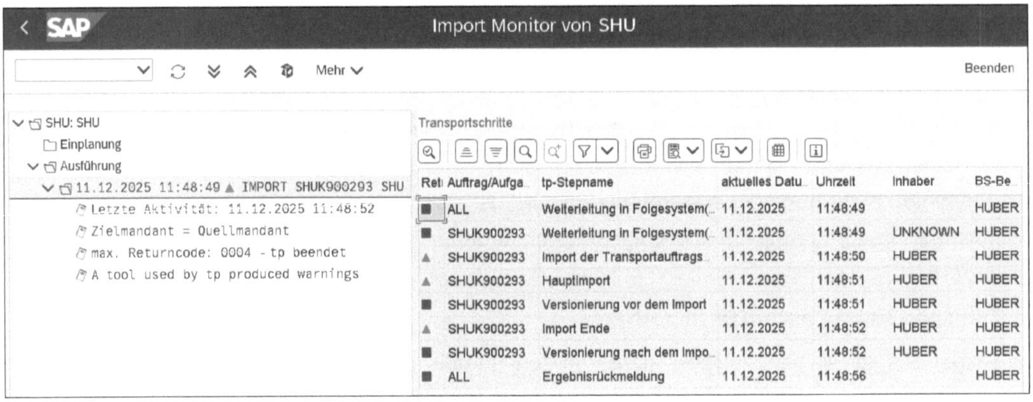

Abbildung 7.17: Import Monitor

Transportprotokolle

Markieren Sie in der Queueanzeige einen Transportauftrag und wählen Sie den Button (**Protokolle**), um das Protokoll eines Transportauftrags einzusehen (siehe Abbildung 7.18). Zunächst werden Ihnen nur die Protokolle des Systems angezeigt, über dessen Importqueue Sie in die Anzeige abgesprungen sind. Möchten Sie eine systemübergreifende Sicht, können Sie in der Protokollsicht oder der Importqueueanzeige doppelt auf den Transportauftrag klicken und dann über den Button **Protokolle** das übergreifende Protokoll öffnen.

Abbildung 7.18: Transportprotokoll eines Transportauftrags

Systemlog

Das Protokoll wird aus dem Unterverzeichnis *log* des Transportverzeichnisses gelesen (das Exportprotokoll *<SID>E<Nummer>.SID* und das Importprotokoll *<SID>I<Nummer>.SID*). Allgemeine Transportprotokolle finden Sie in der Anzeige der Importqueue über die Menüoption **Springen • TP Systemlog**. `tp` ist das Transportsteuerungsprogramm auf Betriebssystemebene. Bei dem hier angezeigten Protokoll handelt es sich um das Systemlog, das im Unterverzeichnis *log* unter dem Namen *SLOG<Jahr><Kalenderwoche>.<SID>* abgelegt ist. Es wird nur das Protokoll der aktuellen Woche angezeigt. Ältere Protokolle werden aber auf dem Dateisystem vorgehalten.

Transportschritt-Monitor

Aus dem `tp`-Systemlog gelangen Sie mit dem Button (**Transportschritte**) in den *Transportschritt-Monitor*, der den Inhalt der Datei *ALOG<Jahr><Kalenderwoche>.<SID>* der aktuellen Kalenderwoche anzeigt.

Returncodes

Sowohl ein Export als auch ein Import von Transportaufträgen besteht aus mehreren Schritten, die von dem Programm `tp` koordiniert werden. Jeder Schritt meldet sich mit einem Ergebnis, dem *Returncode*, zurück. Mögliche Returncodes einzelner Schritte können 0, 4, 6, 8, 12, 13, 14 oder 16 sein. `tp` merkt sich den höchsten Returncode, der dann auch den Gesamt-Returncode bestimmt. Importieren Sie z. B. drei Transportaufträge gemeinsam und der Gesamt-Returncode lautet 4, bedeutet dies, dass mindestens ein Transportauftrag mit Returncode 4 importiert wurde, aber keiner mit einem höheren Returncode als 4. Stößt `tp` auf ein grundsätzliches Problem, z. B. weil das Programm nicht auf die Datenbank oder eine Datei zugreifen kann, wird ein Returncode von 200 oder höher erzeugt. In diesen Fällen prüfen Sie zuerst das Systemlog.

Die häufigsten Returncodes finden Sie in Tabelle 7.2.

Returncode	Bedeutung
0	erfolgreich
4	Es gibt mindestens eine Warnung, die in den meisten Fällen ignoriert werden kann. Es können sich aber bereits Syntaxfehler ergeben. Die Auftragsinhaber*innen der betroffenen Transportaufträge sollten sich die Transportprotokolle zur Sicherheit anschauen.
8	Es gibt Fehler, die in den meisten Fällen nicht ignoriert werden können. Importierte Objekte weisen z. B. Syntaxfehler auf, die zu Funktionsfehlern führen. Die Auftragsinhaber*innen müssen die Protokolle der betroffenen Transportaufträge prüfen. Es wurden aber alle Transportaufträge importiert. Die Fehler müssen in den meisten Fällen durch Bereitstellung einer Korrektur schnellstmöglich behoben werden.
9–16	Es sind Fehler aufgetreten, die nicht toleriert werden können. Der Import wird abgebrochen (gesteuert wird dies über den Transportparameter `STOPONERROR`, der im Standard den Wert 9 hat). Prüfen Sie das Systemlog und das Transportprotokoll der betroffenen Transportaufträge. Der Import muss in den meisten Fällen wiederholt werden.

Tabelle 7.2: Wichtige Returncodes beim Import

Returncode	Bedeutung
200 oder höher	Es gibt grundsätzliche Probleme mit `tp`, die in der Regel nicht direkt mit einzelnen Transportaufträgen in Zusammenhang stehen. Prüfen Sie insbesondere das `tp`-Systemlog für weitere Hinweise. Häufige Probleme sind: – Berechtigungsprobleme mit Dateien im Transportverzeichnis – Transportverzeichnis ist nicht gemountet. – RFC-Verbindungen des Transportsystems sind nicht funktional (Benutzer TMSADM gesperrt?).

Tabelle 7.2: Wichtige Returncodes beim Import (Forts.)

Queue bereinigen

Die Importqueue sollte nur Transportaufträge enthalten, die noch zu importieren sind. Endgültig importierte Transportaufträge, erkennbar am Häkchen in der Statusspalte (☑), sollten regelmäßig aus der Importqueue entfernt werden. Dazu wählen Sie in der Anzeige der Importqueue die Menüoption **Zusätze • Importierte Aufträge löschen**.

[!]

Kein Löschen von Transportaufträgen aus der Importqueue

Wurde bei einem Import in das Qualitätssicherungssystem ein Transport wegen eines Syntaxfehlers fehlerhaft importiert (Returncode = 8), befindet sich der Transportauftrag dennoch in der Importqueue des Folgesystems (z. B. des Produktivsystems). Löschen Sie diesen Auftrag nicht aus dieser Importqueue! Im Entwicklungssystem wird der Fehler korrigiert und über einen weiteren Transportauftrag in das Qualitätssicherungssystem importiert. Der Syntaxfehler ist damit im Qualitätssicherungssystem behoben. Auch dieser Auftrag wird an die Importqueue des Folgesystems weitergegeben. Transportieren Sie nun beide Transportaufträge gemeinsam in das Folgesystem, wird es dort nicht zu einem Syntaxfehler kommen, da der Fehler während des Imports behoben wird.

Importhistorie

Trotz der Bereinigung der Importqueue können Sie den Überblick über alle importierten Transportaufträge behalten. Dazu springen Sie ausgehend von der Anzeige der Importqueue über den Button (**Import Historie**) in die Importhistorie. Standardmäßig werden hier alle importierten Aufträge der letzten sieben Tage angezeigt. Sie können den Zeitraum aber über den Button (**Filter**) ändern.

Transport Organizer Tools

Weitere wichtige Transaktionen im Umfeld von Transportaufträgen sind die Transaktionen SE01 und SE03:

- Über die Transaktion SE01 haben Sie eine erweiterte Sicht auf den Transport Organizer und können z. B. nach einzelnen Transportaufträgen suchen.
- Über die Transaktion SE03 gelangen Sie in die *Transport Organizer Tools*. Hier nutze ich häufig die Funktion **Objekte in Aufträgen/Aufgaben suchen**. Gerade zur Analyse von Abhängigkeitsproblemen können Sie mit dieser Funktion einfach herausfinden, in welchen Transportaufträgen ein bestimmtes Objekt enthalten ist.

»R3trans« und »tp«

Damit Sie Fehler im TMS analysieren können, gibt Abbildung 7.19 einen Überblick über die beteiligten Komponenten und wie sie miteinander kommunizieren. Im Zentrum steht das Programm `tp` auf Betriebssystemebene.

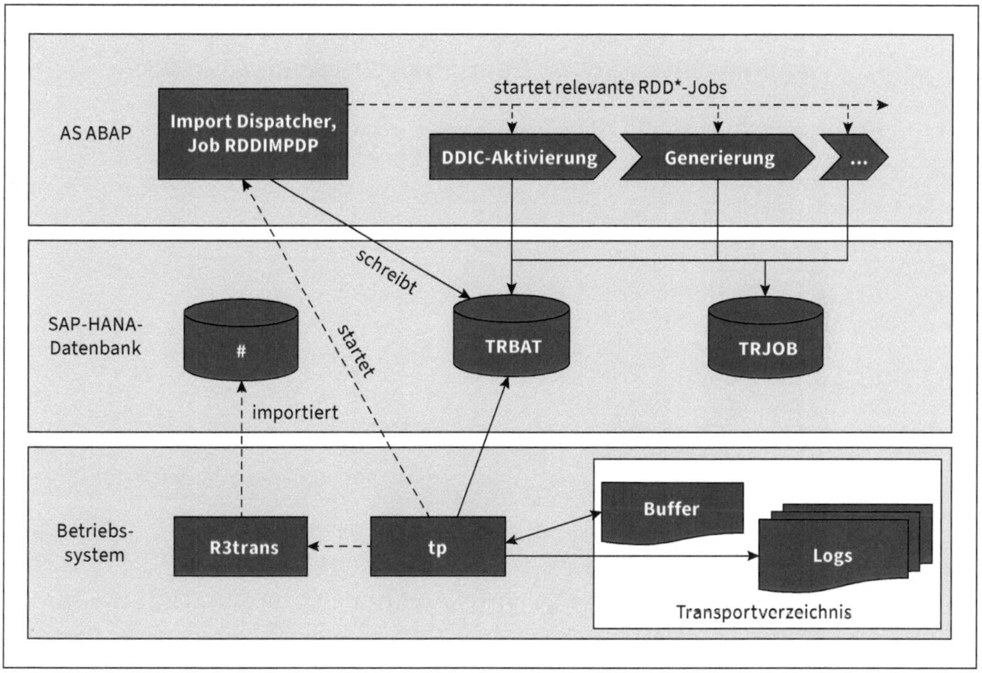

Abbildung 7.19: An einem Transportauftragsimport beteiligte Komponenten

Den Import übernimmt ebenfalls auf Betriebssystemebene das Programm `R3trans`. Beide Programme sind Teil des Kernels des ABAP-Applikationsservers, in dem `tp` für jeden Transportschritt Jobs startet. Die Koordination übernimmt der Job `RDDIMPDP`, der wiederum weitere Jobs mit den Namen `RDD*` startet. Hängen Transporte ungewöhnlich lange in einem Schritt fest, lohnt sich ein Blick in die Jobverwaltung (siehe Kapitel 9, »Hintergrundverarbeitung«).

7.3 Qualitätssicherung für das Transportwesen

Die Auslieferung von Änderungen ist immer auch ein kritisches Ereignis, das die Stabilität des Produktivbetriebs gefährdet. Daher muss dieser Prozess über eine gute Organisation und Dokumentation, aber auch über technische Verfahren abgesichert werden. Eine Möglichkeit dazu ist die Verwendung des TMS-Genehmigungsverfahrens. Aktivieren Sie dieses Genehmigungsverfahren, werden Transportaufträge nur dann in Folgesysteme weitergeleitet, wenn alle Genehmigungsschritte erfolgreich durchgeführt wurden.

Verfahren aktivieren

Üblicherweise aktivieren Sie das Verfahren für das Qualitätssicherungssystem, um die Transporte in das Produktivsystem abzusichern. Klicken Sie hierzu in der Transportwegekonfiguration der Transaktion STMS doppelt auf das Qualitätssicherungssystem und markieren Sie das Ankreuzfeld **Belieferung nach Bestätigung** auf der Registerkarte **Systemattribute**. Anschließend können Sie über den Button **Verfahren** das Genehmigungsverfahren anpassen, wie z. B. die Anzahl der Genehmigungsstufen. Dazu öffnet sich die Sicht aus Abbildung 7.20.

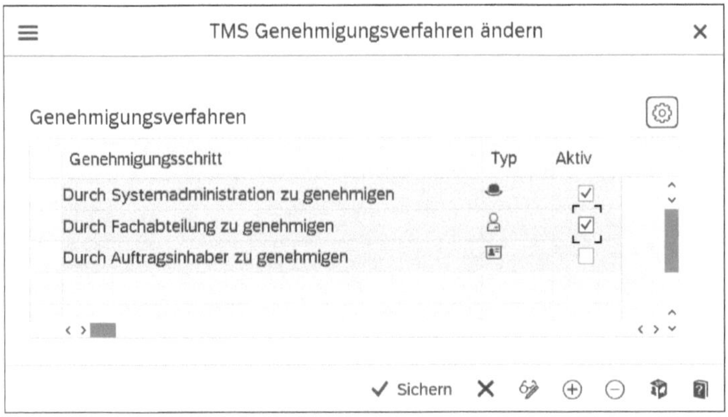

Abbildung 7.20: TMS-Genehmigungsverfahren anpassen

Ablauf der Genehmigung

Bei aktiviertem Genehmigungsverfahren ist ein Transportauftrag nach dem Import in das Qualitätssicherungssystem zwar in der Importqueue des Folgesystems sichtbar, befindet sich allerdings im Status **Auftrag muss noch genehmigt werden** (). Die Genehmigung erfolgt dann durch berechtigte Personen über die Transaktion STMS_QA im Qualitätssicherungssystem (siehe Abbildung 7.21). Erst wenn alle definierten Genehmigungen erteilt wurden, kann der Transportauftrag in ein Folgesystem importiert werden.

Genehmigung von Massentransporten

Führen Sie manuell oder automatisiert einen Massentransport in ein System aus, für das das Genehmigungsverfahren aktiv ist, können Sie über den Transportparameter `HANDLING_OF_INACTIVE_TRANSPORTS` festlegen, ob und wie der Import ausgeführt wird. Folgende Werte sind einstellbar:

- BREAK: Es wird kein Import durchgeführt (Standardverhalten).
- STOP: Es werden alle Transportaufträge importiert, die vor dem ersten nicht genehmigten Transportauftrag in der Importqueue stehen.
- SKIP: Die nicht genehmigten Transportaufträge werden übersprungen, alle anderen werden importiert. Dies kann zu Reihenfolge- und Abhängigkeitsproblemen führen. Daher empfehle ich diese Einstellung nicht.

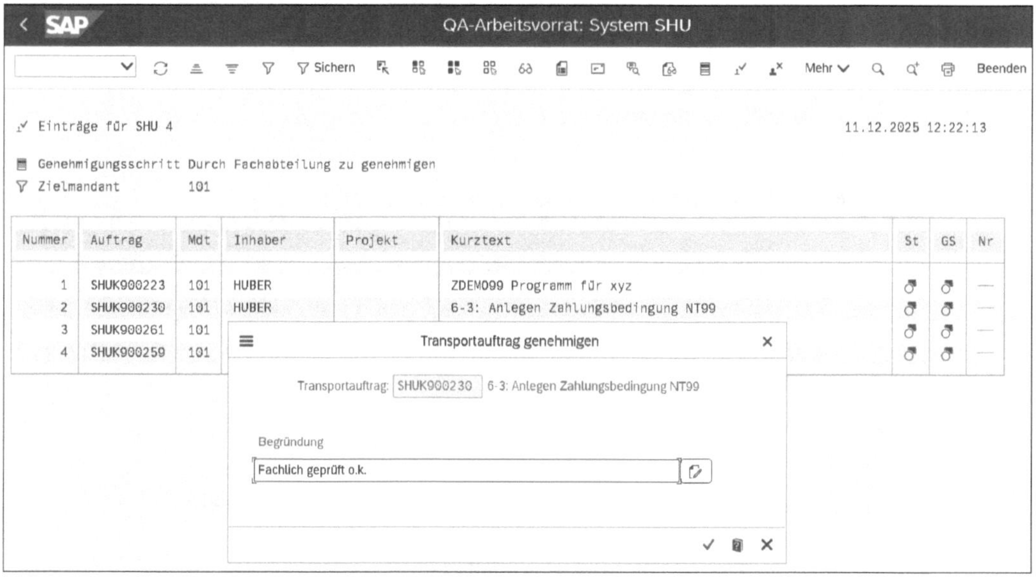

Abbildung 7.21: Genehmigung von Transportaufträgen

7.4 Erweitertes Change and Transport System

CTS+

Das *Change and Transport System* (CTS) ist seit Jahrzehnten eine feste Größe jedes ABAP-basierten SAP-Systems. Allerdings kamen im Laufe der Zeit weitere Technologien, wie z. B. Java oder native SAP-HANA-Entwicklungen zu den zu transportierenden Objekten hinzu. SAP hat das CTS deshalb erweitert, um auch nicht ABAP-basierte Entwicklungen in Systemlandschaften verwalten zu können: Ergebnis ist das *Enhanced Change and Transport System*, kurz *CTS+*. Zwar gibt es auch für Nicht-ABAP-Systeme entsprechende Transportverfahren (z. B. die SAP NetWeaver Development Infrastructure, kurz NWDI, bei Java), aber Sie müssten dann unterschiedliche Werkzeuge und Verfahren für die Transportsteuerung und Qualitätssicherung verwenden. Gerade wenn es Abhängigkeiten zwischen den Technologien gibt, also z. B. eine Java-Anwendung und eine ABAP-Anwendung gemeinsam produktiv gesetzt werden müssen, können Sie den sicheren Import mit den isolierten Werkzeugen nicht sicherstellen.

Nicht-ABAP-Systeme hinzufügen

Um CTS+ zu verwenden, müssen Sie die Nicht-ABAP-Systeme als solche zunächst in Ihre Systemlandschaft aufnehmen. In der Transaktion STMS navigieren Sie dazu in die **Systemübersicht** und wählen die Menüoption **SAP-System • Anlegen • Non-ABAP-System**. Anschließend können Sie die Nicht-ABAP-Systeme konfigurieren. Die erforderlichen Konfigurationsschritte unterscheiden sich je nach Technologie. Hier müssen Sie auf die jeweiligen Konfigurationsleitfäden zurückgreifen. Einen guten Einstiegspunkt bildet die Seite *http://s-prs.de/v1121911* im SAP Support Portal. Der Aufwand für die Konfiguration der zusätzlichen Systeme lohnt sich, da Sie Ihre Transportlandschaft, die Transportwege und Genehmigungsverfahren anschließend einheitlich und zentral über CTS+ pflegen können.

[»]

SAP BTP in CTS+ integrieren

Nutzen Sie die SAP Business Technology Platform (SAP BTP) als Entwicklungsumgebung für eigene Softwarelösungen, können Sie die dortigen *Spaces* (die in der Regel auch in solche für Entwicklung, Test und Produktion unterteilt sind) als Nicht-ABAP-Systeme in Ihre Transportlandschaft aufnehmen und verwalten.

7.5 Transportszenarien für SAP-HANA-Inhalte

SAP S/4HANA nutzt die leistungsfähige SAP-HANA-Plattform primär als Datenbank. Sie kann jedoch auch als Entwicklungsplattform für hochgradig optimierte Datenbankabfragen oder Anwendungen genutzt werden. Grundsätzlich besteht mit SAP S/4HANA keine Notwendigkeit, nativ auf SAP HANA zu entwickeln, da die ABAP-Entwicklungsteams mit Technologien wie *ABAP Core Data Services* (ABAP CDS) und *ABAP Managed Database Procedures* (AMDP) bereits über mächtige Werkzeuge verfügen, um auf SAP HANA optimierte Datenbankabfragen direkt in ABAP zu entwickeln. Diese Werkzeuge haben den Vorteil, dass die Entwicklungen automatisch im Repository des AS ABAP gespeichert und über das normale Transportverfahren transportiert werden.

Transportoptionen für native Inhalte

Besteht in Ihrem Unternehmen trotzdem die Anforderung, nativ in SAP HANA zu entwickeln, gibt es verschiedene Möglichkeiten, diese nativen SAP-HANA-Inhalte zu transportieren:

- CTS+
- SAP HANA Application Lifecycle Management (nur verfügbar für SAP HANA XS, Classic Model)
- SAP HANA Transports for ABAP (HTA)

CTS+ kann auch für SAP HANA für das Transportmanagement verwendet werden. Das *SAP HANA Application Lifecycle Management* bringt die Nachteile eines isolierten Werkzeugs mit nicht abbildbaren Abhängigkeiten mit sich, weshalb ich dieses Verfahren für SAP S/4HANA nicht empfehlen kann und nicht weiter beschreibe.

Besonders hervorheben möchte ich aber *SAP HANA Transports for ABAP* (HTA). Dieses Werkzeug bietet meiner Erfahrung nach die beste Integrationsmöglichkeit, da die nativen SAP-HANA-Entwicklungen in das ABAP Repository aufgenommen werden und somit mit dem normalen CTS transportiert werden können. Es müssen also keine neuen Systeme und Transportwege konfiguriert werden, wie das bei CTS+ der Fall wäre.

HTA for HDI

Die Entwicklungsumgebung in SAP HANA hat sich in den letzten Jahren stark weiterentwickelt. Mit SAP HANA XSA entwickeln Sie aktuell in der *SAP Web IDE for SAP HANA* und mit der *SAP HANA Deployment Infrastructure* (HDI). Auch aufseiten des AS ABAP wurde die Verwaltung vom klassischen HTA zu *HTA for HDI* weiterentwickelt.

ABAP Managed HDI Container

Um das Verfahren nutzen zu können, müssen Sie sogenannte *ABAP Managed HDI Container* im AS ABAP anlegen. Rufen Sie dazu im Entwicklungssystem die Transaktion SCTS_AMHC auf und legen Sie einen solchen Container im Kundennamensraum an (siehe Abbildung 7.22). Der Container selbst ist ein ABAP-Objekt, das einem Paket zugeordnet werden muss und in der Systemlandschaft transportiert wird. Aktivieren Sie den Container, wird in der SAP-HANA-Datenbank ein physischer HDI-Container erzeugt. Den automatisch generierten Namen dieses Containers sehen Sie in Transaktion SCTS_AMHC im Feld **Physischer HDI-Container**.

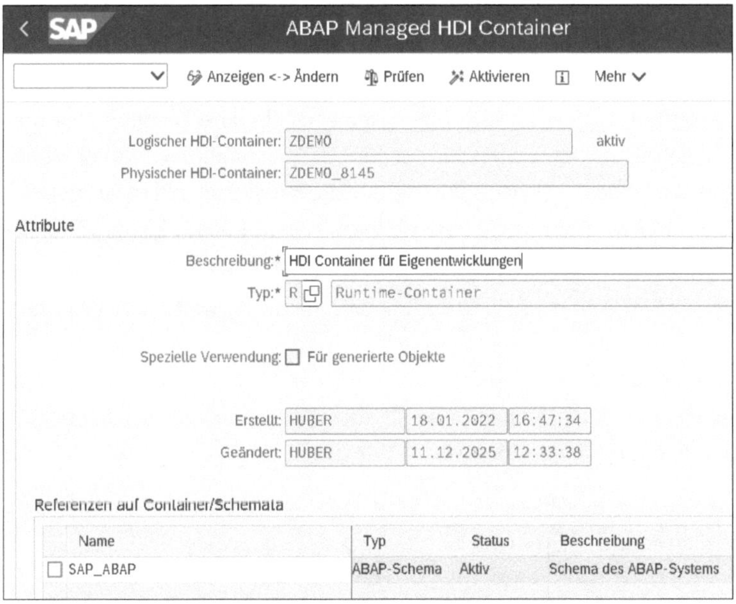

Abbildung 7.22: Anlage eines ABAP Managed HDI Containers

Entwickler*innen können ihre Entwicklungen nun diesem Container zuweisen. Hierfür stehen in den Entwicklungswerkzeugen entsprechende Check-in- und Check-out-Funktionen zur Verfügung. Für Sie als Administrator*in ist dies aber nicht weiter von Bedeutung, da letztlich ganz normale Transportaufträge verwendet werden, um die Entwicklungen mit den bekannten Werkzeugen und Verfahren zu transportieren.

Beim Import eines Transportauftrags mit HDI-Objekten im Zielsystem werden die ABAP-Objekte (einschließlich der HDI-Objekte) des Transportauftrags in das ABAP-System importiert. Anschließend werden die HDI-Objekte im Zielsystem in den entsprechenden ABAP Managed HDI-Container importiert und dort aktiviert.

[»]

Klassisches HTA

Bevor es HDI gab, wurden SAP-HANA-Objekte direkt in einer Paketstruktur im Repository von SAP HANA abgelegt. Von dort aus konnten die Objekte im Entwicklungssystem über die Transaktion SCTS_HTA in das Repository des AS ABAP synchronisiert und dadurch einem Transportauftrag zugewiesen werden. Dieses Verfahren ist jedoch nur innerhalb der Entwicklungsumgebung der SAP HANA XS Classic anwendbar und wird daher in Zukunft keine Rolle mehr spielen.

7.6 Git-basiertes Transportmanagement

Ich bin ein großer Fan des CTS (Change and Transport System). Entwicklungen in SAP S/4HANA sind in vielen Fällen aber nicht mehr lokal auf dieses System begrenzt, sondern erstrecken sich über ganz verschiedene Technologien und Entwicklungsumgebungen, wie z. B. der SAP BTP. Es stellt sich daher früher oder später die Frage, ob es noch sinnvoll ist, alle Entwicklungen in das Repository des AS ABAP zu übertragen, oder ob man nicht ein unabhängiges Repository benötigt, in dem alle Entwicklungen verwaltet werden.

gCTS

Außerhalb der SAP-Welt hat sich *Git* als Standard für die Verwaltung solcher Software-Repositories etabliert. SAP hat es sich zur Aufgabe gemacht, Git auch in das CTS zu integrieren, um den Anforderungen moderner Softwareauslieferungskonzepte, wie etwa *Continuous Integration* (CI), besser gerecht zu werden. Aus CTS und Git wurde das *Git-fähige Change and Transport System*, kurz gCTS.

[»]

Aktuelle Informationen zu gCTS

SAP erweitert die Funktionen von gCTS stetig. Aktuelle Informationen finden Sie daher in SAP-Hinweis 2821718.

Der wesentliche Unterschied zum klassischen CTS ist, dass Transportaufträge, die im Entwicklungssystem freigegeben werden, bei gCTS nicht die Importqueues der Folgesysteme, sondern an ein Git-Repository übertragen werden. Die Verwendung von gCTS ist optional. Wenn Sie testen möchten, ob gCTS für Ihre Anforderungen geeignet ist, können Sie es zunächst auch nur für einen Teil Ihrer Projekte einsetzen.

7.6.1 Einrichtung von gCTS

Da es sich um ein relativ neues Verfahren handelt, ist die Einrichtung von gCTS noch mit viel Handarbeit verbunden. Über den zuvor genannten SAP-Hinweis gelangen Sie aber an alle relevanten Informationen. Ab SAP S/4HANA 2025 wird die notwendige SAP-Fiori-App als Teil der ABAP-Plattform ausgeliefert. In älteren Releases erfolgt die Auslieferung innerhalb der Softwarekomponente UI-BAS001 als Add-on zum SAP-Fiori-Frontend-Server. Falls die Softwarekomponente UIBAS001 für die Releases SAP S/4HANA 2023 oder älter noch nicht installiert ist, müssen Sie sie zunächst installieren.

Manuelle Konfigurationsschritte

Grob gehen Sie wie folgt vor:

1. Beschaffen Sie sich die Zugangsdaten zu einem Git-Repository Ihres Unternehmens oder legen Sie z. B. unter *www.github.com* ein neues Repository an (es kann zum Testen auch ein kostenloses Konto eingerichtet werden). Das Repository darf nicht leer sein. Es muss mindestens eine *README*-Datei vorhanden sein.
2. Konfigurieren Sie Firewall und Proxy, damit die beteiligten SAP-Systeme auf das Repository zugreifen können (Port 22 und Port 443).
3. Spielen Sie die SAP-Hinweise ein, die im SAP-Hinweis 3378978 für Ihr Release genannt werden.
4. Installieren Sie auf jedem der beteiligten SAP-Systeme eine Java Runtime (z. B. `sapmachine`). Dies ist notwendig, da der Git-Client zur Kommunikation zum Git-Server (`abap2vcs.jar`) in Java geschrieben ist. Wenn beteiligte SAP-Systeme (z. B. das Produktivsystem) aus mehreren ABAP-Instanzen bestehen, muss die Java Runtime in einem Verzeichnis installiert werden, das von allen Instanzen dieses Systems erreichbar ist (z. B. über NFS)
5. Legen Sie auf jedem der beteiligten SAP-Systeme das Verzeichnis */usr/sap/<SID>/D>instanznummer>/gcts* an. Wenn beteiligte SAP-Systeme (z. B. das Produktivsystem) aus mehreren ABAP-Instanzen bestehen, muss das Verzeichnis von allen Instanzen dieses Systems erreichbar sein (z. B. über NFS). Das Verzeichnis könnte dann z. B. */sapmnt/<SID>/gcts* sein.
6. Aktivieren Sie auf allen beteiligten SAP-Systemen die Services für die gCTS-App.

7. Weisen Sie Berechtigungen für die gCTS-App zu.
8. Öffnen Sie das SAP Fiori Launchpad und dort dann die gCTS-App (siehe Abbildung 7.23).

Abbildung 7.23: Einstiegsbildschirm der gCTS-App

9. Wählen Sie den Button **gCTS aktivieren** und folgen Sie den geführten Einrichtungsschritten (siehe Abbildung 7.24).
10. Wählen Sie den Button **Health Check** und prüfen Sie, ob die Konfiguration fehlerfrei ist.
11. Hinterlegen Sie die Zugangsdaten für Ihren Benutzer auf GitHub über den Button (**Einstellungen des aktuellen Benutzers verwalten**). Beachten Sie, dass Sie alternativ auch andere Authentifizierungsarten nutzen können.

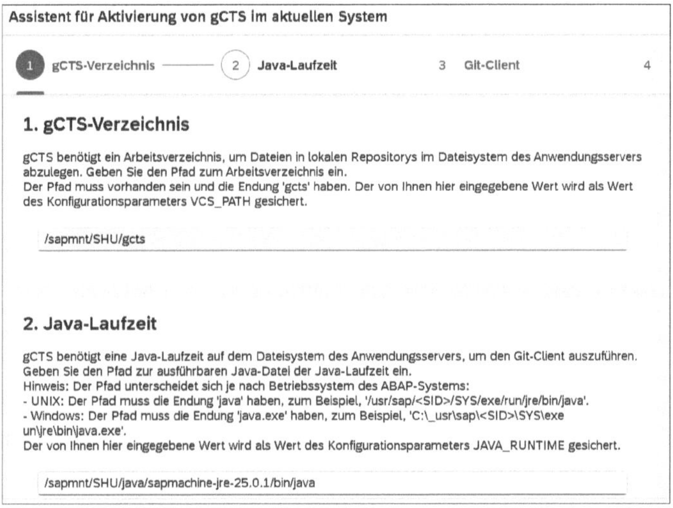

Abbildung 7.24: Assistent zur Aktivierung von gCTS in der gCTS-App

12. Legen Sie auf der Registerkarte **Repositories** mit dem Button **Anlegen** ein neues Repository an. Ich habe zwei Repositories angelegt: eines für die Workbench und eines für das Customizing. Mehr Informationen dazu finden Sie in Abschnitt 7.6.2, »Mit gCTS arbeiten«). Verweisen Sie auf das zuvor angelegte oder bereits vorhandene Remote-Repository. Ein wichtiger Parameter bei der Anlage des Repositorys ist die *virtuelle SID* (vSID). Verwenden Sie hier eine SID, die in Ihrer Transportlandschaft noch nicht existiert. In dem Beispiel in Abbildung 7.25 habe ich als vSID »GWB« gewählt. Mit dieser vSID wird ein Nicht-ABAP-System in die Transportlandschaft aufgenommen und es wird ein Transportweg konfiguriert. Diese Ergänzung Ihrer Transportwegekonfiguration erfolgt automatisch, wenn Ihr Entwicklungssystem gleichzeitig der TDC ist.

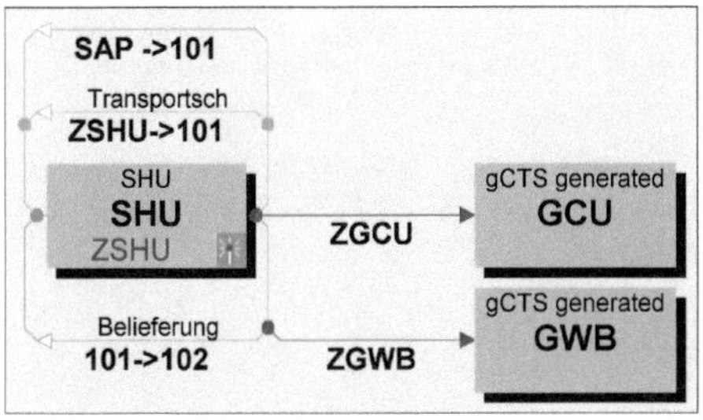

Abbildung 7.25: Geänderte Transportwegekonfiguration

13. Navigieren Sie in der gCTS-App in das neu erstellte Repository und wählen Sie den Button **Repository klonen**. Das Remote-Repository und das lokale Repository werden dadurch synchronisiert.
14. Navigieren Sie in Transaktion SE80 des Entwicklungssystems und ändern Sie in den Paketen, die Sie über Git verwalten möchten, in den Transporteigenschaften die **Transportschicht** auf »Z<vSID>« (im Beispiel »ZGWB«).

7.6.2 Mit gCTS arbeiten

Beispiel

Als Beispiel für die Verwendung von gCTS habe ich einen Report `ZHELLOWORLD` in Transaktion SE38 erstellt und dem Paket `ZSHUGIT` zugeordnet, für das die Transportschicht ZGWB hinterlegt ist. Diese Entwicklung wird in einem Transportauftrag aufgezeichnet. Wenn ich nun den Transportauftrag freigebe, wird der Auftrag nicht in die Importqueue des Folgesystems, sondern an das virtuelle System GIT übertragen. Im Hintergrund führt gCTS einen *Pull* der letzten Änderungen aus dem Remote-Git-Repository durch, ohne die Änderungen in das ABAP-System zu importieren. Anschließend erstellt es einen neuen lokalen *Commit* und überführt über ein *Push* den Commit zurück in das Remote-Repository. Der Commit erstellt einen Schnappschuss des aktuellen Softwarestandes. Er definiert, welche Objekte in welcher Version zum Zeitpunkt des Commits gültig waren.

In Abbildung 7.26 sehen Sie die vorhandenen Commits in der gCTS-App, die bei jeder Freigabe eines Transportauftrags automatisch erzeugt und in das Remote-Repository übertragen werden.

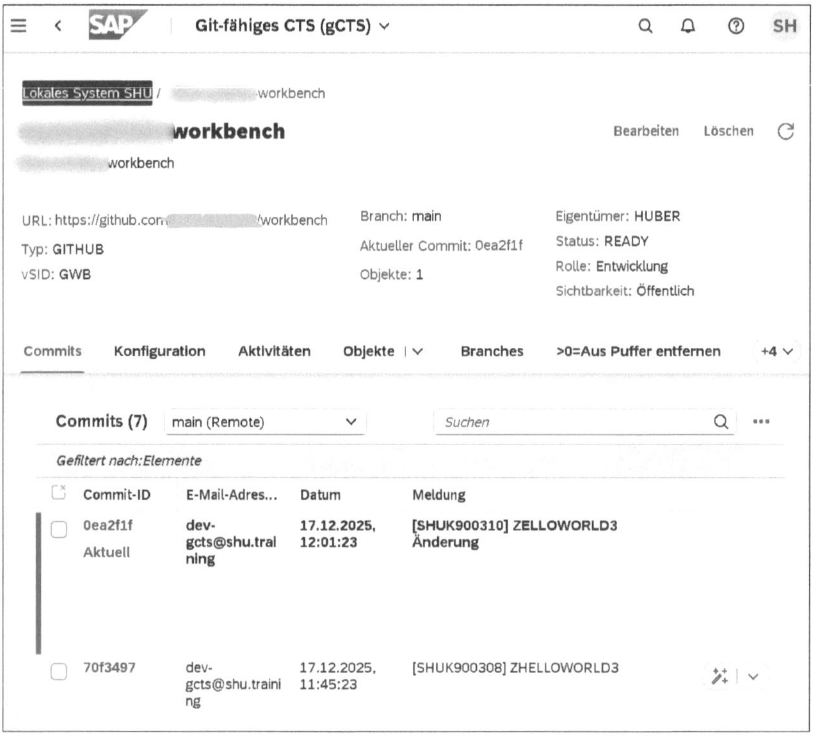

Abbildung 7.26: Commits in der gCTS-App

Zielsysteme mit Transporten versorgen

Um Zielsysteme über gCTS mit Transporten zu versorgen, haben Sie zwei Möglichkeiten:

- **Manueller Pull im Zielsystem**

  Sie können Aktualisierungen in einem Zielsystem manuell aus Repositories ziehen, die auf dem Zielsystem registriert sind, indem Sie in der gCTS-App des Zielsystems auf der Registerkarte **Commits** den Button **Update auf letzten Commit** oder den Button (**Ausgewählten Commit in lokales Repository des Systems pullen**) wählen.

- **CI/CD-Pipeline**

  Sie können eine *CI/CD-Pipeline* (Continuous Integration/Continuous Delivery) verwenden, um eine automatische Aktualisierung von Zielsystemen zu ermöglichen, auf denen Remote-Git-Repositories registriert sind.

Wenn gCTS aktualisierte Daten im Zielsystem empfängt, werden diese in das lokale Repository übertragen, in ABAP-Objekte konvertiert und über die Programme `tp` und `R3trans` importiert. Im Fehlerfall können Sie auf einen früheren Commit wechseln. Dann werden die Objekte im Zustand des früheren Commits importiert. Dies ist ein großer Unterschied zum klassischen CTS. In der Realität ist dieser Rollback auf eine frühere Version jedoch mit Gefahren verbunden. Wenn Sie z. B. einen Transportauftrag ausführen, in dem eine Spalte einer Tabelle entfernt wird, und anschließend wieder auf den vorherigen Commit zurückgehen, in dem die Spalte der Tabelle noch vorhanden war, sind die in dieser Spalte der Tabelle gespeicherten Daten trotzdem unwiederbringlich verloren. SAP rät daher ausdrücklich davon ab, diese Funktion in Produktivsystemen zu verwenden.

Einschränkungen

Trotz vieler Vorteile gibt es bei gCTS auch Einschränkungen. So können Sie beispielsweise keine Transportaufträge mit gCTS transportieren, die für den SAP-Hinweiseinbau oder für den Modifikationsabgleich nach Updates erzeugt wurden. Wenn Sie jedoch Änderungsaufträge transportieren möchten, die für den SAP-Hinweiseinbau oder für Modifikationsabgleichstransporte nach Support-Package-Importen angelegt wurden, benötigen Sie weiterhin das klassische Transportwesen, da gCTS diese Objekte nicht unterstützt.

Transport von Customizing

Eine weitere Herausforderung bei gCTS ist das Transportieren von Customizing. Da Customizing-Objekte nicht an Pakete gebunden sind, wird bei der Pflege von Customizing keine Transportschicht ermittelt. Damit Sie Customizing über gCTS transportieren können, müssten Sie daher die vSID, also das Transportziel in Git, manuell im Transportauftrag hinterlegen. Dies ist unkomfortabel und fehleranfällig. SAP empfiehlt daher für das Customizing die Verwendung von *gCTS-Registry*. Dabei handelt es sich um eine Erweiterung, die aus einem anpassbaren Business Add-in (BAdI) und einer Pflegetabelle besteht. Die notwendigen Schritte zur Implementierung finden Sie in SAP-Hinweis 3046346.

Zumindest fraglich ist auch die aktuelle Lösung für den Transport von Customizing in mehrere Mandanten eines Systems. Im klassischen Transportwesen definieren Sie dazu einfach entsprechende Transportwege. Die Transporte stellen sich vor die definierten Mandanten und werden mit den Importjobs importiert. Bei gCTS wird das Customizing in den Mandanten importiert, in dem Sie gerade in der gCTS-App angemeldet sind. Wenn Sie das Customizing in mehreren Mandanten benötigen, müssen Sie sich also in jedem dieser Mandanten anmelden, um den Pull durchzuführen.

[+]

gCTS-Notfallmodus

Für den Fall, dass die gCTS-Fiori-App nicht funktionsfähig ist, steht im Notfall die SAP-GUI-Transaktion SCTS_GCTS mit eingeschränkter Funktionalität zur Verfügung.

7.7 Erweiterte Funktionen mit SAP Solution Manager und SAP Cloud ALM

Das TMS stellt die technologische Basis für die Durchführung von Softwareänderungen in der Systemlandschaft bereit. Über das Genehmigungsverfahren werden eingeschränkt auch organisatorische Aspekte berücksichtigt. Es fehlt aber ein ganzheitlicher Ansatz.

Requirement-to-Deploy

Jeder Softwareänderung geht eine Anforderung voraus. Aus einer Anforderung entsteht ein Änderungsdokument und erst viel später wird die Änderung im System durchgeführt und transportiert. Vor einer Produktivsetzung finden Tests und notfalls Korrekturen statt. All diese Aspekte können mit verschiedenen Werkzeugen, Kommunikationsmethoden und Verfahren begleitet werden. Richtig gut funktioniert das aber erst durch eine integrierte Lösung, die das ganze Spektrum von der Anforderung bis hin zur Auslieferung (*Requirement-to-Deploy*, kurz R2D) abdecken kann.

In Abschnitt 2.3.6, »SAP Solution Manager und SAP Cloud ALM«, habe ich Ihnen bereits die beiden Werkzeuge SAP Solution Manager (überwiegend für On-Premise-Kunden) und SAP Cloud ALM (Application Lifecycle Management, überwiegend für Cloud-Kunden) vorgestellt. An dieser Stelle möchte ich Ihnen deren Nutzen für die Verwaltung von Softwareänderungen zeigen. Beide Werkzeuge unterstützen den ganzheitlichen Ansatz aller Teilprozesse von der Anforderung bis zur Auslieferung von Softwareänderungen. Sie ermöglichen darüber hinaus auch die Überwachung des Betriebs Ihrer Softwarelösungen. Daher werden Ihnen beide Werkzeuge auch in Kapitel 13, »Systemüberwachung und Fehleranalyse des AS ABAP«, wieder begegnen. In diesem Abschnitt kann ich Ihnen nur einen kurzen Überblick über die entsprechenden Funktionen der beiden Werkzeuge geben. Weiterführende Informationen finden Sie in der Fachliteratur zum SAP Solution Manager und zu SAP Cloud ALM.

7.7.1 SAP Solution Manager

Focused Build

Der SAP Solution Manager unterstützt den R2D-Prozess schon sehr lange, allerdings sind die für diesen Prozess relevanten Bereiche des SAP Solutions Managers (Projektmanagement, Prozessmanagement, Änderungsmanagement, Testmanagement und Release-Management) jeweils eigenständige *Szenarien*, deren Konfigurationsaufwand in Summe beträchtlich ist. SAP hat für die am R2D-Prozess beteiligten Szenarien daher einen Best-Practice-Ansatz zusammengestellt und hier noch weitere Funktionen integriert, um die Bedienung zu vereinfachen und zu vereinheitlichen. Es wurden dabei auch agile Entwicklungsmethoden wie *Scrum* berücksichtigt. Das Ergebnis dieses integrierten Ansatzes ist eine als Add-on ausgelieferte Lösung namens *Focused Build*. Der Vorteil dieses Add-ons ist, dass der Konfigurationsaufwand im Vergleich zu den Einzelszenarien deutlich verringert und die Komplexität durch Standardisierung reduziert wurde. SAP Activate Roadmaps und SAP Best Practices sind in Focused Build ebenfalls nutzbar.

Solution-Readiness-Dashboard

In Abbildung 7.27 sehen Sie einen kleinen Ausschnitt der Benutzeroberfläche von Focused Build. Die hier gezeigte App **Solution-Readiness-Dashboard** gibt Ihnen einen Überblick über den aktuellen Zustand eines Implementierungsprojekts.

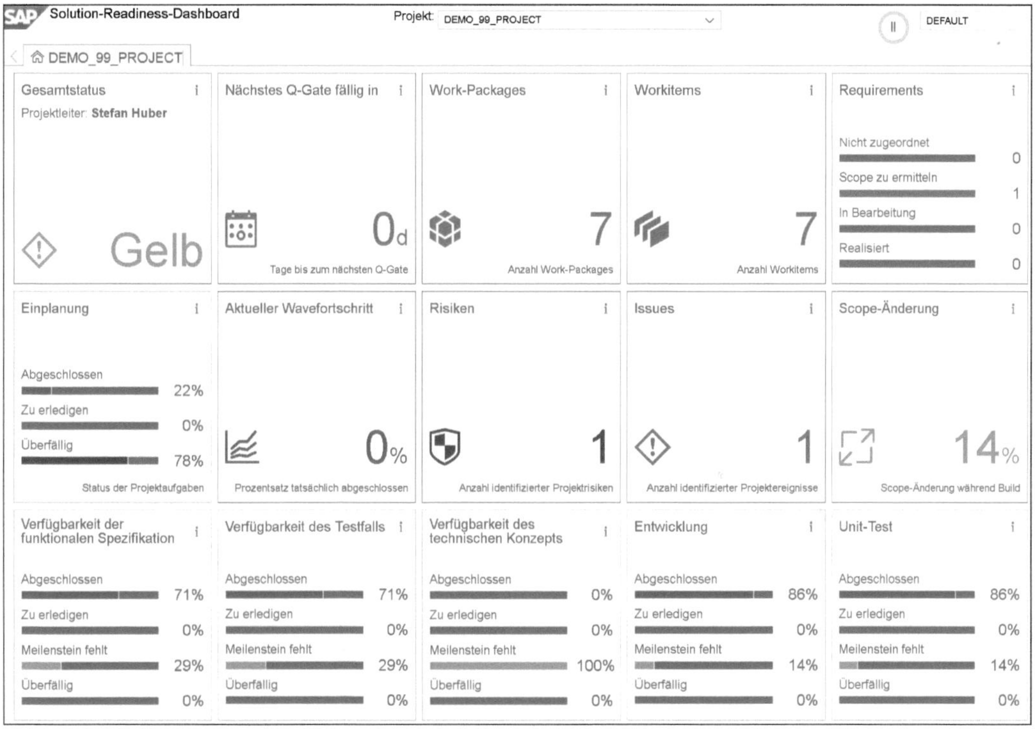

Abbildung 7.27: Solution-Readiness-Dashboard in Focused Build

Der Funktionsumfang von Focused Build ist im Vergleich zu den Änderungsmanagementfunktionen von SAP Cloud ALM deutlich umfassender. Allerdings ist der Implementierungsaufwand der Lösung trotz Best-Practice-Ansatz höher als bei SAP Cloud ALM. Weitere Informationen zu Focused Build erhalten Sie unter *https://support.sap.com/en/alm/focused-build.html.*

7.7.2 SAP Cloud ALM

SAP Cloud ALM wird als noch junges Produkt stetig von SAP weiterentwickelt. Da Cloud-Kunden, insbesondere solche, die Lösungen im SaaS-Modell beziehen, überwiegend standardisierte Software nutzen, ist der Anteil kontinuierlicher Softwareänderungen oder gar Eigenentwicklungen geringer als bei On-

Premise-Kunden. Der Fokus von SAP Cloud ALM richtete sich daher bisher auf die initiale Bereitstellung von SAP S/4HANA und regelmäßiger Upgrades. Da der SAP Solution Manager jedoch, wie bereits erwähnt, 2027 bzw. spätestens 2030 nicht mehr unterstützt wird, werden aktuell auch intensiv entsprechende Funktionen bereitgestellt, um auch in SAP Cloud ALM einen umfassenden R2D-Prozess für On-Premise- und Private-Cloud-Kunden zu ermöglichen.

In Abschnitt 11.7, »SAP Cloud ALM«, zeige ich Ihnen, wie Sie SAP Cloud ALM initial einrichten. Grundsätzlich müssen alle am Transportprozess beteiligten Systeme an SAP Cloud ALM angebunden sein. Um die Transportsteuerung zu nutzen, müssen Sie zusätzlich in der Transaktion /SDF/ALM_SETUP Anwendungsfälle aktivieren:

- in Mandant 000 des Entwicklungssystems: **Transporte: lesen**
- in allen Entwicklungs- und Customizing-Mandanten des Entwicklungssystems: **Transporte: anlegen und exportieren (mandantenspezifisch)** und optional **Transporte: Exportprüfungen (mandantenspezifisch)**
- in Mandant 000 der Testsysteme: **Transporte: Importieren**
- in Mandant 000 des Produktivsystems: **Transporte: Landschaft lesen**, **Transporte: Importieren**, **Transporte: prüfen**

Projekt

In SAP Cloud ALM benötigen Sie zur Steuerung und Verwaltung mindestens ein *Projekt*. Die Projektverwaltung erreichen Sie auf der Startseite von SAP Cloud ALM über die App **Projekte und Setup** im Bereich **Implementierung**. Über den Button **Anlegen** auf der Registerkarte **Projekte/Programme** können Sie ein Projekt anlegen. In Abbildung 7.28 sehen Sie mein Beispielprojekt SHU_DEMO.

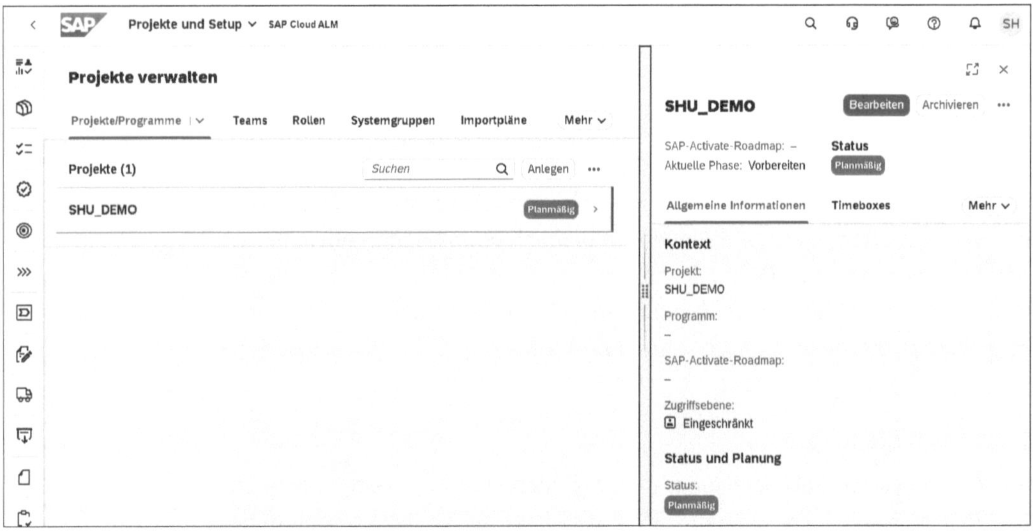

Abbildung 7.28: Projektanlage in SAP Cloud ALM

Systemgruppe

Wechseln Sie nun in der Projektverwaltung auf die Registerkarte **Systemgruppen** und wählen Sie die Funktion **Anlegen**. Vergeben Sie einen geeigneten Namen und das passende **Produkt • SAP S/4HANA**. Fügen Sie nun auf den vorgegebenen Stufen Ihre Systeme ein. Wie Sie in meinem Beispiel in Abbildung 7.29 sehen, habe ich keine vollständige Systemlandschaft aus mehreren Systemen und simuliere eine dreistufige Systemlandschaft auf einem System über drei unterschiedliche Mandanten (100, 101, 102). Dies bedeutet auch, dass die Verbindung zu SAP Cloud ALM in all diesen Mandanten und in Mandant 000 erfolgt sein muss.

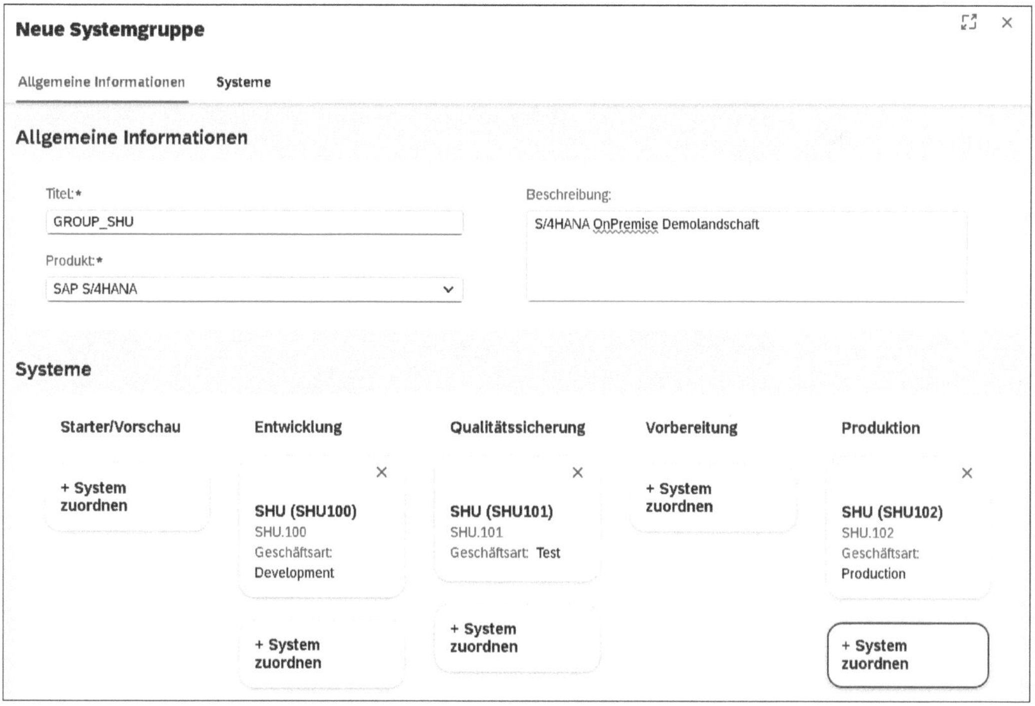

Abbildung 7.29: Anlage einer Systemgruppe

Importplan

Klicken Sie auf den Button **Sichern** und wechseln Sie anschließend zur Registerkarte **Importpläne**. Mit Importplänen definieren Sie *Releases*, also mögliche Auslieferungszeitpunkte. Anforderungen, die im Rahmen von *Features* umgesetzt werden, werden den Releases zugeordnet. Weiterhin werden Importpläne mit Systemgruppen verknüpft. Somit ist auch definiert, in welchen Systemen ein Feature umgesetzt wird. In Abbildung 7.30 sehen Sie einen beispielhaften Importplan, der mit meiner zuvor angelegten Systemgruppe verknüpft ist. Nach der Definition von **Titel**, **Releases** und der Verknüpfung mit der **Systemgruppe** klicken Sie auf den Button **Sichern**.

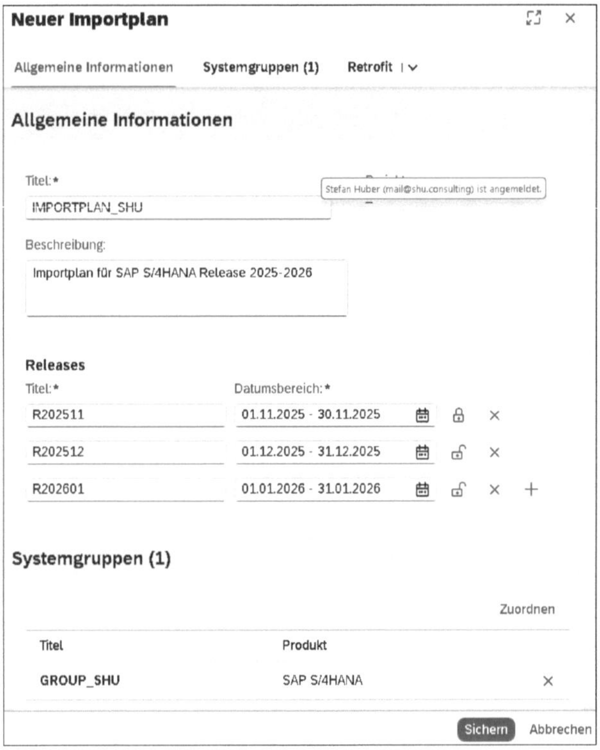

Abbildung 7.30: Anlage eines Importplans

Zum Abschluss der Grundkonfiguration wechseln Sie erneut zur ersten Registerkarte **Projekte/Programme** und wählen das zuvor erstellte Projekt aus. Wechseln Sie auf der rechten Bildschirmseite auf die Registerkarte **Implementierungslandschaft** (siehe Abbildung 7.31). Im Bearbeitungsmodus können Sie den zuvor erstellten Importplan zuordnen.

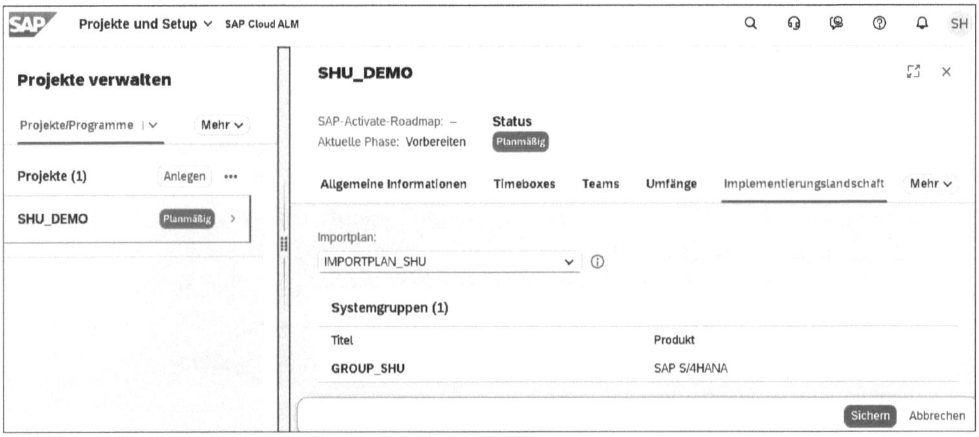

Abbildung 7.31: Verknüpfung des Importplans mit dem Projekt

Nach der Konfiguration möchte ich Ihnen nun an einem Beispiel zeigen, wie Sie eine Anforderung mit SAP Cloud ALM definieren, umsetzen, testen und ausliefern.

Anforderung

Über den Bereich **Implementierung** auf der Startseite von SAP Cloud ALM finden Sie unterschiedliche Apps. Wir beginnen mit der App **Anforderungen**. Hier wird festgehalten, was im Produktivsystem gebraucht wird. In meinem Beispiel möchte ich eine neue Zahlungsbedingung NT50 einführen. Die Anlage einer Anforderung ist weitestgehend selbsterklärend. Nach der Anlage durchläuft die Anforderung einen Workflow mit einer abschließenden Genehmigung. Ein Feature können Sie direkt aus der Anforderung über **Anlegen • Feature** (siehe Abbildung 7.32) oder über die App **Features** auf dem Startbildschirm von SAP Cloud ALM erzeugen.

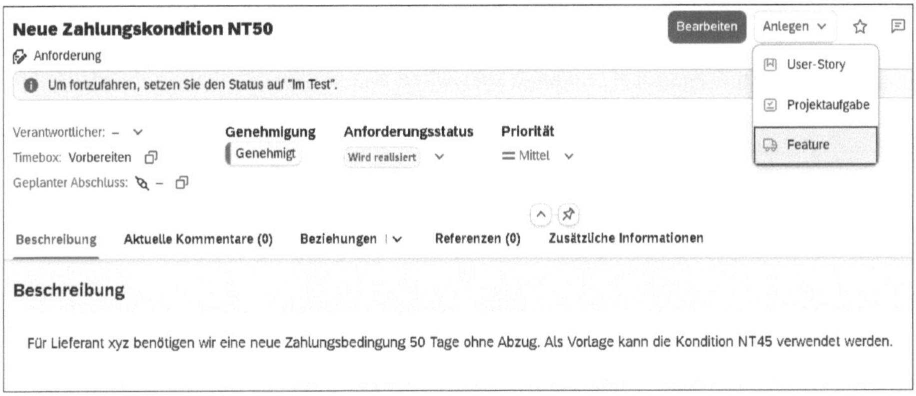

Abbildung 7.32: Genehmigte Anforderung

Nach Spezifikation kann das Feature in den Status **Wird implementiert** gesetzt werden. In diesem Status lässt sich über den Button **Anlegen • Transport** ein Transportauftrag erstellen. Es erscheint das in Abbildung 7.33 gezeigte Pop-up.

Abbildung 7.33: Transportanlage innerhalb eines Features

Da ich in meinem Beispiel nur eine Customizing-Änderung durchführe, wähle ich das Ankreuzfeld **Workbench** ab. So wird nur ein Customizing-Transportauftrag erzeugt. Dies könnten Sie auch vernachlässigen, da leere Transportaufträge ohnehin automatisch gelöscht werden. Als Eigentümer trage ich den Entwickler bzw. die Beraterin ein, der oder die die Änderung im System durchführen soll. Dabei zeigt sich eine konzeptionelle Schwachstelle von SAP Cloud ALM: Durch die asynchrone Kommunikation steht hier keine F4-Hilfe zur Verfügung. Das heißt, Sie müssen die SAP-Benutzer-ID kennen.

Mit dem Button **Anlegen** wird die Anlage des Transportauftrags eingeleitet. Auch hier macht sich die asynchrone Kopplung bemerkbar: Es dauert einige Minuten, bis der Transportauftrag im System angelegt wurde und die Entwicklerin mit der Arbeit beginnen kann. Als Status des Transportauftrags wird **Anlegen eingeplant** angezeigt. In Abbildung 7.34 sehen Sie das Feature und im Bereich **Transporte** den nach kurzer Zeit angelegten Transportauftrag, der **Änderbar** als **Status** hat.

Abbildung 7.34: Feature mit Transportauftrag

Die eigentliche Durchführung der Entwicklung bzw. des Customizings erfolgt wie üblich im Entwicklungssystem und ist unabhängig von SAP Cloud ALM. Wichtig ist, dass die Entwicklungen dem richtigen Transportauftrag zugeordnet werden. Im Anschluss gibt die Entwicklerin die Transportaufgabe (nicht den Transportauftrag) frei.

Transport von Kopien

Damit die Anpassung getestet werden kann, muss der Transportauftrag in das Testsystem transportiert werden. Ein übliches Verfahren – auch mit SAP Solution Manager und anderen ALM-Lösungen – ist es, zunächst einen *Transport von Kopien* durchzuführen. Das bedeutet, dass die Objekte des ursprünglichen Transportauftrags in einen neuen Transportauftrag kopiert werden. Anschließend wird die Kopie freigegeben und in das Testsystem importiert. Dies hat den Vorteil, dass der Originalauftrag weiterhin änderbar ist und z. B. Fehler, die beim Testen festgestellt werden, weiterhin dem Originalauftrag zugeordnet werden können. In SAP Cloud ALM erreichen Sie diese Funktion über den Button **Kopieren** oberhalb der Transporte. Auch hier dauert es leider einige Minuten, bis die Aufgabe im SAP-System verarbeitet wurde. Über das Icon links neben dem ursprünglichen Transportauftrag können Sie den Fortschritt beobachten (siehe Abbildung 7.35).

Abbildung 7.35: Status des Transports von Kopien

Da die Änderung nun im Testsystem verfügbar ist, kann diese durch die Tester*innen getestet werden. Dies signalisiert die Entwicklerin durch einen Statuswechsel des Features von **Wird implementiert** auf **Im Test**.

Bei erfolgreichem Test wird der Originalauftrag über den Button **Freigeben** freigegeben und der Status **Erfolgreichen Test bestätigen** gesetzt. Bei negativem Ergebnis wird das Feature wieder zurück in **Wird implementiert** gestellt. Die Entwicklerin kann die Korrektur dann ebenfalls dem Originalauftrag zuordnen und das Ergebnis über einen erneuten Transport von Kopien in das Testsystem überführen.

Import-App

Über den Button **Importieren** kann der Originalauftrag nach der Freigabe in das Testsystem importiert werden. Wenn Sie danach das Feature in den Status **Für Produktion genehmigen** versetzen, ist auf gleiche Weise auch der Import in die Produktion möglich. Beides wird aber in der Regel über Berechtigungen unterbunden, damit nicht jede Person zu jeder Zeit Transporte durchführt. Üblicherweise nutzen Sie hierfür die App **Import** im Bereich **Implementierung** auf der Startseite von SAP Cloud ALM. Hier planen Sie z. B. regelmäßige Importe in das Testsystem ein und entsprechend Ihrer Release-Strategie die Importe in die Produktion. Wie Sie in Abbildung 7.36 sehen, können Sie Kriterien definieren, welche Transporte importiert werden (Projekt- und Release-Zugehörigkeit, Status des Features).

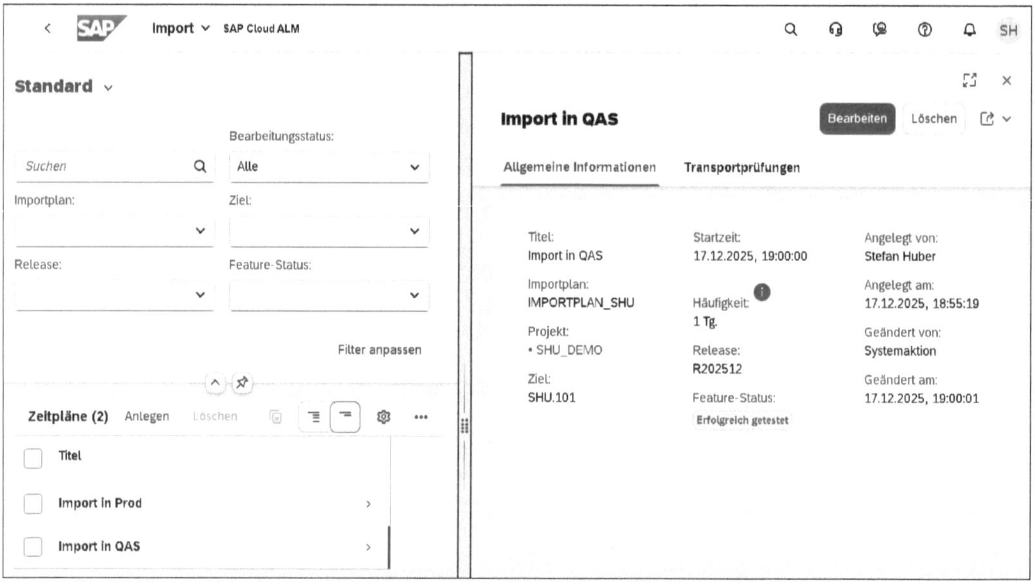

Abbildung 7.36: Geplante Importe für Test und Produktion

Kapitel 8

Benutzer und Berechtigungen

Benutzer und Berechtigungen sind wichtige Bausteine für einen sicheren Betrieb von SAP S/4HANA. Deren Verwaltung ist ein komplexes Thema, das ich in diesem Kapitel vertiefe.

Das Benutzer- und Berechtigungskonzept von ABAP- und Java-basierten SAP-Systemen ist seit Jahrzehnten ein stabiler und in weiten Teilen unveränderter Baustein. Mit der neuen Oberflächentechnologie SAP Fiori und der möglichen Übernahme von Aufgaben der Applikationsebene durch die SAP-HANA-Plattform erweitert sich das Themenspektrum in diesem Bereich durch SAP S/4HANA jedoch erheblich.

Hohe Komplexität

In vielen Unternehmen ist die Benutzerverwaltung von den anderen Administrationsaufgaben entkoppelt. Als Grund hierfür wird häufig angegeben, dass man dadurch eine weitere Sicherheitsstufe schafft, Administrator*innen sich also nicht selbst Berechtigungen zuweisen können. Ein anderer Grund kann in der hohen Komplexität des Themas liegen, da die Berechtigungsadministration viel Spezialwissen erfordert. Ich vermittle Ihnen in diesem Kapitel nur die wichtigsten Grundlagen. Möchten Sie Ihr Know-how in diesem Themengebiet vertiefen, kann ich Ihnen das Buch »Berechtigungen in SAP S/4HANA und SAP Fiori« von Maria Spöri und Jamsheed Bahser (SAP PRESS 2023) empfehlen.

In Abschnitt 8.1, »Grundlagen der Benutzer- und Berechtigungsverwaltung«, erkläre ich grundlegende Konzepte und Begriffe, bevor ich in Abschnitt 8.2, »Benutzer und Berechtigungen der ABAP-Plattform«, auf die Benutzer- und Berechtigungsverwaltung der ABAP-Plattform und somit der Kernkomponente von SAP S/4HANA eingehe. In Abschnitt 8.3, »Benutzer und Berechtigungen der SAP-HANA-Plattform«, erläutere ich die Grundlagen der Benutzer- und Berechtigungsverwaltung in SAP HANA. In Abschnitt 8.4, »Externe Werkzeuge zur Benutzer- und Berechtigungsadministration«, gebe ich Ihnen schließlich einen Überblick über externe Werkzeuge zur Benutzer- und Berechtigungsverwaltung.

8.1 Grundlagen der Benutzer- und Berechtigungsverwaltung

Benutzer

Benutzer sind die zentrale Entität, die jegliche Aktivitäten in SAP S/4HANA ausführt. Es muss sich dabei nicht zwingend um reale Personen handeln, die sich am SAP-S/4HANA-System anmelden. Es gibt auch technische Benutzer, die im Hintergrund Aktivitäten ausführen, z. B. durch regelmäßige Jobs, oder Schnittstellenbenutzer, die Daten mit SAP S/4HANA austauschen.

Benutzerstammsatz

Den Benutzern sind jeweils Eigenschaften zugeordnet. Neben allgemeinen Daten, wie z. B. Kontaktdaten, Anmeldesprache oder Parameter, sind insbesondere die zugeordneten Berechtigungen von zentraler Bedeutung. Diese Eigenschaften sind im *Benutzerstammsatz* abgelegt. In SAP S/4HANA gibt es nicht den einen, zentralen Benutzerstammsatz. Durch die verteilte Architektur, mindestens bestehend aus ABAP- und SAP-HANA-Plattform, gibt es mindestens zwei Stellen, an denen Benutzerstammsätze zu pflegen sind. Haben Sie darüber hinaus SAP Fiori nicht im Embedded Deployment, sondern als eigenes System bereitgestellt, kommt eine weitere Stelle hinzu, an der Benutzer verwaltet werden müssen. Auch Anwendungen auf der SAP Business Technology Platform (SAP BTP), die SAP S/4HANA ergänzen, arbeiten mit eigenen Benutzerstammsätzen.

Für die Anwender*innen muss diese Komplexität im Verborgenen bleiben. Sie müssen stets in der Lage sein, die Ihnen zugewiesenen Aufgaben zu erledigen, egal, auf welches System im Hintergrund zugegriffen wird. Je komplexer Ihre Landschaft ist, desto eher werden weiterführende Werkzeuge benötigt, um die Benutzer zentral verwalten zu können. In Abschnitt 8.4, »Externe Werkzeuge zur Benutzer- und Berechtigungsadministration«, gebe ich Ihnen eine Übersicht über Werkzeuge, die hierfür infrage kommen.

Im Vergleich zur bisherigen SAP Business Suite, bei der sich die Berechtigungsverwaltung auf einen Benutzerstamm im AS ABAP konzentrierte, kann die Benutzerverwaltung in SAP S/4HANA also deutlich komplexer werden. Dies muss jedoch nicht zwangsläufig so sein. Nutzen Sie für SAP Fiori das Embedded Deployment und keine nativen SAP-HANA-Entwicklungen, ist es durchaus auch mit SAP S/4HANA möglich, alle Anforderungen im Benutzerstamm des AS ABAP abzubilden. Daher ist die im folgenden Abschnitt beschriebene Benutzerverwaltung der ABAP-Plattform sicherlich das wichtigste Element der Benutzerverwaltung in SAP S/4HANA.

8.2 Benutzer und Berechtigungen der ABAP-Plattform

Standardbenutzer

Nach der initialen Installation von SAP S/4HANA steht Ihnen in Mandant 000 der Standardbenutzer `DDIC` mit dem bei der Installation definierten Master-Passwort zur Verfügung. Mit diesem Benutzer melden Sie sich am System an und definieren weitere Benutzer. Auch als Administrator*in benötigen Sie eine eigene Benutzer-ID, die erst angelegt werden muss.

Neben dem Benutzer `DDIC` existiert der Standardbenutzer `SAP*`. Bei der Anlage eines neuen Mandanten existiert in diesem Mandanten zunächst nur dieser Benutzer, sofern Sie keine Benutzerstämme aus einem anderen Mandanten importiert haben.

Die Standardbenutzer sollten Sie auf keinen Fall für die tägliche Administration verwenden und außerdem sperren. Nur bei Bedarf, z. B. im Fall eines System-Upgrades, müssen Sie den Benutzer `DDIC` temporär entsperren. Zuvor sollten Sie allerdings prüfen, ob unter diesem Benutzer bereits Jobs eingeplant sind. Üblicherweise werden bei der Einrichtung des Transportmanagementsystems Jobs unter dem Benutzer `DDIC` eingeplant. Diese Jobs müssen vor der Sperrung des Benutzers umgeplant werden. Details hierzu finden Sie in SAP-Hinweis 1998382.

Auch Standardjobs werden mit dem User `DDIC` eingeplant, wenn Sie für diese Jobs keinen eigenen Benutzer definiert haben. In Abschnitt 9.4, »Technisches Job-Repository«, erkläre ich Ihnen, wie Sie den Benutzer für die Ausführung von Standardjobs anpassen können. Löschen Sie die Benutzer `DDIC` und `SAP*` unter keinen Umständen!

[!]

Notwendige Änderung vor Sperrung des Benutzers DDIC

Leider ist bisher kaum bekannt, dass der Benutzer `DDIC` auch für die interne Kommunikation des Betriebssystems mit der ABAP Plattform verwendet wird. Sperren Sie den Benutzer, wird Ihr SAP-System nicht mehr starten. Sie müssen den Profilparameter `rdisp/abap_user_for_sidadm` mit einem alternativen Benutzer pflegen, bevor Sie den Benutzer `DDIC` sperren. Die Pflege von Profilparametern zeige ich in Abschnitt 4.1, »Profilparameter pflegen«.

8.2.1 Benutzer verwalten

Die Benutzerverwaltung erreichen Sie über die Transaktion SU01. Bedenken Sie, dass die Benutzerpflege immer mandantenabhängig ist. Sie müssen zur Pflege eines Benutzers daher selbst in dem Mandanten angemeldet sein, in dem der Benutzer verwaltet werden soll. Der eindeutige Schlüssel eines Benutzers ist die *Benutzer-ID*. Es handelt sich hierbei um ein zwölfstelliges, alphanumerisches Feld.

Namenskonventionen

Wahrscheinlich gibt es in Ihrem Unternehmen bereits Namenskonventionen für Benutzer-IDs, z. B. für die Anmeldung an Ihrem PC. Oft wird dieselbe Benutzer-ID dann auch für die SAP-Systeme verwendet. Die Benutzer-ID einer Anwenderin oder eines Anwenders sollte in allen SAP-Systemen identisch sein. Da Systeme über Vertrauensbeziehungen miteinander kommunizieren können, erleichtert dies die technische Übertragung einer Benutzer-ID aus einem System in ein anderes. Für einige Szenarien ist eine solche Übertragung obligatorisch.

Denken Sie bei der Erarbeitung einer Namenskonvention auch an Benutzer-IDs der SAP-HANA-Plattform, die Sie eventuell benötigen werden (siehe Abschnitt 8.3, »Benutzer und Berechtigungen der SAP-HANA-Plattform«). Insbesondere müssen Sie berücksichtigen, dass auf der SAP-HANA-Plattform einige Sonderzeichen in Benutzer-IDs nicht erlaubt sind, die auf der ABAP-Plattform kein Problem darstellen (z. B. /, :, +, !, =, ?). Für technische Benutzer, wie Hintergrund- oder Schnittstellenbenutzer, ist es ebenfalls hilfreich, eine Namenskonvention einzuführen.

Sie können die erlaubten Zeichen für Benutzer-IDs technisch einschränken. Pflegen Sie hierzu über Transaktion SM30 den Pflegeview `PRGN_CUST`. Konfigurieren Sie den Parameter `BNAME_RESTRICT`, indem Sie den Wert `ALL` setzen. Durch diese Einstellung können die meisten problematischen Sonderzeichen nicht mehr verwendet werden.

Benutzer anlegen

Um einen Benutzer anzulegen, gehen Sie wie folgt vor:

1. Tragen Sie auf der Einstiegsseite der Transaktion SU01 die gewünschte Benutzer-ID ein, und wählen Sie den Button **Benutzer** mit dem Icon (**Anlegen**).
2. Es öffnet sich die Benutzerpflege (siehe Abbildung 8.1).

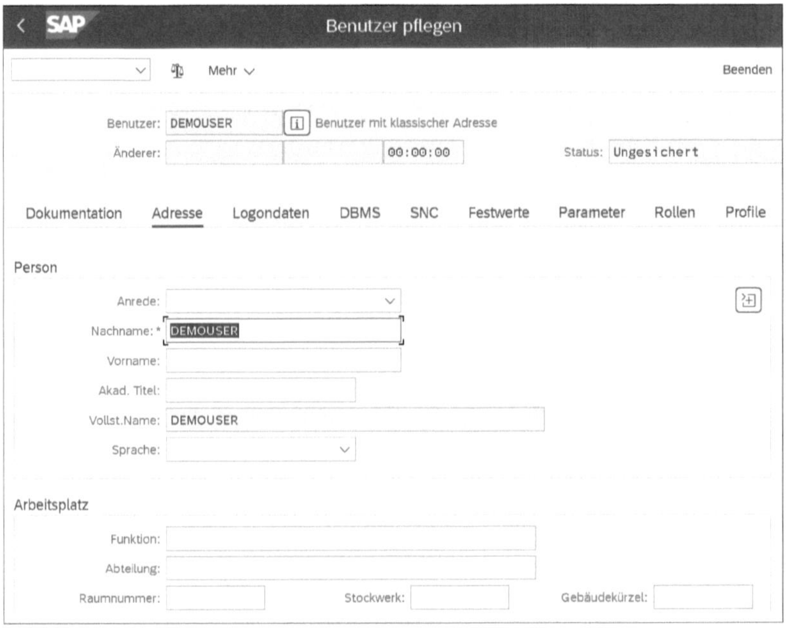

Abbildung 8.1: Benutzerpflege über Transaktion SU01

3. Auf der Registerkarte **Adresse** müssen Sie mindestens den Nachnamen des Anwenders oder der Anwenderin eintragen (außer bei einem technischen Benutzer, dazu mehr im folgenden Abschnitt). Die weiteren Adressdaten sind optional. Insbesondere die Kommunikationsdaten, z. B. die E-Mail-Adresse oder Telefonnummer, sind jedoch hilfreich, um bei Bedarf mit der Anwenderin oder dem Anwender Kontakt aufnehmen zu können. Bei der Anlage von technischen Benutzern ist die Registerkarte nicht verfügbar. Die Anlage eines technischen Benutzers zeige ich etwas später in diesem Abschnitt.
4. Neben der Benutzer-ID sehen Sie die Information **Benutzer mit klassischer Adresse**. Die hier eingegebenen Adressdaten sind Teil der Benutzerverwaltung. Die Firmenadresse müssen Sie nicht für jeden Benutzer manuell eintragen. Sie können sie zentral in Transaktion SUCOMP pflegen und bei der Benutzerpflege aus den bestehenden Firmen auswählen.
5. Neben dem Nachnamen ist die Vergabe eines Kennwortes obligatorisch. Wechseln Sie hierzu auf die Registerkarte **Logondaten** (siehe Abbildung 8.2).

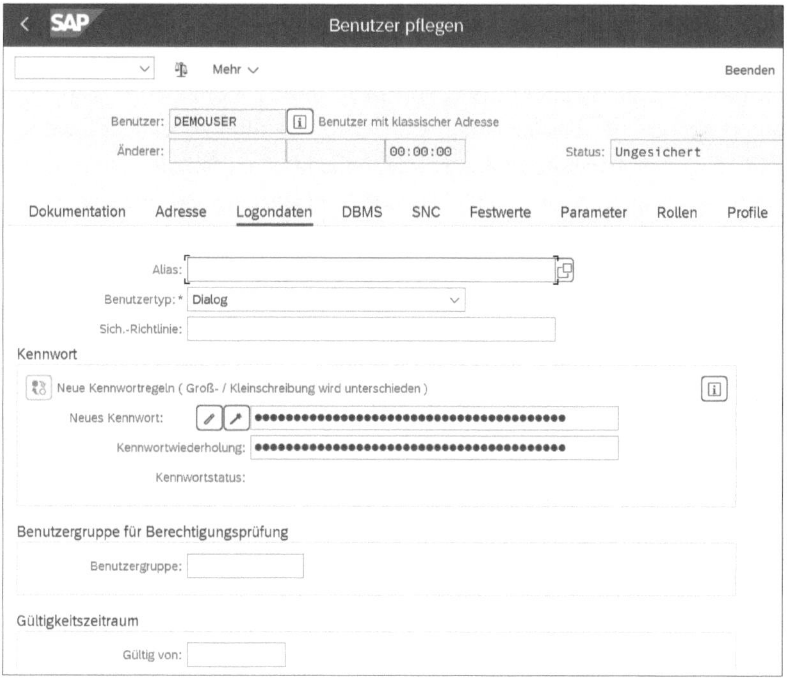

Abbildung 8.2: Registerkarte »Logondaten« der Transaktion SU01

6. Über den Button (**Generieren**) können Sie ein Kennwort für den Benutzer generieren. Das Kennwort wird im unteren Bildschirmbereich angezeigt.

[»]

Initialkennwort mitteilen

Handelt es sich um eine Dialoganwenderin oder einen Dialoganwender, können Sie ihr oder ihm das Kennwort über ein sicheres Übertragungsmedium, z. B. über eine verschlüsselte E-Mail, zur Verfügung stellen. Bei der ersten Anmeldung muss das Kennwort geändert werden.

7. Über den Button [✎] (**Deaktivieren**) können Sie die Anmeldung am System mit Kennwort unterbinden. Eine Anmeldung über Single Sign-on ist in diesem Fall aber weiterhin möglich, wenn diese eingerichtet ist. Eine weitere wichtige Einstellung auf der Registerkarte **Logondaten** ist die Angabe **Benutzertyp**. Im Standard ist der Typ **Dialog** vorausgewählt. Weitere mögliche Benutzertypen stelle ich weiter unten in diesem Abschnitt vor.
8. Mithilfe des Buttons **Sichern** speichern Sie schließlich den Benutzer.

Verknüpfung von Mitarbeitenden

Ist Ihr SAP-S/4HANA-System an eine Anwendung zur Mitarbeiterverwaltung, z. B. SAP SuccessFactors oder SAP ERP Human Capital Management (SAP ERP HCM), angebunden, können Sie Mitarbeitende auch als *Geschäftspartner* mit der Rolle **Mitarbeiter** anlegen. Diese Geschäftspartner werden dann in das SAP-S/4HANA-System synchronisiert. Wählen Sie diese Vorgehensweise, können die Mitarbeitenden jeweils mit einer Benutzer-ID verknüpft werden, und die manuelle Pflege der Adress- und Kommunikationsdaten entfällt. Die Mitarbeiterverwaltung gelingt auch manuell in der SAP-Fiori-App **Mitarbeiter pflegen**.

Neben der Benutzer-ID in Transaktion SU01 finden Sie dann die Information **Benutzer mit Geschäftspartnerzuordnung (Geschäftspartner: <Nummer>)**. Die Adressdaten sind in diesem Fall nicht direkt in der Benutzerpflege änderbar.

[»]

SAP-Fiori-App »Mitarbeiter pflegen« einrichten

Die SAP-Fiori-App **Mitarbeiter pflegen** ist im On-Premise-Betrieb von SAP S/4HANA im Standard nicht aktiviert und auch nicht Teil der SAP Best Practices. Sie können die App jedoch in der SAP Fiori Apps Reference Library unter dem Namen »Maintain Employees V2« finden. Führen Sie die dort beschriebenen Schritte zur Einrichtung der App durch.

Abwärtskompatibilität von Kennwörtern

Moderne SAP-Systeme unterstützen Kennwörter mit bis zu 40 Zeichen Länge und unterscheiden auch zwischen Groß- und Kleinschreibung. In älteren SAP-Releases war die Länge von Kennwörtern auf acht Zeichen und Großschreibung beschränkt. Über den Profilparameter `login/password_downwards_compatibility` können Sie eine Abwärtskompatibilität herstellen, wenn sich technische Benutzer aus älteren SAP-Systemen an Ihrem SAP-S/4HANA-System anmelden müssen. In modernen Systemumgebungen sollte dies jedoch nicht mehr erforderlich sein. Durch die *Secure-by-Default-Richtlinie* von SAP wird der Profilparameter `login/password_downwards_compatibility` im Standard auf den Wert 0 gesetzt und stellt damit keine Abwärtskompatibilität her. Diese Einstellung sorgt aber für die höchste Sicherheit. Über den Button **Informationen** in der Parameteranzeige der Transaktion RZ11 erhalten Sie weitere Details.

[«]

Secure by Default

Mit SAP S/4HANA 1909 begann SAP schrittweise das System bereits in einem gut abgesicherten Zustand auszuliefern. Sicherheitseinstellungen sind also bereits im Standard aktiv und müssen nicht mehr manuell aktiviert werden. Einen guten Überblick über den Umfang dieser Sicherheitseinstellungen erhalten Sie in SAP-Hinweis 2926224.

Über Transaktion SM30 (Tabellensicht-Pflege) können Sie in Tabelle USR40 zur weiteren Absicherung der Kennwortkomplexität Muster für verbotene Kennwörter definieren. Dadurch können Sie sicherstellen, dass Benutzer bei der Vergabe neuer Kennwörter keine leicht zu erratenden Zeichenfolgen, wie z. B. »123456«, »Password« oder Jahreszahlen, verwenden.

Sicherheitsrichtlinien

Es existieren weitere Profilparameter, um die Komplexität und Länge von Kennwörtern zu definieren. Ein Problem der Konfiguration von Sicherheitseinstellungen über Profilparameter ist allerdings, dass die Einstellungen systemweit gelten, also für alle Benutzer in allen Mandanten. Benötigen Sie abweichende Einstellungen für einen Teil der Benutzer, können Sie über Transaktion SECPOL *Sicherheitsrichtlinien* erstellen, die Sie bestimmten Benutzern zuweisen können (siehe Abbildung 8.3).

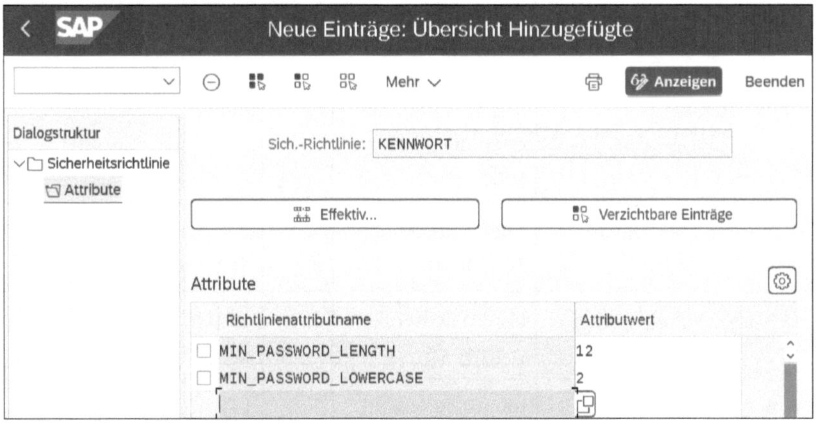

Abbildung 8.3: Sicherheitsrichtlinienpflege in Transaktion SECPOL

Bestehende Sicherheitsrichtlinien tragen Sie in Transaktion SU01 auf der Registerkarte **Logondaten** in das Feld **Sich.-Richtlinie** ein.

Eine Sicherheitsrichtlinie übersteuert die systemweiten Einstellungen über Profilparameter. In Tabelle 8.1 sehen Sie eine Übersicht der verfügbaren Richtlinienattribute.

Richtlinienattribut	Beschreibung	Wert	Entsprechung Profilparameter
CHECK_PASSWORD_BLACKLIST	Prüfung der Kennwortsperrliste	1	nicht vorhanden
DISABLE_PASSWORD_LOGON	Kennwortanmeldung unterbinden	0	login/disable_password_logon
DISABLE_TICKET_LOGON	Ticketanmeldung unterbinden	0	nicht vorhanden
MAX_FAILED_PASSWORD_LOGON_ATTEMPTS	maximale Anzahl von Fehlversuchen	5	login/fails_to_user_lock
MAX_PASSWORD_IDLE_INITIAL	Gültigkeit ungenutzter Initialkennwörter	0	login/password_max_idle_initial
MAX_PASSWORD_IDLE_PRODUCTIVE	Gültigkeit ungenutzter Produktivkennwörter	0	login/password_max_idle_productive
MIN_PASSWORD_CHANGE_WAITTIME	minimale Wartezeit bei Kennwortänderung	1	login/password_change_waittime
MIN_PASSWORD_DIFFERENCE	Anzahl unterschiedlicher Zeichen bei Änderung	3	login/min_password_diff
MIN_PASSWORD_DIGITS	minimale Anzahl von Ziffern	1	login/min_password_digits
MIN_PASSWORD_LENGTH	minimale Kennwortlänge	10	login/min_password_lng
MIN_PASSWORD_LETTERS	minimale Anzahl von Buchstaben	1	login/min_password_letters

Tabelle 8.1: Sicherheitsrichtlinienattribute

Richtlinienattribut	Beschreibung	Wert	Entsprechung Profilparameter
MIN_PASSWORD_LOWERCASE	minimale Anzahl von Kleinbuchstaben	1	login/min_password_lowercase
MIN_PASSWORD_SPECIALS	minimale Anzahl von Sonderzeichen	0	login/min_password_specials
MIN_PASSWORD_UPPERCASE	minimale Anzahl von Großbuchstaben	1	login/min_password_uppercase
PASSWORD_CHANGE_FOR_SSO	Kennwortänderungspflicht bei SSO-Anmeldung	1	login/password_change_for_SSO
PASSWORD_CHANGE_INTERVAL	Intervall regelmäßiger Kennwortänderungen	0	login/password_expiration_time
PASSWORD_COMPLIANCE_TO_CURRENT_POLICY	Kennwortänderung nach Regelverschärfung	0	login/password_compliance_to_current_policy
PASSWORD_HISTORY_SIZE	Größe der Kennworthistorie	15	login/password_history_size
PASSWORD_LOCK_EXPIRATION	automatische Aufhebung der Kennwortsperre	0	login/failed_user_auto_unlock
SERVER_LOGON_PRIVILEGE	Anmeldung bei server_logon_restriction=1	0	in Kombination mit login/server_logon_restriction
SESSION_MEMORY_LIMIT_EXEMPTION	Sonderrecht: Speicherzuschlag	0	nicht vorhanden
TENANT_RUNLEVEL_LOGON_PRIVILEGE	Anmeldung bei jedem Tenant-Runlevel > 0	0	nicht vorhanden

Tabelle 8.1: Sicherheitsrichtlinienattribute (Forts.)

Benutzertypen

Bei der Angabe des Benutzertyps in Transaktion SU01 können Sie aus folgenden Typen wählen:

- **Dialog**

  Dieser Typ wird einer realen Person zugeordnet, die sich am System anmeldet. Bei der Anmeldung wird geprüft, ob das Kennwort abgelaufen ist oder ob es sich noch um das Initialkennwort handelt. Die Anwenderin oder der Anwender kann das Kennwort ändern. Mehrfache Anmeldungen eines Dialogbenutzers zur gleichen Zeit werden protokolliert und können auch unterbunden werden.

- **System**

  Dieser Typ wird für Hintergrundjobs oder andere technische Vorgänge, wie z. B. Workflows oder Jobs des Transport Management Systems (TMS), verwendet. Eine Dialoganmeldung über das SAP GUI oder SAP Fiori ist mit einem Systembenutzer nicht möglich. Ein Benutzer dieses Typs ist von den allgemeinen Einstellungen zur Gültigkeitsdauer eines Kennwortes ausgeschlossen. Das Kennwort kann nur von Administrator*innen über die Transaktion SU01 geändert werden. Mehrfache Anmeldungen sind zulässig.

- **Kommunikation**

  Dieser Typ wird für die dialogfreie Kommunikation über die Protokolle Remote Function Call (RFC) bzw. die Schnittstelle Common Programming Interface for Communication (CPIC) verwendet. Eine Dialoganmeldung über das SAP GUI oder SAP Fiori ist mit einem solchen Benutzer nicht möglich. Ein Kommunikationsbenutzer unterliegt den allgemeinen Einstellungen zur Gültigkeitsdauer eines Kennwortes und kann das Kennwort ändern. Hierbei müssen die Dialoge zur Kennwortänderung vom Aufrufer (RFC-/CPIC-Client) zur Verfügung gestellt werden.

- **Service**

  Ein Benutzer vom Typ **Service** ist ein Dialogbenutzer, der einem anonymen, größeren Nutzerkreis zur Verfügung gestellt wird. In der Regel werden nur stark eingeschränkte Berechtigungen für solche Benutzer vergeben. Servicebenutzer werden z. B. für anonyme Systemzugänge über einen öffentlichen Webservice verwendet. Nach einer individuellen Authentifizierung kann eine mit einem Servicebenutzer begonnene anonyme Sitzung als personenbezogene Sitzung unter einem Dialogbenutzer weitergeführt werden. Bei der Anmeldung erfolgt keine Prüfung auf abgelaufene oder initiale Kennwörter hin. Das Kennwort kann nur durch Administrator*innen geändert werden. Eine Mehrfachanmeldung ist möglich.

- **Referenz**

  Referenzbenutzer sind ebenso wie Servicebenutzer allgemeine, nicht personenbezogene Benutzer. Mit einem Referenzbenutzer kann man sich nicht anmelden, sondern sie dienen lediglich der zusätzlichen Vergabe von Berechtigungen. Sie werden eingesetzt, um viele gleichartige Benutzer mit identischen Berechtigungen auszustatten. Auf der Registerkarte **Rollen** in Transaktion SU01 können Sie für Dialogbenutzer einen Referenzbenutzer angeben, um dem Dialogbenutzer zusätzliche Rechte zuzuweisen.

[!]

Sicherheitsrisiko durch Referenzbenutzer

Referenzbenutzer können zu einem Sicherheitsrisiko werden, da man auch normale Dialogbenutzer als Referenzbenutzer hinterlegen kann. Trägt man bei Benutzer `HUBER` als Referenzbenutzer z. B. `MÜLLER` ein, weil `HUBER` die gleichen Rechte haben soll wie `MÜLLER`, scheint das erst einmal kein Problem zu sein. Wenn nun aber `MÜLLER` weitere Berechtigungen erhält, weil er zusätzliche Aufgaben im Unternehmen übernimmt, werden dessen Berechtigungen unbewusst auch an `HUBER` vergeben. Um dies zu vermeiden, sollten Sie in Transaktion SM30 den Pflegeview `PRGN_CUST` pflegen, in dem Sie den Parameter `REF_USER_CHECK` auf `E` (Error) setzen. Dadurch können nur noch Benutzer vom Typ Referenz als Referenzbenutzer angegeben werden.

Benutzertypen richtig wählen

Alle Benutzertypen, außer Referenzbenutzer, sind grundsätzlich in der Lage, sich per RFC anzumelden oder Hintergrundjobs auszuführen. Sie sollten die Benutzertypen aber immer gemäß Ihrer Bestimmung auswählen und verwenden. Stellen Sie sich vor, ein Schritt eines Hintergrundjobs würde periodisch durch einen Dialogbenutzer ausgeführt. Verlässt die entsprechende Anwenderin oder der Anwender das Unternehmen, würde der Benutzer gesperrt oder gelöscht, und der Hintergrundjob könnte nicht mehr ausgeführt werden und würde abbrechen.

Optionale Benutzereigenschaften

Neben den bisher beschriebenen, obligatorischen Eigenschaften eines Benutzers kann die Benutzerpflege in Transaktion SU01 weitere Eigenschaften umfassen, die über folgende Registerkarten gepflegt werden können:

- **Dokumentation**

  Auf dieser Registerkarte können Sie eine Kurzbeschreibung, einen verantwortlichen Benutzer und eine Dokumentation zum Benutzer pflegen. Die Verwendung dieser Informationen wird in Unternehmen unterschiedlich gehandhabt. Oft werden in diesen Feldern Änderungen an Berechtigungen textuell erfasst und begründet. Speichern Sie den Benutzerstammsatz, wird der erfasste Text um Datum, Uhrzeit und Benutzer-ID angereichert. Sie können immer wieder neue Texte erfassen, die bereits bestehenden Texte können jedoch nicht mehr geändert werden. Dies ermöglicht eine chronologische Dokumentation. Diese Dokumentation kann allerdings mithilfe des Reports `RSUSR_DELETE_USERDOCU` gelöscht werden.

Ist die Benutzer-ID mit einem Geschäftspartner verknüpft, ist das Feld **Kurzbeschreibung** bereits mit dem vollständigen Namen der Mitarbeiterin oder des Mitarbeiters vorbelegt und kann nicht geändert werden.

- **Logondaten**

  Neben dem Kennwort sind besonders der Gültigkeitszeitraum und die Benutzergruppe für die Berechtigungsprüfung hervorzuheben. Im Abschnitt **Gültigkeitszeitraum** können Sie den Zeitraum einschränken, in dem sich die Anwenderin bzw. der Anwender am System anmelden kann. Dies ist besonders für temporäre Anwender*innen, wie externe Mitarbeiter*innen, sinnvoll.

  Über die Zuordnung zu einer **Benutzergruppe** für die Berechtigungsprüfung können Sie einschränken, dass nur Administrator*innen, die dieser Benutzergruppe zugeordnet sind, die enthaltenen Benutzer pflegen dürfen. Wenn Sie das Feld **Benutzergruppe** nicht ausfüllen, kann jedes Mitglied des Administrationsteams jeden Benutzer pflegen.

- **DBMS**

  Aus dem AS ABAP heraus können Sie auch Benutzer der SAP-HANA-Plattform verwalten. Die Registerkarte **DBMS** (steht für Datenbankmanagementsystem) wird in Ihrem System eventuell nicht eingeblendet. Ihre Einrichtung und Verwendung zeige ich Ihnen in Abschnitt 8.3.2, »Benutzerpflege über die ABAP-Plattform«.

- **SNC**

  Verwenden Sie Single Sign-on oder eine verschlüsselte Übertragung, können auf der Registerkarte **SNC** benutzerspezifische Einstellungen hierzu vorgenommen werden. Ich gehe darauf in Kapitel 12, »Sicherheitsfunktionen«, ein.

- **Festwerte**

  Auf dieser Registerkarte können Sie die Anmeldesprache, das Datumsformat, Zahlenformate, die Zeitzone sowie Einstellungen zum Drucken (z. B. den Standarddrucker) für einen Benutzer hinterlegen.

- **Parameter**

  Auf dieser Registerkarte können manuell steuernde Parameter hinterlegt werden. Einige Applikationen speichern von den Anwender*innen in der jeweiligen Geschäftsanwendung getätigte Einstellungen automatisch an dieser Stelle ab.

- **Rollen und Profile**

  Auf den beiden Registerkarten **Rollen** und **Profile** weisen Sie dem Benutzer Berechtigungen zu. Auf diese wichtigen Einstellungen im Benutzerstamm gehe ich in Abschnitt 8.2.2, »Berechtigungen verwalten«, ausführlicher ein.

- **Gruppen**

  Auf dieser Registerkarte weisen Sie dem Benutzer Benutzergruppen zu. Die hier angegebenen Gruppen haben bei Berechtigungsprüfungen keine Relevanz. Sie dienen lediglich der Gruppierung von Benutzern und können bei der Massenpflege in Transaktion SU10 hilfreich sein. Die Benutzergruppen selbst können Sie über Transaktion SUGR anlegen.

- **Personalisierung**

  Auf dieser Registerkarte können Sie über *Personalisierungsobjekte* personenbezogene Einstellungen vornehmen. Sie können die Registerkarte **Personalisierung** sowohl in der Rollenpflege als auch in der Benutzerpflege aufrufen. Anwendungen können über die Personalisierungsobjekte benutzer- oder rollenabhängige Daten speichern.

- **Lizenzdaten**

  Auf dieser Registerkarte geben Sie den vertraglichen Nutzertyp der Benutzer an (z. B. Anwendungsbenutzer*in, Entwickler*in, Administrator*in). Diese Informationen werden im Rahmen einer Lizenzvermessung ausgewertet.

Technischen Benutzer anlegen

Keine Adresse

Auf der Startseite der Transaktion SU01 finden Sie auch den Button **Technischer Benutzer** mit dem Symbol (**Anlegen**). Die Anlage eines technischen Benutzers unterscheidet sich nur in einem Punkt von der im vorangegangenen Abschnitt beschriebenen: Die Registerkarte **Adresse** ist für diesen Benutzertyp nicht verfügbar. Technische Benutzer sind nicht mit realen Personen verknüpft und können somit weder Mitarbeitende noch Geschäftspartner sein. Dennoch müssen Sie auf der Registerkarte **Logondaten** den geeigneten Benutzertyp auswählen, da als technische Benutzer grundsätzlich auch Dialogbenutzer verwendet werden könnten.

Benutzerstammsätze sperren und löschen

Konsequenzen beachten

Über die Buttons **Sperren** und **Löschen** in Transaktion SU01 können Sie erreichen, dass sich die betreffenden Benutzer nicht mehr am System anmelden können. Während das Sperren ein Vorgang ist, der leicht wieder umkehrbar ist, hat das Löschen eines Benutzers weitreichende Konsequenzen. Denn durch das Löschen gehen auch die Eigenschaften des Benutzerstammsatzes verloren.

Lassen Sie sich z. B. eine Rechnung im System anzeigen, die durch den Benutzer mit der ID `MUELLERM` erzeugt wurde, wird Ihnen in der entsprechenden Transaktion oder App der vollständige Name des zugehörigen Anwenders oder der Anwenderin aus dem Benutzerstammsatz angezeigt (z. B. Michael Müller). Wurde dieser Benutzer allerdings gelöscht, wird nur noch die Benutzer-ID angezeigt. Besser ist es daher, einen Benutzer z. B. nach dem Ausscheiden aus dem Unternehmen zunächst nur zu sperren und erst nach einem Ablauf einer gewissen Zeitspanne zu löschen.

Ein weiteres Problem der Löschung von Benutzern ist, dass in der Folge ein neuer Benutzer mit der gleichen Benutzer-ID `MUELLERM` (Melanie Müller) angelegt werden könnte, der aber einer ganz anderen Person zugeordnet ist. So würde in unserer exemplarischen Transaktion oder App angezeigt werden, dass Melanie Müller die Bestellung angelegt hat, was aber gar nicht stimmt.

Sperr- und Löschfunktion

Um solche Situationen zu vermeiden, können Sie die *Sperr- und Löschfunktion* aktivieren. Öffnen Sie dazu in Transaktion SM30 den Pflegeview `PRGN_CUST`, und setzen Sie den Parameter `USER_DEL_LOCK_ENTRY` auf den Wert `YES`. Eine Neuanlage eines gelöschten Benutzers mit gleicher Benutzer-ID ist dann nicht mehr möglich.

Benutzer reaktivieren

Über Transaktion SU06 können Sie sich die Benutzerstammsätze gelöschter Benutzer anzeigen lassen (siehe Abbildung 8.4) und selektiv die Wiederanlage erlauben, etwa wenn dieselbe Mitarbeiterin oder derselbe Mitarbeiter wieder in das Unternehmen zurückkehrt.

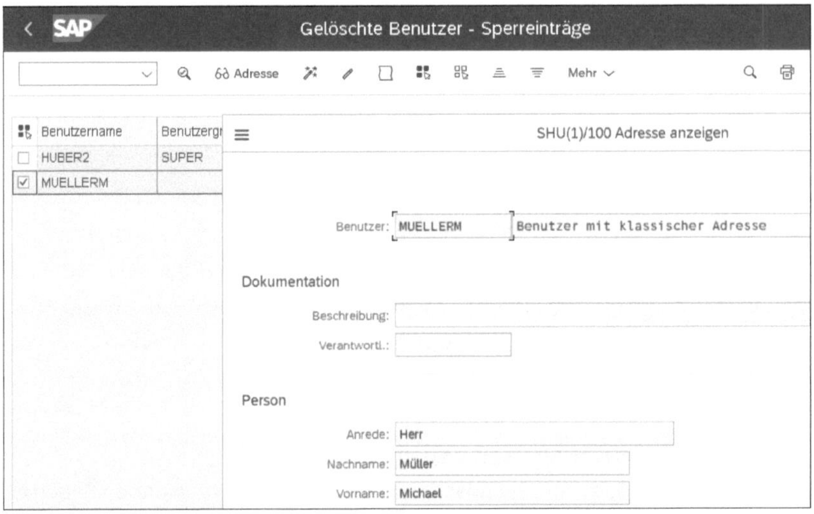

Abbildung 8.4: Gelöschte Benutzer in Transaktion SU06

In Kombination mit den Funktionen von *SAP Information Lifecycle Management* (SAP ILM) können Sie Aufbewahrungsregelwerke für gesperrte Benutzerstammdaten konfigurieren, damit bei Überschreitung der Aufbewahrungszeit die Benutzerstammdaten endgültig gelöscht werden.

Benutzerstammsätze kopieren

Möchten Sie einen Benutzerstammsatz kopieren, um auf dessen Basis neue Benutzer anzulegen, können Sie auf der Startseite der Transaktion SU01 in das

Feld **Benutzer** eine Ausgangs-Benutzer-ID eintragen und deren Stammsatz mit dem Button **Kopieren** kopieren. In der folgenden Bildschirmmaske können Sie auswählen, welche Teile des Benutzerstammsatzes kopiert werden sollen. Im Standard sind die Adressdaten sowie die Dokumentation nicht vorausgewählt, da diese bei neuen Benutzern individuell zu pflegen sind.

Massenänderungen

Über Transaktion SU10 können Sie Massenänderungen an Benutzerstammsätzen vornehmen. Zunächst können Sie über die drei Buttons **Adressdaten**, **Berechtigungsdaten** und **Anmeldedaten** die zu ändernden Benutzer anhand umfangreicher Selektionskriterien suchen:

- Adressdaten (Namen, Benutzer-ID, Abteilung, Personalnummer …)
- Berechtigungsdaten (Rollen, Berechtigungsobjekte, Parameter …)
- Anmeldedaten (Gültigkeit, Sperren, Anmeldeversuche, letzte Anmeldung …)

Aus der Ergebnisliste dieser Suche können Sie die gefundenen Benutzer teilweise oder vollständig an die Massenverarbeitung übertragen. Markieren Sie hierzu die gewünschten Benutzer, und wählen Sie den Button **Übernehmen**. Die ausgewählten Benutzer werden anschließend für die weitere Verwendung aufgelistet (siehe Abbildung 8.5).

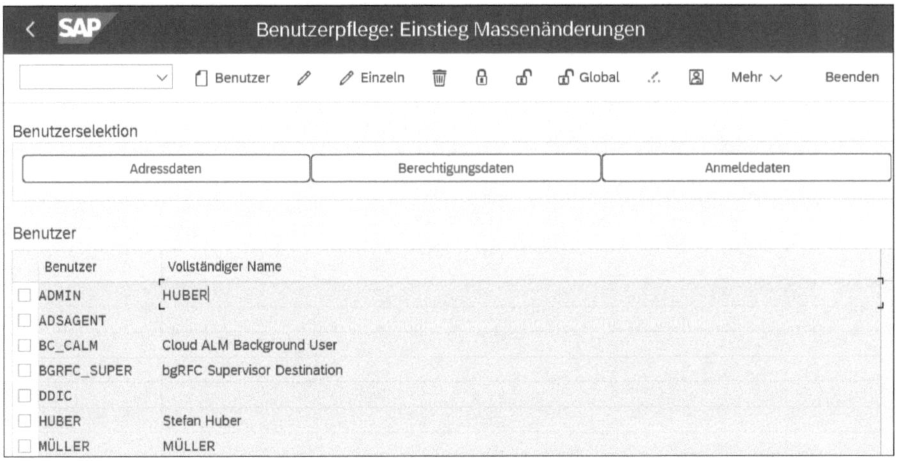

Abbildung 8.5: Massenpflege von Benutzern in Transaktion SU10

Es stehen folgende Massenänderungsfunktionen zur Verfügung:

- Benutzer anlegen
- Benutzer ändern
- Benutzer löschen
- Benutzer sperren oder entsperren

Über die Suche können Sie z. B. Benutzer identifizieren, die sich seit mehr als 90 Tagen nicht mehr am System angemeldet haben. Diese Benutzer können Sie dann über die Massenänderung z. B. sperren oder löschen.

Anwendungsbenutzer

Geschäftspartner

Die in diesem Abschnitt bisher gezeigten Konzepte und Transaktionen bilden die technische Grundlage des Benutzerkonzepts. Mit SAP S/4HANA hat SAP eine weitere Ebene eingeführt: die sogenannten *Anwendungsbenutzer*. Dabei wird jeweils der SU01-Benutzer mit einem *Geschäftspartner* mit der Rolle *Mitarbeiter* verknüpft. Die Idee ist, dass der Mitarbeiter an zentraler Stelle (z. B. in SAP SuccessFactors) gepflegt wird, und von dort als Geschäftspartner in die relevanten Systeme (z. B. auch nach SAP S/4HANA) verteilt wird. Der Vorteil besteht darin, dass sich die Qualität der Stammdaten, wie z. B. E-Mail-Adressen, Telefonnummern und Adressdaten, verbessert, da diese Daten nur an einer zentralen Stelle gepflegt werden müssen. Dieses Konzept ist in SAP S/4HANA Private Cloud und On-Premise nicht verpflichtend.

In Abbildung 8.6 sehen Sie eine über die SAP Cloud Identity Services replizierte Identität in der Transaktion BP (Geschäftspartner pflegen). Der Geschäftspartner wurde mit der Nummer 9980000000 erzeugt und hat die Mitarbeiter-ID 1 aus dem Personalstamm.

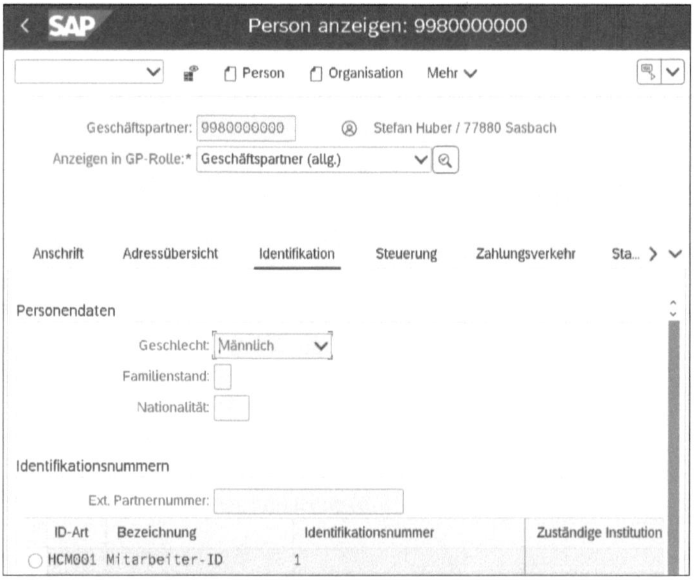

Abbildung 8.6: Anzeige eines Mitarbeiters in der Transaktion BP

Neben der automatischen Provisionierung können Sie auch die SAP-Fiori-App **Mitarbeiter pflegen** verwenden, um Mitarbeitende zu verwalten. In Abbildung

8.7 sehen Sie den gleichen Mitarbeiter mit der Verknüpfung zum Geschäftspartner und dem SU01-Benutzer (Feld **Benutzer-ID**).

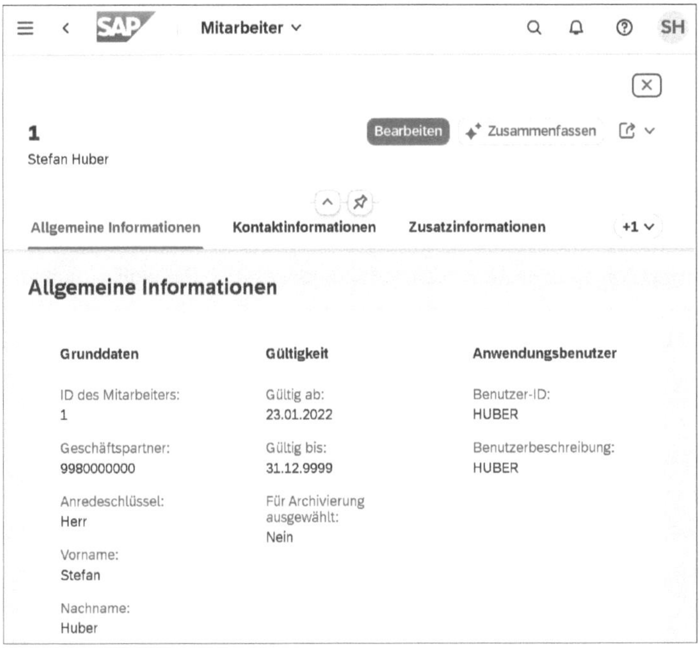

Abbildung 8.7: SAP-Fiori-App »Mitarbeiter pflegen«

In Transaktion SU01 sehen Sie wiederum die Verknüpfung zum Geschäftspartner, wie in Abbildung 8.8 gezeigt. Neben dem Benutzer sehen Sie den entsprechenden Hinweis **Benutzer mit Geschäftspartnerzuordnung (Geschäftspartner 9980000000)**. Obwohl ich mich im Änderungsmodus befinde, kann ich an dieser Stelle keine Änderung an den Adressdaten vornehmen.

Abbildung 8.8: Ein mit einem Geschäftspartner verknüpfter Benutzer

8.2.2 Berechtigungen verwalten

Rollenverwaltung

Eine zentrale Administrationsaufgabe ist es, die Benutzer mit den notwendigen Berechtigungen für SAP S/4HANA auszustatten. Die zentrale Stelle hierfür ist die Rollenverwaltung (Transaktion PFCG) auf der ABAP-Plattform. Rollen sind das Bindeglied zwischen Berechtigungen und Benutzern.

Zweistufige Berechtigungsprüfung

Klassische SAP-GUI-basierte Transaktionen nutzen eine zweistufige Berechtigungsprüfung. Im ersten Schritt wird geprüft, ob der Benutzer die Transaktion verwenden darf. Im zweiten Schritt wird bei der Ausführung einer Aktivität innerhalb der Transaktion geprüft, ob der Benutzer für diese Aktivität berechtigt ist.

Alle Berechtigungen werden in *Rollen* zusammengefasst. Die Rollen werden den Benutzern zugewiesen. Auch SAP Fiori nutzt dieses Rollenkonzept. Allerdings gibt es hier keine Transaktionen, sondern Kacheln für Apps, die im SAP Fiori Launchpad angezeigt werden. In Abschnitt 8.2.3 gehe ich gesondert auf die Rollenverwaltung im Kontext von SAP Fiori ein. In aktuellen SAP-S/4HANA-Systemen müssen Sie sowohl die klassische Rollenverwaltung als auch die Rollenverwaltung für SAP Fiori beherrschen.

Profile

Die Berechtigungen einer Rolle werden in *Profilen* gruppiert. Die Profile werden bei der Rollenpflege automatisch generiert. Bei der Ausprägung von Berechtigungen sind die Rollen das für Sie wichtige Element. Wenn Sie einem Benutzer z. B. in Transaktion SU01 auf der Registerkarte **Rollen** eine Rolle zuweisen, wird das entsprechende Profil auf der Registerkarte **Profile** automatisch hinzugefügt.

In Ausnahmefällen können Sie Profile auch direkt zuweisen. Generierte Profile können aber nicht aus dem Benutzerstammsatz entfernt werden. Dies würde beim Entfernen der entsprechenden Rolle geschehen. Die Berechtigungsprüfung erfolgt auf Basis der Profile, die Pflege von Berechtigungen erfolgt aber über die Rollen.

Die Zusammenhänge möchte ich im Folgenden anhand eines Beispiels verdeutlichen. In den meisten Fällen werden Sie keine Berechtigungsrollen aus dem Nichts aufbauen müssen, da SAP Standardrollen ausliefert, die Sie als Vorlage verwenden können. Sie kopieren dazu die von SAP ausgelieferten Rollen und passen diese nach Ihren Bedürfnissen an.

Rolle anlegen

Im Beispiel benötigen wir eine Rolle, die es einer Administratorin oder einem Administrator ermöglicht, Benutzerstammsätze zu pflegen. Um eine solche Rolle anzulegen, öffnen Sie Transaktion PFCG, tragen einen Namen für die Rolle ein und wählen den Button **Einzelrolle anlegen**.

Beschreibung

Sie sehen nun die Registerkarte **Beschreibung**, auf der Sie allgemeine Informationen zur Rolle, wie eine Kurzbeschreibung und eine Dokumentation, pflegen können (siehe Abbildung 8.9).

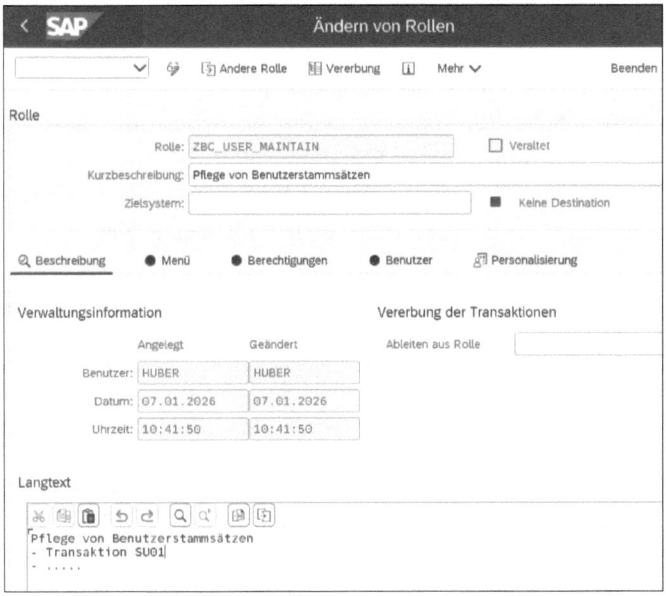

Abbildung 8.9: Rolle in Transaktion PFCG anlegen

Namenskonvention für Rollen

Auch für die Rollen sollten Sie eine Namenskonvention verwenden. Die Namen sollten den Einsatzbereich (z. B. anhand der Buchstaben BC für Basis) und die Funktion der Rolle erkennen lassen. Rollen, die mit »SAP« beginnen, werden von SAP ausgeliefert. Diesen Namensraum dürfen Sie nicht verwenden.

Zuschnitt einer Rolle

Der Umfang der Berechtigungen einer Rolle muss wohlüberlegt sein. Benötigt ein Anwender Berechtigungen für Aufgabe A, B und C, eine andere Anwenderin aber nur Berechtigungen für Aufgabe A und B, sollten Sie diese Berechtigungen nicht in einer Rolle zusammenfassen. In diesem Fall legen Sie besser für jede Aufgabe eine einzelne Rolle an und weisen diese den beiden Anwender*innen zu. Neben Einzelrollen können Sie auch *Sammelrollen* anlegen. Sammelrollen fassen mehrere Einzelrollen zusammen.

Rollenmenü

Meldet sich ein Anwender oder eine Anwenderin über das SAP GUI am SAP-System an, wird auf der Startseite ein Benutzermenü angezeigt. Hier kann man direkt einen Transaktionscode eingeben oder über das Menü nach der benötigten Transaktion suchen und diese über einen Doppelklick starten. Die einer Rolle zur Verfügung stehenden Transaktionen können Sie in Transaktion PFCG auf der Registerkarte **Menü** pflegen. Anwender*innen können auch eigene Favoriten in das Menü aufnehmen.

Vorschlagswerte

Über den Button **Transaktion** können Sie unserer Rolle beispielsweise die Transaktion SU01 hinzufügen. Diese Aufnahme einer Transaktion auf der Registerkarte **Menü** bewirkt aber nicht nur eine Erweiterung des Rollenmenüs. Auch die für diese Transaktion benötigten *Berechtigungsobjekte*, im Beispiel die Berechtigungsobjekte für die Benutzerpflege über Transaktion SU01, werden in die Rolle aufgenommen und mit *Vorschlagswerten* vorbelegt. Die Vorschlagswerte werden von SAP im Rahmen einer Erstinstallation und bei Upgrades ausgeliefert.

Registerkarte »Berechtigungen«

Indem Sie auf der Registerkarte **Menü** Transaktion SU01 dem Rollenmenü hinzugefügt haben, wurden der Rolle automatisch die Berechtigungsobjekte und Werte für die Transaktion SU01 hinzugefügt. Wählen Sie auf Registerkarte **Berechtigungen** den Button (**Berechtigungsdaten ändern**), um diese Vorschlagswerte zu sehen. Es öffnet sich die in Abbildung 8.10 dargestellte Bildschirmmaske.

[»]

Bearbeitungsreihenfolge der Registerkarten

Es ist keine Voraussetzung für die Berechtigungspflege, zunächst die Transaktionen auf der Registerkarte **Menü** einzutragen. Sie können die Berechtigungsobjekte auch manuell hinzufügen, ohne zuvor die Registerkarte **Menü** zu pflegen.

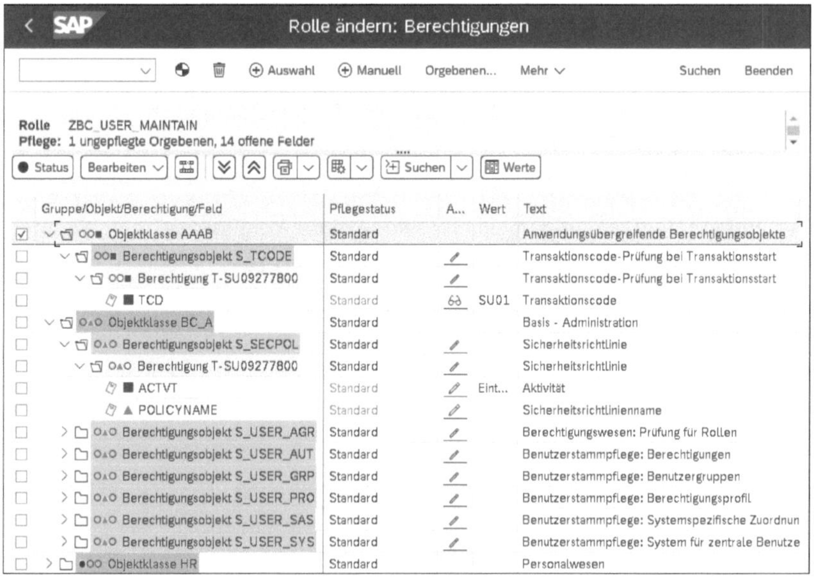

Abbildung 8.10: Berechtigungsobjekte einer Rolle

Berechtigungsobjekt

Das oberste, in Abbildung 8.10 mit einer grünen Ampel versehene Berechtigungsobjekt ist `S_TCODE`. Es beinhaltet ein *Berechtigungsfeld* `TCD` (Transaktionscode). Hier ist bereits der Wert »SU01« eingetragen, d. h., dieses Berechtigungsobjekt erlaubt das Aufrufen der Transaktion SU01. Da das Berechtigungsobjekt vollständig definiert ist, wird der Status grün angezeigt. Die meisten anderen Berechtigungsobjekte in Abbildung 8.10 haben jedoch noch einen gelben oder roten Status. Das liegt daran, dass noch nicht definiert wurde, welche Aktivitäten mit der betreffenden Rolle im Detail ausgeführt werden dürfen. Es wurden also einzelne Werte von Berechtigungsfeldern der Berechtigungsobjekte noch nicht definiert.

Würden Sie die Rolle in diesem Zustand sichern und einem Benutzer zuweisen, könnte die entsprechende Anwenderin oder der Anwender zwar die Benutzerpflege im Menü sehen, beim Starten der Transaktion SU01 käme es allerdings zu einem Berechtigungsfehler. Dies liegt daran, dass das Profil zur Rolle noch nicht generiert wurde und somit nicht im Benutzerstammsatz hinterlegt ist.

Betrachten wir als Beispiel den Zustand des Berechtigungsobjekts `S_USER_SAS` in Abbildung 8.11. Es besteht wie jedes Berechtigungsobjekt aus einem oder mehreren Berechtigungsfeldern. Das Berechtigungsfeld `ACTVT` (Aktivität) ist in diesem Beispiel bereits standardmäßig gepflegt und hat daher einen grünen Status.

Abbildung 8.11: Berechtigungsobjekt S_USER_SAS

Berechtigungsfelder

Klicken Sie in der Zeile dieses Berechtigungsfeldes auf den Button (**Ändern**), können Sie die Werte des Berechtigungsfeldes ändern. Dazu öffnet sich das Fenster, das Sie in Abbildung 8.12 sehen.

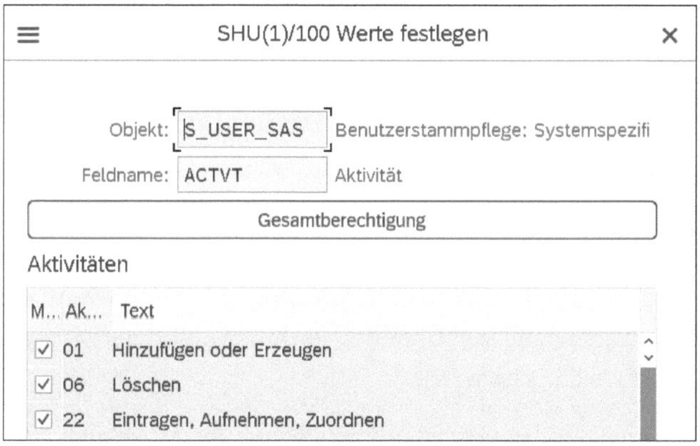

Abbildung 8.12: Pflege der Werte des Berechtigungsfeldes ACTVT

Gesamtberechtigung

Aktuell sind im Bereich **Aktivitäten** alle drei verfügbaren Werte aktiviert. Technisch werden die Werte 01, 06 und 22 gespeichert. Würden Sie auf den Button **Gesamtberechtigung** klicken, würde der Wert * anstelle der Einzelwerte gespeichert. Würde SAP dem Berechtigungsobjekt bei einem Update z. B. einen weiteren Wert hinzufügen, wäre dieser bereits mit abgedeckt. In diesem konkreten Fall, bei dem bereits alle Werte aktiviert sind, scheint das Ergebnis zunächst gleich, egal, ob Sie die drei Werte einzeln aktivieren oder die Gesamtberechtigung vergeben. Bei einzelner Zuweisung würden neu von SAP hinzugefügte Werte nach einem Upgrade jedoch nicht automatisch berücksichtigt. Sie sollten mit der Verwendung von Gesamtberechtigungen vorsichtig sein und möglichst nur die Berechtigungswerte eintragen, die auch wirklich benötigt werden.

Und-Vernüpfung

Wie Sie in Abbildung 8.11 gesehen haben, besitzt das Berechtigungsobjekt `S_USER_SAS` neben dem Feld `ACTVT` noch weitere Felder. Alle Felder werden stets gemeinsam betrachtet, sind also mit einem logischen UND verknüpft. Möchten Sie z. B., dass nur Rollen hinzugefügt werden dürfen, die mit dem Buchstaben Z beginnen, tragen Sie in der Berechtigungsfeldpflege (siehe Abbildung 8.12) beim Feld `ACTVT` den Wert »01« und beim Feld `ACT_GROUP` den Wert »Z*« ein. Möchten Sie zusätzlich, dass Rollen aus dem Benutzerstamm gelöscht werden können, die mit dem Buchstaben S* beginnen, gelingt Ihnen das nicht über das vorhandene Berechtigungsobjekt, da es nicht möglich ist, eine ODER-Verknüpfung zu pflegen. In solchen Fällen fügen Sie Ihrer Rolle das Berechtigungsobjekt `S_USER_SAS` über den Button **+ Manuell** einfach ein weiteres Mal hinzu. Diese Mal wählen Sie beim Feld `ACTVT` den Wert »06« und beim Feld `ACT_GROUP` den Wert »S*«.

Mit Vorlagen arbeiten

Sie können auch Vorlagen für Berechtigungsobjekte verwenden. Dies spart Zeit bei der Pflege, da die Felder und Werte schon vorausgefüllt sind. Eigene Vorlagen können Sie auf der Startseite der Transaktion PFCG über den Menüpfad **Hilfsmittel • Vorlagen** pflegen. Dort sehen Sie auch die von SAP ausgelieferten Vorlagen. Innerhalb der Berechtigungspflege haben Sie über die Menüoption **Bearbeiten • Einfügen Berechtigungen • aus Vorlage** Zugriff auf die Vorlagen und können diese einfügen.

Inaktivieren

Sie sollten grundsätzlich alle Berechtigungsobjekte, die Ihnen für eine Rolle vorgeschlagen werden, überprüfen und die Werte korrekt pflegen. Möchten Sie eine Berechtigung nicht vergeben, können Sie das entsprechende Berechtigungsobjekt über den Button (**Inaktivieren**) in der Zeile des Berechtigungsobjekts inaktivieren. Inaktive Berechtigungsobjekte können Sie über den Button (**Inaktive löschen**) entfernen. Sie können inaktive Objekte aber auch in der Rolle stehen lassen, was nützlich ist, wenn Sie diese Berechtigung eventuell später doch noch hinzufügen möchten. Über den Button (**Aktivieren**) können Sie inaktive Objekte wieder aktivieren.

Oben links in den Vorschlagswerten (siehe Abbildung 8.10) sehen Sie den Button **Status** mit einem ampelfarbigen Statussymbol. Solange der Status nicht grün ist, gibt es noch Berechtigungsfelder, die noch nicht gepflegt wurden. Betätigen Sie den Button, wird ein Pop-up-Fenster angezeigt, indem Sie die Möglichkeit haben, alle ungepflegten Felder mit einer Gesamtberechtigung zu versehen. Verwenden Sie diese Funktion jedoch mit Vorsicht.

Profil generieren

Entspricht die Ausprägung der Berechtigungen Ihren Vorstellungen, sichern Sie die Berechtigungen. Im Anschluss generieren Sie das Profil mit dem Button (**Generieren**). Beenden Sie die Berechtigungspflege schließlich mit dem Zurück-Button. Gehen Sie zurück, ohne zuvor das Profil zu generieren, erhalten Sie eine entsprechende Warnung und können die Generierung des Profils nachholen. Bedenken Sie, dass nur das generierte Profil für die Berechtigungsprüfung herangezogen wird. Die Rolle selbst ist für die Berechtigungsprüfung nicht maßgebend.

Registerkarte »Benutzer«

Auf der Registerkarte **Benutzer** der Rollenpflege sehen Sie die Benutzer, die dieser Rolle zugeordnet sind. Da in unserem Beispiel aktuell noch keine Benutzer zugeordnet sind, wird auf dem Register ein rotes Statussymbol angezeigt. Sie können nun in der Tabelle **Benutzerzuordnungen** Benutzer hinzufügen. Speichern Sie die Rolle, wechselt die Farbe der Statusanzeige auf dem Register von Rot nach Gelb (siehe Abbildung 8.13).

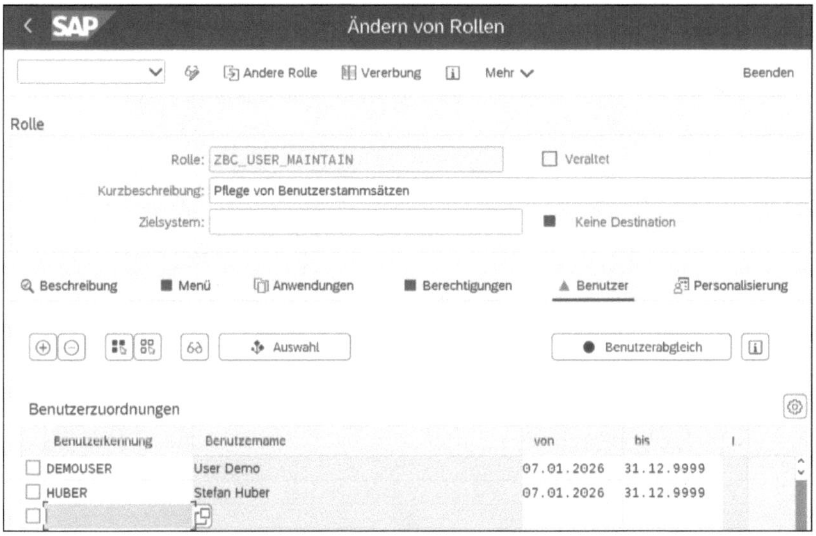

Abbildung 8.13: Benutzer der Rolle zuweisen

Benutzerabgleich

Prüfen Sie nun über Transaktion SU01 den Benutzerstammsatz einer der hinzugefügten Benutzer, werden Sie feststellen, dass die Rolle (in unserem Beispiel `ZBC_USER_MAINTAIN`) auf der Registerkarte **Rollen** zugeordnet wurde. Auf der Registerkarte **Profile** fehlt allerdings die Angabe des generierten Profils. Hätten Sie die Rolle direkt in Transaktion SU01 zugewiesen, wäre das Profil, sofern es bereits generiert worden wäre, automatisch hinzugefügt worden. Entfernen Sie eine Rolle über Transaktion SU01, wird das generierte Profil ebenfalls entfernt. Wenn Sie die Rollen über Transaktion PFCG zuordnen, müssen Sie das Profil explizit im Benutzerstammsatz hinzufügen, entfernen oder aktualisieren. Diesen Vorgang nennt man *Benutzerabgleich*. Wählen Sie hierzu auf der Registerkarte **Benutzer** der Transaktion PFCG den Button **Benutzerabgleich** (siehe Abbildung 8.13). Im Anschluss ist sowohl das Statussymbol auf dem Button **Benutzerabgleich** als auch das auf der Registerkarte **Benutzer** grün.

Report RHAUTUPD_NEW

Da Rollen auch transportiert werden oder indirekt über das Organisationsmanagement vergeben werden können, passiert es immer wieder, dass der Benutzerstamm nicht abgeglichen ist. Einem Benutzer ist dann zwar eine Rolle korrekt zugewiesen worden, das Profil ist aber veraltet oder nicht zugewiesen. Gerade der Rollentransport ist die häufigste Ursache solcher Probleme, da ein Transport Rolle und Profil lediglich transportiert, aber nicht abgleicht.

Sie können den Benutzerabgleich manuell über Transaktion PFUD durchführen. Ich empfehle Ihnen aber, den Abgleich als Hintergrundjob täglich einzuplanen. Die Einplanung können Sie durch einmaliges Ausführen des Reports `RHAUTUPD_NEW` in Transaktion SA38 auslösen:

1. Wählen Sie hierzu auf dem Selektionsbildschirm des Reports die Option **Hintergrundjob für den Gesamtabgleich einplanen oder überprüfen** (siehe Abbildung 8.14).

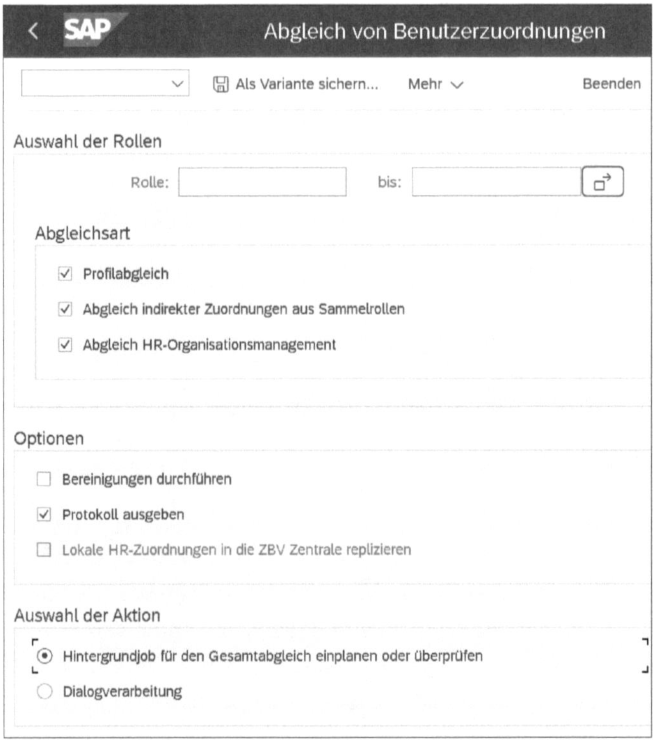

Abbildung 8.14: Selektionsbildschirm des Reports RHAUTUPD_NEW

2. Die anderen Einstellungen können Sie so belassen, wie vorgeschlagen.
3. Wählen Sie dann **Ausführen** und auf dem Folgebildschirm noch einmal **Ausführen**.
4. Wird kein eingeplanter Job gefunden, werden Sie gefragt, ob Sie den Job mit den Vorschlagswerten einplanen möchten. Bestätigen Sie dies.
5. Es öffnet sich ein weiteres Fenster, in dem Sie die Jobparameter anpassen können. Ich empfehle Ihnen, die Benutzer-ID auf einen technischen Hintergrundbenutzer umzustellen, damit der Job nicht unter Ihrer Benutzer-ID läuft. Es genügt aber, den Job über den Button **Sichern** einzuplanen.

Der Job wird nun täglich um 2 Uhr unter dem Namen `PFCG_TIME_DEPENDENCY` ausgeführt.

Registerkarte »Personalisierung«

Auf der Registerkarte **Personalisierung** der Transaktion PFCG können Sie über **Personalisierungsobjekte** personenbezogene Einstellungen vornehmen. Sie können dieses Register sowohl in der Rollenpflege als auch in der Benutzerpflege aufrufen. Anwendungen können über die Personalisierungsobjekte benutzer- oder rollenabhängige Daten für eine Anwendung speichern.

Rollen kopieren

Im vorangegangenen Abschnitt habe ich Ihnen gezeigt, wie Sie eine Rolle zur Benutzerverwaltung manuell anlegen und mit Berechtigungen versehen. SAP liefert jedoch im Standard bereits viele Rollen aus. Diese Rollen sollten Sie als Vorlagen betrachten, sie also nicht direkt Benutzern zuweisen. Es wird aber durchaus empfohlen, diese Rollen in den eigenen Namensraum zu kopieren. Hierzu finden Sie auf der Startseite der Transaktion PFCG den Button (**Rolle kopieren**). Selbstverständlich können Sie auch kundeneigene Rollen kopieren.

Standardrollen

Für unseren exemplarischen Anwendungsfall, die Benutzerverwaltung, existiert die Standardrolle `SAP_BC_USER_ADMIN`. Nach dem Kopieren dieser Rolle können Sie sie, wie im vorangegangenen Abschnitt gezeigt, anpassen, das Profil generieren und Benutzern zuweisen. Die genannte Standardrolle ist etwas umfangreicher als die, die wir im Beispiel manuell angelegt haben, da neben Transaktion SU01 unter anderem auch die Funktionen der Rollenverwaltung und Massenpflege enthalten sind.

Rollen transportieren

Vorteile des Transports

Die Benutzer- und Rollenverwaltung ist system- und mandantenabhängig. Es ist sinnvoll, Berechtigungen wie andere Entwicklungen und Customizing zu transportieren. Dafür sprechen folgende Argumente:

- Das Transportwesen kann ein revisionssicheres Verfahren zur Produktivsetzung von Änderungen in der Systemlandschaft abbilden. Die Berechtigungsverwaltung kann diese Infrastruktur, z. B. Genehmigungs-Workflows, mitbenutzen.

- Berechtigungen sollten auch getestet werden. Durch das Transportieren müssen Sie die Rollen nur einmal pflegen. Anschließend stehen sie im Test- und später im Produktivsystem zur Verfügung.

Für die Berechtigungsverwaltung gibt es auch externe Werkzeuge, auf die ich in Abschnitt 8.4, »Externe Werkzeuge zur Benutzer- und Berechtigungsadministration«, kurz eingehe. Diese Werkzeuge ermöglichen eine zentrale Pflege von Rollen und können diese in die Systeme verteilen. Hierbei handelt es sich dann nicht unbedingt um die in diesem Buch beschriebene Transportfunktionalität.

Rolle transportieren

Rollen unterliegen nicht der automatischen Transportaufzeichnung. Daher ist es grundsätzlich möglich, in jedem System direkt Berechtigungen zu pflegen. Möchten Sie dies nicht, müssen Sie dies über Berechtigungen unterbinden oder einschränken. Um eine Rolle zu transportieren, klicken Sie in Transaktion PFCG nach Auswahl der Rolle auf den Button  (**Rolle transportieren**).

Neben Rolle und Profil können auch die Benutzerzuordnungen und die Personalisierungsdaten transportiert werden. Gerade die Benutzerzuordnungen können aber kritisch sein, da die Zuordnung im Zielsystem durch den Import des Transportauftrags überschrieben werden. Um ein System gegen den Import von Benutzerzuordnungen zu sperren, können Sie in diesem System in Transaktion SM30 den Pflegeview `PRGN_CUST` pflegen und den Parameter `USER_REL_IMPORT` auf den Wert `NO` setzen.

Die zu einer Rolle generierten Profile werden im Standard ebenfalls mittransportiert. Möchten Sie dies nicht, können Sie im Pflegeview `PRGN_CUST` den Parameter `PROFILE_TRANSPORT` auf `NO` stellen. Sie müssen dann das Profil im Zielsystem nach dem Import über die Transaktion PFCG manuell generieren. Eine Massengenerierung ist über Transaktion SUPC möglich.

Benutzerabgleich nach Import

In jedem Fall müssen Sie im Zielsystem einen Benutzerabgleich durchführen, wie ich es in Abschnitt »Rolle anlegen« im Rahmen der Anlage von Rollen über die Transaktion PFCG beschrieben habe.

Rollen herunterladen und hochladen

Sie können Rollen aus Transaktion PFCG in das Dateisystem Ihres PCs exportieren und in ein anderes System und/oder in einen anderen Mandanten importieren. Hierzu stehen Ihnen im Menü der Transaktion PFCG die Optionen **Rolle • Download** bzw. **Rolle • Upload** zur Verfügung. Diese Optionen bieten sich besonders an, wenn Sie Rollen mit Systemen außerhalb der Systemlandschaft austauschen möchten. Auch SAP stellt in SAP-Hinweisen Rollen zur Verfügung, die Sie über diese Funktion in Ihr System importieren können.

Voraussetzung für den Import einer Rolle über RFC ist eine funktionierende RFC-Verbindung zu dem System, aus dem Sie Rollen importieren möchten. Auf RFC-Verbindungen gehe ich in Kapitel 11, »Konnektivität«, ausführlicher ein.

Rollen über RFC importieren

Wählen Sie auf der Startseite der Transaktion PFCG die Menüoption **Rolle • Einlesen per RFC aus anderem System**. Nach Auswahl der RFC-Verbindung und der Authentifizierung können Sie die zu importierenden Rollen auswählen. Sie können den RFC-Import auch innerhalb eines Systems nutzen, wenn Sie eine oder mehrere Rollen aus einem Mandanten in einen anderen kopieren möchten.

8.2.3 Berechtigungen im Kontext von SAP Fiori

Anwendungsrollen

Durch SAP Fiori ergeben sich einige neue Aspekte bei den Berechtigungsrollen. Im bisherigen Berechtigungskonzept für die SAP-GUI-Transaktionen stand die Funktionalität der jeweiligen Transaktion im Vordergrund. Mit SAP Fiori hat man den Blick auf die Person, die eine Aufgabe ausführt, gerichtet. Dieser Ansatz ist nicht neu, aber ein zentrales Merkmal von SAP Fiori. Daher werden Sie mit SAP Fiori mit den sogenannten *Anwendungsrollen* (engl. *Business Roles*) konfrontiert. Technisch betrachtet ist eine Anwendungsrolle eine Rolle, die Sie wie alle anderen Rollen in Transaktion PFCG pflegen und Anwender*innen zuweisen können.

Als Beispiel finden Sie im System die Anwendungsrolle `SAP_BR_PURCHASER`. Diese von SAP ausgelieferte Anwendungsrolle soll das Aufgabenfeld eines Einkäufers umfassen. Haben Sie SAP Fiori über die schnelle Aktivierung eingerichtet (siehe Abschnitt 4.5.3, »Schnelle Aktivierung von SAP Fiori (SAP Fiori Rapid Activation)«), wurde diese Rolle auch bereits in Ihren Kundennamensraum kopiert (z. B. `Z_BR_PURCHASER`) und automatisch sowohl mit Frontend-Berechtigungen als auch mit Backend-Berechtigungen ausgestattet. Weisen Sie diese Rolle einer Einkäuferin oder einem Einkäufer zu, sollte diese Person daher alle notwendigen Aufgaben im System erledigen können. Weicht der Umfang der Aufgaben im Einkauf in Ihrem Unternehmen ab, müssen Sie die Anwendungsrolle entsprechend anpassen.

Embedded Deployment

Die Trennung in Frontend- und Backend-Berechtigungen ist notwendig, da man den SAP-Fiori-Frontend-Server und das System, auf dem die Geschäftsanwendung abgebildet ist (in unserem Fall SAP S/4HANA), auf zwei getrennten Systemen betreiben kann. Daher benötigen eine Anwenderin oder ein Anwender in beiden Systemen einen eigenen Benutzerstammsatz und jeweils unterschiedliche Berechtigungen. Dies verkompliziert die Pflege von Benutzerstammsätzen und Rollen sehr. Mit dem für SAP S/4HANA empfohlenen Embedded Deployment befinden sich beide Anwendungen jedoch in einem System. Daher können hier Frontend- und Backend-Berechtigungen gemeinsam betrachtet werden, und die schnelle Aktivierung von SAP Fiori nimmt Ihnen schon viel Arbeit ab.

Katalog

Über die Frontend-Berechtigungen werden die Apps im SAP Fiori Launchpad sichtbar gemacht. Ohne diese Berechtigungen können die Mitarbeitenden keine Apps sehen und somit auch nicht verwenden. Allerdings wird nicht eine einzelne SAP-Fiori-App einer Frontend-Berechtigung zugeordnet, sondern mehrere Apps indirekt über einen *Katalog*. Dies hat den Vorteil, dass nicht jede SAP-Fiori-App, die Sie einer Anwenderin oder einem Anwender neu zuweisen möchten, eine Änderung der Rollen nach sich zieht. Sie ordnen die SAP-Fiori-App stattdessen einem Katalog zu, und alle Anwender*innen, die für den Zugriff auf diesen Katalog berechtigt sind, können die SAP-Fiori-App dann aufrufen. Damit die Anwender*innen aber die SAP-Fiori-Apps auch bedienen können, müssen zusätzlich die Backend-Berechtigungen zugewiesen werden.

Bereiche und Seiten

Anwender*innen können je nach Aufgabe im Unternehmen Zugriff auf sehr viele Apps haben. Damit sie beim Zugriff auf das SAP Fiori Launchpad nicht von einer zu hohen Anzahl an Kacheln überfordert werden, kann man die Sicht einschränken. Hierzu gab es bisher das Konzept der Gruppen, das inzwischen jedoch von dem Konzept der *Bereiche* und *Seiten* abgelöst wurde. Abbildung 8.15 veranschaulicht die Zusammenhänge.

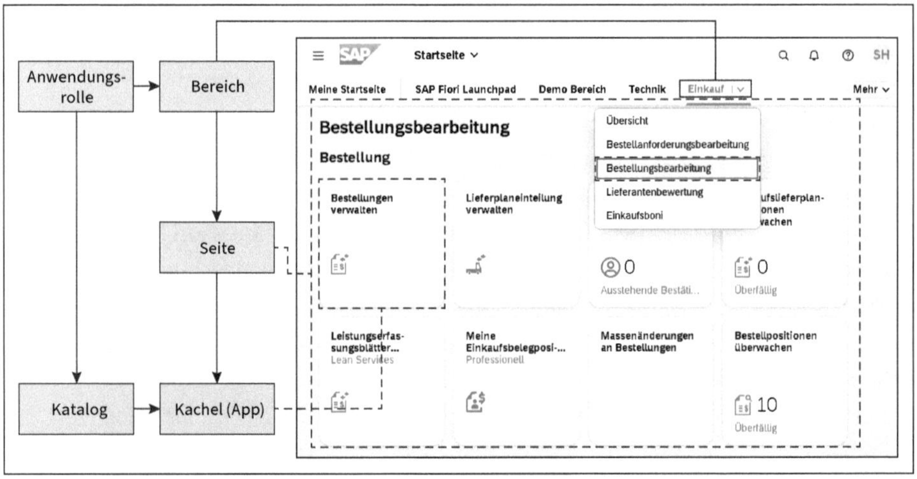

Abbildung 8.15: Zusammenhang zwischen Katalogen, Bereichen und Seiten auf dem SAP Fiori Launchpad

Einen SAP-Fiori-Katalog und eine Anwendungsrolle erstellen

Damit Sie die Zusammenhänge besser verstehen, zeige ich Ihnen im folgenden Beispiel, wie Sie einen neuen Katalog, einen neuen Bereich und eine Seite erstellen. Wir werden zwei Apps hinzufügen, eine Anwendungsrolle erstellen und diese einem Benutzer zuweisen.

Berechtigungen für die Einrichtungsschritte

Damit Sie alle im Folgenden beschriebenen Einrichtungsschritte durchführen können, benötigen Sie die Berechtigungsrollen `Z_FLP_ADMIN` und `Z_FLP_USER`. Beide werden im Rahmen der schnellen SAP-Fiori-Aktivierung erstellt.

Ebenso benötigen Sie Berechtigungen, um mit Transportaufträgen arbeiten zu können und Berechtigungsrollen zu pflegen. Als Vorlage können Sie z. B. die Berechtigungsrollen `SAP_BC_CUS_CUSTOMIZER` und `SAP_BC_SEC_AUTH_ADMIN` nutzen und diese kopieren. Weisen Sie Ihrem Benutzer diese Rollen über Transaktion SU01 oder PFCG zu.

Transportauftrag anlegen

Öffnen Sie anschließend Transaktion SE10, und legen Sie einen Customizing-Transportauftrag an. Diesen benötigen Sie bei der folgenden Anlage einer neuen Kachel.

Katalog anlegen

Öffnen Sie über Transaktion /N/UI2/FLP das SAP Fiori Launchpad. Da Ihnen die Rolle `Z_FLP_ADMIN` zugewiesen wurde, sehen Sie auf der Startseite des Launchpads einige administrative SAP-Fiori-Apps zur Konfiguration des Launchpads (siehe Abbildung 8.16).

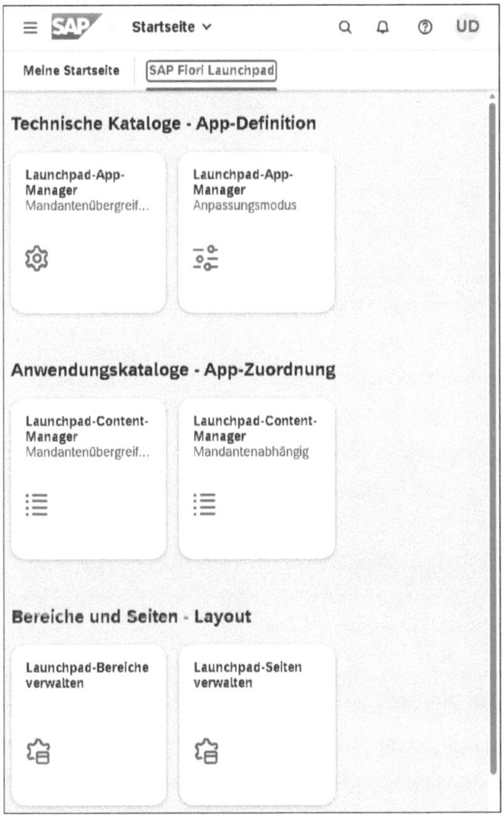

Abbildung 8.16: Startseite des SAP Fiori Launchpads für die Administration

Launchpad-Content-Manager

SAP-Fiori-Kataloge können über verschiedene Werkzeuge angelegt werden. Ich verwende in diesem Beispiel die Kachel **Launchpad-Content-Manager (Mandantenabhängig)**, über die Sie den *Launchpad-Content-Manager* öffnen. Es handelt sich dabei nicht um eine native SAP-Fiori-App, sondern um eine klassische SAP-GUI-Transaktion, die in das SAP Fiori Launchpad eingebunden wurde. Sie können sie alternativ auch über den Transaktionscode /N/UI2/FLP-CM_CUST öffnen. In Abbildung 8.17 sehen Sie die Startseite des Launchpad-Content-Managers. Gehen Sie hier wie folgt vor:

1. Wählen Sie im Bereich **Kataloge** den Button **Anlegen**.
2. Wählen Sie anschließend einen geeigneten Namen (z. B. »Z_TC_DEMOKATALOG«) und einen Titel (z. B. »Demo Katalog«) für Ihren Katalog. Die von SAP ausgelieferten Kataloge folgen meistens der Namenskonvention `SAP_TC_*`, daher bietet es sich an, für Ihre eigenen Kataloge eine ähnliche Namenskonvention zu verwenden.

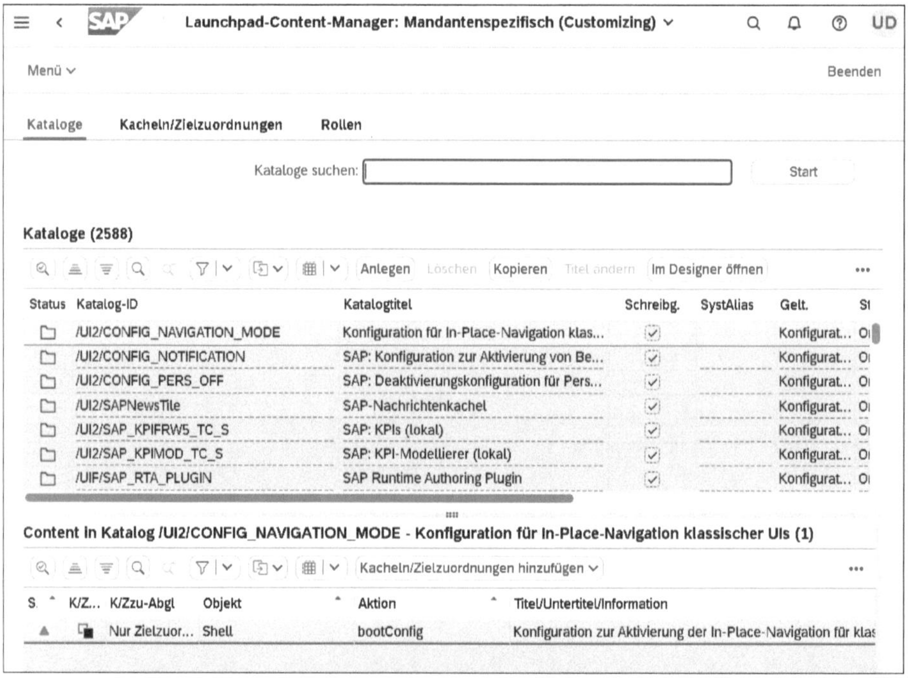

Abbildung 8.17: Launchpad-Content-Manager

3. Klicken Sie nun auf den Button **Weiter**.
4. Es folgt die Abfrage eines Customizing-Transportauftrags. Wählen Sie hier den zuvor in Transaktion SE10 angelegten Transportauftrag aus, und klicken Sie auf den Button **Weiter**.

Der Katalog ist jetzt angelegt und wird im Bereich **Kataloge** angezeigt.

Kacheln dem Katalog zuweisen

Die Zuweisung von Kacheln zu einem Katalog kann auf unterschiedliche Wege erfolgen. Ich verwende auch hierzu den bereits geöffneten Launchpad-Content-Manager:

1. Markieren Sie hier im Bereich **Kataloge** den eben angelegten Katalog.
2. Der Bereich **Content in Katalog Z_TC_DEMOKATALOG** ist noch leer, da noch keine Kacheln hinzugefügt wurden. Wählen Sie in diesem Bereich **Kacheln/Zielzuordnungen hinzufügen • Kacheln/Z.zuordnungen ausgew.Kat.hinzuf.**.
3. Es öffnet sich ein neues Fenster, in dem Sie nach Kacheln suchen können. Ich verwende zur Suche nach SAP-Fiori-Apps aber meist die bereits vorgestellte SAP Fiori Apps Reference Library (*https://fioriappslibrary.hana.ondemand.com/*). Mit dem Suchbegriff »Manage Purchase Orders« finden Sie hier die App »Manage Purchase Orders (Version 2)«. In der Übersicht wird Ihnen die App-ID **F0842A** angezeigt. Dies ist der eindeutige Bezeichner der App. Diese ID können Sie nun in das Suchfeld **Kacheln/Zielzuordnungen suchen** des Launchpad-Content-Managers eintragen (siehe Abbildung 8.18).

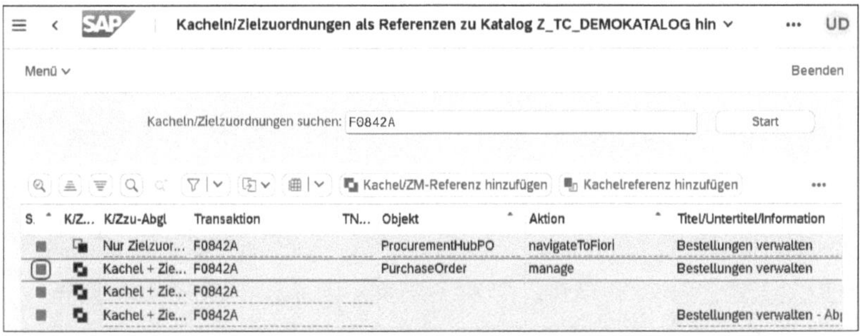

Abbildung 8.18: Kachel für die SAP-Fiori-App »Manage Purchase Orders« im Launchpad-Content-Manager suchen

4. Markieren Sie die Zeile mit der Kachel und Zielzuordnung für das semantische Objekt **PurchaseOrder** mit der Aktion **manage**. Klicken Sie dann den Button **Kachel/ZM-Referenz hinzufügen**.
5. Als weitere Kachel möchte ich eine SAP-GUI-basierte Transaktion hinzufügen, und zwar die Transaktion ME21N zur Anlage von Bestellungen. Sie können in diesem Fall direkt im Launchpad-Content-Manager nach »ME21N« suchen. Wählen Sie den in Abbildung 8.19 markierten Eintrag und klicken Sie auf den Button **Kachel/ZM-Referenz hinzufügen**.

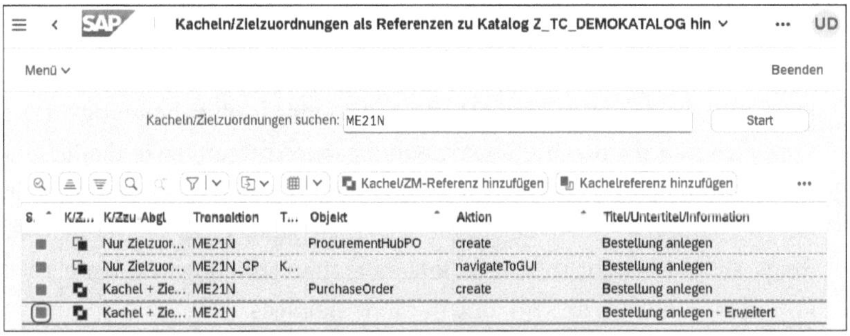

Abbildung 8.19: Kachel für die Transaktion ME21N hinzufügen

Anwendungsrolle anlegen

Sie haben nun einen Katalog mit zwei Kacheln angelegt. Im nächsten Schritt legen Sie eine Anwendungsrolle an:

1. Öffnen Sie dazu die Transaktion PFCG, und legen Sie eine neue Anwendungsrolle an. Verwenden Sie z. B. den Namen »Z_BR_DEMOROLLE«, und wählen Sie den Button **Einzelrolle anlegen**.
2. Wählen Sie eine Kurzbeschreibung, und sichern Sie die Rolle.
3. Wechseln Sie auf die Registerkarte **Menü**. Hier öffnen Sie das Dropdown-Menü über den Button **+ Transaktion**. Wählen Sie hier die Funktion **SAP Fiori Launchpad • Launchpad-Katalog**, wie in Abbildung 8.20 gezeigt.

Abbildung 8.20: Launchpad-Katalog hinzufügen

4. Es öffnet sich ein weiteres Fenster. Wählen Sie im Feld **Katalog-Provider** den Wert **Launchpad-Kataloge für SAP Fiori** aus.
5. Als **Standort des Frontend-Servers** wählen Sie beim Embedded Deployment die Option **Lokaler Frontend-Server**.
6. Im Feld **Katalog-ID** tragen Sie Ihren zuvor angelegten Katalog ein (`Z_TC_DEMOKATALOG`).
7. Markieren Sie das Ankreuzfeld **Mit Anwendungen** (siehe Abbildung 8.21). Dadurch werden die benötigten Anwendungsberechtigungen in die Rolle aufgenommen. Lassen Sie das Ankreuzfeld leer, können die Anwender*innen die Kacheln zwar sehen, bekommen beim Versuch, sie zu verwenden, allerdings Fehlermeldungen wegen fehlender Berechtigungen für die zu den Apps gehörenden Frontend- und Backend-Services.

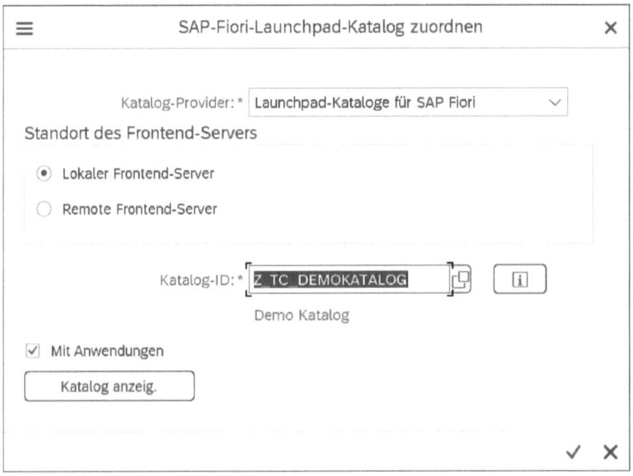

Abbildung 8.21: Pop-up-Fenster zur Zuordnung eines Launchpad-Katalogs

8. Als Ergebnis sehen Sie nun wie in Abbildung 8.22 im **Menü der Rolle** den zugewiesenen Katalog sowie alle notwendigen Frontend-Services (mit dem Namensbestandteil IWSG) und Backend-Services (mit dem Namensbestandteil IWSV).

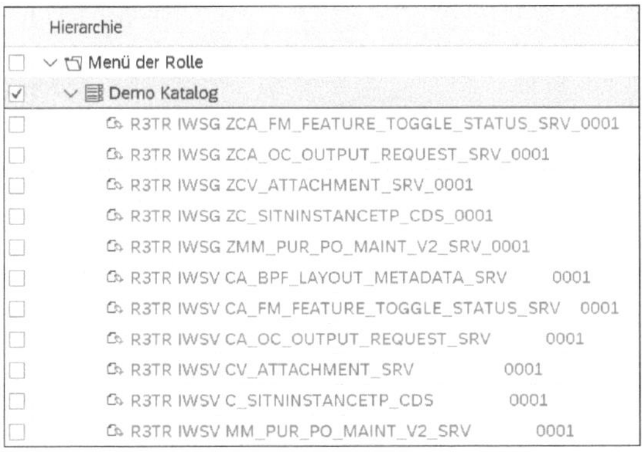

Abbildung 8.22: Menü der Rolle nach Zuweisung des Katalogs

9. Leider werden die Berechtigungen für SAP-GUI-basierte Transaktionen bei der Zuweisung eines Katalogs nicht automatisch hinzugefügt. In diesem Zustand könnten ein Anwender oder eine Anwenderin daher zwar die Kachel **Bestellung anlegen (erweitert)** im SAP Fiori Launchpad sehen, würden beim Öffnen der Kachel aber eine Fehlermeldung erhalten. Fügen Sie daher über den Button **+ Transaktion** noch die Transaktion ME21N hinzu.
10. Sichern Sie die Rolle.

Berechtigungen ausprägen

Wechseln Sie nun auf die Registerkarte **Berechtigungen**. Prägen Sie hier die notwendigen Berechtigungen über den Button **Berechtigungsdaten ändern** aus, geben Sie also z. B. an, für welche Einkäufergruppe Bestellungen angelegt werden dürfen. Geht es Ihnen nur um ein Testszenario, können Sie an dieser Stelle auch Gesamtberechtigungen vergeben.

Anwendungsrolle zuweisen

Generieren Sie anschließend das Profil, und weisen Sie die Anwendungsrolle einem Benutzer zu. Neben dieser Rolle benötigen die Anwender*innen auch die Rolle Z_FLP_USER mit den grundlegenden Berechtigungen für SAP Fiori, um überhaupt auf das SAP Fiori Launchpad zugreifen zu können.

Abbildung 8.23 veranschaulicht die nun hergestellte Verknüpfung zwischen dem Katalog im SAP Fiori Launchpad und der PFCG-Rolle. Da Frontend und Backend beim Embedded Deployment in einem System liegen, müssen Sie nicht weiter differenzieren, welche Berechtigungen wo benötigt werden. Dennoch erkennen Sie in Abbildung 8.23, wo die Trennlinie zwischen Frontend und Backend verläuft. Neben den im Beispiel verwendeten SAP-Fiori-Apps und klassischen Transaktionen werden in Abbildung 8.23 der Vollständigkeit halber auch Web-Dynpro-basierte Anwendungen aufgeführt.

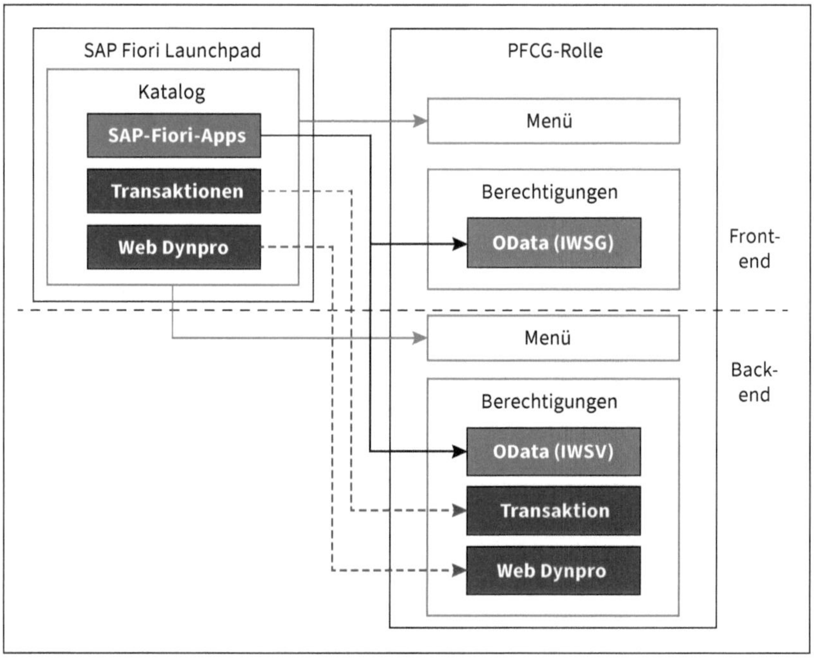

Abbildung 8.23: SAP-Fiori-Integration in das PFCG-Rollenkonzept

Apps im SAP Fiori Launchpad finden

Mit den bisher durchgeführten Konfigurationsschritten ist ein Anwender oder eine Anwenderin, dem oder der die genannten Rollen zugewiesen wurden, in der Lage, die genannten Apps im SAP Fiori Launchpad aufzurufen. Dass wir die beiden Apps noch keinen Bereichen und Seiten zugewiesen haben, bedeutet nicht, dass sie nicht verwendet werden können. Über die Suchfunktion des SAP Fiori Launchpads (siehe Abbildung 8.24) oder die Anwendung *App Finder*, die sich über das Benutzeraktionsmenü im SAP Fiori Launchpad öffnen lässt (siehe Abbildung 8.25), können die Apps gefunden und verwendet werden.

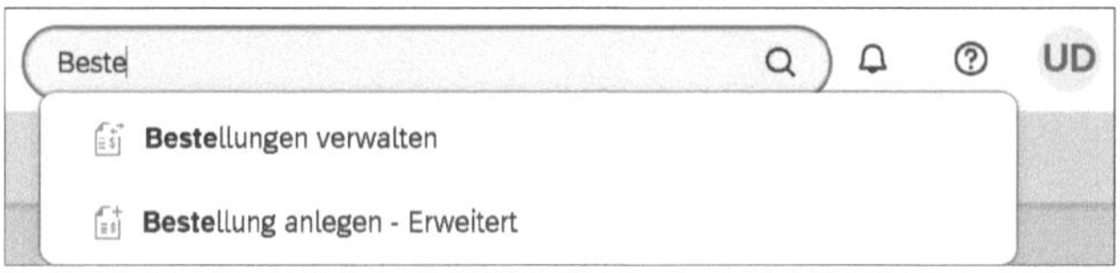

Abbildung 8.24: Apps im SAP Fiori Launchpad suchen

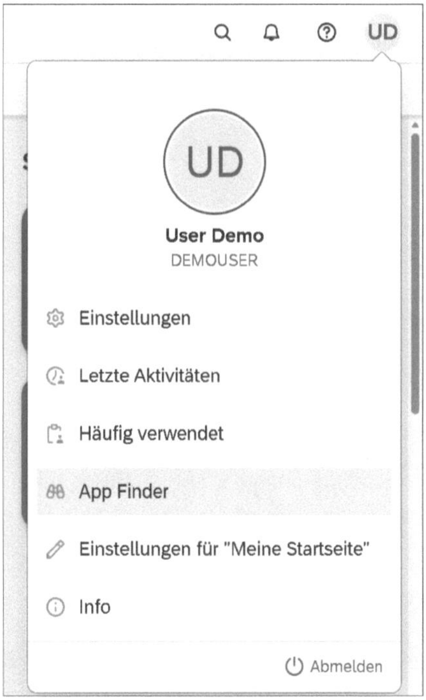

Abbildung 8.25: App Finder starten

Bereich und Seite anlegen

Damit die Anwender*innen einen möglichst gut strukturierten »Arbeitsplatz« vorfinden, organisieren wir die Apps in Bereichen und Seiten. In Ihrem SAP Fiori Launchpad mit Administrationsberechtigungen öffnen Sie hierzu die Kachel **Launchpad-Bereiche verwalten**. Sie sehen hier sowohl von SAP ausgelieferte als auch selbst erstellte Bereiche. Sie können bestehende Bereiche kopieren und dann nach Ihren Bedürfnissen anpassen.

Für unser Beispiel legen wir aber einen neuen Bereich an:

Bereich anlegen

1. Hierzu wählen Sie die Funktion **Anlegen**. Im sich öffnenden Fenster geben Sie im Feld **Bereichs-ID** einen technischen Namen und im Feld **Bereichstitel** einen Titel ein, wie in Abbildung 8.26 gezeigt.

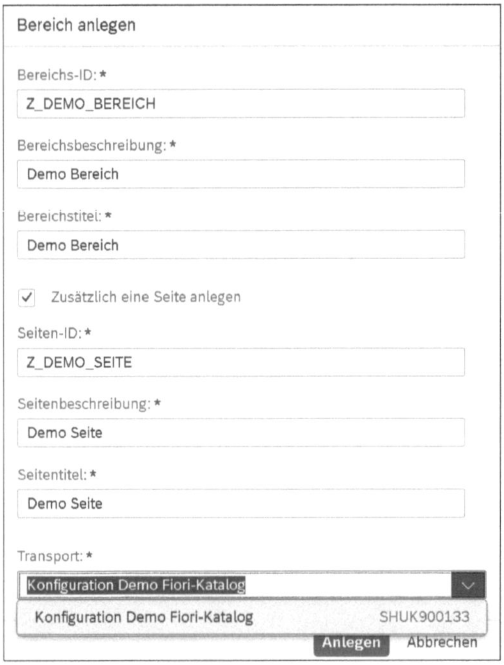

Abbildung 8.26: Bereich und Seite anlegen

2. Durch Markieren des Ankreuzfeldes **Zusätzlich eine Seite anlegen** können Sie im gleichen Arbeitsschritt direkt eine Seite anlegen. Sonst stünde Ihnen hierfür auch die App **Launchpad-Seiten verwalten** zur Verfügung.
3. Wählen Sie den Customizing-Transportauftrag aus, den Sie zu Beginn angelegt haben, und klicken Sie auf den Button **Anlegen**.

Sie haben damit einen Bereich mit zunächst einer Seite angelegt. In Abbildung 8.27 sehen Sie das Ergebnis.

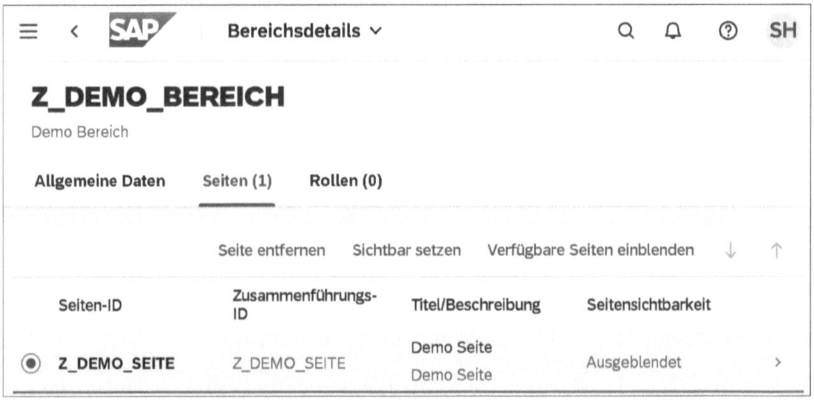

Abbildung 8.27: Übersicht der Bereichsdetails

Launchpad-Seite einrichten

Klicken Sie in den Bereichsdetails auf die Zeile mit dem Namen Ihrer Seite, um zur Konfigurationssicht für diese Seite zu gelangen (siehe Abbildung 8.28).

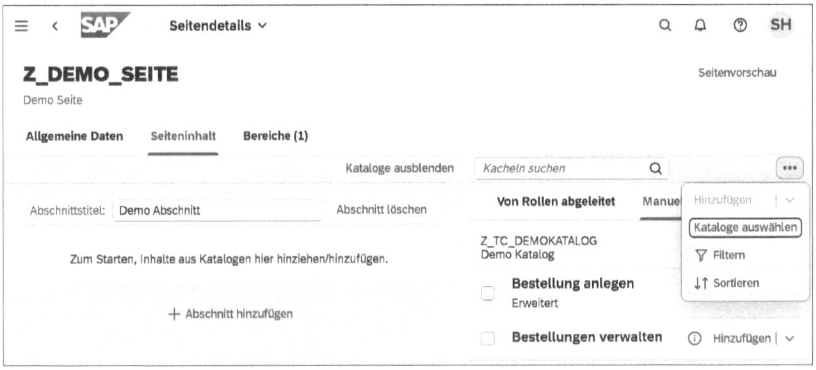

Abbildung 8.28: Launchpad-Seiten verwalten

Hier können Sie eine Seite in mehrere *Abschnitte* unterteilen. Diese Abschnitte dienen einer weiteren Gliederung der Anzeige.

Prinzipiell können Sie nun alle möglichen Kacheln über die Kataloge suchen und Ihrer Seite hinzufügen. Bedenken Sie aber, dass dies wenig sinnvoll ist, wenn die Berechtigungen für die Apps, die über die Kataloge erteilt werden, nicht vorliegen. Daher sollten Sie Bereiche und Kataloge immer gemeinsam betrachten. Hätten wir an dieser Stelle den Bereich bereits unserer Anwendungsrolle in Transaktion PFCG zugeordnet, könnten wir über die Registerkarte **Von Rollen abgeleitet** aus den Apps auswählen, die in den Rollen enthalten sind, die auch die Seite enthalten. Da ich an dieser Stelle nicht zwischen SAP-Fiori-App und Transaktion PFCG wechseln möchte, suche ich die Apps über den Button **Kataloge auswählen** im Aktionsmenü rechts und wähle den Katalog `Z_TC_DEMOKATALOG`. Es werden mir nun die beiden im Katalog enthaltenen Apps angezeigt. Über den Button **Hinzufügen** oder per Drag & Drop können Sie diese Apps Ihrer Seite hinzufügen und diese anschließend sichern.

Launchpad-Bereich in PFCG-Rolle aufnehmen

Damit Anwender*innen die soeben angelegten Bereiche und Seiten nutzen können, müssen Sie diese noch in Ihre Anwendungsrolle aufnehmen. Öffnen Sie dazu in Transaktion PFCG Ihre Anwendungsrolle `Z_BR_DEMOROLLE` im Änderungsmodus, und fügen Sie auf der Registerkarte **Menü** über die Auswahl **SAP Fiori Launchpad • Launchpad-Bereich** im Dropdown-Menü **+ Transaktion** den Bereich `Z_DEMO_BEREICH` hinzu. Sie müssen weder das Profil neu generieren noch einen Benutzerabgleich durchführen, da diese Änderung keine Berechtigungen im klassischen Sinne verändert.

Seiten sichtbar schalten

Legen Sie eine neue Seite an, ist diese im SAP Fiori Launchpad zunächst ausgeblendet. Sind alle Konfigurationsschritte abgeschlossen, können Sie die Sichtbarkeit Ihrer Seite aktivieren. Öffnen Sie hierzu in Ihrem SAP Fiori Launchpad die App **Launchpad-Bereiche verwalten**. Klicken Sie auf den zuvor angelegten Bereich, um in die Bereichsdetails zu gelangen. Wählen Sie den Button **Bearbeiten**, markieren Sie die Seite, und wählen Sie dann die Funktion **Sichtbar setzen** (siehe Abbildung 8.29).

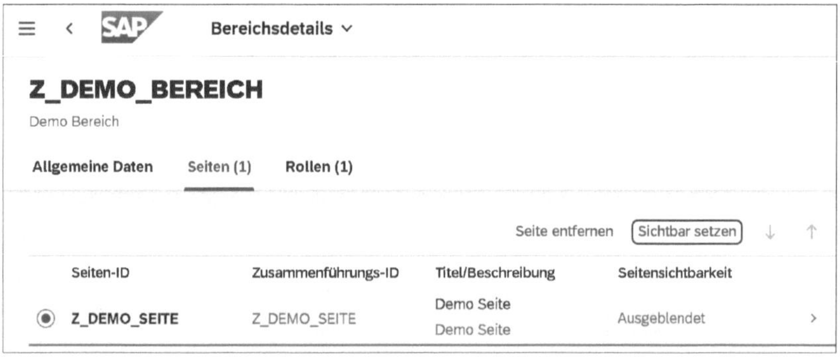

Abbildung 8.29: Seitensichtbarkeit setzen

Benutzereinstellungen anpassen

Bevor es Bereiche und Seiten zur differenzierten Gliederung des SAP Fiori Launchpads gab, existierte ein Gruppenkonzept. Dieses Konzept wird auch weiterhin noch unterstützt. Ich habe es aber in diesem Abschnitt nicht mehr beschrieben, da Sie es für Neueinrichtungen nicht mehr verwenden sollten. Wenn die Anwender*innen keine Bereiche und Seiten beim Öffnen des SAP Fiori Launchpads sehen, liegt das an den Benutzereinstellungen, die noch auf das Gruppenkonzept ausgelegt sind. Um diese anzupassen, öffnen Sie im SAP Fiori Launchpad oben rechts das Benutzeraktionsmenü und navigieren dort zur Funktion **Einstellungen**. Im Einstellungsfenster markieren Sie das Ankreuzfeld **Bereiche • Bereiche verwenden**. Daraufhin zeigt das SAP Fiori Launchpad das gewünschte Ergebnis an (siehe Abbildung 8.30).

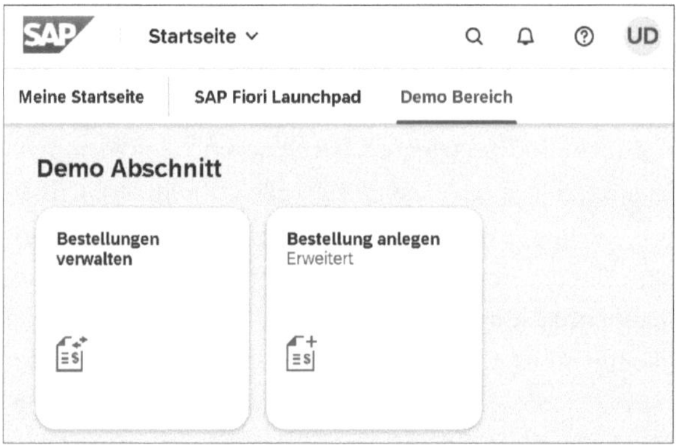

Abbildung 8.30: Neu erstellter Bereich und neue Seite im SAP Fiori Launchpad

Launchpad-Konfiguration anpassen

Arbeiten Sie ausschließlich mit dem neuen Konzept von Bereichen und Seiten, empfehle ich Ihnen, die Einstellung global zu aktivieren, damit nicht alle Anwender*innen sie manuell vornehmen müssen. Hierzu können Sie die Transaktion /N/UI2/FLP_SYS_CONF öffnen und die beiden Parameter `SPACES` und `SPACES_ENABLE_USER` pflegen. Die in Abbildung 8.31 gezeigte Einstellung aktiviert die Bereiche. Anwender*innen können die Bereiche in diesem Fall nicht selbst wieder deaktivieren.

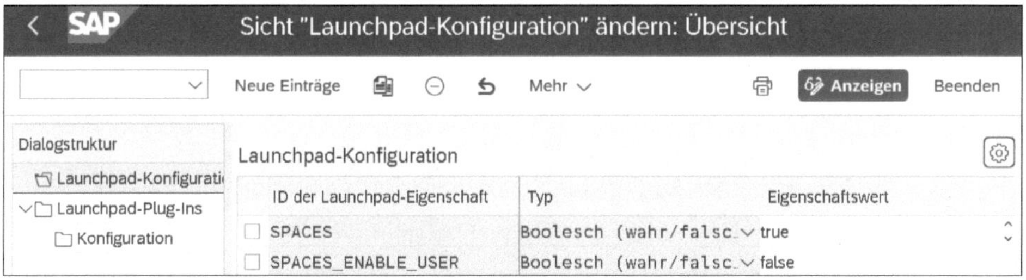

Abbildung 8.31: Konfigurationsparameter für die SAP-Fiori-Launchpad-Bereiche anpassen

8.2.4 Benutzerinformationssystem

Über das *Benutzerinformationssystem* (Transaktion SUIM) können Sie sich einen Überblick über die Benutzer und Berechtigungen in Ihrem System verschaffen. Da die Berechtigungsverwaltung eines der wichtigsten Sicherheitsthemen ist, sollten Sie regelmäßig überprüfen, ob die Konfiguration den Sicherheitsvorgaben entspricht. Daher werden Sie einige der in diesem Abschnitt besprochenen Funktionen im Rahmen von Checklisten regelmäßig ausführen.

Reports

In Abbildung 8.32 sehen Sie die Themenbereiche, zu denen jeweils ein oder mehrere Reports zur Verfügung stehen. Die wichtigsten Reports beschreibe ich im Folgenden. Sie können Sie direkt über Transaktion SA38 ausführen oder als periodische Hintergrundjobs einplanen.

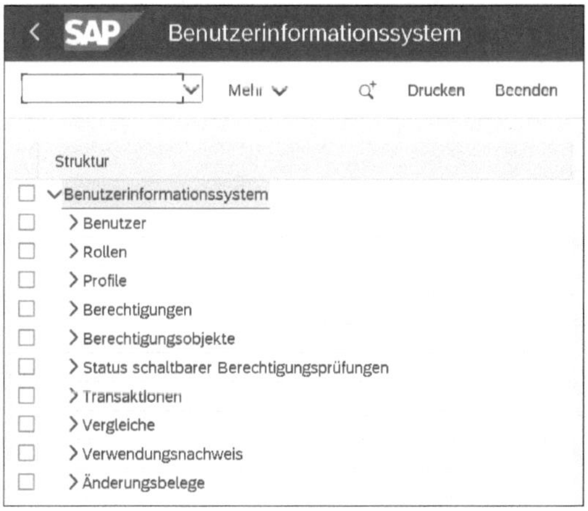

Abbildung 8.32: Benutzerinformationssystem (Transaktion SUIM)

Reports zur Auswertung von Benutzern

Themenbereich »Benutzer«

Im Themenbereich **Benutzer** können Sie folgende Auswertungen durchführen:

- **Benutzer nach Adressdaten (Report RSUSR002_ADDRESS)**

  Wie der Name des Reports vermuten lässt, können Sie damit Benutzer nach bestimmten Kriterien, wie z. B. Benutzer-ID, Nachname, Vorname, Adressdaten, Firma, Abteilung oder Kostenstelle, selektieren. Sie können dabei auch mit einer Mehrfachauswahl und Platzhaltern arbeiten. Diesen Report verwenden Sie, um Benutzerlisten aus dem System zu erzeugen, um sie z. B. in Microsoft Excel weiterzubearbeiten.

- **Benutzer nach komplexen Selektionskriterien (Report RSUSR002)**

  Sie können Benutzer nach verschiedenen, komplexen Selektionskriterien auswerten. Mit der Variante **Benutzer nach komplexen Selektionskriterien** (siehe Abbildung 8.33) können Sie verschiedene Eigenschaften aus den Bereichen **Logondaten**, **Festwerte/Parameter**, **Rollen/Profile** und **Berechtigungen** kombinieren. So können Sie z. B. die folgende Abfrage definieren:

  »Ermittle alle Benutzer, denen das Profil SAP_ALL zugewiesen wurde, die aber nicht der Benutzergruppe SUPER angehören und Dialogbenutzer sind.«

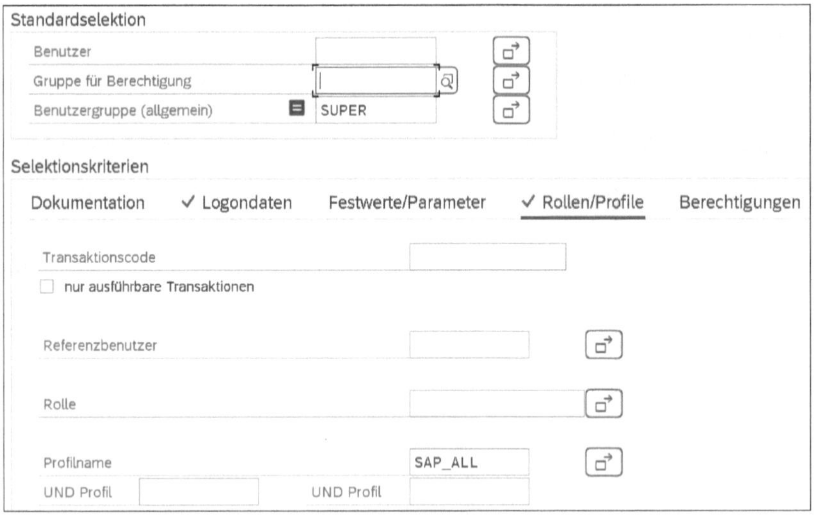

Abbildung 8.33: Benutzer nach komplexen Selektionskriterien

- **Benutzer mit Falschanmeldungen (Report RSUSR006)**

  Mit diesem Report werden Ihnen Benutzer angezeigt, die zu häufig ein falsches Kennwort eingegeben haben und deshalb automatisch gesperrt wurden. Aus der Ergebnisliste können Sie einzelne Benutzer durch Doppelklick auswählen, um sie zu entsperren. Betrifft das sehr viele Benutzer, können Sie dazu auch die Massenänderung nutzen (Transaktion SU10). Dies sollten

Sie aber nur tun, wenn es sich wirklich um Falschanmeldungen handelt. Eventuell wird das System durch einen *Brute-Force-Angriff* attackiert. Gerade wenn sehr viele Benutzerkonten gesperrt sind, ist dies auf jeden Fall verdächtig.

- **Benutzer nach Anmeldedatum und Kennwortänderung (Report RSUSR200)**

  Mithilfe dieses Reports identifizieren Sie Benutzer, die sich schon sehr lange nicht mehr am System angemeldet haben oder die das gesetzte Initialkennwort noch nie geändert haben, da sie sich noch nie am System angemeldet haben. Solche Benutzer haben eventuell das Unternehmen verlassen oder arbeiten nicht mehr mit dem SAP-System und sollten nach einer gewissen Zeit gesperrt und später gelöscht werden.

- **Benutzer mit kritischen Berechtigungen (Report RSUSR008_009_NEW)**

  Mit diesem Report identifizieren Sie Benutzer, die kritische Berechtigungen besitzen. Was sich erst einmal sehr gut anhört, ist aber mit etwas Vorarbeit verbunden. Sie müssen selbst in einem Regelwerk definieren, welche Berechtigungen in Ihrem Unternehmen als kritisch gelten. Eine grundlegende Anleitung dazu finden Sie im Selektionsbild des Reports über die Funktion **Mehr • Programmdokumentation**.

  Als Alternative zur Regeldefinition innerhalb des Reports stellt SAP auch eine Up- und Downloadfunktion für Regelwerke bereit. Rufen Sie hierzu in Transaktion SA38 den Report `RSUSR_UP_AND_DOWNLOAD_FOR_CA` auf. Eventuell bekommen Sie von einer Wirtschaftsprüferin, einem Auditor oder anderen vertrauenswürdigen Quellen eine importierbare Datei.

Reports zur Auswertung von Rollen

Themenbereich »Rollen«

Im Themenbereich **Rollen** können Sie folgende Auswertungen durchführen:

- **Rollen nach komplexen Selektionskriterien (Report RSUSR070)**

  Mit diesem Report können Sie komplexe Kriterien definieren, um Rollen auszuwerten. Sie können im Selektionsbild verschiedene Eigenschaften miteinander verknüpfen, z. B. Berechtigungswerte, Transaktionen, Profile oder technische Eigenschaften der Rolle.

- **Suche nach Einzelrollen mit Berechtigungsdaten (Report RSUSRAUTH)**

  Diese Abfrage verwende ich häufig, um herauszufinden, in welcher Rolle eine bestimmte Berechtigung steckt. Benötigt ein Anwender oder eine Anwenderin z. B. Zugriff auf Transaktion ME21N, können Sie über diese Abfrage oder über die Abfrage der komplexen Selektionskriterien nach Rollen suchen, die das entsprechende Berechtigungsobjekt enthalten. Als Selektionskriterien geben Sie im Beispiel das Berechtigungsobjekt `S_TCODE` mit dem Feldwert `TCD = ME21N` an.

Sie können mehrere Berechtigungsobjekte mit UND verknüpfen und auch nach Rollen suchen, die Berechtigungsobjekte *nicht* enthalten. Finden Sie durch Ihre Analyse eine oder mehrere Rollen, müssen Sie prüfen, welche weiteren Berechtigungen in den gefundenen Rollen existieren und ob eine Zuweisung dieser Rollen keine zu weitreichenden Berechtigungen für die betreffende Person bedeuten würde.

- **Suche nach Anwendungen im Rollenmenü (Report RSUSR_ROLE_MENU)**

  Über diese Abfrage können Sie nach Rollen suchen, deren Rollenmenü bestimmte Objekte beinhaltet. In Abschnitt 8.2.3, »Berechtigungen im Kontext von SAP Fiori«, habe ich Ihnen gezeigt, wie Sie Kataloge und Bereiche in Anwendungsrollen aufnehmen. Möchten Sie nun z. B. herausfinden, in welchen Rollen der Bereich Z_DEMO_BEREICH enthalten ist, können Sie im Feld **Typ des Menüeintrages** den Eintrag **Launchpad-Bereich** auswählen und im Feld **Anwendung** den Wert »Z_DEMO_BEREICH« eintragen (siehe Abbildung 8.34). Sie finden in diesem Beispiel die Rolle Z_BR_DEMOROLLE, die wir in Abschnitt 8.2.3 angelegt haben.

Abbildung 8.34: Suche nach Rollen, die einen bestimmten Bereich enthalten

Vergleiche von Benutzern und Berechtigungen

Themenbereich »Vergleiche«

Oft werden Sie vor der Situation stehen, dass Sie Benutzer oder Berechtigungen miteinander vergleichen müssen, um herauszufinden, warum etwas in einem Fall funktioniert, aber im anderen Fall nicht. Hierzu stehen Ihnen im Themenbereich **Vergleiche** verschiedene Vergleichsreports zur Verfügung:

- **Vergleiche von Benutzern (Report RSUSR050)**

  Wenn Ihnen eine Anwenderin oder ein Anwender meldet, dass Berechtigungen fehlen, die eine Vergleichsperson hat, können Sie die Berechtigungen der beiden Benutzer vergleichen. Das Ergebnis ist eine Liste aller Berechtigungsobjekte beider Benutzer. Dabei ist es unerheblich, über welches Profil eine Berechtigung erteilt wurde. In der Ergebnisliste können Sie die unterschiedlichen Objekte per Doppelklick auswählen und erkennen, über welche Rollen die Berechtigungen erteilt wurden (siehe Abbildung 8.35).

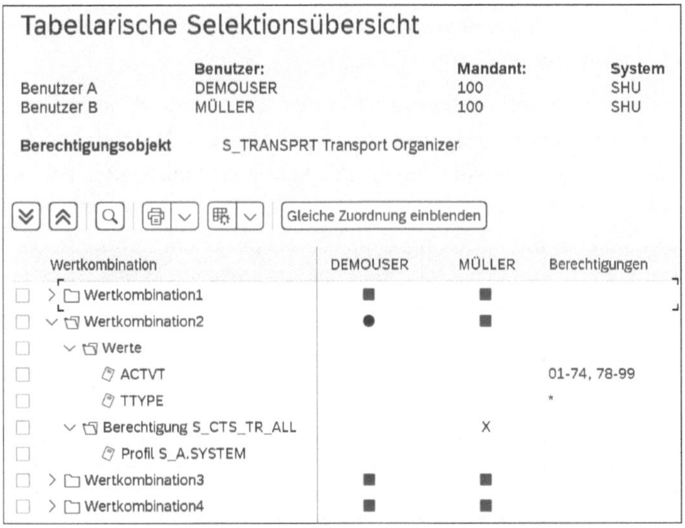

Abbildung 8.35: Berechtigungsvergleich zweier Benutzer

- **Vergleiche von Rollen, Profilen, Berechtigungen (Report RSUSR050)**

  Beim Vergleichsreport handelt es sich immer um den identischen Report, der jeweils mit anderen Varianten aufgerufen wird. Die Vorgehensweise beim Vergleich von Rollen, Profilen und Berechtigungen ist daher die gleiche wie beim Vergleich von Benutzern.

Verwendungsnachweis

Durch die Reports im Themenbereich **Verwendungsnachweis** können Sie ermitteln, welche Abhängigkeiten Objekte, die sich auf Benutzer und Berechtigungen beziehen, untereinander aufweisen. So können Sie z. B. vor der Änderung eines Objekts (z. B. einer Rolle) prüfen, welche Benutzer dieser Rolle zugeordnet sind, um die Auswirkungen abschätzen zu können.

Berechtigungsobjekte in Programmen

Eine Besonderheit stellt der Report **Berechtigungsobjekte in Programmen** dar (RSUSR0600BJ). Mit diesem Report können Sie überprüfen, wo im Programmcode ein bestimmtes Berechtigungsobjekt geprüft wird. Die SAP-Berechtigungsobjekte sind in der Regel gut dokumentiert, weshalb Sie wissen, welche Berechtigungsobjekte wofür benötigt werden. Bei kundenindividuellen Entwicklungen ist dies aber oft nicht mehr so leicht nachvollziehbar. Existiert ein kundenindividuelles Berechtigungsobjekt, können Sie über diesen Report herausfinden, in welchen Programmen es verwendet wird.

Änderungsbelege auswerten

Änderungen an Benutzern und Berechtigungen

Änderungen an Benutzerstammsätzen und Berechtigungen werden automatisch protokolliert. Sie können auch aus den jeweiligen Pflegetransaktionen auf die Änderungsprotokolle zugreifen (in Transaktion SU01 z. B. über die Menüoption **Info • Änderungsbelege für Benutzer**). Im Benutzerinformationssystem finden Sie die gleiche Auswertung unter dem Punkt **Änderungsbelege • Benutzer • Für Benutzer** (Report RSUSR100N).

Die Auswertung der Änderungsbelege ist immer dann sinnvoll, wenn Anwender*innen sich bei Ihnen melden, weil ihnen plötzlich ein Berechtigungsfehler angezeigt wird, obwohl derselbe Zugriff kürzlich noch funktioniert hat. Auch wenn sich eine Anwenderin oder ein Anwender nicht mehr am System anmelden kann, können Sie über die Änderungsbelege nachvollziehen, wer die Benutzersperre gesetzt hat und aus welchem Grund dies erfolgt ist. In Abbildung 8.36 sehen Sie eine exemplarische Auswertung der Änderungsbelege eines Benutzers.

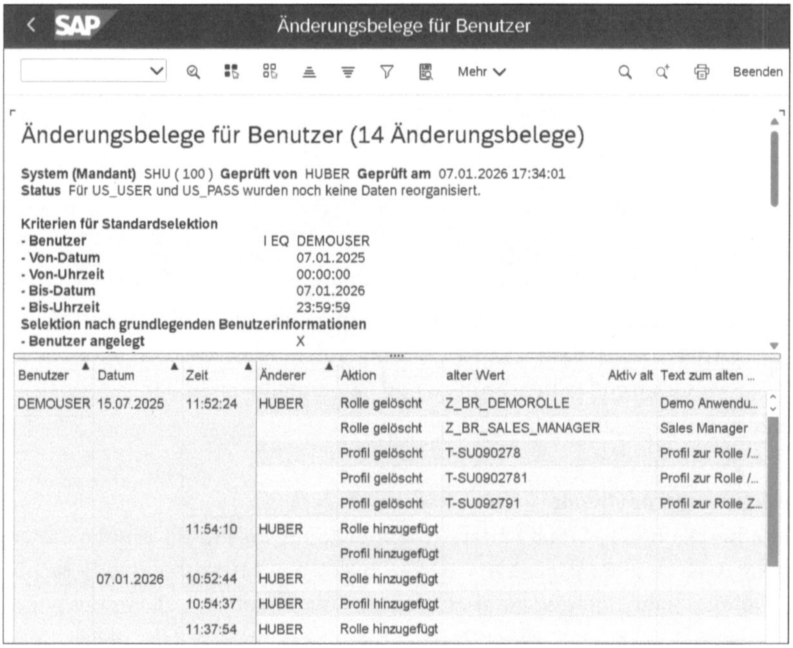

*Abbildung 8.36: Änderungsbelege für eine*n Benutzer*in*

Falsche Änderungsbelege nach Systemkopien

Beachten Sie, dass bei einer Systemkopie, z. B. vom Produktivsystem auf das Testsystem, die Änderungsbelege 1:1 aus dem Quellsystem in das Zielsystem kopiert werden. Üblicherweise werden aber die Benutzerstämme im Zielsystem vor der Systemkopie gesichert und anschließend wiederhergestellt. Die Änderungsbelege, die vor dem Datum der Systemkopie erstellt wurden, passen dann im Zielsystem nicht mehr zu den Benutzerstämmen.

8.2.5 Berechtigungs-Trace

Ein *Berechtigungs-Trace* kann in vielen Fällen die effektivste Methode sein, um notwendige Berechtigungen für die Ausführung einer Aktivität im System zu erarbeiten. Es sollten immer nur die Berechtigungen vergeben werden, die wirklich benötigt werden. Sie dürfen nicht dem Druck nachgeben, auf die Schnelle großzügig Berechtigungen zu vergeben, damit eine Anwenderin oder ein Anwender arbeitsfähig ist oder eine Schnittstelle funktioniert. Ein Kollege sagte mir einst:

> *»Als Berechtigungsadministrator musst du die unbeliebteste Person im Unternehmen sein, sonst machst du etwas falsch.«*

Berechtigungs-Trace aktivieren

Transaktion ST01

Den Berechtigungs-Trace erreichen Sie über Transaktion ST01 (System-Trace). Über den System-Trace können Sie neben Berechtigungen auch andere Aspekte auswerten. Für uns ist aber zunächst nur der Bereich der Berechtigungsprüfung relevant (siehe Abbildung 8.37).

Berechtigungsprüfung

Markieren Sie im Bereich **Trace Komponenten** das Ankreuzfeld **Berechtigungsprüfung**. Darunter wählen Sie die Option **alle**, wenn Sie z. B. mit einem Testbenutzer, der mit weitreichenden Berechtigungen ausgestattet ist, eine neue Aktivität aufzeichnen möchten, um im Anschluss eine Rolle zu bauen, die nur die notwendigen Berechtigungen für diese Aktivität beinhaltet. Haben Sie aber einen konkreten Fehlerfall, können Sie die Option **nur Fehler** auswählen. Über den Button **allgemeine Filter** können Sie den Trace z. B. auf eine bestimmte Benutzer-ID oder Transaktion einschränken. Je besser Sie den Trace einschränken, desto leichter können Sie die Ergebnisse später analysieren.

Trace aktivieren

Über den Button **Trace an** in der Funktionsleiste können Sie den Trace aktivieren. Beachten Sie, dass auf einer Instanz immer nur ein System-Trace aktiv sein kann. Ist bereits von einer anderen Administratorin oder einem anderen Administrator ein Trace aktiviert worden, sollten Sie sich mit dieser Person abstimmen und nicht ungefragt den aktiven Trace beenden. Ich empfehle Ihnen auch, sich einen Termin im Kalender zu setzen, an dem Sie den Trace wieder deaktivieren, da Sie dies sonst eventuell vergessen. Der Trace sollte wegen der zusätzlichen Systembelastung nur so lange aktiv sein, wie er benötigt wird. Wurde die Aktivität ausgeführt, können Sie den Trace über den Button **Trace aus** deaktivieren.

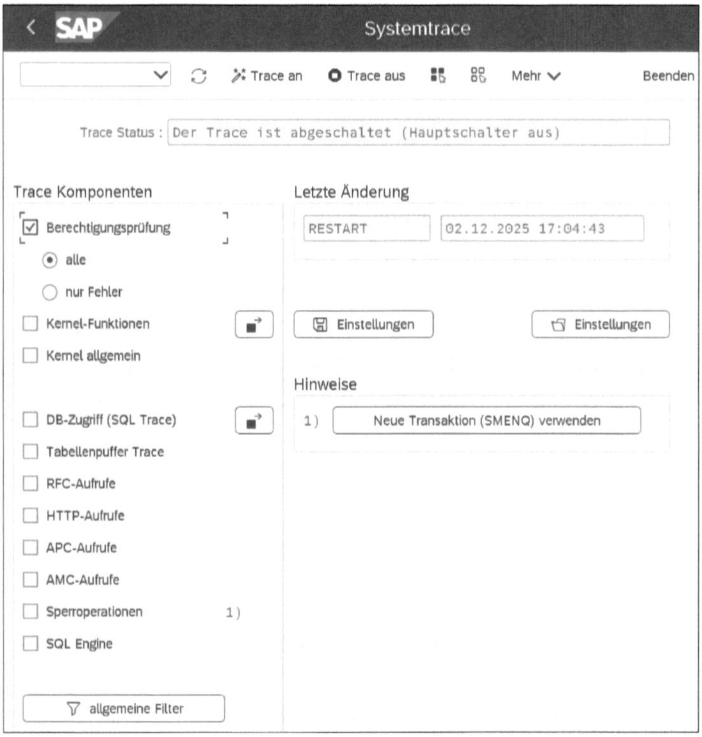

Abbildung 8.37: Startseite des System-Trace (Transaktion ST01)

System-Trace ist instanzspezifisch

Besteht Ihr System aus mehreren AS-ABAP-Instanzen, müssen Sie berücksichtigen, dass der Trace immer nur auf der Instanz aktiviert ist, auf der Sie ihn in Transaktion ST01 aktivieren. Ist die Anwenderin oder der Anwender, deren oder dessen Aktivitäten Sie aufzeichnen möchten, an einer anderen Instanz angemeldet, wird im Trace nichts aufgezeichnet. Sie sollten daher Transaktion SM51 als Sprungbrett in die richtige Instanz verwenden und erst dort die Transaktion ST01 aufrufen.

Im Zweifel müssen Sie den Trace auf allen Instanzen aktivieren. Das Gleiche gilt dann auch für die Auswertung der Traces.

Berechtigungs-Trace auswerten

Die Auswertung des Berechtigungs-Trace erreichen Sie ebenfalls über Transaktion ST01 über den Button **Auswertung**. Sie können hier über umfangreiche Filtereinstellungen den Umfang der Trace-Anzeige reduzieren (siehe Abbildung 8.38). Haben Sie die Aufzeichnung auf einen bestimmten Benutzernamen eingeschränkt, sollten Sie diesen hier ebenfalls eintragen. Im Standard wird Ihre eigene Benutzer-ID hinterlegt, was zu einem falschen Ergebnis führen würde. Bei den anzuzeigenden Trace-Sätzen im rechten Bereich markieren Sie wieder das Ankreuzfeld **Berechtigungsprüfung** mit der gewünschten Unterfunktion.

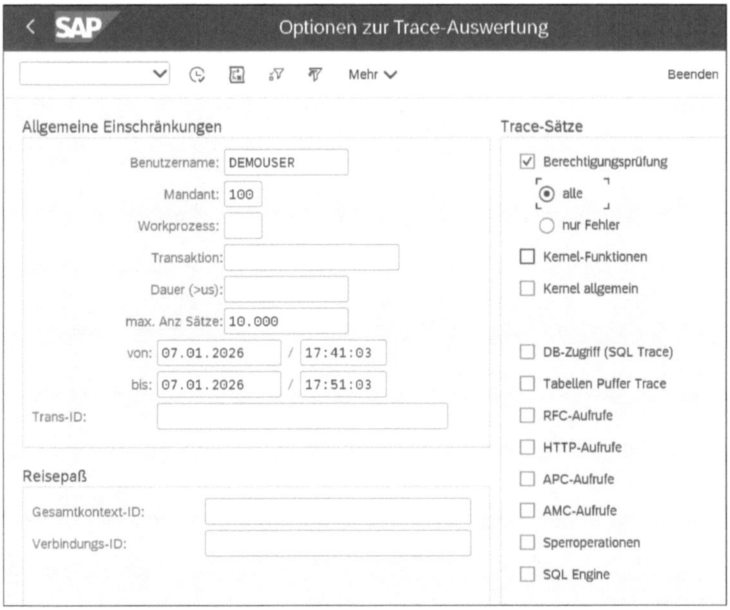

Abbildung 8.38: Optionen zur Trace-Auswertung

Returncode

Mit der Funktion (**Auswertung starten**) wird Ihnen das Ergebnis angezeigt (siehe Abbildung 8.39). In der Spalte **Objekt** sehen Sie das geprüfte Berechtigungsobjekt samt Returncode (RC). `RC=0` bedeutet, dass die Berechtigungsprüfung erfolgreich war. Höhere Returncodes (in der Regel 4, 8, 12, 16) bedeuten, dass die Berechtigungsprüfung nicht erfolgreich war. Im gezeigten Beispiel öffnete die Anwenderin die Transaktion ME21N. Die Berechtigung `S_TCODE` wurde erfolgreich geprüft. Auch die Anwendungsberechtigung `M_BEST_EKO` wurde erfolgreich geprüft. In der Spalte **Text** sehen Sie jeweils die geprüften Felder und Werte. Allerdings fehlt die Anwendungsberechtigungen `M_BANF_BSA` (`RC=4`).

Auch wenn sich Ihre Anwender*innen in SAP Fiori bewegen, können Sie Berechtigungsprobleme über den Berechtigungs-Trace analysieren. Durch das Embedded Deployment müssen Sie nicht an zwei Stellen (Frontend und Backend) jeweils einen Berechtigungs-Trace durchführen.

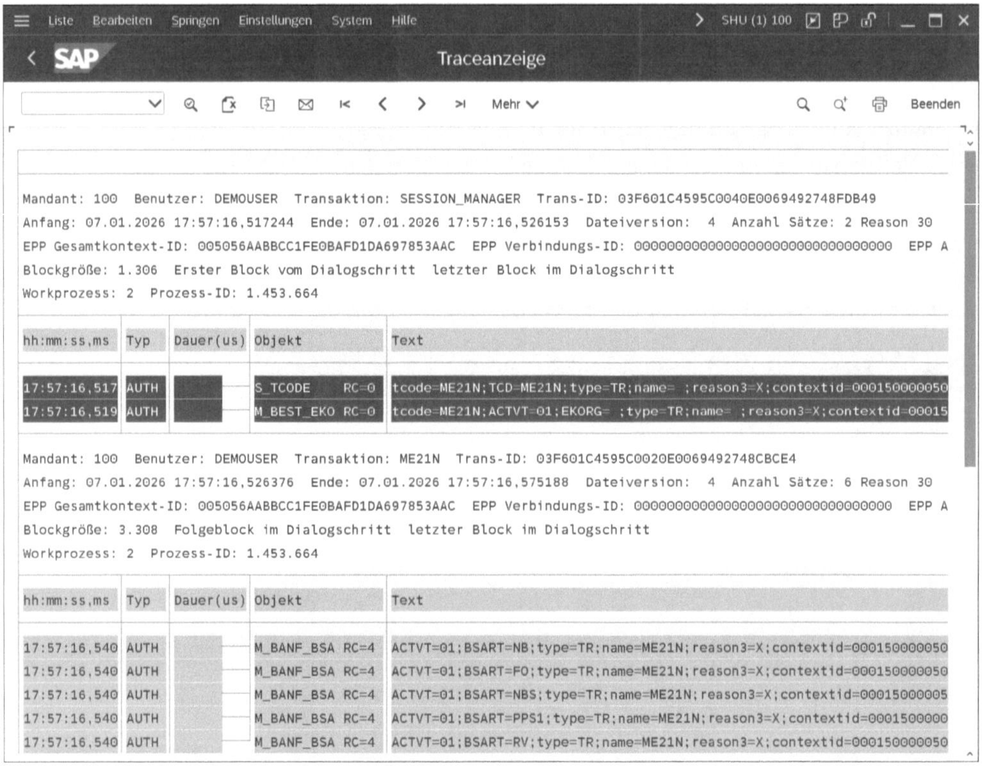

Abbildung 8.39: Trace-Anzeige in ST01

Weitere Transaktionen

Neben den umfangreichen Möglichkeiten des System-Trace existieren weitere nützliche Transaktionen für Traces im Berechtigungsumfeld:

- **Transaktion STAUTHTRACE**

  Funktional entspricht diese Transaktion der Transaktion ST01, die Aufzeichnung ist aber nicht auf eine bestimmte Instanz beschränkt. Mit dem Button **Systemweiter Trace** können Sie den Trace mit einem Klick auf mehreren bzw. allen Instanzen aktivieren. Da nur Berechtigungen im Fokus von Transaktion STAUTHTRACE stehen, ist die Bedienung einfacher als bei der umfangreichen Transaktion ST01. Auch die Aufbereitung der Ergebnisliste in tabellarischer Form ist deutlich übersichtlicher als mit ST01 (siehe Abbildung 8.40). Ergebnisse können so auch sehr einfach z. B. nach Excel exportiert und dort weiter analysiert werden. Sie können über Transaktion ST01 auch aufgezeichnete Berechtigungs-Traces mit der Transaktion STAUTHTRACE auswerten (und andersherum).

- **Transaktion STUSERTRACE**

  Im Unterschied zu den Transaktionen ST01 und STAUTHTRACE können Sie mit dieser Transaktion Langzeitanalysen durchführen. Die Traces werden hierzu nicht im Dateisystem, sondern in der Datenbank gespeichert. Da jede Prüfung nur einmalig gespeichert wird, ist der Platzverbrauch geringer und die Auswertung übersichtlicher. Der Trace kann unabhängig vom System-Trace über Profilparameter aktiviert werden. Über den Button **Information** auf der Startseite der Transaktion STUSERTRACE finden Sie die notwendigen Informationen zur Aktivierung und Bedienung.

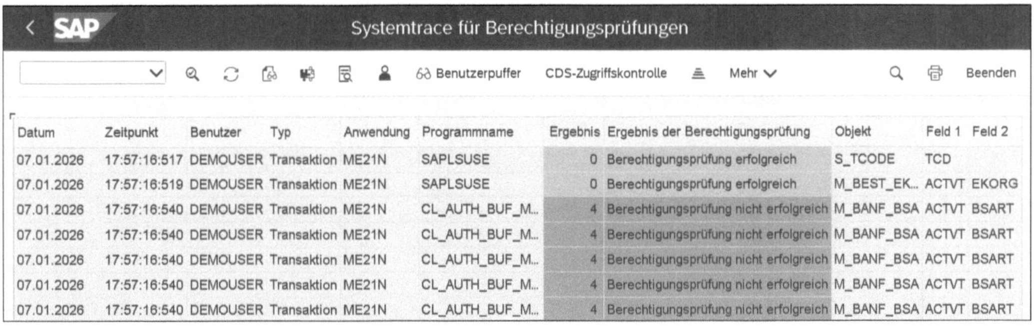

Abbildung 8.40: Trace-Anzeige in STAUTHTRACE

8.2.6 Berechtigungsfehleranalyse

Transaktion SU53

Um fehlgeschlagene Berechtigungsprüfungen zu analysieren, steht Ihnen neben dem Berechtigungs-Trace noch die *Berechtigungsfehleranalyse* in Transaktion SU53 zur Verfügung. Wenn Sie die Transaktion öffnen, werden die letzten fehlgeschlagenen Berechtigungsprüfungen für Ihre Benutzer-ID angezeigt.

In vielen Unternehmen sind die Anwender*innen darin geschult, bei Berechtigungsproblemen selbst in Transaktion SU53 nachzuschauen und Ihnen das Ergebnis in Form eines Screenshots zur Verfügung zu stellen. Als Administrator*in sind Sie aber auch in der Lage, die Berechtigungsprüfungen einer anderen Person einzusehen. Wählen Sie hierzu die Menüoption **Berechtigungswerte • Anderer Benutzer** oder den Button mit der gleichen Bedeutung. Es öffnet sich ein Pop-up-Fenster, in dem Sie den zu prüfenden Benutzer auswählen können (siehe Abbildung 8.41). Über den Button **Benutzer mit Berechtigungsfehlern** werden Ihnen nur Benutzer angezeigt, zu denen fehlerhafte Berechtigungsprüfungen existieren. Aus dieser Liste können Sie einen Benutzer auswählen.

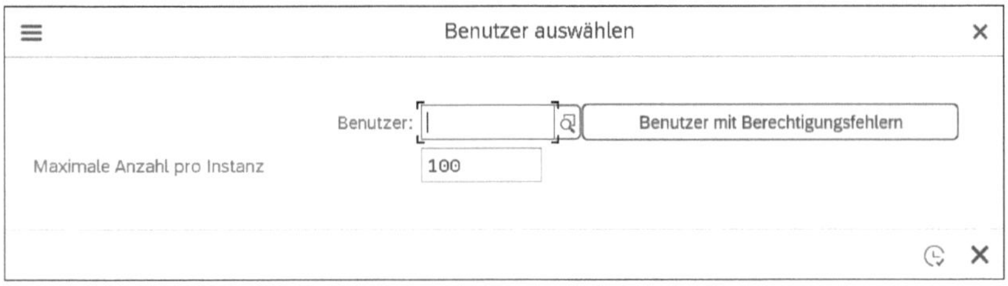

Abbildung 8.41: Benutzerauswahl für Berechtigungsfehleranalyse

Es öffnet sich die Anzeige der fehlgeschlagenen Berechtigungen des ausgewählten Benutzers (siehe Abbildung 8.42). Im Beispiel sind es die gleichen Fehler, die Sie im vorherigen Abschnitt auch im Berechtigungs-Trace gesehen haben. Der große Vorteil der Transaktion SU53 ist, dass Sie die Fehler auch ohne Aktivierung des Trace analysieren können.

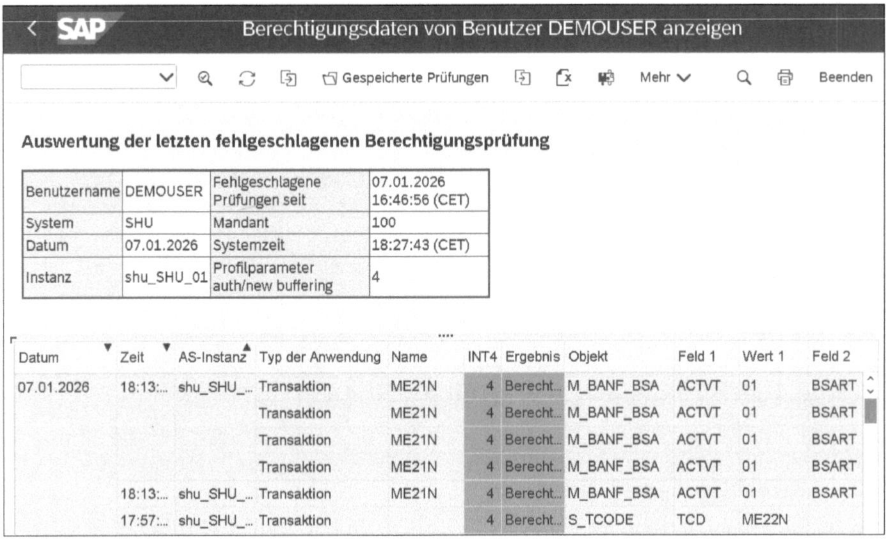

Abbildung 8.42: Anzeige der Berechtigungsfehler eines Benutzers

Fehler kritisch prüfen

Sie müssen die angezeigten Ergebnisse in jedem Fall sehr genau prüfen und dürfen nicht einfach die fehlenden Berechtigungen zuweisen. Einige Anwendungen sind so geschrieben, dass Berechtigungen mehrstufig geprüft werden (z. B. »Prüfe, ob Berechtigung für A vorhanden ist, wenn nicht, versuche es mit B«). Hat die Anwenderin Berechtigung B, ist dies fachlich also kein Fehler. In Transaktion SU53 sehen Sie trotzdem die fehlende Berechtigung A. Im Zweifel müssen Sie eine Analyse mithilfe eines Berechtigungs-Trace durchführen.

8.2.7 Berechtigungsänderungen nach Upgrades prüfen

Angeleitete Prüfung der Änderungsauswirkungen

In Abschnitt 8.2.2. »Berechtigungen verwalten«, haben Sie gesehen, dass z. B. beim Hinzufügen einer Transaktion in das Menü der Rolle automatisch Berechtigungsobjekte mit Vorschlagswerten in die Rolle aufgenommen werden. Im Rahmen eines Release-Wechsels kann SAP neue oder geänderte Berechtigungsprüfungen in bestehenden Rollen ausliefern. Sie müssen daher nach einem Release-Wechsel die Auswirkungen dieser Änderungen auf Ihre Geschäftsprozesse überprüfen. Hierfür stellt SAP die Transaktion SU25 bereit (siehe Abbildung 8.43). Jeder Schritt ist hier mit einer eindeutigen Nummer versehen. Bei Upgrades sind die Schritte 2a bis 2d relevant. Führen Sie nach einem Update auf keinen Fall Schritt 1 aus!

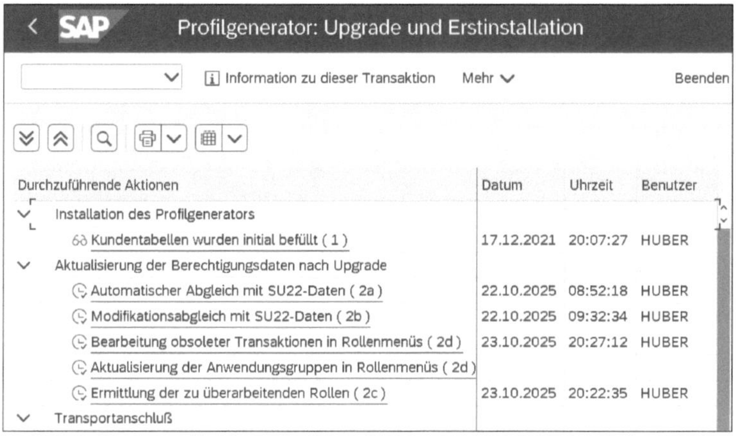

Abbildung 8.43: Startbildschirm der Transaktion SU25

Die Schritte 2a und 2b sind obligatorisch. Die Schritte 2c und 2d werden von SAP empfohlen. Als Ergebnis des Schrittes 2c erhalten Sie eine Liste von Rollen, die geprüft und auf die neuen Berechtigungskonzepte hin angepasst werden müssen. Die Prüfung ist eine aufwendige manuelle Tätigkeit und muss in der Regel von den jeweiligen Fachbereichen durchgeführt werden. Als Ergebnis des Schrittes 2d erhalten Sie eine Liste von Rollen, die veraltete Transaktionen im Rollenmenü enthalten. Sie müssen dann prüfen, welche neue Transaktionen oder SAP-Fiori-Apps die Funktion der veralteten Transaktionen ersetzen und diese einführen. Eine detaillierte Beschreibung zu den einzelnen Schritten finden Sie direkt in Transaktion SU25 sowie in SAP-Hinweis 440231.

8.3 Benutzer und Berechtigungen der SAP-HANA-Plattform

Nicht zwingend notwendig

In früheren SAP-Produkten bewegten sich auf der Datenbank ausschließlich Administrator*innen und technische Benutzer. Da sämtliche Anwendungslogik im AS ABAP lag, fand auch der Zugriff der Anwender*innen ausschließlich auf dieser Ebene statt. Dies ist auch mit SAP S/4HANA aktuell noch der Fall. Daher möchte ich das Thema der SAP-HANA-Berechtigungen nicht zu sehr vertiefen. Falls es in Ihrem Unternehmen Anwendungsfälle für Anwender*innen direkt auf der SAP-HANA-Plattform gibt, ist insbesondere der Abschnitt 8.3.2, »Benutzerpflege über die ABAP-Plattform«, interessant, da Sie dort lernen, wie Sie einzelne oder mehrere Benutzer aus der ABAP-Plattform auf die SAP-HANA-Plattform synchronisieren können. Diese Methode wird auch bei SAP BW/4HANA angewendet, denn in dieser Lösung ist es Voraussetzung, dass die Benutzer auf der SAP-HANA-Plattform existieren.

8.3.1 Benutzerkonzept

In SAP HANA gibt es in jeder Tenant-Datenbank sowie in der Systemdatenbank einen Benutzerstamm. Wenn Anwendungsbenutzer*innen Zugriff auf die Datenbank benötigen, wird der Zugriff immer auf eine Tenant-Datenbank erfolgen. Nur Sie als Administrator*in benötigen Zugriff auf die Systemdatenbank und die Tenant-Datenbank(en). In Abschnitt 5.1.1, »DBA Cockpit«, habe ich Ihnen bereits gezeigt, wie Sie technische Benutzer anlegen können, die Sie dann für das Monitoring oder die Administration im DBA Cockpit verwenden. Sie sollten zur Administration nicht den technischen Benutzer `SYSTEM` verwenden, den es sowohl in der Systemdatenbank als auch in jeder Tenant-Datenbank gibt. Das wäre in etwa so, als würden Sie im AS ABAP mit dem Benutzer `DDIC` arbeiten. Sie sollten den Benutzer `SYSTEM` aus Sicherheitsgründen deaktivieren.

Werkzeuge

Zur umfangreichen Administration und Konfiguration von Benutzern und Berechtigungen kann ich Ihnen das SAP HANA Cockpit empfehlen. Im DBA Cockpit haben Sie unter dem Punkt **Diagnose • DB-Benutzer/Berechtigungen** nur lesenden Zugriff auf die wichtigsten Daten. Verwenden Sie das in Abschnitt 8.4.2 behandelte Werkzeug *SAP Identity Management*, können Sie auch darüber SAP-HANA-Benutzer und -Berechtigungen zentral administrieren.

Framework

Abbildung 8.44 veranschaulicht die Zusammenhänge und die in SAP HANA verwendeten Begriffe. Rechte (engl. *Privileges*) können über Rollen aber auch direkt an Benutzer vergeben werden. In Rollen (engl. *Roles*) sammeln Sie die Rechte. Die Rollen können Benutzern oder anderen Rollen zugeordnet werden. Benutzer können Teil einer Benutzergruppe sein, wobei über die Benutzergruppe keine Berechtigungen verwaltet werden, sondern ausschließlich Sicherheitsrichtlinien, wie z. B. die Kennwortlänge oder der Zeitraum, nach dem ein Kennwort geändert werden muss.

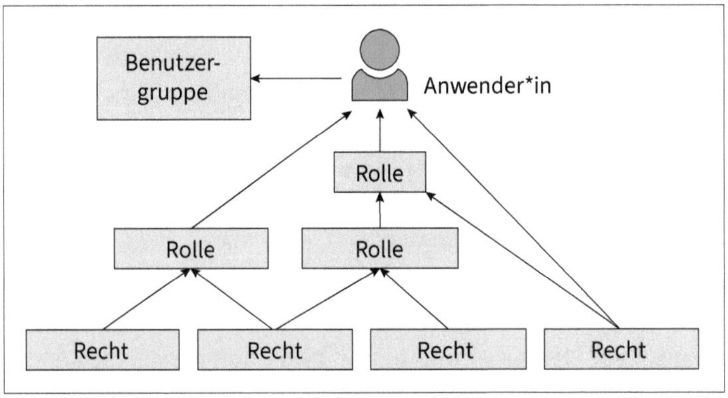

Abbildung 8.44: Berechtigungs-Framework in SAP HANA

App »User & Role Management«

Im SAP HANA Cockpit finden Sie über die Kachel **User & Role Management** im Abschnitt **Security and User Management** folgende Funktionen:

- **Benutzergruppen (User Group Management)**
  Mit der Hilfe von Benutzergruppen können Sie für verschiedene Bereiche und Abteilungen unterschiedliche Sicherheitseinstellungen vornehmen. Beispiele für solche Vorgaben sind die Länge und Komplexität von Passwörtern oder die Anzahl erlaubter Falschanmeldungen bis zur Sperre. Im Gegensatz zum AS ABAP wird in SAP HANA nicht zwischen Dialog-, Hintergrund- oder Kommunikationsbenutzern unterschieden. Daher ist die Zuordnung von Benutzern zu Benutzergruppen in SAP HANA sehr nützlich.
- **Benutzerverwaltung (User Management)**
  Über die Benutzerverwaltung können Sie bestehende Benutzer bearbeiten, löschen, deaktivieren oder reaktivieren oder neue Benutzer anlegen (siehe Abbildung 8.45).

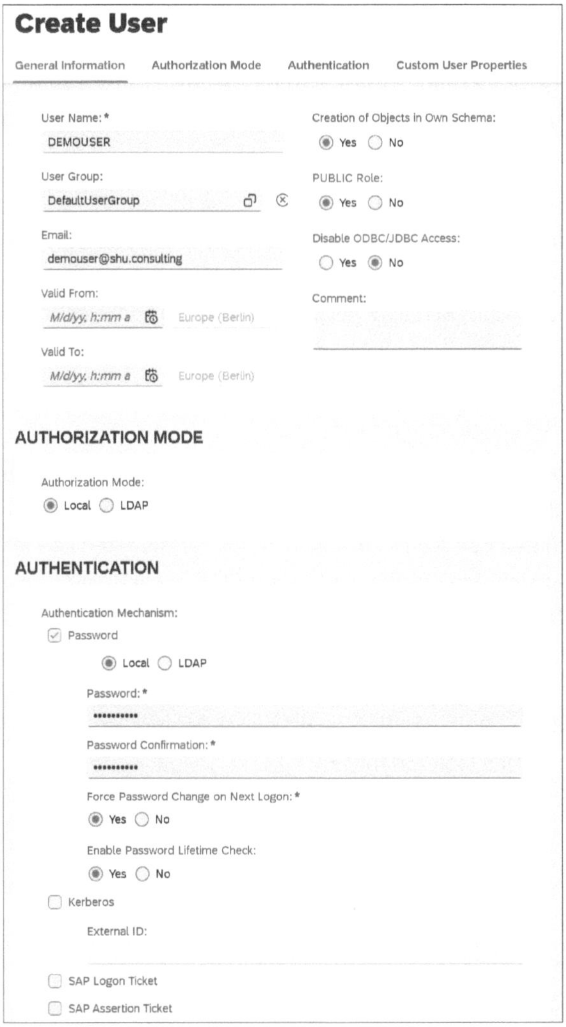

Abbildung 8.45: Anlage eines neuen Benutzers in SAP HANA

Bei der Anlage haben Sie die Auswahl, einen normalen Benutzer oder einen eingeschränkten Benutzer anzulegen (*Restricted User*). Eingeschränkte Benutzer werden bei der Anlage nicht mit der Rolle `PUBLIC` ausgestattet und können sich somit nicht per ODBC/JDBC an der SAP-HANA-Plattform anmelden. Diese Auswahl ist besonders für Anwender*innen sinnvoll, die ihre Berechtigungen über eine in SAP HANA betriebene Webanwendung erhalten und nicht direkt per SQL mit der Datenbank kommunizieren. Die Entscheidung für den einen oder anderen Benutzertyp hängt also vom Anwendungsfall ab. Möchten Sie in SAP HANA einen Benutzer für einen Administrator oder eine Administratorin anlegen, muss dies auf jeden Fall ein vollwertiger Benutzer sein.

Wie Sie im Abschnitt **AUTHENTICATION** sehen, unterstützt SAP HANA unterschiedliche Anmeldeverfahren. Solange nur wenige technische und administrative Benutzer zu verwalten sind, kommen Sie mit der klassischen Anmeldung über Benutzer-ID und Kennwort aus. Bei Hunderten oder Tausenden Benutzern lohnt sich auch in SAP HANA die Einrichtung weiterer Anmeldeverfahren sowie von Single Sign-on.

- **Rollenzuweisung (Role Assignment)**

  Über die Rollenzuweisung können Sie einem oder mehreren Benutzern gleichzeitig Rollen zuweisen. Auch in SAP HANA werden Vorlagenrollen von SAP ausgeliefert, die die wichtigsten Bereiche der Plattform abdecken. Hervorheben möchte ich hier die Rolle `SAP_INTERNAL_HANA_SUPPORT`, die Sie einer SAP-Supportmitarbeiterin oder einem Supportmitarbeiter zuweisen können.

- **Rechtezuweisung (Privilege Assignment)**

  Über die Rechtezuweisung können Sie Rechte an Benutzer vergeben. Übersichtlicher ist es allerdings, wenn Sie Rechte zunächst in Rollen sammeln und dann die Rollen den Benutzern zuweisen. Es gibt sechs Arten von Rechten. Hervorheben möchte ich hier die *Systemrechte* (System Privileges) und die *Objektrechte* (Object Privileges). Unter den Systemrechten findet sich z. B. das Recht, Benutzer in SAP HANA zu pflegen (Recht `USER ADMIN`). Mit den Objektrechten können Sie z. B. steuern, ob ein Benutzer lesend auf alle Tabellen von SAP S/4HANA zugreifen kann (Berechtigung `SELECT` auf das Schema `SAPHANADB`). Das letztgenannte Recht ist aber z. B. Teil der Rolle `ABAP_READ` und kann daher auch über diese Rolle vergeben werden.

- **Rollenverwaltung (Role Management)**

  Über die Rollenverwaltung können Sie Rechte von bestehenden Rollen verändern oder neue Rollen anlegen und mit Rechten ausstatten. Wie bereits erwähnt, können Sie auch eine Rolle einer anderen Rolle zuweisen.

In diesem Abschnitt haben Sie einen kleinen Einblick in das Benutzer- und Rollenkonzept von SAP HANA erhalten. Das Themengebiet ist ebenso komplex wie die Berechtigungsverwaltung im AS ABAP. Für detaillierte Informationen kann ich Ihnen daher das Buch »SAP HANA – Sicherheit und Berechtigungen« von Thomas Tiede (SAP PRESS 2025, 2. Auflage) empfehlen.

8.3.2 Benutzerpflege über die ABAP-Plattform

Da mit SAP S/4HANA in verschiedenen Szenarien auch Anwendungsbenutzer*innen der ABAP-Plattform auf die SAP-HANA-Plattform zugreifen können müssen, können Sie die benötigten Benutzer direkt auf der ABAP-Plattform pflegen Dies erleichtert die Benutzerpflege erheblich, da Sie die Benutzerstämme der ABAP- und der SAP-HANA-Plattform in einer Umgebung pflegen können. Nutzen Sie externe Werkzeuge zur Benutzerverwaltung, können Sie alternativ auch auf dieses Werkzeuge zurückgreifen.

Registerkarte DBMS aktivieren

Die Funktion der SAP-HANA-Benutzerverwaltung ist im Standard in Transaktion SU01 nicht aktiviert, da nicht jeder SAP-Kunde sie benötigt. Führen Sie folgende Schritte aus, um die Registerkarte **DBMS** einzublenden:

1. Legen Sie in der zum AS ABAP gehörenden Tenant-Datenbank einen neuen technischen Benutzer an (z. B. `BC_USRSYNC`). Vergeben Sie ein Passwort für diesen Benutzer, und deaktivieren Sie die Passwortänderung bei der ersten Anmeldung sowie den Ablauf des Passwortes nach einer bestimmten Zeit. Weisen Sie dem Benutzer die erforderlichen Rechte zu, wie in Listing 8.1 gezeigt. Führen Sie diese Anweisungen in einem SQL-Editor aus (z. B. im SAP HANA Cockpit). Das DBA Cockpit des AS ABAP eignet sich dazu nicht, da der Schemabenutzer `SAPHANADB` nicht berechtigt ist, Benutzer auf der SAP-HANA-Plattform anzulegen.

   ```
   CREATE USER BC_USRSYNC PASSWORD "<geheimes Passwort>" NO
   force_first_
   password_change;
   ALTER USER BC_USRSYNC DISABLE PASSWORD LIFETIME;
   GRANT USER ADMIN TO BC_USRSYNC;
   GRANT ROLE ADMIN TO BC_USRSYNC;
   GRANT CATALOG READ TO BC_USRSYNC;
   GRANT EXECUTE ON GRANT_ACTIVATED_ROLE TO BC_USRSYNC;
   GRANT EXECUTE ON REVOKE_ACTIVATED_ROLE TO BC_USRSYNC;
   ```

   Listing 8.1: Anlage eines Datenbankbenutzers für die Benutzersynchronisation

2. Rufen Sie über das SAP GUI im AS ABAP die Transaktion DBCO auf, und legen Sie hier eine neue Datenbankverbindung an. Vergeben Sie einen frei wählbaren Namen (z. B. »USRSYNC«). Tragen Sie im Feld **DBMS** den Datenbanktyp »HDB« sowie die Benutzer-ID und das Passwort des soeben angelegten Datenbankbenutzers ein. Im Feld **Verb.Info** tragen Sie Host und Port der Tenant-Datenbank ein (siehe Abbildung 8.46).

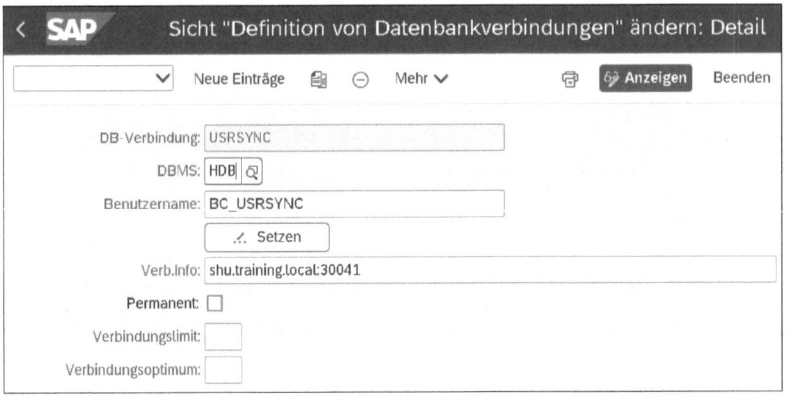

Abbildung 8.46: Neue Datenbankverbindung in Transaktion DBCO anlegen

3. Rufen Sie Transaktion SM30 (Tabellenpflege) auf, und tragen Sie im Feld **Tabelle/Sicht** den Wert »USR_DBMS_SYSTEM« ein. In diesem Pflegeview werden die Systemeinstellungen für die Benutzerverwaltung der Datenbank hinterlegt. Wählen Sie den Button **Pflegen**.
4. Legen Sie in diesem Pflegeview einen neuen Eintrag mit dem Namen der zuvor in Transaktion DBCO angelegten Datenbankverbindung an (siehe Abbildung 8.47). Als Mandant geben Sie in der Spalte **Mandnt** den Mandanten im AS ABAP an, über den Sie die Datenbankbenutzer für die SAP-HANA-Plattform pflegen möchten.

Abbildung 8.47: Customizing-Eintrag im Pflegeview USR_DBMS_SYSTEM

5. Speichern Sie den neuen Eintrag über den Button **Sichern**.

Benutzerverwaltung in Transaktion SU01

Nach der Aktivierung können Sie Transaktion SU01 öffnen. Sie sehen nun die Registerkarte **DBMS** (siehe Abbildung 8.48). Durch die Aktivierung dieser Funktion ergeben sich folgende Besonderheiten bei der Benutzerverwaltung:

- Legen Sie Benutzer in Transaktion SU01 an, wird auf der SAP-HANA-Plattform eine Benutzerkennung mit identischer Benutzer-ID und identischem Kennwort angelegt.

- Wird eine administrative Sperre für einen Benutzer im AS ABAP gesetzt, wird auch der entsprechende Benutzer auf der SAP-HANA-Plattform gesperrt.
- Wird ein Benutzer im AS ABAP gelöscht, wird auch der verknüpfte Benutzer auf der SAP-HANA-Plattform gelöscht.
- Sie können die Zuordnung zum SAP-HANA-Plattform-Benutzer nicht direkt ändern. Dazu müssten Sie die Zuweisung zum SAP-HANA-Plattform-Benutzer löschen und diese Änderung sichern, bevor Sie einem ABAP-Benutzer einen bereits vorhandenen SAP-HANA-Plattform-Benutzer zuweisen können.
- Die Massenpflege im AS ABAP (Transaktion SU10) unterstützt die Benutzerpflege der SAP-HANA-Plattform nicht. Nutzen Sie stattdessen den Report `RSUSR_DBMS_USERS`, den ich weiter unten in diesem Abschnitt vorstelle.
- Die Benutzerverwaltung über die ABAP-Plattform behebt nicht das Problem der Kennwortverwaltung. Sie ermöglicht es Ihnen nur, das initiale Kennwort festzulegen. Sie kann Ihnen jedoch nicht dabei behilflich sein, die Kennwörter synchron zu halten. Sie können über die Registerkarte **DBMS** jedoch Benutzer auf der SAP-HANA-Plattform entsperren und deren Kennwörter neu setzen (siehe Abbildung 8.48).

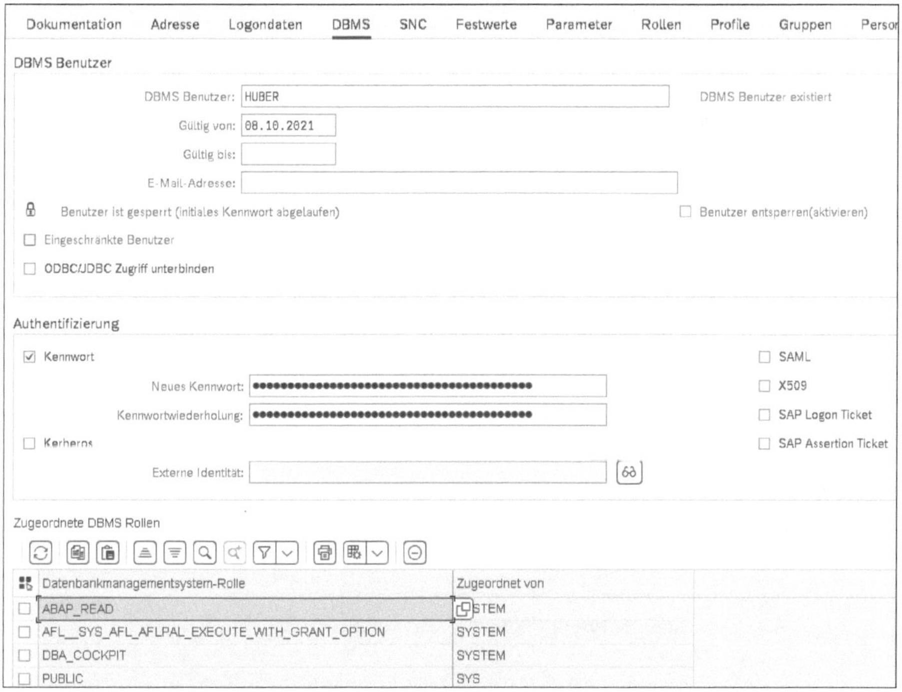

Abbildung 8.48: Registerkarte »DBMS« in Transaktion SU01

- Sie sollten die Kennwortrichtlinien in SAP HANA und auf der ABAP-Plattform möglichst gleich konfigurieren, da es sonst beim Speichern zu Fehlern kommen kann.

Um die Konsistenz der Benutzerverknüpfung zwischen AS ABAP und SAP-HANA-Plattform zu prüfen, können Sie den Report RSUSR_DBMS_USERS_CHECK verwenden.

Massenpflege über RSUSR_DBMS_USERS

Mit dem Report RSUSR_DBMS_USERS verfügen Sie über ein Werkzeug für die Massenpflege von SAP-HANA-Plattform-Benutzern im AS ABAP. In dem in Abbildung 8.49 gezeigten Beispiel werden alle Dialogbenutzer aus dem AS ABAP, die der **Benutzergruppe** ANALYTICS zugeordnet sind, als Benutzer der SAP-HANA-Plattform angelegt. Diesen Benutzern wird auf der SAP-HANA-Plattform die SAP-HANA-Berechtigungsrolle Z_HANA_ANALYTICS zugeordnet.

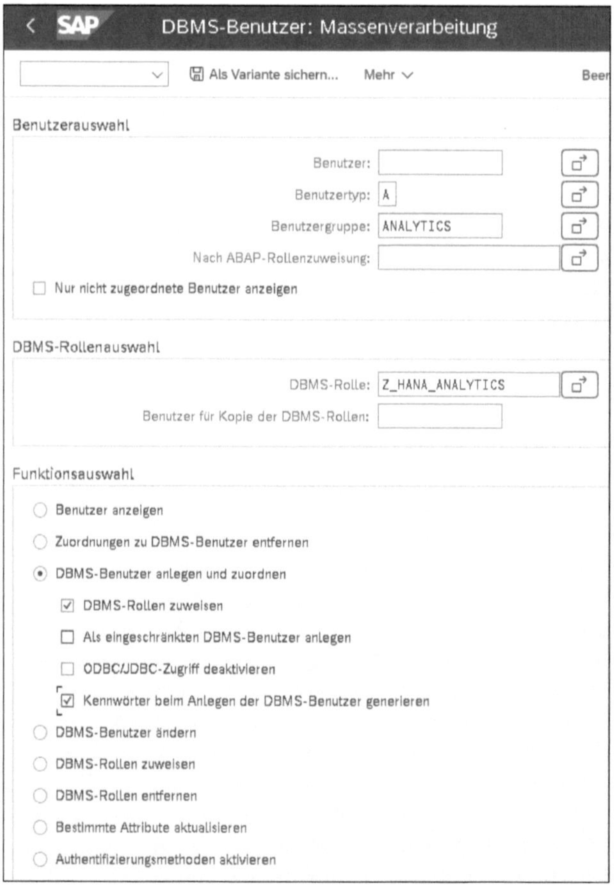

Abbildung 8.49: Massenpflege über den Report RSUSR_DBMS_USERS

8.4 Externe Werkzeuge zur Benutzer- und Berechtigungsadministration

Da die Verwaltung von Benutzern und Berechtigungen gerade in größeren Unternehmen mit Hunderten oder Tausenden Anwender*innen und heterogenen

Systemlandschaften eine große Herausforderung ist, gibt es von SAP selbst, aber auch von anderen Unternehmen, Lösungen, um die Verwaltung zu vereinfachen und noch besser abzusichern. Gerade der Sicherheitsaspekt ist elementar, da durch unsachgemäße Pflege von Berechtigungen großer Schaden entstehen kann. Ich gebe in diesem Abschnitt einen kurzen Einblick in die wichtigsten von SAP bereitgestellten Lösungen.

8.4.1 Zentrale Benutzerverwaltung

ZBV

Die *zentrale Benutzerverwaltung* (ZBV, engl. CUA) ist streng genommen kein externes Werkzeug, sondern fester Bestandteil des AS ABAP und somit auch in Ihrem SAP-S/4HANA-System verfügbar. Ein Mandant übernimmt hier die Rolle des Servers. Dies muss nicht zwangsläufig ein Mandant Ihrer SAP-S/4HANA-Systemlandschaft, sondern kann z. B. ein separater Mandant im SAP Solution Manager sein. In diesem Mandanten pflegen Sie die Benutzerstammsätze zentral und können diese an die angeschlossenen Systeme verteilen.

Merkmale der ZBV sind folgende:

- Das Anlegen und das Löschen von Benutzern findet nur in einem System statt. Dies führt zu einer hohen Stammdatenqualität.
- Die Administration gestaltet sich einfacher, da Sie sich nur am zentralen System anmelden müssen, um z. B. Benutzer zu entsperren oder Kennwörter zurückzusetzen.
- Die Rollen müssen in den Mandanten vorhanden sein und klassisch, z. B. über das Transportmanagement, verteilt werden.
- Im Vergleich zu vielen externen Werkzeugen ist die ZBV schnell einzurichten.

Die ZBV ist allerdings auf den AS ABAP beschränkt und funktional auch nicht in der Lage, alle Aspekte einer zentralen Benutzerverwaltung zu erfüllen. SAP unterstützt die ZBV auch heute noch, empfiehlt aber ausdrücklich die SAP Cloud Identity Services als strategisches Produkt (siehe Abschnitt8.4.3).

8.4.2 SAP Identity Management

SAP Identity Management, häufig mit IDM abgekürzt, ist das aktuelle Produkt von SAP zur unternehmensweiten Verwaltung von Benutzern und Berechtigungen. Es unterstützt alle wesentlichen Softwarelösungen von SAP. Für SAP S/4HANA sind dies hauptsächlich der AS ABAP, AS Java und die SAP-HANA-Plattform. Auch die SAP-Cloud-Lösungen sowie Nicht-SAP-Lösungen lassen sich mit SAP Identity Management zentral verwalten. Die Lösung basiert auf dem AS Java und wird on premise installiert und betrieben. Wie alle anderen auf AS Java basierten Produkten ist auch SAP IDM vom Wartungsende 2027 bzw. spätestens 2030 betroffen. Einen direkten Nachfolger von SAP gibt es nicht. SAP verweist hier auf den Cloud-Service Entra von Microsoft und die SAP Cloud Identity Services, die ich im nächsten Abschnitt vorstelle.

Zu den wichtigsten Funktionen von SAP Identity Management gehören:

- Mitarbeiter-Self-Service (z. B. Kennwörter zurücksetzen)
- workflowgestützte Beantragung, Erteilung und Genehmigung von Berechtigungen
- unternehmensweite Stilllegung von Benutzer-Accounts nach dem Ausscheiden von Mitarbeitenden aus dem Unternehmen

8.4.3 Microsoft Entra und SAP Cloud Identity Services

Paradigmenwechsel

Wie ich im vorherigen Abschnitt erläutert habe, wird die bisherige, weit verbreitete Lösung SAP IDM nicht mehr über 2030 hinaus verfügbar sein. SAP verweist nun auf die SAP Cloud Identity Services der SAP BTP in Verbindung mit dem Cloud-Service Entra von Microsoft. Die Nutzung von Entra und den SAP Cloud Identity Services bedeutet aber, dass Identitätsdaten in der Microsoft-Cloud Azure und SAP BTP verwaltet werden. Dies ist ein Paradigmenwechsel, der in vielen Unternehmen als problematisch gesehen wird. Bei Störungen, die es in jüngster Vergangenheit durchaus gab, sind dann unternehmenskritische Anwendungen temporär nicht mehr erreichbar. Auch die Befürchtung, unberechtigten Zugriff auf unternehmenskritische Anwendungen zu erhalten, wird von vielen Unternehmen als kritisch bewertet.

In Abbildung 8.50 sehen Sie die Referenzarchitektur. SAP SuccessFactors oder andere HCM-Lösungen können hierbei z. B. als Eingangsdatenquelle für Identitätsdaten für Microsoft Entra dienen.

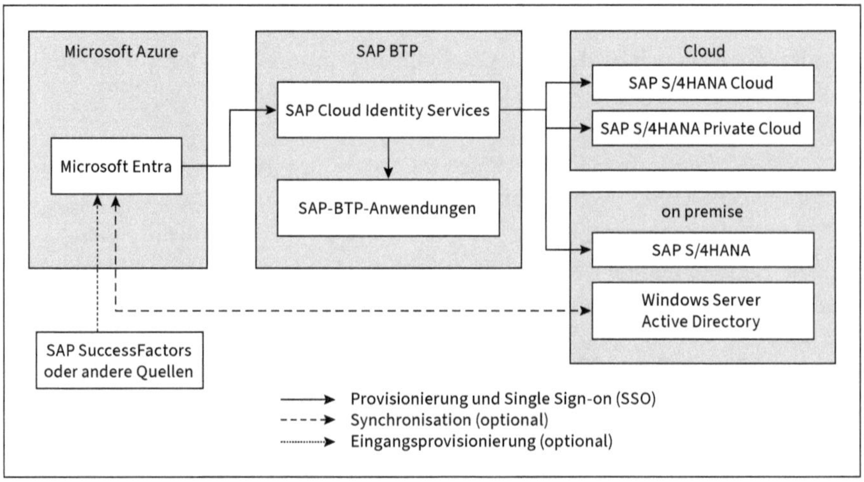

Abbildung 8.50: Referenzarchitektur mit Microsoft Entra

Auch eine Synchronisation mit einem eventuell vorhandenen lokalen Windows Active Directory Server ist möglich. Die Identitätsdaten werden zu den SAP Cloud Identity Services in SAP BTP provisioniert. Von dort können die Daten für Anwendungen in SAP BTP oder für andere Cloud-Anwendungen wie z. B. SAP S/4HANA Cloud oder auch für SAP S/4HANA on premise provisioniert und für Single Sign-on (SSO) verwendet werden. Für SAP S/4HANA on premise wird die Verbindung über den *Cloud Connector* hergestellt, auf den ich in Abschnitt 11.4, »Cloud Connector«, genauer eingehe.

8.4.4 SAP Governance, Risk, and Compliance

Bei dem Portfolio SAP Governance, Risk, and Compliance (SAP GRC) handelt es sich um verschiedene Sicherheitslösungen von SAP.

SAP Access Control

Im Zusammenhang mit der Benutzer- und Berechtigungsverwaltung liefert die Lösung *SAP Access Control* erweiterte Funktionen zur klassischen Berechtigungsverwaltung:

- workflowgestützte Beantragung von Berechtigungen (*Access Request Management*, kurz ARM)
- Unterstützung bei der Erstellung, Aktualisierung und Risikobewertung von Anwendungsrollen über Systemgrenzen hinweg (*Business Role Management*, kurz BRM).
- workflowgestützte Verwaltung von Notfallzugriffen auf Systeme (*Emergency Access Management*, kurz EAM)

Die Lösung kann on premise oder in der Cloud betrieben werden. SAP Access Control und SAP IDM ergänzen sich funktional und können gemeinsam eingesetzt werden. Da SAP GRC auf AS ABAP und nicht auf AS Java aufbaut, ist dieses Produkt auch nach dem Wartungsende von SAP IDM weiterhin verfügbar. Aktuelle Informationen finden Sie in SAP-Hinweis 3326989. Für Unternehmen, die sich noch nicht mit Cloud-Lösungen anfreunden können, ist SAP GRC eine gute Option auch für die Benutzer- und Rechteverwaltung von SAP S/4HANA.

Kapitel 9
Hintergrundverarbeitung

Neben der Dialogverarbeitung ist die Hintergrundverarbeitung eine weitere wichtige Säule für eine unterbrechungsfreie Ausführung von Geschäftsanwendungen in Ihrem Unternehmen.

In Abschnitt 3.1.3, »Prozesskonzept«, habe ich Ihnen bereits die theoretischen Grundlagen der Hintergrundverarbeitung vermittelt. In diesem Kapitel zeige ich Ihnen den praktischen Teil. Da die Hintergrundverarbeitung von den Aktivitäten der Anwender*innen entkoppelt ist, ist es Ihre Aufgabe als Administrator*in, den fehlerfreien Betrieb der Hintergrundverarbeitung zu überwachen und auftretende Fehler zu beseitigen.

In Abschnitt 9.1, »Grundlagen der Hintergrundverarbeitung«, gehe ich auf die unterschiedlichen Scheduler ein, die Sie hierzu verwenden können. In Abschnitt 9.2, »Einplanung von Jobs«, lernen Sie, wie Sie Hintergrundjobs einplanen. In Abschnitt 9.3, »Überwachung der Hintergrundverarbeitung«, zeige ich Ihnen, wie Sie die eingeplanten Jobs verwalten und überwachen können. In Abschnitt 9.4, »Technisches Job-Repository«, und Abschnitt 9.5, »Anwendungsjobs«, lernen Sie zwei besondere Arten von Hintergrundjobs kennen. In Abschnitt 9.6, »Jobverwaltung über den SAP Solution Manager und SAP Cloud ALM«, zeige ich Ihnen noch erweiterte Möglichkeiten der Hintergrundverarbeitung mit dem SAP Solution Manager und SAP Cloud ALM auf.

9.1 Grundlagen der Hintergrundverarbeitung

Vorteile der Hintergrundverarbeitung

Die Hintergrundverarbeitung in SAP S/4HANA ist aus den folgenden Gründen wichtig:

- **Entlastung der Dialogressourcen**

  Dialog-Workprozesse sollen für die Bearbeitung von Anfragen der Anwender*innen möglichst ohne Wartezeit zur Verfügung stehen. Durch das *Workprozess-Multiplexing* der Dialogverarbeitung steht ein Dialog-Workprozess nach einem Ausführungsschritt wieder für andere Aufgaben zur Verfügung und muss nicht auf Eingaben der Anwender*innen warten. Dadurch können Systemressourcen sehr effektiv genutzt werden. In der Hintergrundverarbeitung gibt es keine Benutzerinteraktion, weshalb ein Programm dauerhaft an einen Workprozess gebunden ist. Daher werden Hintergrundaufgaben von Batch-Workprozessen verarbeitet, um die Dialog-Workprozesse nicht zu blockieren.

- **Einplanung regelmäßiger Aufgaben**

  Wiederkehrende Aufgaben sollen automatisch ausgeführt werden. Rechenintensive Aufgaben können Sie mit der Hintergrundverarbeitung auch in die Nacht verlagern, in der das System nicht von Dialoganwendungen belastet wird.

Merkmale von Hintergrundjobs

Die Hintergrundverarbeitung wird durch sogenannte *Hintergrundjobs* ausgeführt, auch *Batch-Jobs* oder einfach nur Jobs genannt. Ein solcher Job hat folgende Merkmale:

- Er wird durch einen Batch-Workprozess ausgeführt.
- Er enthält einen oder mehrere Schritte.
- Er hat eine Priorität und ein Ausführungsziel.
- Er kann zeitgesteuert oder ereignisgesteuert gestartet werden.

Ihre Aufgabe ist es, die Jobs zu überwachen und auf Fehler aufmerksam zu machen. Auch die technischen Jobs, die den stabilen Betrieb von SAP S/4HANA sicherstellen, müssen Sie überwachen. Sie sollten auch den Ressourcenverbrauch im Blick haben und bei Engpässen versuchen, Jobs umzuplanen, damit diese zu einer lastärmeren Zeit ausgeführt werden.

Zeitgesteuerter Scheduler

Die zeitgesteuerte Hintergrundverarbeitung wird vom *zeitgesteuerten Scheduler* getriggert. Dieser Scheduler wird durch den Profilparameter `rdisp/btctime` konfiguriert, der im Standard auf einen Wert von 60 Sekunden eingestellt ist. In diesem Zeitintervall wird der zeitgesteuerte Scheduler regelmäßig ausgeführt. Er läuft auf jeder Instanz, auf der Batch-Workprozesse konfiguriert sind (Parameter `rdisp/wp_no_btc` > 0) innerhalb des Programms `SAPMSSY2` eines Dialog-Workprozesses. Dieses Programm prüft, ob Jobs die geplante Startzeit erreicht haben, und startet diese nach ihrer Priorität. Da es »nur« alle 60 Sekunden ausgeführt wird, kann es bis zu 60 Sekunden dauern, bis ein Job, der seine Startzeit erreicht hat, gestartet wird. Zusätzlich zu der alle 60 Sekunden stattfindenden Prüfung triggert auch jeder beendete Job wieder den Job-Scheduler, was bei hohem Jobaufkommen mit vielen kurz laufenden Jobs zu einem höheren Durchsatz führt.

Planen Sie einen Job mit der Startzeit **Sofort** ein, wird der Scheduler in der Regel umgangen. Nur wenn keine Ressourcen zur Verfügung stehen, wird der Job mit der aktuellen Zeit in die Jobtabelle eingetragen und vom Job-Scheduler wieder aufgegriffen.

Ereignisgesteuerter Scheduler

Ereignisgesteuerte Jobs werden vom *ereignisgesteuerten Scheduler* aufgegriffen. Im SAP-System sind bereits viele Ereignisse vordefiniert, die den Start eines Jobs auslösen, z. B. der Start des Systems. Diese Ereignisse werden *Systemereignisse* genannt und sollten nicht manuell ausgelöst werden. Sie selbst können *Benutzerereignisse* definieren. Diese Ereignisse können Sie über Transaktion SM64 verwalten und über den Ausführen-Button ( ) auslösen (siehe Abbildung 9.1).

Abbildung 9.1: Ereignisse definieren und auslösen (Transaktion SM64)

Neben dem manuellen Auslösen in Transaktion SM64 gibt es weitere Möglichkeiten, Ereignisse auszulösen:

- durch das ABAP-Programm `BTC_EVENT_RAISE`
- durch den Funktionsbaustein `BP_EVENT_RAISE`
- durch die Methode `RAISE` der Klasse `CL_BATCH_EVENT`
- durch das Programm `sapevt` auf Betriebssystemebene

Das Auslösen solcher Events ist häufig in internen und externen Anwendungen implementiert. Solange kein Job definiert ist, der auf das Ereignis wartet, »verpufft« es.

Analysetool

Um zu überprüfen, ob Ihre Systemumgebung korrekt für die Hintergrundverarbeitung eingerichtet ist, können Sie das Analysetool der Hintergrundverarbeitung, Transaktion SM65, aufrufen (siehe Abbildung 9.2). Sie sehen hier auf einen Blick, ob auf den Instanzen genügend Batch-Workprozesse definiert sind (Parameter `rdisp/wp_no_btc` > 0) und ob der Scheduler aktiv ist (Parameter `rdisp/btctime` > 0).

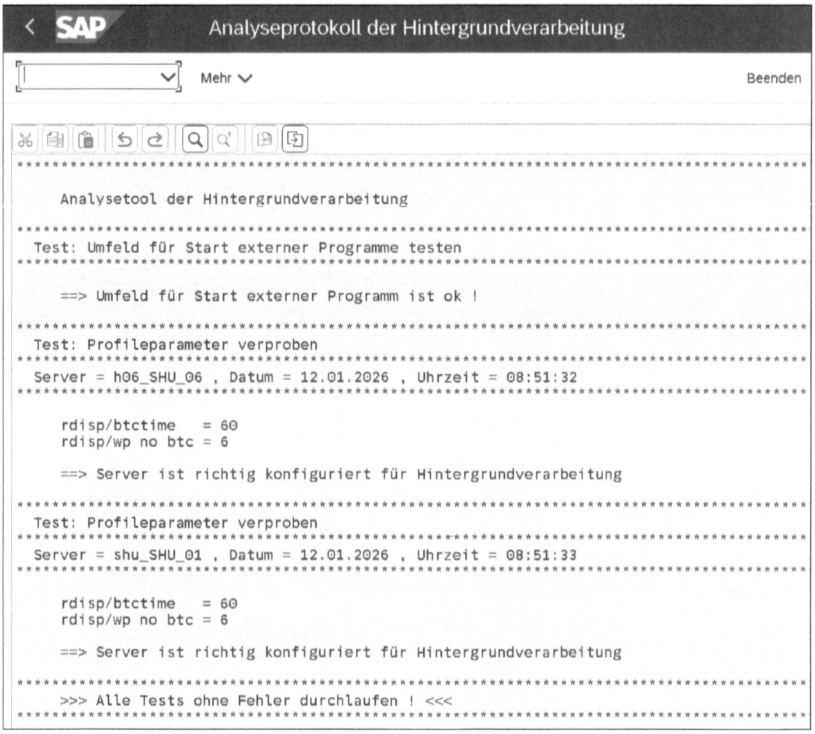

Abbildung 9.2: Analysetool der Hintergrundverarbeitung (SM65)

9.2 Einplanung von Jobs

Jobs können aus verschiedenen Anwendungen heraus eingeplant werden. In der Regel ist es die Aufgabe der Fachabteilungen, Jobs einzuplanen.

9.2.1 Einplanung in Transaktion SM36

Einen neuen Job können Sie über Transaktion SM36 anlegen. Der Job wird für den Mandanten erzeugt, in dem Sie gerade angemeldet sind.

Job definieren

Allgemeine Angaben

Für die Definition eines neuen Jobs müssen Sie folgende allgemeine Angaben machen (siehe Abbildung 9.3):

- **Jobname**

  Der Jobname ist eine obligatorische Information. In vielen Unternehmen gibt es auch für Jobs Namenskonventionen. Es kann z. B. sinnvoll sein, das fachliche Modul oder den Namen des auszuführenden Reports in den Jobnamen aufzunehmen.

Abbildung 9.3: Allgemeine Angaben für einen neuen Job

- **Jobklasse**

  Über die Jobklasse definieren Sie die Priorität von Jobs. Die Jobklasse A repräsentiert die höchste Wichtigkeit. Solche Jobs werden zeitlich immer vor den Jobs der anderen Klassen ausgeführt. Sind allerdings alle Batch-Workprozesse belegt, kann auch ein Job der Jobklasse A erst starten, wenn wieder ein Batch-Workprozess frei ist. Um solche Situationen zu vermeiden, können Sie über die Betriebsartendefinition Workprozesse exklusiv für Jobklasse A reservieren (siehe Abschnitt 4.2.1, »Betriebsarten konfigurieren«).

  Jobs der Jobklasse B werden zeitlich vor Jobs der Klasse C ausgeführt. Im Standard wird die Jobklasse C als Wert vorbelegt. Sie können über Berechtigungen steuern, dass nicht jede Person die höhere Priorität bei der Jobeinplanung verwenden darf.

- **Ausführungsziel**

  Betreiben Sie neben der PAS-Instanz (Primary Application Server) weitere AAS-Instanzen (Additional Application Server), können Sie vorgeben, auf welcher Instanz der Job ausgeführt werden soll. Lassen Sie das Feld **Ausführungsziel** leer, entscheidet das System automatisch, in welcher Instanz der Job ausgeführt wird. Schreibt ein Job z. B. Daten in das Dateisystem und ist das Dateisystem nur auf einer Instanz eingerichtet, ist es wichtig, die passende Instanz einzutragen.

[+]

Job-Servergruppen

Eine weitere Möglichkeit, Jobs bestimmten Ausführungszielen zuzuordnen, bieten die *Job-Servergruppen*. Job-Servergruppen können eine oder mehrere AS-Instanzen umfassen und bieten eine sehr gute Möglichkeit, Ausführungsziele vorzugeben und trotzdem eine Lastverteilung zwischen AS-Instanzen einer Servergruppe zu ermöglichen. Rufen Sie zur Pflege von Job-Servergruppen die Transaktion SM61 auf. Über den Button **Jobservergruppen** gelangen Sie in die Pflege der Servergruppen.

- **E-Mail-Benachrichtigung**

  Über den Button **E-Mail Benachrichtigung** können Sie sich benachrichtigen lassen, wenn ein Job beendet wird (siehe Abbildung 9.4). Sie können dabei wählen, ob Sie nur im Fehlerfall oder grundsätzlich benachrichtigt werden möchten. Sie können auch mehrere E-Mail-Adressen als Empfänger der Benachrichtigung angeben, getrennt durch ein Semikolon. Die Benachrichtigungseinstellung können Sie auch noch ändern, nachdem der Job eingeplant wurde.

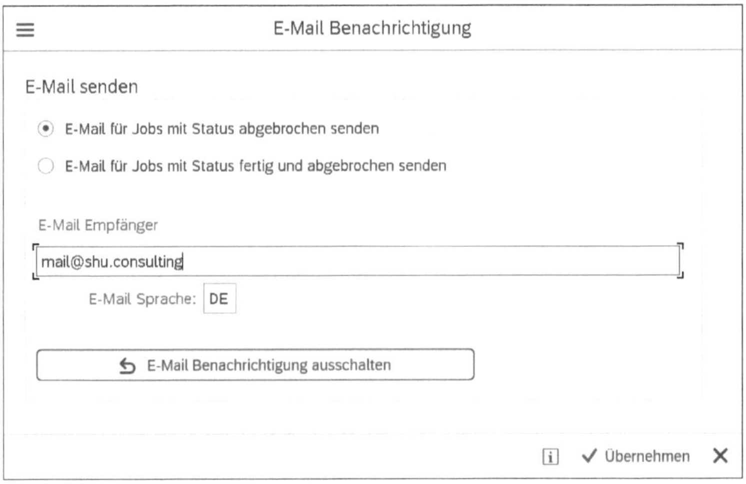

Abbildung 9.4: Konfiguration E-Mail-Benachrichtigung

[»]

System für E-Mail-Versand einrichten

Voraussetzung für die Funktionalität ist, dass Ihr SAP-System für den E-Mail-Versand eingerichtet ist. In Abschnitt 10.7, »E-Mail-Versand«, gehe ich auf die Konfiguration ein.

In Abbildung 9.5 sehen Sie eine zugestellte E-Mail nach Beendigung eines Jobs. Leider ist es aktuell nicht möglich, das Jobprotokoll mit in die E-Mail aufzunehmen.

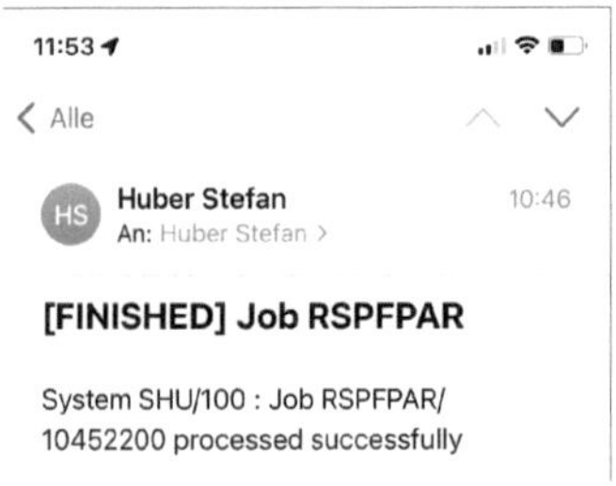

Abbildung 9.5: Versendete E-Mail nach Abschluss eines Jobs

- **Spoollisten-Empfänger**

  Da Hintergrundprozesse nicht über Bildschirmdialoge mit Anwender*innen kommunizieren, werden die durch den Report erzeugten Ausgaben in einen Spool-Auftrag geschrieben. Nicht jeder Report erzeugt einen solchen Spool-Auftrag, jeder Job erzeugt aber ein *Job-Log*. Dort finden Sie mindestens die Information, dass ein Job gestartet und beendet wurde. Weitere Ausgaben sind abhängig vom durch den Job ausgeführten Programm. Es ist also durch die Programmierung des Reports vorgegeben, welche Informationen in das Job-Log und welche Informationen in einen Spool-Auftrag geschrieben werden.

  Grundsätzlich sollte das Job-Log technische Informationen enthalten, während der Spool-Auftrag fachliche Ausgaben des Jobs enthält, die man z. B. auch ausdrucken oder anderweitig weiterverarbeiten möchte. In Kapitel 10, »Ausgabeverwaltung in SAP S/4HANA«, gehe ich umfassender auf die Spool-Aufträge ein.

  Über den Button **Spoollisten-Empfänger** in Transaktion SM36 können Sie definieren, dass ein durch den Job erzeugter Spool-Auftrag automatisch an einen oder mehrere Empfänger*innen, z. B. per E-Mail, gesendet wird. Die Empfänger*innen erhalten nur den Inhalt des Spool-Auftrags, nicht den des Job-Logs.

Startbedingungen

Über den Button **Startbedingung** in Transaktion SM36 können Sie den Startzeitpunkt oder das Startereignis des Jobs festlegen (siehe Abbildung 9.6). Hier haben Sie folgende Einstellungsmöglichkeiten:

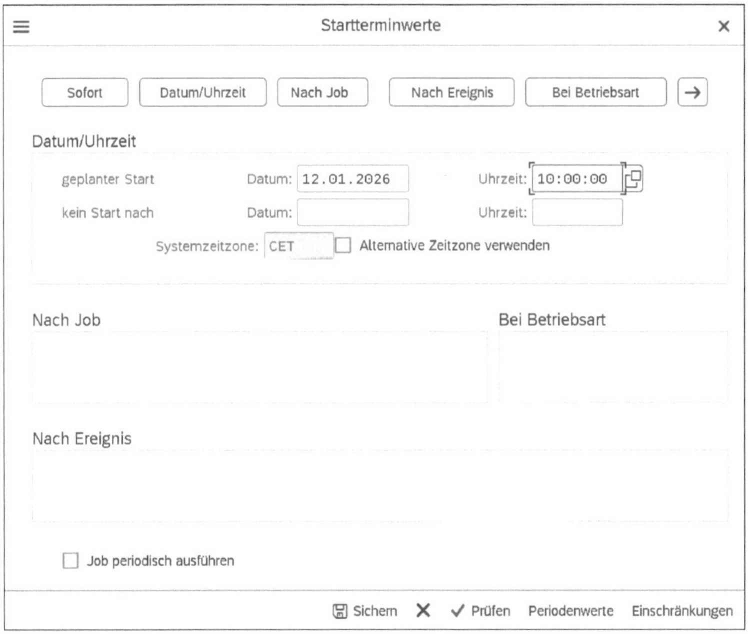

Abbildung 9.6: Startterminwerte

- **Sofort**: Möchten Sie, dass der Job direkt nach Freigabe gestartet wird, wählen Sie diese Option.
- **Datum/Uhrzeit**: Mit dieser Option geben Sie Datum und Uhrzeit an. Der eingegebene Wert muss in der Zukunft liegen. Mit der optionalen Angabe von Datum und Uhrzeit im Feld **kein Start nach** können Sie einen Endzeitpunkt angeben, zu dem der Job spätestens gestartet werden muss. Sind im geplanten Zeitraum keine Batch-Workprozesse frei oder wurden Jobs suspendiert, wird der Job nicht mehr gestartet, wenn dieser Zeitpunkt überschritten wurde.
- **Nach Job**: Mit dieser Option können Sie Jobs verketten. Sie können dazu einen Job als Vorgänger auswählen. Sobald der Vorgängerjob beendet ist, wird der nächste Job automatisch gestartet. Durch Aktivierung des Ankreuzfeldes **Start statusabhängig**, können Sie einstellen, dass dieser Job nur startet, wenn der Vorgängerjob erfolgreich beendet wurde.

  Stehen beim Auslösen des Jobs keine freien Batch-Prozesse zur Verfügung, wird der Job zum nächstmöglichen Zeitpunkt durch den Job-Scheduler gestartet.
- **Nach Ereignis**: Wie in Abschnitt 9.1, »Grundlagen der Hintergrundverarbeitung«, bereits erklärt, können Sie Jobs durch Ereignisse auslösen. Das Systemereignis `SAP_SYSTEM_START` wird z. B. ausgelöst, wenn das SAP-System gestartet wird. Einige Ereignisse übergeben Parameter, die Sie zusätzlich auswerten können. Die zuvor vorgestellte Startoption **Nach Job** ist gleichbedeutend mit der Option **Nach Ereignis**, wenn sich diese auf das Ereignis `SAP_END_OF_JOB` bezieht. Als Parameter wird der Name des Jobs übergeben, der beendet wurde.

  Stehen beim Auslösen des Ereignisses keine freien Batch-Prozesse zur Verfügung, wird der Job zum nächstmöglichen Zeitpunkt durch den Job-Scheduler gestartet.
- **Bei Betriebsart**: Nutzen Sie mehrere Betriebsarten (siehe Abschnitt 4.2, »Betriebsarten«), können Sie einen Job in dem Moment starten, in dem auf die gewählte Betriebsart umgeschaltet wird. Das gleiche Ergebnis erreichen Sie, wenn Sie die Startoption **Nach Ereignis** mit dem Ereignis `SAP_OPMODE_SWITCH` verwenden. Als Parameter geben Sie den Namen der jeweiligen Betriebsart an.

  Stehen beim Wechsel der Betriebsart keine freien Batch-Prozesse zur Verfügung, wird der Job zum nächstmöglichen Zeitpunkt durch den Job-Scheduler gestartet.

Weitere Einstellungen

Über den Button [→] (**Weitere Einstellungen**) können Sie einen Tag des Monats, relativ vom Monatsanfang oder -ende, angeben, an dem der Job gestartet werden soll. Die in Abbildung 9.7 gezeigte Beispielkonfiguration startet den

Job am dritten Arbeitstag im Monat. Der im Feld **Fabrikkalender** angegebene Kalender »01« beinhaltet die jeweils gültigen Feiertage und arbeitsfreien Tage für Deutschland.

Abbildung 9.7: Job an bestimmten Arbeitstagen zu bestimmten Uhrzeiten einplanen

Einschränkungen

Haben Sie die Startzeit vorgegeben, können Sie über den Button **Einschränkungen** zusätzlich angeben, was mit dem Job passieren soll, wenn der Start auf einen arbeitsfreien Tag fällt. Sie könnten den Job beispielsweise an dem Werktag vor oder nach dem arbeitsfreien Tag starten lassen, ihn aussetzen oder ihn an dem arbeitsfreien Tag starten lassen (siehe Abbildung 9.8).

Abbildung 9.8: Einschränkungen zum Starttermin

Job periodisch ausführen

Soll der Job regelmäßig wiederholt werden, aktivieren Sie das Ankreuzfeld **Job periodisch ausführen**. Über den Button **Periodenwerte** definieren Sie das gewünschte Wiederholungsintervall (siehe Abbildung 9.9). Über den Button **Andere Periode** können Sie beliebige Werte für die monatliche, wöchentliche, tägliche, stündliche oder minütliche Wiederholung angeben. Die kleinste mögliche Wiederholungsperiode ist 1 Minute.

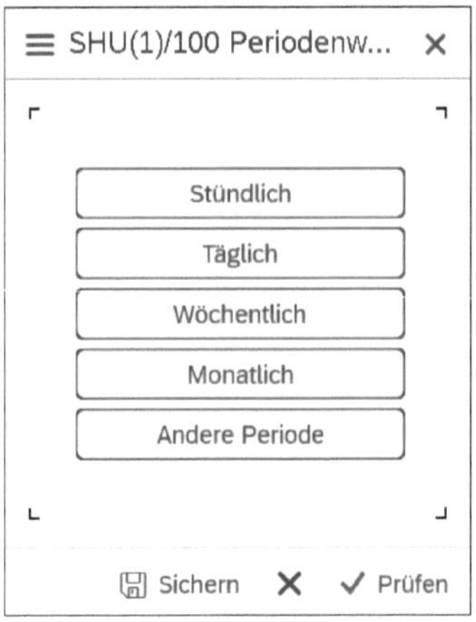

Abbildung 9.9: Periodenwerte

Jobschritte

Benutzer Über den Button **Step** definieren Sie das durch den Job auszuführende Programm (siehe Abbildung 9.10). Ganz oben geben Sie die Benutzer-ID an, unter der das Programm ausgeführt wird. Im Standard wird Ihre eigene Benutzer-ID, also die der Joberstellerin oder des Jobersteller, eingetragen. Sie können hier jedoch auch eine andere Benutzer-ID hinterlegen.

Abbildung 9.10: Auszuführendes Programm angeben

Dies ist eine sehr gefährliche Funktion, da Sie so Programme unter fremden Benutzer-IDs laufen lassen können. Über Berechtigungen sollte daher eingeschränkt werden, wer Jobs unter fremden Benutzer-IDs laufen lassen darf.

Jobersteller*in gesperrt oder gelöscht

Der Jobersteller bzw. die -erstellerin spielt bei der Ausführung von Jobs keine Rolle. Ist dieser Benutzer inzwischen gesperrt oder gelöscht, wird der Job trotzdem ausgeführt, sofern die zur Ausführung hinterlegte Benutzer-ID nicht gesperrt oder gelöscht ist.

Sprache

Auch die Sprache kann eine wichtige Einstellung sein. Da die Informationsausgabe von Programmen meist in der Anmeldesprache der Anwenderin oder des Anwenders erfolgt, liegt der Spool nur in dieser Sprache vor.

ABAP-Programm

Die am meisten verwendete Programmart ist sicherlich ein ABAP-Programm. Grundsätzlich können Sie jedes ABAP-Programm, das Sie über Transaktion SA38 bzw. SE38 ausführen können, auch für die Jobausführung angeben. Wichtig ist allerdings, dass das Programm außer dem Selektionsbildschirm keine weiteren Dialoge auf dem Bildschirm anzeigt, z. B. keine Pop-up-Fenster. Wird bei der Ausführung im Hintergrund ein Bildschirm zur Anzeige gebracht, kommt es zum Abbruch des Jobs.

Varianten

Sie können das Programm `RSPFPAR` verwenden, um die Jobeinplanung einmal an einem Beispielprogramm auszuprobieren. Dieses Programm liest Profilparameter aus und stellt diese in einer Liste dar. Starten Sie ein ABAP-Programm manuell in Transaktion SA38, sehen Sie in der Regel zuerst einen Selektionsbildschirm. Auf diesem Bildschirm geben Sie die zur Ausführung des Programms notwendigen Parameter an. Damit Sie bei der Ausführung des Jobs Parameterwerte mitgeben können, müssen Sie die benötigten Werte zuvor in einer *Variante* speichern. Um eine solche Variante anzulegen, können Sie die Transaktion SA38 verwenden. Nach der Eingabe der Parameter wählen Sie die Option **Speichern** und vergeben einen Namen für die Variante.

Varianten sind jeweils nur in dem Mandanten gültig, in dem sie angelegt wurden. Das Programm `RSPFPAR` besitzt bereits einige vordefinierte Varianten. Wählen Sie eine beliebige Variante aus.

Externes Kommando

Statt eines ABAP-Programms können Sie auch ein externes Kommando angeben, das ausgeführt werden soll. *Externe Kommandos* können in Transaktion SM49 oder SM69 gepflegt werden (die beiden Transaktionen sind inzwischen funktionsgleich). Externe Kommandos im Umfeld von Jobs können z. B. sinnvoll sein, wenn Sie im ersten Schritt eines Jobs mit einem ABAP-Programm Daten in das Dateisystem des Applikationsservers schreiben, und dann im zweiten Schritt über ein externes Kommando, z. B. per FTP, an eine andere Stelle übertragen. Mit externen Kommandos kann man jedoch auch viel Schaden anrichten, da die Kommandos auf Betriebssystemebene mit dem Benutzer `<sid>adm` ausgeführt werden. Die Pflege und Ausführung von externen Kommandos muss daher dringend über Berechtigungen eingeschränkt werden. In den Software-as-a-Service-(SaaS-)Bereitstellungskonzepten von SAP S/4HANA ist der Betriebssystemzugriff unterbunden.

Externes Programm

Neben externen Kommandos, die in Transaktion SM49 bzw. SM69 vordefiniert wurden, können Sie auch direkt die auszuführenden Betriebssystemkommandos angeben. Auch hier besteht jedoch ein großes Sicherheitsrisiko.

[!]

Ausführungsziel beachten

Beachten Sie, dass das externe Kommando in der Instanz ausgeführt wird, die Sie in den allgemeinen Angaben des Jobs gepflegt haben.

Steplistenüberblick

Haben Sie eine der drei Programmarten definiert, können Sie das Programm **Sichern**. Es wird der in Abbildung 9.11 gezeigte Bildschirm angezeigt, der *Steplistenüberblick*. Hier haben Sie die Möglichkeit, weitere Schritte für Ihren Hintergrund anzulegen, bestehende Schritte zu ändern, zu löschen oder die Reihenfolge der Schritte zu ändern.

Abbildung 9.11: Steplistenüberblick

Haben Sie alle Schritte konfiguriert, gelangen Sie über den Button **Beenden** wieder zurück zur Einstiegsseite der Jobdefinition. Mit einem Klick auf den Button **Sichern** wird der Job eingeplant. Sie sehen am unteren Bildschirmrand eine Erfolgsmeldung:

»Job <Jobname> wurde gesichert mit Status: freigegeben.«

Die verschiedenen Statuswerte erläutere ich in Abschnitt 9.3.1, »Status von Jobs«.

[!]

Job nur einmal sichern

Nach der Sicherung bleiben alle Informationen auf dem Bildschirm erhalten. Wenn Sie nun versehentlich ein weiteres Mal sichern, wird der Job daher ein weiteres Mal eingeplant.

9.2.2 Einplanung mit dem Job-Wizard

Transaktion SM36WIZ

Als Alternative zur Transaktion SM36 können Sie auch die Transaktion SM36WIZ zur Einplanung von Jobs verwenden. Hier werden Sie Schritt für Schritt durch den Anlegeprozess geführt und erhalten ergänzende Informationen (siehe Abbildung 9.12). Sind Sie mit der Jobeinplanung noch nicht vertraut, ist dieser *Job-Wizard* eine sinnvolle Anwendung, um neue Jobs einzuplanen. Einige Funktionen der Transaktion SM36, wie das Vertauschen von Steps oder die Angabe einer Benutzer-ID pro Step, werden vom Job-Wizard aber nicht angeboten.

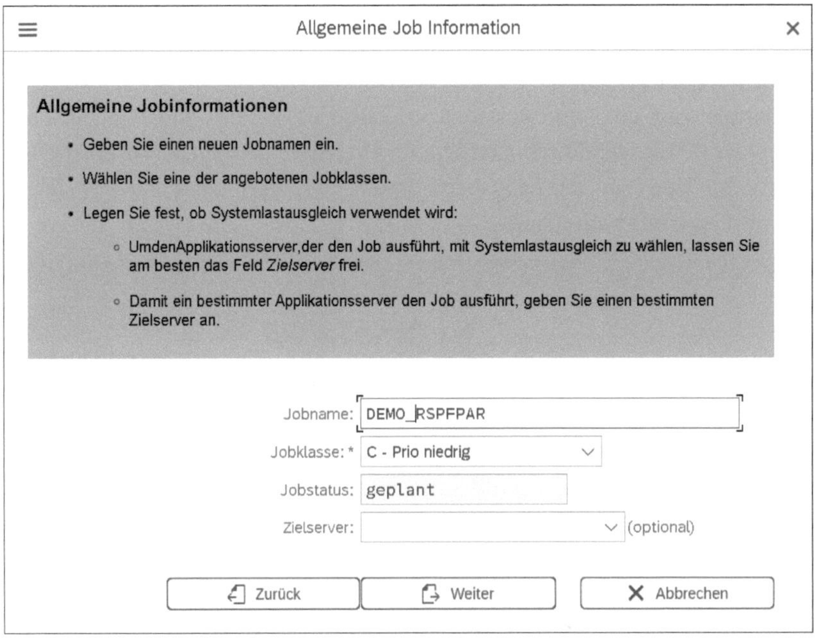

Abbildung 9.12: Job-Wizard (Transaktion SM36WIZ)

9.2.3 Einplanung in Transaktion SE38/SA38

Report RSPFPAR als Job einplanen

Sie können Jobs auch direkt in Transaktion SE38 bzw. SA38 einplanen. Um diesen Weg auszuprobieren, können Sie wieder den Report `RSPFPAR` verwenden:

1. Rufen Sie Transaktion SA38 auf und tragen in das Feld **Programm** den Wert `RSPFPAR` ein.
2. Über die Menüoption **Programm • Hintergrund** oder den Button **Hintergrund** können Sie das Programm im Hintergrund starten.
3. Da das Programm einen Selektionsbildschirm besitzt, müssen Sie eine Variante angeben, in der die Parameter entsprechend Ihren Anforderungen gepflegt sind. Tragen Sie z. B. die Variante »SAP&SPOOL« ein. Diese listet Profilparameter im Zusammenhang mit der Ausgabesteuerung auf.

4. Über den Button **Sofort ausführen** wird der Job im Hintergrund sofort gestartet. Über den Button **Einplanen** können Sie vorgeben, wann der Job gestartet und ob er wiederkehrend eingeplant werden soll. Wählen Sie zum Testen den Button **Sofort ausführen**. Wir werden das Ergebnis später analysieren.

Ausführung ohne Variante

Damit Sie einen Report mit Selektionsbildschirm im Hintergrund ausführen können, ohne zuvor eine Variante definieren zu müssen, können Sie auf der Startseite der Transaktion SE38 oder SA38 nach Eingabe des Reportnamens `RSPFPAR` den Button **Ausführen** wählen. Es erscheint der Selektionsbildschirm, und Sie können die Parameter individuell nach Ihren Anforderungen vorgeben (siehe Abbildung 9.13). Sie können die Parameter auch über den Button (**Variante holen**) über eine Variante vorbelegen lassen und dann individuell anpassen. Über die Menüoption **Programm • Im Hintergrund ausführen** können Sie weitere Optionen wie Ausgabeparameter und Startbedingungen angeben und die Einplanung abschließen.

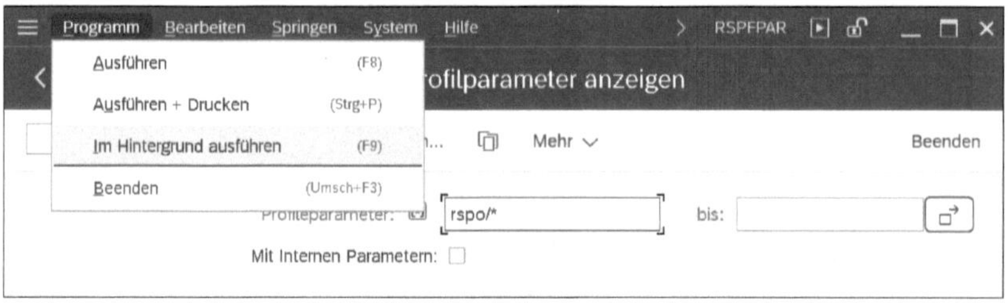

Abbildung 9.13: Selektionsbildschirm des Reports RSPFPAR

9.3 Überwachung der Hintergrundverarbeitung

Das Überwachen der Hintergrundverarbeitung ist eine zentrale Aufgabe der Systemadministration. Abgebrochene oder zu spät ausgeführte Jobs führen oft zu betriebswirtschaftlichen Problemen bis hin zu finanziellen Schäden, z. B. durch Fristverletzungen. Daher gibt es im SAP-System inzwischen unzählige Stellen und Möglichkeiten, Jobs zu überwachen. Auf die wichtigsten Werkzeuge werde ich in diesem Abschnitt eingehen. Zuvor gebe ich Ihnen eine Übersicht über die möglichen Status von Jobs, die Ihnen in diesen Werkzeugen begegnen werden.

9.3.1 Status von Jobs

Mögliche Status

Einem Job kann einer der folgenden Status zugeordnet sein:

- **Geplant**

  Planen Sie einen Job z. B. über Transaktion SM36 ein, ohne Startbedingungen zu pflegen, wird dieser Job beim Speichern nicht freigegeben, sondern verweilt im Status **Geplant**. Sie können diesen Job über den Jobmonitor (siehe Abschnitt 9.3.2) bearbeiten und freigeben. Über dieses Werkzeug können Sie auch bereits freigegebene Jobs wieder in den Status **Geplant** zurückversetzen, um die Ausführung der Jobs temporär oder dauerhaft auszusetzen. Jobs im Status **Geplant** werden nicht ohne weitere Aktivitäten Ihrerseits ausgeführt.

- **Freigegeben**

  Ist ein Job einschließlich Startbedingungen vollständig konfiguriert, kann er freigegeben werden. Nur Benutzer mit entsprechenden Berechtigungen für die Hintergrundverarbeitung können Jobs freigeben. Freigegebene Jobs werden zum geplanten Startzeitpunkt oder nach dem eingeplanten Ereignis automatisch gestartet. Verzögert sich der Start, sind mit hoher Wahrscheinlichkeit alle Batch-Workprozesse belegt.

- **Bereit**

  Hat ein Job den Status **Bereit**, wurde die Startbedingung dieses Jobs erfüllt. Ein Job-Scheduler hat den Job in die Request Queue der Batch-Workprozesse gestellt. Verweilt ein Job lange in diesem Status, prüfen Sie dessen Umgebung über das Analysetool der Hintergrundverarbeitung (Transaktion SM65).

- **Aktiv**

  Befindet sich ein Job im Status **Aktiv**, wird er derzeit ausgeführt und kann nicht mehr gelöscht oder geändert werden. Läuft ein Job ungewöhnlich lange, können Sie ihn z. B. im Debugging analysieren und auch abbrechen. Dies sollte aber immer in enger Abstimmung mit der Entwicklung und dem Fachbereich erfolgen.

- **Fertig**

  Sind alle Steps eines Jobs abgeschlossen, wechselt der Job in den Status **Fertig**.

- **Abgebrochen**

  Entweder wird ein Job durch ein Fehlereignis oder bewusst durch eine Administratorin oder einen Administrator abgebrochen. Hat ein Job diesen Status, sollten Sie als Erstes das Job-Log auf weiterführende Fehlerinformationen prüfen.

9.3.2 Jobmonitor

Transaktion SM37

Über Transaktion SM37 gelangen Sie in den *Jobmonitor*. Im Selektionsbildschirm der Transaktion können Sie auswählen, welchen Zeitraum und welche Jobs Sie sehen möchten (siehe Abbildung 9.14). Da in produktiven Systemen im Laufe eines Tages Tausende Jobs ausgeführt werden, sollten Sie die Auswahl möglichst genau einschränken.

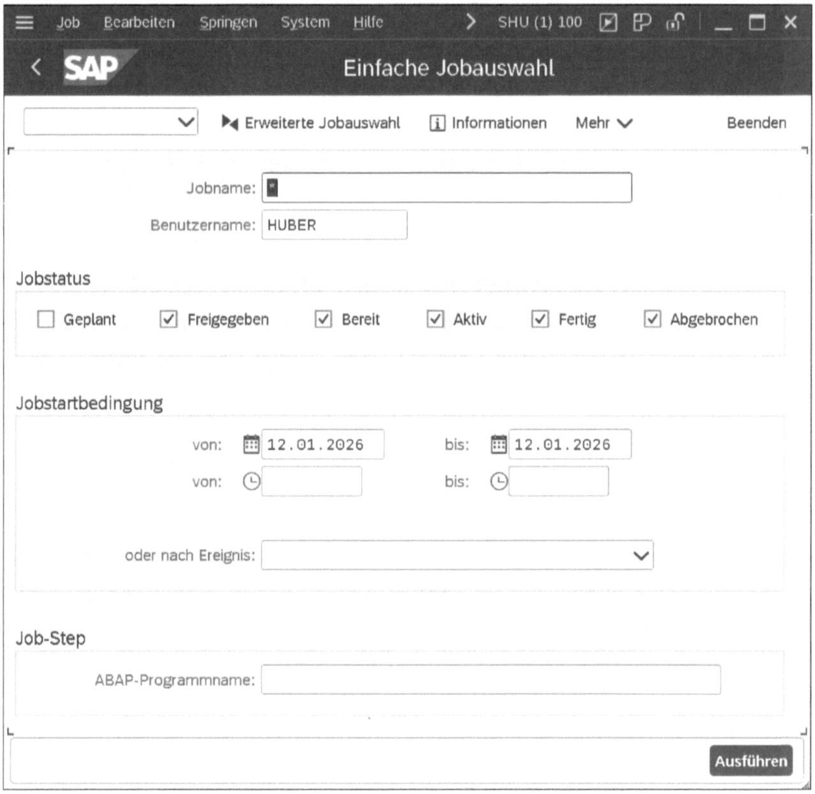

Abbildung 9.14: Selektionsbildschirm des Jobmonitors (Transaktion SM37)

Lang laufende und abgebrochene Jobs

Sind Sie an lang laufenden und abgebrochenen Jobs interessiert, tragen Sie im Feld **Jobname** und **Benutzername** jeweils ein »*« ein. Im Bereich **Jobstatus** markieren Sie nur die Ankreuzfelder **Bereit**, **Aktiv** und **Abgebrochen**. Bei **Jobstartbedingung** löschen Sie die mit dem aktuellen Tagesdatum vorbelegte Datumsangabe, da Sie sonst Jobs, die schon seit ein paar Tagen aktiv sind, nicht finden würden. In Abbildung 9.15 sehen Sie das Ergebnis einer solchen Suche nach aktuell aktiven und abgebrochenen Jobs.

Erweiterte Jobauswahl

Über den Button **Erweiterte Jobauswahl** können Sie die Auswahl nach sehr vielen weiteren Filterkriterien einschränken. Möchten Sie z. B. wissen, welche Jobs zu einem bestimmten Zeitpunkt aktiv waren, da es zu diesem Zeitpunkt Ressourcenengpässe gab, können Sie entsprechende Kriterien über die erweiterte Jobauswahl definieren.

Neues Layout

Die Darstellungsform der in Abbildung 9.15 gezeigten Tabelle ist recht altmodisch. Sie können die Darstellungsform auch auf das neuere ALV-Grid-Layout ändern. Hierzu müssen Sie in Transaktion SA38 den Report `BTC_SWITCH_LIST_GRID` ausführen. Sie können die Einstellung für einzelne oder für alle Benutzer anpassen.

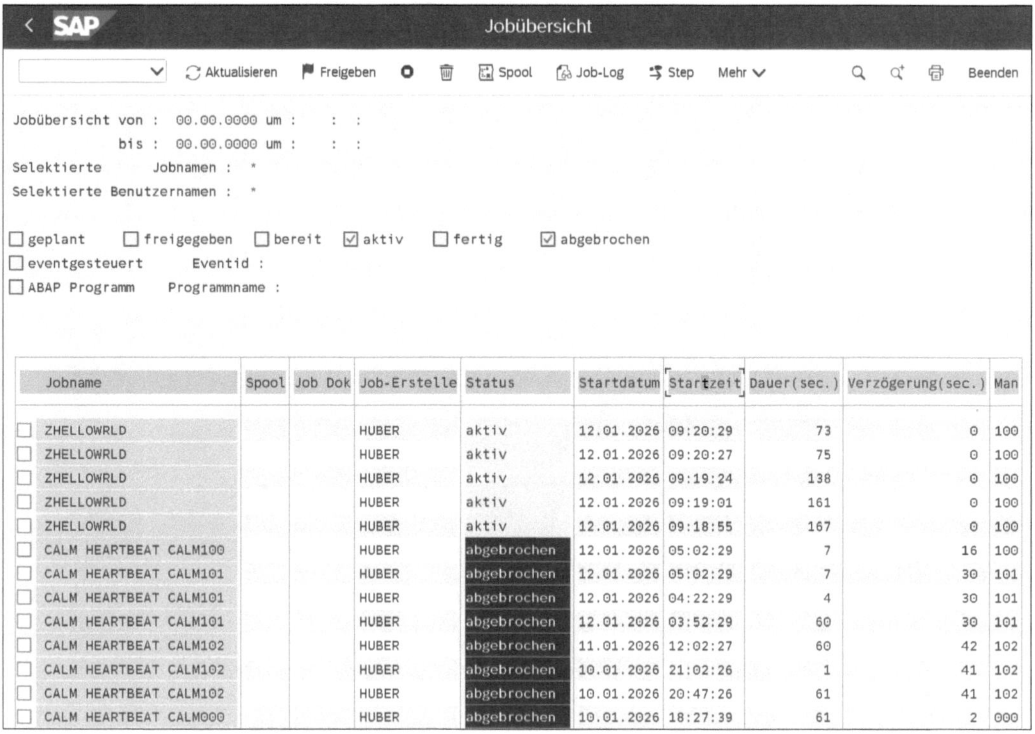

Abbildung 9.15: Jobübersicht aktiver und abgebrochener Jobs

Einzelnen Job analysieren

Zur weiteren Analyse eines Jobs können Sie den Cursor auf eine Zeile in der Ergebnistabelle stellen und sich über den Button **Job-Log** das Jobprotokoll anzeigen lassen (siehe Abbildung 9.16).

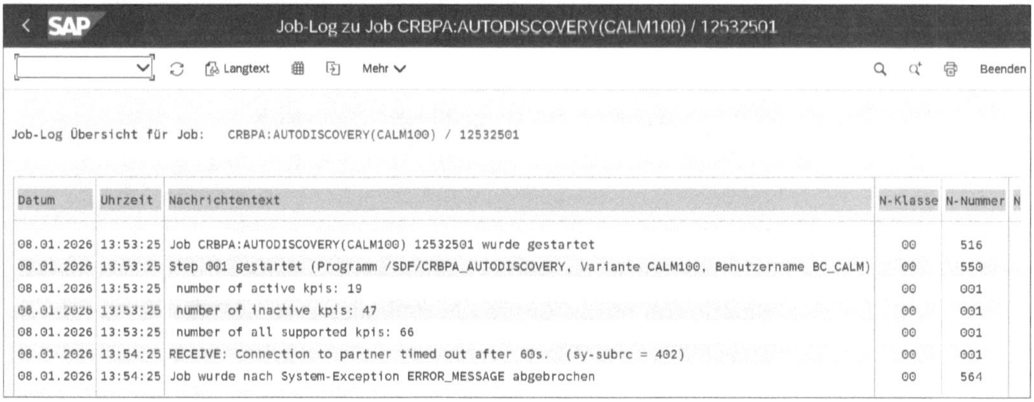

Abbildung 9.16: Job-Log eines abgebrochenen Jobs

Weitere Auswertungsmöglichkeiten

Suchen Sie bestimmte Jobs über ihren Namen, einen bestimmten Benutzer oder weil sie ein bestimmtes ABAP-Programm ausführen, könnte die Ausgabe des Jobmonitors wie in Abbildung 9.17 aussehen.

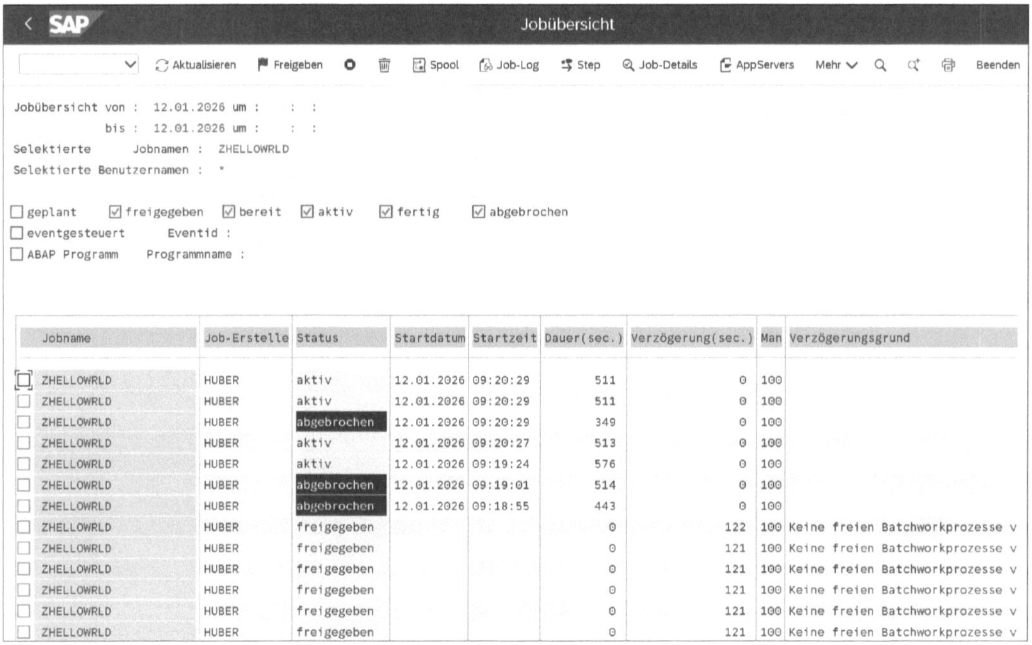

Abbildung 9.17: Suche nach Jobs über Namen oder Benutzer

Anhand dieses Beispiels möchte ich auf folgende Punkte hinweisen:

- Wie Sie in der Spalte **Mandant** erkennen, zeigt die Transaktion SM37 die Jobs aller Mandanten an. Sie können hier also auch Jobs aus anderen Mandanten verwalten, ändern, debuggen oder löschen, sofern Sie hierzu berechtigt sind. Möchten Sie allerdings die Variantenwerte einer bestimmten Jobvariante einsehen, gelingt dies nur in dem Mandanten, in dem der Job definiert wurde.
- An der Spalte **Verzögerungsgrund** sehen Sie den Grund, warum ein Job nicht zum geplanten Startzeitpunkt gestartet wurde.
- Die Spalte **Job-Ersteller** zeigt Ihnen nur, welche Person den Job definiert hat. Die Programme können unter anderen Benutzer-IDs laufen. Über den Button **Step** sehen Sie den Benutzer eines Jobschrittes.
- Sie können über den Button **Layout ändern** weitere Spalten einblenden. Hilfreich sind oft die Spalten **Ausführungsserver**, **Geplantes Startdatum** und **Geplante Startzeit**.

Weitere Funktionen

Neben der Suche nach Jobs bietet die Transaktion SM37 viele weitere Funktionen. Auf die wichtigsten möchte ich an dieser Stelle eingehen:

- **Status prüfen**

  Über die Menüfunktion **Job • Status prüfen** können Sie prüfen, ob sich ein Job noch im angezeigten Status befindet. Unter bestimmten Umständen kann ein Job abbrechen, ohne dass die Hintergrundverarbeitung davon Kenntnis erlangt. Das Resultat ist dann ein sogenannter *Jobzombie*. Über diese Funktion wird der Status in solchen Fällen korrigiert.

- **Aktiven Job abbrechen**

  Sie können einen oder mehrere Jobs markieren und über die Menüfunktion **Job • Aktiven Job abbrechen** abbrechen. Wie bereits erwähnt, sollten Jobs zuerst gründlich analysiert werden, bevor sie abgebrochen werden. Wurde ein Job abgebrochen, sehen Sie im Job-Log nur folgende allgemeine Meldung:

  »Job wurde wegen Prozess- oder Programmabbruch abgebrochen (s. Syslog).«

  Im Systemlog (Transaktion SM21) finden Sie zu dem Zeitpunkt des Abbruchs aber eine ausführlichere Meldung samt Benutzer-ID.

- **Job ändern**

  Sie können einen Job über die Menüfunktion **Job • Ändern** anpassen, solange der Job sich im Status **Geplant** oder **Freigegeben** befindet. Sie können sowohl die Startbedingungen als auch auszuführende Schritte anpassen.

  Sie können hier immer nur einen Job markieren und ändern. Um mehrere Jobs gleichzeitig zu ändern, können Sie den Report `BTC_MASS_JOB_CHANGE` verwenden. Damit können Sie das Programm, die Variante, den SAP-Benutzer und das Ausführungsziel mehrerer Jobs ändern. Dies ist z. B. sehr hilfreich, wenn eine Person das Unternehmen verlässt und Sie die von ihr eingeplanten Jobs unter einer anderen Benutzer-ID laufen lassen möchten.

- **Einplanung wiederholen**

  Sie können über die Menüfunktion **Job • Einplanung wiederholen** einen Job erneut einplanen. Hierzu markieren Sie einen Job in einem beliebigen Status und müssen dann nur noch die neuen Startbedingungen pflegen. Alle anderen Jobinformationen werden übernommen.

[!]

Mandanten bei der erneuten Einplanung beachten

Wenn Sie die Einplanung eines Jobs aus einem anderen Mandanten wiederholen, wird der Job im Anmeldemandant eingeplant.

- **Umzug auf anderen Server**

  Über die Menüfunktion **Job • Umzug auf anderen Server** können Sie die Ausführung eines markierten Jobs auf einen anderen Server verschieben. Zum Verschieben mehrerer Jobs können Sie die Massenänderung verwenden.

- **Aktiven Job einfangen**

  Über die Menüfunktion **Job • Einfangen: aktiver Job** können Sie ein aktives Programm eines Jobs debuggen. Hierzu benötigen Sie Kenntnisse der ABAP-Entwicklung. Üblicherweise debuggen die Entwickler*innen auffällig lange laufende Jobs selbst. Um einen Job einzufangen, müssen Sie auf der gleichen Instanz angemeldet sein, auf der der Job ausgeführt wird.

- **Job löschen**

  Sie können über die Menüfunktion **Job • Löschen** einen Job löschen, der sich nicht im Status **Bereit** oder **Aktiv** befindet.

- **Statuswechsel von »Freigegeben« nach »Geplant«**

  Über die Menüfunktion **Job • Freigegeben->Geplant** können Sie einen bereits freigegebenen Job wieder in den Status **Geplant** zurückversetzen, wenn Sie die Ausführung des Jobs verhindern möchten, z. B. weil Sie den Job umplanen oder die Startbedingungen verändern möchten.

- **Kopieren**

  Über die Menüfunktion **Job • Kopieren** können Sie einen vorhandenen Job kopieren. Im Unterschied zur Option **Einplanung wiederholen** können Sie dabei einen neuen Namen für den Job vergeben. Der kopierte Job wird zunächst im Status **Geplant** gespeichert und muss weiterbearbeitet werden.

9.3.3 Reorganisation

Jobs, Job-Logs und Spool-Aufträge löschen

Jobs, Jobprotokolle und Spool-Aufträge werden nach einiger Zeit gelöscht, was Sie bei der Analyse von abgebrochenen Jobs bedenken sollten. Hierzu laufen entsprechende Reorganisationsjobs, die über das technische Repository (siehe Abschnitt 9.4, »Technisches Job-Repository«) eingeplant sind.

Die in Tabelle 9.1 aufgeführten Jobs sind in Mandant 000 eingeplant und arbeiten mandantenübergreifend.

Jobname	Standardverhalten
`SAP_REORG_JOBS`	Löscht alle Jobs im Status **Fertig** und **Abgebrochen**, die älter als 14 Tage sind.
`SAP_REORG_SPOOL`	Löscht alle Spool-Aufträge, die das Verfallsdatum erreicht haben.
`SAP_REORG_ORPHANED_JOBLOGS`	Löscht verwaiste Jobprotokolle.

Tabelle 9.1: Reorganisationsjobs für Jobs und Spool-Aufträge

9.3.4 Einplanung suspendieren

Report BTCTRNS1

Im Rahmen von Systemupdates, Systemkopien oder anderen Wartungsaufgaben ist es sinnvoll, freigegebene Jobs zu suspendieren. Hierfür starten Sie den Report `BTCTRNS1` in Transaktion SA38. Beachten Sie, dass dieser Report keinen Selektionsbildschirm besitzt. Bei der Ausführung des Reports kommt ebenfalls keine weitere Abfrage. Der Report wirkt sich auf alle Jobs in allen Mandanten aus.

Die Suspendierung wirkt sich nur auf Jobs aus, die sich im Status **Freigegeben** befinden. Diese Jobs werden durch Ausführung des Reports in den Status **freig./susp.** versetzt. Aktive Jobs werden hingegen regulär fortgesetzt. Bei einer Wartungsaktivität müssen Sie daher entscheiden, wie Sie mit noch aktiven Jobs umgehen (warten oder abbrechen).

Ein Trugschluss wäre, dass nach Ausführung des Reports `BTRCTRNS1` keine neuen Jobs eingeplant werden können. Wird nach der Suspendierung ein Job eingeplant, wird dieser freigegeben und dann auch ausgeführt. Nutzen Sie externe Job-Scheduling-Lösungen, müssen Sie die Ausführung von Jobs dort zusätzlich unterbinden. Eine Suspendierung der Jobs geht daher meistens auch mit einer Sperre der Benutzer einher, damit das System zur Ruhe kommt.

Report BTCTRNS2

Nach der Wartungsaktivität können Sie die Suspendierung über den Report `BTCTRNS2` wieder zurücknehmen. Alle Jobs im Status **freig./susp.** werden dann wieder in den Status **Freigegeben** versetzt. Da der geplante Startzeitpunkt für viele Jobs vermutlich in der Vergangenheit liegt, werden Sie nach der Reaktivierung ein hohes Aufkommen an Hintergrundjobs und eine entsprechend hohe Systemlast beobachten, bis der Rückstand abgearbeitet wurde.

Doppelt eingeplante Jobs

Vergessen Sie nach der Wartungsaktivität die Ausführung des Reports `BTCTRNS2`, kommt es häufig vor, dass Jobs im Systembetrieb entweder manuell oder automatisch wieder neu eingeplant werden, da nicht erkannt wird, dass diese Jobs bereits im Status **freig./susp.** existieren. Wenn Sie dann Stunden oder Tage später den Fehler bemerken und Report `BTCTRNS2` ausführen, können die Jobs doppelt eingeplant sein. Im besten Fall werden so Ressourcen verschwendet, im schlimmsten Fall kommt es aber zu fachlichen Fehlern. In so einer Situation sollten Sie über Transaktion SM37 mehrfach eingeplante Jobs auf Ihre Sinnhaftigkeit hin überprüfen. Berücksichtigen Sie dabei immer auch den Mandanten als Kriterium, da ein Job durchaus in mehreren Mandanten laufen kann.

Report BTCAUX04

Über den Report `BTCAUX04` können Sie in Transaktion SA38 ebenfalls mehrfach eingeplante, periodische Jobs aufspüren.

9.4 Technisches Job-Repository

In SAP S/4HANA müssen regelmäßig technisch notwendige Jobs ausgeführt werden, um das System in einem stabilen und performanten Zustand zu halten. Sind Sie bereits mit der Hintergrundverarbeitung in älteren AS-ABAP-basierten Systemen vertraut, kennen Sie sicherlich die sogenannten *Standardjobs*. Diese Jobs wurden in SAP S/4HANA von dem technischen Job-Repository abgelöst.

Transaktion SJOBREPO

Sie erreichen das Repository direkt über die Transaktion SJOBREPO oder aus Transaktion SM36 über den Button **Job-Repository**. Der große Vorteil des neuen Repositorys ist dessen nahezu verwaltungsfreie Funktionsweise. Das Repository wird von SAP im Rahmen der Erstinstallation und von Upgrades ausgeliefert. In Abbildung 9.18 sehen Sie die Einstiegsseite der Transaktion SJOBREPO.

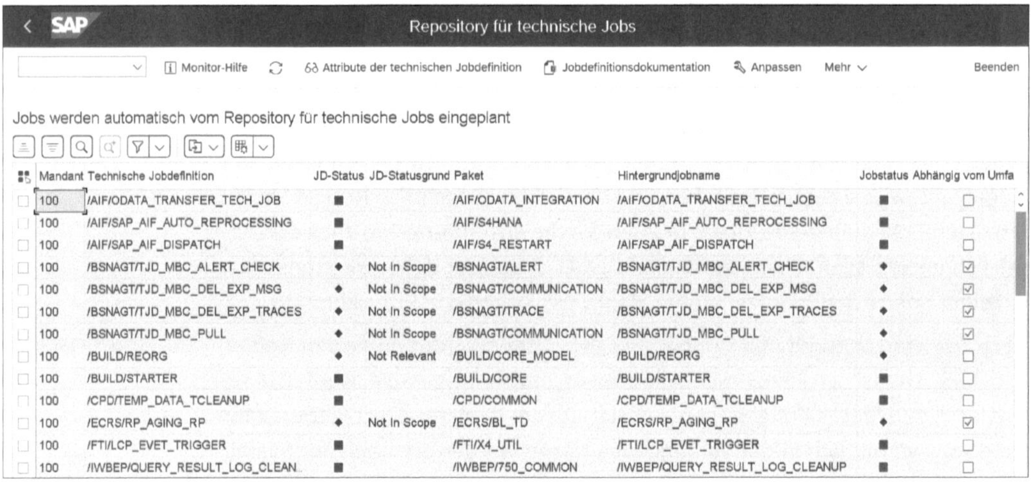

Abbildung 9.18: Technisches Job-Repository (Transaktion SJOBREPO)

Arbeitsweise des Job-Repositorys

Das technische Job-Repository ist fest im Kernel des AS ABAP verankert. Bei SAP S/4HANA wird, gesteuert über den Profilparameter `rdisp/job_repo_active_time`, im Standard alle 60 Minuten in jedem Mandanten der Job `R_JR_BTCJOBS_GENERATOR` ausgelöst. Dieser Job prüft die Einstellungen des technischen Job-Repositorys und plant die technischen Jobs gemäß ihren Einstellungen ein, aus oder verändert deren Einplanung. Wenn Sie also Anpassungen an der Einplanung vornehmen, kann es im Standard bis zu 60 Minuten dauern, bis die Änderung wirkt.

[»]

Manuelle Änderungen in Transaktion SM37

An der Funktionsweise des Job-Repositorys erkennen Sie, dass es keinen Sinn ergibt, Jobs, die über das Repository eingeplant sind, manuell in Transaktion SM37 zu ändern oder zu löschen. Spätestens nach 60 Minuten würde der Job wieder gemäß seiner Konfiguration im Job-Repository mit den dort konfigurierten Einstellungen eingeplant. Beim Ändern eines solchen Jobs in Transaktion SM37 erhalten Sie daher eine Warnung, dass der Job über eine Jobdefinition eingeplant wurde.

Mandanten-abhängigkeit

Beachten Sie, dass das technische Job-Repository mandantenabhängig arbeitet. In Mandant 000 laufen andere technische Jobs als in den fachlichen Mandanten. Das Repository funktioniert sofort ohne Ihr eingreifen, kann aber in einem engen Rahmen konfiguriert werden.

Standardbenutzer

In jedem Job des Repositorys ist fest hinterlegt, mit welchem technischen Benutzer er ausgeführt wird. In den meisten Fällen wird von SAP kein Benutzer bzw. der Wert »DEFAULT« vorgegeben. Das Repository versucht in diesem Fall den Job mit Benutzer `SAP_SYSTEM` im aktuellen Mandanten auszuführen. Ist dieser Benutzer nicht vorhanden, wird der Benutzer `DDIC` verwendet. In Abschnitt 8.2, »Benutzer und Berechtigungen der ABAP-Plattform«, habe ich Ihnen empfohlen, diesen Benutzer zu sperren. Bevor Sie dies tun, müssen Sie aber sicherstellen, dass das technische Job-Repository nicht mit dem Benutzer `DDIC` arbeitet, indem Sie einen neuen Benutzer zuweisen. In Transaktion SJOBREPO finden Sie hierzu den Button **Benutzer anlegen/ändern**.

Wird in der Liste der Standardbenutzer wie in Abbildung 9.19 kein Standardbenutzer angezeigt, können Sie über den Button **Anlegen/ändern** einen neuen Standardbenutzer anlegen. Dieser Benutzer wird als Systembenutzer mit dem Berechtigungsprofil `SAP_ALL` im aktuellen Mandanten angelegt. Führen Sie diesen Schritt in allen Mandanten, einschließlich Mandant 000, aus.

Abbildung 9.19: Standardbenutzer für das Job-Repository anlegen

Einplanung anpassen

Jede Jobdefinition bringt ihre eigenen Ausführungszeiten und Wiederholungsintervalle mit. Möchten Sie vom Standard abweichen, können Sie die Einplanung über den Button **Anpassen** (**Technische Jobdefinition lokal ändern**) ändern. Bedenken Sie, dass die Änderung nicht sofort wirksam wird, sondern nach spätestens 60 Minuten. Dies gilt auch für alle nachfolgend genannten Anpassungen.

Technische Jobdefinition deaktivieren

In selten Fällen kann es vorkommen, dass ein Job in Ihrem Unternehmen nicht wie vorgesehen ausgeführt werden kann oder darf. In diesen Fällen haben Sie die Möglichkeit, einzelne Jobs zu deaktivieren. Markieren Sie dazu im betreffenden Mandanten in Transaktion SJOBREPO den betreffenden Job, und wählen Sie den Button (**Technische Jobdefinition lokal deaktivieren**).

Änderungen zurücksetzen

Mithilfe des Buttons (**Änderungen auf Standard zurücksetzen**) können Sie angepasste Einplanungen oder die Deaktivierung eines Jobs wieder rückgängig machen.

Zielserver anpassen

Nutzen Sie mehrere Applikationsserver, können Sie für einzelne Jobs explizit angeben, auf welchen Servern diese ausgeführt werden sollen. Verwenden Sie hierzu den Button **Ziel** (**Zielserver für Ausführung ändern**).

Variante ändern

Zu vielen Jobs liefert SAP auch passende Standardvarianten aus. In so einer Variante ist dann z. B. hinterlegt, nach wie vielen Tagen etwas gelöscht werden soll. Wenn diese Einstellung in Ihrem Unternehmen abweichend definiert werden muss, legen Sie über Transaktion SA38 eine kundeneigene Variante mit Ihren Parametern an und hinterlegen diese Variante im Job-Repository. Sie erreichen die entsprechende Funktion über den Button **Variante ändern** (**Variante der Jobdefinition ändern**).

Jobdefinition deaktivieren oder aktivieren

Existieren viele Mandanten in Ihrem System, können Sie die Deaktivierung oder Aktivierung eines Jobs auch für alle Mandanten durchführen. Verwenden Sie hierzu die beiden Buttons **In allen Mandanten** mit den Symbolen zum Aktivieren und zum Deaktivieren. Bei der Aktivierung wird berücksichtigt, ob der Job z. B. nur für Mandant 000 relevant ist oder für alle anderen Mandanten. Er wird nur in den Mandanten aktiviert, in denen er relevant ist.

Job-Repository deaktivieren

Im Notfall können Sie die Einplanung aller Hintergrundjobs des technischen Job-Repositorys mithilfe des Buttons **Im aktuellen Mandanten ein-/ausschalten** im aktuellen Mandanten ausschalten. Hierbei werden laufende Jobs jedoch nicht abgebrochen, sondern laufen noch zu Ende. Die Ausplanung erfolgt aber sofort, und nicht erst nach maximal 60 Minuten. Da die Jobs für einen reibungslosen Betrieb von SAP S/4HANA essenziell sind, sollten Sie die Jobs über den gleichen Button möglichst schnell wieder aktivieren. Die Wiedereinplanung erfolgt dann mit dem nächsten Prüflauf, also maximal 60 Minuten nach Aktivierung.

Dokumentation

Zu jedem SAP-S/4HANA-Release finden Sie einen entsprechenden SAP-Hinweis mit den Details zu den einzelnen Jobs. Für SAP S/4HANA 2025 ist dies SAP-Hinweis 3672521. Auch im System finden Sie zu den meisten Jobs eine fachliche Dokumentation. Doppelklicken Sie dazu in Transaktion SJOBREPO auf einen Job und auf dem Folgebild dann auf den **Reportname**. Auf dem Folgebild wählen Sie über das Menü **Springen • Dokumentation**.

[»]

Zusammenspiel von Job-Repository und Report BTCTRNS1

Suspendieren Sie freigegebene Jobs über den Report `BTCTRNS1`, werden *alle* Jobs, auch die des Job-Repositorys, suspendiert. Erst wenn Sie mit Report `BTCTRNS2` die Suspendierung aufheben, laufen auch die Jobs des technischen Job-Repositorys wieder an.

9.5 Anwendungsjobs

Anwendungsjobs beziehen sich gemäß Definition auf eine fachliche Anforderung, z. B. Zahlungs- oder Mahnläufe. Diese Jobs nutzen die gleiche technische Infrastruktur wie administrative Jobs und können auch als »normale« Jobs über die bisher vorgestellten Transaktionen eingeplant und überwacht werden. Dort benötigen Sie aber detaillierte Informationen zu den Namen und Varianten der auszuführenden Reports. In einigen Bereitstellungskonzepten, z. B. in SAP S/4HANA Cloud, fehlt der Zugriff auf diese Ebene des Systems. Daher sind Anwendungsjobs in diesen Konzepten unverzichtbar.

9.5.1 Grundlagen zu Anwendungsjobs

Anwendungsjob-Repository

SAP liefert aktuell über 1.000 Vorlagen für Anwendungsjobs aus. Entwickler*innen können mithilfe der *ABAP Development Tools* (ADT) auch kundenindividuelle Anwendungsjobs definieren (siehe SAP-Hinweis 2829891). Die Anzeige der bestehenden Anwendungsjobs ist unter anderem über Transaktion `SAPJ` möglich.

Die Einrichtung und Überwachung von Anwendungsjobs erfolgen über die folgenden SAP-Fiori-Apps:

- Anwendungsjobs (engl. Application Jobs, App-ID F1240)
- Anwendungsjobvorlagen (engl. Application Job Templates, App-ID F2058)

9.5.2 Einplanung von Anwendungsjobs

Um Anwendungsjobs einzuplanen oder zu überwachen, starten Sie die SAP-Fiori-App **Anwendungsjobs**. Sie sehen eine Liste mit eingeplanten und ausgeführten Jobs, ähnlich wie in Transaktion SM37 (siehe Abbildung 9.20). Sie können die Anzeige auf verschiedene Zeitscheiben einschränken (z. B. alle Jobs der letzten sieben Tage) und auch nach Jobstatus und Namen filtern. Sie haben Zugriff auf die Jobdetails und Protokolle beendeter Jobs.

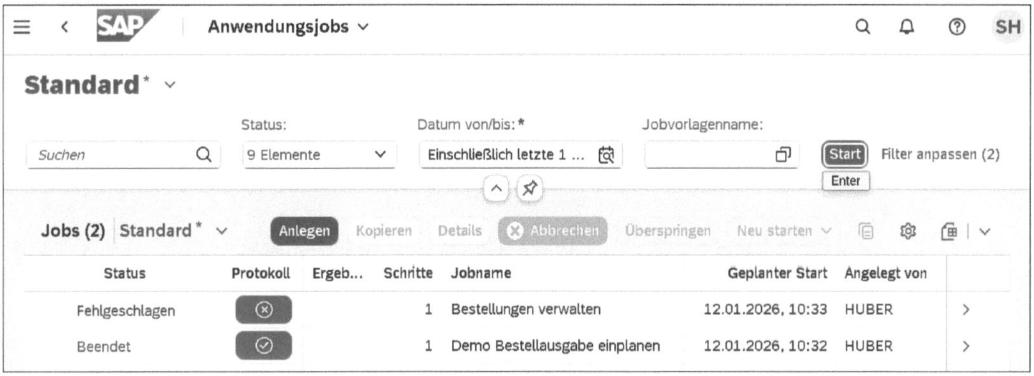

Abbildung 9.20: Startseite der SAP-Fiori-App »Anwendungsjobs«

Neuen Job anlegen

Über den Button **Anlegen** können Sie einen neuen Anwendungsjob einplanen. Sie werden durch eine Prozedur, bestehend aus drei Schritten, geführt:

1. Im ersten Schritt wählen Sie aus der Liste der über 1000 Vorlagen die passende aus und vergeben einen Jobnamen (siehe Abbildung 9.21). Fahren Sie mit **Schritt 2** fort.

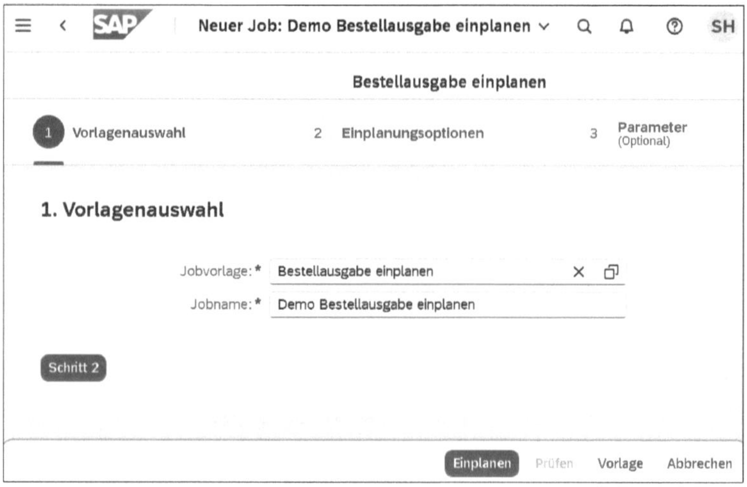

Abbildung 9.21: Auswahl einer Jobvorlage

2. Im zweiten Schritt wählen Sie die Einplanungsoptionen. Sie können den Job einmalig oder wiederkehrend einplanen (siehe Abbildung 9.22). Fahren Sie mit **Schritt 3** fort.

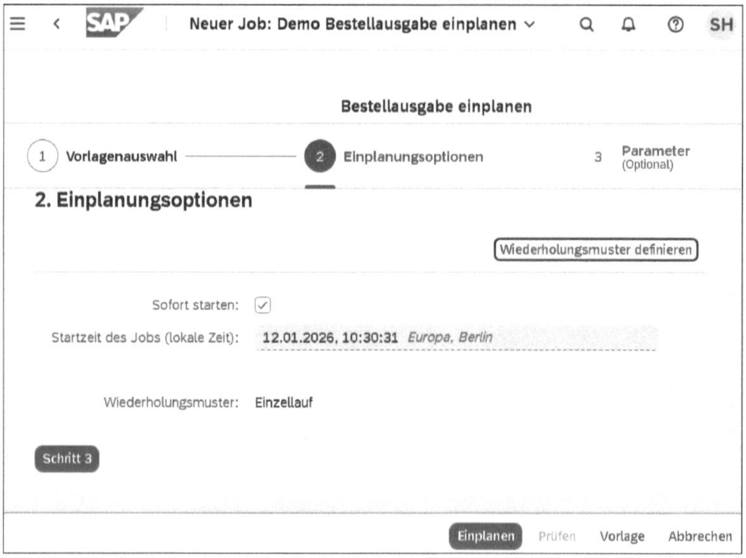

Abbildung 9.22: Einplanungsoptionen definieren

3. Im letzten Schritt geben Sie jobspezifische Parameter an. Art und Umfang der notwendigen Angaben werden durch die Jobvorlagen vorgegeben (siehe Abbildung 9.23). Über einen Klick auf den Button **Einplanen** wird der Job gemäß Ihren Vorgaben eingeplant.

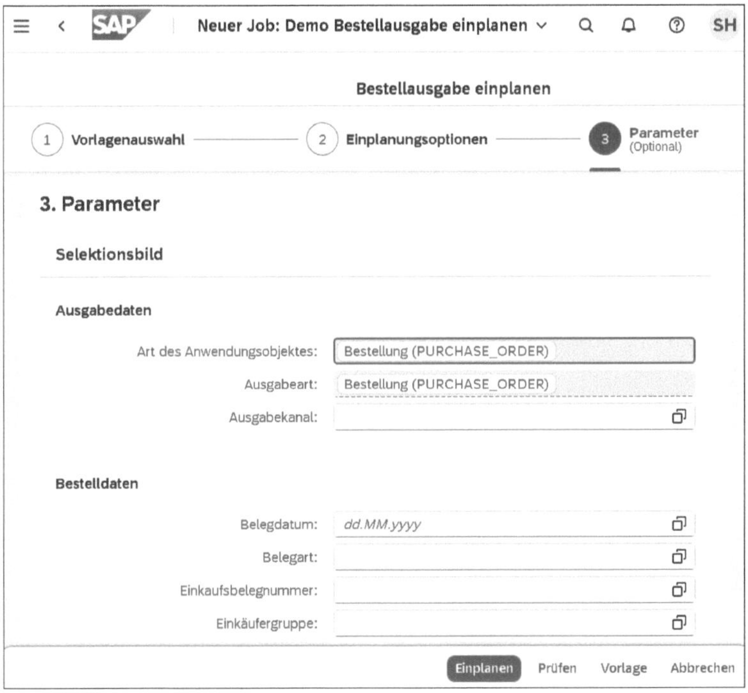

Abbildung 9.23: Fachliche Jobparameter angeben

Wie bereits erwähnt, nutzen die Anwendungsjobs die bekannte Infrastruktur. Sie finden den eingeplanten Job daher auch in Transaktion SM37. Allerdings erhalten Anwendungsjobs eine generische Nummer als Jobnamen. Sie finden Ihre Jobs hier also nicht unter dem Namen, den Sie in der SAP-Fiori-App vergeben haben.

9.6 Jobverwaltung über den SAP Solution Manager und SAP Cloud ALM

Jobdokumentation

Eine große Herausforderung bei der Hintergrundverarbeitung ist es, den Überblick zu behalten. Ich habe schon einige Systeme gesehen, in denen Tag für Tag Jobs laufen, von denen keiner mehr weiß, warum. Entweder weiß man nicht mehr, woher die fachliche Anforderung für einen Job stammte, oder das Wissen ist verloren gegangen. Als Administrator*in stehen Sie dann oft vor der Frage, wen Sie informieren müssen, wenn ein bestimmter Job abgebrochen ist.

Die bisher in diesem Kapitel beschriebenen Verfahren stellen nur die technologische Basis für die Hintergrundverarbeitung dar. Für die organisatorische Verwaltung, Dokumentation oder Alarmierung benötigen Sie weiterführende Werkzeuge. Eine sehr gut integrierte Möglichkeit, zumindest für On-Premise-Umgebungen, bietet hier der SAP Solution Manager.

9.6.1 Jobverwaltung

App »Batch-Job anfordern«

Über das SAP Fiori Launchpad des SAP Solution Managers können Jobs über einfache SAP-Fiori-Oberflächen zentral für alle Systeme verwaltet werden. In Abbildung 9.24 sehen Sie z. B. die SAP-Fiori-App **Batch-Job anfordern (einfache UI)** des SAP Solution Managers.

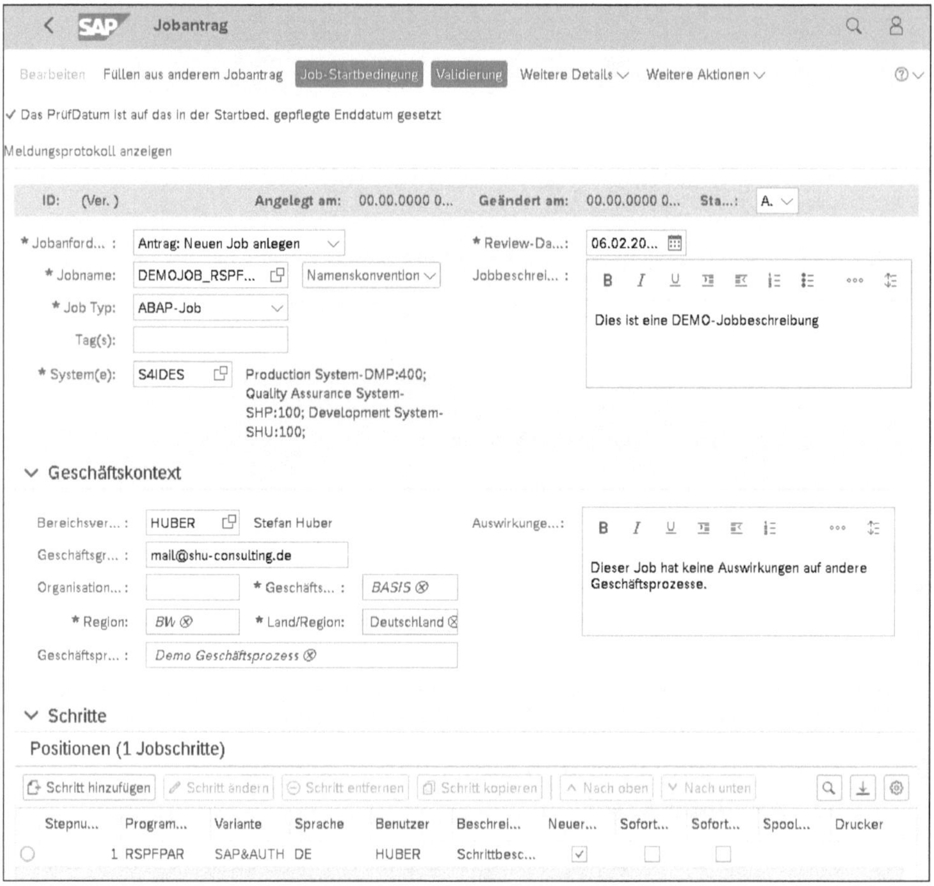

Abbildung 9.24: Jobantrag im SAP Solution Manager

Genehmigungs-Workflow

Über einen konfigurierbaren Workflow können die Jobanträge hier fachlich und technisch geprüft werden. Ist das System zur gewünschten Zeit z. B. stark ausgelastet, kann in Rücksprache mit dem Antragsteller ein geeigneteres Zeitfenster für den Job gefunden werden. Nach erfolgter Freigabe wird der Job automatisch im gewählten System eingeplant.

Die über den SAP Solution Manager verwalteten Jobs können in den Systemen regulär über die Transaktion SM37 angesehen und überwacht werden. Sie haben aus der Transaktion SM37 auch direkten Zugriff auf die Jobdokumentation und können im Fehlerfall schnell die richtigen Ansprechpartner*innen identifizieren. Die Möglichkeit, Jobs direkt in den Systemen einzuplanen, wird in der Regel deaktiviert. Dadurch haben Sie die Sicherheit, dass der vorgesehene Workflow nicht umgangen wird.

Alternativen

Da der SAP Solution Manager vor seinem Wartungsende steht, kann ich die Einführung der Jobverwaltung nicht mehr empfehlen. Leider gibt es von SAP selbst keinen adäquaten Ersatz, da in SAP Cloud ALM keine Jobverwaltung vorgesehen ist. In diesem Bereich gibt es jedoch sehr gute Partnerlösungen, wie z. B. *RunMyJobs* der Firma *Redwood*. Ein Vorteil solcher Lösungen ist, dass sie nicht auf SAP-Systeme beschränkt sind. Sie können damit unternehmensweit Jobs und Jobketten definieren.

9.6.2 Jobüberwachung

Integration mit Incident-Management

Auch für die Überwachung von Jobs kann der SAP Solution Manager gute Dienste leisten. Fehlgeschlagene Jobs aller angeschlossenen Systeme werden zentral identifiziert und anhand konfigurierbarer Metriken ausgewertet (siehe Abbildung 9.25). Gerade wenn Sie den SAP Solution Manager grundsätzlich für die Überwachung und/oder das Incident Management verwenden, integriert sich das Job-Monitoring hervorragend in diese Komponenten. So können Sie z. B. automatisch einen Incident im SAP Solution Manager erzeugen lassen, wenn ein wichtiger Job mit Fehler beendet wurde. Die richtigen Personen werden dann umgehend informiert und können den Incident im Rahmen der vereinbarten Reaktionszeiten bearbeiten.

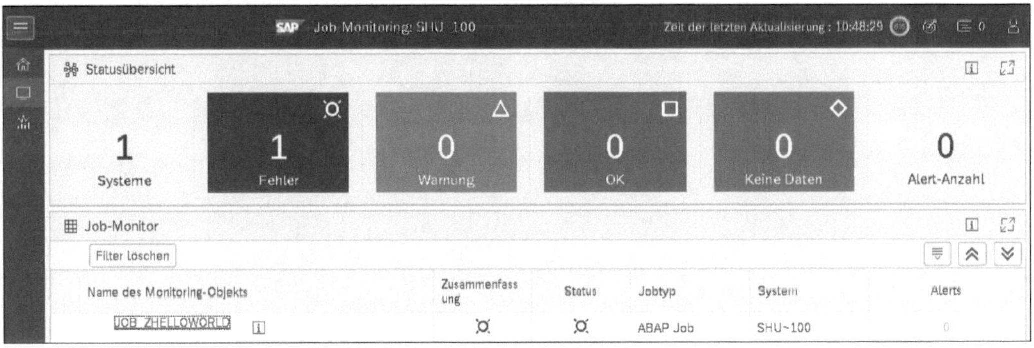

Abbildung 9.25: Job-Monitoring im SAP Solution Manager

SAP Cloud ALM Wenn Sie Ihr SAP-S/4HANA-System an SAP Cloud ALM angebunden haben, können Sie die Jobs auch hervorragend in SAP Cloud ALM überwachen und dort ein Alerting konfigurieren, um über fehlgeschlagene oder lang laufende Jobs informiert zu werden (siehe Abbildung 9.26). In Abschnitt 13.10, »Ganzheitliche Überwachung«, werde ich Ihnen an einem Beispiel zeigen, wie Sie das Alerting in SAP Cloud ALM entsprechend konfigurieren.

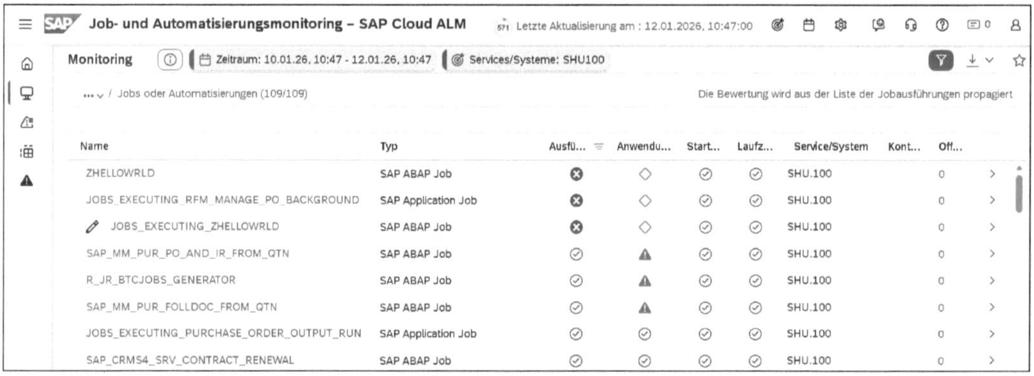

Abbildung 9.26: Jobübersicht in SAP Cloud ALM

Kapitel 10
Ausgabeverwaltung in SAP S/4HANA

Trotz fortschreitender Digitalisierung müssen in Unternehmen weiterhin Dokumente in Papierform ausgegeben werden. Die Einrichtung und Überwachung der Ausgabeverwaltung ist daher eine wichtige Aufgabe der SAP-Systemadministration.

On-Premise- vs. Cloud-Umgebungen

In Abschnitt 3.1.3, »Prozesskonzept«, habe ich Ihnen die theoretischen Grundlagen der Ausgabeverarbeitung vermittelt. Die dort genannten Konzepte betreffen die Ausgabe von Dokumenten über Spool-Workprozesse an Drucker und andere Output-Management-Systeme in On-Premise-Umgebungen. Beachten Sie, dass diese Konzepte nicht auf SAP S/4HANA Cloud anwendbar sind. Die Ausgabesteuerung arbeitet dort mit *Print Queues* und Druckaufträge werden über den *SAP Cloud Print Manager für Pull-Integration* aus der Cloud-Umgebung an Drucker in Ihrem Unternehmensnetzwerk weitergeleitet.

In Abschnitt 10.1, »Frameworks und Formulartechnologien«, stelle ich Ihnen die verfügbaren Frameworks und Formulartechnologien vor. In Abschnitt 10.2, »Ablauf einer Ausgabe«, erkläre ich den grundlegenden Ablauf einer Ausgabe auf ein Ausgabegerät. In Abschnitt 10.3, »Anlegen von Ausgabegeräten«, zeige ich Ihnen, wie Sie Ausgabegeräte anlegen können. In Abschnitt 10.4, »Gängige Ausgabemethoden«, gehe ich auf die Konfiguration der gängigsten Ausgabemethoden ein. In Abschnitt 10.5, »Arbeiten mit Spool-Aufträgen«, lernen Sie, wie Sie Spool-Aufträge verwalten und überwachen können. In Abschnitt 10.6, »Zentrale Druckerverwaltung«, zeige ich Ihnen eine Möglichkeit, wie Sie Ausgabegeräte zentral einrichten, verwalten und in der Landschaft verteilen können. In Abschnitt 10.7, »E-Mail-Versand«, zeige ich Ihnen schließlich, wie Sie E-Mails aus SAP S/4HANA versenden können.

10.1 Frameworks und Formulartechnologien

Frameworks

In SAP S/4HANA werden an verschiedenen Stellen Dokumente erzeugt, z. B. Bestellungen, Lieferscheine oder Rechnungen. Historisch bedingt existieren für die Erstellung der Dokumente in den jeweiligen Modulen unterschiedliche Frameworks. Im Vertrieb gibt es z. B. die *Nachrichtensteuerung* und im Bereich Finanzen die *Korrespondenz* oder die *Druck-Workbench*.

Neue Ausgabesteuerung

Mit SAP S/4HANA wurde die *neue Ausgabesteuerung* eingeführt, die die bisherigen Frameworks ersetzen kann, aber nicht muss. In SAP S/4HANA Cloud müssen Sie die neue Ausgabesteuerung verpflichtend verwenden.

Formulartechnologien

Für die auf der Ausgabesteuerung aufbauende Aufbereitung der Dokumente stehen wiederum verschiedene Formulartechnologien zur Verfügung, wie *SAPscript*, *SAP Smart Forms*, *SAP Interactive Forms by Adobe* oder *SAP Forms Service by Adobe*. Abhängig davon, welche Frameworks verwendet werden, haben Sie nicht die freie Wahl, welche Formulartechnologie Sie verwenden möchten. Nutzen Sie beispielsweise die neue Ausgabesteuerung, müssen Sie SAP Interactive Forms by Adobe oder SAP Forms Service by Adobe verwenden. In der Konsequenz müssen Sie entweder ein AS-Java-System bereitstellen (für SAP Interactive Forms) oder den entsprechenden Service auf der SAP Business Technology Platform (SAP BTP) abonnieren. Da die Wartung für AS Java für SAP S/4HANA im Jahr 2030 endet, muss SAP eine neue Umgebung bereitstellen, damit Kunden, die den Service nicht auf der SAP BTP nutzen möchten, weiterhin on premise mit den Dokumentendiensten von Adobe arbeiten können. Die neue Lösung wird auf Basis der *SAP HANA Extended Application Services, Advanced Model* (SAP HANA XSA) bereitgestellt und voraussichtlich im Jahr 2027 zur Verfügung stehen.

10.2 Ablauf einer Ausgabe

Spool- und Ausgabeauftrag

Unabhängig davon, mit welchem Framework und welcher Formulartechnologie auch immer ein Dokument in SAP S/4HANA erzeugt wurde, geschieht immer das Folgende, sobald das Dokument auf Papier gebracht werden soll:

1. Zuerst wird ein *Spool-Auftrag* erzeugt. Dieser Auftrag enthält die geräteunabhängigen Druckdaten sowie administrative Informationen, z. B. Datum, Anzahl der Kopien und Ersteller*in.
2. Der Dokumenteninhalt des Spool-Auftrags wird in der *TemSe* (eine Ablage für temporäre sequenzielle Objekte) gespeichert. Der Speicherort wird über den Profilparameter `rspo/store_location` definiert. Der Standardwert ist `db`, was bedeutet, dass die Daten in der Datenbanktabelle `TST03` gespeichert werden. Der Speicherort kann auch individuell pro Ausgabegerät definiert werden.
3. Sobald der Spool-Auftrag auf einem bestimmten Gerät ausgegeben werden soll, wird ein *Ausgabeauftrag* erstellt. Diese Aufgabe übernimmt ein Spool-Workprozess. Hierbei werden die geräteunabhängigen Druckdaten in die Druckersprache umgewandelt, die das ausgewählte Gerät verstehen kann. Daher muss das SAP-System das Druckermodell kennen. Diese Definition wird *Gerätetyp* genannt.

4. Der Ausgabeauftrag wird über einen *Betriebssystem-Spooler* an das Ausgabegerät gesendet. Die physische Anbindung des Spool-Workprozesses an den Betriebssystem-Spooler kann auf verschiedenen Wegen, den sogenannten *Koppelarten*, erfolgen.

In Abbildung 10.1 sehen Sie den gesamten Ablauf einer Dokumentenausgabe.

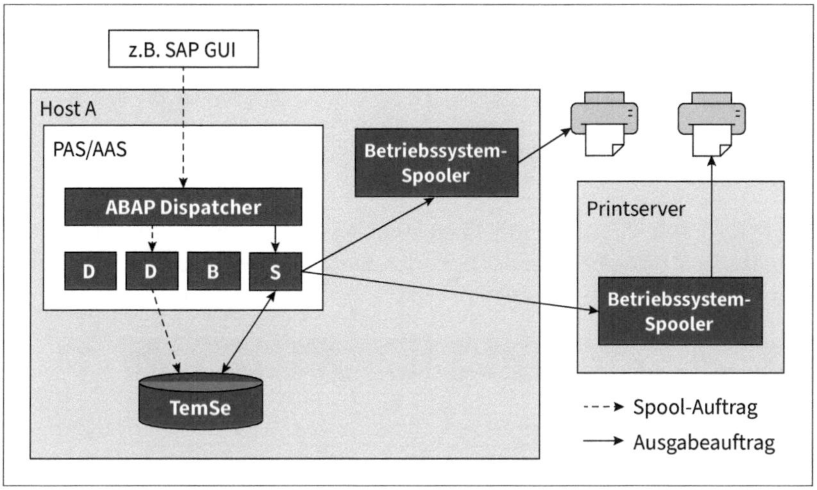

Abbildung 10.1: Ausgabeverarbeitung auf der ABAP-Plattform

Die Anzahl der konfigurierten Spool-Workprozesse pro Instanz hängt von vielen Faktoren ab (z. B. Menge, Art und Wichtigkeit der auszugebenden Dokumente). Anhaltspunkte finden Sie in SAP-Hinweis 108799.

Ausgabereihenfolge

Bei mehr als einem Spool-Workprozess müssen Sie die Ausgabereihenfolge berücksichtigen, da die Aufträge dann nicht mehr zwingend in der Reihenfolge gedruckt werden, in der die Dokumente an die Ausgabe übergeben wurden. Wenn die Reihenfolge für Ihre Prozesse wichtig ist, können Sie diese für einzelne Ausgabegeräte festlegen. Damit schränken Sie jedoch die Parallelisierungsmöglichkeiten ein.

10.3 Anlegen von Ausgabegeräten

Transaktion SPAD

Öffnen Sie zum Anlegen von Ausgabegeräten die Transaktion SPAD (Spool-Administration). Auf der Registerkarte **Geräte und Server** wählen Sie neben dem Feld **Ausgabegeräte** den Button **Anzeigen**. Wenn Sie sehr viele Ausgabegeräte konfiguriert haben, können Sie über das Eingabefeld neben dem Button () nach Namen filtern (siehe Abbildung 10.2).

Abbildung 10.2: Startbildschirm der Spool-Administration

Auf dem in Abbildung 10.3 gezeigten Folgebildschirm können Sie bestehende Ausgabegeräte bearbeiten oder über den Button (**Anlegen**) neue Ausgabegeräte anlegen.

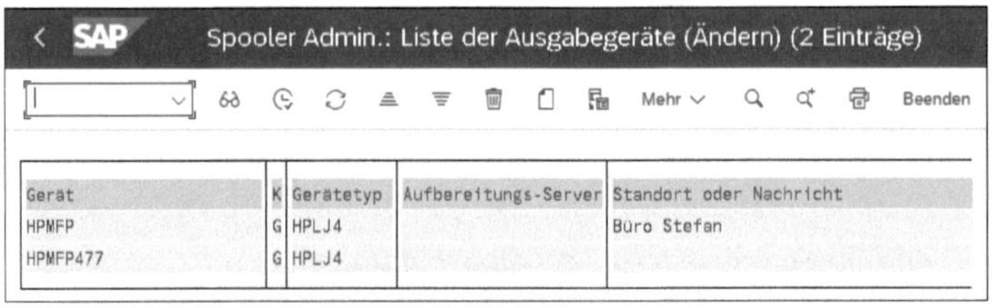

Abbildung 10.3: Liste der Ausgabegeräte

Abbildung 10.4 zeigt die Maske zur Anlage eines neuen Ausgabegeräts.

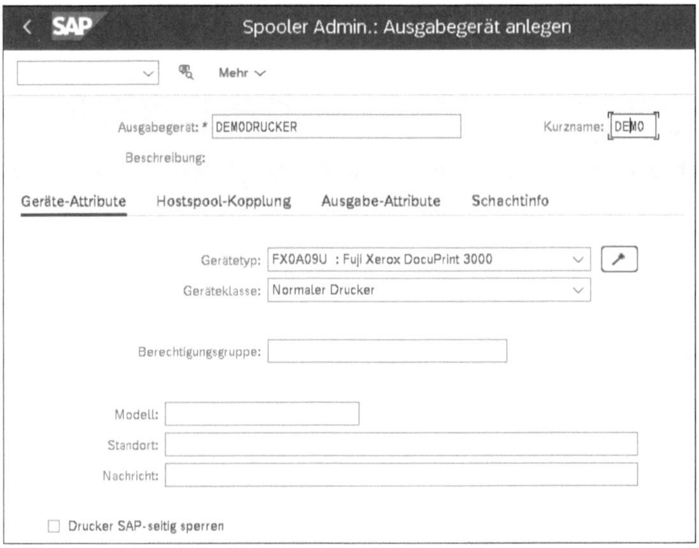

Abbildung 10.4: Anlegen eines Ausgabegeräts

Folgende Eigenschaften definieren ein Ausgabegerät:

- **Ausgabegerät**: Unter diesem Namen ist das Ausgabegerät für die Anwender*innen sichtbar.
- **Gerätetyp**: Hier geben Sie das Druckermodell bzw. die Druckerfamilie an. Der Gerätetyp definiert, wie Druckdaten für ein bestimmtes Ausgabegerät aufbereitet werden, damit sie vom Ausgabegerät verstanden werden. Viele Druckerhersteller beteiligen sich am Programm *SAP Print Vendor* und liefern Gerätetypen für ihre Druckerfamilien aus, die Sie nutzen können. Falls Sie keinen passenden Gerätetyp finden, können Sie generische Gerätetypen, wie z. B. PostScript, testen. Mit dem Gerätetyp SWIN können Sie Windows-Druckertreiber integrieren, die es für nahezu alle Druckermodelle gibt. Mit etwas Aufwand können Sie auch eigene Gerätetypen erstellen.
- **Aufbereitungsserver**: Eine AS-ABAP-Instanz mit mindestens einem Spool-Workprozess kann als *Aufbereitungsserver* fungieren. Jeder Ausgabeauftrag wird von einem Aufbereitungsserver über einen seiner Spool-Workprozesse verarbeitet. Einem Ausgabegerät müssen Sie einen Aufbereitungsserver zuordnen.

  Damit Sie bei mehreren, verfügbaren Instanzen mit Spool-Workprozessen eine Lastverteilung oder Ausfallsicherheit erreichen, können Sie neben realen auch logische Aufbereitungsserver konfigurieren, denen Sie dann reale Aufbereitungsserver zuordnen. Neben den realen und den logischen Aufbereitungsservern gibt es noch den automatisch generierten Aufbereitungsserver `__AUTOSPOOLSERVER`. Aufträge an diesen Server werden der Reihe nach auf alle Applikationsserver mit Spool-Workprozessen verteilt.
- **Standort**: Hier können Sie z. B. eine Gebäude- oder Raumnummer angeben, damit die Anwender*innen den Drucker besser identifizieren können.
- **Nachricht**: Wenn Sie temporär einen anderen Text ausgeben möchten, als im Feld **Standort** gepflegt, können Sie dazu das Feld **Nachricht** verwenden (und z. B. die Nachricht »Toner ist leer, bitte nicht verwenden« pflegen).
- **Drucker SAP-seitig sperren**: Druckaufträge werden nicht an den Drucker weitergeleitet. Spool-Aufträge werden aber regulär erzeugt. Sofortausdrucke sind aber nicht möglich.
- **Koppelart zum Hostspool**: Über die Koppelart definieren Sie, wie der Spool-Workprozess mit einen Betriebssystem-Spooler kommuniziert. In Abschnitt 10.4, »Gängige Ausgabemethoden«, stelle ich Ihnen die wichtigsten Koppelarten vor.
- **Host-Drucker**: Name des Druckers auf Betriebssystemebene. Beachten Sie die Groß-/Kleinschreibung. Netzwerkdrucker erreichen Sie unter dem UNC-Namen (Uniform Naming Convention) *<Hostname>**<Druckername>*. Nut-

zen Sie die Koppelart G für den Frontend-Druck, können Sie mit SAP GUI für Windows über den Hostdrucker `__DEFAULT` (zwei Unterstriche am Anfang) den Windows-Standarddrucker ansprechen.

- **Rechner**: Der Wert ergibt sich automatisch aus dem Aufbereitungsserver und ist nur bei lokalem Druck relevant.
- **Vermittlungsrechner**: Bei Remote-Druck tragen Sie hier den Hostnamen des Servers ein, auf dem der Betriebssystem-Spooler läuft.

10.4 Gängige Ausgabemethoden

In diesem Abschnitt möchte ich Ihnen die wichtigsten Ausgabemethoden vorstellen.

10.4.1 Lokaler Druck

Schnell und zuverlässig

Beim *lokalen Druck* befindet sich der Betriebssystem-Spooler auf dem gleichen Host wie der Aufbereitungsserver, also die Spool-Workprozesse. Nutzen Sie mehrere Instanzen, müssen Sie darauf achten, welche Drucker von welchen Aufbereitungsservern erreicht werden können. Da Workprozesse und Spooler auf dem gleichen Host laufen, ist diese Art der Druckausgabe sehr performant und zuverlässig.

Lokaler Druck bedeutet aber nicht, dass der Drucker direkt an dem verwendeten Server angeschlossen sein muss, er kann auch per Netzwerk als Netzwerkdrucker oder auch über einen weiteren Printserver erreichbar sein. Für den lokalen Druck verwenden Sie die Koppelart L, wenn das Betriebssystem Linux ist. Für Windows verwenden Sie die Koppelart C.

10.4.2 Remote-Druck

Beim *Remote-Druck* laufen die Spool-Workprozesse und der Betriebssystem-Spooler nicht auf dem gleichen Host. Die Ausgabegeräte müssen in diesem Szenario daher vom Server des Betriebssystem-Spoolers erreichbar sein. Der Aufbereitungsserver benötigt keine Verbindung zu den Ausgabegeräten.

Einsatzszenarien

Typische Einsatzszenarien für den Remote-Druck sind:

- Die Netzwerkdrucker besitzen Ihren eigenen Betriebssystem-Spooler und können direkt vom SAP-System angesprochen werden. In diesem Fall verwenden Sie die Koppelart U.
- Sie verwenden die Koppelart U beim Remote-Druck auch, wenn der entfernte Betriebssystem-Spooler auf Unix/Linux läuft.

- Für Windows-Server stellt SAP das Programm *SAPSprint* bereit. SAPSprint empfängt die Ausgabeaufträge und leitet diese an die angeschlossenen Drucker weiter. In diesem Szenario können Sie die SAP-interne Koppelart S verwenden, die Koppelart U wird jedoch ebenfalls unterstützt.

10.4.3 Frontend-Druck

Arbeitsplatzdrucker

Während sich die zuvor beschriebenen Ausgabemethoden hauptsächlich um die Ausgabe von massenhaften Dokumenten wie Rechnungen, Lieferscheinen etc. kümmern, besteht in den meisten Unternehmen auch der Bedarf, dass Mitarbeitende einzelne Dokumente an ihrem Arbeitsplatz ausdrucken können. Für diese Anforderungen konfigurieren Sie den *Frontend-Druck*. Arbeitsplatzdrucker müssen Sie nicht im SAP-System konfigurieren. Sie müssen lediglich ein generisches Ausgabegerät für diese Drucker anlegen. Bei der Konfiguration verwenden Sie die Koppelart G.

Wie bei den anderen Ausgabemethoden bearbeitet ein Spool-Workprozess den Ausgabeauftrag. Werden viele Ausgabeaufträge für den Frontend-Druck belegt, kann dies zu Ressourcenengpässen in der vermeintlich wichtigeren Ausgabe der Massendokumente führen. Sie können über den Profilparameter `rdisp/wp_no_spo_Fro_max` die maximal für den Frontend-Druck belegbaren Spool-Workprozesse festlegen (der Standardwert ist 1). SAP empfiehlt, dass Sie auf jeder Instanz, an der sich Anwender*innen anmelden können, mindestens einen Spool-Workprozess definieren.

[«]

Nicht für Hintergrundjobs

Da der Frontend-Druck eine Verbindung zum Frontend benötigt, können Sie diese Ausgabemethode nicht für die Hintergrundverarbeitung verwenden, da bei dieser Verarbeitung keine Verbindung zum Frontend besteht.

Einrichtung für Frontend-Technologie

Je nachdem, welche Frontend-Technologie Sie einsetzen, ergeben sich Limitierungen in den Möglichkeiten der Druckausgabe. Während bei SAP GUI für Windows eine direkte Kommunikation mit den Druckern über das Betriebssystem möglich ist, ist dieser Zugriff über Weboberflächen wie SAP Fiori oder SAP GUI für HTML nicht möglich.

Im Folgenden finden Sie einige Beispiele für die Einrichtung, abhängig von der Frontend-Technologie:

- **SAP GUI für Windows**

  Definieren Sie in Transaktion SPAD einen Drucker mit Koppelart G und Gerätetyp SWIN oder SAPWIN. Als **Host-Drucker** tragen Sie »__DEFAULT« ein, um den Standarddrucker auf den Rechnern der jeweiligen Anwender*innen anzusprechen. Dadurch müssen Sie nicht jeden Drucker einzeln als Ausgabegerät definieren. Wenn Sie zusätzlich das Ankreuzfeld **Keine Auswahl der Geräte am Frontend** deaktivieren, wird den Anwender*innen das Auswahlfenster für Drucker angezeigt und sie können jeden Drucker auswählen, der ihrem Frontend bekannt ist.

- **SAP GUI für Java**

  Nutzen Sie SAP GUI z. B. auf Linux oder Mac, können Sie als Frontend-Technologie SAP GUI für Java verwenden. Auch hier verwenden Sie die Koppelart G. Als Gerätetyp müssen Sie allerdings einen mit Ihrem Betriebssystem kompatiblen Typ wählen, z. B. **POST2** (PostScript).

- **SAP GUI für HTML**

  Nutzen Sie das SAP Fiori Launchpad als zentrale Startseite für die Endanwender*innen, arbeiten mitunter trotzdem viele Anwender*innen mit Anwendungen, die noch nicht nativ in SAP Fiori verfügbar und über das klassische SAP GUI für HTML in das Launchpad eingebunden sind. Daher sollten Sie ein entsprechendes Ausgabegerät konfigurieren, damit aus diesen Anwendungen heraus gedruckt werden kann.
  Definieren Sie in Transaktion SPAD einen Drucker mit der Koppelart G und dem Gerätetyp PDF1. Das Feld **Host-Drucker** spielt in diesem Umfeld keine Rolle und kann mit einem Dummy-Wert belegt werden. Wenn Sie diesen Drucker im SAP GUI für HTML auswählen, wird durch den Spool-Workprozess ein PDF-Dokument erzeugt, das an das Frontend gesendet und im Webbrowser angezeigt wird. Die Anwender*innen können das Dokument dann wie jedes PDF-Dokument auf Ihrem Rechner ausdrucken.

- **SAP Fiori**

  In den meisten SAP-Fiori-Apps gibt es keine Druckerintegration. Wenn Sie sich Dokumente anzeigen lassen, werden diese dort in der Regel als PDF angezeigt. Viele Listen können Sie auch nach Microsoft Excel exportieren. Sie können die Dokumente dann wie gewohnt mit den Funktionen der jeweiligen Applikation ausdrucken, z. B. dem Adobe Reader oder Microsoft Excel.

10.4.4 Druck über E-Mail

Den Druck über E-Mail können Sie verwenden, um Daten bequem als Anhang einer E-Mail zu versenden. Wählen Sie als Koppelart M, als Gerätetyp verwenden Sie z. B. PDF1 oder PDFUC. Damit E-Mails versendet werden können, müssen Sie dies zuerst einrichten. Dies zeige ich Ihnen in Abschnitt 10.7, »E-Mail-Versand«.

Die E-Mail-Adresse des Empfängers oder der Empfängerin wird nach folgendem Schema ermittelt:

1. Hat die Anwenderin oder der Anwender, die oder der die Druckfunktion ausgelöst hat, im entsprechenden Fenster eine E-Mail-Adresse direkt eingegeben, wird die Ausgabe an diese E-Mail-Adresse versendet.
2. Hat sie oder er im zuvor genannten Fenster keine E-Mail-Adresse eingetragen, wird die E-Mail an die E-Mail-Adresse verschickt, die in der Gerätekonfiguration hinterlegt ist.
3. Ist in der Gerätekonfiguration keine E-Mail-Adresse hinterlegt, wird die E-Mail an die E-Mail-Adresse aus dem Benutzerstamm (gepflegt in Transaktion SU01) des druckenden Anwenders oder der Anwenderin gesendet. Er oder sie schickt den Anhang also sich selbst.

Die Absenderadresse wird ebenfalls aus dem Benutzerstamm ermittelt. Findet der Druck z. B. im Hintergrund statt, wird die E-Mail-Adresse des Job-Step-Benutzers (siehe Abschnitt 9.2.1, »Einplanung in Transaktion SM36«) als Absenderadresse verwendet.

10.4.5 Externe Output-Management-Systeme

In großen unternehmensweiten Umgebungen mit großem Druckaufkommen werden meistens *Output-Management-Systeme* (OMS) eingesetzt. Die entsprechenden Lösungen müssen mit dem SAP-Spool-System kompatibel sein. Die Kompatibilität wird durch die *XOM-Schnittstelle* hergestellt. Achten Sie darauf, dass die Lösungen für SAP S/4HANA zertifiziert sind. Weiterführende Informationen zur Schnittstelle finden Sie in SAP-Hinweis 589690.

10.5 Arbeiten mit Spool-Aufträgen

Als Administrator*in müssen Sie die Spool-Verarbeitung im Blick behalten und mögliche Fehler oder Engpässe analysieren und beheben.

10.5.1 Verwaltung von Spool-Aufträgen

Transaktion SP01

Eine Übersicht über die Spool- und Ausgabeaufträge erhalten Sie in Transaktion SP01. Sie können die hier angezeigten Aufträge nach verschiedenen Kriterien filtern, z. B. nach Erzeuger*in, Ausgabegerät oder Datum. Über den Button **Weitere Selektionskriterien** können Sie weitere Kriterien zur Filterung der Ergebnisse auswählen.

Transaktion SP02

Wenn Sie nur den Status Ihrer eigenen Spool-Aufträge überprüfen möchten, können Sie Transaktion SP02 verwenden. Hier können Sie keine Filter anwenden, sondern sehen direkt die Ergebnisliste (siehe Abbildung 10.5).

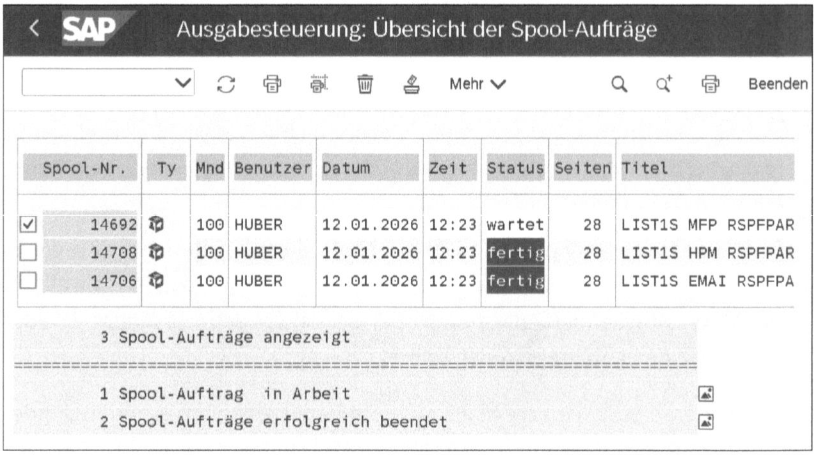

Abbildung 10.5: Anzeige der Spool-Aufträge in Transaktion SP01 oder SP02

Status von Spool-Aufträgen

In der Spalte **Status** können Sie den Zustand eines Spool-Auftrags erkennen. In Tabelle 10.1 sind die möglichen Statuswerte aufgeführt.

Status	Bedeutung
–	Es existiert (noch) kein Ausgabeauftrag. Dieser Status ist der initiale Status, wenn Sie beim Drucken die Option **Zunächst nur SAP-Spool** gewählt haben.
+	Der Spool-Auftrag wird gerade erstellt.
wartet	Der Ausgabeauftrag wurde noch nicht vom Spool-System verarbeitet.
wartet im Host-Spooler	Der Ausgabeauftrag ist für die Aufbereitung im Host-Spool-System vorgesehen oder wird dort gerade bearbeitet.
in Arb.	Ein Spool-Workprozess bereitet den Ausgabeauftrag für den Druck auf.
druckt	Der Ausgabeauftrag wurde an den Host-Spooler übergeben. Es wurde aber noch kein finaler Status an das SAP-Spool-System zurückgemeldet.
fertig	Der Ausgabeauftrag wurde gedruckt.
<F5>	Es gibt mindestens zwei Ausgabeaufträge mit unterschiedlichem Status. Wenn Sie einen Doppelklick auf die Zeile ausführen, für die dieser Status angezeigt wird, erhalten Sie die Liste der zum Spool-Auftrag gehörenden Ausgabeaufträge und sehen die unterschiedlichen Statuswerte.

Tabelle 10.1: Status von Spool-Aufträgen

Status	Bedeutung
Problem	Der Auftrag wurde ausgeführt, aber es gab ein Problem (z. B. einen unvollständigen Zeichensatz). Der Ausdruck sollte überprüft werden.
Fehler	Der Auftrag wurde nicht erfolgreich ausgeführt (z. B. wegen eines Netzwerkfehlers).
Zeit	Die Person, die den Auftrag erstellt hat, hat eine bestimmte Zeit vorgegeben, wann der Auftrag ausgeführt werden soll.
Archiv	Der Spool-Auftrag wurde vom Spool-System verarbeitet und wartet im Fall von Spool-Aufträgen, die an ein Archivierungsgerät geschickt wurden, auf die Archivierung.

Tabelle 10.1: Status von Spool-Aufträgen (Forts.)

Ausgabeaufträge anzeigen

Mit einem Doppelklick auf einen Spool-Auftrag werden Ihnen die zugehörigen Ausgabeaufträge angezeigt. Wenn Sie die Ausgabeaufträge mehrerer Spool-Aufträge anzeigen möchten, aktivieren Sie das Ankreuzfeld der entsprechenden Spool-Aufträge und wählen den Button (**Ausgabeaufträge**) oder die Funktionstaste F5.

Inhalt anzeigen

Sie können sich den Inhalt von Spool-Aufträgen anzeigen lassen, um z. B. zu entscheiden, ob Sie einen Auftrag ausführen möchten oder nicht. Wählen Sie hierzu den Button (**Inhalt anzeigen**).

Drucken

Über den Button (**Drucken ohne Änderung**) werden die markierten Spool-Aufträge mit den ursprünglich definierten Parametern an die Ausgabesteuerung übergeben. Mit dem Button (**Drucken mit geänderten Parametern**) können Sie die Parameter vor der Ausgabe anpassen. Sinnvoll ist z. B. eine Änderung der Anzahl der Ausdrucke. Sie können auch das Ausgabegerät wechseln. Diese Funktion kann jedoch unter Umständen zu unschönen Ergebnissen führen.

Über den Button (**Löschen**) können Sie die markierten Spool-Aufträge löschen. Sie sollten an dieser Stelle jedoch nur Aufträge löschen, die Sie definitiv nicht mehr ausgeben möchten. Zur Bereinigung alter Spool-Aufträge verwenden Sie besser die automatische Reorganisation (siehe Abschnitt 10.5.2, »Reorganisation von Spool-Aufträgen«).

Löschdatum

Über den Button (**Auftragsinformationen**) können Sie sich die Informationen zum Ausgabeauftrag anzeigen lassen. Besonders hinweisen möchte ich hier auf das Feld **Löschdatum**. Beim Erstellen eines Druckauftrags können Sie einstellen, nach wie vielen Tagen der Spool-Auftrag gelöscht werden soll. Die Löschung erfolgt dann unabhängig davon, ob der Spool-Auftrag nach diesem Zeitraum ausgedruckt wurde oder nicht. Im Standard ist der Wert auf acht Tage eingestellt.

Die in Abschnitt 10.5.2 beschriebenen Löschjobs löschen die Aufträge, deren Verweildatum überschritten wurde. Standardmäßig wird die Aufbewahrungsdauer im Druckfenster nicht eingeblendet. Sie finden den Wert über den Button **Eigenschaften**. Dort können Sie im Bereich **Spoolsteuerung • Spool-Verweildauer** den Standardwert nach einem Doppelklick überschreiben (siehe Abbildung 10.6). Markieren Sie das Ankreuzfeld **Ausgewählten Parameter auf Einstiegsfenster einblenden**, müssen Sie künftig nicht mehr in das Eigenschaftenfenster navigieren, sondern können die Verweildauer direkt auf der Einstiegsseite des Druckfensters anpassen.

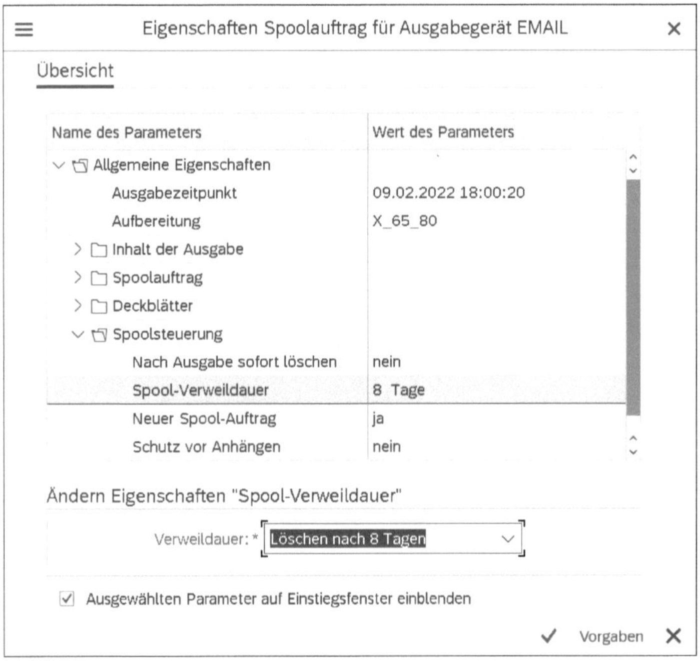

Abbildung 10.6: Eigenschaften zu einem Spool-Auftrag

[+]

Verzögerte Spool-Aufträge finden

Im Selektionsbildschirm der Transaktion SP01 können Sie über die Menüoption **Springen • Verzögerte Aufträge** gezielt nach Ausgabeaufträgen suchen, bei deren Verarbeitung Verzögerungen auftraten.

10.5.2 Reorganisation von Spool-Aufträgen

Automatische Reorganisationsjobs

Spool-Aufträge können ein beträchtliches Datenvolumen in der Datenbank oder auf dem Dateisystem erzeugen. Eine regelmäßige Reorganisation ist daher zwingend erforderlich. Durch das technische Job-Repository (siehe Abschnitt 9.4) ist das SAP-System bereits so eingestellt, dass die wichtigsten Aufgaben zur Reorganisation der Spool-Aufträge automatisch ausgeführt werden. In Tabelle 10.2 sehen Sie die dafür verwendeten Jobs, die alle im Mandanten 000 eingeplant sind.

Jobname	Standardverhalten
SAP_REORG_SPOOL	Löscht alle Spool-Aufträge, die das Verfallsdatum erreicht haben (im Standard nach acht Tagen).
SAP_SPOOL_CONSISTENCY_CHECK	Prüft die Konsistenz in der TemSe und behebt gegebenenfalls Inkonsistenzen (siehe auch SAP-Hinweis 98065).
SAP_ADS_SPOOL_CONSISTENCY_CHECK	Löscht verwaiste Dateien im Umfeld der Adobe Document Services (ADS, siehe auch SAP-Hinweis 1493058).

Tabelle 10.2: Technische Jobs im Bereich der Ausgabeverwaltung

In Transaktion SPAD können Sie auf der Registerkarte **Verwaltung** ebenfalls Werkzeuge zur Spool-Verwaltung starten. Die in dieser Transaktion angebotenen Funktionen zum Löschen und zur Konsistenzprüfung sind aber nicht so umfassend wie die in Tabelle 10.1 angegebenen Jobs.

10.5.3 Überwachung des Nummernkreises für Spool-Aufträge

Nummernkreisobjekt SPO_NUM

Ein besonderes Augenmerk möchte ich auf den verwendeten Nummernkreis für Spool-Aufträge richten. Wie Sie z. B. in Transaktion SP01 sehen, hat jeder Spool-Auftrag eine eindeutige Nummer. Die Nummer wird über einen *Nummernkreis* ermittelt, den Sie, wie auch andere Nummernkreise des SAP-Systems, über die Transaktion SNRO pflegen können. Wählen Sie zur Anzeige oder Pflege des Nummernkreises in Transaktion SNRO als **Objektname** `SPO_NUM` und die Funktion **Anzeigen**. Auf dem folgenden Bildschirm wählen Sie den Button (**Intervallpflege**) und auf dem nächsten Bildschirm die Funktion **Intervalle anzeigen**. Sie sehen nun das Nummernkreisintervall, wie in Abbildung 10.7 gezeigt.

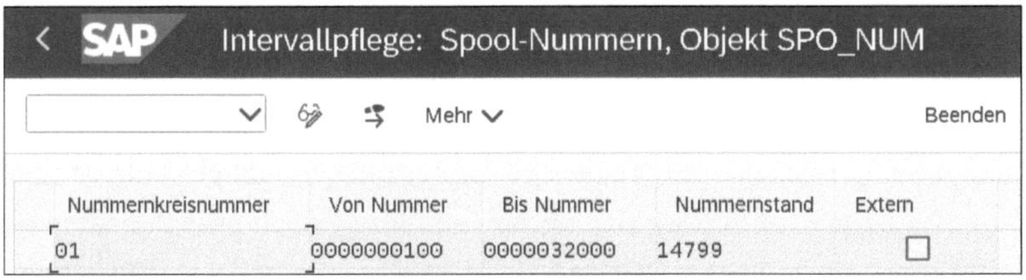

Abbildung 10.7: Nummernkreisintervall für Spool-Aufträge

Wie Sie in Abbildung 10.7 sehen, ist das Intervall im Standard recht klein (31.900 Nummern). Das bedeutet, dass nicht mehr Spool-Aufträge gleichzeitig im System existieren können. Durch die Reorganisation der Spool-Aufträge werden wieder Nummern frei, die dann anschließend erneut verwendet werden können. Da Spool-Aufträge im Standard acht Tage aufbewahrt werden, kann es jedoch leicht zu einem Engpass kommen. Wenn keine Nummern mehr verfügbar sind, kommt es schnell zu einem Stillstand in der Hintergrundverarbeitung, da alle Jobs bei der Erstellung von Spool-Aufträgen hängen bleiben. Sollten Sie einen Engpass erkennen, müssen Sie das Intervall vergrößern.

[!]

Nummernkreispflege SPO_NUM nur in Mandant 000

Nummernkreise sind grundsätzlich mandantenabhängig. Das Spool-Framework verwendet allerdings ausschließlich den Nummernkreis SPO_NUM in Mandant 000. Daher müssen Sie Anpassungen zwingend in Mandant 000 durchführen. Anpassungen in allen anderen Mandanten haben keine Auswirkungen. Weitere Erläuterungen finden Sie in SAP-Hinweis 48284.

10.6 Zentrale Druckerverwaltung

PAL

Über die *zentrale Druckerverwaltung* (engl. *Printing Assistant for Landscapes*, kurz PAL) können Sie die Ausgabegeräte in einem zentralen System verwalten und an mehrere AS-ABAP-Instanzen verteilen. Dies ist insbesondere dann sinnvoll, wenn Sie viele Ausgabegeräte mit mehreren SAP-Systemen verbinden möchten.

Als zentrales System zur Verwaltung von Ausgabegeräten eignet sich z. B. der SAP Solution Manager, der auch sonst zentrale Aufgaben zur Verwaltung Ihrer Systeme übernimmt. Prinzipiell sind aber alle modernen AS-ABAP-basierten Systeme in der Lage, die Rolle der zentralen Druckerverwaltung zu übernehmen.

Unterstützte Koppelarten

Von der zentralen Druckerverwaltung werden nur folgende Koppelarten unterstützt:

- C und L (lokaler Druck)
- S und U (Remote-Druck)
- M (Druck über E-Mail)
- E (externe OMS)

Idealerweise legen Sie die Ausgabegeräte im zentralen System in Transaktion SPAD an. Sie können aber nach der ersten Einrichtung auch bereits definierte Ausgabegeräte von den angeschlossenen Systemen in die zentrale Druckerverwaltung importieren.

Druckergruppe

Abbildung 10.8 veranschaulicht die Architektur einer zentralen Druckerverwaltung. Im zentralen System legen Sie *Druckergruppen* an. Eine Druckergruppe umfasst ein oder mehrere Ausgabegeräte, die Sie gemeinsam verteilen möchten. Ein Ausgabegerät kann immer nur einer Druckergruppe angehören.

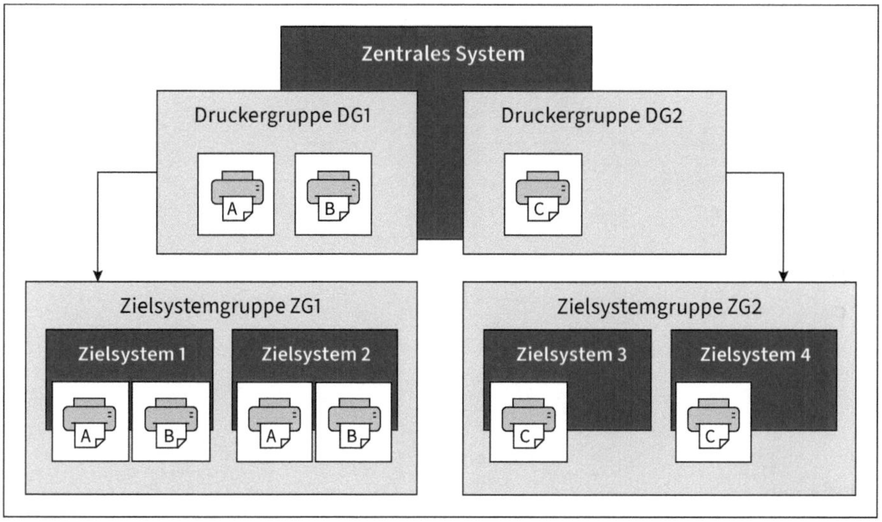

Abbildung 10.8: Architektur der zentralen Druckerverwaltung

Zielsystemgruppe

Ein oder mehrere Zielsysteme fassen Sie in *Zielsystemgruppen* zusammen. Schließlich weisen Sie die Druckergruppen den Zielsystemgruppen zu. Alle Systeme der Zielsystemgruppe erhalten dann die Konfiguration der Ausgabegeräte der zugeordneten Druckergruppen.

RFC-Verbindung

Um die zentrale Druckerverwaltung nutzen zu können, müssen Sie im Zentralsystem zu jedem System, an das Sie die Drucker verteilen möchten, eine RFC-Verbindung (Remote Function Call) anlegen. Auf RFC-Verbindungen im Allgemeinen gehe ich in Kapitel 11, »Konnektivität«, ausführlicher ein. Legen Sie in jedem System einen neuen Systembenutzer an, den Sie als Benutzer für die RFC-Verbindung samt Kennwort hinterlegen. Der Benutzer benötigt das Berechtigungsobjekt `S_TCODE` mit den Werten `SPAD` und `PAL` sowie das Berechtigungsobjekt `S_ADMI_FCD` mit den Werten `SP01`, `SPOR`, `SPAA`, `STAB`, `SPAC` und `SPAD`.

Transaktion PAL

Rufen Sie im Zentralsystem die Transaktion PAL auf. Hier legen Sie die Zielsysteme an. Zu jedem System geben Sie die zuvor angelegte RFC-Verbindung an. Legen Sie anschließend eine Zielsystemgruppe an und ordnen Sie die zuvor angelegten Systeme der Gruppe zu.

PAL-Drucker hinzufügen

Nun fügen Sie Ausgabegeräte als *PAL-Drucker* hinzu. Sie können dabei Ausgabegeräte des Zentralsystems oder der Zielsysteme auswählen. Anschließend legen Sie eine oder mehrere Druckergruppen an und ordnen die PAL-Drucker diesen Druckergruppen zu. Schließlich ordnen Sie die Zielsystemgruppen den

Druckergruppen zu und können die Druckerkonfiguration über den Button **Verteilen** in die Landschaft verteilen (siehe Abbildung 10.9).

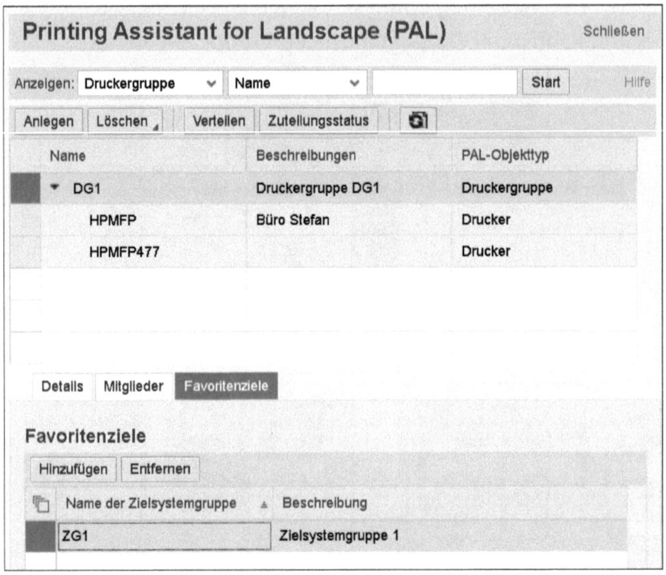

Abbildung 10.9: Druckergruppe in Transaktion PAL verteilen

Wenn ein Drucker das erste Mal an ein Zielsystem verteilt wird, wird ein beliebiger existierender Aufbereitungsserver zugewiesen. Mithilfe des Reports SPCPC_SPOO_SERV_MASS_CHANGE können Sie den PAL-Druckern dedizierte Aufbereitungsserver zuweisen.

10.7 E-Mail-Versand

Das Versenden von E-Mails ist bei den meisten SAP-S/4HANA-Systemen eine wichtige Disziplin. Da es sich hierbei auch um eine Form der Ausgabe handelt, möchte ich Ihnen die Einrichtung des E-Mail-Versandes an dieser Stelle erläutern. Der Fachbegriff für das entsprechende Framework ist *SAPconnect*. Neben E-Mails können grundsätzlich auch weitere Transportmedien, wie z. B. SMS oder Telefax, über dieses Framework eingerichtet werden. Der Versand erfolgt über den *Internet Communication Manager* (ICM), der je nach Transportmedium (SMS, Fax, E-Mail) entweder seine HTTP- oder SMTP-Schnittstelle verwendet. Der E-Mail-Versand erfolgt dabei über die SMTP-Schnittstelle.

10.7.1 Konfiguration des Internet Communication Managers

Damit der E-Mail-Versand funktioniert, muss im ICM ein SMTP-Service konfiguriert sein. Dies können Sie überprüfen, indem Sie in Transaktion SMICM über den Menüpfad **Springen • Services** auswählen (siehe Abbildung 10.10). Im Beispiel ist ein SMTP-Service auf Port 25000 konfiguriert. Den Service aktivieren Sie über einen Profilparameter im Instanzprofil. Auch wenn sich die ICM-Profilparameter augenscheinlich direkt in Transaktion SMICM ändern lassen, empfehle ich Ihnen, dies über die Profilpflege der Transaktion RZ10 zu tun, da es in Transaktion SMICM Einschränkungen bezüglich der Länge von Parameterwerten gibt. Wenn neben der PAS-Instanz weitere AAS-Instanzen konfiguriert sind, müssen Sie den Parameter für jede Instanz setzen, damit der E-Mail-Versand von jeder Instanz aus funktioniert.

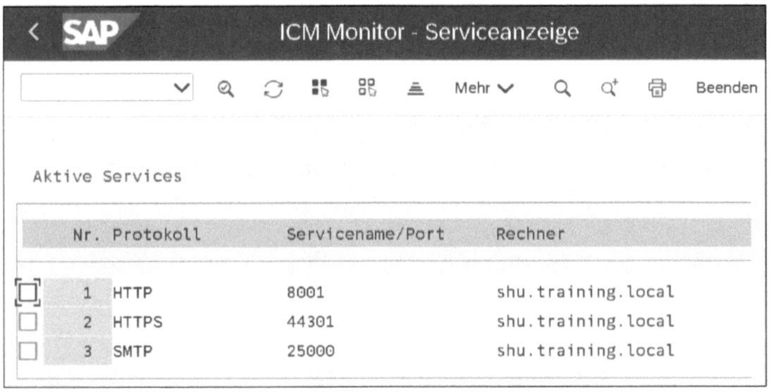

Abbildung 10.10: Serviceanzeige in Transaktion SMICM

In Tabelle 10.3 sehen Sie die zu den drei Services des ICM passenden Profilparameter aus dem Instanzprofil.

Parameter	Parameterwert
`icm/server_port_0`	`PROT=HTTP,PORT=80$$,PROCTIMEOUT=600, TIMEOUT=600`
`icm/server_port_1`	`PROT=HTTPS,PORT=443$$,PROCTIMEOUT=600, TIMEOUT=600`
`icm/server_port_2`	`PROT=SMTP,PORT=25000,TIMEOUT=180,TLS=1`

Tabelle 10.3: Profilparameter zu den ICM-Services

Für den E-Mail-Versand ist hier nur der Parameter für den SMTP-Service wichtig (`PROT=SMTP`). Beachten Sie auch, dass der verwendete SMTP-Port nicht der Port ist, über den später tatsächlich die E-Mails versendet werden. Sie müssen hier also nicht den Port 25 verwenden, der als SMTP-Standard-Port gilt. Dies hätte auch zur Folge, dass der Port unter Linux und Unix extern gebunden werden müsste, da nur der Benutzer `root` Ports unterhalb der Nummer 1024 öffnen darf. Damit dies gelingen würde, müssten Sie den Parameterwert um das

Unterargument `EXTBIND=1` ergänzen (z. B. `PROT=SMTP,PORT=25,TIMEOUT=180,TLS=1,EXTBIND=1`). Weiterhin müssten Sie auf Betriebssystemebene als Benutzer `root` das Skript `saproot.sh` ausführen, das die Berechtigungen der Kerneldateien (hier `icmbnd`) entsprechend setzt. Dies gilt übrigens auch für HTTP oder HTTPS, wenn Sie z. B. den Port 443 für HTTPS verwenden möchten. Weitere Informationen finden Sie in SAP-Hinweis 421359.

Haben Sie den SMTP-Service initial konfiguriert, müssen Sie Ihr SAP-System durchstarten, damit die Einstellungen aktiv werden. Bei kleineren Anpassungen an den Parametern reicht es oftmals auch aus, nur den ICM durchzustarten (über das Menü der Transaktion `SMICM` • **Administration** • **Soft beenden** • **Global**).

10.7.2 Konfiguration von SAPconnect

Zur erstmaligen Einrichtung von SAPconnect müssen Sie folgende Schritte ausführen:

1. Rufen Sie zunächst Transaktion SICF (Servicepflege) auf und aktivieren Sie den **SMTP Host**. Wählen Sie dazu auf der Startseite der Transaktion die Funktion **Ausführen**. Auf dem Folgebild wählen Sie mit der rechten Maustaste auf dem Knoten **SAPconnect** die Option **SMTP-Host aktivieren**, wie in Abbildung 10.11 gezeigt.

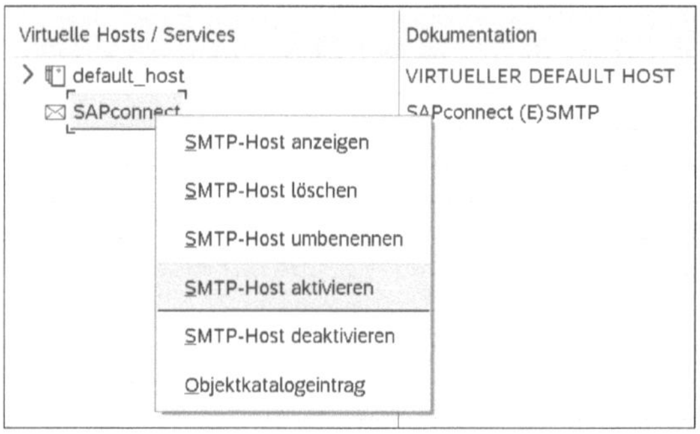

Abbildung 10.11: Aktivierung des SMTP-Hosts in Transaktion SICF

Transaktion SCOT

2. Wechseln Sie nun zu Transaktion SCOT (SAPconnect) und klicken doppelt in der Baumstruktur unter **Einstellungen** • **SMTP-Verbindung** • **Ausgehende Nachrichten** auf **SMTP Knoten**. Auf der rechten Seite wählen Sie die Option **Knoten anlegen**, wie in Abbildung 10.12 gezeigt.
3. Es öffnet sich das in Abbildung 10.13 gezeigte Fenster. Wählen Sie einen Namen für den **Knoten** und eine **Beschreibung**. Die Einstellungen für die Verbindungsdaten zu einem Mailserver unterscheiden sich von Anbieter zu Anbieter. In meinem Beispiel verbinde ich mich mit einem Exchange-Onlinedienst. Entsprechende Verbindungsdaten sehen Sie im Bereich **SMTP Verbindung**. Wei-

tere Anmeldedaten und Sicherheitseinstellungen finden Sie, indem Sie im gleichen Bereich auf den Button **Einstellungen** klicken.

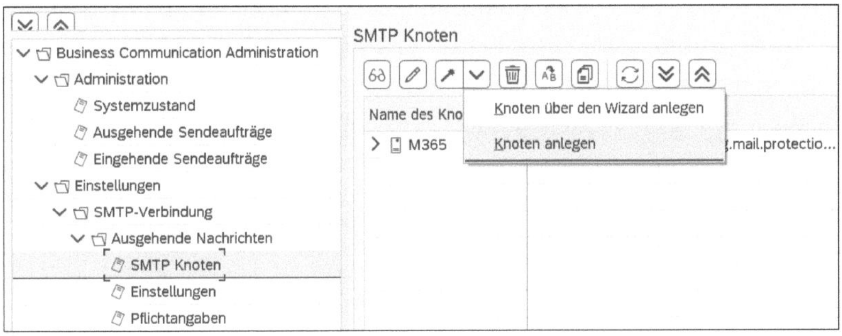

Abbildung 10.12: Neuen SMTP-Knoten in Transaktion SCOT anlegen

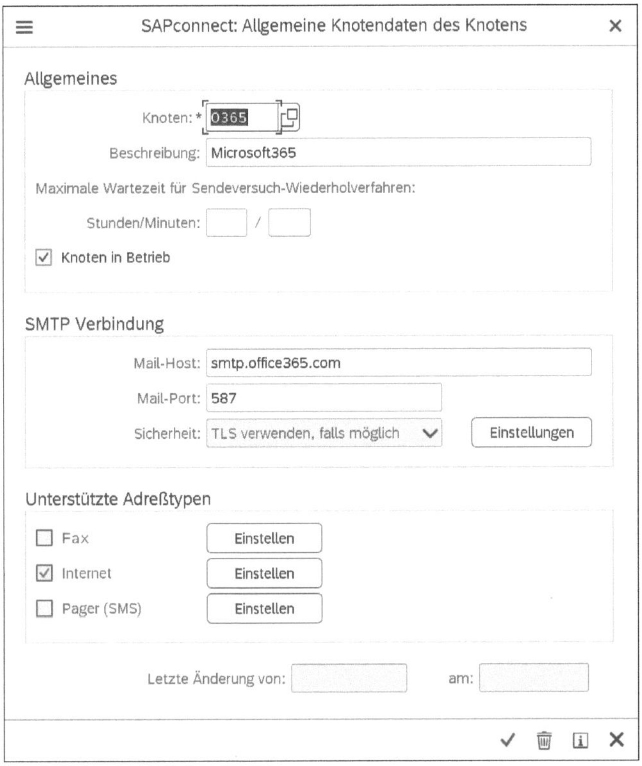

Abbildung 10.13: Verbindungseinstellungen des Knotens

Erlaubtliste

4. Im Bereich **Unterstützte Adreßtypen** ist im Standard bereits **Internet** aktiviert. Damit ist es möglich, über diesen Knoten E-Mails zu versenden. Klicken Sie rechts neben dem Adresstyp **Internet** auf den Button **Einstellungen**. Es öffnet sich das in Abbildung 10.14 gezeigte Fenster. Im Bereich **Adreßbereiche** können Sie eine Erlaubtliste von E-Mail-Empfängern hinterlegen. Im

Standard ist hier ein Platzhalter »*« hinterlegt. Dies bedeutet, dass der Versand von E-Mails nicht eingeschränkt ist. Wenn Sie aber z. B. nur unternehmensinterne E-Mail-Kommunikation erlauben möchten, können Sie hier ein oder mehrere Muster hinterlegen (z. B. *@meinefirma.de). Der E-Mail-Versand aus Entwicklungs- oder Testsystemen an Geschäftspartner sollte auf jeden Fall unterbunden werden. Daher muss die Erlaubtliste auf solchen Systemen akribisch gepflegt werden. Im unteren Bildschirmbereich können Sie im Bereich **Ausgabeformate für SAP-Dokumente** festlegen, in welche Formate bestimmte Dokumente konvertiert werden sollen. Speichern Sie Ihre Anpassungen anschließend, damit der Knoten aktiviert wird.

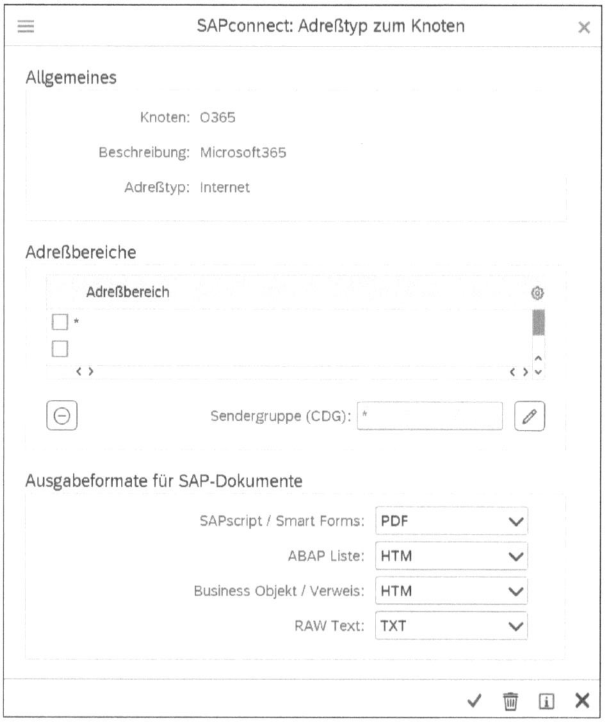

Abbildung 10.14: Pflege der Adressbereiche und Ausgabeformate

Default-Domain

5. Zurück auf der Startseite der Transaktion SCOT wählen Sie im Menü die Option **Einstellungen • Default-Domain**. Tragen Sie hier die Domäne Ihres Unternehmens ein (im Beispiel »meinefirma.de«). Dies ist wichtig, da damit die E-Mail-Adresse des Absenders automatisch generiert wird, wenn ein Benutzer keine E-Mail-Adresse im Benutzerstamm hinterlegt hat. Versendet z. B. der Benutzer TESTUSER eine E-Mail, so wird als Absenderadresse TESTUSER@meinefirma.de generiert.

Sendejob

6. Damit E-Mails automatisch versendet werden, wählen Sie in der Baumstruktur der Transaktion SCOT die Funktion **Einstellungen • Sendejobs** (siehe

Abbildung 10.15). Auf der rechten Bildschirmseite wählen Sie die Funktion **Job für INT einplanen**.

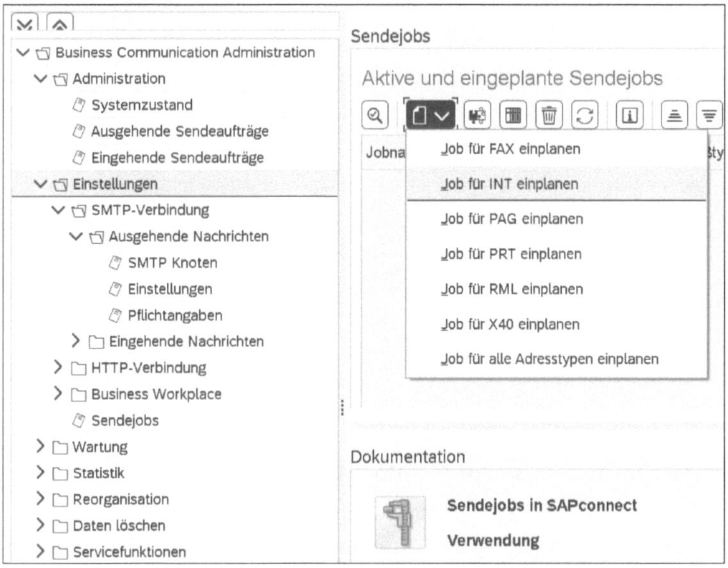

Abbildung 10.15: Einplanen von Sendejobs in Transaktion SCOT

7. In dem Fenster, das sich öffnet, können Sie einen Jobnamen sowie weitere Ausführungsparameter definieren. Die Häufigkeit ist im Standard auf 10 Minuten eingestellt. Den Job können Sie wie jeden anderen Job über die Transaktion SM37 überwachen.
8. Zurück auf der Startseite der Transaktion SCOT wählen Sie im Menü nochmals die Option **Einstellungen • SMTP-Verbindung • Ausgehende Nachrichten • SMTP Knoten**. Über das Menü finden Sie dann die Option **Hilfsmittel • Testmail senden**. Tragen Sie Ihre E-Mail-Adresse als Empfänger ein. Spätestens nach der im Job definierten Zeit sollten Sie eine E-Mail erhalten.

Damit ist der E-Mail-Versand grundlegend konfiguriert. Beachten Sie, dass die gezeigten Einstellungen mandantenabhängig sind. Haben Sie mehrere Mandanten konfiguriert, aus denen E-Mails versendet werden sollen, müssen die Einstellungen in jedem dieser Mandanten vorgenommen werden.

10.7.3 E-Mail-Versand überwachen

Wenn Sie den E-Mail-Versand aktiviert und entsprechende Sendejobs eingeplant haben, müssen Sie diese auch überwachen. So stellen Sie sicher, dass E-Mails nicht zu lange ungesendet im System verweilen. Grundlegende Fehler beim Senden werden oft durch abbrechende Jobs sichtbar. Wenn Sie also eine manuelle Überwachung der Jobs über Transaktion SM37 oder eine automatisierte Überwachung über SAP Cloud ALM oder andere Werkzeuge etabliert haben, werden Sie auf diese Fehler aufmerksam. Wenn diese Jobs aber technisch fehlerfrei laufen, können dennoch inhaltliche Probleme beim Versenden auftreten, die sich nicht in Jobabbrüchen zeigen. Daher müssen Sie die ausgehenden Sendeaufträge im Blick behalten. Einen Überblick erhalten Sie in Transaktion SCOT über die Baumstruktur unter **Administration • Systemzustand** (siehe Abbildung 10.16).

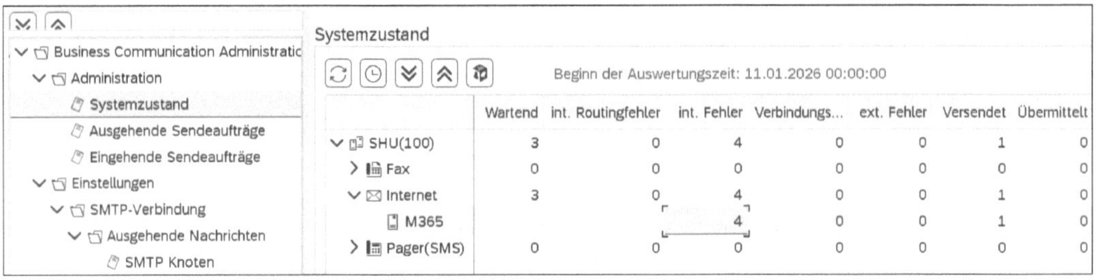

Abbildung 10.16: Systemzustand in Transaktion SCOT

Eine genaue Ansicht inklusive der Fehleranalyse und Bearbeitungsmöglichkeiten finden Sie entweder über die Baumstruktur der Transaktion SCOT über **Administration • Ausgehende Sendeaufträge** oder direkt über die Transaktion SOST, wie in Abbildung 10.17 gezeigt.

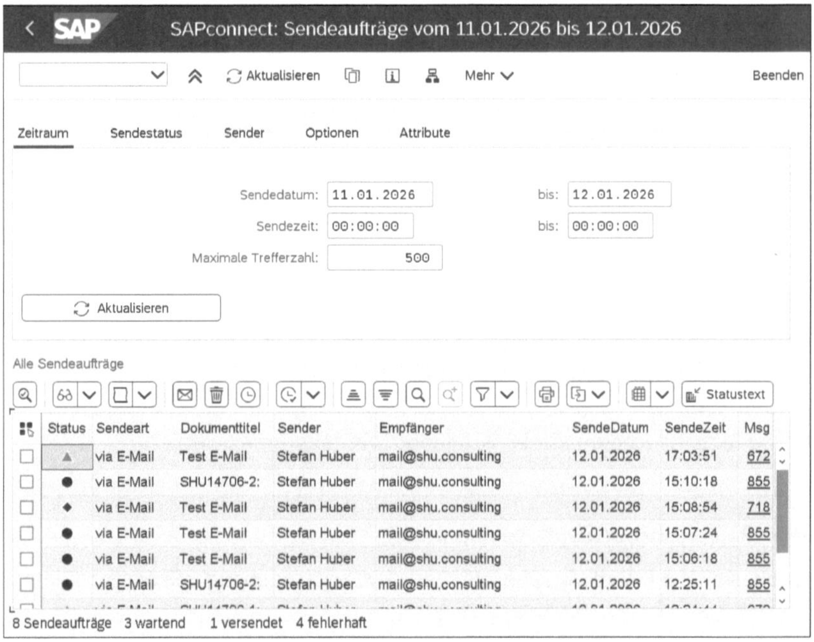

Abbildung 10.17: Ausgehende Sendeaufträge in Transaktion SOST

Auf die wichtigsten Aspekte der Transaktion SOST möchte ich nun eingehen:

- Achten Sie auf das auf der Registerkarte **Zeitraum** vorbelegte **Sendedatum**. Es werden im Standard nur die letzten beiden Tage ausgewählt. Überwachen Sie die Sendeaufträge nicht engmaschig, müssen Sie den Zeitraum vergrößern.
- Auf der zweiten Registerkarte **Sendestatus** können Sie den Status filtern, um z. B. erfolgreich versendete E-Mails von der Anzeige auszuschließen.
- Über die Spalte **Msg** in der angezeigten Tabelle der Sendeaufträge finden Sie die Meldungsnummer sowie bei einem Klick auf die Meldungsnummer eine entsprechende Erläuterung. Mit diesen Informationen sollte es Ihnen möglich sein, die Fehlerursache zu finden. Die Meldung **672**, die in Abbildung 10.17 z. B. an erster Stelle als Warnung angezeigt wird, bedeutet »Wartet auf Kommunikationsdienst«. Dies bedeutet, dass der nächste zehnminütige Job zum Senden der E-Mails noch nicht gelaufen ist oder gar kein Job eingeplant wurde.
- E-Mails die nicht versendet werden konnten (z. B. mit Status **855** »Keine Auslieferung, da Absender- oder Empfängeradresse ungültig«), können nach einer Behebung des Fehlers erneut versendet werden. Hierzu können Sie den Button (**Senden wiederholen**) verwenden.
- Möchten Sie nicht warten, bis der nächste Sendejob läuft, oder ist gewollt gar kein Sendejob definiert, können Sie einzelne oder mehrere E-Mails über den Button (**Sendeproz. Für Auswahl starten**) auch ohne Sendejob direkt versenden.
- E-Mails können über den Button (**Dokument anzeigen**) betrachtet und über den Button (**Sendeauftrag löschen**) gelöscht werden.

Überwachung des E-Mail-Versandes über SAP Cloud ALM

Über die Metrik *SAPconnect Send Errors (Today)* innerhalb des Health-Monitorings in SAP Cloud ALM können Sie sich auch proaktiv über Probleme beim E-Mail-Versand benachrichtigen lassen.

Kapitel 11
Konnektivität

SAP S/4HANA ist innerhalb der IT-Landschaft keine Insel. Ohne Kommunikation zu Geschäftspartnern und in der Cloud oder on premise betriebenen unternehmensinternen oder -externen Systemen kann SAP S/4HANA im Allgemeinen nicht wertschöpfend eingesetzt werden. Daher müssen Sie die verwendeten Kommunikationstechnologien kennen und wissen, wie diese zu administrieren sind.

Konnektivität, *Integration* und *Schnittstellen* sind Begriffe, um die man auch im Kontext von SAP S/4HANA nicht herumkommt. Das Thema ist so umfangreich, dass man darüber ganze Bücher schreiben kann. Das führt mich zu folgender Buchempfehlung: »SAP-Schnittstellenmanagement. Der praktische Leitfaden für die hybride Integration« von Adam Kiwon, Mark Lehmann, Manuel Männle und Martin Tieves (SAP PRESS 2021).

Ich habe mir viele Gedanken gemacht, welche Technologien ich in diesem Kapitel bis zu welcher Detailtiefe behandeln soll. Soll ich die Technologien RFC (Remote Function Call) und IDocs behandeln, die alles andere als modern, aber bei den meisten SAP-Kunden im Einsatz sind? Da derzeit die Mehrzahl der SAP-Kunden ihre Systeme von der klassischen SAP Business Suite nach SAP S/4HANA migrieren, werden diese bewährten Technologien auch in SAP S/4HANA weiterhin Bestand haben und sind daher für mich von zentraler Bedeutung. Führen Sie SAP S/4HANA neu ein, sollten Sie sich zusätzlich auf jeden Fall einen umfangreichen Überblick über die neueren Technologien verschaffen, insbesondere über die *SAP Integration Suite* der SAP Business Technology Platform (SAP BTP). Sie bietet hervorragende Möglichkeiten, unterschiedlichste Lösungen miteinander zu integrieren. Statt IDocs werden inzwischen APIs insbesondere in SAP S/4HANA Cloud eingesetzt. Diese werden mittel- und langfristig die IDocs ablösen, auch in SAP S/4HANA on premise.

In Abschnitt 11.1, »Remote Function Call«, lernen Sie die Grundlagen von RFC sowie die Konfiguration und Überwachung von RFC-Verbindungen kennen. In Abschnitt 11.2, »IDoc-Schnittstelle«, gehe ich auf den Datenaustausch unter Verwendung von IDocs ein. In Abschnitt 11.3, »Unified Connectivity«, erfahren Sie, wie Sie Zugriffe auf Ihr System absichern können. In Abschnitt 11.4 stelle ich Ihnen den Cloud Connector vor. Dieser fungiert als Brücke zwischen SAP-on-Premise-Lösungen und der SAP BTP. In Abschnitt 11.5 führe ich Sie in die

Konfiguration und Administration des SAP Web Dispatchers ein und in Abschnitt 11.6 zeige ich Ihnen das *SAP Application Interface Framework* als mögliche, zentrale Verwaltungsstelle für Ihre Schnittstellen. In Abschnitt 11.7 lernen Sie schließlich die Grundeinrichtung von SAP Cloud ALM in Bezug auf SAP S/4HANA, da ich an vielen Stellen im Buch auf die Möglichkeiten und Vorteile von SAP Cloud ALM hinweise.

11.1 Remote Function Call

Remote Function Call (RFC) ist seit vielen Jahren eine stabile und bewährte Technologie, um SAP-Systeme mit anderen SAP-Systemen und Nicht-SAP-Systemen zu verbinden. Der Datenaustausch über RFC kann synchron, asynchron, periodisch, ereignisgesteuert oder transaktional erfolgen. In diesem Abschnitt erläutere ich Ihnen die Verwaltung und Überwachung der verschiedenen Typen und Varianten von RFC-Verbindungen. Beachten Sie in diesem Zusammenhang auch Abschnitt 11.3, »Unified Connectivity«, in dem ich auf wichtige Sicherheitsfunktionen für RFC eingehe.

11.1.1 Grundlagen

RFC-Gateway

Bereits in Abschnitt 3.1.2, »Komponenten«, habe ich Ihnen das *RFC-Gateway* als Komponente einer Instanz der ABAP-Plattform von SAP S/4HANA vorgestellt. Jegliche RFC-Kommunikation nach dem Protokoll Common Programming Interface for Communication (CPIC), die zwischen Instanzen eines SAP-Systems, zwischen verschiedenen AS-ABAP-basierten SAP-Systemen oder mit Nicht-SAP-Systemen erfolgt, wird über das RFC-Gateway geleitet. Eine Ausnahme bildet die WebSocket-basierte RFC-Kommunikation, die auf HTTP/WebSocket basiert.

Komponenten der RFC-Kommunikation

In Abbildung 11.1 sehen Sie eine Übersicht der an der RFC-Kommunikation beteiligten Komponenten. Wird z. B. im Rahmen einer Dialogverarbeitung ein Funktionsbaustein eines anderen SAP-Systems aufgerufen, wendet sich der zuständige Workprozess an das lokale RFC-Gateway der gleichen Instanz. Das RFC-Gateway leitet die Anfrage an das RFC-Gateway des entfernten SAP-Systems weiter. Das entfernte RFC-Gateway übergibt die Anfrage an seinen ABAP Dispatcher. Dieser leitet die Anfrage wiederum an einen Dialog-Workprozess weiter. Der Dialog-Workprozess des fremden Systems kommuniziert direkt mit seinem RFC-Gateway, ohne den ABAP Dispatcher zu involvieren.

Dies bedeutet Folgendes für die ein- und ausgehenden RFC-Verbindungen:

- Ausgehende RFC-Verbindungen werden direkt vom zuständigen Workprozess eingeleitet.

- Eingehende RFC-Verbindungen werden stets vom RFC-Gateway entgegengenommen und an den ABAP Dispatcher weitergeleitet.

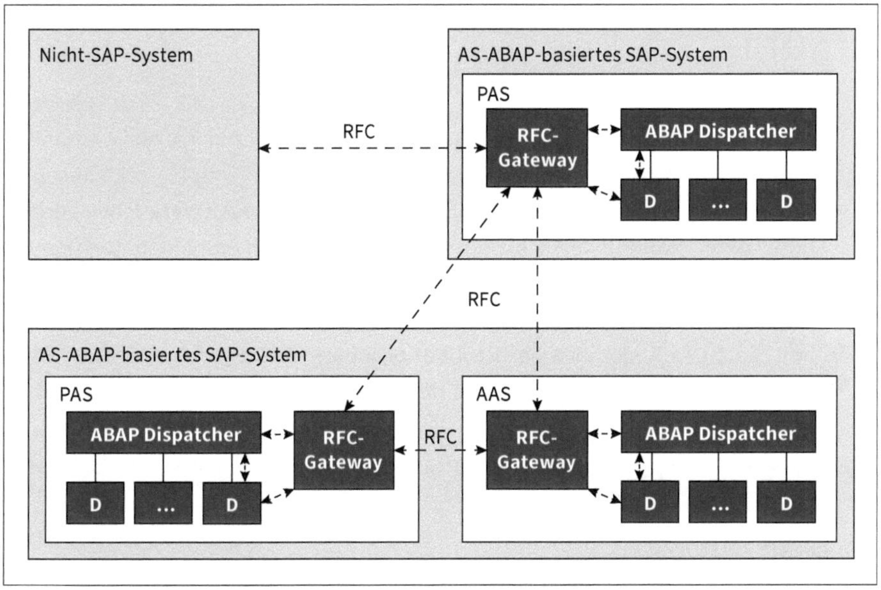

Abbildung 11.1: An einer RFC-Kommunikation beteiligte Komponenten

Aufruf des Funktionsbausteins RFC_PING

Die Nutzung von RFC ist in einem ABAP-System sehr einfach zu handhaben. Möchte eine Entwicklerin oder ein Entwickler z. B. aus einem Programm heraus prüfen, ob ein fremdes System erreichbar ist, kann sie oder er im Programmablauf mit dem Befehl `CALL FUNCTION` den Funktionsbaustein `RFC_PING` aufrufen. Ohne den Zusatz `DESTINATION` würde der Aufruf nicht an das RFC-Gateway weitergeleitet, da der Funktionsbaustein `RFC_PING` dann lokal aufgerufen würde. Durch den Zusatz `DESTINATION` wird jedoch ein Ziel angesprochen, z. B. ein anderes SAP-System. Der Funktionsbaustein wird im Zielsystem aufgerufen. Eventuelle Rückgabeparameter werden wieder zurückübertragen. Ob dies synchron oder asynchron geschieht, hängt von der Programmierung ab. In Listing 11.1 sehen Sie ein einfaches Beispiel eines synchronen RFC-Aufrufes innerhalb eines Programms.

```
REPORT zrfcping.
CALL FUNCTION 'RFC_PING' DESTINATION 'SM_SSMCLNT001_BACK'
  EXCEPTIONS
    communication_failure = 1
    system_failure        = 2.
IF sy-subrc <> 0.
* System ist nicht erreichbar --> Fehlerbehandlung
  WRITE: 'Fehler'.
```

```
ELSE.
* Entferntes System ist erreichbar
  WRITE: 'Erfolg'.
ENDIF.
```

Listing 11.1: Synchroner RFC-Aufruf eines Funktionsbausteins

RFC-Destination

Mögliche Ziele für die RFC-Kommunikation pflegen Sie in Transaktion SM59. Hinter der exemplarischen Destination `SM_SSMCLNT001_BACK` in Listing 11.1 verbirgt sich in meinem Beispiel ein SAP Solution Manager. Neben den Verbindungsdaten (Hostname, Instanznummer) können auch Anmeldedaten (Benutzer-ID, Passwort, Mandant, Sprache) hinterlegt werden. Alternativ dazu gibt es jedoch noch weitere Möglichkeiten der Authentifizierung. In Abbildung 11.2 sehen Sie einen Ausschnitt der Destinationspflege in Transaktion SM59. In Abschnitt 11.1.4, »RFC-Verbindungen definieren«, gehe ich hierauf noch umfassender ein.

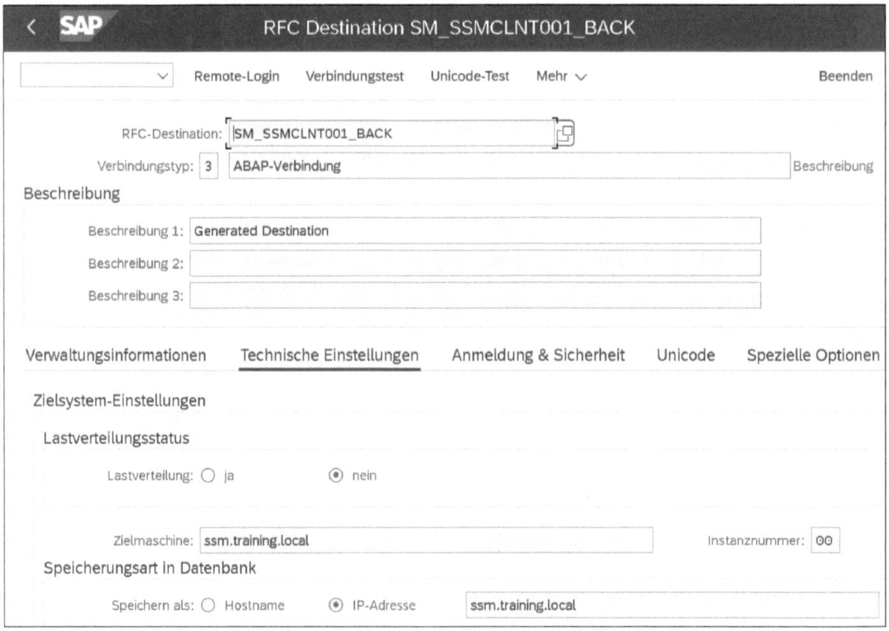

Abbildung 11.2: Beispiel einer RFC-Verbindung in Transaktion SM59

Berechtigungen

Wichtig für den reibungslosen Ablauf der Kommunikation ist auch, dass die zur Anmeldung verwendete Benutzer-ID im Zielsystem die erforderlichen Berechtigungen hat, um die aufgerufene Funktion auszuführen. In dem Beispiel aus Listing 11.1 wird das Berechtigungsobjekt `S_RFC` mit dem Funktionsbaustein `RFC_PING` oder die Funktionsgruppe `SRFC` benötigt. Da der Funktionsbaustein selbst keine weiteren Berechtigungsprüfungen enthält, werden keine weiteren anwendungsspezifischen Berechtigungen im Zielsystem benötigt.

11.1.2 RFC-Verbindungstypen

Verbindungstypen

Da Quell- und Zielsystem nicht zwingend AS-ABAP-basierte Systeme sein müssen, unterstützt RFC mehrere Verbindungstypen, die ich in diesem Abschnitt kurz vorstellen möchte:

- **ABAP-Verbindung (Typ 3)**

  Diesen Typ verwenden Sie für die Kommunikation zweier AS-ABAP-Systeme. Sie müssen den Hostnamen sowie die Instanznummer des Zielsystems angeben. Besteht das Zielsystem aus mehreren Instanzen, können Sie auch eine Lastverteilung konfigurieren. Hierzu geben Sie die Verbindungsdaten zum Message Server des Zielsystems an. Der Message Server gibt dann die Verbindungsdaten der Instanz zurück, an die die Anfrage gesendet werden soll. Da die RFC-Kommunikation in vielen Unternehmen einen beträchtlichen Anteil der Systemlast erzeugt, sollten Sie bei mehreren Instanzen immer die Lastverteilung nutzen, da Sie eine Instanz sonst sehr schnell überlasten können.

- **HTTP-Verbindung zu externem Server (Typ G)**

  Handelt es sich bei Ihrem Zielsystem z. B. um ein AS-Java-System, wie etwa SAP Interactive Forms by Adobe, oder um ein Cloud-System, wie z. B. SAP Cloud ALM, verwenden Sie Typ G. Für die Kommunikation hinterlegen Sie einen Host, einen Port und in der Regel ein Pfadpräfix. Da Ihr SAP-System durch eine Firewall geschützt ist, können Sie außerdem einen HTTP-Proxy hinterlegen, über den die Verbindung ins Internet möglich ist.

- **HTTP-Verbindung zu SAP-System (Typ H)**

  Im Unterschied zu Typ G haben Sie mit Typ H weitere Möglichkeiten zur Authentifizierung und können z. B. auch einen Mandanten mit angeben oder die Verbindung über eine Vertrauensbeziehung herstellen. Im Kontext von SAP S/4HANA findet dieser Typ Anwendung bei der Kommunikation zwischen Frontend-Server und Backend, z. B. für SAP GUI for HTML.

- **Interne Verbindungen (Typ I)**

  Mit diesem Typ stellen Sie Verbindungen zu ABAP-Systemen her, die mit derselben Datenbank verbunden sind. Diese Destinationen sind bei diesem Verbindungstyp vorkonfiguriert und können von Ihnen nicht angepasst werden. Sie finden im Standard für jede AS-ABAP-Instanz einen Eintrag in Transaktion SM59. Zusätzlich finden Sie die Einträge `NONE`, `NONE_NU`, `SELF` und `BACK`. Für diese Verbindungen werden keine Zielserver angegeben. Rufen Sie z. B. einen Funktionsbaustein mit Destination `NONE` auf, wird der Aufruf zwar in einer neuen Logical Unit of Work (LUW) ausgeführt, aber auf der gleichen Instanz, dem gleichen Mandanten und mit der gleichen Benutzer-ID.

- **Logische Destinationen (Typ L)**

  Bei diesem Typ verweisen Sie auf andere logische oder physische Verbindungen. Die referenzierte Verbindung enthält in der Regel die Hostinformationen, während der Eintrag vom Typ L die Anmeldeinformationen enthält. In SAP S/4HANA werden z. B. die RFC-Destinationen der Workflow-Umgebung mit diesem Verbindungstyp definiert.

- **TCP/IP-Verbindungen (Typ T)**

  Mit Typ T stellen Sie Verbindungen zu externen Programmen her. In SAP S/4HANA gibt es z. B. einen Eintrag zum Starten des Transportsteuerprogramms `tp` auf dem Betriebssystem des Applikationsservers. Sie können auch Programme auf anderen Hosts starten. Weiterhin können sich externe Anwendungen über Verbindungen dieses Typs am SAP-System registrieren und als Server fungieren (*registriertes Serverprogramm*).

- **Verbindungen über ABAP-Treiber (Typ X)**

  Verbindungen dieses Typs geben Systeme an, in denen Gerätetreiber im ABAP-System gesondert installiert wurden. Sie müssen für diesen Typ den Namen des ABAP-Gerätetreibers angeben.

- **WebSocket-RFC (Typ W)**

  Dieser neue Typ, den es seit ABAP-Plattform 1909 gibt, ermöglicht RFC-Aufrufe über HTTP/WebSocket statt über CPIC. Es werden damit keine VPN-Verbindungen (Virtual Private Network) mehr benötigt, um Funktionsbausteine über Unternehmensnetzwerke hinweg aufzurufen. WebSocket-RFC wird immer über TLS übertragen. Die aufrufbaren Funktionen müssen in einer Erlaubtliste gepflegt werden (siehe Abschnitt 11.3, »Unified Connectivity«). Der Verbindungstyp W bietet daher eine hohe Sicherheit. Ein mögliches Einsatzszenario ist z. B. eine RFC-Kommunikation zwischen SAP BTP und einem On-Premise-SAP-S/4HANA-System oder SAP S/4HANA Cloud, ohne einen Cloud Connector verwenden zu müssen.

11.1.3 Varianten der RFC-Nutzung

RFC-Typen

Welche der folgenden Varianten beim RFC-Aufruf verwendet wird, entscheiden die Anwendungsentwicklerin oder der -entwickler je nach Bedarf und Anforderung (abhängig von der Variante findet die Administration und Überwachung über unterschiedliche Transaktionen statt):

- **Synchroner RFC (sRFC)**

  Beim synchronen RFC wartet der aufrufende Prozess, bis der Aufruf im Zielsystem beendet und zurückgemeldet wurde. Der Dialog-Workprozess im Quellsystem wird während des Wartens freigegeben und kann für andere Aufgaben verwendet werden. Das Zielsystem muss zum Zeitpunkt des Aufrufes verfügbar sein. Verfügbar bedeutet hier auch, dass Ressourcen zur Verfügung stehen müssen, um den Aufruf zu verarbeiten.

Beim synchronen RFC kann aus dem Programmkontext im Zielsystem über eine *Callback-Verbindung* eine Funktion im aufrufenden System aufgerufen werden, z. B. um Daten nachzuladen, die beim ursprünglichen Aufruf nicht übertragen wurden. Hierzu können Sie im Zielsystem die Destination BACK verwenden. Für jede RFC-Destination kann in einer Positivliste definiert werden, welche Funktionsbausteine über RFC im Quellsystem aufgerufen werden dürfen. Soll die Callback-Möglichkeit unterbunden werden, kann das aufrufende Programm vor dem Aufruf des RFC-Bausteins die Funktion RFC_CALLBACK_REJECTED aufrufen. In Abschnitt 11.1.4, »RFC-Verbindungen definieren«, gehe ich auf die Pflege der Callback-Positivlisten ein.

- **Asynchroner RFC (aRFC)**

  Auch beim asynchronen RFC muss das Zielsystem zum Zeitpunkt des Aufrufes verfügbar sein, d. h., es muss zur Verfügung stehen, um den Aufruf zu verarbeiten. Asynchron bedeutet also in diesem Kontext nicht, dass die Verarbeitung bei Nichtverfügbarkeit des Zielsystems gepuffert wird. Die Kontrolle kehrt aber direkt nach dem Aufruf wieder an das aufrufende Programm zurück. Es wird nicht auf das Ende der Verarbeitung im Zielsystem gewartet.

  Die Verwendung asynchroner RFCs ist sinnvoll, wenn die Ergebnisse des RFC-Aufrufes nicht sofort in der aktuellen Programmausführung im Quellsystem benötigt werden. Dieser Typ wird auch als Stilmittel innerhalb eines Systems verwendet, um eine Parallelisierung zu erreichen.

- **Transaktionaler RFC (tRFC)**

  Beim transaktionalen RFC handelt es sich um eine echte asynchrone Variante, d. h., beim Aufruf der RFC-Funktion muss das Zielsystem nicht unbedingt erreichbar sein. Die tRFC-Komponente speichert die Funktion samt Daten in den Datenbanktabellen ARFCSTATE und ARFCSDATA unter einer eindeutigen Transaktions-ID (TID).

  Ist das Zielsystem nicht erreichbar, wird ein Job (Report RSARFCSE) wiederkehrend eingeplant, der die tRFC-Aufrufe weiterleitet, bis die Übermittlung gelingt. Im Standard geschieht dies alle 15 Minuten, maximal 30-mal. Sie können diese Parameter für jede RFC-Verbindung individuell festlegen. Im Änderungsmodus der betreffenden RFC-Verbindung in Transaktion SM59 finden Sie hierzu die Menüoption **Bearbeiten • TRFC-Optionen**.

  Das aufrufende Programm kann ungehindert weiterlaufen, selbst wenn das Zielsystem nicht erreichbar ist. Ist das Zielsystem nach allen Versuchen weiterhin nicht erreichbar, werden die TIDs in den Status CPICERR versetzt. Nach weiteren acht Tagen (auch dieser Wert ist konfigurierbar) werden die Einträge endgültig gelöscht. Innerhalb dieser Zeit können sie aber manuell über die Transaktion SM58 verarbeitet werden. Eine Überwachung der tRFC-Verarbeitung ist daher eine wichtige Aufgabe der Systemadministration (siehe Abschnitt 11.1.6, »Überwachung transaktionaler RFC-Verbindungen«).

Ein Vorteil von tRFC ist, dass die Reihenfolge und Konsistenz innerhalb einer LUW gewahrt bleibt. Werden also aus einem Programm mehrere Funktionsaufrufe nacheinander abgesetzt, werden sie in dieser Reihenfolge zwischengespeichert. Erst beim Erreichen eines `COMMIT WORK`, also zum Abschluss der LUW, werden sie auch in dieser Reihenfolge an das Zielsystem übertragen und in einer LUW verarbeitet.

Allerdings garantiert tRFC keine feste Reihenfolge zwischen mehreren LUWs. Für diese Anforderung werden die RFC-Varianten qRFC oder bgRFC benötigt.

- **Queued RFC (qRFC)**

  Um die bei tRFC beschriebene Reihenfolgeproblematik mehrerer LUWs zu lösen, können mit Queued RFCs die tRFC-Aufrufe serialisiert werden. qRFC ist also eine Erweiterung zu tRFC und immer dann sinnvoll, wenn Sie die Verarbeitung verschiedener Transaktionen in einer vorgegebenen Reihenfolge sicherstellen wollen. Hierzu können Sie Eingangs- und Ausgangsqueues definieren und überwachen (siehe Abschnitt 11.1.7, »Überwachung von Queued RFC-Verbindungen«).

- **Background-RFC (bgRFC)**

  Die beiden zuvor genannten Varianten tRFC und qRFC gibt es schon sehr lange. Diese Technologien haben allerdings einige Nachteile, insbesondere hinsichtlich der Performance. Durch die zunehmende Digitalisierung und die damit verbundenen immer mehr werdenden Datenaustauschaufgaben stoßen diese Varianten an ihre Grenzen. Daher hat SAP schon vor einigen Jahren die neue Variante des Background-RFCs eingeführt. bgRFC ersetzt die Varianten tRFC und qRFC funktional. Richten Sie neue Schnittstellen ein, empfehle ich Ihnen daher, tRFC oder qRFC nicht mehr zu verwenden. Auch bestehende Schnittstellen sollten Sie auf bgRFC umstellen, wenn Sie Performanceprobleme feststellen. In Abschnitt 11.1.8, »Überwachung von Background-RFC-Verbindungen«, gehe ich auf die Konfiguration und Überwachung von bgRFCs ein.

11.1.4 RFC-Verbindungen definieren

Mandantenübergreifende Verwaltung

RFC-Verbindungen verwalten Sie über Transaktion SM59. Beachten Sie, dass RFC-Verbindungen nicht mandantenabhängig sind. Die Pflege kann daher in jedem Mandanten erfolgen, in dem Sie dazu berechtigt sind.

Kein Transport

Eine weitere Besonderheit ist, dass die Pflege in jedem System lokal erfolgt, die Einträge also nicht transportiert werden. Dies liegt daran, dass die Verbindungsdaten zu den Umsystemen des Produktivsystems sicher von denen des Qualitätssicherungssystems abweichen.

Öffnen Sie Transaktion SM59, sehen Sie den in Abbildung 11.3 gezeigten Bildschirm. Die RFC-Verbindungen sind hier gemäß Ihren Verbindungstypen in eine Ordnerstruktur unterteilt.

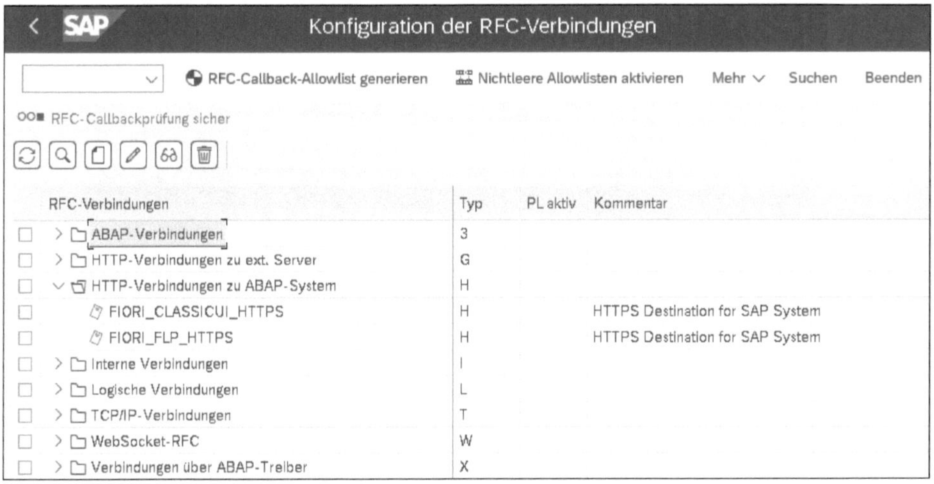

Abbildung 11.3: Konfiguration der RFC-Verbindungen (Transaktion SM59)

RFC-Verbindung anlegen

Um eine neue Verbindung anzulegen, verwenden Sie den Button (**Anlegen**). Als Beispiel erstellen wir im Folgenden eine Destination für ein ABAP-System, um Ihnen die wichtigsten Einstellungen zu zeigen.

Namen und Verbindungstyp wählen

Im ersten Schritt müssen Sie einen Namen für die RFC-Verbindung sowie den Verbindungstyp auswählen. Wählen Sie einen aussagekräftigen Namen, an dem Sie und andere erkennen, wohin die Verbindung zeigt. Im Beispiel möchten wir eine Verbindung zum SAP-System SSM, Mandant 001, herstellen. Daher verwenden wir als Namen `SSMCLNT001_DEMO`. Als Verbindungstyp wählen wir Typ 3, also die Verbindung zu einem AS-ABAP-System.

Technische Einstellungen

Sie gelangen auf den in Abbildung 11.4 gezeigten Bildschirm mit der Registerkarte **Technische Einstellungen**. Wählen Sie hier zunächst eine aussagekräftige **Beschreibung**, welchem Zweck die RFC-Destination dienen soll.

Besteht das Zielsystem aus mehreren AS-ABAP-Instanzen, sollten Sie unter **Lastverteilung** die Option **ja** wählen. In diesem Fall müssten Sie die Verbindungsdaten zum Message Server des fremden Systems angeben, da dieser für die Ermittlung der geeigneten Instanz zuständig ist. Verzichten Sie auf die Lastverteilung, geben Sie den Hostnamen oder die IP-Adresse in das Feld **Zielmaschine** sowie die **Instanznummer** ein.

Kommunikations-Port

Beachten Sie, dass die Kommunikation im Beispiel über TCP/IP erfolgt und der Port auf Quell- und Zielseite freigeschaltet sein muss. Verwenden Sie die Lastverteilung, muss auch der Port zum Message Server freigeschaltet sein. Verwenden Sie eine verschlüsselte Kommunikation, sind wiederum andere Ports relevant. Eine Übersicht über alle im SAP-Umfeld verwendeten Ports finden Sie im SAP Help Portal auf der Seite *https://help.sap.com/viewer/ports*. Im Beispiel wird für eine unverschlüsselte Kommunikation zu einem System mit Instanznummer 00 der TCP/IP-Port 3300 verwendet.

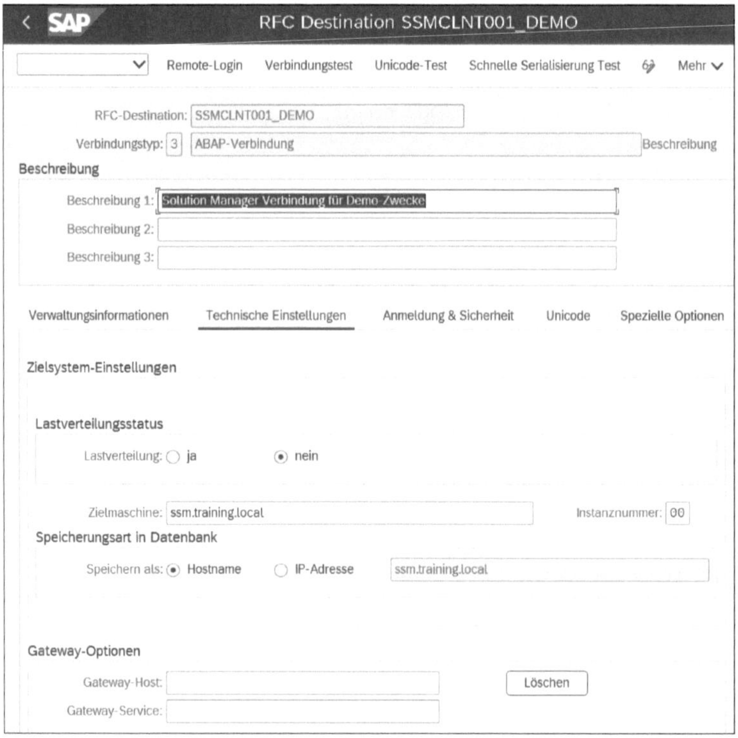

Abbildung 11.4: Technische Einstellungen der RFC-Destination

Bei den **Gateway-Optionen** können Sie angeben, über welches RFC-Gateway auf der Quellseite die Kommunikation aufgebaut wird. Diese Einstellung ist wichtig, wenn Ihr System aus mehreren AS-ABAP-Instanzen besteht. Bei RFC-Verbindungsarten mit registrierten Serverprogrammen ist das Serverprogramm nur an einem Gateway einer Instanz angemeldet. Dann müssen Sie dieses Gateway hier angeben. Geben Sie kein Gateway an, wird immer das Gateway der aktuellen Instanz verwendet, auf dem das Programm gerade läuft.

Sobald Sie die technischen Einstellungen durchgeführt haben, können Sie über den Button **Verbindungstest** prüfen, ob das Zielsystem erreichbar ist.

Verwaltungsinformationen

Auf der Registerkarte **Verwaltungsinformationen** sehen Sie, wer die RFC-Destination angelegt hat und wer sie zuletzt geändert hat.

Anmeldung und Sicherheit

Auf der Registerkarte **Anmeldung & Sicherheit** definieren Sie die Anmeldemethode und die Zugangsdaten zur Anmeldung am fremden System. Bei ABAP-

Verbindungen stehen Ihnen die in Abbildung 11.5 gezeigten Verfahren zur Verfügung:

- Anmeldung über Benutzer und Kennwort
- Anmeldung über eine Vertrauensbeziehung

Bei anderen RFC-Verbindungstypen weichen die Möglichkeiten ab. So können Sie bei HTTP-Verbindungen z. B. SAP Logon Ticket statt Benutzer und Kennwort verwenden.

Anmeldeverfahren

Für unser Beispiel wählen wir eine Anmeldung mit Benutzernamen und Kennwort. Sie sollten an dieser Stelle keine personalisierten Dialogbenutzer verwenden. Jeder, der diese RFC-Verbindung nutzt, meldet sich mit den angegebenen Zugangsdaten am fremden System an. Der technische Benutzer `RFC_SHU100` aus dem Beispiel muss im System SSM, Mandant 001, existieren. Am besten wählen Sie wie im Beispiel einen Benutzernamen, der direkt darauf schließen lässt, aus welchem System und Mandanten der Aufruf initiiert wurde.

Wenn Sie das Ankreuzfeld **Aktueller Benutzer** aktivieren, wird die Benutzer-ID verwendet, mit der das Programm im Quellsystem gerade ausgeführt wird. Dies setzt voraus, dass die Benutzer-ID im Zielsystem vorhanden ist.

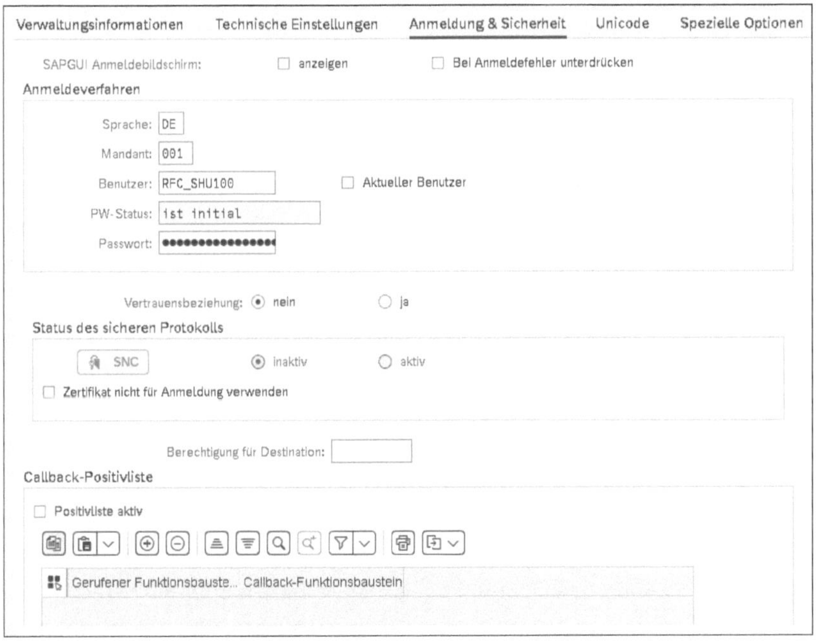

Abbildung 11.5: Registerkarte »Anmeldung & Sicherheit«

Anmeldebildschirm

Indem Sie unter **SAPGUI Anmeldebildschirm** die Option **anzeigen** wählen, können Sie erzwingen, dass beim Verwenden dieser RFC-Destination eine explizite

Abfrage von Benutzer-ID und Passwort erfolgt. Diese Methode ist daher für die Hintergrundverarbeitung nicht geeignet.

Wenn Sie Benutzer-ID und Kennwort fest eingetragen haben, aber das Kennwort falsch oder der Benutzer gesperrt ist, wird ein Anmeldebildschirm angezeigt. Dies können Sie durch die Option **Bei Anmeldefehler unterdrücken** verhindern.

Remote-Login

Haben Sie bei den Anmeldedaten einen Dialogbenutzer eingetragen, können Sie sich über den Button **Remote-Login** zum Testen am Zielsystem anmelden und sollten nun die Startseite des Zielsystems sehen. Dies funktioniert nicht, wenn es sich bei der Benutzer-ID um einen Kommunikationsbenutzer handelt, da sich dieser nicht über das SAP GUI anmelden darf.

Vertrauensbeziehung

Möchten Sie eine Verbindung zum Zielsystem herstellen, ohne sich explizit anmelden zu müssen, können Sie unter **Vertrauensbeziehung** die Option **ja** wählen. Dies setzt aber voraus, dass das Zielsystem Ihrem System »vertraut«. Im Zielsystem müssen Sie dazu eine sogenannte *Vertrauensbeziehung* über Transaktion SMT1 herstellen. Eine solche Beziehung besteht immer nur in einer Richtung. Möchten Sie auch, dass das Quellsystem dem Zielsystem vertraut, müssen Sie auch im Quellsystem die Transaktion SMT1 ausführen. Vertrauensbeziehungen können Sie nur bei AS-ABAP-basierten-Verbindungen einsetzen.

Secure Network Communication

Die RFC-Kommunikation kann über *Secure Network Communication* (SNC) verschlüsselt werden. Beide Partner müssen dazu die Verschlüsselung beherrschen und entsprechend konfiguriert werden, damit Sie SNC nutzen können. Auf dieses Thema komme ich in Abschnitt 12.6, »Verbindungssicherheit«, zurück.

Berechtigung

Im Feld **Berechtigung für Destination** können Sie einen beliebigen Wert (z. B. »SSM001«) eintragen. Sie können über eine Berechtigungsrolle, die das Berechtigungsobjekt `S_ICF` mit dem Feld `ICF_FIELD` und dem Wert `DEST` sowie dem Feld `ICF_VALUE` mit dem Wert `SSM001` beinhaltet, steuern, dass nur Benutzer mit dieser Berechtigung diese RFC-Verbindung verwenden dürfen. Gerade bei sicherheitsrelevanten Verbindungen ist diese zusätzliche Absicherung sehr sinnvoll.

Callback-Positivliste

Rufen Sie über RFC einen Funktionsbaustein auf, kann von diesem Baustein aus über die Destination `BACK` wieder das Quellsystem aufgerufen werden, um z. B. Daten nachzuladen. Dies kann ein hohes Sicherheitsrisiko darstellen, da grundsätzlich alle Remote-fähigen Funktionsbausteine im Quellsystem aufgerufen werden können. Noch problematischer ist, dass hierfür die Berechtigungen des Zielsystems und nicht die des Quellsystems geprüft werden. Über die **Callback-Positivliste** können Sie in Form einer Tabelle erfassen, welche gerufenen Funktionsbausteine welche Funktionsbausteine im Quellsystem aufrufen dürfen.

Im Rahmen der Secure-by-Default-Initiative von SAP wird im Standard der Profilparameter `rfc/callback_security_method` auf den Wert »3« gesetzt. Dies bedeutet, dass Callback-Aufrufe, mit Ausnahme der explizit in der Positivliste gepflegten Aufrufe, blockiert werden. Sie erkennen die Einstellung an dem grünen Ampelsymbol mit dem Hinweis **RFC-Callbackprüfung sicher** auf der Einstiegsseite der Transaktion SM59 (siehe Abbildung 11.3).

Simulationsmodus

Problematisch ist es auch, wenn Ihr System bereits viele Jahre ohne Callback-Prüfungen arbeitet. Wenn Sie den Profilparameter `rfc/callback_security_method` auf den Wert »3« umstellen, ist die Gefahr groß, dass Schnittstellen nicht mehr funktionieren, die die Callback-Funktion nutzen. Hierzu können Sie den Parameter zunächst auf den Wert »2« setzen und befinden sich damit im sogenannten *Simulationsmodus*. In diesem Modus werden alle Callback-Aufrufe protokolliert, aber zugelassen. Voraussetzung ist, dass das *Security Audit Log* aktiviert ist (siehe Abschnitt 12.9.1). Nach Ablauf einer repräsentativen Zeit können Sie auf der Einstiegsseite der Transaktion SM59 über den Button **RFC-Callback-Allowlist generieren** automatisch eine Positivliste generieren und anschließend den Wert auf »3« ändern.

Unicode-Einstellungen

Auf der Registerkarte **Unicode** stellen Sie die Kommunikationsart ein. Moderne SAP-Systeme sind immer Unicode-basiert. Kommunizieren Sie mit älteren SAP-Systemen, sollten Sie die Kommunikationsart prüfen. Sie können über den Button **Unicode-Test** prüfen, ob eine Kommunikation über Unicode möglich ist.

Spezielle Optionen

Auf der Registerkarte **Spezielle Optionen** können Sie diverse Sondereinstellungen vornehmen (siehe Abbildung 11.6).

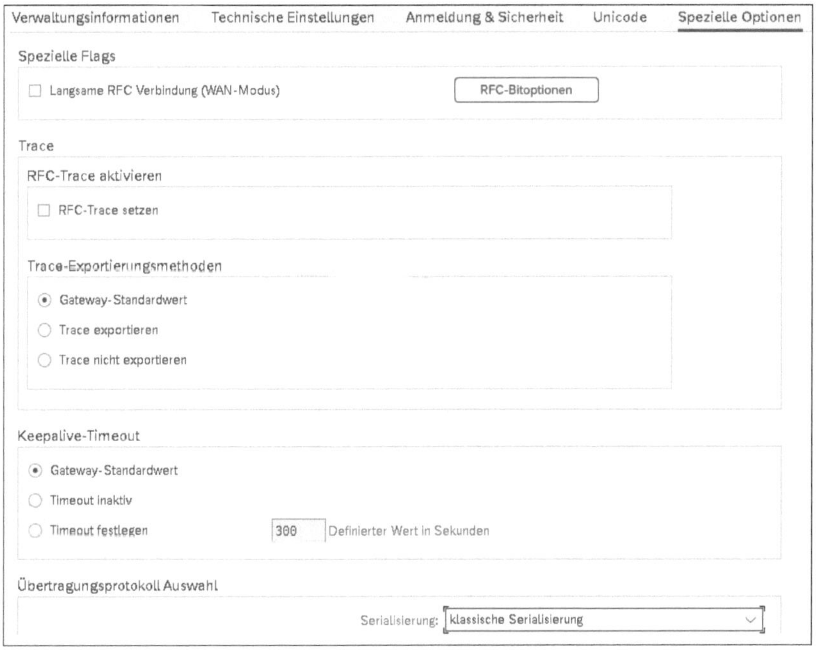

Abbildung 11.6: Spezielle Optionen einer RFC-Verbindung

Mit dem Ankreuzfeld **Langsame RFC Verbindung (WAN-Modus)** können Sie eine stärkere Komprimierung der Daten erreichen, wenn die Bandbreite gering ist. Auch ohne Aktivierung dieses Ankreuzfeldes findet eine Komprimierung statt. Wenn Sie komplett auf die Komprimierung verzichten möchten, gelangen Sie über den Button **RFC-Bitoptionen** zu einem neuen Fenster, in dem Sie die Option **RFC-Kompression deaktivieren** wählen. Diese Einstellung steigert unter Umständen die Performance, führt aber auch zu einer erhöhten Netzwerklast und sollte daher sehr genau geprüft werden.

Schnelle Serialisierung

Neben weiteren Schaltern zum Konfigurieren und Aktivieren von Traces und Time-outs ist die Auswahl des Übertragungsprotokolls im unteren Bereich der Registerkarte **Spezielle Optionen** beachtenswert, die bei den Verbindungstypen 3 und I auswählbar ist. Seit wenigen Jahren gibt es ein neues Übertragungsprotokoll, das besonders bei der Übertragung großer Datenmengen eine zigfach höhere Geschwindigkeit ermöglicht, da die Daten spaltenorientiert übertragen und damit deutlich besser komprimiert werden können. Um dieses neue Übertragungsprotokoll zu nutzen, wählen Sie im Feld **Serialisierung** die Option **schnelle Serialisierung**. Voraussetzung ist, dass das Zielsystem dieses Verfahren ebenfalls unterstützt. Prüfen Sie dies über den Button **Schnelle Serialisierung Test**. Weitere Information zur schnellen Serialisierung finden Sie in SAP-Hinweis 2372888.

Berechtigungstest

Neben dem Verbindungstest empfehle ich Ihnen, zum Schluss immer einen Berechtigungstest durchzuführen. Dies ist die einzige Möglichkeit, um auch bei der Verwendung von Kommunikationsbenutzern zu prüfen, ob eine Anmeldung über die Verbindung gelingt. Im Zielsystem wird dazu der Funktionsbaustein `RFCPING` aufgerufen. Sie erreichen die Funktion zum Testen der Berechtigung über den Menüpfad **Hilfsmittel • Test • Berechtigungstest**.

11.1.5 RFC-Ressourcen für tRFC, aRFC und qRFC konfigurieren

RFCs werden durch Dialog-Workprozesse verarbeitet. Dies bedeutet, dass bei einer hohen Anzahl von RFCs, z. B. für Schnittstellen, auch die Anwender*innen in ihrer Arbeit beeinträchtigt werden, wenn nicht mehr genügend Dialog-Workprozesse zur Verfügung stehen. Daher müssen Sie die maximale Anzahl an Workprozessen begrenzen, die durch RFC-Verbindungen belegt werden dürfen. Im Folgenden sind die wichtigsten Parameter beschrieben, die einen direkten Einfluss auf die RFC-Verarbeitung haben.

Ressourcenlimitierung

Der Parameter `rdisp/server_resource_limit` regelt die Ressourcenlimitierung grundlegend (nicht nur für RFC). Im Standard wird folgende Formel angewendet:

```
SUSPEND_DISPATCHING=( 60 + min( 25, max( ( $(PHYS_MEMSIZE) / 1024 )
- 32, 0 ) ) ), WARN=90, REJECT=99
```

Die Werte sind Prozentangaben, wobei 100% für die Menge der zur Verfügung stehenden Ressourcen steht. Im Beispiel wird die Instanz bei der Lastverteilung beim Erreichen von 60% nicht mehr beim Verteilen von Aufgaben berücksichtigt. Bei 90% wird zusätzlich eine Warnung im Systemlog erzeugt. Bei 99% werden neue Anfragen abgelehnt.

Prioritätsklassen

Werden asynchrone RFC-Aufrufe über einen Batch-Job gestartet, werden diese mit Priorität `LOW` ausgeführt. Alle anderen RFC-Aufrufe werden mit Priorität `NORMAL` ausgeführt. Durch die unterschiedlichen Prioritätsklassen ergeben sich unterschiedliche Limitierungen, die über folgende Parameter definiert werden:

- **`rdisp/scheduler/prio_normal/max_quota`**

  Im Standard wird der Wert auf 80% gesetzt. Dies bedeutet, dass maximal 80% der Dialog-Workprozesse mit Aufgaben der Priorität `NORMAL` belegt werden dürfen. Zu dieser Prioritätsklasse gehören RFC und HTTP-Aufgaben, nicht aber die Aufgaben der Dialogbenutzer*innen, die zur Priorität `HIGH` zählen.
- **`rdisp/scheduler/prio_low/max_quota`**

  Im Standard wird der Wert auf 70% gesetzt. Zu dieser Prioritätsklasse gehören insbesondere die RFC-Aufrufe, die durch einen Hintergrundprozess initiiert wurden.
- **`rdisp/scheduler/prio_normal/max_runtime`**

  Im Standard ist der Wert auf 60 Minuten eingestellt. Dies bedeutet, dass die maximale Laufzeit auch für RFC und HTTP auf diese Zeit begrenzt ist und dass die Verarbeitung bei Überschreitung abgebrochen wird.
- **`rdisp/scheduler/prio_low/max_runtime`**

  Im Standard ist der Wert nicht gesetzt und es gilt somit keine Begrenzung für RFC-Aufrufe, die aus Batch-Jobs initiiert wurden.

Dispatcher Request Queue

Sämtliche Anfragen, und somit auch RFC-Anfragen, müssen vom ABAP Dispatcher entgegengenommen werden. Dort werden Sie in der Dispatcher Request Queue zwischengespeichert und der Reihe nach abgearbeitet. Die maximale Größe der Queue wird durch den Profilparameter `rdisp/queue/max_requests` festgelegt (im Standard beträgt der Wert »14.000«). Möchten Sie einen Blick in die Dispatcher Request Queue werfen, können Sie Transaktion SM51 öffnen. Dort finden Sie den Button **Vorhandene Requests**, über den Sie sich die Belegung der Request Queue anzeigen lassen können.

Kommunikationsblöcke

Die zu verarbeitenden Daten werden bei RFC-Aufrufen in *Kommunikationsblöcken* (CA-Blöcke) zwischengespeichert. Die Anzahl der Blöcke wird durch den Parameter `rdisp/wp_ca_blk_no` festgelegt. Der Standardwert leitet sich von der Größe der Dispatcher Request Queue ab (halbe Größe, also standardmäßig »7.000«). Die aktuelle Größe sowie den bisher erreichten Maximalwert können Sie in Transaktion SM51 über die Menüoption **Springen • Informationen • Queue • Kommunikationsblöcke** einsehen.

Benutzersitzungen

Über den Parameter `rdisp/tm_max_no` wird die maximale Anzahl von Benutzersitzungen pro Instanz limitiert. Neben den Anwender*innen, die bereits mehrere parallele Sitzungen belegen können, können RFC- und HTTP-Aufrufe eine große Anzahl an Sitzungen belegen. Der Standardwert ist »1.000«. Eine Benutzerübersicht pro Instanz erhalten Sie in Transaktion SM04.

Ressourcen-Kommunikationstabelle

Jede RFC-Kommunikation erzeugt sowohl im Quellsystem als auch im Zielsystem einen Eintrag in der *Ressourcen-Kommunikationstabelle*, die vom Task Handler verwaltet wird. Befinden sich Quelle und Ziel auf der gleichen Instanz, werden sogar zwei Einträge erzeugt. Die maximale Anzahl der möglichen Einträge wird durch den Profilparameter `rdisp/max_comm_entries` definiert und leitet sich vom Parameter `rdisp/tm_max_no` ab (1,5-fache Größe, also 1.500). Über den Parameter `rdisp/rfc_max_comm_entries` legen Sie fest, wie viel Prozent der Einträge für RFC-Kommunikation verwendet werden dürfen (im Standard 90%).

Verbindungstabelle

Die RFC-Kommunikation erfolgt über das RFC-Gateway. Jede Verbindung muss dort verwaltet werden. Hierzu arbeitet das RFC-Gateway mit einer Verbindungstabelle. Die maximale Anzahl von Verbindungen in dieser Tabelle wird über den Profilparameter `gw/max_conn` festgelegt. Im Standard leitet sich der Parameter vom zuvor beschriebenen Profilparameter `rdisp/tm_max_no` ab. Der Wert für Parameter `gw/max_conn` ist im Standard doppelt so groß wie der des Parameters `rdisp/tm_max_no`, also »2.000«. Die aktiven Verbindungen können Sie in Transaktion SMGW einsehen.

Serverressourcen

Über Transaktion SARFC sehen Sie auf einen Blick die verfügbaren Ressourcen aller AS-ABAP-Instanzen. In der Spalte **Beschreibung** wir der jeweilige Zustand angezeigt. Bei Problemen werden Ihnen hier auch Gründe angezeigt, die auf die Fehlerursache schließen lassen. Klicken Sie auf eine Instanz in der Übersicht, werden Ihnen die Quoten, also die für RFC maximal bereitgestellten Ressourcen, angezeigt (siehe Abbildung 11.7). Sie können die Parameter mit dem Button (**Anzeigen/Ändern**) direkt in der Anwendung ändern. Beachten Sie aber, dass nach einem Neustart der Instanz wieder die Parameterwerte der Profildateien verwendet werden. Für eine dauerhafte Änderung müssen Sie die Parameterwerte daher über Transaktion RZ10 bearbeiten.

Hinter den Werten im Fenster **Ressourcenbestimmung** (siehe Abbildung 11.7) verbergen sich die folgenden Profilparameter:

❶ `rdisp/rfc_use_quotas`
❷ `rdisp/rfc_max_queue`
❸ `rdip/rfc_max_login`
❹ `rdisp/rfc_max_own_login`
❺ `rdisp/rfc_max_own_used_wp`
❻ `rdisp/rfc_max_comm_entries`
❼ `rdisp/rfc_max_wait_time`
❽ `rdisp/max_open_tasks`
❾ `rdisp/scheduler/prio_normal/max_quota`
❿ `rdisp/scheduler/prio_low/max_quota`

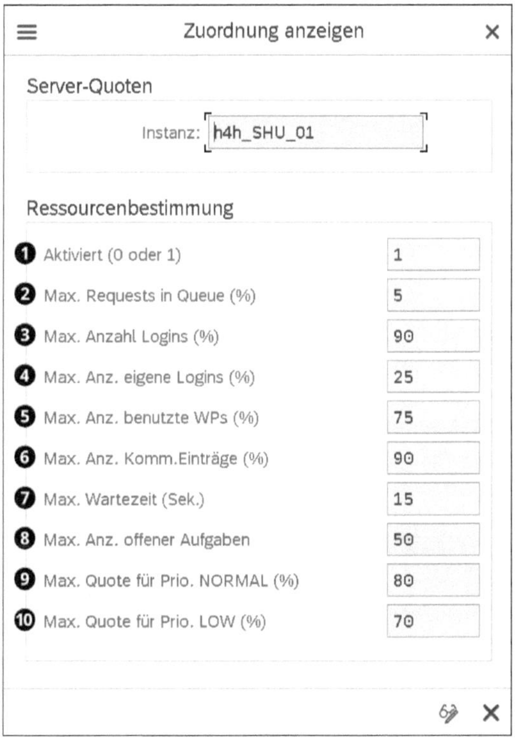

Abbildung 11.7: Serverressourcen (Transaktion SARFC)

[!]

Überlastungssituationen möglich

Trotz sorgfältiger Parametrisierung kann es zu Überlastungssituationen durch RFC-Aufrufe kommen, wenn es sich z. B. um synchrone RFC-Aufrufe handelt. Stellen Sie eine Überlastungssituation fest, können Sie die Quoten anpassen.

11.1.6 Überwachung transaktionaler RFC-Verbindungen

Alle tRFC-Aufrufe werden in den Datenbanktabellen ARFCSSTATE und ARFCSDATA mit einer eindeutigen Transaktions-ID (TID) gespeichert. Wie die Einträge übertragen und verarbeitet werden, habe ich in Abschnitt 11.1.3, »Varianten der RFC-Nutzung«, beschrieben. Mit Transaktion SM58 können Sie tRFCs prüfen, die noch nicht erfolgreich verarbeitet wurden.

Transaktion SM58

Auf dem Startbildschirm der Transaktion können Sie nach verschiedenen Kriterien filtern. Ist ein System z. B. ausgelastet oder nicht erreichbar, kann die Anzahl der Einträge sehr schnell ansteigen. Sie sollten daher die Selektion möglichst auf die Einträge einschränken, die für Sie wichtig sind, z. B. nach Status und Destination (siehe Abbildung 11.8).

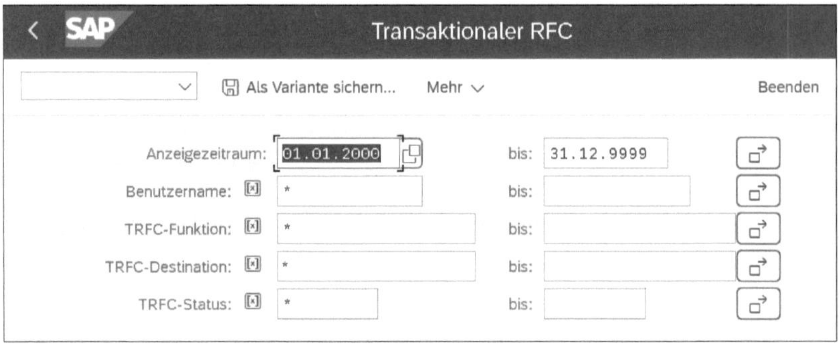

Abbildung 11.8: Selektionsbildschirm der Transaktion SM58

In Abbildung 11.9 sehen Sie die Ergebnisanzeige der Transaktion SM58. Die Liste enthält jeweils die TID und die entsprechende Fehlernachricht, die im Zielsystem auftrat.

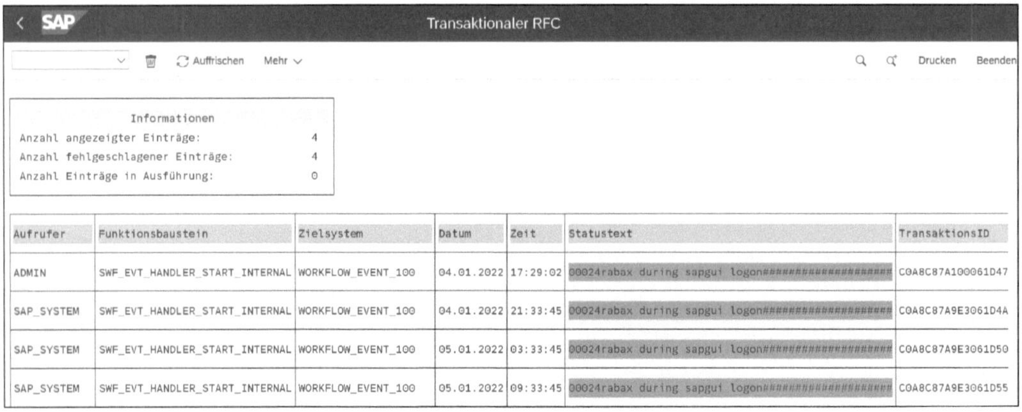

Aufrufer	Funktionsbaustein	Zielsystem	Datum	Zeit	Statustext	TransaktionsID
ADMIN	SWF_EVT_HANDLER_START_INTERNAL	WORKFLOW_EVENT_100	04.01.2022	17:29:02	00024rabax during sapgui logon####################	C0A8C87A100061D47
SAP_SYSTEM	SWF_EVT_HANDLER_START_INTERNAL	WORKFLOW_EVENT_100	04.01.2022	21:33:45	00024rabax during sapgui logon####################	C0A8C87A9E3061D4A
SAP_SYSTEM	SWF_EVT_HANDLER_START_INTERNAL	WORKFLOW_EVENT_100	05.01.2022	03:33:45	00024rabax during sapgui logon####################	C0A8C87A9E3061D50
SAP_SYSTEM	SWF_EVT_HANDLER_START_INTERNAL	WORKFLOW_EVENT_100	05.01.2022	09:33:45	00024rabax during sapgui logon####################	C0A8C87A9E3061D55

Abbildung 11.9: Ergebnisanzeige in Transaktion SM58

tRFCs manuell verarbeiten

Über die Transaktion SM58 können Sie fehlerhafte tRFCs manuell verarbeiten, wenn z. B. die automatischen Wiederholversuche ohne Erfolg beendet wurden. Markieren Sie einen Eintrag in der Ergebnisliste und wählen Sie die Menüoption **Bearbeiten • LUW ausführen**, um die Verarbeitung anzustoßen. Möchten Sie mehrere LUWs ausführen, wählen Sie die Menüoption **Bearbeiten • LUWs ausführen** aus. Hier müssen Sie dann auf einem Folgebildschirm die Vorgänge selektieren, die Sie verarbeiten möchten. Beachten Sie hierbei, dass diese Selektion unabhängig von Ihrer Selektion beim Einstieg in die Transaktion SM58 ist. Pflegen Sie die Parameter daher gewissenhaft.

Über die Menüfunktion **Bearbeiten • Status zurücksetzen** können Sie eine Transaktion wieder in den initialen Status versetzen. Über die Menüoption **Bearbeiten • Eintrag löschen** können Sie einen Eintrag löschen, den Sie nicht mehr verarbeiten möchten oder können. Dies gelingt aber nur für tRFCs, die Sie selbst ausgelöst haben. Fremde tRFCs können Sie darüber nicht löschen. Hierzu müssen Sie den Umweg über die Menüoption **Protokolldatei • Reorganisieren** gehen. Beachten Sie dabei jedoch wieder, dass Sie in einem Folgebildschirm sehr genau selektieren müssen, welche Vorgänge Sie reorganisieren möchten. Am besten gelingt dies über die Eingrenzung nach Datum, Uhrzeit und Benutzer-ID.

Regelmäßig prüfen

Grundsätzlich kann man nicht pauschal sagen, dass alle fehlerhaften tRFC-Einträge ungeprüft verarbeitet werden dürfen. Zwar ist die Ursache eines Problems meist technischer Natur, doch fachliche Prozesse wurden inzwischen eventuell aufgrund des Fehlers wiederholt, ohne der Ursache des Problems auf den Grund zu gehen. Würden Sie die Verarbeitung manuell starten, könnte es daher zu schwerwiegenden Prozessfehlern führen, z. B. zu einer doppelten Verarbeitung der Daten. Daher empfehle ich Ihnen, Transaktion SM58 täglich auf fehlerhafte Einträge hin zu prüfen und im Fehlerfall umgehend die Fachabteilungen zu informieren. Je mehr Zeit vergeht, desto wahrscheinlicher ist es, dass die Einträge nicht mehr verarbeitet werden dürfen. In größeren Unternehmen ist die Überwachung von tRFCs direkt in den Fachabteilungen angesiedelt.

11.1.7 Überwachung von Queued RFC-Verbindungen

Serialisierung

Durch die Definition von Eingangs- (*Inbound Queues*) und Ausgangsqueues (*Outbound Queues*) können Sie tRFC-Aufrufe serialisieren, um notwendige Reihenfolgen einzuhalten. Um die Reihenfolge beim Versenden zu bestimmen, definieren Sie Outbound Queues. Die Anwendungsentwicklerin oder der -entwickler gibt in der Anwendung den zu verwendenden Queuenamen vor. In vielen Standardanwendungen kann dieser auch über Customizing-Einstellungen gesetzt werden.

Outbound-Scheduler

Der *Outbound-Scheduler* (QOUT) überträgt die LUWs einer Queue der Reihe nach an das Zielsystem. Das Zielsystem hat keine Kenntnis von der Serialisierung. Wenn dort keine eingangsseitige Queue definiert ist, kann es daher zu Abweichungen in der Reihenfolge kommen. Möchten Sie dies verhindern, müssen Sie auf der Zielsystemseite Inbound Queues definieren. In diesem Fall entspricht der Ablauf dem in Abbildung 11.10 gezeigten:

❶ Die Anwendung auf Quellsystemseite vergibt einen Queuenamen und ruft im Anschluss den RFC-Funktionsbaustein auf. Die Daten werden in der Outbound Queue gespeichert.

❷ Der Outbound-Scheduler prüft die Outbound Queues regelmäßig, liest sie der Reihe nach aus und überträgt sie an das Zielsystem.

❸ Der Inbound-Scheduler (QIN-Scheduler) auf Zielsystemseite prüft die Inbound Queues regelmäßig, liest die Einträge der Reihe nach aus und verarbeitet sie.

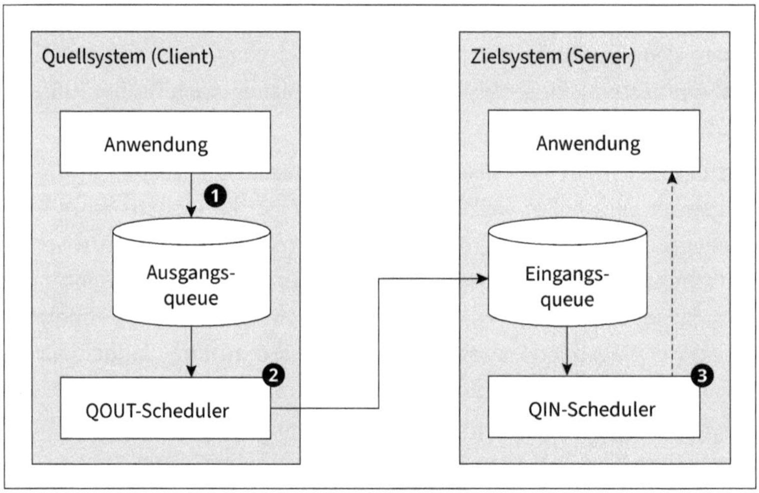

Abbildung 11.10: qRFC mit Outbound und Inbound Queue

Im Folgenden beschreibe ich die Transaktionen, die Ihnen zur Administration und Überwachung dieses Prozesses zur Verfügung stehen.

Transaktion SMQS

In Transaktion SMQS (Administration QOUT-Scheduler) definieren und überwachen Sie Outbound Queues. Der Scheduler nutzt zur Verarbeitung der Queues standardmäßig freie Workprozesse aller AS-ABAP-Instanzen (definiert über die Servergruppe `DEFAULT`). Möchten Sie die Verarbeitung auf bestimmte Instanzen einschränken, können Sie in Transaktion RZ12 entsprechende Servergruppen anlegen. Über den Button **Registrierung** in Transaktion SMQS können Sie bestehende Queues konfigurieren oder neue Queues registrieren. Dazu öffnet sich der in Abbildung 11.11 gezeigte Dialog.

Abbildung 11.11: Registrierung einer Destination in Transaktion SMQS

Anzahl Verbindungen

Eine wichtige Einstellung ist hier der Wert für die maximale Anzahl von Verbindungen (**Max.Verb.**). Achten Sie darauf, dass der Wert in diesem Feld zur Anzahl der zur Verfügung stehenden Workprozesse passt. Sie müssen aber auch die Leistungsfähigkeit des Zielsystems berücksichtigen. Es nützt nichts, wenn Sie im Ausgang zehn Verbindungen definieren, das Zielsystem aber nicht leistungsfähig genug ist, um diese Anzahl zu verarbeiten.

Maximale Laufzeit

Über die maximale Laufzeit (**Max.Laufzeit**) können Sie die Bearbeitungszeit des Schedulers für eine Queue konfigurieren. Der Standardwert beträgt 60 Sekunden. Möchten Sie einzelnen Queues mehr Bearbeitungszeit einräumen, können Sie den Wert anpassen.

Setzen Sie in Feld **Ohne tRFC** ein »X«, werden tRFC-Aufrufe, die diese Destination nutzen, direkt zum Commit-Zeitpunkt ausgeführt und nicht durch den QOUT-Scheduler verarbeitet.

Der Wert im Feld **Schedulerüberwachung** gibt an, nach wie vielen Sekunden eine LUW abgebrochen wird, um eine Blockade des Schedulers zu verhindern. Der Wert 0 bedeutet, dass der Standardwert des Schedulers verwendet wird.

Über den Menüpfad **Springen • QRFC-Ressourcen** können Sie sich die verfügbaren Ressourcen im lokalen System anzeigen lassen (siehe Abbildung 11.12).

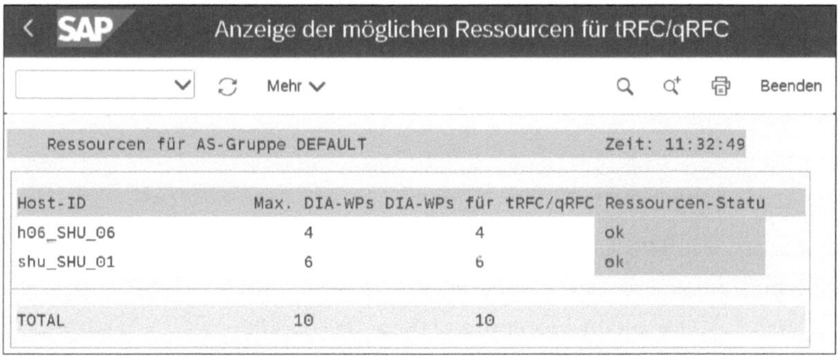

Abbildung 11.12: Anzeige der verfügbaren qRFC-Ressourcen

Transaktion SMQR

In Transaktion SMQR (Administration QIN-Scheduler) definieren und überwachen Sie Inbound Queues (siehe Abbildung 11.13). Wie beim QOUT-Scheduler können Sie die zu verwendende Servergruppe auswählen.

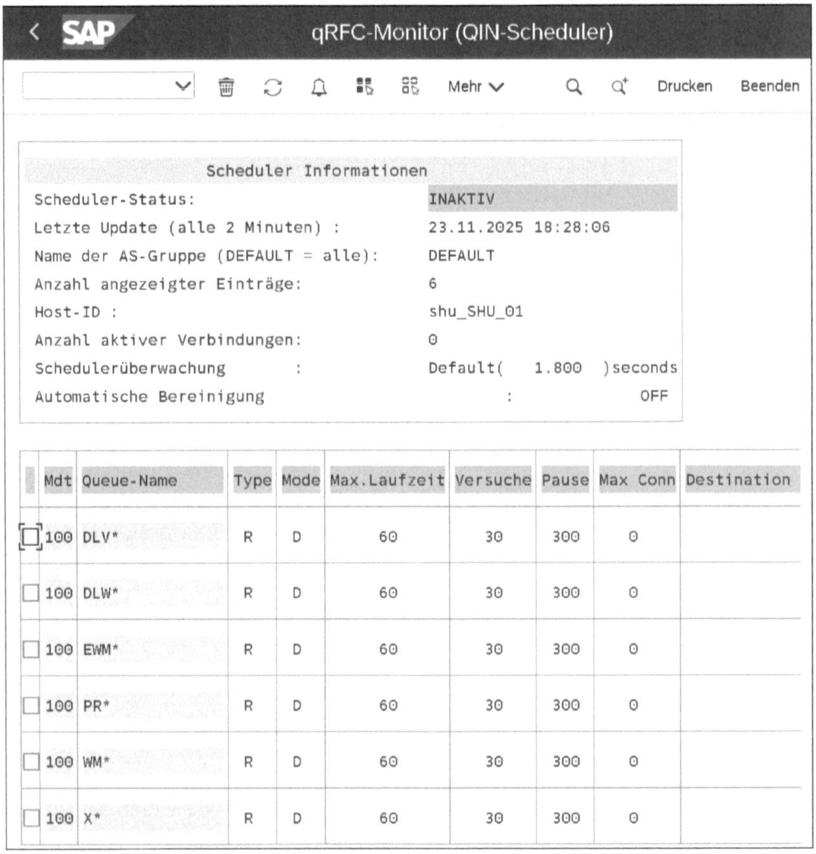

Abbildung 11.13: QIN-Scheduler (Transaktion SMQR)

Queues konfigurieren Sie über den Button **Registrierung**. Definieren Sie Queues mit Platzhalter »*«, werden jeweils alle Queues mit passendem Pattern verarbeitet. In der Spalte **Mode** sollten Sie stets den Wert **D** (Dialog) verwenden, da die Verarbeitung über Batch-Jobs keine Fehlerbehandlung und keine Skalierbarkeit bietet.

Wichtig für die Überwachung ist die Spalte **Type**. Nur beim Wert **R** ist die Queue aktiv und wird abgearbeitet.

Ressourcenengpass

Kommt es zu einem Ressourcenengpass, erkennen Sie dies im Bereich **Scheduler Informationen** am Feld **Scheduler-Status**. Wird dort **WAITING** angezeigt, stehen meist keine freien Workprozesse zur Verfügung. Wie in Transaktion SMQS können Sie sich auch in Transaktion SMQR über die Menüoption **Springen • QRFC-Ressourcen** die verfügbaren Ressourcen anzeigen lassen.

Transaktion SMQ1

Ausgangsqueues überwachen Sie über Transaktion SMQ1 (Überwachung Ausgangsqueues). Neben der Anzeige können Sie Queues aktivieren, sperren und löschen. Die Anzeige in Transaktion SMQ1 ist vergleichbar mit der in Transaktion SM58 zur tRFC-Verwaltung. Anhand des Status können Sie den Zustand einer Queue erkennen und nach einem Doppelklick eventuelle Fehlertexte lesen. Die möglichen Statuswerte habe ich in Tabelle 11.1 aufgeführt.

Status	Beschreibung
ARETRY	temporäres Problem
ANORETRY	schwerwiegender Fehler bei der Ausführung, Rücksprache mit den Fachabteilungen notwendig
CPICERR	Netzwerkfehler. Mehr Informationen erhalten Sie über einen Doppelklick.
EXECUTED	Die erste LUW der Queue wurde verarbeitet. Bleibt dieser Status länger aktiv, wurde eventuell der zuständige Workprozess abgebrochen. Sie können die Queue ohne Probleme aktivieren, da die Ausführung erfolgreich war.
MODIFY	Die Verarbeitung der Queue ist wegen einer aktuellen Modifikation der LUW-Daten temporär gesperrt.
NOSEND	SAP-intern. Darf nicht zurückgesetzt werden.
NOSENDS	Wird verwendet, um die Ausführung der LUW im Zielsystem zu debuggen.
READY	Die Queue ist bereit für die Übertragung bzw. Verarbeitung. Verbleibt die Queue länger in diesem Status, ist die Queue eventuell gesperrt oder nicht aktiviert worden.
RUNNING	Die erste LUW der Queue wird gerade verarbeitet. Verbleibt die Queue länger als 30 Minuten in diesem Status, ist vermutlich der Workprozess abgebrochen. Dann können Sie die Queue nochmals aktivieren. Es besteht dann aber das Risiko, dass die aktuelle LUW nochmals ausgeführt wird.
STOP	Die Queue wurde explizit gesperrt (z. B. über Transaktion SMQ1). Bevor Sie die Queue entsperren und aktivieren, sollten Sie klären, warum die Queue gesperrt wurde.
SYSFAIL	Während der Ausführung trat im Zielsystem ein schwerwiegender Fehler auf. Mit einem Doppelklick sehen Sie weitere Informationen. Ohne Analyse und Rücksprache mit der Fachabteilung sollten Sie die Queue nicht selbstständig aktivieren.

Tabelle 11.1: Queue-Statuswerte

Status	Beschreibung
WAITING	Die erste LUW dieser Queue weist Abhängigkeiten zu anderen Queues auf. Mindestens eine dieser Queues enthält noch andere LUWs mit höheren Prioritäten.
WAITSTOP	Die erste LUW dieser Queue weist Abhängigkeiten zu anderen Queues auf und mindestens eine dieser Queues ist aktuell noch gesperrt.
WAITUPDA	Die aktuelle LUW wurde in einer Transaktion ausgeführt, die eine Verbuchungsfunktion enthält. Diese LUW darf erst versendet werden, wenn die Verbuchung erfolgreich beendet wurde. Befindet sich die Queue mehrere Minuten in diesem Status, prüfen Sie in Transaktion SM13, ob Verbuchungsabbrüche stattgefunden haben, und holen Sie diese Verbuchungen nach Rücksprache mit der Fachabteilung nach. Die Verarbeitung der Queue wird dann automatisch fortgesetzt.
VBERROR	Wurde ein zu einer LUW gehörender Verbuchungsprozess abgebrochen und dies erkannt, ändert sich auch der Status von **WAITUPDA** zu **VBERROR**. Mit einem Doppelklick gelangen Sie in Transaktion SM13 und können den Verbuchungssatz analysieren. Informieren Sie die zuständige Fachabteilung, wie mit dem Abbruch umzugehen ist. Löschen Sie den Verbuchungssatz, werden auch alle zugehörigen LUWs gelöscht.

Tabelle 11.1: Queue-Statuswerte (Forts.)

Transaktion SMQ2

Transaktion SMQ2 entspricht funktional der Transaktion SMQ1, dient jedoch der Überwachung von Eingangsqueues.

11.1.8 Überwachung von Background-RFC-Verbindungen

Bei qRFCs werden die Abhängigkeiten zwischen den LUWs erst ermittelt, wenn die Daten über die Scheduler verarbeitet werden. Da jeder Scheduler nur eine begrenzte Bearbeitungszeit für eine Queue erhält, muss er die Abhängigkeiten beim Bearbeiten einer Queue immer wieder neu berechnen. Bei bgRFCs findet die Ermittlung der Abhängigkeiten bereits bei der Ablage der Daten statt. LUWs, die keine Abhängigkeiten aufweisen, können so schnell ermittelt und verarbeitet werden. Weiterhin findet eine Ermittlung der Abhängigkeiten nur einmal, nämlich bei der Ablage statt, und nicht wie bei qRFCs immer wieder aufs Neue.

Schutzmechanismen

Da die Ressourcen bei bgRFCs, anders als bei qRFCs, nicht pro Queue konfiguriert werden, kommt es auch nicht so schnell zu Überlastsituationen. Auch das

RFC-Gateway bietet bei bgRFCs bessere Mechanismen zum Schutz vor solchen Situationen.

Migration

bgRFC muss in der aufrufenden Anwendung explizit als Technologie programmiert sein. Um von den älteren Technologien tRFC bzw. qRFC auf bgRFC umstellen zu können, muss die Anwendung hierfür ein Migrationsszenario bereitstellen. Dadurch wird die korrekte Reihenfolge bei der Ausführung auch beim Wechsel von qRFC zu bgRFC sichergestellt. Für viele Standardszenarien, z. B. die IDoc-Verarbeitung, ist bgRFC bereits verfügbar.

Transaktion SBGRFCCONF

Über die Transaktion SBGRFCCONF werden bgRFCs grundsätzlich konfiguriert (siehe Abbildung 11.14).

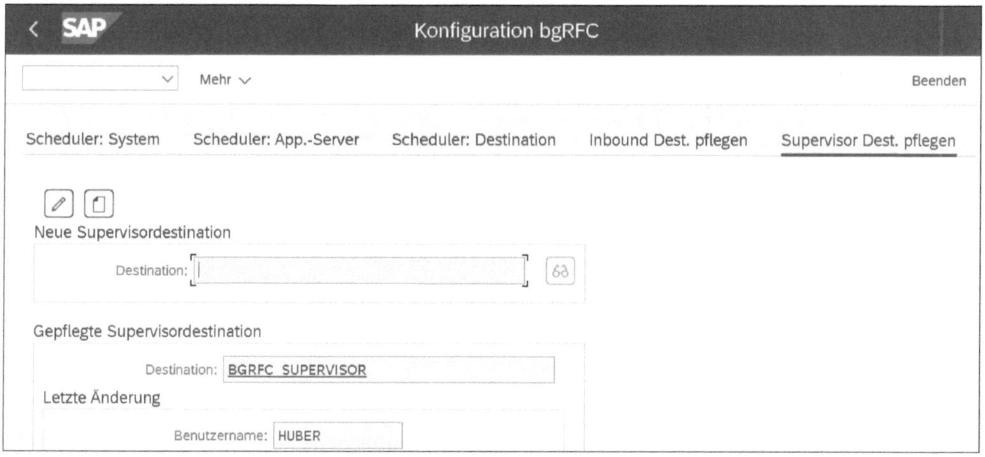

Abbildung 11.14: Konfiguration eines bgRFCs (Transaktion SBGRFCCONF)

Supervisor-Destination

Da bgRFC in SAP S/4HANA unverzichtbar ist, werden die benötigten Grundeinstellungen auch über die Aufgabenliste `SAP_BASIS_INITIAL_CONFIG` vorgenommen. Durch diese Aufgabenliste wird unter anderem eine sogenannte *bgRFC-Supervisor-Destination* samt Benutzer-ID und Berechtigungen angelegt. Diese Supervisor-Destination liest die Konfigurationseinstellungen für den bgRFC-Scheduler und startet und stoppt die bgRFC-Verarbeitung auf allen Applikationsservern.

Scheduler-Anzahl

Auf den Registerkarten **Scheduler: System**, **Scheduler: App.-Server** und **Scheduler: Destination** konfigurieren Sie systemweite, instanzspezifische und destinationsspezifische Werte. Sie müssen die Werte aber nur anpassen, wenn Sie diese abweichend vom Standard pflegen möchten. Besonders hinweisen möchte ich auf den Parameter **Scheduler-Anzahl** auf der Registerkarte **Scheduler: App.-Server**. Mit diesem Parameter können Sie bgRFCs temporär deaktivieren oder die Ressourcen bewusst einschränken oder erweitern. Die möglichen Werte dieses Parameters zeigt Tabelle 11.2.

Wert	Bedeutung
-1	Die Anzahl der Scheduler wird lastabhängig bestimmt (Standardwert).
0	Der Applikationsserver bzw. die Destination wird für die Verwendung mit bgRFC gesperrt.
1...n	maximale Anzahl laufender Scheduler

Tabelle 11.2: Definition der Anzahl der Scheduler

[»]

Wirksamwerden der Parameteränderungen

Konfigurationsänderungen in Transaktion SBGRFCCONF werden nicht sofort wirksam, sondern durch den Hintergrundprozess `AUTOABAP` alle 5 Minuten überprüft und angepasst.

bgRFC-Monitor

Das wichtigste Werkzeug zur Administration und Überwachung von bgRFCs ist der *bgRFC-Monitor*. Sie erreichen diesen Monitor über Transaktion SBGRFC-MON. Auf dem Selektionsbildschirm können Sie die anzuzeigenden Daten Ihren Erfordernissen entsprechend einschränken. Das Ergebnisbild sehen Sie in Abbildung 11.15. Im gezeigten Beispiel wurde in Transaktion SM59 die RFC-Destination `TEST_BGRFC` als Typ-3-Destination angelegt und in der bgRFC-Konfiguration als Inbound-Destination gepflegt. Die Scheduler-Anzahl wurde auf `0` gesetzt. Über Transaktion SA38 wurden mit dem Report `RSBGRFC_T101` Testdaten gesendet. Mit dem Testreport können Sie auch Sperrsituationen simulieren und deren Auflösung testen. Verwenden Sie diesen Report jedoch nicht in einem Produktivsystem!

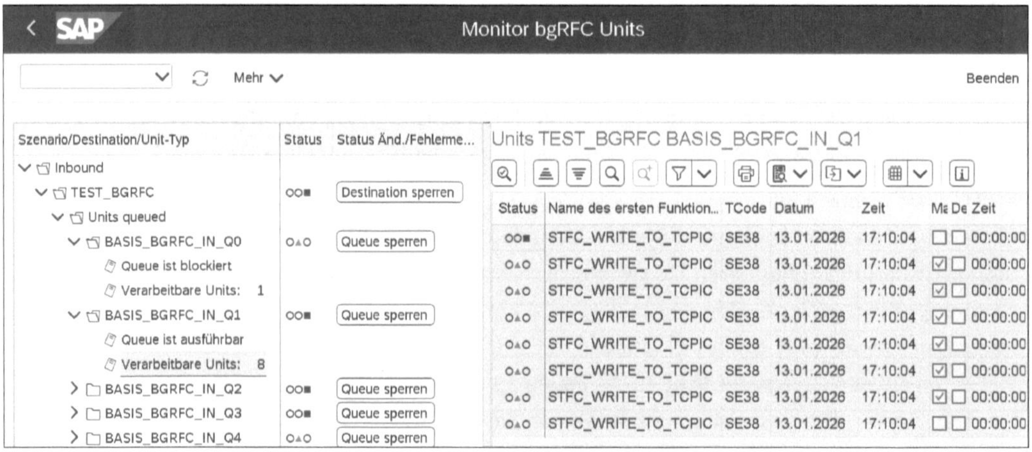

Abbildung 11.15: bgRFC-Monitor (Transaktion SBGRFCMON)

[«]

LUW vs. Unit

Im Kontext von tRFC und qRFC verwendet SAP für eine logisch zusammengehörende Einheit den Begriff *LUW* (Logical Unit of Work). Im Kontext von bgRFCs spricht SAP dagegen von einer *Unit*. Inhaltlich ist die Bedeutung der beiden Begriffe vergleichbar.

Da die Scheduler-Anzahl im Beispiel auf 0 gesetzt ist, werden keine Units verarbeitet. Auf der rechten Seite in Abbildung 11.15 sehen Sie die Einträge der jeweiligen Queue. Der oberste Eintrag ist in der Spalte **Status** mit einem grünen Ampelsymbol versehen und würde verarbeitet werden, wenn ein Scheduler aktiv wäre. Die Einträge darunter warten jeweils auf den Vorgänger und sind deshalb mit einer gelben Ampel versehen. Nach einer Änderung der Scheduler-Anzahl zurück auf den Wert –1 werden die Units verarbeitet.

Im Standard werden nur die ersten 20 Einträge der Queue angezeigt. Diese Einstellung können Sie auf dem Selektionsbildschirm der Transaktion SBGRFCMON anpassen.

[+]

Absprung in die bgRFC-Konfiguration

Sie können aus dem bgRFC-Monitor direkt über den Menüpfad **Monitor • Konfiguration** in die Transaktion SBGRFCCONF abspringen.

[+]

Überwachung von RFC-Schnittstellen mit SAP Cloud ALM

Im Health-Monitoring von SAP Cloud ALM finden Sie Metriken zur Überwachung von tRFC, qRFC und bgRFC. Weiterhin können Sie auch über SM59 definierte RFC-Verbindungen überwachen und sich bei Verbindungsfehlern automatisch benachrichtigen lassen. Hierzu müssen Sie manuell die Namen der zu überwachenden RFC-Verbindungen aus Transaktion SM59 der Metrik **RFC Connection Status** hinzufügen.

11.2 IDoc-Schnittstelle

Intermediate Documents (IDocs) sind ein von SAP etabliertes Dokumentenformat, um Daten zwischen SAP-Systemen austauschen zu können. Aber auch Nicht-SAP-Systeme können IDocs erzeugen oder empfangen.

Middleware

Oft werden IDocs über Integrationsplattformen empfangen, also über Lösungen, die sich zwischen Sender- und Empfängersystem befinden, in ein für das Empfängersystem lesbares Format konvertiert und versendet. Zu diesen

Middleware-Lösungen gehören z. B. *SAP Process Orchestration* (SAP PO) oder *SEEBURGER Business Integration Suite* (BIS).

EDI, ALE und EAI

Findet die Kommunikation unternehmensübergreifend statt, spricht man von *Electronic Data Interchange* (EDI). Diese Art der Kommunikation ist immer asynchron. Für die Kommunikation innerhalb eines Unternehmens, insbesondere zwischen SAP-Systemen, ist der Begriff *Application Link Enabling* (ALE) gängig, unternehmensweit wird häufig auch der Begriff *Enterprise Application Integration* (EAI) verwendet. Diese Art der Kommunikation kann synchron oder asynchron erfolgen.

In diesem Abschnitt vermittle ich Ihnen die Grundlagen des IDoc-Frameworks in SAP S/4HANA. Da über IDocs Geschäftsdaten wie Bestellungen oder Materialdaten übertragen werden, sind die Fachabteilungen in der Regel für die Einrichtung, Überwachung und Fehlerbehebung verantwortlich. Bei technischen Problemen sind aber Sie gefragt und müssen die Fachabteilungen unterstützen.

Die Übertragung der Daten erfolgt in den meisten Fällen über RFC. Die in Abschnitt 11.1, »Remote Function Call«, erläuterten Zusammenhänge sind daher auch für die IDoc-Schnittstelle gültig. Gibt es z. B. ein Problem in der bgRFC-Verarbeitung, stecken auch die über Funktionsbausteine übertragenen IDocs in den Queues fest.

11.2.1 Grundlagen

Nachrichtentyp

Ein IDoc setzt sich aus einem *Kontrollsatz* und mehreren *Segmenten* zusammen. Im Kontrollsatz stehen technische Informationen, z. B. Absender, Empfänger oder Nachrichtentyp. Jedes Segment besteht aus einer Identifizierung und zugehörigen Daten. Diese Daten sind abhängig vom Zweck des jeweiligen IDocs, also ob darin z. B. Bestellungen oder Lieferantenstammdaten übertragen werden. Diese Unterscheidung wird mit dem Nachrichtentyp festgelegt. Mit dem Nachrichtentyp ORDERS werden z. B. Bestellungen verarbeitet, mit CREMAS Lieferantenstammdaten.

Basistyp

Neben dem Nachrichtentyp ist der *Basistyp* wichtig. Im Laufe der Jahre wurde die IDoc-Technologie erweitert, um neue Anforderungen abzubilden. Um die Kompatibilität mit IDocs älteren Typs zu gewährleisten, werden diese Erweiterungen in neuen IDoc-Versionen definiert. So existieren z. B. für den Nachrichtentyp CREMAS die Basistypen CREMAS01 (freigegeben seit R/3 Release 3.0c) bis CREMAS07 (freigegeben seit ABAP-Plattform 2023). Auch SAP-Kunden können eigene Nachrichtentypen oder Erweiterungen entwickeln. In Transaktion WE60 können Sie die Dokumentation zu jedem Basistyp nachlesen (siehe Abbildung 11.16).

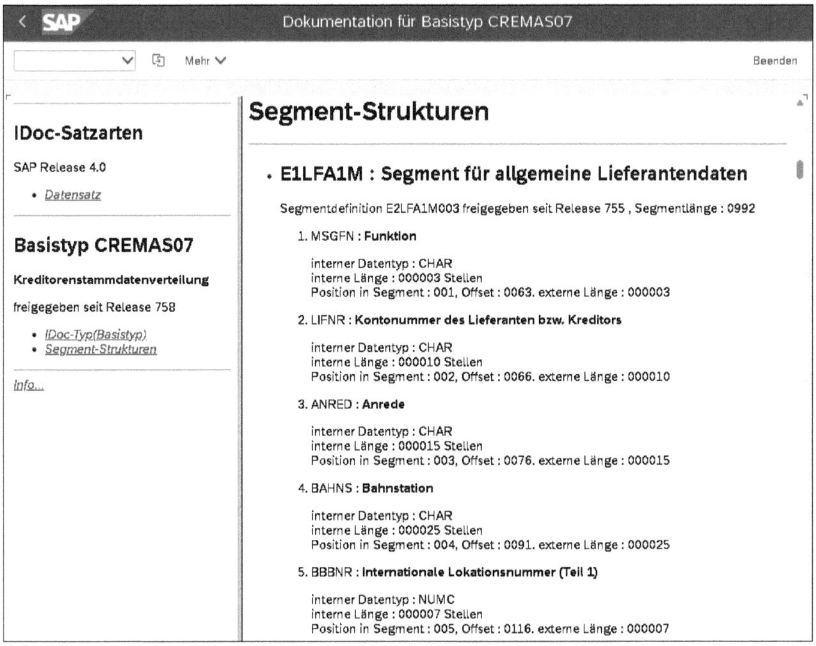

Abbildung 11.16: Dokumentation eines Basistyps (Transaktion WE60)

11.2.2 Konfiguration des Nachrichtenaustauschs

Den Einstieg in die Konfiguration eines Nachrichtenaustauschs über IDocs bildet Transaktion SALE (ALE-Konfiguration, siehe Abbildung 11.17).

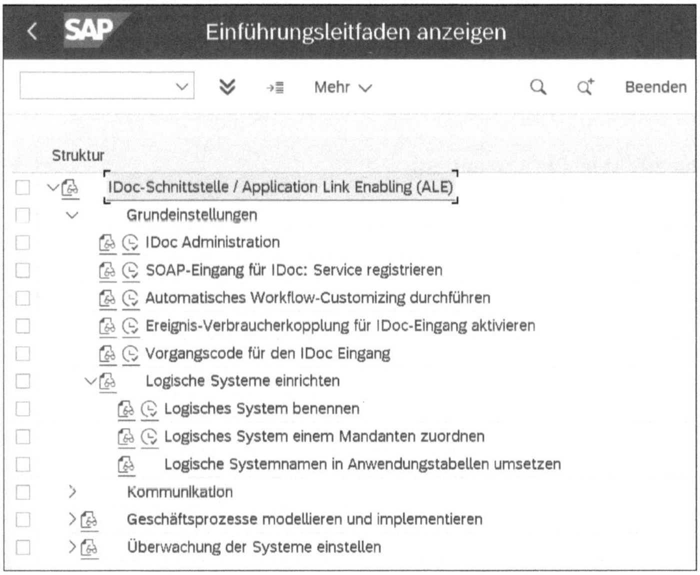

Abbildung 11.17: ALE-Konfiguration (Transaktion SALE)

Logische Systeme

Damit Nachrichten gesendet oder empfangen werden können, müssen Sie logische Systeme definieren (siehe auch Abschnitt 6.2.1, »Mandanten anlegen«). Ein logisches System sollte innerhalb Ihres Unternehmens eindeutig sein. Für SAP-Systeme hat sich die Namenskonvention <SID>CLNT<Mandant> für logische Systeme etabliert. In Transaktion SCC4 haben Sie jedem Ihrer Arbeitsmandanten bereits ein logisches System zugewiesen. Logische Systeme definieren Sie in Transaktion SALE über den Pfad **Grundeinstellungen • Logische Systeme einrichten • Logisches System benennen**.

Möchten Sie aus dem aktuellen System Nachrichten versenden, benötigen Sie ein auslösendes Ereignis. Es gibt folgende Möglichkeiten, solche Ereignisse zu definieren:

- **Nachrichtensteuerung**

  Möchten Sie z. B. eine gerade erfasste Bestellung elektronisch an Ihren Lieferanten senden, können Sie hierzu die *Nachrichtensteuerung* verwenden. In der Nachrichtensteuerung kann generisch definiert werden, ob nach einer Bestellanlage ein Vorgangsbeleg ausgedruckt oder elektronisch versendet werden soll.

- **Änderungszeiger**

  Neben der Nachrichtensteuerung können Sie auch *Änderungszeiger* als auslösende Ereignisse definieren. Ändern Sie z. B. einen Materialstammsatz, können Sie diese Änderung als auslösendes Ereignis für die Erzeugung eines IDocs verwenden. Der betriebswirtschaftliche Hintergrund der Änderungszeiger ist, dass Sie bestimmte Stammdaten automatisch verteilen können. Hierzu können Sie sogenannte *Verteilmodelle* definieren. Ändern sich z. B. die Bankdaten im Produktivsystem, können Sie diese Änderungen an andere Systeme der gleichen Landschaft oder an andere Landschaften verteilen. Eine mehrfache manuelle Änderung der Daten ist so nicht notwendig.

- **Erzeugung direkt in der Anwendung**

  Schließlich kann die Erzeugung eines IDocs auch direkt in eine Anwendung integriert sein.

Ports

Die technische Anbindung an das System, das die IDocs empfängt, wird über *Ports* definiert. Sie können Ports unter anderem manuell über Transaktion WE21 anlegen. Wie Sie in Abbildung 11.18 sehen, stehen hier vielfältige Technologien zur Übermittlung zur Verfügung:

- transaktionaler RFC
- Datei
- ABAP-PSS
- XML-Datei
- XML-HTTP

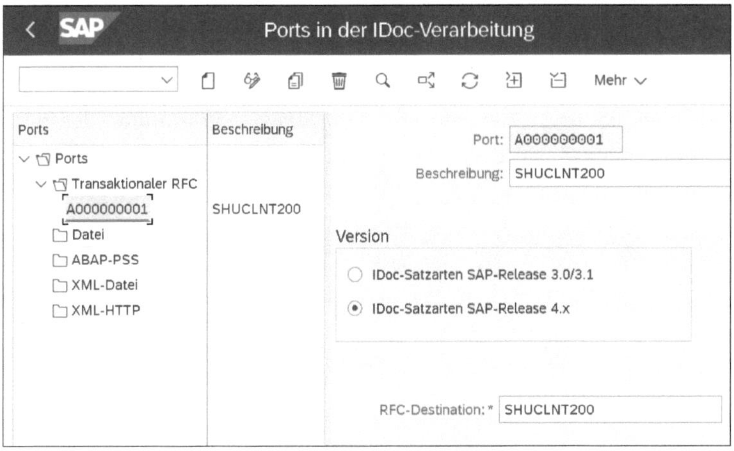

Abbildung 11.18: Ports in der IDoc-Verarbeitung (Transaktion WE21)

Partnervereinbarungen

Damit eindeutig geregelt ist, welche Systeme welche Nachrichten senden oder empfangen dürfen, definieren Sie *Partnervereinbarungen*. Die Partnervereinbarungen regeln somit den Nachrichtenfluss. Deren Konfiguration können Sie z. B. manuell über Transaktion WE20 vornehmen. In dem Beispiel in Abbildung 11.19 darf das logische System SHUCLNT100 IDocs vom Typ CREMAS empfangen.

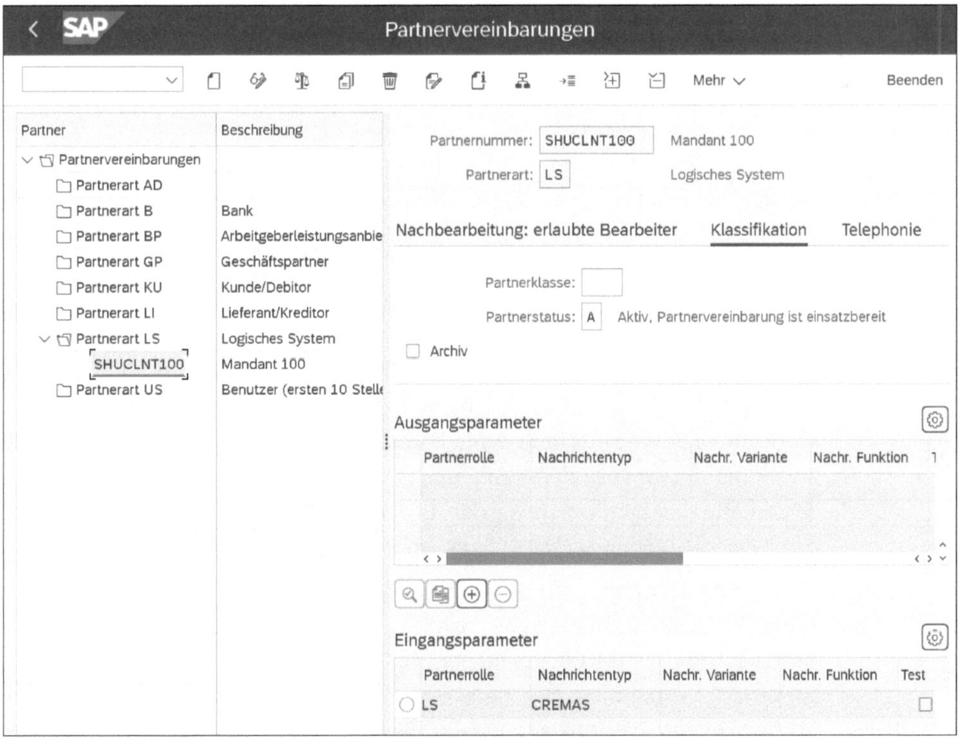

Abbildung 11.19: Partnervereinbarungen (Transaktion WE20)

Klicken Sie doppelt auf den Eintrag **CREMAS** der Tabelle **Eingangsparameter**, können Sie weitere Details zur Nachrichtenverarbeitung dieses Typs einsehen, wie z. B., dass die empfangenen IDocs sofort verarbeitet und nicht gesammelt werden (siehe Abbildung 11.20). Würden Sie die **Ausgangsparameter** der Partnervereinbarung pflegen, würden Sie unter anderem auch den zu verwendenden Port angeben.

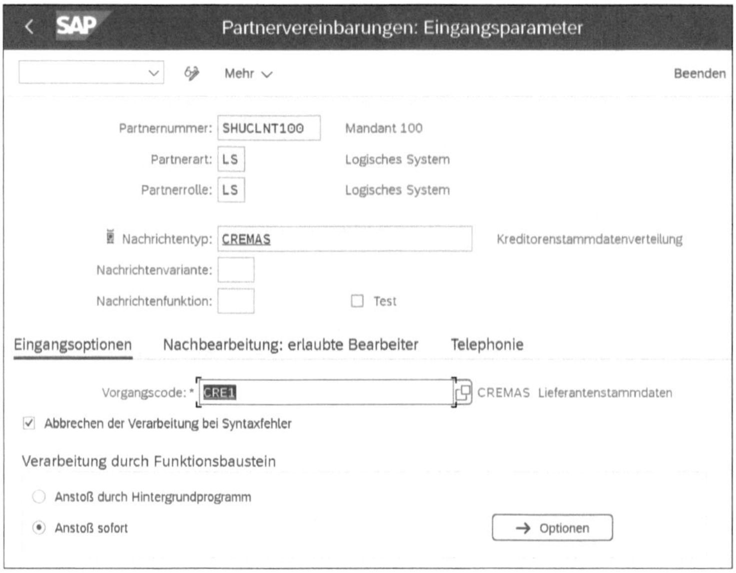

Abbildung 11.20: Eingangsparameter der Partnervereinbarung pflegen

Verarbeitungsreports

Wenn Sie IDocs sammeln, müssen Jobs für die IDoc-Verarbeitung eingeplant werden. Eingehende IDocs können über den Report `RBDAPP01` verarbeitet werden, ausgehende über den Report `RSEOUT00`.

11.2.3 Überwachen von IDocs

Für die Überwachung von IDocs stehen interne und externe Werkzeuge zur Verfügung. In Abschnitt 11.6 stelle ich Ihnen das SAP Application Interface Framework vor, mit dem Sie IDocs ebenfalls überwachen können. Auch innerhalb des *Integrations- und Ausnahme-Monitorings* von SAP Cloud ALM können Sie über fehlerhafte IDocs informiert werden. In diesem Abschnitt konzentriere ich mich auf die angebotenen SAP-GUI-Transaktionen.

Transaktionen

Im SAP GUI verwenden Sie die Transaktion BD87 oder WLF_IDOC (siehe Abbildung 11.21), um IDocs nach umfangreichen Selektionskriterien anzuzeigen und notfalls zu korrigieren und manuell zu verarbeiten. Es gibt darüber hinaus noch weitere Transaktionen, mit denen Sie IDocs nach verschiedenen Kriterien suchen können. Die Transaktion WLF_IDOC hat jedoch den Vorteil, viele der altbekannten Transaktionen (WE02, WE09, BD87) ersetzen zu können. Sie können hier beispielsweise nach IDocs mit bestimmten Dateninhalten suchen und diese miteinander vergleichen.

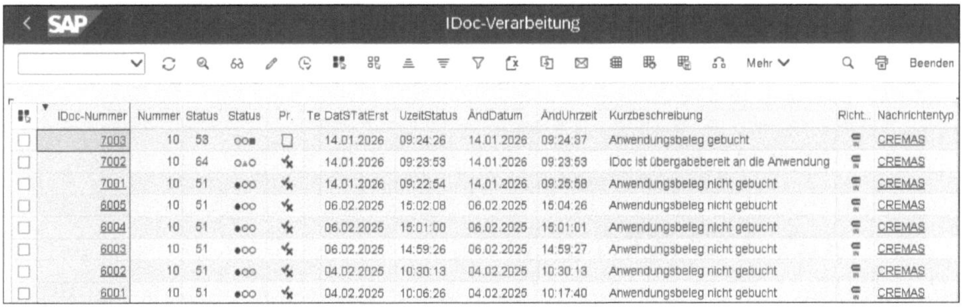

IDoc-Nummer	Nummer	Status	Status	Pr.	Te DatSTatErst	UzeitStatus	ÄndDatum	ÄndUhrzeit	Kurzbeschreibung	Richt...	Nachrichtentyp
7003	10	53			14.01.2026	09:24:26	14.01.2026	09:24:37	Anwendungsbeleg gebucht		CREMAS
7002	10	64			14.01.2026	09:23:53	14.01.2026	09:23:53	IDoc ist übergabebereit an die Anwendung		CREMAS
7001	10	51			14.01.2026	09:22:54	14.01.2026	09:25:58	Anwendungsbeleg nicht gebucht		CREMAS
6005	10	51			06.02.2025	15:02:08	06.02.2025	15:04:26	Anwendungsbeleg nicht gebucht		CREMAS
6004	10	51			06.02.2025	15:01:00	06.02.2025	15:01:01	Anwendungsbeleg nicht gebucht		CREMAS
6003	10	51			06.02.2025	14:59:26	06.02.2025	14:59:27	Anwendungsbeleg nicht gebucht		CREMAS
6002	10	51			04.02.2025	10:30:13	04.02.2025	10:30:13	Anwendungsbeleg nicht gebucht		CREMAS
6001	10	51			04.02.2025	10:06:26	04.02.2025	10:17:40	Anwendungsbeleg nicht gebucht		CREMAS

Abbildung 11.21: IDoc-Verarbeitung (Transaktion WLF_IDOC)

IDoc-Status

Ein wichtiges Kriterium für den Zustand von IDocs ist ihr Status. Bei eingehenden IDocs sind aus technischer Sicht die in Tabelle 11.3 genannten Statuswerte wichtig.

Status	Bedeutung
64	Das IDoc ist eingegangen und wurde zwischengespeichert. Es wartet aber noch auf die Verarbeitung. Wenn die Verarbeitung durch ein Hintergrundprogramm erfolgen soll, prüfen Sie, ob das Hintergrundprogramm korrekt eingeplant wurde. Wurde in der Partnervereinbarung eine sofortige Ausführung konfiguriert, prüfen Sie, ob genügend freie Workprozesse zur Verfügung stehen.
56	Das IDoc wurde fehlerhaft hinzugefügt und wird nicht verarbeitet. Meist ist in einem solchen Fall die Partnervereinbarung nicht korrekt gepflegt.
51	Das IDoc wurde fehlerhaft verarbeitet. Meist liegt ein inhaltlicher Fehler vor (Daten sind fehlerhaft oder unvollständig). Solche IDocs können von den Fachabteilungen korrigiert und nachverbucht werden.
53	Das IDoc wurde erfolgreich verbucht.

Tabelle 11.3: Wichtige Statuswerte für eingehende IDocs

Bei ausgehenden IDocs sind aus technischer Sicht die in Tabelle 11.4 genannten Statuswerte wichtig.

Status	Bedeutung
01	Das IDoc wurde erzeugt.
02	Das IDoc konnte nicht an den Port übergeben werden. Prüfen Sie die Erreichbarkeit des Empfängers.

Tabelle 11.4: Wichtige Statuswerte im IDoc-Ausgang

Status	Bedeutung
03	Daten wurden erfolgreich an den Port übergeben.
30	Das IDoc wartet auf die Verteilung. Prüfen Sie bei einer Verarbeitung durch einen Hintergrundjob, ob dieser korrekt eingeplant wurde.

Tabelle 11.4: Wichtige Statuswerte im IDoc-Ausgang (Forts.)

11.3 Unified Connectivity

Zentrale Umgebung für Sicherheitseinstellungen

SAP stellt mit *Unified Connectivity* (UCON) eine zentrale Umgebung bereit, die die Sicherheits- und Berechtigungsadministration aller Kommunikationskanäle des AS ABAP ermöglicht. Folgende Funktionen sind in dieser Umgebung enthalten:

- erhöhte Sicherheit der Kommunikation durch Reduktion extern aufrufbarer Funktionen
- vereinfachte Administration durch die Analyse der erforderlichen RFC-Berechtigungen und die Erstellung von Benutzerrollen
- Verwaltung von Erlaubtlisten, um unerwünschte HTTP-Aufrufe zu blockieren

Die Funktionen werden vier Szenarien zugeordnet, die ich in den folgenden Abschnitten vorstelle.

11.3.1 RFC-Basisszenario

Auf der ABAP-Plattform existieren Zehntausende Remote-fähige Funktionsbausteine, die aufgerufen werden können. Die meisten davon werden in den Unternehmen für die interne Kommunikation innerhalb der ABAP-Plattform verwendet, z. B. um Prozesse zu entkoppeln oder eine Parallelisierung zu erreichen. Nur die wenigsten Funktionsbausteine werden von außerhalb der Plattform aufgerufen.

Berechtigungsobjekt S_RFC

Die Berechtigungen für den Aufruf dieser Funktionsbausteine sollten so eingestellt sein, dass ein Zugriff von außen nur mit entsprechender Berechtigung über das Berechtigungsobjekt `S_RFC` möglich ist. Da hier leider oft mit Platzhaltern gearbeitet wird oder ganze Funktionsgruppen mit Dutzenden Funktionsbausteinen berechtigt werden, stellt der externe Zugriff auf Funktionsbausteine grundsätzlich ein Sicherheitsrisiko dar.

UCON bietet mit dem *RFC-Basisszenario* eine umfassende Kontrolle darüber, welche Funktionsbausteine von anderen Systemen aufgerufen werden dürfen. Ein Funktionsbaustein ist nur noch dann von außen aufrufbar, wenn er einer *Communication Assembly* (CA) zugeordnet ist, die durch ihre Konfiguration an einen virtuellen Host gebunden ist. Der Aufruf aller anderen Funktionsbausteine wird blockiert, unabhängig von den vergebenen Berechtigungen.

Einrichtung

Um das RFC-Basisszenario zu aktivieren, müssen Sie den Profilparameter `ucon/rfc/active` auf den Wert 1 setzen. Den Parameter können Sie dynamisch in Transaktion RZ11 ändern. Denken Sie aber daran, ihn auch im Default-Profil zu ändern, damit er nach einem Neustart weiterhin aktiv ist. Über das technische Job-Repository werden fortan die aufgerufenen RFC-Funktionsbausteine über den Job `SAP_UCON_MANAGEMENT` alle 20 Minuten gesammelt und gespeichert.

Absicherungsphasen

Die Absicherung der RFC-Aufrufe erfolgt in drei Phasen:

1. In der *Protokollierungsphase* werden alle Aufrufe von RFC-Funktionsbausteinen protokolliert. Sie sollten den Zeitraum dieser Phase großzügig wählen (im Standard 90 Tage).
2. In der anschließenden *Auswertungsphase* können die Funktionsbausteine, die noch nicht einer CA zugeordnet sind, weiterhin aufgerufen werden. In dieser Phase, die im Standard auf 120 Tage begrenzt ist, können Sie Funktionsbausteine ausmachen, die noch keiner CA zugeordnet sind.
3. In der *Endphase* können die UCON-Prüfungen aktiviert werden, sobald die Sicherheit besteht, dass alle relevanten RFC-Funktionsbausteine erfasst und der CA zugewiesen wurden. Alle nicht zugewiesenen RFC-Funktionsbausteine werden fortan blockiert.

Phasenwerkzeug

Zur Konfiguration und Ausführung des Phasenwerkzeugs verwenden Sie Transaktion UCONCOCKPIT. Wählen Sie im Feld **Szenario** den Wert **RFC-Basisszenario** aus. Über die Optionsfelder können Sie gezielt die Phasen und die darin protokollierten Funktionsbausteine überwachen. Abbildung 11.22 zeigt ein exemplarisches Protokoll.

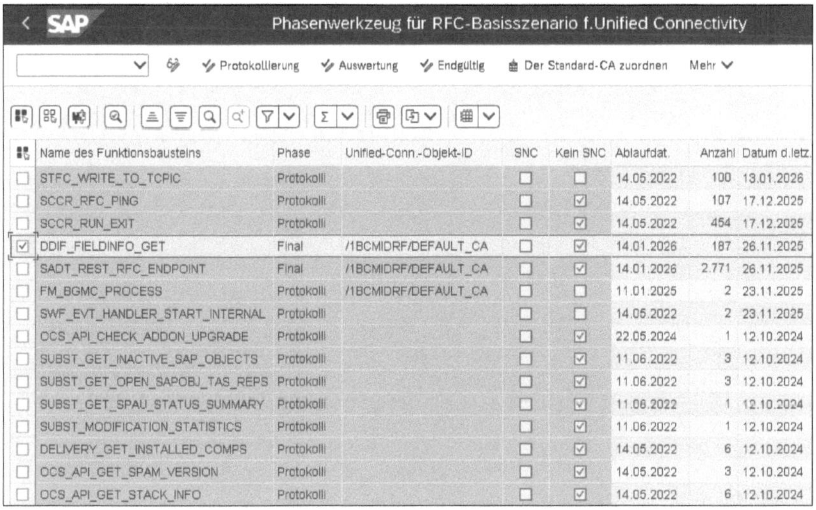

	Name des Funktionsbausteins	Phase	Unified-Conn.-Objekt-ID	SNC	Kein SNC	Ablaufdat.	Anzahl	Datum d.letz.
☐	STFC_WRITE_TO_TCPIC	Protokolli		☐	☐	14.05.2022	100	13.01.2026
☐	SCCR_RFC_PING	Protokolli		☐	☑	14.05.2022	107	17.12.2025
☐	SCCR_RUN_EXIT	Protokolli		☐	☑	14.05.2022	454	17.12.2025
☑	DDIF_FIELDINFO_GET	Final	/1BCMIDRF/DEFAULT_CA	☐	☑	14.01.2026	187	26.11.2025
☐	SADT_REST_RFC_ENDPOINT	Final	/1BCMIDRF/DEFAULT_CA	☐	☑	14.01.2026	2.771	26.11.2025
☐	FM_BGMC_PROCESS	Protokolli	/1BCMIDRF/DEFAULT_CA	☐	☐	11.01.2025	2	23.11.2025
☐	SWF_EVT_HANDLER_START_INTERNAL	Protokolli		☐	☐	14.05.2022	2	23.11.2025
☐	OCS_API_CHECK_ADDON_UPGRADE	Protokolli		☐	☑	22.05.2024	1	12.10.2024
☐	SUBST_GET_INACTIVE_SAP_OBJECTS	Protokolli		☐	☑	11.06.2022	3	12.10.2024
☐	SUBST_GET_OPEN_SAPOBJ_TAS_REPS	Protokolli		☐	☑	11.06.2022	3	12.10.2024
☐	SUBST_GET_SPAU_STATUS_SUMMARY	Protokolli		☐	☑	11.06.2022	1	12.10.2024
☐	SUBST_MODIFICATION_STATISTICS	Protokolli		☐	☑	11.06.2022	1	12.10.2024
☐	DELIVERY_GET_INSTALLED_COMPS	Protokolli		☐	☑	14.05.2022	6	12.10.2024
☐	OCS_API_GET_SPAM_VERSION	Protokolli		☐	☑	14.05.2022	3	12.10.2024
☐	OCS_API_GET_STACK_INFO	Protokolli		☐	☑	14.05.2022	6	12.10.2024

Abbildung 11.22: Phasenwerkzeug für das RFC-Basisszenario

Über die Buttons in der Funktionsleiste können Sie Funktionsbausteine von einer Phase zur anderen verschieben und einer CA zuordnen.

11.3.2 WebSocket-RFC-Szenario

Das *WebSocket-RFC-Szenario* ermöglicht es Ihnen, eine gesonderte Erlaubtliste speziell für RFC-Aufrufe zu konfigurieren, die nicht über CPIC, sondern über WebSocket ausgeführt werden.

Einrichtung

Im Gegensatz zum RFC-Basisszenario ist das WebSocket-RFC-Szenario in UCON im Standard bereits aktiviert (Profilparameter `ucon/websocketrfc/active` = 1 und Profilparameter `rfc/websocket/external_active` = 2). Sie müssen nun die Funktionsbausteine auf die Erlaubtliste setzen, die über WebSocket-RFC aufgerufen werden dürfen (siehe Abbildung 11.23):

1. Rufen Sie dazu wieder Transaktion UCONCOCKPIT auf.
2. Wählen Sie im Feld **Szenario** den Wert **WebSocket-RFC-Szenario** aus.
3. Über die Menüoption **Operation • Unified-Connectivity-Setup** können Sie definieren, ob die Einstellungen nur im aktuellen Mandanten oder in allen Mandanten gelten sollen.
4. Über das Ankreuzfeld **Gleiche CA für WebSocket-RFC und CPIC-RFC verwenden** können Sie für beide RFC-Szenarien die gleiche Erlaubtliste verwenden. In der Praxis sollten Sie für das WebSocket-RFC-Szenario aber eine eigene CA verwenden.
5. Da WebSocket-RFC noch nicht so weit verbreitet ist, enthält die Erlaubtliste für dieses Szenario vermutlich eine deutlich reduzierte Anzahl an Funktionsbausteinen. Kehren Sie auf die Startseite der Transaktion UCONCOCKPIT zurück, können Sie die erlaubten Funktionsbausteine für dieses Szenario pflegen (siehe Abbildung 11.23).

Abbildung 11.23: Pflege der Erlaubtliste für WebSocket-RFC

11.3.3 Rollenbauszenario

Mit dem *Rollenbauszenario* können Sie die für Ihr System erforderlichen RFC-Berechtigungen detailliert analysieren und über die Zuordnung von RFC-Funktionsbausteinen zu geeigneten CAs passende Benutzerrollen erstellen. Der *Role Builder* ermöglicht eine restriktive Berechtigungsvergabe und erhöht dadurch die Sicherheit Ihrer RFC-Kommunikation.

Verwendung des Role Builders

Um dieses Werkzeug zu nutzen, rufen Sie wieder Transaktion UCONCOCKPIT auf:

1. Wählen Sie im Feld **Szenario** den Wert **Rollenbau-Szenario** aus.
2. Wählen Sie im Bereich **Statistiken aus System verwenden** das zu analysierende System aus. Sie können die Selektion bei Bedarf weiter einschränken.
3. Führen Sie die Abfrage über den Button **Auswahl ausführen** aus, erhalten Sie eine Ergebnisliste der remote aufgerufenen Funktionsbausteine (siehe Abbildung 11.24). Sie können diese Funktionsbausteine nun einer CA zuordnen. Das Vorgehen ist ähnlich wie im Phaseneditor des RFC-Basisszenarios.

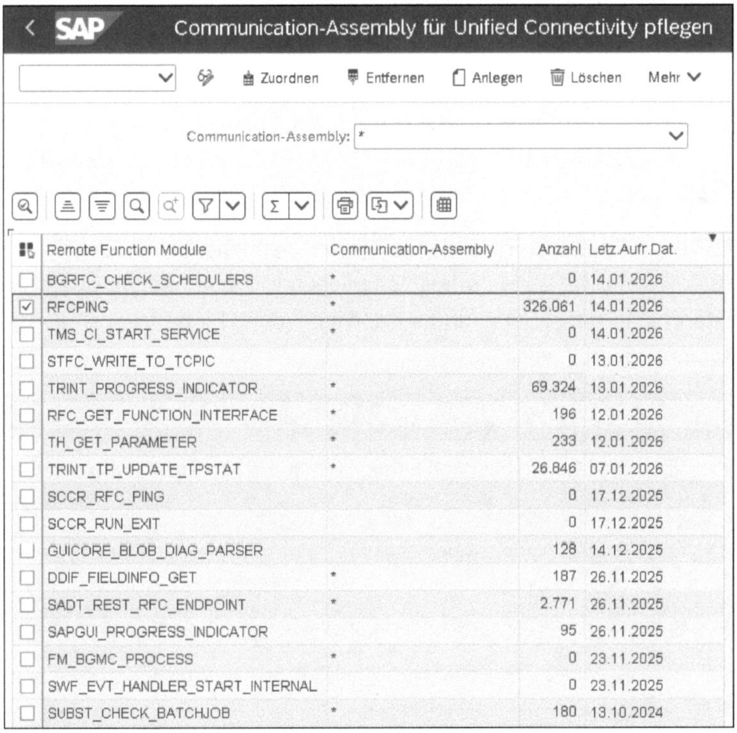

Remote Function Module	Communication-Assembly	Anzahl	Letz.Aufr.Dat.
BGRFC_CHECK_SCHEDULERS	*	0	14.01.2026
RFCPING	*	326.061	14.01.2026
TMS_CI_START_SERVICE	*	0	14.01.2026
STFC_WRITE_TO_TCPIC		0	13.01.2026
TRINT_PROGRESS_INDICATOR	*	69.324	13.01.2026
RFC_GET_FUNCTION_INTERFACE	*	196	12.01.2026
TH_GET_PARAMETER	*	233	12.01.2026
TRINT_TP_UPDATE_TPSTAT	*	26.846	07.01.2026
SCCR_RFC_PING		0	17.12.2025
SCCR_RUN_EXIT		0	17.12.2025
GUICORE_BLOB_DIAG_PARSER		128	14.12.2025
DDIF_FIELDINFO_GET	*	187	26.11.2025
SADT_REST_RFC_ENDPOINT	*	2.771	26.11.2025
SAPGUI_PROGRESS_INDICATOR		95	26.11.2025
FM_BGMC_PROCESS	*	0	23.11.2025
SWF_EVT_HANDLER_START_INTERNAL		0	23.11.2025
SUBST_CHECK_BATCHJOB	*	180	13.10.2024

Abbildung 11.24: Anzeige aufgerufener Funktionen im Rollenbauszenario

Rollenmenü für den Funktionsbausteinaufruf

Benötigen Sie eine Berechtigungsrolle, die alle Funktionsbausteine einer CA aufrufen darf, können Sie die betreffende Rolle über Transaktion PFCG ändern oder eine neue Rolle anlegen. Wechseln Sie dazu auf die Registerkarte **Menü** und wählen Sie in der Dropdown-Liste neben dem Button **Transaktion** die Option **Andere • SAP UCON Communication Assembly**. Wählen Sie anschließend die CA aus. Nun werden der Berechtigungsrolle für alle Funktionsbausteine der CA `S_RFC`-Berechtigungen zugewiesen. Wird der Inhalt der CA später verändert, können Sie die Änderungen im Rollenmenü sehen und die Zuordnung aktualisieren.

11.3.4 HTTP-Erlaubtlistenszenario

Für die Überwachung von HTTP(S)-Aufrufen stellt UCON ein weiteres Szenario zur Verfügung, mit dem Sie HTTP-Erlaubtlisten verwalten können. Sie können hiermit festlegen, ob bestimmte HTTP(S)-Aufrufe an Ihr System zugelassen oder blockiert werden sollen.

Szenario aktivieren

Um solche Erlaublisten zu verwenden, rufen Sie wieder die Transaktion UCON-COCKPIT auf (siehe Abbildung 11.25):

1. Wählen Sie im Feld **Szenario** den Wert **HTTP-Erlaubtlistenszenario** aus.
2. Beim ersten Aufruf erscheint ein Pop-up-Fenster, auf dem Sie die Aktivierung des Szenarios bestätigen müssen.
3. Sobald die Verwaltung aktiv ist, können Sie entscheiden, ob die Erlaubtlisten mandantenunabhängig oder mandantenabhängig gepflegt werden sollen. Eine mandantenabhängige Pflege ist nur sinnvoll, wenn in den Mandanten sehr unterschiedliche Szenarien verwendet werden.

Kontextarten

Im HTTP-Erlaubtlistenszenario können Sie verschiedene Anwendungsfälle, sogenannte *Kontextarten*, unterschiedlich pflegen (siehe Abbildung 11.25). Jede Kontextart hat ihre eigene Erlaubtliste und ihr eigenes Phasenmodell, das über den **Modus** eingestellt wird:

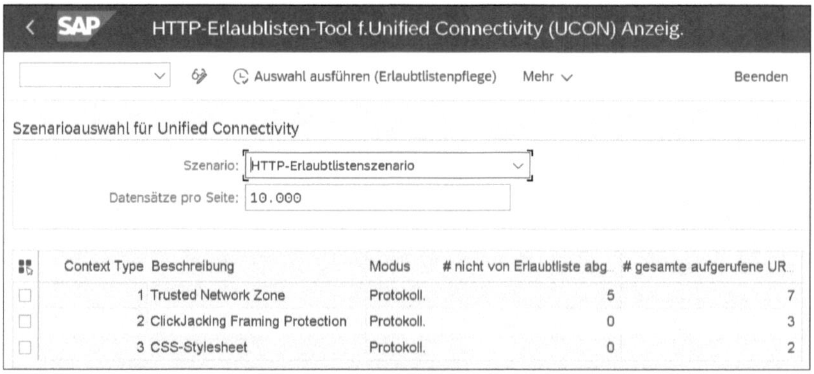

Abbildung 11.25: Pflege der HTTP-Erlaubtlisten

- **Modus »Protokollierung«**

  In diesem Modus werden die Aufrufe lediglich protokolliert. Es findet keine Prüfung oder Abweisung von Aufrufen statt.

- **Modus »Simulierte Prüfung«**

  Sie können Erlaubtlisten mit geeigneten URL-Patterns pflegen und die Auswirkungen durch erneute Analyse der Protokollierungsergebnisse prüfen. Es findet keine Abweisung von Aufrufen statt.

- **Modus »Aktive Prüfung«**

  Nicht erlaubte Zugriffe werden abgewiesen. Sie erhalten weiterhin Logeinträge zu den abgewiesenen Aufrufen. Möchten Sie abgewiesene Aufrufe nicht mehr protokollieren, können Sie die entsprechenden URL-Patterns auf eine Ausschlussliste (*No Log*) setzen.

Nutzen Sie die HTTP-Erlaubtlisten, ist es sinnvoll, diese Listen regelmäßig auf abgewiesene HTTP-Aufrufe hin zu prüfen.

11.4 Cloud Connector

In hybriden Systemumgebungen, in denen Sie einige Anwendungen on premise und andere in Cloud-Umgebungen betreiben, benötigen Sie eine sichere Möglichkeit, um diese beiden Welten miteinander zu verbinden. Dazu habe ich Ihnen in Abschnitt 1.4, »SAP Business Technology Platform«, bereits kurz den Cloud Connector vorgestellt. Dieses Werkzeug installieren Sie in Ihrem eigenen Rechenzentrum, ähnlich wie den SAProuter, hinter der Firewall. Sie müssen dazu nur einen Port für die sichere SSL-Kommunikation zur SAP BTP öffnen. Sämtliche Kommunikation wird verschlüsselt. Die Verbindung wird ausschließlich vonseiten des On-Premise-Systems aufgebaut und verwaltet.

Abbildung 11.26 zeigt die Einordnung des Cloud Connectors innerhalb der SAP-Landschaft.

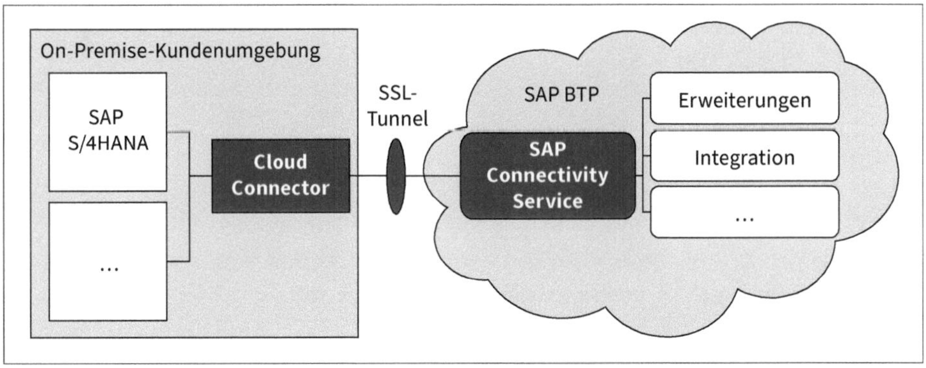

Abbildung 11.26: Verbindung von Cloud- und On-Premise-Systemen via Cloud Connector

Ein guter Einstiegspunkt in die Arbeit mit dem Cloud Connector ist SAP-Hinweis 3201518. In diesem SAP-Hinweis finden Sie unter anderem den Link zur offiziellen Dokumentation mit Informationen zu den Voraussetzungen, der Installation, der Konfiguration und der Überwachung. Auf die wichtigsten Punkte gehe ich in den nächsten Abschnitten ein.

11.4.1 Installation und Konfiguration des Cloud Connectors

Cloud Connector herunterladen

Auf der Webseite *https://tools.hana.ondemand.com* können Sie den Cloud Connector über die Registerkarte **CLOUD** für verschiedene Betriebssysteme (Windows, Linux und Mac OS X) herunterladen. Sie sollten für den produktiven Einsatz die installierbare Version und nicht die portable Version verwenden. Das Produkt basiert auf dem verbreiteten Open-Source-Anwendungsserver *Tomcat*. Je nach Wichtigkeit für Ihre Systemlandschaft können Sie den Cloud Connector auch in einem Hochverfügbarkeits-Set-up betreiben.

Administrationsoberfläche

Nach der Installation können Sie sich an der Verwaltungsoberfläche des Cloud Connectors über die URL *https://<Hostname>:8443* anmelden. Dort sehen Sie nach der Anmeldung die in Abbildung 11.27 gezeigte Übersichtsseite. Dort können Sie sich mit einem oder mehreren Subaccounts der SAP BTP verbinden.

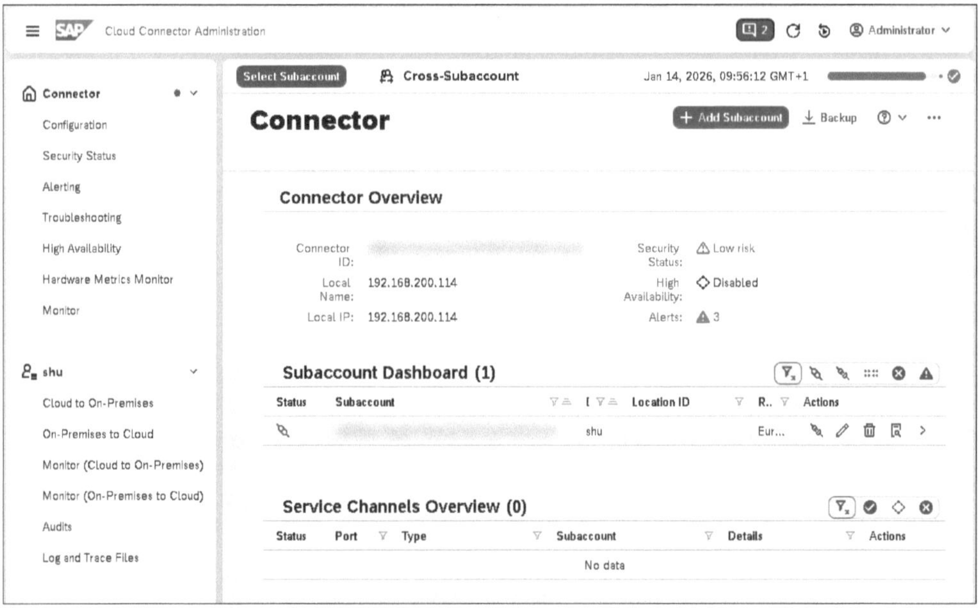

Abbildung 11.27: Übersichtsseite des Cloud Connectors

In Abschnitt 11.4.2, »Überwachung der Verbindungen«, zeige Ihnen z. B., wie Sie den Cloud Connector mit SAP Cloud ALM überwachen können. In dem dort gezeigten Beispiel fügen Sie den Subaccount von SAP Cloud ALM dem Cloud Connector hinzu. Der verbundene Cloud Connector wird dann auch in der SAP BTP unter **Connectivity • Cloud Connectors** angezeigt.

Benutzerkonzept

Im Standard ist die Authentifizierung am Cloud Connector nur mit einem Administrationsbenutzer möglich. Wenn mehrere Personen mit der Administration und der Überwachung des Cloud Connectors betraut sind, benötigen Sie ein flexibleres Benutzer- und Rollenkonzept. Leider ist dieses nicht direkt in den Cloud Connector integriert. Sie müssen den Cloud Connector daher mit einem *LDAP-Server* verbinden. In größeren Unternehmen ist dies meistens kein Problem. Natürlich können Sie auch einen kleinen LDAP-Server einrichten. Aus Gründen der Nachvollziehbarkeit und Revisionssicherheit sollten Sie die LDAP-basierte Anmeldung mit dedizierten Benutzern einrichten. Weitere Hintergründe finden Sie unter dem Link *http://s-prs.de/v1121916*.

Mappings anlegen

Im Cloud Connector müssen Sie neben den Verbindungen zu den SAP-BTP-Subaccounts Verbindungen zu den benötigten Backend-Systemen über sogenannte *Mappings* herstellen. Sie können dabei zwischen verschiedenen Systemtypen (z. B. ABAP, SAP HANA, Java, Nicht-SAP-Systeme) und Übertragungsprotokollen (z. B. HTTPS, RFC) wählen. Die Mappings von der SAP BTP zu Ihren Systemen pflegen Sie über den Bereich **Cloud to On-Premises** und von Ihren Systemen zur SAP BTP über den Bereich **On-Premises to Cloud**.

Ressourcen definieren

Für jedes Mapping im Bereich **Cloud to On-Premises** müssen Sie ein oder mehrere *Ressourcen* freischalten, auf die von der SAP BTP aus zugegriffen werden darf (bei ABAP-Systemen sind dies Services des Internet Communication Frameworks, kurz ICF). Sie sollten nur einzelne Services erlauben und so genau wie möglich differenzieren, um keine Services von außen zugreifbar zu machen, die gar nicht benötigt werden (siehe Abbildung 11.28). Welche Ressourcen freigeschaltet werden müssen, ist bei den jeweiligen Anwendungsszenarien dokumentiert. Zu manchen Szenarien wird auch eine Datei bereitgestellt, die Sie an dieser Stelle über die Funktion (**Import resources belonging to a scenario**) importieren können.

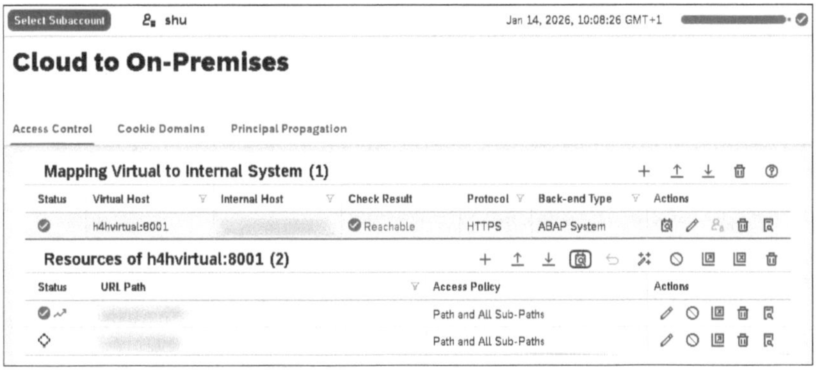

Abbildung 11.28: *Mappings und Ressourcen im Cloud Connector definieren*

Zertifikatsverwaltung

Damit die Verbindungen des Cloud Connectors mit den angeschlossenen Ressourcen (z. B. SAP S/4HANA) reibungslos funktionieren, ist meist auch ein Austausch von Zertifikaten notwendig. Die Zertifikatsverwaltung finden Sie im Bereich **Configuration**. Hier finden Sie auf der Registerkarte **On-Premises** sowohl die Funktionen zur Verwaltung des Systemzertifikats des Cloud Connectors als auch die Funktionen zur Verwaltung des Zertifikatsspeichers für die angeschlossenen On-Premise-Systeme. Wenn Sie z. B. den SAP Web Dispatcher des SAP-S/4HANA-Systems über HTTPS erreichen möchten, so müssen Sie das Serverzertifikat des SAP Web Dispatchers in den **Backend Trust Store** des Cloud Connectors hochladen.

Principal Propagation

Die Weitergabe von Berechtigungsinformationen aus SAP BTP in die On-Premise-Systeme muss ebenfalls über Zertifikate abgesichert werden (Stichwort *Principal Propagation*). Dabei wird dann z. B. aus dem Zertifikat des Benutzers aus SAP BTP die E-Mail-Adresse gelesen und daraus über ein Mapping im SAP S/4HANA-System die Benutzer-ID ermittelt. Über diese Benutzer-ID erfolgen dann die Zugriffe im SAP-S/4HANA-System. Damit dies gelingt, muss auch das Serverzertifikat des Cloud Connectors in die Server-Zertifikatsliste des SAP-S/4HANA-Systems aufgenommen werden (bei Verwendung des SAP Web Dispatchers muss das Zertifikat dort aufgenommen werden). SAP-Hinweis 3452851 ist ein guter Einstiegspunkt für die Einrichtung der Principal Propagation.

Backup

Wenn Sie den Cloud Connector auf einen neuen Server übertragen oder z. B. die Konfiguration vor größeren Konfigurationsveränderungen oder Updates sichern wollen, können Sie die integrierte Backup-Funktion des Cloud Connectors nutzen. Die entsprechenden Buttons **Backup** und **Restore** finden Sie auf der Startseite im Bereich **Connector** oben rechts. Der Restore funktioniert dabei auch bei einem Betriebssystemwechsel z. B. von Windows auf Linux. Auf dem Zielsystem muss die gleiche oder eine neuere Version des Cloud Connectors installiert sein.

11.4.2 Überwachung der Verbindungen

Monitoring-Bereiche

Der Cloud Connector bietet umfassende Monitoring-Funktionen. Setzen Sie den Cloud Connector produktiv ein, müssen Sie diese Komponente Ihrer Systemlandschaft im Blick behalten. Hierzu stehen folgende Bereiche auf der Administrationsoberfläche des Cloud Connectors zur Verfügung, deren Bedeutung ich in Tabelle 11.5 zusammengefasst habe.

[»]

Automatische Erneuerung von SAP-BTP-Subaccount Zertifikaten

Die Subaccount-Zertifikate müssen regelmäßig erneuert werden. Die Erneuerung war bisher nur manuell möglich. Seit Cloud Connector 2.18.0 ist es jedoch möglich, die Zertifikate automatisch verlängern zu lassen. Weitere Hintergründe zur Aktivierung der automatischen Erneuerung finden Sie in SAP-Hinweis 3632133.

Bereich	Zweck
Security Status	Anzeige und Administration verschiedener Zertifikate
Alerting	Anzeige von Alarmen, z. B. wenn eine Verbindung unterbrochen wurde, die Auslastung des Systems zu hoch ist oder ein Zertifikat nicht mehr lange gültig ist. Sie können hier auch eine E-Mail-Benachrichtigung konfigurieren, um über kritische Ereignisse proaktiv benachrichtigt zu werden.
High Availability	Anzeige und Konfiguration der Hochverfügbarkeit
Hardware Metrics Monitor	Anzeige vieler Kennzahlen zur Auslastung der Hardware der letzten 24 Stunden
Monitor (Cloud to On-Premise)	ausführliche Informationen zu Performance, Aktualität und Dauer der Aufrufe aus der Cloud
Monitor (On-Premise to Cloud)	ausführliche Informationen zu den Aufrufen aus Ihren On-Premise-Systemen
Audits	Zugriff auf das Audit-Log des Cloud Connectors und die Konfiguration des Audit-Logs. Hier können Sie überprüfen, wer kritische Änderungen an der Konfiguration vorgenommen hat. Aus Sicherheitsgründen sollten Sie die Audit-Logdateien, die Sie auf dem Dateisystem vorfinden, an eine sichere Stelle gemäß Ihren Regularien kopieren. Ebenso sollte nicht die Person, die entsprechenden Zugriff auf das Betriebssystem hat, gleichzeitig der Administrator des Cloud Connectors sein.
Log And Trace Files	Zugriff auf verschiedene Protokolldateien, die bei der Analyse von Fehlersituationen hilfreich sind, sowie die Möglichkeit, die Log- und Trace-Konfiguration anzupassen (z. B. Trace-Level erhöhen). Einige Traces (z. B. TLS Trace) sollten Sie nur auf Anforderung von SAP oder nur für einen kurzen Zeitraum aktivieren, da die Performance negativ beeinflusst wird.

Tabelle 11.5: Monitoring-Funktionen des Cloud Connectors

Überwachung mit SAP Cloud ALM

Wenn Sie SAP Cloud ALM für die Überwachung Ihrer Systeme nutzen, empfehle ich Ihnen, auch den Cloud Connector in diese Überwachung zu integrieren. Hierzu sind die folgenden Einrichtungsschritte erforderlich:

1. Gehen Sie in Ihren SAP-BTP-Subaccount, in dem SAP Cloud ALM installiert ist, und wählen Sie im Bereich **Connectivity • Cloud Connectors**. Wählen Sie dort die Funktion **Download Authentication Data**.
2. Wählen Sie in Ihrem Cloud Connector im Bereich **Connector** die Funktion **+ Add Subaccount**. Wählen Sie dann die Option **Configure using authentication data** und laden Sie die zuvor heruntergeladene Datei hoch.
3. Erstellen Sie in Ihrem Cloud Connector im Bereich **Cloud To On-Premises** für Ihren SAP-Cloud-ALM-Subaccount ein neues Mapping mit der Funktion **+** (**Hinzufügen**).
4. Verwenden Sie die folgenden Angaben und speichern Sie die Einstellungen:
   - **Back-end Type**: **Other SAP System** auswählen
   - **Protocol**: **HTTPS** auswählen
   - **Internal Host**: <Hostname des Cloud Connectors>
   - **Internal Port**: Portnummer (im Standard 8443)
   - **Virtual Host**: ein virtueller Name, z. B. »sccvirtual«
   - **Virtual Port**: ein virtueller Port, z. B. »443«
   - **Allow Principal Propagation**: Ankreuzfeld entfernen
   - **System Certificate for Logon**: Ankreuzfeld entfernen
   - **Host in Request Header**: **Use Virtual Host** auswählen
5. Fügen Sie im unteren Bereich bei den Ressourcen über die Funktion **+** (**Hinzufügen**) diese drei URL-Pfade hinzu:
   - `/api/monitoring` (Pfad und alle Unterpfade)
   - `/api/v1/configuration/connector/haRole` (nur der Pfad)
   - `/exposed` (nur der Pfad)

   Das Ergebnis sollte wie in Abbildung 11.29 aussehen.

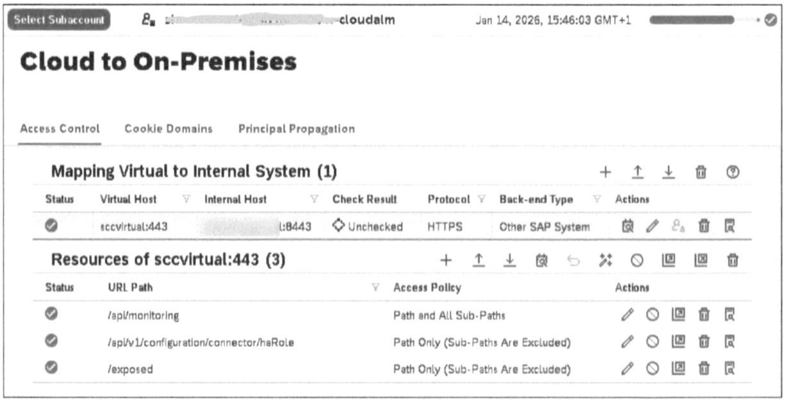

Abbildung 11.29: Mapping und Ressourcen für SAP Cloud ALM

6. Damit SAP Cloud ALM Ihren Cloud Connector überwachen kann, wird ein Benutzer mit Monitoring-Berechtigungen benötigt. Wie ich in Abschnitt 11.4.1, »Installation und Konfiguration des Cloud Connectors«, erläutert habe, benötigen Sie dazu die LDAP-basierte Benutzerverwaltung. Der Benutzer benötigt die Rolle `user.sccmonitoring`. Zu Testzwecken (niemals in produktiven Umgebungen!) können Sie den Schritt überspringen und später Ihren Administrationsbenutzer mit seinem Kennwort hinterlegen.
7. Melden Sie sich nun an Ihrem SAP-Cloud-ALM-Account an und wechseln Sie in den Bereich **Verwaltung • Verwaltung der Landschaft • Services und Systeme**. Wählen Sie **Hinzufügen • Neues System** und geben Sie folgende Informationen ein:
   - **Produkt**: Cloud Connector
   - **System-ID**: beliebig, z. B. SCC
   - **Rolle**: je nach Verwendung, z. B. Test oder Produktion
   - **Virtueller Host und Port**: Verwenden Sie die Daten aus Schritt 4, in meinem Beispiel *https://sccvirtual:443*.
   - **Connector-ID**: Diese finden Sie auf der Startseite Ihres Cloud Connectors im Bereich **Connector Overview**.

   Speichern Sie das neue System. Sollten Sie das System anschließend in der Liste der Systeme nicht sehen, müssen Sie oben auf der Bildschirmseite über die Funktionstaste (**Wählen Sie einen Umfang**) den Servicetyp **Cloud Connector** auswählen.
8. Klicken Sie in der Liste der Systeme auf die Zeile mit dem soeben angelegten Cloud Connector. Wechseln Sie auf die Registerkarte **Endpunkte** und wählen Sie die Funktion **Hinzufügen**. Der Endpunktname wird automatisch vorgeschlagen. Wählen Sie als Anwendungsfall **Health Monitoring** und als **Virtueller Host und Port** wieder die im Cloud Connector erstellte URL (in meinem Beispiel *https://sccvirtual:443*). Im Bereich **Authentifizierung** wählen Sie als Authentifizierungstyp **Standardauthentifizierung** und tragen den vorher bereitgestellten **Benutzer** mitsamt **Kennwort** ein. Speichern Sie die Einstellungen.

Damit ist die Konfiguration abgeschlossen. Wechseln Sie auf der Startseite von SAP Cloud ALM auf die Registerkarte **Betrieb** und öffnen Sie die App **Health-Monitoring**. Falls der Cloud Connector auf der Übersichtsseite nicht angezeigt wird, müssen Sie ihn mit der Funktionstaste (**Wählen Sie einen Umfang**) hinzufügen.

Anschließend können Sie die Detailseite zum Cloud Connector öffnen. In Abbildung 11.30 sehen Sie einen Ausschnitt mit einigen Kennzahlen. Derzeit sind 17 Kennzahlen verfügbar. Selbstverständlich können Sie die Schwellenwerte anpassen und sich bei kritischen Ereignissen proaktiv informieren lassen.

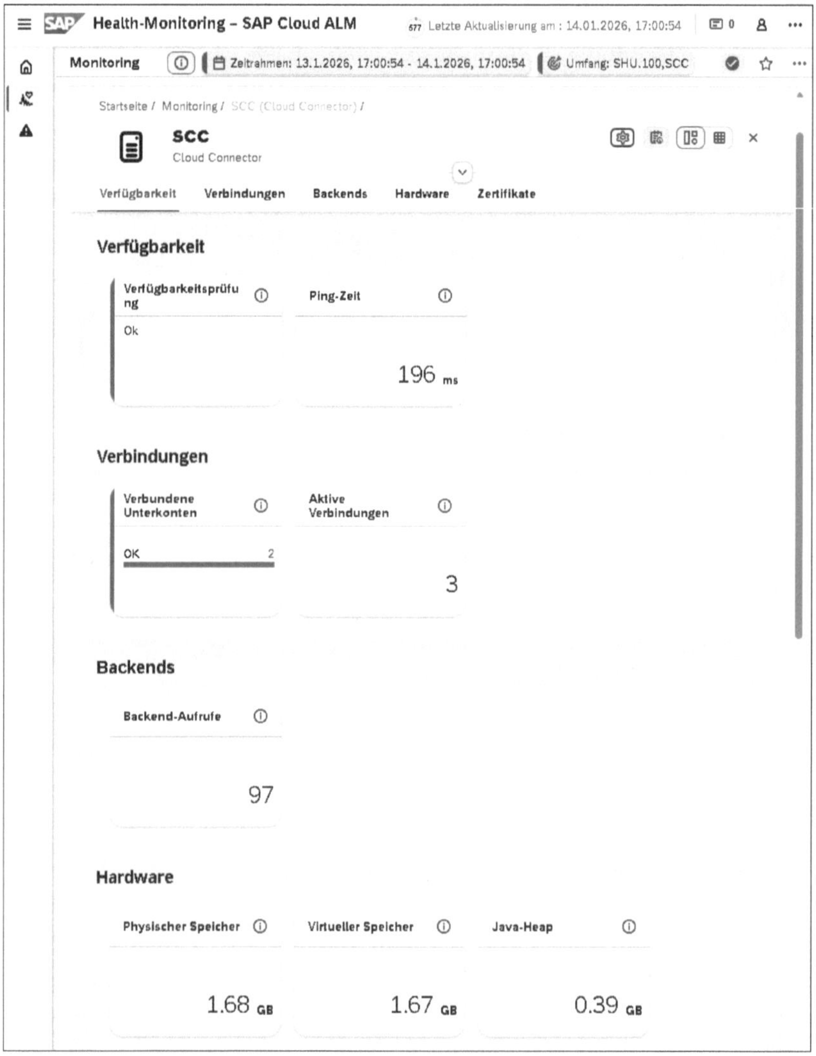

Abbildung 11.30: Health-Monitoring für einen Cloud Connector in SAP Cloud ALM

11.5 SAP Web Dispatcher

Bereits in Abschnitt 3.1.2, »Komponenten«, habe ich Ihnen die Möglichkeiten und die Bedeutung des SAP Web Dispatchers für SAP S/4HANA erläutert. Da ich in meiner täglichen Arbeit vermehrt auch Konfigurationsfehler im SAP Web Dispatcher feststelle, insbesondere bezüglich der Zertifikatsverwaltung, möchte ich an dieser Stelle die Konfiguration des SAP Web Dispatchers weiter vertiefen.

11.5.1 Konfiguration der Ports

In Abbildung 11.31 sehen Sie meine Beispiellandschaft, anhand derer ich Ihnen die Zusammenhänge und die Konfiguration erläutern möchte. Wie Sie sehen, ist in meiner Landschaft der SAP Web Dispatcher in die ASCS-Instanz mit der Instanznummer 02 integriert. Da ich diesen SAP Web Dispatcher nur mit einem SAP-S/4HANA-System verbinden möchte und der SAP Web Dispatcher auch nicht direkt aus dem Internet erreichbar sein soll, ist dieses Set-up für mich hier passend. Mein SAP-S/4HANA-System besteht aus zwei Instanzen: der PAS-Instanz mit der Instanznummer 01 und der AAS-Instanz mit der Instanznummer 06.

Profilparameter

Die Konfiguration der HTTPS-Ports erfolgt über die Instanzprofile der jeweiligen Instanzen. Die Platzhalter `$$` werden dabei beim Starten des Systems durch die Instanznummern ersetzt:

- Instanzprofil ASCS 02:
  - `icm/server_port_0 = PROT=HTTPS,PORT=443$$` (Web Dispatcher Port)
  - `ms/server_port_1 = PROT=HTTPS, PORT=444$$` (Message Server Port)
- Instanzprofil PAS 01:
  - `icm/server_port_1 = PROT=HTTPS,PORT=443$$,PROCTIMEOUT=600, TIMEOUT=600`
- Instanzprofil AAS 06:
  - `icm/server_port_1 = PROT=HTTPS,PORT=443$$,PROCTIMEOUT=600, TIMEOUT=600`

Da die Kommunikation möglichst über alle Verbindungen verschlüsselt erfolgen soll, habe ich auch den Message-Server-Port auf HTTPS umgestellt (Argument `PROT=HTTPS` des Parameters `ms/server_port_1`). Dies ist im Standard bisher nicht so eingestellt und sollte umkonfiguriert werden.

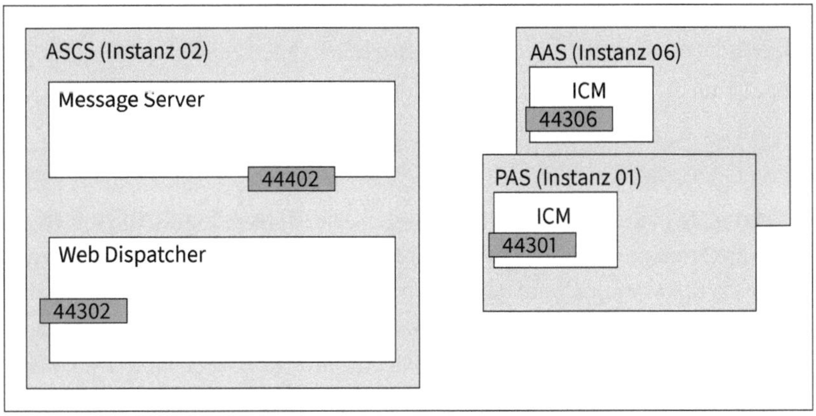

Abbildung 11.31: Beispiellandschaft mit den jeweiligen HTTPS-Ports

11.5.2 Metadatenaustausch

Damit der SAP Web Dispatcher eingehende HTTP(S)-Anfragen verarbeiten und an das oder die Backend-Systeme weiterleiten kann, muss er Kenntnis über die verfügbaren Instanzen und Ports der Backend-Systeme haben. In ABAP-basierten Systemen wie SAP S/4HANA stellen der Message-Server-Prozess und die angeschlossenen ABAP-Instanzen diese Informationen bereit. Der Fachbegriff hierzu lautet *Metadatenaustausch*. Damit der SAP Web Dispatcher weiß, mit welchen Backend-Systemen kommuniziert werden kann, müssen Sie im Profil des SAP Web Dispatchers (in meiner Beispiellandschaft ist das das Instanzprofil der ASCS) pro System einen Profilparameter `wdisp/system_<nr>` hinzufügen. In meinem Beispiel ist dies `wdisp/system_0 = SID=SHU, MSHOST=shu.training.local, MSSPORT=44402`. Wichtig ist hier das Argument `MSSPORT`, mit dem Sie festlegen, dass die Kommunikation mit dem Message Server verschlüsselt erfolgen soll. Ohne Verschlüsselung würden Sie stattdessen das Argument `MSPORT` verwenden.

Vertrauensbeziehung

Da wir alle Verbindungen verschlüsselt konfiguriert haben, benötigen wir eine Vertrauensbeziehung zwischen dem SAP Web Dispatcher, dem Message Server und den Instanzen des SAP-S/4HANA-Systems. Es müssen also Zertifikate ausgetauscht werden. Hierzu müssen Sie sich immer die Frage stellen: Wer baut die Verbindung auf (Client) und wer stellt die Dienste bereit (Server)? Im Falle des Metadatenaustauschs ist der SAP Web Dispatcher der Client, während sowohl der Message Server als auch die ABAP-Instanzen die Server sind. Daher müssen Sie den öffentlichen Teil der Serverzertifikate des Message Servers und der ABAP-Instanzen in die Zertifikatsliste der Client-Personal-Security-Environments des SAP Web Dispatchers aufnehmen.

In meiner Beispielarchitektur kommt erschwerend hinzu, dass der SAP Web Dispatcher und der Message Server beide innerhalb der gleichen Instanz laufen. Dies bedeutet, dass beide Prozesse die gleichen *Personal Security Environments* (PSEs) benutzen. Ich werde in Abschnitt 12.5, »Zertifikatsverwaltung«, genauer auf die Verwaltung der PSEs eingehen.

Führen Sie die folgenden Schritte aus, um die Vertrauensbeziehung herzustellen:

1. Öffnen Sie in Ihrem SAP-S/4HANA-System die Transaktion STRUST. Wählen Sie im Baum den Knoten **SSL-Server Standard**. Klicken Sie im Bereich **Eigenes Zertifikat** doppelt auf das Zertifikat. Im unteren Bereich **Zertifikat** wird Ihnen daraufhin das Zertifikat angezeigt. Über die Funktion (**Zertifikat exportieren**) können Sie das Zertifikat auf Ihren Rechner exportieren. Wählen Sie einen aussagekräftigen Namen (z. B. *<sid>ssl.cer*). Als Dateiformat können Sie **Base64** auswählen, wobei auch **Binär** möglich ist.

> **Instanzspezifische Zertifikate**
> Theoretisch können Sie für jede Ihrer ABAP-Instanzen eigene Serverzertifikate erstellen. Ist dies der Fall, müssen Sie in diesem Schritt die SSL-Server-Standardzertifikate für alle Instanzen herunterladen und später in den SAP Web Dispatcher importieren.

2. Neben dem Zertifikat der ABAP-Instanzen benötigen Sie auch das Serverzertifikat der ASCS-Instanz. Da die ASCS-Instanz keine Benutzeroberfläche für die Zertifikatsverwaltung bietet, müssen Sie einen anderen Weg wählen. In meinem Beispiel ist es sehr einfach, da auch der SAP Web Dispatcher Teil der ASCS-Instanz ist. Daher melden Sie sich mit Benutzer `webadm` an der Weboberfläche des SAP Web Dispatchers an (*https://<Hostname>:<Port>/sap/wdisp/admin/*). Wählen Sie in der Baumstruktur den Bereich **SSL and Trust Configuration • PSE Management**. Wählen Sie, wie in Abbildung 11.32 gezeigt, im Bereich **Manage PSE** die PSE-Datei *SAPSSLS.pse* und dann die Funktion **Export Own Certificate** im Bereich **PSE Attributes**. Im Unterschied zur Transaktion STRUST wird Ihnen hier das Zertifikat BASE64-codiert auf dem Bildschirm angezeigt. Kopieren Sie es vollständig in die Zwischenablage (einschließlich `----BEGIN CERTIFICATE----` und `----END CERTIFICATE----`). Wählen Sie anschließend die Funktion **BACK**.

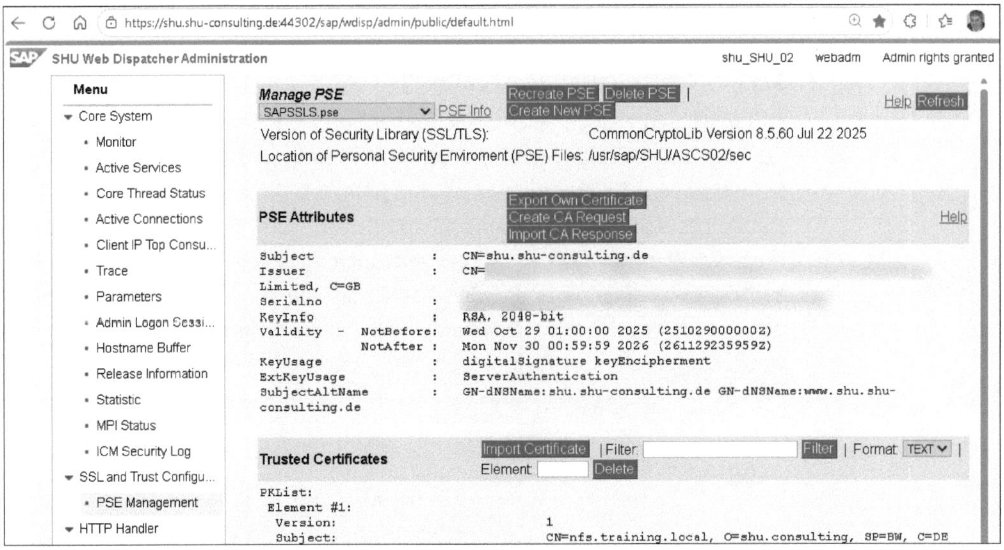

Abbildung 11.32: Export des Serverzertifikats der ASCS-Instanz

[»]

Andere Wege für die Zertifikatsverwaltung der ASCS-Instanz
Wenn der SAP Web Dispatcher nicht in die ASCS-Instanz integriert ist, müssen Sie einen anderen Weg für die Zertifikatsverwaltung der ASCS-Instanz nutzen. In Abschnitt 12.5.2, »Pflege der Zertifikatsspeicher«, werde ich Ihnen hierzu das Kommandozeilenwerkzeug `sapgenpse` vorstellen.

3. Das zuvor in die Zwischenablage kopierte Serverzertifikat der ASCS-Instanz müssen Sie nun in das Client-PSE des SAP Web Dispatchers importieren. Dazu wählen Sie im Bereich **Manage PSE** die PSE-Datei *SAPSSLC.pse*. Wählen Sie dann die Funktion **Import Certificate**. Es öffnet sich ein Textfeld. Fügen Sie das zuvor in die Zwischenablage kopierte Zertifikat an dieser Stelle ein und wählen Sie die Funktion **Import**.
4. Auch das in Schritt 1 aus der Transaktion STRUST erstellte Zertifikat müssen Sie noch in das Client-PSE des SAP Web Dispatchers importieren. Wählen Sie erneut die Funktion **Import Certificate**. Da das Zertifikat nicht in der Zwischenablage, sondern im Dateisystem gespeichert wurde, wählen Sie auf dem Folgebild die Funktion **Certificate File Upload**. Wählen Sie die Zertifikatsdatei aus, die Sie in Schritt 1 erzeugt haben, und wählen Sie dann die Funktion **Import**.

Mit den gezeigten Schritten ist der Metadatenaustausch über verschlüsselte Kommunikation eingerichtet.

11.5.3 Nachrichtenverarbeitung

Wenn Sie an die eingehenden Nachrichten denken, dann ist – äußerlich betrachtet – der SAP Web Dispatcher der Server und dann sind die Anwender*innen oder Schnittstellen, die Nachrichten an den SAP Web Dispatcher senden, die Clients. Handelt es sich z. B. um Anwender*innen, die das SAP Fiori Launchpad öffnen, so muss der Webbrowser dem Server vertrauen. Dies gelingt nur, wenn das Serverzertifikat von einer offiziellen *Zertifizierungsstelle* (engl. *Certificate Authority*, abgekürzt CA) geprüft und ausgestellt wurde. Dies erkennen Sie am Schlosssymbol vor der aufgerufenen URL im Webbrowser (siehe Abbildung 11.33).

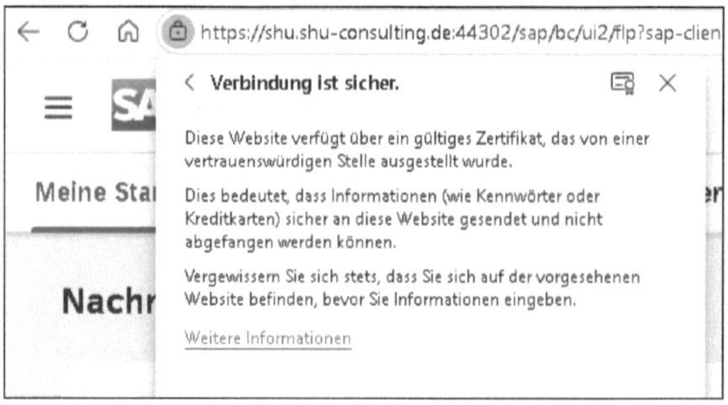

Abbildung 11.33: Sichere Verbindung zum SAP Web Dispatcher

Verarbeitungsarten

Der SAP Web Dispatcher muss nun entscheiden, was mit den eingehenden Nachrichten geschehen soll. Wie bereits erwähnt, ist er grundsätzlich in der Lage, ein einfaches Routing durchzuführen oder auch die Nachrichten selbst zu entschlüsseln, Entscheidungen zu treffen und wieder neu zu verschlüsseln und weiterzuleiten. Der wichtigste Profilparameter in diesem Zusammenhang ist `wdisp/ssl_encrypt`. In Tabelle 11.6 finden Sie die möglichen Parameterwerte und in Abbildung 11.34 sehen Sie die daraus resultierenden, unterschiedlichen fünf Verarbeitungsarten, die ich nachfolgend erläutere:

Wert	Bedeutung
0	Nachricht unverschlüsselt weitergeben
1	Nachricht wieder SSL-verschlüsseln, falls die Nachricht über das HTTPS-Protokoll empfangen wurde
2	Nachricht in jedem Fall wieder SSL-verschlüsseln

Tabelle 11.6: Parameterwerte des Parameters »wdisp/ssl_encrypt«

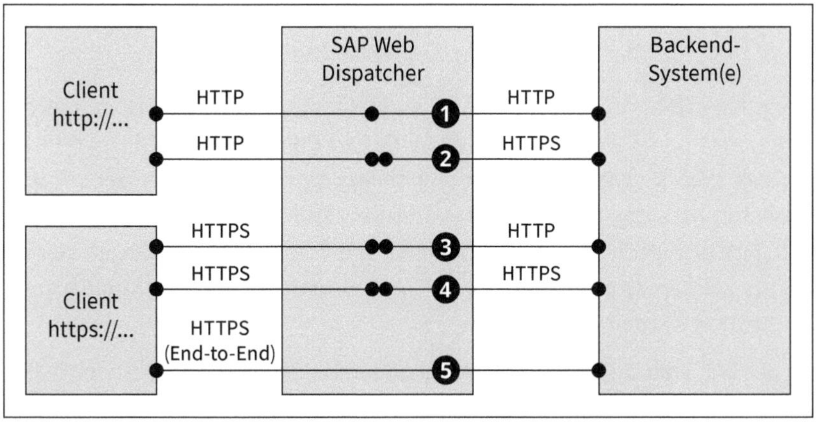

Abbildung 11.34: Verarbeitungsarten eingehender Nachrichten

❶ Option 1 zeigt die Verarbeitung unverschlüsselter Nachrichten. Diese werden vom SAP Web Dispatcher unverschlüsselt weitergeleitet. Ich empfehle aus Sicherheitsgründen, diese Konfiguration nicht zu verwenden. Um diese Art der Kommunikation zu ermöglichen, müssen Sie im Profil des SAP Web Dispatchers einen HTTP-Port konfigurieren (z. B. `icm/server_port_0 = PROT=HTTP,PORT=80$$`). Der Parameter `wdisp/ssl_encrypt` hat hier keine Bedeutung.

❷ Option 2 zeigt ebenfalls den Eingang unverschlüsselter Nachrichten. Der SAP Web Dispatcher verschlüsselt in diesem Fall aber die unverschlüsselte Nachricht selbst und leitet sie an das Backend weiter. Um dies zu ermöglichen, müssen Sie den Parameter `wdisp/ssl_encrypt` auf den Wert 2 stellen. Auch diese Art der Kommunikation ist zu vermeiden, da die Daten bis zur Ankunft am SAP Web Dispatcher unverschlüsselt übertragen werden.

❸ Bei Option 3 gehen die Nachrichten verschlüsselt ein und werden vom SAP Web Dispatcher entschlüsselt und unverschlüsselt an das Backend übertragen. Hierzu muss der Parameter `wdisp/ssl_encrypt` auf den Wert 0 gestellt werden. Auch diese Art der Kommunikation ist zu vermeiden, da die Daten vom SAP Web Dispatcher zum Backend unverschlüsselt übertragen werden.

❹ Bei Option 4 gehen die Daten verschlüsselt am SAP Web Dispatcher ein, werden entschlüsselt, wieder neu verschlüsselt und verschlüsselt an das Backend übertragen. Der Profilparameter `wdisp/ssl_encrypt` muss hier auf 1 oder 2 eingestellt sein.

❺ Bei Option 5 werden eingehende verschlüsselte Nachrichten vom SAP Web Dispatcher nur weitergeleitet (*Router-Modus*). Es findet keine Entschlüsselung und neue Verschlüsselung im SAP Web Dispatcher statt. Um dies zu erreichen, müssen Sie einen Port konfigurieren mit dem Argument `PROT=ROUTER` (z. B. `icm/server_port_3 = PROT=ROUTER,PORT=445$$`). Der Parameter `wdisp/ssl_encrypt` hat für diesen Port dann keine Bedeutung.

Unterschiede zwischen Option 4 und 5

Wenn Sie sämtliche Kommunikation verschlüsseln möchten, bleiben nur die Optionen 4 und 5. Wo liegen die wesentlichen Unterschiede? Bei Option 4 ist der SAP Web Dispatcher in der Kommunikation von außen der Server. Dies bedeutet, dass das Serverzertifikat und die Zertifikatsliste des SAP Web Dispatchers eine zentrale Rolle einnehmen. Die Vertrauensbeziehungen zu den Clients müssen ausschließlich im SAP Web Dispatcher und nicht im Backend konfiguriert werden.

Da der SAP Web Dispatcher die eingehenden Nachrichten entschlüsselt, ist er auch in der Lage, in die Nachricht hineinzuschauen. Mit diesen Informationen kann er die Nachricht bei Lastverteilung an den richtigen Server weiterleiten. Durch die Informationen erkennt er, ob eine Nachricht zu einer zustandslosen (engl. *stateless*) oder zustandsbehafteten (engl. *stateful*) Anwendung gehört. Dies ist wichtig, da er Nachrichten zu Anwendungen, die *stateful* sind, immer an das gleiche Ziel schicken muss.

Im Router-Modus kann der SAP Web Dispatcher die Verteilung lediglich anhand der Client-IP-Adresse durchführen. Deshalb verwaltet der SAP Web Dispatcher eine Mapping-Tabelle zwischen Client-IP-Adresse und Backend-Server. Wurde ein Request von einer Client-IP-Adresse zu einem Backend-Server geschickt, müssen alle folgenden Nachrichten dieser Client-IP-Adresse auch zu diesem Server geschickt werden, da es sich ja um eine Anwendung handeln könnte, die *stateful* ist. Eine Lastverteilung findet also nur bei der ersten Nachricht eines Clients statt.

Empfehlung

Ein Nachteil bei Option 4 ist allerdings, dass mehr Systemressourcen benötigt werden und somit auch mehr Zeit nötig ist, um die Nachricht zu verarbeiten. SAP empfiehlt dennoch, Option 4 zu verwenden. Setzen Sie daher den Profilparameter `wdisp/ssl_encrypt` auf den Wert 2.

In Abbildung 11.35 sehen Sie abschließend einen Überblick der Kommunikationswege der eingehenden Nachrichten sowie den Metadatenaustausch. Mit den dargestellten Zertifikaten (Buchstaben A–D) stelle ich heraus, welche Zertifikate relevant sind und in welchen PSE-Dateien sie gespeichert werden müssen.

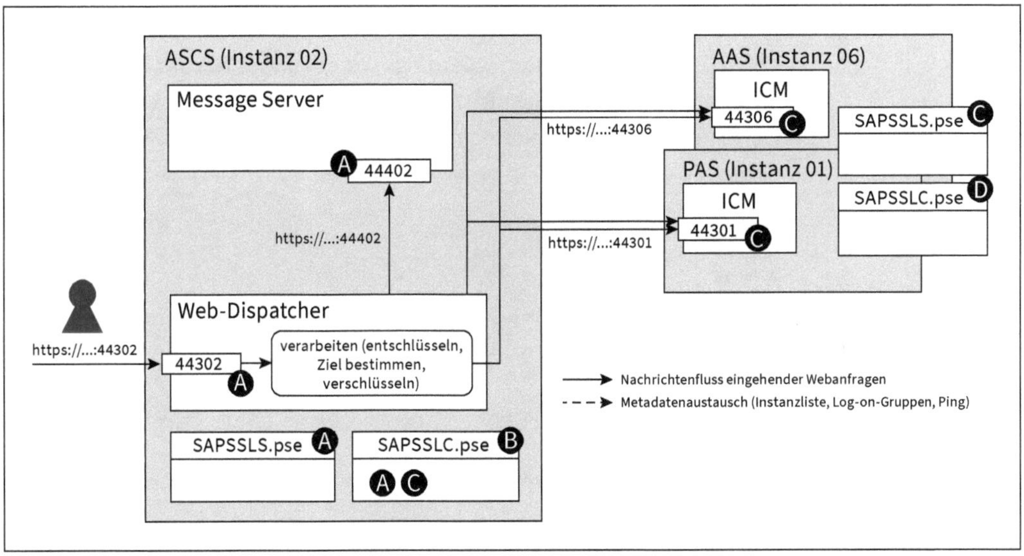

Abbildung 11.35: Kommunikationswege

11.5.4 Überwachung des SAP Web Dispatchers

Ist der SAP Web Dispatcher bei Ihnen im Einsatz, ist er sehr wahrscheinlich auch eine unternehmenskritische Komponente, die Sie im Blick behalten müssen. Funktioniert der SAP Web Dispatcher nicht oder ist z. B. ein Zertifikat abgelaufen, funktioniert der eingehende HTTP-basierte Nachrichtenfluss nicht mehr. Anwender*innen können sich nicht mehr am SAP Fiori Launchpad anmelden oder eingehende Schnittstellen funktionieren nicht mehr.

Für die Überwachung steht Ihnen sowohl die webbasierte Oberfläche als auch das Betriebssystemkommando `wdispmon` zur Verfügung, das ich Ihnen bereits in Abschnitt 3.1.2, »Komponenten«, vorgestellt habe. Nachfolgend zeige ich Ihnen die wichtigsten Überwachungsfunktionen über die Weboberfläche.

Restart

Öffnet sich die webbasierte Oberfläche, wissen Sie schon mal, dass der SAP Web Dispatcher grundsätzlich läuft. Dies wird Ihnen auch durch das grüne Ampelsymbol im Bereich **Core System • Monitor** signalisiert (siehe Abbildung 11.36). In der Dropdown-Liste des **Status** haben Sie z. B. auch die Möglichkeit, den SAP Web Dispatcher herunterzufahren. Dabei wird er direkt im Anschluss wieder automatisch hochgefahren. Dies ist z. B. notwendig, wenn Sie Änderungen an den Zertifikaten oder Parametern vorgenommen haben. Startet der SAP Web Dispatcher nach einem Shutdown nicht mehr, haben Sie bei der Konfiguration vermutlich einen Fehler gemacht. Dann müssen Sie über das Betriebssystem eine Fehleranalyse mithilfe der Trace- und Logdateien durchführen und ihn dann über das Betriebssystem starten.

Wartungsmodus

Über die Option **Enter maintenance mode** können Sie den Wartungsmodus aktivieren. Als Administrator*in können Sie weiterhin an der Konfiguration des SAP Web Dispatchers arbeiten. Allerdings werden keine Nachrichten verarbeitet. Anwender*innen und Schnittstellen, die über den SAP Web Dispatcher auf die Backend-Systeme zugreifen, sind in dieser Zeit nicht arbeitsfähig.

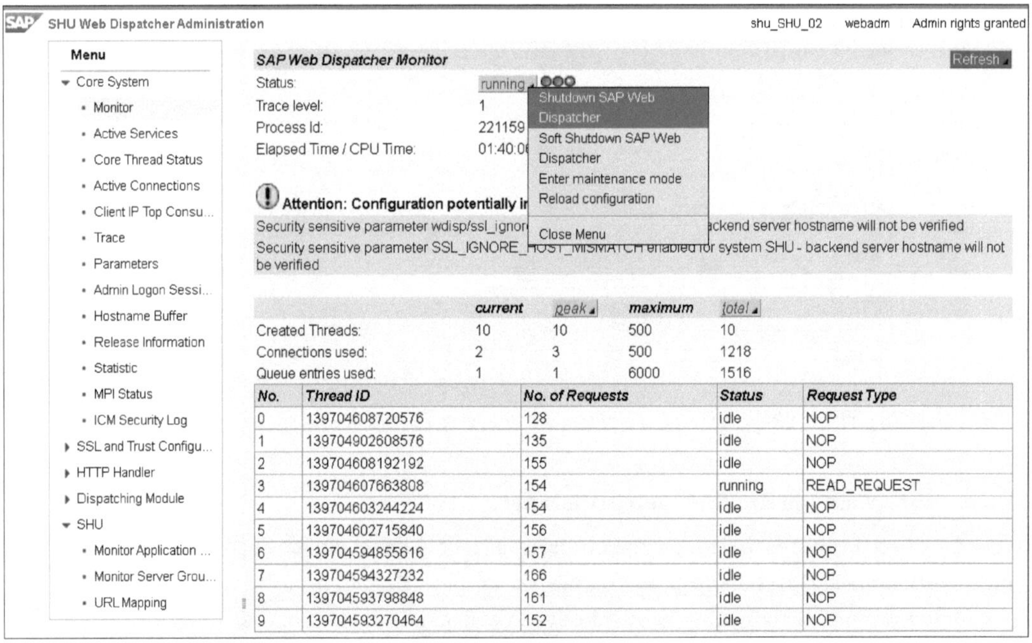

Abbildung 11.36: Status des SAP Web Dispatchers und Restart-Optionen

Im Bereich **Core System • Active Services** werden die aktiven Ports dargestellt, die über die Profilparameter `icm/server_port_<nr>` definiert sind. Sie haben hier auch direkt die Möglichkeit, bestehende Ports zu ändern, neue hinzuzufügen oder Ports zu löschen. Die Änderungen werden allerdings nicht in das Profil zurückgeschrieben und sind somit nur temporär gültig.

Zugriffslog

Im Bereich **Core System • Active Connections** werden Ihnen die momentan aktiven Verbindungen angezeigt. Hier haben Sie einen guten Überblick über sämtliche, aktive Verbindungen. Im Bereich **HTTP Handler • Access Log** können Sie auf die historischen Verbindungsdaten zugreifen. Dieses Log eignet sich hervorragend, um zu prüfen, ob Nachrichten den SAP Web Dispatcher überhaupt erreicht haben oder bereits in einer vorgelagerten Anwendung, z. B. einer Firewall, blockiert wurden.

Trace-Datei

Zur Analyse von Fehlersituationen können Sie in die Trace-Datei des SAP Web Dispatchers schauen. Diese finden Sie im Bereich **Core System • Trace** oder über das Betriebssystem in der Datei *dev_webdisp* im Arbeitsverzeichnis des SAP Web Dispatchers. Ist der Trace in die ASCS integriert, lautet der Pfad */usr/sap/<SID>/ASCS<Instanznummer>/work*. Bei jedem Neustart des SAP Web Dispatchers oder beim Erreichen der maximalen Dateigröße wird die bestehende Datei in *dev_webdisp.old* umbenannt und eine neue Trace-Datei erstellt.

Parameterpflege

Im Bereich **Core System • Parameters** haben Sie Zugriff auf sämtliche Parameter des SAP Web Dispatchers. Auf der Registerkarte **Settings** sehen Sie alle aktuell vom System genutzten Parameter. Auf den Registerkarten **Instance Profile** und **Default Profile** haben Sie Zugriff auf die jeweiligen Profildateien (nur Anzeige). Auf der Registerkarte **Edit Parameters** haben Sie schließlich die Möglichkeit, Profilparameter direkt auf der Oberfläche zu pflegen, wie in Abbildung 11.37 gezeigt. Sie können dabei entscheiden, ob Parameter nur temporär geändert werden sollen (Funktion **Change Value Temporarily**) oder dauerhaft (Funktion **Change Value Permanently**). Bei Letzterem wird der Parameter in die Profildatei geschrieben. Ist die Funktion **Change Value Temporarily** ausgegraut, bedeutet dies, dass der Parameter nicht dynamisch änderbar ist und Sie den SAP Web Dispatcher neu starten müssen, damit die Änderung wirksam wird.

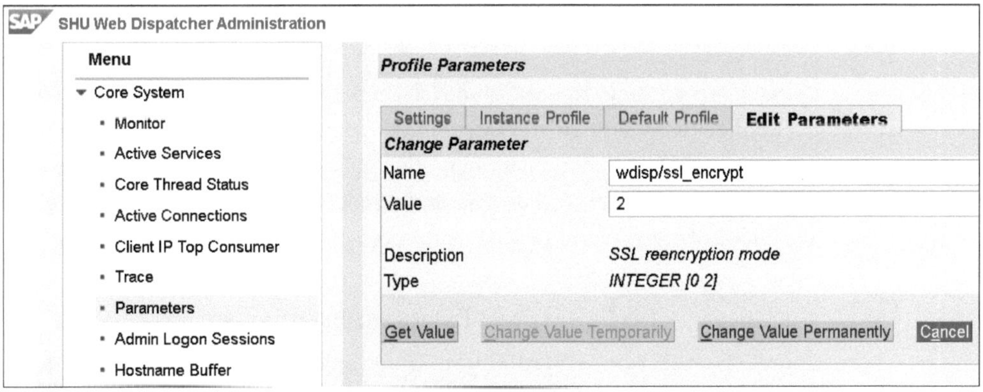

Abbildung 11.37: Parameteränderung im SAP Web Dispatcher

Benutzerpflege

Aktuell sind Sie mit dem Benutzer `webadm` auf der Oberfläche angemeldet. Es besteht aber auch die Möglichkeit, weitere Benutzer zu pflegen. Im Bereich

HTTP Handler • Admin Handler können Sie zusätzliche Benutzer anlegen. Vergeben Sie als Gruppe den Wert **admin**, erhält der Benutzer volle Administrationsberechtigungen. Lassen Sie die Gruppe leer, hat der Benutzer nur Monitoring-Berechtigungen.

Backend-Verbindung

Im unteren Bereich des Baumes finden Sie pro Backend-System einen Eintrag mit dem Namen der SID des Systems. In Abbildung 11.38 sehen Sie bei meinem System z. B. die SID **SHU** mit dem Unterpunkt **Monitor Application Servers**. An den grünen Haken erkennen Sie, dass beide Instanzen vom SAP Web Dispatcher aus erreichbar und für die Lastverteilung der eingehenden Nachrichten verfügbar sind. Sie erkennen an dieser Stelle auch die Auslastung und Verteilung der Nachrichten über die Instanzen.

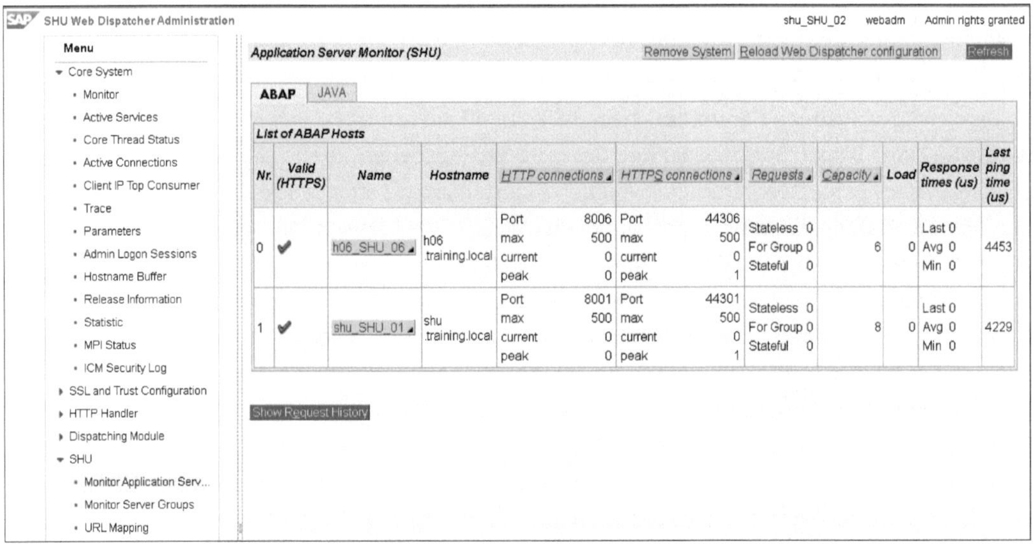

Abbildung 11.38: Application Server Monitor für ein Backend-System

Je nach Anwendungsszenario sind weitere Bereiche des SAP Web Dispatchers zu konfigurieren und zu überwachen. Mit den gezeigten Bereichen kennen Sie nun aber den Funktionsumfang, der üblicherweise im Rahmen von SAP S/4HANA abzudecken ist. Für eine umfassende Dokumentation empfehle ich die Wiki-Seite unter *http://wiki.scn.sap.com/wiki/x/soCuG#content*.

[»]

Keine eingebaute Hochverfügbarkeitslösung vorhanden

Im Gegensatz zum in Abschnitt 11.4 vorgestellten Cloud Connector gibt es für den SAP Web Dispatcher keine eingebaute Hochverfügbarkeitslösung. Ist der SAP Web Dispatcher in die ASCS-Instanz integriert, kann die in Abschnitt 16.1.3, »Rolling Kernel Switch«, beschriebene Hochverfügbarkeitslösung angewendet werden. Eine Hochverfügbarkeit eines Stand-alone-

SAP-Web-Dispatchers können Sie mithilfe externer Hochverfügbarkeitslösungen oder parallel laufender SAP Web Dispatcher mit vorgeschaltetem Load Balancer realisieren.

11.5.5 Generieren der URLs zum SAP Web Dispatcher

Pflegeview HTTPURLLOC

Wenn Sie möchten, dass beim Öffnen von URLs aus dem SAP-S/4HANA-System heraus die URL des SAP Web Dispatchers und nicht die URL des SAP-S/4HANA-Systems geöffnet wird, müssen Sie im SAP-S/4HANA-System in Transaktion SM30 den Pflegeview HTTPURLLOC pflegen. Auch im Rahmen der initialen Bereitstellung von SAP Fiori über die Aufgabenliste `SAP_GW_FIORI_ERP_ONE_CLNT_SETUP` kann dieser Punkt mit abgedeckt werden.

In Abbildung 11.39 sehen Sie, dass ich alle HTTPS-basierten URLs für den Server *shu.shu-consulting.de* mit Port 44302 generiere. Hinter diesem virtuellen Hostnamen und Port lauscht bei mir der SAP Web Dispatcher. Ohne diesen Eintrag würde z. B. beim Öffnen des SAP Fiori Launchpads über die Transaktion /N/UI2/FLP die interne URL des SAP-S/4HANA-Systems geöffnet werden (in meinem Beispiel *https://shu.training.local:44301*). Dadurch hätte ich unter anderem keine Lastverteilung, da ich mich immer an der Instanz 01 anmelden würde und nicht am SAP Web Dispatcher.

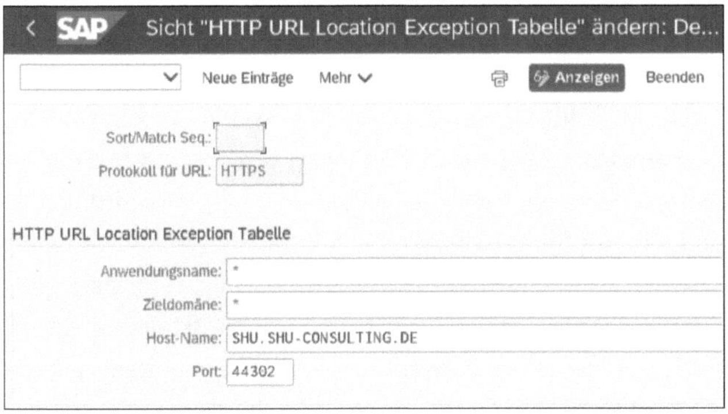

Abbildung 11.39: Pflegeview HTTPURLLOC

11.6 SAP Application Interface Framework

Beim *SAP Application Interface Framework* (AIF) handelt es sich nicht um eine weitere Schnittstellentechnologie, sondern um ein Framework, mit dem Sie Schnittstellen unterschiedlicher Technologien an einer zentralen Stelle bereitstellen, verwalten und überwachen können. Ursprünglich wurde es als Add-on zu SAP ERP ausgeliefert, das Sie zusätzlich installieren mussten. Mit SAP S/4HANA ist das AIF jedoch Teil der Standardauslieferung. Grund hierfür ist, dass es besonders in den SaaS-Betriebsmodellen keine alternativen Transaktionen gibt, um Schnittstellen überwachen und Fehler beseitigen zu können. In diesen Betriebsmodellen können die Schnittstellen stattdessen über die SAP-Fiori-Oberfläche des AIF überwacht und bearbeitet werden.

Architektur Abbildung 11.40 ordnet das AIF in die Gesamtarchitektur von SAP S/4HANA ein.

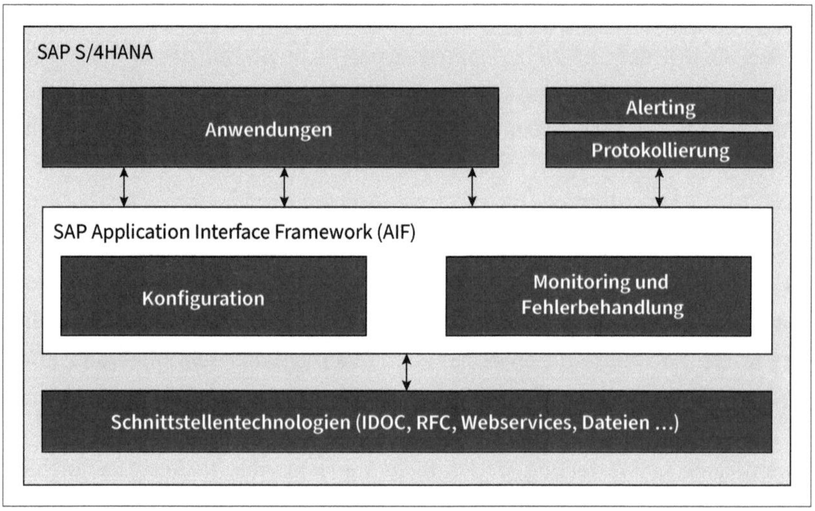

Abbildung 11.40: Einordnung des SAP Application Interface Frameworks in die Architektur von SAP S/4HANA

Lizenzen Das Framework ist aber auch für die Verwendung in ausschließlichen On-Premise-Umgebungen interessant, da es unabhängig von der verwendeten Schnittstellentechnologie eine einheitliche Umgebung zur Verwaltung der Schnittstellen bereitstellt. Allerdings wird die Verwaltung kundenindividueller Schnittstellen, von denen es in On-Premise-Umgebungen oft sehr viele gibt, von der Standardlizenz nicht abgedeckt. Um alle diese Schnittstellen mit dem SAP Application Interface Framework verwalten zu können, benötigen Sie die kostenpflichtige Zusatzkomponente AIFGEN.

Die Oberfläche zur Einrichtung und Konfiguration von Schnittstellen erreichen Sie über die Transaktion /N/AIF/CUST. Weiterführende Informationen zur Einrichtung und Verwendung des Frameworks finden Sie im SAP Help Portal unter *https://help.sap.com/aif*.

IDoc-Verwaltung In Abschnitt 11.2.3 habe ich Ihnen die Überwachung von IDocs über Transaktion WLF_IDOC gezeigt. IDocs vom Typ CREMAS lassen sich auch mit dem SAP Application Interface Framework standardmäßig verwalten. Um dies auszuprobieren, müssen Sie die Integration in das Framework aktivieren.

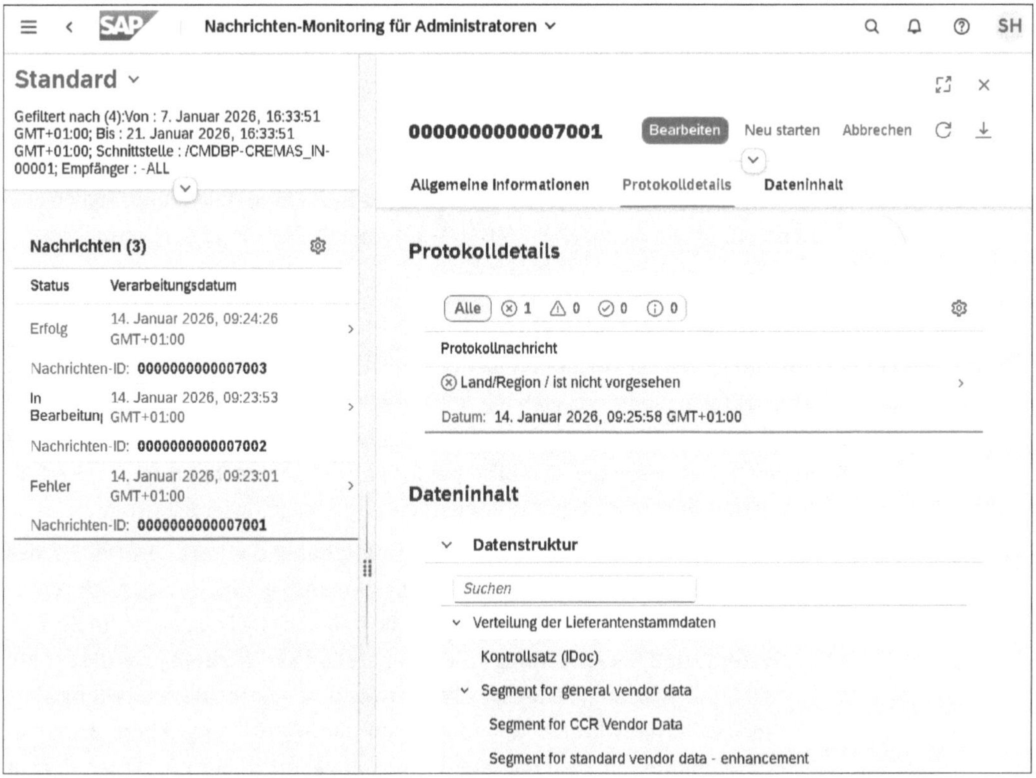

Abbildung 11.41: SAP-Fiori-App »Nachrichten-Monitoring«

Durch individuell konfigurierbare Alarmierungen können Anwender*innen bei fachlichen Fehlern gezielt informiert werden. Über die Transaktion /N/AIF/ERR oder die SAP-Fiori-App **Nachrichten-Monitoring** können Anwender*innen fehlerhafte CREMAS-IDocs erkennen, korrigieren und nachverbuchen. Abbildung 11.41 zeigt z. B., dass im Bereich der generellen Lieferantenstammdaten des Datensatzes das Pflichtfeld **Land/Region** nicht oder falsch übergeben wurde. Eine Anwenderin oder ein Anwender kann nun, sofern dies gewünscht und erlaubt ist, in den Änderungsmodus wechseln, den Datensatz korrigieren und das IDoc über den Button **Neu starten** nachverbuchen.

11.7 SAP Cloud ALM

Ich zeige in diesem Buch an vielen Stellen, wie Sie SAP Cloud ALM im Tagesgeschäft als Administrator*in unterstützen kann. Neben den Möglichkeiten im Bereich des Änderungs- und Transportwesens, die ich in Abschnitt 7.7.2, »SAP Cloud ALM«, gezeigt habe, ist insbesondere die Überwachung des Betriebs von SAP S/4HANA mit SAP Cloud ALM interessant. Hierzu zeige ich Ihnen in Abschnitt 13.10.4, »Überwachung mit SAP Cloud ALM«, einige Beispiele. Dadurch sparen Sie sich zeitaufwendige, manuelle Prüfungen und werden stattdessen proaktiv informiert. In Zukunft können Sie in SAP Cloud ALM auch integrierte Funktionen mit künstlicher Intelligenz erwarten. SAP Cloud ALM kann dann in einem ersten Schritt mögliche Lösungen zu Problemen vorschlagen und in einem zweiten Schritt sogar selbstständig Probleme lösen.

In diesem Abschnitt zeige ich Ihnen, wie Sie SAP Cloud ALM grundsätzlich einrichten und wie Sie Ihr SAP-S/4HANA-System mit SAP Cloud ALM verbinden.

11.7.1 Bereitstellung eines SAP-Cloud-ALM-Tenants

Nutzungsrecht

SAP Cloud ALM ist ein SaaS-Angebot von SAP. Die Nutzung von SAP Cloud ALM ist in den Wartungsverträgen mit SAP geregelt. Grundsätzlich sollten Sie immer ein Nutzungsrecht haben, wenn Sie einen Enterprise-Support-Vertrag mit SAP haben. Informieren Sie sich bitte bei Ihrem SAP-Ansprechpartner, ob Sie SAP Cloud ALM nutzen dürfen. Die Ersteinrichtung erfolgt in vier Schritten:

Bereitstellung

1. Die Bereitstellung von SAP Cloud ALM erfolgt über das Portal *SAP for Me*, das Sie unter *https://me.sap.com* erreichen können. Sie müssen sich mit Ihrem S-User anmelden. Der S-User benötigt die Rolle `Edit Cloud Data`. Im Bereich **Systeme und Bereitstellung • für Bereitstellung verfügbare Produkte** sollte SAP Cloud ALM aufgelistet sein. Wählen Sie die Funktion **Bereitstellung starten**. Technisch wird SAP Cloud ALM auf der SAP BTP betrieben. Beim Onboarding müssen Sie daher eine Region angeben. In Europa stehen derzeit zwei Rechenzentren für SAP Cloud ALM zur Verfügung: Frankfurt (AWS) und Amsterdam (Microsoft Azure). Weiterhin müssen Sie einen Identity Provider (siehe Schritt 2) auswählen. Ebenso müssen Sie einen Hauptansprechpartner angeben, der die notwendigen Zugangsdaten für die Ersteinrichtung per E-Mail erhält. Nach einigen Stunden ist SAP Cloud ALM bereitgestellt und Sie können mit den nächsten Schritten fortfahren.

Benutzerpflege

2. Mit der Bereitstellung wird automatisch ein *Identity-Authentication-Tenant* in der gleichen Region für Sie erstellt, sofern nicht bereits einer, z. B. im Zuge anderer Softwarelösungen, in der gleichen Region bereitgestellt wurde. Über diesen Tenant pflegen Sie die Benutzer, die auf SAP Cloud ALM Zugriff haben sollen. Anstatt die Benutzer hier zu pflegen, können Sie den Tenant auch als Proxy einrichten, damit die Benutzerpflege z. B. über Ihren bereits bestehenden Unternehmens-Identity-Provider erfolgen kann.

Rollenpflege

3. Der in Schritt 1 benannte Hauptansprechpartner erhält nach der Bereitstellung automatisch eine E-Mail mit den Zugangsdaten und dem Link zur Anmeldung an SAP Cloud ALM. Die Benutzer, die in Schritt 2 angelegt wurden, können nun in SAP Cloud ALM hinzugefügt werden. Hierzu öffnen Sie auf der Registerkarte **Verwaltung** die App **Benutzerverwaltung**. Dort wählen Sie die Funktion **Benutzer hinzufügen**. Geben Sie die in Schritt 2 definierte Benutzer-ID und/oder E-Mail-Adresse ein. Wählen Sie einen Benutzertyp aus (in

der Regel **Mitarbeiter**) und ordnen Sie dem Benutzer mindestens eine Rolle zu. Auf der Seite *https://help.sap.com/docs/cloud-alm/setup-administration/roles* finden Sie eine Dokumentation der verfügbaren Rollen.

4. Damit Sie SAP S/4HANA mit SAP Cloud ALM verbinden können, benötigen Sie den sogenannten *SAP-Cloud-ALM-Serviceschlüssel*. Öffnen Sie auf der Registerkarte **Verwaltung** die App **Verwaltung der Landschaft**. Über den Button ⚙ (**Konfiguration**) können Sie im Bereich **SAP-Cloud-ALM-Serviceschlüssel** den Schlüssel über den Button ⤓ (**Serviceschlüssel herunterladen**) herunterladen. Mit dem Schlüssel stellen Sie später eine Vertrauensbeziehung zwischen den anzuschließenden Systemen und SAP Cloud ALM her. Geben Sie den Schlüssel nicht aus der Hand und verteilen Sie ihn nicht über unsichere Kanäle. Löschen Sie ihn von Ihrem Computer, wenn Sie den Schlüssel in SAP S/4HANA hochgeladen haben, Sie können ihn jederzeit wieder herunterladen, wenn Sie weitere Systeme mit SAP Cloud ALM verbinden möchten. **Serviceschlüssel**

11.7.2 Konfiguration des Push-Daten-Providers

Die Datenübertragung von SAP S/4HANA an SAP Cloud ALM erfolgt über einen Push-Mechanismus. Dies bedeutet, dass nur SAP S/4HANA in der Lage ist, Daten an SAP Cloud ALM zu liefern. SAP Cloud ALM kann nicht von sich aus eine Verbindung zu SAP S/4HANA aufbauen, um Daten abzuholen. Durch diesen Mechanismus ist es auch nicht vorgesehen, dass der in Abschnitt 11.4 besprochene Cloud Connector als Kommunikationskanal genutzt wird. Stattdessen muss das SAP-S/4HANA-System in der Lage sein, direkt eine HTTPS-Verbindung zu SAP Cloud ALM aufzubauen. Selbstverständlich können Sie eine Proxy-Lösung dazwischenschalten, wenn Sie nicht möchten, dass das SAP-System direkt mit dem Internet kommuniziert. Die in der Firewall freizuschaltende Zieladresse ist abhängig vom gewählten Rechenzentrum. Sie finden die URL in der Datei des Serviceschlüssels, den Sie zuvor heruntergeladen haben.

Plug-in ST-PI

Die technische Komponente im SAP-S/4HANA-System, die für die Bereitstellung der Daten an SAP Cloud ALM zuständig ist, ist das *Solution Tools Plug-in* (ST-PI). Diese Komponente haben Sie mit der Bereitstellung von SAP S/4HANA bereits mit installiert. Sie müssen aber dafür Sorge tragen, dass die Komponente möglichst auf einem aktuellen Stand ist. SAP unterstützt für SAP Cloud ALM offiziell die letzten beiden Versionen. Sie sollten auf jeden Fall bei jedem geplanten Update des Systems auch diese Komponente aktualisieren. Führen Sie nur selten Updates durch, müssen Sie die Komponente auch zwischen geplanten größeren Updates separat aktualisieren. Sie können dazu die Transaktionen SPAM/SAINT verwenden, die ich Ihnen in Abschnitt 15.6.6, »Support Package Manager und Add-on Installation Tool«, vorstelle. Ein Update dauert in der Regel nur wenige Minuten und es ist keine Downtime erforderlich. Wenn Sie auch den Anwendungsfall *Geschäftsprozess-Monitoring* nutzen, ist zusätzlich die technische Komponente *Servicetools für SAP Basis* (ST-A/PI) erforderlich. Auch hier gelten die gleichen Regeln wie für ST-PI.

Profilparameter

Im Default-Profil des AS ABAP müssen Sie den Profilparameter `icm/HTTPS/client_sni_enabled` auf den Wert `true` setzen. Den Profilparameter `ssl/client_ciphersuites` setzen Sie auf den in SAP-Hinweis 510007 in Abschnitt 7 empfohlenen Wert (derzeit `912:PFS:HIGH::EC_X25519:EC_P256:EC_HIGH`).

Zertifikate

Laden Sie benötigte Zertifikate herunter und importieren Sie diese über die Transaktion STRUST in Ihr SAP-S/4HANA-System. Die genaue Anleitung und die Zertifikate finden Sie auf der Seite *http://s-prs.de/v1121917*.

Technischer Benutzer

Bereiten Sie einen technischen Benutzer im SAP-S/4HANA-System vor, unter dem die entsprechenden Jobs eingeplant werden. Rufen Sie dazu die Transaktion SU01 auf. Tragen Sie in das Feld **Benutzer** einen Benutzernamen ein (z. B. »BC_CALM«) und wählen Sie die Funktion **Technischen Benutzer anlegen**. Der Benutzer benötigt folgende Berechtigungsrollen, die Sie entweder direkt vergeben oder in eigene Berechtigungsrollen überführen:

- SAP_SDF_ALM_METRIC_PUSH_FND
- SAP_SDF_ALM_METRIC_PUSH_CSA
- SAP_SDF_ALM_METRIC_PUSH_CSA_S
- SAP_SDF_ALM_METRIC_PUSH_BPMON
- SAP_SDF_ALM_METRIC_PUSH_EXMON
- SAP_SDF_ALM_METRIC_PUSH_HEALTH
- SAP_SDF_ALM_METRIC_PUSH_INTMON
- SAP_SDF_ALM_METRIC_PUSH_JOBMON
- SAP_SDF_ALM_METRIC_PUSH_PERF

[!]

Neueste Version der Rollen verwenden

SAP liefert Aktualisierungen mancher der genannten Rollen über SAP-Hinweis 3372078 aus. Markieren Sie diesen SAP-Hinweis als Favoriten, damit Sie automatisch benachrichtigt werden, wenn er aktualisiert wird. Laden Sie die Rollen aus dem SAP-Hinweis herunter und in Transaktion PFCG über das Menü **Rolle • Upload** hoch. Dabei wird die vorherige Version überschrieben. Generieren Sie das Profil zur Rolle und führen Sie einen Benutzerabgleich durch.

Rufen Sie im SAP-S/4HANA-System die Transaktion /N/SDF/ALM_SETUP auf, um die Einrichtung durchzuführen. Üblicherweise führen Sie die Einrichtung in einem Arbeitsmandanten durch. Manche Anwendungsfälle, wie. z. B. das Transportwesen über SAP Cloud ALM, erfordern aber auch, dass Sie die Einrichtung zusätzlich in Mandant 000 durchführen.

Die Einrichtung erfolgt in fünf Schritten:

1. Wählen Sie im Bereich **Vorhandene Destination wählen oder Namen einer neuen Destination angeben** eine Beschreibung, z. B. `CALM<Mandantennummer>`. Mit diesem Namen wird im nächsten Schritt eine RFC-Verbindung mit dem Namen `ZSDF_<Beschreibungsname>` generiert
2. Wählen Sie im Bereich **HTTP-Destination pflegen** die Funktion **Destination anlegen/aktualisieren**. Auf dem sich öffnenden Bildschirm wählen Sie oben die Funktion **Serviceschl.einf.**. Es öffnet sich ein großes Textfeld. Fügen Sie nun den Inhalt der Serviceschlüssel-Datei, die Sie in Abschnitt 11.7.1, »Bereitstellung eines SAP-Cloud-ALM-Tenants«, heruntergeladen haben, per Copy and Paste in das Textfeld ein und bestätigen Sie. Die Daten werden nun automatisch in die einzelnen Felder (**Tokenendpunkt**, **Client-ID**, **Secret** usw.) übernommen. Bestätigen Sie erneut. Die RFC-Verbindung wird automatisch erzeugt.
3. In Ihrem SAP-S/4HANA-System muss sehr häufig (im Standard jede Minute) ein Job ausgeführt werden, der die Steuerung und Bereitstellung der Daten an SAP Cloud ALM übernimmt. Der Job sollte unter einem technischen Benutzer laufen. Tragen Sie den Benutzer ein, den Sie zuvor angelegt haben. Wählen Sie die Funktion **Registrieren**. Es wird ein Job eingeplant, der einmal pro Minute läuft. Den Job finden Sie, wie alle Hintergrundjobs, in Transaktion SM37. Der Job hat den Namen `CALM SCHEDULER <Beschreibungsname>`.
4. Wählen Sie im Bereich **Zu sammelnde Anwendungsfälle** die Funktion **Anw-Fälle aktivieren**. Hier können Sie, wie in Abbildung 11.42 gezeigt, definieren, für welche Anwendungsfälle Daten an SAP Cloud ALM übertragen werden.

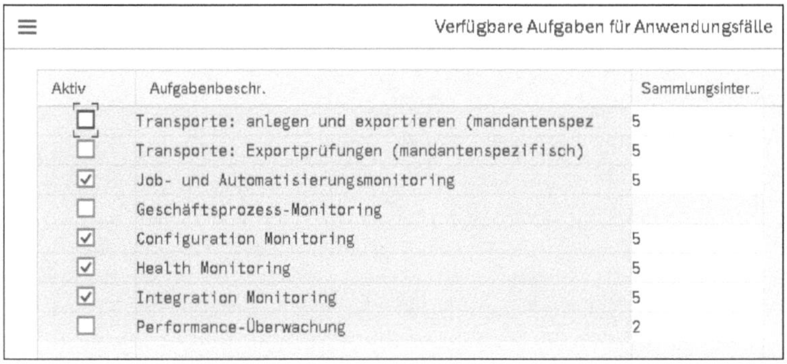

Abbildung 11.42: Auswahl der Anwendungsfälle in Transaktion /SDF/ALM_SETUP

Ich empfehle Ihnen, mit dem **Health Monitoring** zu beginnen und später weitere Anwendungsfälle nach Bedarf hinzuzufügen. In der Spalte **Sammlungsintervall** definieren Sie, wie häufig die Daten übertragen werden sollen. Der Wert ist in Minuten anzugeben. Richten Sie z. B. ein Alerting in SAP Cloud ALM ein, bedeutet dies, dass es eine Verzögerung der Alarmierung von einigen Minuten geben kann.

5. Der im Bereich **Registrierung in SAP-Support-Backbone** beschriebene Einrichtungsprozess steht nicht direkt im Zusammenhang mit SAP Cloud ALM. Hier geht es um die Datenübertragung zu SAP, damit die Systeme im Portal SAP for Me sichtbar sind und Wartungen geplant werden können. Bisher hat der SAP Solution Manager diese Aufgabe übernommen, aber ich empfehle Ihnen, die Daten direkt vom SAP-System senden zu lassen. Die Hintergründe und die Einrichtung beschreibe ich in Abschnitt 15.4 »Anbindung an das SAP Support Portal«.

In Abbildung 11.43 sehen Sie beispielhaft das Ergebnis der Einrichtung in meinem System. Ich möchte noch auf den Button **Fehlerbehebung** hinweisen, über den Sie auf eine Webseite von SAP geleitet werden. Dort finden Sie häufige Fehlerursachen und deren Lösung. Ebenso kann das Anwendungslog hilfreich sein. Dieses erreichen Sie über die Transaktion SLG1. Als Objekt wählen Sie `/SDF/CALM`.

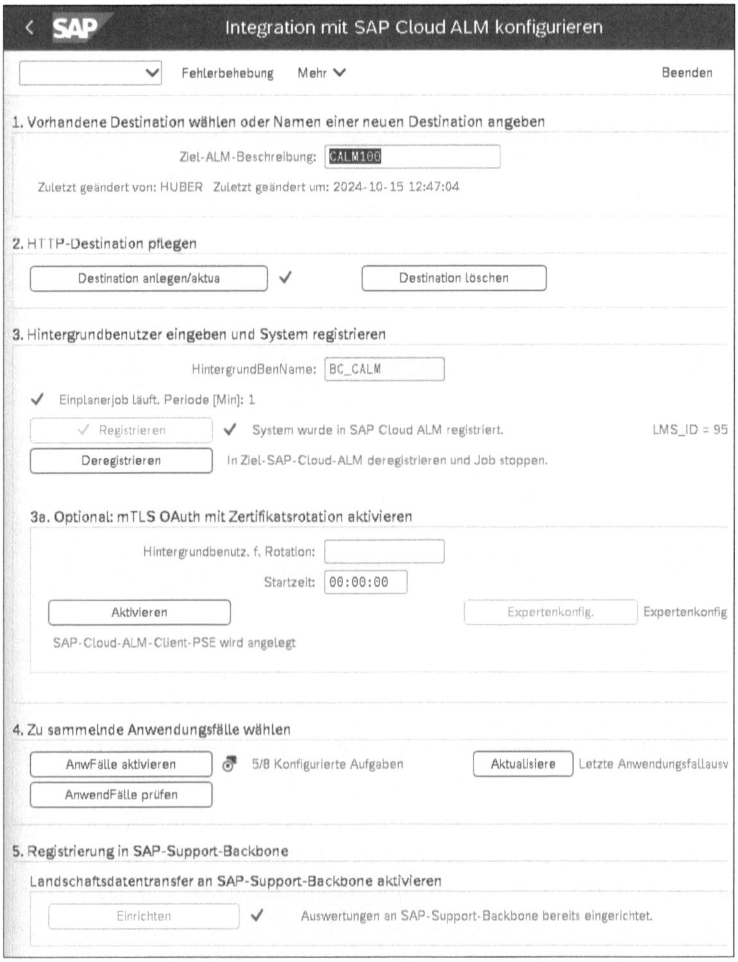

Abbildung 11.43: Konfiguration in Transaktion /SDF/ALM_SETUP

[+]

Zusätzliche Kennzahlen für SAP HANA

Läuft die SAP-HANA-Datenbank nicht auf dem gleichen Host wie Ihr SAP-System, können nicht alle Kennzahlen zu SAP HANA an SAP Cloud ALM gesendet werden. Hier können Sie die Schritte ausführen, die auf der Seite *http://s-prs.de/v1121918* im Bereich **Hinzufügen der Metriken** beschrieben sind. Damit wird über einen bestehenden SAP-Hostagent des SAP-S/4HANA-Systems die Verbindung zum SAP-Hostagent der SAP-HANA-Datenbank hergestellt. Dieser stellt nun Metriken zur Verfügung, wie z. B. die CPU- oder Speicherauslastung des Datenbankservers.

11.7.3 Überprüfung der Konfiguration in SAP Cloud ALM

Melden Sie sich an SAP Cloud ALM an und wählen Sie auf der Registerkarte **Verwaltung** die App **Verwaltung der Landschaft**. In der Übersicht wird Ihnen nach der zuvor beschriebenen Einrichtung das SAP-S/4HANA-System angezeigt. Wählen Sie das System aus. Auf der Registerkarte **Unterstützte Anwendungsfälle** sollten Sie, entsprechend Ihrer Auswahl der Anwendungsfälle, die erfolgreichen Status sehen, wie in Abbildung 11.44 gezeigt.

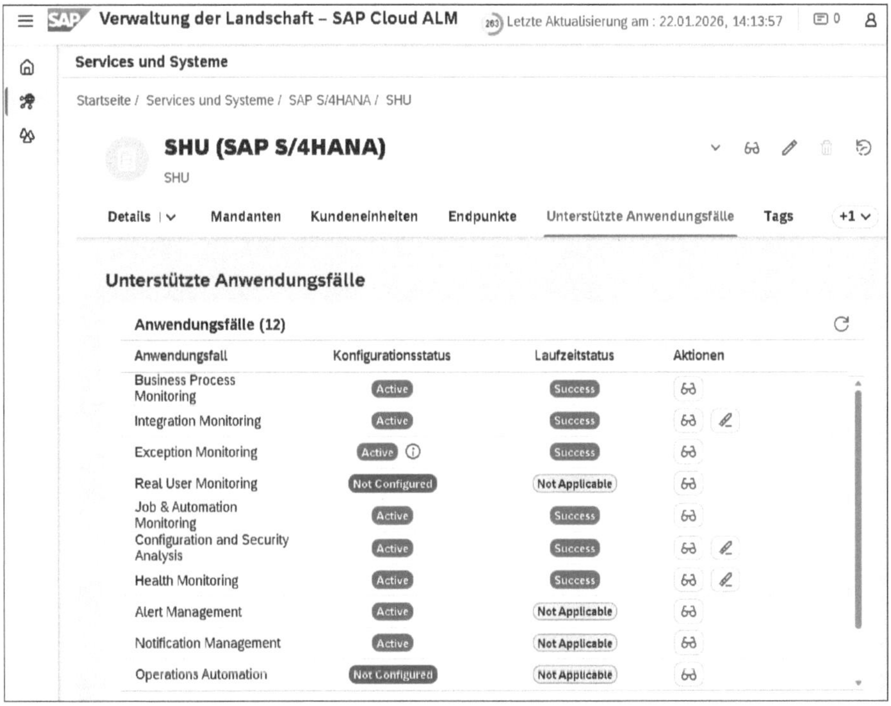

Abbildung 11.44: Status der Anwendungsfälle in SAP Cloud ALM

Kapitel 12
Sicherheitsfunktionen

Sicherheit steht vermehrt im Fokus von Unternehmen und muss höchstmöglich priorisiert werden. SAP-Systeme sind längst ein lohnendes Angriffsziel geworden.

In der Vergangenheit mussten Sie große administrative Anstrengungen unternehmen, um neu in Betrieb genommene SAP-Systeme auf ein sicheres Niveau zu heben. Da Sicherheit weltweit zunehmend in den Fokus rückt und auch bei SAP inzwischen einen sehr hohen Stellenwert hat, wird SAP S/4HANA bereits im Standard mit vielen sicheren Einstellungen ausgeliefert. Allgemein wird dieses Vorgehen mit dem Ausdruck *Secure by Default* beschrieben, also »im Standard sicher«. Allerdings ist SAP hier noch lange nicht am Ziel. Mit jedem neuen SAP-S/4HANA-Release werden neue Aspekte berücksichtigt. Sie dürfen sich also nicht einfach zurücklehnen. Nach dem Motto »Vertrauen ist gut, Kontrolle ist besser« sollten Sie fortlaufend Maßnahmen ergreifen, um Ihr SAP-S/4HANA-System bestmöglich zu schützen. **Secure by Default**

In Abschnitt 12.1, »Secure by Default«, stelle ich Ihnen die bereits im Standard aktivierten Sicherheitsfunktionen vor. In Abschnitt 12.2, »SAP Security Baseline Template«, präsentiere ich Ihnen eine Vorlage, die Sie für Ihr eigenes Sicherheitskonzept verwenden können. In Abschnitt 12.3 erläutere ich, welche Informationen zur Systemsicherheit Sie dem SAP-EarlyWatch-Bericht entnehmen können. In Abschnitt 12.4, »Sicherheitshinweise«, erfahren Sie, wie Sie sich über sicherheitsrelevante SAP-Hinweise informieren können. In Abschnitt 12.5, »Zertifikatsverwaltung«, lernen Sie wichtige Grundlagen für die Arbeit mit Zertifikaten in den weiteren Abschnitten dieses Kapitels. In Abschnitt 12.6, »Verbindungssicherheit«, zeige ich Ihnen, wie Sie die internen und externen Verbindungen in SAP S/4HANA absichern können, und in Abschnitt 12.7, »Zugriffskontrolle des RFC-Gateways«, wie Sie mit Zugriffskontrolllisten arbeiten. In Abschnitt 12.8 geht es um die Verschlüsselung von Daten und Datensicherungen in SAP HANA. Abschnitt 12.9, »Auditing«, gibt Ihnen einen Einblick in die Audit-Möglichkeiten von SAP S/4HANA. In Abschnitt 12.10, »Single Sign-on«, lernen Sie schließlich, wie Sie durch Einführen eines Single-Sign-on-Verfahrens die Sicherheit weiter erhöhen können.

12.1 Secure by Default

Wie in der Einleitung dieses Kapitels erwähnt, wird SAP S/4HANA bereits im Standard mit vielen wichtigen Sicherheitseinstellungen bereitgestellt. Der größte Teil dieser Einstellungen betrifft Profilparameter. Eine Übersicht der vordefinierten Profilparameterwerte finden Sie als Dateianhang zu SAP-Hinweis 2926224.

Im Standard aktiv

Egal, ob Sie SAP S/4HANA neu installieren oder Ihr System in SAP S/4HANA konvertieren, werden die Sicherheitseinstellungen standardmäßig aktiviert. In verschiedenen Werkzeugen haben Sie aber die Möglichkeit, die Standardeinstellungen abzuwählen. Gerade im Rahmen einer Migration nach SAP S/4HANA neigen manche Berater*innen zur Deaktivierung der Standardeinstellungen, da sie funktionale Beeinträchtigungen befürchten. Selbst wenn dem so wäre, gäbe es jedoch keinen besseren Zeitpunkt für die Aktivierung als die Einführung von SAP S/4HANA. Lassen Sie sich also nicht dazu verleiten, die Sicherheitseinstellungen zu deaktivieren.

Manuelle Prüfung beim Upgrade

Bei einem Upgrade, z. B. von SAP S/4HANA 2023 nach SAP S/4HANA 2025, werden die Sicherheitseinstellungen nicht automatisch angepasst. Daher müssen Sie im Rahmen des Upgrades die neu hinzugekommenen oder geänderten Parameterempfehlungen nachpflegen. Auch hierzu können Sie sich an SAP-Hinweis 2926224 orientieren. Zusätzlich können Sie in Transaktion SA38 den Report RSPFRECOMMENDED ausführen. Er vergleicht die empfohlenen Parameterwerte für Ihr Release mit den aktuellen Werten Ihres Systems (siehe Abbildung 12.1).

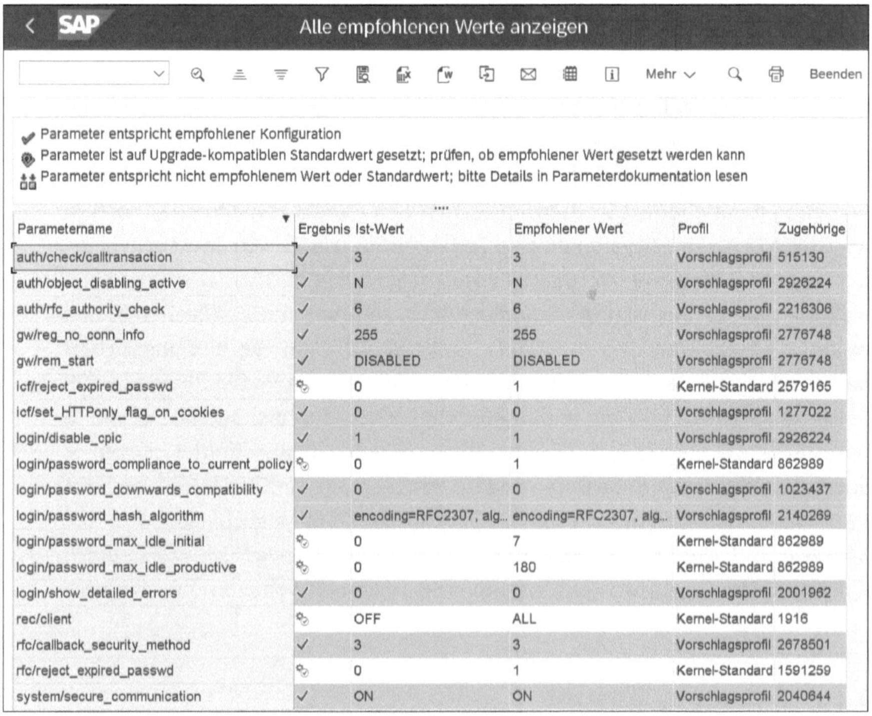

Parametername	Ergebnis	Ist-Wert	Empfohlener Wert	Profil	Zugehörige
auth/check/calltransaction	✓	3	3	Vorschlagsprofil	515130
auth/object_disabling_active	✓	N	N	Vorschlagsprofil	2926224
auth/rfc_authority_check	✓	6	6	Vorschlagsprofil	2216306
gw/reg_no_conn_info	✓	255	255	Vorschlagsprofil	2776748
gw/rem_start	✓	DISABLED	DISABLED	Vorschlagsprofil	2776748
icf/reject_expired_passwd		0	1	Kernel-Standard	2579165
icf/set_HTTPonly_flag_on_cookies	✓	0	0	Vorschlagsprofil	1277022
login/disable_cpic	✓	1	1	Vorschlagsprofil	2926224
login/password_compliance_to_current_policy		0	1	Kernel-Standard	862989
login/password_downwards_compatibility	✓	0	0	Vorschlagsprofil	1023437
login/password_hash_algorithm	✓	encoding=RFC2307, alg...	encoding=RFC2307, alg...	Vorschlagsprofil	2140269
login/password_max_idle_initial		0	7	Kernel-Standard	862989
login/password_max_idle_productive		0	180	Kernel-Standard	862989
login/show_detailed_errors	✓	0	0	Vorschlagsprofil	2001962
rec/client		OFF	ALL	Kernel-Standard	1916
rfc/callback_security_method	✓	3	3	Vorschlagsprofil	2678501
rfc/reject_expired_passwd		0	1	Kernel-Standard	1591259
system/secure_communication	✓	ON	ON	Vorschlagsprofil	2040644

Abbildung 12.1: Parametervergleich mit Report RSPFRECOMMENDED

12.2 SAP Security Baseline Template

Die in Abschnitt 12.1, »Secure by Default«, genannten Parameter sind nur *ein* wichtiger Aspekt der Absicherung von SAP S/4HANA. In diesem Buch war bereits in einigen Kapiteln von Einstellungen die Rede, die sicherheitsrelevant sind, z. B.:

- Standardbenutzer auf der ABAP- und SAP-HANA-Plattform
- Mandanteneinstellungen, damit Änderungen nicht direkt im Produktivsystem erfolgen können
- Pflege von Erlaubtlisten für RFC- und HTTP-Aufrufe

Vorlage für Sicherheitseinstellungen

In diesem Kapitel behandle ich weitere sicherheitsrelevante Themen, aber bei Weitem nicht alle. Für weitere Einstellungen und Maßnahmen, die unabhängig von einer weiteren Kritikalitätsbetrachtung für jedes SAP-System umgesetzt werden sollten, stellt SAP eine Vorlage bereit. Im SAP Support Portal auf der Seite *https://support.sap.com/sos*, Registerkarte **SAP Security baseline template**, können Sie im Bereich **Resource** das **Security Baseline Template** als ZIP-Datei herunterladen. Im Downloadarchiv finden Sie unter anderem ein Word-Dokument, das aus SAP-Sicht die Einstellungen und Maßnahmen aufzeigt, die ein Mindestmaß an Sicherheit für jedes SAP-System herstellen. Dieses Dokument sollte Ihnen als Vorlage dienen, die Sie natürlich noch den besonderen und gegebenenfalls weiter reichenden Anforderungen Ihres Unternehmens anpassen können. Weitere Hinweise finden Sie in SAP-Hinweis 2253549.

Konfigurationsvalidierung

Die Vorgaben des SAP Security Baseline Templates können Sie auch in ein technisches Regelwerk überführen. Über die *Konfigurationsvalidierung*, eine Funktion des SAP Solution Managers, können Sie die Einhaltung dieses Regelwerkes in den angeschlossenen Systemen automatisch überprüfen und erkennen so umgehend eventuelle Abweichungen.

Auch über SAP Cloud ALM sind Sie in der Lage, die Systeme automatisch validieren zu lassen. Sie finden die Kacheln **Konfigurations- und Sicherheitsanalyse (Datenspeicher)** und **Konfigurations- und Sicherheitsanalyse (Validierung)** im Bereich **Betrieb** des SAP-Cloud-ALM-Launchpads. Für SAP S/4HANA sind aktuell 18 Prüfungen enthalten. In der Kachel **Validierung** erreichen Sie die Prüfungen über den Button **Konfiguration**. Es öffnet sich der in Abbildung 12.2 gezeigte Bildschirm.

In Abbildung 12.2 sehen Sie beispielhaft hervorgehoben die Vorgabe, dass der Benutzer `SAP*` in allen Mandanten explizit angelegt sein muss. Dies ist wichtig, da sich ansonsten ein Angreifer mit dem Standardpasswort anmelden könnte, allerdings nur dann, wenn zusätzlich der Profilparameter `login/no_automatic_user_sapstar` auf 1 gesetzt ist, was ebenfalls validiert wird. Wenn Sie nun z. B. in einem Mandanten den Benutzer löschen, wird dies durch SAP Cloud ALM kurze Zeit später erkannt und dargestellt (siehe Abbildung 12.3).

Abbildung 12.2: Verfügbare Prüfungen in SAP Cloud ALM

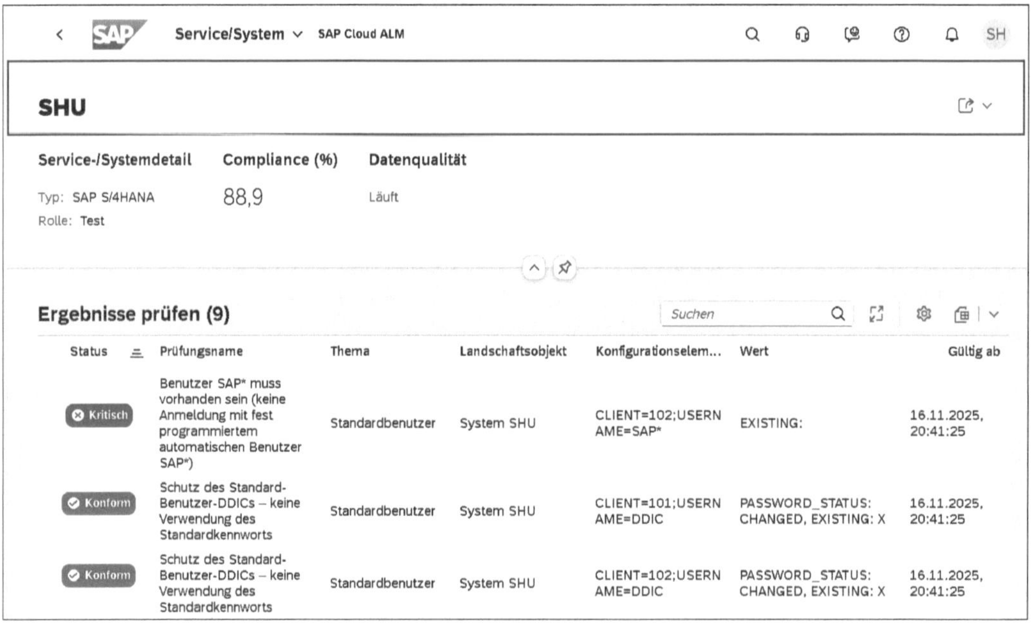

Abbildung 12.3: Prüfergebnis der Validierung in SAP Cloud ALM

12.3 SAP-EarlyWatch-Bericht

Wöchentlicher Bericht

Eine wichtige Grundlage, um die Gesundheit eines SAP-Systems einschätzen zu können, bildet der *SAP-EarlyWatch-Bericht* (EWA). Der SAP Solution Manager kann für die verwalteten Systeme standardmäßig einmal pro Woche einen solchen Bericht erstellen. Sie können sich diesen Bericht z. B. als PDF-Dokument zusenden lassen oder über das SAP Fiori Launchpad des SAP Solution Managers einsehen.

Die Einrichtung des EWA ist Teil der SAP-Solution-Manager-Konfiguration, die ich in diesem Buch nicht näher beschreibe. In Kapitel 13, »Systemüberwachung und Fehleranalyse des AS ABAP«, werde ich jedoch noch einmal auf die Inhalte des EWA zurückkommen.

[+]

SAP-EarlyWatch-Bericht ohne SAP Solution Manager

Verwenden Sie den SAP Solution Manager nicht, z. B. weil Sie SAP Cloud ALM einsetzen, können Sie die zur Analyse benötigten Daten aus Ihrem SAP-S/4HANA-System direkt an SAP senden und die Berichte unter *https://me.sap.com* auswerten.

Sicherheitsrelevante Prüfergebnisse

In diesem Abschnitt fokussiere ich mich auf die sicherheitsrelevanten Prüfergebnisse des EWA. In Abbildung 12.4 sehen Sie einen Auszug des Berichts zu einem SAP-S/4HANA-System. Der Bericht ist in mehrere Kapitel untergliedert. Zu Beginn von Kapitel 9 werden die Prüfungen zur Systemsicherheit aufgelistet. Zu jedem in der Tabelle aufgeführten Prüfthema gibt es im Bericht ausführliche Hintergrundinformationen.

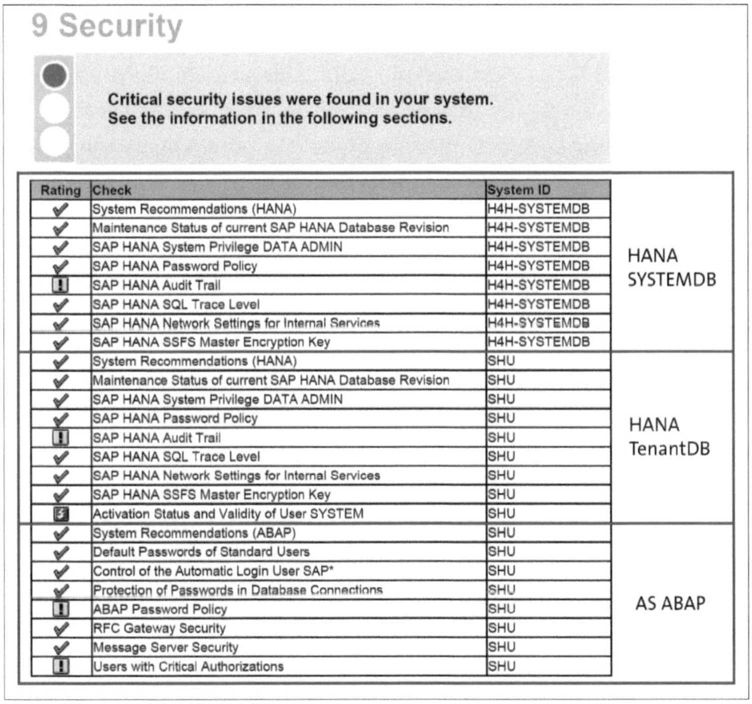

Rating	Check	System ID
✓	System Recommendations (HANA)	H4H-SYSTEMDB
✓	Maintenance Status of current SAP HANA Database Revision	H4H-SYSTEMDB
✓	SAP HANA System Privilege DATA ADMIN	H4H-SYSTEMDB
✓	SAP HANA Password Policy	H4H-SYSTEMDB
!	SAP HANA Audit Trail	H4H-SYSTEMDB
✓	SAP HANA SQL Trace Level	H4H-SYSTEMDB
✓	SAP HANA Network Settings for Internal Services	H4H-SYSTEMDB
✓	SAP HANA SSFS Master Encryption Key	H4H-SYSTEMDB
✓	System Recommendations (HANA)	SHU
✓	Maintenance Status of current SAP HANA Database Revision	SHU
✓	SAP HANA System Privilege DATA ADMIN	SHU
✓	SAP HANA Password Policy	SHU
!	SAP HANA Audit Trail	SHU
✓	SAP HANA SQL Trace Level	SHU
✓	SAP HANA Network Settings for Internal Services	SHU
✓	SAP HANA SSFS Master Encryption Key	SHU
⚡	Activation Status and Validity of User SYSTEM	SHU
✓	System Recommendations (ABAP)	SHU
✓	Default Passwords of Standard Users	SHU
✓	Control of the Automatic Login User SAP*	SHU
✓	Protection of Passwords in Database Connections	SHU
!	ABAP Password Policy	SHU
✓	RFC Gateway Security	SHU
✓	Message Server Security	SHU
!	Users with Critical Authorizations	SHU

Abbildung 12.4: Auszug aus der Sicherheitsbewertung des EWA

Abbildung 12.5 zeigt beispielsweise die Informationen zu Abschnitt 9.2.2 des Berichts. Die Bewertungen entsprechen in diesem Beispiel dem Zustand nach einer Neuinstallation von SAP S/4HANA. Sie sehen also, dass direkt nach einer Neuinstallation noch Handlungsbedarf bezüglich der Absicherung des Systems besteht.

9.2.2 Activation Status and Validity of User SYSTEM

The activation status and validity dates (VALID FROM and VALID TO) of user SYSTEM have been checked in system table USERS.

Rating	Check
	User SYSTEM is currently active and valid.

Active standard users are an easy and widely used target for hacking attacks since they are available in every system. Furthermore, the user SYSTEM is like a super user with very powerful user authorizations that cannot be revoked.

> **Recommendation:** Review the current usage of user SYSTEM and set up and test a user and role concept, so that the use of user SYSTEM becomes obsolete.
> Deactivate the user account with the SQL statement:
>
> ALTER USER SYSTEM DEACTIVATE USER NOW.
>
> To prevent misuse of user SYSTEM, activate related audit policies in your SAP HANA system as described in the SAP HANA Administration Guide.

Abbildung 12.5: Kritische Bewertung für den Benutzer »SYSTEM«

ABAP- und SAP-HANA-Plattform

In Abbildung 12.4 erkennen Sie ferner, dass sowohl die SAP-HANA- als auch die ABAP-Plattform bei den Prüfungen des EWA für SAP S/4HANA berücksichtigt werden. Falls Sie ein AS-Java-System einsetzen, erhalten Sie dazu einen eigenständigen Bericht, da es sich dabei um ein eigenständiges SAP-System handelt.

Beispiel

Das System in Abbildung 12.4 wurde insgesamt kritisch bewertet (rotes Ampelsymbol), da in der Tenant-Datenbank der Benutzer `SYSTEM` nicht gesperrt ist (siehe auch Abschnitt 5.1.1, »DBA Cockpit«). Sie sollten zur Administration der Datenbank eigene Benutzer-IDs anlegen und den Benutzer `SYSTEM` sperren und nur zur Systemwartung (z. B. bei einem Upgrade) temporär entsperren. In Abbildung 12.5 sehen Sie die entsprechenden Empfehlungen des EWA.

12.4 Sicherheitshinweise

Kritikalität

Werden Sicherheitslücken in SAP-Produkten entdeckt, werden diese in SAP-Hinweisen beschrieben, in denen auch Lösungen zur Schließung dieser Lücken aufgezeigt werden. SAP stuft die Kritikalität einer Sicherheitslücke nach dem herstellerneutralen *Common Vulnerability Scoring System* (CVSS v3) von 0,1–10,0 ein (siehe Tabelle 12.1).

Priorität	CVSS v3 Base Score
niedrig (Low)	0,1–3,9
Mittel (Medium)	4,0–6,9

Tabelle 12.1: CVSS Base Score

Priorität	CVSS v3 Base Score
hoch (High)	7,0–8,9
sehr hoch (Very High)	9,0–10,0

Tabelle 12.1: CVSS Base Score (Forts.)

SAP HotNews

SAP-Hinweise zu Sicherheitslücken der Kategorie »sehr hoch« werden auch als *SAP HotNews* bezeichnet. Diese Hinweise finden Sie im SAP Support Portal *SAP for Me* auf *https://me.sap.com* unter dem Pfad **Services & Support • Wissensdatenbankartikel und Hinweise** auf der Karte **SAP HotNews**. Alle sicherheitsrelevanten SAP-Hinweise finden Sie auf der Karte **SAP-Sicherheitshinweise** (siehe Abbildung 12.6). In Abschnitt 15.3, »Service und Support«, werde ich detaillierter auf das Portal SAP for Me eingehen.

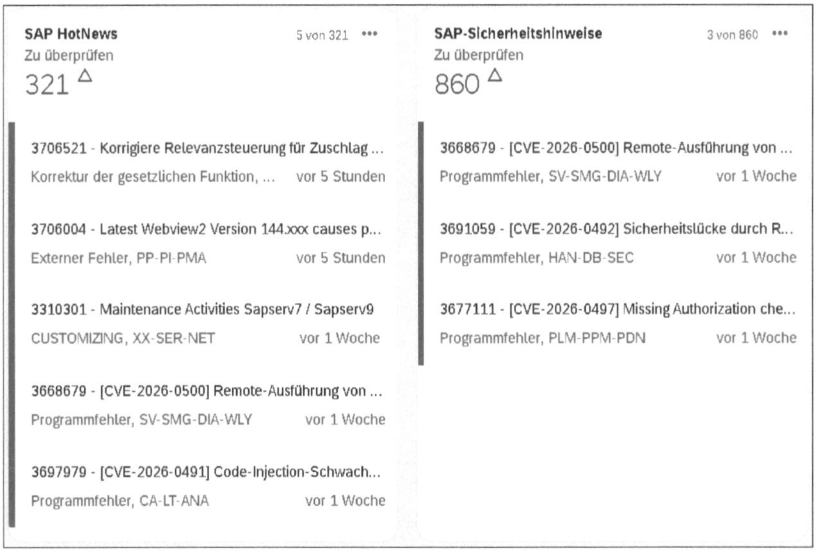

Abbildung 12.6: Karte mit Sicherheitshinweisen im Portal SAP for Me

E-Mail-Benachrichtigung einstellen

Ich empfehle Ihnen, sich per E-Mail über neue HotNews benachrichtigen zu lassen, um auf sehr kritische Sicherheitsprobleme möglichst schnell aufmerksam zu werden. Öffnen Sie dazu in SAP for Me oben rechts Ihr Profil und wählen Sie die Funktion **Meine Einstellungen**. Auf der Registerkarte **Supportbezogene Meldungen** können Sie für die Anwendung **SAP HotNews** den Schalter **E-Mail** auf **AN** stellen.

Wie Sie Korrekturen z. B. über den SAP-Hinweis-Assistenten implementieren können, zeige ich Ihnen in Abschnitt 15.5, »Hinweis-Assistent«.

12.4.1 Nach Sicherheitshinweisen suchen

SAP HotNews bewerten

Öffnen Sie im Portal SAP for Me die App **SAP HotNews**, werden Ihnen die kritischen Sicherheitshinweise angezeigt (siehe Abbildung 12.7).

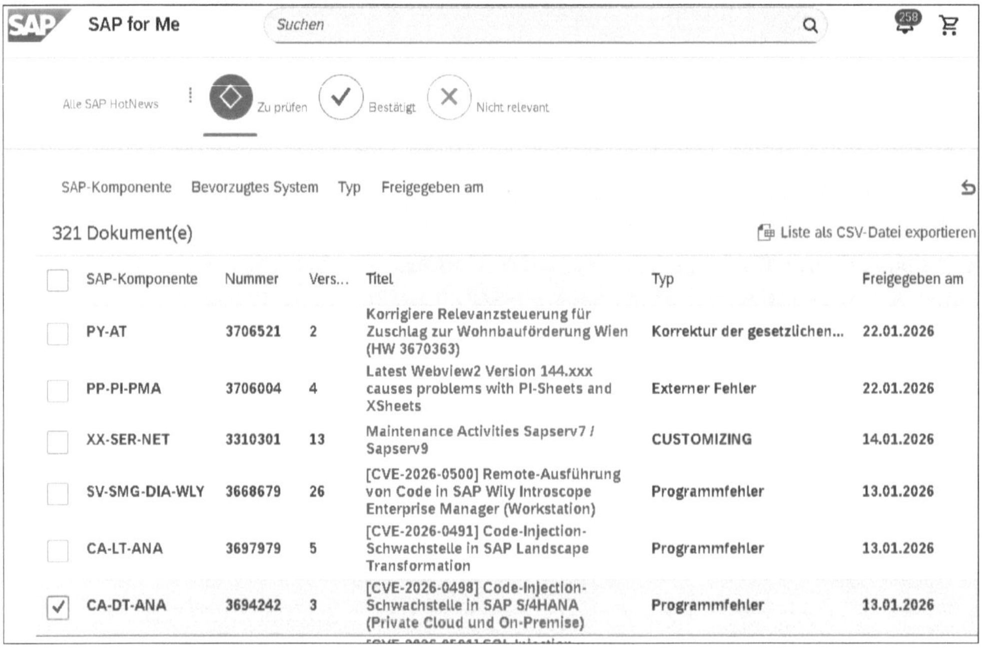

Abbildung 12.7: Liste der SAP HotNews

Da die Hinweise hier übergreifend über alle Softwareprodukte gelistet werden, sind natürlich nicht alle für Sie relevant. Daher können Sie in den Filtereinstellungen oberhalb der Liste über den Button **Bevorzugtes System** Ihr SAP-S/4HANA-System auswählen. Hinweise aus anderen Bereichen werden dann ausgeblendet. Sie können die SAP-Hinweise nach der Sichtung für sich als **Bestätigt** oder **Nicht relevant** kennzeichnen.

[»]

App »SAP Security Notes«

Die App **SAP Security Notes** funktioniert prinzipiell genauso wie die App **SAP HotNews.**

Expertensuche

Möchten Sie z. B. über alle SAP-Sicherheitshinweise für SAP-Basis-Komponenten mit CVSS-Score 7.0–10.0 informiert werden, können Sie die Expertensuche in SAP for Me verwenden. Rufen Sie dazu im Bereich **Services und Support** auf der Registerkarte **Wissensdatenbankartikel und Hinweise** die App **Expertensuche nach SAP-Hinweisen und Wissensdatenbankartikeln** auf. Dort setzen Sie in den Filtereinstellungen im Feld **Komponenten (beginnend mit)** den Wert **BC,** im Feld **Dokumentart** den Wert **SAP-Sicherheitshinweise** und im Feld **Prio-**

rität die Werte **Korrektur mit hoher Priorität** und **HotNews**. Führen Sie anschließend die Suche über den Button **Start** aus (siehe Abbildung 12.8).

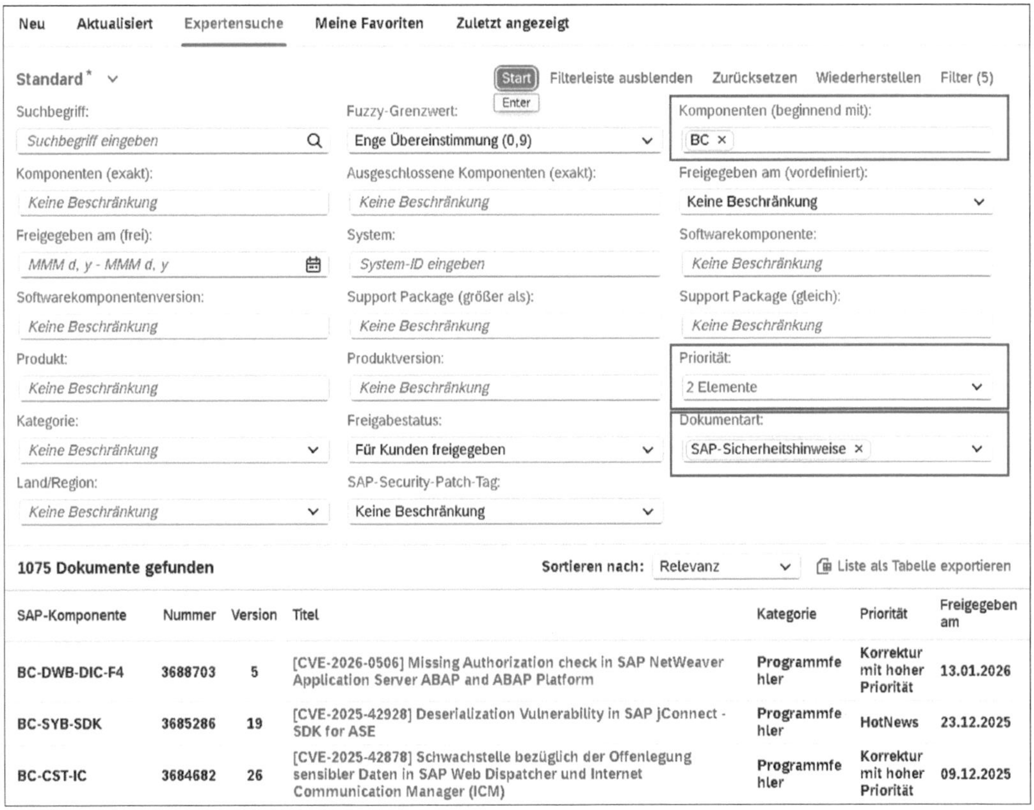

Abbildung 12.8: Expertensuche in SAP for Me

Sucheinstellungen speichern

Um diese Filtereinstellungen zu speichern, klicken Sie oben links auf den Filter **Standard*** und wählen die Funktion **Sichern als**. Im sich öffnenden Pop-up-Fenster vergeben Sie einen Namen für Ihre Filterkonfiguration und aktivieren das Ankreuzfeld **Benachrichtigung** (siehe Abbildung 12.9), um fortan über weitere Ergebnisse, die zu diesen Filtereinstellungen passen, benachrichtigt zu werden.

Abbildung 12.9: Expertensuche speichern

Sichern Sie die Konfiguration abschließend. Die Benachrichtigungseinstellungen können Sie in Ihrem Profilbereich unter **Meine Einstellungen • Supportbezogene Meldungen • My SAP Notes & KBA** über den Button [icon] (**In-App-Einstellungen anpassen**) anpassen.

12.4.2 Systemempfehlungen

Ein Nachteil der Hinweissuche in SAP for Me ist, dass SAP keine Kenntnis davon hat, ob ein SAP-Hinweis in Ihrem System bereits eingebaut oder gar nicht einbaubar ist.

Abgleich im SAP Solution Manager

Nutzen Sie zur Verwaltung Ihrer Systemlandschaft den SAP Solution Manager, kann dieses Werkzeug die SAP-Hinweise aus dem SAP Support Portal dagegen mit dem tatsächlichen Zustand Ihrer SAP-Systeme vergleichen und zeigt Ihnen nur die für Ihr System relevanten SAP-Hinweise an. Nutzen Sie hierzu die SAP-Fiori-App **Systemempfehlungen** im Launchpad des SAP Solution Managers (siehe Abbildung 12.10). Neben sicherheitsrelevanten Hinweisen können Sie sich hier z. B. auch performancerelevante Hinweise oder Hinweise zu gesetzlichen Änderungen anzeigen lassen.

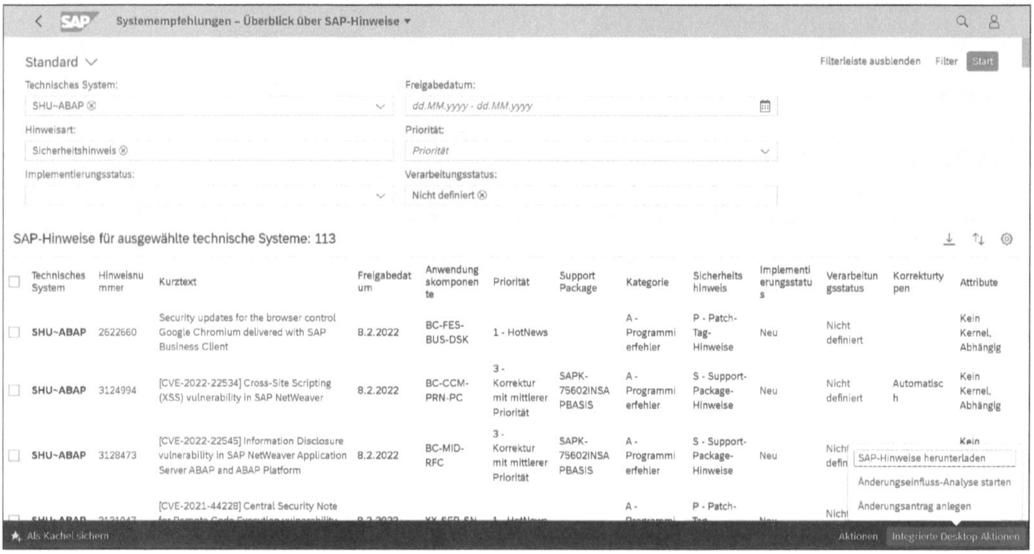

Abbildung 12.10: Systemempfehlungen im SAP Solution Manager

Änderungseinflussanalyse

Ein weiterer Vorteil der App ist ihre Integration in andere Szenarien des SAP Solution Managers. Je nach Konfiguration können Sie damit z. B. prüfen, welche Geschäftsprozesse vom Einbau eines SAP-Hinweises betroffen sind und daher nach dem Einbau getestet werden müssen. Auch die direkte Anlage eines Änderungsantrags für die Genehmigung und Durchführung der Anpassungen ist möglich.

Weitere Informationen zu den Systemempfehlungen finden Sie auf der Seite *https://support.sap.com/sysrec*.

Recommended Notes

Durch das nahende Wartungsende des SAP Solution Managers hat SAP eine weitere Möglichkeit bereitgestellt, die ich bevorzugt benutze: die App **Recommended Notes** im Maintenance Planner. Rufen Sie dazu in SAP for Me im Bereich **Systeme und Bereitstellung** in der Kachel **Landschaftsanwendungen** die Funktion **Maintenance Planner** auf. Sie werden den Maintenance Planner noch für die Bereitstellung und Updates Ihrer Systeme in Abschnitt 15.6, »Upgrade oder Update von SAP S/4HANA«, kennenlernen. Im Bereich **Discover SAP Notes** öffnen Sie die App **View Recommended Notes**. Es öffnet sich ein neues Fenster, in dem Sie Ihr SAP-S/4HANA-System auswählen können. Markieren Sie das System und wählen Sie die Funktion **Calculate Notes**. Es werden Ihnen, wie in Abbildung 12.11 gezeigt, empfohlene SAP-Hinweise in fünf Kategorien (**SAP Security**, **Hot News**, **Performance**, **Legal Change** und **Top Ranked**) angezeigt. Der große Vorteil ist, dass die App Kenntnis davon hat, ob Sie einen SAP-Hinweis bereits eingebaut haben. Es werden also nur SAP-Hinweise angezeigt, die in Ihrem System noch nicht eingebaut wurden.

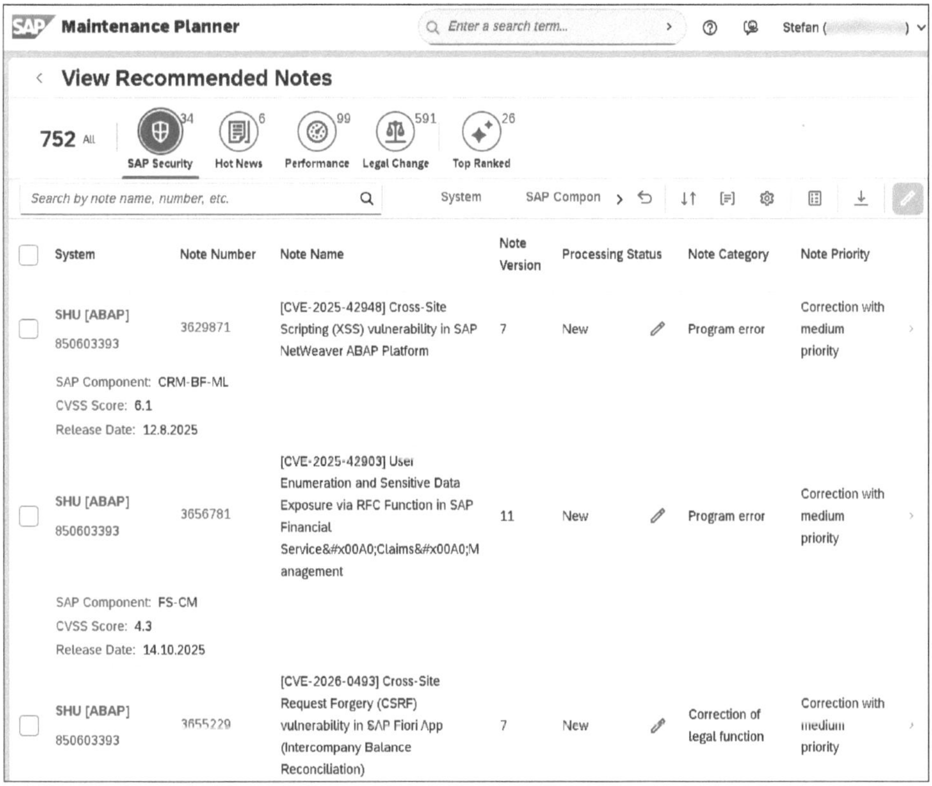

Abbildung 12.11: Anzeige der empfohlenen SAP-Hinweise in der App »View Recommended Notes«

Sie können auch in dieser App eine Bewertung der SAP-Hinweise vornehmen. Hierzu steht Ihnen die Funktion **Processing Status** zur Verfügung. Wird Ihnen die Funktion nicht angeboten, müssen Sie in der Dropdown-Liste zu Ihrem S-User oben rechts die Funktion **Personalize** wählen. Dort können Sie die Funktion **Change Processing Status** im Bereich **Notes Recommendation** aktivieren.

[»]

Support-Hub-Konnektivität über HTTPS

Damit die App **View Recommended Notes** den Einbauzustand von SAP-Hinweisen kennt, müssen die Daten über die Support-Hub-Konnektivität an SAP übermittelt werden. Ich werde dies in Abschnitt 15.4, »Anbindung an das SAP Support Portal«, beleuchten. Die Transaktion RZ70 bietet jedoch zwei Möglichkeiten, um die Daten zu übertragen. Nur wenn Sie die HTTPS-basierte Kommunikation verwenden, wird auch der Einbauzustand zu SAP-Hinweisen übertragen. Weitere Details dazu finden Sie in SAP-Hinweis 2188401.

12.4.3 Aktualität der Systeme

Wartungsstrategie

Neben der Berücksichtigung der SAP-Hinweise zu akuten Sicherheitsproblemen müssen Sie Ihre Systeme grundsätzlich auf einem aktuellen Stand halten. In den Support Packages zum AS ABAP sowie in den SAP-HANA-Revisionen sind neben den Korrekturen aus den Sicherheitshinweisen weitere Fehlerbehebungen enthalten, die für einen sicheren und performanten Betrieb dieser Lösungen unerlässlich sind. Sie sollten daher eine Wartungsstrategie etablieren, die es vorsieht, diese Komponenten regelmäßig zu aktualisieren. In Kapitel 15, »Softwarewartung«, beschreibe ich die Wartung der Systeme genauer.

[!]

Betriebssysteme nicht vergessen!

Vergessen Sie bei der Betrachtung der Systemaktualität auch nicht die Berücksichtigung notwendiger Korrekturen und Sicherheitshinweise zu den Betriebssystemen unterhalb der SAP-Softwarekomponenten.

12.5 Zertifikatsverwaltung

In meiner praktischen Tätigkeit in der SAP-Basisadministration wird das Thema *Zertifikatsverwaltung* immer dominanter. Durch die steigenden Anforderungen an die Sicherheit, die zunehmende Anzahl an Kommunikationskanälen zu Cloud-Diensten und schließlich durch die immer kürzer werdenden Laufzeiten von Zertifikaten vergeht kaum ein Tag, an dem ich mich nicht um Zertifikate kümmern muss. Meine Wahrnehmung ist auch, dass das Thema bei Administrator*innen nicht besonders beliebt ist und in vielen Fällen auch das Wissen fehlt. Dies erkenne ich oft daran, dass Zertifikate in falschen Zertifikatsspeichern (engl. *Personal Security Environment*, PSE) gespeichert werden und ich Zertifikate vorfinde, die schon seit Jahren abgelaufen sind. Oft sind es Akte der Verzweiflung, Zertifikate so lange nach dem Trial-and-Error-Prinzip in Zertifikatsspeicher zu laden, bis eine Verbindung funktioniert. Wenn die Verbindung dann funktioniert, fragt keiner mehr warum. Läuft das Zertifikat irgendwann ab, wird das Nachfolgezertifikat den gleichen Zertifikatsspeichern hinzugefügt, ohne weiter darüber nachzudenken, ob ein Zertifikat an einer Stelle überhaupt sinnvoll ist. Daher möchte ich Ihnen in diesem Abschnitt einige Grundlagen und praktische Tipps für die Zertifikatsverwaltung mitgeben.

12.5.1 Grundlagen

Client und Server

Um Verbindungen zu verschlüsseln, wird eine Vertrauensbeziehung zwischen den Partnern benötigt. Im Umfeld von SAP S/4HANA sind insbesondere die HTTP-basierte Kommunikation und die RFC- und dialogbasierte Kommunikation relevant. Sie müssen sich bei jeder Verbindung immer die Frage stellen: Wer ist der Client (bzw. Initiator) und wer ist der Server (bzw. Akzeptant)? Es geht dabei immer darum, wer einen Dienst aufruft bzw. konsumiert (= Client/Initiator) und wer einen Dienst bereitstellt (= Server/Akzeptant). Dies wird später die Frage klären, in welches PSE ein Zertifikat aufgenommen werden muss.

HTTP-basierte Kommunikation

Für die Verschlüsselung HTTP-basierter Kommunikation wird die Vertrauensbeziehung zwischen den Parteien über *Transport Layer Security* (TLS) bzw. *Secure Sockets Layer* (SSL) hergestellt. TLS ist das moderne Verfahren. Für unsere Betrachtung können wir aber die beiden Verfahren gleichsetzen.

Bei HTTP-basierter Kommunikation muss immer der Client dem Server vertrauen. Der Client muss also die Identität des Servers überprüfen, um keine vertraulichen Informationen, wie z. B. Anmeldedaten, an unberechtigte Server zu senden. Deshalb sendet der Server beim Aufbau der Kommunikation sein digitales Zertifikat, das von einer *Zertifizierungsstelle* (engl. *Certificate Authority*, CA) ausgestellt wurde. Das Zertifikat enthält Informationen über den Server, wie z. B. seinen Hostnamen und seinen öffentlichen Schlüssel. Die Informationen sind durch die Zertifizierungsstelle digital signiert.

Der Client kann die Echtheit des Zertifikats des Servers mittels kryptografischer Verfahren überprüfen. Dazu muss der Client der Zertifizierungsstelle vertrauen, die das Zertifikat des Servers ausgestellt hat. Dazu verwalten die Clients *Zertifikatsspeicher* (engl. *Trust Stores*), die Informationen über vertrauenswürdige Zertifizierungsstellen beinhalten.

Kette der Vertraulichkeit

In der Praxis sind üblicherweise zwei Zertifizierungsstellen an dem Aufbau einer Vertraulichkeit beteiligt: die Zertifizierungsstelle, die das Serverzertifikat ausgestellt hat (*Intermediate CA*) und die Zertifizierungsstelle, die das Intermediate-Zertifikat ausgestellt hat (*Root CA*). Es wird also eine Kette der Vertraulichkeit aufgebaut (*Zertifikatskette*, engl. *Certificate Chain of Trust*). Dies ist wichtig, da z. B. bei einer Kompromittierung eines Intermediate CA diese widerrufen werden kann, ohne dass die gesamte Root CA ungültig wird. Weiterhin muss der Client nicht einen riesigen Zertifikatsspeicher mit Zigtausenden Zertifikaten verwalten, da er nur den Root CAs vertrauen muss. In Abbildung 12.12 sehen Sie den Ablauf eines Verbindungsaufbaus und die Zusammenhänge zwischen Root CA, Intermediate CA, Server und Client.

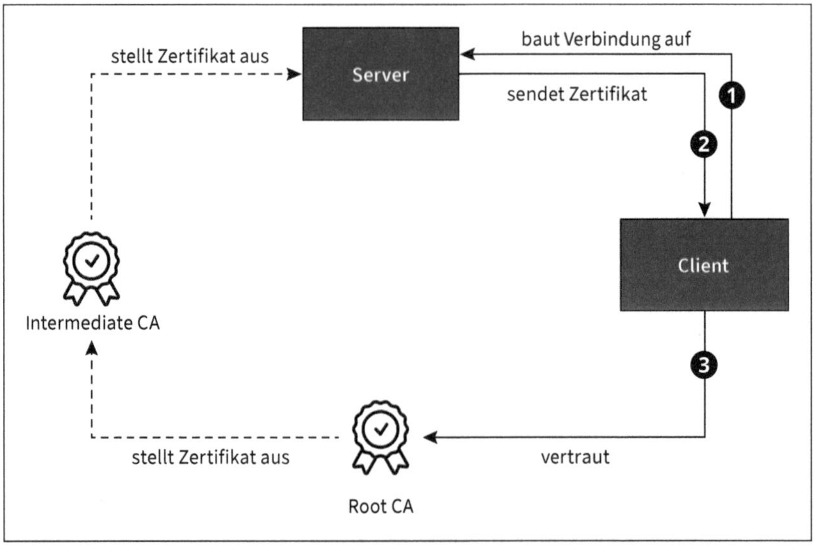

Abbildung 12.12: Ablauf eines Verbindungsaufbaus

Wenn wir uns dieses Konzept am Beispiel des Aufrufes einer Webseite über einen Webbrowser anschauen, sieht das folgendermaßen aus.

Beispiel

Wenn Sie die Website *https://www.rheinwerk-verlag.de* öffnen, sehen Sie durch das vor der URL dargestellte Schlosssymbol, dass die Verbindung sicher ist. Klicken Sie auf das Schlosssymbol, werden Ihnen z. B. bei Microsoft Edge weitere Details angezeigt (siehe Abbildung 12.13). Wenn Sie hier auf das Icon  (**Zertifikat anzeigen**) klicken, öffnet sich der Zertifikat-Viewer (siehe Abbildung 12.14). Auf der Registerkarte **Details** sehen Sie die Zertifikatskette. Das Zertifikat des Servers *www.rheinwerk-verlag.de* wurde von der Intermediate CA `R12` ausgestellt. Das Intermediate-Zertifikat wurde vom Root CA `ISRG Root X1` ausgestellt. Wenn Sie nun in den Zertifikatsspeicher Ihres Clients schauen (bei Windows z. B. die Anwendung **Benutzerzertifikate verwalten**), sehen Sie im

Bereich **Vertrauenswürdige Stammzertifizierungsstellen** das hier verwendete Root-Zertifikat `ISRG Root X1` (siehe Abbildung 12.15).

Abbildung 12.13: Anzeige der sicheren Verbindung in Microsoft Edge

Abbildung 12.14: Details im Zertifikat-Viewer

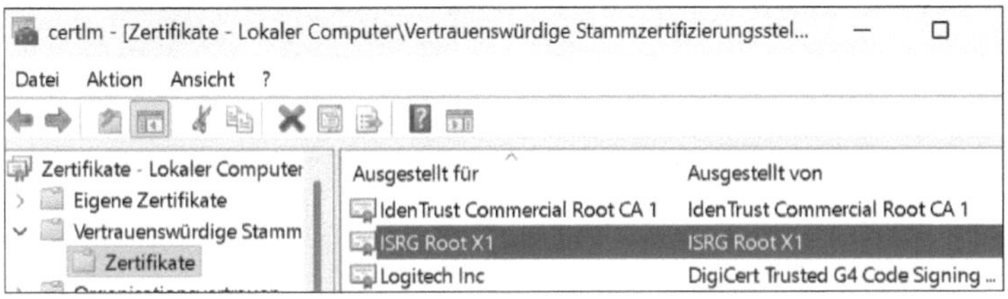

Abbildung 12.15: Zertifikatsspeicher des Windows-PCs

Selbst signiertes Zertifikat

Wenn sich nun mein Webbrowser nicht mit einer Website wie der des Rheinwerk Verlags verbindet, sondern mit meinem SAP-S/4HANA-System, so erhalte ich die in Abbildung 12.16 gezeigte Sicherheitswarnung. Dies liegt in meinem Fall daran, dass das SSL-Serverzertifikat meines SAP-S/4HANA-Systems selbst signiert ist, also nicht von einer vertrauenswürdigen Zertifizierungsstelle ausgestellt wurde, sondern von meinem SAP-S/4HANA-System selbst.

Auch wenn Sie auf die Idee kämen, das selbst signierte Zertifikat über die Transaktion STRUST zu exportieren und auf Ihrem Client in den Zertifikatsspeicher für vertrauenswürdige Stammzertifizierungsstellen zu importieren, würde die Warnung bleiben. Dies liegt daran, dass moderne Webbrowser selbst signierten Zertifikaten grundsätzlich nicht vertrauen. Mit anderen Clients kann dies aber grundsätzlich funktionieren, wobei Sie in produktiven Umgebungen immer mit vertrauenswürdigen Zertifikaten arbeiten sollten.

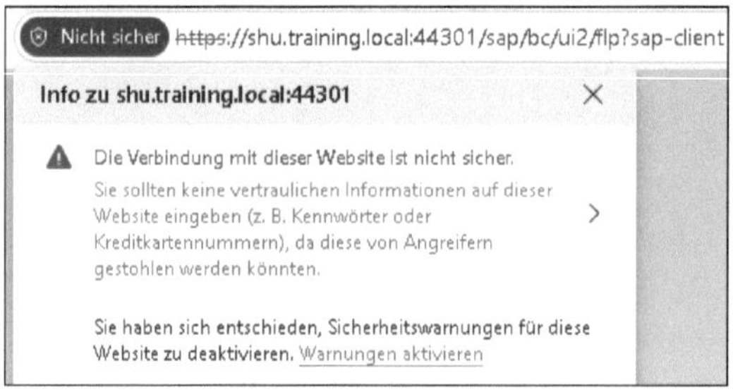

Abbildung 12.16: Serveridentität konnte nicht verifiziert werden.

Rufe ich das SAP Fiori Launchpad über die URL des SAP Web Dispatchers auf, wie in Abbildung 12.17 gezeigt, wird keine Zertifikatswarnung ausgegeben. Das liegt daran, dass ich im SAP Web Dispatcher als Serverzertifikat kein selbst signiertes, sondern ein von einer vertrauenswürdigen CA ausgestelltes Zertifikat verwende. Vielleicht erinnern Sie sich an Abschnitt 11.5, in dem ich die Nachrichtenverarbeitung mit dem SAP Web Dispatcher erklärt habe. Natürlich ist der SAP Web Dispatcher nicht verpflichtend. Sie könnten genauso das vertrauenswürdige Zertifikat über die Transaktion STRUST als SSL-Serverzertifikat in Ihrem SAP-S/4HANA-System verwenden, damit der Webbrowser dem SAP-S/4HANA-System vertraut.

Abbildung 12.17: Sichere Verbindung mit vertrauenswürdigen Zertifikaten

Zurück zu meinem Szenario mit vorgeschaltetem SAP Web Dispatcher müssen wir wieder die Fragen beantworten, wer der Server und wer der Client ist. Für den Webbrowser ist der SAP Web Dispatcher der Server. Das heißt, dessen Serverzertifikat muss von einer vertrauenswürdigen CA ausgestellt sein, damit der Webbrowser dem SAP Web Dispatcher vertraut. Der SAP Web Dispatcher leitet die Nachricht weiter an das SAP-S/4HANA-System. Auf dieser Wegstrecke ist der SAP Web Dispatcher der Client und das SAP-S/4HANA-System der Server. Daher müssen wir das (in meinem Fall selbst signierte) SSL-Serverzertifikat des SAP-S/4HANA-Systems in den SSL-Client-Zertifikatsspeicher des SAP Web Dispatchers importieren. An dieser Stelle funktionieren selbst signierte Zertifikate, da der SAP Web Dispatcher diese nicht grundlegend ablehnt.

Initial sind die Zertifikatsspeicher der SAP-Systeme leer

In Ihren Client-Geräten befinden sich in den Zertifikatsspeichern bereits eine Menge an vertrauenswürdigen CAs. Die Zertifikatsspeicher Ihrer SAP-Systeme (AS ABAP, SAP Web Dispatcher usw.) sind dagegen leer. Das heißt, Sie müssen in diese Systeme immer Zertifikate importieren, um Vertrauensbeziehungen herzustellen.

RFC- und SAP-GUI-basierte Kommunikation

Da weder die Verbindungen von SAP GUI noch von SAP- oder Nicht-SAP-Systemen über RFC zu den SAP-Systemen HTTP-basiert sind, können diese nicht direkt über TLS abgesichert werden. Stattdessen müssen diese Verbindungen über *Secure Network Communication* (SNC) abgesichert werden. Damit dies gelingt, wird aus der Softwareschicht der SAP-Anwendungen (z. B. SAP-Kernel bei einem AS ABAP) über eine genormte Schnittstelle, die API *Generic Security Services Application Programming Interface Version 2* (GSS-API V2), eine externe Sicherheitslösung angebunden. In SAP-Umgebungen ist das in der Regel die *SAP CommonCryptoLib*. Die SAP CommonCryptoLib ist nur für Serverkomponenten verfügbar, also z. B. für AS ABAP oder auch für die SAP-NetWeaver-RFC-Bibliothek. Bei SAP GUI übernimmt das Produkt *SNC Client Encryption* die Funktion (siehe SAP-Hinweis 2440692).

Initiator und Akzeptant

Da bei SNC, insbesondere in der RFC-Kommunikation, häufig Server mit Servern kommunizieren, verwendet man hier nicht die Begriffe Client und Server, sondern *Initiator* und *Akzeptant*. Wird eine SNC-Verbindung vom Initiator gestartet, werden die Funktionen der externen Bibliothek dynamisch geladen. Später, wenn zwei Partner über SNC kommunizieren, werden die Nachrichten über die von der externen Bibliothek bereitgestellten Funktionen verarbeitet (z. B. verschlüsselt) und dann ganz normal über die Netzwerkschnittstelle versendet. Auf der anderen Seite geschieht dann das Gleiche andersherum (z. B. entschlüsseln). In Abbildung 12.18 sehen Sie die beteiligten Komponenten am Beispiel eines SAP-S/4HANA-Systems.

Gegenseitiges Vertrauen

Im Unterschied zur HTTP-basierten Kommunikation müssen sich bei SNC beide Partner, Initiator und Akzeptant, gegenseitig vertrauen, um eine Verbindung aufbauen zu können. Beim Verbindungsaufbau werden daher gegenseitig Zertifikate ausgetauscht und eine Sicherheitsstufe ausgehandelt, die über die in

Tabelle 12.3 genannten Profilparameter definiert sind. In SAP S/4HANA greift die SNC-Schicht hierzu auf das PSE `SNC SAPCryptolib` zu. In Abschnitt 12.6.2, »SAP-GUI- und RFC-Verbindungen«, zeige ich Ihnen an einem Beispiel, wie Sie dieses PSE pflegen und Zertifikate austauschen.

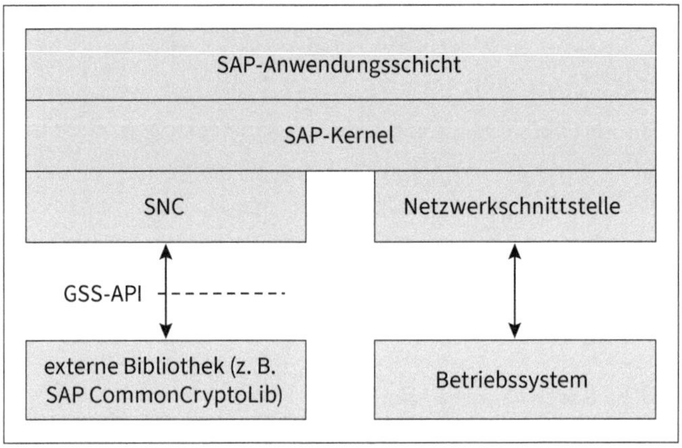

Abbildung 12.18: Integration von SNC in einem SAP-S/4HANA-System

Zugriffskontrollliste

Haben Sie eine SNC-Verbindung zwischen zwei Servern konfiguriert, ist theoretisch eine wechselseitige Verbindung möglich. Der Initiator könnte also auch Akzeptant sein und andersherum. Allerdings ist dies in vielen Fällen gar nicht gewünscht. So soll eine Schnittstelle eventuell nur in eine Richtung initiiert werden können – Server A ist z. B. Initiator und Server B ist Akzeptant. Daher müssen Sie neben der Pflege der SNC-PSEs noch eine *Zugriffskontrollliste* (engl. *Access Control List*, ACL) pflegen. In der Serverkommunikation nutzen Sie hierzu die Transaktion SNC0. In diesem Beispiel muss der SNC-Name von Server A in die ACL des Systems eingetragen werden. Auch diesen Fall zeige ich Ihnen beispielhaft in Abschnitt 12.6.2.

Kette der Vertraulichkeit für Ihre eigenen Zertifikate

Vor- und Nachteile

Sie haben gelernt, dass vertrauenswürdige Zertifikate in einer Hierarchie, meist dreistufig, aufgebaut sind. Die unterste Ebene ist dann in unseren Beispielen das Serverzertifikat oder SNC-Zertifikat. Diese Zertifikate sind oftmals nur von kurzer Gültigkeitsdauer, meist zwölf Monate oder weniger. Wenn Sie eines Ihrer eigenen Zertifikate austauschen, müssen Sie den öffentlichen Teil des Zertifikats an die Clients/Initiatoren kommunizieren, damit dort das Zertifikat vor dem Austausch hinzugefügt wird. Dies ist auch mit organisatorischem Aufwand verbunden. Eine Möglichkeit, dem entgegenzuwirken, ist der Aufbau des Vertrauens über die Intermediate-Zertifikate. Diese sind meist deutlich länger gültig, z. B. fünf Jahre. Dazu übermitteln Sie an die Clients/Initiatoren nicht mehr das Serverzertifikat, sondern das Intermediate-Zertifikat. Damit Sie als Server/

Akzeptant dem Client/Initiator vertrauen, muss das Intermediate-Zertifikat auch in Ihrem System in die jeweiligen Zertifikatslisten des PSE importiert werden. Alternativ können Sie das Ankreuzfeld **Eigenem Wurzelzertifikat vertrauen** im Bereich **Eigenes Zertifikat** des jeweiligen PSE in Transaktion STRUST aktivieren. Mit diesem Vorgehen müssen Sie Zertifikate deutlich seltener ersetzen. Ein Nachteil ist aber, dass das Intermediate-Zertifikat für die Signierung von Zertifikaten vieler Systeme verwendet wurde. Sie vertrauen damit auch Systemen, die Sie gar nicht kennen oder denen Sie vielleicht gar nicht vertrauen möchten. Diesem Missstand könnten Sie z. B. mit Erlaubtlisten auf Netzwerkebene begegnen und dort nur die Server freischalten, die mit Ihrem System kommunizieren dürfen.

12.5.2 Pflege der Zertifikatsspeicher

Die Pflege der Zertifikatsspeicher ist eine wichtige Aufgabe. Machen Sie hier Fehler, funktionieren Schnittstellen nicht mehr oder Benutzer können sich nicht anmelden. Neben den technischen Funktionen, die ich Ihnen in diesem Abschnitt zeige, möchte ich Ihnen zunächst generelle Tipps geben.

Fehlende Dokumentation

Das größte Problem ist meiner Meinung nach eine fehlende Dokumentation. Wenn Sie z. B. eine Alarmierung erhalten, dass ein Zertifikat aus einer Ihrer Zertifikatslisten in wenigen Tagen abläuft, suchen Sie eventuell in alten E-Mails, wer das Zertifikat beim letzten Mal geschickt oder beantragt hat. Wenn Sie selbst ein Zertifikat Ihres SAP-S/4HANA-Systems erneuern oder austauschen müssen, sollten Sie auch wissen, wen Sie über diesen Austausch informieren müssen. Daher lautet mein dringender Rat: Pflegen Sie ein Dokument (Excel, MS Teams, OneNote, Confluence usw.), in dem jedes Zertifikat dokumentiert ist. Das Dokument sollte mindestens folgende Informationen beinhalten:

- Zertifikatsname
- Gültigkeitszeitraum des Zertifikats
- PSEs, in denen das Zertifikat zu hinterlegen ist (hier z. B. auch an den SAP Web Dispatcher denken)
- Verwendung (z. B. Schnittstelle XYZ, System ABC)
- Ansprechpartner

PSEs sauber halten

Warten Sie nicht, bis Zertifikate ablaufen, und lassen Sie diese nicht über Monate oder Jahre in den PSEs stehen. Haben Sie den Mut, Zertifikate vor Ablauf der Gültigkeit zu löschen, sobald Nachfolgezertifikate eingespielt wurden. Vor dem Löschen sollten Sie die zu löschenden Zertifikate sichern (z. B. Exportfunktion in Transaktion STRUST nutzen). Wenn nach dem Löschen Probleme gemeldet werden, können Sie das Zertifikat schnell wieder importieren und erfahren so, wo noch nachgearbeitet werden muss. Ist das Zertifikat erst einmal abgelaufen, haben Sie diese Möglichkeit nicht mehr.

PSEs schützen

PSEs sind digitale Tresore. Wer Zugriff auf die PSE-Dateien erlangt, kann großen Schaden anrichten, da nicht nur die öffentlichen, sondern auch die privaten Schlüssel darin enthalten sind. Verschlüsseln Sie daher Ihre PSEs mit starken Passwörtern, die nur wenigen Personen bekannt sind. Irreführend ist dabei, dass hier der Begriff *PIN* verwendet wird und fälschlicherweise dazu verleitet, nur kurze, numerische Werte zu verwenden. Selbstverständlich sollten Sie eventuelle Arbeitskopien der PSE-Dateien auch nicht auf Ihrem Client-PC oder an anderen, unsicheren Orten ablegen.

AS ABAP

Transaktion STRUST

Im AS ABAP ist die Pflege der PSEs sehr komfortabel über die Transaktion STRUST möglich. An anderen Stellen im Buch gehe ich an praktischen Beispielen auf die Grundfunktionen wie das Importieren oder Exportieren von Zertifikaten ein. Die PSEs, die Sie über die Transaktion STRUST pflegen, werden im Dateisystem Ihres SAP-S/4HANA-Systems instanzspezifisch abgelegt, z. B. unter Linux im Pfad */usr/sap/<SID>/>D<Instanznummer>|ASCS<Instanznummer>/sec*. In Abbildung 12.19 sehen Sie z. B. den Inhalt des Verzeichnisses für Instanz 01 meines SAP-S/4HANA-Systems.

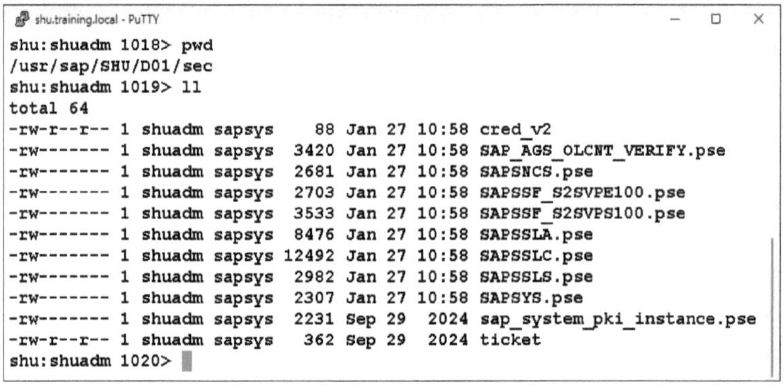

```
shu.training.local - PuTTY
shu:shuadm 1018> pwd
/usr/sap/SHU/D01/sec
shu:shuadm 1019> ll
total 64
-rw-r--r-- 1 shuadm sapsys    88 Jan 27 10:58 cred_v2
-rw------- 1 shuadm sapsys  3420 Jan 27 10:58 SAP_AGS_OLCNT_VERIFY.pse
-rw------- 1 shuadm sapsys  2681 Jan 27 10:58 SAPSNCS.pse
-rw------- 1 shuadm sapsys  2703 Jan 27 10:58 SAPSSF_S2SVPE100.pse
-rw------- 1 shuadm sapsys  3533 Jan 27 10:58 SAPSSF_S2SVPS100.pse
-rw------- 1 shuadm sapsys  8476 Jan 27 10:58 SAPSSLA.pse
-rw------- 1 shuadm sapsys 12492 Jan 27 10:58 SAPSSLC.pse
-rw------- 1 shuadm sapsys  2982 Jan 27 10:58 SAPSSLS.pse
-rw------- 1 shuadm sapsys  2307 Jan 27 10:58 SAPSYS.pse
-rw------- 1 shuadm sapsys  2231 Sep 29  2024 sap_system_pki_instance.pse
-rw-r--r-- 1 shuadm sapsys   362 Sep 29  2024 ticket
shu:shuadm 1020>
```

Abbildung 12.19: Verzeichnis mit den PSE-Dateien

PSE-Dateien

Die PSE-Dateien (erkennbar an der Dateiendung *.pse*) sind mit den Arbeitsbereichen in der Transaktion STRUST verknüpft. Dabei entspricht z. B. die Datei *SAPSSLC.pse* dem Arbeitsbereich **SSL-Client SSL-Client (Standard)** in Transaktion STRUST. Wie ich Ihnen später in diesem Abschnitt noch zeige, können Sie die PSE-Dateien z. B. auch über das Programm `sapgenpse` auf Betriebssystemebene pflegen. Dies ist für Systeme, in denen Sie keine Transaktion STRUST zur Verfügung haben, z. B. in der ASCS-Instanz, wichtig. Verändern Sie aber die PSE-Dateien Ihrer ABAP-basierten Instanzen niemals über das Betriebssystem, auch nicht durch einfaches Kopieren der Dateien von einem zu einem anderen System. Arbeiten Sie immer über die Transaktion STRUST! Der Grund ist, dass der AS ABAP die PSE-Dateien in der Datenbank speichert. Die Dateien auf dem Dateisystem, wie in Abbildung 12.19 gezeigt, werden beim Hochfahren des

SAP-Systems, bei Änderungen an den PSEs über die Transaktion STRUST oder bei Verwendung der Funktion **Verteilen** im Kontextmenü der Knoten in das Dateisystem der Instanzen geschrieben.

[!]

Beachten Sie zwingend SAP-Hinweis 3438151

Ich zitiere direkt aus dem SAP-Hinweis, weil es so wichtig ist:

»Die PSE-Schlüsselpaare werden in der Datenbank gespeichert und dann auf die Betriebssystemebene neu verteilt. Wenn in dieser Umgebung die PSE-Datei auf Betriebssystemebene mit dem Befehl sapgenpse geändert wird, wird die Änderung nicht in der Datenbank widergespiegelt (und auch nicht an andere Instanzen, wenn das System mehrere Instanzen hat). Solche Aktivitäten können zu Inkonsistenzen in der PSE-Umgebung führen, die im schlimmsten Fall zu einem Systemausfall führen können.«

Bei den PSE-Dateien im Dateisystem (siehe Abbildung 12.19) ist Ihnen vielleicht auch die PSE-Datei *sap_system_pki_instance.pse* aufgefallen. Diese PSE-Datei wird automatisch generiert, wenn Sie die interne Kommunikation verschlüsseln (Profilparameter `system/secure_communication = ON`) Diese PSE-Datei dürfen Sie nicht bearbeiten und niemals löschen!

Nachfolgend möchte ich Ihnen noch weitere nützliche Funktionen der Transaktion STRUST vorstellen.

PSE exportieren

Im Änderungsmodus können Sie eine PSE-Datei über das Menü **PSE • Sichern als • Datei** (**PSE exportieren**) auf Ihren lokalen PC übertragen. Sie können diese Funktion daher gut zu einer temporären Sicherung eines PSE nutzen oder zur lokalen Bearbeitung über das Kommando `sapgenpse` auf Ihrem Client-PC. Umso wichtiger ist es, dass Sie PSEs mit einem starken Passwort schützen, da sonst sensible Informationen sehr leicht abgegriffen werden können.

Kennwort vergeben

Wie bereits erwähnt, sollten Sie PSEs mit einem starken Passwort schützen. Führen Sie dazu in der Transaktion STRUST einen Doppelklick auf jedes vorhandene PSE aus und wählen Sie dort den Button **Kennwort** auf der linken Bildschirmseite. Vergeben Sie ein starkes Kennwort, das Sie an einer sicheren Stelle verwahren.

[+]

Kein Zugriff mehr auf ein PSE ohne Kennwort in STRUST

Nachdem Sie für ein PSE einen Kennwortschutz aktiviert haben, haben Sie ohne Eingabe des Kennwortes auch keinen lesenden Zugriff mehr auf das PSE über die Transaktion STRUST. Wenn Sie zumindest den Inhalt lesen möchten, z. B. das eigene Zertifikat oder die Zertifikate in der Liste, können Sie das Kommando `sapgenpse` verwenden. Die Funktionen zum Lesen sind dort auch ohne das Passwort verfügbar.

PSE-Schutzlevel

Über das Icon (**Liste der PSE-Dateien und deren Schutzlevel**) können Sie die Verbindung der PSE-Dateien zu den Knoten in Transaktion STRUST sehr gut nachvollziehen (siehe Abbildung 12.20). Die Anwendung suggeriert auch, dass Ihre PSEs ungeschützt sind (**PSE-Modus** Ungeschützt). Der hier thematisierte Schutz ist aber nicht der zuvor beschriebene Kennwortschutz. Hier geht es darum, dass auf die Dateien nur vom eigenen Host zugegriffen werden kann. Diese Funktion wird aber nur von Windows unterstützt. Auf Linux können Sie auf die Aktvierung des Schutzes verzichten, da er ohnehin wirkungslos ist.

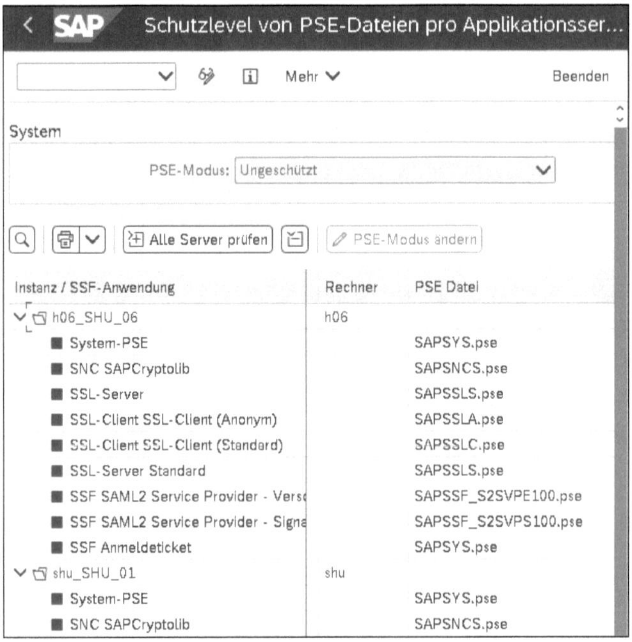

Abbildung 12.20: Schutzlevel der PSE-Dateien in Transaktion STRUST

Historie

Wenn Sie mit der rechten Maustaste auf einen Knoten in Transaktion STRUST klicken, können Sie über das Kontextmenü die Option **Historie** wählen. Damit können Sie die Änderungen an den PSEs nachvollziehen. Wenn Sie das Ankreuzfeld von zwei Versionen setzen, können Sie sich über die Funktion (**Vergleich von 2 PSE-Versionen**) die Unterschiede anzeigen lassen (siehe Abbildung 12.21). Wie Sie sehen, habe ich zuletzt ein neuntes Zertifikat in die Zertifikatsliste des PSE aufgenommen.

[»]

Inkonsistenz erkennen

Wenn Sie in der Historie pro Instanz mehrere Versionen mit Status **Aktuell** sehen, ist das ein starkes Indiz für eine Inkonsistenz, verursacht durch manuelle Pflege der PSE-Datei über das Programm `sapgenpse`. Diese muss behoben werden, meist mit Unterstützung durch den SAP-Support.

Auf alte Version zurück

Wenn Sie in der Historie das Ankreuzfeld nur für eine Version setzen und auf **Weiter** klicken, wird Ihnen das komplette PSE angezeigt. Sind Sie im Änderungsmodus in Transaktion STRUST, können Sie über das Menü **PSE • Sichern als** sogar wieder auf die gewählte Version zurückkehren.

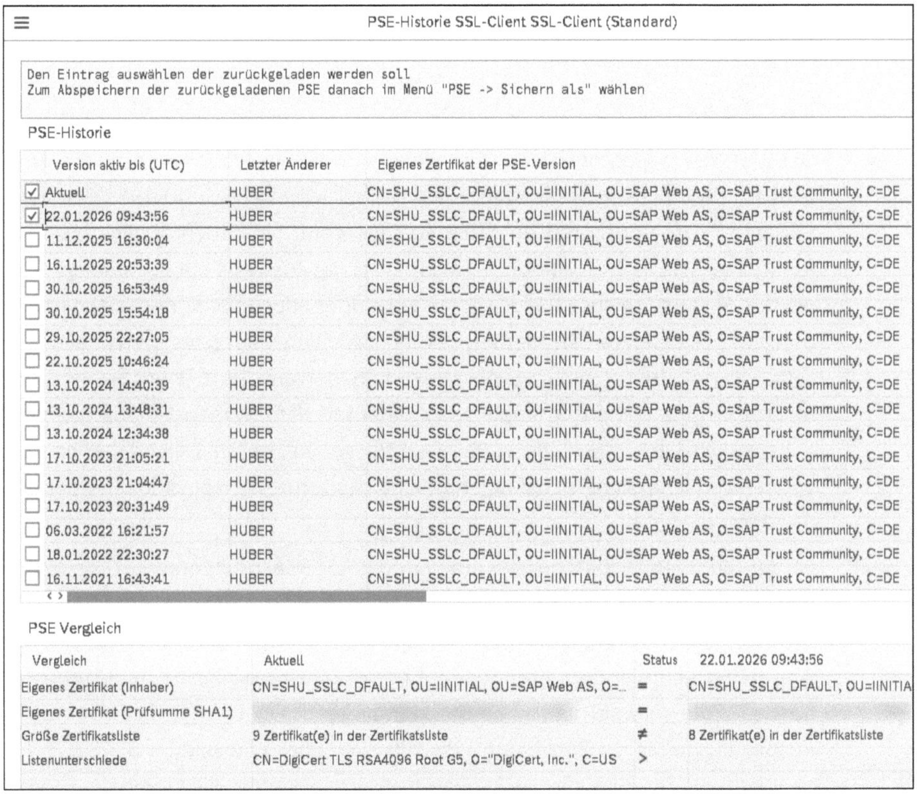

Abbildung 12.21: PSE-Historie mit Vergleichsfunktion

Eigenes Zertifikat ersetzen

Mit der Funktion **Ersetzen** im Kontextmenü eines Knotens können Sie Ihr eigenes, selbst signiertes Zertifikat des gewählten PSE ersetzen. Vergessen Sie auf dem sich öffnenden Fenster nicht, das Ankreuzfeld **Zertifikatsliste übernehmen** anzuhaken. Sonst werden die in diesem PSE gespeicherten Zertifikate nicht übernommen! Bevor Sie Ihr eigenes Zertifikat ersetzen, erinnern Sie sich an das Thema Dokumentation: Wo ist das Zertifikat hinterlegt und wen müssen Sie benachrichtigen?

Ersetzungsassistent

Nutzen Sie eine vertrauenswürdige CA zur Signierung, können Sie die Funktion **Ersetzungsassistent** im Kontextmenü verwenden, um Ihr eigenes Zertifikat zu ersetzen. Sie können den Assistenten auch verwenden, um ein selbst signiertes Zertifikat durch ein vertrauenswürdiges zu ersetzen. Der Assistent führt Sie in sechs Schritten durch die Ersetzung. Im Schritt 4 wird mit den von Ihnen eingegebenen Daten eine Zertifikatsanforderung erstellt. Diese kopieren Sie in die

Zwischenablage und erzeugen daraus bei Ihrer CA eine Zertifikatsantwort, die Sie in Schritt 5 importieren können. Sie können den Assistenten auch jederzeit verlassen und später fortsetzen, falls die Anforderung und Antwort einige Zeit benötigen. Erst in Schritt 6 wird das Schlüsselpaar nach Ihrer Bestätigung ausgetauscht. So lange bleibt das aktuelle Schlüsselpaar gültig. Der Assistent übernimmt auch die bestehende Zertifikatsliste des PSE.

SAP Web Dispatcher

Der SAP Web Dispatcher bietet über die administrative Weboberfläche die Möglichkeit, Zertifikate zu verwalten. Sie erreichen den Bereich über die Funktion **SSL and Trust Configuration • PSE Management**. Sie haben ähnliche Grundfunktionen wie in Transaktion STRUST. Über die Auswahlliste bei **Manage PSE** wählen Sie aus, welches PSE Sie anschauen oder pflegen möchten (siehe Abbildung 12.22). Beachten Sie hierbei, dass der SAP Web Dispatcher alle Dateien anzeigt, die das Muster *.pse* im Dateinamen haben. Wenn Sie z. B. auf Betriebssystemebene eine Sicherungskopie einer Datei mit dem Namen *SAPSSLS.pse.bak* anlegen, wird Ihnen auch diese Datei zur Pflege angeboten. Es ist daher besser, wenn Sie solche Sicherheitskopien in einen Unterordner verschieben oder anders benennen.

In ASCS integriert

Ist der SAP Web Dispatcher bei Ihnen in die ASCS-Instanz integriert, bedeutet dies, dass auch der SAP Message Server als integraler Bestandteil der ASCS die gleichen PSEs verwendet. Dies ist ein Vorteil, da außer dem SAP Web Dispatcher keine andere Komponente der ASCS eine grafische Benutzeroberfläche für die Verwaltung von Zertifikaten bietet. Im Unterschied zu den ABAP-Instanzen, wo Sie die Zertifikate ausschließlich über Transaktion STRUST pflegen, sind die Dateien, die Sie im Dateisystem vorfinden, die Originale. Es gibt also keine zweite Version in der Datenbank. Dies bedeutet, dass auch Änderungen an den PSEs mit dem Programm `sapgenpse` erlaubt sind.

Abbildung 12.22: Auswahl der PSE-Datei

Ich möchte an dieser Stelle nicht im Detail auf den Export und Import von Zertifikaten oder die Erstellung von Zertifikatsanfragen und den Import der Zertifikatsantworten eingehen. Einzelne Beispiele finden Sie z. B. in Abschnitt 11.5, »SAP Web Dispatcher«. Führen Sie Änderungen an den PSEs durch, müssen Sie den SAP Web Dispatcher durchstarten. Auch diese Funktion habe ich in Abschnitt 11.5 beschrieben.

Betriebssystemkommando »sapgenpse«

Ein Teil der bereits erwähnten SAP CommonCryptoLib ist auch das Programm `sapgenpse`. Mit diesem Programm können Sie auf dem Betriebssystem über die Kommandozeile Zertifikatsspeicher verwalten. Auch an dieser Stelle gebe ich noch einmal den wichtigen Hinweis, dass Sie `sapgenpse` nicht für Änderungen an den PSE-Dateien des AS ABAP verwenden dürfen. Nutzen Sie `sapgenpse` für die Zertifikatsverwaltung der ASCS, des SAP Web Dispatchers (als Alternative zur Weboberfläche) oder für fremde Anwendungen, die die SAP Crytographic Library verwenden (z. B. die SAP-NetWeaver-RFC-Bibliothek).

Sie können die SAP CommonCryptoLib für verschiedene Betriebssysteme bei SAP herunterladen. So können Sie z. B. auch auf Ihrem Client-PC PSE-Dateien erstellen oder verändern und dann auch für Ihr SAP-S/4HANA-System bereitstellen. Wenn Sie z. B. in Transaktion STRUST über das Menü die Funktion **PSE • importieren** ausführen und die lokal erstellte PSE-Datei von Ihrem PC hochladen, wird Ihnen das PSE angezeigt. Sie können dann über das Menü **PSE • Sichern als** dieses PSE in die ABAP-Instanzen importieren. Da Sie hier die Transaktion STRUST für die Bereitstellung nutzen, ist dieser Weg erlaubt, obwohl die eigentliche Pflege des PSE über das Programm `sapgenpse` erfolgt ist.

SECUDIR

Damit Sie `sapgenpse` verwenden können, muss die Umgebungsvariable `SECUDIR` gepflegt sein. Diese muss auf die Bibliothek zeigen (`libsapcrypto.so` unter Linux bzw. `sapcrypto.dll` unter Windows). Unter Linux verwenden Sie auf dem Applikationsserver z. B. das Kommando `setenv SECUDIR /usr/sap/<SID>/D<Instanz>|ASCS<Instanz>/sec`.

In Abbildung 12.23 sehen Sie ein einfaches Beispiel, in dem ich mir das eigene Zertifikat des SSL-Server-Standard-PSE anzeigen lasse. In Tabelle 12.2 sehen Sie gängige Kommandos, die auch den Grundfunktionen der Transaktion STRUST oder der Weboberfläche des SAP Web Dispatchers entsprechen.

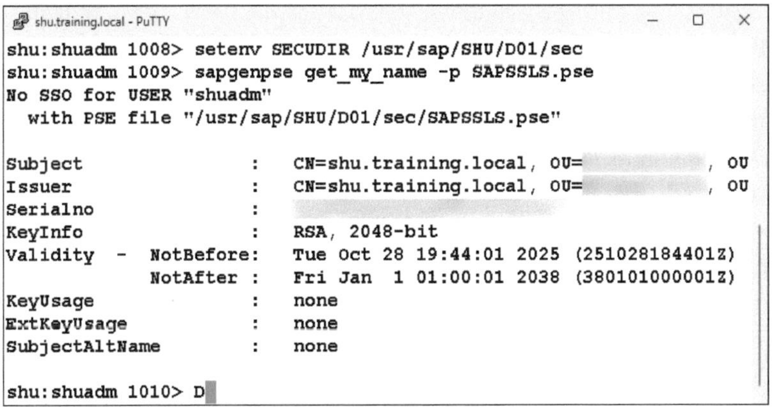

Abbildung 12.23: Beispielabfrage mit »sapgenpse«

Kommandooptionen zu »sapgenpse«	Bedeutung
gen_pse -p <PSE-Datei> "CN=…" -x <Kennwort>	Legt ein PSE mit Kennwort neu an.
gen_pse -p <PSE-Datei> -onlyreq	Erneuert das eigene Zertifikat eines PSE.
import_own_cert -p <PSE-Datei> -c <mein Zertifikat>.cer -r <Intermediate Zertifikat>.cer -r <Root Zertifikat>.cer	Importiert eine Zertifikatsantwort. Damit dies gelingt, müssen Sie neben dem Zertifikat mit der Option -r alle Zertifikate der Zertifikatskette mit angeben.
get_my_name -p <PSE-Datei>	Zeigt das eigene Zertifikat eines PSE an.
export_own_cert -o <Zertifikat>.cer -p <PSE-Datei>	Exportiert das eigene Zertifikat eines PSE.
maintain_pk -l -p <PSE-Datei>	Zeigt die Zertifikate der Zertifikatsliste eines PSE an.
maintain_pk -a <Zertifikat>.cer -p <PSE-Datei>	Fügt ein Zertifikat der Zertifikatsliste eines PSE hinzu.
maintain_pk -d <Nummer> -p <PSE-Datei>	Löscht ein Zertifikat aus der Zertifikatsliste eines PSE. Die Nummern der Zertifikate [1...n] erfahren Sie, wenn Sie zuvor maintain_pk -l ausführen.

Tabelle 12.2: Nützliche Optionen mit »sapgenpse«

cred.v2-Datei

Eventuell ist Ihnen im Verzeichnis der PSE-Dateien die Datei *cred.v2* aufgefallen. Die Datei verwaltet den Single-Sign-on-Zugriff auf PSE-Dateien für Betriebssystembenutzer. Arbeiten Sie mit Transaktion STRUST, wird beim Arbeiten mit den PSEs die Datei entsprechend verwaltet. Der Benutzer <sid>adm kann dadurch immer auf die PSE-Dateien zugreifen. Insbesondere wenn Sie PSE-Dateien dezentral unter einem anderen Benutzer bearbeiten und dann kopieren, kann der Benutzer, der die PSE-Dateien zur Laufzeit lesen muss, nicht darauf zugreifen. Mit dem Kommando sapgenpse seclogin -l -p <PSE-Datei> können Sie die Einträge der *cred.v2*-Datei lesen. Mit der Option -o <Benutzername> können Sie Zugangsdaten für einen Benutzer hinzufügen und mit Option -d wieder entziehen.

12.6 Verbindungssicherheit

Innerhalb von SAP S/4HANA gibt es viele Kommunikationswege zwischen Anwender*innen und Anwendungen, aber auch intern zwischen einzelnen Komponenten der Software. Diese Verbindungswege laufen prinzipiell Gefahr, kompromittiert zu werden. Wenn Verbindungen über Rechenzentren hinweg benötigt werden, leuchtet die Notwendigkeit einer Verschlüsselung der Datenübertragung schnell ein. Aber auch innerhalb eines Unternehmens sollten keine sensiblen Daten unverschlüsselt übertragen werden, etwa Kennwörter bei der Anmeldung. Die Absicherung der Verbindungswege kann in die Bereiche interne Kommunikation im AS ABAP, SAP-GUI- und RFC-Verbindungen, HTTP-Verbindungen und Verbindungen der SAP-HANA-Plattform aufgeteilt werden, auf die ich in den folgenden Abschnitten eingehe.

12.6.1 Interne Kommunikation im AS ABAP

Komponenten des AS ABAP kommunizieren über verschiedene TCP/IP-Ports miteinander (Message Server, Dispatcher, Enqueue Server, RFC-Gateway ...). Diese Verbindungen werden mit TLS verschlüsselt, wenn der Profilparameter `system/secure_communication` auf dem Wert `ON` steht. Gemäß dem Secure-by-Default-Prinzip wird diese Parametereinstellung bereits im Standard ausgeliefert. Ist sie nicht gesetzt, empfehle ich Ihnen dringend, das nachzuholen. Details hierzu erfahren Sie in SAP-Hinweis 2040644. Beachten Sie, dass Sie die Änderung des Parameterwertes nicht während des laufenden Betriebs durchführen dürfen.

Kommunikation mit dem Message Server

Besonders die interne Kommunikation mit dem Message Server muss als kritisch betrachtet werden. Ohne die Absicherung über TLS könnte sich eine fremde bzw. kompromittierte Instanz als Teil des SAP-Systems am Message Server registrieren. Bisher mussten Sie daher *Zugriffskontrolllisten* (engl. *Access Control List*, kurz ACL) pflegen, damit sich nur benannte Hosts mit den Komponenten verbinden dürfen. Diese Zugriffskontrolllisten sind bei der durch TLS abgesicherten internen Kommunikation jedoch überflüssig.

[«]

Zugriffskontrolllisten für die externe Kommunikation

Die externe Kommunikation muss weiterhin über Zugriffskontrolllisten abgesichert werden (siehe Abschnitt 12.7, »Zugriffskontrolle des RFC-Gateways«).

12.6.2 SAP-GUI- und RFC-Verbindungen

Secure Network Communication

Für viele Kommunikationskanäle, so auch für SAP-GUI- und RFC-Verbindungen, können Sie die Verbindungen über *Secure Network Communication* (SNC) verschlüsseln. Auch für die Absicherung der Verbindung zu Druckern können Sie

SNC verwenden. Beim Frontend-Druck ist SNC automatisch aktiv, wenn auch die SAP-GUI-Verbindung mit SNC abgesichert ist. Bei Druckern mit Koppelart S können Sie SNC in der Spool-Administration aktivieren.

SAP CommonCryptoLib

Die Grundlagen zur SNC-Verschlüsselung habe ich Ihnen bereits in Abschnitt 12.5.1 gezeigt. Um über SNC kommunizieren zu können, benötigen beide Kommunikationspartner Zugriff auf eine Kryptografie-Bibliothek, z. B. *SAP CommonCryptoLib* auf Serverseite. Bei SAP S/4HANA befindet sich die Bibliothek im Kernel. Für die SAP-GUI-Kommunikation mit SNC können Sie *SNC Client Encryption* auf den Clients installieren. Bei der Installation des SAP GUI können Sie SNC Client Encryption direkt mit installieren. Beide Kommunikationspartner müssen dann Zertifikate verwalten und die des Kommunikationspartners verifizieren können.

Schutzstufen

SNC bietet drei Schutzstufen an:

1. nur Authentifizierung
2. Schutz der Integrität
3. Schutz der Vertraulichkeit

Die niedrigste Stufe prüft nur die Identität des Kommunikationspartners. Die Daten selbst werden nicht verschlüsselt. Die Stufe 2 stellt zusätzlich sicher, dass die Daten während der Übertragung nicht manipuliert werden, sie sind aber weiterhin unverschlüsselt. Erst die Stufe 3 sorgt für eine Verschlüsselung der Daten. Falls Sie sich fragen, warum es mehrere Stufen gibt, liegt das daran, dass jede Erhöhung der Sicherheitsstufe auch mehr Ressourcen in Anspruch nimmt. Aus Sicht der Sicherheit ist aber ganz klar Stufe 3 zu empfehlen.

Profilparameter

Um SNC im AS ABAP zu aktivieren, müssen Sie verschiedene Profilparameter pflegen (siehe Tabelle 12.3).

Parameter	Wert	Bedeutung
`snc/enable`	1	Dies ist der Hauptschalter für SNC. Bei Konfigurationsfehlern scheitert das Hochfahren des Systems.
`snc/gssapi_lib`	z. B. */usr/sap/<SID>/D<Instanz>/exe/ libsapcrypto.so*	Pfad zur Kryptografiebibliothek
`snc/identity/as`	z. B. *p:CN=SNC<SID>, O=<Firmenname>, C=<Land>*	Es wird festgelegt, welchen Namen der Applikationsserver beim externen Sicherheitssystem hat.

Tabelle 12.3: Instanzprofilparameter für SNC

Parameter	Wert	Bedeutung
`snc/data_protection/max`	3	Sicherheitsstufe
`snc/data_protection/min`	3	Sicherheitsstufe
`snc/data_protection/use`	3	Sicherheitsstufe
`snc/r3int_rfc_secure`	0	Interne Verbindungen müssen in der Regel nicht per SNC abgesichert werden (Performance beachten!).
`snc/accept_insecure_cpic`	0, 1 oder U	Mit dem Wert 0 werden keine unsicheren CPIC-Verbindungen erlaubt. Mit dem Wert 1 oder U werden diese weiterhin toleriert (U = wenn für den Benutzer hinterlegt).
`snc/accept_insecure_gui`	0, 1 oder U	wie `snc/accept_insecure_cpic`, jedoch für SAP-GUI-Anmeldungen
`snc/accept_insecure_rfc`	0, 1 oder U	wie `snc/accept_insecure_cpic`, jedoch für RFC-Anmeldungen
`snc/permit_insecure_start`	0, 1	wie `snc/accept_insecure_cpic`, jedoch für das Starten von Programmen

Tabelle 12.3: Instanzprofilparameter für SNC (Forts.)

Trust-Manager

Die Zertifikatsverwaltung erreichen Sie über den Trust-Manager (Transaktion STRUST). Dort können Sie zu verschiedenen Anwendungsfällen, sogenannten *PSE-Arten* (PSE steht für persönliche Sicherheitsumgebung, engl. *Personal Security Environment*), Zertifikate pflegen, herunterladen und hochladen, um diese mit Kommunikationspartnern auszutauschen. Für SNC ist das SNC-PSE verantwortlich. Es enthält die Sicherheitsinformationen des Servers, um die SNC-Verbindung sicherer zu machen. Diese Informationen enthalten den öffentlichen und privaten Schlüssel des Servers sowie die entsprechende Zertifikatsliste.

SNC-PSE anlegen

Richten Sie SNC erstmalig ein, existiert der Bereich noch nicht. Sie erkennen dies an dem roten X beim Eintrag **SNC – SAPCryptolib** (siehe Abbildung 12.24).

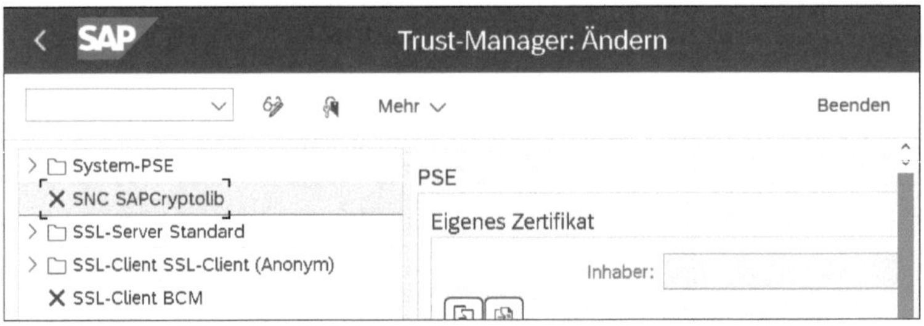

Abbildung 12.24: Trust-Manager (Transaktion STRUST)

Damit Ihr System anderen Systemen vertrauen kann, müssen Sie das PSE zunächst anlegen. Wählen Sie hierzu im Änderungsmodus den Knoten **SNC – SAP-Cryptolib** mit der rechten Maustaste aus und klicken Sie auf den Button **Anlegen**. Es öffnet sich ein Pop-up-Fenster (siehe Abbildung 12.25). Als **SNC-Id** wird der Wert aus dem Profilparameter `snc/identity/as` verwendet. Speichern Sie diese Einstellung ab.

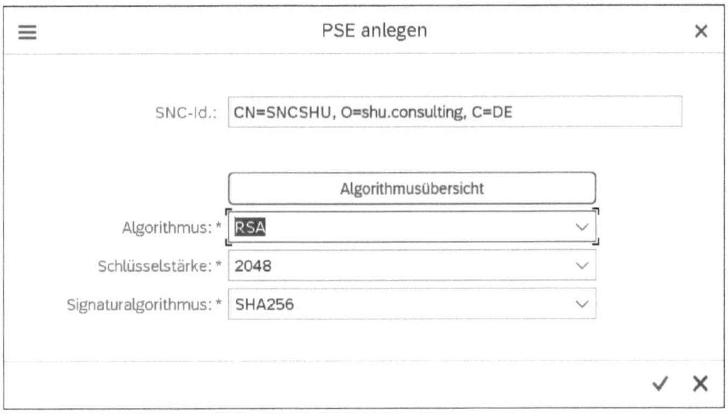

Abbildung 12.25: Anlegen des SNC-PSE

[»]

Signatur von Zertifikaten

Bei dem Beispiel in Abbildung 12.25 handelt es sich um ein selbst signiertes Zertifikat. In produktiven Umgebungen sollten die Zertifikate von vertrauenswürdigen Zertifizierungsstellen ausgestellt sein.

Zum Schluss müssen Sie zur Aktivierung von SNC Ihr SAP-System durchstarten.

[!]

Systemneustart nach der SNC-Konfiguration

Haben Sie den Parameter `snc/accept_insecure_gui` auf den Wert 0 gesetzt, können Sie sich nicht mehr per SAP GUI am System anmelden.

Haben Sie bei der Konfiguration von SNC einen Fehler gemacht, startet Ihr SAP-System nicht mehr. Zur Fehlersuche empfehle ich Ihnen einen Blick in eine Logdatei eines Dialog-Workprozesses (z. B. */usr/sap/<SID>/D>Instanz>/work/dev_w0*).

SNC-Status

Startet Ihr System erfolgreich, können Sie in Transaktion SM51 über den Button (**SNC-Status**) prüfen, ob SNC erfolgreich aktiviert wurde (siehe Abbildung 12.26). Die Symbole der offenen Schlösser bedeuten hier, dass eine unsichere Anmeldung ohne SNC weiterhin möglich ist. Sie können die betreffenden Verbindungen nun nach und nach absichern und zum Schluss die unsicheren Verbindungen über eine Änderung der Profilparameter unterbinden.

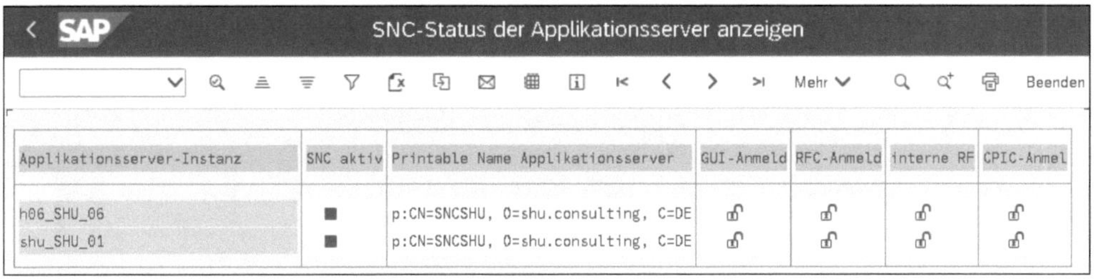

Abbildung 12.26: SNC-Status in Transaktion SM51

Beispiel: RFC-Verbindung absichern

Als Beispiel sichern wir im Folgenden eine RFC-Verbindung zwischen zwei SAP-Systemen SSM und SHU über SNC ab. Das System SHU nimmt dabei die Rolle des Initiators ein und ruft eine RFC-Funktion im System SSM auf. Das System SSM nimmt die Rolle des Akzeptanten ein. Die bisher gezeigten Einrichtungsschritte müssen daher auf dem zweiten System wiederholt werden, damit auf beiden Systemen SNC aktiv ist. Folgende weitergehenden Einrichtungsschritte sind für dieses Szenario erforderlich:

1. **Zertifikate exportieren**

   Damit sich die Systeme vertrauen, müssen Sie in beiden Systemen in Transaktion STRUST das SNC-Zertifikat exportieren. Dazu öffnen Sie den Knoten **SNC SAPCryptolib**, klicken doppelt auf das eigene Zertifikat und wählen am unteren Bildschirmrand die Funktion (**Zertifikat exportieren**). Speichern Sie die Zertifikate auf Ihrem PC jeweils im Binärformat ab.

2. **Zertifikate importieren**

   Die zuvor exportierten Zertifikate müssen Sie nun in das jeweils andere System importieren. Hierzu öffnen Sie in beiden Systemen jeweils die Transaktion STRUST, wechseln in den Änderungsmodus und wählen für den Knoten **SNC SAPCryprolib** den Button (**Zertifikat importieren**, siehe Abbildung 12.27). Wählen Sie dann die jeweilige Datei auf Ihrem PC aus. Mit dem Button **In Zert.-Liste aufnehmen** nehmen Sie die Zertifikate in die Zertifikatsliste des jeweiligen Systems auf. Anschließend speichern Sie diese Einstellung.

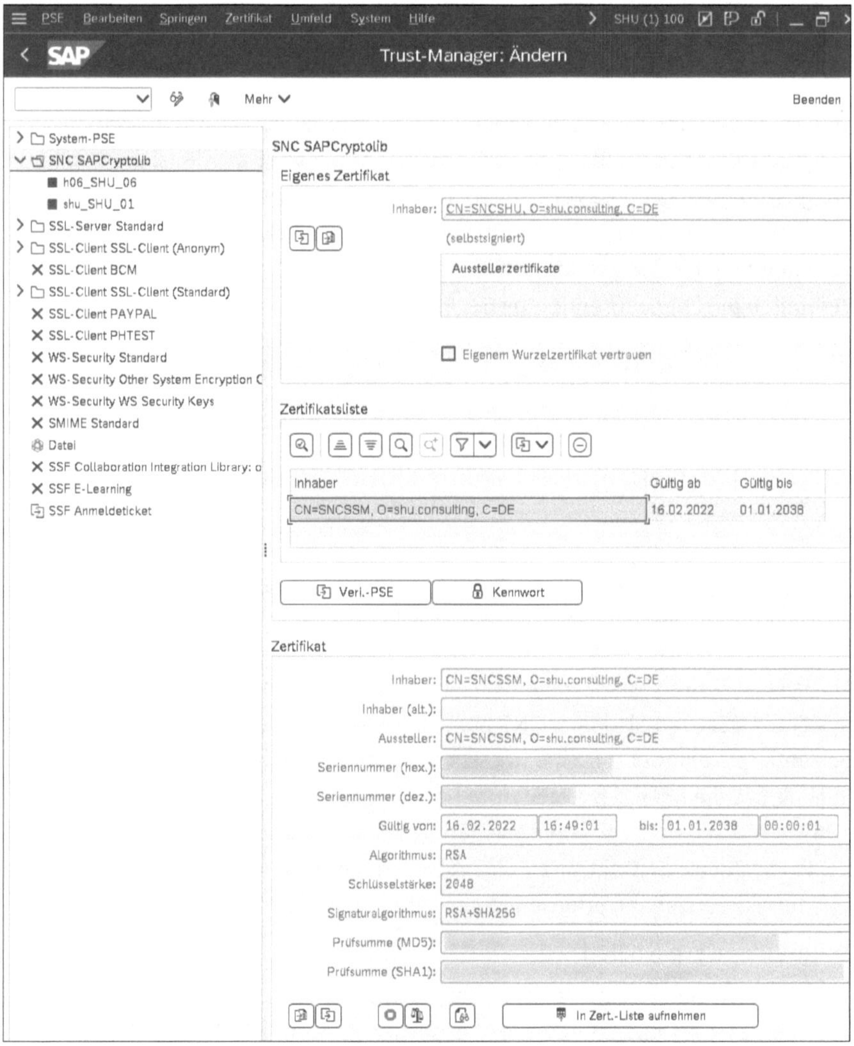

Abbildung 12.27: Zertifikat in Transaktion STRUST importieren

3. **Zugriffskontrollliste für Systeme pflegen**

   Für die SNC-Kommunikation zwischen Systemen muss eine Zugriffskontrollliste gepflegt werden. Hierzu müssen Sie im System SSM in Transaktion SNC0 den Zugriff durch das System SHU erlauben (siehe Abbildung 12.28).

Abbildung 12.28: Zugangskontrollliste für Systeme (Transaktion SNC0)

4. **SNC in den RFC-Verbindungen aktivieren**

   Schließlich können Sie im System SHU die betreffenden RFC-Verbindungen auf SNC umstellen. Hierzu öffnen Sie die betreffenden RFC-Verbindungen in Transaktion SM59. Im Änderungsmodus wählen Sie auf der Registerkarte **Anmeldung & Sicherheit** den Button **SNC** und pflegen im Pop-up-Fenster die SNC-Parameter, wie in Abbildung 12.29 gezeigt. Durch einen abschließenden Verbindungstest können Sie den Erfolg der Umstellung überprüfen.

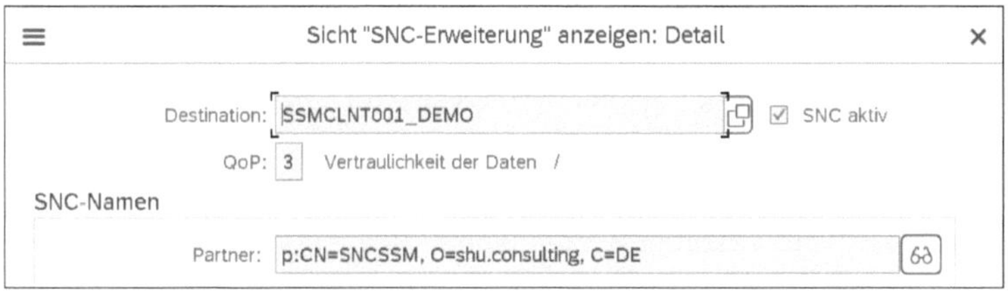

Abbildung 12.29: SNC-Einstellungen in RFC-Verbindung pflegen

Wechselseitige Kommunikation erlauben

Benötigen Sie auch eine Kommunikation vom System SSM an das System SHU, müssen Sie auch im System SHU in Transaktion SNC0 einen entsprechenden Eintrag für das System SSM anlegen.

Möchten Sie SAP-GUI-Verbindungen über SNC absichern, sind weitere Einrichtungsschritte notwendig. Damit sich der Client, also Ihr Windows-PC, auf dem Sie das SAP GUI ausführen, per SNC mit dem SAP-System verbinden kann, muss er dem Server vertrauen. Hierzu muss das Root-CA-Zertifikat in das lokale Betriebssystem der Clients (z. B. Windows-PC) importiert werden. Handelt es sich um ein selbst signiertes Zertifikat, wie in meinem Beispiel, muss dieses importiert werden. Führen Sie dazu die folgenden Schritte aus:

1. Rufen Sie die Transaktion STRUST in Ihrem SAP-S/4HANA-System auf und wählen Sie im Baum den Knoten **SNC SAPCryptolib**.
2. Führen Sie einen Doppelklick auf das Inhaberzertifikat aus, wenn es sich um ein selbst signiertes Zertifikat handelt. Handelt es sich um ein Zertifikat, das von einer vertrauenswürdigen CA erstellt und verifiziert wurde, führen Sie einen Doppelklick auf das Ausstellerzertifikat aus.
3. Im unteren Bildschirmbereich wird Ihnen das Zertifikat angezeigt. Wählen Sie die Funktion (**Zertifikat exportieren**). Geben Sie einen sprechenden Namen ein, z. B. *SNC<SID>.cer*, wählen Sie ein beliebiges Dateiformat (z. B. **Binär**) aus und speichern Sie das Zertifikat auf Ihrem PC ab.
4. Führen Sie im Windows-Explorer einen Doppelklick auf die zuvor gespeicherte Zertifikatsdatei aus. Es öffnet sich ein Fenster mit den Zertifikatsinformationen. Wählen Sie auf diesem Bildschirm die Funktion **Zertifikat installieren**.
5. Wählen Sie als Speicherort entweder die Option **Aktuellen Benutzer** (dann wird das Zertifikat auf dem Rechner nur für Ihren Benutzer installiert) oder **Lokaler Computer** (dann wird das Zertifikat für alle Benutzer Ihres Rechners installiert). Klicken Sie auf den Button **Weiter**.
6. Wählen Sie auf dem nächsten Bildschirm als Zertifikatsspeicher **Alle Zertifikate in folgendem Speicher speichern** und anschließend die Funktion **Durchsuchen**.
7. Wählen Sie als Zertifikatsspeicher **Vertrauenswürdige Stammzertifizierungsstellen** und klicken Sie auf den Button **OK**. Klicken Sie auf **Weiter** und anschließend auf **Fertig stellen**. Handelt es sich beim Zertifikat um ein selbst signiertes Zertifikat, bekommen Sie eine Sicherheitswarnung angezeigt, die besagt, dass nicht bestätigt werden kann, dass das Zertifikat wirklich vom genannten Server stammt. Dies müssen Sie mit **Ja** bestätigen.
8. Sie erhalten eine Meldung, dass der Import des Zertifikats erfolgreich war.

Damit die SAP-GUI-Verbindung mit SNC verschlüsselt wird, müssen Sie den Verbindungseintrag im SAP Logon anpassen. Führen Sie folgende Schritte aus:

1. Öffnen Sie das SAP Logon, markieren Sie den Verbindungseintrag zu Ihrem SAP-S/4HANA-System und wählen Sie die Funktion (**Bearbeiten**).
2. Wechseln Sie auf die Registerkarte **Netzwerk** und aktivieren Sie das Ankreuzfeld **Secure Network Communication aktivieren**, wie in Abbildung 12.30 gezeigt. Der **SNC-Name** sollte bereits korrekt vorbelegt sein, wenn die Verbindung über Message Server/Lastverteilung eingerichtet ist, da der Message Server diese Informationen automatisch bereitstellt. Bei einer Direktverbindung zu einer Instanz ist das Feld leer und muss von Ihnen mit dem korrekten SNC-Namen befüllt werden.

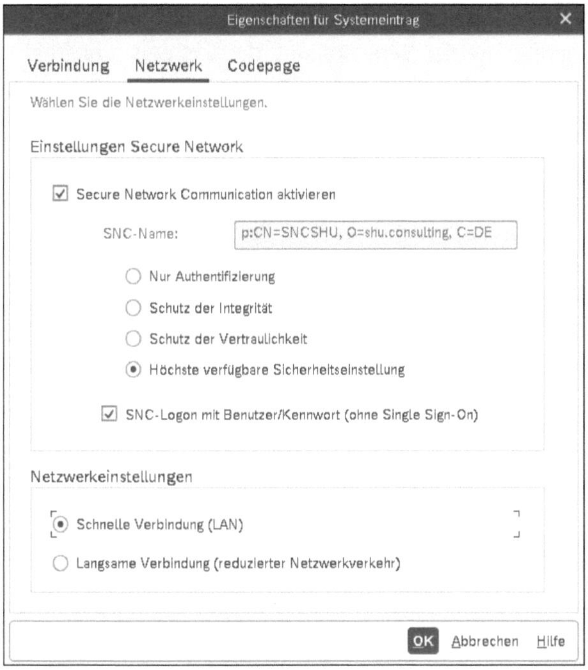

Abbildung 12.30: SNC-Einstellungen in den Verbindungseigenschaften

3. Wenn Sie kein Single-Sign-on-Verfahren nutzen, empfehle ich Ihnen, zusätzlich das Ankreuzfeld **SNC-Logon mit Benutzer/Kennwort (ohne Single Sign-On)** zu aktivieren, da sonst zuerst ein Anmeldeversuch mit Single Sign-on unternommen wird. Da dies ohne weitere Konfiguration nicht funktioniert, erhalten Sie bei der Anmeldung eine Warnung. Das Single-Sign-on-Verfahren werde ich Ihnen in Abschnitt 12.10 vorstellen.
4. Übernehmen Sie die Änderungen mit **OK** und melden Sie sich am SAP-System über das SAP Logon an. In der Statusleiste sehen Sie nun oben rechts das Symbol (**Secure Network Communication aktiviert**). Dies signalisiert, dass die Verbindung von Ihrem SAP GUI zum SAP-System verschlüsselt ist.

12.6.3 HTTP-Verbindungen

ICM

Mit TLS (früher bekannt als SSL) können Sie HTTP-Verbindungen vom und zum AS ABAP absichern. Mit diesem Protokoll werden sämtliche Daten zwischen den Kommunikationspartnern verschlüsselt. Ebenso ist eine Authentifizierung beider Kommunikationspartner mit TLS möglich. Der *Internet Communication Manager* (ICM), den Sie über die Transaktion SMICM verwalten und überwachen können, übernimmt als Systemkomponente die Kommunikation.

Profilparameter

Wie bei SNC müssen auch für die Konfiguration von TLS verschiedene Profilparameterwerte gesetzt und PSEs angelegt werden. Damit der ICM über HTTPS kommunizieren kann, muss der entsprechende Port konfiguriert sein. Die Einstellungen werden bereits bei der Bereitstellung des Systems abgefragt. Sie können das leicht in Transaktion SMICM über den Menüpfad **Springen • Services** überprüfen. Abbildung 12.31 zeigt die Übersicht der Services.

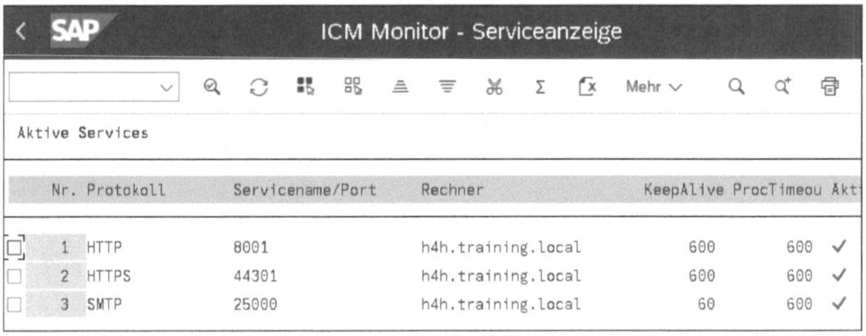

Abbildung 12.31: Serviceanzeige in Transaktion SMICM

Sollte der Port nicht konfiguriert sein, können Sie ihn über den Profilparameter icm/server_port_<laufende Nummer> pflegen. Der Wert im folgenden Beispiel lautet PROT=HTTPS,PORT=443$$,PROCTIMEOUT=600,TIMEOUT=600. Der Platzhalter $$ entspricht dabei der Instanznummer. Für die Aktivierung reicht ein Durchstarten des ICM, was Sie in Transaktion SMICM über die Menüoption **Administration • ICM • Soft beenden • Global** erledigen können.

Relevante PSEs

Je nachdem, welche Rolle ein System bei der Kommunikation einnimmt (Server oder Client), sind unterschiedliche PSEs für die HTTP-basierte Kommunikation relevant:

- **SSL-Server-PSE**

  Das SSL-Server-PSE enthält die Sicherheitsinformationen des AS ABAP. Diese werden benötigt, um mit TLS als Serverkomponente zu kommunizieren.

- **SSL-Client-PSE (Standard)**

  Um die ausgehenden sicheren Verbindungen aufzubauen, muss der AS ABAP über ein SSL-Client-PSE verfügen. Das Standard-SSL-Client-PSE wird per Default verwendet.

- **SSL-Client-PSE (anonym)**

  AS ABAP verwendet das anonyme SSL-Client-PSE, wenn er auf andere Webserver über HTTPS zugreift, aber das Zertifikat nicht zur Anmeldung nutzt. Im Unterschied zum Standard-SSL-Client-PSE müssen Sie das Public-Key-Zertifikat nicht von einer offiziellen Zertifizierungsstelle (CA) signieren lassen.

Aufgabenliste

Die Anlage der PSEs ist Teil der Aufgabenliste SAP_BASIS_SETUP_INITIAL_CONFIG. Eine manuelle Anlage mit Transaktion STRUST, wie ich sie bei der Aktivierung von SNC in Abschnitt 12.6.2, »SAP-GUI- und RFC-Verbindungen«, beschrieben habe, ist ebenfalls möglich.

Beispiel: Kommunikation mit SAP Cloud ALM

Als Beispiel möchte ich auf die in Abschnitt 11.7.2, »Konfiguration des Push-Daten-Providers«, beschriebene Einrichtung der Verbindung von Ihrem SAP-S/4HANA-System an SAP Cloud ALM verweisen. Unter anderem wird dort der Download der benötigten Zertifikate und dessen Import mit Transaktion STRUST beschrieben. Über die Transaktion /N/SDF/ALM_SETUP wird unter anderem eine RFC-Verbindung angelegt, über die die Daten vom AS ABAP an SAP Cloud ALM gesendet werden. Sie finden diese RFC-Verbindung wie gewohnt in Transaktion SM59 unter den HTTP-Verbindungen (Typ G). Auf der Registerkarte **Technische Einstellungen** der Verbindung sehen Sie **Host**, **Pfadpräfix** sowie den für HTTPS verwendeten **Port** 443 (siehe Abbildung 12.32).

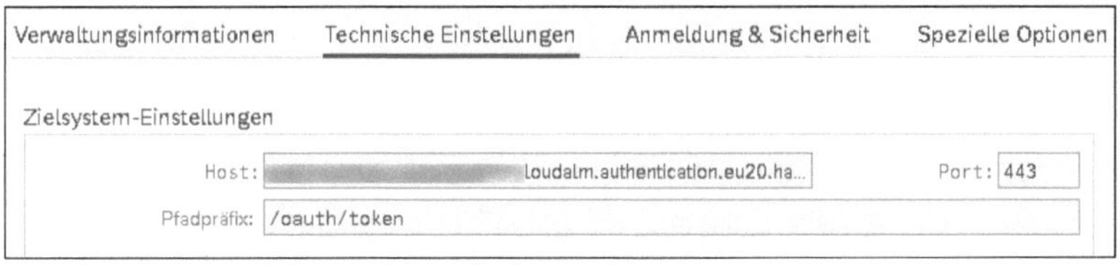

Abbildung 12.32: Technische Einstellungen der HTTPS-Verbindung

Auf der Registerkarte **Anmeldung & Sicherheit** sehen Sie das gewählte Anmeldeverfahren **Basic Authentication** mit hinterlegtem **Benutzer** und Kennwort (siehe Abbildung 12.33).

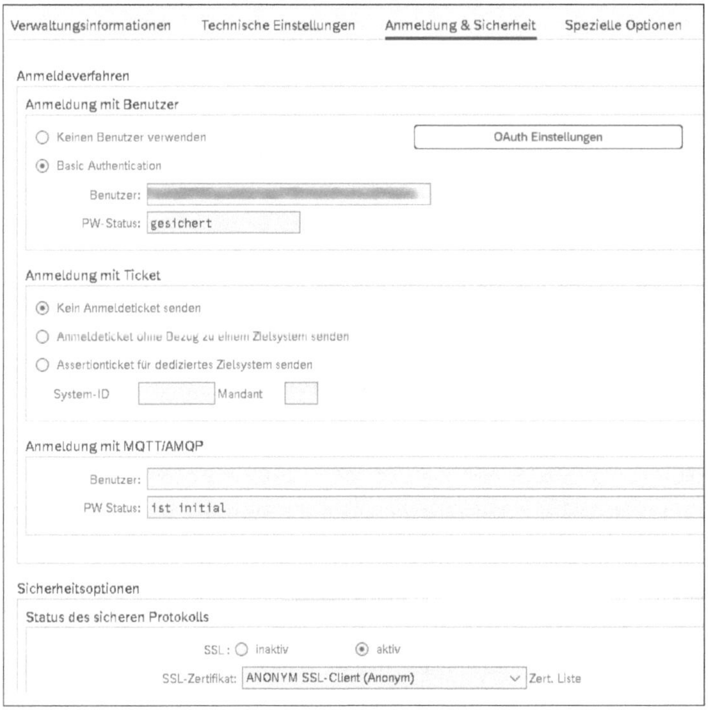

Abbildung 12.33: Registerkarte »Anmeldung & Sicherheit« der RFC-Verbindung

In den **Sicherheitsoptionen** auf der gleichen Registerkarte sehen Sie, dass **SSL** aktiviert ist. Zum Aufbau der sicheren Verbindung wird das anonyme Client-PSE verwendet. Dies ist möglich, weil das Zertifikat nicht zur Anmeldung verwendet wird. Damit diese Verbindung funktioniert, muss das von SAP bereitgestellte Zertifikat zuvor in das anonyme Client-PSE hochgeladen worden sein.

12.6.4 Verbindungen der SAP-HANA-Plattform

Ebenso wie der AS ABAP besteht auch die SAP-HANA-Plattform aus vielen Komponenten, die miteinander und nach außen kommunizieren. Beispiele für solche Verbindungen sind:

- interne Kommunikation zwischen SAP-HANA-Komponenten eines Hosts
- interne Kommunikation zwischen SAP-HANA-Komponenten unterschiedlicher Hosts (nur bei Multihostsystemen)
- interne Kommunikation zwischen Rechenzentren bei einem Hochverfügbarkeits-Set-up (SAP HANA System Replication)
- externe SQL-Kommunikation zu den SAP-Applikationsservern
- externe HTTPS-Kommunikation zu SAP HANA XSA

Wie auch auf der ABAP-Plattform können alle Verbindungen verschlüsselt werden und auch bei SAP HANA muss abgewogen werden, an welchen Stellen eine solche Verschlüsselung sinnvoll ist und wo man darauf verzichten kann.

Security Guides

Ansatzpunkte dazu finden Sie im SAP Help Portal auf der Webseite *https://help.sap.com/hana*. Im Abschnitt **Implement** finden Sie im Bereich **Security** die folgenden Leitfäden:

- SAP HANA Security Guide for SAP HANA Platform
- SAP HANA Security Checklists and Recommendations
- SAP HANA Client-Side Data Encryption Guide

12.7 Zugriffskontrolle des RFC-Gateways

Access Control List

Über das RFC-Gateway findet die CPIC-basierte Kommunikation zu RFC-Servern oder RFC-Clients statt. Sie erfolgt über den TCP/IP-Port 33<Instanz> bzw. bei Verwendung von SNC über den Port 48<Instanz>. Als dritte Möglichkeit können über das RFC-Gateway auch Programme auf Betriebssystemebene gestartet werden, z. B. das Transportsteuerungsprogramm `tp`.

Abbildung 12.34 stellt die möglichen Verbindungsszenarien einander gegenüber. Über die zwei Zugriffskontrolllisten in den ACL-Dateien *REGINFO* und *SECINFO* können Sie die erlaubten Zugriffe regulieren.

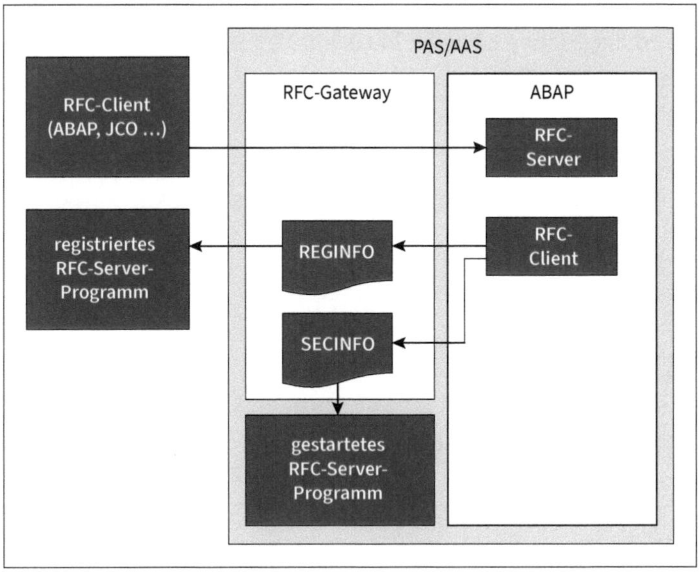

Abbildung 12.34: Szenarien der CPIC-basierten RFC-Kommunikation

Profilparameter

Über den Profilparameter `gw/acl_mode` steuern Sie, wie sich das RFC-Gateway verhalten soll, wenn keine ACL-Datei für REGINFO oder SECINFO vorhanden ist. Der Standardwert 1 bedeutet, dass Verbindungen innerhalb des Systems, also aller Instanzen, erlaubt sind. Jegliche Kommunikation zu anderen Hosts wird unterbunden.

ACL-Listen

Über die Profilparameter `gw/sec_info` und `gw/reg_info` steuern Sie, wo sich die ACL-Dateien im Dateisystem befinden. Die Dateien enthalten Regeln dazu, welche Verbindungen jeweils erlaubt oder unterbunden werden. Die Pflege können Sie direkt im Dateisystem oder bequem in Transaktion SMGW über den Menüpfad **Springen • Expertenfunktionen • Externe Sicherheit • ACL-Dateien pflegen** erledigen (siehe Abbildung 12.35). Besteht Ihr System aus mehreren Instanzen, müssen Sie die Pflege pro Instanz vornehmen.

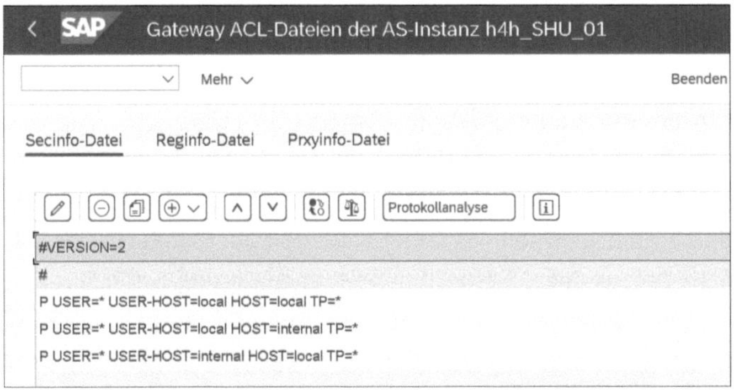

Abbildung 12.35: Pflege der ACL-Dateien im Gateway-Monitor

Beispiel

Die ACL-Dateien werden immer von oben nach unten geprüft. Sobald ein Eintrag zutrifft, wird die Prüfung beendet. In Listing 12.1 sehen Sie ein einfaches Beispiel für die Datei *REGINFO*.

```
#VERSION=2
P TP=test HOST=192.168.40.99
D TP=* HOST=192.168.40.99
P TP=* USER=* HOST=internal
```

Listing 12.1: Beispiel-ACL-Datei REGINFO

Sie bewirkt Folgendes:

- Das Programm mit der Registrierungs-ID `test` darf sich registrieren, wenn der Aufruf von Host 192.168.40.99 kommt.
- Alle anderen Programme vom Host 192.168.40.99 dürfen sich nicht registrieren.
- Programme innerhalb des Systems, also aller Instanzen, dürfen sich registrieren.
- Hinweis: Sie benötigen am Ende keine zusätzliche Deny-all-Regel (`D *`). Diese wird implizit ausgeführt.

Neben real existierenden Hosts können Sie folgende Schlüsselwörter in den ACL-Dateien verwenden.

- `local`

  lokaler Host des RFC-Gateways, einschließlich Loopback-Adresse 127.0.0.1 bzw. ::1
- `internal`

  Beinhaltet alle aktiven Instanzen (PAS, AAS) des SAP-Systems. Die Liste wird vom Message Server alle 5 Minuten aktualisiert. Zusätzlich werden die Hosts hinzugefügt, die über die Profilparameter `SAPDBHOST` und `rdisp/mshost` gepflegt sind.

Protokollierung

Um erlaubte oder unerlaubte Verbindungsversuche zu erkennen, können Sie über den Profilparameter `gw/logging` eine Protokollierung aktivieren. Der Standardwert für diesen Parameter ist `ACTION=Ss LOGFILE=gw_log-%y-%m-%d SWITCHTF=day MAXSIZEKB=100`. Sie finden die Logdateien tagesaktuell im Arbeitsverzeichnis des jeweiligen RFC-Gateways (*/usr/sap/<SID>/D<Instanz>/work*). Durch die Parameteroption `ACTION=Ss` werden auch abgewiesene Sicherheitsereignisse protokolliert. Neben der direkten Änderung des Profilparameters für das Logging haben Sie auch die Möglichkeit, in Transaktion SMGW die Menüoption **Springen • Expertenfunktionen • Logging** zu verwenden. Dort können Sie Parameteroptionen im Dialog anpassen.

Sie sollten die Dateien regelmäßig auf Auffälligkeiten hin prüfen. In Abbildung 12.36 sehen Sie als Beispiel das Protokoll eines versuchten Programmaufrufes auf einem anderen Server, der durch die ACL-Datei *SECINFO* nicht abgedeckt ist.

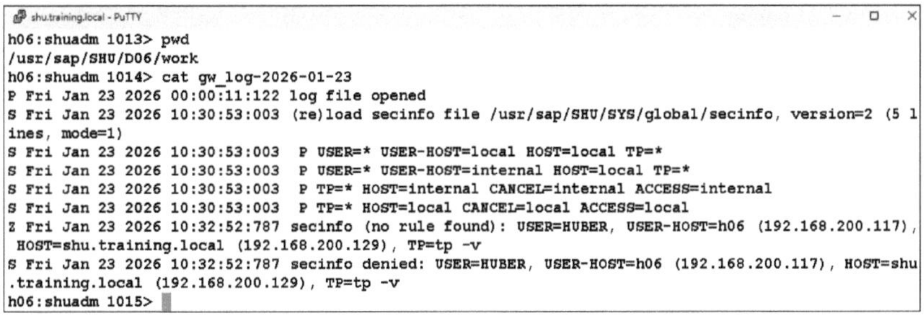

Abbildung 12.36: Abgewiesene Ausführung eines Serverprogramms

Simulationsmodus

Aktivieren Sie zusätzlich zum Profilparameter `gw/acl_mode` den Profilparameter `gw/sim_mode`, arbeitet das System im Simulationsmodus. Alle Zugriffe, die nicht über Regeln in den ACL-Dateien definiert sind, werden in diesem Fall protokolliert, aber trotzdem zugelassen. Nach einiger Zeit können Sie in der Pflege der ACL-Dateien die Funktion **Protokollanalyse** wählen und die Protokolldateien automatisiert auswerten. Markieren Sie dazu die zu berücksichtigenden Protokolldateien und wählen Sie den Button (**ACL Vorschlag generieren**). Die Vorschläge können Sie über die Benutzeroberfläche bequem überprüfen und per Knopfdruck in die ACL-Dateien übernehmen.

> **Unified Connectivity**
>
> Berücksichtigen Sie zur Absicherung von RFC-Verbindungen auch die in Abschnitt 11.3, »Unified Connectivity«, beschriebenen Verfahren.

12.8 Verschlüsselung der Daten

Die betriebswirtschaftlichen und somit besonders schützenswerten Daten in SAP S/4HANA werden in der SAP-HANA-Datenbank im Dateisystem persistiert. Von dort aus werden die Daten über Backups regelmäßig an weiteren Speicherorte gesichert. Werden die Daten unerlaubt abgegriffen, kann dies zu einem hohen Schaden führen. Eine Möglichkeit, diese Gefahr zu reduzieren, ist die Verschlüsselung der Daten im Dateisystem.

App »Data Encryption«

Die Aktivierung der Verschlüsselung ist z. B. im SAP HANA Cockpit mit der App **Data Encryption** möglich, die Sie im Bereich **Security and User Management** finden. Abbildung 12.37 zeigt die Karte **Data Encryption** im Cockpit.

Wie Sie sehen, ist die Aktivierung hier schnell über Schalter erledigt. Bevor Sie aber die Schalter umlegen, sollten Sie folgende Punkte beachten:

- Gibt es bereits eine Verschlüsselung der Daten durch das Storage-Subsystem und/oder die Backup-Lösung, sollten Sie abwägen, welche Lösung für die Verschlüsselung besser geeignet ist. Sie sollten auf keinen Fall die Daten auf beiden Ebenen verschlüsseln.
- Die Verschlüsselung verschlechtert die Performance leicht.
- Es findet keine Verschlüsselung der anderen Dateisystembereiche statt, z. B. des Verzeichnisses */hana/shared*. In den dort liegenden Trace-Dateien können potenziell auch schützenswerte Daten verborgen sein.
- Bewahren Sie die Root-Keys, mit denen die Daten verschlüsselt werden, an einem sicheren Ort auf. Die Verwaltung der Schlüssel ist ebenfalls über die App **Data Encryption** über den Punkt **Manage Keys** möglich.
- Verschlüsseln Sie die Backups, benötigen Sie für eine erfolgreiche Wiederherstellung auch die Root-Keys, mit denen die Backups verschlüsselt wurden. Bei Systemkopien fallen so z. B. weitere Schritte an, wie der Austausch der Root-Keys, damit das Backup aus einem anderen System wiederhergestellt werden kann. Wenn Sie den *SAP HANA Local Secure Store* (LSS) verwenden, den ich Ihnen in Abschnitt 3.2.1 »Softwarekomponenten«, vorgestellt habe, werden die Schlüssel in die reguläre Datenbanksicherung integriert und können bei einer Wiederherstellung der Datenbank ebenfalls wiederhergestellt werden. Zur Absicherung muss zwingend in der App **Data Encryption** (siehe Abbildung 12.37) über den Pfad **Manage Keys • Set Root Key Backup Password** ein Passwort gesetzt sein. Dieses Passwort wird bei einer Wiederherstellung benötigt.

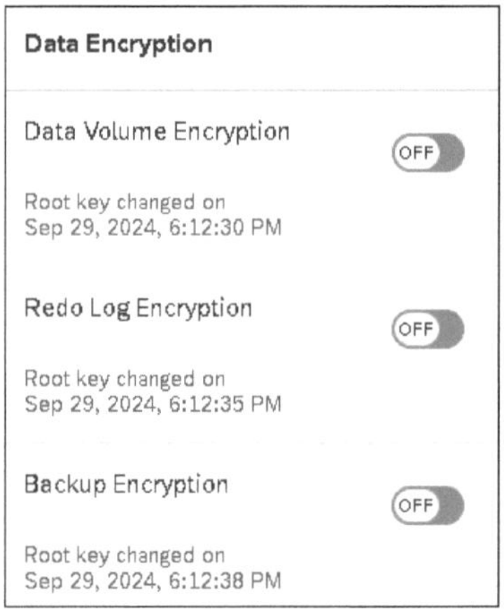

Abbildung 12.37: App »Data Encryption« im SAP HANA Cockpit

12.9 Auditing

Im Standard aktiviert

Nicht nur für die Administration sind Protokolle ein wichtiges Medium zur Analyse von Fehlersituationen oder zur Überwachung des Systems. Auch aus rechtlichen Gründen müssen in vielen Unternehmen Systemereignisse nachvollziehbar aufgezeichnet werden. In SAP S/4HANA gibt es zwei Verfahren, die diese Anforderungen unterstützen: Das *Security Audit Log* im AS ABAP sowie das *SAP HANA Audit Log*. Gemäß dem Secure-by-Default-Prinzip sind beide Protokolle standardmäßig aktiviert.

12.9.1 Security Audit Log

Aufgezeichnete Informationen

Mit dem Security Audit Log können Sie unter anderem folgende Informationen aufzeichnen:

- erfolgreiche und erfolglose Anmeldeversuche (Dialoganmeldungen und RFC-Anmeldungen)
- Aufrufe von RFC-Funktionsbausteinen
- Starten von Transaktionen (auch fehlgeschlagene Versuche)
- Starten von Reports (auch fehlgeschlagene Versuche)
- Änderungen an Benutzerstammsätzen
- Änderungen an der Konfiguration des Security Audit Logs
- Herunterladen von Dateien

Für Sie als Administrator*in ist das Security Audit Log besonders wichtig, um Aufrufe von RFC-Bausteinen aufzeichnen zu können und daraus Erlaubtlisten abzuleiten. Weiterhin können Sie Auffälligkeiten wie häufige Anmeldeversuche erfassen und dadurch mögliche Angriffe auf das System erkennen. Wie bereits erwähnt, ist das Security Audit Log bereits mit den Standardeinstellungen aktiviert. Erfolgen in Ihrem Unternehmen regelmäßige Audits, müssen Sie gegebenenfalls Anpassungen an der Konfiguration vornehmen.

Konfiguration anpassen

Die aktuelle Konfiguration können Sie über Transaktion RSAU_CONFIG_SHOW einsehen. Die Anpassung der Konfiguration ist über Transaktion RSAU_CONFIG möglich (siehe Abbildung 12.38). Da die Änderung der Konfiguration als kritische Aktivität angesehen werden muss, sollten nur wenige Personen Zugriff auf diese Transaktion erhalten. Die Aktivierung und Parametrisierung des Security Audit Logs erfolgt nicht mehr, wie in früheren SAP-NetWeaver-Releases, über Profilparameter, sondern direkt in Transaktion RSAU_CONFIG im Bereich **Parameter**.

Filter

Über Filter konfigurieren Sie, welche Ereignisse mit welcher Kritikalität aufgezeichnet werden. Neben den Ereignissen, die über eindeutige Meldungs-IDs identifiziert werden, definieren Sie, für welche Benutzer-IDs und Mandanten die Konfiguration gelten soll.

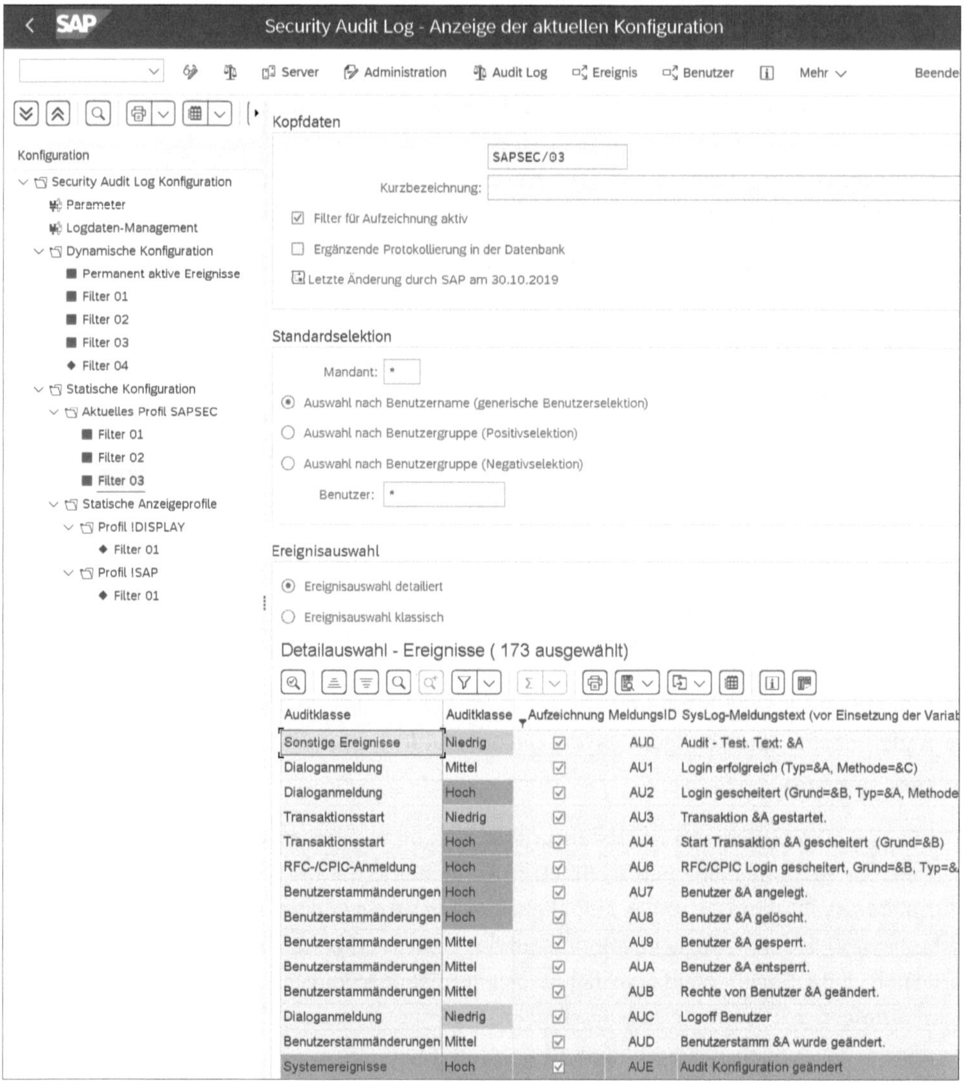

Abbildung 12.38: Aktuelle Konfiguration des Security Audit Logs (Transaktion RSAU_CONFIG)

Dynamische und statische Konfiguration

Die Filter in Transaktion RSAU_CONFIG können auf zwei Ebenen erstellt bzw. angepasst werden. Bei der *dynamischen Konfiguration* wirken die Änderungen sofort, bei der *statischen Konfiguration* erst nach einem Neustart des Systems. Beachten Sie in diesem Zusammenhang, dass bei einem Neustart des Systems die dynamische Konfiguration durch die statische Konfiguration überschrieben wird. Möchten Sie die Konfiguration dauerhaft anpassen, sollten Sie daher die statische Konfiguration ändern. Über das Kontextmenü des statischen Profils können Sie Ihre statische Konfiguration in die dynamische Konfiguration übertragen. Dadurch sparen Sie sich die doppelte Pflege oder einen Neustart des

Systems. Auch das Transportieren der Konfiguration sowie Up- und Download sind möglich.

Das Security Audit Log können Sie mit Transaktion RSAU_READ_LOG auswerten. Sie können hier anhand umfangreicher Selektionskriterien gezielt nach bestimmten Ereignissen suchen. In Abbildung 12.39 sehen Sie eine exemplarische Ergebnisliste. Zu jedem Ereignis erhalten Sie eine ausführliche Dokumentation, wenn Sie auf den Meldungstext klicken (siehe Abbildung 12.40).

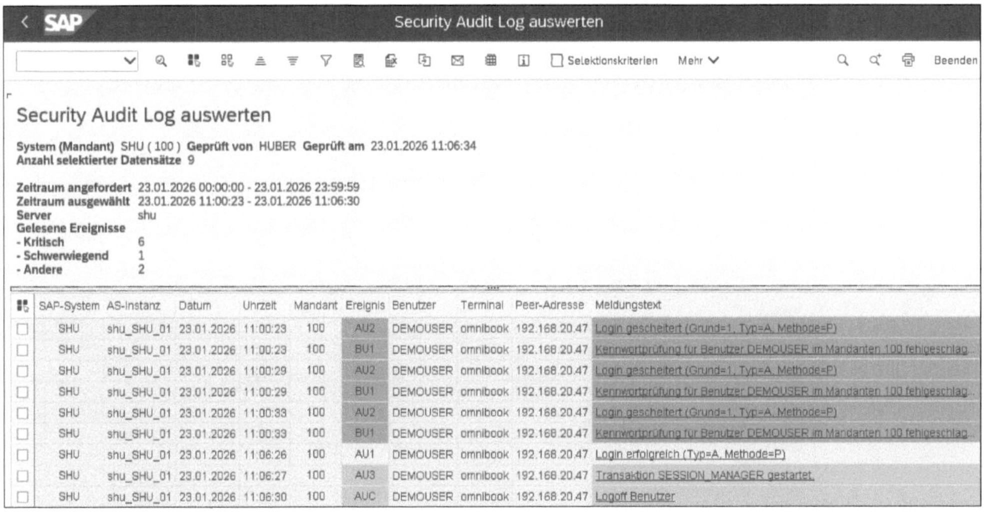

Abbildung 12.39: Auswertung des Security Audit Logs

Abbildung 12.40: Detailansicht eines Protokolleintrags

12.9.2 SAP HANA Audit Log

Seit SAP S/4HANA 2021 wird das SAP HANA Audit Log bei der Bereitstellung des Systems mit den wichtigsten Einstellungen aktiviert. Haben Sie Ihr System mit einem älteren Versionsstand bereitgestellt, müssen Sie das SAP HANA Audit Log daher manuell aktivieren, da es durch ein Update nicht automatisch aktiviert wird.

Karte »Auditing«

Am einfachsten überprüfen und aktivieren Sie das SAP HANA Audit Log über das SAP HANA Cockpit. Im Bereich **Security and User Management** finden Sie dort die Karte **Auditing**. In Abbildung 12.41 sehen Sie auf der linken Seite die Karte **Auditing** bei nicht aktiviertem Auditing und rechts bei aktiviertem Auditing.

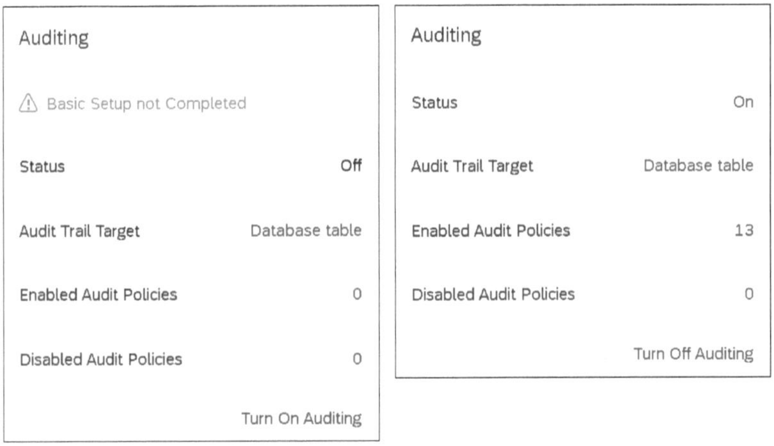

Abbildung 12.41: Kachel »Auditing« vor und nach der Aktivierung

Einrichtungsassistent

Ist das Auditing in Ihrem System noch nicht aktiv, können Sie es im SAP HANA Cockpit sehr leicht mit den empfohlenen Einstellungen aktivieren. Öffnen Sie dazu in der Tenant-Datenbank die App **Auditing** und klicken Sie auf die Meldung **Auditing Basic Setup**. Es öffnet sich ein weiteres Fenster. Wählen Sie dort den Button **Complete Setup**. Sie werden nun von einem Einrichtungsassistenten geführt, der das Auditing aktiviert und die empfohlenen Richtlinien (Policies) automatisch einrichtet. Eine der aktuell 13 empfohlenen Richtlinien protokolliert alle Ereignisse im Zusammenhang mit Benutzern und Berechtigungen, wie z. B. das Anlegen von Benutzern oder das Erteilen von Berechtigungen.

Weitere Vorlagen

In SAP-Hinweis 3016478 sind aktuell drei von SAP zur Verfügung gestellte Vorlagen für das SAP HANA Audit Log für SAP S/4HANA beschrieben. Nur die in der ersten Vorlage enthaltenen Policies (»Mandatory HANA Audit Policies«) werden bei der Bereitstellung von SAP S/4HANA oder im Rahmen des zuvor beschriebenen Basic Set-ups aktiviert. Die Policies aus den beiden weiterführenden Vorlagen sollten Sie nicht ungeprüft übernehmen. Diese Vorlagen hängen bereits von der Nutzung des Systems ab (ob es z. B. als Entwicklungs- oder Produktivsystem eingesetzt wird). Möchten Sie diese Policies übernehmen, kopieren Sie die Vorlagen am einfachsten in einen SQL Editor, z. B. im SAP HANA Cockpit. Bevor Sie die SQL-Anweisungen ausführen, müssen Sie unbedingt durch Suchen und Ersetzen die Platzhalter für Benutzer und Schemata durch die richtigen Werte in Ihrem System austauschen.

Audit Log auswerten

Die Aufzeichnungen des SAP HANA Audit Logs (in SAP HANA selbst auch *Audit Trail* genannt) können Sie über die App **Auditing** auf der Registerkarte **Audit Trail** einsehen (siehe Abbildung 12.42).

Abbildung 12.42: Registerkarte »Audit Trail« in der App »Auditing« im SAP HANA Cockpit

DBA Cockpit

Sie können das SAP HANA Audit Log auch über das DBA Cockpit betrachten. Hierfür ist allerdings nicht, wie zu vermuten wäre, der Bereich **Diagnose • Audit-Log** zuständig, in dem nur DBA-Cockpit-spezifische Aktivitäten protokolliert werden. Das Audit Log von SAP HANA finden Sie stattdessen im Bereich **Systeminformationen • Data Browser für Systemtabellen • Schema SYS**. Dort können Sie die Tabelle `AUDIT_LOG` auswählen und deren Inhalte anzeigen. Damit dies gelingt, benötigt der Schemabenutzer des SAP-Systems (im Standard `SAPHANADB`) allerdings das SAP-HANA-Systemrecht (Privilege) `AUDIT_READ`, das im Standard nicht an diesen Benutzer vergeben wird.

12.10 Single Sign-on

Inzwischen wird die kennwortbasierte Anmeldung als kritisch angesehen. Damit Kennwörter als sicher gelten können, müssen sie komplex sein. Durch die steigende Rechenkapazität verschärfen sich die Anforderungen ständig. Besser ist es daher, auf Kennwörter verzichten zu können. Mit *Single Sign-on* (SSO) kann dies auch für SAP-Systeme umgesetzt werden. Eine Anwender*in meldet sich dann im Idealfall nur noch an einem Client an (z. B. durch Abfrage biometrischer Daten, wie Fingerabdruck oder Gesichtserkennung) und kann sich dann ohne weitere Anmeldung an allen Anwendungen authentifizieren.

SAP GUI und HTTPS

Bei SAP S/4HANA müssen Sie in der Regel zwei Bereiche für Single Sign-on berücksichtigen: SAP GUI und HTTPS (insbesondere das SAP Fiori Launchpad). Diese Bereiche unterscheiden sich in der Konfiguration erheblich. Theoretisch können Sie auch nur auf eine SSO-Lösung setzen. Wenn die Anwender*innen in Ihrem Unternehmen z. B. nur über das SAP Fiori Launchpad arbeiten, reicht es aus, nur den HTTPS-Bereich für SSO zu konfigurieren. In das Launchpad lassen sich auch SAP-GUI-basierte Transaktionen nahtlos integrieren und auch SAP GUI für HTML könnte über HTTPS mit SSO verwendet werden.

Auf der anderen Seite könnten Sie auch nur den Bereich SAP GUI für SSO ertüchtigen. Benutzer können das SAP Fiori Launchpad über die Transaktion /N/UI2/FLP aufrufen. Bei diesem Aufruf müssen Sie sich am SAP Fiori Launchpad nicht erneut authentifizieren, da das SAP-System hier die Vertrauensbeziehung automatisch herstellt.

Unternehmensstrategie

Da das SAP Fiori Launchpad und sämtliche cloudbasierten Lösungen von SAP, aber auch anderer Unternehmen, auf Webtechnologien basieren, wird unternehmensweit meist Single Sign-on für HTTPS eingerichtet. Für SAP GUI kann versucht werden, den Zugriff für die Anwender*innen auch über HTTPS durchzusetzen (SAP GUI for HTML). Dann kann auf Single Sign-on für SAP GUI verzichtet werden. Poweruser (und dazu zähle ich auch Administrator*innen) möchten auf das SAP GUI meist nicht verzichten. Dann muss auch der Zugriff über SAP GUI für Single Sign-on eingerichtet werden.

Bevor ich Ihnen die Möglichkeiten und Beispielkonfigurationen zeige, möchte ich einige Begriffe erklären.

Kerberos

Kerberos ist ein Netzwerk-Authentifizierungsprotokoll, mit dem sich Identitäten zwischen Clients und Servern verifizieren lassen. Dies kann auch über unsichere Netzwerke erfolgen. Dabei werden keine Passwörter im Klartext übertragen. Dazu werden kryptografische Schlüssel verwendet.

Key Distribution Center

Die kryptografischen Schlüssel, die bei Kerberos verwendet werden, werden durch das *Key Distribution Center* (KDC) ausgestellt. In Unternehmen kann in der Regel Active Directory (AD) von Windows die Rolle des KDC übernehmen.

SPNego

Simple and Protected GSSAPI Negotiation Mechanism (SPNego) ist ein Aushandlungsmechanismus, der Single Sign-on für HTTP-basierte Anwendungen ermöglicht. Mit SPNego wird zwischen Client und Server die beste verfügbare Authentifizierungsmethode ausgehandelt. In Windows-Umgebungen mit Active Directory ist dies sehr häufig Kerberos.

Die *Security Assertion Markup Language* (SAML 2.0) ist ein offener Industriestandard zum Austausch von Authentifizierungsdaten. Neben Client und Server gibt es einen *Identitätsanbieter* (engl. Identity Provider, IdP), der die Benutzeridentität bestätigt. Verbreitete IdP sind z. B. Microsoft Entra ID oder Okta. Zwischen den Parteien wird eine SAML-Assertion, ein digital signiertes XML-Dokument, ausgetauscht. **SAML 2.0**

OpenID Connect (OIDC) ist ein offener Standard zum Austausch von Authentifizierungsdaten (ähnlich SAML 2.0). Im Unterschied zu SAML 2.0 nutzt OIDC keine XML-Datei, sondern moderne *JSON Web Tokens* (JWT), die allgemein flexibler und leichtgewichtiger sind. **OpenID Connect**

Das *X.509-Zertifikat* ist der Standard, um die Echtheit von Benutzern, Computern, Geräten oder Diensten digital zu bestätigen. Sie können sich ein X.509-Zertifikat wie einen Ausweis vorstellen. Technologisch wird die *Public-Key-Infrastruktur* (PKI) genutzt. Dabei enthält das X.509-Zertifikat den öffentlichen Schlüssel des Inhabers, Identitätsinformationen (z. B. Name, Organisation, Domäne), die Gültigkeitsdauer sowie eine digitale Signatur einer Zertifizierungsstelle (engl. Certificate Authority, CA). **X.509-Zertifikat**

12.10.1 Single Sign-on für SAP GUI

Da SAP GUI für Windows oder SAP GUI für Java nicht auf dem HTTP-Protokoll basieren, können die für HTTP verfügbaren SSO-Technologien wie SAML 2.0 oder OpenID Connect nicht verwendet werden. Es bedarf spezieller Lösungen von SAP. Grundsätzlich stehen Ihnen für SSO mit SAP GUI drei Möglichkeiten zur Verfügung, die ich Ihnen nachfolgend erläutern möchte. Die Lösungen sind lizenzpflichtig, dürfen also nicht ohne gültige Lizenz benutzt werden. Alle drei Lösungen nutzen auf der Client-Seite, also z. B. auf Ihrem Windows-PC, die Software *SAP Secure Login Client* als Bindeglied zwischen SAP GUI und den Authentifizierungslösungen. Sie können SAP Secure Login Client auf der Website SAP for Me (*https://me.sap.com*) herunterladen. Wechseln Sie in den Bereich **Systeme und Bereitstellung**. Öffnen Sie auf der Karte **Eigene Systeme optimieren** den Link **Software Download Center**. Wechseln Sie auf die Registerkarte **Support Packages und Patches**. Folgen Sie dem Pfad **Nach Kategorie • SAP Netweaver and complementary products • SAP SINGLE SIGN ON • SAP SINGLE SIGN-ON 3.0 • COMPRISED SOFTWARE COMPONENT VERSIONS • SECURE LOGIN CLIENT 3.0**. Wählen Sie in der Dropdown-Liste das Betriebssystem aus (Mac OS oder Win32) und laden Sie die neueste Version des Clients herunter. Bei der Installation müssen Sie, wie in Abbildung 12.43 gezeigt, darauf achten, dass das Ankreuzfeld **Kerberos Single Sign-On** aktiviert ist, wenn Sie SSO über die zweite Option (Kerberos-Authentifizierung über AS ABAP) realisieren möchten. **SAP Secure Login Client**

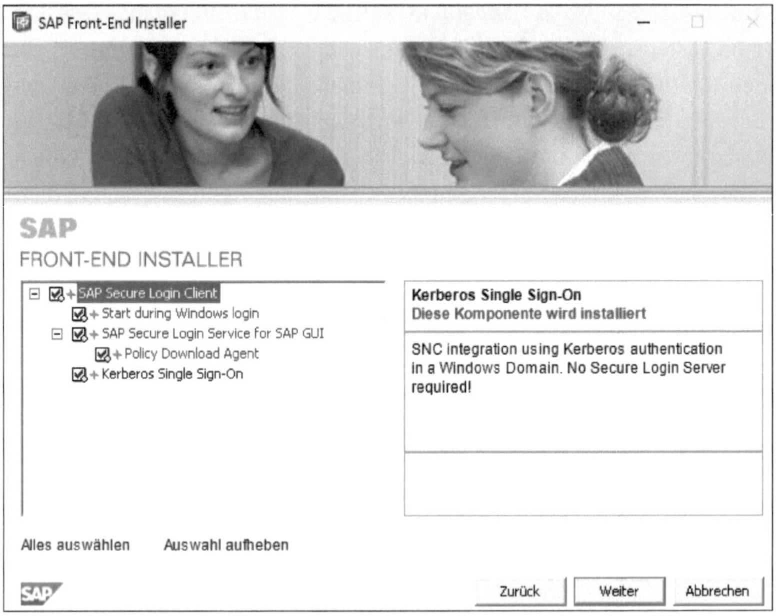

Abbildung 12.43: Installationsoptionen des SAP Secure Login Clients

Eine weitere Voraussetzung für alle drei Optionen ist, dass SNC in Ihrem SAP-S/4HANA-System aktiv ist. Die Einrichtung von SNC wurde in Abschnitt 12.6.2, »SAP-GUI- und RFC-Verbindungen«, beschrieben.

SAP Single Sign-on

SAP bietet mit *SAP Single Sign-on* ein lizenzpflichtiges Produkt für Single Sign-on an. Dieses basiert technologisch auf einem AS Java, den Sie in Ihrem Rechenzentrum installieren und betreiben müssen. Da die Wartung hierfür aber 2027 endet, möchte ich auf das Produkt hier nicht weiter eingehen.

Kerberos-Authentifizierung über AS ABAP

Die Authentifizierung über Kerberos kann auch ohne das zuvor beschriebene Produkt SAP Single Sign-on genutzt werden. Die Authentifizierung erfolgt dann nicht über einen AS Java, sondern über den Kernel des AS ABAP. Auf der Client-Seite benötigen Sie, wie bereits erwähnt, das Produkt *SAP Secure Login Client*. Der AS ABAP verwendet den Single-Sign-on-Authentifizierungsmechanismus, der beispielsweise in Microsoft Windows 2003 und höher integriert ist. Der Microsoft Windows Domain Controller (DC) dient als *Kerberos Key Distribution Center*, das Microsoft Windows die integrierte Authentifizierung in einer Microsoft-Windows-Domäne ermöglicht. Er authentifiziert den Benutzer und stellt ein Token aus, das für die Kommunikation zwischen dem AS ABAP und dem Client des Benutzers verwendet wird.

Prozessfluss

In Abbildung 12.44 sehen Sie den Prozessfluss einer Authentifizierung über Kerberos. Die Anwender*innen authentifizieren sich an einem Client-PC ❶. Der Client-PC, der Teil der Windows-Domäne ist, leitet die Authentifizierung an das Active Directory ❷. Das Active Directory sendet bei erfolgreicher Authentifizierung ein Kerberos-Token zurück an den Client ❸. Melden sich die Anwender*innen nun über das SAP GUI am SAP-System an ❹, wird – unterstützt durch den SAP Secure Login Client – das Kerberos-Token an das SAP-S/4HANA-System gesendet ❺ und der Zugriff auf das SAP-System wird bei positiver Validierung gewährt.

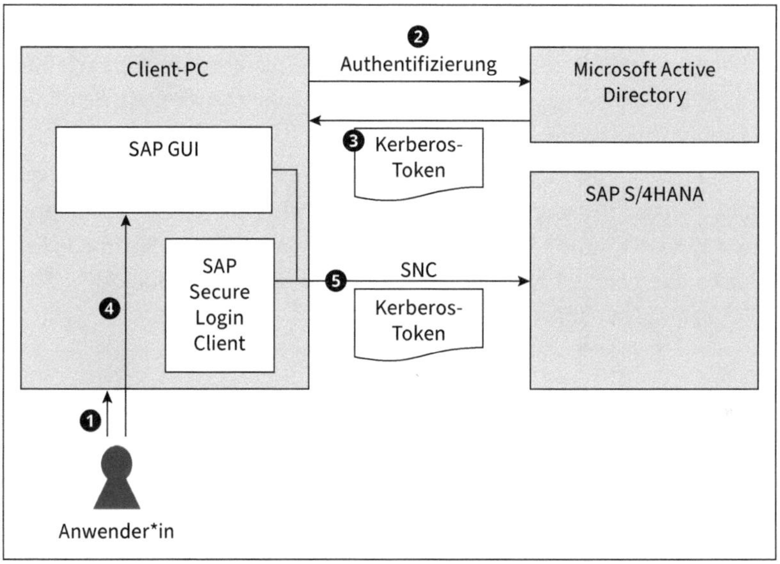

Abbildung 12.44: Ablauf einer SSO-Anmeldung mit Kerberos

Führen Sie folgende Schritte aus, um Single Sign-on mit Kerberos zu aktivieren:

1. Im SAP-S/4HANA-System müssen Sie in Transaktion RZ10 den Profilparameter `spnego/enable` auf den Wert 1 setzen. Der Profilparameter `spnego/krbspnego_lib` muss auf die *SAP cryptographic library* (`sapcryptolib`) zeigen. Im Standard sollte dies bereits der Fall sein. Nach Pflegen der Profilparameter ist ein Neustart des SAP-S/4HANA-Systems erforderlich. (Profilparameter)
2. Legen Sie im Active Directory einen Servicebenutzer an, mit dem die Kerberos-Tokens generiert werden können. Die Schritte 3 bis 6 sollten gegebenenfalls an einen AD-Experten delegiert werden. (Servicebenutzer)
3. Auf dem AD-Server öffnen Sie die Anwendung **Active Directory Users and Computers**. Stellen Sie den Cursor auf Ihre Domäne (in meinem Beispiel `training.local`) und aktivieren Sie über das Menü die Option **View • Advanced Features**.

4. Legen Sie in der Domäne im Bereich **Users** über das Kontextmenü **New • User** einen neuen Benutzer an. Wählen Sie als **User logon name** z. B. `Kerberos<SID>`, in meinem Fall also `KerberosSHU`. Bestätigen Sie mit einem Klick auf den Button **Next**. Wählen Sie ein Passwort und deaktivieren Sie das Ankreuzfeld **User must change password at next logon**. Aktivieren Sie das Ankreuzfeld **Password never expires** und klicken Sie nacheinander auf die Buttons **Next** und **Finish**. Achtung: Wenn der Benutzer-Account gesperrt wird, funktioniert SSO für Ihr SAP-System nicht mehr!
5. Im Bereich **Users** wird der neue Benutzer jetzt angezeigt. Klicken Sie mit der rechten Maustaste auf den neuen Benutzereintrag und wählen Sie die Funktion **Properties**. Wechseln Sie auf die Registerkarte **Account**. Aktivieren Sie im Bereich **Account options** das Ankreuzfeld **This account supports Kerberos AES 256 bit encryption**. Je nach Unternehmenssicherheitsrichtlinien sind andere oder weitere Optionen zu wählen.
6. Wechseln Sie auf die Registerkarte **Attribute Editor** (die nur erscheint, wenn Schritt 3 ausgeführt wurde). Führen Sie im Bereich **Attribute** einen Doppelklick auf das Attribut `servicePrincipalName` aus. Tragen Sie in das Feld **Value to add** den SNC-Namen Ihres SAP-Systems in der Syntax `SAP/<SNC-NAME>` ein, wie in Abbildung 12.45 gezeigt.

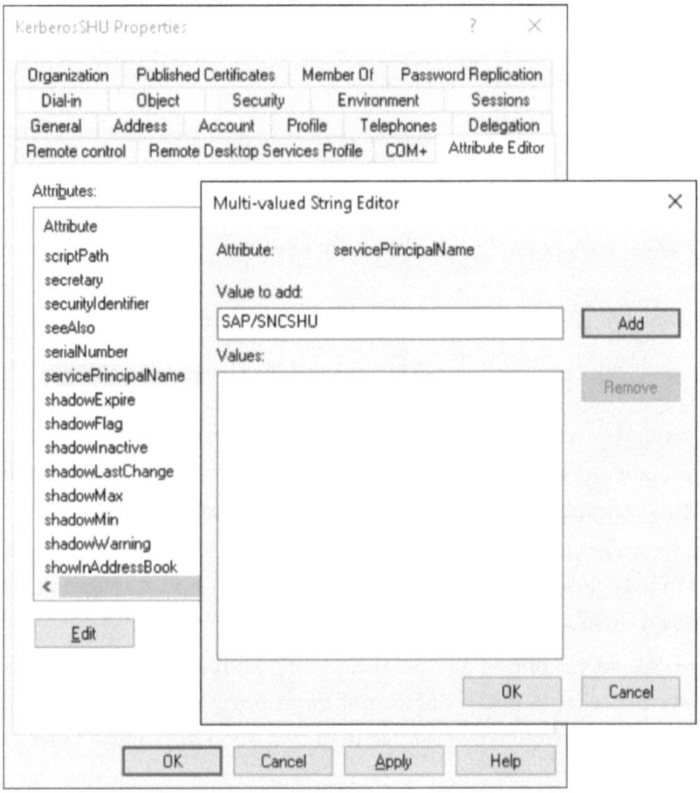

Abbildung 12.45: Setzen des Attributs »servicePrincipalName«

Den SNC-Namen können Sie z. B. über die Transaktion SM51 und die Funktion (**SNC-Status**) ermitteln. Im Feld **Printable Name Applicationsserver** steht der benötigte Name hinter dem Präfix `p:CN=` bis zu einem möglichen Trennzeichen für weitere Argumente. In meinem Beispiel leitet sich der SNC-Name `SNCSHU` aus der Zeichenkette `p:CN=`**`SNCSHU`**`, O=shu.consulting, C=DE` ab. Nach dem Einfügen des SNC-Namens wählen Sie **Add** und anschließend **OK**. Verlassen Sie auch die Pflege der Eigenschaften des Benutzers mit **Apply**.

7. Öffnen Sie im SAP-S/4HANA-System die Transaktion SPNEGO. Im oberen Bildschirmbereich sollten alle drei Prüfungen (**SPNego Aktivierungsschalter, SNC-Status, Sicherh.-Session-Management**) mit einem grünen Ampelsymbol angezeigt werden. Wechseln Sie in den Änderungsmodus. Es wird Ihnen nun ein Hinweis angezeigt, dass die Verwendung von SAP Single Sign-on lizenzpflichtig ist. Bestätigen Sie, sofern Sie im Besitz einer Lizenz sind.
8. Wählen Sie im Bereich **Kerberos User Principals** die Funktion (**Hinzufügen**) aus. Es öffnet sich ein neues Fenster. Tragen Sie den in den Schritten 3 bis 6 im AD vorbereiteten Benutzer einschließlich Domäne (**User Principal Name**) und ein **Kennwort** ein, wie in Abbildung 12.46 gezeigt. Wählen Sie den oder die Verschlüsselungsmechanismen aus, die auch beim Benutzer im AD erlaubt sind. Bestätigen Sie mit **Weiter**. Sie gelangen wieder auf die Startseite der Transaktion SPNEGO. Wählen Sie hier **Sichern**. Alternativ zum Benutzernamen und Kennwort kann Ihnen der oder die Administrator*in des AD auch eine *Keytab-Datei* zur Verfügung stellen, die Sie im Bereich **Kerberos User Principals** über die Funktion (**Keytab-Datei importieren**) importieren können.

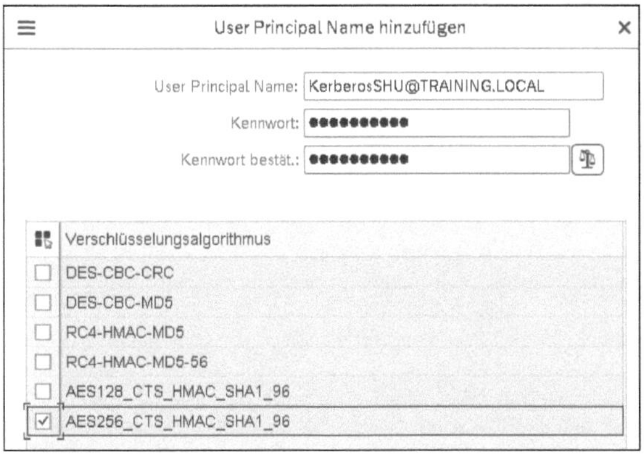

Abbildung 12.46: User Principal in Transaktion SPNEGO hinzufügen

9. Wechseln Sie im unteren Bildschirmbereich von Transaktion SPNEGO auf die Registerkarte **Service-Principal-Namen**. Prüfen Sie, ob der angezeigte **Service-Principal-Name** korrekt ist (SAP/<SNC-Name des SAP-S/4HANA-

Systems>). Beide Kennzeichen müssen grün sein, wie in Abbildung 12.47 zu sehen. Ist dies der Fall, haben Sie erfolgreich ein Token angelegt und eine erfolgreiche Token-Verifizierung durchgeführt.

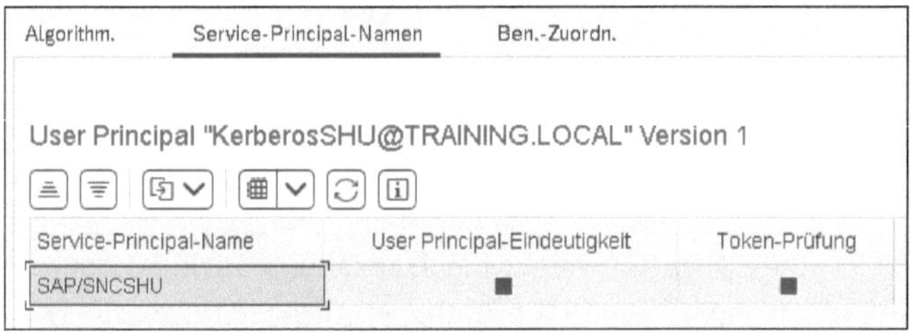

Abbildung 12.47: Service-Principal-Name in Transaktion SPNEGO

10. Wechseln Sie im unteren Bereich der Transaktion SPNEGO auf die Registerkarte **Ben.-Zuordn.** Wie Sie in Abbildung 12.48 sehen, wird über den Kerberos-Benutzernamen des aktuell an meinem Windows-PC angemeldeten Benutzers (in meinem Beispiel `huber@TRAINING.LOCAL`) mithilfe des Profilparameters `spnego/construct_SNC_name` der SNC-Name `p:CN=HUBER@TRAINING.LOCAL` konstruiert. Der Profilparameter steht im Standard auf 111. Die erste 1 bedeutet, dass das Präfix `p:CN=` vorangestellt wird. Die zweite 1 bedeutet, dass der Benutzername in Großbuchstaben konvertiert wird, und die dritte 1 bedeutet, dass der Domänenteil in Großbuchstaben konvertiert wird. Wie Sie weiterhin in Abbildung 12.48 an der roten Ampel und am unteren Fußtext erkennen können, kann das SAP-System keinen Benutzer im Benutzerstamm finden, der mit diesem SNC-Namen verknüpft ist. Wenn Sie in diesem Status einen Login-Versuch unternehmen, erhalten Sie die Warnmeldung **Kein Benutzer vorhanden mit SNC Name »p:CN=HUBER@TRAINING.LOCAL«** angezeigt und müssen sich weiterhin mit Benutzer und Kennwort authentifizieren.

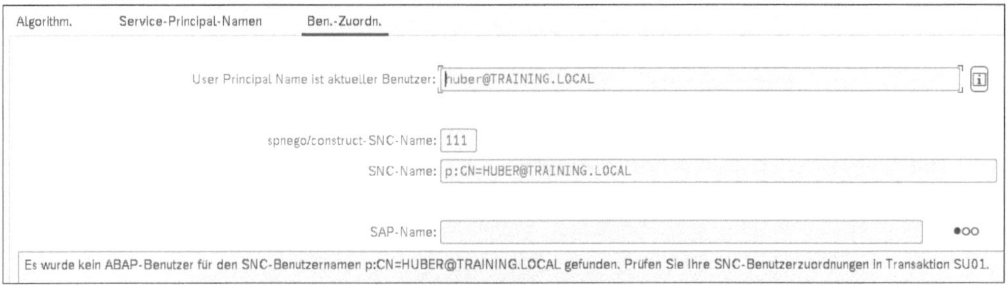

Abbildung 12.48: Benutzerzuordnung in Transaktion SPNEGO

11. Die Verknüpfung des SNC-Namens mit dem SAP-Benutzer erfolgt über die Transaktion SU01. Wechseln Sie in den Änderungsmodus zu dem Benutzer, mit dem Sie SSO testen möchten (in meinem Beispiel HUBER). Wechseln Sie

auf die Registerkarte **SNC**. Tragen Sie im Bereich **SNC-Daten** den SNC-Namen ein, wie in Abbildung 12.49 gezeigt.

Abbildung 12.49: Hinterlegen des SNC-Namens in Transaktion SU01

Nun kommt der spannende Moment: Wenn Sie sich jetzt über das SAP Logon am SAP-S/4HANA-System anmelden, werden Sie direkt auf die Einstiegsseite des Systems geleitet. Der Anmeldebildschirm wird übersprungen.

Massenpflege

Nun fragen Sie sich bestimmt, wie Sie bei Hunderten oder Tausenden Benutzern die SNC-Namen im Benutzerstamm hinterlegen können. Zum einen bieten die Identitätsverwaltungssysteme wie SAP IDM oder SAP GRC auch die Möglichkeit, dieses Feld im Benutzerstamm zu befüllen. Zum anderen können Sie innerhalb des SAP-S/4HANA-Systems über die Transaktion SA38 den Report `RSUSR300` verwenden. In Abbildung 12.50 sehen Sie die ausgefüllte Selektionsmaske des Reports, passend für mein System.

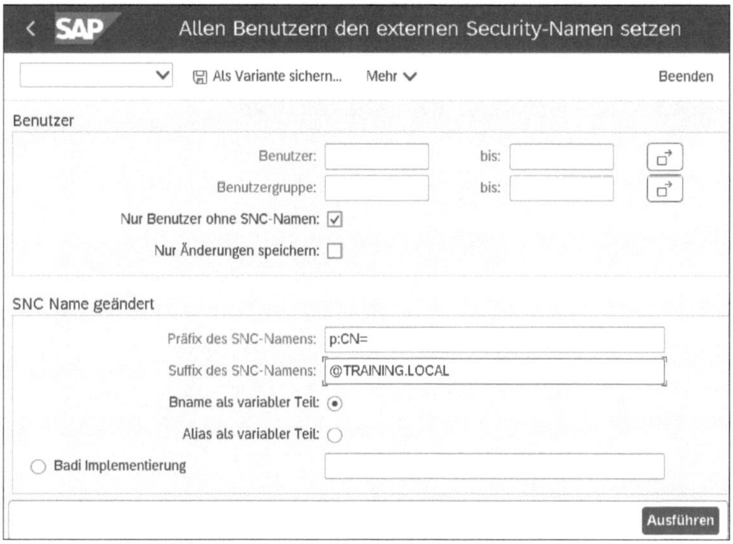

Abbildung 12.50: Selektionsbildschirm des Reports RSUSR300

Es werden das Präfix, der Benutzername und das Suffix für alle Benutzer, die in der Selektion eingeschlossen werden, generiert. In meinem Beispiel ist die Generierung einfach, da meine Benutzer im AD und im SAP-System gleich lauten. Ist dies bei Ihnen nicht der Fall, können Sie den variablen Teil auch anders berechnen, z. B. mithilfe einer eigenen Programmierung (Button **Badi Implementierung**). Sie können gefahrlos auf **Ausführen** klicken, da das Ergebnis zunächst nur auf dem Bildschirm ausgegeben wird. Erst dort wird mit der Funktion **Sichern** das Ergebnis in die Benutzerstammsätze geschrieben (in Tabelle `USRACL`).

Der Report arbeitet mandantenabhängig. Wenn Sie die SNC-Namen in mehreren Mandanten pflegen wollen, müssen Sie den Report in jedem dieser Mandanten ausführen.

[!]

Eindeutigkeit der SNC-Namen

Jeder SNC-Name darf in einem Mandanten nur einer Benutzer-ID zugeordnet werden. Sie müssen über Berechtigungen sicherstellen, dass die SNC-Namen in den Benutzerstämmen (z. B. über Transaktion SU01 oder Report `RSUSR300`) nicht verändert werden dürfen. Wenn Sie z. B. den Benutzer MÜLLER als SNC-Namen `p:CN=HUBER@TRAINING.LOCAL` im Benutzerstamm hinterlegen, kann sich Anwender Huber mit der Benutzer-ID MÜLLER am SAP-System anmelden. Die Mehrfachzuordnung ist nur mandantenübergreifend sinnvoll. Existiert der Benutzer HUBER z. B. in Mandant 000 und in Mandant 100, kann er in beiden Mandanten den gleichen SNC-Namen haben. Sobald ein SNC-Name mehrfach vergeben wurde (in der Regel in verschiedenen Mandanten), erscheint der in Abbildung 12.51 gezeigte Bildschirm.

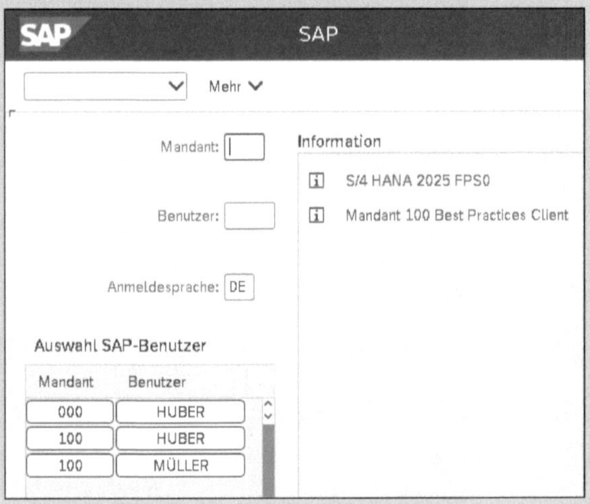

Abbildung 12.51: Login-Screen bei Mehrdeutigkeit der SNC-Namen

Hier müssen die Anwender*innen entscheiden, mit welcher Benutzer-ID und an welchem Mandanten sie sich anmelden möchten. Wie Sie sehen, ist im Beispiel die gefährliche Falschzuordnung aktiv (Benutzer-ID MÜLLER hat den SNC-Namen des Benutzers HUBER hinterlegt).

Fehleranalyse

Sollten Sie bei der Anmeldung am SAP-System weiterhin nach einem Kennwort gefragt werden, prüfen Sie die Einstellungen im SAP Secure Login Client. Diesen erreichen Sie über die Taskleiste Ihres Windows-PCs unten rechts bei den ausgeblendeten Symbolen. Klicken Sie auf das Symbol (**SAP Secure Login Client**). Prüfen Sie die angezeigten Profile, wie in Abbildung 12.52 gezeigt. Sollten hier mehrere Kerberos-Tokens angezeigt werden, wird eventuell das falsche Token für die Anmeldung verwendet. In diesem Fall können Sie mit der rechten Maustaste auf das zu verwendende Token klicken und im Kontextmenü die Option **Profil für SAP-Anwendungen verwenden** wählen. Prüfen Sie außerdem über das Menü **Datei • Optionen • SNC**, dass der Smart-Modus aktiviert ist (vielfach kann auch der **Legacy-Modus** verwendet werden). Im Smart-Modus kann es auch helfen, zusätzlich das Ankreuzfeld **Kerberos bevorzugen** zu aktivieren, wenn noch andere SSO-Lösungen eingerichtet sind. Über **Datei • Optionen • Trace** können Sie schließlich Traces aktivieren und auswerten, um einer Fehlerquelle auf die Spur zu kommen.

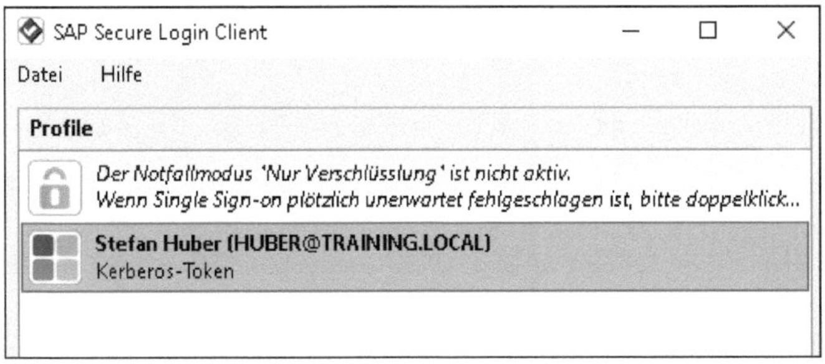

Abbildung 12.52: Liste der Profile im SAP Secure Login Client

Prüfen Sie auch die Einstellungen im SAP Logon. Klicken Sie dort mit der rechten Maustaste auf das betreffende SAP-System und wählen Sie im Kontextmenü die Option **Eigenschaften**. Auf der Registerkarte **Netzwerk** darf das Ankreuzfeld **SNC-Logon mit Benutzer/Kennwort (ohne Singe Sign-On)** nicht aktiv sein.

Im SAP-S/4HANA-System können Sie in der Transaktion SPNEGO über das Menü **Springen • SPNego-Tracing** auf Serverseite Traces aktivieren und so möglichen Fehlern auf die Spur kommen.

SAP Secure Login Service for SAP GUI

Durch das Wartungsende von SAP SSO (Option 1) basiert die neue Referenzarchitektur für SSO auf dem *SAP Secure Login Service for SAP GUI*. Im Gegensatz zu SAP SSO benötigen Sie kein auf AS Java basierendes System. Stattdessen läuft die Anwendung als Service innerhalb der BTP. Die Grundprinzipien sind aber mit SAP SSO vergleichbar. Nutzen Sie heute SAP SSO, dann kann SAP Secure Login Service for SAP GUI für Sie die passende Nachfolgelösung sein.

Ein Vorteil der Lösung ist, dass sie sich sehr leicht in cloudbasierte Identitäts-Provider, wie z. B. Microsoft Entra, integrieren lässt.

In Abbildung 12.53 sehen Sie den Prozessablauf eines Anmeldevorgangs mit dem SAP Secure Login Service for SAP GUI.

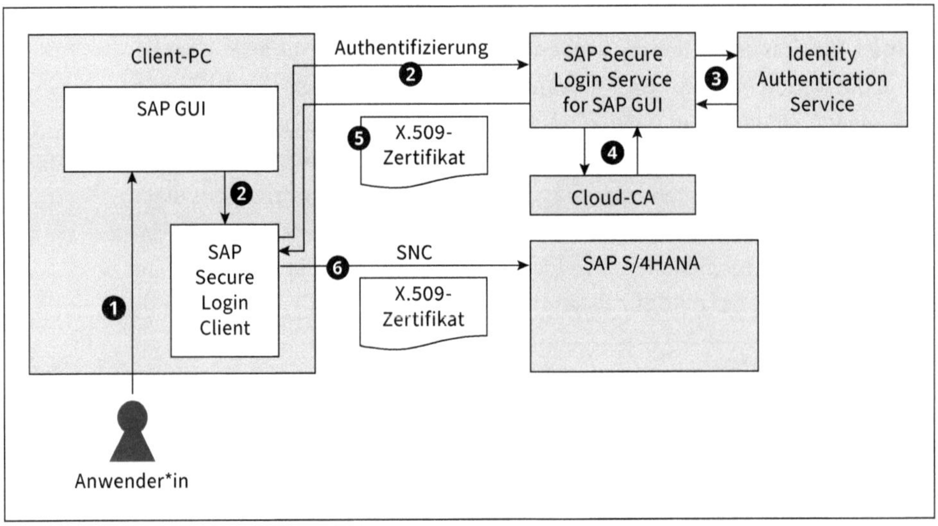

Abbildung 12.53: Ablauf einer SSO-Anmeldung mit SAP Secure Login Service for SAP GUI

Die Anwender*innen öffnen zunächst eine SAP-GUI-Verbindung zum SAP-S/4HANA-System in SAP Logon ❶. Durch den SAP Secure Login Client werden sie zur Anmeldeseite des Identitätsanbieters umgelenkt ❷ und müssen sich am Identity Authentication Service authentifizieren ❸. Alternativ (und nicht in der Abbildung eingezeichnet) könnte der Identity Authentication Service auch als Proxy fungieren und die Authentifizierung z. B. an einen anderen Identity Provider in Ihrem Unternehmen weiterleiten. Nach erfolgreicher Authentifizierung wird von einer durch SAP- oder Kunden angebundenen Cloud-CA ein X.509-Zertifikat ausgestellt ❹. Das Zertifikat wird an den SAP Secure Login Client übertragen ❺. Mit dem Zertifikat wird die Anwender*in am SAP-S/4HANA-System angemeldet ❻. Die Gültigkeitsdauer des Zertifikats kann zwischen 1 und 24 Stunden konfiguriert werden. Während der Gültigkeit müssen die Anwender*innen nicht erneut am SAP Secure Login Service for SAP GUI authentifiziert werden. Über Parameter kann aber auch erreicht werden, dass das Zertifikat nach Verwendung sofort gelöscht wird und sich eine Anwender*in beim nächsten Login erneut authentifizieren muss.

Damit das *X.509-Zertifikat* vom SAP-S/4HANA-System akzeptiert wird, muss es dem Root-Zertifikat der CA vertrauen. SAP S/4HANA muss außerdem den *Distinguished Name* (DN) im Zertifikat akzeptieren.

Mapping

Über die Tabelle `USREXTID` können Sie ein Mapping von Teilen des Zertifikats zu Benutzer-IDs durchführen. Eine Massenpflege ist über Report `RSUSREXT` möglich, ähnlich wie beim gezeigten Report bei der Kerberos-basierten Anmeldung.

Effektiver ist allerdings das regelbasierte Mapping. Eine Regel könnte z. B. eine E-Mail-Adresse verwenden, die aus dem Distinguised Name des Zertifikats extrahiert wird. Es wird dann eine Benutzer-ID gesucht, deren E-Mail-Adresse im Benutzerstamm übereinstimmt. Sie können die Regeln in Transaktion CERTRULE pflegen. Damit Sie das regelbasierte Mapping verwenden können, müssen Sie den Profilparameter `login/certificate_mapping_rulebased` auf 1 setzen.

[«]

Regelbasiertes Mapping ersetzt Mapping über USREXTID

Sie können die beiden Mapping-Verfahren nicht mischen. Sobald Sie den Profilparameter setzen, wird die Mapping-Tabelle nicht mehr berücksichtigt. Verwenden Sie zur Migration auf das regelbasierte Mapping die Transaktion CERTRULE_MIG. Während der Migration wird Ihnen das Generieren von Regeln angeboten. Nur die verbleibenden, uneinheitlichen Zuordnungseinträge werden in eine neue Ausnahmetabelle verschoben.

12.10.2 Single Sign-on für HTTPS

Zur Einrichtung von Single Sign-on über HTTPS haben Sie mehr Möglichkeiten als bei Single Sign-on für SAP GUI, da es sich bei HTTPS um einen offenen Standard handelt. Sie benötigen daher nicht den SAP Secure Login Client. Zwei der gängigsten Verfahren möchte ich Ihnen in diesem Abschnitt vorstellen.

SPNego Kerberos

Bereits in Abschnitt 12.10.1, »Single Sign-on für SAP GUI«, haben Sie die Kerberos-Authentifizierung über AS ABAP kennengelernt. Die gute Nachricht ist, dass Sie mit der dort beschriebenen Einrichtung auch die HTTPS-basierte Authentifizierung mit Single Sign-on abdecken können. Statt des SAP Secure Login Clients übernimmt Ihr Webbrowser die Funktion des Clients. Da es sich hier um HTTP-basierte Kommunikation handelt, wird mit SPNego das beste Authentifizierungsverfahren gewählt.

In Abbildung 12.54 sehen Sie den Prozessfluss einer Authentifizierung über SPNego. Der oder die Anwender*in authentifiziert sich an einem Client-PC ❶. Der Client-PC, der Teil der Windows-Domäne ist, leitet die Authentifizierung an das Active Directory ❷. Das Active Directory sendet bei erfolgreicher Authentifizierung ein Kerberos-Token zurück an den Client ❸. Meldet sich die Anwender*in nun über einen Webbrowser am SAP-System an ❹, wird das Kerberos-Token an das SAP-S/4HANA-System gesendet ❺ und der Zugriff auf das SAP-System wird gewährt.

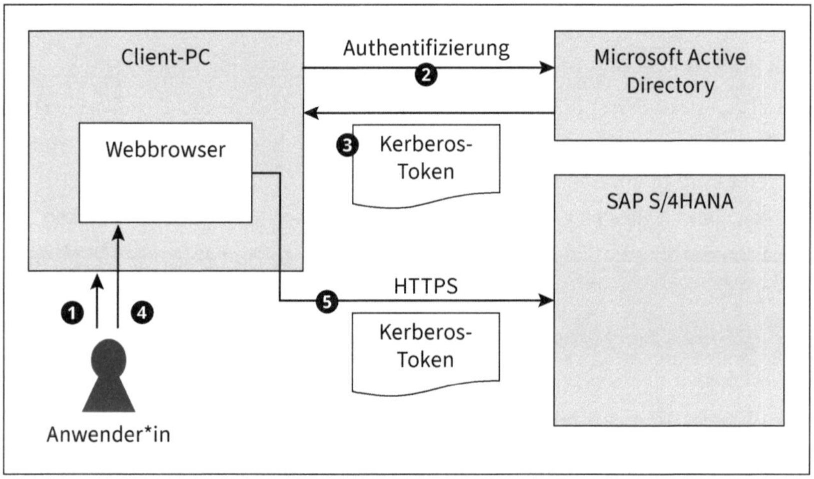

Abbildung 12.54: Ablauf einer SSO-Anmeldung mit SPNego

Führen Sie die folgenden Schritte zur Konfiguration durch:

1. Damit der KDC ein Kerberos-Token ausstellt, müssen die Service-Principal-Namen (SPN) beim Servicebenutzer im AD hinterlegt sein. Haben Sie die Kerberos-Authentifizierung über AS ABAP eingerichtet, ist hier bereits der SNC-Name im Format SAP/<SNC-Name> hinterlegt. Beim Webzugriff müssen Sie allerdings die URLs, über die die Clients auf das SAP-S/4HANA-System zugreifen, als SPN im Format HTTP/<URL> hinterlegen. In meinem Beispiel habe ich sowohl die Zugriffe direkt auf die Instanzen (*shu.training.local* und *h06.training.local*) als auch den Zugriff über den SAP Web Dispatcher (*shu.shu-consulting.de*) hinterlegt (siehe Abbildung 12.55).
2. Im AS ABAP müssen Sie keine weiteren Schritte ausführen, wenn Sie die Kerberos-Authentifizierung über das SAP GUI bereits eingerichtet haben. Ansonsten müssen Sie alle dort beschriebenen Schritte ausführen. Lediglich den SPN für SNC müssen Sie beim Servicebenutzer nicht hinterlegen und auch SNC muss als Voraussetzung nicht aktiv sein, wenn Sie ausschließlich den HTTP-basierten Zugriff für Single Sign-on einrichten möchten.

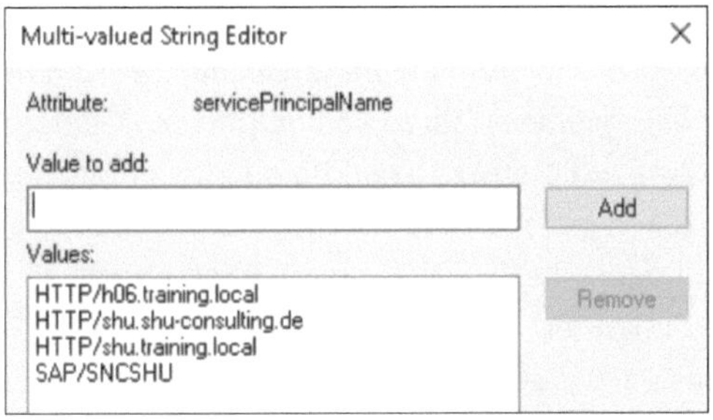

Abbildung 12.55: Pflege des Attributs »servicePricipalName« für Webzugriffe

3. In diesem Szenario übernimmt der Webbrowser die Funktion des Clients. Damit dieser das Kerberos-Token verwalten kann, muss er entsprechend konfiguriert werden. Dies erreichen Sie über die Internetoptionen auf Ihrem Client. In Ihrem Unternehmen müssen Sie klären, ob und wie diese Einstellungen zentral an die Clients verteilt werden können. Die Konfigurationsschritte für die manuelle Einrichtung auf einem Client sind in SAP-Hinweis 3346129 beschrieben.

Damit ist die Konfiguration von SPNego abgeschlossen.

Sie können sich nun z. B. direkt am SAP Fiori Launchpad authentifizieren. Bei Fehlern empfehle ich Ihnen auch hier die Trace-Funktion in Transaktion SPNEGO.

SAML-2.0-basierendes Single Sign-on am Beispiel der SAP Cloud Identity Services

Die SAP Cloud Identity Services sind eine Gruppe von Diensten auf der SAP BTP. Sie ermöglichen es Anwender*innen, sich nahtlos und ohne erneute Authentifizierung innerhalb verschiedener Anwendungen zu bewegen. In diesem Beispiel möchte ich Ihnen zeigen, dass Sie auch Ihr On-Premise-SAP-S/4HANA-System in diese Referenzarchitektur für Single Sign on integrieren können.

Prozessfluss

Der Ablauf der Authentifizierung ist, wie in Abbildung 12.56 gezeigt, wie folgt:

1. Die Anwender*innen öffnen z. B. im Webbrowser die URL zum SAP Fiori Launchpad.
2. Die Anfrage erreicht das SAP-S/4HANA-System.
3. Bei aktiver SAML-Konfiguration generiert das SAP-S/4HANA-System eine SAML-2.0-Authentifizierungsanfrage und leitet die Anfrage über den Webbrowser der Anwender*innen an den konfigurierten Identity Provider (IdP) um. Sind mehrere IdPs konfiguriert, erhalten Anwender*innen einen Auswahlbildschirm im Webbrowser, um einen IdP auszuwählen.

4. Sind die Anwender*innen nicht angemeldet, müssen sie sich am IdP authentifizieren. Der Anmeldebildschirm wird vom IdP bereitgestellt. Je nach Konfiguration sind verschiedene Anmeldeverfahren konfiguriert (z. B. Benutzer und Kennwort oder Anmeldung mit biometrischen Daten). Bei erfolgreicher Anmeldung wird ein SAML-Token generiert. Der Identity Authentication Service kann im einfachsten Fall selbst die Funktion des IdP übernehmen. In der Regel ist er aber als Proxy konfiguriert und die Anfragen werden an den Unternehmens-Identity-Provider, z. B. Entra ID weitergeleitet.
5. Der IdP sendet die SAML-Antwort inklusive Token über den Webbrowser der Anwender*innen zum SAP-S/4HANA-System.
6. In SAP S/4HANA wird die SAML-Antwort geprüft und bei Erfolg werden die Anwender*innen mit einer Benutzer-ID verknüpft (z. B. über die E-Mail-Adresse) und angemeldet.

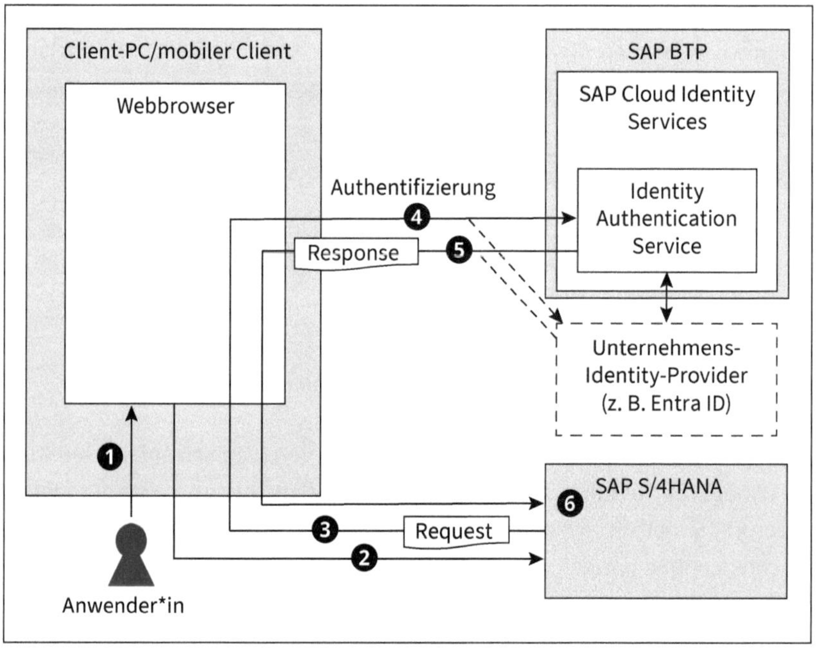

Abbildung 12.56: Ablauf der Authentifizierung mit SAML 2.0 und den SAP Cloud Identity Services

Für die Einrichtung benötigen Sie einen SAP BTP Subaccount mit bereitgestelltem Service *Cloud Identity Services*.

Die Konfiguration erfolgt dann in diesen Schritten:

1. Melden Sie sich an der Administrationsoberfläche der Cloud Identity Services an. Die URL lautet *https://<Tenant-ID>.accounts.ondemand.com/admin/*. Die Tenant-ID können Sie z. B. über das Portal SAP for Me (*https://me.sap.com*) im Bereich **Systeme und Bereitstellung • Systeme • Public-**

Cloud-Systeme ablesen. Die Oberfläche der **Cloud Identity Services** sehen Sie in Abbildung 12.57.

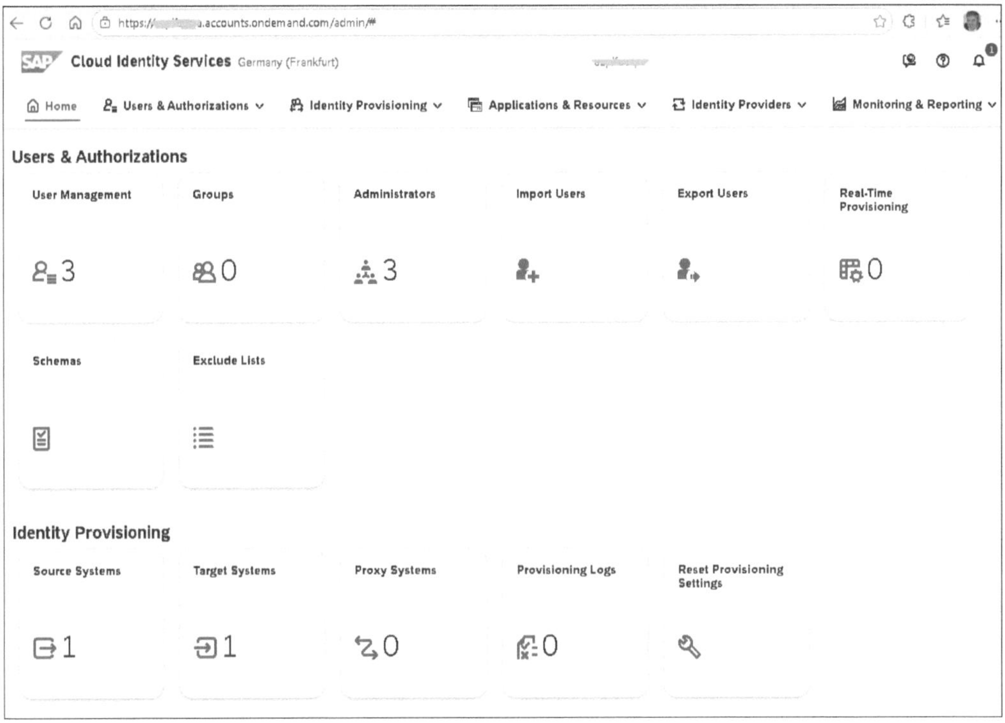

Abbildung 12.57: Startseite der Cloud Identity Services

2. Im Bereich **Users & Authorizations** müssen in der App **User Management** die Benutzer konfiguriert sein, die sich später per Single Sign-on in SAP S/4HANA anmelden können. Üblicherweise dienen auch hier externe Anwendungen, wie z. B. Microsoft Entra ID und/oder SAP SuccessFactors, als Datenquellen. In Abschnitt 8.4.3, »Microsoft Entra und SAP Cloud Identity Services«, habe ich Ihnen die Provisionierung von Identitäten bereits vorgestellt. Zum Test können Sie auch manuell Benutzer in den Cloud Identity Services anlegen.
3. Damit sich SAP S/4HANA als *Service Provider* (SP) und die Cloud Identity Services als IdP vertrauen, müssen Metadaten und Zertifikate ausgetauscht werden. Öffnen Sie in den Cloud Identity Services im Bereich **Applications & Resources** die App **Tenant Settings**. Wechseln Sie auf die Registerkarte **Single Sign-On** zu **SAML 2.0 Configuration**. Wählen Sie oben rechts die Funktion **Download Metadata File**. Wechseln Sie auf die Registerkarte **Signing Certificates** und laden Sie das Zertifikat mit der Funktion **Download Certificate** herunter. Achtung: Wenn Sie die Cloud Identity Services als Proxy konfiguriert haben, benötigen Sie das Zertifikat des IdP (z. B. Entra ID).

4. Erstellen Sie in den Cloud Identity Services eine Anwendung, die Ihr SAP-S/4HANA-System repräsentiert. Öffnen Sie hierzu im Bereich **Applications & Resources** die App **Applications**. Wählen Sie die Funktion **Create**. Wählen Sie einen Namen für Ihre Anwendung, z. B. die SID Ihres SAP-S/4HANA-Systems. Wählen Sie als **Application Type • SAP on-premise Solution** und als **Protocol Type • SAML 2.0**. Bestätigen Sie mit der Funktion **+ Create**.
5. Öffnen Sie die Transaktion SICF in Ihrem SAP-S/4HANA-System und prüfen Sie, ob folgende Services aktiv sind. Falls die Services nicht aktiv sind (erkennbar an der grauen Schrift), aktivieren Sie sie:
   - `/default_host/sap/public/bc/sec/saml2`
   - `/default_host/sap/public/bc/sec/cdc_ext_service`
   - `/default_host/sap/bc/webdynpro/sap/saml2`
   - `/default_host/sap/bc/saml2 (mit Unterknoten)`
   - `/default_host/sap/bc/webdynpro/sap/sec_diag_tool`

Transaktion SAML2

6. Öffnen Sie die Transaktion SAML2 in Ihrem SAP-S/4HANA-System. Es öffnet sich eine Webseite. Wurde SAML 2.0 bisher noch nicht konfiguriert, sehen Sie die in Abbildung 12.58 gezeigte Meldung. In diesem Fall starten Sie den Einrichtungsassistenten über die Funktion **SAML-2.0-Unterstützung aktivieren • Lokalen SAML-2.0 Provider anlegen**. Wählen Sie auf dem ersten Bildschirm der Prozedur einen geeigneten **Provider-Namen** (z. B. <SID>_<Mandant>). Klicken Sie auf den Button **Weiter**. Die allgemeinen Einstellungen auf dem zweiten Bildschirm können Sie mit **Weiter** bestätigen. Auf dem dritten Bildschirm können Sie im Bereich **Identity-Provider-Such-Service** das Feld **Auswahlmodus** von `Manuell` auf `Automatisch` umstellen, wenn Sie alle Anfragen an den gleichen IdP senden wollen. Mit der Einstellung `Manuell` sehen Anwender*innen bei der Anmeldung zunächst einen vorgeschalteten Bildschirm, auf dem ein IdP manuell ausgewählt werden muss. Wählen Sie **Fertig stellen**, um den Einrichtungsassistenten abzuschließen. Die Transaktion SAML2 zeigt nun das in Abbildung 12.59 gezeigte Bild. Das SAP-S/4HANA-System ist nun in der Rolle des Service Providers konfiguriert.

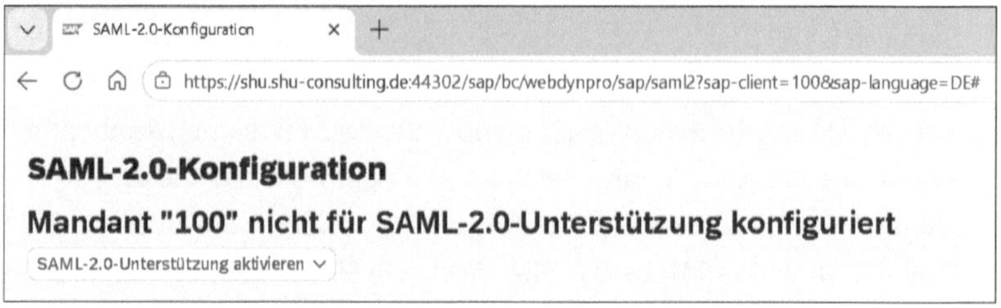

Abbildung 12.58: SAML2 ist noch nicht konfiguriert.

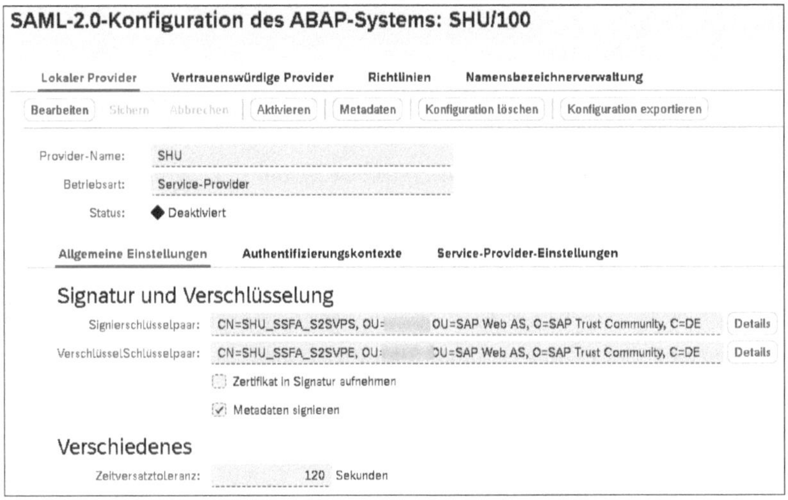

Abbildung 12.59: Transaktion SAML2 nach der Ersteinrichtung

7. Wählen Sie in Transaktion SAML2 auf der Registerkarte **Lokaler Provider** die Funktion **Metadaten**. Aktivieren Sie alle Ankreuzfelder und wählen Sie die Funktion **Metadaten herunterladen**.
8. Fügen Sie nun SAP Cloud Identity Services als vertrauenswürdigen IdP hinzu. Wechseln Sie hierzu in Transaktion SAML2 auf die Registerkarte **Vertrauenswürdige Provider** und wählen Sie die Funktion **Hinzufügen • Metadatendatei hochladen**. Es startet eine geführte Prozedur. Laden Sie im ersten Schritt der Prozedur die Datei hoch, die Sie in Schritt 3 in den Cloud Identity Services heruntergeladen haben. Im nächsten Schritt **Metadatenverifizierung** laden Sie das Zertifikat aus der Datei hoch, die Sie in Schritt 3 in den Cloud Identity Services heruntergeladen haben. Wählen Sie mehrmals **Weiter**, um die Prozedur schließlich mit **Fertig stellen** abzuschließen. Sie können die angezeigten Werte jeweils auf den Standardwerten belassen.
9. Ein wichtiger Punkt ist das Mapping der vom IdP übertragenen Identität mit der Benutzer-ID des SAP-S/4HANA-Systems. In meinem Beispiel möchte ich, das aus der E-Mail-Adresse, mit der sich die Anwender*innen bei dem Cloud Identity Service anmelden, auf die Benutzer-ID in meinem SAP-S/4HANA-System umgeschlüsselt wird. Das ist möglich, wenn im Benutzerstamm im SAP-S/4HANA-System die E-Mail-Adressen gepflegt sind. In Transaktion SAML2 wird Ihnen auf der Registerkarte **Vertrauenswürdige Provider** der verknüpfte IdP angezeigt. Markieren Sie den zuvor verknüpften IdP und wählen Sie die Funktion **Bearbeiten**. Wechseln Sie auf die Registerkarte **Identitätsföderation** und wählen Sie die Funktion **Hinzufügen**. Wählen Sie die Option **E-Mail** und **OK**. Sichern Sie die Einstellung. **Identitätsföderation**

10. Markieren Sie auf der gleichen Registerkarte den IdP und wählen Sie die Funktion **Aktivieren**.
11. Wechseln Sie auf die Registerkarte **Lokaler Provider** und wählen Sie auch hier die Funktion **Aktivieren**.
12. Auch der IdP muss dem SAP-S/4HANA-System als Service Provider vertrauen. Gehen Sie dazu wieder auf die Administrationsoberfläche des Cloud Identity Service (*https://<Tenant-ID>.accounts.ondemand.com/admin*). Öffnen Sie im Bereich **Applications & Resources** wieder die App **Applications**. Wählen Sie die in Schritt 4 erstellte Applikation und klicken Sie auf der Registerkarte **Trust** im Bereich **Single Sign-On** auf die Funktion **SAML 2.0 Configuration**. Wählen Sie oben rechts die Option **Upload Metadata** und wählen Sie die in Schritt 7 aus Transaktion SAML2 heruntergeladene Metadatendatei. Wählen Sie die Funktion **Upload**.
13. In Schritt 9 haben wir definiert, dass wir das Mapping der Identität aus dem IdP zur Benutzer-ID in SAP S/4HANA über die E-Mail-Adresse realisieren möchten. Daher müssen wir auch dem IdP mitteilen, dass die E-Mail-Adresse an SAP S/4HANA übertragen werden muss. Wechseln Sie im gleichen Bereich **Trust** aus Schritt 9 jetzt die Funktion **Subject Name Identifier**. Wählen Sie als **Source • Identity Directory** und als **Value • Email**, wie in Abbildung 12.60 gezeigt. Wählen Sie anschließend den Button **Save**.

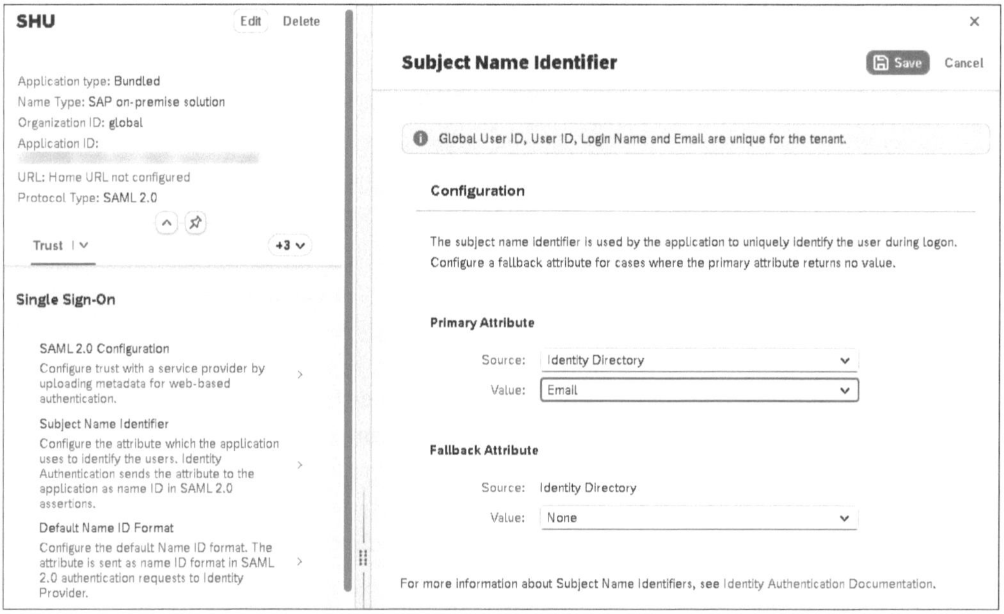

Abbildung 12.60: Setzen des Subject Name Identifiers »Email«

Mit diesen Schritten ist die Einrichtung grundsätzlich abgeschlossen. Wenn Sie sich nun über Ihren Webbrowser z. B. direkt am SAP Fiori Launchpad des SAP-S/4HANA-Systems anmelden (in meinem Fall *https://shu.shu-consulting.de:44302/sap/bc/ui2/flp?sap-client=100&sap-language=DE#Shell-home*), wird die URL auf den IdP umgeleitet (*https://<Tenant-ID>.accounts.ondemand.com/saml2/idp/sso/...*) und Sie müssen sich dort authentifizieren (wenn Sie noch nicht authentifiziert sind). In meinem Beispiel wird nun die Anmeldeseite des Identity Authentication Service meines SAP-BTP-Accounts angezeigt, wie in Abbildung 12.61 gezeigt. Nach erfolgreicher Authentifizierung wird das SAP Fiori Launchpad ohne weitere Anmeldeseite angezeigt.

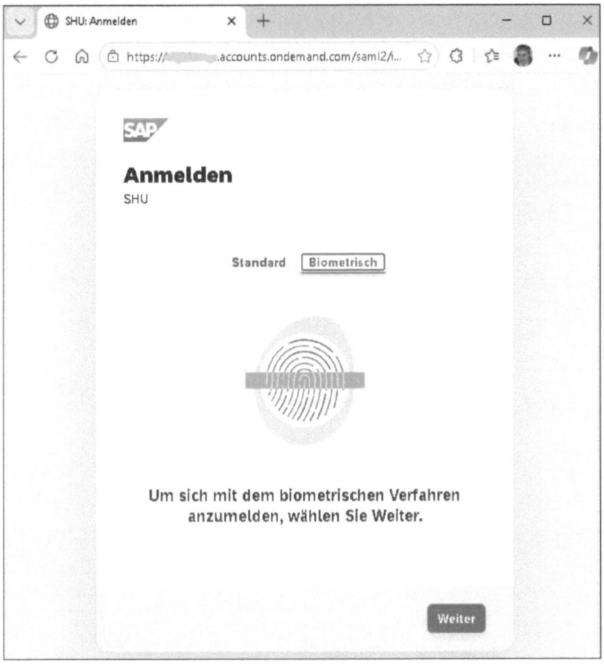

Abbildung 12.61: Anmeldeseite des IdP

Fehlersuche

Wird Ihnen nach der Anmeldung am IdP trotzdem die Anmeldeseite des SAP Fiori Launchpads angezeigt, hat sehr wahrscheinlich das Mapping zwischen Identität und Benutzer-ID nicht funktioniert. Aber auch andere Fehlersituationen sind denkbar. Für eine Fehlersuche kann ich Ihnen den SAML-Trace sehr empfehlen. Rufen Sie dazu in Ihrem SAP-S/4HANA-System die Transaktion SEC_DIAG_TOOL auf (siehe Abbildung 12.62). Wählen Sie eine Trace-Stufe (**Debugging**, **Informationen** oder **Fehler**) und die Funktion **Start**. Führen Sie die gescheiterte Single-Sign-on-Anmeldung nochmals aus und wählen Sie im Anschluss die Funktion **Anhalten** (= Pause) oder **Stoppen** (= Beenden).

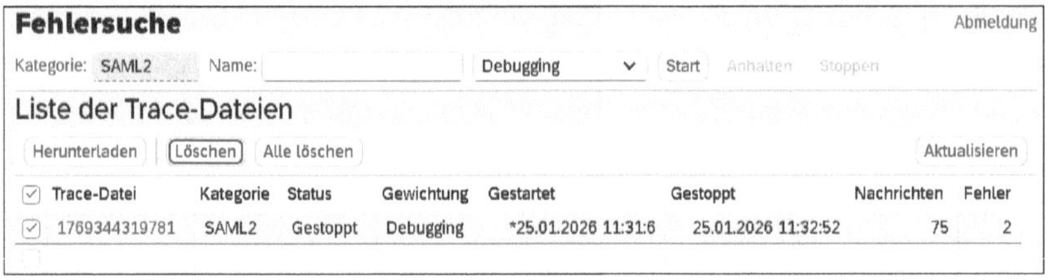

Abbildung 12.62: Fehlersuche mit Transaktion SEC_DIAG_TOOL

Wenn Sie die Trace-Datei öffnen, sollten Sie weitere Erkenntnisse bezüglich der Ursache erhalten. Ich habe für ein Beispiel vor der Anmeldung die E-Mail-Adresse aus meinem Benutzerstamm gelöscht. In der Trace-Datei stellt es sich dann so dar, wie in Listing 12.2 gezeigt. Mit meiner E-Mail-Adresse, die im Identity Authentication Service hinterlegt ist, konnte keine Benutzer-ID in SAP S/4HANA ermittelt werden.

```
SAML20 SP (client 100 ):  Exception raised:
SAML20  SAML20 CX_SAML20_FEDERATION: No user with email
'mail@shu-consulting.de' found. Long text: No user with email
'mail@shu-consulting.de' found.
SAML20     at CL_SAML20_FEDERATION->MAP_USERSOURCE_TO_USER_
ID(Line 216)
```

Listing 12.2: Auszug aus dem SAML-Trace mit Fehlermeldung

Kapitel 13

Systemüberwachung und Fehleranalyse des AS ABAP

Zentrale Aufgabe der Administration von SAP S/4HANA ist die Überwachung des Systems und das Beheben von Fehlersituationen. Dieses Kapitel legt den Fokus auf die Überwachung der ABAP-Plattform.

Die proaktive Überwachung des AS ABAP sollte genügend Raum in Ihrer täglichen Arbeit einnehmen. Auf diese Weise können Sie Engpässe frühzeitig erkennen – im Idealfall, bevor es zu ernsthaften Fehlern oder Abbrüchen kommt. Die typischen Aufgaben der Systemüberwachung stelle ich Ihnen in diesem Kapitel vor.

In Abschnitt 13.1, »Server- und Prozessübersicht«, lernen Sie, wie Sie die Instanzen des AS ABAP mit ihren Workprozessen überwachen und administrieren können. In Abschnitt 13.2, »Benutzersitzungen«, erkläre ich Ihnen, wie Sie die angemeldeten Benutzer verwalten und überwachen. In Abschnitt 13.3 zeige ich Ihnen, wie Sie das Systemlog auswerten können und so auf mögliche Probleme aufmerksam werden. In Abschnitt 13.4, »Kurzdumps«, lernen Sie, Laufzeitfehler zu analysieren. In Abschnitt 13.5 erfahren Sie, wie Sie das Verbuchungssystem überwachen und Verbuchungsabbrüche analysieren können. Abschnitt 13.6, »Sperreinträge«, führt Sie in die Überwachung des Enqueue Servers ein. In Abschnitt 13.7, »Snapshots«, zeige ich Ihnen, wie Sie mit Snapshots aufgezeichnete Systemsituationen nachträglich analysieren können. In Abschnitt 13.8, »Häufig benötigte Standardwerkzeuge«, stelle ich Ihnen einige oft benötigte Standardwerkzeuge vor und in Abschnitt 13.9, »Überwachung und Fehleranalyse von SAP Fiori«, gehe ich Analysemöglichkeiten für Probleme mit SAP Fiori anhand eines konkreten Beispiels durch. In Abschnitt 13.10, »Ganzheitliche Überwachung«, weise ich schließlich auf weitere hilfreiche Werkzeuge hin, mit denen Sie gerade im Dschungel heterogener Systeme und Technologien den Überblick behalten können.

13.1 Server- und Prozessübersicht

Die Instanzen mit ihren definierten Workprozessen bilden das technische Herzstück der ABAP-Plattform. Probleme in diesem Bereich wirken sich meist sehr schnell auf die gesamte Systemverfügbarkeit aus und sind daher sehr kritisch.

Können sich Anwender*innen nicht mehr am System anmelden oder klagen sie über sehr lange Antwortzeiten, sollten Sie mit Ihrer Analyse bei den Workprozessen beginnen.

13.1.1 Instanzübersicht des AS ABAP

Transaktion SM51

Eine Übersicht über den Zustand der PAS-Instanz (Primary Application Server) und aller AAS-Instanzen (Additional Application Server) erhalten Sie in Transaktion SM51. Hier erkennen Sie, wie Abbildung 13.1 zeigt, den Gesamtstatus einzelner Instanzen (aktiver oder inaktiver). Ist eine Instanz inaktiv, können sich keine Anwender*innen daran anmelden. Ebenso können keine Hintergrundaufgaben auf einer inaktiven Instanz ausgeführt werden.

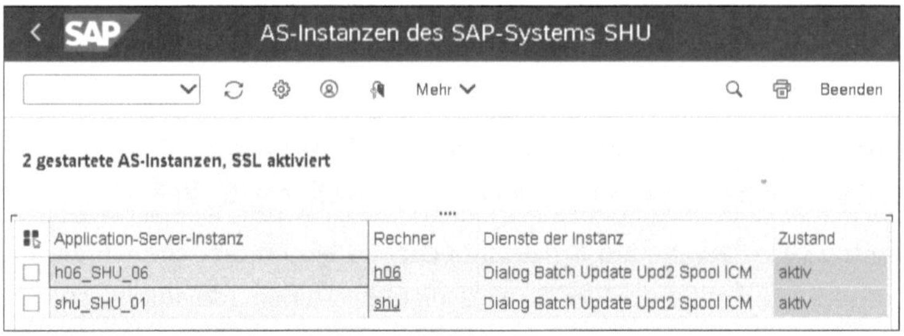

Abbildung 13.1: Übersicht der Instanzen (Transaktion SM51)

Mögliche Zustände

Über den Menüpfad **Springen • Administration • Zustand** können Sie eine Instanz aktivieren, inaktivieren oder herunterfahren. Eine Instanz kann die in Tabelle 13.1 gezeigten Zustände annehmen.

Zustand	Beschreibung
initial	Die Instanz hat sich am Message Server registriert, ist aber noch nicht verwendbar.
startet	Die Instanz startet die Workprozesse. Es können aber noch keine Aufgaben übernommen werden.
aktiv	Die Instanz arbeitet normal und verarbeitet Aufträge.
passiv	Möchten Sie eine Instanz im laufenden Betrieb stoppen, können Sie sie über den Menüpfad **Springen • Administration • Zustand • Deaktivieren** in einen passiven Zustand versetzen. Laufende Aufträge werden dabei noch abgearbeitet, für die Verteilung von neuen Aufgaben wird diese Instanz aber nicht mehr berücksichtigt. Eine so deaktivierte Instanz können Sie auch wieder aktivieren.

Tabelle 13.1: Zustände einer AS-Instanz

Zustand	Beschreibung
shutdown	Diese Phase entspricht dem Zustand **passiv**, Sie können die Instanz allerdings nicht wieder in den Status **aktiv** versetzen. Auf den Zustand **shutdown** folgt immer der Zustand **stop**.
stop	Die Instanz ist beendet und nicht mehr erreichbar.

Tabelle 13.1: Zustände einer AS-Instanz (Forts.)

Herunterfahren

Beim Herunterfahren einer Instanz können Sie zwischen einem weichen und harten Herunterfahren wählen. Beim weichen Herunterfahren werden Aufgaben, die sich noch in den Queues befinden, zunächst abgearbeitet, es werden aber keine neuen Anfragen mehr entgegengenommen. Sind die Queues leer, stoppt die Instanz. Beim harten Herunterfahren stoppen der ABAP Dispatcher und die Workprozesse umgehend. Es werden alle laufenden Aufgaben abgebrochen.

Sprungbrett in die Instanzen

Wie Sie in anderen Kapiteln des Buches bereits gesehen haben, können Sie die Transaktion SM51 als »Sprungbrett« in andere Instanzen nutzen, um instanzspezifische Administrationsaufgaben auf der für Sie relevanten Instanz ausführen zu können. Durch einen Klick auf das Feld **Rechner** gelangen Sie zur SAP-GUI-Startseite der entsprechenden Instanz.

Die Transaktion SM51 bietet darüber hinaus Zugriff auf viele nützliche Informationen und Funktionen. Die wichtigsten sind folgende:

- **Button »Workprozesse« (oder Doppelklick auf eine Zeile)**
  Absprung in Transaktion SM50 (siehe Abschnitt 13.1.2, »Übersicht über die Workprozesse«)
- **Button »Benutzer«**
  Absprung in Transaktion SM04 (siehe Abschnitt 13.2, »Benutzersitzungen«)
- **Button »SNC-Status«**
  Zeigt die Konfiguration der SNC-Verschlüsselung an (siehe Abschnitt 12.6.2, »SAP-GUI- und RFC-Verbindungen«).
- **Button »Release-Informationen«**
  Zeigt den Softwarestand und Detailinformationen des Kernels einer Instanz.
- **Button »Vorhandene Requests«**
  Anzeige der Request Queues. Liegen viele Requests vor, wissen Sie, dass es Probleme bei deren Abarbeitung gibt. Häufige Ursache ist, dass alle Workprozesse des entsprechenden Typs belegt sind. Über den Menüpfad **Springen • Systemweite Liste** können Sie die Queues über alle Instanzen hinweg einsehen.

- **Button »Systemlog«**

  Absprung in Transaktion SM21 (siehe Abschnitt 13.3, »Systemlog«)

- **Menüpfad »Springen • Monitore«**

  Absprung in den Gateway-Monitor (Transaktion SMGW), den ICM-Monitor (Transaktion SMICM) und den OS-Monitor (Transaktion ST06, siehe Abschnitt 13.8.7, »Betriebssystemmonitor«)

- **Menüpfad »Springen • Information • Environment«**

  Über diese Funktion erhalten Sie Informationen über die Umgebungsvariablen des Betriebssystembenutzers `<sid>adm`. Diese Informationen können bei der Fehlersuche hilfreich sein, wenn z. B. bestimmte Bibliotheken nicht gefunden werden.

[»]

> **Message-Server-Monitor**
>
> Der Message-Server-Monitor (Transaktion SMMS) bietet eine ähnliche Sicht auf die Instanzen und deren Zustand wie Transaktion SM51. Dort stehen allerdings die Funktionen des Message Servers im Fokus.

13.1.2 Übersicht über die Workprozesse

Systemweite Liste

Eine Übersicht aller Workprozesse aller Instanzen erhalten Sie in Transaktion SM66. Die Transaktion bietet allerdings keine Detailfunktionen. Führen Sie einen Doppelklick auf eine Zeile aus, werden Sie in Transaktion SM50 und zur entsprechenden Instanz weitergeleitet. Besteht Ihr System aus nur einer Instanz, wählen Sie daher am besten immer den Einstieg über Transaktion SM50 (siehe Abbildung 13.2).

Im oberen Bereich der Transaktion sehen Sie die verfügbare Anzahl an Workprozessen pro Typ sowie die freie Anzahl an Workprozessen pro Typ. Sind alle Workprozesse eines Typs belegt, können Sie davon ausgehen, dass ein Ressourcenproblem vorliegt und Anwender*innen oder Jobs auf Ausführungen warten müssen.

Im unteren Bereich der Transaktion werden Ihnen zu jedem Workprozess aktuelle Statusinformationen angezeigt. Bei großen Systemen mit sehr vielen Workprozessen ist diese Liste mehrere Bildschirmseiten lang. Hier bietet es sich an, die Ansicht über den Button **Aktive Workprozesse** nur auf die aktiven Workprozesse einzuschränken. Die Liste enthält einige selbsterklärende Spalten wie **Typ**, **Benutzer-ID**, **Mandant** oder **Ausgeführtes Programm**. Daneben finden Sie weitere Spalten, die in Tabelle 13.2 beschrieben sind.

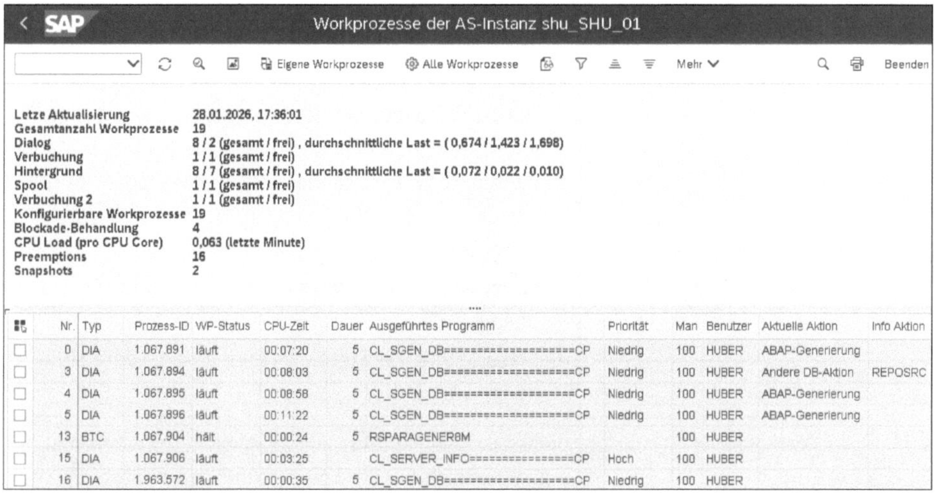

Abbildung 13.2: Workprozesse einer Instanz (Transaktion SM50)

Spalte	Beschreibung
Nr.	Workprozess-Nummer, die Sie z. B. in den Trace-Dateien (*dev_w<Nummer>*), im Systemlog oder zu Kurzdumps finden.
PID	Unter dieser Prozess-ID finden Sie den betreffenden Prozess auch auf dem Betriebssystem. Unter Unix/Linux können Sie z. B. das Kommando `ps -ef	grep <Prozess-ID>` verwenden, um nach einer Prozess-ID zu suchen.
WP-Status	Mögliche Statuswerte sind folgende: – **wartet**: Prozess hat aktuell keine Aufgabe. – **läuft**: Prozess verarbeitet eine Aufgabe. – **hält**: Prozess ist exklusiv für eine Sitzung reserviert und wartet auf die weitere Verarbeitung, z. B. im Rahmen des Debuggings, beim Starten von RFC-Funktionen oder wenn der Workprozess wegen Speichermangels HEAP-Speicher allokieren muss (PRIV-Modus). In der Spalte **Info Hält** sehen Sie Detailinformationen zum Haltegrund

Tabelle 13.2: Spaltenübersicht der Workprozess-Tabelle in Transaktion SM50

Spalte	Beschreibung
WP-Status (Forts.)	– **beendet**: Ein Fehler hat den Workprozess beendet. Der Workprozess wird in der Regel wieder automatisch gestartet und bekommt eine neue Prozess-ID. In der Spalte **WP-Abbrüche** wird die Anzahl der Abbrüche bei jedem Abbruch um eins hochgezählt. Analysieren Sie die Trace-Datei zum Workprozess. – **Shutdown**: Prozess wurde wegen eines Shutdowns beendet. – **Standby**: Workprozess wird nur für besondere Situationen verwendet.
Info Hält	Siehe Spalte **WP-Status**. Sie sehen hier Zusatzinformationen, wenn sich der Workprozess im Status **hält** befindet.
WP-Abbrüche	Sie sehen hier, wie häufig ein Workprozess seit dem Start der Instanz abgebrochen ist. Ist die Ursache unbekannt, sollten Sie die Trace-Datei des Workprozesses prüfen (*dev_w<Nr.>*). Mit der Menüoption **Liste • Zurücksetzen • Abbrüche** können Sie den Zähler zurücksetzen.
Gesperrte Semaphore und angeforderte Semaphore	Für bestimmte Aufgaben muss ein Workprozess exklusiven Zugriff auf eine Aktivität erlangen. Hierzu fordert der Workprozess eine Sperre (*Semaphore*) an. Hält ein Workprozess eine Sperre, kann kein anderer Workprozess diese Aktivität ausführen und muss warten. In der Regel sollten Sie in beiden Spalten dauerhaft keine Semaphore sehen. Bei Problemen einzelner Komponenten kann es aber zum Stau bis hin zu einem Stillstand kommen. Dann müssen Sie die Situation auflösen. Mit der [F1]-Hilfe zur Spalte wird Ihnen eine Beschreibung der Semaphore angezeigt.

Tabelle 13.2: Spaltenübersicht der Workprozess-Tabelle in Transaktion SM50 (Forts.)

Detailinformationen

Klicken Sie doppelt auf einen Workprozess, sehen Sie weitere Detailinformationen, z. B. die Speicherstatistik oder die Anzahl und die Dauer von Zugriffen auf die Datenbank. Ist ein Workprozess z. B. hinsichtlich seiner Laufzeit oder des Speicherverbrauchs auffällig, können Sie ihn so genauer analysieren. Sie sollten für die Analyse auf auch auf die Expertise einer Entwicklerin oder eines Entwicklers zurückgreifen.

Über den Menüpfad **Administration • Programm • Debugging** können Sie ein laufendes Programm debuggen. Auch hierzu sollten Sie sich Unterstützung bei einer Entwicklerin oder einem Entwickler holen.

Über den Menüpfad **Administration • Programm • Abbrechen** können Sie ein laufendes Programm beenden. Dieser Schritt muss sehr gut überlegt sein, da Programmabläufe durch den Abbruch nicht wie erwartet abgeschlossen werden.

Workprozess abbrechen

Über den Menüpfad **Administration • Workprozess • Abbrechen • Mit Core** bzw. **Ohne Core** können Sie Workprozesse hart auf Betriebssystemebene beenden. Der ABAP Dispatcher startet nach dem Beenden automatisch einen neuen Workprozess. Auch die Nutzung dieser Funktion muss wohlüberlegt sein, da ein durch den Workprozess gerade verarbeitetes Programm ebenfalls abgebrochen wird. Verwenden Sie die Option **Mit Core**, wird ein Snapshot erstellt, den Sie zur weiteren Analyse heranziehen können (siehe Abschnitt 13.7, »Snapshots«). Die Funktionen, die sich hinter dem Menüpfad **Administration • Snapshot • Erzeugen** oder **Administrieren** verbergen, beschreibe ich ebenfalls in Abschnitt 13.7.

Über den Menüpfad **Administration • Session löschen** wird die zum Workprozess gehörende Sitzung des Benutzers gelöscht. Ich gehe im folgenden Abschnitt genauer auf diese Funktion ein.

13.2 Benutzersitzungen

Transaktion SM04

Über Transaktion SM04 (siehe Abbildung 13.3) können Sie alle an einer AS-ABAP-Instanz angemeldeten Benutzer (Dialoganwender*innen und technische Benutzer) einsehen. Besteht Ihr SAP-S/4HANA-System aus mehreren Instanzen, können Sie sich mit Transaktion AL08 die systemweite Benutzerliste anzeigen lassen. Sie können über den Button [Symbol] (**Systemweite Liste**) aus der Transaktion SM04 in die Transaktion AL08 abspringen.

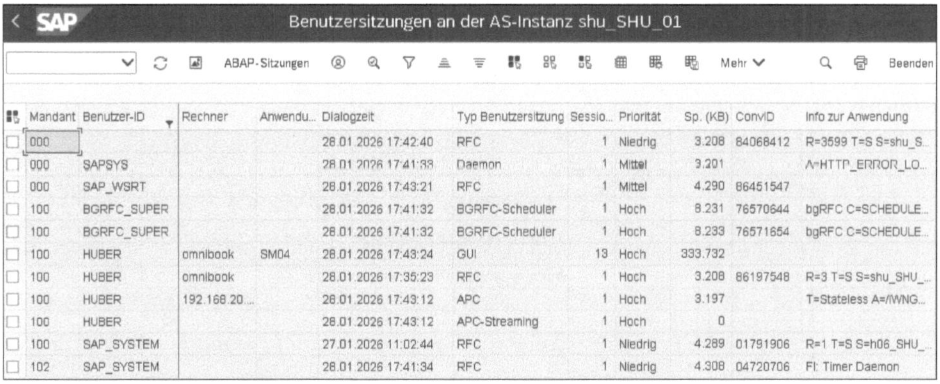

Mandant	Benutzer-ID	Rechner	Anwendu...	Dialogzeit	Typ Benutzersitzung	Sessio...	Priorität	Sp. (KB)	ConvID	Info zur Anwendung
000				28.01.2026 17:42:40	RFC	1	Niedrig	3.208	84068412	R=3599 T=S S=shu_S...
000	SAPSYS			28.01.2026 17:41:33	Daemon	1	Mittel	3.201		A=HTTP_ERROR_LO...
000	SAP_WSRT			28.01.2026 17:43:21	RFC	1	Mittel	4.290	86451547	
100	BGRFC_SUPER			28.01.2026 17:41:32	BGRFC-Scheduler	1	Hoch	8.231	76570644	bgRFC C=SCHEDULE...
100	BGRFC_SUPER			28.01.2026 17:41:32	BGRFC-Scheduler	1	Hoch	8.233	76571654	bgRFC C=SCHEDULE...
100	HUBER	omnibook	SM04	28.01.2026 17:43:24	GUI	13	Hoch	333.732		
100	HUBER	omnibook		28.01.2026 17:35:23	RFC	1	Hoch	3.208	86197548	R=3 T=S S=shu_SHU_...
100	HUBER	192.168.20....		28.01.2026 17:43:12	APC	1	Hoch	3.197		T=Stateless A=/IWNG...
100	HUBER			28.01.2026 17:43:12	APC-Streaming	1	Hoch	0		
100	SAP_SYSTEM			27.01.2026 11:02:44	RFC	1	Niedrig	4.289	01791906	R=1 T=S S=h06_SHU_...
102	SAP_SYSTEM			28.01.2026 17:41:34	RFC	1	Niedrig	4.308	04720706	FI: Timer Daemon

Abbildung 13.3: Benutzersitzungen einer Instanz (Transaktion SM04)

13.2.1 Benutzersitzungen analysieren

Typen von Benutzersitzungen

Jede Zeile der Listen in den Transaktionen SM04 und AL08 entspricht einer Anmeldung am System, einer sogenannten *Benutzersitzung*. Wenn Sie sich Abbildung 13.3 genauer anschauen, sehen Sie, dass meine Benutzer-ID `HUBER` mehrfach angezeigt wird. Ursache ist, dass ich mehrfach an dieser Instanz angemeldet bin. Betrachten Sie aber die Spalte **Typ Benutzersitzung** stellen Sie fest, dass ich nur einmal über das SAP GUI angemeldet bin. Die anderen Anmeldungen sind entstanden, weil ich das SAP Fiori Launchpad geöffnet habe. Selbst wenn ich das SAP Fiori Launchpad aus dem SAP GUI heraus über Transaktion /N/UI2/FLP öffne, handelt es sich dabei um eine weitere Anmeldung. Die für diese Anmeldungen in der Spalte **Typ Benutzersitzung** angezeigten Typen sind **HTTPS** und ABAP Push Channel (**APC**), z. B. für die Zustellung von Benachrichtigungen an das SAP Fiori Launchpad. Mit der [F1]-Hilfe zur Spalte **Typ Benutzersitzung** erhalten Sie weitere Informationen zu den möglichen Typen.

Einschränkung bei SAP Fiori

Im Kontext von SAP Fiori müssen Sie allerdings bedenken, dass eine Benutzersitzung nicht dauerhaft aufrechterhalten und nach kurzer Inaktivität auch in den Transaktionen SM04 und AL08 nicht mehr angezeigt wird. Das in diesen Transaktionen vermittelte Bild ist daher leider nicht vollständig. Anmeldungen über das SAP Fiori Launchpad können Sie stattdessen über Transaktion SM05 verwalten (siehe Abschnitt 13.2.2, »Benutzersitzungen administrieren«).

ABAP-Sitzungen

Je nach Benutzersitzungstyp können einer Benutzersitzung eine oder mehrere ABAP-Sitzungen zugeordnet werden. Über das SAP GUI können Sie bis zu 16 ABAP-Sitzungen erzeugen, indem Sie im SAP GUI einfach weitere Fenster öffnen. Die maximale Anzahl von Sitzungen pro Benutzer kann mit dem Profilparameter `rdisp/max_alt_modes` begrenzt werden.

Durch einen Doppelklick auf eine in Transaktion SM04 oder AL08 angezeigte Sitzung oder den Button **ABAP-Sitzungen** können Sie sich die zu dieser Benutzersitzung gehörenden ABAP-Sitzungen anzeigen lassen (siehe Abbildung 13.4).

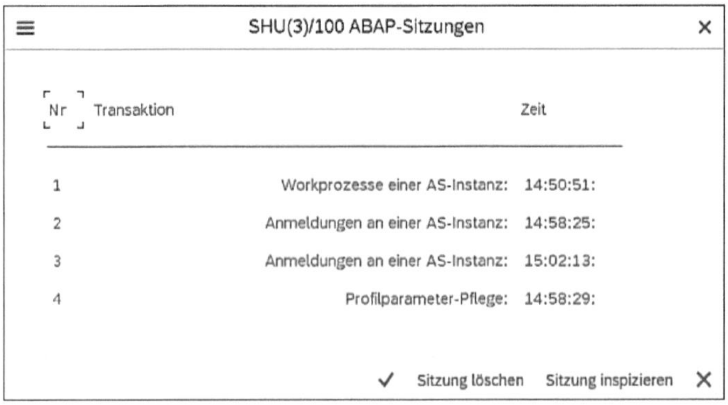

Abbildung 13.4: ABAP-Sitzungen einer Benutzersitzung

Grundsätzlich empfehle ich Ihnen, bei geplanten Wartungsarbeiten (die idealerweise über Systemnachrichten angekündigt wurden) vor dem Herunterfahren des Systems einen Blick in Transaktion SM04 bzw. AL08 und SM05 zu werfen. Sind noch Anwender*innen aktiv, können Sie eine weitere Systemnachricht mit der dringenden Aufforderung erstellen, sich bitte umgehend am System abzumelden. Wie Sie dabei vorgehen, zeige ich Ihnen in Abschnitt 13.8.1, »Systemnachrichten erstellen«.

Analysebeispiele

Die Tabelle der Benutzersitzungen enthält viele Spalten, die bei der Analyse unterschiedlicher Fragestellungen hilfreich sein können. Werfen Sie über den Button (**Layout ändern**) auch einen Blick auf den verfügbaren Spaltenvorrat, da im Standard viele Spalten ausgeblendet sind. In der Spalte **SAP GUI Version** können Sie z. B. herausfinden, ob sich Anwender*innen mit veralteten SAP-GUI-Versionen am System anmelden. In den Spalten **Netto-Speicher**, **Brutto-Speicher** und **Heap-Speicher** können Sie sehr schnell ablesen, welche Benutzersitzungen besonders viel Hauptspeicher belegen. Über die Spalte **Dialogzeit** finden Sie heraus, wer am System angemeldet ist, aber lange keine Aktivität mehr ausgeführt hat. Durch bestimmte Fehlerkonstellationen kann es nämlich vorkommen, dass Benutzer nicht korrekt am System abgemeldet werden und so wertvolle Ressourcen belegen, obwohl deren Sitzungen schon seit Tagen nicht mehr aktiv sind. Besonders kritisch ist dies, wenn solche Anwender*innen Sperren im System halten (siehe Abschnitt 13.6, »Sperreinträge«).

Kontaktinformationen

Über den Menüpfad **Benutzer • Benutzer-Info** können Sie die im Benutzerstamm hinterlegten Kontaktinformationen einer Anwenderin oder eines Anwenders anzeigen, um diese z. B. direkt anrufen zu können.

13.2.2 Benutzersitzungen administrieren

Problematische Anmeldungen beenden

Neben der Analyse der Benutzersitzungen sind Sie als Administrator*in auch in der Lage, problematische Anmeldungen zu beenden. Hierzu stehen Ihnen in Transaktion SM04 folgende Möglichkeiten zur Verfügung:

- **Benutzer lokal abmelden**

  Über den Menüpfad **Benutzer • Benutzer abmelden • Lokal** beenden Sie die markierte Benutzersitzung. Dabei werden alle zu dieser Benutzersitzung gehörenden ABAP-Sitzungen beendet. Die Anwenderin oder der Anwender erhält dann für jede ABAP-Sitzung die Meldung »Die ABAP-Sitzung wurde vom Systemadministrator beendet«.

- **Benutzer systemweit abmelden**

  Über den Menüpfad **Benutzer • Benutzer abmelden • Systemweit** wird nicht nur die markierte Benutzersitzung gelöscht, sondern alle Benutzersitzungen mit gleicher Benutzer-ID im gleichen Mandanten werden gelöscht. Allerdings werden Anmeldungen über SAP Fiori hierdurch nicht beeinflusst. Diese müssen über Transaktion SM05 beendet werden.

- **Sitzungen löschen**

  Klicken Sie auf eine Zeile doppelt, sehen Sie die zu einer Benutzersitzung existierenden ABAP-Sitzungen (siehe Abbildung 13.4). Hier können Sie den Cursor auf eine einzelne Sitzung stellen und den Button **Sitzung löschen** wählen. Die Benutzersitzung bleibt in diesem Fall erst einmal bestehen. Nur wenn alle ABAP-Sitzungen beendet wurden, wird auch die Benutzersitzung gelöscht.

Transaktion SM05

Wie bereits erwähnt, können Sie über Transaktion SM04 keine Anwender*innen abmelden, die über das SAP Fiori Launchpad am System angemeldet sind. Hierzu steht Ihnen Transaktion SM05 zur Verfügung (siehe Abbildung 13.5). Über den Button (**Session hart beenden**) können Sie HTTP-Sitzungen einer Anwenderin oder eines Anwenders beenden. Die betreffende Person bekommt von der Beendigung der Sitzung zunächst nichts mit. Führt sie im Webbrowser aber eine neue Aktion aus, muss sie sich dazu erst neu am System anmelden.

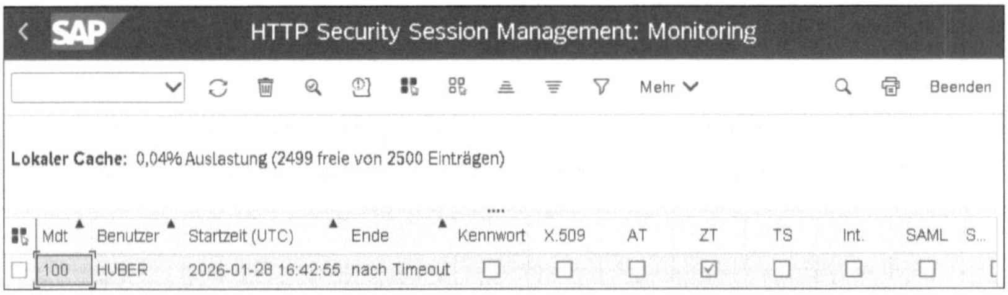

Abbildung 13.5: HTTP-Sitzungen verwalten (Transaktion SM05)

Time-out

Beachten Sie, dass Sitzungen in Transaktion SM05 auch noch dann angezeigt werden, wenn Anwender*innen ihren Webbrowser bereits geschlossen haben. Wenn sie sich nicht explizit über das SAP Fiori Launchpad vom System abmelden, bleiben ihre Sitzungen noch so lange bestehen, bis das definierte Time-out erreicht wird. Dieses Time-out wird über den Profilparameter `http/security_session_timeout` gesteuert (im Standard beträgt der Wert 30 Minuten).

13.3 Systemlog

Syslog

In Abschnitt 12.9.1 haben Sie das Security Audit Log kennengelernt, das Ereignisse zur Systemsicherheit protokolliert. Das Systemlog (kurz Syslog) erfasst auf breiterer Basis Ereignisse des AS ABAP. Viele der in den folgenden Abschnitten behandelten Ereignisse, wie z. B. Kurzdumps oder Verbuchungsabbrüche, werden auch im Syslog aufgezeichnet. Das Syslog ist daher das wichtigste Protokoll für die Administration. Gibt es ein Problem und wissen Sie noch nicht genau, woher es kommt, sollten Sie daher immer zuerst das Syslog prüfen.

Koniguration der Aufzeichnungen

Auf jeder Instanz des AS ABAP werden die Ereignisse lokal aufgezeichnet. Diese Protokollierung findet im Dateisystem statt. Der Standardpfad ist über den Profilparameter `rslg/local/file` definiert und zeigt auf das Verzeichnis */usr/sap/<SID>/D<Instanz>/log/SLOG<Instanz>.LOG*. Die Größe des Syslog wird über den Profilparameter `rslg/max/diskspace/local` bestimmt. Der Standardwert beträgt hier 128.000.000 Byte. Beim Erreichen dieser Größe werden die ältesten Einträge jeweils überschrieben. Je nach Systemnutzung und der Anzahl von Problemen können Sie im Syslog daher nur einige Tage bis wenige Wochen auswerten.

Syslog des Betriebssystems
Unter Unix/Linux kennen Sie sicherlich das Systemprotokoll des Betriebssystems (Syslog). Über den bei Unix/Linux im Standard aktiv gesetzten Profilparameter `rslg/unix_syslog/active` werden die SAP-Systemmeldungen zusätzlich auch in das Syslog des Betriebssystems geschrieben.

13.3.1 Systemlog analysieren

Transaktion SM21

Sie können das Syslog bequem über Transaktion SM21 im SAP GUI auswerten. Es öffnet sich zunächst der in Abbildung 13.6 gezeigte Selektionsbildschirm. Im Standard ist das Feld **Startdatum/-zeit** mit der vorvorletzten vollen Stunde vorbelegt. Weiterhin müssen Sie dem Feld **Erweiterter Instanzname** Beachtung schenken. Hier wird die aktuelle Instanz, an der Sie gerade angemeldet sind, als Standardwert eingetragen.

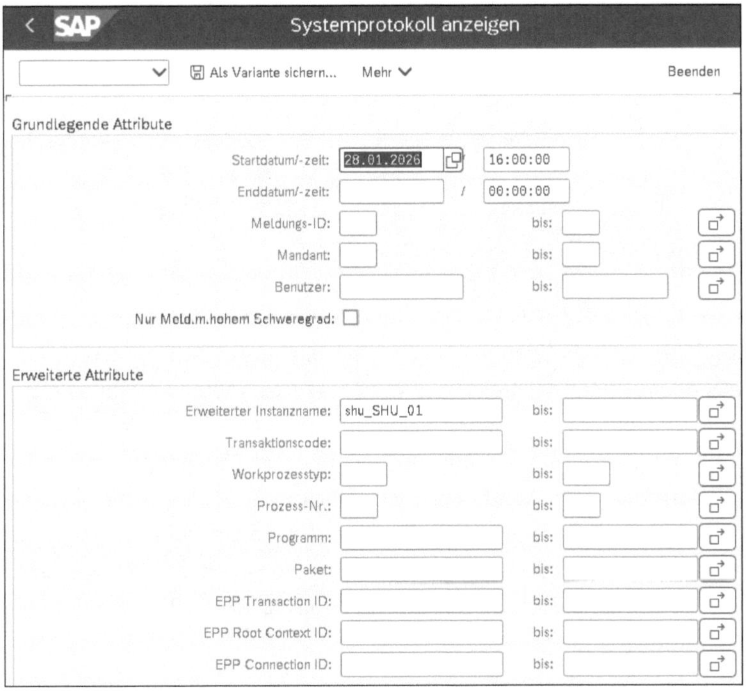

Abbildung 13.6: Selektionsbildschirm des Syslogs (Transaktion SM21)

Um das Protokoll einer anderen Instanz auswerten zu können, müssen Sie aber keinen Umweg über Transaktion SM51 machen, sondern können auf dem Selektionsbildschirm einfach eine fremde Instanz auswählen. Sie können auch den Platzhalter »*« eintragen, um die Einträge aller Instanzen zu erhalten. Auch die ASCS-Instanz (ABAP System Central Services) schreibt ein Systemprotokoll und kann in Transaktion SM21 ausgewählt werden.

Suchen Sie bestimmte Einträge, können Ihnen weitere, umfangreiche Filtereinstellungen dabei dienlich sein. Im Rahmen Ihrer regelmäßigen Kontrolle lassen Sie sich am besten alle Protokolleinträge anzeigen. Im Laufe der Zeit werden Sie ein Gefühl für deren Wichtigkeit bekommen und können unwichtige Einträge von der Anzeige ausschließen.

Nach Ausführung der Selektion gelangen Sie zu dem in Abbildung 13.7 gezeigten Bildschirm mit der Ergebnisliste.

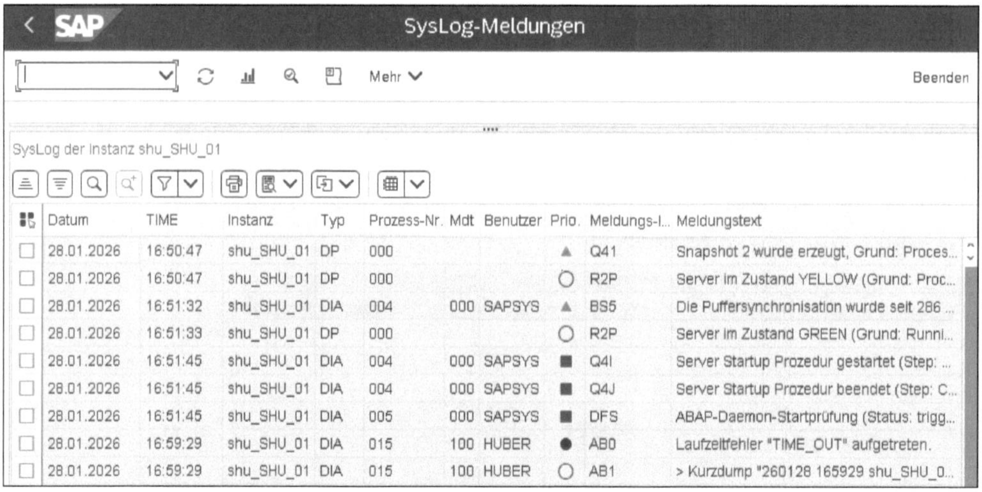

Datum	TIME	Instanz	Typ	Prozess-Nr.	Mdt	Benutzer	Prio.	Meldungs-I...	Meldungstext
28.01.2026	16:50:47	shu_SHU_01	DP	000			▲	Q41	Snapshot 2 wurde erzeugt, Grund: Proces...
28.01.2026	16:50:47	shu_SHU_01	DP	000			○	R2P	Server im Zustand YELLOW (Grund: Proc...
28.01.2026	16:51:32	shu_SHU_01	DIA	004	000	SAPSYS	▲	BS5	Die Puffersynchronisation wurde seit 286 ...
28.01.2026	16:51:33	shu_SHU_01	DP	000			○	R2P	Server im Zustand GREEN (Grund: Runni...
28.01.2026	16:51:45	shu_SHU_01	DIA	004	000	SAPSYS	■	Q4I	Server Startup Prozedur gestartet (Step: ...
28.01.2026	16:51:45	shu_SHU_01	DIA	004	000	SAPSYS	■	Q4J	Server Startup Prozedur beendet (Step: C...
28.01.2026	16:51:45	shu_SHU_01	DIA	005	000	SAPSYS	■	DFS	ABAP-Daemon-Startprüfung (Status: trigg...
28.01.2026	16:59:29	shu_SHU_01	DIA	015	100	HUBER	●	AB0	Laufzeitfehler "TIME_OUT" aufgetreten.
28.01.2026	16:59:29	shu_SHU_01	DIA	015	100	HUBER	○	AB1	> Kurzdump "260128 165929 shu_SHU_0...

Abbildung 13.7: Ergebnisliste mit den Syslogmeldungen

Ursache finden

Durch einen Doppelklick auf einen Eintrag springen Sie in die Detailansicht ab (siehe Abbildung 13.8). Oft hängen mehrere Syslogeinträge zusammen und erst die Details der vor oder nach einem Eintrag aufgezeichneten Ereignisse ergeben ein Gesamtbild. Häufig können Sie von den Informationen der Detailansicht aber noch keine direkte Lösung ableiten. In vielen Fällen helfen Ihnen dabei die in den folgenden Abschnitten vorgestellten Analysewerkzeuge. Eine Suche nach Schlagwörtern aus einem Syslogeintrag in der Wissensdatenbank von SAP (*https://me.sap.com*) ist ebenfalls empfehlenswert. Ähnlich wie beim Security Audit Log ist beispielsweise die Meldungs-ID ein wichtiges Kriterium für die Einordnung des Problems.

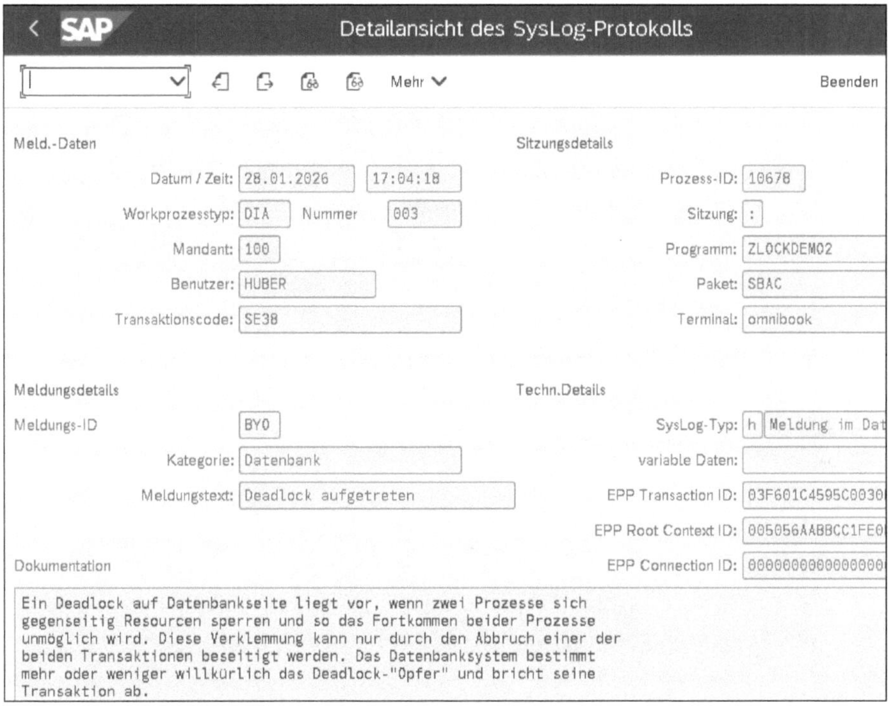

Abbildung 13.8: Detailansicht eines Syslogeintrags

13.3.2 Regelmäßige Überwachung

Neben der situativen Überprüfung des Syslogs in Folge gemeldeter Fehler sollten Sie das Syslog routinemäßig täglich prüfen. Achten Sie bei dieser Analyse darauf, alle Instanzen einzubeziehen und den Zeitraum richtig auszuwählen.

Externe Überwachungswerkzeuge

Um noch früher über auftretende Probleme informiert zu werden, können Sie weiterführende Überwachungswerkzeuge verwenden, die Sie proaktiv informieren. Hierzu eignen sich z. B. der SAP Solution Manager (siehe Abschnitt 13.10.3, »Überwachung mit dem SAP Solution Manager«) oder SAP Cloud ALM (siehe Abschnitt 13.10.4, »Überwachung mit SAP Cloud ALM«). In Abbildung 13.9 sehen Sie beispielhaft die Überwachung des Syslogs in der Komponente *System-Monitoring* des SAP Solution Managers. Neben der Frequenz an Protokolleinträgen pro Zeiteinheit können Sie hier auch gezielt Alarme definieren, die Sie über bestimmte Meldungs-IDs informieren. Die Einträge zu den definierten Meldungs-IDs können Sie dann, wie beim Security Audit Log, über Transaktion SE92 einsehen.

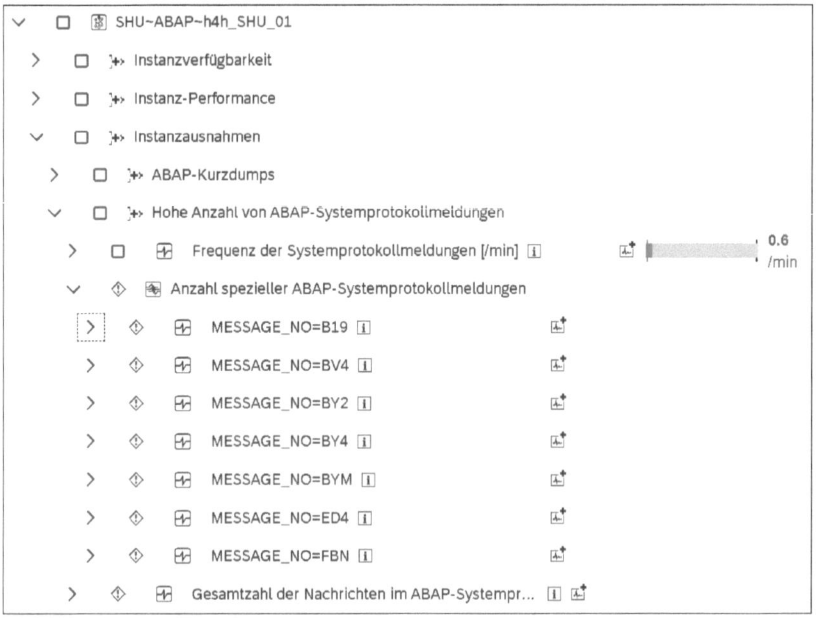

Abbildung 13.9: Syslogüberwachung im SAP Solution Manager

13.4 Kurzdumps

Wird bei der Ausführung eines Programms eine Fehlersituation erkannt, die bei der Erstellung des Programms nicht vorhersehbar war und somit im Programm nicht behandelt wird, bricht die Laufzeitumgebung die Ausführung des Programms ab. Dabei erzeugt die Laufzeitumgebung einen sogenannten *Kurzdump* (Laufzeitfehler). Wird die Anwendung im Vordergrund über das SAP GUI ausgeführt, werden die betroffene Anwenderin oder der Anwender über den Abbruch informiert. Es erscheint eine Meldung ähnlich der in Abbildung 13.10 gezeigten. Die Anwenderin oder der Anwender kann den Fehler daraufhin melden. In vielen Fällen müssen Sie als Administrator*in bei der Fehlerbehebung unterstützen. Meiner Erfahrung nach kommt es jedoch häufig vor, dass sich die Anwender*innen gar nicht melden, weshalb der Fehler zunächst unentdeckt bleibt.

Kommt es bei der Ausführung eines Hintergrundprogramms oder einer Schnittstelle zu einem Kurzdump, werden Anwender*innen darauf zunächst nicht aufmerksam. Auch wenn bei der Ausführung einer SAP-Fiori-App ein Programm mit einem Kurzdump abbricht, erhalten die Anwender*innen oft keinen Hinweis oder nur einen allgemeinen, dass etwas nicht funktioniert hat.

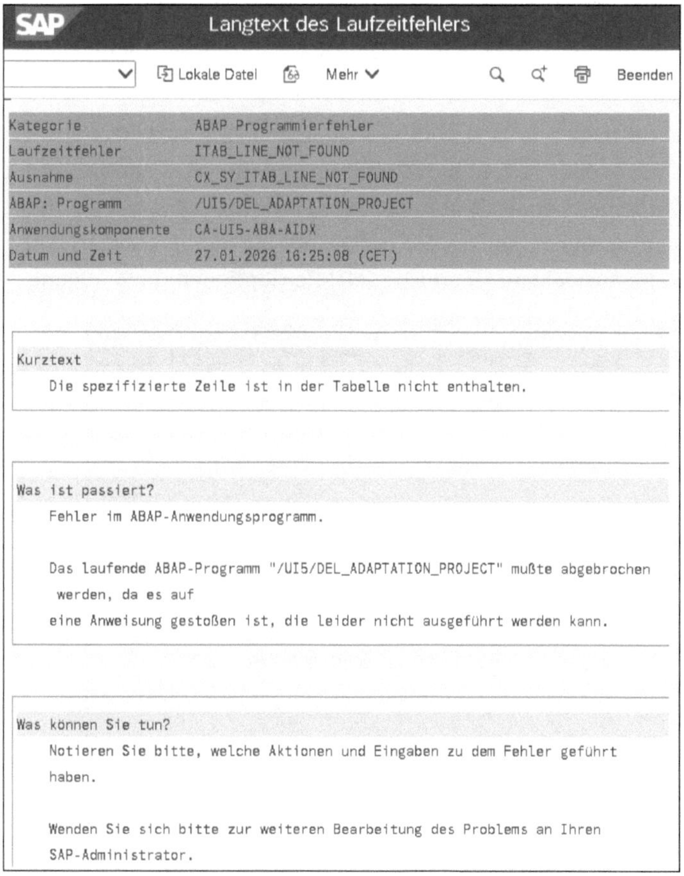

Abbildung 13.10: Auftreten eines ABAP-Laufzeitfehlers

Ursachen für Kurzdumps

Die Gründe für Kurzdumps können vielschichtig sein. Mögliche Ursachen sind z. B. folgende:

- Fehler in einem SAP-Programm
- Fehler in einem kundeneigenen Programm
- fehlende RFC-Berechtigungen
- temporäres Ressourcenproblem des AS ABAP (z. B. Speicherüberlauf)
- temporäres Ressourcenproblem in der SAP-HANA-Datenbank
- Veränderung eines Programms während der Laufzeit, z. B. durch das Importieren eines Transportauftrags

13.4.1 Dumpanalyse

Transaktion ST22

Kurzdumps können Sie in Transaktion ST22 analysieren. Die Kurzdumps werden hier mandantenübergreifend verwaltet. Es kommt aber auf Ihre Berechtigungen im jeweiligen Mandanten an, welche Kurzdumps Sie einsehen können (alle oder nur die eigenen, die Kurzdumps aller Mandanten oder nur die des aktuellen Mandanten).

Bereits auf der Startseite der Transaktion ST22 können Sie auf einen Blick erkennen, ob es heute oder gestern Kurzdumps im System gab (siehe Abbildung 13.11). Mit den entsprechenden Buttons können Sie direkt in die Anzeige dieser Vorkommnisse abspringen. Suchen Sie bestimmte Kurzdumps, stehen Ihnen im Bereich **Eigene Auswahl** umfangreiche Selektionsoptionen zur Verfügung.

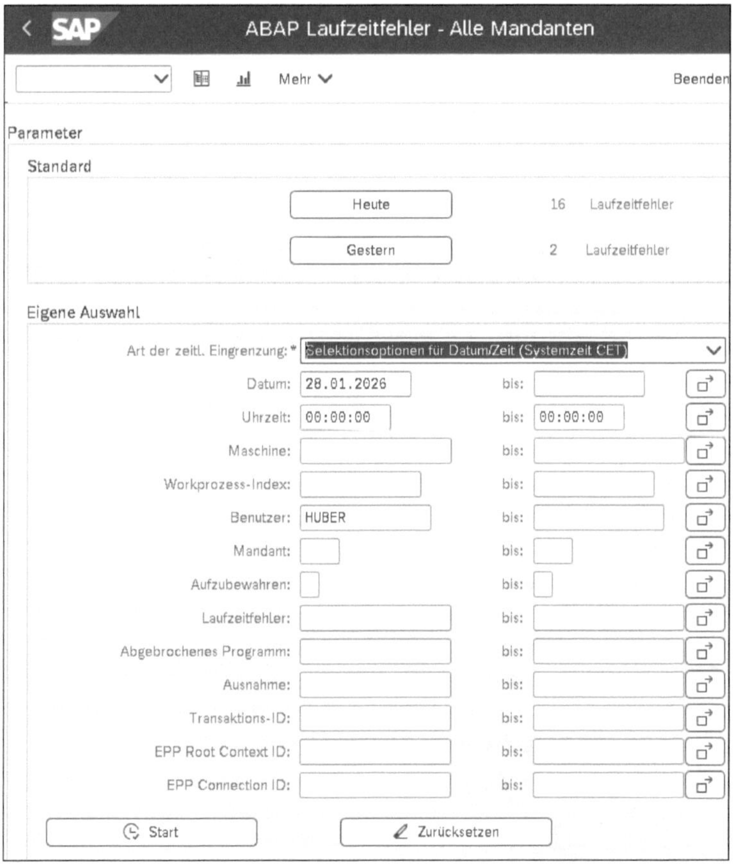

Abbildung 13.11: Selektionsbildschirm der Transaktion ST22

Beispiel für eine Analyse

Im folgenden Beispiel gehen wir also davon aus, dass Sie sich für die zwei Kurzdumps von gestern interessieren, weshalb Sie den Button **Gestern** wählen. Es erscheint die Ergebnisliste aus Abbildung 13.12.

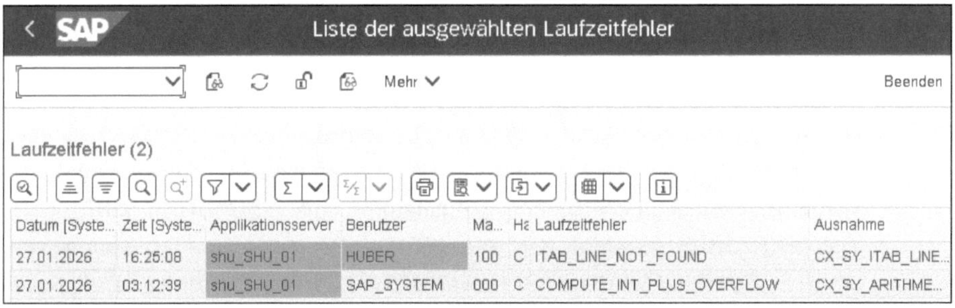

Abbildung 13.12: Ergebnisliste der Laufzeitfehler

Der Kurzdump aus Abbildung 13.10 ist ebenfalls in der Liste vertreten (oberster Eintrag). Durch einen Doppelklick gelangen Sie in die ausführliche Beschreibung dieses Kurzdumps (siehe Abbildung 13.13). In der Baumansicht auf der linken Seite können Sie sehr schnell zu den verschiedenen Informationen navigieren. Im Beispiel sehen Sie im Bereich **Benutzer und Transaktion**, in welcher Transaktion der Abbruch aufgetreten ist.

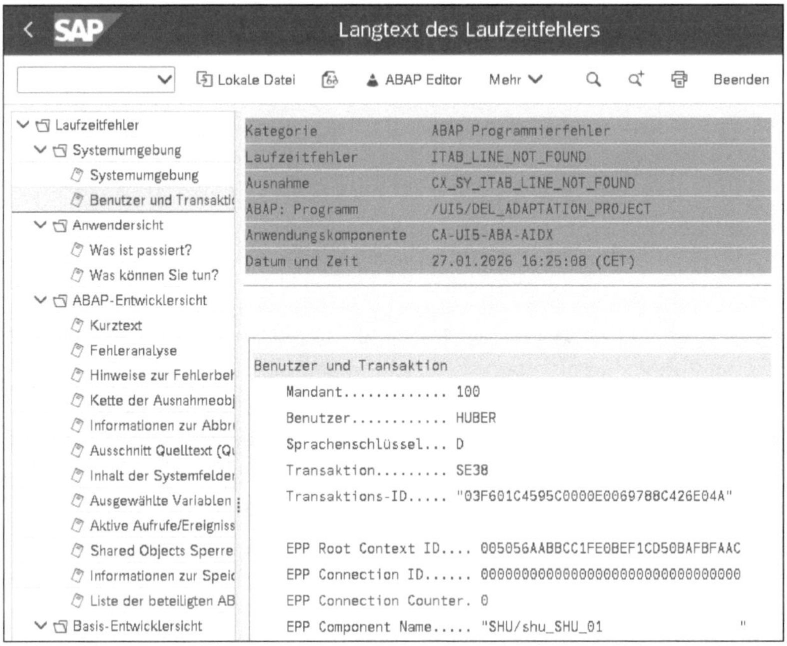

Abbildung 13.13: Langtext des Laufzeitfehlers

Die effektive Analyse von Kurzdumps können Sie nur durch Erfahrung erlernen. Handelt es sich, wie in diesem Beispiel, um einen Programmierfehler, können Sie über den Bereich **Liste der beteiligten ABAP-Programme** prüfen, ob Kundenprogramme in den Programmablauf involviert waren. Falls das der Fall ist, können Sie die Entwicklerin oder den Entwickler des Programms ermitteln und diese Person um die Analyse des Fehlers bitten.

Manuelle Hinweissuche

Handelt es sich, wie im Beispiel, um ein SAP-Standardprogramm, können Sie in der Wissensdatenbank auf *https://me.sap.com* nach SAP-Hinweisen suchen, die dieses Problem beschreiben. Im Beispiel können Sie die im Kurzdump genannten Werte für Programm, Ausnahme und Fehler (**ITAB_LINE_NOT_FOUND,/UI5/DEL_ADAPTATION_PROJECT**) als Schlagwörter für die Suche verwenden. So finden Sie den SAP-Hinweis 3634132 (siehe Abbildung 13.14). Darin ist beschrieben, dass es sich um einen Programmierfehler handelt und man den SAP-Hinweis zur Behebung des Problems in das System einspielen soll. Wie das geht, zeige ich Ihnen in Abschnitt 15.5.1, »Einbau eines SAP-Hinweises«, anhand dieses Beispiels.

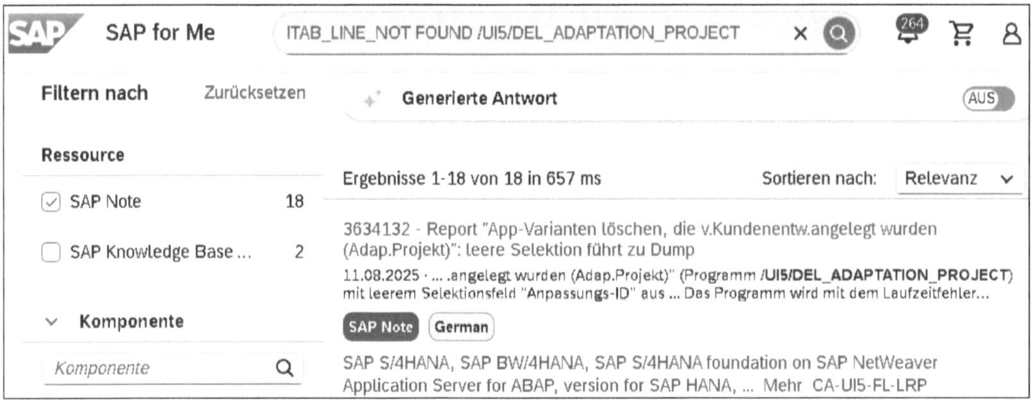

Abbildung 13.14: SAP-Hinweissuche im Portal SAP for Me

Automatische Hinweissuche

Als Alternative zur manuellen Suche von SAP-Hinweisen finden Sie bei einigen Kurzdump-Kategorien am oberen Bildschirmrand den Button **SAP-Korrekturhinweise**. Ein Klick darauf führt eine automatische Suche nach SAP-Hinweisen durch und liefert im Idealfall die gleichen Ergebnisse. Damit Sie diese Funktion nutzen können, müssen Sie aber eine Webservicekonfiguration durchführen. Details zur Einrichtung dieses Webservice über Transaktion SOAMANAGER werden als manuelle Nacharbeit in SAP-Hinweis 2730525 beschrieben. Leider müssen Sie den Webservice in jedem Mandanten, in dem Sie die Funktion nutzen möchten, manuell einrichten.

Wenn Sie keine passenden SAP-Hinweise finden, scheuen Sie sich nicht, das Problem an SAP zu melden. Gerade bei neuen Softwareversionen müssen Sie immer damit rechnen, dass noch Fehler in der Standardsoftware vorhanden sind. In Abschnitt 15.3.4, »Support durch SAP«, stelle ich Ihnen diese Funktion vor.

Sichern in Datei

Damit sich SAP ein Bild von der Fehlersituation machen kann, empfehle ich Ihnen, den Kurzdump über den Button **Lokale Datei** zu speichern und dem Problem als Anlage anzufügen.

Reorganisation

Jeder Kurzdump wird in der Datenbanktabelle SNAP gespeichert. Da die Informationen zu Kurzdumps, entgegen ihrem Namen, häufig alles andere als kurz sind, benötigen sie dafür viel Platz in der Datenbank. Daher werden die Kurzdumps im Standard nach 28 Tagen gelöscht. Sie haben also 28 Tage lang Zeit, um die Kurzdumps zu analysieren. Benötigen Sie für eine Analyse mehr Zeit, können Sie einzelne Dumps von der Reorganisation ausschließen. In der Ergebnisliste der Laufzeitfehler (siehe Abbildung 13.12) finden Sie hierzu am oberen Bildschirmrand den Button (**Aufbewahren/Freigabe**).

Möchten Sie Kurzdumps grundsätzlich länger oder kürzer aufbewahren, können Sie die Variante des Standardjobs SAP_REORG_ABAPDUMPS in Transaktion SJOBREPO im Mandanten 000 anpassen.

[!]

Löschen der Tabelle SNAP

Die Tabelle SNAP ist als temporäre Tabelle typisiert. Sie wird daher bei einem Upgrade des Systems bei Verwendung einer Schatteninstanz gelöscht.

13.4.2 Regelmäßige Überwachung

Eine regelmäßige Überwachung der Kurzdumps ist meiner Erfahrung nach essenziell. Leider sehe ich immer wieder Produktivsysteme mit Hunderten Kurzdumps pro Tag – und niemand stört sich daran. Jeder Kurzdump kann aber kritische Geschäftsprozesse betreffen und zu wirtschaftlichem Schaden und frustrierten Anwender*innen führen. Überwachen Sie die Transaktion ST22 daher engmaschig. Auch Qualitätssicherungssysteme sollten regelmäßig auf Kurzdumps hin überprüft werden. So können Fehler schon erkannt werden, bevor Sie im Produktivsystem auftreten.

Externe Überwachungswerkzeuge

Um noch früher über auftretende Kurzdumps informiert zu werden, können Sie weiterführende Überwachungswerkzeuge verwenden, die Sie proaktiv informieren. Hierzu eignen sich z. B. der SAP Solution Manager (siehe Abschnitt 13.10.3, »Überwachung mit dem SAP Solution Manager«) oder SAP Cloud ALM (siehe Abschnitt 13.10.4, »Überwachung mit SAP Cloud ALM«).

13.5 Verbuchung

In Abschnitt 3.1.3, »Prozesskonzept«, habe ich die Verbuchung bereits theoretisch erläutert. In diesem Abschnitt zeige ich Ihnen wichtige administrative Aufgaben rund um diesen Prozess.

UPD- und UPD2-Workprozesse

Die Verbuchung wird durch Workprozesse der Typen UPD und UPD2 durchgeführt. Kommt es zu Ressourcenengpässen bei der Verbuchung, erkennen Sie dies daher auch an der Auslastung dieser Workprozesse in Transaktion SM50 bzw. SM66 (siehe Abschnitt 13.1.2, »Übersicht über die Workprozesse«).

Verbuchungsverwaltung

Eine allgemeine Übersicht über den Zustand der Verbuchung erhalten Sie über die *Verbuchungsverwaltung* (Transaktion SM13). Dort können Sie folgende Aufgaben durchführen:

- Verbuchungsaufträge anzeigen
- Verbuchungsprobleme analysieren
- abgebrochene Verbuchungsaufträge bereinigen
- Status von Verbuchungsaufträgen zurücksetzen
- Verbuchungsaufträge löschen
- Statistiken zur Verbuchung anzeigen

Tägliche Prüfung

In Abbildung 13.15 sehen Sie den Selektionsbildschirm der Transaktion SM13. Ich empfehle Ihnen, die Verbuchungsaufträge mindestens einmal täglich zu prüfen.

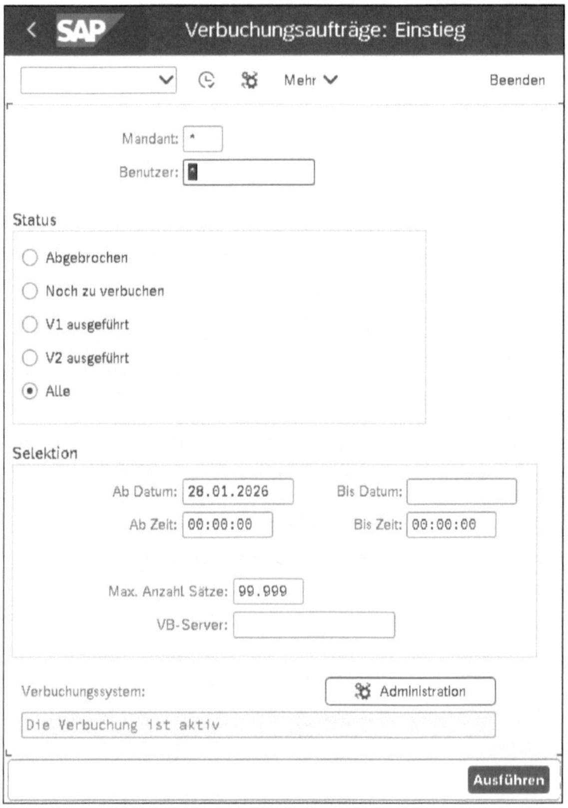

Abbildung 13.15: Selektionsbildschirm der Transaktion SM13

Abgebrochene Verbuchungsaufträge verursachen fast immer schwerwiegende Fehler in den zugehörigen Geschäftsprozessen, z. B. nicht ausgeführte Bestellungen oder Aufträge. Schränken Sie die Selektion in Transaktion SM13 nicht ein und achten Sie insbesondere auf das Feld **Ab Datum**, das im Standard mit dem aktuellen Datum vorbelegt ist. Leeren Sie das Feld oder wählen Sie ein weit zurückliegendes Datum.

Expressnachricht

Anwender*innen, die ein Programm ausgeführt haben, das zu einem Verbuchungsabbruch geführt hat, werden über eine *Expressnachricht* informiert (siehe Abbildung 13.16). Die betreffende Person sollte den Fehler dann umgehend melden und Sie bei der Analyse und Behebung des Problems gemeinsam mit einer fachkundigen Entwicklerin oder einem Entwickler unterstützen.

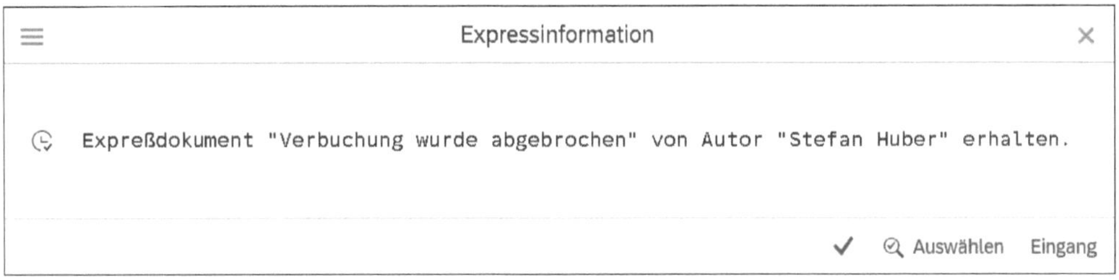

Abbildung 13.16: Expressinformation zu einem Verbuchungsabbruch

Allerdings werden viele Verbuchungsaufträge auch aus Hintergrundprozessen oder der Workflow-Umgebung heraus ausgeführt, weshalb nicht alle Abbrüche von Anwender*innen erkannt werden. Daher ist es elementar, dass Sie die Verbuchungen regelmäßig prüfen.

Status »Verbuchung aktiv«

Am unteren Bildschirmrand des Selektionsbildschirms der Transaktion SM13 sehen Sie die Information **Die Verbuchung ist aktiv**. Dies bedeutet, dass das Verbuchungssystem Verbuchungsaufträge verarbeitet. Wäre die Verbuchung inaktiv, wären in kurzer Zeit alle Verbuchungs-Workprozesse dauerhaft belegt. Im Anschluss wären auch alle anderen Workprozesse belegt, die eine Verbuchung auslösen möchten. Dennoch kann es in Extremsituationen sinnvoll sein, die Verbuchung temporär zu deaktivieren, um größeren Schaden, z. B. durch Inkonsistenzen in der Datenbank, abzuwenden. Da die Verbuchungsaufträge selbst in den Datenbanktabellen `VBHDR`, `VBMOD` und `VBDATA` verwaltet werden, gibt es auch Situationen, in denen das SAP-System die Verbuchung selbstständig deaktiviert, z. B. wenn die Daten nicht mehr in den genannten Tabellen gespeichert werden können.

Mit dem Button **Ausführen** gelangen Sie vom Selektionsbildschirm der Transaktion SM13 in die Ergebnisliste (siehe Abbildung 13.17).

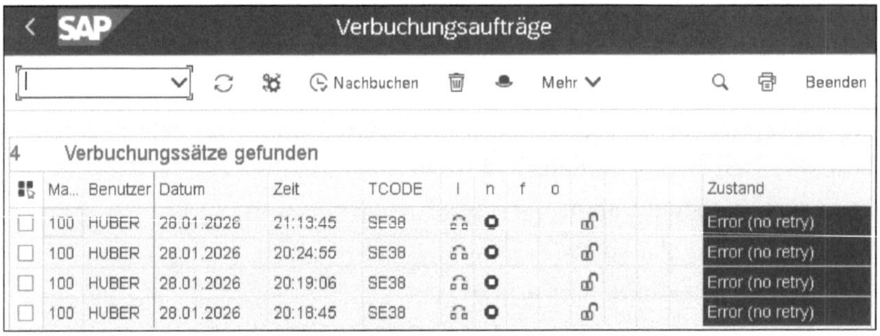

Abbildung 13.17: Ergebnisliste der Verbuchungsaufträge

Analyse

Die Analyse und das Beheben von Verbuchungsaufträgen erfordert sehr viel Erfahrung. Sie sollten nicht unbedarft versuchen, Verbuchungsaufträge über den Button **Nachbuchen** nachzubuchen, ohne Gewissheit zu haben, dass die Daten nicht bereits durch eine eventuelle weitere Verbuchung verändert wurden. Je nachdem, wie der Aufruf der Verbuchung programmiert wurde, wird ein Nachverbuchen ohnehin technisch unterbunden. Sie erkennen dies an den Statusinformationen. Über den Button **Module** (in Ihrer Ansicht gegebenenfalls über den Button **Mehr** erreichbar, gemeint sind hier Verbuchungsmodule) können Sie sich die Verbuchungsdaten ansehen und z. B. manuell mit den aktuellen Werten der Datenbanktabellen vergleichen. Über den Button (**Verbuchungskopf**) sehen Sie weitere hilfreiche Informationen. In dem Beispiel aus Abbildung 13.18 wurde auch ein Laufzeitfehler erzeugt, den Sie in Transaktion ST22 analysieren können (siehe Abschnitt 13.4, »Kurzdumps«).

Dokumentieren und löschen

Nach eingehender Analyse können Sie den Verbuchungsauftrag in Absprache mit dem Anwender und/oder der Entwicklerin über den Button (**Satz löschen**) löschen. Sie sollten diesen Vorgang dokumentieren, da er im Rahmen eines Audits eventuell auffällt und begründet werden muss.

Verbuchungsaufträge bei Upgrades

Bei einem Upgrade des SAP-Systems mit dem Software Update Manager (SUM) dürfen sich keine offenen Verbuchungsaufträge im System befinden. Spätestens dann müssen sie gelöscht werden. Da Sie als gewissenhafter Administrator oder gewissenhafte Administratorin die Verbuchung täglich überwachen, werden Sie beim Upgrade sicher nicht über diesen Punkt stolpern.

Transaktion SM14

Die Verbuchungsadministration erreichen Sie über Transaktion SM14 oder den entsprechenden Button in Transaktion SM13. Hier können Sie eine Verbuchung deaktivieren und haben Zugriff auf Statistiken und relevante Parameter (siehe Abbildung 13.19).

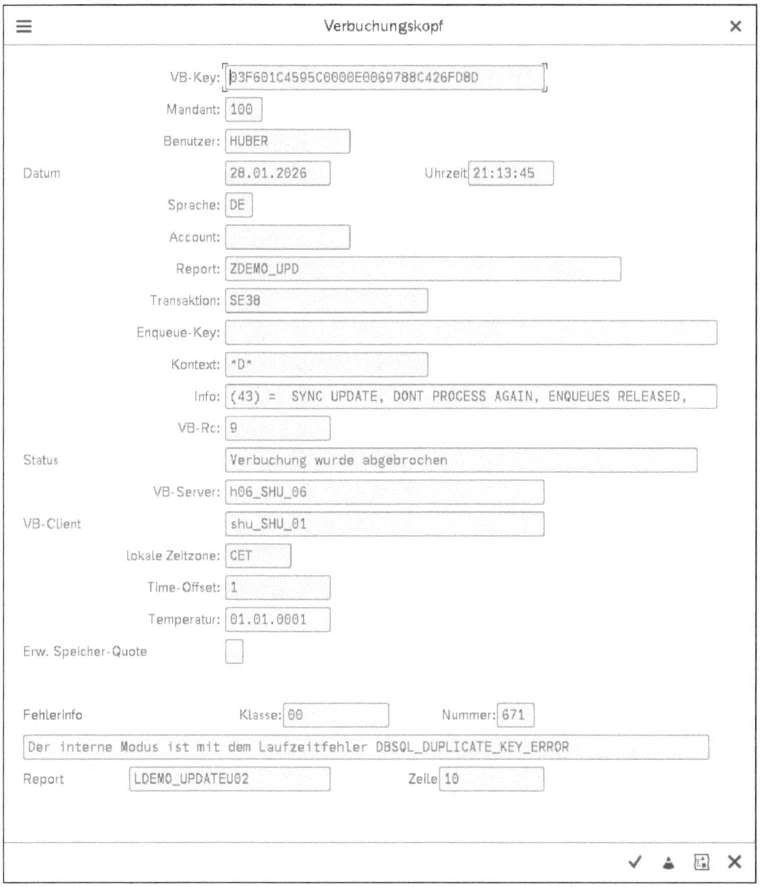

Abbildung 13.18: Verbuchungskopf eines abgebrochenen Auftrags

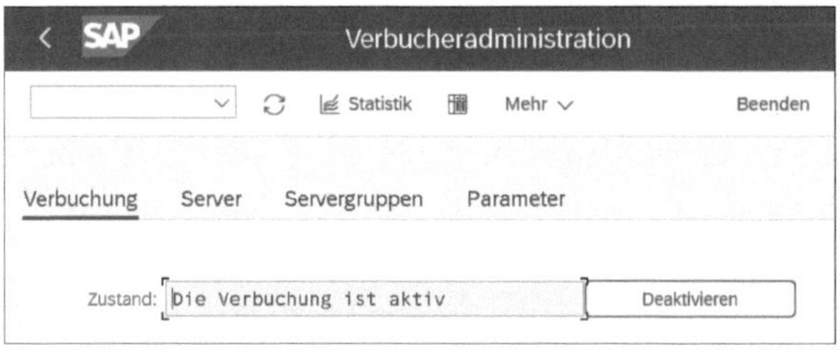

Abbildung 13.19: Verbuchungsadministration (Transaktion SM14)

Externe Überwachungswerkzeuge

Um noch früher über auftretende Probleme informiert zu werden, können Sie weiterführende Überwachungswerkzeuge verwenden, die Sie proaktiv informieren (siehe Abschnitt 13.10.3, »Überwachung mit dem SAP Solution Manager«, und Abschnitt 13.10.4, »Überwachung mit SAP Cloud ALM«. In Abbildung 13.20 sehen Sie beispielhaft einen Verbuchungsabbruch im **Integrations- & Ausnahme-Monitoring** von SAP Cloud ALM.

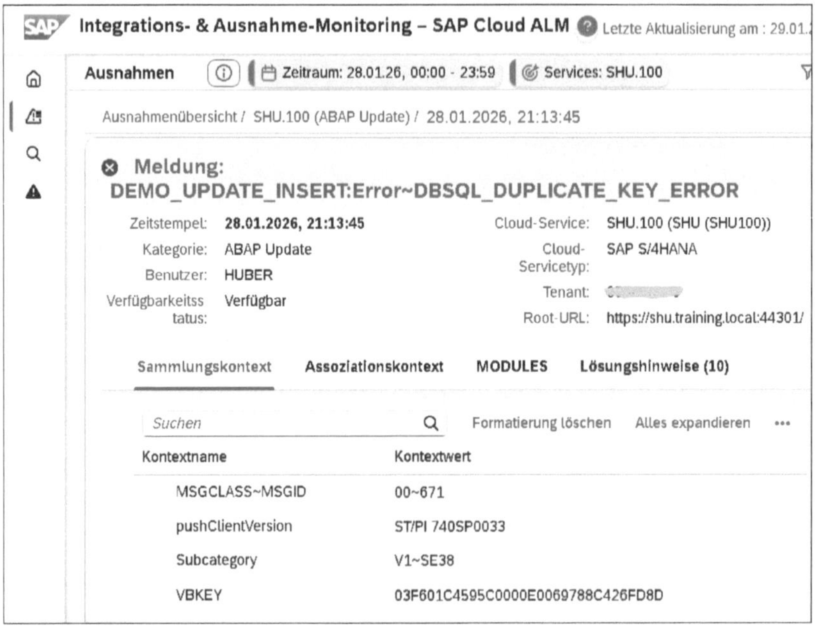

Abbildung 13.20: Verbuchungsabbruch in SAP Cloud ALM

13.6 Sperreinträge

Enqueue Server und Sperrtabelle

In Abschnitt 3.1.2, »Komponenten«, habe ich das Sperrkonzept beschrieben. Der in der ASCS-Instanz laufende Enqueue Server verwaltet eine zentrale Sperrtabelle. Darüber wird von Anwendungsseite aus sichergestellt, dass ein und dasselbe Objekt, z. B. eine Bestellung, nicht gleichzeitig bearbeitet werden kann. Die Administration der Sperrtabelle erfolgt über Transaktion SMENQ (siehe Abbildung 13.21).

In Abbildung 13.21 sehen Sie z. B., dass von meinem Benutzer `HUBER` zwei Sperren gehalten werden. Die Sperren wurden erzeugt, als ich im SAP Fiori Launchpad über die App **Bestellungen verwalten** in Bestellung 4500000021 in den Änderungsmodus wechselte. Diese Bestellung kann nun von niemandem, auch nicht von mir, in einer weiteren Transaktion oder App bearbeitet werden, solange ich mich noch im Änderungsmodus befinde. Dieses Verhalten ist für die Integrität und Konsistenz der Daten wichtig.

Verwaiste Sperreinträge

Leider kommt es durch Netzwerkprobleme, die Anwender*innen mitten in der Arbeit vom System trennen, häufiger zu verwaisten Sperreinträgen, die nicht mehr von allein gelöscht werden. Eine Bearbeitung des Objekts ist dann dauerhaft nicht möglich. Im Beispiel aus Abbildung 13.21 habe ich einfach das Browserfenster mit der geöffneten Bestellung geschlossen. Ich habe mich also nicht ordentlich abgemeldet und der Sperreintrag bleibt bestehen. In diesem

Fall wird aber nach einem Time-out erkannt, dass ich nicht mehr angemeldet bin, und die Sperre wird automatisch gelöscht. Das ist aber nicht immer gewährleistet.

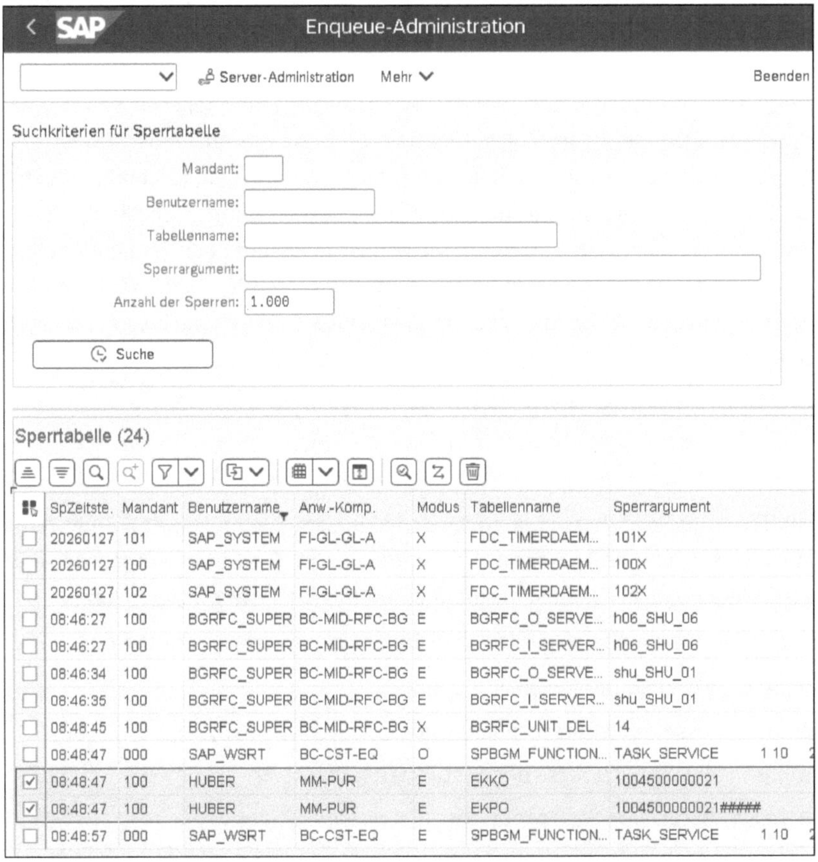

Abbildung 13.21: Enqueue-Administration (Transaktion SMENQ)

Täglich prüfen

Sie sollten daher proaktiv einmal pro Tag die Sperrtabelle auf verwaiste Einträge hin untersuchen. Potenziell sind das Einträge, die nicht am aktuellen Tag erzeugt wurden.

[!]

Sperreinträge nicht leichtfertig löschen

Bevor Sie Sperreinträge löschen, müssen Sie unbedingt prüfen, ob der Prozess, der die Sperre hält, nicht doch noch aktiv ist. Durch das Löschen von berechtigten Sperren können Sie schwere Dateninkonsistenzen erzeugen.

Pro Arbeitsmandant gibt es einen Sperreintrag zu Tabelle `FDC_TIMERDAEMON_LOCK`. Diese Sperreinträge dürfen nicht gelöscht werden, selbst wenn Sie alt sind. Hintergründe dazu finden Sie in SAP-Hinweis 2110680.

Aktive Benutzersitzung

Prüfen Sie für jeden dieser Sperreinträge, ob die Anwenderin oder der Anwender noch am System angemeldet ist. Wählen Sie die betreffende Sperre dazu in der Liste aus und klicken Sie auf den Button [icon] (**Sitzung der ausgewählten Sperre**). So prüfen Sie, ob es noch eine verknüpfte Benutzersitzung zur Sperre gibt. Da SAP Fiori nicht über eine dauerhafte Benutzersitzung am System angemeldet ist, müssen Sie zusätzlich in Transaktion SM05 prüfen, ob dort noch eine Verknüpfung zum betreffenden Benutzer besteht (siehe Abschnitt 13.2, »Benutzersitzungen«). Im Zweifel kontaktieren Sie die Anwenderin oder den Anwender direkt. Ist auch die Benutzeranmeldung verwaist, löschen Sie zuerst die Benutzersitzung. In den meisten Fällen werden dann auch die Sperreinträge automatisch gelöscht. Nur in Ausnahmefällen und nach genauer Analyse löschen Sie Sperreinträge direkt in Transaktion SMENQ. Dokumentieren Sie den Vorgang, um bei Bedarf im Rahmen eines Audits einen Nachweis erbringen zu können.

13.7 Snapshots

Mithilfe eines Snapshots können Sie den aktuellen Zustand eines SAP-Systems aufzeichnen, um ihn später auswerten zu können. Die Daten werden dabei in verschiedenen XML-Dateien in einem ZIP-Archiv im System vorgehalten.

Erstellung eines Snapshots

Snapshots werden bei den folgenden Ereignissen automatisch erzeugt:

- beim harten Shutdown einer Instanz
- wenn Ressourcen aufgebraucht sind
- wenn alle Workprozesse den Status **hält** haben
- beim Absturz von Workprozessen, ICM oder RFC-Gateway
- sobald die Bearbeitung von Requests 5 Minuten hängen bleibt

Außerdem können Sie über die folgenden Werkzeuge manuell einen Snapshot erzeugen:

- SAP Microsoft Management Console (SAP MMC)
- Betriebssystemkommando `sapcontrol`
- Transaktionen SM50 und SM51

Transaktion SNAPSHOTS

Snapshots können Sie bequem über die Transaktion SNAPSHOTS verwalten (siehe Abbildung 13.22). Sie können die Snapshots dazu auch auf Ihren PC herunterladen. Da Snapshots eine gewisse Größe erreichen können, ist die maximale Anzahl von Snapshots pro Instanz über den Profilparameter `service/max_snapshots` im Standard auf 20 begrenzt. Jeder neue Snapshot löscht beim Erreichen dieser Grenze den ältesten.

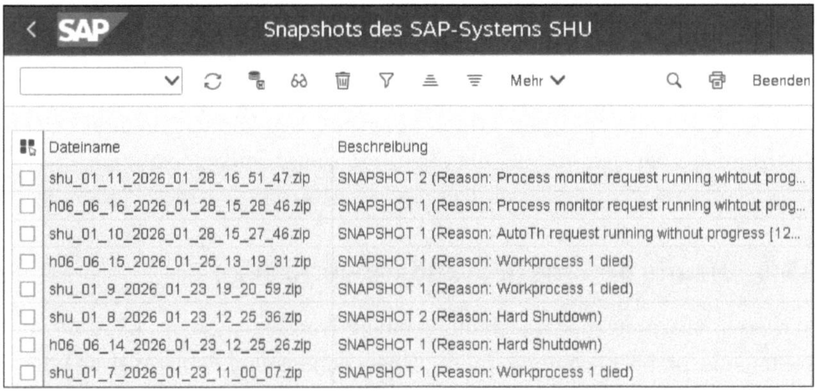

Abbildung 13.22: Aufgezeichnete Snapshots (Transaktion SNAPSHOTS)

SAP MMC

Für die Analyse der Snapshots verwenden Sie die SAP Microsoft Management Console. Dieses Werkzeug habe ich bereits in Abschnitt 4.6.3, »Instanzen mit der SAP Microsoft Management Console verwalten«, im Rahmen des Start-up-Frameworks vorgestellt. Es eignet sich neben dem Starten und Stoppen von Instanzen auch sehr gut für die Überwachung der Systemlandschaft, einschließlich der SAP-HANA-Datenbank.

Über den Menüpfad **Aktion • Alle Aufgaben • Open Snapshot** können Sie eine heruntergeladene Snapshot-Datei in SAP MMC importieren und sehen auf einen Blick alle Informationen, die zum Zeitpunkt des Snapshots vorherrschten (siehe Abbildung 13.23).

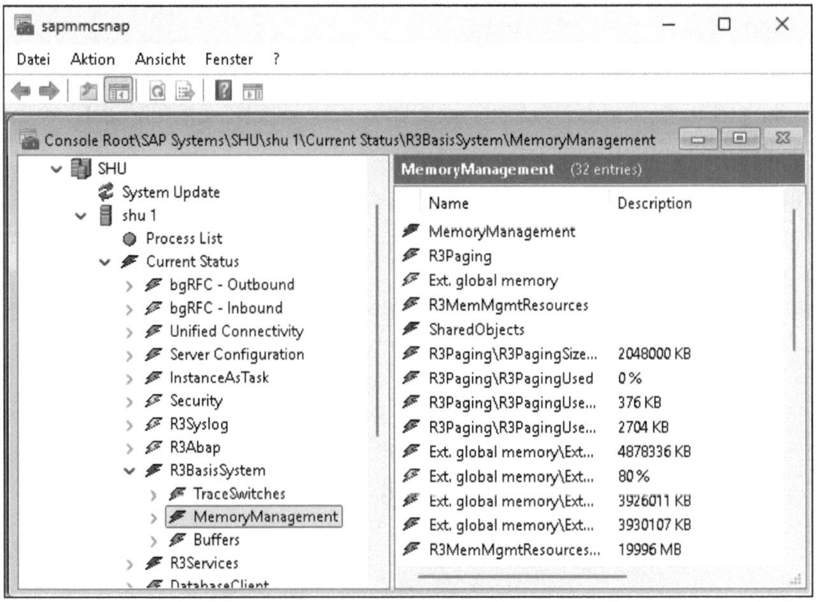

Abbildung 13.23: Geöffneter Snapshot in der SAP MMC

Sind Sie ohnehin über SAP MMC mit dem SAP-System verbunden, können Sie sich den Umweg über den Download und Upload der Snapshots sparen. Öffnen Sie in diesem Fall in SAP MMC das Kontextmenü zum SAP-System und wählen Sie die Option **Alle Aufgaben • Open Snapshot**. Hier können Sie direkt einen Snapshot aus der Liste vorhandener Snapshots auswählen und öffnen.

13.8 Häufig benötigte Standardwerkzeuge

In diesem Abschnitt möchte ich Ihnen einige Transaktionen des AS ABAP vorstellen, die Sie bei der Konfiguration, Überwachung und Fehleranalyse unterstützen können. Der Abschnitt richtet sich hauptsächlich an Einsteiger*innen, die die einschlägigen Transaktionen noch nicht kennen.

13.8.1 Systemnachrichten erstellen

Gründe für Systemnachrichten

Möchten Sie wichtige Informationen an alle Anwender*innen verteilen, können Sie Systemnachrichten erstellen. Gängige Gründe für solche Nachrichten sind folgende:

- Ankündigung geplanter oder ungeplanter Wartungsarbeiten (»System steht von x bis y wegen z nicht zur Verfügung.«)
- Information über aktuelle Probleme (»x funktioniert aktuell nicht, wir arbeiten an einer Lösung.«)
- Erinnerung kurz vor einem Shutdown (»System wird heruntergefahren, melden Sie sich unverzüglich ab!«)

Systemnachrichten anlegen

Systemnachrichten können Sie über Transaktion SM02 anlegen (siehe Abbildung 13.24). Dort sehen Sie alle erstellten Nachrichten, können bestehende Nachrichten ändern und neue Nachrichten erstellen.

Wie Sie in Abbildung 13.25 sehen, dürfen die Nachrichten nicht sehr lang sein. Sie können eine Meldung auch auf einen bestimmten Mandanten oder eine Instanz einschränken, wenn die Benachrichtigung nur diese Personen erreichen soll. Wichtig ist das Feld **Sprache**. Arbeiten Ihre Anwender*innen mit unterschiedlichen Anmeldesprachen am System, sollten Sie die Meldung in mehreren Sprachen verfassen. Je nach Anmeldesprache wird dann die entsprechende Nachricht angezeigt. Leider können Sie nicht definieren, ab wann eine Nachricht angezeigt werden soll. Diese Anzeige erfolgt sofort, nachdem Sie die Nachricht gespeichert haben, d. h., sobald die Anwender*innen eine Aktion am System ausführen oder sich neu anmelden, wird die Nachricht angezeigt.

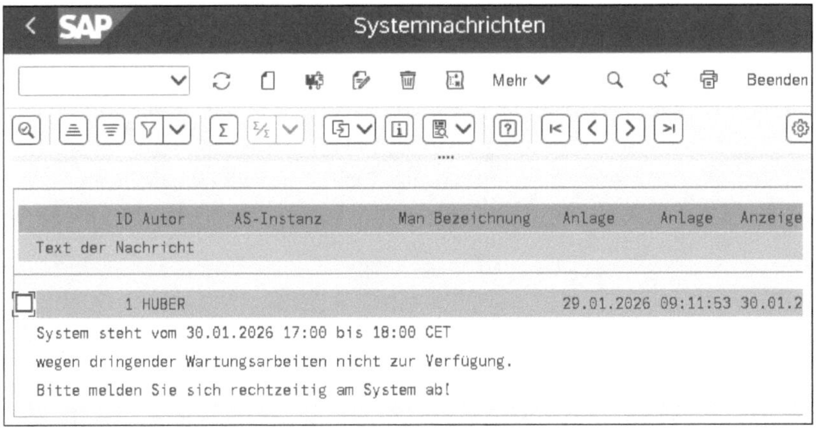

Abbildung 13.24: Systemnachrichten (Transaktion SM02)

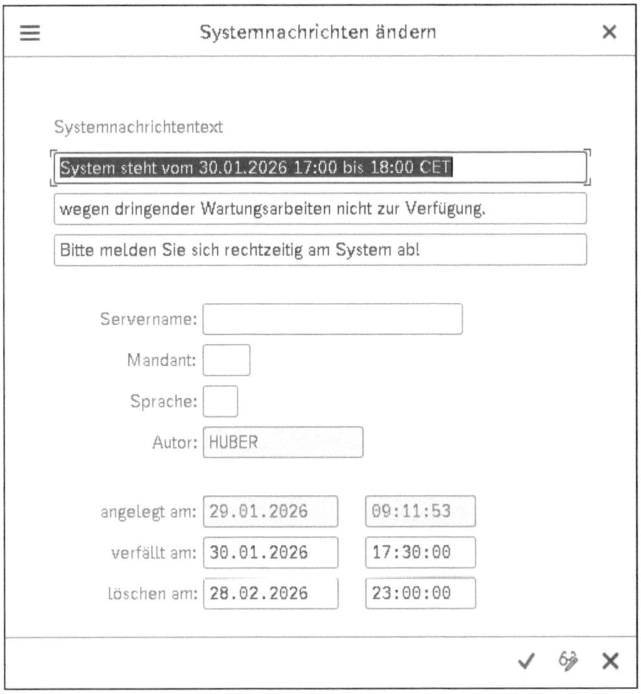

Abbildung 13.25: Systemnachricht anlegen oder ändern

Tägliche Anzeige

Die Nachricht erscheint für jede Anwenderin und jeden Anwender einmal pro Tag bei der Anmeldung, bis das definierte Verfallsdatum erreicht wurde. Nach dem definierten Löschdatum wird die Nachricht gelöscht und ist in Transaktion SM02 nicht mehr einsehbar.

Keine Nachricht im SAP Fiori Launchpad

Die hier erfassten Systemmeldungen werden nur bei SAP-GUI-basierten Transaktionen angezeigt. Im SAP Fiori Launchpad sehen Sie die mit SM02 erstellten Systemmeldungen nicht bzw. erst, wenn Sie vom SAP Fiori Launchpad in eine SAP-GUI-for-HTML-basierte Transaktion wechseln. Mit SAP S/4HANA 2025 hat SAP eine neue App für Benachrichtigungen vorgestellt, die ich Ihnen in Abschnitt 13.8.2 vorstelle.

13.8.2 Benachrichtigungen im SAP Fiori Launchpad

Mit SAP S/4HANA 2025 hat SAP endlich auch eine Möglichkeit im Standard geschaffen, im SAP Fiori Launchpad Nachrichten zu verfassen und diese den Anwender*innen anzuzeigen. Leider konzentriert sich diese Funktion ausschließlich auf die SAP-Fiori-Apps bzw. das SAP Fiori Launchpad. Wenn Sie also Anwender*innen haben, die sich ausschließlich oder hauptsächlich über das SAP GUI im System bewegen, müssen Sie weiterhin auch Systemnachrichten erstellen, wie ich es Ihnen in Abschnitt 13.8.1 gezeigt habe. Nur mit beiden Funktionen in Kombination erreichen Sie alle Anwender*innen.

Die neue SAP-Fiori-App heißt **Nachrichten verwalten**. Sie finden Sie in der SAP Fiori Apps Reference Library unter dem Namen **Manage News** oder der App-ID F8438. Wie bei anderen SAP-Fiori-Apps können Sie auch diese App manuell oder über die schnelle SAP-Fiori-Aktivierung bereitstellen (siehe Abschnitt 4.5.3, »Schnelle Aktivierung von SAP Fiori (SAP Fiori Rapid Activation)«).

Nach der Bereitstellung können Sie die App im SAP Fiori Launchpad öffnen. Es erscheint die in Abbildung 13.26 gezeigte Bildschirmmaske.

Abbildung 13.26: Startseite der App »Nachrichten verwalten«

Um eine neue Nachricht zu erfassen, klicken Sie auf den Button **Anlegen**. Wie Sie in Abbildung 13.27 sehen, haben Sie hier deutlich mehr Optionen als in Transaktion SM02. Neben der Möglichkeit, längere Nachrichten zu erfassen und Formatierungen sowie Hintergrundbilder zu verwenden, können Sie insbesondere auch den Start der Veröffentlichung der Nachricht festlegen. So können Sie bereits weit im Voraus geplante Wartungen erfassen, die dann z. B. erst drei Tage vor der Wartung angezeigt werden.

In Abbildung 13.28 sehen Sie schließlich, wie die erstellte Nachricht im SAP Fiori Launchpad eines Anwenders oder einer Anwenderin angezeigt wird.

[+]

Einblenden des Abschnitts »Neuigkeiten und Seiten«

Damit der Abschnitt **Nachrichten** auf der Startseite im SAP Fiori Launchpad angezeigt wird, müssen Sie in Ihrem Profil die Funktion **Einstellungen für Meine Startseite** öffnen. Dort können Sie den Abschnitt **Neuigkeiten und Seiten** aktivieren.

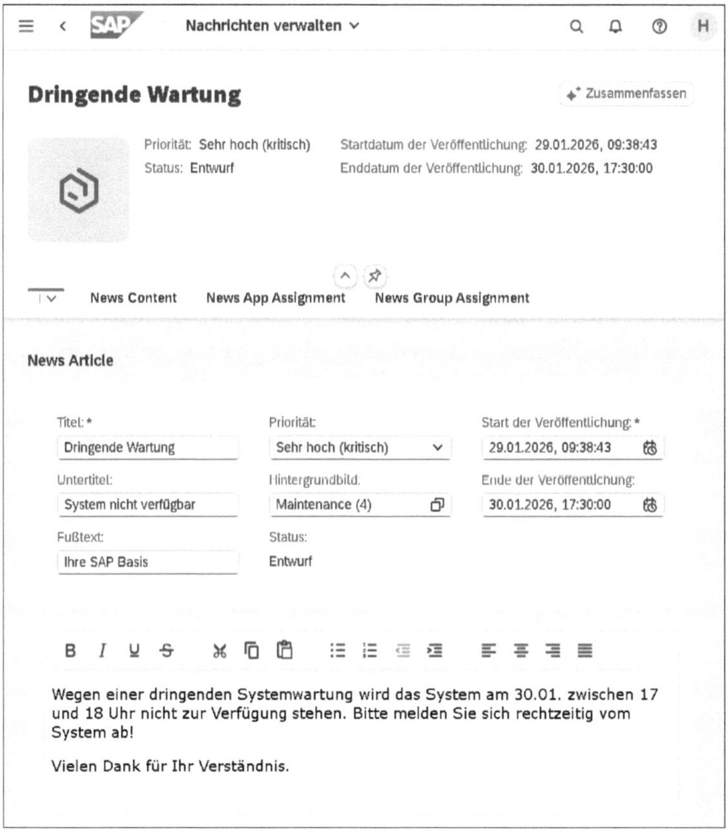

Abbildung 13.27: Eine neue Nachricht erfassen

Abbildung 13.28: Veröffentlichte Nachricht im SAP Fiori Launchpad

13.8.3 Tabelleninhalte auslesen

Neben den betriebswirtschaftlichen Daten sind in der SAP-HANA-Datenbank auch Daten gespeichert, die für administrative Zwecke hilfreich sein können. In Anhang E, »Nützliche Tabellen«, habe ich einige Tabellen aufgeführt, die ich zur Administration immer wieder benötige.

Kritische Berechtigungen

Für das Anzeigen von Tabelleninhalten gibt es in SAP S/4HANA unter anderem die Transaktionen SE16, SE16N und SE16H. Da man über die Transaktionen SE16 mit Debugging-Änderungsrechten und mit der Transaktion SE16N über einen speziellen Funktionscode direkt Daten in Datenbanktabellen ändern, hinzufügen oder löschen kann, müssen die Berechtigungen für diese Transaktionen sehr stark eingeschränkt werden (etwa keine gemeinsame Vergabe von Berechtigungen für Transaktion SE16 bzw. SE16N und Debugging-Änderungsberechtigungen). Das direkte Ändern von Daten in den Tabellen kann zu schweren Inkonsistenzen führen und umgeht die Anwendungsberechtigungen und somit auch die Sicherheitsrichtlinien. Für Notfälle wurde die Transaktion SE16N_EMERGENCY geschaffen, mit der man in begründeten Fällen Daten ändern kann. Details zu dieser neuen Transaktion erfahren Sie in SAP-Hinweis 2911103.

Für Sie als Administrator*in sollte Transaktion SE16 in den meisten Fällen ausreichen. Die Transaktion SE16H bietet darüber hinaus fortschrittliche Methoden zur Gruppierung und Aggregation der Daten. Diese Funktionen sind für administrative Zwecke aber in der Regel nicht erforderlich.

Transaktion SE16

Um den Inhalt einer Tabelle anzuzeigen, rufen Sie Transaktion SE16 auf. Geben Sie den Namen der Tabelle in das Feld **Tabellenname** ein, z. B. die Tabelle

RFCDES, die alle RFC-Destinationen beinhaltet. Es öffnet sich ein Selektionsfenster, in dem Sie die anzuzeigenden Daten einschränken können (siehe Abbildung 13.29), z. B. auf Destinationen, die mit »SM*« beginnen. Sie können hier komplexe Suchmuster hinterlegen. Bei Tabellen mit vielen Spalten werden im Standard nicht alle Spalten der Tabelle aufgelistet. Über die Menüoption **Einstellungen • Felder für Selektion** können Sie die benötigten Felder auswählen.

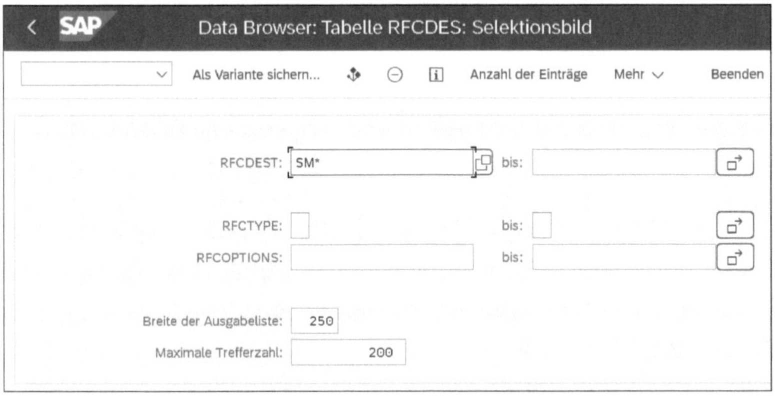

Abbildung 13.29: Suche nach Tabelleninhalten in Transaktion SE16

Anzahl der Treffer

Sie sollten bei Ihrer Suche Wert darauf legen, die beiden Felder **Breite der Ausgabeliste** und **Maximale Trefferzahl** zu füllen. Diese sind im Standard auf die in Werte 250 bzw. 200 begrenzt. In den Einstellungen können Sie die Felder aber mit anderen Werten vorbelegen. Sie sollten generell vermeiden, unnötig viele Daten zu selektieren und anzeigen zu lassen, denn dies belastet sowohl die SAP-HANA-Datenbank als auch den Hauptspeicher des AS ABAP. Auch deshalb sollten Sie mit der Vergabe von Berechtigungen für die Transaktionen zur Tabellenanzeige sparsam umgehen, da Anwender*innen durch zu unspezifische Datenbankabfragen eine sehr hohe Systemlast erzeugen können.

Ergebnisanzeige

In Abbildung 13.30 sehen Sie die Ergebnisanzeige. Die Darstellung können Sie über die Menüoption **Einstellungen • Benutzerparameter** z. B. auf die von mir bevorzugte **ALV-Grid-Darstellung** ändern. Die Ergebnisse können Sie z. B. nach Microsoft Excel exportieren, um sie dort weiterverarbeiten zu können.

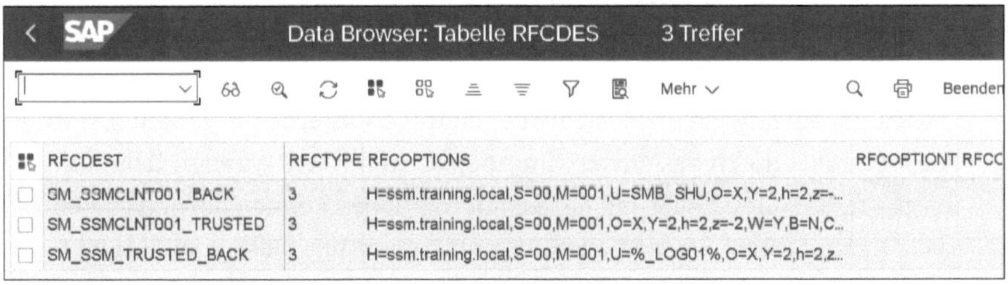

Abbildung 13.30: Ergebnisanzeige in Transaktion SE16

13.8.4 Tabellenanalyse

Transaktion TAANA

Insbesondere bei einem stark wachsenden Datenvolumen einzelner Tabellen ist es hilfreich, wenn Sie Tabellen auch analytisch auswerten können. Wenn Sie z. B. feststellen, dass die Tabellen des Anwendungslogs (`BALHDR` und `BALDAT`) schnell wachsen, möchten Sie herausfinden, welche Anwendung dafür verantwortlich ist. Hierfür können Sie Transaktion TAANA verwenden.

Beispiel BALHDR

Für dieses konkrete Fallbeispiel wählen Sie in Transaktion TAANA die Funktion **Tabellenanalyse durchführen**. Es öffnet sich das in Abbildung 13.31 gezeigte Fenster. In das Feld **Tabellenname** tragen Sie als Tabellenname »BALHDR« ein (darin befinden sich die Kopfdaten des Anwendungslogs). Im Feld **Analysevariante** nutzen Sie die [F4]-Hilfe. Es gibt bereits eine vordefinierte Analysevariante **STANDARD**, die bereits aussagekräftige Felder enthält. Hier besteht auch die Möglichkeit, über die Funktion **Ad-hoc-Variante** andere Tabellenfelder zu definieren. Hier reicht die Variante **STANDARD** aus und Sie klicken auf den Button ✓ (**weiter**). Auf dem Folgebildschirm wählen Sie als Startzeitpunkt für den Hintergrundjob **Sofort** und **Sichern**.

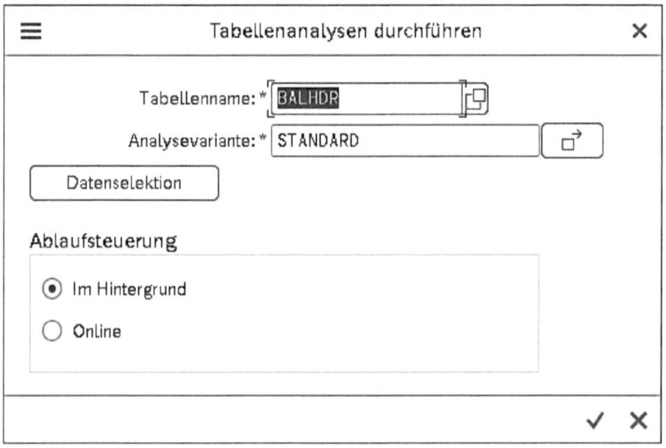

Abbildung 13.31: Tabellenanalyse in Transaktion TAANA konfigurieren

Die Tabellenanalyse arbeitet sehr effektiv. In meinem Beispiel hat sie nur 3 Sekunden gedauert (siehe Abbildung 13.32). Allerdings ist das Datenvolumen in meinem System sehr gering. Trotzdem gibt es 671.316 Tabelleneinträge in Tabelle `BALHDR`. Durch einen Doppelklick auf die abgeschlossene Analyse können Sie auf der rechten Bildschirmseite das Analyseergebnis anzeigen lassen. Die Tabelle ist absteigend nach Anzahl der Einträge sortiert. Wie Sie sehen, werden viele Einträge durch das Anwendungsobjekt `/SDF/CALM` erzeugt. Dahinter verbirgt sich SAP Cloud ALM. Mit diesen Informationen können Sie nun prüfen, ob es in Ihrem System Probleme im Zusammenhang mit SAP Cloud ALM gibt. Bei mir ist das nicht der Fall. Die Einträge werden automatisch nach 30 Tagen reorganisiert. SAP Cloud ALM ist nur deshalb so dominant, weil mit dem System auf

Anwendungsebene nicht gearbeitet wird. Das heißt, es entstehen kaum Anwendungslogs durch die übliche Nutzung eines Systems.

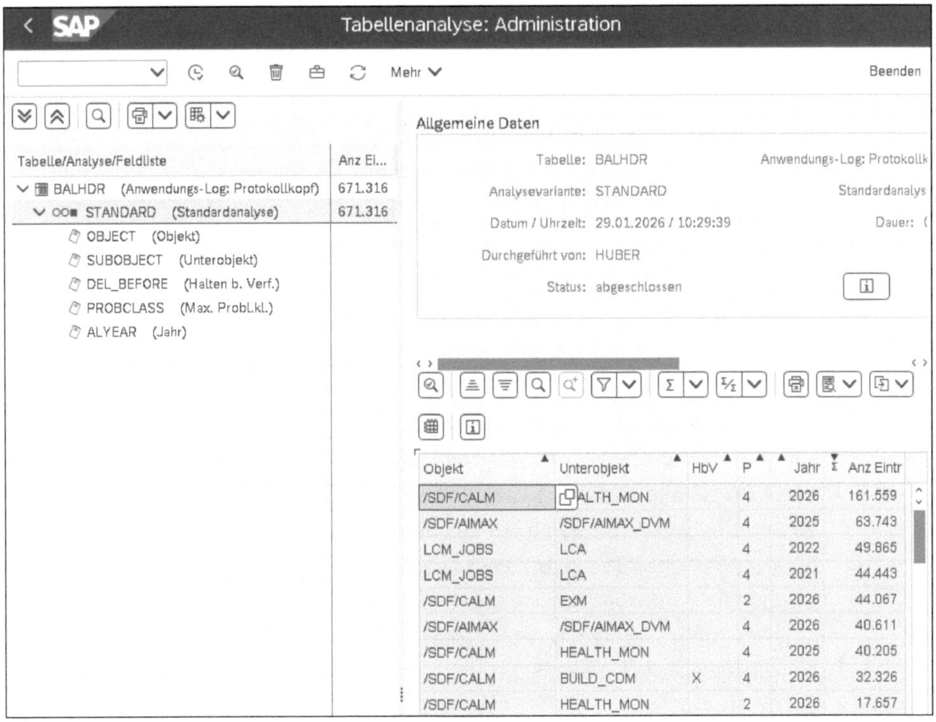

Abbildung 13.32: Analyseergebnis der Tabelle BALHDR

13.8.5 SAP-Verzeichnisse

Transaktion AL11

In Abschnitt 3.3.2 habe ich Ihnen die Verzeichnisstruktur von SAP S/4HANA gezeigt. Möchten Sie einen Blick in das Dateisystem werfen, ohne sich über Kommandozeilen- oder andere Werkzeuge am Betriebssystem anmelden zu müssen, können Sie Transaktion AL11 verwenden (siehe Abbildung 13.33).

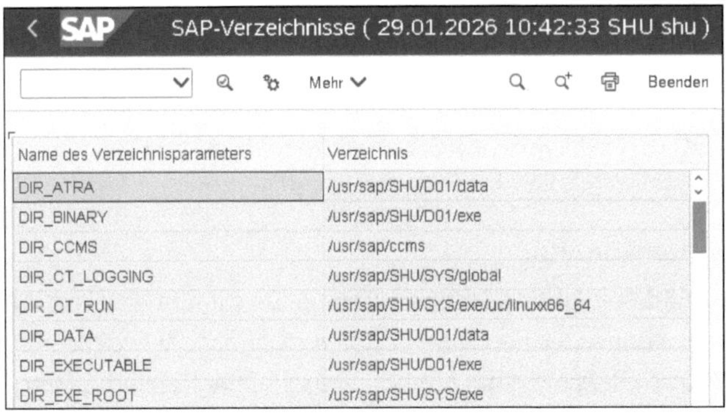

Abbildung 13.33: Anzeige der SAP-Verzeichnisse in Transaktion AL11

Per Doppelklick können Sie in die Verzeichnisse navigieren. Lesbare Textdateien können direkt betrachtet werden. Neben den angebotenen Standardverzeichnissen können Sie über den Button (**Benutzerverzeichnisse hinzufügen**) weitere Verzeichnisse hinzufügen.

Beachten Sie für die Anzeige in Transaktion AL11 folgende Punkte:

- Der lesende Zugriff erfolgt mit dem Betriebssystembenutzer `<sid>adm`. Sie können daher nicht auf Verzeichnisse und Dateien zugreifen, für die dieser Benutzer keine Berechtigungen besitzt.
- Die Transaktion AL11 ist instanzspezifisch. Bei mehreren Instanzen müssen Sie zunächst Transaktion SM51 als Sprungbrett in die richtige Instanz nutzen.

13.8.6 Fehlerprotokolldateien

Über Transaktion AL11 haben Sie auch Zugriff auf wichtige Fehlerprotokolle, z. B. der Workprozesse, des ICM oder des RFC-Gateways. Einfacher können Sie diese Protokolle allerdings über Transaktion ST11 einsehen (siehe Abbildung 13.34). Hier werden die Dateien aus den relevanten Verzeichnissen eingesammelt und in einer übersichtlichen Liste chronologisch sortiert dargestellt. Per Doppelklick auf eine Datei können Sie deren Inhalt betrachten. Wie Transaktion AL11 arbeitet auch Transaktion ST11 instanzspezifisch und zeigt nur die Protokolle der aktuellen Instanz an.

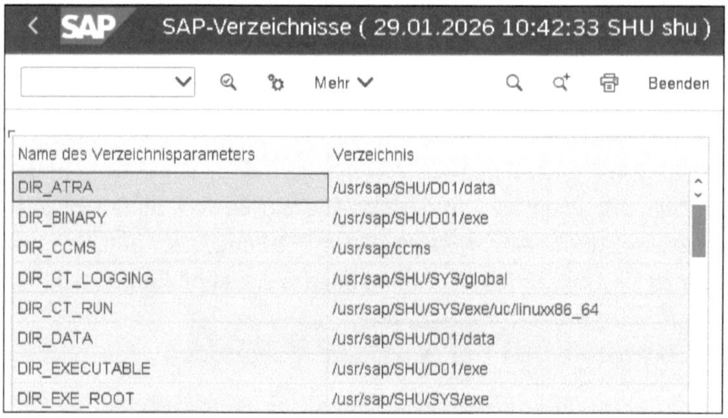

Abbildung 13.34: Anzeige der Fehlerprotokolldateien (Transaktion ST11)

13.8.7 Betriebssystemmonitor

Transaktion ST06

Benötigen Sie Informationen zum Betriebssystem, z. B. zur CPU-Auslastung oder Speichernutzung, können Sie den *Betriebssystemmonitor* verwenden. Er ist über Transaktion ST06 erreichbar (siehe Abbildung 13.35). Die Daten des Monitors werden jede Minute aktualisiert. Sie haben auch Zugriff auf historische

Daten, um z. B. Ressourcenprobleme in der Vergangenheit zu analysieren. Bei mehreren AS-ABAP-Instanzen können Sie zwischen den Instanzen wechseln.

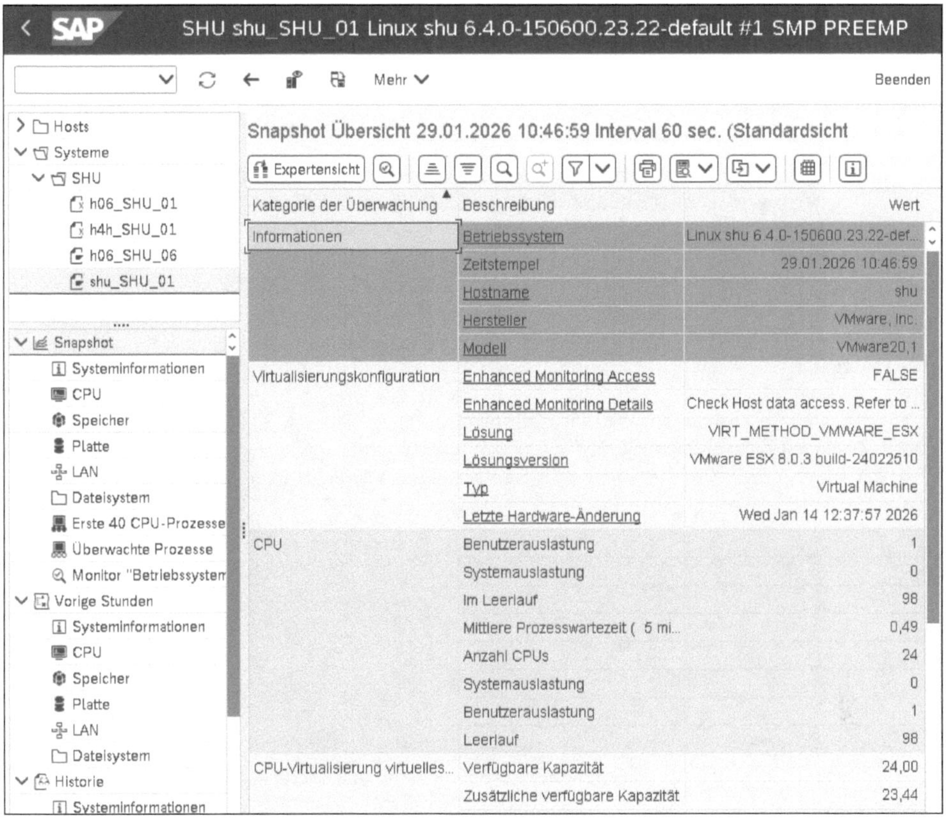

Abbildung 13.35: Betriebssystemmonitor (Transaktion ST06)

13.8.8 Systemlastmonitor

Transaktion ST03

Durch den Kernel des AS ABAP werden fortlaufend statistische Daten erfasst. Diese Daten werden jede Stunde über den Job `SAP_COLLECTOR_FOR_PERFMONITOR` abgeholt und persistiert. Die gesammelten Daten können Sie über Transaktion ST03 bzw. ST03N auswerten (siehe Abbildung 13.36). Die beiden Transaktionen sind inzwischen funktionsgleich und sehr umfassend.

Ich nutze den Monitor regelmäßig für folgende Analysen:

- Transaktionen mit den größten Antwortzeiten und Datenbankzeiten
- durch RFC erzeugte Systemlast (nach Destination und Funktionsbaustein aufgeschlüsselt)
- Datenvolumen, das über RFC und HTTP-Verbindungen gesendet und empfangen wird (aufgeschlüsselt nach URL)

- Verteilung der Anwender*innen je Instanz
- Anzahl und Volumen von Spool-Aufträgen

Im Standard ist der Systemlastmonitor bereits einsatzfähig konfiguriert. Möchten Sie Einstellungen ändern, z. B. welche Daten gesammelt werden oder wie lange Sie auf die historischen Daten zugreifen können, ist das in der Navigationsleiste unter **Kollektor & Perf.Datenbank** möglich.

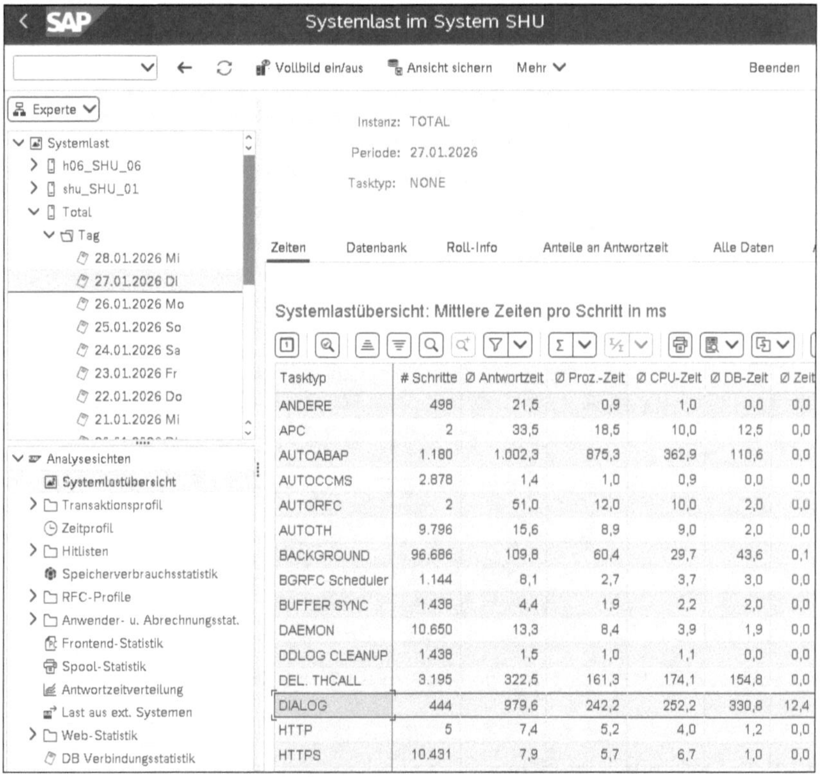

Abbildung 13.36: Systemlastmonitor (Transaktion ST03)

13.8.9 Anwendungslog

In das Anwendungslog schreiben Anwendungen Protokollinformationen. Für normale Anwender*innen liegen diese Informationen im Verborgenen und sind meist nicht von Interesse. Besonders zur Analyse von Fehlersituationen können diese Informationen aber sehr hilfreich sein. Welche Daten in das Anwendungslog geschrieben werden, ist für jede Anwendung unterschiedlich.

Reorganisation

Da auch von Ihnen betreute Anwendungen Anwendungslogs schreiben, werden Sie für Fehleranalysen auf Anwendungslogs zurückgreifen. Die Daten werden in den Tabellen `BALHDR` und `BALDAT` gespeichert. Diese Tabellen gehören in vielen Unternehmen zu den größten Tabellen im System, weil diese Unternehmen der Ansicht sind, dass die Informationen der Anwendungslogs auch dauerhaft für Revisionszwecke benötigt werden. Diese Einschätzung teile ich nicht. Im Einzelfall gibt es gegebenenfalls einzelne Informationen, die länger aufbewahrt werden sollten. Diese Objekte sollten dann von der Löschung ausgenommen werden oder es sollte speziell für sie ein anderer Löschrhythmus definiert werden. Im Standard werden Anwendungslogs gelöscht, deren Verfallsdatum erreicht wurde. Das Verfallsdatum definiert jede Anwendung beim Schreiben der Logs selbst. Hierzu ist in jedem Mandanten über das technische Job-Repository der Job `SAP_REORG_APPLLOG` eingeplant.

Tabellenanalyse des Anwendungslogs

In Abschnitt 13.8.4, »Tabellenanalyse«, habe ich Ihnen z. B. gezeigt, wie Sie die Datenverteilung des Anwendungslogs analysieren können.

Transaktion SLG1

Über Transaktion SLG1 gelangen Sie in die Auswertung der Anwendungslogs. Die Ergebnisse können Sie nach Zeit, Kritikalität und Objekten einschränken. Die Felder **Objekt** und **Unterobjekt** definieren die Zugehörigkeit zu Anwendungen. In Abbildung 13.37 wurde das Objekt `/SDF/CALM` gewählt. In diesem Objekt wird die Kommunikation zwischen dem SAP-S/4HANA-System und SAP Cloud ALM protokolliert.

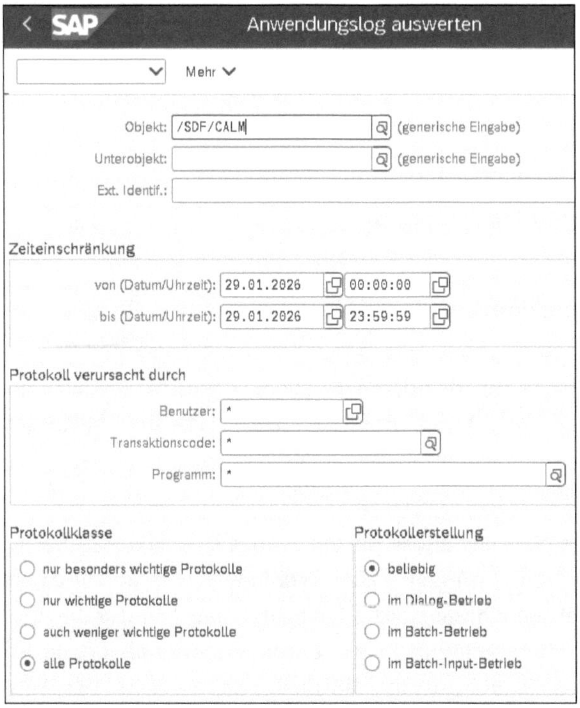

Abbildung 13.37: Anwendungslog auswerten (Transaktion SLG1)

In Abbildung 13.38 sehen Sie die Ergebnisliste zu dieser Selektion. Am ausgewählten Tag gab es offenbar keine Probleme innerhalb dieser Anwendung, da keine Warn- oder Fehlermeldungen angezeigt werden.

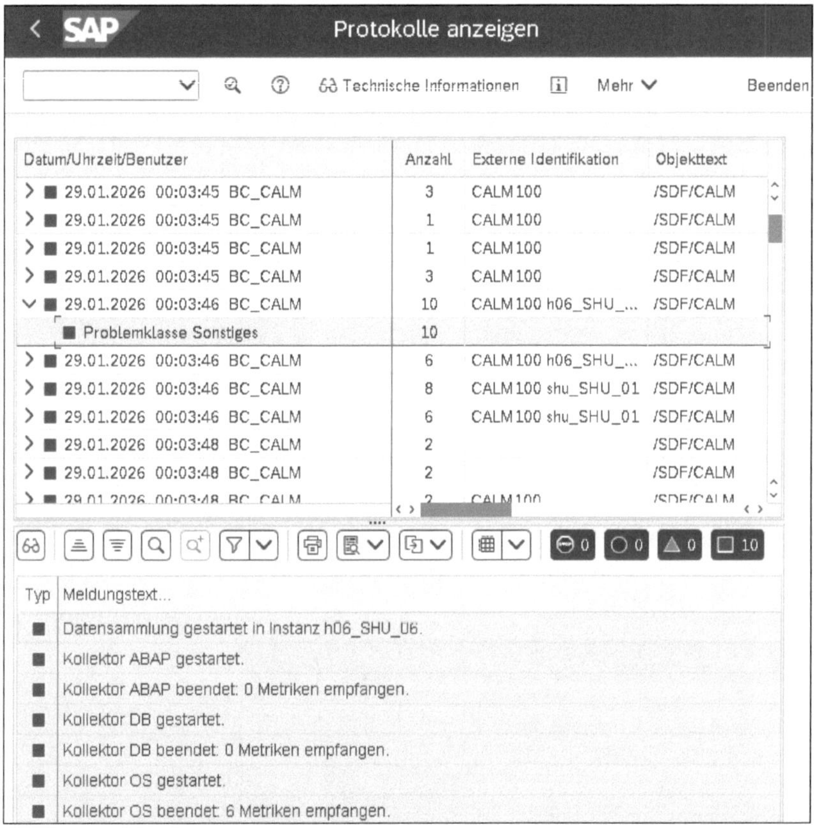

Abbildung 13.38: Anzeige von Anwendungslogs

13.8.10 Lastverteilung und Antwortzeiten

Transaktion SMLG

Bei der Anmeldung am SAP-System wird anhand von KPIs, also Key Performance Indicators (z. B. der Antwortzeit), entschieden, an welcher Instanz sich Anwender*innen per SAP GUI oder, sofern der SAP Web Dispatcher im Einsatz ist, über das SAP Fiori Launchpad am System anmelden. Hierzu definieren Sie über Transaktion SMLG die sogenannten *Logon-Gruppen*.

Selbst wenn Sie nur eine ABAP-Instanz einsetzen, lohnt sich ein Blick in Transaktion SMLG. Über das Menü **Springen • Lastverteilung** sehen Sie auf einen Blick, wie viele Benutzer auf einer Instanz angemeldet sind und wie die Antwortzeiten ausfallen (siehe Abbildung 13.39). Besonders die Antwortzeit ist eine wichtige Kenngröße für die Leistungsfähigkeit eines Systems. Der Wert sollte deutlich unter 1 Sekunde liegen (idealerweise unter 500 Millisekunden).

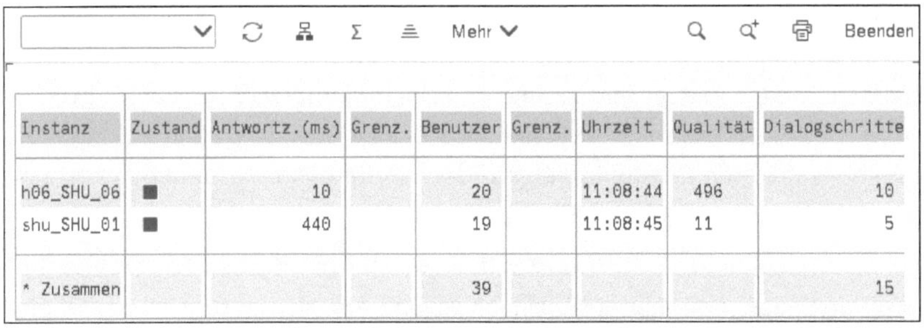

Instanz	Zustand	Antwortz.(ms)	Grenz.	Benutzer	Grenz.	Uhrzeit	Qualität	Dialogschritte
h06_SHU_06	■	10		20		11:08:44	496	10
shu_SHU_01	■	440		19		11:08:45	11	5
* Zusammen				39				15

Abbildung 13.39: Antwortzeiten pro Instanz in Transaktion SMLG

13.8.11 Snapshot-Monitor

Transaktion /SDF/SMON

In der Regel steht im Betrieb von SAP S/4HANA keine 24/7-Bereitschaft zur Verfügung. Dadurch erfahren Sie eventuell erst durch Rückmeldungen von Anwender*innen, dass es z. B. in der Nacht zuvor zu Ressourcenengpässen gekommen ist. Eine nachträgliche Analyse solcher Vorfälle ist immer schwieriger, als wenn Sie direkt während der Problemsituation aktiv am System angemeldet sind. Eine hilfreiche Funktion ist der Snapshot-Monitor, den Sie über Transaktion /N/SDF/SMON aufrufen können. Über die Funktion **Tägliches Monitoring einplanen** innerhalb der Transaktion können Sie das Monitoring einplanen. Es öffnet sich das in Abbildung 13.40 gezeigte Einstellungsfenster.

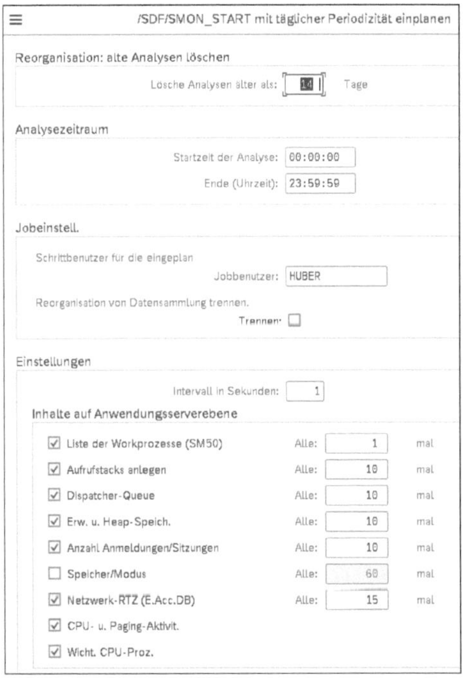

Abbildung 13.40: Selektionsparameter beim Anlegen des täglichen Monitorings

In den meisten Fällen genügen hier die Standardeinstellungen. Idealerweise lassen Sie den Job von einem technischen Benutzer laufen und nicht mit Ihrem eigenen Dialogbenutzer (Anpassung im Feld **Jobbenutzer**) ausführen. Eventuell werden Sie auch im Rahmen einer Problemanalyse durch den SAP-Support zu einem späteren Zeitpunkt aufgefordert, weitere Inhalte zu aktivieren, z. B. zum Enqueue Server. Planen Sie den Job dann entsprechend ein.

Auf der Startseite des Snapshot-Monitors wird Ihnen für jeden Tag eine Sammlung von Snapshots angezeigt. Je nach gewähltem Löschdatum bei der Einplanung (standardmäßig 14 Tage) stehen Ihnen die erfassten Daten rückwirkend für den definierten Zeitraum zur Verfügung.

Durch Doppelklick auf eine Sammlung öffnen Sie die zugehörige Selektionsmaske. Hier können Sie die Anzeige gezielt einschränken, z. B. auf eine bestimmte Zeitspanne des gewählten Tages. Fahren Sie fort, werden Ihnen die Monitoring-Daten des ausgewählten Zeitraumes detailliert angezeigt (siehe Abbildung 13.41).

In dieser Ansicht stehen Ihnen vielfältige Auswertungsmöglichkeiten zur Verfügung: Wenn Sie z. B. auf eine Zeile doppeltklicken, sehen Sie ähnlich wie in Transaktion SM50, welche Workprozesse zu diesem Zeitpunkt welche Programme ausgeführt haben. So kommen Sie den Verursachern von Problemen schnell auf die Spur.

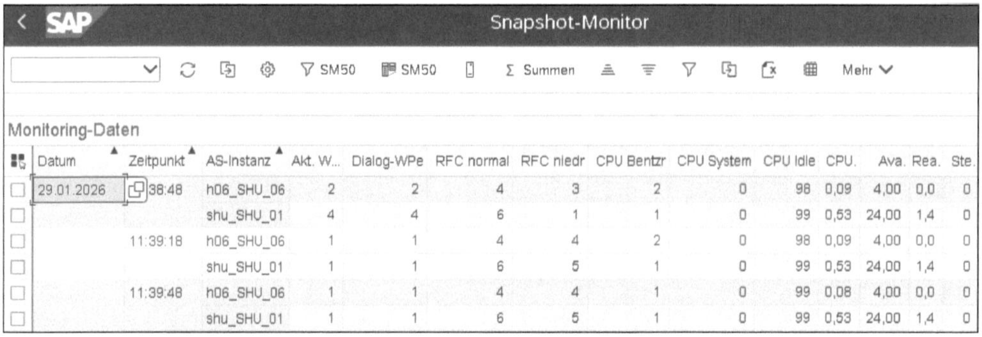

Datum	Zeitpunkt	AS-Instanz	Akt. W...	Dialog-WPe	RFC normal	RFC niedr	CPU Bentzr	CPU System	CPU Idle	CPU.	Ava.	Rea.	Ste.
29.01.2026	38:48	h06_SHU_06	2	2	4	3	2	0	98	0,09	4,00	0,0	0
		shu_SHU_01	4	4	6	1	1	0	99	0,53	24,00	1,4	0
	11:39:18	h06_SHU_06	1	1	4	4	2	0	98	0,09	4,00	0,0	0
		shu_SHU_01	1	1	6	5	1	0	99	0,53	24,00	1,4	0
	11:39:48	h06_SHU_06	1	1	4	4	1	0	99	0,08	4,00	0,0	0
		shu_SHU_01	1	1	6	5	1	0	99	0,53	24,00	1,4	0

Abbildung 13.41: Ergebnisanzeige im Snapshot-Monitor

Weitere Informationen zum Snapshot-Monitor finden Sie z. B. in SAP-Hinweis 2651881. SAP empfiehlt die Verwendung dieses Werkzeugs ausdrücklich und weist darauf hin, dass bei Verwendung der Standardeinstellungen die Performanceauswirkungen vernachlässigbar sind.

13.8.12 Computing Center Management System

Transaktion RZ20

Das Computing Center Management System (CCMS) bildet die technologische Grundlage für zahlreiche Überwachungs- und Monitoring-Werkzeuge im SAP-Umfeld. Auch viele externe Überwachungswerkzeuge greifen über Schnittstellen auf die Daten des CCMS zu. Daher sollten Sie es zumindest kennen, auch wenn ich selbst zugeben muss, dass ich den Alert-Monitor des CCMS, den Sie über Transaktion RZ20 erreichen, selbst selten verwende.

Wenn Sie Transaktion RZ20 öffnen, sehen Sie, dass die Anzeige im Laufe der Jahre kaum weiterentwickelt wurde und inzwischen etwas altmodisch wirkt. Die Metriken werden in sogenannten *CCMS-Monitoring-Sammlungen* organisiert, wobei Sie auch die Möglichkeit haben, eigene Sammlungen anzulegen. In Abbildung 13.42 sehen Sie z. B. die geöffnete Sammlung **SAP CCMS Monitor Templates**, die viele für den SAP-Basisbetrieb relevante Themen enthält.

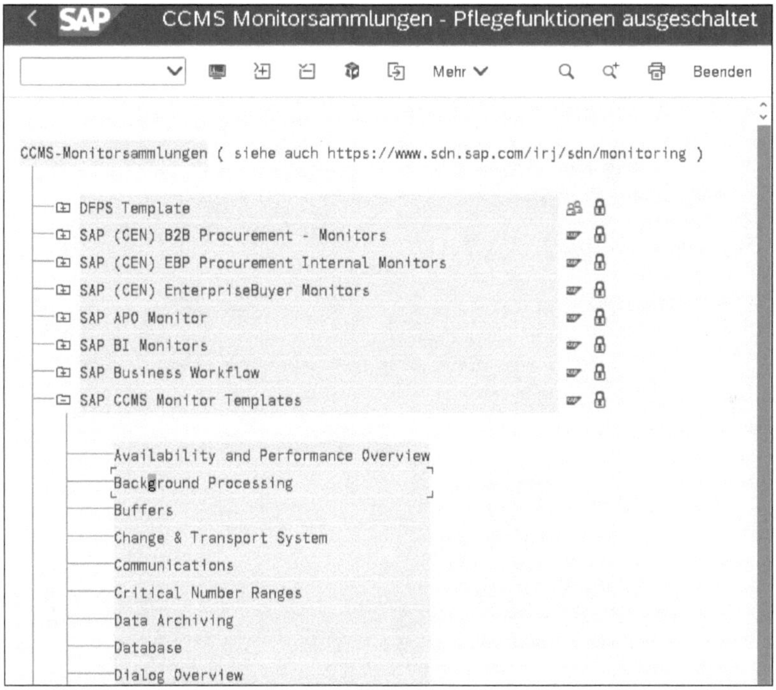

Abbildung 13.42: Startseite der Transaktion RZ20

Über den Monitor **Background Processing** sehen Sie den Zustand der Hintergrundverarbeitung im System. In Abbildung 13.43 ist ein abgebrochener Job dargestellt.

[+]

Alerts aus dem CCMS per E-Mail versenden

Die Möglichkeiten des CCMS sind so umfangreich, dass man darüber ein eigenes Buch schreiben könnte. Wenn Sie jedoch auf SAP Cloud ALM oder andere externe Werkzeuge für die Überwachung verzichten möchten, können Sie sich zu jeder Kennzahl, die Sie in Transaktion RZ20 sehen, auch per E-Mail benachrichtigen lassen. Details zur Einrichtung finden Sie in SAP-Hinweis 617547.

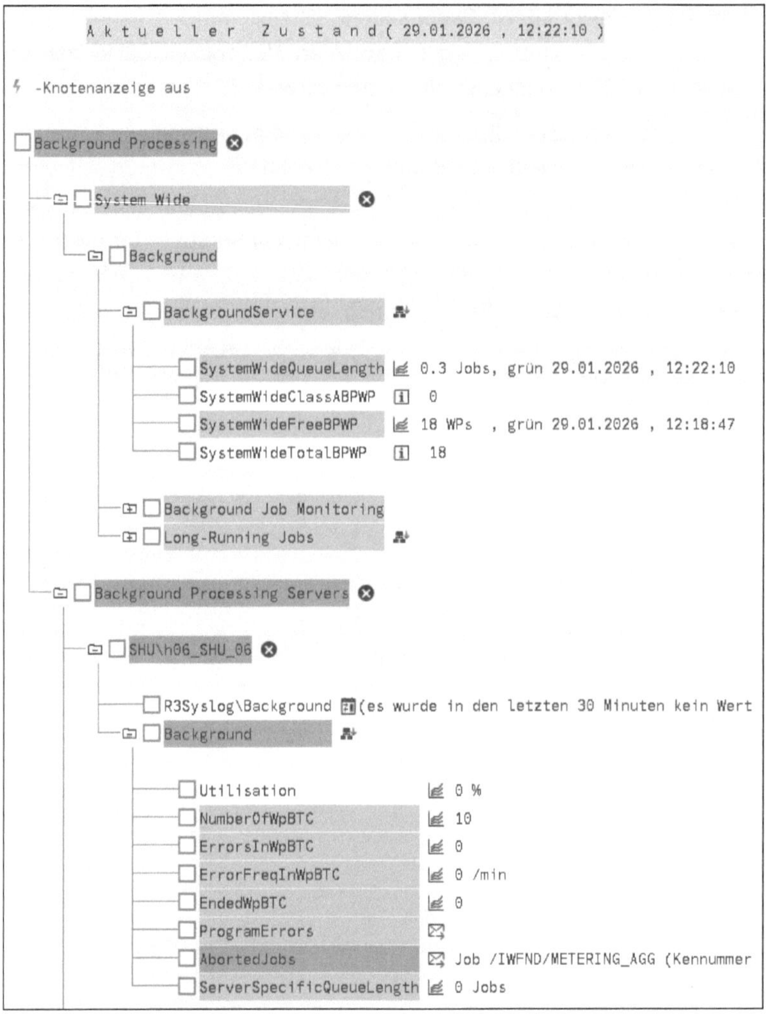

Abbildung 13.43: Background Processing Monitor

13.8.13 ABAP-Meter

Transaktion ST13

ABAP-Meter ist ein Messwerkzeug, das die Ausführungszeit verschiedener ABAP-Operationen misst. Sie erreichen das Werkzeug über die Transaktion ST13. Geben Sie als Toolname »PERF_TOOL« an und wählen Sie anschließend die Funktion **Execute**. Im nächsten Bildschirm wählen Sie im Feld **Select Performance Tool** den Eintrag **ABAPMETER** und klicken dann auf **Ausführen**.

Abbildung 13.44 zeigt das Ergebnis eines Messlaufs auf meinem System. Die Ergebnisse sind zunächst wenig aussagekräftig, wenn Ihnen die Bedeutung nicht vertraut ist oder Sie keine Erkenntnisse haben, welche Werte als gut oder schlechte gelten. Einen Einstieg in die Interpretation der Ergebnisse finden Sie in SAP-Hinweis 2879613.

Für die Praxis ist häufig die gemessene Geschwindigkeit zur Datenbank relevant, die Sie in den Spalten **Acc DB** und **E. Acc DB** finden. In meinem Beispiel sind die Werte kleiner als 150 Millisekunden, was gerade noch gut ist. Erklärbar ist z. B. auch, dass die Instanz `h06_SHU_06` eine schlechtere Geschwindigkeit zur Datenbank hat als die Instanz `shu_SHU_01`. Dies ist dadurch zu erklären, dass die Datenbank lokal auf dem gleichen Host wie Instanz `shu_SHU_01` betrieben wird, während die andere Instanz eine Netzwerkstrecke überwinden muss.

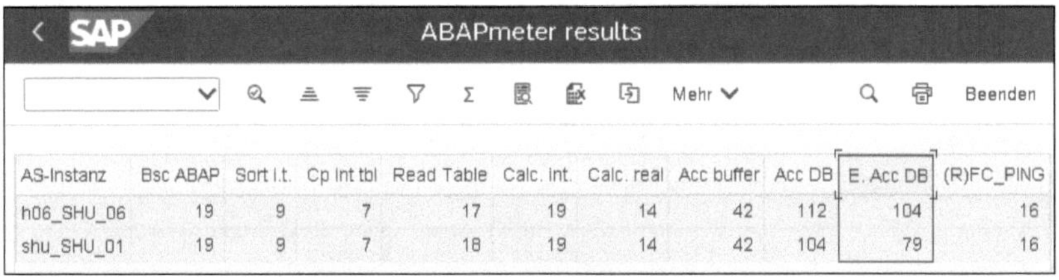

AS-Instanz	Bsc ABAP	Sort I.t.	Cp int tbl	Read Table	Calc. int.	Calc. real	Acc buffer	Acc DB	E. Acc DB	(R)FC_PING
h06_SHU_06	19	9	7	17	19	14	42	112	104	16
shu_SHU_01	19	9	7	18	19	14	42	104	79	16

Abbildung 13.44: Messergebnisse des ABAP-Meters

13.9 Überwachung und Fehleranalyse von SAP Fiori

Mit SAP Fiori ergeben sich neue Aufgabengebiete für die Administration, die es in älteren SAP-Systemen nicht gab. Die grundlegende Architektur von SAP Fiori habe ich bereits in Abschnitt 1.3, »Bedienoberfläche«, und die initiale Einrichtung in Abschnitt 4.5, »SAP Gateway und SAP-Fiori-Frontend-Server einrichten«, beschrieben. In Abschnitt 8.2.3, »Berechtigungen im Kontext von SAP Fiori«, bin ich auf die Besonderheiten bei den Berechtigungen eingegangen.

Haben Sie sich für das empfohlene Embedded Deployment entschieden, vereinfacht dies die Administration und Fehlersuche, da Sie sich keine Gedanken machen müssen, in welchem System Sie welche Transaktion öffnen müssen. Die Beschreibung aller Analysefunktionen in SAP Fiori würde den Rahmen dieses Buches sprengen. Daher möchte ich Ihnen an einem Beispiel einige Werkzeuge zur Fehleranalyse vorstellen. In Anhang B, »Wichtige Transaktionscodes«, und Anhang C, »Nützliche Programme«, habe ich die wichtigsten Transaktionen und Reports zur Analyse aufgelistet.

Transaktion SUI_SUPPORT

Wenn Sie die Transaktion SUI_SUPPORT starten, erhalten Sie eine sehr gute Einstiegsseite zu den wichtigsten administrativen Funktionen (siehe Abbildung 13.45). Wenn Sie diese Einstiegseite als Ausgang für Ihre Analysen nutzen, müssen Sie sich nicht so viele Transaktionen merken.

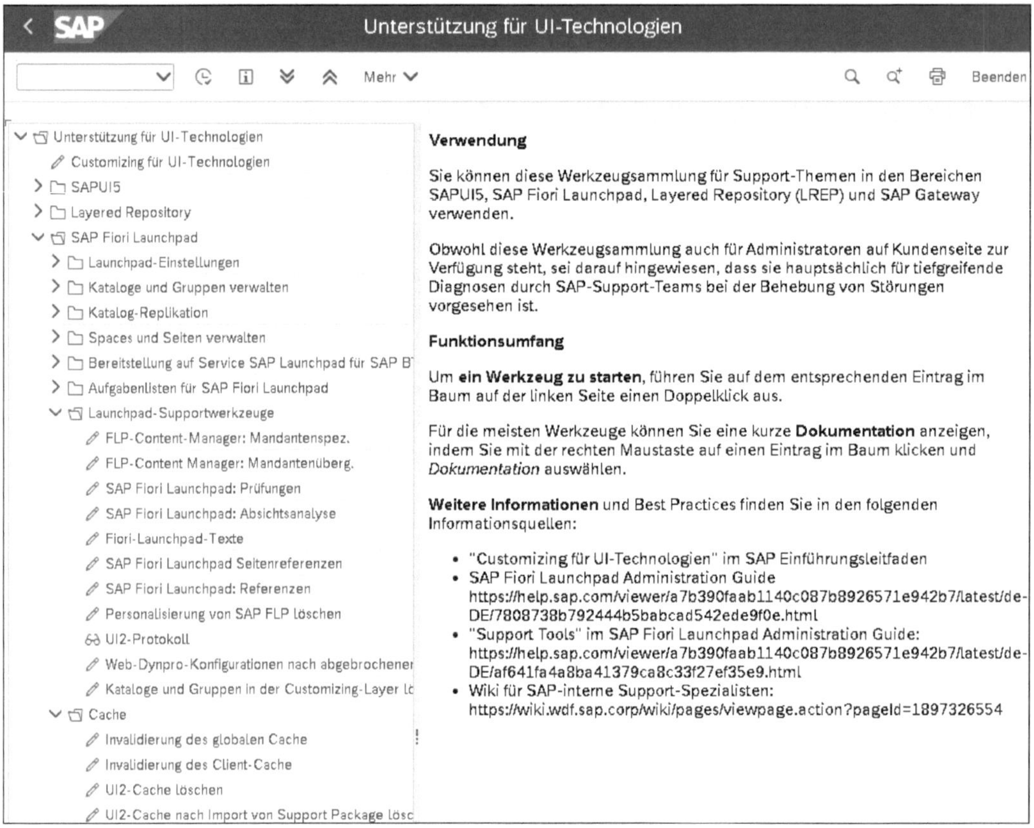

Abbildung 13.45: Transaktion SUI_SUPPORT

13.9.1 Beispiel einer Fehleranalyse

Fehler beim Öffnen einer App

Als Beispiel analysiere ich die SAP-Fiori-App **Mitarbeiter pflegen**. Eine häufige Fehlerquelle ist, dass Anwender*innen über Kataloge, Bereiche und Seiten für den Zugriff auf SAP-Fiori-Apps berechtigt werden, die nicht oder nur teilweise konfiguriert sind. Nehmen wir an, Sie erhalten beim Öffnen der App **Mitarbeiter pflegen** die in Abbildung 13.46 gezeigte Fehlermeldung.

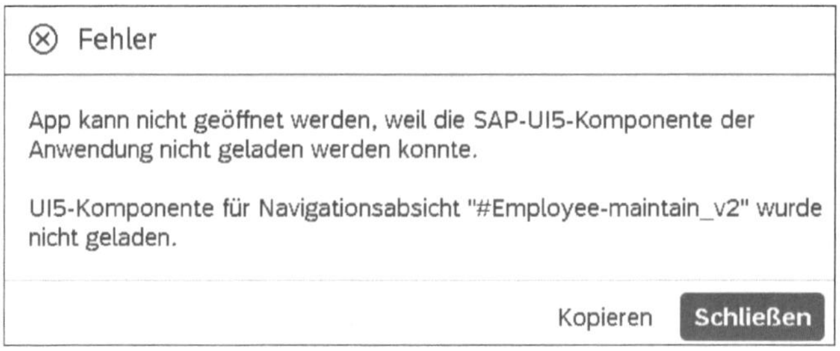

Abbildung 13.46: Typischer Fehler beim Öffnen einer App

Entwicklerwerkzeuge des Browsers

Erfahrene Anwender*innen können in so einem Fall die Entwicklerwerkzeuge des Webbrowsers öffnen (bei den gängigen Webbrowsern erreichen Sie diese über die Funktionstaste [F12]). In Abbildung 13.47 sehen Sie die geöffneten Entwicklerwerkzeuge im Firefox-Browser. Wechseln Sie auf die Registerkarte **Netzwerkanalyse** ❶ und versuchen Sie anschließen noch einmal, die App zu öffnen. Es erscheint die gleiche Fehlermeldung. In den Entwicklertools sehen Sie nun aber alle Aufrufe, unter anderem auch fehlerhafte (z. B. mit dem HTTP-Fehler 400, 403 oder 500). Anhand des Fehlercodes und der Fehlermeldung können Sie mit etwas Erfahrung die Fehlerquelle identifizieren.

Im Beispiel erhalten wir den HTTP-Fehlercode 403 ❷, was bedeutet, dass wir auf die genannte Ressource *<Host>:<Port>:/sap/opu/odata/sap/APS_BUM_EMPLOYEE_SRV* nicht zugreifen können ❸.

Abbildung 13.47: Entwicklerwerkzeuge des Webbrowsers

Sollte der Fehler von einer Anwenderin oder einem Anwender gemeldet worden sein, die oder der nicht in der Lage ist, die Entwicklerwerkzeuge zu verwenden, haben Sie zwei Möglichkeiten:

- **Fehler nachstellen**

  Sie stellen den Fehler selbst oder in einer gemeinsamen Sitzung mit der betroffenen Anwenderin oder dem Anwender nach.

- **Protokolle analysieren**

  Da die Fehlermeldung aus Abbildung 13.46 nichts über die Herkunft des Fehlers aussagt, müssen Sie mehrere Protokolle prüfen. Beispiele für geeignete Protokolle sind folgende:

  - Transaktion /N/IWFND/ERROR_LOG (Fehlerprotokolle des Frontend-Servers)

- Transaktion /N/IWBEP/ERROR_LOG (Fehlerprotokolle des Backend-Servers)
- Transaktion SU53 (mögliche Berechtigungsprobleme)

In unserem Beispiel tauchen korrespondierende Fehler im Fehlerprotokoll des Frontend-Servers auf (siehe Abbildung 13.48).

Abbildung 13.48: Frontend-Fehlerprotokoll (Transaktion /N/IWFND/ERROR_LOG)

SAP Fiori Apps Reference Library

Anhand der hier aufgeführten Fehler können Sie erkennen, dass es ein grundlegendes Problem mit der SAP-Fiori-App gibt. Der OData-Service `APS_BUM_EMPLOYEE_SRV` ist nicht registriert. Bevor Sie sich um diesen Service kümmern, sollten Sie einen Blick in die SAP Fiori Apps Reference Library (*https://fioriappslibrary.hana.ondemand.com/*) werfen und sich die Implementierungsinformationen zu der App anzeigen lassen (siehe Abbildung 13.49). Sie können die betroffene App anhand verschiedener Kriterien suchen, z. B. können Sie den Namen des OData-Service als Suchbegriff verwenden. Wechseln Sie auf die Registerkarte **Implementation Information** und wählen Sie Ihre SAP-S/4HANA-Version aus.

Auf dieser Seite können Sie folgende Informationen ablesen, die zur Fehlerbehebung genutzt werden können:

- wichtige SAP-Hinweise, die für den fehlerfreien Betrieb der App notwendig sind
- Softwarekomponenten, die auf dem Frontend- und Backend-Server installiert sein müssen
- aktivierte ICF-Knoten und OData-Services
- benötigte Berechtigungen

Servicekatalog

Da die genannten Softwarekomponenten im Standard von SAP S/4HANA enthalten sind und auch keine speziellen SAP-Hinweise genannt sind, sollten Sie als Nächstes den Status des genannten OData-Service prüfen. Hierzu rufen Sie Transaktion /N/IWFND/MAINT_SERVICE auf. In der Suchfunktion verwenden Sie den Suchbegriff »APS_BUM_EMPLOYEE_SRV«, also den Namen des OData-Service. Finden Sie damit keine Ergebnisse, ist der OData-Service nicht im Servicekatalog vorhanden.

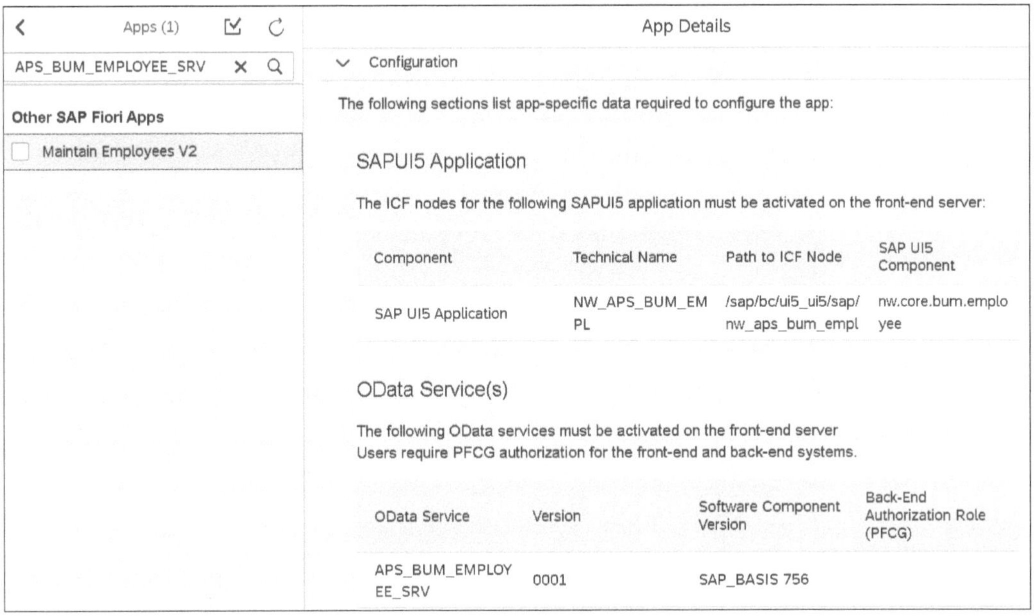

Abbildung 13.49: Details zur betroffenen App in der SAP Fiori App Reference Library

Über den Button **Service hinzufügen** können Sie den Service hinzufügen (siehe Abbildung 13.50). Tragen Sie beim Embedded Deployment in der Suche im Feld **Systemalias** den Wert »LOCAL« und im Feld **Externer Servicename** den Wert »APS_BUM_EMPLOYEE_SRV« ein. Markieren Sie den gefundenen Service und klicken Sie auf den Button **Ausgewählte Services hinzufügn**.

ICF-Knoten

Durch das Hinzufügen des Service haben wir den eingangs festgestellten Fehler behoben. Es gibt aber neben den OData-Services noch ICF-Knoten für die App **Mitarbeiter pflegen**, die für einen fehlerfreien Betrieb aktiviert sein müssen.

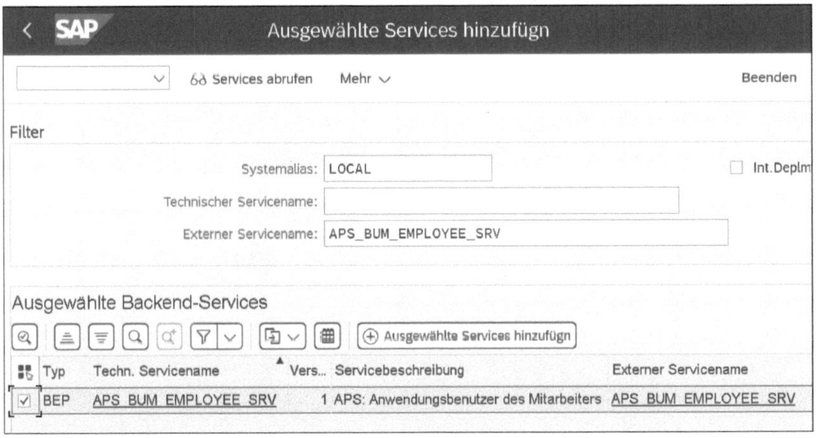

Abbildung 13.50: Service dem Katalog hinzufügen

Pflege der Services

Daher sollten Sie als Nächstes Transaktion SICF aufrufen und nach dem in der SAP Fiori Apps Reference Library genannten Pfad */sap/bc/ui5_ui5/sap/nw_aps_bum_empl* suchen. Wie Sie in Abbildung 13.51 sehen, ist der Service im Beispiel grau hinterlegt. Dies bedeutet, dass er nicht aktiv ist. Über das Kontextmenü können Sie die Funktion **Service aktivieren** ausführen, um ihn zu aktivieren.

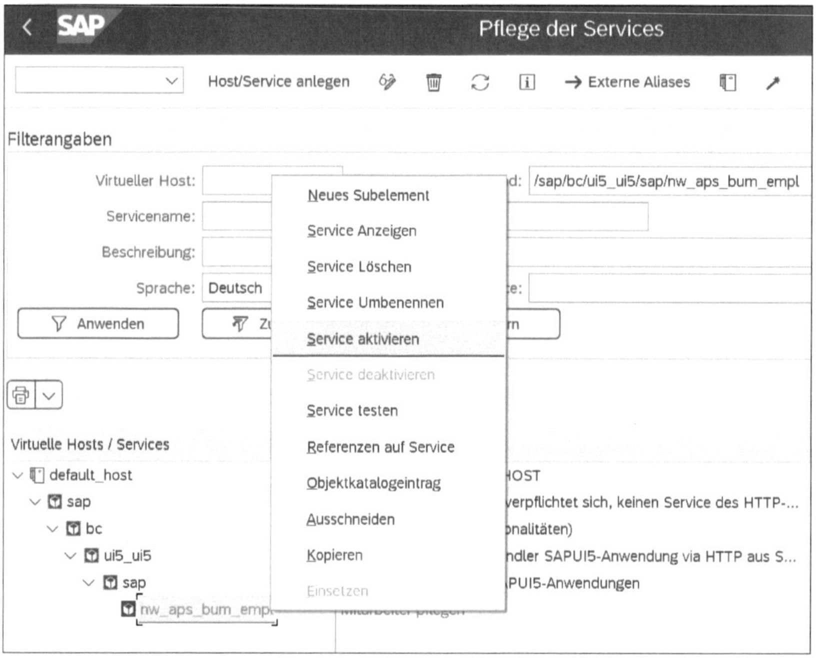

Abbildung 13.51: Status des Service in Transaktion SICF

Nach der Aktivierung des ICF-Knotens können Sie erneut versuchen, die SAP-Fiori-App zu öffnen, was nun fehlerfrei gelingen sollte (siehe Abbildung 13.52).

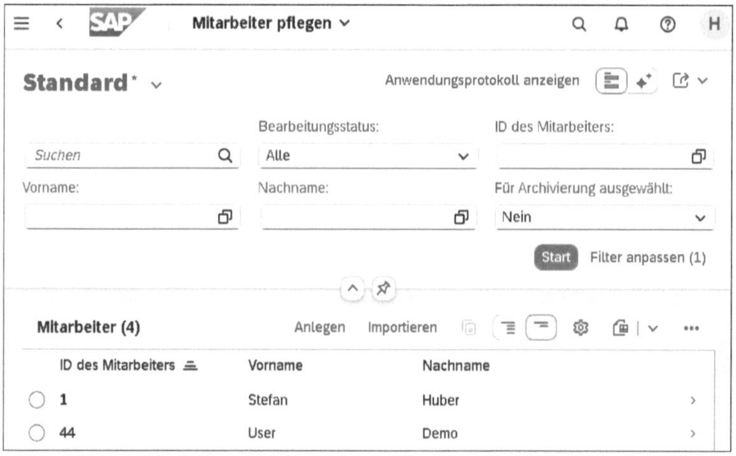

Abbildung 13.52: Die App kann erfolgreich geöffnet werden.

Nur einzelne Services aktivieren
Aktivieren Sie immer nur die benötigten Services und nicht ganze Teilbäume, wenn dies nicht explizit gefordert wird.

[!]

13.9.2 Cache-Verwaltung

Caches löschen

Auf verschiedenen Ebenen des Backend-Servers, Frontend-Servers und auf dem Client werden Daten zwischengespeichert. Für eine hohe Performance sind diese *Cache-Mechanismen* unerlässlich. Ist eine App offensichtlich korrekt konfiguriert, sind oft veraltete Daten in verschiedenen Caches die Fehlerursache, die gelöscht werden müssen:

1. Löschen Sie den Browser-Cache des Webbrowsers.
2. Führen Sie die Transaktion /N/IFWND/CACHE_CLEANUP aus, um den Metadaten-Cache des Frontend-Servers zu löschen.
3. Führen Sie die Transaktion /N/IWBEP/CACHE_CLEANUP aus, um den Metadaten-Cache des Backend-Servers zu löschen.

Vorgehen bei Updates

Wenn Sie z. B. SAP-Hinweise einspielen, um Fehler in SAP-Fiori-Apps zu beheben, müssen Sie anschließend verschiedene Caches löschen, damit die Änderungen wirken. Idealerweise ist in den jeweiligen SAP-Hinweisen beschrieben, dass Sie dies tun müssen, leider ist das jedoch nicht immer der Fall. Eine gute Anleitung zum allgemeinen Vorgehen finden Sie in SAP-Hinweis 2319491. Auch über die bereits genannte Transaktion SUI_SUPPORT haben Sie Zugriff auf die Administration der Caches.

Nur erforderliche Caches löschen
Bedenken Sie immer, dass das Löschen von Caches kurzfristig zur drastischen Performanceverschlechterung für die Anwender*innen führen kann, da Daten erneut übertragen werden müssen. Löschen Sie daher nur die wirklich notwendigen Caches.

[!]

13.9.3 App-Support

App-interne Diagnose

Stellen Anwender*innen Probleme bei der Benutzung einer SAP-Fiori-App fest, gibt es die Möglichkeit, direkt aus der App heraus eine Diagnose vorzunehmen und die gesammelten Informationen für eine weitere Analyse in eine Microsoft-Excel-Datei herunterzuladen. Klicken Sie hierzu in der geöffneten App auf Ihr Benutzeraktionsmenü und rufen Sie die Funktion **App-Support** auf. Es erscheint ein Pop-up-Fenster, ähnlich dem in Abbildung 13.53. Neben allgemeinen Informationen zur App werden hier eventuelle Berechtigungsfehler, Gateway-Fehler und Laufzeitfehler angezeigt. Über den Button **Protokolle herunterladen** wird eine Excel-Datei mit den gezeigten und weiteren Informationen erzeugt.

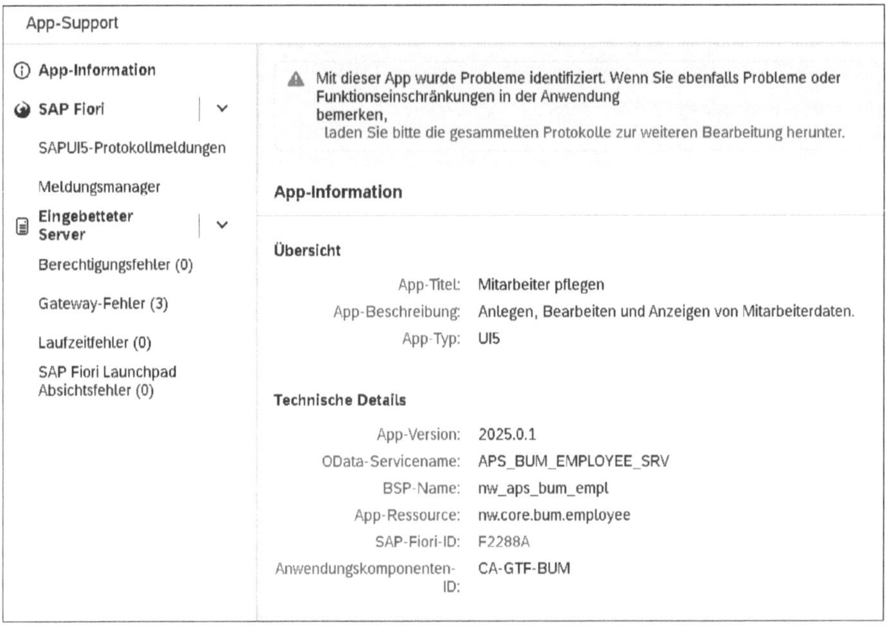

Abbildung 13.53: App-Support zur App »Mitarbeiter pflegen«

Plug-in aktivieren

Ist die Funktion des App-Supports nicht verfügbar, müssen Sie zuerst das benötigte Plug-in aktivieren. Für die Einrichtung verwenden Sie die Suchfunktion auf der Seite *https://help.sap.com*. Suchen Sie nach »setting up app support« und wählen Sie die passende Produktversion aus (z. B. ABAP_PLATFORM_NEW). Bei der Einrichtung des Plug-ins arbeiten Sie mit den bekannten Transaktionen SICF und /N/IWFND/MAINT_SERVICE sowie mit den Transaktionen /UI2/FLP_CONF_DEF und /UI2/FLP_CUS_CONF, die zum Anlegen und Aktivieren des Plug-ins benötigt werden.

[»]

Diagnose für das SAP Fiori Launchpad

Das Plug-in funktioniert nur für SAP-Fiori-Apps, nicht aber für das SAP Fiori Launchpad. Möchten Sie wissen, ob das SAP Fiori Launchpad korrekt konfiguriert ist, können Sie in Transaktion STC01 die Aufgabenliste `SAP_FIORI_HEALTH_CHECKS` ausführen.

13.10 Ganzheitliche Überwachung

Wie Sie in den bisherigen Abschnitten dieses Kapitels gelernt haben, gibt es sehr viele Stellen auf der ABAP-Plattform, die Sie regelmäßig im Blick behalten müssen. Hilfreich sind dabei Werkzeuge, die die unterschiedlichen Kennzahlen und Informationen sammeln und übersichtlich darstellen. Einige dieser Werkzeuge möchte ich Ihnen in diesem Abschnitt vorstellen.

13.10.1 SAP-EarlyWatch-Bericht

Wöchentlicher Gesundheitszustand

In Abschnitt 12.3 habe ich Ihnen den SAP-EarlyWatch-Bericht (EWA) aus der Perspektive der Sicherheitsfunktionen vorgestellt. Der Bericht liefert Ihnen außerdem wöchentlich folgende Information über den Zustand Ihres Systems der letzten sieben Tage:

- Aktualität der verwendeten SAP-Softwarekomponenten, der SAP-HANA-Version, des SAP-HANA-Clients, des Kernels und der Betriebssysteme
- Supportfähigkeit des Systems
- Prüfung, ob relevante, kritische SAP-Sicherheitshinweise eingespielt wurden
- Prüfung, ob Hardwareressourcen ausreichend verfügbar waren
- Analyse des Workloads (Aufteilung nach RFC-, Hintergrund- und Dialogverarbeitung)
- Anzahl aufgetretener Verbuchungsabbrüche und Kurzdumps
- Bewertung der Sicherheitseinstellungen
- Prüfung des Transportwesens
- Bewertung des Datenvolumens (größte Tabellen, am schnellsten wachsende Tabellen)
- detaillierte Bewertung der Datenbank (Ressourcen, teuerste Anweisungen etc.)
- Bewertung von SAP Gateway (Frontend-Server) hinsichtlich Konfiguration und Workload
- Bewertung der UI-Komponenten hinsichtlich Versionen und Konfiguration
- Trendanalysen über einen längeren Zeitraum (Benutzer, Workload, Performance etc.)

Generierung über SAP Solution Manager

Verwenden Sie den SAP Solution Manager, kann dieser den EWA generieren. Die Einrichtung ist Teil der Konfiguration des SAP Solution Managers. Sie können auch einstellen, dass der Bericht vom SAP Solution Manager an SAP weitergeleitet wird.

Generierung durch SAP-Backbone

Verwenden Sie den SAP Solution Manager nicht, können Sie Ihr System alternativ auch direkt mit dem *SAP-Backbone* verbinden. Dann sendet Ihr SAP S/4HANA-System die Daten direkt an SAP und der EWA wird von SAP generiert. Als Einstiegspunkt für die Einrichtung dieser Verbindung kann ich Ihnen SAP-Hinweis 207223 empfehlen.

Auf der Seite *https://me.sap.com* unter **Systeme und Bereitstellung • Landschaftsanwendungen • SAP EarlyWatch Alert Workspace** haben Sie Zugriff auf die Kennzahlen Ihrer Systeme, wie in Abbildung 13.54 gezeigt. Über den Button **Alle neuesten Berichte** auf der Karte **Gesamtbewertung** haben Sie auch die Möglichkeit, die wöchentlich erstellten Berichte online anzeigen zu lassen oder als Word-Dateien herunterzuladen.

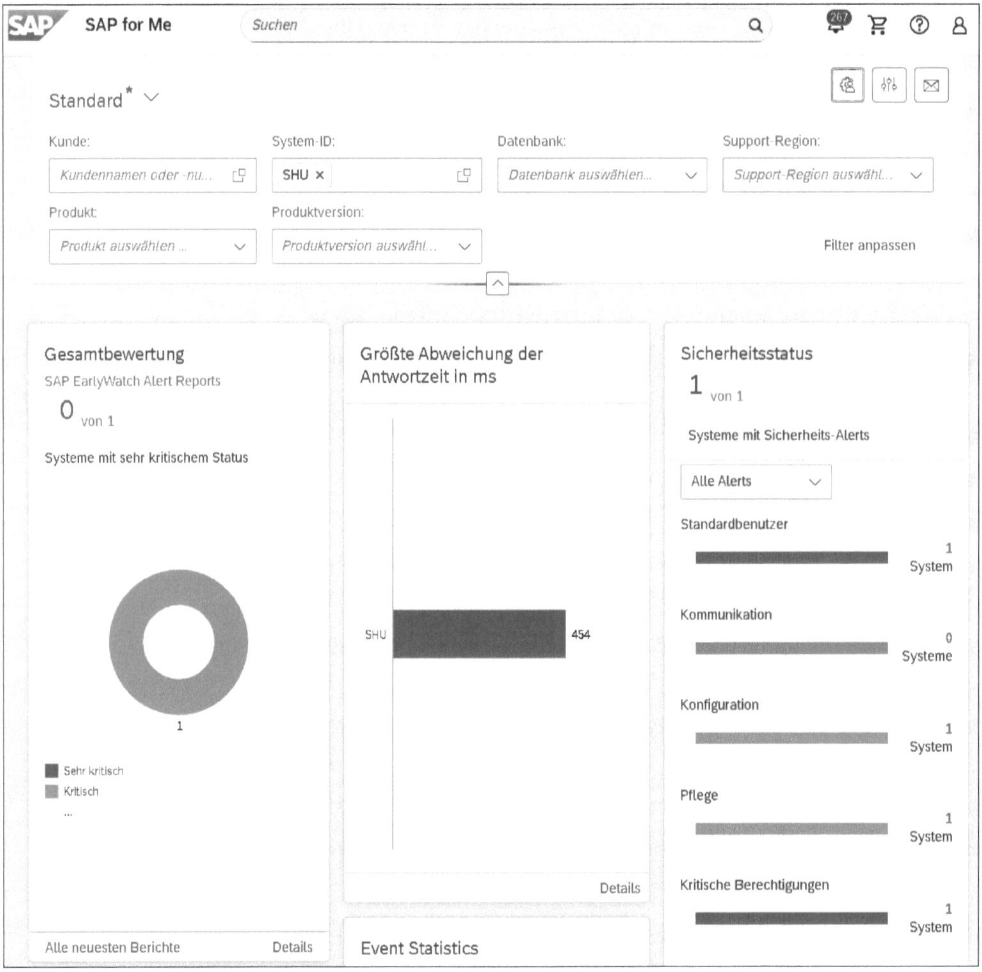

Abbildung 13.54: SAP EarlyWatch Alert Dashboard im SAP Support Portal

Haben Sie einen Einzelbericht online geöffnet, erreichen Sie über den Button (**Dashboard**) eine grafische Aufbereitung des Berichts, wie in Abbildung 13.55 gezeigt.

Über den Button (**Benachrichtigungen verwalten**) auf der Startseite des EarlyWatch Alert Workspace können Sie sich bei kritischen Ereignissen auch aktiv informieren lassen.

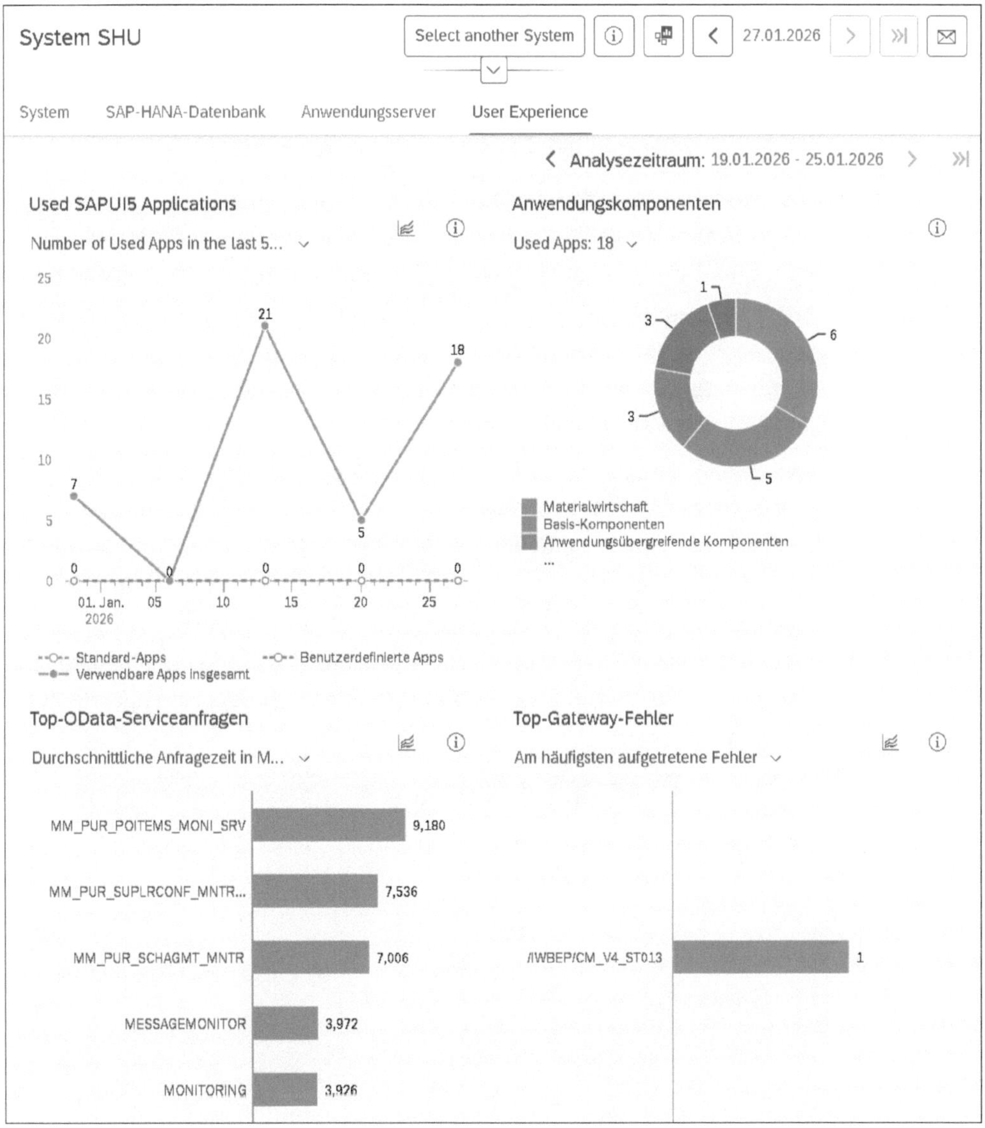

Abbildung 13.55: Dashboard zu einem EWA-Bericht

13.10.2 Technisches Monitoring Cockpit

Teil der ABAP-Plattform ist das *Technische Monitoring Cockpit* (TMC). Dieses Werkzeug bietet die Möglichkeit, alle Ebenen von SAP S/4HANA über eine einheitliche Oberfläche zu überwachen:

- Überwachung des Hosts
- Überwachung der Datenbankplattform
- Überwachung des AS ABAP

SAP-GUI- und Webversion

Die Anwendung erreichen Sie über die Transaktion STMC. Sie ist jedoch auch als webbasierte Anwendung implementiert und in dieser Variante entweder direkt über Transaktion STMC_UI5 oder über das SAP Fiori Launchpad aufzurufen. Während die SAP-GUI-basierte Version sofort verwendet werden kann, müssen Sie die webbasierte Version zunächst aktivieren.

Die Einrichtung können Sie bequem über die Transaktion STMC vornehmen. In der Navigationsleiste finden Sie hierzu die Option **Setup • Web Interface (UI5)**.

Verfügbare Dashboards

Sie können sich aus der Fülle von Informationsquellen des TMC eigene Dashboards zusammenstellen, die auf Ihre Bedürfnisse abgestimmt sind. Neben dem eigenen SAP-S/4HANA-System können Sie auch weitere Systeme dieser Infrastruktur anbinden. Die Dashboards können Sie auch als eigene Kacheln in Ihr SAP Fiori Launchpad integrieren.

Im Standard sind bereits die beiden Dashboards **Application System Overview** und **Database System Overview** eingerichtet. Hierzu sind im SAP Fiori Launchpad die Kacheln **Anwendungssystem-Dashboard** und **Datenbanksystem-Dashboard** konfiguriert.

In Abbildung 13.56 sehen Sie als Beispiel ein von mir angepasstes Anwendungssystem-Dashboard. Jede Kachel des Dashboards kann für eine genauere Analyse geöffnet werden, um z. B. Zeitraum, Darstellung oder anzuzeigende Metriken anzupassen.

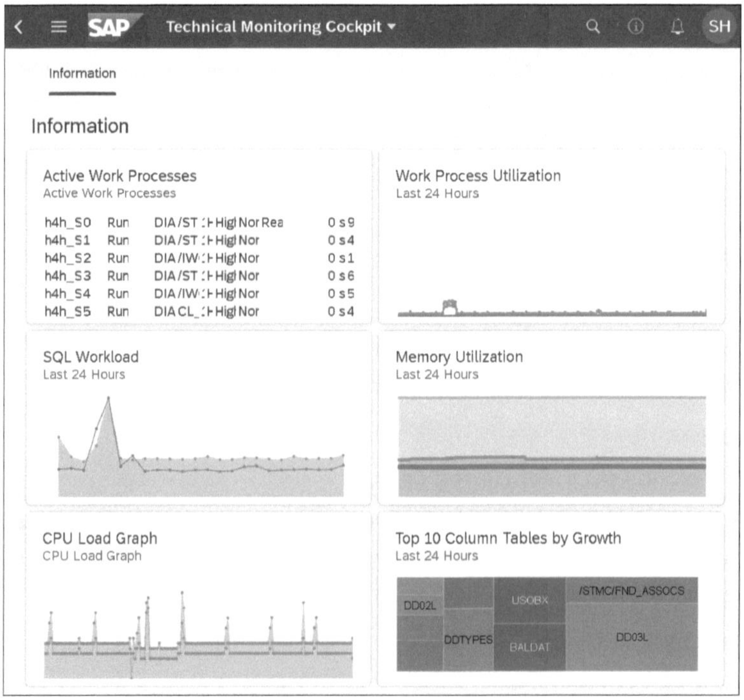

Abbildung 13.56: Anwendungssystem-Dashboard

Auch in der Cloud kann TMC zur Überwachung der Systemlandschaft verwendet werden. In der SAP Business Technology Platform (SAP BTP) muss hierzu das SAP BTP ABAP Environment abonniert sein.

13.10.3 Überwachung mit dem SAP Solution Manager

Der SAP Solution Manager nimmt für viele On-Premise-Kunden eine zentrale Rolle bei der Verwaltung der SAP-Systemlandschaften ein. Je mehr Szenarien des SAP Solution Managers aktiviert sind, desto mehr Nutzen kann man aus ihm ziehen. Nutzen Sie das Werkzeug z. B. für die Dokumentation Ihrer Geschäftsprozesse, kann der SAP Solution Manager bei einem Abbruch automatisch erkennen, welchem Geschäftsprozess der Abbruch zuzuordnen ist, und Sie gezielt darüber informieren.

SAP Solution Manager oder SAP Cloud ALM

Als Alternative zum SAP Solution Manager habe ich Ihnen in Abschnitt 2.3.6, »SAP Solution Manager und SAP Cloud ALM«, SAP Cloud ALM vorgestellt. Nutzen Sie den SAP Solution Manager bereits für die Überwachung Ihrer Systemlandschaften, spricht nichts dagegen, auch SAP S/4HANA in die bestehende Infrastruktur aufzunehmen. Allerdings müssen Sie das bevorstehende Wartungsende des SAP Solution Managers im Blick behalten. Möchten Sie eine Überwachungsinfrastruktur neu einführen, empfehle ich Ihnen, sich über den Informationsumfang von SAP Cloud ALM zu informieren (siehe Abschnitt 13.10.4, »Überwachung mit SAP Cloud ALM«).

Funktionen zur Überwachung

Die folgenden Funktionen des SAP Solution Managers stellen den reibungslosen technischen Betrieb von SAP S/4HANA sicher:

- **System-Monitoring**
- **User-Experience-Monitoring**
- **Schnittstellen-Monitoring**
- **Process Integration Monitoring**
- **Nachrichtenfluss-Monitoring**
- SAP HANA Monitoring
- **Business-Intelligence-Monitoring**
- **Job-Monitoring**
- Ursachenanalyse

In Abbildung 13.57 sehen Sie die im Bereich **System- und Anwendungsüberwachung** verfügbaren Apps im SAP Fiori Launchpad des SAP Solution Managers.

Je nachdem, welche der Funktionen Sie im SAP Solution Manager verwenden möchten, sind teilweise umfangreiche Einrichtungsschritte notwendig. Ich kann Ihnen hierzu die Anleitungen aus dem Buch »SAP Solution Manager. Das Praxishandbuch« von René Allissat, Markus Bechler, Eileen Danz, Andreas Hömer, Michael Markert und Timo Steinsberger (SAP PRESS 2021) empfehlen. In der Regel gibt es für jedes Szenario geführte Prozeduren im SAP Solution Manager.

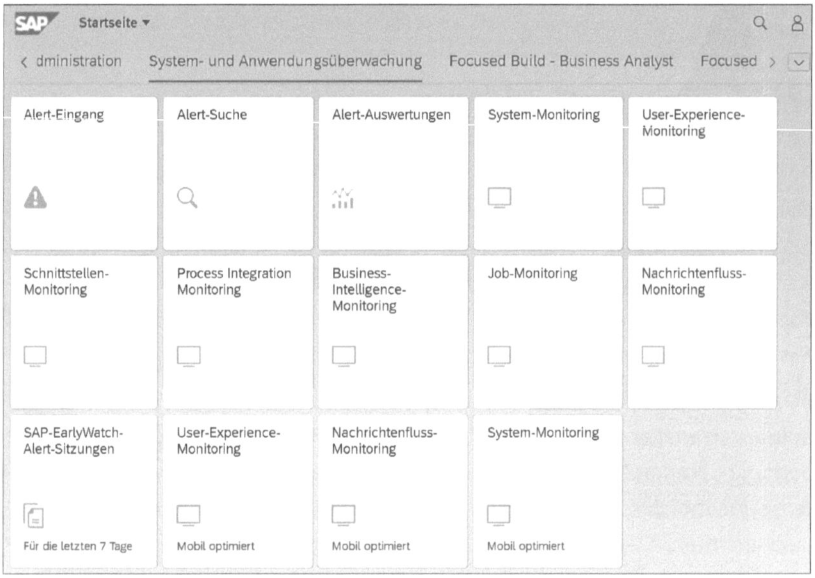

Abbildung 13.57: System- und Anwendungsüberwachung

Beispiel System-Monitoring

Einen Eindruck der Funktionalität können Sie sich in Abbildung 13.58 verschaffen. Sie sehen hier das **System-Monitoring** eines SAP-S/4HANA-Systems.

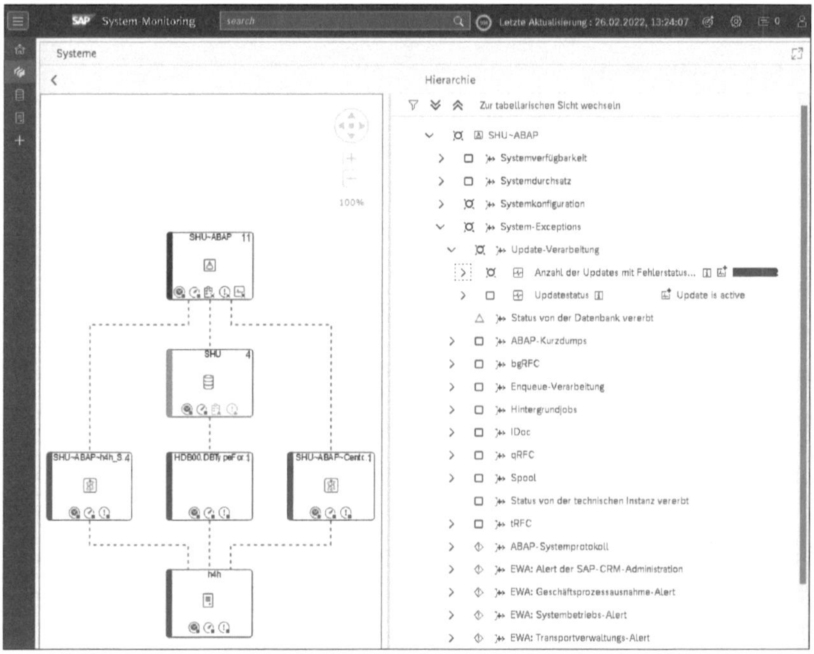

Abbildung 13.58: System-Monitoring eines SAP-S/4HANA-Systems

Der Host, die SAP-HANA-Plattform und der AS ABAP werden übersichtlich dargestellt und der Gesundheitszustand der jeweiligen Komponenten wird zu einem Gesamtzustand aggregiert. Der angezeigte kritische Gesamtzustand in diesem Beispiel rührt von den Verbuchungsabbrüchen her, die uns in Abschnitt 13.5, »Verbuchung«, als Beispiel dienten.

Alerts

Zu den Verbuchungsabbrüchen werden auch Alarme (Alerts) generiert, die Ihnen in der App **Alert-Eingang** angezeigt werden und dort bearbeitet werden können. Auf deren Basis können manuell oder automatisch Incidents erzeugt werden, damit sowohl die Analyse als auch das Beheben der Störungen im Rahmen des Incident-Management-Szenarios im SAP Solution Manager erfolgen können.

13.10.4 Überwachung mit SAP Cloud ALM

Ursprünglich für das Application Lifecycle Management cloudbasierter Anwendungen eingeführt, spielt SAP Cloud ALM auch in hybriden Umgebungen eine wichtige Rolle für die Verwaltung und Überwachung Ihrer Systeme. Es ist das strategische Produkt für diesen Bereich und wird mit hoher Geschwindigkeit weiterentwickelt.

Funktionen

Für die Überwachung und den Betrieb von SAP S/4HANA stehen folgende Funktionen zur Verfügung:

- Business-Process-Monitoring (nur ausgewählte Geschäftsprozesse)
- Health-Monitoring (siehe Abbildung 13.59)
- Integrations-Monitoring und Ausnahmenüberwachung
- Job- und Automatisierungs-Monitoring
- Monitoring realer Benutzer (Real User Monitoring, siehe Abbildung 13.60)
- Konfigurations- und Sicherheitsanalyse

Zu verwaltende Lösungen

Neben SAP S/4HANA können Sie derzeit unter anderem folgende Lösungen mit SAP Cloud ALM überwachen:

- SAP SuccessFactors
- SAP Business Suite
- SAP Concur
- SAP Fieldglass
- SAP Integration Suite
- SAP BTP
- Cloud Connector

Beispiel Health-Monitoring

In Abbildung 13.59 sehen Sie beispielhaft einen Auszug aus dem **Health-Monitoring** eines SAP-S/4HANA-Systems. Sie können aus inzwischen über 300 Kennzahlen für die Komponenten AS ABAP, SAP-HANA-Datenbank und Betriebssystem auswählen und diese in einem personalisierten Dashboard zusammenstellen.

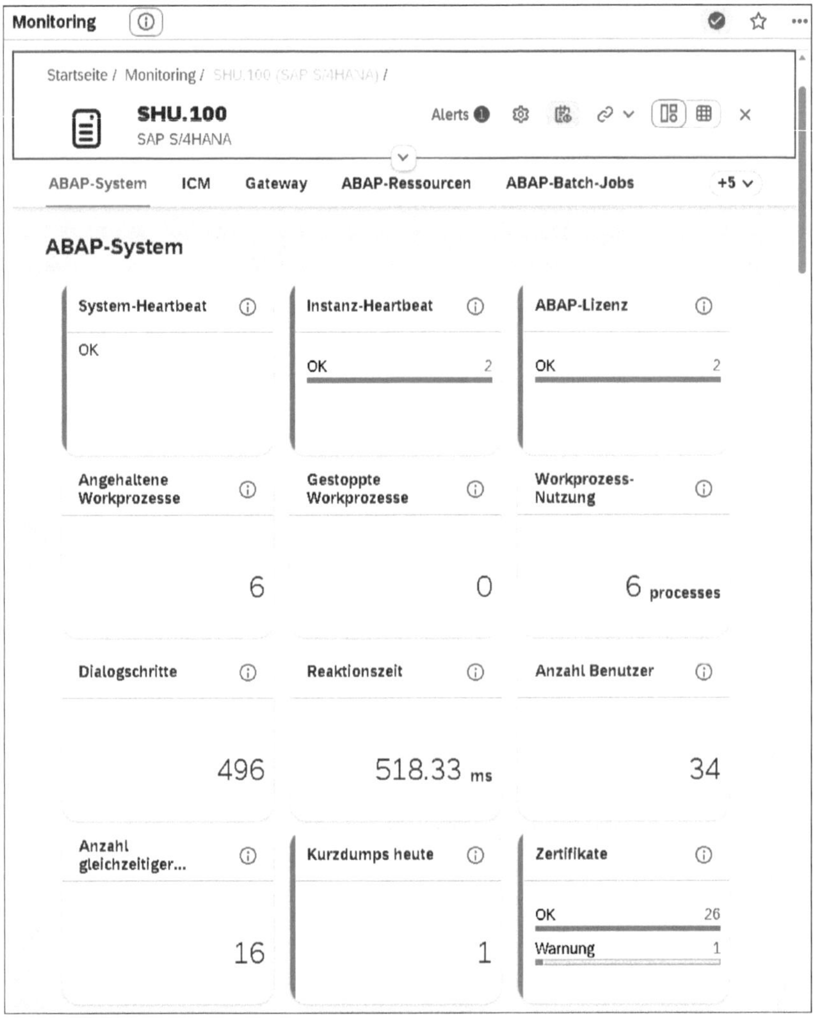

Abbildung 13.59: Health-Monitoring in SAP Cloud ALM

Durchgängige Messung

In Abbildung 13.60 sehen Sie als weiteres Beispiel einen Auszug aus dem **Real-User-Monitoring**. Es vermisst durchgängig alle realen Benutzeranfragen aus SAP S/4HANA. In den Messungen werden alle beteiligten Komponenten berücksichtigt, inklusive Client und Netzwerk. Bei langen Antwortzeiten können Sie so z. B. herausfinden, welche Komponenten für die schlechte Antwortzeit verantwortlich sind.

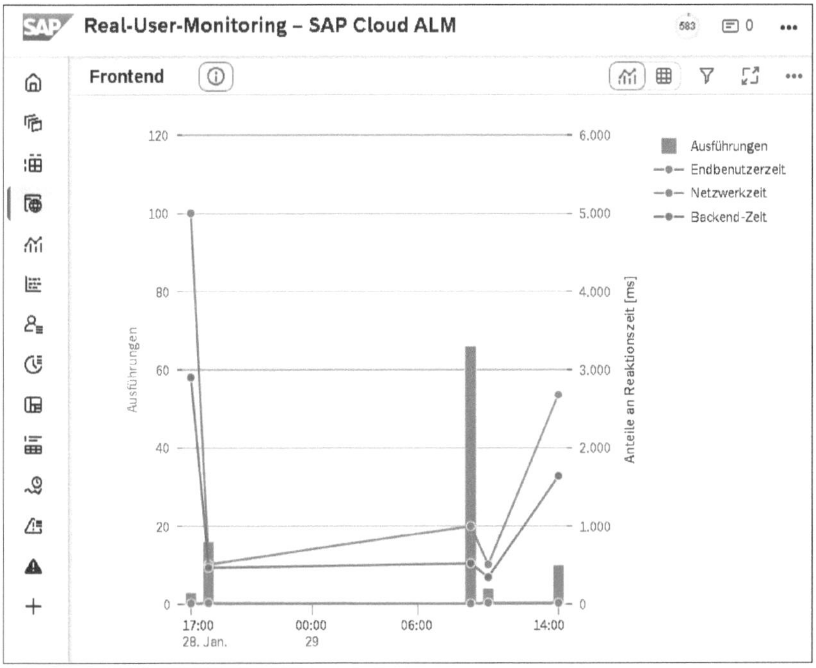

Abbildung 13.60: Real-User-Monitoring in SAP Cloud ALM

Demosystem

Die Einrichtung von SAP Cloud ALM habe ich Ihnen bereits in Abschnitt 11.7, »SAP Cloud ALM«, gezeigt. Wenn Sie sich die Lösung erst einmal anschauen möchten, haben Sie die Möglichkeit, kostenlos auf ein Demosystem zuzugreifen. Rufen Sie hierzu die Seite *http://s-prs.de/v1121912* auf. Dort können Sie je nach Anwendungsfall einen Demo-User aussuchen, mit dem Sie sich dann am Launchpad des Demo-Tenants anmelden und einen guten Eindruck der Möglichkeiten gewinnen können.

Beispiel

Ich möchte Ihnen nun an einem konkreten Beispiel zeigen, wie Sie sich per E-Mail aus SAP Cloud ALM proaktiv informieren lassen können. Wir wählen dazu die Kennzahl **Kurzdumps heute** aus dem Bereich **Health-Monitoring**. Das Beispiel können Sie aber sehr leicht auf andere Kennzahlen übertragen, wie ablaufende Zertifikate, abgebrochene Verbuchungsabbrüche oder lang laufende Jobs. Führen Sie folgende Schritte aus:

1. Melden Sie sich an Ihrem SAP-Cloud-ALM-Tenant an und öffnen Sie auf der Registerkarte **Betrieb** die Kachel **Health-Monitoring**.
2. Klicken Sie oben rechts auf den Button (**Konfiguration**). Klicken Sie im Bereich **Systeme** auf Ihr SAP-S/4HANA-System (in meinem Beispiel SHU.100), wie in Abbildung 13.61 gezeigt.

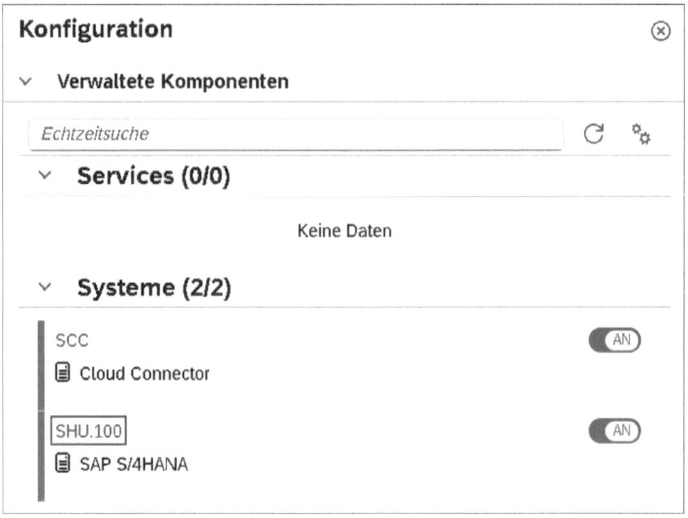

Abbildung 13.61: Konfiguration in SAP Cloud ALM

3. Auf dem folgenden Bildschirm sehen Sie auf der ersten Registerkarte **Metriken** alle verfügbaren Kennzahlen. Suchen Sie hier die Kennzahl **Short Dumps today** und klicken Sie diese an. Sie sehen daraufhin den in Abbildung 13.62 gezeigten Bildschirm. Hier können Sie im Bereich **Schwellenwerteinstellungen** die Schwellenwerte anpassen. Ich habe beispielsweise die Standardwerte reduziert. Die geänderte Einstellung bewirkt, dass die Gesundheitsbewertung bereits beim ersten Kurzdump auf Orange (Warnung) und bei sechs Kurzdumps auf Rot (Fehler) springt. Über den Button **Sichern** speichern Sie die Änderungen.

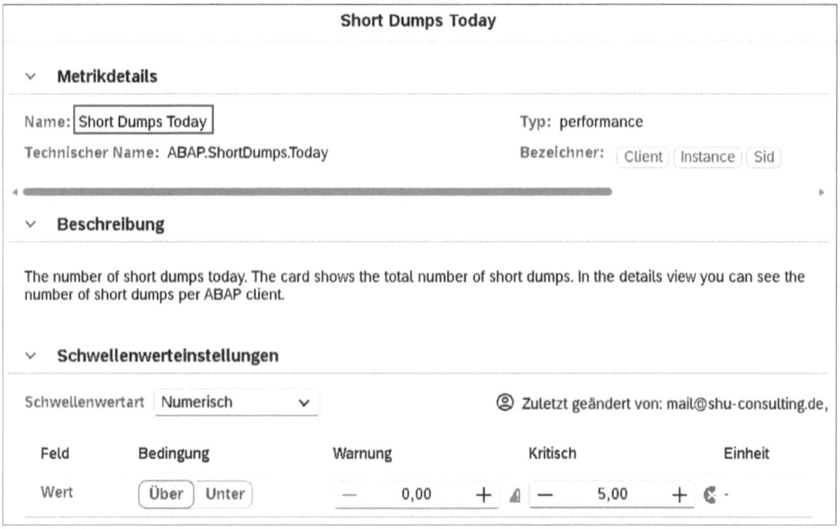

Abbildung 13.62: Anpassung der Schwellenwerte für Kurzdumps

4. Sie befinden sich nun wieder auf der Übersichtsseite der Metriken. Wechseln Sie auf die Registerkarte **Ereignisse**. Auch hier werden Ihnen alle definierbaren Ereignisse angeboten. Suchen Sie in der Liste das Ereignis **Hohe Anzahl an Kurzdumps** und klicken Sie darauf. Es öffnet sich das in Abbildung 13.63 gezeigte Fenster.

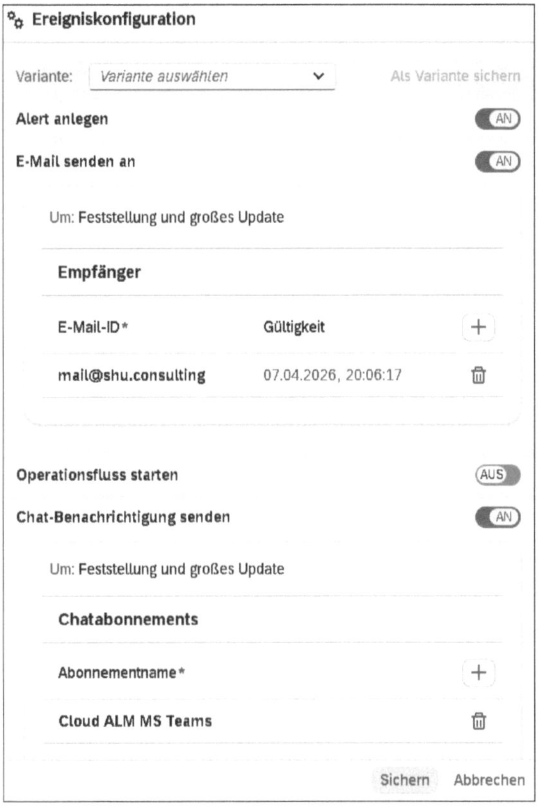

Abbildung 13.63: Ereigniskonfiguration

5. Wie Sie sehen, habe ich mehrere Ereignisse aktiviert, die beim Erreichen der Schwellenwerte ausgelöst werden. Tragen Sie Ihre E-Mail-Adresse ein und aktivieren Sie den Schieberegler bei **E-Mail senden an**. SAP Cloud ALM hat auch eine einfache integrierte Alert-Verwaltung. Sie können aber auch externe Lösungen, wie z. B. ServiceNow, anbinden oder eigene Workflows bzw. Lösungen auf der SAP BTP bauen. Neben der hier im Fokus stehenden Benachrichtigung per E-Mail habe ich in meinem System noch eine Ereignisauslösung an Microsoft Teams konfiguriert. Das finde ich besonders interessant, da Microsoft Teams für viele Menschen im Büroalltag ein zentrales Werkzeug ist. Für die Anbindung an Microsoft Teams möchte ich Sie auf die Seite *http://s-prs.de/v1121913* verweisen.

Mit diesen Schritten ist die Konfiguration abgeschlossen. Jetzt müssen Sie nur noch auf den nächsten Kurzdump warten. Nach kurzer Zeit erreicht mich sowohl die E-Mail (siehe Abbildung 13.64) als auch ein Post in Microsoft Teams (siehe Abbildung 13.65).

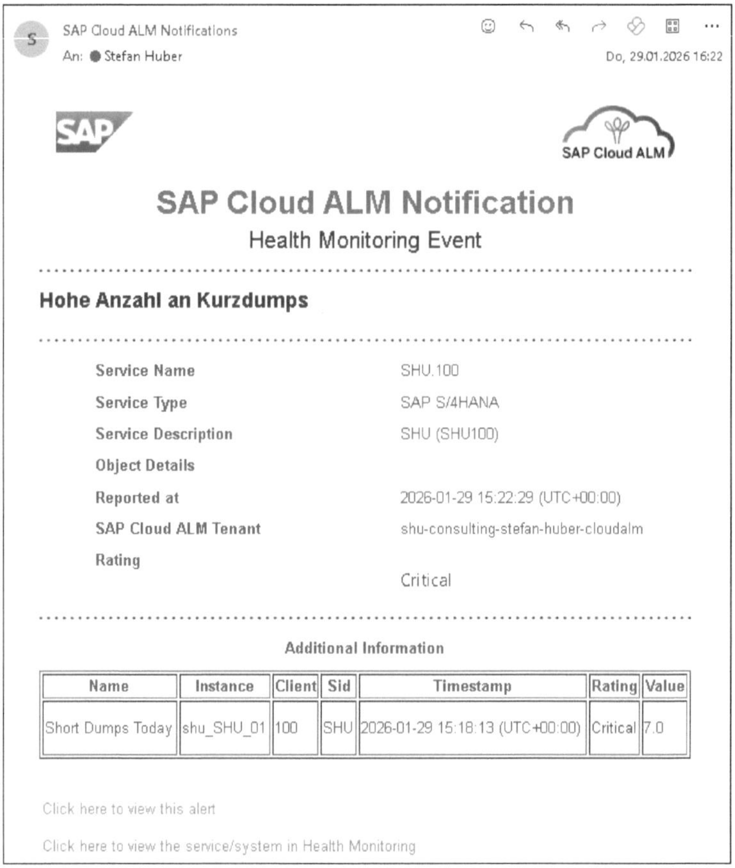

Abbildung 13.64: E-Mail, die über die hohe Anzahl an Kurzdumps informiert

SAP Cloud ALM entwickelt sich kontinuierlich weiter. Für einen guten Überblick des Bereichs Betrieb und des aktuellen Funktionsumfangs empfehle ich Ihnen das *SAP Cloud ALM for Operations Expert Portal*, das Sie unter dem Link *http://s-prs.de/v1121914* erreichen.

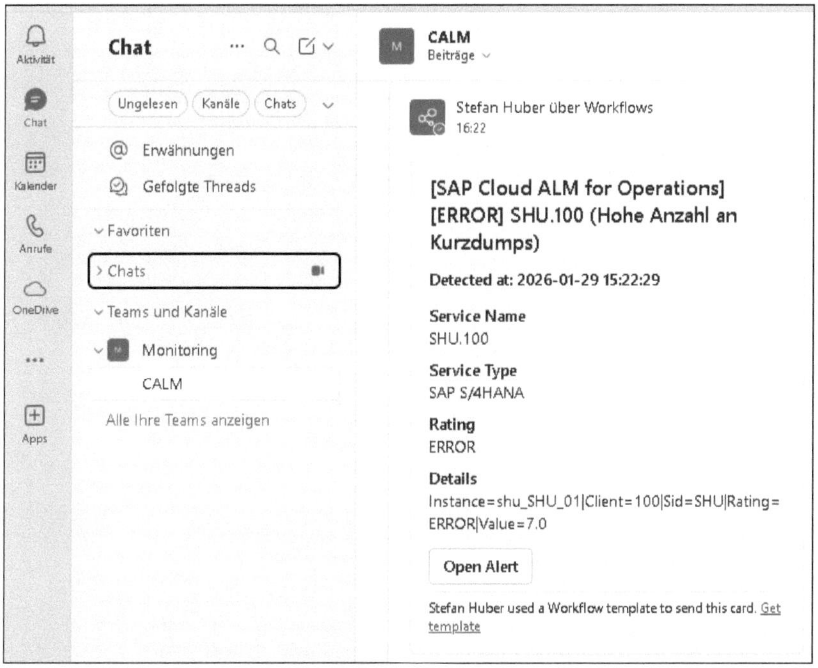

Abbildung 13.65: Post in Microsoft Teams, der auf die hohe Anzahl an Kurzdumps hinweist

Kapitel 14
Überwachung der SAP-HANA-Plattform

Probleme innerhalb der SAP-HANA-Plattform wirken sich fast immer auch auf die darauf aufbauenden Plattformen, wie den AS ABAP aus. Daher müssen Sie bei der Überwachung von SAP S/4HANA auch SAP HANA im Blick behalten.

In Abschnitt 5.1, »Administrationswerkzeuge«, haben Sie bereits die wichtigsten Administrationswerkzeuge für die Systemkonfiguration von SAP HANA kennengelernt. Auch für die Überwachung verwenden Sie das DBA Cockpit und das SAP HANA Cockpit. Das SAP HANA Cockpit ist sicherlich das umfassendste Werkzeug für alle administrativen Aufgaben in SAP HANA. Dennoch werde ich, wenn möglich, für die Beispiele in diesem Kapitel das DBA Cockpit verwenden, da dieses Werkzeug den meisten SAP-S/4HANA-Administrator*innen vertrauter ist als das SAP HANA Cockpit. Für einige Aufgaben müssen Sie aber auf das SAP HANA Cockpit zurückgreifen oder per Konsole auf das Betriebssystem zugreifen, z. B. wenn die SAP-HANA-Plattform nicht mehr funktionsfähig oder nicht mehr per SQL erreichbar ist.

In Abschnitt 14.1, »Arbeiten mit Alerts«, lernen Sie, wie Sie Alarme in SAP HANA konfigurieren können. In Abschnitt 14.2, »Überwachung der Systemressourcen«, erfahren Sie, wie Sie die wichtigsten Ressourcen von SAP HANA überwachen und Engpässe analysieren können. In Abschnitt 14.3, »Traces und Diagnosedateien«, zeige ich Ihnen, wie Sie wichtige Traces konfigurieren und analysieren. In Abschnitt 14.4, »Transaktionale Probleme«, gehe ich auf typische Sperrprobleme ein, und in Abschnitt 14.5, »Administration nicht mehr reagierender Systeme«, erfahren Sie abschließend, welchen Handlungsspielraum Sie bei einem nicht mehr reagierenden System haben.

14.1 Arbeiten mit Alerts

SAP HANA verfügt über eine interne Monitoring-Infrastruktur, die kritische Systemzustände erkennt und Sie aktiv darüber informieren kann. Als Überwachungs- und Konfigurationswerkzeuge stehen Ihnen primär das DBA Cockpit und das SAP HANA Cockpit zur Verfügung. Auch externe Überwachungswerkzeuge, wie z. B. das Technische Monitoring Cockpit (TMC, siehe Abschnitt 13.10.2), der SAP Solution Manager (siehe Abschnitt 13.10.3) oder SAP Cloud ALM (siehe Abschnitt 13.10.4), sind in der Lage, auf diese Infrastruktur zuzugreifen.

14.1.1 Alert-Verwaltung mit dem DBA Cockpit

Eskalationsstufen

Bereits im Auslieferungszustand ist SAP HANA so konfiguriert, dass bei kritischen Systemzuständen Alerts ausgelöst werden. Für die meisten Alerts gibt es bis zu vier Warnstufen, die den Alert bei Über- oder Unterschreitung bestimmter Schwellenwerte auslösen. Diese Stufen lauten:

1. Information
2. Niedrig
3. Mittel
4. Hoch

Im DBA Cockpit (Transaktion DBACOCKPIT) finden Sie die aktuellen Alerts im Navigationsbereich unter **Aktueller Status • Alerts** (siehe Abbildung 14.1).

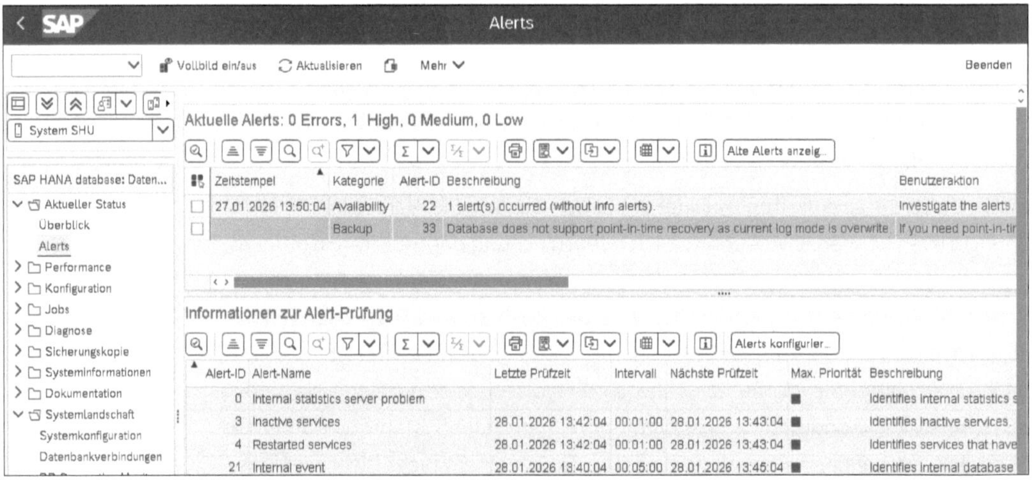

Abbildung 14.1: Anzeige von Alerts im DBA Cockpit

Alte Alerts

Im Bereich **Aktuelle Alerts** sehen Sie die aktiven Alerts der ausgewählten Datenbank. Über den Button **Alte Alerts anzeigen** werden Ihnen in der Vergangenheit ausgelöste Alerts angezeigt, bei denen die Situation, die zum Alert geführt hat, nicht mehr vorherrscht. Wenn z. B. in der Nacht eine hohe Speicherauslastung zu einem Alert geführt hat, die Speicherauslastung dann aber wieder niedrig wurde, taucht der entsprechende Alert nur noch bei den alten Alerts auf. Wenn Sie sich nicht proaktiv über Alerts benachrichtigen lassen, sollten Sie daher immer auch einen Blick auf die alten Alerts werfen.

[«]

Reorganisation von Alerts

Alerts, egal, ob aktiv oder alt, werden wie viele andere statistische Daten nach 42 Tagen reorganisiert und sind dann in der Datenbank nicht mehr auffindbar.

Prüfintervalle

Die Monitoring-Infrastruktur von SAP HANA prüft jede aktive Alert-ID in definierten Abständen. Hierzu ist zu jeder Alert-ID ein Prüfintervall hinterlegt. Sie sehen das definierte Intervall im Bereich **Informationen zur Alert-Prüfung** in der Spalte **Intervall**. CPU- oder Hauptspeicherauslastung werden z. B. minütlich geprüft, während das Alter der letzten erfolgreichen Datenbanksicherung nur alle 24 Stunden geprüft wird. Wenn Sie eine Fehlersituation beheben, verschwindet der Alert nicht sofort, sondern erst mit dem nächsten Prüflauf. Der gezeigte Alert mit ID 37 aus Abbildung 14.1 wird z. B. nur alle 24 Stunden geprüft. Erst dann würde der Alert in die alten Alerts verschoben werden.

Alert-Konfiguration

Wie bereits angedeutet, wird jeder Alert über eine eindeutige ID definiert. Derzeit gibt es über 100 verschiedene Alert-IDs. Über den Button **Alerts konfigurieren** im Bereich **Informationen zur Alert-Prüfung** können Sie definieren, welche Alert-IDs geprüft werden sollen (siehe Abbildung 14.2). Ebenso können Sie die Schwellenwerte für die jeweiligen Warnstufen anpassen. So können Sie die Alarmierung Ihren Bedürfnissen anpassen. Wechseln Sie dazu in den **Bearbeitungsmodus**.

[«]

Alerting über den SAP Solution Manager oder SAP Cloud ALM

Überwachen Sie die SAP-HANA-Datenbank über den SAP Solution Manager oder über SAP Cloud ALM, müssen Sie die Schwellenwerte für die Alerts dort konfigurieren.

Systemdatenbank nicht vergessen

Bedenken Sie bei der Anpassung und Überwachung von Alerts, dass SAP HANA aus mindestens zwei Datenbanken besteht (Systemdatenbank und Tenant-Datenbank). Daher müssen Sie sowohl bei der Alert-Konfiguration als auch bei der Überwachung immer alle Datenbanken im Blick behalten. Überwachen Sie die Alerts über das DBA Cockpit, müssen Sie die Systemdatenbank als weitere Datenbank in das DBA Cockpit aufnehmen. Wie das geht, habe ich in Abschnitt 5.1.1, »DBA Cockpit«, beschrieben.

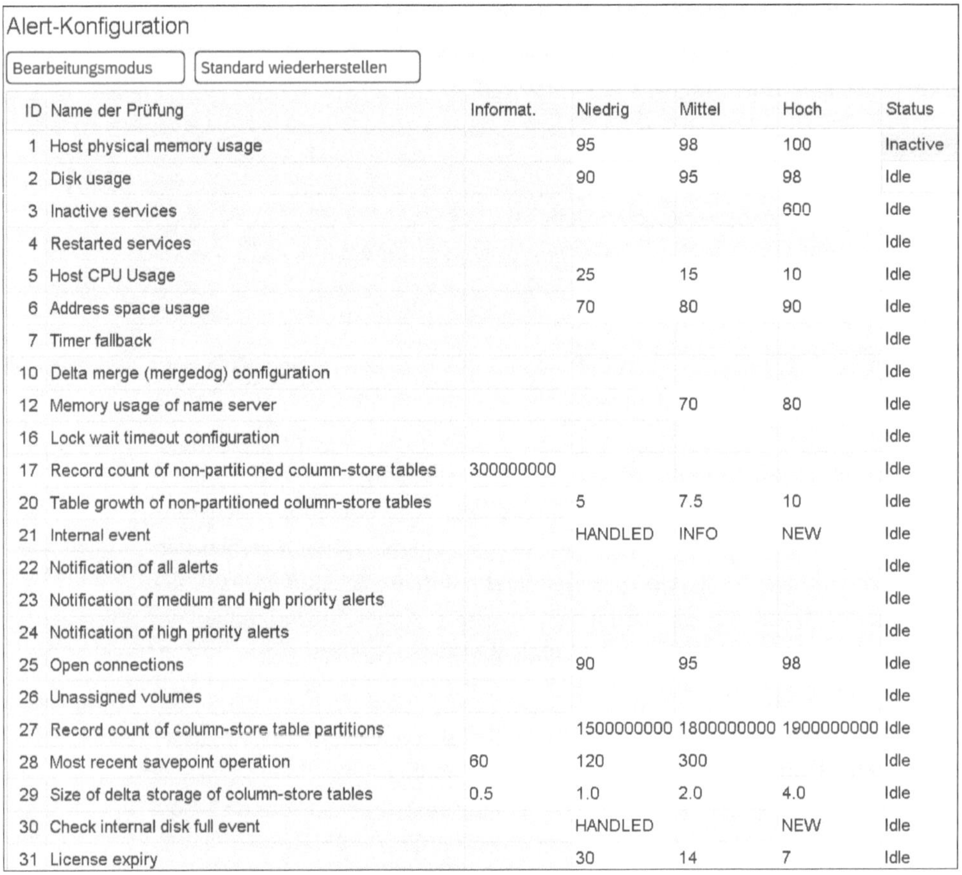

Alert-Konfiguration

Bearbeitungsmodus | Standard wiederherstellen

ID	Name der Prüfung	Informat.	Niedrig	Mittel	Hoch	Status
1	Host physical memory usage		95	98	100	Inactive
2	Disk usage		90	95	98	Idle
3	Inactive services				600	Idle
4	Restarted services					Idle
5	Host CPU Usage		25	15	10	Idle
6	Address space usage		70	80	90	Idle
7	Timer fallback					Idle
10	Delta merge (mergedog) configuration					Idle
12	Memory usage of name server			70	80	Idle
16	Lock wait timeout configuration					Idle
17	Record count of non-partitioned column-store tables	300000000				Idle
20	Table growth of non-partitioned column-store tables		5	7.5	10	Idle
21	Internal event		HANDLED	INFO	NEW	Idle
22	Notification of all alerts					Idle
23	Notification of medium and high priority alerts					Idle
24	Notification of high priority alerts					Idle
25	Open connections		90	95	98	Idle
26	Unassigned volumes					Idle
27	Record count of column-store table partitions		1500000000	1800000000	1900000000	Idle
28	Most recent savepoint operation	60	120	300		Idle
29	Size of delta storage of column-store tables	0.5	1.0	2.0	4.0	Idle
30	Check internal disk full event		HANDLED		NEW	Idle
31	License expiry		30	14	7	Idle

Abbildung 14.2: Alert-Konfiguration im DBA Cockpit

Alerts Reference

Während einige Alerts selbsterklärend sind, benötigen Sie bei anderen Alerts weiterführende Hilfe, um die Fehlersituation zu beseitigen. Hierzu empfehle ich Ihnen einen Blick in die *Alerts Reference*. Auf der Webseite *https://help.sap.com/hana* finden Sie im Bereich **Operate** den »SAP HANA Troubleshooting and Performance Analysis Guide«. Darin finden Sie unter **Alerts and the Statistics Service** die **Alerts Reference** mit ausführlichen Beschreibungen. Zusätzlich sind hilfreiche SAP-Hinweise in der Alerts Reference verlinkt.

14.1.2 Erweiterte Funktionen des SAP HANA Cockpits

App »Alerts«

Leider unterstützt das DBA Cockpit einige Funktionen im Bereich des Alertings derzeit noch nicht. Daher möchte ich an dieser Stelle auch auf das SAP HANA Cockpit eingehen. In Abbildung 14.3 sehen Sie die geöffnete App **Alerts** des SAP HANA Cockpits. Beachten Sie, dass hier im Unterschied zum DBA Cockpit im

Standard die Warnstufen »Information« und »Niedrig« ausgeblendet sind und bei Bedarf explizit ausgewählt werden müssen.

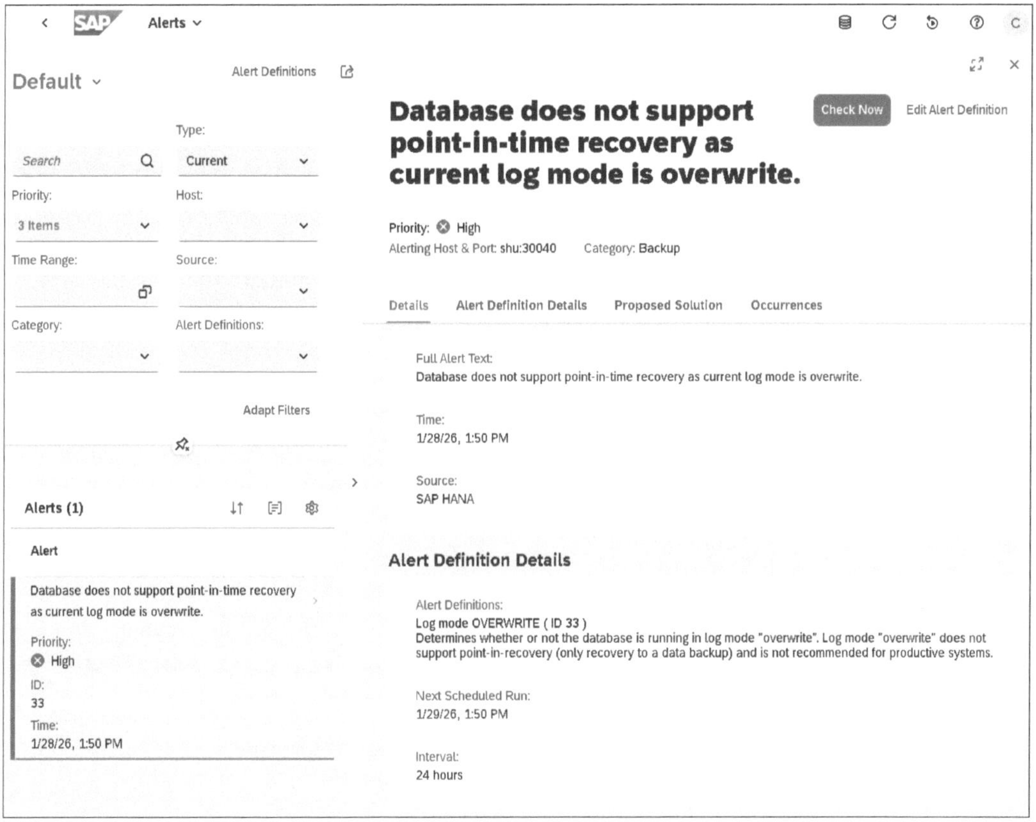

Abbildung 14.3: Alerts-App im SAP HANA Cockpit

Vorteile des SAP HANA Cockpits

Sie haben bei der Alert-Verwaltung über das HANA Cockpit folgende Vorteile:

- **Check-Now-Funktion**

  Über den Button **Check Now** können Sie vor der Analyse eines Alerts noch mal sicherstellen, dass der Fehler wirklich noch besteht, um nicht ein Problem zu analysieren, das gar nicht mehr akut ist. Ebenso können Sie über den Button nach einer Fehlerbehebung verifizieren, ob der Fehler nun beseitigt ist. Er verschwindet dann sofort aus der Liste der aktuellen Alerts und nicht erst beim nächsten regulären Prüflauf.

- **Änderung des Prüfintervalls**

  Über den Button **Edit Alert Definition** oder die App **Alert Definitions** können Sie wie im DBA Cockpit die Schwellenwerte anpassen und die Prüfung aktivieren oder deaktivieren. Zusätzlich haben Sie auch die Möglichkeit, das Prüfintervall eines Alerts zu ändern.

- **Konfiguration einer Benachrichtigung per E-Mail**

  Ebenfalls über den Button **Edit Alert Definition** oder die App **Alert Definitions** haben Sie die Möglichkeit, E-Mail-Empfänger*innen für die Alerts zu konfigurieren. Sie können hierbei Standardempfänger*innen und abweichende Empfänger*innen für bestimmte Alert-IDs konfigurieren.

- **Verteilung der Alert-Konfiguration an andere Datenbanken**

  Ändern Sie die Konfiguration eines Alerts (Aktivierung, Schwellenwerte, Prüfintervall oder E-Mail-Empfänger*in), können Sie diese Konfiguration über den Button **Apply to other databases** an die anderen SAP-HANA-Datenbanken, die in Ihrem SAP HANA Cockpit registriert sind, verteilen.

14.1.3 Anbindung externer Werkzeuge

SAP Solution Manager und SAP Cloud ALM

In größeren Organisationen genügt die Bearbeitung von Alerts mit den hier gezeigten Bordmitteln meist nicht den Anforderungen. In solchen Umgebungen benötigen Sie umfassende Incident-Management-Systeme, mit denen Alerts im Rahmen von Incidents bearbeitet und nachverfolgt werden können. Mit dem SAP Solution Manager und SAP Cloud ALM stehen hierfür geeignete Werkzeuge von SAP zur Verfügung. In Abschnitt 13.10.4, »Überwachung mit SAP Cloud ALM«, habe ich Ihnen bereits Beispiele für die Überwachung von SAP S/4HANA mit SAP Cloud ALM gezeigt. Dieses Prinzip lässt sich 1:1 auf SAP HANA übertragen.

Aber auch externe Werkzeuge lassen sich gut integrieren. Einige Werkzeuge verfügen über eine direkte Schnittstelle zu SAP HANA, während andere die von SAP HANA erzeugten E-Mails empfangen, automatisch analysieren und daraus Incidents generieren können.

14.2 Überwachung der Systemressourcen

Hauptspeicher und CPUs sind die wichtigsten Ressourcen in SAP HANA. Kommt es in diesen Bereichen zu Engpässen, hat das mit hoher Wahrscheinlichkeit negative Auswirkungen auf die Performance oder sogar die Stabilität des gesamten Systems. In diesem Abschnitt möchte ich daher gemeinsam mit Ihnen einen Blick auf die wichtigsten Ressourcen werfen.

14.2.1 Hauptspeicher

In Abschnitt 1.1.3, »Sizing«, Abschnitt 3.2.3, »Zusammenspiel von Hauptspeicher und Persistenz«, und Abschnitt 5.2, »Konfiguration der SAP-HANA-Datenbank«, habe ich die Zusammenhänge zwischen Hauptspeichernutzung und einigen Konfigurationsparametern aufgezeigt, mit denen Sie verhindern können, dass es zu Engpässen kommt.

Indikatoren für einen Engpass

Engpässe beim Hauptspeicher erkennen Sie an folgenden Indikatoren:

- Alert-ID 40 (Total memory usage of Column Store tables)
- Alert-ID 43 (Memory usage of services)
- Alert-ID 45 (Memory usage of main storage of Column Store tables)
- Alert-ID 46 (Runtime dump files)
- Alert-ID 55 (Column Store unloads)
- vorhandene Out-of-Memory-Dumps (OOM-Dumps)

Im Folgenden habe ich die meiner Erfahrung nach häufigsten Ursachen von Speicherproblemen aufgeführt und beschrieben, wie Sie diese Situationen analysieren können.

Verletzung der 50%-Regel

Gemäß den Sizing-Regeln werden nur etwa 50% des Hauptspeichers von SAP HANA durch die Ablage von Nutzdaten belegt. Die anderen 50% benötigt SAP HANA für die Ausführung von Datenbankabfragen sowie für interne Prozesse, wie z. B. den Delta Merge. Wächst das Datenvolumen stärker, als kalkuliert, bleibt SAP HANA nicht mehr genügend Hauptspeicher für diese Abfragen und Prozesse. Die Folge sind häufige Datenentladungen (Alert-ID 55, Critical Unloads) und damit verbundene Performanceeinbrüche. In Extremsituationen kann die Datenbank sogar instabil werden.

Im DBA Cockpit können Sie über den Knoten **Konfiguration • Services** im Navigationsbereich den Speicherverbrauch der einzelnen Prozesse einsehen. Da der Indexserverprozess die Nutzdaten beinhaltet, klicken Sie in der Zeile des Indexservers auf die Spalte **Größe des belegten Speichers insgesamt**. Es öffnet sich der in Abbildung 14.4 gezeigte Bildschirm. Zählen Sie die Werte der Bereiche **Column Store** und **Row Store** zusammen, so belegen diese Daten etwa 40 GB RAM. Diese Zahl vergleichen Sie mit der insgesamt konfigurierten Speichergröße (dem *Allokationslimit*), das Sie unter dem Knoten **Aktueller Status • Überblick** im Navigationsbereich einsehen können. Bei einem derzeitig eingestellten Allokationslimit von 128 GB RAM sind Sie in dem Beispiel aus Abbildung 14.4 also noch weit von den 50% entfernt.

Belegen Ihre Daten deutlich über 50% des Hauptspeichers, müssen Sie analysieren, welche Tabellen in letzter Zeit besonders stark gewachsen sind und diesem Wachstum z. B. durch eine aggressivere Archivierungs- oder Löschstrategie entgegenwirken. Ist das Datenwachstum unausweichlich, müssen Sie Ihre SAP-HANA-Installation mit mehr Hauptspeicher ausstatten.

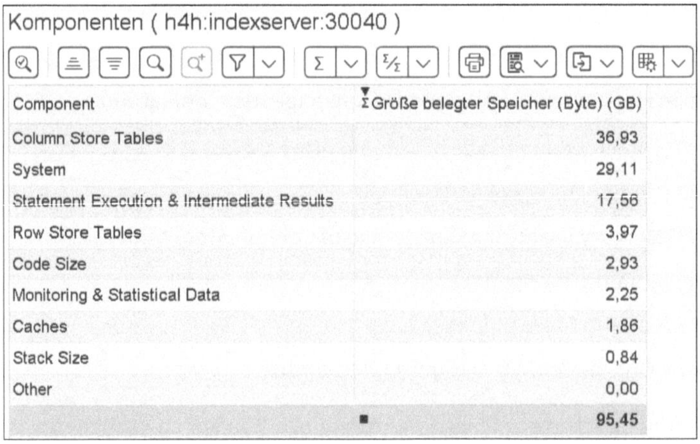

Komponenten (h4h:indexserver:30040)

Component	Größe belegter Speicher (Byte) (GB)
Column Store Tables	36,93
System	29,11
Statement Execution & Intermediate Results	17,56
Row Store Tables	3,97
Code Size	2,93
Monitoring & Statistical Data	2,25
Caches	1,86
Stack Size	0,84
Other	0,00
■	95,45

Abbildung 14.4: Speicherverbrauch des Indexserverprozesses

Viel Hauptspeicher für einzelne Tabellen

Belegen einzelne Tabellen sehr viel Hauptspeicher, benötigt SAP HANA für einen Delta Merge dieser Tabellen zusätzlichen Hauptspeicher (siehe Abschnitt 1.1.3, »Sizing«). In Extremsituationen gelingt es SAP HANA dann nicht mehr, sehr große Tabellen einem Delta-Merge-Vorgang zu unterziehen, was zu einer immer größeren Hauptspeicherauslastung bis hin zum Versagen der Datenbank führen kann. Auch solche Situationen führen zu Datenentladungen (Alert-ID 55) sowie zu einer übermäßigen Nutzung des Hauptspeichers durch Column-Store-Tabellen (Alert-ID 45).

Partitionierung

Sie können diesem Problem entgegenwirken, indem Sie die sehr großen Tabellen partitionieren. Dadurch entstehen mehrere kleine Tabellen, die SAP HANA besser verwalten kann. In SAP-Hinweis 2044468 sind unter Punkt 27 Empfehlungen für die Partitionierung der gängigsten großen SAP-Tabellen aufgeführt.

Viel Hauptspeicher für einzelne SQL-Anweisungen

Gerade im analytischen Umfeld, das ein häufiger Anwendungsfall für SAP S/4HANA ist, können einzelne Datenbankabfragen sehr viel Hauptspeicher belegen. Daher müssen Sie bestimmte Parameter so konfigurieren, dass einzelne Anweisungen nicht so viel Hauptspeicher allokieren können, dass sogar Tabellen aus dem Hauptspeicher entfernt werden (Alert-ID 55, Critical Unloads). Die wichtigsten Parameter hierzu habe ich in Abschnitt 5.2, »Konfiguration der SAP-HANA-Datenbank«, besprochen.

Expensive Statements Trace

Folgen Sie den dortigen Parameterempfehlungen, wird auch der *Expensive Statements Trace* aktiviert. Mit diesem Trace können Sie teure SQL-Anfragen identifizieren. Im DBA Cockpit können Sie auf diesen Trace über den Navigationspfad **Performance • Teure Anweisungen** zugreifen. In Abbildung 14.5 wurden die Ergebnisse des Trace über das Feld **Sortieren nach** absteigend nach Speicherverbrauch sortiert. Die teuerste Anweisung benötigte etwa 60 GB Hauptspeicher. Sie sehen auch, dass diese Anweisung mit einer Out-of-Memory-Fehlermeldung abgebrochen ist. Dies ist nur geschehen, da der Parameter `statement_memo-`

`ry_limit` im betreffenden System auf den Wert -1 GB gesetzt wurde (=25% des verfügbaren RAM). So konnte größerer Schaden vom System abgewendet werden.

Bei der Ausführung der betreffenden SQL-Anweisung wurden auch die Alert-IDs 43 und 46 ausgelöst sowie ein Out-of-MemoryDump in das Dateisystem geschrieben. In Abschnitt 14.3.5, »Dump File Viewer«, zeige ich Ihnen, wie Sie solche Dumps analysieren können. Teure SQL-Anweisungen sollten von einer erfahrenen Entwicklerin oder einem erfahrenen Entwickler analysiert und optimiert werden.

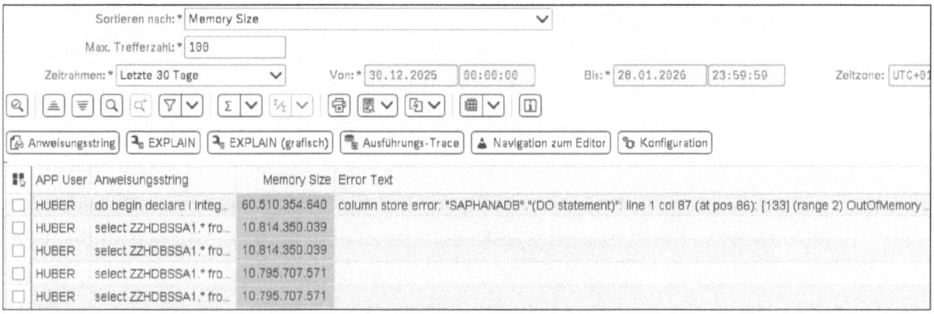

Abbildung 14.5: Teure Anweisungen (Expensive Statements Trace)

Programmfehler in SAP HANA

SAP HANA verwaltet seinen Hauptspeicher selbstständig und gibt nicht mehr benötigte Speicherbereiche intern wieder frei (man nennt diesen Vorgang *Garbage Collection*). Es gibt jedoch leider immer wieder SAP-HANA-Revisionen, die Speicher in bestimmten Konstellationen wegen eines Programmfehlers nicht mehr freigeben. Sie erkennen dies daran, dass vermehrt Alerts im Bereich der Speicherverwaltung auftreten, Sie aber festgestellt haben, dass weder die SQL-Anweisungen noch das Datenwachstum als Ursache infrage kommen.

Der Vorgang dieser fehlerhaften Speicherfreigabe (auch **Memory Leak** genannt) ist oft schleichend, weshalb das Problem erst spät erkannt wird. Suchen Sie in solchen Fällen nach SAP-Hinweisen, die das Problem für den betroffenen Speicherbereich beschreiben. Als Beispiel für die Beschreibung eines Memory-Leaks können Sie sich SAP-Hinweis 3624193 anschauen.

14.2.2 CPU-Ressourcen

Neben dem Hauptspeicher sind die CPU-Ressourcen eine wichtige Kenngröße, die Sie im Blick behalten sollten. SAP HANA setzt auf die Multi-Core-Architektur moderner Hardware und lastet die CPUs stark aus. Das ist durchaus beabsichtigt. Allerdings führt eine dauerhaft hohe Auslastung von über 90% zu Engpässen bei der Abarbeitung der Anfragen. Dies kann zu Trägheit oder Wartesituationen im System führen, bis hin zum Stillstand bei der Bearbeitung von Datenbankabfragen, was sich in gleicher Weise direkt im AS ABAP zeigt.

Indikatoren für CPU-Engpässe

Engpässe bei den CPU-Ressourcen erkennen Sie meistens an folgenden Indikatoren:

- Alert-ID 5 (Host-CPU-Nutzung)
- Alert-ID 131 (Admission Control Queue)

Die häufigsten Ursachen hoher CPU-Auslastung und deren Analyse beschreibe ich im Folgenden.

SQL-Abfragen mit hoher CPU-Auslastung

Einzelne SQL-Abfragen können neben viel Hauptspeicher auch viele CPU-Ressourcen binden. Durch die grundsätzliche Möglichkeit, einzelne SQL-Abfragen auf mehrere Threads aufzuteilen, können so sehr schnell viele CPU-Ressourcen mit einer Abfrage beschäftigt sein. Wie schon in Abschnitt 14.2.1, »Hauptspeicher«, gezeigt, können Sie über eine Analyse von teuren SAP-Abfragen auch solche identifizieren, die sehr viel CPU-Ressourcen benötigen, und diese analysieren lassen.

Threads analysieren

Herrscht aktuell eine hohe CPU-Auslastung vor, prüfen Sie die aktuellen Threads dahingehend, ob SQL-Anweisungen oder andere Prozesse für die hohe Auslastung verantwortlich sind. In Abbildung 14.6 sehen Sie die Anzeige der Threads im Bereich **Performance • Threads** im DBA Cockpit. Sie müssen eventuell das Layout der Anzeige anpassen und weitere Spalten, z. B. die CPU-Zeit, aufnehmen. Sie sehen hier, welche Anwender*innen die Last erzeugt haben, und sollten Kontakt mit diesen Personen aufnehmen und um einen Abbruch der Aktivität bitten. Im Extremfall können Sie eine laufende Verarbeitung über den Button **Threads abbrechen** selbst beenden.

Interne Prozesse mit hoher CPU-Auslastung

Neben SQL-Anweisungen können auch interne Prozesse, z. B. Delta Merges, für eine hohe CPU-Auslastung verantwortlich sein. Herrscht gerade eine solche Situation vor, können Sie die aktuellen Auslastungen in der Anzeige der Threads analysieren (siehe Abbildung 14.6).

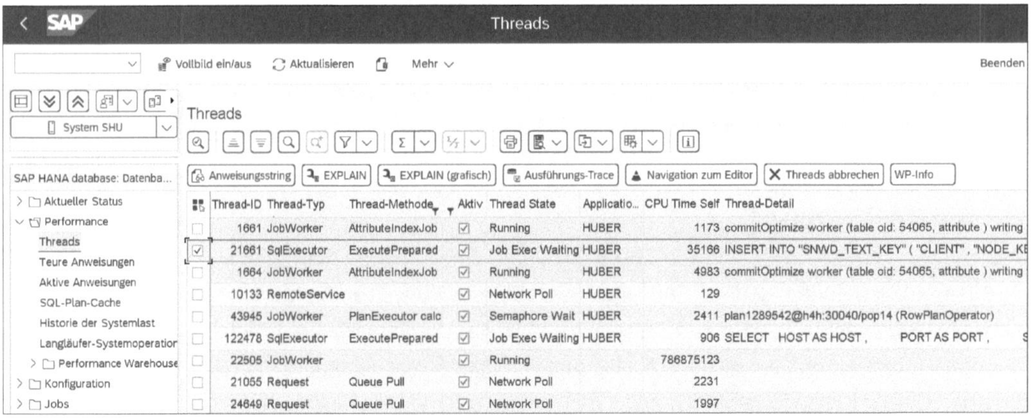

Abbildung 14.6: Anzeige der aktuellen Threads im DBA Cockpit

Betraf die hohe Auslastung einen Zeitraum in der Vergangenheit, können Sie im DBA Cockpit unter **Performance • Langläufer-Systemoperationen • Historie der Systemoperationen** prüfen, welche internen Prozesse in diesem Zeitraum viele Ressourcen benötigten.

Andere Betriebssystemprozesse

Gerade wenn Sie neben SAP HANA noch andere Anwendungen auf dem gleichen Host betreiben, können die CPU-Ressourcen auch von diesen Anwendungen belegt sein. Wenn Sie z. B. die ABAP- und die SAP-HANA-Plattform auf einem Host betreiben, kann es zu gegenseitigen Beeinflussungen kommen. Stellen Sie in diesem Fall eine hohe CPU-Auslastung fest, sollten Sie daher zunächst prüfen, ob die hohe Last überhaupt von SAP HANA und nicht von anderen Betriebssystemprozessen verursacht wurde. Sehr einfach können Sie dies im Performance-Monitor des SAP HANA Cockpits oder in der Systemlasthistorie des DBA Cockpits erkennen (Navigationsbereich **Performance • Historie der Systemlast**, siehe Abbildung 14.7). Der eingezeichnete Pfeil kennzeichnet hier den Bereich, der die Differenz zwischen SAP-HANA- und Gesamt-CPU abbildet.

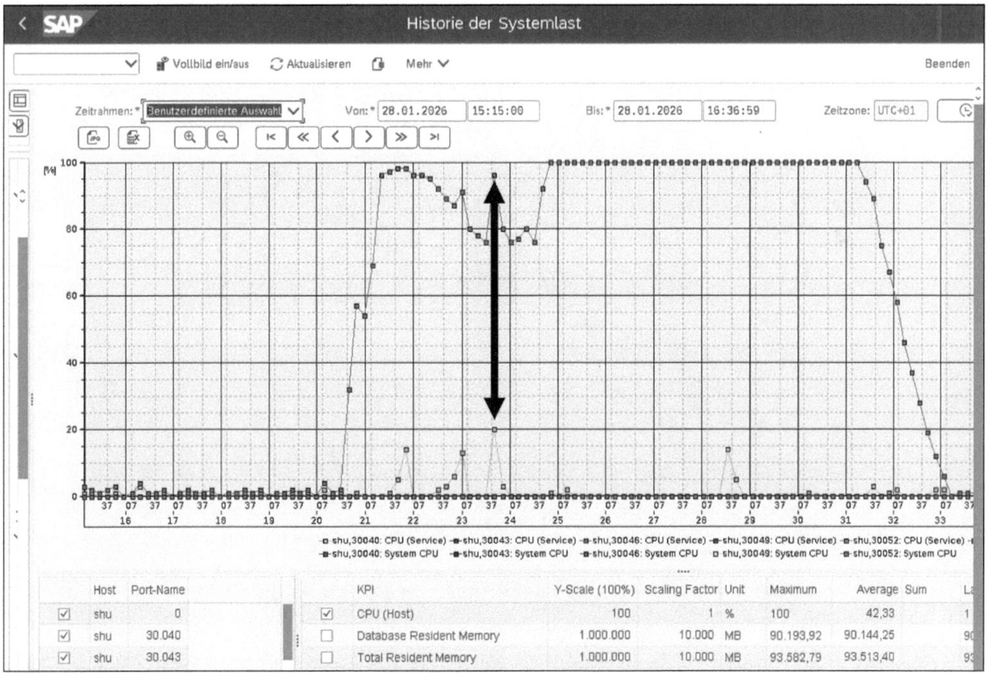

Abbildung 14.7: Historie der Systemlast: Beispiel CPU-Auslastung

14.2.3 Workload-Analyse

SAP HANA Cockpit

Über eine *Workload-Analyse* können Sie Lastsituationen analysieren, die bis zu 42 Tage in der Vergangenheit liegen, und die Verursacher identifizieren. Am besten ist hierzu die App **Analyze Workloads** im SAP HANA Cockpit geeignet (siehe Abbildung 14.8). Sie erreichen die App z. B. über die Kacheln **Memory**

Usage oder **CPU Usage**. Wählen Sie hier jeweils den Button **More • Analyze Workloads**.

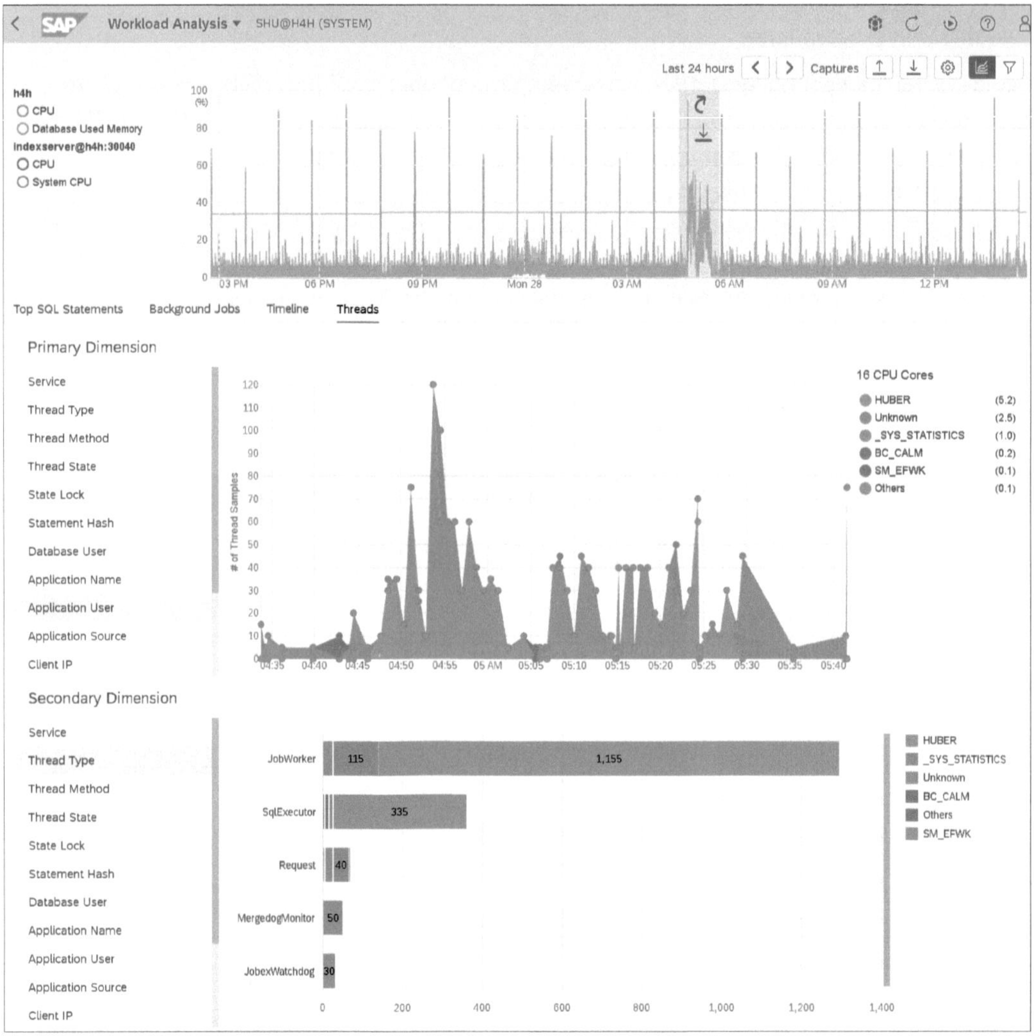

Abbildung 14.8: Workload-Analyse mit dem SAP HANA Cockpit

Zeitspanne bestimmen

Im oberen Bildschirmbereich sehen Sie die Auslastung des Systems innerhalb einer wählbaren Zeitspanne (z. B. in den letzten 24 Stunden). Über den Button [⚙] (**Manage Configurations**) können Sie einstellen, welche Indikatoren im Graphen angezeigt werden sollen (z. B. CPU, Speicher oder aufgetretene Alerts). Mit der Maus können Sie nun eine zu analysierende Zeitspanne definieren. Klicken Sie dazu mit der linken Maustaste auf den Beginn der zu analysierenden Zeitspanne, und halten Sie die Maustaste gedrückt. Ziehen die Maus bis an das Ende der zu analysierenden Zeitspanne, und lassen Sie die Maustaste dann los.

Unterhalb des Graphen können Sie auf den folgenden vier Registerkarten analysieren, welcher Workload im ausgewählten Zeitraum auftrat: **TOP SQL-Statements**, **Background Jobs**, **Timeline** und **Threads**.

Dimensionen zur Auswertung

Auf der Registerkarte **Threads** haben Sie beispielsweise die Möglichkeit, die Last in zwei Dimensionen auszuwerten. Im oberen der beiden Graphen habe ich in Abbildung 14.8 den **Application User** als Dimension gewählt. Anhand der Größe der dargestellten Flächen erkennen Sie sofort, dass die Hauptlast durch den Benutzer `HUBER` verursacht wurde.

Im unteren Graphen habe ich Dimension **Thread Type** gewählt und kann so erkennen, ob die Last z. B. durch SQL-Abfragen oder durch interne Prozesse wie Delta Merges hervorgerufen wurde. Mit der Dimension **Application Name** könnten Sie analysieren, welche Anwendung die Last erzeugt hat, z. B. der AS ABAP oder das SAP HANA Cockpit. Mit Auswahl der Dimension **Application Source** könnten Sie im Fall des AS ABAP als Hauptverursacher noch spezifischer erkennen, welches SAP-Programm die Last erzeugte.

14.2.4 Tiefgehende Analyse mit der Sammlung der SQL-Anweisungen

In Abschnitt 5.2.2, »Sammlung nützlicher SQL-Datenbankabfragen«, habe ich Ihnen die Sammlung der SQL-Datenbankabfragen zur Validierung der SAP-HANA-Konfiguration vorgestellt und gezeigt, wie Sie diese Sammlung in das DBA Cockpit importieren und dort verwenden können. Viele der enthaltenen Datenabfragen unterstützen Sie bei komplexen Analysen, etwa, wenn Sie mit den Überwachungswerkzeugen an Grenzen stoßen. Eine solche Analyse möchte ich Ihnen in diesem Abschnitt als Beispiel zeigen.

Beispiel: Analyse der Delta Merges

Wie Sie wissen, sind Delta Merges ein aufwendiges Verfahren, um Datenänderungen von Column-Store-Tabellen zu verarbeiten. Delta Merges benötigen viele CPU- und Hauptspeicherressourcen. Bei sehr vielen Datenänderungen kann es deshalb sinnvoll sein, Tabellen zu partitionieren. Dazu ist es wichtig zu wissen, welche Tabellen besonders häufig Delta Merges unterzogen werden. Verwenden Sie hierzu die Sammlung der SQL-Anweisungen, die Sie, wie in Abschnitt 5.2.2 beschrieben, in das DBA Cockpit geladen haben. Gehen Sie wie folgt vor:

1. **Abfrage laden**

   Öffnen Sie im SAP GUI die Transaktion DBACOCKPIT. Wählen Sie im Navigationsbereich den Knoten **Diagnose • SQL-Editor**. Verwenden Sie die [F4]-Hilfe zum Feld **Abfragename**, und wählen Sie die Abfrage **HANA_Tables_ColumnStore_Merges_2.00.60+**. Klicken Sie nun auf den Button (**Abfrage laden**).

   Bevor Sie die so geladene Abfrage ausführen, beachten Sie die Dokumentation zur Abfrage, die in Form von Kommentaren zu Beginn der SQL-Abfrage zu finden ist. Diese Abfrage beinhaltet einige Eingangsparameter, mit denen

Sie die Abfrage spezifizieren können. Bei manchen Abfragen aus der Sammlung der SQL-Anweisungen müssen Sie solche Parameter zwingend pflegen, da Sie sonst kein Ergebnis erhalten.

2. **Parameter pflegen**

   Um die Parameter zu pflegen, navigieren Sie in der Abfrage zur sogenannten *Modification Section* ❶. Am einfachsten verwenden Sie hierzu den Button (**Suchen**) und verwenden den Suchbegriff »Modification«. Sie werden an die in Abbildung 14.9 gezeigte Stelle geführt und können dort nun die Werte der Eingangsparameter überprüfen und anpassen.

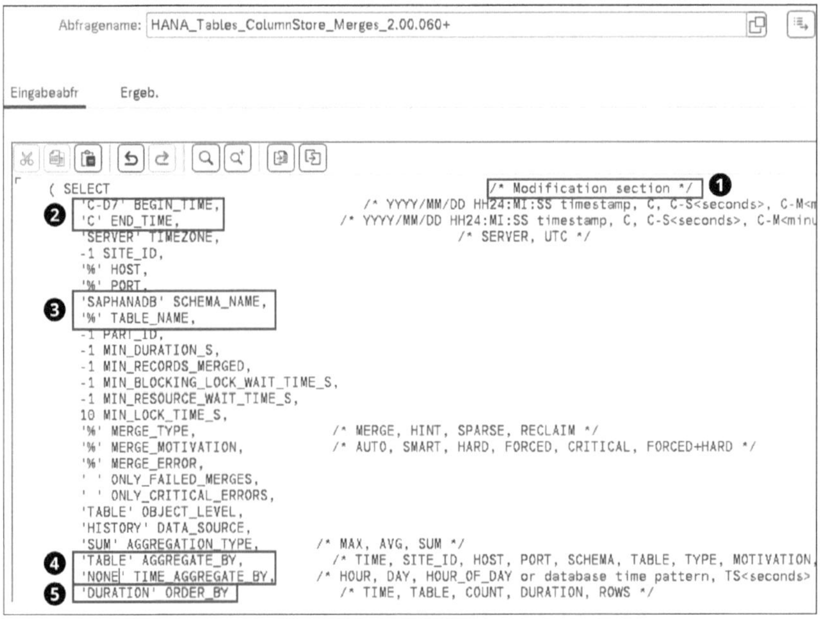

Abbildung 14.9: Modification-Section einer SQL-Abfrage

   In dem Beispiel aus Abbildung 14.9 habe ich die Zeitspanne auf die letzten sieben Tage eingeschränkt ❷. (Der Wert »C-D7« bedeutet »aktuelle Zeit minus 7 Tage«, der Wert »C« bedeutet »aktuelle Zeit«.) Das Schema ❸ habe ich auf das Schema `SAPHANADB` von SAP S/4HANA eingeschränkt, um Statistiktabellen auszuschließen. Die Aggregation habe ich auf Tabellenebene konfiguriert ❹, um die Dauer aller Delta Merges pro Tabelle aufsummiert angezeigt zu bekommen. Schließlich möchte ich die Ergebnisliste absteigend nach der Gesamtdauer der Delta Merges sortieren ❺.

3. **Ergebnisauswertung**

   Haben Sie alle Parameter überprüft und gegebenenfalls angepasst, können Sie die Abfrage über den Button **Ausführen** starten. In Abbildung 14.10 sehen Sie das Ergebnis für unser Beispiel. Für die auffälligste Tabelle `SNWD_TEXTS` benötigte SAP HANA in den letzten sieben Tagen insgesamt 193 Sekunden Verarbeitungszeit für Delta Merges. Diese Tabelle wurde in dieser Zeit 28-mal einem Delta Merge unterzogen. Dabei wurden insgesamt über 11 Millionen Zeilen gemergt. Dieses Ergebnis kann nun als Basis für weitere Analysen dienen, in deren Rahmen Sie sich die Tabelle `SNWD_TEXTS` genauer anschauen.

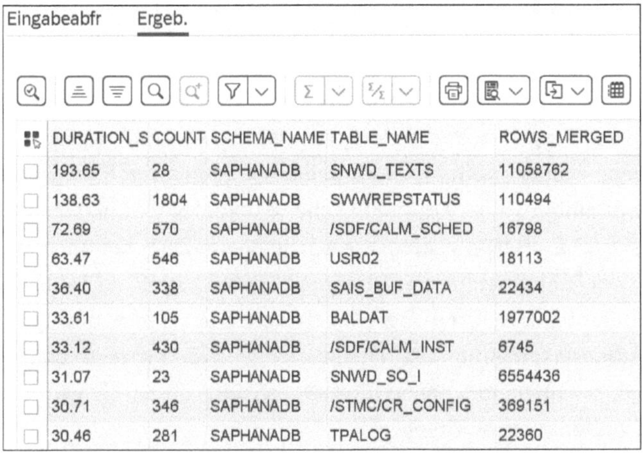

DURATION_S	COUNT	SCHEMA_NAME	TABLE_NAME	ROWS_MERGED
193.65	28	SAPHANADB	SNWD_TEXTS	11058762
138.63	1804	SAPHANADB	SWWREPSTATUS	110494
72.69	570	SAPHANADB	/SDF/CALM_SCHED	16798
63.47	546	SAPHANADB	USR02	18113
36.40	338	SAPHANADB	SAIS_BUF_DATA	22434
33.61	105	SAPHANADB	BALDAT	1977002
33.12	430	SAPHANADB	/SDF/CALM_INST	6745
31.07	23	SAPHANADB	SNWD_SO_I	6554436
30.71	346	SAPHANADB	/STMC/CR_CONFIG	369151
30.46	281	SAPHANADB	TPALOG	22360

Abbildung 14.10: Tabellen mit den zeitaufwendigsten Delta Merges

[+]

Weiterführende Informationen zu Delta Merges

In SAP-Hinweis 2057046 finden Sie viele weitere Hintergründe und Analysemöglichkeiten zum Thema Delta Merge.

14.2.5 Admission Control

Bei Überlastung der Ressourcen CPU und Hauptspeicher kann SAP HANA eingehende Datenbankanfragen pausieren lassen, bis die Überlastungssituation wieder beendet ist. Diese Technologie nennt sich *Admission Control* und ist im Standard aktiviert. Bei vielen meiner Kunden führt die Admission Control aber eher zu Problemen, anstatt sie zu vermeiden. Dies liegt an den im Standard konfigurierten Schwellenwerten, die definieren, ab wann die Admission Control keine neuen Datenbankabfragen mehr verarbeitet.

Hauptspeicher

Bis einschließlich SAP-HANA-Revision 2.00.053 wurde der Parameter `queue_memory_threshold` mit dem Wert 90 ausgeliefert. Dies bedeutet, dass die Admission Control ab einer Auslastung des Hauptspeichers von über 90% keine neuen Datenbankabfragen mehr zulässt, bis die Auslastung wieder unter 90% sinkt. Da dies bei vielen Kunden zu Problemen führte, hat SAP den Standardwert auf 0 geändert. Dies bedeutet wiederum, dass die Admission Control bei hoher Hauptspeicherauslastung gar nicht mehr anschlägt. Diese Einstellung ist auch Teil der Parameterempfehlungen, die ich in Abschnitt 5.2.1 erläutert habe.

CPU

Hinsichtlich der CPU-Auslastung liegt der Standardwert weiterhin bei 90% (Parameter `queue_cpu_threshold`). Dies bedeutet, dass bei über 90% CPU-Auslastung keine neuen Datenbankabfragen verarbeitet werden, bis der Wert wieder unter 90% fällt.

In beiden Fällen werden neue Datenbankabfragen in eine Queue gestellt. Dies bedeutet, dass die Abfragen nicht ganz abgewiesen werden, sondern dass die aufrufenden Anwendungen, z. B. die Workprozesse des AS ABAP, warten müssen, bis die Queue wieder geöffnet wird und die Abfragen ausgeführt werden. Dies führt zwangsläufig zu einer Auslastung aller Workprozesse und somit zum Stillstand des SAP-S/4HANA-Systems. Nach einiger Zeit kommt es zu Kurzdumps mit der Fehlermeldung: »SQL code: 1038 bei Zugriff auf Tabelle... – Fehlertext der Datenbank: SQL message: rejected as server is temporarily overloaded.« Ist die Überlastung nur kurzfristig, laufen die Workprozesse ohne Abbruch weiter. Für die Anwender*innen fühlt es sich dann so an, als würde das System ab und zu Denkpausen einlegen.

Einschlägige Alerts

Sie erkennen entsprechende Situationen an Alerts der ID 5 (hohe CPU-Auslastung) einhergehend mit Alerts der ID 131 (Admission Control Queue). In Abbildung 14.11 sehen Sie diese Alerts in der Alert-Anzeige des SAP HANA Cockpits. Bei aktiver Admission Control sind Sie im DBA Cockpit meist nicht mehr in der Lage, die Situation zu analysieren, da das DBA Cockpit als Teil des AS ABAP selbst von der Situation betroffen ist. Daher empfehle ich die Überwachung der Admission Control über das SAP HANA Cockpit. Selbst wenn das System keine neuen Anfragen über SQL zulässt, sind Sie hier als Administrator*in dennoch in der Lage, die Admission Control zu überwachen. Ihnen wird an der Queue vorbei Einlass in die Systemdatenbank gewährt.

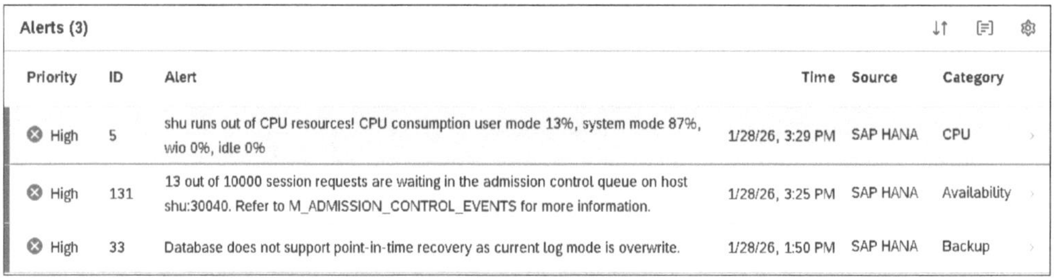

Abbildung 14.11: Alerts zu Admission-Control-Ereignissen

Status der Admission Control

Neben den in Abbildung 14.11 gezeigten Alerts sehen Sie im SAP HANA Cockpit auch den aktuellen Status der Admission Control auf der Karte **Admission Control** (siehe Abbildung 14.12).

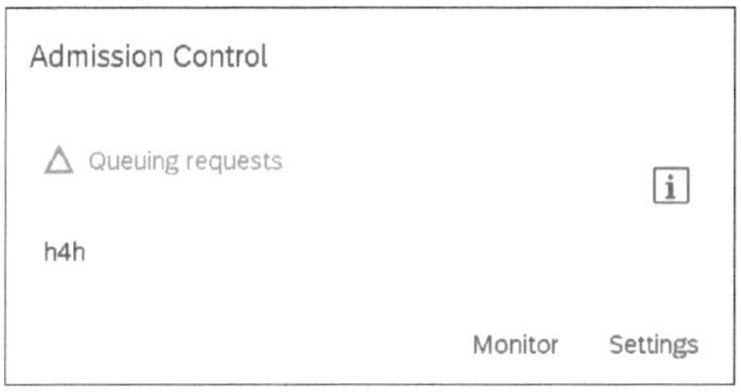

Abbildung 14.12: Karte »Admission Control« im SAP HANA Cockpit

Admission Control Monitor

Über den Button **Monitor** gelangen Sie in den **Admission Control Monitor**. Neben den allgemeinen Statistiken auf der ersten Registerkarte sehen Sie auf Registerkarte **Events** jedes ausgelöste Ereignis. In dem Beispiel in Abbildung 14.13 ging die CPU-Auslastung offenbar unter den Schwellwert von 90 % zurück. Die in der Queue befindenden SQL- Anfragen wurden daher aus der Queue wieder zur Verarbeitung freigegeben.

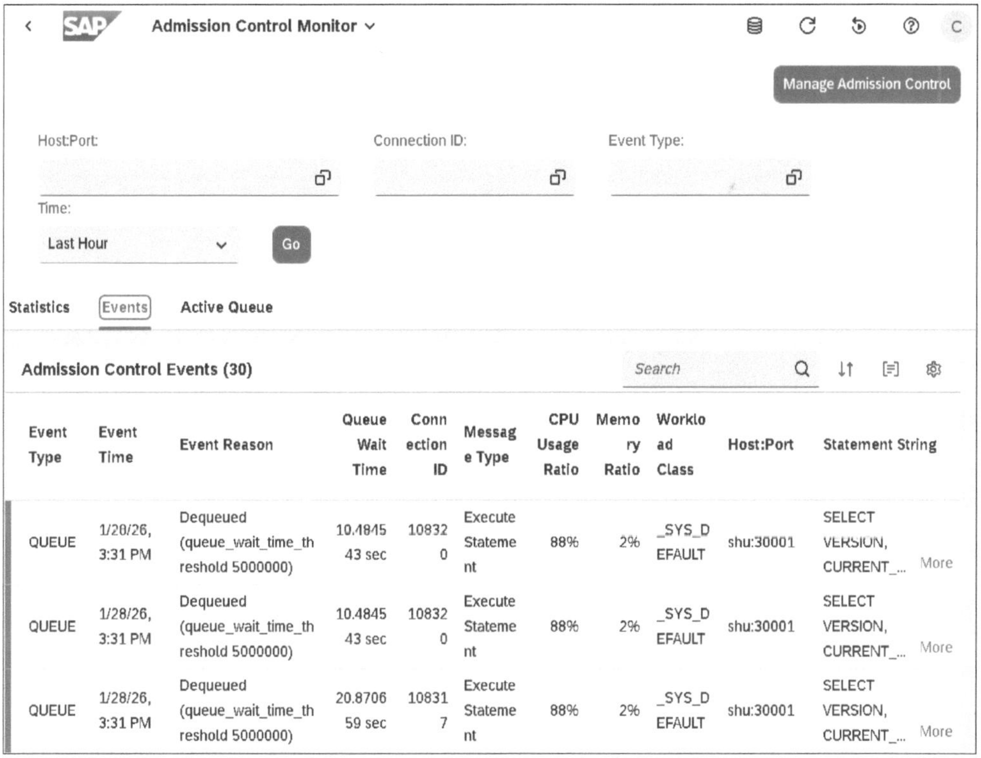

Abbildung 14.13: Admission Control Monitor

Profilparameter pflegen

Über den Button **Manage Admission Control** oben rechts können Sie die genannten Profilparameter zur Konfiguration der Admission Control direkt pflegen. Wie Sie in Abbildung 14.14 sehen, existieren neben den beiden bereits bekannten Parametern zur Steuerung, ab wann Anfragen in die Queue gestellt werden, weitere Parameter, die steuern, ab wann Anfragen direkt abgewiesen werden. Diese Funktion ist im Standard jedoch deaktiviert (Wert = 0). Über die weiteren Parameter in Abbildung 14.14 können Sie weitere Eigenschaften steuern, z. B. die maximale Größe der Queue.

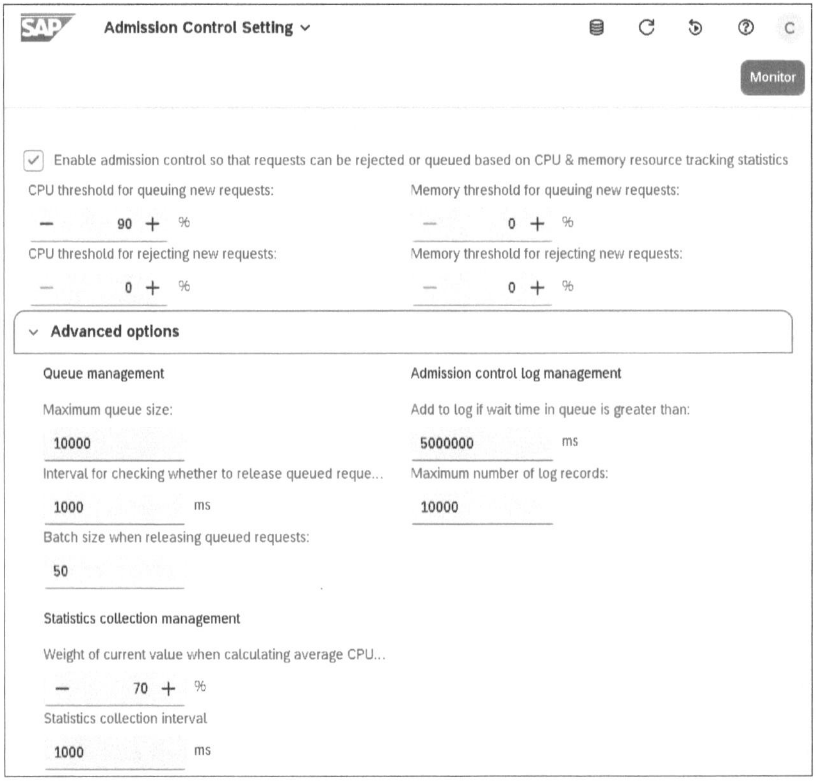

Abbildung 14.14: Einstellungen für die Admission Control

14.3 Traces und Diagnosedateien

Traces und Diagnosedateien sind wichtige Instrumente zur Ursachenanalyse. In diesem Abschnitt zeige ich Ihnen, wie Sie die wichtigsten Traces konfigurieren und die Diagnosedateien auswerten können.

14.3.1 Trace-Konfiguration

Die Trace-Konfiguration ist über alle relevanten Administrationswerkzeuge möglich. Im SAP HANA Cockpit finden Sie hierzu die Funktion **Configure Tracing** auf der Karte **Alerting and Diagnostics**. In Abbildung 14.15 sehen Sie die Trace-Konfiguration im DBA Cockpit. Dort finden Sie die entsprechende Funktion im Bereich **Konfiguration • Trace-Konfiguration**.

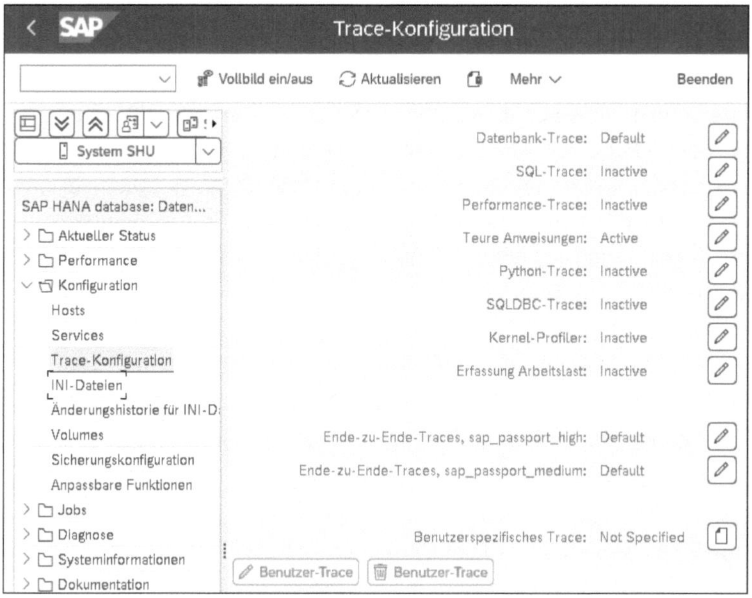

Abbildung 14.15: Trace-Konfiguration im DBA Cockpit

Im Standard ist nur der **Datenbank-Trace** mit Standardeinstellungen aktiv. Haben Sie die Parameterempfehlungen (siehe Abschnitt 5.2.1) befolgt, ist zusätzlich der Trace für **Teure Anweisungen** aktiv.

Datenbank-Trace

Mit dem Datenbank-Trace und einem Standard-Trace-Level schreiben alle SAP-HANA-Prozesse Diagnosedateien in das Dateisystem. In bestimmten Situationen, meist auf Aufforderung seitens des SAP-Supports hin, kann es erforderlich sein, das Trace-Level für einzelne Prozesse zu erhöhen.

Der Datenbank-Trace wird in das Verzeichnis */usr/sap/<sid>/HDB <Instanznummer>/<Host>/trace/* geschrieben. Für Prozesse, die Tenant-Datenbanken zugeordnet sind, wie z. B. den Indexserver, finden Sie im genannten Verzeichnis ein weiteres Unterverzeichnis mit dem Namen *DB_<Name der Tenant-Datenbank>*. Die Dateien folgen der Namenskonvention *<Prozess>_<Host>.<Port>.<Zähler>.trc*.

Trace-Datei-Rotation

Damit die Trace-Dateien das Dateisystem nicht füllen, gibt es einen konfigurierbaren Rotationsmodus. Im Standard ist eine Trace-Datei 10 MB groß. Ist diese Größe erreicht, wird die Datei abgeschlossen und eine neue Datei mit der nächsthöheren Zählernummer angelegt und mit Trace-Daten beschrieben. Sind zehn Dateien zu einem Prozess geschrieben, wird beim Anlegen der elften Datei die älteste gelöscht. Sie haben also immer Zugriff auf die letzten zehn Dateien.

Bei gravierenden Fehlern oder einem hohen Trace-Level kann es passieren, dass die Trace-Dateien sehr schnell beschrieben werden und Sie sie nur wenige Minuten lang auswerten können. In diesem Fall müssen Sie die Anzahl der Dateien (Parameter `maxfiles`) oder die Größe der Dateien erhöhen (Parameter `maxfilesize`).

Benutzerspezifischer Trace Während im Datenbank-Trace die grundsätzlichen Trace-Level für die Datenbankprozesse konfiguriert werden, können Sie im *benutzerspezifischen Trace* davon abweichende Trace-Level definieren, die dann nur für bestimmte Datenbank- oder Anwendungsbenutzer gelten. Hat z. B. eine Anwenderin ein Berechtigungsproblem bei einer Datenbankabfrage, können Sie den Trace-Level für den Service **Indexserver** und den Bereich **Authorization** höher setzen. In einer gesonderten Trace-Datei finden Sie dann entsprechende Protokolleinträge, die Ihnen bei der Fehlersuche helfen. Sie können mehrere solcher benutzerspezifischen Traces gleichzeitig definieren.

Ende-zu-Ende-Trace Eine weitere Erweiterung des Datenbank-Trace ist der *Ende-zu-Ende-Trace*. Hiermit können externe Analysewerkzeuge, z. B. der SAP Solution Manager, über alle beteiligten Softwarekomponenten hinweg Analysedaten sammeln und so eine ganzheitliche Sicht auf ein konkretes Problem ermöglichen.

SQL-Trace Mit dem *SQL-Trace* können Sie alle SQL-Abfragen aufzeichnen. Bei der Aktivierung haben Sie die Möglichkeit, nach verschiedenen Kriterien, z. B. Benutzer-ID oder Tabellennamen, zu filtern (siehe Abbildung 14.16). So können Sie gezielte Aufzeichnungen durchführen, die nur die relevanten SQL-Abfragen beinhalten.

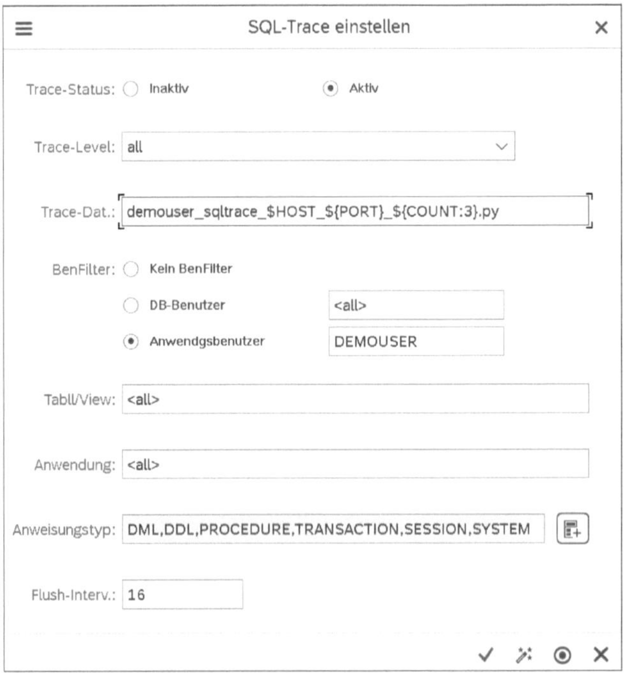

Abbildung 14.16: SQL-Trace im DBA Cockpit konfigurieren

Sie sollten den SQL-Trace nur so lange aktivieren, wie Sie ihn für die Analyse benötigen. Auf der Überblickseite des DBA Cockpits wird Ihnen daher auch eine Warnung angezeigt, sobald Traces aktiv sind.

Den Namen der Trace-Datei können Sie bei der Konfiguration des SQL-Trace individuell anpassen. Der Speicherort der Datei ist das gleiche Verzeichnis, in dem auch die Datenbank-Traces des verantwortlichen Prozesses, in der Regel des Indexservers der Tenant-Datenbank, geschrieben werden.

SQL-Trace auswerten

Für die Analyse des Trace können Sie neben der manuellen Ansicht in einem Texteditor das *SQL Trace Analyzer Tool* verwenden (siehe SAP-Hinweis 2412519). Bei der Trace-Datei handelt es sich außerdem um ein ausführbares Python-Skript (daher die Dateiendung *.py*). Dadurch können Sie die Trace-Datei auch zum erneuten Ausführen der aufgezeichneten SQL-Befehle verwenden.

Performance-Trace

Mithilfe des *Performance-Trace* protokolliert der SAP-HANA-Kernel performance-relevante Indikatoren. Die Analyse des Performance-Trace (Trace-Dateien mit der Datei-Endung **.tpt* oder **.cpt*) ist jedoch nur durch den SAP-Support möglich. Daher werden Sie diesen Trace nur auf Aufforderung durch SAP hin im Rahmen einer Fehleranalyse aktivieren und das Ergebnis an SAP senden. Auch der *Kernel Profiler* dient primär der Analyse von Performanceproblemen. Die Ergebnisse können vom SAP-Support angefordert und ausgewertet werden.

SQLDBC-Trace

Im AS ABAP kommunizieren die Workprozesse über die Datenbankschnittstelle mit der SAP-HANA-Datenbank. Mithilfe des *SQLDBC-Trace* können Fehler analysiert werden, die in diesem Bereich vermutet werden. Hierzu können Sie im DBA Cockpit den SQLDBC-Trace aktivieren (siehe Abbildung 14.15). Die Übersicht dieses Trace sehen Sie in Abbildung 14.17.

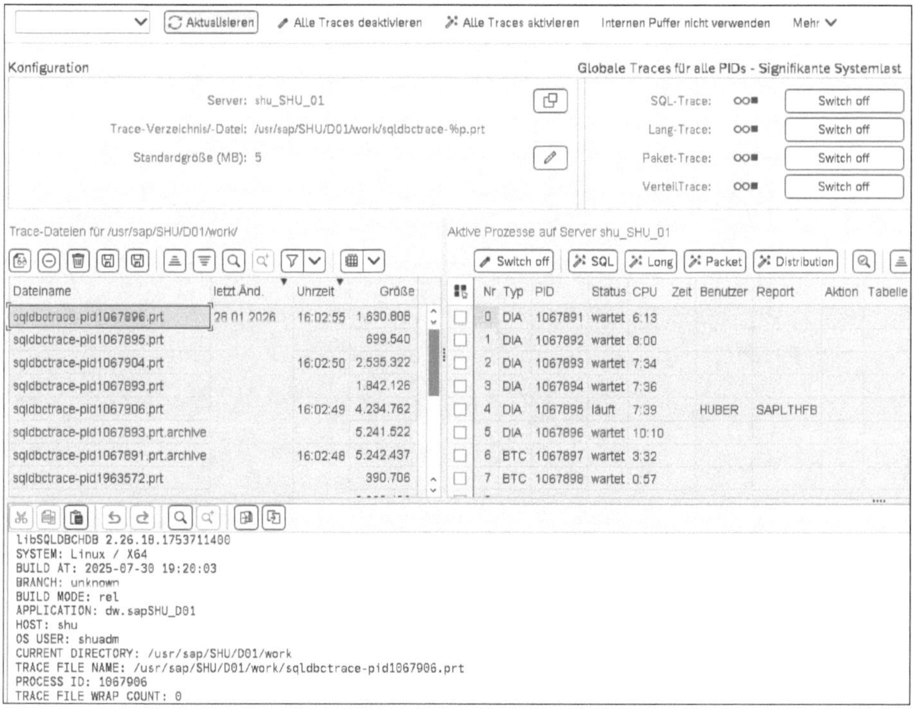

Abbildung 14.17: SQLDBC-Trace für SAP HANA

Die Trace-Dateien werden im Arbeitsverzeichnis der Workprozesse abgelegt (*/usr/sap/<SID>/D<Instanz>/work/*). Ein aktiver SQLDBC-Trace kann die Performance belasten und sollte nur im Bedarfsfall und nur für eine kurze Zeit aktiviert werden.

14.3.2 Diagnosedateien im Trace-Verzeichnis

Auf Diagnosedateien können Sie aus vielen Werkzeugen zugreifen. Im Dateisystem von SAP HANA finden Sie diese Dateien im Verzeichnis */usr/sap/<SID>/HDB<Instanznummer>/<Host>/trace*. Sind Sie mit dem Benutzer `<sid>adm` angemeldet, können Sie auch den Alias `cdtrace` verwenden, um direkt in dieses Verzeichnis zu navigieren. Beachten Sie, dass die Prozesse der Tenant-Datenbank(en) ihre Diagnosedateien jeweils in ein Unterverzeichnis namens *DB_<Name der Tenant-Datenbank>* schreiben.

Diagnosedateien anzeigen

Im SAP HANA Cockpit können Sie sich die Diagnosedateien über den Link **View trace and diagnostic files** auf der Karte **Alerting and Diagnostics** anzeigen lassen. Im DBA Cockpit finden Sie die entsprechende Funktion im Bereich **Diagnose • Diagnosedateien** (siehe Abbildung 14.18).

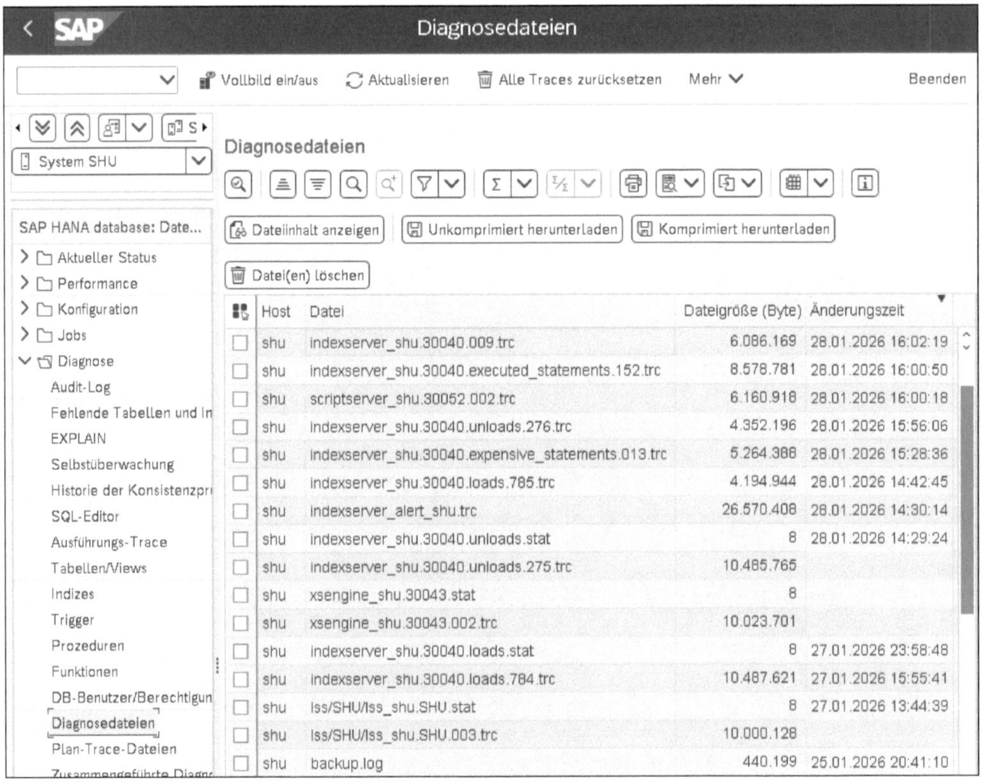

Abbildung 14.18: Anzeige von Diagnosedateien im DBA Cockpit

Beachten Sie, dass Ihnen im DBA Cockpit jeweils die Diagnosedateien zu der Datenbank angezeigt werden, mit der Sie gerade verbunden sind. Daher sehen Sie bei einer Verbindung mit der im Standard verbundenen Tenant-Datenbank des SAP-Systems z. B. nicht die Datenbank-Traces des Nameservers oder des Daemons, da diese der Systemdatenbank zugeordnet sind. Möchten Sie auf diese Diagnosedateien zugreifen, müssen Sie sich mit der Systemdatenbank verbinden.

Richtige Datenbank wählen

Über den Button **Dateiinhalt anzeigen** können Sie die Diagnosedateien betrachten. Beachten Sie, dass es bei großen Dateien einige Sekunden dauern kann, bis diese geladen werden. Sie können immer nur eine Datei zur Betrachtung auswählen.

Dateiinhalte anzeigen

Nach einem Klick auf den Button **Unkomprimiert herunterladen** können Sie eine oder mehrere Dateien markieren und diese auf Ihren PC herunterladen. Sie werden für jede markierte Datei gefragt, in welchen Ordner und unter welchem Namen sie gespeichert werden soll. Im Unterschied dazu können Sie mit dem Button **Komprimiert herunterladen** alle markierten Dateien in einer ZIP-Datei herunterladen. Sie werden in diesem Fall nur einmal nach Speicherort und Dateiname gefragt.

Dateien herunterladen

Über den Button **Datei(en) löschen** können Sie eine oder mehrere Diagnosedateien löschen. Durch die eingestellte automatische Trace-Datei-Rotation müssen Sie sich keine Sorge machen, dass die Diagnosedateien das Dateisystem füllen. Da insbesondere die explizit erzeugten Trace-Dateien, z. B. der SQL-Traces oder RTE-Dumps (siehe Abschnitt 14.3.4, »Sammlung von Diagnosedateien«), nicht automatisch gelöscht werden, kann es trotzdem sinnvoll sein, alte Dateien gezielt zu löschen.

Reorganisation

Für diese Reorganisation der Trace-Dateien stellt SAP ein weiteres Werkzeug bereit, mit dem Sie diese und weitere Bereinigungsaufgaben automatisieren können. Es handelt sich um das Python-Skript *hanacleaner.py*, den sogenannten *SAP HANACleaner*. Hilfestellung zur Installation und Verwendung dieses Werkzeugs gibt SAP-Hinweis 2399996.

SAP HANACleaner

14.3.3 Weitere Diagnosedateien

Nicht alle Diagnosedateien sind abhängig von der Aktivierung von Traces und werden automatisch geschrieben. In diesem Abschnitt möchte ich auf einige weitere nützliche Dateien eingehen:

Trace-unabhängige Dateien

- *available.log*

  In dieser Datei, die Sie nur auf Ebene der Systemdatenbank finden, wird protokolliert, in welchen Zeiträumen SAP HANA verfügbar und nicht verfügbar war. Diese Datei existiert auch in den Arbeitsverzeichnissen der AS-ABAP-Instanzen und zeigt Ihnen dort die Verfügbarkeit der jeweiligen Instanz an.

- *backup.log*

  In dieser Datei werden alle Backup- und Wiederherstellungsoperationen protokolliert. Da Systemdatenbank und Tenant-Datenbank(en) Sicherungen schreiben, finden Sie entsprechende Logdateien in den jeweiligen Trace-Verzeichnissen.

- *sldreg.log*

  Damit SAP HANA auch in die Überwachung und Verwaltung des SAP Solution Managers oder direkt durch SAP integriert werden kann, müssen Sie die Plattform an das *System Landscape Directory* (SLD) oder das SAP Backbone anbinden. Wie das geht, zeige ich Ihnen in Abschnitt 15.4.1, »Übertragung von System- und Analysedaten«. In der Protokolldatei *sldreg.log* können Sie prüfen, ob die Kommunikation zwischen SAP HANA und Empfänger funktioniert. Im Standard sendet SAP HANA alle 12 Stunden aktuelle Daten.

- *<Prozess>_alert_<Host>.trc*

  Neben dem Datenbank-Trace werden bei gravierenden Problemen zusätzliche Alert-Dateien geschrieben, die das Problem ausführlicher beschreiben. Wird eine Alert-Datei geschrieben, sollten Sie auf jeden Fall zuerst die Datenbank-Trace-Datei des betroffenen Prozesses mit dem Namen *<Prozess>_<Host>.<Port>.<Zähler>.trc* für den relevanten Zeitraum betrachten. Anhand dieser Datei können Sie die Fehlersituation meist besser einschätzen, da das Protokoll nicht zu sehr mit Details überladen ist. Im Anschluss können Sie die Alert-Datei prüfen.

- *<Prozess>_<Host>.<Port>.crashdump.<Zeitstempel>*

  Stürzt ein Prozess ab, wird ein *Crashdump* geschrieben. Eine solche Situation ist als sehr kritisch einzustufen. Häufig ist der Indexserver von Crashdumps betroffen, da über ihn sämtliche SQL-Anfragen des AS ABAP verarbeitet werden. Zwar wird auch der Absturz vom Daemon-Prozess erkannt und der Prozess wieder gestartet, aber die Ursache müssen Sie auf jeden Fall analysieren. Gerade wenn der Indexserver betroffen ist, ist Ihr SAP-S/4HANA-System nicht mehr funktionsfähig, bis der Prozess wieder läuft. Wird ein Crashdump geschrieben, wird auch ein Alert der ID 52 (neue Crashdumps) ausgelöst.

  Wie Sie einen Crashdump analysieren können, ist in SAP-Hinweis 2288661 beschrieben. In der Regel suchen Sie in der SAP-Wissensdatenbank nach markanten Stichworten aus dem Bereich `[CRASH_STACK]` der Crashdump-Datei. Finden Sie einen passenden SAP-Hinweis, ist dort beschrieben, ob es einen Workaround für das betreffende Problem gibt oder ob Sie SAP HANA updaten müssen, um den Fehler in Zukunft zu vermeiden. Finden Sie keinen passenden SAP-Hinweis, müssen Sie einen Incident bei SAP eröffnen, damit SAP das Problem analysieren kann. Crashdumps sind fast immer auf Programmierfehler zurückzuführen, die SAP beheben muss. Eine beispielhafte Fehlersituation ist in SAP-Hinweis 3149865 beschrieben.

- **Syslog**

  Entdecken Sie in den SAP-HANA-Protokollen, insbesondere im Crashdump-Protokoll, Hinweise auf Terminierungen durch das Betriebssystem (erkennbar an Stichworten wie »SIGKILL«, »SIGNAL 9« oder ähnlich), lohnt sich auch ein Blick in das Systemprotokoll des Betriebssystems im Verzeichnis */var/log/messages*.

14.3.4 Sammlung von Diagnosedateien

Full System Info Dump

Benötigen Sie bei der Fehlersuche Unterstützung durch SAP, werden Sie in vielen Fällen nach einem *Full System Info Dump* gefragt. Hierbei handelt es sich um eine Funktion, die relevante Daten, z. B. Diagnosedateien, aber auch Inhalte aus System- und Statistiktabellen in einer ZIP-Datei zusammenfasst. Ich empfehle Ihnen jedoch, diese Funktion unabhängig von einer Supportsituation immer dann als Erstes auszuführen, wenn SAP HANA aktuell nicht verfügbar oder schlecht bzw. gar nicht per SQL erreichbar ist. Wenn Sie dies tun, haben Sie später die Möglichkeit, diese Informationen in Ruhe auszuwerten oder an SAP zu senden.

Aufruf der Funktion

Die Funktion ist über die Kommandozeile und alle gängigen Administrationswerkzeuge erreichbar:

- **Aufruf über die Kommandozeile**

  Die Funktion steht als Python-Skript zur Verfügung. Angemeldet mit dem Benutzer `<sid>adm`, können Sie direkt mit dem Alias-Befehl `cdpy` in das Python-Supportverzeichnis wechseln. Dort führen Sie das folgende Kommando aus (siehe Abbildung 14.19):

```
python fullSystemInfodump.py -t <Name der Tenant-Datenbank
oder Systemdatenbank>
```

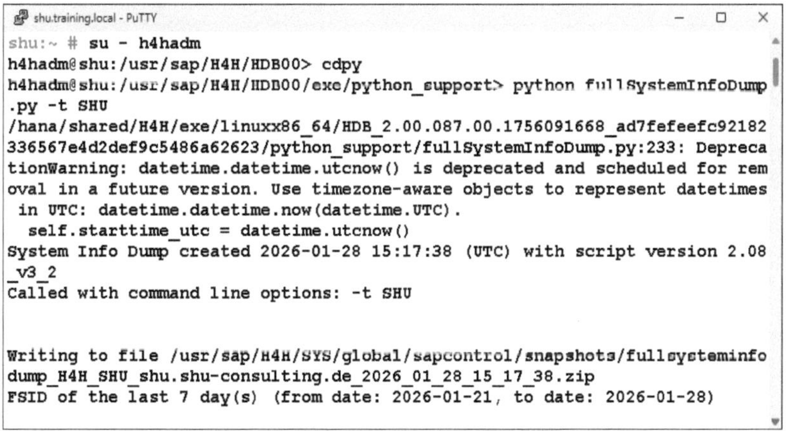

Abbildung 14.19: »fullSystemInfoDump« über das Betriebssystem

Beachten Sie, dass sich die Datensammlung über die Kommandozeile immer nur auf eine Datenbank bezieht. Möchten Sie die Daten aller Datenbanken sammeln, müssen Sie das Kommando mehrfach ausführen, einmal mit der Option `-t SYSTEMDB` für die Systemdatenbank und jeweils einmal pro Tenant-Datenbank mit der Option `-t <Name der Tenant-Datenbank>`.

Das Python-Skript bietet noch viele weitere Optionen. Mit der Option `-h` können Sie die Dokumentation abrufen. Im Standard werden die Daten der letzten sieben Tage gesammelt. Den Zeitraum können Sie ebenfalls über die Optionen anpassen.

- **Ausführung im DBA Cockpit**

  Im DBA Cockpit können Sie im Bereich **Diagnose • Diagnosedateien** über den Button **Alle Diagnoseinformationen sammeln** einen Dump erzeugen. In Abbildung 14.20 sehen Sie den daraufhin angezeigten Selektionsbildschirm.

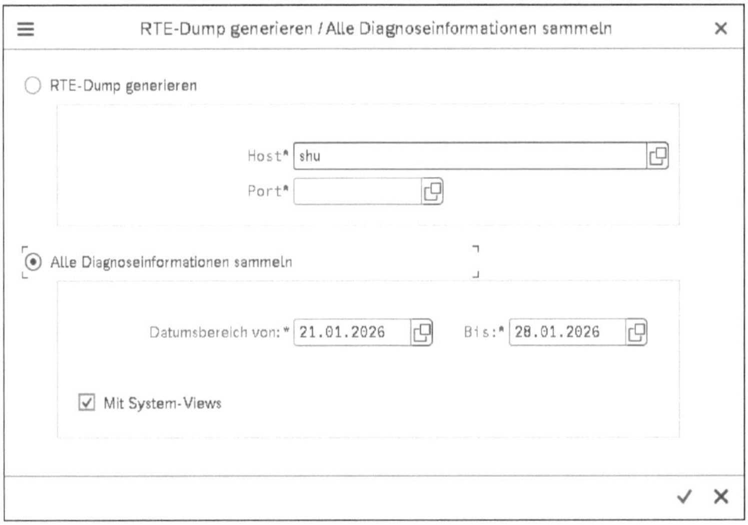

Abbildung 14.20: Sammlung über das DBA Cockpit anstoßen

Wählen Sie die Option **Alle Diagnoseinformationen sammeln**, um eine ZIP-Datei mit den Diagnosedateien zu erstellen. Im Standard wird der Zeitraum auf die letzten sieben Tage voreingestellt. Sie sollten den Zeitraum möglichst passend wählen, da die ZIP-Datei schnell sehr groß werden kann. Markieren Sie das Ankreuzfeld **Mit System-Views**, werden auch Inhalte von Systemtabellen exportiert, die bei der Analyse helfen können.

Neben der Sammlung von Diagnosedateien können Sie im DBA Cockpit auch *Runtime Dumps* (im Cockpit *RTE-Dumps* genannt) erzeugen. Hierbei weisen Sie den ausgewählten Prozess (z. B. den Indexserver) an, Laufzeitinformationen in eine Datei zu exportieren. Diese Funktion erreichen Sie auch über das Betriebssystemkommando `fullSystemInfoDump.py` mit entsprechenden

Optionen. RTE-Dumps werden im gleichen Verzeichnis wie die Datenbank-Traces abgelegt.

Die erzeugten Sammlungen von Diagnosedateien können Sie im DBA Cockpit über den Button **Historie der Diagnoseinformationen** ansehen (siehe Abbildung 14.21). Dort können Sie die Sammlungen herunterladen und SAP z. B. im Rahmen einer Incident-Behandlung zur Verfügung stellen.

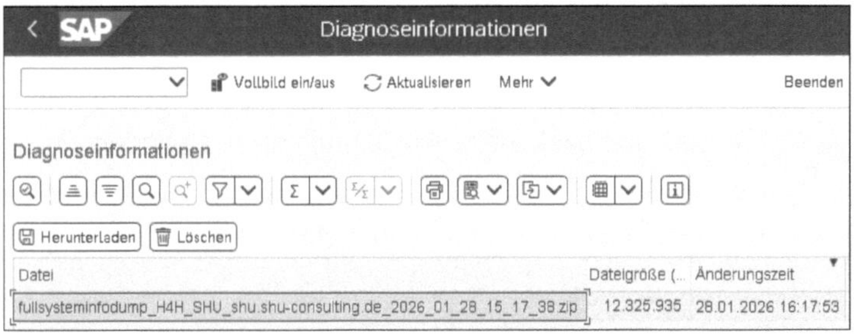

Abbildung 14.21: Historie der Diagnoseinformationen im DBA Cockpit

- **Ausführung im SAP HANA Cockpit**

  Im SAP HANA Cockpit erreichen Sie die Funktion über die Kachel **Manage full system information dumps** im Bereich **Alerting and Diagnostics**. Über die Funktion **Collect Diagnostics** können Sie sowohl Runtime Dumps als auch Sammlungen von Diagnosedateien erzeugen (siehe Abbildung 14.22).

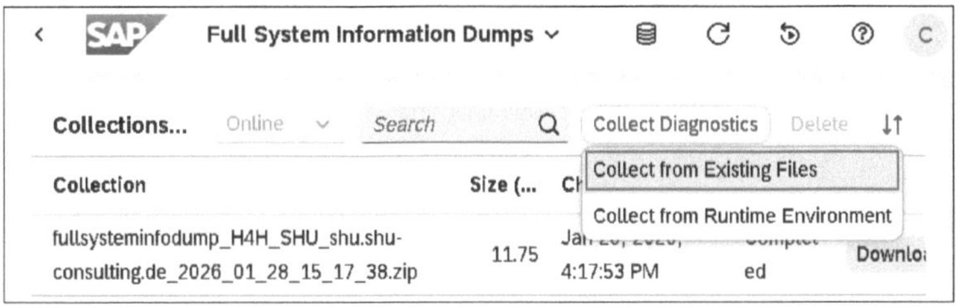

Abbildung 14.22: Full System Information Dumps im SAP HANA Cockpit verwalten

  Im Unterschied zum DBA Cockpit haben Sie im SAP HANA Cockpit weitere Konfigurationsmöglichkeiten für die Sammlungen. So können Sie bei den Runtime Dumps z. B. eine Serie von Dumps (z. B. fünfmal im Abstand von 10 Minuten) erzeugen und auch mehrere Prozesse gleichzeitig auswählen.

Umgang mit den Sammlungen

Beachten Sie bitte folgende, allgemeine Hinweise zu den gezeigten Funktionen in den verschiedenen Werkzeugen:

- Unabhängig davon, welches Werkzeug Sie für die Erstellung der Dumps verwenden, werden diese im Dateisystem im Verzeichnis */usr/sap/<SID>/SYS/global/sapcontrol* gespeichert. Alle Werkzeuge zeigen alle verfügbaren Sammlungen an, egal, in welchem Werkzeug sie erstellt wurden.

- Ist die Datenbank nicht mehr per SQL erreichbar, können Sie auf das DBA Cockpit nicht mehr zugreifen. Über das SAP HANA Cockpit und das Betriebssystem können Sie aber weiterhin eine Sammlung der Diagnosedateien erzeugen. Allerdings können die Systemtabellen in diesem Fall nicht exportiert werden, da keine SQL-Verbindung zur Datenbank besteht.
- Führen Sie die Funktion in einer Tenant-Datenbank aus, befinden sich in der generierten Sammlung nur Informationen zu dieser Datenbank. Führen Sie die Funktion in der Systemdatenbank aus, erzeugen Sie im DBA Cockpit je eine Sammlung für jede Datenbank. Im SAP HANA Cockpit können Sie auswählen, für welche Datenbanken Sie eine Sammlung erzeugen wollen.
- Eventuell vorhandene Runtime Dumps werden nicht in die Sammlungen aufgenommen und müssen separat heruntergeladen werden.

[+]

SAP HANASitter

Neben den vorgestellten Möglichkeiten zur manuellen Erzeugung von Sammlungen von Diagnosedateien und Runtime Dumps können Sie die Erzeugung über das Werkzeug *SAP HANASitter* automatisieren. So können Sie bei der Überschreitung von Schwellenwerten von CPU- oder Hauptspeicherressourcen automatisch Sammlungen und Runtime Dumps erzeugen lassen. Dies ist z. B. sehr nützlich, wenn eine Ausnahmesituation nachts auftritt. Die automatisch aufgezeichneten Dumps können Sie dann am nächsten Tag analysieren. Informationen und eine Downloadmöglichkeit für das Werkzeug, das als Python-Skript implementiert ist, finden Sie in SAP-Hinweis 2399979. Beachten Sie, dass das Werkzeug quelloffen zur Verfügung gestellt wird und dass es sich nicht um eine offizielle SAP-Software handelt.

14.3.5 Dump File Viewer

Analyse von Dumps

Besonders Dumps der Laufzeitumgebung (Runtime Dumps bzw. RTE-Dumps) können sehr umfangreich sein. Ihre Analyse mit einem Texteditor kann daher sehr mühsam werden. Auf der Startseite des SAP HANA Cockpits finden Sie die App **Dump File Viewer**. In diese App können Sie folgende Dateien von Ihrem lokalen Rechner importieren und sehr effektiv analysieren:

- RTE-Dumps (manuell oder automatisch erzeugter Dump der Laufzeitumgebung)
- OOM-Dumps (automatisch bei einer Out-of-Memory-Situation in SAP HANA erzeugte Dumps)
- Crashdumps (automatisch beim Absturz eines SAP-HANA-Prozesses erzeugte Dumps)

In Abbildung 14.23 sehen Sie im Dump File Viewer als Beispiel die Anweisung, die für die in Abschnitt 14.2.1, »Hauptspeicher«, beschriebene OOM-Situation verantwortlich war.

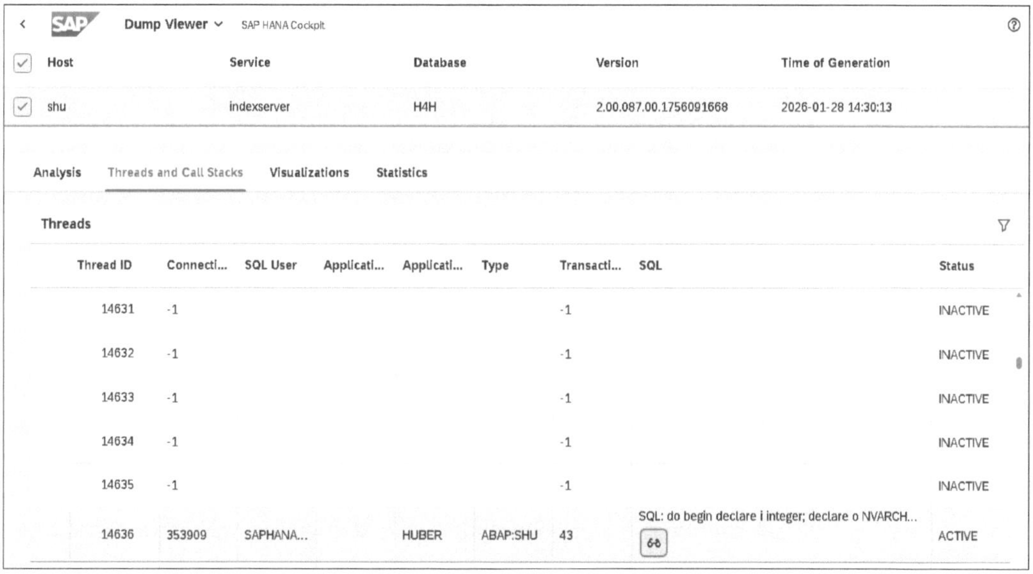

Abbildung 14.23: Analyse eines OOM-Dumps im Dump File Viewer

14.4 Transaktionale Probleme

Neben der Überwachung und Analyse der Systemressourcen können auch einzelne Datenbanktransaktionen zu schwerwiegenden Problemen führen. In diesem Abschnitt möchte ich auf typische Fehler hinweisen und deren Analyse zeigen.

14.4.1 Multi Version Concurrency Control

MVCC

Für einen konsistenten Datenstand einer Datenbanktransaktion verwendet SAP HANA die Funktion *Multi Version Concurrency Control* (MVCC). Hierzu merkt sich SAP HANA den Zustand der Daten zum Zeitpunkt des ersten Datenzugriffs einer Datenbanktransaktion. So lange eine Datenbanktransaktion läuft, gilt der Datenstand, der beim ersten Zugriff vorherrschte. Jede Datenbanktransaktion läuft also isoliert von anderen Datenbanktransaktionen, die auf die gleichen Daten zugreifen. Daher gibt es für jede Datenbanktransaktion eine eigene Version der Daten.

Version Consolidation

Wird eine Datenbanktransaktion beendet, kann auch die zugehörige Version der Daten verworfen werden. Diesen Vorgang nennt man Versionskonsolidierung (*Version Consolidation*) oder auch Garbage Collection. Der Begriff Garbage

Collection ist in diesem Kontext allerdings unpräzise, da auch andere Bereiche in SAP HANA einer Garbage Collection unterzogen werden. Je länger eine Datenbanktransaktion läuft, desto wahrscheinlicher wird es, dass es sehr viele Versionen der Daten gibt. Diese Situation führt irgendwann zu Performanceproblemen oder Out-of-Memory-Ereignissen.

Alerts

Probleme in diesem Bereich zeigen sich meist durch folgende Alert-IDs:

- Alert-ID 42 (Long-idling cursors)
- Alert-ID 47 (Long-running serializable transactions)
- Alert-ID 48 (Long-running uncommitted transactions)
- Alert-ID 73 (Overflow of rowstore version space)
- Alert-ID 74 (Overflow of metadata version space)
- Alert-ID 75 (Rowstore version space skew)

Überblick der aktiven Versionen

Einen ersten Überblick über die Anzahl der aktiven Versionen erhalten Sie im DBA Cockpit im Bereich **Performance • Historie der Systemlast**. Aktivieren Sie dort den KPI **Active Versions** für den Indexserver. Für eine tiefgehende Analyse sind die folgenden vordefinierten SQL-Datenbankabfragen der Sammlung der SQL-Anweisungen (siehe Abschnitt 5.2.2, »Sammlung nützlicher SQL-Datenbankabfragen«) hilfreich:

- HANA_GarbageCollection_Overview
- HANA_GarbageCollection_Blockers_Current
- HANA_GarbageCollection_Blockers_History
- HANA_GarbageCollection_ColumnStore
- HANA_GarbageCollection_RowStore

Weiterführende Informationen zur Garbage Collection finden Sie z. B. in SAP-Hinweis 2169283.

14.4.2 Blockierte Datenbanktransaktionen

Unabhängig von der logischen Sperrverwaltung des AS ABAP durch den Enqueue Server muss auch die Datenbank sicherstellen, dass ein Datensatz nicht zur gleichen Zeit von zwei Datenbanktransaktionen verändert wird. Hierzu werden die Daten auf Zeilenebene gegen Änderungen durch konkurrierende Datenbanktransaktionen gesperrt. Durch verschiedene Umstände, die oft in einer ungünstigen Programmierung der Anwendung liegen, kann es zu Sperrsituationen kommen. Dies bedeutet, dass eine Datenbanktransaktion warten muss, bis eine andere Datenbanktransaktion abgeschlossen ist, bevor erstere weiter ausgeführt werden kann.

Workprozesse bleiben belegt

Für den AS ABAP bedeutet dies, dass betroffene Workprozesse ebenfalls auf die Bestätigung durch die Datenbank warten müssen und so lange belegt sind.

Wenn Sie in Transaktion SM50 wie in Abbildung 14.24 Workprozesse im Status **läuft** sehen, die schon sehr lange ohne erkennbaren Fortschritt an einer Datenbanktransaktion arbeiten, sollten Sie Sperrsituationen in der Datenbank als mögliche Fehlerquelle in Betracht ziehen.

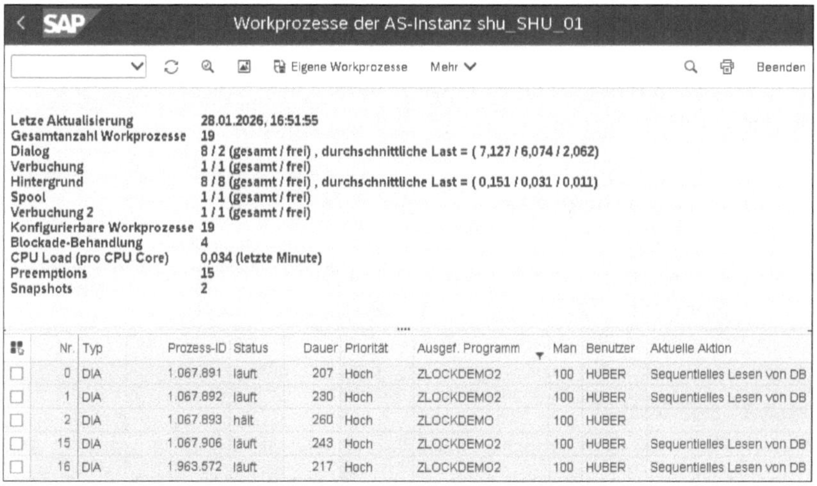

Abbildung 14.24: »Hängende« Workprozesse in Transaktion SM50

Um solche Situationen zu analysieren, rufen Sie die Transaktion DBACOCKPIT auf und wählen im Navigationsbereich die Funktion **Diagnose • Sperren • Blockierte Transaktionen**. Im Beispiel von Abbildung 14.25 gibt es vier blockierte Transaktionen. Alle werden durch die Transaktion mit der ID 32 blockiert. Dies erkennen Sie an dem Eintrag in der Spalte **Lock Owner Transaction Id**. Im unteren Bildschirmbereich sehen Sie Detailinformationen zu den blockierenden Transaktionen.

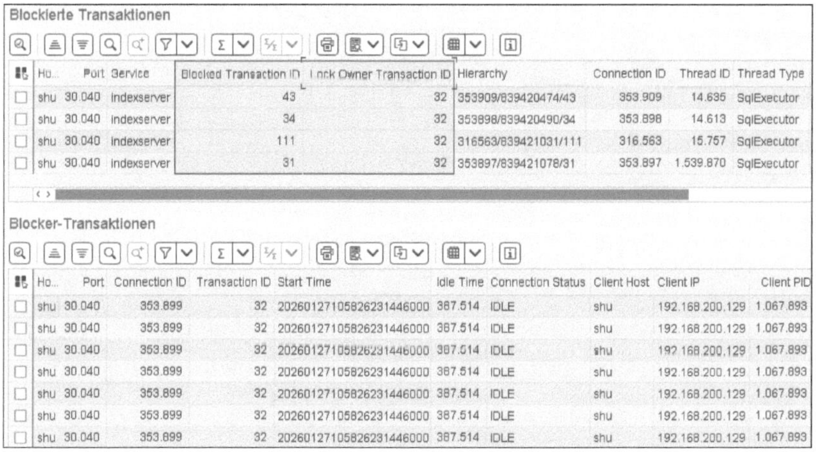

Abbildung 14.25: Blockierte Transaktionen im DBA Cockpit

Workprozess identifizieren

Über die Anzeige der Threads, im Navigationsbereich zu finden unter **Performance • Threads**, können Sie sich über die Transaktions-ID weitere Informationen zur blockierenden Transaktion anzeigen lassen. Neben dem Anwendungsbenutzer oder der -benutzerin, der oder die diese Transaktion verwendete, und dem ABAP-Programm finden Sie hier auch die Nummer des zuständigen Workprozesses. Sie können nun den Anwender oder die Anwenderin kontaktieren oder den Prozess im Notfall in Transaktion SM50 beenden. Auch das Abbrechen des Threads im DBA Cockpit ist möglich, wobei jedoch nicht klar vorherzusehen ist, wie das Programm mit diesem Abbruch umgeht.

[»]

Blockierte Datenbanktransaktionen im SAP HANA Cockpit analysieren

Auch im SAP HANA Cockpit finden Sie die Kachel **Threads** sowie auf der Karte **Monitoring** die Funktion **Open blocked transactions.**

14.4.3 Deadlocks

Kurzdump

Ändern zwei Datenbanktransaktionen einen Datensatz A und Datensatz B, und hält Datenbanktransaktion 1 dabei eine Sperre auf Datensatz A und Datenbanktransaktion 2 eine Sperre auf Datensatz B, kommt es zu einer *Deadlock-Situation*, in der beide Datenbanktransaktionen jeweils auf die andere Datenbanktransaktion warten. Die Transaktionsverwaltung in SAP HANA erkennt so eine Situation und bricht eine der beiden Transaktionen ab. Tritt der Abbruch im AS ABAP zutage, finden Sie hierzu einen Kurzdump in Transaktion ST22 (siehe Abbildung 14.26).

Kategorie	ABAP Programmierfehler
Laufzeitfehler	DBSQL_SQL_DEADLOCK_DETECTED
ABAP: Programm	ZLOCKDEMO2
Anwendungskomponente	Nicht zugeordnet
Datum und Zeit	28.01.2026 17:04:18 (CET)

```
Kurztext
    Beim Zugriff auf Tabelle "USR01" ist eine Verklemmung aufgetreten.

Was ist passiert?
    Es wurde eine Verklemmung von der Datenbank erkannt. Diese
    Situation kann auftreten, wenn parallel zwei Prozesse
    Datenbankänderungen
    an denselben Einträgen vornehmen. Z.B.
    1) Prozess 1 ändert Eintrag A.
    2) Prozess 2 ändert Eintrag B.
    3) Prozess 2 ändert Eintrag A.
    4) Prozess 1 ändert Eintrag B.
    Je nach Datenbank bekommt Prozess 2 bei 3) oder Prozess 1 bei 4)
    diesen Kurzdump.

    Fehlernummer der Datenbank: "SQL code: 133"
    Fehlertext der Datenbank: "SQL message: transaction rolled back by detected
     deadlock: TrexUpdate failed on table 'SAPHANADB:USR01' with error:
     transaction rolled back by detected deadlock: Local Deadlock detected: owner
     tid cycle=[(victim) 839430279, 839428855], rc=4616#"
```

Abbildung 14.26: Kurzdump wegen eines Deadlocks

Analyse von Deadlocks

Um weitere Informationen zum Ursprung der konkurrierenden Abfragen zu erhalten, können Sie im DBA Cockpit unter **Diagnose • Sperren** die Funktion **Deadlocks** aufrufen (siehe Abbildung 14.27). Die Informationen zu Deadlocks stehen zunächst nur im Datenbank-Trace. Über den Button **Trace-Dateien in lokale DB-Tabelle zusammenführen** werden die Inhalte der Trace-Dateien in eine Tabelle des DBA Cockpits geladen. Über den Button **Aus lokaler DB-Tabelle lesen** wird die Tabelle nach dem vordefinierten Text ***Deadlock detected*** durchsucht und das Ergebnis angezeigt.

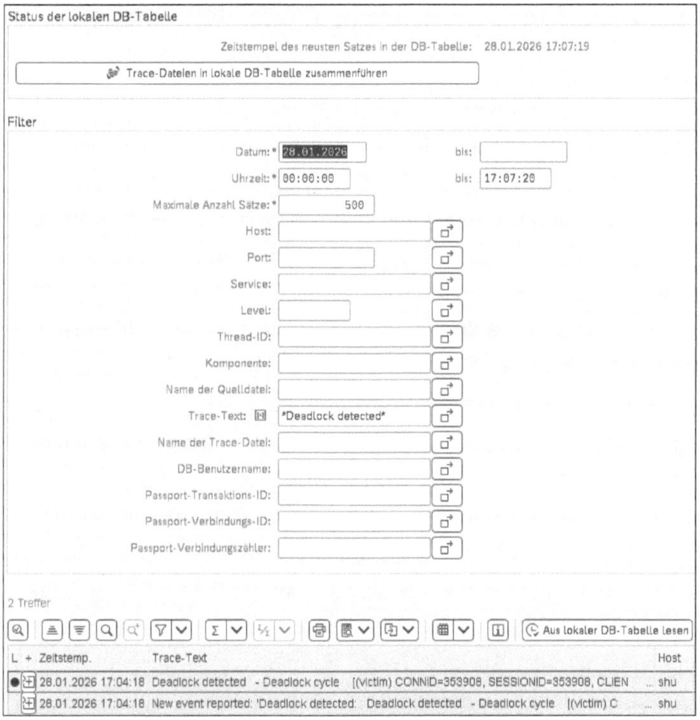

Abbildung 14.27: Deadlock-Analyse im DBA Cockpit

Mit einem Doppelklick auf das Ergebnis erhalten Sie ausführliche Informationen zu den konkurrierenden Sperren (siehe Abbildung 14.28).

```
  Deadlock detected
   - Deadlock cycle
    [(victim) CONNID=353908, SESSIONID=353908, CLIENT_HOST=shu, CLIENT_IP=192.168.200.129, CLIENT_PID=1067894,
APPUSER = HUBER, DBUSER=SAPHANADB, ID=40, UPDATE_TRANSACTION_ID=839430279, TYPE=USER, STATE=ACTIVE,
ISOLATION_LEVEL=RC, LOCK_TYPE=RECORD_LOCK, ACQ_LOCK_MODE=EXCLUSIVE, REQ_LOCK_MODE=EXCLUSIVE, OBJECT_ID=1680529,
OBJECT_NAME=SAPHANADB:USR01, RECORD_ID=[KEY=FDE4FFE77F3698D, HASH=D2834FFE77F9CC99], WAITING_PART_ID=0,
WAITING_PHYSICAL_PART_ID=0, IS_HESITANT_LOCK=false, APPLICATION_SOURCE=ZLOCKDEMO2:24, STMT_HASH=
2469a8957b9c013a696bfb18780df182, STMT=SELECT "MANDT" , "BNAME" , "STCOD" , "SPLD" , "SPLG" , "SPDB" , "SPDA" ,
"DATFM" , "DCPFM" , "HDEST" , "HMAND" , "HNAME" , "MENON" , "MENUE" , "STRTT" , "LANGU" , "CATTKENNZ" ,
"TIMEFM" , "IANATZONECODE" FROM "USR01" WHERE "MANDT" = ? AND "BNAME" = N'DDIC' FOR UPDATE]
    [CONNID=353899, SESSIONID=353899, CLIENT_HOST=shu, CLIENT_IP=192.168.200.129, CLIENT_PID=1067893, APPUSER =
HUBER, DBUSER=SAPHANADB, ID=32, UPDATE_TRANSACTION_ID=839428855, TYPE=USER, STATE=ACTIVE, ISOLATION_LEVEL=RC,
LOCK_TYPE=RECORD_LOCK, ACQ_LOCK_MODE=EXCLUSIVE, REQ_LOCK_MODE=EXCLUSIVE, OBJECT_ID=1680529,
OBJECT_NAME=SAPHANADB:USR01, RECORD_ID=[KEY=D1EAFD2704AFEA4D, HASH=BD4EFD2704A54F59], WAITING_PART_ID=0,
WAITING_PHYSICAL_PART_ID=0, IS_HESITANT_LOCK=false, APPLICATION_SOURCE=ZLOCKDEMO:24, STMT_HASH=
33befade4fa1636d71b867a10ccf9a3e, STMT=SELECT "MANDT" , "BNAME" , "STCOD" , "SPLD" , "SPLG" , "SPDB" , "SPDA" ,
"DATFM" , "DCPFM" , "HDEST" , "HMAND" , "HNAME" , "MENON" , "MENUE" , "STRTT" , "LANGU" , "CATTKENNZ" ,
"TIMEFM" , "IANATZONECODE" FROM "USR01" WHERE "MANDT" = ? AND "BNAME" = N'DEMOUSER' FOR UPDATE]
```

Abbildung 14.28: Details zu einem Deadlock

[»]

Direkter Aufruf der zusammengeführten Diagnosedateien

Die Funktion zum Zusammenführen von Trace-Dateien in die Datenbank mit der Möglichkeit, diese zu durchsuchen, ist auch außerhalb der Deadlock-Analyse erreichbar. Im Navigationsbereich des DBA Cockpits finden Sie diese Funktion unter **Diagnose • Zusammengeführte Diagnosedateien**.

14.5 Administration nicht mehr reagierender Systeme

Solange die Datenbank per SQL erreichbar ist, können Sie in den Überwachungswerkzeugen Probleme meist sehr gut analysieren und Fehler z. B. durch das Beenden problematischer Datenbanktransaktionen beheben. Da der Datenbank aber nur eine begrenzte Anzahl gleichzeitiger Verbindungen und ausführbarer Transaktionen zur Verfügung stehen, kann sich z. B. durch sich gegenseitig blockierende Transaktionen oder andere, grundlegende Probleme eine Situation einstellen, in der Sie nicht mehr in der Lage sind, die Datenbank regulär zu administrieren. Bevor Sie die Datenbank in so einem Fall durchstarten, sollten Sie eine solche Situation mit den hier beschriebenen Werkzeugen prüfen.

hdbcons

Da der AS ABAP und somit auch das DBA Cockpit von der Nicht-Erreichbarkeit des Systems betroffen sind, können Sie für die Analyse entweder auf das SAP HANA Cockpit oder das Kommandozeilenwerkzeug `hdbcons` zurückgreifen. Da `hdbcons` ein sehr mächtiges Kommandozeilenwerkzeug ist, kann damit bei falscher Bedienung jedoch auch sehr viel Schaden angerichtet werden. Auf eine ausführliche Beschreibung möchte ich deshalb an dieser Stelle verzichten. Eventuell werden Sie im Rahmen von SAP-Hinweisen oder Incidents mit `hdbcons` Bekanntschaft machen. Sie sollten sich dann ausschließlich auf die Ausführung der dort beschriebenen Anweisungen beschränken.

Notfallmodus

Neben dem Zugriff über SQL ist das SAP HANA Cockpit auch in der Lage, über die API des Prozesses `sapcontrol` mit SAP HANA zu kommunizieren. So sind Sie in der Lage, einige Funktionen von SAP HANA auch ohne eine verfügbare SQL-Verbindung zu erreichen. Die wichtigsten Funktionen sind in solchen Situationen meist das reguläre Starten oder Stoppen der Datenbank, da sie nicht über SQL realisierbar sind. Darüber hinaus bietet das SAP HANA Cockpit einen *Notfallmodus*, in dem Sie eventuelle Blockaden im System lösen können, damit der reguläre Zugriff über SQL wieder funktioniert.

Sie erreichen diese Funktion im SAP HANA Cockpit nur über die Systemdatenbank. Auf der Karte **Alerting and Diagnostics** wählen Sie die Funktion **Troubleshoot Unresponsive Systems**. Wie sie in Abbildung 14.29 sehen, können Sie sich auf vier Registerkarten ein Bild von Datenbankverbindungen, Transaktionen, blockierten Transaktionen und Threads machen. Haben Sie die Verursacher für die Blockade identifiziert, können Sie auch gezielt Transaktionen abbrechen und die SAP-HANA-Datenbank so wieder in einen funktionsfähigen Zustand versetzen.

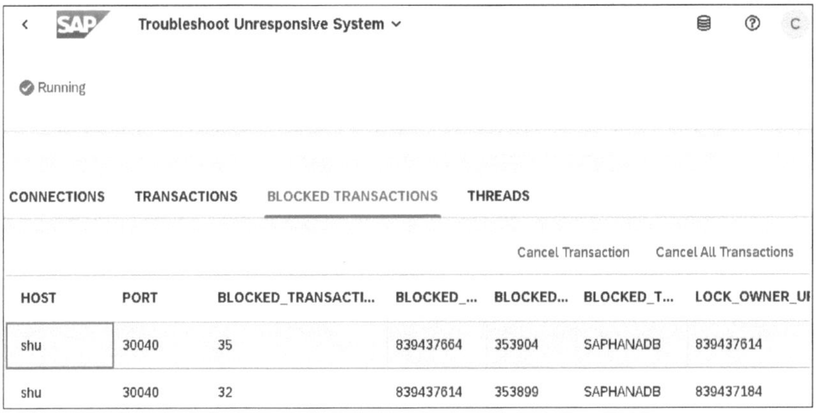

Abbildung 14.29: Troubleshoot Unresponsive System im SAP HANA Cockpit

Notfallmodus bei mehreren Tenant-Datenbanken

Da die Funktion nur über die Systemdatenbank erreichbar ist, sind hier alle Datenbanken über eine gemeinsame Oberfläche administrierbar. Achten Sie bei mehreren Tenant-Datenbanken daher auf die Spalte **PORT**.

Beachten Sie, dass die Funktion des Notfallmodus nur verwendbar ist, wenn die Datenbankprozesse grundsätzlich noch aktiv sind.

Kapitel 15
Softwarewartung

Nur mit aktuellen Softwareversionen profitieren Sie von den neuesten Innovationen seitens SAP. Diese Neuerungen sind vor allem im Kontext der zunehmenden Digitalisierung wichtig. Die stetige Aktualisierung und Wartung von SAP S/4HANA ist daher eine verantwortungsvolle Aufgabe im Rahmen der Administration von SAP S/4HANA.

In diesem Kapitel stelle ich Ihnen die wichtigsten Funktionen zur Wartung von SAP S/4HANA vor. Sie lernen, wie Sie Ihre Systeme aktuell halten und somit die Grundlage für einen sicheren, stabilen und innovativen Betrieb schaffen. Da diese Aufgabe in den Software-as-a-Service-(SaaS-)Betriebskonzepten dem jeweiligen Service Provider zukommt, konzentriere ich mich in diesem Kapitel auf On-Premise-Umgebungen.

In Abschnitt 15.1, »Die Release-Strategie für SAP S/4HANA«, und Abschnitt 15.2, »Die Release-Strategie für SAP HANA«, erläutere ich die Grundprinzipien und wichtige Begriffe im Kontext der Release-Strategie von SAP S/4HANA und SAP HANA. In Abschnitt 15.3, »Service und Support«, lernen Sie, inwiefern SAP Sie im Rahmen des Supports unterstützt. In Abschnitt 15.4, »Anbindung an das SAP Support Portal«, zeige ich Ihnen, wie Sie Ihre Systeme mit der Supportinfrastruktur von SAP verbinden können. In Abschnitt 15.5, »Hinweis-Assistent«, erfahren Sie, wie Sie mithilfe des Hinweis-Assistenten Fehler in Ihren SAP-S/4HANA-Systemen beheben können. Schließlich behandeln Abschnitt 15.6, »Upgrade oder Update von SAP S/4HANA«, und Abschnitt 15.7, »Update von SAP HANA«, die Durchführung von Updates für SAP S/4HANA und SAP HANA.

15.1 Die Release-Strategie für SAP S/4HANA

In diesem Abschnitt definiere ich wichtige Begriffe im Kontext der Release-Strategie von SAP S/4HANA. Abbildung 15.1 zeigt die wesentlichen Release-Zeitpunkte der aktuellen und geplanten SAP-S/4HANA-Produktversionen.

Produktversionen

In Abschnitt 3.3.1 haben Sie die *Product Availability Matrix* (PAM) kennengelernt. Unter der URL *https://support.sap.com/pam* finden Sie wesentliche Release-Informationen und weiterführende Links zu allen SAP-Produkten.

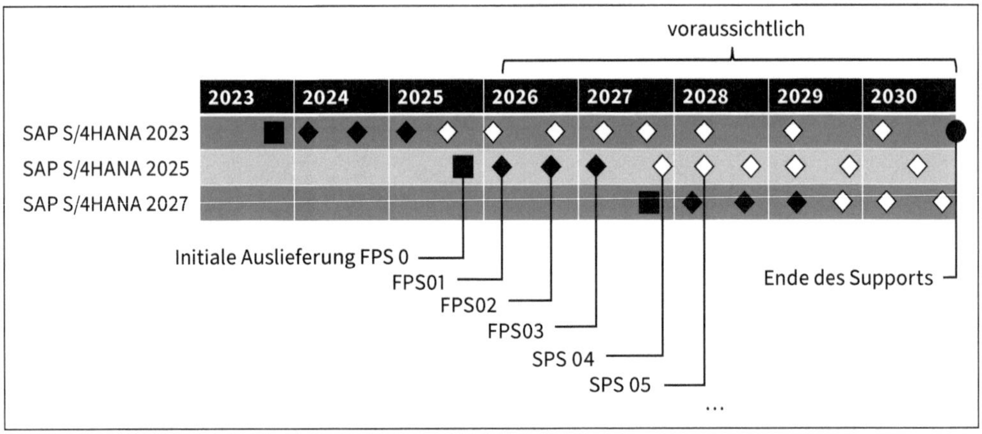

Abbildung 15.1: Release-Matrix von SAP S/4HANA

Auslieferung alle zwei Jahre

SAP liefert alle zwei Jahre eine neue Produktversion von SAP S/4HANA aus. Der Name dieser Version entspricht jeweils der aktuellen Jahreszahl, die zum Zeitpunkt der Drucklegung dieses Buches aktuelle Produktversion war demnach SAP S/4HANA 2025. Diese Version wurde am 08.10.2025 veröffentlicht und wird sieben Jahre lang, also bis Ende 2032, von SAP unterstützt. Das bedeutet, dass Ihre Systeme so lange auf dem Stand dieser Produktversion bleiben können. SAP liefert in dieser Zeit jedoch dringende Fehlerkorrekturen und rechtlich notwendige Korrekturen für die Version aus.

[!]

Früheres Wartungsende für ältere SAP-S/4HANA-Systeme

Mit SAP S/4HANA 2023 hat SAP den Rhythmus für die Auslieferung neuer Versionen auf alle zwei Jahre geändert und eine Wartung für sieben Jahre versprochen. Zuvor wurde jährlich eine neue Version von SAP S/4HANA ausgeliefert. Diese sind aber nur fünf Jahre lang wartbar. Die Wartung für SAP S/4HANA 2021 endet somit bereits Ende 2026.

SAP S/4HANA wird fortlaufend erweitert und um neue Funktionen ergänzt. Daher werden viele Unternehmen ihre Systeme schneller auf eine neue Produktversion aktualisieren, um von den neuesten Innovationen und Entwicklungen zu profitieren.

[»]

Neue Nomenklatur seit SAP S/4HANA 2020

Vor der Produktversion SAP S/4HANA 2020 vergab SAP die Bezeichnungen für die Produktversionen noch nach einem anderen Schema. SAP S/4HANA 1909 stand z. B. für die im September 2019 veröffentlichte Version.

Für SAP S/4HANA Cloud gilt diese Nomenklatur weiterhin. Dort wird zweimal im Jahr eine neue Produktversion für alle Kunden eingespielt, die Version SAP S/4HANA 2508 beispielsweise im August, also im ersten Halbjahr 2025. Zwischen den Produktversionen von SAP S/4HANA Cloud werden fortlaufend Updates eingespielt, sogenannte *Continuous Feature Deliverys* (CFD). Die mit diesen Updates ausgelieferten Funktionen können von den Kunden optional aktiviert werden. Diese Versionen werden mit einem weiteren Nummernkreis gekennzeichnet, also z. B. 2508.1 für das erste CFD von SAP S/4HANA Cloud 2508. So profitieren Kunden von SAP S/4HANA Cloud immer von den neuesten Innovationen.

SAP hat sich verpflichtet, bis 2040 immer mindestens eine Produktversion von SAP S/4HANA zu unterstützen. Weitere Details zu dieser verbindlichen Wartungszusage finden Sie in SAP-Hinweis 2900388.

Feature Package Stacks

Nach der initialen Auslieferung liefert SAP im Abstand von jeweils ca. drei bis vier Monaten mehrere *Feature Pack Stacks* (FPS) für die aktuelle Produktversion aus. FPS beinhalten nicht nur Fehlerkorrekturen, sondern auch neue Funktionen. Sie sind nicht verpflichtet, FPS einzuspielen. Oft werden diese aber von den Fachbereichen angefordert, da die neuen Funktionen benötigt werden. Auch gesetzliche Anforderungen (z. B. im Bereich Human Capital Management, HCM) zwingen Kunden dazu, FPS (und SPS) einzuspielen, da diese die Grundlage für entsprechende Änderungen bilden. Da bei FPS auch neue Funktionen ausgeliefert werden, sind bei einem Update Regressionstests für vorhandene Geschäftsprozesse und Funktionstests für neue Funktionen erforderlich.

Da mit dem Erscheinen der nächsten Produktversion nur noch für diese Version neue Funktionen ausgeliefert werden, gibt es ab diesem Zeitpunkt keine weiteren FPS mehr für die vorangegangene Produktversion. Daher gibt es in der Regel drei FPS pro Produktversion. Nach Erscheinen der nächsten Produktversion werden in der vorangegangenen lediglich noch Fehler korrigiert. Diese Korrekturen werden als *Support Package Stacks* (SPS) ausgeliefert.

Support Package Stacks

SPS sind Sammlungen von Support Packages. Sie garantieren, dass die verschiedenen Softwarekomponenten von SAP S/4HANA miteinander kompatibel sind. Sie beinhalten jedoch keine neuen Funktionen. SPS werden bis zum Ende der Softwarewartung eines Produkts in regelmäßigen Abständen, etwa zweimal pro Jahr, ausgeliefert.

SAP empfiehlt, mindestens einmal im Jahr die Systemlandschaft zu *patchen*. Je nach Unternehmensstrategie wechseln Sie dabei auch die Produktversion oder aktualisieren Ihre bestehende Produktversion durch das Einspielen der neuesten SPS. Technisch gesehen verläuft das Einspielen von FPS und SPS auf die gleiche Weise.

Support Packages

Ein Support Package ist eine Sammlung von Softwarekorrekturen und Änderungen für eine Softwarekomponente (z. B. für die Komponente SAP_BASIS). Da es Abhängigkeiten zwischen den Komponenten gibt, ist es in der Regel keine gute Idee, nur einzelne Softwarekomponenten zu aktualisieren. Möchten Sie z. B. in SAP S/4HANA 2025 FPS0 die Komponente SAP_BASIS von SPS0 auf SPS01 updaten, müssen Sie auch die Komponenten SAP_GWFND und SAP_UI aktualisieren. Für diese Komponenten können dann weitere Abhängigkeiten bestehen. Die Abhängigkeiten sind in den Softwarekomponenten hinterlegt, sodass ungültige Updates unterbunden werden. Dennoch empfehle ich Ihnen, Updates grundsätzlich auf Ebene der Produktversionen, FPS und SPS durchzuführen.

[»]

SAP-Hinweise

SAP-Hinweise beinhalten Informationen, wie einzelne, bekannte Fehler innerhalb von SAP-Produkten behoben werden können. Im AS ABAP können SAP-Hinweise über den *Hinweis-Assistenten* automatisch oder halbautomatisch eingebaut werden (siehe Abschnitt 15.5).

15.2 Die Release-Strategie für SAP HANA

Für SAP HANA verfolgt SAP eine abweichende Release-Strategie. Ein Update oder Upgrade von SAP S/4HANA bedeutet nicht zwangsläufig auch ein Update oder Upgrade von SAP HANA und umgekehrt. Da neue Funktionen in SAP S/4HANA oft auf neuen Funktionen von SAP HANA aufbauen, wird für jede SAP-S/4HANA-Produktversion eine Mindestversion von SAP HANA vorausgesetzt.

Release Information Note

Um zu überprüfen, welches SAP-HANA-Release Ihre SAP-S/4HANA-Version erfordert, rufen Sie am einfachsten die PAM auf. Öffnen Sie dort die Registerkarte **Allgemeine Informationen • Support Package Stacks** zu Ihrem SAP-S/4HANA-Release (siehe Abbildung 15.2).

Zu jedem FPS bzw. SPS finden Sie einen Link zu einer **Release Information Note**. Zur initialen Auslieferung von SAP S/4HANA 2025 ist dies z. B. SAP-Hinweis 3493301. Möchten Sie ein Update auf diese Version durchführen, sollten Sie diesen SAP-Hinweis sehr genau durchlesen. Darin ist beschrieben, dass für dieses Release mindestens SAP HANA 2.0 SP08 Revision 87 benötigt wird.

Abbildung 15.2: Support Package Stacks zu SAP S/4HANA 2025 in der Product Availability Matrix

Im Folgenden definiere ich die wichtigsten Begriffe im Kontext der Release-Strategie für SAP HANA. In Abbildung 15.3 sehen Sie die wesentlichen Veröffentlichungszeitpunkte und Wartungszeiträume der zum Zeitpunkt der Drucklegung dieses Buches aktuellen SAP-HANA-Releases. Aktuelle Informationen finden Sie in SAP-Hinweis 2378962.

Wichtigste Begriffe

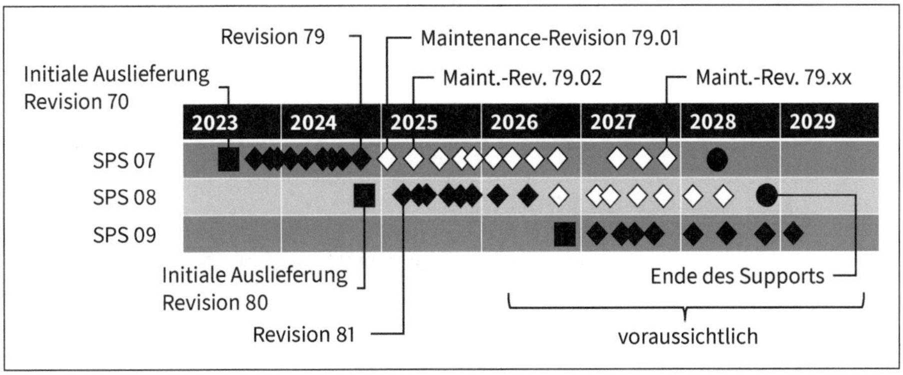

Abbildung 15.3: Release-Matrix von SAP HANA

Zu diesem Zeitpunkt wird nur die SAP-HANA-Version 2.0 von SAP unterstützt. Der Support für SAP HANA 1.0 lief im Mai 2021 aus. SAP HANA 3.0 wurde bisher noch nicht angekündigt.

SAP-HANA-Versionen

SAP liefert alle zwei Jahre ein SPS für SAP HANA aus. Zum Zeitpunkt der Drucklegung dieses Buches ist SPS08 das aktuelle. Aktuell sind die SPS 07 und 08 innerhalb der Wartung. Die älteren SPS zeige ich in der Abbildung nicht mehr. Hier waren die Release-Zyklen und Wartungszeiträume noch anders. Jeder SPS ist aktuell vier Jahre in der Wartung, SPS 08 also bis Ende 2028.

Support Package Stacks

Revisionen

Für das aktuelle SPS zu SAP HANA liefert SAP in unregelmäßigen Abständen *Revisionen* aus. Diese Revisionen beheben bekannte Fehler. Sie können aber auch neue Funktionen enthalten, ähnlich wie die FPS bei SAP S/4HANA. Sobald ein neues SPS veröffentlicht wird, werden keine neuen Revisionen mehr für das vorangegangene SPS erstellt. Stattdessen werden für dieses SPS *Wartungsrevisionen* (Maintenance Revisions) bereitgestellt.

Wartungsrevisionen

Revisionen werden immer nur für das neueste SPS ausgeliefert. Für die älteren, noch im Support befindlichen SPS liefert SAP in unregelmäßigen Abständen Wartungsrevisionen aus. Diese beinhalten ausschließlich Fehlerkorrekturen und keine neuen Funktionen.

Keine Einzelkorrekturen

Im Unterschied zu SAP S/4HANA gibt es für SAP HANA keine Möglichkeit, einzelne Fehler zu beheben. Die kleinste Einheit von Patches ist eine Revision bzw. Wartungsrevision. SAP-Hinweise, die Softwarefehler in SAP HANA beschreiben, verweisen immer auf die Notwendigkeit eines Updates der SAP-HANA-Datenbank. In manchen Fällen können Sie solche Fehler z. B. durch eine Konfigurationsänderung umgehen, um ein sonst notwendiges Update zu vermeiden.

[»]

Nomenklatur

Leider verwendet selbst SAP die Begriffe Revision und SPS für SAP HANA nicht einheitlich. Wird z. B. von »Revision 089« gesprochen, ist damit die neunte Revision von SPS08 gemeint. Die vollständige Versionsnummer lautet in diesem Beispiel 2.00.089.00. Die erste Maintenance-Revision von SPS08 trägt die Versionsnummer 2.00.089.01.

15.3 Service und Support

Eine wesentliche Informationsquelle und zentrale Anlaufstelle für Supportanfragen ist das SAP-Portal *SAP for Me* (*https://me.sap.com*).

15.3.1 SAP for Me

Neue Einstiegsseite

SAP hat mit SAP for Me im Jahr 2022 einen zentralen Einstiegspunkt für alle Aufgaben zur Verwaltung eines SAP-Kunden-Accounts geschaffen. Das Portal löst die meisten anderen, bisher verfügbaren, Portale ab. Inzwischen nutze ich ausschließlich SAP for Me, ob ich z. B. eine Support-Anfrage habe, Rechnungen einsehen möchte, Benutzer pflegen oder nach SAP-Hinweisen suche.

In Abbildung 15.4 sehen Sie die Startseite. Welche Karten Ihnen hier angezeigt werden, können Sie Ihren Anforderungen entsprechend anpassen. Die meisten für die Administration notwendigen Funktionen finden Sie in der Seitenleiste unter **Services und Support** oder unter **Systeme und Bereitstellung**. Über den

Button **Customize Home Page** können Sie einstellen, welche Kacheln Sie direkt auf der Startseite sehen möchten. Über den Button **Meine Interessen bearbeiten** können Sie Themenbereiche auswählen, die Sie besonders interessieren, wie z. B. **Lizenzverwaltung** oder **Systemverfügbarkeit überwachen**. Im Anschluss werden diese Kacheln im Bereich **Recommended for you** auf der Startseite angezeigt.

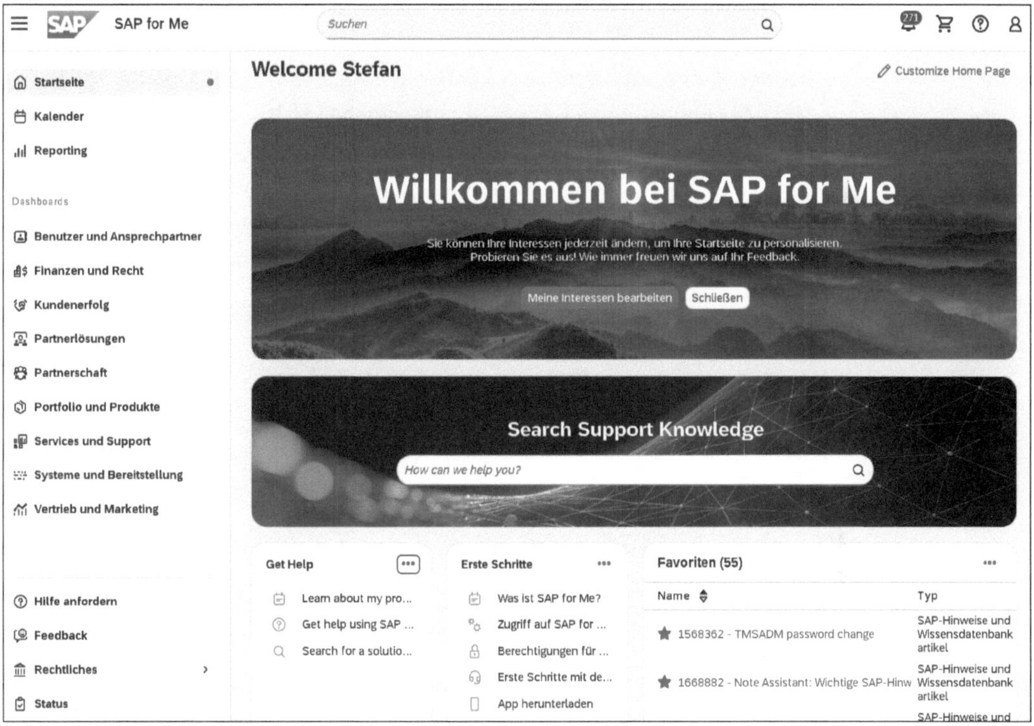

Abbildung 15.4: Startseite von SAP for Me

SAP for Me folgt den SAP-Fiori-Design-Richtlinien und ist somit auch auf mobilen Endgeräten unterschiedlicher Größe sehr gut einsetzbar. Für iOS und Android können Sie aus den jeweiligen App-Stores auch die SAP-for-Me-App herunterladen. Nach der ersten Anmeldung können Sie sich dort mit Ihrem S-User einen Passcode erstellen, mit dem Sie sich dann anschließend sehr komfortabel mit Ihren biometrischen Daten anmelden können. **SAP-for-Me-App**

15.3.2 Benutzer und Berechtigungen

In diesem Buch ist Ihnen schon an vielen Stellen der Begriff *S-User* begegnet. Als SAP-Kunde oder -Partner können Sie für beliebig viele Personen in Ihrem Unternehmen eine S-User-ID beantragen. Neben Administrator*innen haben in der Regel auch Entwickler*innen, Berater*innen und Key User eine eigene **S-User**

S-User-ID. Mit dem Beginn eines Vertragsverhältnisses mit SAP erhält zunächst eine zu benennende Person in Ihrem Unternehmen eine S-User-ID. Sie kann dann weitere Benutzer anlegen. Haben Sie selbst noch keinen S-User, müssen Sie die dafür verantwortliche Person in Ihrem Unternehmen kontaktieren und sie um Anlage eines S-Users bitten.

S-User pflegen

Sind Sie selbst in der Rolle, weitere S-User anzulegen oder zu pflegen, finden Sie die entsprechende Funktion auf der Seite *https://me.sap.com* im Bereich **Benutzer und Ansprechpartner • Benutzer und Berechtigungen verwalten**. Bei der Pflege von Benutzern können Sie Rechte vergeben (siehe Abbildung 15.5). Die notwendigen Berechtigungen ergeben sich in der Regel aus der Rolle der jeweiligen Person in Ihrem Unternehmen. Zentrale Berechtigungen, wie die zur Lizenz- oder Benutzerverwaltung, sollten nur sehr wenige Personen erhalten. Als Administrator*in benötigen Sie auf jeden Fall umfangreiche Berechtigungen, einschließlich der Möglichkeit, SAP-Software herunterladen zu dürfen.

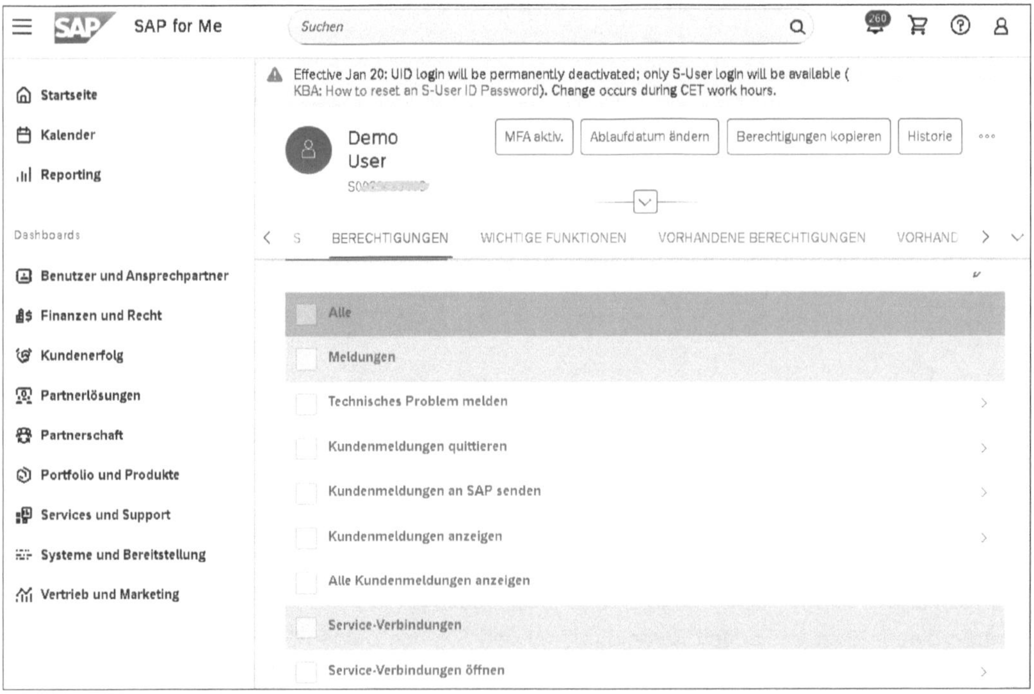

Abbildung 15.5: Berechtigungen eines Benutzers im Portal SAP for Me pflegen

15.3.3 SAP-Hinweis-Suche

Suche in Wissensdatenbank

Stellen Sie Fehler oder Probleme in Ihrem System fest, ist die SAP-Hinweis-Suche eine wichtige Informationsquelle. In SAP for Me können Sie Ihren Suchbegriff direkt in das auf der Startseite integrierte Suchfeld eingeben (siehe Abbildung 15.6). Die Funktion durchsucht alle Bereiche, nicht nur die Wissensdatenbank von SAP. So finden Sie z. B. auch Downloads oder Apps, die zu Ihrer Suchanfrage passen. Möchten Sie nur nach SAP-Hinweisen in der Wissensdatenbank suchen, müssen Sie nach Eingabe des Suchbegriffs daher explizit die Option **<Suchbegriff> in Support-Wissensdatenbank suchen** auswählen.

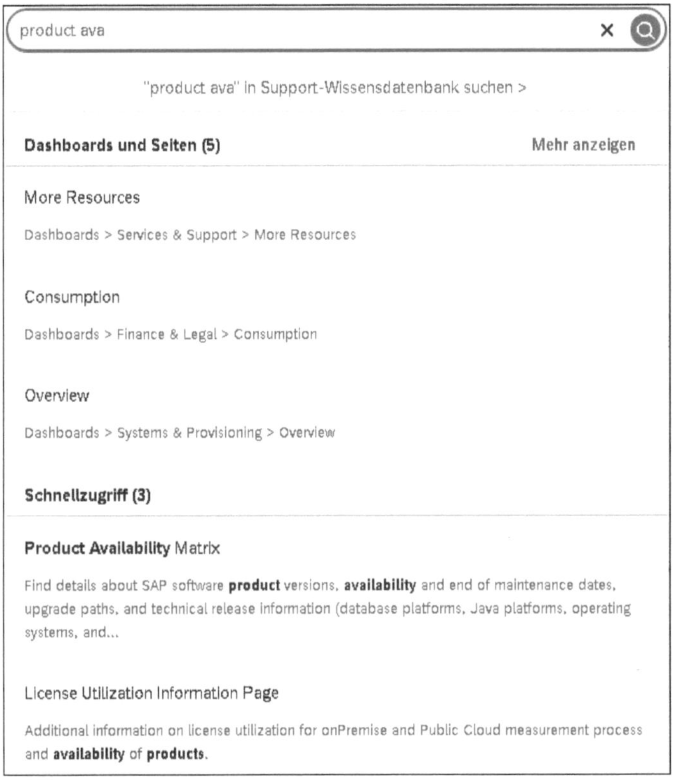

Abbildung 15.6: Suchfunktion in SAP for Me

Haben Sie auf Ihrer Startseite in SAP for Me die Karte **Schnellzugriff auf Services & Support** eingebunden, können Sie dort alternativ über den Button **Wissensdatenbankartikel und Hinweise** nach SAP-Hinweisen suchen und in die Expertensuche verzweigen. Über den Navigationsbereich erreichen Sie die Funktion ebenfalls. Wählen Sie dazu den Pfad **Services und Support • Wissensdatenbankartikel und Hinweise**.

Suchbegriffe

Die Suche funktioniert mit ein wenig Übung ähnlich wie bei gängigen Suchmaschinen. Verwenden Sie möglichst spezifische Suchbegriffe, z. B. aus Fehlertexten oder Programmnamen. Verwenden Sie als Suchbegriff »sql code: 1038«, erhalten Sie 166 Treffer. Stellen Sie denselben Suchbegriff in Anführungszeichen, erhalten Sie nur sieben Treffer, da nun der gesamte String exakt so im SAP-Hinweis vorkommen muss. Selbstverständlich können Sie auch gezielt nach den SAP-Hinweis-Nummern suchen, wie ich Sie hier im Buch angebe.

KI-generierte Antwort

Im Standard erhalten Sie in vielen Fällen auch eine KI-generierte Antwort. Die Qualität würde ich aktuell als gut, aber noch ausbaufähig, beurteilen. Da die zugrunde liegende Wissensdatenbank auf Datenquellen von SAP beschränkt ist, werden keine potenziell falschen Antworten aus dem Internet in die Antwort mit einbezogen. Somit sind die Antworten zumindest nicht falsch. Abbildung 15.7 zeigt einen Auszug aus der KI-generierten Antwort zu meiner Suche nach dem SQL-Fehlercode.

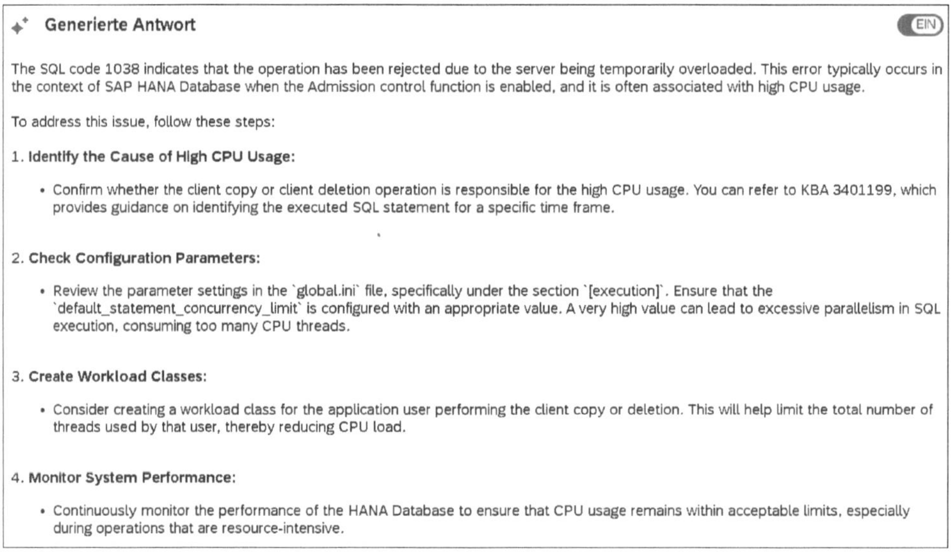

Abbildung 15.7: KI-generierte Antwort der Suche

Wissensartikel

Etwa 80 % aller SAP-Hinweise beschreiben Programmfehler und beinhalten Codeanpassungen, die Sie über den Hinweis-Assistenten (siehe Abschnitt 15.5) einbauen können. Die restlichen SAP-Hinweise, wie die meisten von mir in diesem Buch genannten, enthalten nur textuelle Informationen. Neben SAP-Hinweisen finden Sie über die Suche in SAP for Me auch Wissensdatenbankartikel (*Knowledge Base Articles*, kurz KBA). Diese beinhalten oft sehr ausführliche Anweisungen und Tipps zu häufig gestellten Fragen. Sehr oft sind darin auch Screenshots und Videos enthalten. Wissensdatenbankartikel finden Sie auch über gängige Internetsuchmaschinen, z. B. über Google.

Korrekturanleitungen

In Abschnitt 13.4.1, »Dumpanalyse«, habe ich Ihnen bereits am Beispiel eines Kurzdumps gezeigt, wie Sie SAP-Hinweise finden können. Im dortigen Beispiel hatten wir den SAP-Hinweis 3634132 als relevant identifiziert. Wie Sie in Abbildung 15.8 sehen, gibt es in diesem SAP-Hinweis eine Registerkarte **Korrekturanleitungen**. Daran erkennen Sie, dass der Hinweis über den Hinweis-Assistenten in das SAP-System eingebaut werden kann. Sie sehen auf der Registerkarte außerdem, dass der Hinweis eine Korrektur für die Softwarekomponente SAP_UI enthält. Wählen Sie den Bereich mit den Korrekturanleitungen aus, sehen

Sie jeweils eine oder mehrere Korrekturanleitungen für unterschiedliche Software-Releases. Für ein System mit dem Release-Stand SAP S/4HANA 2025 FPS0 sollte die Komponente SAP_UI beispielsweise in Version 816 SP0 installiert sein. Diese Information können Sie in Ihrem System nachsehen, wenn Sie im SAP GUI die Menüoption **System • Status • Produktversion • Details** wählen.

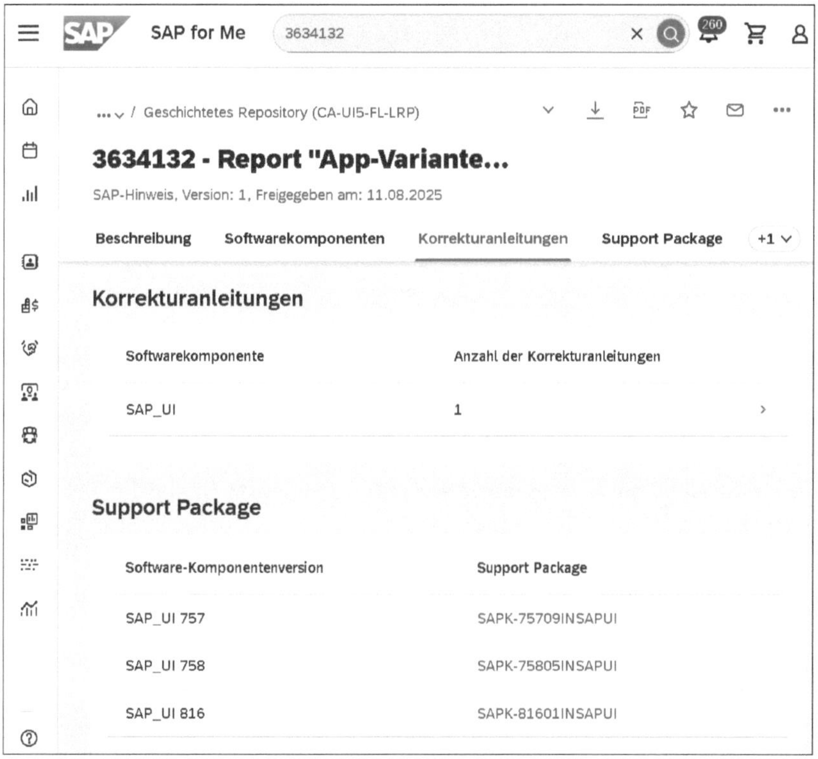

Abbildung 15.8: SAP-Hinweis 3634132 als Beispiel

Gültigkeit

Im Bereich **Korrekturanleitung** auf der Registerkarte **Gültigkeitsinformationen der Korrektur** sehen Sie, dass die Korrekturanleitung für 816 SP0 gültig und somit für das genannte System relevant ist (siehe Abbildung 15.9). Der SAP-Hinweis 3634132 kann daher in das System mit dem genannten Release-Stand eingespielt werden, was ich Ihnen in Abschnitt 15.5, »Hinweis-Assistent«, zeigen werde.

Sie müssen die hier exemplarisch gezeigten Schritte zur Prüfung der Einbaubarkeit nicht zwingend durchführen, da der Hinweis-Assistent die Kompatibilität mit Ihrem System automatisch prüft. Dennoch bekommen Sie so bereits vorab ein Gefühl dafür, ob der SAP-Hinweis für das vorliegende Problem verantwortlich sein kann. Über die Registerkarte **TADIR-Einträge** sehen Sie, welche Objekte von der Korrektur betroffen sind. Auf der Registerkarte **Codeänderungen** sehen Sie, welche Codeänderungen am Quellcode vorgenommen werden.

Abbildung 15.9: Gültigkeit der Korrekturanleitung

15.3.4 Support durch SAP

Finden Sie zu einem Fehler oder Problem in der Wissensdatenbank keine passende Lösung, können Sie Kontakt zu SAP aufnehmen. Hierzu gibt es verschiedene Möglichkeiten. In SAP for Me finden Sie die relevanten Funktionen z. B. links im Navigationsbereich über **Services und Support • Übersicht** (siehe Abbildung 15.10).

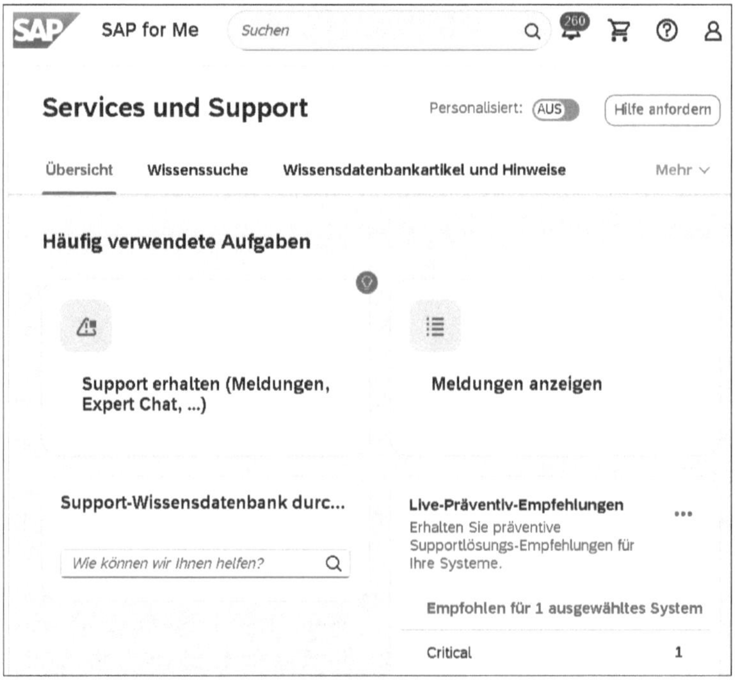

Abbildung 15.10: Bereich »Services und Support« in SAP for Me

Öffnen Sie die Karte **Support erhalten (Meldungen, Expert Chat, …)**. Es öffnet sich die in Abbildung 15.11 gezeigte geführte Prozedur, die zunächst aus drei Schritten besteht.

Support erhalten

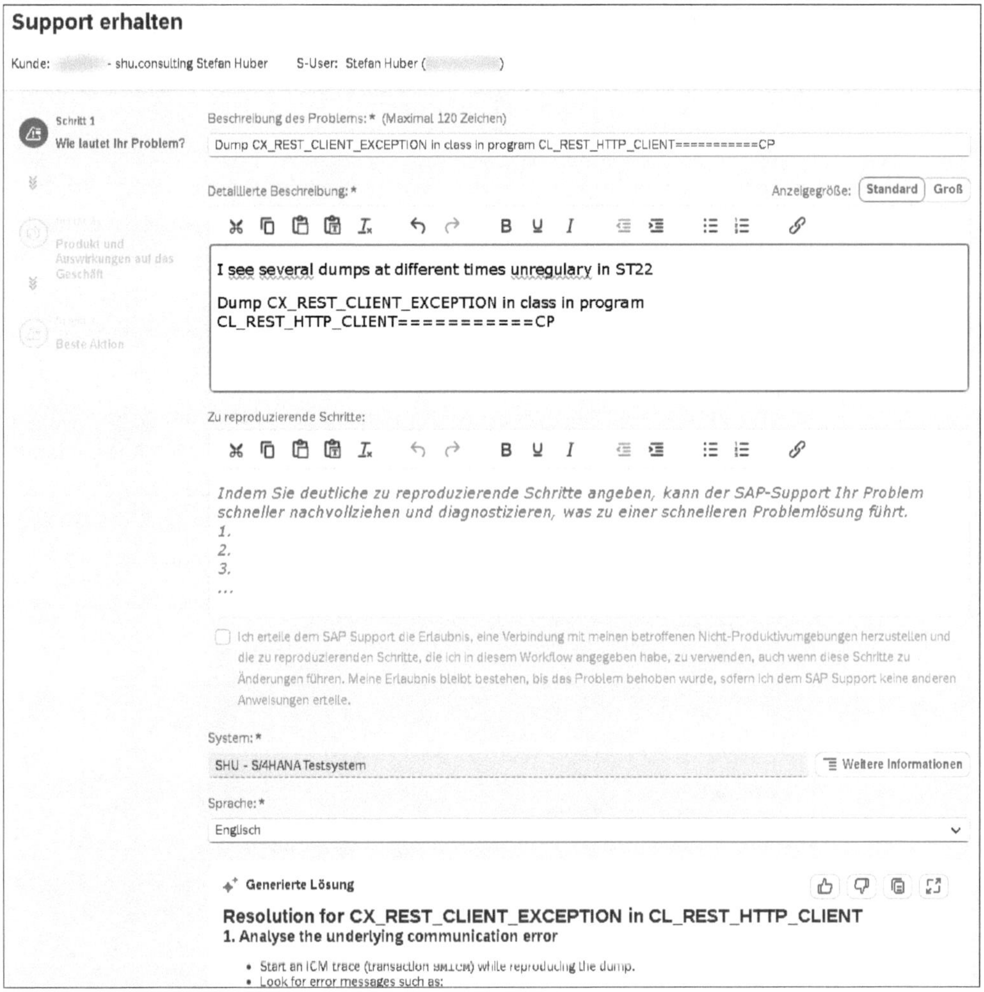

Abbildung 15.11: Problembeschreibung

Bei der Problembeschreibung müssen Sie sich auch für eine Sprache entscheiden. Da die Mitarbeitenden der Supportorganisation von SAP über den gesamten Globus verteilt arbeiten, habe ich es mir angewöhnt, Meldungen auf Englisch zu verfassen. Wenn Sie die Meldung auf Deutsch erfassen, kann es vorkommen, dass Sie gebeten werden, die Meldung bitte auf Englisch zu erfassen. Gerade bei Meldungen zu Problemen im Umfeld der Basis-Technologie und von SAP HANA ist Englisch in den meisten Fällen die bessere Wahl.

Sprache

Anzeige passender SAP-Hinweise

Bereits beim Erfassen des Problems wird im unteren Bildschirmbereich der Abbildung 15.11 mithilfe von KI eine mögliche Lösung generiert. Darunter werden auch SAP-Hinweise und Wissensdatenbankartikel eingeblendet, die zu Ihrer Problembeschreibung passen. In Abbildung 15.11 sind diese allerdings nicht mehr zu sehen. Ich habe auf diese Weise tatsächlich schon oft SAP-Hinweise gefunden, die ich über die klassische Hinweissuche nicht gefunden habe. Es lohnt sich daher auf jeden Fall, diese Informationen zu prüfen, bevor Sie SAP kontaktieren.

Produkt und Produktfunktion

Im zweiten Schritt müssen Sie das richtige Produkt und die richtige Produktfunktion auswählen, damit die Meldung an das richtige Supportteam weitergegeben wird. Wenn Sie hier eine falsche Komponente angeben, kann dies die Bearbeitung verzögern. Es werden Ihnen Komponenten vorgeschlagen, die zur eingegebenen Beschreibung passen. Wenn Sie unsicher sind, nutzen Sie die vorgeschlagenen Werte.

Im dritten Schritt schlägt Ihnen SAP Kanäle vor, die nach Meinung von SAP am effektivsten zur Fehlerlösung sind (siehe Abbildung 15.12). Die Auswahlmöglichkeiten unterscheiden sich hier, je nach gewähltem Produkt und Produktfunktion.

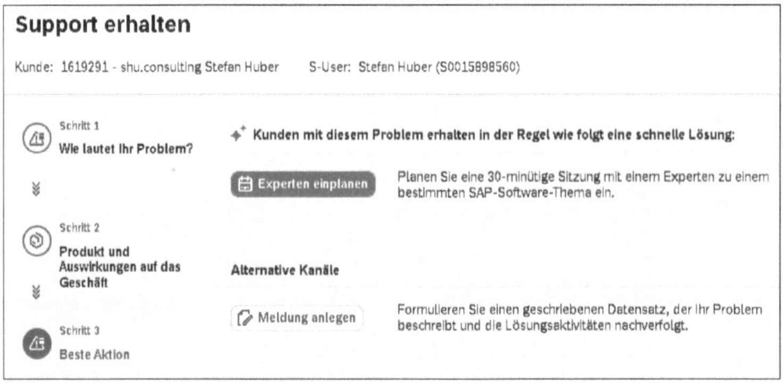

Abbildung 15.12: Auswahl des Kanals

Meldung anlegen

Der klassische Kanal ist sicherlich die Erfassung einer Meldung. Diesen Kanal gibt es schon sehr lange, früher war er unter dem Begriff *SAP OSS* bekannt. Ich nutze meistens diesen Kanal. Er ist besonders geeignet, wenn Sie eine komplexe Fehlersituation schriftlich darlegen möchten oder Sie sich nicht zutrauen, das Problem verbal zu beschreiben.

Wenn Sie den Kanal zur Meldungsanlage über den Button **Meldung anlegen** wählen, wird die geführte Prozedur um drei weitere Schritte ergänzt. In Schritt 4 müssen Sie das Problem kategorisieren (siehe Abbildung 15.13). In Schritt 5 können Sie Anhänge hinzufügen und weitere Ansprechpartner benennen, die dann bei einer Aktualisierung der Meldung ebenfalls benachrichtigt werden.

Um die Bearbeitung durch den SAP-Support zu beschleunigen, sollten Sie auch hilfreiche Informationen, wie Kurzdumps, Protokolle und Screenshots als Anlagen hinzufügen. In einigen Fällen wird SAP Sie bitten, eine Verbindung zu Ihrem System zu öffnen, damit sich die Mitarbeitenden des SAP-Supports direkt an Ihrem System anmelden und die Situation analysieren können (*Remote Support*). Wie diese Verbindungen eingerichtet werden, zeige ich Ihnen in Abschnitt 15.4.2. Sie sollten auf diesen Fall vorbereitet sein, damit Sie die Verbindung nicht erst im Ernstfall einrichten müssen und damit wertvolle Zeit verlieren.

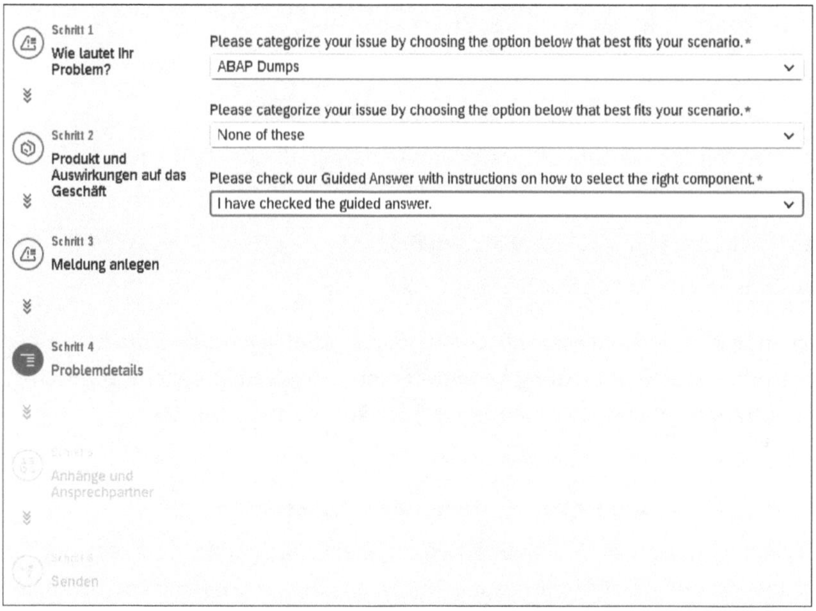

Abbildung 15.13: Problem bei Anlage einer Meldung kategorisieren

In Schritt 6 können Sie die Meldung erneut überprüfen oder auch die Priorität ändern. Über den Button **Meldung senden** wird die Meldung erzeugt und an SAP gesendet. Sie werden fortan über den Status der Meldung per E-Mail informiert. Über die Kachel **Meldungen anzeigen** haben Sie Zugriff auf Ihre Meldungen.

Expert Chat

Neben der Anlage einer Meldung können Sie in Schritt 3 der geführten Prozedur je nach ausgewähltem Produkt und Komponente auch die Funktion *Expert Chat* wählen. Hier können Sie interaktiv mit einer Supportmitarbeiterin oder einem Supportmitarbeiter chatten und das Problem gemeinsam analysieren.

Experten einplanen

Ein weiterer Kanal, den Sie in Schritt 3 der geführten Prozedur oft auswählen können, ist der Kanal *Experten einplanen*. Hier können Sie zu einer geplanten Zeit interaktiv mit einer Supportmitarbeiterin oder einem Supportmitarbeiter kommunizieren und das Problem gemeinsam analysieren. Die geführte Prozedur beinhaltet vier weitere Schritte. Drei Schritte sind identisch zur Anlage einer Meldung. Der vierte Schritt ist die Auswahl eines Wunschtermins. Sie können hier aus vorgeschlagenen Terminen zwei Termine auswählen. Wenn Ihnen die Termine nicht passen oder zu spät sind, können Sie auch jederzeit wieder zurück in Schritt 3 und einen anderen Kanal auswählen.

15.4 Anbindung an das SAP Support Portal

Einsatzzwecke der Supportverbindung

Für die Wartung und den Support Ihrer SAP-Systeme ist es wichtig, dass Ihre Systeme an das SAP Support Portal angebunden sind. Diese Anbindung wird unter anderem für die folgenden Zwecke benötigt:

- Anlegen von Meldungen zu SAP-Systemen
- Remote Support durch SAP-Supportmitarbeitende
- Planung von Wartungen für Updates und Upgrades der Systeme
- Herunterladen von SAP-Hinweisen in Ihre Systeme
- Hochladen von SAP-EarlyWatch-Berichten
- Generieren von Lizenzschlüsseln

Ich möchte Ihnen in diesem Abschnitt nur die Grundlagen zum Einrichten einer entsprechenden Verbindung vermitteln und verweise bei systemspezifischen Schritten jeweils auf die weiterführende Dokumentation von SAP.

15.4.1 Übertragung von System- und Analysedaten

Die Anbindung an das SAP Support Portal ist eine zwingende Voraussetzung für viele Aufgaben der Systemwartung. Nur wenn SAP Ihre Systeme und deren Release-Stände kennt, können Sie Wartungsvorgänge planen, die für Updates unerlässlich sind. Auch für andere webbasierte Funktionen, wie z. B. die SAP-EarlyWatch-Analyse, die Kundencodeanalyse und das Datenvolumenmanagement, müssen Daten über die in diesem Abschnitt beschriebenen Wege mit SAP ausgetauscht werden.

Support-Hub-Konnektivität

Nutzen Sie zur Verwaltung Ihrer Systemlandschaft den SAP Solution Manager, kann dieser die Kommunikation mit dem SAP Support Portal übernehmen (*Support-Hub-Konnektivität*). Die Konfiguration hierzu findet im SAP Solution Manager statt. Ihre Systeme sind wiederum an den SAP Solution Manager angebunden. Diese Anbindung kann auf zwei Wegen erfolgen, über das *System Landscape Directory* (SLD) und die *Landscape Management Database* (LMDB ❶) oder nur über die LMDB ❷.

Eine weitere Möglichkeit ist die direkte Anbindung der Systeme an das SAP Support Portal ❸. Abbildung 15.14 stellt die drei Anbindungsmöglichkeiten einander gegenüber, die ich im Folgenden näher erläutere. Bei allen drei Möglichkeiten müssen Sie sowohl im AS ABAP als auch in SAP HANA sogenannte

Data Supplier registrieren. Betreiben Sie für SAP S/4HANA auch einen AS Java, müssen Sie die Registrierung auch dort vornehmen.

Transaktion RZ70

Im AS ABAP nehmen Sie die Registrierung über Transaktion RZ70 vor. Die Registrierung kann entweder über RFC oder HTTP erfolgen, wobei HTTP mehr Möglichkeiten bietet und daher zu bevorzugen ist.

hdblcm

Für die Anbindung von SAP HANA starten Sie angemeldet mit dem Benutzer `<SID>adm` über einen Kommandozeileneditor das Kommando `hdblcm --action=configure_sld` im Verzeichnis */hana/shared/<SID>/hdblcm*.

In allen Fällen müssen Sie die Verbindungs- und Zugangsdaten zu einem Endpunkt angeben, der sich bei den drei Möglichkeiten der Systemanbindung jedoch unterscheidet. Nach erfolgreicher Registrierung melden die Systeme alle 12 Stunden geänderte Systeminformationen an das Ziel.

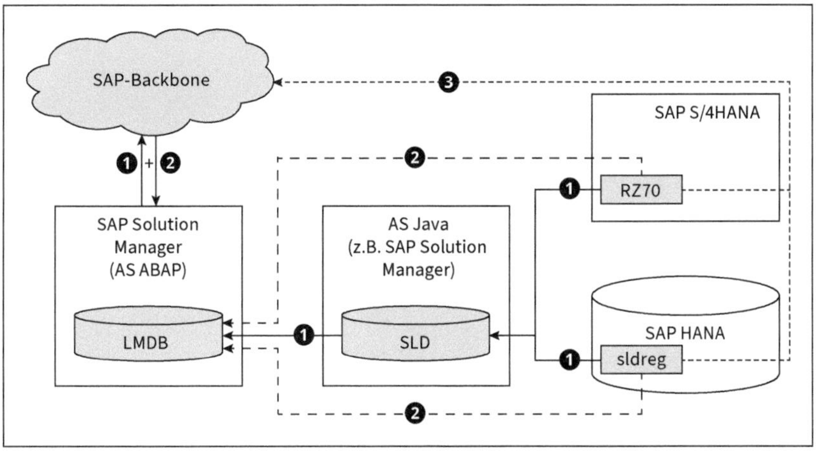

Abbildung 15.14: Möglichkeiten zur Anbindung der Systeme an das SAP Support Portal

Folgende Unterschiede bestehen bei den drei Anbindungsmöglichkeiten:

- **Möglichkeit 1: SLD und LMDB**

  Das SLD ist ein zentrales Verzeichnis für Systeminformationen, also eine Art Inventarliste aller Ihrer SAP-Systeme und -Komponenten. Die Technologie ist fester Bestandteil jedes AS Java. Da der SAP Solution Manager auf einem AS ABAP und einem AS Java basiert, hostet er in vielen Fällen das SLD. Dies ist jedoch nicht zwingend erforderlich bzw. nicht immer sinnvoll.

  Das SLD ist Datenlieferant für viele Anwendungsfälle, z. B. die folgenden:

  - SAP NetWeaver Development Infrastructure
  - SAP Process Integration/Process Orchestration (SAP PI/PO)
  - SAP Solution Manager

Für unseren konkreten Fall der Supportanbindung ist das SLD als Datenlieferant für den SAP Solution Manager wichtig. Dieser überprüft das SLD alle 10 Minuten auf Änderungen hin und speist diese Daten in die LMDB ein. Nur wenn Systeme in der LMDB des SAP Solution Managers vorhanden sind, können sie vom SAP Solution Manager verwaltet werden.

Von der LMDB aus werden die Systeminformationen unter anderem auch an SAP gesendet und stehen dort z. B. für den Remote Support oder die Planung von Wartungsvorgängen zur Verfügung.

In Abbildung 15.15 sehen Sie beispielhaft die Informationen zu einem SAP-S/4HANA-System in der Transaktion LMDB des SAP Solution Managers. Von dort aus werden die Daten regelmäßig bzw. bei Änderungen automatisch in das SAP Support Portal hochgeladen. Über den Button **Upload in das SAP Support Portal** kann dieser Vorgang auch beschleunigt werden, etwa wenn aktuelle Daten umgehend, z. B. für die Anlage eines Wartungsvorgangs, im SAP Support Portal benötigt werden.

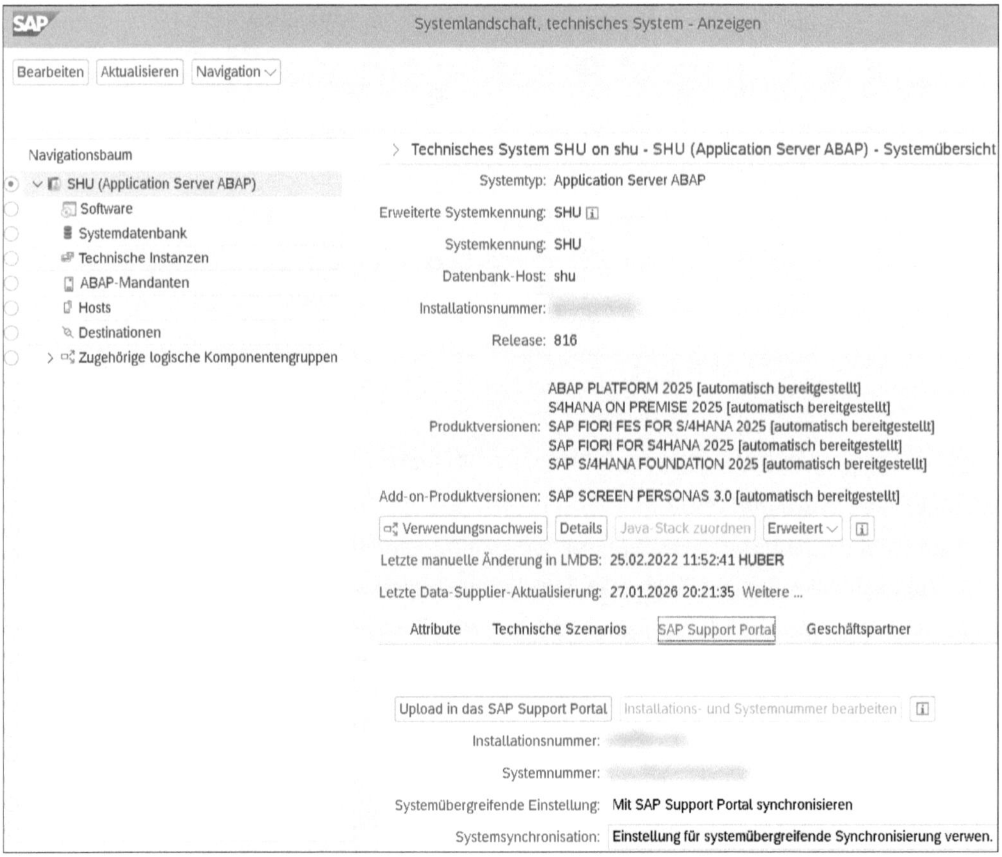

Abbildung 15.15: Eintrag eines SAP-S/4HANA-Systems in der LMDB

- **Möglichkeit 2: LMDB**

  Ab SAP Solution Manager 7.2 SP06 können Sie die Systeme auch direkt an die LMDB des SAP Solution Managers anbinden. Sie verwenden dazu die gleichen Werkzeuge wie für Möglichkeit 1, müssen aber weitere Details beachten. Informationen hierzu finden Sie in den SAP-Hinweisen 2183995 und 2836143. Die Option 2 bietet sich an, wenn Sie generell auf das SLD verzichten möchten, da Sie es in Ihrem Unternehmen nicht für weitere Zwecke benötigen.

- **Möglichkeit 3: Anbindung ohne SAP Solution Manager**

  Nutzen Sie den SAP Solution Manager nicht, z. B. weil Sie bereits auf SAP Cloud ALM setzen oder auf eine ALM-Lösung (Application Lifecycle Management) gänzlich verzichten möchten, können Sie SAP S/4HANA auch direkt mit dem SAP Support Portal verbinden. Auch diese Anbindung unterscheidet sich nicht grundlegend von den zuvor beschriebenen. Herausfordernd kann hier jedoch die Tatsache sein, dass Sie eine direkte oder indirekte Internetverbindung über einen HTTP-Proxy benötigen und Zertifikate installieren müssen. Die Details sind in SAP-Hinweis 2855951 beschrieben.

[+]

Wartungsende des SAP Solution Managers und von AS Java

Da sowohl der SAP Solution Manager als auch alle anderen AS-Java-basierten Systeme vor dem Wartungsende stehen, empfehle ich Ihnen die direkte Anbindung Ihrer SAP-Systeme (Option 3). Wenn Sie bereits Option 1 oder 2 nutzen, können Sie Option 3 auch parallel zur bestehenden Lösung einrichten und testen.

15.4.2 Remote Support

Melden Sie einen Störfall über eine Meldung oder den Expert Chat an SAP, ist es in vielen Fällen erforderlich, dass der Mitarbeiter oder die Mitarbeiterin des SAP-Supports die Situation direkt in Ihrem System analysiert. Auf diesen Fall sollten Sie vorbereitet sein, bevor es zum ersten Störfall kommt.

SAProuter

Bereits in Abschnitt 3.1.2, »Komponenten«, habe ich den SAProuter vorgestellt. Über diese Komponente können die SAP-Supportmitarbeitenden auf Ihre Systeme zugreifen. Damit dies gelingt, muss Ihr SAProuter von außen über eine feste IP-Adresse erreichbar sein. Über einen Rückmeldebogen, der in SAP-Hinweis 28976 hinterlegt ist, können Sie die benötigten Daten an SAP kommunizieren. Dadurch wird Ihr SAProuter bei SAP registriert. Alle Informationen zum Download und zur Einrichtung finden Sie auf der Webseite *http://s-prs.de/v1121915*.

Verbindungstypen

Während der Konfiguration des SAProuters in der Datei *SAPROUTTAB* müssen Sie die Verbindungen zu Ihren internen Systemen freischalten. Welche Verbindungstypen Sie freischalten müssen, hängt von der benötigten Zugriffstechnologie ab. Mit SAP S/4HANA gibt es potenziell viele Verbindungstypen:

- SAP GUI (mit oder ohne SNC)
- SAP Business Client
- SAP Fiori Launchpad (HTTPS)
- SAP-HANA-Datenbank (SQL, HTTPS)
- Betriebssysteme (Telnet)

In SAP for Me finden Sie die Einstellungen zur Verwaltung der Remote-Verbindungen im Navigationsbereich unter **Systeme und Bereitstellung • Konnektivität • Remote-Verbindung • Remote-Verbindung verwalten** (siehe Abbildung 15.16). Über den Button [+] (**Verbindungstyp hinzufügen**) können Sie hier die benötigten Verbindungstypen hinzufügen.

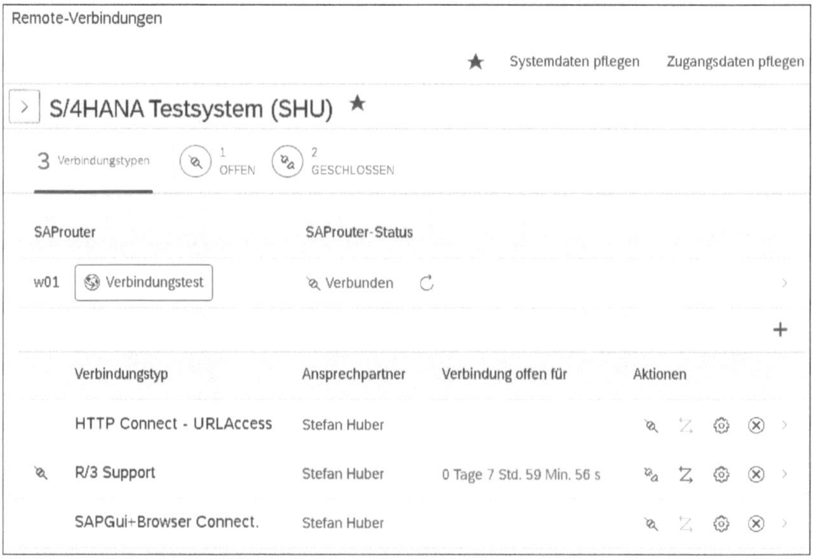

Abbildung 15.16: Remote-Verbindung konfigurieren

Halbautomatische Öffnung

Die Supportverbindungen sind aus Sicherheitsgründen nicht dauerhaft geöffnet. Sie können die Verbindungen erst bei Bedarf, z. B. auf Anforderung des SAP-Supports hin, oder schon beim Anlegen einer Meldung öffnen. Um diesen Prozess zu beschleunigen, können Sie auch eine *halbautomatische Öffnung* der Verbindung einrichten, damit SAP die Verbindung unabhängig von Ihnen öffnen kann. Details dazu finden Sie in SAP-Hinweis 797124. Bedenken Sie bei der halbautomatischen Öffnung jedoch etwaige Sicherheitsrisiken.

Beim Melden eines Problems an SAP werden Sie bereits in Schritt 1 im Bereich **System • Weitere Informationen** durch den Text **Verbindungen wurden gepflegt** darauf hingewiesen, dass die Systemverbindung geöffnet ist (siehe Abbildung 15.17). Andernfalls würde hier der Text **Verbindungen sind geschlossen** angezeigt. Von hier aus können Sie dann direkt in die Pflege der Remote-Verbindungen springen.

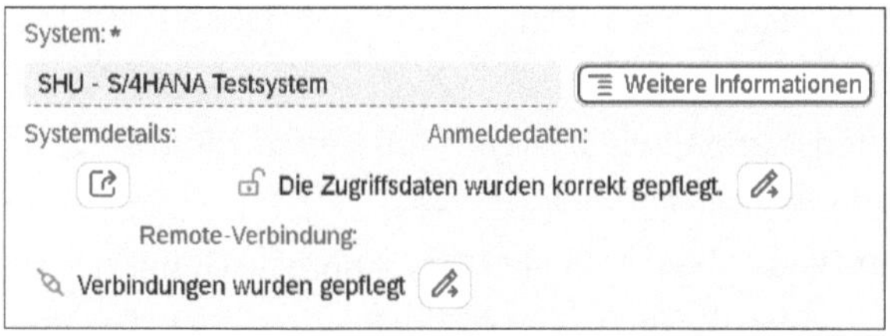

Abbildung 15.17: Systeminformation beim Anlegen einer Meldung

Benutzer vorbereiten und hinterlegen

Neben der Öffnung der Verbindung müssen Sie SAP auch Zugangsdaten mitteilen (z. B. einen Benutzer und ein Passwort für die Anmeldung über das SAP GUI oder das SAP Fiori Launchpad). Bereiten Sie dazu einen speziellen Benutzer im Benutzerstamm des jeweiligen Systems vor. Versehen Sie diesen Benutzer mit den zur Analyse des Problems notwendigen Berechtigungen. Sie sollten die Berechtigungen dabei so weit wie möglich einschränken und nicht einfach das Profil `SAP_ALL` vergeben. Schränken Sie außerdem die zeitliche Gültigkeit des Benutzers ein. Die **Systemzugangsdaten** sollten Sie nicht textuell in Ihrer Meldung erfassen, sondern in einem gesicherten Bereich hinterlegen, den Sie im gleichen Bereich wie die **Remote-Verbindung** finden. Ist ein Benutzer hinterlegt, wird hier die Meldung **Die Zugriffsdaten wurden korrekt gepflegt** angezeigt, wie in Abbildung 15.17 gezeigt. Von hier aus gelangen Sie auch in die Benutzerpflege.

15.4.3 SAP-Hinweis-Download

Kommunikationsverfahren

In Abschnitt 15.5 stelle ich Ihnen den Hinweis-Assistenten vor, mit dessen Hilfe Sie Korrekturen automatisch aus dem SAP Support Portal herunterladen und in Ihr System einbauen können. Grundsätzlich gibt es zwei technische Kommunikationsverfahren zwischen dem SAP Support Portal und dem Hinweis-Assistenten in Ihrem SAP-System:

- **Direkter Download über HTTPS**

  Jedes AS-ABAP-System stellt eine HTTPS-Verbindung zum SAP Support Portal her und kann SAP-Hinweise von dort automatisch herunterladen.

- **Nutzung des Downloadservice**

  Müssen Sie viele Systeme für den Download von SAP-Hinweisen konfigurieren, bietet es sich an, stattdessen nur ein zentrales System für diese Aufgabe einzurichten. Dann benötigt nur dieses System eine Verbindung zum SAP Support Portal. Müssen für die Verbindung z. B. Zertifikate ausgetauscht werden, ist dies dann nur in dem einen zentralen System notwendig.

Sie sollten bei der Auswahl des Systems allerdings bedenken, dass es möglichst dauerhaft verfügbar sein sollte. Ist das zentrale System nicht verfügbar, können Sie SAP-Hinweise nicht ohne Umwege herunterladen.

Der Downloadservice bietet auch funktionale Vorteile gegenüber dem direkten Download über HTTPS:

- Bei transportbasierten Korrekturanleitungen (TCI) werden die Transportdateien ebenfalls automatisch heruntergeladen.
- Vorausgesetzte SAP-Hinweise werden ebenfalls automatisch mit heruntergeladen. Beim direkten Download über HTTPS geschieht dies erst beim Einbau.
- Sie können sehr schnell weitere SAP-Systeme anbinden, ohne dazu weitere Internetverbindungen herstellen zu müssen.

Einrichtung des SAP-Hinweis-Downloads

Für die Einrichtung des Kommunikationsverfahrens zum Herunterladen von SAP-Hinweisen gibt es eine geführte Prozedur, die in SAP-Hinweis 2836302 beschrieben ist. Dieser SAP-Hinweis enthält ein PDF-Dokument mit einer ausführlichen Dokumentation. Für die Durchführung der Einrichtung starten Sie den Report `RCWB_TCI_DIGITSIGN_AUTOMATION` (siehe Abbildung 15.18). In Schritt 11 der geführten Prozedur wählen Sie aus, welche der beiden Varianten (HTTP oder Downloadservice) Sie verwenden möchten. Als dritte Option ist **Remote Function Call** wählbar, diese dürfen Sie jedoch nicht mehr verwenden.

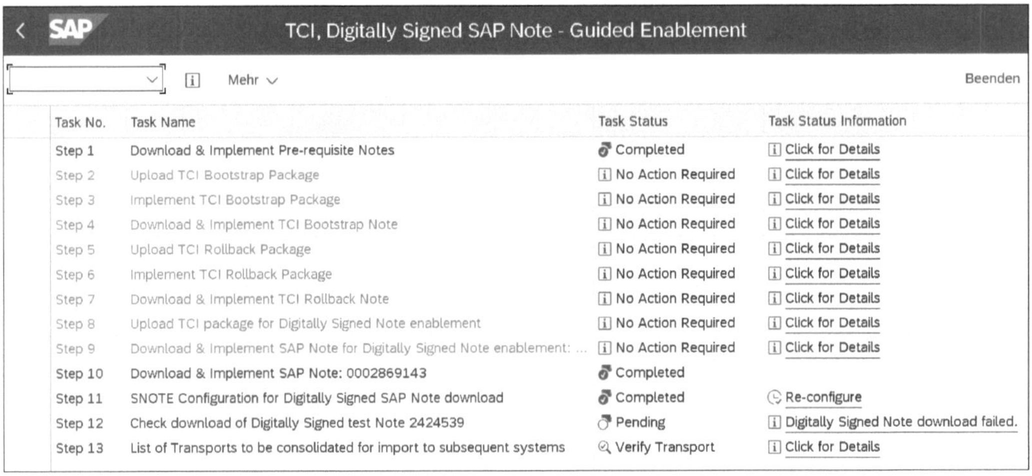

Abbildung 15.18: Report RCWB_TCI_DIGITSIGN_AUTOMATION

Sollten Sie sich für den Downloadservice entscheiden, sollten Sie das zentrale System einrichten, bevor Sie den SAP-Hinweis-Download einrichten. Die Einrichtung erfolgt über Transaktion SDS_CONFIGURATION in dem System, in dem die SAP-Hinweise heruntergeladen werden sollen. Details zu den Einrichtungsschritten finden Sie in SAP-Hinweis 2786930.

15.5 Hinweis-Assistent

Mit dem Hinweis-Assistenten können Sie Korrekturanleitungen aus SAP-Hinweisen automatisch in AS-ABAP-basierte Systeme einbauen. Für SAP HANA oder den AS Java gibt es keinen Hinweis-Assistenten. Bei SAP HANA müssen Sie Fehler durch das Einspielen neuer Datenbankrevisionen oder durch die manuelle Anpassung der Konfiguration beheben. Im AS Java müssen Sie die betroffenen Java-Komponenten z. B. mit dem Software Update Manager (SUM) austauschen.

Transaktion SNOTE

Sie rufen den Hinweis-Assistenten über Transaktion SNOTE auf (siehe Abbildung 15.19). Üblicherweise implementieren Sie SAP-Hinweise ausschließlich im Entwicklungssystem. Die Änderungen werden automatisch in Transportaufträgen aufgezeichnet. So können Sie die Korrekturen über das Transportwesen in das Qualitätssicherungssystem importieren, dort testen und schließlich in das Produktivsystem transportieren. Nur im Notfall, etwa wenn das Entwicklungssystem nicht verfügbar ist, oder bereits auf eine neuere Version aktualisiert wurde, implementieren Sie SAP-Hinweise in Folgesystemen.

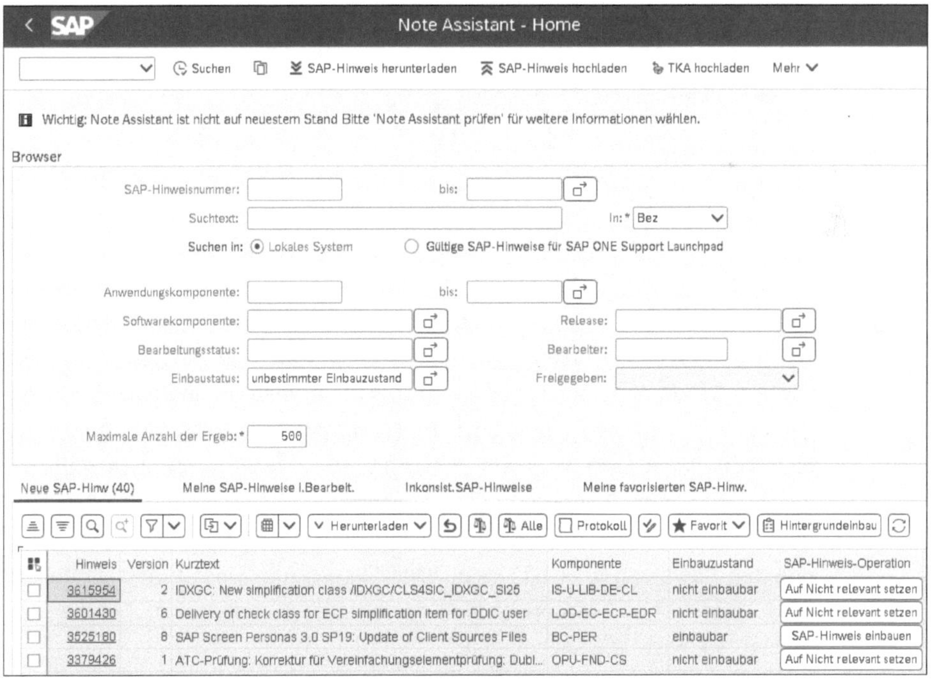

Abbildung 15.19: Hinweis-Assistent (Transaktion SNOTE)

Gültigkeit von SAP-Korrekturhinweisen

Die Korrekturen sind immer für eine bestimmte Version einer Softwarekomponente gültig. Daher dürfen Sie Transportaufträge mit SAP-Hinweisen nur in Systeme importieren, die den gleichen Release-Stand der Softwarekomponenten wie das System aufweisen, in dem der Transportauftrag erzeugt wurde.

Der Hinweis-Assistent ist ein grandioses Werkzeug. Anders als mit Werkzeugen für andere Softwarelösungen können damit gezielt einzelne Zeilen eines Programms verändert, eingefügt oder gelöscht werden. Dadurch können auch mehrere SAP-Hinweise unabhängig voneinander Veränderungen an einem Programm vornehmen. Gibt es Abhängigkeiten zwischen den Änderungen, werden die abhängigen SAP-Hinweise ebenfalls berücksichtigt und mit eingebaut.

Manuelle Schritte

Allerdings können nicht alle Objekte durch diese Technologie automatisch angepasst werden. In solchen Fällen sind in den SAP-Hinweisen manuelle Schritte beschrieben, die Sie durchführen müssen. Sollten Sie bei der Ausführung der manuellen Schritte Probleme haben, sollten Sie eine Entwicklerin oder einen Entwickler um Hilfe bitten. Es handelt sich meist um Entwicklungstätigkeiten, z. B. das Einfügen eines neuen Feldes in einer Tabelle.

[»]

Softwareänderungsschlüssel für manuelle Anpassungen

Bei solchen manuellen Anpassungen handelt es sich um Modifikationen, da Sie damit SAP-Standardobjekte ändern. Anders als bei anderen SAP-Produkten benötigen Sie bei SAP S/4HANA keine Softwareänderungsschlüssel (SSCR Keys), um Objekte zu modifizieren.

Transportbasierte Korrekturanleitung

Da der Einbau von SAP-Hinweisen mit manuellen Schritten oft zeitaufwendig und fehleranfällig ist, hat SAP ein zusätzliches Implementierungsverfahren eingeführt, bei dem die Änderungen über Transportaufträge eingespielt werden können. So können nahezu alle Änderungen automatisch implementiert werden. Dieses Verfahren nennt sich *transportbasierte Korrekturanleitung* (TKA bzw. TCI). Verwenden Sie, wie in Abschnitt 15.4.3, »SAP-Hinweis-Download«, beschrieben, den Downloadservice als Übertragungsweg für SAP-Hinweise, müssen Sie bei TCI-basierten Hinweisen nichts weiter berücksichtigen. Beim direkten Download über HTTPS müssen Sie die zum SAP-Hinweis gehörigen Transporte manuell herunterladen und dann in Transaktion SNOTE über den Button **TKA hochladen** hochladen.

SNOTE prüfen

Da der Hinweis-Assistent selbst ein sehr wichtiges Werkzeug ist, muss er fehlerfrei funktionieren. Aus diesem Grund stellt SAP auch SAP-Hinweise zur Verfügung, die Fehler im Hinweis-Assistenten beheben. Bevor Sie andere SAP-Hinweise über den Hinweis-Assistenten implementieren, sollten Sie deshalb regelmäßig prüfen, ob es für den Hinweis-Assistenten selbst Fehlerkorrekturen gibt. Hierzu wird bei jedem Aufruf der Transaktion SNOTE eine Prüfung ausgeführt. Gibt es Aktualisierungen zu wichtigen SAP-Hinweisen, wird, wie in Abbildung 15.19 im oberen Bildschirmbereich gezeigt, die Warnung **Wichtig: Note Assistant ist nicht auf neuestem Stand. Bitte 'Note Assistant prüfen' für weitere Informationen wählen** angezeigt. Wenn Sie die entsprechende Funktion wählen, wird Ihnen die SAP-Hinweisnummer angezeigt, die Sie einbauen sollten. Der Einbau erfolgt dann wie in diesem Abschnitt für einen anderen SAP-Hinweis gezeigt.

[«]

Transaktion SNOTE vor großen Anpassungen prüfen und aktualisieren

Im Rahmen von Updates und Upgrades werden Sie später in diesem Kapitel auch die Transaktionen SPDD und SPAU kennenlernen. Dort werden explizit und implizit auch Funktionen des Hinweis-Assistenten verwendet. Vor Updateaktivitäten sollten Sie daher immer Transaktion SNOTE prüfen und ggf. auf den neusten Stand bringen.

15.5.1 Einbau eines SAP-Hinweises

In diesem Abschnitt zeige ich Ihnen anhand des in Abschnitt 12.4.1, »Nach Sicherheitshinweisen suchen«, identifizierten SAP-Hinweises 3634132, wie Sie einen SAP-Hinweis einbauen. Rufen Sie hierzu die Transaktion SNOTE auf. Wenn Sie nicht sicher sind, ob der SAP-Hinweis bereits eingebaut wurde, können Sie dessen Hinweisnummer in das Feld **SAP-Hinweisnummer** eingeben. Wählen Sie im Feld **Suchen in** die Option **Lokales System**, und klicken Sie den Button **Suchen** (siehe erneut Abbildung 15.19). Sollte der SAP-Hinweis in Ihrem System bereits bekannt sein, würden Sie ihn in der Ergebnisliste sehen.

Einbauzustand

Wird der SAP-Hinweis gefunden, prüfen Sie den Wert im Feld **Einbauzustand**. In Tabelle 15.1 sind die möglichen Zustände aufgeführt.

Einbauzustand	Bedeutung
einbaubar	Der SAP-Hinweis besitzt mindestens eine gültige Korrekturanleitung für das System und kann eingebaut werden. Bauen Sie den SAP-Hinweis ein.
nicht einbaubar	Der SAP-Hinweis besitzt keine gültige Korrekturanleitung für das System und kann daher nicht eingebaut werden.
veraltete Version eingebaut	Der SAP-Hinweis wurde bereits implementiert. Inzwischen hat SAP aber eine neuere Version des Hinweises bereitgestellt. Bauen Sie den SAP-Hinweis daher erneut ein.

Tabelle 15.1: Einbauzustände von SAP-Hinweisen

Einbauzustand	Bedeutung
vollständig eingebaut	Der SAP-Hinweis wurde vollständig eingebaut.
obsolet	Nach dem Einbau des SAP-Hinweises wurde das System auf eine neuere Version gepatcht. In der neuen Version ist der SAP-Hinweis aber nicht mehr gültig, meist weil die Korrektur dann bereits im Standard enthalten ist. Es ist nichts zu tun.
unvollständig eingebaut	Es wurden beim Einbau nicht alle Korrekturanleitungen übernommen. Der Zustand kann auch zustande kommen, wenn durch ein Patchen des SAP-Systems andere Korrekturanleitungen gültig werden. Implementieren Sie den SAP-Hinweis erneut.

Tabelle 15.1: Einbauzustände von SAP-Hinweisen (Forts.)

SAP-Hinweis herunterladen

Über den Button **SAP-Hinweis herunterladen** können Sie einen oder mehrere SAP-Hinweise herunterladen. Tragen Sie dazu die SAP-Hinweis-Nummer(n) in das sich öffnende Pop-up-Fenster ein. Im Anschluss sehen Sie die heruntergeladenen SAP-Hinweise in der Ergebnisliste (siehe Abbildung 15.20).

Abbildung 15.20: Heruntergeladener SAP-Hinweis im Status »einbaubar«

Änderungsauftrag

Im Beispiel sehen Sie den Einbauzustand **einbaubar**. Über den Button **SAP-Hinweis einbauen** starten Sie den Hinweiseinbau. Im ersten Schritt werden Sie nach einem transportierbaren Änderungsauftrag gefragt. Wählen Sie einen bestehenden Transportauftrag aus oder legen Sie einen neuen an. Wenn Sie nur einen SAP-Hinweis für die Lösung eines konkreten Problems implementieren, empfehle ich Ihnen, für diesen SAP-Hinweis einen neuen Transportauftrag anzulegen und diesen direkt nach dem Einbau freizugeben. So kann diese Korrektur unabhängig von anderen Änderungen in die Folgesysteme bis in das Produktivsystem transportiert werden.

Auf dem Folgebildschirm werden Ihnen die zur Übernahme möglichen Änderungen angezeigt (siehe Abbildung 15.21).

Abbildung 15.21: Änderungsübersicht beim SAP-Hinweiseinbau

Grüner Status

Auf diesem Bildschirm müssen Sie die Spalte **Status** im Blick behalten. Die Korrekturanleitung versucht in diesem Beispiel, in der angegebenen Methode Quellcode zu ändern. Dazu durchsucht der Hinweis-Assistent den Quellcode nach Anknüpfungspunkten, an denen Quellcode geändert, hinzugefügt oder gelöscht werden soll. Gelingt dieser Abgleich nicht, wird in der Spalte **Status** ein gelbes oder rotes Ampelsymbol dargestellt. In diesem Fall sollten Sie den Einbau des SAP-Hinweises nicht fortsetzen, da dies zu Inkonsistenzen führen könnte. In unserem Beispiel ist die Statusanzeige jedoch grün, und Sie können direkt mit dem Button **Weiter** fortfahren.

Gelber oder roter Status

Der Grund für eine gelbe oder rote Statusanzeige ist meist, dass ein vorausgesetzter SAP-Hinweis nicht eingebaut wurde. Deshalb findet der aktuelle SAP-Hinweis den Quellcode anders vor, als erwartet. Normalerweise sind solche Abhängigkeiten hinterlegt, was bedeutet, dass der vorausgesetzte SAP-Hinweis automatisch mit heruntergeladen und eingebaut wird. Leider macht SAP bei der Pflege der Voraussetzungen jedoch hin und wieder Fehler, die dann zu der dargestellten Situation führen. Sie sollten solche Fehler daher an SAP melden.

Mit etwas Erfahrung können Sie die Situation auch selbst analysieren und den fehlenden SAP-Hinweis identifizieren und einspielen. Durch einen Doppelklick auf die entsprechende Zeile gelangen Sie in den Quelltexteditor und sehen dort, welche Codestellen (**Kontext Block**) nicht gefunden werden (siehe Abbildung 15.22).

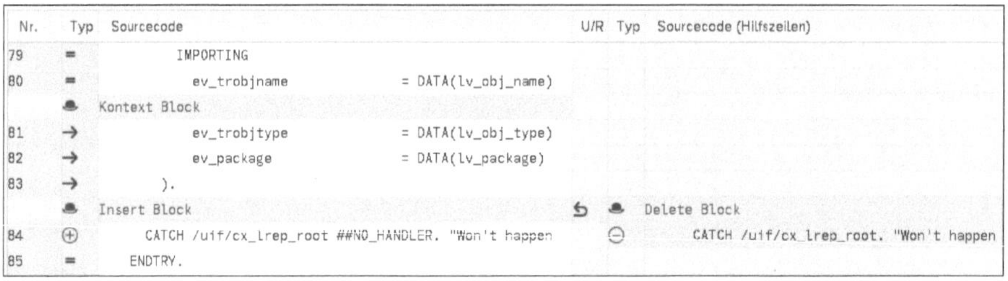

Abbildung 15.22: Quellcodeänderung durch den Einbau des SAP-Hinweises

In dem Beispiel aus Abbildung 15.22 wurde der erwartete Kontextblock (Zeilen 81–83) gefunden. Auch die Zeile 84 wurde exakt wie erwartet vorgefunden (**Delete Block**). Sie kann gelöscht und durch die neue Zeile ersetzt werden (**Insert Block**). Würde Ihnen für den SAP-Hinweis ein gelber oder roter Status angezeigt, könnten Sie mit diesen Quellcodefragmenten in der Wissensdatenbank nach passenden SAP-Hinweisen suchen oder über die Versionsverwaltung des betroffenen Codes prüfen, durch was der Quellcode zuletzt verändert wurde. Eine erfahrene Entwicklerin oder ein erfahrener Entwickler kann Sie hierbei unterstützen.

Da die Statusampel in unserem Beispiel aber grün ist, ist diese Analyse des Quellcodes nicht nötig, und Sie können direkt mit dem Button **Weiter** mit dem Einbau fortfahren. Eventuell wird daraufhin ein weiteres Fenster eingeblendet, um die Änderungen zu aktivieren.

[!]

Syntaxfehler bei der Aktivierung

Treten bei der Aktivierung Syntaxfehler auf, müssen Sie diese analysieren. Auch hier können die Ursachen fehlende oder nicht korrekt eingebaute SAP-Hinweise sein. Ziehen Sie bei Bedarf eine Entwicklerin oder einen Entwickler hinzu, um den Fehler zu untersuchen.

Nach dem Einbau erhält der SAP-Hinweis in Transaktion SNOTE den Einbauzustand **vollständig eingebaut**.

Bearbeitungsstatus

Neben dem Einbauzustand ist die Spalte **Status** (siehe auch Abbildung 15.20) erwähnenswert. Hiermit ist kein technischer Status, sondern ein Bearbeitungsstatus gemeint. Sie können SAP-Hinweise z. B. als relevant oder nicht relevant kennzeichnen. Ich habe mir angewöhnt, einen SAP-Hinweis nach dem erfolgreichen Einbau in den Status **erledigt** zu versetzen. Über den Button **Einstellungen** der Transaktion SNOTE können Sie unter anderem einstellen, dass der Bearbeitungsstatus automatisch gesetzt wird. Abbildung 15.23 zeigt das sich öffnende Fenster zur Vornahme der Einstellungen.

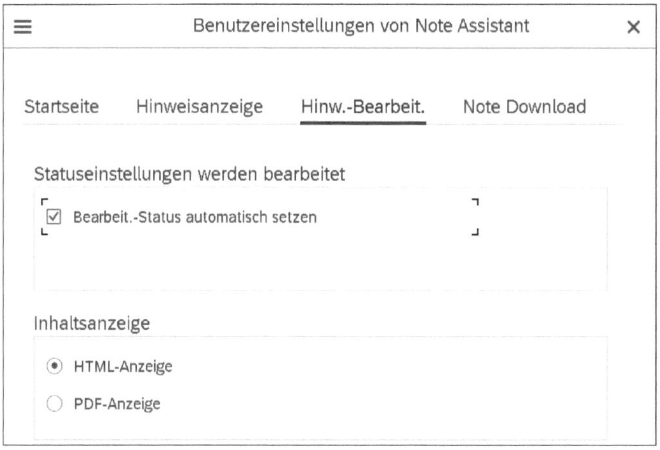

Abbildung 15.23: Benutzereinstellungen in Transaktion SNOTE

Manuelle Aktivitäten

SAP-Hinweise können deutlich komplexer sein, als in diesem Beispiel zu sehen war. Es können z. B. mehrere Korrekturanleitungen einzubauen und manuelle Aktivitäten erforderlich sein. Die Durchführung einer manuellen Aktivität habe ich beispielhaft in Abbildung 15.24 festgehalten. Wenn Sie die vom Assistenten genannten Aktivitäten ausgeführt haben, können Sie dies mit dem Button **Bestätigen und Weiter** bestätigen und mit dem Einbau des SAP-Hinweises fortfahren.

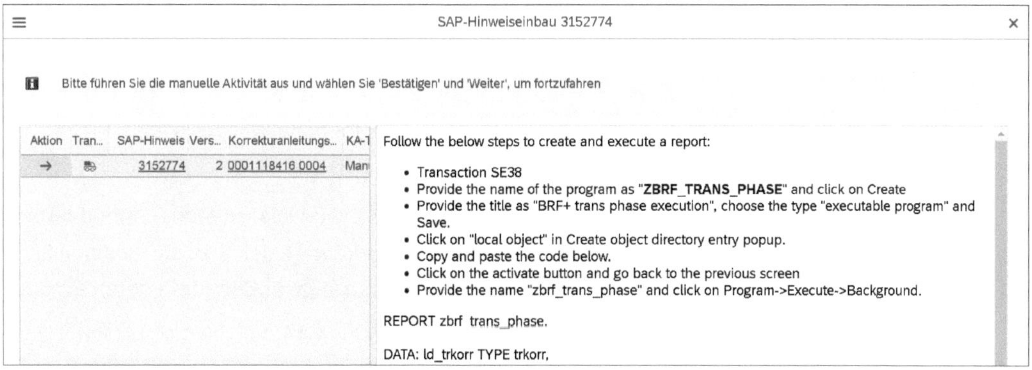

Abbildung 15.24: Manuelle Aktivität beim Einbau eines SAP-Hinweises

15.5.2 Weitere Funktionen

Der Hinweis-Assistent bietet viele weitere Funktionen, auf die ich an dieser Stelle nicht im Detail eingehen kann, die ich aber dennoch erwähnen möchte:

- **Hinweisanzeige**

  Durch einen Klick auf eine SAP-Hinweis-Nummer oder die Menüoption **SAP-Hinweis • anzeigen** wird Ihnen der Hinweis direkt im SAP-System angezeigt.

- **Protokollanzeige**

  Über den Button **Protokoll** oder die Menüoption **Springen • Protokoll** können Sie nachvollziehen, welche Aktivitäten zu einem SAP-Hinweis ausgeführt wurden.

- **SAP-Hinweis hochladen**

  Funktioniert das Herunterladen von SAP-Hinweisen nicht, können Sie die Hinweise im Notfall manuell aus dem SAP Support Portal auf Ihren PC herunterladen und über den Button **SAP-Hinweis hochladen** oder die Menüoption **Springen • SAP-Hinweis hochladen** in das System laden.

- **SAP-Hinweis ausbauen**

  In seltenen Fällen müssen Sie SAP-Hinweise wieder ausbauen, z. B., weil sie Fehler hervorrufen, zu denen es noch keine Lösung gibt. Über den Button **SAP-Hinweis ausbauen** oder die Menüoption **SAP-Hinweis • SAP-Hinweis ausbauen** können Sie den Ausbau durchführen. Beachten Sie, dass ein Ausbau nicht immer funktioniert, da es Abhängigkeiten zu anderen SAP-Hinweisen geben kann, die nicht aufgelöst werden können.

- **Nebeneffekte**

  Durch den Einbau eines SAP-Hinweises werden in erster Linie Probleme beseitigt. Manchmal entstehen durch den Einbau aber neue Probleme, die von SAP bei der Lösung des ursprünglichen Problems nicht bedacht wurden. Diese Probleme werden dann durch neue SAP-Hinweise behoben. Ein solcher SAP-Hinweis wird als *Nebeneffekthinweis* mit dem ursprünglichen SAP-Hinweis verknüpft. Über die Menüoption **Springen • Nebeneffekte prüfen** können Sie feststellen, ob es zu einem SAP-Hinweis Nebeneffekthinweise gibt.

- **SAP-Hinweis analysieren**

  Über die Menüoption **Springen • Hinweis analysieren** stehen Ihnen hilfreiche Analysewerkzeuge zur Verfügung. Sie können sich z. B. die für einen SAP-Hinweis vorausgesetzten SAP-Hinweise anzeigen lassen und deren Einbauzustand erfahren (siehe Abbildung 15.25).

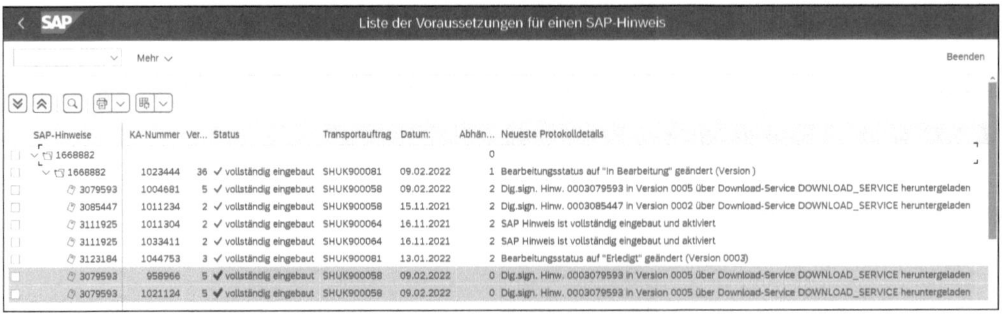

Abbildung 15.25: Vorausgesetzte SAP-Hinweise

- **Hintergrundeinbau**
  Seit einiger Zeit gibt es im Hinweis-Assistenten die Funktion für den Einbau von Hinweisen im Hintergrund, also ohne Benutzerinteraktion. Hierzu können Sie über Filter definieren, welche SAP-Hinweise heruntergeladen und eingebaut werden sollen (z. B. Sicherheitshinweise). Diese SAP-Hinweise können dann automatisch heruntergeladen und eingebaut werden. Dies gelingt aber nur, wenn keine manuellen Schritte in den SAP-Hinweisen genannt sind. Auch andere, externe Lösungen können über Schnittstellen auf diesen Bereich zugreifen. Mit zunehmender Automatisierung und den Möglichkeiten künstlicher Intelligenz wird dieser Bereich in Zukunft sicherlich spannend werden.

15.6 Upgrade oder Update von SAP S/4HANA

Update und Upgrade

Sie können innerhalb einer Produktversion von SAP S/4HANA auf ein neueres FPS oder SPS wechseln. Bei diesem Vorgang spricht man von einem *Update*. Wenn Sie die Produktversion wechseln, spricht man von einem *Upgrade*. Technisch unterscheidet sich die Durchführung beider Vorgänge nicht. Je größer der Sprung von Start-Release zum Ziel-Release ist, desto mehr muss jedoch analysiert, angepasst und getestet werden, was in der Regel zu längeren Projektlaufzeiten führt.

15.6.1 Voraussetzungen

Bei der Planung eines Updates oder Upgrades müssen Sie zwingend die *Release Information Note*, einen speziellen SAP-Hinweis, aufrufen. In der PAM finden Sie zum Ziel-Release von SAP S/4HANA die Registerkarte **Allgemeine Informationen • Support Package Stacks**. Zu jedem FPS bzw. SPS finden Sie eine **Release Information Note**. Zu SAP S/4HANA 2023 SPS04 wäre das beispielsweise SAP-Hinweis 3641453.

Upgrade-Anforderungen

Während ein Update innerhalb einer Produktversion von einem niedrigeren FPS bzw. SPS auf ein höheres immer möglich ist, kann es bei einem Upgrade von einer Produktversion zu einer neueren Kombinationen geben, die nicht unterstützt werden. In der Release Information Note finden Sie diese Informationen. In Abbildung 15.26 habe ich die Abhängigkeiten am Beispiel von SAP S/4HANA 2023 SPS04 veranschaulicht. So können Sie z. B. nicht von SAP S/4HANA 2021 SPS09 (oder neuer) und von SAP S/4HANA 2022 SPS07 (oder neuer) auf SAP S/4HANA 2023 SPS04 aktualisieren, da diese Start-Releases potenziell Fehlerbehebungen enthalten, die im Ziel-Release noch nicht behoben sind und somit ein *Downgrade* verursachen würden.

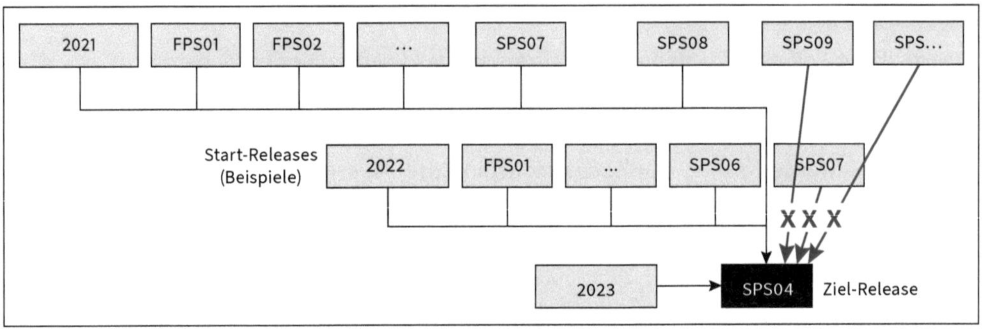

Abbildung 15.26: Upgrade-Anforderungen für Release SAP S/4HANA 2023 SPS04

Ein neues Release kann auch neue Mindestvoraussetzungen an das Betriebssystem und die SAP-HANA-Datenbankversion stellen, die Sie dann ebenfalls berücksichtigen müssen. Auch diese Informationen finden Sie im Release-Hinweis.

[+]

SAP HANA ebenfalls aktualisieren

Da ein Update oder Upgrade von SAP S/4HANA immer ein Projekt darstellt, in dessen Rahmen mindestens Regressionstests durchgeführt werden sollten, bietet es sich an, in diesem Zug auch die SAP-HANA-Datenbank zu aktualisieren, selbst wenn dies technisch nicht erforderlich ist. So wird SAP HANA indirekt mitgetestet.

15.6.2 Vorbereitung

Vereinfachungselemente

Auch bei einem Upgrade oder Update von SAP S/4HANA können bestehende Prozesse verändert werden oder neue Vereinfachungen hinzukommen. SAP hat die Veränderungen in Vereinfachungselemente, auch *Simplification Items* genannt, klassifiziert. Bevor Sie das System aktualisieren, muss geprüft werden, welche Auswirkungen diese Veränderungen mit sich bringen.

Prüfreport

Starten Sie dazu in Transaktion SA38 den Report `/SDF/RC_START_CHECK`. Das Selektionsbild sehen Sie in Abbildung 15.27. Prüfen Sie, ob die hier genannten SAP-Hinweise in der aktuellen Version implementiert sind (Status grün). Falls das nicht der Fall ist, implementieren Sie die neuesten Versionen der SAP-Hinweise mit der Transaktion SNOTE.

Vereinfachungskatalog importieren

Da Ihr System zum Zeitpunkt der Prüfung auf dem alten SAP-S/4HANA-Versionsstand ist, kann es nicht wissen, welche Vereinfachungselemente der neuen Version zu beachten sind. Daher müssen Sie die aktuelle Version des Katalogs der Vereinfachungselemente in das System importieren. Hierzu können Sie den Button **Katalog mit aktueller Version von SAP aktuali** verwenden. Voraussetzung ist, dass Ihr System mit dem SAP Support Portal verbunden ist. Falls das nicht der Fall ist, können Sie den Katalog auch manuell herunterladen. Rufen Sie hierzu die Webseite *https://me.sap.com/sic* auf, und wählen Sie die passende Ziel-Produktversion sowie das FPS bzw. SPS. Mit einem Klick auf den Button **Start** wird die Suche gestartet, und die Vereinfachungselemente werden angezeigt (siehe Abbildung 15.28).

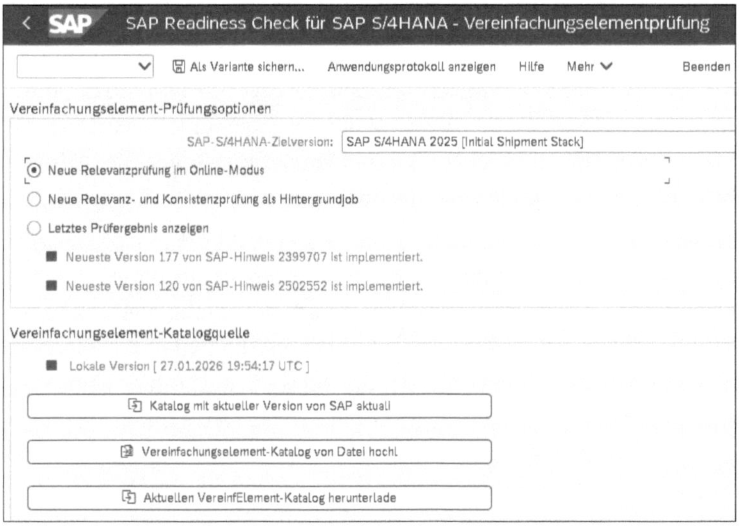

Abbildung 15.27: Vereinfachungselementprüfung

Abbildung 15.28: Manueller Download des Katalogs der Vereinfachungselemente

Oberhalb der Liste der Vereinfachungselemente können Sie die Elemente über den Button [↓] (**Vereinfachungselement herunterladen**) in einer ZIP-Datei herunterladen. Über den Button **VereinfElement-Katalog aus Datei hochladen** des SAP Reports können Sie die Elemente schließlich in das System importieren.

Sind alle Vorbereitungen getroffen, können Sie die korrekte Zielversion im Feld **SAP-S/4HANA-Zielversion** auswählen (im Beispiel SAP S/4HANA 2025 [Initial Shipment Stack]). Wählen Sie die Option **Neue Relevanz- und Konsistenzprüfung als Hintergrundjob**, und führen Sie den Report aus. Prüfen Sie in Transaktion SM37, ob der Job auch korrekt beendet wurde.

Prüfergebnis

Anschließend können Sie im Report /SDF/RC_START_CHECK die Option **Letztes Prüfergebnis anzeigen** auswählen und den Report erneut ausführen. In Abbildung 15.29 sehen Sie die Ergebnisliste. Die Bewertung und Bearbeitung liegen in der Regel im Verantwortungsbereich der Fachbereiche und nicht bei Ihnen. Für Sie ist das Ergebnis trotzdem sehr wichtig: Nur wenn die Prüfung keine Fehler aufweist, wird das Update oder Upgrade mit dem Software Update Manager (SUM) gelingen. Der SUM führt den Report ebenfalls im Hintergrund aus und unterbricht das Upgrade im Fehlerfall.

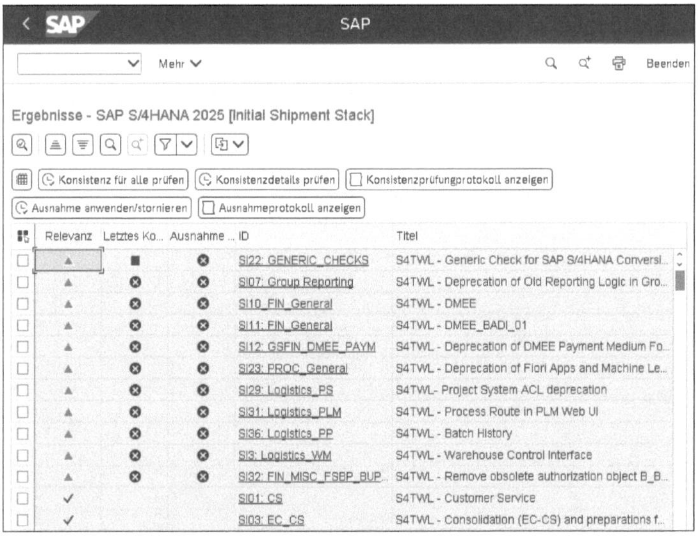

Abbildung 15.29: Ergebnis der Prüfung der Vereinfachungselemente

[+]

Ausführen des Reports auch in Mandant 000

Der Report wird üblicherweise in den Arbeitsmandanten ausgeführt, da dort auch die zu prüfenden Datenkonstellationen enthalten sind. Da SUM den Report aber im Mandanten 000 ausführt, empfehle ich Ihnen, vor einem geplanten Update oder Upgrade, ebenfalls eine manuelle Ausführung in Mandant 000. Manchmal werden hier durch andere Datenkonstellationen Fehler angezeigt, die in den Arbeitsmandanten nicht erkannt wurden.

15.6.3 Planung des Wartungsvorgangs

Maintenance Planner

Ihre SAP-Systeme senden die aktuellen Systemdaten über den SAP Solution Manager oder direkt an das SAP Support Portal. Dadurch kennt SAP die exakten Produktversionen Ihrer Systeme. Im *Maintenance Planner* (siehe auch Abschnitt 2.2, »Bereitstellungskonzepte«) müssen Sie dadurch lediglich die Zielproduktversion angeben. Dieses Werkzeug kann dann alle benötigten Softwarepakete bestimmen, die für das Update auf die gewünschte Zielversion benötigt werden. Wie groß der Unterschied zwischen Startversion und Zielversion ist, spielt dabei keine Rolle. Sie können den Maintenance Planner entweder direkt über die Webseite *https://apps.support.sap.com/sap/support/mp* in SAP for Me über den Bereich **Systeme und Bereitstellung** aufrufen.

Datum prüfen

Klicken Sie im Maintenance Planner auf die Kachel **Explore Systems**. Es öffnet sich ein Fenster, dass Ihnen die registrierten SAP-Systeme anzeigt. Prüfen Sie in dieser Ansicht, wann Ihr System das letzte Mal Daten empfangen hat. Es sollte sich um ein aktuelles handeln. Nur so können Sie sicher sein, dass SAP den aktuellen Softwarestand des Systems kennt.

Klicken Sie nun auf das System, das Sie warten möchten. Auf dem Folgebildschirm wählen Sie die Option **Plan**, um einen Wartungsvorgang zu erstellen. Es öffnet sich eine geführte Prozedur, von der Sie Schritt für Schritt angeleitet werden (siehe Abbildung 15.30).

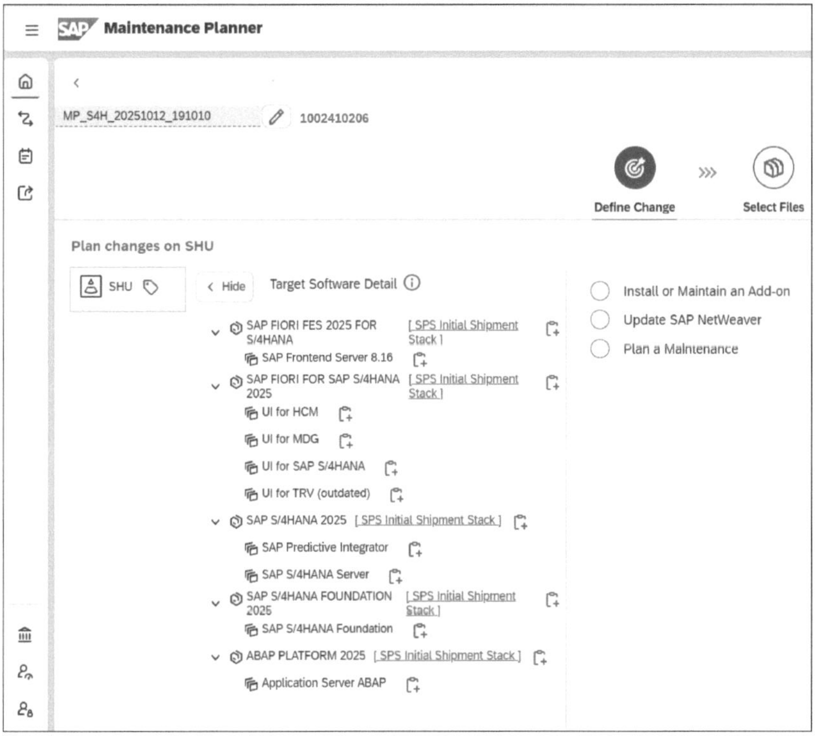

Abbildung 15.30: Planung eines Wartungsvorgangs im Maintenance Planner

Am Ende dieser Prozedur laden Sie die Steuerungsdatei (*stack.xml*) sowie alle benötigten Softwarepakete über den SAP Download Manager herunter (siehe Abschnitt 2.3.1). Mit diesen Daten führen Sie dann die Wartung des Systems durch. Die Screenshots zur Planung eines Updates von SAP S/4HANA 2023 FPS1 nach 2025 FPS0 habe ich als Beispiel im Zusatzmaterial zum Buch unter *www.sap-press.de/6222* bereitgestellt.

15.6.4 Updates oder Upgrades mit dem Software Update Manager durchführen

Den SUM habe ich Ihnen bereits in Abschnitt 2.3.5, »Software Update Manager«, vorgestellt. Am besten wählen Sie bei der Erstellung des Wartungsvorgangs im Maintenance Planner die aktuelle Version des SUM direkt mit zum Download aus (Schritt **Select Files • <Betriebssystem> • SAP HANA Database • Software Update Manager 2.0**).

SAP-Hinweise prüfen

Bevor Sie ein Update oder Upgrade durchführen, prüfen Sie wichtige SAP-Hinweise. Sonst kann es Ihnen passieren, dass das Update oder Upgrade nicht erfolgreich ausgeführt werden kann oder sogar eine Wiederherstellung des Systems notwendig wird. Prüfen Sie unbedingt folgende SAP-Hinweise:

- Release Information Note der Zielversion von SAP S/4HANA (siehe Abschnitt 15.6.1, »Voraussetzungen«)
- SUM-Hinweis (zu finden auf der Seite *https://support.sap.com/sltoolset* unter **System Maintenance Scenarios • Software Update/Upgrade with SUM 2.0 SPxx • SAP Note xxxxxx**). Für die Version SUM SP24 ist beispielsweise SAP-Hinweis 3572082 relevant.

Rechtzeitig starten

Auch der SUM führt Sie durch eine geführte Prozedur, die in diesem Fall aus sechs Schritten besteht. Beginnen Sie rechtzeitig mit der Prozedur, in der Regel drei bis vier Tage vor der geplanten Downtime. Bei den Downtime-optimierten Verfahren sollten Sie noch früher damit beginnen. So haben Sie genügend Zeit, eventuell auftretende Probleme in Ruhe bearbeiten zu können.

Szenarioauswahl

Eine wichtige Entscheidung treffen Sie im SUM gleich zu Beginn durch die Szenarioauswahl für das Update bzw. Upgrade. Es stehen folgende Möglichkeiten zur Verfügung:

- **Single System**

  Diese Option benötigt die wenigsten Ressourcen und die kürzeste Gesamtzeit. Dies liegt daran, dass das Originalsystem gepatcht und keine Schatteninstanz aufgebaut wird (siehe nächste Option). Der Nachteil ist, dass die technische Downtime dadurch länger ist. Verwenden Sie diese Option in Systemen mit wenig Ressourcen, in denen eine längere Downtime nicht problematisch ist, z. B. bei Sandbox-Systemen. Ich verwende diese Option auch in

Entwicklungssystemen. Hier bringt eine kürzere Downtime keinen Vorteil, da in der gewonnenen Zeit keine Entwicklungen durchgeführt werden können. Bei Upgrades von SAP S/4HANA (z. B. von Version 2023 auf Version 2025) steht diese Option nicht zur Verfügung. Hier wird immer eine Schatteninstanz aufgebaut.

- **Standard**

  Mit dieser Option wird in der Zeit, in der das System noch von Anwender*innen benutzt wird, eine Schatteninstanz erzeugt, und Teile des Updates bzw. Upgrades werden in der Schatteninstanz durchgeführt. Diese Technologie verlängert den gesamten Prozess des Patchens, verkürzt aber die Downtime um einige Stunden. Haben Sie die Wahl zwischen Single System und Standard, verwenden Sie diese Option bei Produktivsystemen. In einer dreistufigen Systemlandschaft verwenden Sie diese Option auch mindestens beim Patchen des Qualitätssicherungssystems. Auf diese Weise üben Sie den Prozess und sind auf eventuelle Probleme vorbereitet. Außerdem können Sie dann abschätzen, wie lange die Downtime für das Produktivsystem dauern wird.

- **Downtime-optimiert, Near Zero Downtime Maintenance (nZDM)**

  Dieses Verfahren verkürzt die technische Downtime weiter. Bereits in der Phase, in der das System für die Anwender*innen noch zur Verfügung steht, werden Daten migriert. Hierzu werden Tabellen-Trigger als Technologie verwendet. Geänderte Datensätze werden durch diese Trigger erkannt und in die Struktur des Ziel-Releases auf der Schatteninstanz repliziert. Üblicherweise wenden Sie dieses Verfahren nur auf große Tabellen an, die sonst für eine lange Downtime verantwortlich sind. Sie benötigen für dieses Verfahren mehr Ressourcen, und es ist komplex. Verwenden Sie dieses Verfahren für das Produktivsystem, sollten Sie es zum Testen auch für das Qualitätssicherungssystem verwenden.

- **Downtime-optimiert, Zero Downtime Option (ZDO)**

  Seit SAP S/4HANA 2020 können Sie ein Update oder Upgrade von SAP S/4HANA ohne technische Downtime durchführen. Die technischen Voraussetzungen sind in SAP-Hinweis 2707731 beschrieben. Dieses Verfahren ist sehr interessant für Systeme, in denen eine Downtime vermieden werden muss. Die Komplexität ist entsprechend hoch. Sie müssen sich daher speziell für dieses Verfahren ausbilden lassen (SAP E-Learning-Kurse ADM330e und ADM330k). Nur mit den entsprechenden Nachweisen erhalten Sie auf Anfrage vom SAP-Support ein Passwort, um diese Option im SUM freischalten und verwenden zu können. Im Standard ist die Option nicht sichtbar. Meine bisherigen Erfahrungen mit dieser Option in Kundenprojekten sind gemischt. Die Projektlaufzeit und damit die Kosten steigen deutlich, weshalb die meisten Kunden die Option bisher wieder verwerfen.

- **Prerequisite Check Tool**

  In der Szenarioauswahl steht außerdem der Punkt **Prerequisite Check Tool** zur Verfügung. Damit können Sie die Vorbereitungsschritte in einem Trockenlauf durchlaufen, ohne das System wirklich zu verändern. Nach Auswahl dieser Option können Sie zwischen einem einfachen und einem erweiterten Check auswählen. Im Wesentlichen werden die Voraussetzungen geprüft (z. B. Betriebssystem, SPAM-Version, Speicherplatz, Add-on-Entscheidungen, offene Transporte und inaktive Objekte). Zusätzlich wird auch der Simplification Item Check ausgeführt. Ich empfehle Ihnen, diese Prozedur zwei bis vier Wochen vor dem geplanten Update oder Upgrade einmal auszuführen. Im Zusatzmaterial zum Buch finden Sie eine Aufzeichnung der Ausführung eines Prerequisites Check Extended.

Silent Data Migration

Ein Punkt in der geführten Prozedur ist für Administrator*innen, die bisher noch nicht mit SAP S/4HANA gearbeitet haben, neu. Im Schritt **Configuration** wird abgefragt, ob die *Silent Data Migration* (SDMI) in der Downtime des SUM ausgeführt werden soll. Die Idee der Silent Data Migration ist, dass durch das Update oder Upgrade bedingte Migrationen von Anwendungsdaten auch nach dem Update oder Upgrade »leise im Hintergrund« durchgeführt werden können, selbst wenn Anwender*innen bereits wieder produktiv mit dem System arbeiten. Ich deaktiviere das Ankreuzfeld hierfür in meinen Projekten meistens, damit ich das Thema eben nicht während der Business Downtime behandeln muss und die Business Downtime weiter verkürzen kann. Die Konsequenz ist, dass ich nach dem Update oder Upgrade die erfolgreiche Durchführung von SDMI aktiv überwachen muss. Die Ausführung startet automatisch, sobald Sie die Jobs nach einem Update oder Upgrade wieder entsperren. Den Fortschritt können Sie in Transaktion SDM_MON überwachen (siehe Abbildung 15.31).

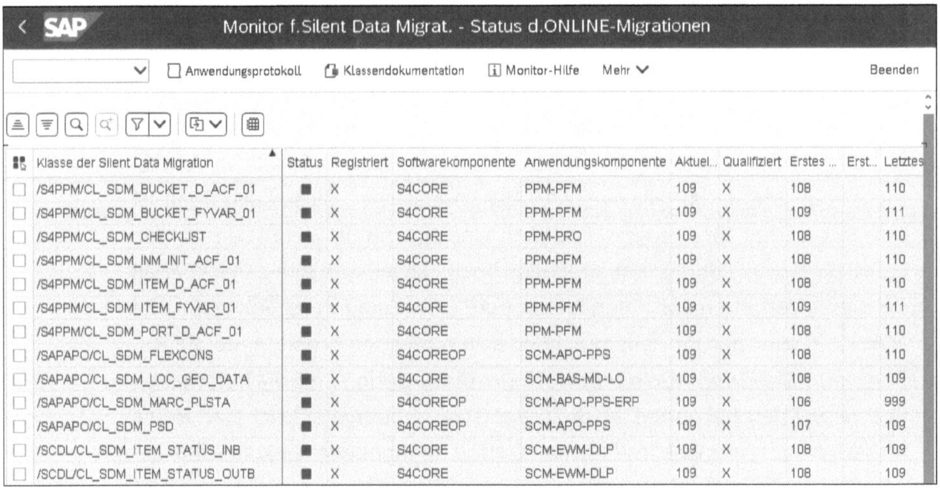

Klasse der Silent Data Migration	Status	Registriert	Softwarekomponente	Anwendungskomponente	Aktuel...	Qualifiziert	Erstes ...	Erst...	Letztes
/S4PPM/CL_SDM_BUCKET_D_ACF_01	■	X	S4CORE	PPM-PFM	109	X	108		110
/S4PPM/CL_SDM_BUCKET_FYVAR_01	■	X	S4CORE	PPM-PFM	109	X	109		111
/S4PPM/CL_SDM_CHECKLIST	■	X	S4CORE	PPM-PRO	109	X	108		110
/S4PPM/CL_SDM_INM_INIT_ACF_01	■	X	S4CORE	PPM-PFM	109	X	108		110
/S4PPM/CL_SDM_ITEM_D_ACF_01	■	X	S4CORE	PPM-PFM	109	X	108		110
/S4PPM/CL_SDM_ITEM_FYVAR_01	■	X	S4CORE	PPM-PFM	109	X	109		111
/S4PPM/CL_SDM_PORT_D_ACF_01	■	X	S4CORE	PPM-PFM	109	X	108		110
/SAPAPO/CL_SDM_FLEXCONS	■	X	S4COREOP	SCM-APO-PPS	109	X	108		110
/SAPAPO/CL_SDM_LOC_GEO_DATA	■	X	S4CORE	SCM-BAS-MD-LO	109	X	108		109
/SAPAPO/CL_SDM_MARC_PLSTA	■	X	S4COREOP	SCM-APO-PPS-ERP	109	X	106		999
/SAPAPO/CL_SDM_PSD	■	X	S4COREOP	SCM-APO-PPS	109	X	107		109
/SCDL/CL_SDM_ITEM_STATUS_INB	■	X	S4CORE	SCM-EWM-DLP	109	X	108		109
/SCDL/CL_SDM_ITEM_STATUS_OUTB	■	X	S4CORE	SCM-EWM-DLP	109	X	108		109

Abbildung 15.31: Monitor der Silent Data Migration

Die Migration muss in jedem Mandanten erfolgen. Damit dies gelingt, muss in jedem Mandanten ein technischer Benutzer existieren (SDMI_<generische Zeichenfolge>). Existieren die Benutzer nicht, kann der SUM die Benutzer anlegen. Über das Menü **Springen • SDM-Benutzerverwaltung** in der Transaktion SDM_MON haben Sie auch die Möglichkeit, die Benutzer zu pflegen.

Erfolgreicher Abschluss von SDMI zwingend erforderlich

[«]

Sie müssen in Ihren Ablaufplan zum Patchen von SAP-S/4HANA-Systemen die Überwachung von SDMI zwingend berücksichtigen. Solange SDMI nicht abgeschlossen ist, können Sie kein weiteres Update mit dem SUM starten, da die Vereinfachungselementprüfung, die bei einem Update vom SUM immer ausgeführt wird, einen Fehler in den Prüfungen ausgibt, wenn SDMI nicht abgeschlossen ist.

EU_LOCK

Ein wichtiger Meilenstein in der geführten Update- oder Upgrade-Prozedur ist der Schritt **Lock Development Environment** (EU_LOCK) in der Phase **Preprocessing** (siehe Abbildung 15.32).

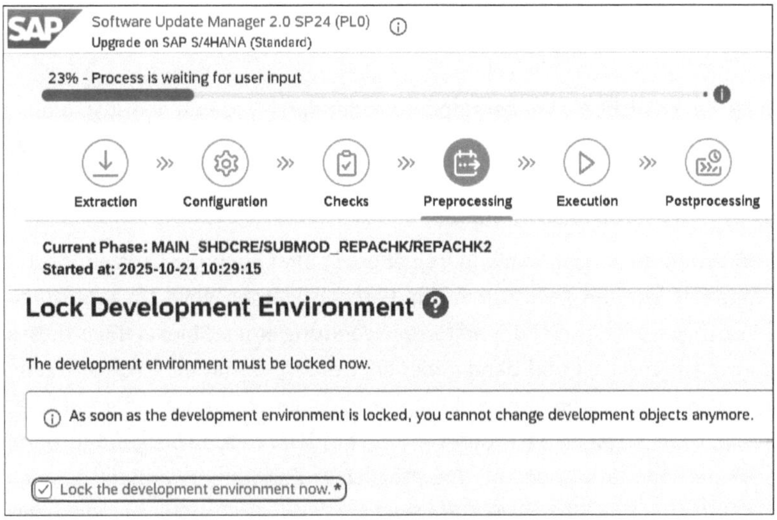

Abbildung 15.32: Sperren der Entwicklungsumgebung

Bis zu diesem Punkt hat die Ausführung des SUM keinen Einfluss auf die Nutzung des SAP-Systems. Fahren Sie an diesem Punkt fort, wird die Entwicklungsumgebung gesperrt. Dies bedeutet, dass das Repository nicht mehr verändert werden darf. Im Entwicklungssystem kann ab diesem Zeitpunkt nicht mehr entwickelt werden.

Keine Transporte

In allen Systemen bedeutet dies, dass die Transportumgebung gesperrt ist, Sie also auch keine Transporte mehr in die Systeme importieren können. So können

Sie ab dieser Phase im Produktivsystem z. B. keine dringenden Fehlerkorrekturen mehr in das System importieren. Im Szenario Single System folgt kurz auf den Schritt EU_LOCK ohnehin die technische Downtime. In den anderen Szenarien wird danach die Schatteninstanz aufgebaut und das Update bzw. Upgrade im Hintergrund begonnen. In diesen Stunden oder Tagen können Sie keine Transporte in das System importieren. Im Notfall können Sie im SUM wieder zu diesem Punkt zurückkehren und Transporte importieren. Der Aufbau der Schatteninstanz und die weiteren Schritte müssen dann aber wiederholt werden.

Sicherung durchführen

Der nächste Meilenstein ist der Übergang in die technische Downtime. An dieser Stelle werden Sie aufgefordert, die Datenbank sowie die Dateisysteme, einschließlich des SUM-Verzeichnisses, zu sichern. Ich kann Ihnen nur dringend empfehlen, diese Sicherungen durchzuführen, da bei einem Upgrade oder Update immer etwas schiefgehen kann.

Modifikationsabgleich

Ein planmäßiger Haltepunkt ist der sogenannte *Modifikationsabgleich* (in Transaktion SPDD und später SPAU). Ich werde die Hintergründe in Abschnitt 15.6.5, »Modifikationsabgleich«, erläutern. Während der sogenannte *SPDD-Abgleich* exakt dann auszuführen ist, wenn der SUM ihn fordert, kann der *SPAU-Abgleich* auch nach Abschluss der geführten Prozedur im SUM durchgeführt werden. Bevor das System aber für die Anwender*innen freigegeben wird, müssen Sie den Abgleich durchführen.

Hintergrundjobs wieder einplanen

Sie dürfen auch nicht die Wiedereinplanung der durch das Patchen suspendierten Hintergrundjobs vergessen. Der SUM führt die Suspendierungen automatisch aus. Für das Wiedereinplanen müssen Sie aber manuell den Report `BTCTRNS2` in Transaktion SA38 ausführen.

Generierung von Laufzeitobjekten

Bevor Sie ein System zur Nutzung freigeben, sollten auch die Laufzeitobjekte neu generiert worden sein. Durch das Patchen werden viele Objekte durch neue Versionen ersetzt. Bei der ersten Verwendung eines Objekts muss dieses dann zuerst kompiliert und dann generiert werden. Damit diese Generierung nicht erst bei der ersten Verwendung erfolgt, können Sie sie während oder direkt nach dem Patchen anstoßen. Bereits vom SUM werden Sie gefragt, wann die Generierung stattfinden soll. Die möglichen Zeitpunkte variieren je nach Szenario. Verwenden Sie eine Schatteninstanz, kann die Generierung der Laufzeitobjekte dort durchgeführt werden. Wenn Sie die Generierung nicht durch den SUM anstoßen lassen, können Sie diese auch manuell über Transaktion SGEN einplanen und überwachen.

[!]

Transaktion SGEN nicht im Regelbetrieb ausführen

Sie sollten Transaktion SGEN nicht ausführen, wenn sich das System nach dem Patchen wieder im Regelbetrieb befindet. Dies würde zu einer zu starken Belastung des Systems und auch zu Kurzdumps führen, wenn laufende Programme parallel neu generiert werden. Verzichten Sie in diesem

Fall auf eine Generierung. Die Anwender*innen erledigen dies implizit durch die Nutzung des Systems.

SUM-Analyse

Bevor Sie den SUM durch die Funktion **CLEANUP** bereinigen, sollten Sie das SUM-Verzeichnis sichern. Es enthält wichtige Protokolle, auf die Sie später eventuell zurückgreifen möchten. Interessant ist insbesondere die Datei *UPGANA.XML*. Sie können direkt aus der SUM-Oberfläche über die Menüoption **SUM Utilities • SUM Analysis** auf die Datei zugreifen. Von dort aus können Sie die Datei auf Ihren PC downloaden und jederzeit, auch ohne den SUM, direkt öffnen. Auf dem letzten Bildschirm des SUM-Updates, auf dem das erfolgreiche Update bestätigt wird, haben Sie auch die Möglichkeit, die Statistikdaten an SAP zu senden. So haben Sie in SAP for Me im Bereich **Service und Support • Diagnose, Reporting und Analysen • Technische Ausfallzeitoptimierung** die Möglichkeit, die Statistiken des Updates umfassend zu analysieren (siehe Abbildung 15.33). Mein Upgrade von SAP S/4HANA 2023 auf SAP S/4HANA 2025 hat insgesamt etwa acht Stunden gedauert, die technische Downtime lag bei zweieinhalb Stunden. In meinem System befinden sich nur wenige Anwendungsdaten. Die Werte können bei Ihren Updates und Upgrades deutlich abweichen.

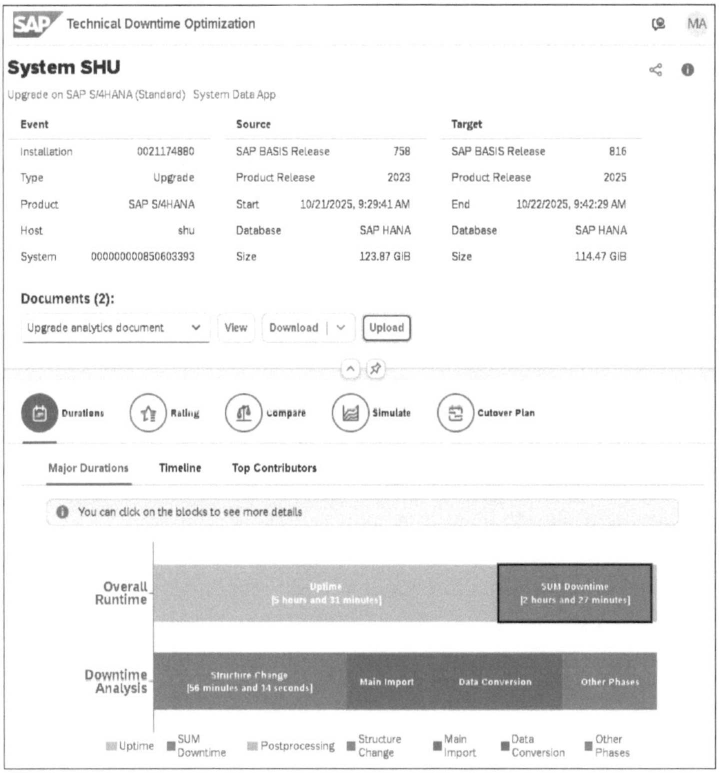

Abbildung 15.33: App »Technische Ausfallzeitoptimierung«

Im Zusatzmaterial zum Buch habe ich einen kompletten Durchlauf des Upgrades als Bildschirmfolge dokumentiert.

15.6.5 Modifikationsabgleich

Wenn Sie von SAP ausgelieferte Objekte modifizieren, kommt es bei einem Update oder Upgrade von SAP S/4HANA zu Konflikten. Diese Konflikte müssen durch den *Modifikationsabgleich* aufgelöst werden. Die Bearbeitung erfolgt in den Transaktionen SPDD und SPAU, weshalb man häufig einfach vom SPDD- und SPAU-Abgleich spricht.

SPDD-Abgleich

Beim SPDD-Abgleich werden ABAP-Dictionary-Objekte, also Domänen, Datenelemente, Tabellen, Strukturen etc., abgeglichen. Wenn Sie keine Modifikationen an solchen Objekten vorgenommen haben, müssen Sie auch keinen SPDD-Abgleich durchführen. Das Updatewerkzeug weist Sie dann nicht an, einen Abgleich durchzuführen.

[»]

Modifikationen infolge von SAP-Hinweisen

Auch beim Einbau eines SAP-Hinweises kann es zu abzugleichenden Modifikationen kommen, wenn Sie in einem manuellen Schritt angewiesen werden, z. B. ein Feld in eine Tabelle aufzunehmen (siehe Abschnitt 15.5, »Hinweis-Assistent«).

Beispiel

Die Wichtigkeit des SPDD-Abgleichs möchte ich an einem Beispiel verdeutlichen: Sie haben z. B. eine SAP-Standardtabelle dahingehend modifiziert, dass ein weiteres Feld hinzugefügt wurde. Im SAP-Standard wird die Tabelle in einer neueren Version ausgeliefert, jedoch nicht mit dem Feld, das Sie hinzugefügt haben, sondern mit einem anderen. Wenn Sie nun den SPDD-Abgleich nicht ausführen, wird Ihre Modifikation nicht übernommen. Das von Ihnen hinzugefügte Feld samt Dateninhalt wird nach dem Patchen nicht mehr vorhanden sein. Ein Datenverlust ist die Folge.

An dem Punkt, an dem Sie zum SPDD-Abgleich aufgefordert werden, haben Sie umfangreiche Analysemöglichkeiten. Sie können die Versionen der Objekte miteinander vergleichen und entscheiden, ob Sie eine Modifikation übernehmen wollen oder nicht. Bei Modifikationen, die durch SAP-Hinweise verursacht wurden, können Sie die Entscheidung in der Regel selbst treffen. Andere Modifikationen müssen von den Fachabteilungen bzw. verantwortlichen Entwickler*innen bewertet werden. Daher müssen Sie sicherstellen, dass entsprechende Personen zum Zeitpunkt des SPDD-Abgleichs erreichbar sind.

Transportauftrag

Die Ergebnisse des SPDD-Abgleichs werden in einem Transportauftrag aufgezeichnet. Daher müssen Sie den manuellen SPDD-Abgleich in der Regel nur im Entwicklungssystem durchführen. In den Folgesystemen können Sie den Transportauftrag dem SUM bekannt geben. Er importiert den Transportauftrag jeweils zum richtigen Zeitpunkt. Nur wenn nicht alle Modifikationen durch den Transportauftrag abgeglichen werden konnten, müssen Sie die verbleibenden Objekte manuell abgleichen. Damit der Transportauftrag im SUM registriert werden kann, müssen Sie ihn im Entwicklungssystem für die Folgesysteme vormerken. Verwenden Sie hierzu nach dem Abgleich der Modifikationen in Transaktion SPDD die Menüoption **Modifikationsabgleich • Transport zuordnen**.

Aktivierung und Transportauftragsfreigabe nicht manuell ausführen

Aktivieren Sie die Objekte beim SPDD-Abgleich nicht! Der SUM übernimmt die Aktivierung zum richtigen Zeitpunkt. Geben Sie nur die Transportaufgabe, aber nicht den Transportauftrag frei, da auch dies der SUM übernimmt.

SPAU-Abgleich

Am Ende des Patch-Vorgangs werden Sie zum Abgleich der Modifikationen in Transaktion SPAU aufgefordert. Sie sollten den SPAU-Abgleich unmittelbar nach dem Patchen durchführen, bevor wieder Jobs eingeplant werden und das System erneut in den Regelbetrieb übergeben wird. Die Transaktionen SPDD und SPAU sind identisch aufgebaut. In Transaktion SPAU werden Objekte, die dem Repository zugeordnet sind, abgeglichen. Hierzu zählen z. B. SAP-Hinweise, Programme, Funktionsbausteine oder Nachrichten. In Abbildung 15.34 sehen Sie z. B. die abzugleichenden SAP-Hinweise.

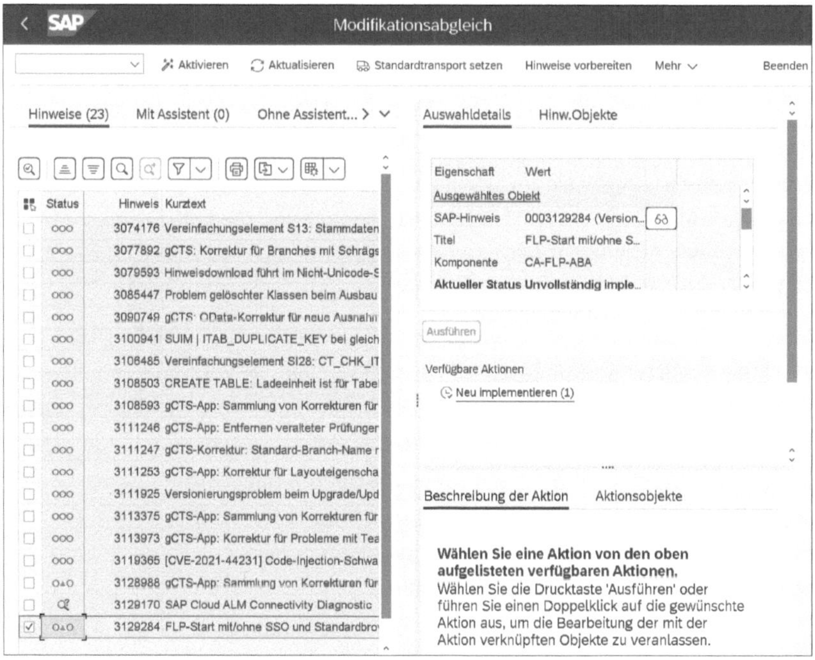

Abbildung 15.34: Modifikationsabgleich (Transaktion SPAU)

SAP-Hinweise, die im neuen Release nicht mehr gültig sind, werden als obsolet angezeigt. Diese SAP-Hinweise können Sie im Bereich **Verfügbare Aktionen** mit der Aktion **Obsoleten SAP-Hinweis bestätigen** quittieren. SAP-Hinweise, die im neuen Release weiterhin gültig sind, wurden durch das Patchen wieder eliminiert und müssen daher erneut eingebaut werden. Wählen Sie hier die Aktion **Neu implementieren**.

Standardtransport

Sie können zur gemeinsamen Bearbeitung auch mehrere Objekte markieren. Damit Sie nicht für jedes Objekt einen Transportauftrag auswählen müssen, können Sie vorher mit dem Button **Standardtransport setzen** einen Transportauftrag auswählen. Verwechseln Sie diese Option aber nicht mit der Vormerkung eines Transportauftrags für ein Folgesystem

Auch in Transaktion SPAU zeichnen Sie alle Aktionen in einem Transportauftrag auf. Diesen Transportauftrag können Sie jedoch freigeben und nach dem Patchen der Folgesysteme in diese Systeme importieren. Eine Einbindung im SUM ist ebenfalls möglich.

[+]

Weiterführende Informationen zum Modifikationsabgleich

In SAP-Hinweis 1970888 werden die wichtigsten Aspekte der Transaktionen SPDD und SPAU erklärt.

15.6.6 Support Package Manager und Add-on Installation Tool

Der SUM als systemexternes Werkzeug ist sehr mächtig und für Updates, Upgrades und Konvertierungen nach SAP S/4HANA unerlässlich. Möchten Sie jedoch nur einzelne oder wenige Support Packages einspielen (z. B. die Softwarekomponente ST-PI von einem SP zum nächsten patchen), bringen die Erstellung eines Wartungsvorgangs im Maintenance Planner und die Einrichtung und Vorbereitung des SUM einen gewissen Overhead mit sich, den Sie sich eventuell sparen möchten.

SPAM/SAINT-Version

Über die Transaktionen SPAM (*Support Package Manager*, siehe Abbildung 15.35) und SAINT (Add-on Installation Tool) können Sie vorhandene Softwarekomponenten patchen oder neue Softwarekomponenten installieren. Bevor Sie dies tun, sollten Sie die Werkzeuge selbst auf einen aktuellen Stand heben. Die aktuelle Version wird Ihnen jeweils am oberen Bildschirmrand der beiden Transaktionen angezeigt. Dabei spielt es keine Rolle, welche Transaktion Sie öffnen. In meinem System ist zum Zeitpunkt des Schreibens dieses Buches beispielsweise die Version 8.16/0092 installiert.

SPAM/SAINT-Update

Im Downloadbereich des SAP Support Portals können Sie nach aktuellen Versionen für Ihr SAP-S/4HANA-Release suchen (z. B. mit dem Suchbegriff »SPAM/SAINT«). Sie können das Softwarepaket auf Ihren PC herunterladen. Rufen Sie dazu in Mandant 000 die Transaktion SPAM auf. In allen anderen Mandanten stehen nur Anzeigefunktionen zur Verfügung, Über den Menüpfad **Support Package • Packages laden • SAR Archiv vom Frontend** können Sie das Paket von Ihrem PC auf den Applikationsserver übertragen und entpacken. Über die Menüoption **Support Package • SPAM/SAINT-Update einspielen** können Sie SPAM/SAINT aktualisieren.

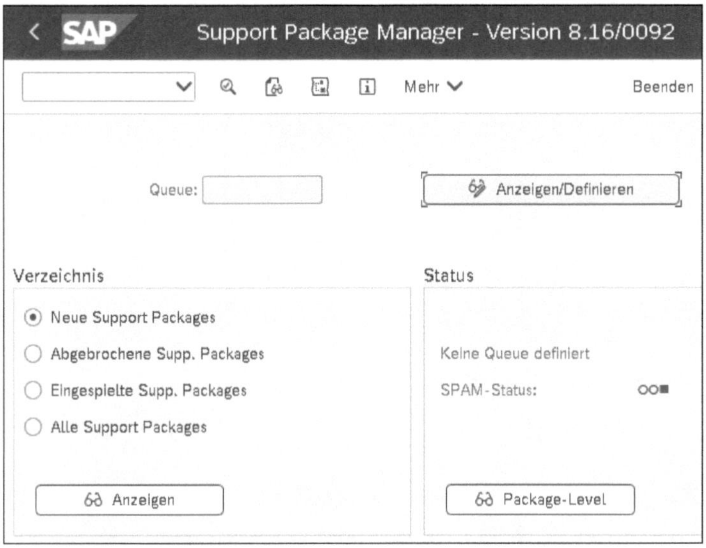

Abbildung 15.35: Transaktion SPAM

Da Sie sich durch die Aktualisierung über das Werkzeug sprichwörtlich »den Boden unter den Füßen wegziehen«, wird während des Updates ein Kurzdump auftreten. Rufen Sie die Transaktion SPAM danach erneut auf, und wählen Sie nochmals die Menüoption **Support Package • SPAM/SAINT-Update einspielen**. Der Vorgang wird dadurch fortgesetzt und beendet.

Queue definieren und einspielen

Die Aktualisierung von Softwarekomponenten über Transaktion SPAM erfolgt über sogenannte *Queues*. Damit Sie Queues definieren können, müssen sich die Softwarepakete auf dem Applikationsserver in einem Unterverzeichnis *EPS* des Transportverzeichnisses befinden. Bei wenigen oder kleinen Paketen können Sie die Pakete wieder über die Menüoption **Support Package • Packages laden • SAR Archiv vom Frontend** von Ihrem PC übertragen. Bei großen oder vielen Paketen sollten Sie die Pakete über Betriebssystemmittel übertragen. Über den Button **Anzeigen/Definieren** können Sie eine Queue definieren (siehe Abbildung 15.36). Wählen Sie die gewünschten Ziel-Packages aus, und klicken Sie auf den Button **Queue berechnen**. Bestätigen Sie die Queue. Anschließend können Sie auf dem Einstiegsbildschirm der Transaktion SPAM die Queue und über den Button (**Queue einspielen**) einspielen.

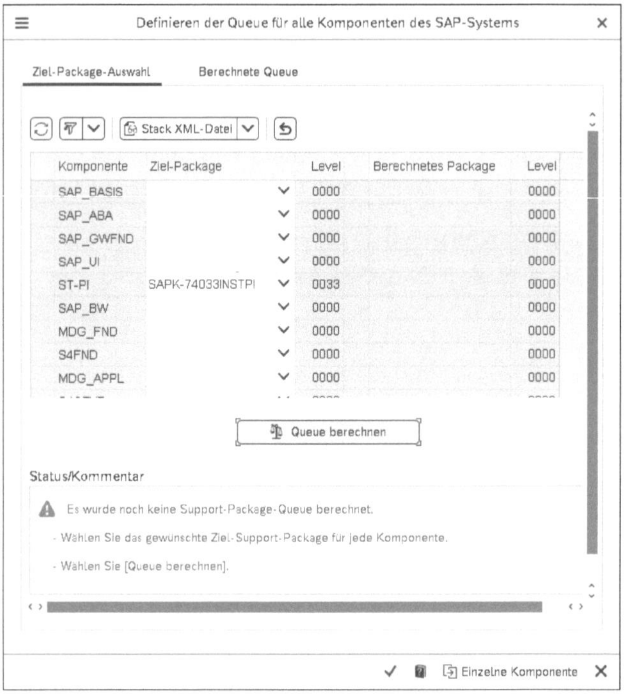

Abbildung 15.36: Eine Queue in Transaktion SPAM definieren

Modifikationsabgleich

Auch beim Update über die Transaktion SPAM werden Sie bei bestehenden Modifikationen einen Modifikationsabgleich durchführen müssen (siehe Abschnitt 15.6.5).

Add-on installieren

Die Transaktion SAINT verwenden Sie, wenn Sie ein Add-on erstmalig installieren oder bestehende Add-ons deinstallieren möchten, sofern dies unterstützt wird. Die Bedienung und Funktionsweise ähneln denen der Transaktion SPAM. Auch in Transaktion SAINT laden Sie die Softwarepakete auf den Applikationsserver. Über den Button **Start** können Sie die Installation bzw. Deinstallation starten.

Stack.XML-Datei verwenden

Sie können sowohl in Transaktion SPAM als auch in Transaktion SAINT bei der Definition der einzuspielenden Softwarepakete auf eine *Stack.XML*-Datei zurückgreifen, wenn Sie die Softwarewartung im Maintenance Planner geplant haben.

In der Praxis verwende ich die Transaktionen SPAM und SAINT nur für die Softwarekomponenten ST-PI, ST-A/PI oder kleinere UI- oder HCM-Pakete. Solche Pakete sind meist schnell eingespielt und benötigen keine Business-Downtime.

15.6.7 Nebeneffekte durch ein Update oder Upgrade

Neue Fehler

Durch das Einspielen von Support Packages im Rahmen von Updates und Upgrades werden bekannte Fehler behoben. Leider schleichen sich auch neue Fehler ein, die dann erst nach der Veröffentlichung eines Support Packages entdeckt werden. Diese werden über neue SAP-Hinweise bzw. mit dem nächsten Support Package behoben. Damit Sie nach dem Update nicht von neuen Fehlern überrascht werden, können Sie proaktiv für Sie relevante Nebeneffekthinweise identifizieren und implementieren.

Suchen Sie hierzu im Downloadbereich des SAP Support Portals die Softwarekomponenten heraus, die Sie aktualisiert haben oder aktualisieren möchten. In Abbildung 15.37 wurde beispielhaft die Komponente S4CORE ausgewählt, die im Rahmen des Updates von SAP S/4HANA 2023 auf SPS05 aktualisiert wurde.

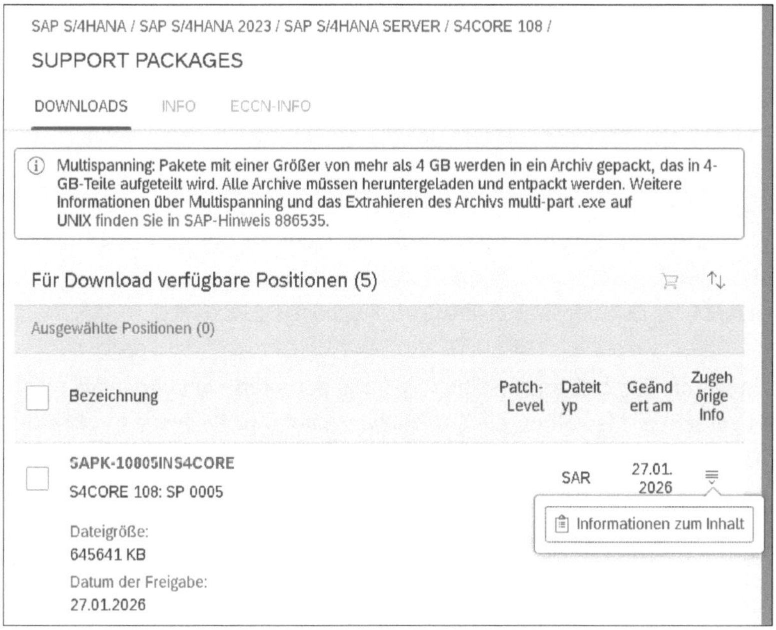

Abbildung 15.37: Komponente S4CORE SP01 im Downloadbereich

In der Spalte **Zugehörige Info** wählen Sie die Funktion (**Informationen zum Inhalt**). Es öffnet sich der in Abbildung 15.38 gezeigte Bildschirm. Wechseln Sie auf die Registerkarte **Lösungen für Nebeneffekte**.

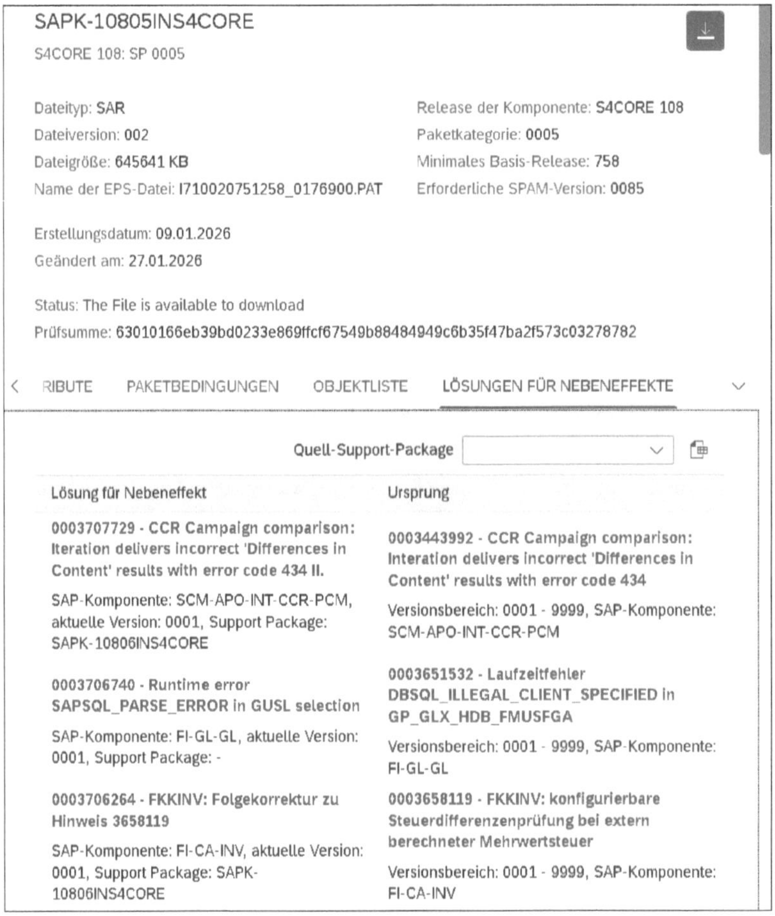

Abbildung 15.38: Bekannte Nebeneffekte der Komponente S4CORE

Sie können die Ergebnisliste in eine CSV-Datei herunterladen und in Microsoft Excel bearbeiten. Sie sollten die SAP-Hinweise auf ihre Relevanz für Ihre Geschäftsprozesse hin prüfen. Ziehen Sie nur SAP-Hinweise in Betracht, bei denen Sie von einer großen Wichtigkeit ausgehen. Die Bewertung sollte von den jeweiligen Fachbereichen vorgenommen werden. Als Administrator*in sollten Sie sich für die Softwarekomponenten der SAP-Basis verantwortlich fühlen, da Sie sich hier am besten auskennen. Nach dem Update spielen Sie die ermittelten SAP-Hinweise wie gewohnt über Transaktion SNOTE ein.

Aufwand Das hier beschriebene Vorgehen ist mit viel manuellem Aufwand verbunden. Bedenken Sie aber, dass Sie hierdurch Fehler bei Regressionstests oder sogar im Produktivbetrieb verhindern können, deren Beheben deutlich aufwendiger wäre.

15.7 Update von SAP HANA

Für die Aktualisierung von SAP HANA verwenden Sie die *SAP HANA Platform Lifecycle Management Tools*, d. h. `hdblcm`, `hdblcmgui` oder `hdblcmweb`. Ich habe Ihnen diese Werkzeuge in Abschnitt 2.3.4 unter dem Namen SAP HANA Lifecycle Manager vorgestellt. Ein idealer Zeitpunkt, um SAP HANA zu aktualisieren, ist, wenn Sie auch SAP S/4HANA aktualisieren. Allerdings ist es sehr wahrscheinlich, dass Sie SAP HANA auch zwischen diesen Update-Terminen auf eine neuere Revision aktualisieren müssen, um Fehler zu beheben. Da es keine Fehlerbehebung durch Einzelkorrekturen gibt, müssen Sie SAP HANA bei kritischen Fehlern, zu denen es keine Workarounds gibt, aktualisieren. In diesem Abschnitt beschreibe ich eine solche Aktualisierung.

15.7.1 Voraussetzungen

In Abschnitt 15.2, »Die Release-Strategie für SAP HANA«, habe ich die Revisionsstrategie für SAP HANA und wichtige Begriffe in diesem Zusammenhang beschrieben. Solange Ihr SAP-HANA-System sich nicht auf dem Stand einer Wartungsrevision befindet, können Sie es grundsätzlich auf jede Revision aktualisieren, die eine höhere Nummer hat.

SAP-HANA-Version ermitteln

Im DBA Cockpit, im SAP HANA Cockpit oder über das Betriebssystemkommando `HDB version`, angemeldet mit dem Benutzer <sid>adm (SID der Datenbank), können Sie die aktuelle Version Ihres Systems ermitteln. Eine Wartungsrevision erkennen Sie an dem Nummernkreis hinter der Revisionsnummer. In dem Beispiel aus Abbildung 15.39 sehen Sie den Wert 00. Alle Werte außer 00 würden bedeuten, dass eine Wartungsrevision installiert ist.

```
shu.training.local - PuTTY
shu:~ # su - h4hadm
h4hadm@shu:/usr/sap/H4H/HDB00> HDB version
HDB version info:
  version:             2.00.087.00.1756091668
  branch:              fa/hana2sp08
  machine config:      linuxx86_64
  git hash:            ad7fefeefc92182336567e4d2def9c5486a62623
  git merge time:      2025-08-25 05:14:28
  weekstone:           0000.00.0
  cloud edition:       0000.00.00
  compile date:        2025-08-25 05:25:56
  compile host:        ccdelgl2276
  compile type:        rel

h4hadm@shu:/usr/sap/H4H/HDB00>
```

Abbildung 15.39: Versionsermittlung über das Kommando »HDB version«

SAP-Hinweis 1948334

Sobald Sie eine Wartungsrevision ermittelt haben, können Sie Ihr SAP-HANA-System nicht mehr auf jede Revision mit einer höheren Nummer aktualisieren. Grundsätzlich können Sie es jedoch auf alle weiteren Wartungsrevisionen der aktuellen Revision aktualisieren. Für ein Update auf ein höheres SPS müssen Sie aber prüfen, ob die Ziel-Revision kompatibel zur aktuellen Wartungsrevision ist. Hierzu hat SAP den SAP-Hinweis 1948334 bereitgestellt, der zu jeder Start-Revision die gültigen Ziel-Revisionen angibt. Die Wartungsrevision 079.07 könnten Sie beispielsweise auf Revision 079.08 oder 088 aktualisieren, auf Revision 080 – 087 aber nicht, da diese Revisionen älter sind als die aktuelle Revision. Beim Update wird automatisch geprüft, ob die Ziel-Revision gültig ist. Bei einer Inkompatibilität wird das Update abgelehnt.

Betriebssystem

Achten Sie darauf, ob Ihre Ziel-Revision vom Betriebssystem unterstützt wird oder ob Sie im Rahmen des SAP-HANA-Updates auch das Betriebssystem aktualisieren müssen. Die gültigen Kombinationen finden Sie in SAP-Hinweis 2235581.

Revision Release Note

Zu jeder SAP-HANA-Revision finden Sie auch eine *Revision Release Note*, d. h. einen SAP-Hinweis, der wichtige Informationen zu Voraussetzungen und Besonderheiten enthält. Zum Einstieg können Sie SAP-Hinweis 2958224 öffnen. Dort sind alle Revision Release Notes verknüpft.

Installierte Komponenten ermitteln

Bei einem Update müssen Sie immer alle installierten Komponenten von SAP HANA aktualisieren. Wird in Ihrem SAP-S/4HANA-System z. B. die erweiterte Variantenkonfiguration eingesetzt, benötigt diese die SAP-HANA-Komponente VCH AFL. Bei einem Update muss diese Komponente daher ebenfalls aktualisiert werden.

Um zu erfahren, welche Komponenten installiert sind, haben Sie verschiedene Möglichkeiten:

- **Betriebssystemkommando »hdblcm«**

  Führen Sie, angemeldet mit dem Benutzer <sid>adm (SID der Datenbank), im Verzeichnis */hana/shared/<SID>/hdblcm/* das Kommando `./hdblcm --action=print_component_list` aus. Leider ist die Ergebnisanzeige im XML-Format etwas unübersichtlich.

- **Webbasiertes SAP HANA Platform Lifecycle Management (hdblcmweb)**

  Komfortabler ist die Verwendung von `hdblcmweb`. Sie können es aus dem SAP HANA Cockpit mit Verbindung zur Systemdatenbank aufrufen. Navigieren Sie hierzu im Bereich **Administration** zur Karte **Platform Lifecycle Management**, und klicken Sie auf den Link **View system information**. Alternativ können Sie auch direkt die URL *https://<Host>:1129/lmsl/HDBLCM/<SID>/index.html* öffnen. Sie müssen sich dabei mit dem Benutzer <sid>adm (SID der Datenbank) authentifizieren. Nach einem Klick auf die Kachel **View System Information** finden Sie auf der Registerkarte **Installed Components** die installierten Komponenten (siehe Abbildung 15.40).

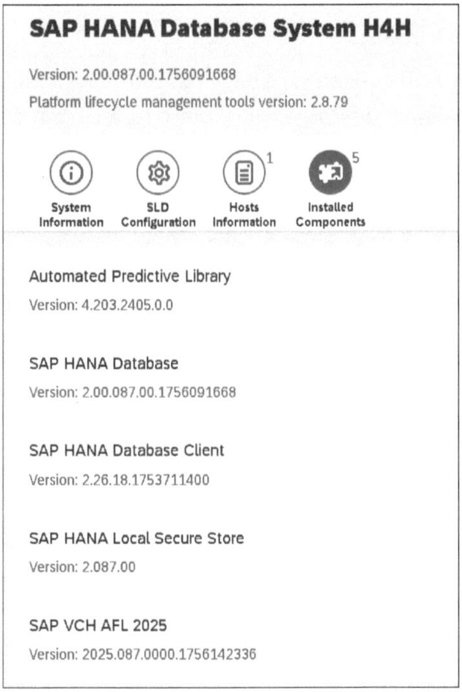

Abbildung 15.40: Installierte Komponenten über »hdblcmweb« herausfinden

Verbindung über den SAP-Host-Agent

`hdblcmweb` starten Sie nicht direkt über das Betriebssystem. Der SAP-Host-Agent dient hier als Webserver. Sie verbinden sich mit einem Webbrowser über Port 1129 mit dem SAP-Host-Agent, der dann im Hintergrund `hdblcmweb` startet.

Software herunterladen

Um die benötigte Software herunterzuladen, haben Sie verschiedene Möglichkeiten:

- **Manueller Download**

  Im Downloadbereich des SAP Support Portals (*https://me.sap.com/softwarecenter*) können Sie die benötigten Komponenten direkt herunterladen. Im Bereich **Support Packages und Patches** wählen Sie dazu den Pfad **Nach alphabetischem Index (A-Z) • H • SAP HANA Platform Edition • SAP HANA Platform Edition 2.0**. Hier finden Sie für jede Komponente ein Unterverzeichnis, in dem Sie die gewünschte Version herunterladen können.

Versionierung des SAP HANA Clients

Die Versionen des SAP HANA Clients folgen einer eigenen Nummerierung. Wählen Sie stets die neueste Version des Clients aus. Diese ist auch mit älteren SAP-HANA-Revisionen kompatibel.

Grundsätzlich sind für ein Update auch die Softwarepakete im Bereich **Installation** verwendbar. Verwenden Sie diese Quelle, hat das den Vorteil, dass bereits viele Softwarekomponenten in einer ZIP-Datei zusammengefasst sind. Allerdings werden dort nicht alle Revisionen bereitgestellt.

- **Webbasiertes SAP HANA Platform Lifecycle Management (hdblcmweb)**

  Wie bereits bei der Prüfung der installierten Komponenten können Sie über die Kachel **Download Components** in `hdblcmweb` direkt neuere Versionen herunterladen und entpacken. Ist der SAP-HANA-Host mit dem Internet verbunden, können Sie die Softwarepakete direkt auf den SAP-HANA-Host herunterladen. Alternativ kann der Download auch auf Ihren PC erfolgen. Dann müssen Sie die Pakete manuell auf den Host übertragen.

- **Wartungsvorgang im Maintenance Planner**

  Ist SAP HANA an die Infrastrukturverwaltung angebunden, kennt SAP Ihr SAP-HANA-System. Sie können dann, wie beim Update von SAP S/4HANA, einen Wartungsvorgang erstellen und am Ende die Software herunterladen (siehe Abbildung 15.41).

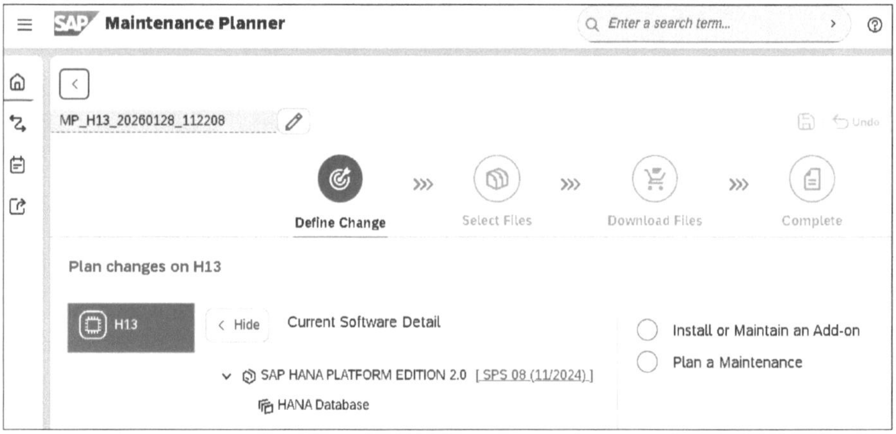

Abbildung 15.41: Wartungsvorgang für ein Update von SAP HANA

15.7.2 Aktualisierung von SAP HANA

Abhängig davon, über welche Methode Sie die Software heruntergeladen haben, müssen Sie diese noch entpacken. Für das Upgrade können Sie die Werkzeuge `hdblcm` oder `hdblcmgui` verwenden, die ich Ihnen bereits im Abschnitt 2.3.4, »SAP HANA Lifecycle Manager«, im Rahmen einer Neuinstallation vorgestellt habe. Zusätzlich können Sie zum Update `hdblcmweb` verwenden. Öffnen Sie hierzu in `hdblcmweb` die Kachel **Update System and Components**.

Zweiphasiges Update

Mit `hdblcm` und `hdblcmgui` haben Sie den Vorteil, dass Sie das Update in zwei Phasen durchführen können. In der ersten Phase werden die für das Update notwendigen Parameter abgefragt und die technischen Rahmenbedingungen geprüft. Während dieser Zeit ist SAP HANA und somit auch SAP S/4HANA uneingeschränkt verfügbar. In der zweiten Phase werden die Datenbank heruntergefahren und das Update durchgeführt. Bevor Sie die zweite Phase ausführen, müssen Sie SAP S/4HANA geregelt herunterfahren.

Das Update in zwei Phasen verkürzt die Downtime nur um wenige Minuten. Der große Vorteil dieses Verfahrens ist aber, dass die Voraussetzungen bereits in der ersten Phase geprüft werden. Müssen Sie z. B. noch Bibliotheken in Linux aktualisieren oder fehlende Softwarepakete herunterladen, können Sie diese Vorarbeiten in Ruhe erledigen. Bei einem Update in einem Schritt befinden Sie sich eventuell schon in der Downtime und dadurch in einer Stresssituation.

Um ein Update in zwei Phasen durchzuführen, rufen Sie `hdblcmgui` bzw. `hdblcm` mit dem Parameter `--action=update --prepare_update` auf. In der zweiten Phase starten Sie die Werkzeuge mit dem Parameter `--action=update`.

Updatekommandos

In Listing 15.1 sehen Sie die Kommandos für Updates über `hdblcm`.

```
cd /software/HANA/hanapatches/
/usr/sap/hostctrl/exe/SAPCAR -xvf VCH<Version>.SAR -R /tmp/
hana2087
/usr/sap/hostctrl/exe/SAPCAR -xvf IMDB_CLIENT20_<Version>.SAR
-R /tmp/hana2087
/usr/sap/hostctrl/exe/SAPCAR -manifest SIGNATURE.SMF -xvf
IMDB_SERVER20_<Version>.SAR -R /tmp/hana2087
cd /tmp/hana2087/SAP_HANA_DATABASE/
./hdblcm --action=update --prepare_update
su - shuadm
sapcontrol -nr 01 -function StopSystem
sapcontrol -nr 01 -function GetSystemInstanceList
exit
./hdblcm --action=update
su - h4hadm
HDB version
HDB info
exit
cd /tmp/hana2087/SAP_HANA_CLIENT
```

```
./hdbinst
su - shuadm
sapcontrol -nr 01 -function StartSystem
sapcontrol -nr 01 -function GetSystemInstanceList
exit
```

Listing 15.1: Kommandos zum Update von SAP HANA über »hdblcm«

Im Zusatzmaterial zum Buch habe ich den kompletten Konsolenmitschnitt beigefügt. Der Ablauf ist wie folgt:

1. Entpacken der Softwarekomponenten
2. Update starten mit der Option `prepare_update`
3. SAP-S/4HANA-System herunterfahren
4. Update fortsetzen
5. kurze Prüfung, ob SAP HANA läuft und die richte Version aufweist
6. Update des SAP HANA Clients auf allen Applikationsservern
7. Starten von SAP S/4HANA

Bedenken Sie, dass durch eine Aktualisierung von SAP HANA nicht automatisch die SAP-HANA-Clients der Applikationsserver aktualisiert werden. Idealerweise aktualisieren Sie diese Komponenten direkt mit, wenn das SAP-S/4HANA-System ohnehin heruntergefahren ist.

Near Zero Downtime Updates

Betreiben Sie SAP HANA in einem hochverfügbaren Set-up mit SAP HANA System Replication (siehe Kapitel 16, »Hochverfügbarkeit«), können Sie die Downtime beim Update auf ein Minimum reduzieren. Die benötigte Downtime entspricht dann nur noch der Zeit, die für ein Umschalten des Betriebs vom primären zum sekundären Datenbanksystem benötigt wird.

Nach einem Update von SAP HANA sollten Sie die Parameterempfehlungen erneut prüfen, da in der neuen Version andere Empfehlungen gelten können. Ich habe dieses Verfahren in Abschnitt 5.2.1, »Parameterempfehlungen«, beschrieben.

Kapitel 16
Hochverfügbarkeit

In der Rolle des digitalen Kerns eines Unternehmens muss SAP S/4HANA möglichst unterbrechungsfrei zur Verfügung stehen. Durch moderne Hochverfügbarkeitslösungen auf allen Ebenen können Sie diesem Wunsch entsprechen.

Single Points of Failure

In diesem Kapitel gebe ich Ihnen einen Überblick über die Hochverfügbarkeitskonzepte von SAP S/4HANA. Das Ziel von Hochverfügbarkeitslösungen ist die Eliminierung von *Single Points of Failure*, also zu verhindern, dass bei einem Ausfall einer Komponente von SAP S/4HANA das Gesamtsystem ausfällt. Ich konzentriere mich in diesem Kapitel auf die Hochverfügbarkeitskonzepte der SAP-Software. Selbstverständlich müssen auch auf den darunterliegenden Ebenen Single Points of Failure eliminiert werden, damit SAP S/4HANA z. B. beim Ausfall einer Netzwerkkarte, einer Festplatte oder eines Netzteils ungehindert verfügbar ist.

In Abbildung 16.1 sehen Sie die beteiligten Softwarelösungen in einem hochverfügbaren Set-up. In den folgenden Abschnitten werde ich die einzelnen Bereiche genauer beleuchten.

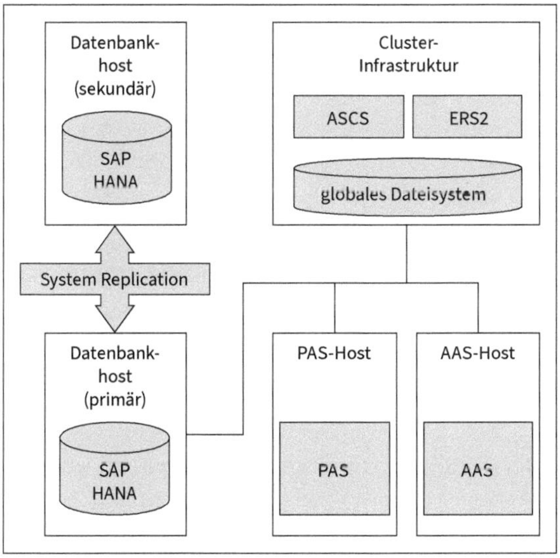

Abbildung 16.1: Übersicht der Softwarekomponenten in einem Hochverfügbarkeitsszenario

In Abschnitt 16.1, »Hochverfügbarkeit der ABAP-Plattform«, erläutere ich, wie Sie ASCS- (ABAP System Central Services) und PAS-Instanzen (Primary Application Server) hochverfügbar betreiben können. In Abschnitt 16.2, »Hochverfügbarkeit von SAP HANA«, lernen Sie, wie Sie SAP HANA hochverfügbar betreiben können. In Abschnitt 16.3, »Hochverfügbarkeit beim Betrieb von AS ABAP und SAP HANA auf einem Host«, zeige ich Ihnen das Minimal-Set-up eines hochverfügbaren Systems.

[!]

Weitere SAP-Komponenten beachten

Beachten Sie, dass es mit SAP S/4HANA meist noch weitere externe Komponenten gibt, deren Nichtverfügbarkeit kritisch bewertet werden muss. Dies sind z. B. der SAP Web Dispatcher oder der Cloud Connector.

16.1 Hochverfügbarkeit der ABAP-Plattform

Hochverfügbarkeitsleitfäden

Die ABAP-Plattform besteht aus mindestens zwei Instanzen, der ASCS-Instanz und der PAS-Instanz. Fällt eine dieser beiden Instanzen aus, ist das Gesamtsystem nicht verfügbar. Diese Single Points of Failure können Sie durch ein Hochverfügbarkeits-Set-up eliminieren. Die Einrichtungsschritte sind auf der Seite *https://support.sap.com/sltoolset* unter **System provisioning • System Provisioning Scenarios • Install a System using Software Provisioning Manager • Installation Option of Software Provisioning Manager 2.0 SP <Nummer> • Installation Guides - Application Server Systems** beschrieben. Wählen Sie hier den passenden Leitfaden für Ihr Betriebssystem. Darin finden Sie unter anderem die Bereiche **Installation Options Covered by this Guide • High-Availability System** und **Planning • Planning the Switchover Cluster for High Availability**.

16.1.1 PAS- und AAS-Instanzen

Wie Sie bereits wissen, können Sie neben der PAS-Instanz weitere AAS-Instanzen (Additional Application Server) betreiben. Fällt eine dieser Instanzen aus, wird sie bei der Verteilung von Aufgaben nicht mehr berücksichtigt. Laufende Programme der ausgefallenen Instanz brechen ab, und an der Instanz angemeldete Anwender*innen werden vom System getrennt. Die Anwender*innen können sich aber umgehend wieder am System anmelden und werden durch die Lastverteilung auf eine verfügbare Instanz geroutet.

Planung der Workprozesse

Sie sollten bei der Planung der Anzahl der benötigten Workprozesse den Fall berücksichtigen, dass eine Instanz nicht verfügbar sein kann. Auf den verbliebenen Instanzen sollten in diesem Fall immer noch genügend Workprozesse eines Typs zur Verfügung stehen, um die Arbeitslast zu bewältigen. Einzelne Typen eines Workprozesses (z. B. Spool-Workprozesse) sollten nicht nur auf einer

Instanz definiert sein, da die entsprechende Funktion sonst bei Ausfall dieser Instanz nicht mehr verfügbar ist. Es entstünde also ein Single Point of Failure.

Instanz hinzufügen

Möchten Sie eine AAS-Instanz einem bestehenden SAP-S/4HANA-System hinzufügen, können Sie auf dem Host, auf dem diese Instanz bereitgestellt werden soll, den Software Provisioning Manager (SWPM) ausführen. Im Navigationsbereich dieses Tools wählen Sie die Funktion **SAP S/4HANA Server <Release> • SAP HANA Database • Installation • Additional SAP System Instances • Additional Application Server Instance**.

16.1.2 ASCS-Instanz

Cluster-Lösung

Problematischer als die PAS-Instanz der ABAP-Plattform ist die ASCS-Instanz. Message Server und Enqueue Server kann es jeweils nur einmal pro System geben. Daher benötigen Sie für die ASCS-Instanz eine Cluster-Lösung, die den Betrieb der Komponenten bei einem Ausfall möglichst unterbrechungsfrei auf einem anderen Host fortsetzen kann. Da der Message Server keine kritischen Daten hält, kann er mithilfe der Cluster-Lösung einfach auf einem anderen Host als Teil der ASCS-Instanz gestartet werden.

Der Enqueue Server, ebenfalls Teil der ASCS-Instanz, hält aber die zentrale Sperrtabelle. Würde der Enqueue Server einfach auf einem anderen Host als Teil der ASCS-Instanz gestartet werden, käme es zu Datenverlusten. Daher benötigen Sie im Hochverfügbarkeits-Set-up einen *Enqueue Replicator* (ERS2), der als eigenständige Instanz auf einem anderen Host läuft. ASCS-Instanz und ERS2-Instanz werden in der Cluster-Lösung in zwei unabhängigen Failover-Gruppen konfiguriert. Die Überwachung und Umschaltung im Fehlerfall verlaufen bei beiden Gruppen unabhängig voneinander.

Beispielhaftes Hochverfügbarkeits-Set-up

In Abbildung 16.2 sehen Sie einen beispielhaften Hochverfügbarkeitsaufbau der ASCS-Instanz. Die ASCS-Instanz läuft auf Host A. Von außen kann die ASCS-Instanz immer über den virtuellen Host HA_ASCS erreicht werden.

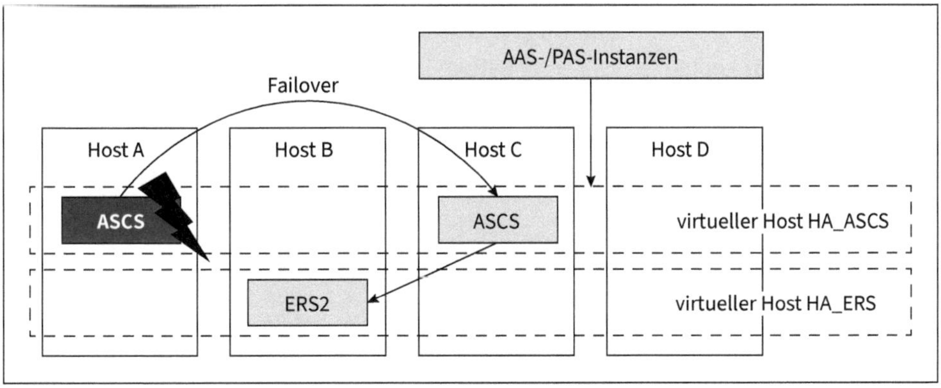

Abbildung 16.2: Cluster-Infrastruktur für ASCS- und ERS2-Instanzen

Der Enqueue Server der ASCS-Instanz repliziert seine Sperrtabelle mithilfe der ERS2-Instanz über das Netzwerk. Die ERS2-Instanz ist immer über den virtuellen Host HA_ERS erreichbar. Aktuell läuft die ERS2-Instanz auf Host B.

Fällt nun eine der Komponenten aus, geschieht Folgendes:

- **ASCS fällt aus**

  Fällt die ASCS-Instanz auf Host A aus, erkennt die Cluster-Lösung diese Situation und startet die ASCS-Instanz auf einem anderen Host, im Beispiel auf Host C. Der Enqueue Server bezieht beim Hochfahren die Sperrtabelle vom Enqueue Replicator (ERS2) über das Netzwerk und verwendet diese.

- **ERS2 fällt aus**

  Fällt der Enqueue Replicator auf Host B aus, wird dies von der Cluster-Lösung ebenfalls erkannt. ERS2 wird auf einem anderen Host, z. B. Host D, gestartet. Der Enqueue Server überträgt seine Sperrtabelle initial über das Netzwerk an den neuen ERS2 und repliziert die Sperrtabelle fortlaufend.

16.1.3 Rolling Kernel Switch

Kernelaustausch

Wie Sie wissen, müssen Sie zum Ändern von Profilparametern, die nicht dynamisch änderbar sind, die Instanzen durchstarten. Auch für einen Austausch des Kernels müssen Sie die Instanzen durchstarten. Üblicherweise wird der Kernel bei den regulären Softwareupdates in der ohnehin notwendigen Downtime durch den SUM ausgetauscht. Ab und zu müssen Sie den Kernel jedoch separat austauschen, z. B., um eine wichtige Sicherheitslücke zu schließen.

Automatisiertes Verfahren

Durch die Eliminierung der Single Points of Failure kann ein hochverfügbares System das erforderliche Durchstarten einer Instanz ohne Ausfall verkraften. Wichtig ist nur, dass die Instanzen in der richtigen Reihenfolge durchgestartet werden und möglichst keine Anwender*innen vom Durchstarten betroffen sind. Ermöglicht wird dies durch das automatisierte Verfahren des *Rolling Kernel Switches* (RKS). Nachdem Sie den neuen Kernel in das globale Kernelverzeichnis kopiert haben, muss jede Instanz durchgestartet werden. Beim Hochfahren kopiert `sapcpe` automatisch den neuen Kernel in das entsprechende Verzeichnis der Instanz und wird dann von der Instanz verwendet. Diese Prozedur können Sie entweder über die Kommandozeile, die SAP Microsoft Management Console (SAP MMC) oder SAP Landscape Management starten. Der Ablauf ist folgendermaßen:

1. Die ERS2-Instanz wird durchgestartet.
2. Die ASCS-Instanz wird durchgestartet.
3. Die AS-ABAP-Instanzen werden in einer zuvor definierten Reihenfolge durchgestartet.

Über Profilparameter werden z. B. Timeouts gesteuert, damit es nicht zu Abbrüchen von laufenden Programmen kommt. Innerhalb dieser Zeitfenster wird ein günstiger Moment abgewartet, bei dem eine Instanz ohne nennenswerte Auswirkungen durchgestartet werden kann.

Beispiel

Ich möchte Ihnen anhand eines einfachen Beispiels ein Kernel-Update eines SAP-S/4HANA-Systems mit RKS zeigen:

Das genutzte SAP-S/4HANA-System hat den relativ jungen Kernel 916 PL50. Die aktuell verfügbare Version ist 81. Laden Sie die Dateien *SAPEXE_81-70008102.SAR* und *SAPEXEDB_81-70008101.SAR* für Ihr Betriebssystem (hier Linux x86 64 Bit) herunter und übertragen Sie sie auf einen Applikationsserver Ihres SAP-S/4HANA-Systems, z. B. in das Verzeichnis */tmp*.

Erstellen Sie eine Sicherungskopie des alten Kernels, um bei Problemen schnell wieder zum alten Zustand zurückkehren zu können. In meinem Beispiel sichere ich den Kernel im logischen Share-Verzeichnis (*/usr/sap/<SID/SYS/exe/uc/linuxx86_64*). Dieses Verzeichnis dient als zentrale Quelle für alle Instanzen. Bei einem Neustart wird der Kernel von hier in die Instanzverzeichnisse kopiert. Die Befehle sind in meinem Beispiel in Listing 16.1 zu sehen.

```
> su - shuadm
> cd /usr/sap/SHU/SYS/exe/uc
> cp -r linuxx86_64/ ./linuxx86_64_backup_916PL50
```

Listing 16.1: Befehle für die Erstellung einer Sicherungskopie des Kernels

Anschließend entpacken Sie den neuen Kernel in das logische Share-Verzeichnis und überschreiben damit den alten Kernel. Die Befehle für das Entpacken in meinem Beispiel sehen Sie in Listing 16.2.

```
> su - shuadm
> cd /tmp
> SAPCAR -xvf SAPEXE_81-70008102.SAR -R /usr/sap/SHU/SYS/exe/
uc/linuxx86_64
> SAPCAR -xvf SAPEXEDB_81-70008101.SAR  -R /usr/sap/SHU/SYS/
exe/uc/linuxx86_64
```

Listing 16.2: Befehle für das Entpacken des neuen Kernels

Ohne RKS könnten Sie das SAP-S/4HANA-System nun vollständig neu starten. Beim Hochfahren würde der Kernel automatisch durch `sapcpe` in die Instanzverzeichnisse kopiert und der neue Kernel wäre aktiv. Dieses Vorgehen wäre jedoch mit einer Downtime verbunden. Mit RKS gehen Sie stattdessen folgendermaßen vor: In SAP MMC wählen Sie im Kontextmenü des Menüpunkts **System Update** die Option **Check Prerequisites**. Nach kurzer Zeit erscheint ein Popup mit der Meldung **All RKS prerequisites checks succeeded**. Nun navigieren Sie in der SAP MMC zum Systemknoten des Systems, das durchgestartet werden soll, und wählen im Kontextmenü des Menüpunkts **System Update** die Option **Update System** aus (siehe Abbildung 16.3).

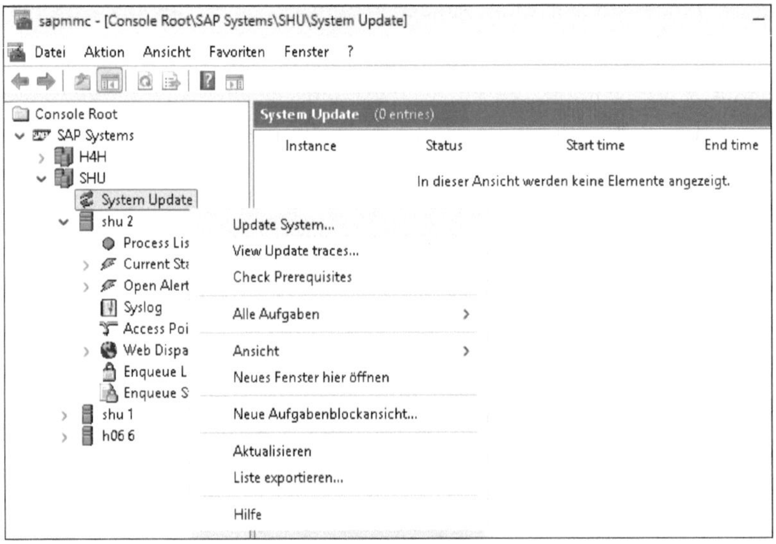

Abbildung 16.3: Starten der RKS-Prozedur in der SAP MMC

Es öffnet sich ein neues Fenster, in dem Sie noch zwei Timeout-Parameter anpassen können:

- Parameter **Soft shutdown timeout (sec)** – Standardwert 3600
- Parameter **Start wait timeout (sec)** – Standardwert 900

Der Parameter **Soft shutdown timeout (sec)** steuert, wie lange RKS maximal wartet, bevor laufende Programme abgebrochen werden. Grundsätzlich sollten Sie versuchen, in der Zeit des RKS möglichst wenige, langlaufende Programme laufen zu lassen. Dies lässt sich aber nicht immer vermeiden. Ein höherer Wert reduziert das Risiko von Abbrüchen, verlängert jedoch unter Umständen die Laufzeiten der RKS-Prozedur. Der Parameter **Start wait timeout (sec)** bestimmt, wie lange gewartet wird, bevor die nächste Instanz neu gestartet wird. Wenn dieser Wert zu niedrig gesetzt ist, kann es sein, dass mehrere Instanzen während der RKS-Prozedur nicht verfügbar sind. In der SAP MMC ist dieser Wert standardmäßig größer als der Wert des Profilparameters `rdisp/server_startup/max_time`. Dadurch wird sichergestellt, dass der RKS erst nach Abschluss des Neustarts mit dem Durchstarten der nächsten Instanz fortfährt. In meinem Beispiel belasse ich die Parameter bei den Standardwerten und bestätige mit **OK**.

Überwachung

Die RKS-Prozedur kann über verschiedene Wege überwacht werden:

- über die SAP MMC (siehe Abbildung 16.4)
- die Transaktion SM51 (siehe Abbildung 16.5)
- über das Betriebssystemkommando `sapcontrol -nr 01 -function GetSystemUpdateList` (siehe Abbildung 16.6)

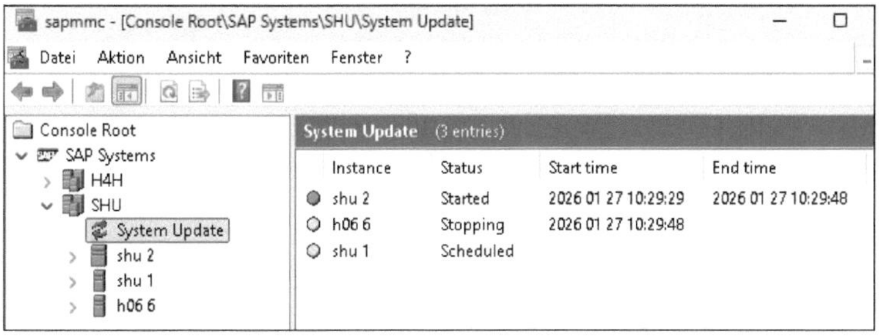

Abbildung 16.4: Überwachung der RKS-Prozedur in SAP MMC

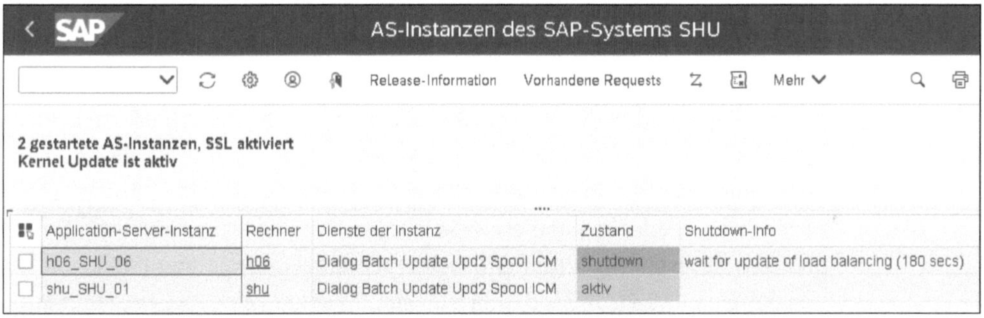

Abbildung 16.5: Überwachung der RKS-Prozedur in Transaktion SM51

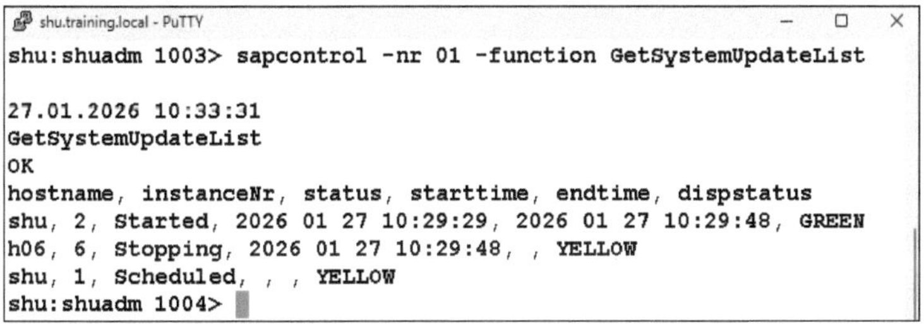

Abbildung 16.6: Überwachung der RKS-Prozedur über sapcontrol

Die Prozedur wird auch in einer Trace-Datei im Verzeichnis */usr/sap/<SID>/global/sapcontrol/updates* protokolliert. Sie haben auch aus der SAP MMC über das Kontextmenü **System Update • View update traces** Zugriff auf die Datei (siehe Abbildung 16.7).

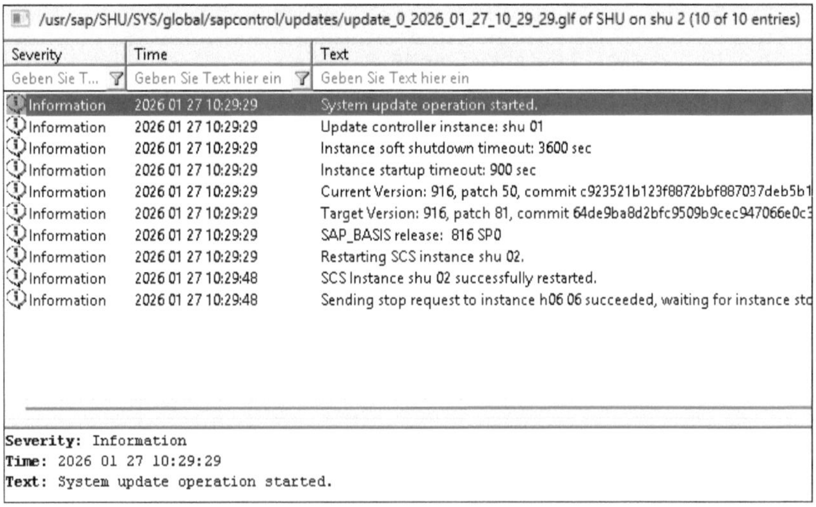

Abbildung 16.7: RKS-Trace in SAP MMC

Fazit

Nach etwa 35 Minuten ist die Prozedur in meinem System abgeschlossen, und die neue Kernel-Version ist in allen Instanzen aktiv. Da mein System nur aus ASCS, PAS und einer AAS besteht und auch keine langlaufenden Jobs oder Benutzeraktivitäten laufen, konnte RKS die Instanzen relativ schnell nacheinander aus dem Betrieb nehmen und neu starten. Es wurden keine Hintergrundjobs abgebrochen. Anwender*innen wurden zwar abgemeldet, konnten sich aber sofort wieder an einer anderen Instanz anmelden. In produktiven Umgebungen mit mehr Instanzen und vielen Benutzer- und Hintergrundaktivitäten dauert eine RKS-Prozedur deutlich länger. Sie sollten eine RKS-Prozedur auch nicht übermäßig lange (z. B. mehr als drei Tage) hinauszögern, da es durchaus negative Seiteneffekte haben kann, wenn Sie in den verschiedenen Instanzen unterschiedliche Kernelversionen oder unterschiedliche Profilparameterausprägungen betreiben. In solchen Fällen kann ein geplanter, vollständiger Neustart des Gesamtsystems die sinnvollere Vorgehensweise sein.

16.2 Hochverfügbarkeit von SAP HANA

Mögliche Verfahren

SAP HANA stellt als Datenbank ebenfalls einen Single Point of Failure dar. Fällt die Datenbank aus, ist das Gesamtsystem nicht verfügbar. Daher müssen Sie in einem Hochverfügbarkeits-Set-up auch SAP HANA berücksichtigen. Hierzu können zwei Verfahren angewendet werden:

- **SAP HANA System Replication**

  Bei der SAP HANA System Replication betreiben Sie zwei SAP-HANA-Systeme, die durch Replikation einen identischen Datenstand aufweisen. Die Replikationstechnologie ist fest in SAP HANA integriert. Je nach Konfiguration kann bei einem Ausfall der primären Datenbank innerhalb kürzester Zeit der Betrieb auf der replizierten, sekundären Datenbank fortgesetzt werden.

In Abbildung 16.8 sehen Sie den schematischen Aufbau einer SAP HANA System Replication.

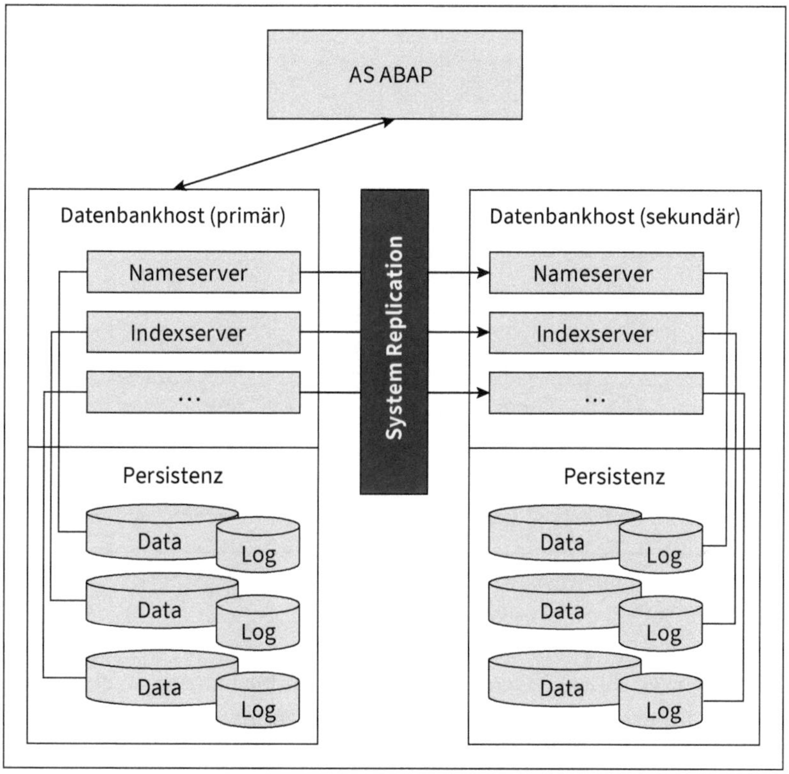

Abbildung 16.8: Aufbau einer SAP HANA System Replication

- **Storage Replication**

  Bei der Storage Replication wird nur die Persistenz der Datenbank im Dateisystem repliziert. Fällt die Datenbank aus, kann sie auf einem vorbereiteten Host mit der replizierten Persistenz hochfahren. Je nach Datenbankgröße können einige Minuten vergehen, bis die Datenbank in hoher Geschwindigkeit wieder verfügbar ist. Die Storage Replication ist keine Funktionalität von SAP HANA, sondern die Hardwarepartner bieten dazu unterschiedliche Lösungen an.

  In Abbildung 16.9 sehen Sie den schematischen Aufbau einer Storage Replication.

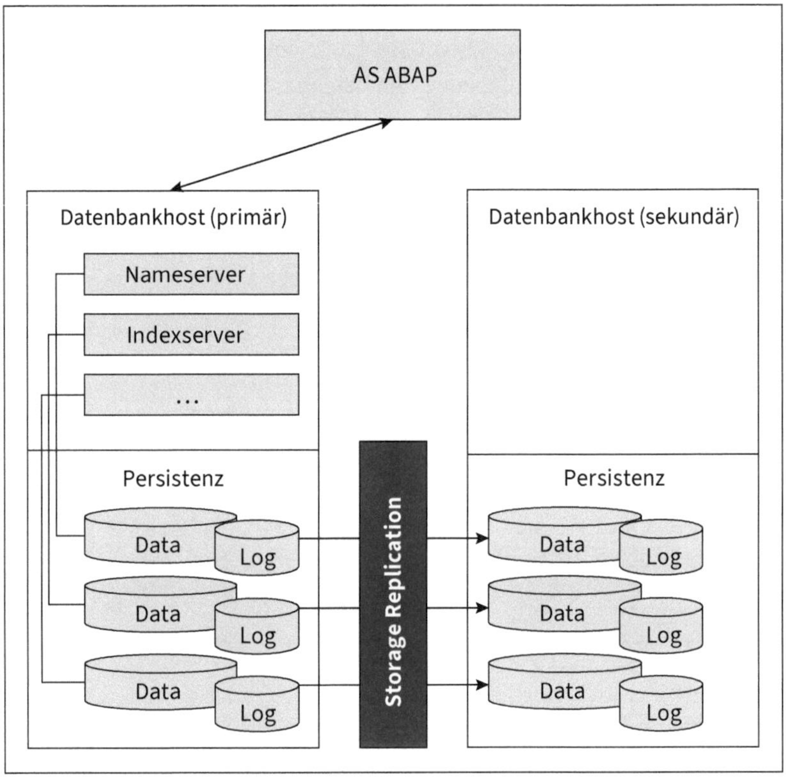

Abbildung 16.9: Aufbau einer Storage Replication

Mit beiden Verfahren können Sie die Daten auch über längere Strecken replizieren, z. B. in ein anderes Rechenzentrum oder sogar zu einem Hyperscaler in die Cloud. So können Sie auch einen Katastrophenfall absichern, z. B. den Ausfall des gesamten Rechenzentrums. Bei einer größeren Entfernung lassen sich die Daten allerdings nicht mehr synchron übertragen, da die Latenz zu groß wird und damit die Performance der SAP-HANA-Datenbank abnehmen würde. In diesen Fällen können Sie die Daten asynchron übertragen. Dadurch besteht jedoch das Risiko eines Datenverlustes für die letzten Transaktionen, die bei einem Ausfall eventuell nicht mehr erfolgreich übertragen werden konnten.

Vorteile der SAP HANA System Replication

Die SAP HANA System Replication bietet einige Vorteile, auf die ich explizit eingehen möchte:

- **Sehr kurze Umschaltzeiten**

  Bei der synchronen Replikation können alle Daten, die sich in der primären Datenbank im Hauptspeicher befinden, auch im Hauptspeicher der sekundären Datenbank vorgehalten werden. Dadurch gibt es keine Ramp-up-Phase, und die sekundäre Datenbank kann den Betrieb bei einer Umschaltung sofort aufnehmen.

Ist die Umschaltung geplant, können Sie Workprozesse des AS ABAP anweisen, die Verbindungen zur Datenbank zu suspendieren. Nach der Umschaltung können sich die Workprozesse neu verbinden und ihre Arbeit fortsetzen. Das Verfahren ist in SAP-Hinweis 2364819 beschrieben.

- **Near Zero Downtime Update**

  Sie können ein Update von SAP HANA auf eine neuere Revision auf dem sekundären System durchführen, während das primäre System aktiv verwendet wird. Nach dem Update des sekundären Systems können Sie auf das sekundäre System umschalten. Anschließend aktualisieren Sie das primäre System auf die neuere Revision. Details zu diesem Verfahren finden Sie auf der Seite *https://help.sap.com/hana* unter **Implement • SAP HANA Server Installation and Update Guide • Updating the SAP HANA System • Updating • Use SAP HANA System Replication for Near Zero Downtime Upgrades**.

- **Aktive Nutzung des sekundären Systems**

  Wirtschaftlich betrachtet ist das Vorhalten eines weiteren SAP-HANA-Systems zur Eliminierung von Ausfallzeiten ein hoher Kostenfaktor. Daher ist es erstrebenswert, das sekundäre System aktiv nutzen zu können:

  - *Nutzung für untergeordnete Systeme*: Wenn Sie keine schnellen Umschaltzeiten benötigen, können Sie sowohl bei der SAP HANA System Replication als auch bei der Storage Replication das sekundäre System als untergeordnetes SAP-System (z. B. Projektsystem, Sandbox-System) nutzen. Fällt das primäre System aus, müssen Sie untergeordnete SAP-Systeme aber herunterfahren und das replizierte System in Betrieb nehmen. Daher eignet sich diese zusätzliche Nutzung nicht für jeden Anwendungsfall, denn Sie profitieren dabei nicht von einer schnellen Umschaltung.
  - *Active/Active (Read Enabled)*: Müssen Sie innerhalb von Sekunden oder wenigen Minuten umschalten können, muss das sekundäre System die Arbeitslast jederzeit sofort übernehmen können. Bei der synchronen Replikation haben Sie die Möglichkeit, das sekundäre System, das normalerweise nicht per SQL erreichbar ist, für Lesezugriffe zu öffnen. Dieses Verfahren nennt sich *Active/Active (Read Enabled)*. Gerade in modernen SAP-S/4HANA-Systemen gibt es viele analytische Anwendungsfälle, bei denen große Datenmengen in SAP HANA gelesen werden (*Embedded Analytics*). Diese Arbeitslast können Sie auf das sekundäre System leiten. Damit entlasten Sie das primäre System deutlich.

  Beachten Sie, dass das Verfahren Active/Active (Read Enabled) eine zusätzliche Lizenz erfordert.

- **Secondary Time Travel**

  Werden im SAP-System versehentlich Daten gelöscht, werden Sie realistisch betrachtet deswegen kaum die gesamte Datenbank auf den Zeitpunkt vor der Löschung zurücksichern können. Bis der Fehler kommuniziert wurde, vergehen einige Minuten oder Stunden. In dieser Zeit werden im System viele Geschäftstransaktionen durchgeführt, die bei einer Rücksicherung verloren gingen. Daher müssen Sie in solchen Fällen eine Rücksicherung in ein leeres bzw. ungenutztes SAP-HANA-System durchführen. Aus dieser Datenbank können dann die gelöschten Daten wieder extrahiert werden.

So einfach, wie ich es hier beschreibe, ist dieses Vorgehen aber in der Praxis nicht. Durch das komplexe Datenmodell kommt es leicht zu Inkonsistenzen, und dieser Vorgang erfordert ein höchstes Maß an Vorsicht.

Die in SAP HANA integrierte Funktion *Secondary Time Travel* löst dieses Problem nicht. Sie ermöglicht es Ihnen aber, Ihr sekundäres System ohne zeitaufwendige Wiederherstellung auf den gewünschten Zeitpunkt in der Vergangenheit zurückzuversetzen, um die benötigten Daten zu extrahieren. Nach der Extraktion können Sie das System wieder in die Gegenwart zurückholen.

SAP HANA System Replication einrichten

Die SAP HANA System Replication ist grundsätzlich leicht einzurichten und gut dokumentiert. Details finden Sie auf der Seite *https://help.sap.com/hana* unter **Operate • SAP HANA System Replication**. Die Einrichtung und Überwachung gelingt sehr komfortabel über das SAP HANA Cockpit. Wählen Sie hier die Kachel **System Replication** (siehe Abbildung 16.10).

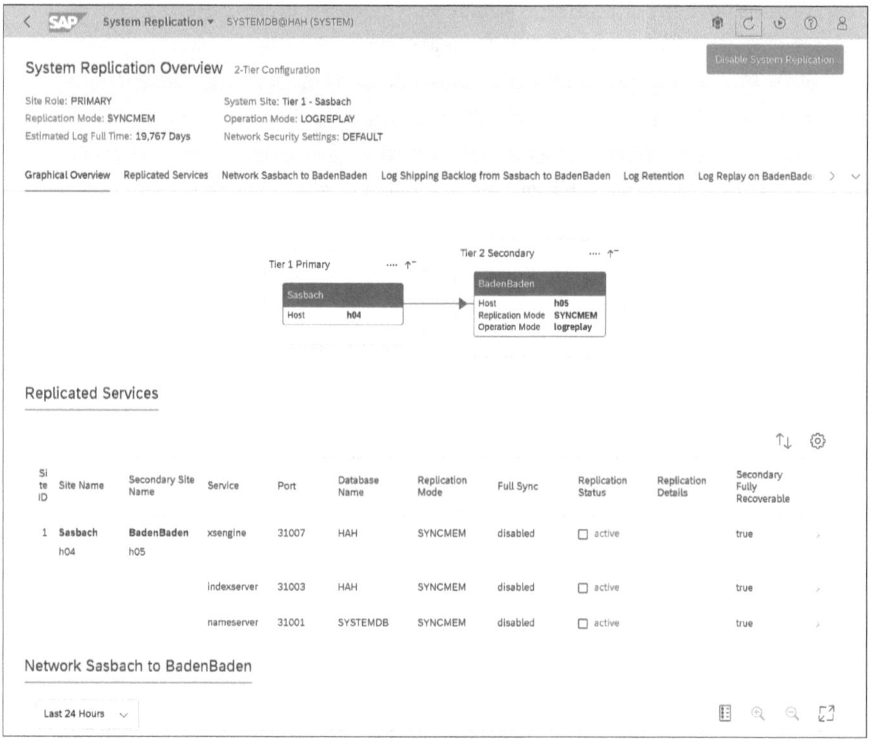

Abbildung 16.10: Überwachung der SAP HANA System Replication im SAP HANA Cockpit

Manuelle Schritte zur Umschaltung

Allerdings reicht die Einrichtung allein mit Bordmitteln nicht aus. Die Zahl der notwendigen manuellen Schritte zur sicheren Umschaltung von einem Server zum anderen birgt zu viele Risiken. Sie können die SAP HANA System Replication jedoch sehr gut in bewährte Cluster-Lösungen integrieren (z. B. *SUSE Pacemaker Cluster*). Auch SAP Landscape Management ermöglicht es Ihnen, die Umschaltung und die damit verbundenen Schritte zu automatisieren. Sind Sie versiert in der Erstellung von Batch-Skripten, können Sie auch damit eine sichere Umschaltung realisieren.

16.3 Hochverfügbarkeit beim Betrieb von AS ABAP und SAP HANA auf einem Host

Kombination der Hochverfügbarkeitsverfahren

Wie Sie wissen, können Sie den AS ABAP und SAP HANA gemeinsam auf einem Host betreiben. Haben Sie sich für dieses Set-up entschieden, ist es Ihnen wahrscheinlich wichtig, eine möglichst kleine Anzahl an Hosts zu betreiben. Möchten Sie dieses Set-up hochverfügbar machen, können Sie die in Abschnitt 16.1, »Hochverfügbarkeit der ABAP-Plattform«, und Abschnitt 16.2, »Hochverfügbarkeit von SAP HANA«, beschriebenen Verfahren kombinieren, wie in Abbildung 16.11 gezeigt.

Auf Host A laufen aktiv die ASCS-Instanz, die PAS-Instanz und SAP HANA als primäres System einer SAP HANA System Replication. Auf Host B laufen aktiv die ERS2-Instanz sowie SAP HANA als sekundäres System einer SAP HANA System Replication. Alle Komponenten kommunizieren intern und extern nur über ihre virtuellen Hostnamen. Sie benötigen in diesem Set-up ein geteiltes Dateisystem, auf das von beiden Hosts aus zugegriffen werden kann.

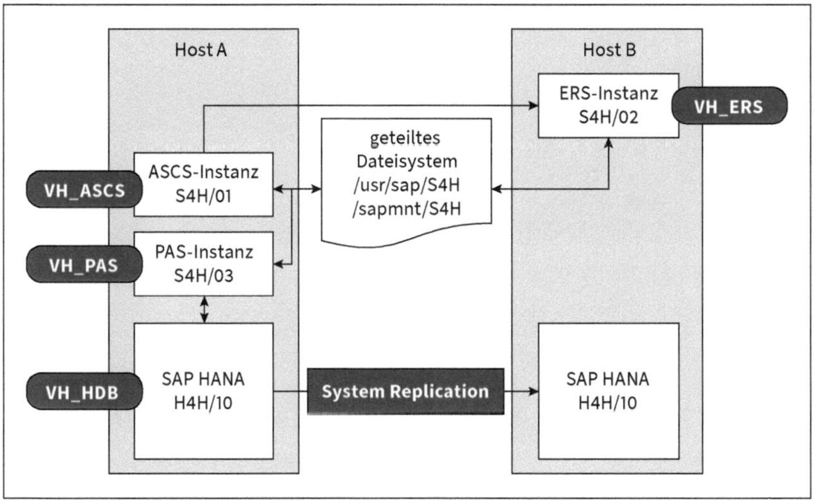

Abbildung 16.11: Hochverfügbarkeit mit zwei Hosts

Kommt es zum Ausfall von Host A, können die ASCS-Instanz und die PAS-Instanz auf Host B gestartet werden. Da die ERS2-Instanz auf Host B eine Kopie der Sperrtabelle hält, kommt es nicht zu einem Datenverlust. SAP HANA auf Host B wird primäre Datenbank. Ist Host A wieder verfügbar, kann die ERS2-Instanz auf Host A wechseln. SAP HANA auf Host A ordnet sich als Sekundärsystem ein und ist nun Zielsystem der Replikation. Alle anderen Komponenten können unterbrechungsfrei auf Host B weiterlaufen.

Einrichtung

Die Einrichtung dieses Set-ups ist auf der Seite *https://support.sap.com/sltoolset* unter **System provisioning • System Provisioning Scenarios • Install a System using Software Provisioning Manager • Installation Option of Software Provisioning Manager 2.0 SP <Nummer> • Installation Guides - Application Server Systems** beschrieben. Wählen Sie hier den Leitfaden für Unix-basierte Systeme. Dort finden Sie im Abschnitt **Additional Information** die Option **SAP Systems Based on Application Server ABAP on One Host with SAP HANA Database - High-Availability Setup Based on SAP HANA System**.

Anhang

Anhang A
Checklisten zur Systemadministration

In diesem Anhang fasse ich die anfallenden Routineaufgaben kompakt in Checklisten zusammen. Die meisten der hier aufgeführten Aufgaben habe ich in den vorangegangenen Kapiteln beschrieben. Ich verweise dazu jeweils auf die Abschnitte im Buch.

Planen Sie jeden Tag genügend Zeit für die Routineaufgaben ein. Vernachlässigen Sie sie, wird das System darunter leiden, und Sie werden letztlich mehr Zeit investieren müssen, um Fehler zu beheben, die durch schlechte Wartung entstehen. Nicht-Produktivsysteme müssen nicht zwingend so engmaschig überwacht werden. Erkennen Sie aber z. B. Kurzdumps im Test- bzw. Qualitätssicherungssystem, können fehlerhafte Programme so proaktiv korrigiert werden, bevor die Fehler im Produktivsystem auftreten.

Von intelligenten Überwachungswerkzeugen können Sie sich zu vielen der im Folgenden genannten Aufgaben benachrichtigen lassen. Auf solche Alerts sollten Sie sich aber nicht zu 100 % verlassen. Ist z. B. die Schnittstelle zu SAP Cloud ALM oder zum SAP Solution Manager unterbrochen, funktioniert auch die Benachrichtigung nicht mehr.

A.1 Tägliche Aufgaben

A.1.1 Verfügbarkeit des Systems

Aufgabe	Beschreibung	Kapitel/ Abschnitt	Erledigt
Erreichbarkeit des Systems prüfen	Melden Sie sich am SAP GUI an. Öffnen Sie das SAP Fiori Launchpad (Transaktion /N/UI2/FLP).	–	
Verfügbarkeit aller Instanzen testen	Prüfen Sie in Transaktion SM51, ob alle Instanzen verfügbar sind.	Abschnitt 13.1	

Tabelle A.1: Verfügbarkeit des Systems

A.1.2 Gesundheitszustand des Systems

Aufgabe	Beschreibung	Kapitel/ Abschnitt	Erledigt
Workprozesse prüfen	Prüfen Sie in Transaktion SM50 den Status der Workprozesse. Identifizieren Sie sehr lang laufende oder hängende Workprozesse. Überprüfen Sie alle PAS- und AAS-Instanzen.	Abschnitt 13.1	
Benutzersitzungen prüfen	Öffnen Sie Transaktion AL08 bzw. SM04, und suchen Sie nach auffälligen Benutzersitzungen (z. B. hoher Speicherverbrauch, Benutzer, die lange angemeldet sind, oder ungewöhnliche bzw. kritische Transaktionen).	Abschnitt 13.2	
Syslog prüfen	Öffnen Sie Transaktion SM21, und prüfen Sie das Systemlog auf kritische Einträge. Achten Sie darauf, alle Instanzen zu berücksichtigen, und wählen Sie den Zeitraum so groß, dass alle Einträge seit der letzten Prüfung selektiert werden.	Abschnitt 13.3	
Kurzdumps prüfen	Öffnen Sie Transaktion ST22, und prüfen Sie, ob aktuell Kurzdumps existieren. Informieren Sie die betroffenen Fachabteilungen.	Abschnitt 13.4	
Verbuchung prüfen	Öffnen Sie Transaktion SM13, und prüfen Sie, ob es Verbuchungsabbrüche gibt. Informieren Sie sofort die betroffene Anwenderin oder den Anwender bzw. die Fachabteilungen.	Abschnitt 13.5	
Sperrtabelle prüfen	Öffnen Sie Transaktion SMENQ, und suchen Sie nach Sperren, die schon seit vielen Stunden aktiv sind. Prüfen Sie, ob Prozesse zu alten Sperren noch aktiv sind.	Abschnitt 13.6	
Gateway-Fehlerprotokoll prüfen	Öffnen Sie Transaktion /N/IWFND/ERROR_LOG, und analysieren Sie angezeigte Fehler. Im Standard werden nur die Fehler des aktuellen Tages angezeigt. Ändern Sie gegebenenfalls die Datumsauswahl über den Button **Neu auswählen**.	Abschnitt 13.9	

Tabelle A.2: Gesundheitszustand des Systems prüfen

Aufgabe	Beschreibung	Kapitel/ Abschnitt	Erledigt
Backend-Fehlerprotokoll prüfen	Öffnen Sie Transaktion /N/IWBEP/ERROR_LOG, und analysieren Sie angezeigte Fehler. Im Standard werden nur die Fehler des aktuellen Tages angezeigt. Ändern Sie gegebenenfalls die Datumsauswahl über den Button **Erneut auswählen**.	Abschnitt 13.9	
abgebrochene Jobs prüfen	Öffnen Sie Transaktion SM37, und selektieren Sie nach abgebrochenen Jobs und nach Jobs, die schon sehr lange aktiv sind. Wählen Sie daher einen Zeitraum, der einige Tage zurückreicht.	Abschnitt 9.3	
Spool-System analysieren	Öffnen Sie Transaktion SP01, und suchen Sie nach abgebrochenen Spool-Aufträgen und Aufträgen, die sich schon einige Stunden im Status **in Arbeit** befinden.	Abschnitt 10.5	
SAP-HANA-Alerts prüfen	Prüfen Sie im DBA Cockpit oder im SAP HANA Cockpit die Alerts (auch vergangene Alerts!)	Abschnitt 14.1	

Tabelle A.2: Gesundheitszustand des Systems prüfen (Forts.)

A.1.3 Schnittstellen

Aufgabe	Beschreibung	Kapitel/ Abschnitt	Erledigt
tRFC-Kommunikation überwachen	Prüfen Sie Transaktion SM58 auf nicht verarbeitete tRFC-Einträge.	Abschnitt 11.1.6	
qRFC-Kommunikation überwachen	Prüfen Sie die Transaktionen SMQ1 und SMQ2 auf fehlerhafte bzw. gesperrte Queues.	Abschnitt 11.1.7	
bgRFC-Kommunikation überwachen	Prüfen Sie Transaktion SBGRFCMON auf fehlerhafte bzw. nicht verarbeitete Units.	Abschnitt 11.1.8	
Sendestatus von E-Mails	Haben Sie den E-Mail-Versand im SAP-System konfiguriert, prüfen Sie Transaktion SOST auf nicht versendete E-Mails.	Abschnitt 10.7	
Cloud Connector prüfen	Setzen Sie den Cloud Connector ein, prüfen Sie dessen Funktionsfähigkeit, Ressourcen und Protokolle.	Abschnitt 11.4	

Tabelle A.3: Schnittstellen prüfen

Aufgabe	Beschreibung	Kapitel/ Abschnitt	Erledigt
SAP Web Dispatcher prüfen	Setzen Sie den SAP Web Dispatcher ein, prüfen Sie dessen Funktionsfähigkeit, Ressourcen und Protokolle.	Abschnitt 11.5	
Webservice-Fehlerprotokoll prüfen	Rufen Sie in Transaktion SRT_UTIL das Fehlerprotokoll auf.	–	

Tabelle A.3: Schnittstellen prüfen (Forts.)

A.1.4 Systemperformance

Aufgabe	Beschreibung	Kapitel/ Abschnitt	Erledigt
Systemlast prüfen	Prüfen Sie die Systemlast z. B. in Transaktion ST03.	Abschnitt 13.8.8	
Ressourcen des Applikationsservers prüfen	Prüfen Sie in Transaktion ST06 die Systemressourcen des AS ABAP.	Abschnitt 13.8.7	
SAP-HANA-Ressourcen prüfen	Prüfen Sie im DBA Cockpit oder im SAP HANA Cockpit die Auslastung der CPUs und des Hauptspeichers.	Abschnitt 14.2	
Pufferstatistiken prüfen	Prüfen Sie in Transaktion ST02 die Puffer, insbesondere hinsichtlich Swappings.	Abschnitt 4.3.4	

Tabelle A.4: Performance des Systems prüfen

A.2 Wöchentliche Aufgaben

Aufgabe	Beschreibung	Kapitel/ Abschnitt	Erledigt
SAP-EarlyWatch-Bericht prüfen	Prüfen Sie den SAP-EarlyWatch-Bericht, und folgen Sie den darin enthaltenen Empfehlungen.	Abschnitt 13.10	
Benutzer mit kritischen Berechtigungen prüfen	Identifizieren Sie in Transaktion SUIM Anwenderinnen und Anwender mit kritischen Berechtigungen.	Abschnitt 8.2.4	

Tabelle A.5: Wöchentliche Aufgaben

Aufgabe	Beschreibung	Kapitel/ Abschnitt	Erledigt
Anmeldungen am RFC-Gateway prüfen	Prüfen Sie in Transaktion SMGW über die Menüoption **Springen • Angemeldete Clients**, ob verdächtige Registrierungen vorliegen. Prüfen Sie die Zugriffskontrolllisten, ob es Anmeldeversuche von unbekannten Clients gab.	Abschnitt 12.7	
Security Audit Log prüfen	Prüfen Sie das Security Audit Log mit Transaktion RSAU_READ_LOG hinsichtlich kritischer Sicherheitsereignisse, z. B. kritischer Anmeldeversuche.	Abschnitt 12.9.1	
SAP HANA Audit Log prüfen	Überprüfen Sie mit dem DBA Cockpit oder dem SAP HANA Cockpit das Audit Log von SAP HANA auf kritische Ereignisse.	Abschnitt 12.9.2	

Tabelle A.5: Wöchentliche Aufgaben (Forts.)

A.3 Monatliche Aufgaben

Aufgabe	Beschreibung	Kapitel/ Abschnitt	Erledigt
ablaufende Zertifikate	Bald ablaufende Zertifikate werden im Systemlog gemeldet, aber gerne übersehen. Rufen Sie den Report `SSF_ALERT_CERTEXPIRE` mit Standardwerten in Transaktion SA38 auf. Bald ablaufende Zertifikate werden hier übersichtlich dargestellt. Kümmern Sie sich um die Erneuerung der Zertifikate. Sie können den Report auch als regelmäßigen Job einplanen und sich per E-Mail informieren lassen. Prüfen Sie auch die Zertifikate des SAP Web Dispatchers und des Cloud Connectors.	Abschnitt 12.5.2	
Notwendigkeit von Jobs	Prüfen Sie in Transaktion SM37, welche Jobs fachlich notwendig sind. Hinterfragen Sie Jobs, die Sie nicht zuordnen können. Idealerweise existiert eine Dokumentation der Jobs. Identifizieren Sie Jobs, die eventuell mehrfach eingeplant sind, und bereinigen Sie diese.	Abschnitt 9.3	

Tabelle A.6: Monatliche Aufgaben

Aufgabe	Beschreibung	Kapitel/ Abschnitt	Erledigt
lange nicht angemeldete Benutzer prüfen	Identifizieren Sie in Transaktion SUIM Anwenderinnen und Anwender, die sich schon lange nicht mehr angemeldet haben. Prüfen Sie, ob deren Benutzer gelöscht bzw. gesperrt werden können.	Abschnitt 8.2	
SAP HotNews und Sicherheitshinweise prüfen	Jeden zweiten Dienstag eines Monats veröffentlicht SAP sicherheitskritische SAP-Hinweise. Idealerweise lassen Sie sich proaktiv über neue Sicherheitshinweise informieren. Prüfen Sie die Relevanz jedes gemeldeten Sicherheitshinweises, und schließen Sie bekannte Sicherheitslücken.	Abschnitt 12.4	

Tabelle A.6: Monatliche Aufgaben (Forts.)

A.4 Vierteljährliche Aufgaben

Aufgabe	Beschreibung	Kapitel/ Abschnitt	Erledigt
Datenvolumen analysieren	Ermitteln Sie Veränderungen des Datenvolumens (am schnellsten wachsende Tabellen, größte Tabellen), und prüfen Sie Reduktionsmöglichkeiten durch Archivierung oder Löschung. Nutzen Sie dazu z. B. das SAP HANA Cockpit oder die Kachel **Datenvolumen** im SAP Support Portal.	–	
SAP-Verzeichnisse bereinigen	Prüfen Sie die Verzeichnisse im Dateisystem des AS ABAP, und archivieren oder löschen Sie alte Dateien. Oft werden aus dem SAP-System Dateien exportiert, die dann unnötig lange im Dateisystem verweilen. Auch das Transportverzeichnis beinhaltet oft sehr alte Transportdateien, die Sie archivieren können.	Kapitel 4	
Wiederherstellungsfähigkeit prüfen	Führen Sie als Routineübung eine Wiederherstellung von SAP HANA auf einem Testserver durch.	Abschnitt 5.4	
Hochverfügbarkeitsfähigkeit prüfen	Haben Sie Ihr System hochverfügbar konfiguriert, testen Sie den Ausfall eines Rechenzentrums im Rahmen einer Routineübung.	Kapitel 16	

Tabelle A.7: Vierteljährliche Aufgaben

A.5 Wartungsaufgaben

Aufgabe	Beschreibung	Kapitel/ Abschnitt	Erledigt
Ermittlung des benötigten Zeitraums	Ermitteln Sie den benötigten Zeitraum für die Wartungsaktivität (z. B. Patchen der SAP-HANA-Datenbank).	–	
Abstimmung	Koordinieren Sie einen möglichen Zeitpunkt mit den Fachabteilungen.	–	
Systemmeldung erstellen	Stellen Sie einige Tage vor der Nichtverfügbarkeit über Transaktion SM02 eine Systemmeldung ein, und legen Sie eine Benachrichtigung mit der App **Nachrichten verwalten** an.	Abschnitt 13.8.1 Abschnitt 13.8.2	
Jobs umplanen (optional)	Planen Sie wichtige Jobs in Transaktion SM37 gegebenenfalls um, die in der Zeit der Nichtverfügbarkeit laufen würden.	Abschnitt 9.3	
Wartungsmodus setzen	Zu Beginn der geplanten Wartung setzen Sie in Transaktion SMAINTENANCE das System in den Wartungsmodus. Ab diesem Moment werden keine neuen Jobs gestartet und HTTP-Verbindungen über den SAP Web Dispatcher blockiert. Anwenderinnen und Anwender werden über eine Systemmeldung aufgefordert, sich abzumelden. Neue Anwenderinnen und Anwender können sich nicht mehr am System anmelden.	Abschnitt 4.6.5	
10 Minuten warten	Prüfen Sie in Transaktion SMAINTENANCE den Systemmodus. Nach 10 Minuten wechselt er von **Auslauf** in den Zustand **In Wartung**. Alle Anwenderinnen und Anwender werden automatisch abgemeldet.	Abschnitt 4.6.5	
Prozesse und Jobs prüfen	Sind Jobs unter Benutzer-IDs eingeplant, die während der Wartungsphase am System arbeiten könnten, können potenziell auch Jobs in der Wartungsphase aktiv sein. Prüfen Sie die Transaktionen AL08, SM05, SM37 und SM66 auf entsprechende Aktivitäten hin.	Abschnitt 9.3, Abschnitt 13.1, Abschnitt 13.2	

Tabelle A.8: Wartungsaktivität in SAP S/4HANA

Aufgabe	Beschreibung	Kapitel/ Abschnitt	Erledigt
System stoppen	Stoppen Sie das SAP-System und gegebenenfalls die Datenbank, wenn dies für die Wartungsaktivität erforderlich ist.	Abschnitt 4.6, Abschnitt 5.3	
Wartung durchführen	Führen Sie die benötigten Wartungsaktivitäten durch.	–	
System starten	Starten Sie SAP S/4HANA. Haben Sie auch die Datenbank gestoppt, starten Sie diese zuerst.	Abschnitt 4.6, Abschnitt 5.3	
Wartungsmodus beenden	Melden Sie sich am SAP-System an, und beenden Sie den Wartungsmodus in Transaktion SMAINTENANCE.	Abschnitt 4.6.5	

Tabelle A.8: Wartungsaktivität in SAP S/4HANA (Forts.)

Anhang B
Wichtige Transaktionscodes

B.1 Systemüberwachung

Transaktion	Beschreibung	Kapitel/Abschnitt
SMICM	ICM Monitor	Abschnitt 3.1.2
SITSPMON	ITS-Status	Abschnitt 3.1.2
SM51	Instanzübersicht	Abschnitt 3.1.2, Abschnitt 13.1
SM50	Workprozesse einer Instanz	Abschnitt 3.1.2, Abschnitt 13.1
SM66	Workprozesse aller Instanzen	Abschnitt 3.1.2, Abschnitt 13.1
SMGW	Gateway-Monitor	Abschnitt 3.1.2, Abschnitt 11.1, Abschnitt 12.7
SMENQ	Enqueue-Administration	Abschnitt 3.1.2, Abschnitt 13.6
SMMS	Message-Server-Monitor	Abschnitt 3.1.2, Abschnitt 13.1.1
SM13	Verbuchungsaufträge	Abschnitt 13.5
SM14	Verbuchungsadministration	Abschnitt 13.5

Tabelle B.1: Überwachung der Komponenten

B.2 Konfiguration der ABAP-Plattform und von SAP Fiori

Transaktion	Beschreibung	Kapitel/Abschnitt
STC01	Aufgaben-Manager	Abschnitt 4.4
STC02	Aufgabenlistenlauf-Monitor	Abschnitt 4.4

Tabelle B.2: Konfiguration des AS ABAP

Transaktion	Beschreibung	Kapitel/Abschnitt
SPRO	Customizing-Leitfaden	–
SM30	Tabellenpflege	–
SMEMORY	Speicherkonfiguration	Abschnitt 4.3
SMAINTENANCE	Wartungsmodus	Abschnitt 4.6.5
SM02	Systemnachrichten	Abschnitt 13.8.1
RZ10	Profilpflege	Abschnitt 4.1
RZ11	Parameter anzeigen, pflegen	Abschnitt 4.1
RZ03, RZ04	Betriebsarten	Abschnitt 4.1
SMLG	Logon-Gruppen pflegen	Abschnitt 13.8.10
RZ12	RFC-Server-Gruppen pflegen	Abschnitt 11.1
SCC4	Mandantenverwaltung	Abschnitt 6.2
SCC_CLIENT_SIZE	Größenermittlung von Mandanten	Abschnitt 6.2
SCC_COMPARE	Mandantenvergleich	Abschnitt 6.2
SCCLN	Lokale Mandantenkopie	Abschnitt 6.2
SCC9N	Remote-Mandantenkopie	Abschnitt 6.2
SCC5N	Mandantenlöschung	Abschnitt 6.2
SCC8N	Mandantenexport	Abschnitt 6.2
SCC7N	Mandantenimport	Abschnitt 6.2
SCC1N	Tabellendaten eines Transportauftrags kopieren	Abschnitt 6.2
SCC3	Protokolle Mandantenwerkzeug	Abschnitt 6.2
SFW5	Business Functions aktivieren	Abschnitt 6.2.5
/N/SMB/BBI	Solution Builder	Abschnitt 6.2.5
/N/SMB/CD_MAINT	Zentraldatenpflege	Abschnitt 6.2.5
SM36	Jobs definieren	Abschnitt 9.2
SM36_WIZ	Job-Wizard	Abschnitt 9.2

Tabelle B.2: Konfiguration des AS ABAP (Forts.)

Transaktion	Beschreibung	Kapitel/Abschnitt
SJOBREPO	Technisches Job-Repository	Abschnitt 9.4
STRUST	Trust-Manager (Zertifikate)	Abschnitt 12.5
SLICENSE	Lizenz-Manager	–
SECSTORE	Verwaltung des sicheren Speichers	–
SM64	Batch Events (Ereignisse)	Abschnitt 9.1
SM61	Job-Servergruppen pflegen	Abschnitt 9.2
SM49, SM69	Externe Kommandos pflegen	Abschnitt 9.2
SPAD	Spool-Administration	Abschnitt 10.3
/N/SDF/ALM_SETUP	Konfiguration SAP Cloud ALM	Abschnitt 11.7.2
RZ70	Registrierung am SLD	Abschnitt 15.4.1
SDS_CONFIGURATION	Konfiguration Downloadservice	Abschnitt 15.4.3
SNOTE	Hinweis-Assistent	Abschnitt 15.5
SGEN	SAP-Load-Generierung	Abschnitt 15.6.4
SPDD	Modifikationsabgleich SPDD	Abschnitt 15.6.5
SPAU	Modifikationsabgleich SPAU	Abschnitt 15.6.5
SPAM	Support Package Manager	Abschnitt 15.6.6
SAINT	Add-on Installationswerkzeug	Abschnitt 15.6.6
SR13	Links für *help.sap.com* aktualisieren	–

Tabelle B.2: Konfiguration des AS ABAP (Forts.)

Transaktion	Beschreibung	Kapitel/Abschnitt
/N/UI2/FLP	SAP Fiori Launchpad – Startseite	–
SUI_SUPPORT	Zentraler Einstieg in Administration und Überwachung von SAP Fiori	Abschnitt 13.9

Tabelle B.3: Konfiguration und Analyse von SAP Fiori

Transaktion	Beschreibung	Kapitel/Abschnitt
/N/UI2/FLP_TAB_ BROWSER	Übersichtlicher Zugriff auf die wichtigsten Tabellen von SAP Fiori	–
SICF	Pflege der Services	Abschnitt 13.9.1
STC01, STC02	Aufgabenlisten	Abschnitt 4.4
/N/IWFND/MAINT_ SERVICE	Services aktivieren und verwalten	Abschnitt 13.9
/N/UI2/FLPCM_CUST	SAP Fiori Launchpad – Content Manager	Abschnitt 8.2.3
/N/UI2/FLP_SYS_ CONF	SAP Fiori Launchpad – Konfiguration ändern	Abschnitt 8.2.3
/N/IFWND/CACHE_ CLEANUP	Bereinigung des Frontend-Modellcaches	Abschnitt 13.9.2
/N/IWBEP/CACHE_ CLEANUP	Bereinigung des Backend-Modellcaches	Abschnitt 13.9.2

Tabelle B.3: Konfiguration und Analyse von SAP Fiori (Forts.)

B.3 Transportverwaltung

Transaktion	Beschreibung	Kapitel/Abschnitt
STMS	Transportmanagementsystem	Abschnitt 7.1
SE09/SE10	Transport Organizer	Abschnitt 7.2
SE01	Transport Organizer (erweitert)	Abschnitt 7.2
SE03	Transport Organizer Tools	Abschnitt 7.2
SCTS_AMHC	ABAP Managed HDI-Container	Abschnitt 7.5
SCTS_HTA	HANA Transport for ABAP	Abschnitt 7.5
SCTS_GCTS	gCTS-Notfallmodus	Abschnitt 7.6

Tabelle B.4: Transportwesen

B.4 Konnektivität

Transaktion	Beschreibung	Kapitel/Abschnitt
SM59	RFC-Destinationen pflegen	Abschnitt 11.1
SOAMANAGER	Konfiguration Webservices	–
BD54	Logische Systeme pflegen	Abschnitt 6.3.4
BDLS	Logische Systemnamen umsetzen	Abschnitt 6.3.4
BDLSMATRIX	Umsetzungsmatrix anlegen	Abschnitt 6.3.4
SM58	Transaktionaler RFC	Abschnitt 11.1.6
SMT1	Trusted-RFC-Verbindungen	Abschnitt 11.1.4
SARFC	RFC-Server-Ressourcen	Abschnitt 11.1.5
SMQS	qRFC-Monitor (QOUT-Scheduler)	Abschnitt 11.1.7
SMQR	qRFC-Monitor (QIN-Scheduler)	Abschnitt 11.1.7
SMQ1	Überwachung Ausgangsqueues	Abschnitt 11.1.7
SMQ2	Überwachung Eingangsqueues	Abschnitt 11.1.7
SBGRFCCONF	Konfiguration bgRFC	Abschnitt 11.1.8
SBGRFCMON	bgRFC-Monitor	Abschnitt 11.1.8
SALE	Nachrichtenaustausch (ALE)	Abschnitt 11.2.2
WE21	Portdefinition (ALE)	Abschnitt 11.2.2
WE20	Partnervereinbarungen (ALE)	Abschnitt 11.2.2
WLF_IDOC	IDOC-Verarbeitung überwachen	Abschnitt 11.2.3
/N/AIF/CUST	Konfiguration Application Interface Framework	Abschnitt 11.6
/N/AIF/ERR	Fehlerüberwachung AIF	Abschnitt 11.6

Tabelle B.5: Schnittstellentechnologien

B.5 Sicherheit und Berechtigungen

Transaktion	Beschreibung	Kapitel/Abschnitt
SU01	Benutzerpflege	Abschnitt 8.2.1
SUCOMP	Firmenadressen pflegen	Abschnitt 8.2.1
SECPOL	Pflege von Sicherheitsrichtlinien	Abschnitt 8.2.1
SU10	Massenpflege Benutzer	Abschnitt 8.2.1
SUGR	Benutzergruppen pflegen	Abschnitt 8.2.1
SU06	Sperreinträge gelöschter Benutzer	Abschnitt 8.2.1
PFCG	Rollenpflege	Abschnitt 8.2.2
PFUD	Abgleich Benutzerstamm	Abschnitt 8.2.2
SUPC	Profile zu Rollen	Abschnitt 8.2.2
SUIM	Benutzerinformationssystem	Abschnitt 8.2.4
ST01	System-Trace	Abschnitt 8.2.5
STAUTHTRACE	System-Trace für Berechtigungen	Abschnitt 8.2.5
STUSERTRACE	Benutzer-Trace für Berechtigungen	Abschnitt 8.2.5
SU53	Auswertung der Berechtigungsprüfung	Abschnitt 8.2.6
SU56	Benutzerpuffer analysieren	–
SU25	Upgrade-Tool für den Profilgenerator	Abschnitt 8.2.7

Tabelle B.6: Benutzer und Berechtigungen

Transaktion	Beschreibung	Kapitel/Abschnitt
STRUST	Zertifikatsverwaltung	Abschnitt 12.5
UCONCOCKPIT	Unified Connectivity	Abschnitt 11.3
SNC0	SNC Zugangskontrollliste	Abschnitt 12.6

Tabelle B.7: Sicherheitsfunktionen

Transaktion	Beschreibung	Kapitel/Abschnitt
RSAU_CONFIG_SHOW	Anzeige Konfiguration Security Audit Log	Abschnitt 12.9.1
RSAU_CONFIG	Konfiguration Security Audit Log	Abschnitt 12.9.1
RSAU_READ_LOG	Anzeige Security Audit Log	Abschnitt 12.9.1

Tabelle B.7: Sicherheitsfunktionen (Forts.)

B.6 Fehleranalyse

Transaktion	Beschreibung	Kapitel/Abschnitt
AL11	SAP-Verzeichnisse	Abschnitt 13.8.5
SE16, SE16N, SE16H	Tabelleninhalte anzeigen	Abschnitt 13.8.3
TAANA	Tabellenanalyse	Abschnitt 13.8.4
SCMP	Remote-Tabellenvergleich	–
SE11	ABAP Dictionary	–
SE80	ABAP Workbench	–
SE38, SA38	Ausführen von Reports	–
SM37	Jobs überwachen	Abschnitt 9.3
SM21	Syslog	Abschnitt 13.3
ST22	Kurzdumps	Abschnitt 13.4
SM65	Analyse Hintergrundverarbeitung	Abschnitt 9.1
SP01	Übersicht Spool-Aufträge	Abschnitt 10.5
SM04	Benutzersitzungen	Abschnitt 13.2
AL08	Benutzersitzungen (globale Liste)	Abschnitt 13.2
SM05	Verwaltung von HTTP-Sitzungen	Abschnitt 13.2
SNAPSHOTS	Verwaltung von Snapshots	Abschnitt 13.7
ST11	Fehlerprotokolldateien	Abschnitt 13.8
ST06	Betriebssystemmonitor	Abschnitt 13.8

Tabelle B.8: Analyse des AS ABAP

Transaktion	Beschreibung	Kapitel/Abschnitt
ST03 / ST03N	Systemlastmonitor	Abschnitt 13.8
SLG1	Anwendungslog	Abschnitt 13.8
STMC	Technisches Monitoring Cockpit	Abschnitt 13.10.2
ST13	Performance-Tools (ABAPMETER)	Abschnitt 13.8.13
CODE_SCANNER	ABAP-Quellcode nach bestimmten Strings durchsuchen	–
SE39	Vergleich von ABAP-Objekten, auch zwischen Systemen	–

Tabelle B.8: Analyse des AS ABAP (Forts.)

Transaktion	Beschreibung	Kapitel/Abschnitt
/N/IWFND/ERROR_LOG	SAP Gateway: Fehlerprotokoll	Abschnitt 13.9
/N/IWBEP/ERROR_LOG	SAP-Backend: Fehlerprotokoll	Abschnitt 13.9
/N/IWFND/CACHE_CLEANUP	Bereinigung des Modell-Caches (Frontend)	Abschnitt 13.9
/N/IWBEP/CACHE_CLEANUP	Bereinigung des Modell-Caches (Backend)	Abschnitt 13.9
/N/IWFND/GW_CLIENT	Gateway-Client	–
/N/IWFND/APPS_LOG	Anwendungslog des Gateways	–
/IWFND/STATS	Gateway-Statistik	–

Tabelle B.9: Analyse von SAP Fiori

Transaktion	Beschreibung	Kapitel/Abschnitt
DBACOCKPIT	DBA Cockpit Einstieg	Abschnitt 5.1.1, Kapitel 14
DB01	Blockierte Transaktionen	Abschnitt 14.4.2
DB02	Tabellen und Indizes	Abschnitt 5.1.1
DB50	Datenbankassistent	Abschnitt 5.1.1
ST04	Performancemonitor	Abschnitt 5.1.1
DB13	DBA-Einplanungskalender	Abschnitt 5.1.1
DB13C	Zentraler Einplanungskalender	Abschnitt 5.1.1
DB26, DB03	Parameter	Abschnitt 5.1.1
DB12	Backup-Katalog	Abschnitt 5.1.1
DBCO	Datenbankverbindungen	Abschnitt 5.4.6
HDB_SQLDBC	SQLDBC-Trace	Abschnitt 14.3.1

Tabelle B.10: Analyse und Konfiguration von SAP HANA

Transaktion	Beschreibung	Kapitel
CG3Y	Datei vom AS ABAP herunterladen	–
CG3Z	Datei auf AS ABAP hochladen	–

Tabelle B.11: Sonstige nützliche Transaktionen

Anhang C
Nützliche Programme

Die in Tabelle C.1 bis Tabelle C.5 aufgeführten Programme können Sie über Transaktion SA38 oder SE38 ausführen. Achten Sie darauf, dass manche Programme keinen Selektionsbildschirm besitzen und dadurch nach dem Start sofort ohne weitere Rückfrage ausgeführt werden. Dies ist in den Tabellen jeweils entsprechend vermerkt.

C.1 Programme zur Analyse des Systemzustandes

Programm	Beschreibung	Kapitel/Abschnitt
/SDF/HDB_SIZING	Überprüfung der benötigten RAM- und Disk-Größe für SAP HANA	Abschnitt 1.1.3
RSBDCOS0	Ausführung von Betriebssystemkommandos aus dem SAP GUI heraus; hilfreich, wenn man keinen Zugriff über die Kommandozeile auf den Applikationsserver hat, aber auch sehr gefährlich	–
BTCAUX04	mehrfach eingeplante, periodische Jobs identifizieren	Abschnitt 9.3
RSPFRECOMMENDED	Parameterempfehlungen für Sicherheitseinstellungen	Abschnitt 12.1
/SDF/RC_START_CHECK	Readiness Check (Vereinfachungselementprüfung)	Abschnitt 15.6.4
RSUSR003	Komplexitätsprüfung der Kennwörter der Standardbenutzer (DDIC, SAP* …)	

Tabelle C.1: Programme zur Analyse des Systemzustandes

C.2 Programme zur Konfiguration von SAP S/4HANA

Programm	Beschreibung	Kapitel/ Abschnitt
BTCTRNS1	Jobs suspendieren (Achtung, kein Selektionsbildschirm!)	Abschnitt 9.3.4
BTCTRNS2	suspendierte Jobs wieder reaktivieren (Achtung, kein Selektionsbildschirm!)	Abschnitt 9.3.4
RSTMSTIQ	TMS: Importqueue aus fremder Gruppe übertragen	Abschnitt 7.2.4
BTC_SWITCH_LIST_GRID	Layout für Jobanzeige in SM36 anpassen	Abschnitt 9.3.2
BTC_MASS_JOB_CHANGE	Massenänderung von Jobs	Abschnitt 9.3.2
RCWB_TCI_DIGITSIGN_AUTOMATION	Einrichtungs-Wizard für Hinweisdownload	Abschnitt 15.4.3
RSTXTRAN	SAPscript-Texte in einen Transportauftrag aufnehmen	–
SCWN_TRANSPORT_NOTES	SAP-Hinweis in einen Transportauftrag aufnehmen	–
TMS_UPDATE_PWD_OF_TMSADM	Kennwort des Benutzers TMSADM in verbundenen Systemen setzen/verteilen	–
SAPRSEUJ	Jobs EU_INIT, EU_PUT und EU_REORG einplanen, wenn nicht bereits vorhanden (Achtung, Report besitzt keinen Selektionsbildschirm!)	–
SRT_WSP_INITIALIZE_WS_CFG	Webservicekonfiguration initialisieren (z. B. nach einer Systemkopie). Nicht im Produktivsystem ausführen!	–
RSTRANSP	Varianten in einen Transportauftrag aufnehmen	–
RSPO0021	Anzeige der Pflege von Spool-Optionen (Tabelle TSPOPTIONS)	–

Tabelle C.2: Programme zur Konfiguration von SAP S/4HANA

C.3 Programme zur Administration von SAP Fiori

Programm	Beschreibung	Kapitel/Abschnitt
/UI2/FLP_ADMIN_UI	zentraler Einstiegspunkt für viele administrative Aufgaben in SAP Fiori, inklusive Supporttools und Health-Checks	Abschnitt 13.9
/UI5/UPD_ODATA_METADATA_CACHE	Cache-Tokens für OData-Services aktualisieren	–
/UI5/APP_INDEX_CALCULATE	Berechnung des SAPUI5-Anwendungsindex	–
/UI2/INVALIDATE_GLOBAL_CACHES	Invalidierung des globalen UI2-Caches	–

Tabelle C.3: Programme zur Administration von SAP Fiori

C.4 Housekeeping-Programme

Programm	Beschreibung	Kapitel/Abschnitt
RSPO0041	Löschen alter Spool-Aufträge	Abschnitt 6.3.2
RSBTCDEL	Löschen von Batch-Jobs	Abschnitt 6.3.2

Tabelle C.4: Programme für das Housekeeping

C.5 Sicherheit und Berechtigungen

Programm	Beschreibung	Kapitel/Abschnitt
RHAUTUPD_NEW	Abgleich von Benutzerzuordnungen	Abschnitt 8.2.2
RSUSR_UP_AND_DOWNLOAD_FOR_CA	Download und Upload für kritische Berechtigungen	Abschnitt 8.2.4
RSUSR_DBMS_USERS	Massenverarbeitung von Datenbankbenutzern	Abschnitt 8.3.2
RSUSR_DBMS_USERS_CHECK	Inkonsistenzprüfung von Datenbankbenutzern	Abschnitt 8.3.2

Tabelle C.5: Programme zur Administration von Benutzern und Berechtigungen

Anhang D
Nützliche Funktionsbausteine

Funktionsbausteine können über Transaktion SE37 ausgeführt werden. Beachten Sie, dass Funktionsbausteine eigentlich nicht zur manuellen Ausführung vorgesehen sind. Achten Sie daher besonders auf die korrekte Eingabe der Parameter, und führen Sie einen Funktionsbaustein nur aus, wenn Sie sich absolut sicher sind. In Tabelle D.1 finden Sie nützliche Funktionsbausteine beschrieben.

Funktionsbaustein	Beschreibung
TH_USER_INFO	Benutzerinformationen lesen (z. B. Anzahl der aktuell offenen und maximal möglichen SAP-GUI-Fenster)
TR_SYS_PARAMS	Systemparameter lesen (z. B. Systemname, Systemtyp, Mandanteneinstellungen, Systemänderbarkeit)
THUSRINFO	am aktuellen Server angemeldete Benutzer mit Zusatzinfos ermitteln
TH_SERVER_LIST	Liste der Server des aktuellen Systems lesen
TH_COUNT_WPS	Anzahl der verschiedenen Workprozesstypen für einen Server ermitteln (Summe und freie Workprozesse)
SUBST_GET_UPGRADE_INFO	Statusinformationen zum letzten bzw. laufenden Upgrade lesen
SUBST_GET_UPGRADE_STATUS	Status eines Upgrades lesen
UPG_GET_UPGRADE_INFO	Status eines Upgrades je Softwarekomponente ermitteln
HTTP2_GET	URL testen
GWMON_GET_REG_TABLE	Lesen der registrierten Serverprogramme des RFC-Gateways
SCCR_LOCK_CLIENT	Anmeldesperre für Mandanten setzen

Tabelle D.1: Nützliche Funktionsbausteine

Funktionsbaustein	Beschreibung
SCCR_UNLOCK_CLIENT	Anmeldesperre für Mandanten löschen
SUSR_USER_BUFFER_AFTER_CHANGE	Benutzerpufferabgleich: (Mandant = *, User angeben oder maskiert oder alternativ Übergabe einer Matrix als Tabelle)
SUSR_RESET_ALL_USER_BUFFERS	Alle Benutzerpuffer zurücksetzen/abgleichen (Inhalt der Tabelle USRBF löschen); entspricht SUSR_USER_BUFFER_AFTER_CHANGE mit USERNAME = '*'.

Tabelle D.1: Nützliche Funktionsbausteine (Forts.)

Anhang E
Nützliche Tabellen

Tabelle	Beschreibung	Kapitel/Abschnitt
VBHDR, VBMOD, VBDATA	Verbuchungssystem	Abschnitt 13.5
TSP01, TSP02, TSP03	Spool-Aufträge	–
E070, E071, E071K	Transportaufträge	Abschnitt 7.1.
E070L	letzte vergebene Transportauftragsnummer	Abschnitt 7.1
RFCDES	RFC-Destinationen	Abschnitt 11.1
BALHDR, BALDAT	Anwendungslog	Abschnitt 13.8.9
CDHDR, CDPOS	Änderungsbelege	–
ARFCSTATE, ARFCDATA	ARFC-Daten	Abschnitt 11.1.3
DD02L	Tabellendefinitionen	–
TBTCO, TBTCP	Hintergrundjobs	Abschnitt 9.1
USR01, USR02, USR21, ADRC	Benutzerstamm	Abschnitt 8.2.1
USR40	verbotene Kennwörter	Abschnitt 8.2.1
HTTPURLLOC	Steuertabelle für die Generierung von URLs (pflegbar über Transaktion SM30)	Abschnitt 11.5.5
DWINACTIV	inaktive Laufzeitobjekte	–
PRGN_CUST	Customizing-Schalter für das Berechtigungswesen (pflegbar über Transaktion SM30)	Abschnitt 8.2
PAHI	Parameterhistorie	Abschnitt 4.1
TPFHT	Verwaltungsdaten für Profile	Abschnitt 4.1
TADIR	Katalog der Repository-Objekte	–
TSTC	Liste aller SAP-Transaktionscodes	–

Tabelle E.1: Nützliche Tabellen

Anhang F
Wichtige SAP-Hinweise

F.1 Betriebskonzepte für SAP S/4HANA

SAP-Hinweis	Beschreibung	Kapitel
2235581	SAP HANA: unterstützte Betriebssysteme	Kapitel 1, Kapitel 15
2408419	SAP S/4HANA: Multi-Node-Unterstützung	Kapitel 1
1872170	SAP S/4HANA: Sizing-Report	Kapitel 1
1953429	AS ABAP und SAP HANA auf einem Server	Kapitel 1, Kapitel 3, Kapitel 15
66971	Unterstützte SAP-GUI-Plattformen	Kapitel 1
2913617	SAP Readiness Check für SAP S/4HANA	Kapitel 2
2378962	SAP HANA 2.0: Revisions- und Wartungsstrategie	Kapitel 2, Kapitel 15
3115889	SAP Web Dispatcher: Embedded Deployment in der ASCS-Instanz	Kapitel 3
2769719	SAP HANA Client 2.0: Release- und Wartungsstrategie	Kapitel 3, Kapitel 15
2987015	Manuelle Installation der VCH-AFL für SAP S/4HANA	Kapitel 3, Kapitel 15
1650957	SAP HANA Script Server aktivieren	Kapitel 3
3014471	Zusätzliche SAP-HANA-Services für SAP-S/4HANA-Installationen gestartet	Kapitel 3
1661202	Unterstützung mehrerer Anwendungen in einer SAP-HANA- oder Tenant-Datenbank	Kapitel 3
2972496	SAP-HANA-Dateisysteme	Kapitel 3
2222200	FAQ: SAP-HANA-Netzwerk	Kapitel 3
2902673	Schnelle Aktivierung für SAP Fiori: Überblick	Kapitel 4
2913405	SAP GUI für Windows: Abhängigkeiten von Browsern/Browser-Controls	Kapitel 4
2707731	Voraussetzungen und Einschränkungen für die Zero-Downtime-Option des SUM für SAP S/4HANA	Kapitel 15

Tabelle F.1: SAP-Hinweise zum Betriebskonzept

SAP-Hinweis	Beschreibung	Kapitel
1948334	Update-Pfade für SAP HANA Wartungsrevisionen	Kapitel 15
2958224	SAP HANA Revision: Release-Details	Kapitel 15

Tabelle F.1: SAP-Hinweise zum Betriebskonzept (Forts.)

F.2 Konfiguration und Analyse von SAP S/4HANA

SAP-Hinweis	Beschreibung	Kapitel
2821718	Zentraler Hinweis für Git-fähiges Change and Transport System (gCTS)	Kapitel 7
1998382	Benutzer DDIC im Transportwesen	Kapitel 8
440231	SU25-FAQ: Upgrade-Nachbereitung für den Profilgenerator	Kapitel 8
3303172	Superuser SAP* aktivieren	Kapitel 6
2190119	Hintergrundinformationen zum SAP S/4HANA Technical Job Repository	Kapitel 9
108799	Wie viele Spool-Workprozesse pro Instanz?	Kapitel 10
2372888	Schnelle Serialisierung in RFC	Kapitel 11
2730525	Verwenden des Webservice für die SAP-Hinweissuche	Kapitel 13
207223	Bei SAP verarbeiteter SAP EarlyWatch Alert	Kapitel 13
2183995	Data-Supplier-Verarbeitung in SAP Solution Manager 7.2 in der LMDB	Kapitel 15
2836143	Registrieren eines verwalteten Systems direkt an der LMDB des SAP Solution Managers	Kapitel 15
2855951	Vorgehensweise zum Konfigurieren des SLD Data Supplier zum direkten Senden von Daten an SAP Support Backbone	Kapitel 15
2786930	SNOTE: Downloadservice	Kapitel 15
2364819	SAP-HANA-Datenbankverbindungen sollen sofort stillgelegt werden	Kapitel 16

Tabelle F.2: SAP-Hinweise zur Konfiguration von SAP S/4HANA

SAP-Hinweis	Beschreibung	Kapitel
3372078	Aktuelle PFCG-Rollen für SAP Cloud ALM	Kapitel 11
2907976	Informationen zur Silent Data Migration (SDMI)	Kapitel 15
3059197	SAP Readiness Check für SAP-S/4HANA-Upgrades	Kapitel 15

Tabelle F.2: SAP-Hinweise zur Konfiguration von SAP S/4HANA (Forts.)

SAP-Hinweis	Beschreibung	Kapitel
2098461	PRIV-Prozessmanagement	Kapitel 4
2319491	Cache leeren nach Änderungen im Bereich von SAP Fiori	Kapitel 13
1970888	How-to: SPDD/SPAU während Update/Upgrade	Kapitel 15

Tabelle F.3: SAP-Hinweise zur Analyse des AS ABAP

F.3 Konfiguration und Analyse von SAP HANA

SAP-Hinweis	Beschreibung	Kapitel
2600030	Parameterempfehlungen in SAP HANA	Kapitel 5, Kapitel 14
2700051	SQL-Statement-Hints	Kapitel 5
1969700	SQL-Statement-Sammlung für SAP HANA	Kapitel 5, Kapitel 14
3014176	Setzen größenabhängiger Beschränkungen während Installation oder Upgrade von SAP HANA	Kapitel 5, Kapitel 14
2436986	Registrierung von SAP HANA als verwaltetes System am SAP Solution Manager	Kapitel 14
2044468	SAP HANA: Beispiele für die Partitionierung der gängigen SAP-Tabellen	Kapitel 14
2057046	FAQ: SAP HANA Delta Merges	Kapitel 14
2412519	FAQ: SAP HANA SQL Trace Analyzer	Kapitel 14
2399996	How-to: Automatische Konfiguration eines SAP-HANA-Clean-up mit SAP HANACleaner	Kapitel 14

Tabelle F.4: SAP-Hinweise zur SAP-HANA-Konfiguration

SAP-Hinweis	Beschreibung	Kapitel
2288661	Untersuchung von SAP-HANA-Absturz-Dump	Kapitel 14
2399979	How-to: Automatische Konfiguration einer SAP-HANA-Datensammlung mit SAP HANASitter	Kapitel 14
2169283	FAQ: SAP HANA Garbage Collection	Kapitel 14
2699939	SAP-HANA-Notfallkoffer	Kapitel 14

Tabelle F.5: SAP-Hinweise zur Analyse von SAP HANA (Forts.)

SAP-Hinweis	Beschreibung	Kapitel
1642148	FAQ: SAP HANA Backup und Recovery	Kapitel 5
2165547	FAQ: Sicherung und Wiederherstellung in einer SAP-HANA-Systemreplikationslandschaft	Kapitel 5, Kapitel 16
1679938	Log Volume voll	Kapitel 5
2083715	Analyse von Log-Full-Situationen	Kapitel 5
1730932	Einsatz von Backup-Tools mit Backint für SAP HANA	Kapitel 5
2399996	SAP-HANA-Clean-up mit SAP HANACleaner	Kapitel 5
1812057	Rekonstruktion des Backup Catalogs mit hdbbackupdiag	Kapitel 5

Tabelle F.6: SAP-Hinweise zu Backup und Recovery für SAP HANA

F.4 Allgemeine Sicherheitshinweise

SAP-Hinweis	Beschreibung	Kapitel
2926224	Secure-by-Default-Einstellungen in SAP S/4HANA	Kapitel 8, Kapitel 12
2040644	Sichere interne Serverkommunikation	Kapitel 12
3016478	SAP HANA Audit Policies für SAP S/4HANA	Kapitel 12
2911103	Transaktion SE16N: Alternativer Editiermodus	Kapitel 13
2253549	SAP-Security-Baseline-Vorlage	Kapitel 12

Tabelle F.7: Sicherheitseinstellungen

Der Autor

Stefan Huber ist seit mehr als 25 Jahren als Berater und Trainer im SAP-Technologieumfeld tätig. Als zertifizierter Experte für SAP HANA, SAP S/4HANA und den SAP Solution Manager befasst er sich aktuell besonders mit dem Betrieb und der Administration von SAP HANA, SAP S/4HANA und SAP Cloud ALM. Nach seinem Studium begann er als Technologieberater und Produktmanager bei der REALTECH AG. Danach arbeitete er als SAP-Projekt- und Entwicklungsleiter bei der SEEBURGER AG, bevor er als Solution-Architekt zur bsc solutions GmbH & Co. KG wechselte. Seit 2016 arbeitet er freiberuflich als Berater und Trainer.

Index

B

C

D

E

F

G

H

I

J

K

L

M

N

O

P

Q

R

T

U

V

W

X

Z